周易全解

【第一卷】

垢文涛/主编

辽海出版社

图书在版编目（CIP）数据

周易全解 / 垢文涛主编. — 沈阳 : 辽海出版社, 2020.6

ISBN 978-7-5451-5746-8

Ⅰ. ①周… Ⅱ. ①垢… Ⅲ. ①《周易》—研究 Ⅳ. ①B221.5

中国版本图书馆CIP数据核字(2020)第084402号

责任编辑：柳海松
装帧设计：李　荣
责任校对：丁　雁

出 版 者：辽海出版社
地址：沈阳市和平区十一纬路25号
邮政：110003
电话：024-23284473
E-mall：dszbs@mail.lnpgc.com.cn
http：//www.lhph.com.cn
印 刷 者：德富泰（唐山）印务有限公司

发 行 者：辽海出版社
成品尺寸：150mm×220mm
印　　张：60

字　　数：972千字
出版时间：2020年6月第1版
印刷时间：2020年6月第1次印刷
定　　价：698.00元

前　言

作为先秦儒家重要经典之一，《周易》是关于人类思想和宇宙本质规律的学问，是我国一部古老、权威、著名的经典名著，是中华民族聪明智慧的结晶，被尊为“群经之首，诸子百家之源”。西方文明有《圣经》，东方文明有《周易》。

关于《周易》的作者和成书时间，旧传伏羲始画先天八卦，“文王拘而演周易”（《史记》司马迁语），故古人多依司马迁之说而认同《周易》乃周文王被商王囚禁期间在狱中所著。今人则有不同观点，认为《周易》不是出自一人之手，而是商周之际的一批巫官、史官和卜官，参照世代相传、不断积累的占筮资料和社会生活经验逐步整理加工而成的。现代长沙马王堆三号汉墓出土的《周易》帛书，就与现存的《周易》不尽相同，就是一个例证。不过，把《周易》定为商周之际成书，是没有争议的。

《周易》包括《易经》与《易传》两个部分，以象征阳的“—”（又称“阳爻”）和象征阴的“－－”（又称“阴爻”）为基本符号，八卦（每一卦由三爻组成）以及由八卦中任意两卦交相叠合而成的六十四卦（每一卦由六爻组成）为基本图形，通过对这些卦象的解释，阐述了事物和现象生成变化的法则。《易经》的每卦里有卦画、标题、卦辞、爻辞四个部分。它不仅讲占筮、预见吉凶成败，而且涉及古代的历史事件、战争情况、生产经验、商业贸易、婚姻习俗、宗教祭祀、民间歌谣等广泛内容，从而具有相当丰富的历史文化内涵，蕴藏着古代占筮、宗教、神话、艺术、文学、科学、哲学、史学等诸多方面的资料，用一种特殊的图像符号系统和文学解释系统表达独特的、朴素的辩证思维方法，来诠释阴阳互补与变易。

我们研究《周易》的态度，应该是“继承”和“创新”。继承《周易》丰富的文化遗产，必须把它与新的东西融合，赋予它原来所没有的新东西。解释《易经》的原初本义，在还原历史的真相中叙说哲理，在说理中联系当下，感悟人生，获得启发，将一本被誉为“大道之源、群经之首”的《易经》，解读得有根有据、兴趣盎然而又浅显易懂。本书特别适合大学生及热爱传统文化的青年人阅读，是作为《易经》入门的理想读物。

目　录

第一篇　《易传》的秘密

第二篇　六十四卦全解

第三篇　智慧心解

第四篇 养生智慧

第五篇 《周易》与做人处世

第一篇 《易传》的秘密

一 系辞传

系辞原指附于卦画之后的卦辞、爻辞，属经文部分。这一篇独立的系辞（上、下）传，是附于经文之后的传文。《史记》在摘引其中“同归而殊途，一致而百虑”几句时，称作“易大传”。传为孔子所作。文中有许多地方提到“子曰”，显然是记载孔子的语录，是孔子的后学根据孔子的传授而写成的。分为上、下两部分，仅是因为篇幅较长，实际是一篇文章。就内容而言，它是《周易》的总论，主要阐释《周易》的哲学原理，不时涉及《周易》的体例。高度概括，义理精微。全文力图说明《周易》创制的原理，其基本方法是把天地自然之道与易理对应起来，比较分析它们的一致性，从而证明圣人之道（作者思想）的客观性。以乾坤两卦对天地阴阳的模拟为核心，证明其哲学的真理性。它是说明《周易》思想内容的重要论著，也是我国哲学思想的重要文献。

下面按朱熹的分段，逐节先简要译述，后作说解。

（一）

天尊地卑，乾坤定矣。卑高以陈，贵贱位矣。动静有常，刚柔断矣。方以类聚，物以群分，吉凶生矣。在天成象，在地成形，变化见矣。

【译文】

天高地低是自然界的本然面貌，乾的高上与坤的低下就是这么定的。高上则尊贵，低下则卑贱，高低排列出来，就确定了卦爻中贵贱的不同位置。运动是天的特性，静止是地的特性，动则刚健，静则柔顺，天地动静有常规，刚健与柔顺就可分出来。因此，《周易》里才规定了刚爻与柔爻两种符号。自然界按万物的不同种类，分群划类各自聚在一处，它们之间的利害关系就产生了吉和凶。阴阳的变化，表现在天上就是天象中日月往来、斗转星移的种种变化，表现在地上就是万物的发育成形，《周易》模拟天象地形，故能反映这种变化。

【辨证】

天与地是阳气与阴气的两大实体，乾与坤是纯阳与纯阴的两个基本卦。宇宙万物皆由天地阴阳而生，六十四卦都从乾坤变化而来，乾是模拟天，坤是模拟地，乾坤的运动模拟阴阳的运动，这是创制《周易》的基本设想。

《周易》既然是模拟天地的运动，那么客观上来说天是高的，地是低的，高当然就高贵，低当然就低贱。所以相对来说，模拟天的乾就有了高贵的属性，模拟地的坤就有了低贱的属性。“陈”就是陈列、摆开。既然高低排列出来，那么就有了贵贱的不同位序。一卦六爻按高低分贵贱，就可以对应出社会等级的贵贱来。卦爻辞是在商末周初才添加的，西周实行的是分封制，分封制的社会等级是：下层是士人，逐级向上排去是大夫、三公、诸侯、天子、宗庙。所以初爻是元士位，二爻是大夫位，三爻是三公位，四爻是诸侯位，五爻是天子位，上爻是宗庙位。当然，社会上还可以站在不同角度上分高低，比如从业务职称、从财富多少等分出高低，那就要以此类推了。“常”是常规、常性，“断”是分开。从辩证的方法去看，天是运动的，但它也会静止，所以才说“夫乾，其动也直，其静也专”；地是静止的，但它也会运动，所以才说“夫坤，其静也翕，其动也辟”。动与静是在对比中存在的，是相互转化的。然而这并不能否定天与地的基本特性。就基本特性讲，天是动的，地是静的。常性决定了事物的基本特性。天是常动的，所以刚健，地是常静的，所以柔顺。这样就可以分出乾健坤柔来。《周易》是哲理著作，不是科考，所以对古人说的“天圆地方”也应这样去理解，不能钻牛角尖。就宇宙的本然面貌去讲，宇宙无限大，谈不上圆方；地球就是球体，更谈不上方。然而，天体是旋转的就有了圆的特征；地球是相对稳定的，就有了四正的方位特征。并不完全是说天是一个圆球，地是一个方块，万物都是三角。不然的话，方圆也就无法转化了。这里的“方”指是方位，“类”是指种类。“方以类聚”如同说同类的事物会聚合到一起，强调的是同类相合；“物以群分”如同说不同群类的事物会各自分开，强调的是异类相分。《文言》说：“同声相应”“同气相求”。合是因为同声、同气；分是因为异情、异性。气同则合，情异则离，同异就是矛盾，矛盾产生吉凶，故“吉凶生矣”。“在天成象，在地成形”是指阴阳二气原本是一物，就是太极元气。元气分化为阴阳，阳气流动在天上就是日月星辰的天象变化，阴气凝聚在地上就是山川动植的形体。“象”是没有成形以前气的流动变化。“形”是成形以后气的凝聚成体。象是形的前态，形是象的体质，象与形不过是气存在的不同形式，两者同样是可以转化的。大致上分开，天上主要是气象，地下主要是形质。从转化上说，天上也会有形质，地下也会有气象。所以“变化见矣”。“见”就是“现”。

这一节说明《周易》里的乾坤定位、动静刚柔、吉凶变化等，都有宇宙本然状态为客观依据，不是凭空虚设。

是故刚柔相摩，八卦相荡，鼓之以雷霆，润之以风雨；日月运行，一寒一暑。

【译文】

因为模拟自然界的变化运动，所以刚爻与柔爻要来往环转，八卦要相互推荡运动。震为雷，艮为霆，巽为风，兑为雨，离为日，坎为月，八卦的运动如同自然界雷霆的鼓动振荡与风雨的滋养润泽，日月来往运行，形成了寒暑与四季变化。

【辨证】

“摩”通“磨”，是像推磨一样旋转。朱熹说“磨”是环转。字义讲对了，但没有讲指的是什么。不是平面环转，而是上下环转；不是指爻生卦，而是指十二消息卦。“荡”是推荡，与“摩”互文，指的是八卦在六十四卦里也是像推磨一样上下环转的。自然界的阴阳二气有消息盈虚的运动变化，所以模拟自然的卦爻就有了环转推移的机制。我们见到的卦画不是一个固定不动的图案，它是环转推移运动的。在十二消息卦里，复卦（䷗）表示的是一阳从下生出，阳气渐长，阴气渐消，接着就是临（䷒）、泰（䷊）、大壮（䷡）、夬（䷪）、乾（䷀），是阳推着阴走；姤（䷫）表示的是一阴始凝，阴气渐长，阳气渐消，接着就是遁（䷠）、否（䷋）、观（䷓）、剥（䷖）、坤（䷁），是阴推着阳走。这十二卦是从下向上环转的。自然界从冬至开始一阳生，到夏至前六阳长成；从夏至开始一阴生，到冬至以前六阴长成，这与卦画阴阳推移的规律是一致的。阴推阳，阳推阴，阴进阳退，阳进阴退，进到极处就开始退，退到极处就开始进，正如白天到头就是黑夜，黑夜到头就是白天，阴阳来回旋转的规律与卦画的阴阳爻来回旋转是一致的。十二消息卦是自然界常态的反映。但自然界并不总是按常态运动。常态中有变态，这就是哲学中讲的必然与偶然的关系，比如春天来了，天气会一天比一天热，这是常态，但是明天不一定就会比今天热，这是偶然性的变态。为了正确模拟这种常与变的运动，所以十二消息卦又变化为六十四卦。比如复卦是一阳五阴（䷗），趋势是向阳进阴退的方向发展变化，这是常态。但这种一阳复苏的必然性可能发生在十月，也可能发生在十一月或十二月，这是偶然的。反映在卦画上就可能是师卦（䷆）或豫卦（䷏），复、师、豫无论怎样变化都只有一个阳爻，这就是模拟的常态，必然性。但复的一阳在初位，师的一阳在二位，豫的一阳在四位，这就是模拟的变态，偶然性。大量的偶然性连续在一起就是必然性。

《周易》就是用卦变的形式来反映事物发展变化中偶然与必然的关系。这样刚爻与柔爻就既有来回旋转又有上下往来，刚爻与柔爻往来旋转推荡，卦变模拟自然运动的必然与偶然规律就成功了。乾以刚磨荡坤，坤以柔磨荡乾。其余的六子卦，震为雷，艮是反震（震的倒象为艮），为霆（依朱震说）；巽为风，兑是反巽（巽的倒象为兑），为雨；离为日，坎是变离，为月。它们都是相对的关系，故言“鼓之以雷霆，润之以风雨，日月运行，一寒一暑”。“鼓”是震起鼓动，“霆”是雷之余，民间称作磨雷，即持续低沉的雷。《说文》：“霆，雷余声也”。《说卦》里没有说“艮为霆”，但八卦与提及的八象对应起来，艮应当是霆。既然是八卦磨荡，也不能丢下艮卦不说。

这一节说明《周易》里刚爻柔爻以及八卦旋转往来的客观依据。

乾道成男，坤道成女。乾知大始，坤作成物。

【译文】

乾阳之气的运化成为男，坤阴之气的运化成为女。乾的作用是主管万物的创始，坤的作用是使万物生成。

【辨证】

“道”指的是阴阳运化及其规律。“乾道成男，坤道成女”是说乾阳运化成为雄性，坤阴运化成为雌性。也就是说，雄性的事物具有乾阳的运化特性，雌性的事物有坤阴的运化特性。就人来讲，男人秉承的是阳气特性，女人秉承的是阴气特性。男女都是阴阳二气化合而生的，但他们的特性不同。“知”犹言过问，是主管的意思。“大始”是万物之始，“作成”是孕育成形体。乾坤的特性是什么呢？就共性来讲，两者都具有始生万物的作用，所以乾坤都是元（元就是始）。但它们的作用又不尽相同。从各自的特点上来讲，乾阳是主动的，它的作用是开创性的，主要赋予万物以生机，使万物开始有生。坤阴是随从乾阳运动，它的作用是把乾阳开创的事物孕育出来，使乾阳赋予的生机得到一个载体，使万物开始有成。形象点说，就是男性给予的是精气，女性给予的是肉身，于是婴儿诞生出来。

这一节说明乾坤的基本性质和作用。

乾以易知，坤以简能；易则易知，简则易从；易知则有亲，易从则有功；有亲则可久，有功则可大；可久则贤人之德，可大则贤人之业。易简而天下之理得矣。天下之理得，而成位乎其中矣。

【译文】

乾以容易的方式发挥作用，坤以简单的方式发挥效能。容易就使人容易了解，简单就容易使人跟从。容易了解就会有人来亲近，容易跟从才能成就功业。有人亲近就可以长久，能成就功业就可发展壮大。可以长久是贤人的道德，可以发展壮大才是贤人的事业。容易简单就得到了天下的道理，得到天下的道理就能成就其中的地位。

【辨证】

“易”在《系辞传》里有多种义项，要注意在上下文里加以区别。它的基本意思是指天地造化运动。有时指易道，是天地造化运动的规律，有时指模拟天地造化的《周易》，有时指造化运动的基本特性变易或简易。在这里“易”与“简”互文，指的是简单容易。“以”是用的意思。“乾以易知”的“知”与“坤以简能”的“能”互文，指的是功能作用，乾的作用是主管。这两句的意思是乾用很容易的方式发挥它的主管作用，坤用很简单的方式发挥它的效能。这个简单容易的方式就是前面讲的“乾知大始，坤作成物”，就这么简单容易。“易则易知”的“知”与“简则易从”的“从”互文，知是了解的意思。很容易的东西别人了解起来就不费劲，很简单的事情别人随从起来就没那么复杂，就好办。“易知则有亲”是说，容易了解，人家才敢亲近你。谁也不愿把心交给一个素不了解的人。“易从则有功”是说，容易追随，大家跟着你干，事情才能办成功。“有亲则可久”是说，得人心才能长久不衰。“有功则可大”是说，一步一步的成功才能发展壮大。“可久则贤人之德”是说，可以长久的道德那才是贤人应具备的道德。“可大则贤人之业”是说，可以发展壮大的事业，那才是贤人追求的功业。“易简天下之理得矣”是说，无论人生有多大的道德功业追求，但从根本上讲，都源于简单、容易。抓住了这一点，那就抓住了最根本的道理。“天下之理得，而成位乎其中矣”是说，抓住了天下最根本的简易之理，就能成就道德功业，就可以发挥出人助成乾坤运化的作用，在天地间获得自己恰当的地位。人要弘扬天道，体天行道，行道的根本原理是简易。

这一节是说明乾坤的易简之理。

（二）

圣人设卦观象，系辞焉而明吉凶，刚柔相推而生变化。是故吉凶者，失得之象也；悔吝者，忧虞之象也；变化者，进退之象也；刚柔者，昼夜之象也。六爻之动，三极之道也。

【译文】

圣人设立了卦，观察卦象又附上了解释的言辞，以此来说明吉凶。刚爻与柔爻相互推移而产生变化。因此，吉凶是得失之象，悔与吝是忧愁与不知预防之象，变化是进退之象，刚柔是白昼黑夜之象，六爻的运动是天地人三极运动的大道。

【辨证】

卦是模拟天地运动的模型，圣人把它设立出来，是要表现宇宙运动之道。宇宙运动之道本来可以从中看出来，一开始并没有说明的言辞。但这个模型没人传授很不容易看懂，所以周文王才加上了说明的言辞，这些言辞都是根据这个模型显示出来的象加上去的，叫作“观象系辞”。系辞的目的是为了让人看懂宇宙运动之道，从而有所趋避，所以要说明吉凶。“象”主要指的是事物的影像，如同镜子里的实物。在《周易》里，有八卦之象，这在《说卦》里有大量说明。另外，“象”又是事物运动中的现象，现象反映本质，但必须对现象做出正确的分析。这不是每个人都可以做到的，这也需要加以说明。“系辞”就是在后面附上说明的言辞。系辞是根据象来的，它可以取材于古代占筮的记录内容，但它绝不是古代筮辞的拼凑，不论我们看明白还是没有看明白，觉得有道理还是无道理，都必须有象的依据，这是确定而无疑的。得意可以忘象，没有得意之前不可忘象，它至少可以使我们了解到古人透过现象看本质的方法。

《系辞传》在这里给我们介绍了几种观象系辞的主要体例。“刚柔相推而生变化”是指，卦中是用刚爻与柔爻的推移来显示变化，所以先要看懂刚爻与柔爻是怎样推移的，然后才能知道发生了什么变化。“是故吉凶者，失得之象也”是说，所以在变化中才能看出是得到还是失去。吉是对显示出能得到之象的判断，凶是对显示出要失去之象的判断。“悔吝者，忧虞之象也”中，“悔”是办错事情而后悔，“吝”是办错了还不知道后悔，引申为不知羞耻。“忧”是忧愁，“虞”是喜悦，引申为盲目喜悦不知预防。悔是对显示出忧愁之象的判断，吝是对显示出不知预防的判断。“变化者，进退之象也”是说，变化指的是向前推进还是向后消退之象。“刚柔者，昼夜之象也”是说，白天是阳长阴退，黑夜是阴长阳退，刚柔爻的推移显示的就是这种昼夜阴阳消长之象。“六爻之动，三极之道也”中，“三极”指的是天极、地极与人极（万物之极以人为代表，下同）。“极”是端的意思，指一卦六爻的上端、中端、下端。《周易》卦以五爻与上爻表示天，上端为天；三爻、四爻表示人，中端为人；初爻与二爻表示地，下端为地。全句是说，卦中六爻的运动，是天地人运动规律之象。当然这只是一个摘要性的说明，更详细的内容还要以此类推。

这一节是说明《周易》卦爻辞的来源以及吉凶悔吝、刚柔变化、六爻推移的意义。

是故君子所居而安者，易之序也；所乐而玩者，爻之辞也。

是故君子居则观其象，而玩其辞，动则观其变，而玩其占，是以自天佑之，吉无不利。

【译文】

所以，君子安心所居的是周易里认可的位序，乐于玩味的是卦爻辞。君子有时间就观察卦爻中的象而玩味卦爻辞，行动就观察它的变化而玩味它的占断，因此能得到上天保佑，吉祥而没有不利。

【辨证】

“是故君子所居而安者，《周易》之序也”中，“居”是居处，“易”是易卦，“序”是位序。意思是，君子立身处事，安然于自己在易卦中显示出来的位序。比如乾卦的位序初爻是潜伏，二爻是显现，三爻是精进不休，四爻是可试试身手，五爻是飞跃上天，上爻是亢极，人处大化之中，位序是由天地阴阳的推移造成的，自己无法选择。所以要安然而处。生于贫贱就安于贫贱，生于富贵就安于富贵。不去羡慕别人，也不嫉妒别人，泰然处之。这与世道人心最常见的“恨人有，欺人无”的言行是完全相反的一种处世态度，所以才特别珍贵。但这并不是要人们不求进取，相反倒是让人正确认识自己的客观条件，摆正自己的地位，与时俱进，在条件成熟的情况下及时进取。既然是位序，那就如同是人生的台阶，在第一阶上，自然可以迈向第二阶，循序而上。循序正是安于周易之序，如果站在第一阶上就要一步踏上第一百零八阶，那就是不安于周易之序。“所乐而玩者，爻之辞也”中，“玩”是玩味，看着它仔细琢磨。爻辞是说明运动变化的，并不是明白了字面意思就算理解了，要深入到字面意思的背后，看明白它要说明的事物是如何运动变化的深层道理，所以君子才乐于去反复琢磨它。“君子居则观其象而玩其辞，动则观其变而玩其占”中，“居”与“动”是互文，“居”是不动的意思。全句是说，君子在没有事情要做的时候，就要认真观察卦爻象表现出来的道理，仔细琢磨卦爻辞；当有事情要做的时候，就要观察它的变化规律，仔细琢磨它的吉凶占断。“占”与“辞”是互文，指的是吉凶占断。明白了其中的道理，懂得按道理去行动，当然就会上天保佑，吉祥而没有不利。因为道理就是从天地运动中产生的。

这一节说明君子学习周易的主要内容和方法。

（三）

象者，言乎象者也；爻者，言乎变者也。吉凶者，言乎其失得也；悔吝者，言乎其小疵也。无咎者，善补过者也。

【译文】

象辞（卦辞）是说明象的，爻辞是说明变的，吉凶是说明得失的，悔吝是小的偏失，无咎是善于补救过失。

【辨证】

象是彖辞，指的是后来称作的卦辞。甲骨占卜之辞叫繇辞，周易占筮之辞叫彖辞。因为孔子写了《彖传》，人们把《彖传》常称作彖辞，为了区别，后来人们把原来的彖辞改称为卦辞。“彖者，言乎象者也”是说，卦辞是说明象的。周易以前，卦画是用象表意的，看懂了象，就知道了卦画的意思，后来人们看不懂了，这才加了卦辞，所以卦辞是说明卦象以及卦象所显示的意义的。不要理解为卦辞只说明卦象。“爻者，言乎变者也”是说，爻辞是说明卦爻的变化及其所显示的意义的。“吉凶者，言乎其失得也”是说，吉凶是说明得失的，得为吉，失为凶。“悔吝者，言乎其小疵也”中，“小疵”是小毛病。“悔吝”是说明小过失的，还不至于造成得失的后果，但肯定是有了错误。“无咎者，善补过者也”中，“咎”是过错，引申为咎害，“无咎”是说明善于补救错误的。可见“无咎”是没有错误或改正了错误。

这一节说明了《周易》里卦辞、爻辞的作用及“吉凶”“悔吝”“无咎”这些术语的内涵。

是故列贵贱者存乎位，齐小大者存乎卦，辩吉凶者存乎辞，忧悔吝者存乎介，震无咎者存乎悔。是故卦有小大，辞有险易；辞也者，各指其所之。

【译文】

所以，贵贱的排列在于爻位，阴阳的均等在于卦，分辨吉凶在于卦爻辞，忧愁羞悔在于微细处的分辨，受到惊戒而没有咎害在于能悔过。所以，卦有大小，卦爻辞有凶险和平易。卦爻辞是指示变化的趋向。

【辨证】

“列贵贱者存乎位”中，“列”是排列，“存”是在，“乎”同“于”。全句意为：贵贱的排列在于爻位的位序。朱熹说，怎样看上贵下贱的位序呢？二爻与四爻比，四位贵二位贱；五爻与三爻比，五位贵，三位贱；上爻与初爻比，上位贵，初位贱。上爻虽然没有官职，然而它爻位本身就尊贵，《文言》说它“贵而无位，高而无民”，虽然没有实权，但对帝王来说，却是天子之父或帝王之师。对一般人来说，就是道德高尚、品格清白、超然物外的高人。“齐小大者存乎卦”中，“齐”指均等，“小大”指阴阳，阳大阴小。张浚解释说：卦的设立本于阴阳，阴为小，阳为大，有大小的不同。但无论是大还是小，谁得时谁为正。阳得时阳管事，阴得时阴管事，并不是一味地阳就好，阴就不好。体现在卦里，就是阳长阴退时，阳当值管事；阴长阳退时，阴当值管事。在六十四卦里阴阳大小得时的机会是平等均齐的。如同白天与黑夜一样，各占一半。《周易》认为，宇宙间阴阳是对等均衡的，虽有显与隐的差别，但没有量上的多与少的不同；六十四卦共 384 爻，其中阳爻 192，阴爻 192，即使是处于显与隐的状态，阴阳轮值的机会也是对等的。在各卦里，每一个阳爻的背后都有一个处于隐态的阴爻，每一个阴爻的背后都有一个处于隐态的阳爻。也就是说，每一卦的背后都有一个与该卦各爻阴阳相反的卦。汉人把它称作伏卦或旁通卦，外显的卦称作飞卦或本卦、遇卦。阴阳均衡是宇宙秩序赖以存在的基础，失去均衡就没有秩序可言，没有秩序也就没有规律可言，没有规律人类就不可能认识客观世界。这是中国特色的阴阳均衡论。魏晋时期，很多解释《周易》

的人反对讲伏卦，岂不知这是否定了《周易》的基本原理，应当予以甄别。当然，我们也应当正确认识伏卦，伏卦毕竟是处在隐态的卦，它的作用不能与飞卦相提并论，但否定它的存在就不客观了。《周易》最根本的原理就是阴阳，有阴阳，怎么会没有显隐？有显隐，怎么会没有飞伏？这与每一个白天背后都有一个黑夜一样简单。《说卦》里明确讲到了究卦的机理，怎么可以否定伏卦的存在呢？“辩吉凶者存乎辞”中，“辩”是分辨，“辞”指卦辞、爻辞。这是说，象可能看不明白，那么还可以看卦辞、爻辞的说明，卦辞、爻辞把变化中显现的吉凶都指出来了。“忧悔吝者存乎介”中，“介”是划分吉与凶的微细之处，这种地方最不易把握，往往一念之差导致了截然不同的后果。这种地方在哪儿呢？就在忧悔吝。忧是忧愁。就是当人们犯了错误的时候，你是后悔了，还是不后悔。也就是有没有悔改的忧患意识。有忧患意识而知悔改，那就向吉的方向发展，否则就会走向反面。“震无咎者存乎悔”中，“震”是指受到震惊，感到恐惧，知道戒备。知道戒惧，从而不犯错误的关键就在于能悔改。“悔吝者，言乎其小疵也”“无咎者，善补过也”。这些都是出现在出了小错的时候。小错就是细微之处，悔改就是趋吉避凶的金钥匙。“是故卦有大小”是说，所以卦有阳得时和阴得时的不同；阳得时为大，阴得时为小。六十四卦里，凡阳性卦为大卦，阴性卦为小卦。“辞有险易”中，

"险"是凶险，"易"是平易、平安。意为卦爻中就出现了凶险与安全平易的不同。"辞也者，各指其所之"中，"之"是到哪里去。意为卦爻辞是依据卦爻所处的特定时势地位而指出发展的趋向。

这一段说明卦爻辞常用术语的通例及用易的方法。

（四）

易与天地准，故能弥纶天地之道。仰以观于天文，俯以察于地理，是故知幽明之故。原始反终，故知死生之说。精气为物，游魂为变，是故知鬼神之情状。

【译文】

周易以天地为模拟的基准，所以能包络天地之道。仰观天文的变化，俯察地理的变化，因此知道明明暗暗中的缘故。推原本始，反究终末，知道死与生的道理。精气凝聚就是物，精气分离出来成为游魂就是变，所以能知道鬼神的情状。

【辨证】

"易与天地准"中，"易"指《周易》一书，"准"是标准。意思是周易的框架模型是按照天地及其运动规律为标准制作出来的，它的运行机制与天地一致。“故能弥纶天地之道”中，“弥纶”是弥漫、包络、笼盖，也就是包括的意思。意为它所以能包括天地所有的运行规律。“仰以观于天文，俯以察于地理”中，“文”与“理”互文，“理”也是文，山脉水流的走向等就是地理。“观”与“察”互文，细观为察。这是圣人制周易的主要方法，抬头观察天文的运动变化，低头观察地理的运动变化，然后进行模拟。“是故知幽明之故”中，“幽”是暗，意为所以知道明暗的缘故。明暗就是天地阴阳的变化，知道天地怎样运动，就知道了明暗产生的原因。“原始反终”中，“原”是推原，“反”是返回，与“原”互文；“原”是向前推，“反”是向后推，是推究的意思。意为推原本始的道理，推究终结的道理。“故知死生之说”是说，生为始，死为终，所以知道死生之说。“精气为物，游魂为变”是说，古人认为，天下万物不过是气的物化状态，元气聚则成形，散则为气。对比而言，阳为气，阴为精；阳为精，阴为血；阳为魂，阴为魄。人身上的力量、精力就是魄，力量与精力的功能就是魂，丢了魂就成了神经病，丢了魄就成了植物人，魂魄都丢了就成了死人。魂魄丢了，但并不是不存在了，而是一种转化，又回到阴阳的气化状态中去了。回到阳气态的魂就是神，回到阴气态的魄就是鬼。神与鬼再回到元气中去，然后元气又分阴阳，阴阳又重新组合为万物。这就是“与自然同化”。总的说，元气的功能称为神，如果分而言之，天的功能为神，地的功能为祇，人的功能死后从肉体中游离出来为鬼，只不过不是俗传的那种穿着衣服戴着帽子人格化了的鬼神。《周易》是主张有鬼神的，我们不能不承认史实。在《礼记·祭仪》篇有一段孔子答宰我问，专论鬼神：“宰我曰：‘吾闻鬼神之名，不知其所谓。’子曰：‘气也者，神之盛也。魄也者，鬼之盛也。合鬼与神，教之至也。众生必死，死必归土，此之谓鬼。骨肉毙于下，阴为野土，其气发扬于上，为昭明、焄蒿、悽怆，此百物之精也，神之著也。因物之精，制为之极，明命鬼神，以为黔首则。百众以畏，万民以服。’”（孔子的学生宰我说：“我常听人们说起鬼神，但并不知道鬼神是什么。”孔子说：“人身上的气就是旺盛的神，人身上的魄就是旺盛的鬼。人活着气与魄合在一起，鬼神都旺。人一衰死，鬼神就分开了。前人把鬼与神合在一起进行祭祀，是为了设立教化而把它们聚合起来。人们肯定会死，死后定会归于大地，这就是魄化成的鬼。尸骨埋在地下，依荫在土壤里，它的气蒸发出来，升到天上成为清明的精气。百物的气味蒸发出来，被人们感受到而产生悽怆之情，这是百物的精气，最为显著的神。圣人依据物的精气，极度尊敬它，制定出鬼神的名称，作为百姓祭祀的法则，使众人有所畏惧，万民有所信服。”）可见神就是精气，鬼就是魄，回到天阳为神，归到地阴为鬼。精气聚合就成为实物，魂魄从实物中游离出去就是变。“是故知鬼神之情状”是说，所以知道鬼神的情况。幽明、生死、鬼神是阴阳的变易，天地的运行，功能的转化，都是可知的。

以上说明圣人制周易的客观依据和方法及周易理的精微，能知幽明、死生、鬼神。

与天地相似，故不违；知周乎万物而道济天下，故不过。旁行而不流，乐天知命，故不忧。安土敦乎仁，故能爱。范围天地之化而不过，曲成万物而不遗，通乎昼夜之道而知，故神无方而易无体。

【译文】

周易中的道与天地的运动相似，故能与天地之道一致。智慧周遍万事万物，它的道能济助天下，所以不会有失误，广泛运行而不会流于放纵。乐天道而知天命，所以没有忧愁。安于所处的地位，培养深厚的仁慈，所以能仁爱。包括天地的变化而无过失，细致委屈地成全万物而不遗漏，贯通昼夜之道而智慧无穷，所以神没有固定的方式，周易的道没有固定的体式。

【辨证】

“与天地相似，故不违”，指的是易卦这个模型与天地的运行相似，所以它与天地之道是一致的。可见卦并不是死的图案，它是运动的。“知周乎万物而道济天下，故不过。旁行而不流”中，“知”通“智”，“周”是“周遍”，“济”是济助，“过”是超过，“旁行”是普遍流行，“流”是指流出道外。这是说易卦这个模型中蕴含着圣人正确仿效天地的智慧，所以它能像天地之道一样周遍万事万物，概无例外。它的道能济助天下所有的事物，而不会出现超出天地之道以外的错误；普遍流行在所有的方面，而不会流溢出天地之道以外。也就是说，它与天地之道是一致的，放之四海而皆准。因为天地是自然的，自然是客观的，客观是正确的，认识符合客观就是正确的。“乐天知命，故不忧”，是说知天命，并以知天命为乐，所以不忧愁。“天命”实际指的是天地之道赋予人的性命，这是客观的，无法改变的。既然是无法改变的，当然正确认识到它就是一件快乐的事。认识到它，就可以按它的发展规律去处理自己的日常行为，所以没必要有什么忧愁。“安土敦乎仁，故能爱”中，“土”是土地、处所。“安土”是随遇而安，即待在什么样的处所都心安。“敦”是厚实，“敦乎仁”是在仁慈方面有深厚的修养，“仁”是仁爱。意为随遇而安，具有深厚的仁爱之心，因此能博爱。《系辞传》认为，要效法天地之道，天道主智，地道主仁，上一句是效法天道，故要智周万物，这一句是效法地道，故像大地一样深厚博施，随遇而安。“范围天地之化而不过”中，“范围”是动词，是包括起来的意思。“化”是天地的运化。意为易道包括了天地运化之道而不超出它的范围。这是从大处说，易道与天地之道完全吻合。“曲成万物而不遗”中，“曲”是曲曲折折地细致到任何微小的事物，“遗”是遗漏。意为，细致地成全万物，任何小的事物都不会遗漏。这是从小处说，易道与天地之道完全吻合。既不过，也不会不及。“通乎昼夜之道而知”中，“昼夜之道”是阴阳之道最直观的表现。比如白昼与黑夜的对立统一，相互转化，至极而反、周而复始、均衡推移等。易的原理就是贯通着昼夜之道，所以具有天地之理的无穷智慧。“故神无方而易无体”是说，神的基本含义是阴阳不测的功能（见后），这种功能导致天地之道的神秘运化。“方”是方式，“体”与“方”互文，指的是体式。意为天地神秘的运化没有一个固定的方式，易道的运行也没有一个固定的形式。它们都是唯变所适，随事物的不同而变化。

这一节盛赞易道与天地自然之道完全吻合。

（五）

一阴一阳之谓道，继之者善也，成之者性也。仁者见之谓之仁，知者见之谓之知，百姓日用而不知，故君子之道鲜矣。

【译文】

一阴一阳就是道，道的继续就是善，道的铸成就是性。仁慈的人见到它把它称作仁，智慧的人见到它把它称作智。百姓日常使用它却不知道，所以君子之道就鲜为人知。

【辨证】

“一阴一阳之谓道”中，“道”是气的运化及其运化规律。阴气阳气的运化及其规律就是道。世界上虽然有万事万物，看起来纷繁复杂，但总的来讲，无非是一阴一阳的运化而已，阴阳的运化产生万物。“继之者善也，成之者性也”中，“之”指的是道，就是阴阳运化。“继”是继承，“成”是铸成、凝化成。对人来说，把这种阴阳运化之道继承在自己身上就是善，因为阴阳运化广生万物，普利众生，它本身就是善良的。阴阳运化铸成为不同的个体，那就是各个个体的本性。“仁者见之谓之仁，知者见之谓之知”是说，仁慈的人看到道在仁慈方面的表现，于是就把道叫作仁慈，智慧的人看到道在智慧方面的表现，于是就把道看作是智慧。其实这都是各执一端，并不全面。天阳主智，地阴主仁，道是阴阳运化，它是仁智全备的。“百姓日用而不知”中，“日用”又“不知”，可见是下意识地用，不是掌握了道去应用。这里的“日用”是天天离不开道的意思。意为普通人可能连仁或智也认识不到，但日常生活都得受到道的支配，只不过是自己不懂得罢了。“故君子之道鲜矣”中，“鲜”是稀少。这句意为，所以能像君子那样既真正了解道，又能按道去做的人就非常稀少了。

这一节说明什么是“道”。

显诸仁，藏诸用，鼓万物而不与圣人同忧，盛德大业至矣哉！

【译文】

它显现在仁慈上，隐藏在日用中。鼓动万物而不与圣人一同忧虑，盛大的道德功业至高无上。

【辨证】

“显诸仁，藏诸用”中，“显”是显现出来，“藏”是潜藏在内，“诸”相当于“之于”。这两句仍然说的是“道”，意为道显现在仁慈上，潜藏在日用之中。道的运化普利众生，仁的品德可见可识，故为“显”。人们天天都离不开道，却又不认识道，故为“藏”。“鼓万物而不与圣人同忧”中，“鼓”是鼓动、催动。这句意为，道的运化催动使万物跟着运化，但道却不与圣人同忧。“道”是客观的，按自身的运动去运动。圣人是体天行道，是有意识地赞助道的运行，圣人对天下有忧患，道本身没有忧患。“盛德大业至矣哉”中，“至”是最高、最大。这句是说，道所具备的盛大道德与成就的功业是至高无上的，比圣人还高。圣人主要忧患的是人类，道是普利包括人类在内的万物。

这一节是说明“道”的至高无上。

富有之谓大业，日新之谓盛德，生生之谓易，成象之谓乾，效法之谓坤，极数知来之谓占，通变之谓事，阴阳不测之谓神。

【译文】

富有就称为大业，日日更新就称为盛德，生生不已就称为易，形成象就称为乾，效法就称作坤，穷极数理而知未来就称为占，通达于变化就称为事，阴阳不可测度就称作神。

【辨证】

“富有之谓大业”中，“富有”指拥有天下，包括人类在内的万事万物，这才能称为大业，有所偏执，不能称为大业。“日新”是每天都更新。道的运化是无穷的，日日更新的，世界一天一个样，每天都有进步，就是道运化所致，那才能算得上盛德。“生生之谓易”是说，生而又生，生生不已就是易。“易”指的是天地生生不已的运化。“成象之谓乾，效法之谓坤”是说，道运化成为象就是乾，效法道的运化就是坤。这两句是互文，内容是相互补充的。说“成象”是乾，包含着成形是坤的意思；说效法道是坤，包含着道的自由运动就是乾的意思。“极数知来之谓占”中，“极”是指把数推算到极尽之处。这句意为穷极数理能知道未来如何变化就是占测。“通变之谓事”是说，通达这种变化，然后按照变化规律，促成它向成功的方向发展，这是人们要做的事。“阴阳不测之谓神”是说，阴阳运化常人不可测度就是神。这一段比较集中地解释了一些基本概念。概念不清常常会导致曲解原文，附会己意。这里我们简单整理一下。程颐说：“言其体则谓之易，其理则谓之道，其用则谓之神，其命于人则谓之性。”什么是“道”？“一阴一阳之谓道。”道是一阴一阳的运化及其规律。什么是“易”？“生生之谓易。”易是道生生不已的运化。什么是“神”？“阴阳不测之谓神。”神是阴阳运化常人不可测度的功能。什么是“性”?“成之者性也。”性是道(也就是阴阳二气)凝铸于个体的不同本性。神的不可测度指的是常人,圣人不仅能测度,而且还可以用周易的体系把它模拟出来。不然还讲什么“知神之所为乎”,还怎么能“通神明之德”“幽赞于神明之德”?古人言简意赅,要全面了解它的含义。神不过是一种难以测度的功能或这种功能散发的神秘性。所谓圣人,无非是智商很高的人,并不是神仙。

以上说明道、大业、盛德、乾坤与易占、事、神等的含义。

(六)

夫易之广矣大矣,以言乎远则不御,以言乎迩则静而正,以言乎天地之间则备矣。

【译文】

易道广大啊,用以说明极远的事情它没有界限,用以说明极近的事情它确定而正确,用以说明天地间的事情则详备无遗。

【辨证】

“夫易广矣大矣”中，“易”指易经所具备的易道。易道模拟天地阴阳之道，所以它与天地阴阳之道一样无限广大。天地阴阳的运化是客观存在的，易道是对这种客观存在的一种模拟，属于圣人的认识性的模仿，它是主观的，但因为主观与客观完全吻合，所以它反映天地阴阳运化的能力是无限广大的。要注意主客观的区分。“以言乎远则不御，以言乎迩则静而正”中，“以”是用来，“御”是被挡住不能向前，“迩”是近。这句意为，用易道来说明遥远的事物，它没有界限；用来说明近处的事物，它既确定又正确。“静”是稳定、安定，在这里是确定，没有游移的意思。这两句是从远与近、宏观与微观两个方面说明易道的适用性。古人称为“其大无外，其小无内”，都可以用它来说明。所以下一句说：“以言乎天地之间则备矣。”意为用它来说明天地间的万事万物则详备无遗。“备”是完备，也就是天地间的事物什么都可以说明。

这一节说明易道的广大。

夫乾，其静也专，其动也直，是以大生焉。夫坤，其静也翕，其动也辟，是以广生焉。广大配天地，变通配四时，阴阳之义配日月，易简之善配至德。

【译文】

乾的静态纯粹专一，它的动态又无限正直，因此能大生。坤的静态是闭合，它的动态又是开放，因此能广生。乾坤的广大与天地相配，它的变通与四季相配，阴阳的意义与日月相配，容易与简单的美善与至高无上的道德相配。

【辨证】

“夫乾，其静也专，其动也直，是以大生焉”中，“夫”是发语词，天地阴阳是客观的实体，乾坤是易书体系里代表它们的符号。这句意为，就乾与天阳的一致性来说，乾与天阳一样，当它静止的时候是纯粹专一的，当它动起来的时候是正直无私的，所以能生万物。“大生”是无所不能生。“夫坤，其静也翕，其动也辟，是以广生焉”中，“翕”是合住，“辟”是开放。这句意为，就坤与地阴的一致性来讲，坤与地阴一样，当它静止的时候是封固闭合的，当它动起来的时候是散发开放的，所以能广生万物。“广生”是普遍去生。这里要注意，乾阳的基本特性是动，但它也可以静；坤阴的基本特性是静，但它也可以动。动与静是相互转化的。阳中有阴，阴中有阳，阴阳是互含的，不能绝对地去看待。“广大配天地，变通配四时，阴阳之义配日月，易简之善配至德。”“配”是相配相合，“时”是四季。这几句是就天地阴阳与它们在《周易》书里的代表符号乾坤的区别来说的。意为，乾坤的广大与天地的广大相配相合，乾坤的变通与四季的变通相配相合，乾坤所蕴含的阴阳意义与日月的阴阳意义相配相合，乾坤简易德行的美善与天地至高无上的简易德行的美善相配相合。

这一节重点解释了乾坤。

（七）

子曰：易，其至矣乎！夫易，圣人所以崇德而广业也。知崇礼卑，崇效天，卑法地。天地设位，而易行乎其中矣。成性存存，道义之门。

【译文】

孔子说：周易达到极致了吧！圣人用周易来崇尚道德，扩大功业。智慧崇高，礼节谦卑，崇高效法天，谦卑效法地。乾坤设立了天地的位置，周易在其中运行。助成天性并把它积存再积存起来，就是道义的门径。

【辨证】

“子”是先生的意思。“子曰”在这里指孔丘先生说，就是孔子说。“易，其至矣乎”中，“易”指周易，“至”是到达顶点。这句意为，周易太伟大了，达到极致了吧！“夫易，圣人所以崇德而广业也”中，“崇”“广”都是使动用法，“崇德”是使道德崇，“广业”是使功业广。这句意为，圣人创制出周易是用来干什么的呢？主要是用来使道德变得崇高，让功业变得广大。从这句话里我们可知，朱熹说“《周易》为卜筮之书”是讲错了。至少是《周易》不如此，《系辞传》也不这样认为。“知崇礼卑，崇效天，卑法地”是说，智慧要崇高，礼节要谦卑，崇高是学习天，谦卑是学习地。“天地设位，而易行乎其中矣”这一句中的“天地”不仅指客观的天地，与上一句的意思要联系起来看，是说，人要是能够“智崇礼卑”，就如同天地设立了上下的位置，易道就可以在其中运行了。“成性存存，道义之门”中，“成”是铸成、凝成，“性”就是前面说的道的铸成，“成性”是指天地运化之道凝聚于每一个个体所成的天性。“存存”应当解释为一个动宾结构，前一个“存”是动词，是积存起来；后一个“存”是名词，指所存在于个体的天性，是“存其所存”的意思。一般的注释都把它讲成是动词连用，是存而又存。全句是说，把天地之道凝成的天性积存起来，不要失去，由此作为起点，就是进入道义的门径。

这一节说明周易的用途是崇德广业，重点说明怎样崇德。

（八）

圣人有以见天下之赜，而拟诸其形容，象其物宜，是故谓之象。圣人有以见天下之动，而观其会通，以行其典礼，系辞焉以断其吉凶，是故谓之爻。言天下之至赜而不可恶也，言天下之至动而不可乱也。拟之而后言，议之而后动，拟议以成其变化。

【译文】

圣人见到天下运化的微妙，有感于心，而模拟它的形态，用卦爻象仿造事物的形象，所以称为象。圣人见到天下的运动变化，有感于心，而观察它普遍通用的规律，奉行它的常规法则。附上卦爻辞，裁断吉凶，所以称为爻。说明天下最精微的现象而不可破坏，说明天下最复杂的运动而不能变乱。先模拟而后来说明，又加以拟议而后才运动，模拟研议好之后才形成变化。

【辨证】

“圣人有以见天下之赜（zé）”中，“赜”，孔颖达疏：“赜谓幽深难见，圣人有其神妙，以能见天下深赜之至理也。”“赜”是指幽深难见，引申为精微神妙不为常人所知之处。这句意为，圣人观察到天地间事物运动变化的精微之处，懂得了其中神妙的道理。“拟诸其形容”是说，把它的形态容貌模拟出来。“象其物宜”是说，造出卦爻，把事物深层最恰当的状态用象的方法表现出来。“物宜”是与事物本体最吻合的状态。“是故谓之象”是说，所以才叫作“象”。这是指没有卦爻辞之前，圣人是用象来表现他领悟的道理。“圣人有以见天下之动”是说，后世圣人观察到天地间事物的变化运动。“而观其会通”中，“会”是会合处，有如我们今天说的焦点。“通”是通行、通用处。这句意为观察出事物运动变化中会合而又通行的诀窍。“以行其典礼”中，“典”是常，即普遍适用的法则。“礼”是节，即要控制、要注意的地方。这句意为推行它普遍适用的常规和需节制的法则。“系辞焉以断其吉凶”意为附上爻辞来裁断出吉凶。“是故谓之爻”意为所以称作“爻”。“爻”是效的意思（见后），即爻辞是仿效天下之动而做出的说明。“言天下之至赜而不可恶也”中，“赜”是精微幽深的道理，“恶”是坏的意思。朱熹把“恶”读为“wū”，当作厌恶讲，所以连“赜”也讲成纷杂了。这一句的“恶”与下一句的“乱”是互文，有内证，是破坏的意思。这句意为，说明天下最为精微幽深的道理，不允许破坏。“言天下之至动而不可乱也”中，“至动”是最为复杂的变化。

这句意为，说明天下最为复杂的变化，不能混乱。上述两句是讲圣人总结出的规律十分恰当，对最精微、最复杂的变化都把握得正确无误。用于万事万物，既不能改变，也不能破坏它的正确性。以上讲的是《周易》的经典性。下面三句兼讲人们怎样按《周易》去做。圣人制易的方法是模拟好了才说，商议好了才让卦爻动，安排好了才让它形成变化。对用《周易》的人来说，"拟之而后言"是说，当人们要做一番事业的时候，先按《周易》的卦爻体系模拟好了，然后提出一个方案来。"议之而后动"是说，把这个方案作了可行性论证，商议好了，再去行动。"拟议以成其变化"是说，这样做起来，事情就会按你拟议好的方案去变化，要做的事业就成功了。这也是针对《周易》可以"广业"说的。

这一节重点是说明《周易》在"广业"方面的用途。

（九）

"鸣鹤在阴，其子和之。我有好爵，吾与尔靡之。"子曰："君子居其室，出其言善，则千里之外应之，况其迩者乎？居其室，出其言不善，则千里之外违之，况其迩者乎？言出乎身，加乎民；行发乎迩，见乎远。言行，君子之枢机。枢机之发，荣辱之主也。言行，君子之所以动天地也，可不慎乎！”

【译文】

“鹤在树荫下鸣叫，它的小鹤也叫着应和。我有好酒，我与你共享。”孔子说：“君子居于室内，说出的话诚实善良，千里之外也会得到应合，更何况是在近处！居于室内，说出的话不诚实善良，千里之外也会违背不从，更何况是在近处！话从自己嘴里说出，听在大众的耳里；行为在近处发出，远处就会看见。言与行是君子的枢纽机关，枢纽机关发动，是人受到羞辱或得到荣耀的关键。言与行，是君子感天动地的所在，可以不谨慎小心吗？”

“同人，先号啕而后笑。”子曰：“君子之道，或出或处，或默或语。二人同心，其利断金。同心之言，其臭如兰。”

【译文】

“同人，先哭后笑。”孔子说：“君子所奉行的道，是该出来执政就出来执政，不该执政就引退而处。该说就说，不该说就不说。两人同心，其锋利可切断金属；同心的话，味如兰花一般香。”

“初六，藉用白茅，无咎。”子曰：“苟错诸地而可矣，藉之用茅，何咎之有？慎之至也。夫茅之为物薄，而用可重也。慎斯术也以往，其无所失矣。”

【译文】

大过卦初六爻辞说：“用白茅垫在下边，没有咎害。”孔子说：“把祭品摆放在地上就行了，下边还要再垫上一层茅草，这会有什么咎过？谨慎到极点了。茅草是一种轻微之物，但用起来可以有重大意义。按照这种谨慎的方法去做事，就不会有过失了。”

“劳谦君子，有终吉。”子曰：“劳而不伐，有功而不德，厚之至也。语以其功下人者也。德言盛，礼言恭，谦也者，致恭以存其位者也。”

【译文】

“有功劳而谦和的君子，有好结果，吉祥。”孔子说：“有劳苦而不自夸，有功劳而不自以为恩德，忠厚到极点了。是说以有功劳的身份而能谦居人下的人。有道德的话盛大，有礼仪的话恭敬，谦虚能使人恭敬，可用以保住自己的地位。”

“亢龙有悔。”子曰：“贵而无位，高而无民，贤人在下位而无辅，是以动而有悔也。”

【译文】

乾卦上九爻辞“亢龙有悔”。孔子解释说：“正如尊贵的人却没有职位，高高在上却失去了民众，下面有贤明的人却得不到辅助，因此动一动就会有忧悔。”

“不出户庭，无咎。”子曰：“乱之所生也，则言语以为阶。君不密则失臣，臣不密则失身，几事不密则害成。是以君子慎密而不出也。”

【译文】

“不走出门户庭院，没有咎害。”孔子说：“祸乱的产生，常常以言语为阶梯。君王不能慎密就会失去臣子，臣子不能慎密就会招来杀身之祸。事前细微之中不能保密，就会造成失败，因此君子总是慎密而不随便出言。”

子曰：“作《易》者，其知盗乎？《易》曰：‘负且乘，致寇至。’负也者，小人之事也。乘也者，君子之器也。小人而乘君子之器，盗思夺之矣。上慢下暴，盗思伐之矣。慢藏诲盗，冶容诲淫。《易》曰：'负且乘，致寇至。'盗之招也。"

【译文】

孔子说："《周易》的作者大概懂得寇盗的心理吧！《周易》里说'负且乘，致寇至。'背东西是小人干的活，车是君子代步的工具，小人却坐在君子的代步工具上，寇盗就想着要夺走它。对上傲慢，对下粗暴，寇盗就想着要收拾他。珍贵的东西不快藏起来，这是教给人家来盗窃；打扮得花里胡哨，那是教唆人家来调戏淫乱。《周易》里讲'负且乘，致寇至'，是说寇盗是自己招来的。"

【辨证】

以上选择了七段卦爻辞，详细的解释可见各卦里的说明。这七段话是举例证明为什么说《周易》是用来"崇德"的。主要是因为《周易》是用圣人的盛大道德来指导人们的言行。人的活动千差万别，但归纳起来，无非是"言"与"行"两种。把"言"与"行"指导好了，人的道德就可树立起来。这是《系辞传》没有明说出来的潜台词，读的时候要理解它的意思。不要仅仅认为是在作示范性的讲解。

（十）

天一，地二，天三，地四，天五，地六，天七，地八，天九，地十。天数五，地数五。五位相得而各有合，天数二十有五，地数三十，凡天地之数，五十有五，此所以成变化而行鬼神也。

【译文】

天数一，地数二，天数三，地数四，天数五，地数六，天数七，地数八，天数九，地数十。天数一共有五个，地数一共有五个，五个方位的数各能配合。天数二十五，地数三十。天地之数一共五十五，这些数构成变化，形成鬼神之道的运行。

【辨证】

第十大段主要讲筮法，具体内容可参考《周易的数》与《解读河洛》部分。这里只通释一下较难理解的字句。《周易》以奇数为阳、为天数，故1、3、5、7、9都属天数；以偶数为阴，故2、4、6、8、10都属地数。“五位相得而各有合”，指的是河图中东西南北五个方位的数各有配合。

“位”不是量词，是名词，《周易》时代不用量词。如果《系辞传》说的是五个数相合，就会说成“五数相得而各有合”，不用“位”字。“得”也不是得数，而是能的意思；“合”也不是“合数”，是配合的意思，是说五个方位上的奇数与偶数各自能配合。如果《系辞传》说的是五个数相合，那就会说成“天数五，地数五，凡天数二十有五，地数三十。”“五位相得而各有合”就完全成为多余的了。很多人按后代的语言习惯去讲，因此造成了理解上的错误。由于这种错误理解，又导致了否定河图洛书的存在。《系辞传》的下文，分明讲到“河出图、洛出书，圣人则之”，有内证可据，这是无法否定的。《系辞传》认为数是宇宙最基本的秩序程式，通过数可以把天阳地阴的功能以及这些功能散发出来形成的变化算出来，这就可以演绎出各种变化，推行鬼神之道。

大衍之数五十，其用四十有九。分而为二以象两，挂一以象三，揲之以四以象四时，归奇于扐以象闰；五岁再闰，故再扐而后挂。《乾》之策二百一十有六，《坤》之策百四十有四，凡三百六十，当期之日。二篇之策，万有一千五百二十，当万物之数也。是故四营而成易，十有八变而成卦。

【译文】

进行演算的筹策数总共是50根，使用的是49根（拿出一根放在一边），把49根一分为二象征天地两仪（左手为天，右手为地），抽出一根挂在左手的指缝处，象征天地人三极。然后以四为单位去数手中的筹策，象征一年有四季。把剩下的零数夹在左手另外的指缝处，象征闰月；五年要闰两次月，所以右手的一半余数也要夹在另一个指缝处挂起来。乾卦的策数是216，坤卦的策数是144，一共360，相当于一年的天数。《周易》上下两篇六十四卦的策数共有11520，相当于万物之数。所以要四次经营才成为《周易》爻的数，经过18变完成一卦的演算。

【辨证】

这里有两个问题，一是天地之数五十五，此所以“成变化”“行鬼神”，为什么演算用五十？前人的解释很杂乱，只能自己分析了。首先得先认识五这个数。在《周易》的体系里，五是天数，又是地数，又是五行万物之数，它是联系天地生化万物的枢纽。天数五前面已有说明，地数五是因为它代表五行中的土，土即地。万物之数五，是五不仅代表土，还包含了金木水火土五行。在河图洛书里，它聚在中宫，散在四象八方，是个无处不有的数。但就土的生成讲，却是五加五。所以扬雄说中宫是“五与五相守”。河图中宫有十，洛书中宫无十。十是五加五。这样天地之数实际上是1、2、3、4、5、6、7、8、9、5之和，共50，所以大衍之数五十。这就是朱震在《汉上易传》里说的“《太玄》一六为水、二七为火、三八为木、四九为金、五五为土”。《黄帝书》亦曰“土，生数五，成数五，是以大衍之数五十也”。有人怀疑大衍之数应是五十有五，后来在传抄过程中脱失“有五”二字。这个怀疑合乎情理。因为“大衍之数五十”与“天地之数五十有五，此所以成变化而行鬼神”显然是不一致的。然而正因为这种不统一太明显了，所以才不可能是错的。《易传》流传了几千年，如果它错在此，早就会被前人纠正了。不可能流传到今天才会像发现新大陆似的当成问题来讨论。实际上，从汉朝开始就争论上了。虽然众说纷纭，还没有人怀疑是“五十五”的，可见“五十”是早被人们核实过的原文，没有什么“脱失”的问题。只不过是《系辞传》没有交代“五十五”与“五十”的一致性在哪里而已。这个一致性就在相矛盾的五上。“天地之数五十有五”是五行生成的全数。生成就形而下了，不能再参与变化。大衍是要推演变化，不能用五十五，所以要去掉代表五行成数的十，再加五。要说不用十，还是对的。非但此处不用十，就是在四象的六、七、八、九中也不用十。在河图、洛书的参天两地里也是逢十不计，只计尾数。可见

“十”是一个整数，在演算中等于零。另外，这也不仅是文字上的勘误问题。大衍是要实际操作的。我国在唐代以前确实是用蓍策来算卦的。实际演算中究竟是用五十五根蓍策，还是用五十根蓍策，当时是不可能含糊的。至少在《系辞传》出现的时候，用五十根进行演算的方法就流传下来，一直如此操作。如果流传的是用五十五根蓍策，那么《系辞传》中“大衍之数五十”的错误说法早就被人发现，会按事实把它改正过来，哪里会延续至今？这可以证明事实上就是大衍之数五十。再说，如果大衍之数是五十五，“其用四十有九”，就得虚出六来，为什么要虚“六”？那就更得去胡拼乱凑了。这与京房、马融等去凑五十之数就没什么区别了。

二是为什么“其用四十有九”？这一点王弼说对了。下面说分二是两仪的象征，归奇象三是三年一闰的象征，揲四是四季的象征，再而后挂是五年再闰的象征。那么“其用四十有九”，一根不用，只能是太极的象征。“易有太极，是生两仪，两仪生四象，四象生八卦。”有两仪，有四象（四时即四象），没有太极怎么行？不用于演算的一根象征太极。“揲”是分组去数。“揲”是指夹在指缝处。乾卦的策数指的是乾卦有六个阳爻，阳数用九，每爻是按四策为一组去数的，所以每个阳爻为36（9×4），六个阳爻为216（36×6）；坤卦的策数指的是坤卦有六个阴爻，阴数用六，每爻是按四策为一组去数的，所以每个阴爻为 24（6×4），六个阴爻为 144（24×6）。“二篇之策万有一千五百二十”，是指《周易》上下两篇一共有 64 卦，每卦 6 爻共 384 爻（64×6），阴爻与阳爻各占一半，各有 192 爻（384÷2），192 个阳爻合 6912 策（192×36），192 个阴爻合 4608 策（192×24），二数相加得 11520 策（6912+4608），相当于万物的万数。“四营”指的是分二、挂一、揲四、归奇四步。“奇”指零数。“十有八变而成卦”指的是，每一爻都要进行三次四营的步骤才能算出来，每一次四营为一变，把全卦六爻都算出来要经过 18 变（6×3）。

八卦而小成，引而伸之，触类而长之，天下之能事毕矣。显道神德行，是故可与酬酢，可与佑神矣。子曰：“知变化之道者，其知神之所为乎？”

【译文】

八卦是小成，引申而扩展，按感触到的事类推演扩大，天下可能发生的事情完全包括了。显现天地之道的功能与阴阳德行，所以，可以应对各种需要，可以助成神灵的功能。孔子说：“知变化之道的人，能知道神的所作所为吧？”

【辨证】

“八卦而小成”中，“八卦”指八个三爻卦，即乾坎艮震巽离坤兑。它们在六爻卦里都可以看成一个独立的单元，虽然还不能代表整个六爻卦的全部意义，但可以表示万事万物所归属的八种类别中的一种，对整个六爻卦来说为“小”，对能够独立成为一个单元进行分析来说为“成”。这句话的意思是说，三爻的八卦成为一个小单元。“引而伸之”是说，延伸扩展下去。“触类而长之”中，“触”是接触、感应，“类”是类别，“长”是生发出很多。这句是说，卦会随感应到的人们所问事情的不同类别生发出很多内涵。“天下之能事毕矣”中，“能事”是可能提问的事情，“毕”是尽了、全了。这句意为天下人可能提问的事情都完全包括了。这是指任何一个六爻卦都会因为变爻的多少与位置的不同变出六十四个卦，虽然总是六十四个卦，但因为遇卦的不同或变卦的不同，又会表示不同的意义，六十四卦会变出四千零九十六个不同的格局（64×64）。“显道神德行”中“显”是使动用法，是说使道的功能与阴阳的德行显现起来。“是故可与酬酢”中，“酬酢”是应对的意思。“可与佑神”中，“佑神”是佑助神化之功。这句意为，所以演算易卦可以应对人们各种求问的需要，可以佑助神鬼运化的功能。

“子曰：‘知变化之道者，其知神之所为乎？’”意为，孔子说：“懂得变化之道的人，大概能知道神的所作所为吧。”“其”是句首语气词，表示委婉的推论语气。“神”在这里是名词，是阴阳的功能。《系辞传》认为，卦可显道，数可通神。

这一段说明数的意义和用数演卦的方法以及《周易》载道广应、助神运化的特性。

（十一）

易有圣人之道四焉：以言者尚其辞，以动者尚其变，以制器者尚其象，以卜筮者尚其占。

【译文】

《周易》有四个方面的圣人之道：用在语言方面看重它的言辞，用在行动方面看重它的变化，用在制造器物方面看重它的象，用在卜筮方面看重它的占断。

【辨证】

前面讲的都是《周易》之道与天地之道如何一致。这一段讲作者客观、准确、精微地把握天地之道的伟大之处，及圣人创制《周易》所融注于其中的圣人之道与智慧。“易有圣人之道四焉”，是说《周易》能体现出四个方面的圣人之道。这里的“道”，实际指的是圣人的伟大之处。四方面圣人之道：一是“以言者尚其辞”，“辞”里有圣人之道。直接意思是，从《周易》里学习使用语言的人崇尚它的言辞。这不仅仅是要学习圣人使用语言的方式技巧，更重要的是要学习圣人用精微的语言来宏道。二是“以动者尚其变”，“变”中有圣人之道。直接意思是，用来指导自己行动的人崇尚它的变化。圣人在说明事物发展变化时是有规律可循的。三是“以制器者尚其象”，“象”中有圣人之道。直接意思是，用来发明创造的人崇尚它的象。“制器”如同我们今天讲的发明创造，这不仅仅是要按卦象制器，更重要的是学习圣人观象的方法，善于捕捉并把握万事万物合乎自然规律的象，并能透过现象看本质的智慧。四是“以卜筮者尚其占”，“占”中有圣人之道。直接意思是，用来卜筮的人崇尚它的占。这也不仅是学习它的占筮方法，更重要的是要学会占筮的机理。仅会算卦并不等于学会了《周易》。

占变象辞中体现了圣人对道的认知、把握和运用，对这四个方面的潜心研究可以帮助人们学懂《周易》。朱熹把它概括为：“观变玩占，可以见其精之至矣；玩辞观象，可以见其变之至矣。”

是以君子将有为也，将有行也，问焉而以言，其受命也如响。无有远近幽深，遂知来物。非天下之至精，其孰能与于此？

【译文】

因此，君子将要有所作为，有所行动，用言语去征询，就会被接受并如回音一般做出应答。无论远近幽深，都能得知未来的状况。不是天下最精微的哲理，谁能如此？

【辨证】

“是以君子将有为也，将有行也”是说，因此君子将要有所作为，有所行动，就是要办事的时候。“问焉而以言”中，“问焉”是问之于它，“以言”是用话去问。这句是说，用话去向《周易》征求意见。“其受命也如响”中，“受命”是接受问卦人的命辞，“响”是回声。这句意为，就会接受你的提问并如同回声一样做出应答。“无有远近幽深，遂知来物”中，“无有”是不分、不论的意思，“来物”是将来会出现的事物。这句意为，不论你问的是多么远、多么近、多么幽深难明的事情，得到的答案就会让你知道将来会是什么情况。“非天下之至精，其孰能与于此”中，“至精”指的是至为精微的哲理，也就是道。“其”表委婉推测，“孰”是谁，“与”是深入其中。这句意为，要不是天下最为精微的道，谁能深入到如此地步？

叁伍以变，错综其数。通其变，遂成天下之文；极其数，遂定天下之象。非天下之至变，其孰能与于此？

【译文】

三五用以变化，杂错综合它的数，贯通其中的变化，于是形成天下的纹理。推究它的数，于是确定天下的象。不是天下最神妙的变化，谁能如此？

【辨证】

这一节说明“变”里的圣人之道。“叁伍以变”就是“三五以变”。即三五形成变化。为什么三五形成变化，没有太好的解释。分析起来，三指的是天数，五指的是地数。五数在五行中属土，土即地。天三主化，地五主变。化是在运化之中，变是运化的阶段性成果。生数过五就变为成数。三为变化之始，老子说“道生一，一生二，二生三，三生万物”。三以前是两仪，还没有万物，谈不上万物的变化，从三开始才有万物的变化。“五”是变化的枢机，怎样变化都离不开五，通过五可以算出怎样变化，变化出什么。河图、洛书的中宫都是五。三五变化在历法中的表现是三年一闰，五年再闰；在万物衍生中的表现是三才五行等。“错综其数”中，“错”是杂错、交错，“综”是综合。这句意为把数杂错在一起综合起来进行运算。“通其变，遂成天下之文”中，“文”与下文的“象”互文，文也是一种象。“天文”也就是天象，“地文”也就是地象。“成”与下文的“定”是互文，“成”也是一种定。这句意为，算通了变化，于是就可以形成天下的至理。“极其数，遂定天下之象”中，“极”是推算到极尽。这句意为，推究出它的数，于是可以确定天下的象。可见是由虚向实推究出来。由数推究出象，由象推究出事物。“非天下之至变，其孰能与于此”是说，不是天下最为精妙的变化，谁能深入到这种地步。《周易》的“变”里有圣人“通变极数”之道。

易无思也，无为也，寂然不动，感而遂通天下之故。非天下之至神，其孰能与于此？

【译文】

《周易》没有思虑，没有作为，寂静不动，受到感应能贯通天下的道理。不是天下最为神奇的东西，谁能如此？

【辨证】

“易无思也，无为也，寂然不动”是说，《周易》卦没有心思，也无所作为，是寂静不动的。“感而遂通天下之故”中，“感”是感应，“通”是沟通，“故”是事故、事情。这句意为，当人们向它征询时，它受到感应，就能与你所问的事情沟通起来，用象显示出来，让你知道事情的原委。“非天下之至神，其孰能与于此”是说，要不是圣人制定的天下最为神奇的易卦，谁能深入到这种地步。

夫易，圣人之所以极深而研几也。唯深也，故能通天下之志；唯几也，故能成天下之务；唯神也，故不疾而速，不行而至。子曰：“易有圣人之道四焉”者，此之谓也。

【译文】

圣人用《周易》来穷极深奥，研究细微。正因为深奥，所以能贯通天下的心志；正因为细微，所以能成就天下的事务；正因为它神奇，所以不忙却迅速，不行却能到达。孔子说：“《周易》有四个方面的圣人之道”。说的就是这些。

【辨证】

“夫易，圣人之所以极深而研几也”中，“极”是研究到极处，作动词用。“几”是细微的先兆。这句意为，《周易》卦体系，是圣人穷极深奥研究细微的成果。“唯深也，故能通天下之志”意为，正因为它研究得深奥，所以能沟通天下所有人的心志。“唯几也，故能成天下之务”中，“务”

是事务，是一件件的事情，一件件的事情办成了就是“业”。这句意为，正因为研究到细微之处，所以能成就天下一件件的事情。“唯神也，故不疾而速，不行而至”中，“疾”“速”都是快。这句意为，正因为它神奇，所以能不急忙却很迅速，不行走却能到来。最后一句又强调了一次，孔子说：“《周易》里有四个方面的圣人之道，说的就是这些内容。”

（十二）

子曰：“夫易何为者也？夫易开物成务，冒天下之道，如斯而已者也。”

【译文】

孔子说：“《周易》是干什么用的？《周易》是开发万物、成就功业、笼盖天下的大道，如此而已的哲理。”

【辨证】

“夫易何为者也”中，“易”指《周易》一书。这句意为《周易》这本书是干什么用的？“夫易开物成务，冒天下之道，如斯而已者也”中，“开物”是开发事物，“成务”

是成就功业，“开物成务”就是前面说的“广业”。“冒”是覆盖、包括。“冒天下之道”就可以使人“崇德”。这句意为，《周易》一书是开发万物、成就功业，包括天下的哲理，如此而已的书。

这一节是从用途上总论《周易》的性质。

是故圣人以通天下之志，以定天下之业，以断天下之疑。是故蓍之德圆而神，卦之德方以知，六爻之义易以贡。

【译文】

所以，圣人用它来贯通天下人的心志，奠定天下的大业，裁断天下的疑问。所以蓍策的功能圆通而神奇，卦的作用方正而智能，六爻的意义变易而直观。

【辨证】

“圣人以通天下之志”中，“通”是沟通，“天下”指天下的人，“志”是心志、思想意识。这句意为，圣人用《周易》之道来沟通天下人的心志，也就是说，用易道来统一天下人的思想。“以定天下之业”中，“定”是奠定。“业”言“天下”当然是大业，对帝王来说是江山社稷的大业，对民众来说是全民成就的所有功业。无论什么样的功业，都必须在正确的思想指导下才能获得成功。易道可以给人们提供正确的指导，所以可以用来奠定天下的大业。也就是说，用《周易》之道指导天下人的行动。“以断天下之疑”中，“断”是判断、裁断。这句意为它可以给天下人裁断所遇到的疑问。这是指导天下人的方法。当人们有疑难找不到正确方向的时候，从《周易》之道中得到答案，有了正确的方向去做自己的事情，就能成就事业。所谓“广业”“成务”都是在这个意义上讲的。所以占筮是圣人普及《周易》之道、广业成务的方法，不能说“《周易》本占筮之书”，这是个人体会，不符合前人的成训。“蓍之德圆而神”中，“蓍”指用来占筮的蓍策，就是用蓍草茎杆做成的算卦签子。签子是圆形的。“德”是品德、特性。这句意为蓍策的品德圆通而神奇。因为是法天。“卦之德方以知”是说，卦画出来是方形的。这句意为卦的品德方正而智慧。因为是法地。“六爻之义易以贡”中，“易”是变化，“贡”是贡献出来让人看见。这句意为，六爻的意义变易而直观，就是说，六爻能变易又能告诉人们答案。因为六爻是法万物的变化。

圣人以此洗心，退藏于密，吉凶与民同患。神以知来，知以藏往，其孰能与于此哉？古之聪明睿知，神武而不杀者夫！

【译文】

圣人用它来洗刷心灵，退藏于隐密之中，吉凶与民众一同忧患。神奇能预知未来，睿智能包藏以往。谁能如此呢？古代耳聪目明、具有大智、神勇却不好杀的人才能做到吧！

【辨证】

“圣人以此洗心”中，“洗心”是洗刷心灵，也就是净化自己的心灵。“退藏于密”是退藏于隐密之中，指的是圣人的道藏在《周易》体系里，不显露于外，寂然不动，应物取用。“洗心”即所谓的“洁净精微”。人对世界的认识只有符合客观才是正确的。人心要如同止水、镜子一样纯客观地反映现实才能正确把握真理。镜子不能脏了，所以要洗；止水也不能自己先动荡起来，更不能自己先显露出很多东西，所以要寂然不动，这样才能有客观的观照。这与上文提到的“易无思也，无为也，寂然不动，感而遂通天下之故”都向我们说明了中国特色的认识论是反映论。“吉凶与民同患”中，“患”是忧患。这句意为吉凶与民众一同忧患。这是说，圣人也是人，他的心也是有功能的，他把这种功能用在与民众共同的忧患上，指导人们趋吉避凶。也就是“以天下之忧为忧，以天下之乐为乐”。“神以知来，知以藏往”意为，圣人的易道神奇能预知未来，智慧能包藏以往。

“其孰能与于此哉”是说，谁能这样呢？这是说一般人的神智是远不可企及的。“古之聪明睿智，神武而不杀者夫”中，“聪”是耳朵灵，“明”是眼睛亮，“睿知”即睿智，是具有高智商，“杀”是刑杀。朱熹说：“神武不杀，得其理而不假其物之谓。”认为这是一个比喻说法。好比是一个具有神武本事的人，却不使用这个本事去刑杀。用来比喻圣人掌握了道，却不是用它来说明某个具体问题，而是把它变成易道，应对万物，与“退藏于密”“寂然不动”意思贯通。这句意为，只有耳聪目明、智商极高、有神勇威武、却不用神武去刑杀的圣人才能做到吧？这一节是说明圣人认知易道与易道的伟大。

是以明于天之道，而察于民之故，是兴神物以前民用。圣人以此斋戒，以神明其德夫！

【译文】

因此明晓天道，察知民情，这才创制出神奇的《周易》，作为人们行动前取用的指导。圣人用它来斋戒洁诚，应验如神地彰明它的道德啊！

【辨证】

“明于天之道，而察于民之故”中，“故”即事。这句意为，圣人明晓天道，察知民事。“是兴神物以前民用”中，“是”是这样，“兴”是兴起动用，“神物”即前面提到的蓍、卦、爻之类，“前”是放在前。这句意为，这才动用这些神奇的东西，也就是创制出易卦，作为人们行动前取用的指导。“圣人以此斋戒，以神明其德夫”中，“斋戒”是表示诚敬，要焚香沐浴，清心敛欲，使自己的身心变得洁净，相当于前面说的“洗心”。朱熹说：“湛然纯一之谓斋，肃然警惕之谓戒。”这句意为，圣人用它来斋戒洁诚，应验如神地彰明他的道德。

这一节从圣人制《周易》的目的来说明《周易》的性质。

是故，阖户谓之坤，辟户谓之乾。一阖一辟谓之变，往来不穷谓之通。见乃谓之象，形乃谓之器。制而用之谓之法，利用出入，民咸用之谓之神。

【译文】

所以，关起门来就是坤，打开门就是乾。开开关关就是变，往来不穷就是通。显现出来就是象，有了形体就是器。制定出来使用就是法。出出入入利用它，大家都得使用就是神。

【辨证】

“阖户谓之坤，辟户谓之乾”中，“阖”是关门，“辟”，是开门。这句意为，关上门就属于坤的特性，打开门就属于乾的特性。“一阖一辟谓之变”是说，开开关关就属于变。“往来不穷谓之通”是说，在开开关关中不断地出入往来就属于通。以上是举例说明为什么说《周易》之道是“民咸用之”。“见乃谓之象，形乃谓之器”中，“见”是能看见，“象”是能看见，但并没有形体的东西，是乾的表现。比如海市蜃楼之类。“形”是形体，“器”是不仅能看见而且有形体的物质，是万物的表现。世界上的动物、植物、矿物都属于器。这句意为，仅能看见的就是象，有了形体的就叫器。“制而用之谓之法”意为，制定出来使用的就是法。“利用出入，民咸用之谓之神”中，“咸”是都。这句意为，像在开开关关中从门里出出入入地利用它那样，大家谁都离不开它，但谁也不知道为什么，那就是神。这是从最简单、最常见的道理中推出什么是最为精微的神。

这一节是从最常见的道理中推论《周易》的性质。

是故易有太极，是生两仪，两仪生四象，四象生八卦，八卦定吉凶，吉凶生大业。

【译文】

所以，易源于阴阳未分的太极，从太极分出天地两仪。两仪生出四象，四象生出八卦。八卦确定吉凶，吉凶产生大业。

【辨证】

这一节说明八卦的产生与宇宙发生的一致性。“易有太极，是生两仪”中，“太”是很、最之类的程度副词，“极”是极端、开端，“太极”是宇宙最原始的存在状态，“仪”是仪象，“两仪”即阴的仪象与阳的仪象，它们的最初具象就是天和地。《周易》是模拟这种自然的衍生，所以《周易》的原理是太极，太极生出两仪。《周易》的两仪就是阴爻和阳爻，它们的代表就是乾卦和坤卦。所以是乾为天、坤为地。这两句显然涉及宇宙的本体是什么，宇宙是怎样产生的。于是就引起了易学哲学里关于本体论与发生论之争。就本体论而言，老子主张道本论，程朱理学主张理本论，杨简主张心本论，图书学派主张数本论，此外还有主张无本论、性本论、善本论的等。但最传统的说法还是气本论。老子虽然说“道生一”，然而他说的“一”指的是太极。孔颖达说：“太极谓天地未分之前，元气混而为一，即是太初、太一也，故老子云‘道生一’，即此太极是也。又谓混元既分，即有天地，故曰太极生两仪，即老子云‘一生二’也。”老子讲的“一”就是太极，太极的本体就是混元气。《系辞传》中并没有讲太极以前的事，所以易学哲学的本体论应当是气本论。至于太极以前是什么，那只能算别家哲学的本体论，不能看成是易学哲学的本体论。中国几乎所有易学体系的方术原理，甚至包括道家都认为，“天地之间，一气流行而已”。气本论是传统说法。不过尽管有多种说法，还没有一种是神本论。太极元气生阴阳二气。周敦颐的解释是“太极动而生阳，动极而静，静而生阴，静极复动。一阴一阳，互为其根。分阴分阳，两仪立焉”。元气也好，阴阳二气也好，是物质性的，但却是有功能的、活性的，它的功能与活性是意识的根源。功能不能脱离它的本体而存在，世界上也没有不具有功能的物质，物质为阳，意识为阴，阴阳统一，都源于太极混元气，这就是中国特色的一元论。“两仪生四象”意为两仪生出四象。四象指什么？按《系辞传》自己的说法，四象主要是四季。见下文“变通莫大乎四时”。朱熹说：“两仪者，始为一画，以分阴阳。四象者，次为二画，以分太少。”意思是说：三爻卦产生的次序，先有最下边的一爻，这一爻分为阴阳两种，即阳爻—和阴爻--，接着向上产生第二爻，这一爻可分为太阳（⚌）、太阴（⚏）、少阳（⚎）、少阴（⚍）四种。这就是四象。“四象”也是个抽象概念。要说它的基本内容，朱熹选择得最好。孔颖达说："谓金木水火，禀天地而有，故云两仪生四象。土则分王四季，又地中之别，故唯云四象也。"意思是说，五行中的金木水火就是四象，它们是禀受天地之气产生出来的，所以才说"两仪生四象"。至于五行中的土，它与另四行不同，一是它旺在每个季节的最后一个月，二是土就是地，它不过是中位与地的别称，地在两仪的天地里已经有了，所以只说四象。显然，孔颖达讲的是宇宙的衍生，宇宙最原始的存在是元气，元气分化为阴阳二气，阴阳二气的结合产生五行，五行运化为万物。这就是中国特色的宇宙发生论。朱熹讲的是周易怎样用卦的形式把这种客观宇宙的衍生模拟出来，两者并不矛盾，根本没有争论的必要。"四象生八卦"是说，四象生出八卦。八卦所指比较明确，就是周易中的八个经卦：乾（☰）、坎（☵）、艮（☶）、震（☳）、巽（☴）、离（☲）、坤（☷）、兑（☱）。"八卦定吉凶"是说，八卦之前吉凶是常人很难认知的，圣人把八卦创制出来，就有了可操作性，可以通过八卦确定吉凶。"吉凶生大业"是说，知道了吉凶，当然就知道怎样做有利，怎样做不利，做起事情来就会扬长避短，充分利用有利条件，很容易地把事情办成，大业就产生了。

是故法象莫大乎天地，变通莫大乎四时，县象著明莫大乎日月，崇高莫大乎富贵。备物致用，立成器以为天下利，莫大乎圣人。探赜索隐，钩深致远，以定天下之吉凶，成天下之亹亹（wěi）者，莫大乎蓍（shī）龟。

【译文】

所以法象没有大过天地的，变通没有大过四季的，高悬而显明的象没有大过日月的，崇高没有大过富贵的。制备东西供人使用，设立现成的器物为天下提供利益，没有大过圣人的。探究精微，搜索隐秘，钩取幽深，获致遥远，以此来确定天下的吉凶，促成天下人勤勉努力的，没有大过蓍龟的。

【辨证】

“法象莫大乎天地”意为，法象没有比天地更大的。也就是说阴阳的可视状态没有比天地更大的。“变通莫大乎四时”中，“四时”是四季。这句意为，流通变化没有比四季更大的。“四时”与前文的“四象”对应，《系辞传》认为四季就是四象。可见“四象”是个抽象的概念。它从阴阳中生出，也与阴阳一样是无处不在的，于年为春夏秋冬，于月为晦朔弦望，于日为晨昏昼夜，于方为东西南北，于数为七八九六，于生命为生壮老死，于五行为金木水火，于卦爻为阴阳老少，等等。不能指一而不及其余，否则它还有什么普施性可言？然而“四象”尽管可以说出百种千种的具体所指，但要看变化流通，那还是要数春夏秋冬最为显著，最为广大。“县象著明莫大乎日月”中，“县”同“悬”，“著”是显著。这句意为，悬挂在天上最为显著可见的没有比得上日月的。可见圣人仰观天象虽有种种，但最重要的是日月之象。“崇高莫大乎富贵”中，“富贵”是富有天下而尊贵，指的是权势地位，不是现代意义的富贵。韩康伯注“位所以一天下之动而济万物”。意思是说，权势地位是统一天下的行动，是济助万物不可缺少的条件，所以说崇高没有大过权势地位的。比如要启动西部大开发工程，中央不说话，个人怎能搞得起来？空有济物之心，也只能徒感奈何，成不了大业。“备物致用，立成器以为天下利，莫大乎圣人”中，“备”是设立出来，与“立”互文。“成器”是建成的事物。比如三峡工程竣工了就是“成器”。这句意为，设立出事物供人们使用，建造成器物为天下人提供利益，没有大过圣人的。就是说，个人也可以有很伟大的发明创造，但要把它转化为生产力造福于民，那就得靠圣人了。比较起来圣人的作用更为巨大。并不是只有圣人才能发明创造，也不是有发明创造了就是圣人。“探赜索隐”中，“探”“索”互文。这句是说，探索最为精微、隐藏难明的变化。“钩深致远”中，“钩”是钩取出来，“致”是把它取来。这句是说，从最为幽深、遥远的地方把它的真相钩取出来。“以定天下之吉凶”是说，用来确定天下的吉凶。“成天下之亹亹者”中，“亹亹”即勤勉，是勤勉不息的意思。这句意为，促成天下人勤勉不息地去做事。“莫大乎蓍龟”是说，没有比蓍龟更大的了。“蓍”是卜筮和卜筮所用的蓍策，“龟”是龟占和龟占所用的龟腹甲。

是故，天生神物，圣人则之。天地变化，圣人效之。天垂象，见吉凶，圣人象之。河出图，洛出书，圣人则之。易有四象，所以示也。系辞焉，所以告也。定之以吉凶，所以断也。

【译文】

所以，天生出神奇的东西，圣人取为法则。天地变化，圣人效法。天悬垂天象，显示吉凶，圣人模拟它。黄河出了河图，洛水出了洛书，圣人仿效它。《周易》有这四种模仿的象，就是用以显示。附上卦爻辞，用以告知。把吉凶确定下来，用以裁断。

【辨证】

这一节是说明周易创制的直观原理和具体依据。“天生神物，圣人则之”中，“神物”指的是作蓍策的蓍草，“则”是仿效的意思。这句意为，天生出神奇的蓍草，圣人仿效它。“天地变化，圣人效之”是说，天地变化，圣人仿效它。“天垂象，见吉凶，圣人象之”中，“垂”是悬垂，“见”同“现”。前一个象是名词，后一个象是动词。这句意为，天悬垂出天象，显示吉凶，圣人仿效它。“河出图，洛出书，圣人则之”是说，黄河出了河图、洛水出了洛书，圣人仿效它。至于怎样仿效河图洛书，请参考《解读河洛》部分。“易有四象，所以示也”中，“四象”虽有多种解释，但在这里指的是上面提到的神物、天地变化、天垂象与河图洛书。不要脱离上下文自立新说。这句意为，周易的体系里有以上四种取象，是用来显示给人看的。“系辞焉，所以告也”意为，附上卦爻辞，是用来告诉人们的。“定之以吉凶，所以断也”是说，确定出吉凶来，是用来裁断给人们的。以上这一大段是从多角度说明周易的性质。

（十三）

《易》曰：“自天佑之，吉无不利。”子曰：“佑者，助也。天之所助者顺也，人之所助者信也。履信思乎顺，又以尚贤也。是以自天佑之，吉无不利也。”

【译文】

《周易》里说：“来自上天的保佑，吉祥没有不利。”孔子说："佑是帮助。天所帮助的是顺而不逆的人，人所帮助的是有诚信的人。履行诚信还不忘顺而不逆，又能崇尚贤能，因此会有来自上天的保佑，吉祥没有不利。"

【辨证】

这一节解释，大有卦的上九爻辞，详见该卦。强调"信"和"顺"是要说明君子怎样学《周易》。

子曰："书不尽言，言不尽意。"然则圣人之意，其不可见乎？子曰："圣人立象以尽意，设卦以尽情伪，系辞焉以尽其言。变而通之以尽利，鼓之舞之以尽神。"

【译文】

孔子说："文字不能把话都写全，话也不能把心中的意思都说全。"那么圣人的意思就不能完全了解了吗？孔子说："圣人设立了象，用以全面表现难以表达的意思；设立了卦，用以全面表现难以说清的真伪，附上卦爻辞，用以全面表达自己要说的话。通过变化流通用以全面表现它的利益，鼓舞它动起来全面表现它的神奇"。

【辨证】

"书不尽言，言不尽意"中，"书"指的是把要说的话用文字记录下来，也就是把口语转化为书面语。“言”是指要说的话。“意”是心意，指的是话的内涵。这句是说，用文字记录语言不可能把想说的话都写出来。这主要是因为说话的时候有语境，比如说话人的表情体态，都是一种潜态语言，一旦变成书面语，这些都没有了。语言也不可能把心里的意思都说出来。这主要是因为心里的意思是个浑沦的整体，语言只能去分解这个整体，不可能面面俱到地把它都说出来。“然则圣人之意，其不可见乎”中，“然”是这样，“则”是那么。这句意为，这样说来，那么圣人的心意就不可能完全表达出来了吗？“子曰：圣人立象以尽意，设卦以尽情伪，系辞焉以尽其言”中，“设”“立”互文，“情”指心里要表达的真情，“伪”指不是心里想表达的假意。孔子认为圣人有办法解决这个问题，这个办法就是，设立出象来完整表达自己的意思，设立出卦来完整表达自己的真实意图，区别开不属于内心想要表达的假意。这样再附上言辞，就可以完整表达出自己想说的话。这是因为“象”是一个完整的例子，它把浑沦的意思摆在了你的面前，卦是一个具体模型，它把时空环境描画了出来，这样再配上言辞，就可以防止人们理解歪了。这就可以完整表达圣人的意思。可见要学好周易，仅讲辞是不够的，还要看懂它的象和卦。不仅如此，“变而通之以尽利，鼓之舞之以尽神”。其中，“利”是圣人用周易造福于人的心思，“神”是圣人醒悟的阴阳不测处，这些就更难以表达了。但圣人有办法，它让自己创造的卦爻模型变化流通起来，这样人们就可以知道趋避，圣人用周易造福于人的心思就实现了，也就等于圣人要造福于人的心思都完整表达出来了。圣人把自己领悟的阴阳不测处融聚在卦爻中，鼓舞自己的模型动起来，让人们看到它是怎么动的。这样就把自己领悟的阴阳不测处完全表达出来了。可见，如果看不出卦爻是怎样变化流通、怎样运动，那就只能作些浅表性的理解。《系辞传》说明圣人怎样完整表达自己的言、意、利、神，实际是要告诉人们怎样学周易。所以，这一节是从圣人尽言达意的方法上说明应当怎样学周易。

乾坤，其易之缊邪？乾坤成列，而易立乎其中矣。乾坤毁，则无以见易。易不可见，则乾坤或几乎息矣。

【译文】

乾与坤就是易的意蕴吧？乾坤排列成序，《周易》之道就在其中成立起来。乾坤毁灭就无从见到《周易》之道。《周易》之道不可见，那么乾坤也就近乎熄灭了。

【辨证】

“乾坤，其易之缊邪”中，“缊”是包蕴、蕴含，古人把它讲成是渊薮、渊奥，是针对它在这句话里的意思。这句意为，乾与坤是《周易》的渊薮吧。也就是说，乾卦与坤卦是周易的纲领吧。一部《周易》书都在它的蕴含之中。“乾坤成列，而易立乎其中矣”中，“成列”是排列出来。这句意为，乾坤两卦排列出来，也就是列出一个大的框架，周易的体系就在其中成立了。“乾坤毁，则无以见易”是说，乾卦坤卦这个大框架毁了，那就没有周易的体系了。“易不可见，则乾坤或几乎息矣”中，“息”同“熄”，是熄灭。这句意为，不能看见易的体系，乾坤也就近乎熄灭了。这一节从乾坤的纲领性意义说明应该怎样学周易。

是故形而上者谓之道，形而下者谓之器。化而裁之谓之变，推而行之谓之通，举而错之天下之民谓之事业。

【译文】

所以，在具体的形体以上就是道，在具体的形体以下就是器物。变化而能裁断就叫作变，推行道就是通，把道用于天下的民众就是事业。

【辨证】

“形而上者谓之道”中，“形而上”是指在具有形体的万物之上，它在万物形成之前，认识它，是从万物中抽象提炼出来的。“道”是天地运化及其规律。直接的意思是说，在具有形体的万物之上就是道。“形而下者谓之器”中，“形而下”是指当具备了形体以后，“器”实质上指的就是万物。这句意为，有了具体的形体就是器物。“化而裁之谓之变”中，“化”是运化，“裁”是裁断、截止。这句意为，道运化的截止就是变。也就是说，“变”指的是运化的一个个阶段。“推而行之谓之通”意为，把道推行起来就是通。也就是说，“通”指的是把一个个阶段连续起来运行下去。“举而错之天下之民谓之事业”中，“错”通“措”，是放置在什么上面。这句意为，把道应用于万民身上就叫作事业。也就是说，用道去指导天下人的行动就是事业。这一节是用解释概念的方法指导人们学易。

是故，夫象，圣人有以见天下之赜，而拟诸其形容，象其物宜，是故谓之象。圣人有以见天下之动，而观其会通，以行其典礼，系辞焉以断其吉凶，是故谓之爻。极天下之赜者存乎卦，鼓天下之动者存乎辞，化而裁之存乎变，推而行之存乎通，神而明之存乎其人。默而成之，不言而信，存乎德行。

【译文】

所以，象是圣人见到天下的精妙有感于心，而模拟它的形态，用卦爻仿造事物的形象，所以称为象。圣人见到天下的运动变化有感于心，观察它普遍通用的规律，奉行它的典范仪式，附上卦爻辞裁断吉凶，所以称为爻。极尽天下精妙在于卦，鼓舞天下运动在于辞，变化而有所裁定在于变通，推行其道在于通达，领会神奇而明白它在于其人。默默地成就它，不说而能取信于天地，在于德行。

【辨证】

“夫象，圣人有以见天下之赜，而拟诸其形容，象其物宜，是故谓之象”中，“夫”是语气词，表发语。“赜”是幽深难明的微妙之处。“宜”是合适、恰当。“物宜”是与事物本身最为吻合的形态。这句是说，象是圣人观察到天下变化的微妙之处，模拟出它的形态，模仿出与事物最为吻合的形象，所以才称为象。“圣人有以见天下之动，而观其会通，以行其典礼，系辞焉以断其吉凶，是故谓之爻”是说，圣人见到天下万物的运动，观察出它的会合通用之处，推行它的普遍适用的常规法则，附上言辞，裁断吉凶，所以称作爻。因为爻是效仿的意思。“极天下之赜者存乎卦”意为，极尽天下最为微妙的关系都在卦里。

“鼓天下之动者存乎辞”意为，鼓舞天下运动起来都在辞里边说明了。“化而裁之存乎变”是说，运化的一个个阶段都在“变”里边。“推而行之存乎通”意为，怎样把它推行起来都在“通”里边。“神而明之存乎其人”中，“神”是上文说的圣人领悟的阴阳不测处。这句意为，理解明白圣人领悟的阴阳不测处就在于个人了。“默而成之，不言而信，存乎德行”是说，默默地不必说就能自然使事物成就，不用说就能自然地取信于天地，就在于德行如何了。

以上这一大段从圣人怎样制周易的角度指导人们怎样学周易。

（十四）

八卦成列，象在其中矣。因而重之，爻在其中矣。刚柔相推，变在其中矣。系辞焉而命之，动在其中矣。

【译文】

八卦排成序列，象就在其中了。八卦重叠组合，六爻就在其中了。刚爻与柔爻相互推移，变化就在其中了。附上卦爻的命辞，运动就在其中了。

【辨证】

“八卦成列，象在其中矣”中，“列”是系列、系统、体系。这句意为，八卦排成序列，象就在其中了。周易把天下万物分为八大类，八经卦中的每一卦分别代表其中的一类。具体怎样分法，可参见《说卦》。八卦的体系建立起来，万物之象就都包含在这个系列里了。周易中的象，并不仅仅是八卦之象，还要看万物的实象、类象，主要还是八卦之象。“因而重之，爻在其中矣”中，“因”是依靠、凭借，“重”是重叠。这句意为，以八卦为基础，把它重叠起来组合成别卦，爻就在其中了。周易中的三爻卦称为经卦，共有八个；六爻卦称为别卦，别卦共有六十四个。要看各爻在卦中的位序，以及乘承比应、上下往来等爻象，主要是在六爻卦中去看。“刚柔相推，变在其中矣”中，“刚”即阳，“柔”即阴。从气的属性上去分为阴阳，从天地的属性上去分为刚柔。“相推”即前文讲的“相荡”。刚爻与柔爻在六十四卦里是互相推移的，如同自然界昼夜之间的阴阳推移、寒暑的阴阳推移，推移的常态就是十二消息卦，推移的变态就成为六十四卦。“变”即所谓的“化而裁之”，就是阴阳运化出来一个个不同阶段。六十四卦每卦代表一个不同的时段。所以这里的“变”，实质是指卦变。这句意为，刚爻与柔爻相互推移，卦变也就出现在其中了。“系辞焉而命之，动在其中矣”中，“命”是命名的意思，“命之”就是称呼它，把它说出来。这句意为，附上卦爻辞把它说出来，卦爻怎样动就在其中了。比如乾卦爻辞里说的“潜见飞亢”，就是说明爻的动态。

这一节是说明卦爻模型在设计上的用意，从而告诉后人从周易中学习什么。

吉凶悔吝者，生乎动者也。刚柔者，立本者也。变通者，趣时者也。吉凶者，贞胜者也。天地之道，贞观者也。日月之道，贞明者也。天下之动，贞夫一者也。

【译文】

吉凶悔吝产生在运动中。刚爻与柔爻是建立周易卦体系的根本。变通是顺应时势选择趋向，吉与凶是以常道为胜。天地之道是正道的大观。日月之道是以常道放光明。天下的运动是按常道归于一致。

【辨证】

“吉凶悔吝者，生乎动者也”是说，之所以会出现吉凶悔吝这种不同的结果，都是由运动造成的。对人来说，都是因为个人的不同言行造成的。把握住你个人的言行，这是趋吉避凶的根本方法。并不是自己犯了错误，请高人禳除一番就能化解的。化解的根本方法是自己在言行上加以补救。请高人禳除只能说明你在行动上有了愧悔而产生了补救的愿望，并能在禳除的仪式中得到一次心灵的净化，仅此而已。要想彻底补救，就去行正道。“刚柔者，立本者也”是说，易卦体系的根本是建立在刚爻柔爻的基础上。一阴一阳运化，这是天下的常道，掌握住它就得到了天下的正道。“变通者，趣时者也”中，“变”是万事运化的一个个阶段，“通”是把这一个个阶段连续下去，不要死抱住某一个阶段不放。怎样去连续它？要随着时势的发展去连续，既不要超越，也不要不及，要与时俱进。所以说，变通是顺应时势选择出你的趋向。这是变通的正道。“吉凶者，贞胜者也”中，“贞”是正固的意思，就是守住正道不动摇。前人把它讲成“常”或“一”，是因为正道才是常道，也就是在万变中起根本作用的道，可以常守不变。“一”指的就是这个常道。这句话虽然也是一个判断句，但它是一个变化了的判断句，要灵活理解。从字面上讲，是说吉与凶，表现的是刚与柔相胜的常道。刚柔相推，阴阳消息是正道、常道。阳长阴消，刚胜柔；阴长阳消，柔胜刚，迭互相胜，这是天地的常道。吉与凶都表现的是这个常道，刚胜柔则吉，柔胜刚则凶。然而这不可能以个人的意志为转移。也就是说人生在世，有吉有凶很正常，是刚柔相胜造成的。事物都是在对等中存在的，它是一种辩证关系。有吉就会有凶，有得就会有失，“吉”是任何人也常守不住的。那么人该怎么办？就是“无咎”。按天地运化之道去做，不犯错误，改正错误，这才是人要守的常道，不要把心思总是放在“吉”与“凶”的权衡上，经常要考虑的是你的言行要“无咎”。“天地之道，贞观者也”中，“观”是被人观看。这句是说，天地之道是守住自己运行的正道不动摇，可以作为人们学道的楷模，永久让人们去观察。“日月之道，贞明者也”是说，日月之道是守住自己的正道不动摇，所以才能永久大放光明。不论天上有多少乌云，不论是春夏秋冬，日月照常运行，它守住自己的运行轨道不变。“天下之动，贞夫一者也”中，“一”就是常道。这句是说，天下无论有多么纷繁复杂的运动及其形成的千变万化，但要说可以守住不动摇的正道，就是归于一的常道。也就是说的“天下同归而殊途”。老子说：“天得一以清，地得一以宁，王侯得一以为天下贞。”天地王侯尚且如此，学周易的人怎能不去从根本上学习这个常道呢？这一节是从周易的哲理上说明要从周易里学习什么。

夫乾，确然示人易矣；夫坤，隤然示人简矣。爻也者，效此者也。象也者，像此者也。爻象动乎内，吉凶见乎外，功业见乎变，圣人之情见乎辞。

【译文】

乾向上而高地向人显示容易，坤向下而低地向人显示简单。爻是仿效这些的，象是模拟这些的。爻象在卦里动荡，吉凶表现于外，功业的成败表现在变上，圣人的情致表现于辞。

【辨证】

“夫乾，确然示人易矣；夫坤，隤然示人简矣”中，“确”与“隤”互文，一般把“确”解为刚健，“隤”解为柔顺。但这在字义上有障碍，“确”解为刚健已勉强，“隤”说不出柔顺的意思来。《说文》在“隺”下说：“隺，高至也。从隹上欲出冂。《周易》曰：夫乾隺然。”意思是说，隺是高到顶点的意思。字形结构是鸟（隹）向上飞要冲出天穹（冂）。《周易》里说“夫乾，隺然示人易矣”。可见许慎见到的孟喜本《周易》是“隺然”，后来被人改为“确然”。意思是向上而高。“隹，下队也。”意思是说，“冂”是下坠的意思。可见“隤”是下坠而低的意思，这就说通了。全句意为，乾天向上而高，向人显示出它的容易；坤地向下而低，向人显示出它的简单。“爻也者，效此者也”中，“效”是仿效。这句意为爻就仿效这种样子。爻在卦里的上下往来，就是仿效向上而高、向下而低的这种简单容易的样子。“象也者，像此者也”中，“像”与“效”互文，是模拟的意思。这句意为象就是模拟这种形态的。象就是对万物的模拟，当然主要是天地之象。“爻象动乎内，吉凶见乎外”是说，爻象在卦里一动，吉凶就显现出来了。因为是“吉凶悔吝生乎动者也”。可见，要是不明白爻象在卦里边是动态的，那就连最起码的吉凶都看不出为什么，更别说什么精妙。爻动表现为推移、卦变，象动表现为互卦，初爻有开始生出之象，有下卦之象，二爻有下卦之象，也可以有二三四爻的互卦之象。三爻既有下卦之象，又有二三四爻的互卦之象，还有三四五爻的互卦之象。以下可以类推。“功业见乎变”中，“变”在卦爻体系里指的是变卦，这与卦变不同，是指由于老阳或老阴的出现而引起的遇卦向之卦的演变。“化而裁之谓之变”，变是运化的阶段。遇卦是运化的一个阶段，之卦又是一个运化的阶段，从这个阶段（现在状态）演化为另一个阶段（未来状态），在卦象的对比中就可以看出事业是否能够成功了。所以才说“功业见乎变”，也就是说，你想要知道自己的功业能不能办成，那就去看变卦，在《周易》的体系里，圣人是用变卦的机制把它表现出来的。当然，从道理上讲，这句话的意思是，功业的成就表现在一个个阶段的推进变化中。人要成就功业就必须一步步地变革。但这是机理，机理是虚的，必须落实在机制上才有可操作性。应当从机理与机制两方面去理解这句话。正因为圣人认识到这样的机理，所以才用变卦的机制把它表现出来。机理是机制的理论依据，机制是机理的外在载体。“圣人之情见乎辞”中，“情”指情意。这句是说圣人的情意都表现在卦爻辞里。这是告诉人们，圣人认识到机理，把它用卦爻体系的机制表现出来，人们如果仍不明白，圣人就用卦爻辞来说明。圣人总是希望大家都好，但机理决定了因为人的言行不同，后果不可能是人人都好的，所以卦交辞里就有了圣人倾向性的意见，这个倾向性的意见就显示出了圣人的感情。这一节是从说明周易机制的角度告诉人们从中学习什么。

天地之大德曰生，圣人之大宝曰位。何以守位？曰仁。何以聚人？曰财。理财正辞，禁民为非曰义。

【译文】

天地最大的道德是生，圣人最大的宝物是位。用什么守位是仁，用什么聚人是财，用什么经理财物、修正言辞、禁止百姓为非作歹就是义。

【辨证】

“天地之大德曰生”是说，天地最大的恩德是广生万物。“天地不仁，以万物为刍狗”，这种恩德不是有意而为，是天地运化自然造成的。所谓恩德是从万物，尤其是从人的角度感受到的。“圣人之大宝曰位”是说，圣人与天地不同，圣人有心，是有意施布恩德，体天地行德，老子说圣人也不仁，“以天下为刍狗”，这就不是《系辞传》的思想了。但圣人没有天地那样的功能，要体天地行德，就必须要凭借一定的客观条件，这个客观条件最主要的就是要有权势地位，没有权势地位，体天地行德就成了一句空话。所以说圣人最大的宝物是权势地位。这个位，就是前文说的“富贵”。“何以守位？曰仁”是说，怎样守住自己的权势地位呢？要靠仁慈。所以圣人要仁。圣人以“位”为“宝”，不是为了争权夺势，而是体天地行德，这就必须具有仁慈的心肠。失去仁慈之心，位也就守不住了。“何以聚人？曰财”是说，怎样才能把人聚合起来？要靠财力。没有财力想把人聚合起来也是一句空话。《系辞传》讲得很实在，仅凭人格的力量可以聚合人心，但要聚合起大众一起干事，那就要有财力保证。“理财正辞，禁民为非曰义”是说，为天下经理财物、是正言论、禁止百姓为非作歹，要靠合情合理即所谓大义。“正辞”是动宾结构。“辞”是言论，对统治者来说，指进行教化等宣传的言论，对百姓来说指日常辨别是非等发表意见的言论。“正辞”是使辞正，也就是让人们的言论归于正确，不讲歪理。“义”在古代的意思主要是宜，“宜”是合宜，也就是合情合理，才叫“义”。这一节是从天地之德，推及人在道德方面主要应该从易中学习仁义。这一大段从不同角度论述人应当从周易中学习什么。

（十五）

古者包牺氏之王天下也，仰则观象于天，俯则观法于地，观鸟兽之文与地之宜，近取诸身，远取诸物，于是始作八卦，以通神明之德，以类万物之情。

【译文】

古代伏羲氏统治天下的时候，上观现象于天，下察法则于地，观察鸟兽的花纹和大地的合宜，近取于自身，远取于外物，于是创制出八卦，用以贯通神明的德行，比类万物的情状。

【辨证】

“包牺氏”又作“庖牺氏”“伏牺氏”“虑戏氏”“伏羲”等，孔颖达引《帝王世纪》记载：伏牺古称太皞帝，姓风。他的母亲华胥，在燧人氏时代，雷泽出现了巨人脚印，华胥踩在脚印上，就生出了伏牺，伏牺在成纪长大。长得蛇身人首，有圣人之德。取牺牲用于庖厨，所以被称为庖牺氏，也被称为皇雄氏，在位一百二十年。死后女娲氏立为母皇，也姓风。女娲氏死后又有大庭氏、柏黄氏、中央氏、栗陆氏、骊连氏、赫胥氏、尊卢氏、混沌氏、晨氏、暤英氏、有巢氏、朱襄氏、葛天氏、阴康氏、无怀氏等共十五代帝王都沿用伏牺氏的称号。现在看来，所谓“蛇身人首”，可能是身上生有龙蛇一类的鳞片，不可能是长着蛇一样的身子。古代认为，龙蛇属于同类，中国人自称龙的传人，可能是源于此，也未必是因为龙是一种氏族的图腾。燧人氏发明钻木取火，伏牺氏创制八卦、历法、网罟，吃熟食。这些比较可信，而这些都应当是中国原始时代的事情。伏牺氏可能是原始时代氏族部落的酋长，正处在一个人类文明的肇始阶段。“古者包牺氏之王天下也”中，“王”是动词，犹言统治。这句意为古代伏牺氏统治天下的时候。“仰则观象于天，俯则观法于地”中，“仰”是抬起头，“俯”是低下头，“法”是法则。这句意为，抬头上观天象，低头下观地法。“地法”是大地显示出来的规律。“观鸟兽之文与地之宜”中，“文”指花纹，包括鸟兽身上的花纹和印在地上的足迹。“宜”是适合，“地之宜”指的是大地不同的地形和土壤适合什么样的动物、植物生长。全句意为观察鸟兽的花纹和大地不同地区适合生长什么。“近取诸身，远取诸物”是说，近取材于自身，远取材于外物。“于是始作八卦”中，“作”是创作。这句意为于是开始创造出八卦。“以通神明之德，以类万物之情”中，“通”是沟通、相通。“神明”义同神灵，是阴阳不测的功能。“德”是德性。“类”是比类。“情”是情状。这句意为，用八卦与神明的性能相通，比类万物的情状。

这一节是说明八卦的起源及依据。

作结绳而为网罟，以佃以渔，盖取诸离。

【译文】

编结绳子作成网罟，用来畋猎捕鱼，大概取象于离卦。

【辨证】

“作结绳而为网罟”中，“网”是畋猎用的网，“罟”是打鱼用的网。这句意为伏牺氏用编结绳子的办法创造出畋网和渔网。“以佃以渔”中，“佃”指田猎，后来写作畋。这句意为用来打猎捕鱼。“盖取诸离”中，“盖”表推测，“离”指离卦。这句意为大概取象于离卦。离卦的整体卦象像一张网，上卦离，下卦离为目，是网孔，互卦巽（二三四爻）为绳。兑（三四五爻）为反巽，也是绳。一反一正的绳子结出孔目来，就是一张网。可见《系辞传》认为，六十四卦也是伏牺创制出来的。

包牺氏没，神农氏作，斫木为耜，揉木为耒，耒耨之利，以教天下，盖取诸益。

【译文】

伏羲氏死后，神农氏兴起，砍削木头作犁，弯曲木料作犁柄，把锄草耕耘的便利，教导天下的民众，大概取法于益卦。

【辨证】

《帝王世纪》说：神农氏，即炎帝。姓姜，他的母亲任姒，原为有蟜氏之女，名女登，后为少典氏正妃。游经华山之南时，受神龙头感应，在尚羊生下炎帝，人身牛首，炎帝成长在姜水，有圣人之德，继无怀氏之后统治天下。原本是在烈山兴起，所以称为烈山氏。在位一百二十年而崩。娶奔水氏女听訞为妻，生帝临魁、帝承、帝明、帝直、帝氂、帝哀、帝克、帝榆罔，相继为王，八世后传到轩辕氏黄帝。“包牺氏没，神农氏作”中，“没”后来作“歿”，即死去。“作”即兴起。这句意为，伏牺氏死后，神农氏炎帝兴起。“斫木为耜，揉木为耒”中，“耜”“耒”相当于木头锹，头为耜，柄为耒，耕耨农具。“斫”是砍削，“揉”是矫揉，即一种把直木制成弯形的工艺方法。这句意为，砍削木头做成锹头，弯曲木料做成锹把。“耒耨之利，以教天下”中，“耒”是耕地，“耨”是锄地。这句意为把用耒耜耕地锄草的先进方法教给天下百姓。“盖取诸益”是说，大概取象于益卦。益卦上卦巽、下卦震都有木象，互卦艮（三四五爻）为手、坤为地（二三四爻），下卦震又为足和动。是手持木器，脚踩入地下而动之象，正是农民用锨翻地。

日中为市，致天下之民，聚天下之货，交易而退，各得其所，盖取诸噬嗑。

【译文】

正午举办集市，招引天下的民众，聚集天下货物，相互交换然后散去，各自得到所需的东西，大概取法于噬嗑卦。

【辨证】

“日中为市”中，“日中”是中午。古人吃两顿饭，中午不休息。这句是说，正午举办集市。“致天下之民，聚天下之货”中，“致”是招致。这句是说，招引天下的民众，聚集天下的货物。“交易而退，各得其所”中，“交易”是互换，“所”是所需之物。这句是说，人们在集市上以物换物然后散去，各自得到自己所需要的东西。“盖取诸噬嗑”是说，大概取象于噬嗑卦。噬嗑是用牙齿咬食，上卦离为日、为龟，又为万物皆相见。互卦艮为手（二三四爻），下卦震为动、为鸣，又为反艮之手。正是太阳之下一个闹哄哄的集市，人们在里边正手与反手交换食货之象。龟是当时值钱的货物。

神农氏没，黄帝、尧、舜氏作，通其变，使民不倦，神而化之，使民宜之。易穷则变，变则通，通则久。是以自天佑之，吉无不利。黄帝、尧、舜垂衣裳而天下治，盖取诸乾坤。

【译文】

神农氏死后，黄帝、唐尧、虞舜兴起，精通时变，使百姓不倦怠。神妙地化用，使百姓合宜。《周易》之道穷困时就会变化，变化才能通达，通达才能持久。因此上天保佑，吉祥没有不利。黄帝、尧、舜，衣裳下垂而天下得到治理，大概取法于乾坤两卦。

【辨证】

《帝王世纪》说，黄帝是有熊氏少典之子。姓姬，母亲叫附宝，她的祖先就是（神农）炎帝母亲的娘家有蟜氏。附宝看见大闪电之光缭绕在北斗的枢星上，光照郊野，受到感应，怀孕二十四个月，在寿丘生下轩辕黄帝。黄帝成长在姬水，生得面目像龙，有圣人之德。在涿鹿大战蚩尤，生擒了他。在位一百年死去。黄帝的儿子青阳代父而立，就是少皞帝。名为挚，字青阳，也姓姬。母亲叫女节。黄帝时，天上有斗大的一颗星下临华渚，女节在梦中与星交接，心里受到感应，生下了少皞。少皞在位八十四年死去。颛顼高阳氏是黄帝的孙子昌意的儿子。母亲叫昌仆，是蜀山氏的女儿，嫁给昌意做正妃，被称为女枢。天上的瑶光星发出长虹一般的光芒射向月亮，女枢在幽房之宫受到感应而怀孕，在弱水生下颛顼。颛顼在位七十八年死去。少皞的孙子，蟜极的儿子帝喾代立。帝喾属高辛氏，也姓姬。从小没见过自己的母亲。生下来就有些神异，能自己叫出自己的名字，在位七十年死去。他的儿子帝挚继位，在位九年死去。帝挚没有他的祖先有出息。他的弟弟放勋代立。这就是帝尧陶唐氏，姓伊祈，他的母亲叫庆都。尧生下来就神异，经常有黄色的云彩笼罩着，是帝喾的妃子出去看黄河时，遇见了赤龙，天昏地暗地一股阴风感应到身上怀了胎，十四个月后在丹陵生下尧来。尧继位九十八年死去。之后是帝舜代立，舜姓姚，是颛顼的后代，颛顼生下穷蝉，穷蝉生下敬康，敬康生下句芒，句芒生下蟜牛，蟜牛生下瞽瞍，瞽瞍的妻子握登，看见天上的大虹虮，心里受到感应而怀孕，在姚墟生下舜，所以姓姚。

“神农氏没，黄帝、尧、舜氏作”是说，炎帝神农氏死后，轩辕黄帝与唐尧、大舜相继兴起。“通其变”，是使其变通的意思。这句是说，随时进行变革不断发展下去。“使民不倦”是说，使百姓不倦怠。“倦”是倦怠，意同我们说的僵化。“神而化之，使民宜之”是说，神妙地进行变化，使百姓都感到合适。“易穷则变，变则通，通则久”中，“穷”是到了尽头困住的意思，“变”是发展的阶段性，“通”是发展的连续性。犹如我们今天说的不断发展论，与发展阶段论。这句是说，周易之道本身就是要在遇到困穷不利发展时就变，开辟一个新阶段，一变就又通了，通了就连续下去，即可长久发展了。这是中国特色的方法论之一。“是以自天佑之，吉无不利”是说，因此才能获得上天的保佑，吉祥没有不利。“黄帝、尧、舜垂衣裳而天下治”是说，黄帝、尧、舜这些圣明的帝王端拱垂衣不动手，天下却得到大治。“垂衣裳”是两手端拱衣服自然下垂的姿态，意为不动手，指圣人是体天行道，顺应天地之道的自然运化，不要勉强去做出因个人意愿而违背自然运化的事情。这样很省事，只要在庙堂之上控制住是否符合天地之道就行了。老子说的“无为而无不为”也是这个意思，并不是绝对的什么都不为。什么都不为还要大位干什么？还怎么创造出下文提到的那些东西？可见，垂衣裳也好、无为也好，是指不干那些出于个人意愿的事情。大概是取象于乾卦与坤卦。乾为天，坤为地，天地就是自然运化。乾为上衣，坤为下裳。乾坤就是天地自然运化垂衣裳之象。

刳木为舟，剡木为楫，舟楫之利，以济不通，致远以利天下，盖取诸涣。

【译文】

挖凿树木做成船，刮削木头做成楫，船楫的便利，用以渡过阻隔不通的大水，到达远方，方便天下的民众，大概取法于涣卦。

【辨证】

“刳木为舟，剡木为楫”中，“刳”是挖凿，“剡”是刮削。这句意为，挖凿大树做成船，刮削木头做成楫。“舟楫之利，以济不通”中，“济”是渡水。这句意为，桨与船的便利，用来渡过阻隔不通的大水。“致远以利天下”中，“致远”是到达远方。这句意为，乘船到达远方，便利天下的民众。“盖取诸涣”意为，大概取象于涣（䷺）卦。涣卦上卦是巽，巽为木、为风，下卦是坎，坎为水。互卦震（二三四爻）为行。木在水上借风而行，行船之象。涣卦卦辞说“利涉大川”，象辞说“乘木有功”，就是这样解释的。

服牛乘马，引重致远，以利天下，盖取诸随。

【译文】

驯服牛来拉车，驯服马来乘坐，拉着重物，到达远方，便利天下的民众，大概取法于随卦。

【辨证】

“服牛乘马”中，“服”是驯服，“乘”是骑坐。这句意为，驯服牛来拉车，驯服马来骑坐。“引重致远”意为，拉着重物到达远方。“以利天下”意为，便利天下的民众。“盖取诸随”意为，大概取象于随（䷐）卦。随卦是由否卦变出，否（䷋）上九与初六爻换位变出随（䷐）卦，否卦上乾下坤，乾为马，坤为牛。变而为随，成了上卦兑，兑为悦；下卦震，震为行，为足；互卦巽（三四五爻），巽为股，牛马变成了脚力，坐在上边，下边能走很高兴。车马之象。

重门击柝，以待暴客，盖取诸豫。

【译文】

设置多重的门户，敲着梆子打更巡夜，用以防备凶暴的强人，大概取法于豫卦。

【辨证】

“重门”是多重门户，“柝”是古人巡夜的梆子，“暴客”是强人。这几句意为，设置多重门户，敲着梆子打更巡夜，以防备来侵夺的坏人，大概取象于豫卦。豫卦是由上卦震，震为木、为鸣，又为反艮；下卦坤，坤为阖户（关起门）；互卦坎（三四五爻），坎为寇盗，艮（二三四爻）为门。所以是正门、反门关起来，敲着木梆子打更巡夜，防止寇盗来犯之象。

断木为杵，掘地为臼，杵臼之利，万民以济，盖取诸小过。

【译文】

截断木头做成杵，挖掘平地做成臼，杵臼舂米的便利，使民众得到用济，大概取法于小过。

【辨证】

“杵臼”是古代舂米的器具。这几句意为，截断木头做成杵，挖掘平地做成臼，用杵臼舂米的便利，使万民得到生活上的方便，大概取象于小过（䷽）卦。小过卦按前人的解释是上卦震为动，下卦艮为止，是上面木杵捣米在动，下面是土臼在下不动之象。毛奇龄认为不仅如此，还可以把这个卦画竖起来看，中间的两个刚爻是刚硬的木杵，上下的四个柔爻是臼中被捣的谷米。也是杵臼之象。

弦木为弧，剡木为矢，弧矢之利，以威天下，盖取诸睽。

【译文】

弯曲树枝做成弓，刮削树枝做成箭，弓箭的便利，用以加强天下的威武，大概取法于睽卦。

【辨证】

“弦木”是把树枝弯曲起来用弦绷住，“弧”是弧形的弓。这几句意为，弯曲树枝做成弓，刮削树枝做成箭，弓箭的便利，用来威慑天下的人，大概取象于睽（䷥）卦。睽卦的卦画是上卦离为火，下卦是兑为泽，正在水火相冲的情况下，互卦坎为弓（三四五爻），离为矢（二三四爻），正显示出冲突之中有弓矢作为武器，可以威镇动乱之象。

上古穴居而野处，后世圣人易之以宫室，上栋下宇，以待风雨，盖取诸大壮。

【译文】

远古的时候住在洞穴野地里，后代的圣人变为营建宫室，上有栋梁，下有屋宇，用以躲避风雨，大概取法于大壮卦。

【辨证】

“穴居”是住在洞穴里。“野处”是住在野地里。“宫室”指后世说的房子。“栋”是房子上的檩子。“宇”是檩子上挂的椽子形成的房檐。这几句意为，远古的时候，人类住在野地的洞穴里，后代的圣人为了改善人们的居住环境，发明了盖房子。房顶上架起檩条，檩条之上再挂上椽子，用来防备风雨，大概取象于大壮（䷡）卦。大壮卦下边是四个刚爻为檩条之象，上边的两个柔爻是分披于檩子上的椽子之象，全卦是一个屋顶之象。可参见大过卦的说明。

古之葬者，厚衣之以薪，葬之中野，不封不树，丧期无数。后世圣人易之以棺椁，盖取诸大过。

【译文】

古代埋葬死人，厚厚地铺盖柴禾，埋在荒野之中，不起坟堆，也不立标志，服丧也没有一定的期限。后代的圣人换用棺椁盛殓，大概取法于大过卦。

【辨证】

这一节“衣”是铺盖的意思。“封”是堆成陵墓坟丘。“树”是竖立的标志。“无数”是没有规定的天数。“棺”是内棺，“椁”是外棺。这句意为，古代的时候，人死了进行埋葬，挖一个坑，下边铺上厚厚的柴禾，上边再盖上厚厚的柴禾，把人掩埋在荒野里，既不堆坟堆，也不竖立墓碑作标志，埋后就找不到了。服丧也没有规定的期限天数，完全都是凭个人兴致所致。后代圣人觉得这对死人太不尊重，于是改成用棺椁盛殓，大概是取象于大过（䷛）卦。大过卦下卦是巽为木，上卦是兑为反巽，是反盖在上的木。互卦是乾（二三四、三四五爻都是乾卦）为人，人的上下正反都是木，正是人在棺椁中的象。

上古结绳而治，后世圣人易之以书契，百官以治，万民以察，盖取诸夬。

【译文】

远古的时候，用结绳的方法记事治理，后代的圣人创造出文字，百官得以治理，万民得以监察，大概取法于夬卦。

【辨证】

“结绳”是文字发明以前古代的记事方法。据郑玄说是“事大，大结其绳；事小，小结其绳”。意思是说，大事情就用粗绳子结个大疙瘩，小事情就用细绳子结个小疙瘩。“书契”即文字。古代没有发明纸以前，用金属刀刻在竹木上来记事。“书”就是文字，“契”就是用刀刻的意思。我国是在黄帝时期由史官籀（zhòu）发明了文字。“百官”是百工。这一节意为，远古的时候，用结绳的方法记事，来治理国家。后代的圣人创造出文字，改用文字记事治理，使百工得以治理，万民得以监察，大概取象于夬（䷪）卦。夬卦上卦是兑，兑为口、为言，下卦是乾，乾为金、为玉，“夬”就是决断的意思。金口玉言定了变不了，那就得用文字把它记录下来，依据前人的说法，是用金属物刻录语言。文字就是语言的书面符号，故为文字之象。依据毛奇龄的说法，夬卦的下五爻都是刚爻，连着是五个累累的横画，这是刻下的数目字之象。我国最早出现的文字是数目字，当时的一二三四都是指事字，就写成一二三亖，“五”是后出现的，先写成☰，后改为假借字“×”，发展到今天成为“五”。

以上这一大段以圣人观象制器的十三卦为例，说明历代圣人怎样用周易变通，济物利民，并追述了周易发展的沿革。

（十六）

是故易者，象也。象也者，像也。彖者，材也。爻也者，效天下之动者也。是故吉凶生而悔吝著也。

【译文】

所以，周易主要是观象，象就是模拟影像。彖是说明卦象取材的，爻是效法天下的运动。所以吉凶产生而悔吝显示出来。

【辨证】

“易者，象也”是说，周易是用象来表意的。正如前面说的“圣人立象以尽意”。要彻底了解周易卦象体系的真实内涵，而不是凭个人的感觉去随便附会，就必须从象上入手去认识它，更何况最初的周易根本就没有辞。前人所以“尽扫象数”，是因为汉人把象讲乱了，象认识不清了，这样做实在是一种无奈，并不是否定象在认识周易上的重要性。如果我们以此为理由否定象数，那大家就只好去听歪嘴和尚念经了。“象也者，像也”是说，象是什么呢？象就是把事物的影像模拟出来。象就是事物的影子，影子离不开本体，它并不是不可辨识的东西，只要是与本体不合的象，无论是谁说的，那就可以肯定他讲错了。可见汉人讲乱了的象可以澄清，无非是费点事罢了。对于《周易》这样一部为中国思想立极的经典来说，费点事完全是值得的。“象者，材也”中，“彖”指卦辞，“材”是取材。这句意为，卦辞是说明象的取材的。也就是说，象是从事物中取材的，卦辞是透过象直接针对那个事物说的。比如说，乾是天的象，而卦辞“元亨利贞”是针对天阳说的；坤是地阴的象，而卦辞“元亨，利牝马之贞。君子有攸往，先迷后得主，利西南得朋，东北丧朋，安贞吉”是针对地阴来说的。象是虚幻的，卦辞则是讲到实处去了。“爻也者，效天下之动者也”是说，爻在卦里的推移动荡是模拟天下万物如何推移动荡的。这就为我们认识爻提供了一个确定的依据。比如天地有一年十二个月的变化，爻就会有十二消息卦的不同排列。天地有常有变，爻就会有六十四卦的不同排列。事物有上下浮沉的变化，爻在卦里就有上下往来的变化。事物有各种各样的联系，爻在卦里就有乘承比应之类的关系等。“是故吉凶生而悔吝著也”中，“著”是由隐而显，就是出现了的意思。这一句是针对爻动说的，是说爻在卦里动起来，所以就产生了吉凶，出现了悔吝。因为“吉凶悔吝生乎动者也”。

这一段是解释周易主要术语的内涵，为后人学周易提供了确定的依据。

（十七）

阳卦多阴，阴卦多阳，其故何也？阳卦奇，阴卦偶。其德行何也？阳一君而二民，君子之道也；阴二君而一民，小人之道也。

【译文】

阳卦里边阴爻多，阴卦里边阳爻多，这是什么缘故？这是因为阳是奇数，阴是偶数。它们的德行如何呢？阳卦是一个阳爻为君主，两个阴爻为臣民，这是君子之道；阴卦是两个阳爻为君主，一个阴爻为臣民，这是小人之道。

【辨证】

“阳卦多阴，阴卦多阳，其故何也”中，“阳卦”指八卦中阳性卦中的三子卦。在周易里乾为老父，震为长男、坎为中男、艮为少男。震、坎、艮都是男性，属阳。“阴卦”指八卦中阴性卦中的三女卦。在周易里坤为老母，巽为长女、离为中女、兑为少女（详见《说卦》）。巽、离、兑都是女性，属阴。“多阴”“多阳”的“阴”“阳”指的是阴爻和阳爻。意为，乾坤两卦好理解，阳卦就阳爻多，阴卦就阴爻多，这合乎道理。而剩下的六子卦，震、坎、艮是阳性卦，却都是一个阳爻两个阴爻，阴爻多阳爻少；巽、离、兑是阴性卦，却都是一个阴爻两个阳爻，阳爻多阴爻少。这是为什么？“阳卦奇，阴卦偶”是说，阳卦是奇数，阴卦是偶数。就是说，阳爻是奇数一，所以才用一画表示（—）；阴爻是偶数二，所以才用两个小－画表示（--）。震坎艮里一个阳爻是奇数，两个阴爻是偶数，加在一起是1＋2×2＝5，全卦是奇数，所以是阳卦。巽离兑里一个阴爻两个阳爻加在一起是2＋1×2＝4，全卦是偶数，所以是阴卦。这是阴卦阳爻多，阳卦阴爻多的数理依据。乾坤也并不是因为阳爻多或阴爻多，而是乾卦三个阳爻，每个阳爻都是1，加起来全卦是3，为奇数，故为阳卦；坤卦三个阴爻，每个阴爻都是2，全卦加起来是6，为偶数，所以是阴卦。“其德行何也”是进一步设问，意为，既然是阳卦里阴爻多，阴卦里阳爻多，那么它们的德行会如何呢？也就是说，会不会因为量的多少而改变它们的性质呢？“阳一君而二民，君子之道也；阴二君而一民，小人之道也”是说，阳爻为君，阴爻为民，阳卦为君子，阴卦为小人。这句意为，卦的德行不会变化，阳卦一个君主两个臣民，少数领导多数，这是君子之道；阴卦两个君主一个臣民，多数领导少数，这是小人之道。

这一段设为问答，向学《周易》的人说明“阳卦多阴，阴卦多阳”的道理。

（十八）

《易》曰："憧憧往来，朋从尔思。"子曰："天下何思何虑？天下同归而殊途，一致而百虑。天下何思何虑？日往则月来，月往则日来，日月相推而明生焉。寒往则暑来，暑往则寒来，寒暑相推而岁成焉。往者屈也，来者信也，屈信相感而利生焉。尺蠖之屈，以求信也；龙蛇之蛰，以存身也。精义入神，以致用也；利用安身，以崇德也。过此以往，未之或知也；穷神知化，德之盛也。"

【译文】

《周易》里讲："憧憧往来，朋从尔思。"孔子解释说："天下之事有什么值得思虑？天下同归于一个目标，只是所走的途径不同。同归于一个理想，但思虑不同。天下之事有什么值得思虑？日往月就来，月往日就来，日月推移产生了光明。寒往暑就来，暑往寒就来，寒暑推移才成为年岁。往是屈，来是伸，屈伸相互交感就产生了利。尺蠖这种小虫，把身子屈起来，是为了求得向前伸展。龙与蛇蛰伏起来，是为了保存自身。把精微的义理推究到入神的地步，是为了致用。知道利与不利又能致用，既利于使用，又能使自己处于平安之中，以提高自己的道德。超过这些再向前推求，就不可知，也没有必要知道了。能够穷尽神妙，懂得天下的变化，这就是道德的盛大。”

【辨证】

这一节可参见咸卦九四爻辞下的说明。

《易》曰：“困于石，据于蒺藜，入于其宫，不见其妻，凶。”子曰：“非所困而困焉，名必辱。非所据而据焉，身必危。既辱且危，死期将至，妻其可得见邪！”

【译文】

《周易》里说：“困于石，据于蒺藜，入于其宫，不见其妻，凶。”孔子讲过：“不该受困的地方被困住了，必然会玷辱自己的名声。占据了不该占据的地方，必然会危及自己的身体。既辱没名声又危殆身体，死期就要到来，怎么可能见到自己的妻子呢？”

【辨证】

参见困卦六三爻辞下的说明。

《易》曰："公用射隼于高墉之上，获之，无不利。"子曰："隼者，禽也。弓矢者，器也。射之者，人也。君子藏器于身，待时而动，何不利之有。动而不括，是以出而有获，语成器而动者也。"

【译文】

《周易》里说："公用射隼于高墉之上，获之，无不利。"孔子说："隼是一种禽鸟，弓箭是武器，拿来射的是人。君子怀藏利器，等待时机来到而行动，会有什么不利呢？行动如意，因此出动就有收获，这是说有平素养成的利器才可以行动。"

【辨证】

参见解卦上六爻辞下的说明。

子曰："小人不耻不仁，不畏不义，不见利不劝，不威不惩。小惩而大诫，此小人之福也。《易》曰：'履校灭趾，无咎。'此之谓也。"

【译文】

孔子说："小人不蒙受耻辱就不会仁爱，不害怕就不会讲道义，不见到利就不会努力，没有威压就不知惩戒。给与小的惩戒而知道大的诫惧，这是小人的福气。《周易》里说：‘带上脚枷，遮住了脚趾，没有咎害。’说的就是这个意思。”

【辨证】

参见噬嗑卦初九爻辞下的说明。

“善不积不足以成名，恶不积不足以灭身。小人以小善为无益而弗为也，以小恶为无伤而弗去也，故恶积而不可掩，罪大而不可解。《易》曰：‘何校灭耳，凶。’”

【译文】

“善行不积累，不足以成就美名。罪恶不积累，不足以灭掉自身。小人认为积累小善没有益处，而不去做；以为小恶没有伤害，而不去掉。所以恶行积累起来不可掩盖，罪行大了而无法开脱。《周易》里说：‘扛着枷，遮住了耳朵，凶。’”

【辨证】

参见噬嗑卦上九爻辞下的说明。

子曰："危者，安其位者也；亡者，保其存者也；乱者，有其治者也。是故君子安而不忘危，存而不忘亡，治而不忘乱，是以身安而国家可保也。《易》曰：'其亡其亡，系于苞桑。'"

【译文】

孔子说："居安思危，才能安稳自己的地位。存而思亡，才能保住自己的生存。治而思乱，才能保有自己的安治。因此君子要安不忘危，存不忘亡，治不忘乱，这样才能身安并保住国家。《周易》里说：'要亡啊，要亡啊，反而如同系在大桑树上一样牢固。'"

【辨证】

参见否卦九五爻辞下的说明。

子曰："德薄而位尊，知小而谋大，力小而任重，鲜不及矣。《易》曰：'鼎折足，覆公𫗧，其形渥，凶。'言不胜其任也。"

【译文】

孔子说："道德浅薄而占据尊贵地位，智慧不足而谋划大事，力量小却担当重任，很少有不连累自己的。《周易》里说：‘鼎折足，覆公𫗧，其形渥，凶。’讲的就是不能胜任啊！”

【辨证】

参见鼎卦九四爻辞下的说明。

子曰：“知几其神乎！君子上交不谄，下交不渎，其知几乎？几者，动之微，吉之先见者也。君子见几而作，不俟终日。《易》曰：‘介于石，不终日，贞吉。’介如石焉，宁用终日？断可识矣。君子知微知彰，知柔知刚，万夫之望。”

【译文】

孔子说：“知道事情的几微，可算作神圣吧！君子与上面交接不谄媚，与下面交接不亵渎，可算作知几吧？几是变动的几微，吉祥的先兆。君子见几而起，不等终日。《周易》里说：‘介于石，不终日，贞吉。’独立如巨石一般，怎么会终日去等待？一定会有他独到的见识。君子能察微知著，能柔能刚，就会抓住时机去行动，这是万民仰仗的对象。”

【辨证】

参见豫卦六二爻辞下的说明。

子曰："颜氏之子，其殆庶几乎？有不善未尝不知，知之未尝复行也。《易》曰：'不远复，无祇悔，元吉。'"

【译文】

孔子说："颜回大概差不多吧？有错误很快就能发现，发现了就再不犯第二次。《周易》里说：'不远复，无祇悔，元吉。'"

【辨证】

参见复卦初九爻辞下的说明。

天地絪缊，万物化醇。男女构精，万物化生。《易》曰："三人行则损一人，一人行则得其友。"言致一也。

【译文】

天地阴阳二气的亲密交合，万物得以浓醇化育；男女精血交构，万物得以化生。《周易》里讲："三人行则损一人，一人行则得其友。”说的是阴阳之间的致一。

【辨证】

参见损卦六三爻辞下的说明。

子曰：“君子安其身而后动，易其心而后语，定其交而后求。君子修此三者，故全也。危以动，则民不与也。惧以语，则民不应也；无交而求，则民不与也。莫之与，则伤之者至矣。《易》曰：‘莫益之，或击之，立心勿恒，凶。’”

【译文】

孔子说：“君子先要使人家感到自身安全，然后才去要求人家行动；使人心里平静喜悦，然后才与他说话；先与人家有交情，然后才去求他。君子能在这三方面修养到位，所以才能万无一失。要人家冒险去行动，民众不会跟着干；说话让人感到恐惧，民众不会响应；跟人家没有交情就去求人家，民众也不会给予帮助。没人给予帮助，就会有伤害你的人出来。《周易》里说：‘莫益之，或击之，立心勿恒，凶’”。

【辨证】

参见蛊卦上九爻辞下的说明。

以上举十一段爻辞的解释为例，为后人学习卦爻辞的义理做示范。

（十九）

子曰："乾坤，其易之门邪？乾，阳物也；坤，阴物也。阴阳合德，而刚柔有体，以体天地之撰，以通神明之德。其称名也，杂而不越。于稽其类，其衰世之意邪？"

【译文】

孔子说："乾坤两卦是易学的门径吧？乾代表阳物，坤代表阴物，阴阳的德性相合，各有刚柔的体质，以体现天地的生化，贯通神明的德行。所命的名称，纷杂而不乱序。考察它表达的各类情况，大概是衰亡之世的意思吧？"

【辨证】

"乾坤，其易之门邪"中，"门"是比喻通往周易之道的门路。这句意为，乾与坤是通往周易之道的门路吧？强调乾卦与坤卦的纲领性意义。"乾，阳物也；坤，阴物也"是说，乾代表所有阳性的事物，坤代表所有阴性的事物。有的人把阳物说成是男性生殖器，阴物说成是女性生殖器，并因此而说阳爻画的是一根，阴爻画的是两片。如果说这是阴阳取象的一种素材，理有或然。但绝不能说这就是阴阳的根本，更不能由此随意推演。前文明确说了，“法象莫大乎天地，变通莫大乎四时，县象著明莫大乎日月”，圣人取象怎么可能丢下大而著名的天地日月不管，非要到动物隐蔽之处去找呢？再说这也只能化生动物，不能化生出植物、矿物。把这种说法也认为是研究的新成果，视为解《周易》的新潮，实在是不足取。我们也只能说这算是见仁见智吧。“阴阳合德”是说，阴与阳的德性是相合的，阳有合阴之德，阴有合阳之德，阴与阳是异性相吸。这是就两者的联系讲的。“刚柔有体”中，“体”是体质、性质。全句承前省略，说全了是“阴阳有刚柔之体”。是说，阳有刚健的体质，阴有柔顺的体质。这是就阴阳两者的区别说的。这是中国特色的方法论之一。阳失去刚健之体就不能区别于阴而独立存在，阴失去柔顺之体也就不能区别于阳而独立存在。区别就是不同，就是对立（古人称为对待），没有区别就没有自己的存在。但阴阳又是相互联系的，孤阴不生，孤阳不长，没有联系就不会变化发展。阴阳合德才能生化万物。这里说的虽然是阴与阳的关系，然而，天地尚且如此，人又何尝不是如此，万物更是如此。任何事物的对立两方都是既相互区别又相互联系的，没有区别就不能存在，没有联系就不能发展。所以下文说：“以体天地之撰，以通神明之德。”“体”是体现。“撰”是撰作，指的是创造。全句意为，正因为阴阳具有既相互联系又相互区别的关系，才能体现出天地生化万物的创造。“神明”就是古人说的天神地祇。是说，正是“阴阳合德，刚柔有体”这种既相互区别又相互联系的原因，才能使天地神明之德相通。当然这里说的“神”，还是指“阴阳不测”的功能。“其称名也，杂而不越”中，“称名”是把它说出来，叫出来，并不是仅指卦名，而是卦爻辞里所说的各种东西。“越”是超出去，“不越”是名实相符，不乱而有条理。这句意为，卦爻辞所说的各种事物，虽然看起来杂乱，实际上还是很有条理的。“于稽其类，其衰世之意邪”中，“于”是句首语气词，“稽”是考查，“类”指的是卦爻辞里提到的那些事物的类别。这句意为，考察卦爻辞中提到的各类事物，大概是衰亡之世的意思吧？“衰世之意”，一是指卦爻辞里充满了危机感，而更重要的是指卦爻辞里到处都体现出拯救危亡的指导。也就是说，不能仅看成是哀鸣，而要学习它的韬略，学会化腐朽为神奇。

夫易，彰往而察来，而微显阐幽，开而当名辨物，正言断辞则备矣。其称名也小，其取类也大。其旨远，其辞文，其言曲而中，其事肆而隐。因贰以济民行，以明失得之报。

【译文】

周易彰明以往，察知未来，显露细微，阐明幽深。解释名实相符，下言正确，断辞全面详备。所用的名称虽然细小，所取的类别又非常广大。意旨深远，语言具有文采。说的话委曲而又中肯，所说的事情直率而又含蓄。因此能济助民众的行动，明晰失与得的报应。

【辨证】

“夫易，彰往而察来，而微显阐幽。”易指《周易》这部书。“彰”是显现。“微显阐幽”即显微阐幽，两个动宾结构的并列。“微”是细微，“幽”是幽深，都是不容易被人发现的地方。“显”是突显，“阐”是说明解释。这句意为，《周易》彰明以前的状况，察知未来的状况，突显细微之处，阐明幽深之处。史书认为，《周易》是一部把幽微的道理说明白的书，由微而显；而《春秋》是一部把明显的事实说出深刻道理的书，是由显而微。正是此理。“开而当名辨物，正言断辞则备矣”中，“开”是解开，是解释的意思。“当名”是与名称相当，“辨物”是辨别事物，使事物与它的名称相符。“正言”是把话说得名实相符正确。“断辞”是下判断的话。孔子说“名不正则言不顺”，意思是名实不相符说出的话就有矛盾。提倡的是实事求是，不能仅作狭义理解。全句意为，《周易》里卦爻辞做出的解释，辨别清楚了事物使它们与名称相符，所以能用恰当正确的语言作出判断，因而说得全面完备。也就是说圣人的命辞很准确，实事求是，十分恰当。辞说准确了，人们可以从不同的角度去理解，所以它是详备无遗的。没说准确就片面了，不可能详备，并不在话说了多少。“其称名也小，其取类也大”是说，它说的事物虽然是具体的、狭小的，但它概括的类别却是抽象的、广大的。“其旨远，其辞文”中，“旨”是意旨，“文”是文采。这句意为，它的意旨很深远，语言也很有文采。“其言曲而中”中，“曲”是细致入微，“中”是中肯。这句意为，它的话细致入微而又中肯。“其事肆而隐”中，“肆”是张大、张扬。这句意为，它说的事物彰显出来却又十分隐蔽。也就是很直率但又很含蓄。“因贰以济民行，以明失得之报”中，“贰”是佐助的意思，不是吉凶两种可能。前人讲错了，不必沿袭错误。它是佐贰的意思。古人称正职为正官，副职为佐贰，副官是帮助正官办事的，辞是帮助象的，所以是帮助的意思。这句话的句法结构是宾语省略式。“贰以”相当于“贰（之）以”。省略的“之”指的是卦爻辞。“贰”的宾语是省略的“卦象”。补出省略的成分，全句意为，因此，用（卦爻辞）帮助（卦象）来济助民众的行为，表明得失的报应。

这一段主要说明《周易》有卦爻辞的意义是“因贰以

济民行”，回应“以言者尚其辞”的圣人之德。

（二十）

《易》之兴也，其于中古乎？作《易》者，其有忧患乎？是故履，德之基也。谦，德之柄也。复，德之本也。恒，德之固也。损，德之修也。益，德之裕也。困，德之辨也。井，德之地也。巽，德之制也。履，和而至。谦，尊而光。复，小而辨于物。恒，杂而不厌。损，先难而后易。益，长裕而不设。困，穷而通。井，居其所而迁。巽，称而隐。履以和行，谦以制礼，复以自知，恒以一德，损以远害，益以兴利，困以寡怨，井以辨义，巽以行权。

【译文】

《周易》的兴起，大概是在中古时代吧？创作《周易》的人，大概是有忧患吧？所以，履卦是道德的基础，谦卦是道德所当执持不失的把手，复卦是道德的根本，恒卦是道德的稳固，损卦是道德的修养，益卦是道德的充裕，困卦是道德的辨别，井卦是道德的基地，巽卦是道德的制宜。履卦和谐而达于完美，谦卦尊贵而光辉，复卦微小而区别于不正之物，恒卦纷杂而不厌弃，损卦先难后易，益卦增长充裕而不造作，困卦身困而道通，井卦居于固定的地方而施布利益，巽卦是与时相称而隐入人心。履卦用来和谐行动，谦卦用来使人讲礼，复卦用来自我反省，恒卦用来使道德守一，损卦用来远避祸害，益卦用来兴办福利，困卦用来减少怨恨，井卦用来分辨道义，巽卦用来应变行权。

【辨证】

“《易》之兴也，其于中古乎”中，“兴”是兴起、兴盛。与“作”不同，作是创造，前文说伏牺始作八卦。这里的“兴”就是《易》的再度兴盛。周文王不仅是写了卦爻辞，他对《易》的体系也作了重大发展。可见《易》有先天八卦、后天八卦之说并不是无稽之谈。这句意为，《易》的再度兴盛，大概是在中古时代吧？“作《易》者，其有忧患乎”中，《易》是指《周易》这部书。这句意为，创作《周易》的人大概是有忧患吧？“履，德之基也”字面义是，履卦是道德的基础。履卦是讲礼节的，礼节是对不同等级的人所作出的规定，讲礼是对自己身份地位的遵守，所以是道德的基础。“谦，德之柄也”是说，谦卦是可以握持住道德的把手。谦卦是讲谦虚的，人一骄傲自大道德就失去了，所以说它是握持住道德的把手。“复，德之本也”是说，复卦是道德的根本。复卦是讲及时改正错误恢复到正道上来的，人不能改正错误就失去了道德修养的根本。“恒，德之固也”意为，恒卦是道德的巩固。恒卦是讲坚持操守不变的，失去操守、二三其德，道德就无法巩固了。“损，德之修也”意为，损卦是道德的修养。损卦是讲减损个人身上的缺点私欲的，不减损缺点私欲就无法修养道德。“益，德之裕也”中，“裕”是增进充裕。这句意为，益卦是道德的增进。益卦是讲向善而迁增加自己的优点的，不迁善道德就不会增进。“困，德之辨也”意为，困卦是道德好坏的分辨之卦。困卦是讲如何对待困难的，能不能正确对待困难，道德好坏就分辨出来了。“井，德之地也”意为，井卦是道德的立足之地。井卦是讲利人而不搬迁的，搬走不能利人，道德就没有立足之地了。“巽，德之制也”中，“制”是制宜。这句意为，巽卦是道德的制宜。巽卦是讲因时制宜、因地制宜的，不能因时制宜、因地制宜，道德就成为教条主义的东西了。以上九卦可参见各卦的说明。“履，和而至”是说，履卦能使人和睦地达到目的。因为履卦也是讲履行的，讲礼所以能和睦，讲行所以能到达。“谦，尊而光”是说，谦卦能使人尊贵而光辉。谦是谦虚而自处卑下，越是自处卑下就越会受到他人的尊重，也越显得光辉。“复，小而辨于物”是说，复卦虽然微小，但能与不正的东西区别开。因为复卦是一阳来复，虽然只有一个阳爻，但它代表回归正道，与其他五个阴爻不同。“恒，杂而不厌”是说，恒卦能使人在纷杂的环境里守住常道。“不厌”是不厌弃该守的常道。“损，先难而后易”是说，损卦是先难后易。损卦讲减损自己的缺点、欲望，对人来说开始是较难的，但减损到自己缺点欲望越来越少的时候就容易了。“益，长裕而不设”是说，益卦是增长充裕而不造作。“设”是按己意去造作。益卦是有益于人，要兴办对人有益的事务，不是自己想办什么就办什么。“困，穷而通”是说，困卦是讲身处困境但所坚持的道能通。“井，居其所而迁”是说，井不迁而利迁。井卦是自己所居的地方不动，但给人的利益却是可以施布开的。“巽，称而隐”是说，巽卦是与时相称不知不觉地隐入人心。巽卦讲“申命制宜”，就是按实际情况颁布合适的教令。“称”是要与实际情况相称。“隐”是指因为合乎实际，人们就会在不知不觉中接受它。以上又申述了一遍这九卦在道德修养方面的意义。“履以和行”是说，履卦可以使人们的行为达于和睦。“谦以制礼”是说，谦卦可以使人们的行为做到讲礼。前文说：“礼言恭，谦也者，致恭以存其位也。”谦虚才能恭敬，恭敬才有礼貌，所以谦是制礼的基础。讲礼是为了和睦相处，讲谦是为了让人们讲礼。“复以自知”是说，复卦可以使人们自己懂得及时纠偏改过。“恒以一德”是说，恒卦可以使人们守住常道，品德如一。“损以远害”是说，损卦可以使人们远祸避害。“益以兴利”是说，益卦可以使人们兴办有益的事业。“困以寡怨”是说，困卦可以使人们减少怨恨。“井以辨义”是说，井卦可以使人们辨别君子该守的大义。“巽以行权”是说，巽卦可以使人们懂得灵活处理问题。“权”与“经”相对而言，“经”是常道，“权”是权变，针对具体情况在不违背常道的基础上灵活处理问题。

以上这一段，朱熹说：“三陈九卦，以明处忧患之道。”意思是说，三次反反复复地陈述了履卦等九卦在道德修养方面的意义，从而使人们懂得身处忧患之中应当坚持的道。

（二十一）

《易》之为书也不可远，为道也屡迁，变动不居，周流六虚，上下无常，刚柔相易，不可为典要，唯变所适。

【译文】

《周易》这部书，不可看得远而无关，它的道经常迁移，变动而不会静止不动，在六个爻位上周流，上下没有常规，刚爻与柔爻相互变易，不可把它当成教条，它总是随着变化而流动。

【辨证】

“《易》之为书也不可远”中，“远”是离自己远，也就是和自己没关系。这句意为，《周易》这部书，我们不能把它看成是一部尽讲一些玄秘的大道理，和自己一点关系都没有的书。“为道也屡迁，变动不居”中，“屡”是多次、经常。“居”是不动。这句意为，其实它的道是经常流动，不是静止不动的。“周流六虚”中，“虚”同“墟”，是位置，在外界指上下四方，在卦里指每卦的六个爻位。这句意为，它在六墟中是周流不息的。“上下无常，刚柔相易，不可为典要”中，“常”是不变，“易”是变，“典要”是规矩不变、死教条、死框框。这句意为，它上上下下变动无常，刚柔相互变化，不是死框框。“唯变所适”中，“适”是到达。这句意为，它是变到哪里，就适用到哪里，是随机应变的，所以什么地方都适用。

这一节说明易道的随变广应。

其出入以度，外内使知惧。又明于忧患与故。无有师保，如临父母。初率其辞而揆其方，既有典常。苟非其人，道不虚行。

【译文】

它的出入按照节度，内内外外使人知道戒惧。又能明晓忧患及其缘故，没有师傅与保姆，如同父母在指导保护。开始要按照它的言辞推求它的方法，就会有常规可循。如果不是这样的人，易道也不能凭空领会。

【辨证】

“其出入以度”中，“度”犹言分寸。这句意为，《周易》之道虽然变动不居，但它的出入又是有分寸的，不是变得无法把握。“外内使知惧”是说，有分寸可把握，就可以让人在办内内外外各种事情的时候，知道戒惧什么了。“又明于忧患与故”中，“故”是缘故。这句意为，有了分寸可把握，就能使人明白该忧虑什么和应当忧虑的原因。当然，应当戒惧与忧虑的就是不合道的事情。“无有师保，如临父母”中，“师”是太傅、老师，“保”是太保、导师，古代天子设太傅、太保对世子进行教育指导。这句意为，这样即使没有老师、贤人来教育，也就如同面临父母而有人指导了。“初率其辞而揆其方”中，“率”是循、按照的意思。“揆”是揆度。这句意为，开始办事时按照卦爻辞的指示揣度它指出的方向。“既有典常”中，“既”是就，“典常”是常规法则。这句意为，这样就有了常规法则可循了。“苟非其人，道不虚行”中，“苟”是假如，“虚”是徒然，“行”是被人应用。这句意为，假如不是这样去做的人，《周易》之道也不会徒然来指导。

这一段说明易道变动不居而又有典常可循的特点。

（二十二）

《易》之为书也，原始要终，以为质也。六爻相杂，唯其时物也。

【译文】

《周易》这部书，推原本始，归纳终末，以此作为质体。六爻相互杂错，都是应时的事物。

【辨证】

“《易》之为书也，原始要终，以为质也”中，“原”是推原，“要”是约要、归纳。“质”是质体，这里指六爻卦的卦画。这句意为，《周易》这部书，推原本始，归纳终末，以此作为卦画之体。也就是说，一个六爻卦就是一个完整的过程，初爻是过程的开始，上爻是过程的终结。“六爻相杂，唯其时物也”中，“杂”是杂错。“时”是当时，即在这个过程中的时段里。这句意为，六爻在一个卦里相互杂错，都是在这个过程中的应时之物。

其初难知，其上易知，本末也。初辞拟之，卒成之终。若夫杂物撰德，辩是与非，则非其中爻不备。噫！亦要存亡吉凶，则居可知矣。知者观其彖辞，则思过半矣。

【译文】

它的初爻难以逆料，上爻容易了解，这是事情的本末。初爻的爻辞悬拟事物将来的发展，上爻是最后已成为事实而终结。至于错杂事物，撰述德行，辨明是非，就非得中间的四爻才能完备。啊！要了解存亡吉凶，看爻居于什么样的位置就可知了。有智慧的人看到它的彖辞，就会想到一半多了。

【辨证】

“其初难知，其上易知，本末也”中，“初”指初爻，“上”指上爻。“本末”即始终。这句意为，初爻很难逆料出好坏，因为事情的发展过程刚刚开始，很难知道将来会向什么方向发展。上爻就很容易了解，因为结果出来了。这是因为初爻表示过程的开始，上爻表示过程的终结。“初辞拟之，卒成之终”中，“拟”是拟想以后会怎样，“卒”是事物发展到完结。这句意为，初爻爻辞是根据事物发展的规律，拟想出以后会如何。上爻的爻辞是根据事情的结果说出它最后如何。以上是说明初爻与上爻爻辞的内涵。“若夫杂物撰德，辨是与非，则非其中爻不备”中，“杂”是错杂，“撰”是撰述说明（郑玄本作“算”）。这句意为，如果要安排纷杂的事物，说明它们的德行，辨别其中的是是非非，那就非得有中间的四个爻才能完备。这里的“中爻”，是针对初爻与上爻说的，指初爻与上爻中间的四个爻，也就是二、三、四、五爻，“备”是针对全卦六爻说的，意思是仅有初爻与上爻还不行，再加上中间的四个爻才算完全。初上是本末，中间四爻是经过。“噫！亦要存亡吉凶，则居可知矣”中，“噫”是叹辞，“居”是指所处的相当于各爻的爻位。这句意为，呵，要知道存亡吉凶，看你所处的地位对应在卦中六爻所处的地位中的哪一位，就可以知道了。“知者观其彖辞，则思过半矣”中，“知”通“智”，“彖辞”指卦辞。“思过半”即想到超过一半就差不多了。这句意为，聪明的人你只要看到卦辞的说法，就会想出一半以上的情况了。也就是说，卦辞就把基本的情况告诉你了。卦辞是针对全卦全过程说的。

二与四同功而异位，其善不同。二多誉，四多惧，近也。柔之为道，不利远者。其要无咎，其用柔中也。三与五同功而异位，三多凶，五多功，贵贱之等也。其柔危，其刚胜也。

【译文】

二爻与四爻功用相同，位置不同，它的好坏就不同。二爻多有美誉，四爻多有忧惧，这是因为远近不同。阴柔之道，不利于远。大致说来，要能够没有咎害，就用柔而居中。三爻与五爻功用相同而位置不同，三爻凶多，五爻功多，这是贵贱等级不同。柔爻有危厉，刚爻则可胜任。

【辨证】

“二与四同功而异位，其善不同”中，“二”“四”都指爻位，“功”指功用，“善”指好与不好两种情况。这句意为，二爻位与四爻位都属阴位，它们的功用相同，位置不同，好坏也就不同了。“二多誉，四多惧，近也”中，“誉”是得到赞誉。“近”指四位挨近五位，五位是天子位。这句意为，二位多美誉，四爻多有忧惧，是因为四位离五位近。“柔之为道，不利远者”是说，阴柔之道，不利于远位。“其要无咎，其用柔中也”是说，二位比四位要远，本来不利，如果要能够没有咎害，就一定要柔爻居于中位。中位指二位在下卦三爻的中间位置。在中位表示能行中道，也就是“无过，无不及”，行为适中得体。“三与五同功而异位”是说，三爻位与五爻位都属阳位，它们的功用相同，但位置不同。“三多凶，五多功，贵贱之等也”是说，三爻位凶多，五爻位功多，这是因为贵贱等级不同。三位与五位相对而言，三位属于低贱之位，五位属尊贵之位。“其柔危，其刚胜也”是说，在这两个位置上，柔爻有危厉，刚爻则可以胜任。周易的阴阳位是根据数的奇偶而定的。一卦六爻从下向上数，一、三、五位是阳位，二、四、六位是阴位。一位（即初位）是阳位，六位（即上位）是阴位，这里没有涉及，是因为初上两位更主要的意义是表示过程的始末，并不是没有阴阳的属性。王弼说“初上无位”，是在这一点上误会了。

这一段说明六爻爻位的意义。

（二十三）

《易》之为书也，广大悉备。有天道焉，有人道焉，有地道焉。兼三才而两之，故六。六者非它也，三材之道也。

【译文】

《周易》这部书，广大无际，内容详备。有天道，有人道，有地道。兼包天地人三才而两相重叠，所以每卦才有六爻。六不是别的，就是三材之道。

【辨证】

“《易》之为书也，广大悉备”中，“悉”是副词，意为全、都。“备”是具备。这句意为《周易》这部书，内容广大，包括了所有的事物。“有天道焉，有人道焉，有地道焉”中，“焉”相当介词结构“于此”，是“在这里”的意思。就是说，在这部书里有天道，有人道，也有地道。“兼三才而两之，故六”中，“兼”是兼包，即都包括进去。“三才”即前句的天道、地道、人道。这句意为把天道、人道、地道都包括进去并使它们各用两个爻来表示，所以全卦有六个爻。这里说明了两个内容，一是三才各自又分阴阳，这是“两之”的原理；二是初爻与二爻表示地道，三爻与四爻表示人道，五爻与六爻表示天道。与“八卦相重”的含义不同。八卦所以要相重的理性依据是为了“兼三才而两之”。所以把八卦相重看成是产生六十四卦的唯一方法是一种误解。既然是“两之”，显然也就可以两爻为一组地去分析，六爻也可分为三组。而“八卦相重”只能以三爻为一组、六爻分为两组去看，这就死板多了。“六者非它也，三材之道也”中，“材”是取材，“三材”是指取材于三才之材。这句意为，一卦安排六爻不是其他的原因，而是取材于三才之道。

道有变动，故曰爻。爻有等，故曰物。物相杂，故曰文。文不当，故吉凶生焉。

【译文】

道有变动，所以才称作爻。爻有等类，所以才称作物。物与物错杂，所以才称作文。错杂不当，所以才产生吉凶。

【辨证】

“道有变动，故曰爻”意为，无论是天道、人道，还是地道，道都有变动，所以才把它称作爻。“爻”是前文说的“效天下之动者也”。“爻有等，故曰物”中，“等”是等类。这句意为，爻有等类的区别，与事物区别为不同等类是一致的，所以可以把爻看成是事物。显然分析爻的时候不能脱离它的等类归属。这里起码是告诉人们，要分清是属于天类、人类，还是地类。“物相杂，故曰文”中，“杂”是杂错，即相互穿插在一起。“文”是交错的意思，《说文》说是“错画也”，就是交叉的笔画。这里用的是本义。这句意为，事物杂错在一起，所以才叫作“文”。“文”是指事物杂错交织的状况。“文不当，故吉凶生焉”中，“当”是恰当、合适。这句意为，事物错杂不合适，所以就产生了吉和凶。合适就吉，不合适就凶。

这一段说明卦有六爻的用意。

（二十四）

《易》之兴也，其当殷之末世、周之盛德邪？当文王与纣之事邪？是故其辞危。危者使平，易者使倾。其道甚大，百物不废。惧以终始，其要无咎，此之谓《易》之道也。

【译文】

《周易》的兴起，正当殷商的末世、周朝道德兴盛的时代吧？正当周文王与商纣王之时的事情吧？所以，它的言辞带有危殆感。危殆的使它平安，平易的使它倾侧。它的道非常广大，各种事物都不废弃。戒惧贯穿始终，主旨是做到没有咎害。这就是《周易》的道。

【辨证】

"《易》之兴也，其当殷之末世、周之盛德邪"中，"殷"即商朝。这句意为《周易》的兴起，正当商朝衰败的末世、周王朝道德兴盛的那段历史时代吧？也就是说，《周易》的创作时代在商朝末年，周文王当时还是商王朝里的一个西伯，虽然在诸侯中享有盛德的美誉，但还没有灭商建周。“当文王与纣之事邪”中，“纣”是商朝最后一个天子商纣王，“事”指历史事实。这句意为，正当周文王与商纣王那段历史事实吧？“是故其辞危”是说，所以卦爻辞里充满了一种危厉的气氛。“危者使平，易者使倾”中，“易”是平易、没有危险。“倾”是倾覆、灭亡。这句意为，能认识到危险的让它走向平安，认识不到危险的让它走向灭亡。这是指卦爻辞表现出来的倾向性。这是强调《周易》里的忧患意识。所谓“生于忧患，死于安乐”，忧患是安全的保障。“其道甚大，百物不废”中，“废”是废弃。这句意为，《周易》的道非常广大，无所不包，各种事物都不废弃。“惧以终始”是说，把戒惧的教导贯穿始终。“其要无咎，此之谓《易》之道也”中，“咎”是过错咎害。这句是说，重要的是求得没有错误咎害，这就是《周易》的道。也就是说，“无咎”是《周易》里最主要的道。吉与凶是有咎与无咎的后果。

这一段推论《周易》作于商周之际，并说明《周易》道的主要内容是“无咎”。

（二十五）

夫乾，天下之至健也，德行恒易以知险。夫坤，天下之至顺也，德行恒简以知阻。

【译文】

乾是天下最刚健的，德行永久容易，主知险难。坤是天下最柔顺的，德行永久简单，主知困阻。

【辨证】

“夫乾，天下之至健也，德行恒易以知险”中，“至”是最为，“易”是平易。这句意为，乾是最为刚健的，德行永久是很平易的，能主知险难。乾象天，天道刚健无阻。天道运行不出轨道，照常运行，很平易。正因为它很平易，所以稍有不平易的地方就能察觉出来，故能主知险难。“夫坤，天下之至顺也，德行恒简以知阻”意为，坤是最为柔顺的，德行永久是简易的，能主知繁杂困阻。坤象地，地道柔顺无逆拒，地道运行顺天而已，很简易。正因为它简易，所以稍有不简易的地方就能察觉出来，故能主知繁杂困阻。

能说诸心，能研诸侯之虑，定天下之吉凶，成天下亹亹者。是故变化云为，吉事有祥。象事知器，占事知来。

【译文】

能使人心喜悦，能研读出人们的思虑，确定天下的吉凶，成就天下勉力不息的事业。所以，变化发生，吉祥的事情会有兆应。观察它所象征的事物，就会知道形成的器物；用以占筮事情，就会知道未来的结果。

【辨证】

“能说诸心”中，“说”通“悦”。这句是说，正因为乾坤简单平易，所以能使人喜悦。人心都不喜欢繁杂与险难困阻。“能研诸侯之虑”，朱熹说：“‘侯之’二字衍。”意思是说“侯之”是两个多出来的字。这句话的原文应当是“能研诸虑”。这句是说，能研究出人们心里的思虑。因为乾坤能“知险知阻”，所以用乾坤之道就可以把人们心里想的最为繁杂的东西研究出来。“定天下之吉凶”是说，这样就可以确定天下的吉凶。“成天下之亹亹者”中，“亹亹”同“勉勉”，是勤勉不息的意思。这句意为成就天下勉力不息的事业。知道吉凶，懂得如何趋避，就多成少败，故能成就事业。“变化云为，吉事有祥”中，“云”形容多，“为”是人们做事情。“云为”是发生了很多。“祥”是休祥的征兆。这句意为，变化虽然很多，但吉事总会有它休祥的征兆。“象事知器，占事知来”是说，一变化就有象，观察象所反映的事物就知道会变成什么样的器物。有征兆就可以预测，占筮当前的事物就会知道它未来的情况。

天地设位，圣人成能。人谋鬼谋，百姓与能。

【译文】

天地设立了位置，圣人成就它的功能。人的智谋，鬼的智谋，百姓跟着参与这种功能。

【辨证】

“天地设位，圣人成能”中，“能”是功能。这句意为，天地设立了上下的位置，它们的功能就透露出来了。圣人创造出周易来，就把它们的功能表现出来，成就了这种功能，也就是让这种功能得以实现。“人谋鬼谋，百姓与能”中，“与”是参与。这句意为，再加上人的智谋，鬼的智谋，百姓虽然愚昧，也能参与这种功能。“人谋”指与人商量征求意见，“鬼谋”指通过祭祀与祖先亡灵商量征求意见。

八卦以象告，爻象以情言。刚柔杂居，而吉凶可见矣。变动以利言，吉凶以情迁。是故爱恶相攻而吉凶生，远近相取而悔吝生，情伪相感而利害生。凡《易》之情，近而不相得则凶，或害之，悔且吝。

【译文】

八卦用象来告知，爻辞、彖辞以情理而言。刚爻与柔爻杂处，吉凶就可显现出来。变动以利害而言，吉凶以情理而变迁。所以，爱恶相攻击就产生了吉凶，远近相攻取就产生了悔吝，真情与虚伪相交感就产生了利害。大凡《周易》的情理，近在一起不相容就凶，或有伤害，忧悔而有吝难。

【辨证】

“八卦以象告，爻象以情言”中，“彖”指卦辞，“情”指情理。这句意为，八卦用象的方法来告知人们如何。爻辞与卦辞是按情理做出断言。“刚柔杂居，而吉凶可见矣”是说，看象的时候，要注意刚爻与柔爻杂错相处是当还是不当，吉还是凶就可以看出来了。“变动以利言，吉凶以情迁”是说，看卦爻辞的时候，要注意爻的变动是按有利还是不利说的，吉与凶是根据情理而变迁的。“爱恶相攻而吉凶生，远近相取而悔吝生”中，“恶”是厌恶。“攻”与“取”互文，都是攻取的意思。这句意为，爱恶相攻击就产生了吉凶，远近相攻取就产生了悔吝。按周易的体例，阴爻与阳爻为爱，在应位上为爱，在上下邻位相比为爱。反之为恶。“情伪相感而利害生”中，“情”是真情，“伪”是假意。这句意为，真情或者是假意相互感应就产生了利与害。当然是真情相感就利，假意相感就害。按周易体例，阴爻与阳爻异性相吸为真情，同性相斥为假意。“凡《易》之情，近而不相得则凶，或害之，悔且吝”中，“得”是合得来。这句意为，大体上说，《周易》里边的情理，处在邻近的位置又合不来就凶。有的只是些小的伤害，那就会有忧悔或吝难。

将叛者其辞惭，中心疑者其辞枝。吉人之辞寡，躁人之辞多。诬善之人其辞游，失其守者其辞屈。

【译文】

要背叛的人说话就羞惭，心中疑惑的人说话就支离多歧。吉祥的人说话少，浮躁的人说话多。诬枉好人的人说话游移不定，失去操守的人说话卑屈。

【辨证】

“将叛者其辞惭，中心疑者其辞枝”中，“辞”指说出的话。“枝”是枝杈很多，指支离多歧。这句意为，将要背叛的人说出的话总是带着羞惭的味道，内心疑惑不定的人说出的话总是支离多歧。“吉人之辞寡，躁人之辞多”中，“寡”是少，“躁”是浮躁。这句意为，吉祥的人说话少，浮躁的人说话就多。“诬善之人其辞游，失其守者其辞屈”中，“诬”是诬陷，“善”是好人，“游”是说话绕弯子，“失其守”是变节失去操守。这句意为，诬陷好人的人说话总是绕来绕去，失去操守的人说话总是卑屈。

这一段说明了周易体系里的部分体例，告诉人们用周易的方法。

【结语】

《系辞传》向我们揭示了周易体系的机制，这是古代口传心授的学周易诀窍。虽然是经外之文，但却是学周易必不可少的津梁。朱熹说：“《系辞》之传，通论一经之大体，凡体凡例，无经可附，而自分上系、下系也。”它相当于一篇周易的凡例。因此，对其中几句话理解错了，往往会导致对周易认识的系列错误。当然，理解准确了，就可以帮助我们纠正各种错误的说法。

《系辞传》比较全面地向我们回答了中国哲学的基本内容。概括起来说，它的宇宙本体论就是气本论；宇宙发生论就是阴阳五行一元论；它的认识论就是反映论；它的方法论就是辩证法。我们痛切地看到古今中外人士对此多有误会，愿学周易的人不要重蹈覆辙，要正确地向世界介绍我国的哲学文化。

二 说 卦

《说卦》是专为说明卦象而写的《周易》古传。按《系辞传》的说法，《周易》原来没有辞，全靠卦象表意。要想读懂《周易》，就必须了解它的卦象。即使发展成为《周易》加了说明的言辞，那也是“观象系辞”。象还是添加辞的依据。《周易》是我国最为古老的一部成书文献，距今时间最长，时代的演变造成语言文字的演变，所以《周易》的语言也就成为最难理解的语言。我们想要直接读懂它的语言，而不是误信别人转告我们如何如何，就不得不参照它所依据的卦象。象总的说就是我们今天讲的现象。它包括实象和虚象两种。比如说离为硬壳动物，而离卦卦画（☲）正好是上下两个刚爻，中间一个柔爻，刚爻坚硬，柔爻柔软，这与硬壳类动物外壳坚硬，中间的肉体柔软的实象相符，这就是实象。至于说离为附着在其他的物体上，离为光明，这又是因为离为火，火总是附在燃料上；离为日，日总是附在天上。火与日都能发光，都是从实物之象类推出来的。如果说离卦在坤卦之上成为晋卦，晋卦是白天日出地上之象，那又包括了两卦之间的上下关系呈现出来的现象。离卦在震卦之上成为噬嗑卦，噬嗑卦是一个闹哄哄的集市之象，这又得与当时日中为市的社会背景联系起来才能明白它呈现出来的现象。而表示关系，显示背景等都属于虚象。实象容易显示，虚象难以显示，但可以从实象类推，《说卦》里主要向我们说明的是实象，也就是物象。然而卦画毕竟是符号，不是画画，不要说虚象，即使是物象也不能都画出来，近似而已。所以任何符号都具有人为规定的性质。《周易》的卦画也不能例外。有了人为的规定性，那就得向人们说明当初是怎么规定的。《说卦》就是告诉我们当初规定用八卦符号代表什么的一篇传文。可见，它是一把能让读者与作者沟通起来的钥匙，不能不读。下面我们作些解释。

昔者圣人之作《易》也，幽赞于神明而生蓍，参天两地而倚数，观变于阴阳而立卦，发挥于刚柔而生爻，和顺于道德而理于义，穷理尽性以至于命。

【译文】

古代圣人创制易学的时候，暗中参赞神明之道而设立了用蓍草占筮的方法，把天奇地偶相互交错的道理揣摩出来确定了易的数理，观察阴阳的变化而设立了卦，依据刚柔的变动而产生了爻，把人的道德与天地阴阳之道协和理顺起来合乎自然，把万事万物的性情道理推究彻底，一直推到天命，这才创制出易。

【辨证】

“昔者圣人之作《易》也”中，“作”是创造，“《易》”指的是伏羲创制的易卦体系。这一句是全段的时间状语。意为远古时代圣人创制易卦体系的时候。“幽赞于神明而生蓍”中，“幽”是暗，“赞”是赞助、帮助，“神明”指的是阴阳的运化功能，“蓍”是用蓍草占筮的方法。这句意为，暗中参赞阴阳运化的功能，设立了用蓍草占筮的方法。蓍草是一种多年生草本植物，每年生一茎，长到百茎才能采集来做算卦的筹策。这一句的主语是承前省略的“圣人”，朱熹认为是被动句，不合句法。后面的“倚数”“立卦”“生爻”等都是圣人的行为，所以“生蓍”也只能是圣人的行为。“生蓍”不是让地里长出蓍草，而是创造出用蓍草茎秆占筮的方法。“参天两地而倚数”中，“参天两地”简单地说就是三天两地。但按古代的语言习惯，三两还有乘之以三、乘之以二的动词意思，它还有运算的意思。这一点朱熹讲得很对。意思是用三的天数去乘，用二的地数去乘进行运算。为什么三是天数，二是地数？讲法很多。最常见的说法是在五个生数里，一三五是天数，二四是地数，天数三个，地数两个。这样说清了数理依据，但没有说清运算的依据。朱熹认为“叁两如天之圆，径一则围三，而叁之；地之方，径一则围四，而两之”。意思是说，圆的周长与直径的比例是1：3，方的周长与直径的比例是1：4。天圆地方，阳奇阴偶，奇数是以一为基本单位，偶数是以二为基本单位。三里有天奇的三个基本单位，四里有地偶的两个基本单位，所以运算时求天之圆用三去乘，求地之方用二去乘。这是古人概括出的最为简易的运算方法。其他的数都是这两个数的错综变化。比如三个三就成了老阳九（3×3），三个二就成了老阴六（3×2）；两个三、一个二之合就成了少阴八（3×2+2）；两个二、一个三之合就成了少阳七（2×2+3）。就是说，三是奇数在运算方面数的属性，二是偶数在运算方面数的属性。所以全句的意思是，圣人依据奇数以三来推算，偶数用二来推算的数理，确定了演算天地变化的方法。“观变于阴阳而立卦”是说圣人依据自己观察到的阴阳变化规律设立了卦。“发挥于刚柔而生爻”中，“发挥”是发动起来让它的功能运行扩散出来。这一句是说，圣人依据天地阴阳的运动，使自己卦中的刚爻柔爻也如此发动运行起来才设立出爻。所谓“爻者，效天下之动者也”。“和顺于道德而理于义”是说，圣人把天地阴阳之道与人的道德协调理顺起来，使易的机制都合乎自然。“义”是合宜，就是合乎自然。“理”作动词用，是把它理顺了。“穷理尽性以至于命”中，

“穷”“尽”互文，都是把它推论到头的意思。“理”是道理，“性”是天地阴阳赋予人的本性。“命”是天地阴阳赋予人的天命。这句意为，把道理推究彻底，一直推到天命，这才创造出了易。总而言之，道就是阴阳的运化及其规律。这里是从天地人三方面分别做了说明。在人道方面又细分为理属阳，义属阴，性属阳，命属阴。它们也要按天地阴阳的运化规律理顺了，然后融注到卦爻体系里。

昔者圣人之作《易》也，将以顺性命之理，是以立天之道曰阴与阳，立地之道曰柔与刚，立人之道曰仁与义。兼三才而两之，故《易》六画而成卦。分阴分阳，迭用柔刚，故《易》六位而成章。

【译文】

古代圣人制易的时候，要按照性命的道理来建立自己的体系，因此确立了天道阴与阳，地道柔与刚，人道仁与义。把天地人三才各自的两个方面兼包起来，所以易以六画组成一卦。分开阴阳，交替使用刚爻、柔爻，因此易以六个爻位的交错组成一卦。

【辨证】

“昔者圣人之作《易》也，将以顺性命之理”中，“顺”

是按照规律去做，“理”就是规律。这句是说，当年圣人创制易学的时候，是按照性命运行的规律。“是以立天之道曰阴与阳，立地之道曰柔与刚，立人之道曰仁与义”是说，总的来讲，道就是阴阳运化及其规律，如果分开天地人来说，又各有阴阳，天道是阴与阳，地道是柔与刚，人道是仁与义。仁属阳，义属阴。易既然是为人而作，就得兼顾三者的关系。因为人类本身就是天地运化的产物，是天地把性与命赋予人，所以易卦体系要“兼三才而两之”。“三才”指的就是天地人，“两之”指的就是天地人又各分为阴阳。“故易六画而成卦”是说，所以在易学里用六个爻画组成一卦。“分阴分阳，迭用柔刚，故《易》六位而成章”中，“迭”是交叠，“章”是爻画交错。这句是说，分开阴阳，交替使用刚爻、柔爻作符号，所以易卦都是按六个爻位交错在一起成为一个卦画。为什么“仁”属阳，“义”属阴？这主要是阳主生发，阴主肃杀。至于说“仁”性近柔，“义”性近刚，那又是阳中有阴，阴中有阳了。

天地定位，山泽通气，雷风相薄，水火不相射，八卦相错。

【译文】

天地确定了上下的位置，山与泽气息连通，雷与风相互激荡，水与火格格不入，八卦相互交错。

【辨证】

“天地定位”就开始讲八卦的物象了。这是告诉读者，在八卦的体系里，乾表示天，坤表示地。大自然中天在上、地在下是本然的面貌，在八卦里就是按乾在上、坤在下确定位置。“山泽通气”是说，在八卦的物象里，艮为山，兑为泽。在大自然中，山出云生水，水流出汇聚为大泽，大泽又蒸发成云雨落在山上，它们之间的气息是相互连通的。所以艮与兑之间也有这样的连通关系。“雷风相薄”中，“薄”是挨近，在这里是激荡的意思。在八卦体系里，震表示雷，巽表示风，风与雷是相互激荡，往往是雷助风势，风助雷威，相伴而行。所以震与巽之间也有这样的关系。“水火不相射”中，“射”就是射箭的射，在这里是犯的意思，不能讲成别的，后面还有“水火不相逮”可证。在八卦的体系里，坎表示水，离表示火，水与火是一种格格不入的关系。当然这仅是水火对立的一面，但水火之间还有统一的一面。朱熹说“火下燃，水上沸”，只要隔开互不入犯，不但不会熄灭，还可相互为用。所以坎与离也有这样的关系。“八卦相错”中，“错”是交错，是说八卦的位序相互交错，不是指交错为六十四卦。

扬雄的《太玄》说：“南北定位，东西通气，万物错乎其中，准八卦也。”邵雍进一步画出了先天八卦图，说是伏羲时代八卦的位序（见伏羲先天八卦位序图）。后来周文王改制时，把它变化为后天八卦位序，两者的方位不同。按照《说卦》“顺逆”的说法，邵雍的讲法是有根据的。

数往者顺，知来者逆，是故易逆数也。

【译文】

要知道以往的事情要按照顺序向前数，要知道未来的事情要逆序向后数。《周易》主要是预测未来，所以是逆序而数。

【辨证】

“数往者顺，知来者逆”中，“数”与“知”互文，是动词，是按照位序数下去。这一段上下文都说的是八卦，《说卦》又是向人们说明八卦的卦象，当然这里也说的是八卦，不可能指什么卦的产生或数的运算。这里提出了八卦的顺逆，那就显然是告诉人们，八卦有一个顺的位序，还有一个逆的位序。按照上下文的内在逻辑关系，顺的位序就是前面提到的先天八卦位序，逆的位序就是后面提到的后天八卦位序。因为这一段的上下文里只列出两个位序，所以顺逆只能指的是它们，而不可能是别的什么。八卦顺的数序就是乾

一、兑二、离三、震四、巽五、坎六、艮七、坤八。方位就是乾南、坤北、离东、坎西、兑东南、艮西北、震东北、巽西南。逆的数序就是洛书中的坎一、坤二、震三、巽四、中五、乾六、兑七、艮八、离九，方位就是离南、坎北、震东、兑西、巽东南、乾西北、坤西南、艮东北。这两句话的意思，实际上是告诉人们，先天八卦是一个八卦顺的位序，后天八卦是一个八卦逆的位序。先天八卦的位序可以顺数出以往的情况，后天八卦的位序可以逆知未来的情况。“是故易逆数也”是说，以往的情况都已经发生过了，大家都知道，用不着再用先天八卦顺的位序去数，人们用《周易》推算，是要预测未来的情况，所以《周易》的应用主要是按后天八卦这个逆的位序去推。不是说先天八卦分顺逆，后天八卦又分顺逆，这样理解就陷入误区说不清了。《周易》研究中出现了那么多五花八门的解释，都是因为把原文理解错了。

雷以动之，风以散之，雨以润之，日以晅之，艮以止之，兑以说之，乾以君之，坤以藏之。

【译文】

震为雷，雷有振起的作用，震的特性是震动。巽为风，风有吹散的作用，巽的特性是吹散。坎为水，在天为雨，雨有滋润的作用，坎的特性是滋润。离为火，在天为日，日有晒干的作用，离的特性是干燥。艮为山，大山有阻止的作用，艮的特性是阻止。兑为泽，大泽有使人娱悦的作用，兑的特性是喜悦。乾为天，在地为君王，君王有主宰的作用，乾的特性为君临主宰。坤为地，地有负载万物的作用，坤的特性是容藏。

【辨证】

这一段是根据八卦各自代表的基本物象，说明它们各自具有的基本性能作用。注意“兑以说之”的“说”。“说”在易书里有三个义项，后来分化成三个不同的字，即悦、说、脱（可参见兑卦的解释）。这里主要是喜悦的意思。另外须注意的是，这一段仍然说的是先天八卦的位序，这从两两相对的说明中看得很清楚。

帝出乎震，齐乎巽，相见乎离，致役乎坤，说言乎兑，战乎乾，劳乎坎，成言乎艮。

【译文】

天帝从震方出来，故震有复出的意思。到了巽方万物就变得鲜洁整齐，故巽有鲜洁整齐的意思。到了离，就光辉具足地显现出来，故离有相见的意思。到了坤，天帝把自己的使命交给大地去完成，故坤有致役的意思。到了兑，变得喜悦言笑，故兑有喜悦言笑的意思。到了乾，六阳具足与阴气交战，故乾有交战的意思。到坎，已变得劳苦，故坎有劳苦而犒赏的意思。到了艮，天帝巡行一周的任务完成，故艮有成功的意思。

【辨证】

“帝”指的是北极星，古人称为天帝或帝星。天帝的运行路线是根据北斗星斗柄的运行观察出来的。古人认为北极星是宇宙的主宰，日月都是绕着它转。北极星在天宇上不动，但它功能的散发却是有迹可循的，这就是斗柄的运行轨迹。斗柄的运转与天地万物的运转相应。从词义上说，“齐”是整齐的意思。“齐乎巽”是说，天帝的功能运行到巽方（东南），万物都齐刷刷地长起来了。“致役”是把劳役交出来，“致役乎坤”是说，天帝把自己的劳役交给坤去完成。其余的意思可按译文去理解。要注意的是，从这一节开始，《说卦》向我们透露了后天八卦的位序，也就是前面讲的逆序。当然《说卦》的重点还是要说明八卦各自所具有的特点之象。比如震有复出之象，巽有整齐之象等。

万物出乎震，震东方也。齐乎巽，巽东南也；齐也者，言万物之絜齐也。离也者，明也，万物皆相见，南方之卦也；圣人南面而听天下，向明而治，盖取诸此也。坤也者，地也，万物皆致养焉，故曰致役乎坤。兑，正秋也，万物之所说也，故曰说言乎兑。战乎乾，乾，西北之卦也，言阴阳相薄也。坎者，水也，正北方之卦也，劳卦也，万物之所归也，故曰劳乎坎。艮，东北之卦也，万物之所成终而成始也，故曰成言乎艮。

【译文】

万物从震方生长出来，震卦位在东方。到巽方变得鲜洁整齐，巽卦位在东南；齐是鲜洁整齐的意思。离是光明，万物都显现出来，离卦位在南方；圣人坐北向南听理天下的政务，面向光明来治理，就是取离的光明。坤卦是地，万物都依赖大地的养育，所以说天帝把生成万物的劳役交给坤。兑是正秋，万物为成熟而喜悦，所以说兑是喜悦。在乾的方位争战起来，是因为乾卦的卦位在西北方，是阴气与阳气相互接触激荡起来的地方。坎是水，卦位在正北方，这是个劳苦的卦，万物在这里要归藏起来，所以说坎卦劳苦。艮的卦位在东北方，是万物完成而又重新开始，所以说艮代表成功。

【辨证】

“絜”是“洁”的古文写法，意为鲜洁。这段话的难点不是词义，而是话里透露出的背后的意思。从直接意思上说，《说卦》是向人们揭示八卦在方位、时令方面所具有的属性之象。八卦之中，震东、巽东南、离南、坤西南、兑西、乾西北、坎北、艮东北，都讲的是方位。而在兑下说“正秋”，讲的是时令，这是一种互文的修辞方法，其他可以互推出来。就是说，还可推知兑是正西，震为春、离为夏、坎为冬。这样就可以把后天八卦的位序定下来。

这段话可以向我们透露出什么样的背后意思呢？首先是后天八卦的位序就是《说卦》所谓的逆序。逆序才是《周易》的位序，算卦要按后天八卦的位序去算。“数往者顺”说明按先天八卦的顺序可以前推，比如用它检索出卦来。“知来者逆”说明按后天八卦的位序可以后推。如对检索出来的卦要按后天八卦的位序去分析以后的情况。

先天八卦是人面向南以太阳为坐标系定出来的八卦方位，后天八卦是人面向北，以北极星为坐标系定出来的八卦方位。这样许多问题就迎刃而解了。比如朱熹提出“齐乎巽，晓不得……坤安在西南，不成西北方无它？西方肃杀之地，如何云万物之所说。乾西北也不可晓，如何阴阳只来这处相薄?”就是说后天八卦为什么把乾安在西北、坤安在西南、巽安在东南、兑安在西方？弄不清楚。朱熹之后也没有见到有人做出正面的回答，现在我们根据《说卦》提供的线索可以看出，其实这主要是朱熹把后天八卦看成是一个平面图造成的。实际上后天八卦也是一个立体图。坎离震兑是平面方位，而乾艮巽坤是上下方位。不过是把这个立体方位折叠在一个平面上罢了。所以称这个位序是逆序，是因为实际的天体运行是北斗斗柄按逆时针方向旋转，按天帝的运行轨道，把实际的上方标到了图的下方，把实际的下方标到了图的上方，正好与先天八卦标示的位序相反。这是参照的坐标不同与易图的标位习惯造成的（易图标位以下为北，上为南）。不要忘记“天地定位”是早就说明了的，乾在上，坤在下，这是实际的位置。因为我国在东半球的北部，所以观察乾天的正中到了西北，坤地的正中到了西南。从卦象中可以看出，艮为山近天，到了东北；巽为齐平近地，到了东南。故有天高西北，地倾东南之说。这是一个概括了四方上下与我国实际地理位置的综合图。所以要按这个位序去推算阴阳气的流行。

神也者，妙万物而为言者也。动万物者莫疾乎雷，挠万物者莫疾乎风，燥万物者莫熯（hàn）乎火，说万物者莫说乎泽，润万物者莫润乎水，终万物、始万物者莫盛乎艮。故水火不相逮，雷风不相悖，山泽通气，然后能变化，既成万物也。

【译文】

所谓神，是就万物变化的奥妙而说的。能震动万物的，没有什么能比得上雷更甚；能曲挠万物的，没有什么能比得上风更甚；能干燥万物的，没有什么能比得上火更甚；能使万物喜悦的，没有什么能比得上泽更甚；能滋润万物的，没有什么能比得上水更甚；能使万物完成又重新开始的，没有什么能比得上山更甚。所以水火格格不入，雷与风不相背逆，山与泽气息相通，然后才能变化，造化出万物。

【辨证】

这一段说明了为什么要给八卦赋予这些象及其作用意义。“疾”是快，“挠”是曲挠，“熯”是干燥，“逮”是及，“悖”是背逆。余详译文。这段话仍然是按后天八卦的位序排下来的，却没有提到乾坤，可以看出乾坤是在上下的位置上。

乾，健也；坤，顺也；震，动也；巽，入也；坎，陷也；离，丽也；艮，止也；兑，说也。

【译文】

乾是刚健，坤是柔顺，震是震动，巽是进入，坎是下陷，离是附丽，艮是阻止，兑是喜悦。

【辨证】

这一段说明八卦各自的特性。其中“丽”是附着在其他物体上的意思。这一段以下是按父母生三子三女的位序排列的（见下）。

乾为马，坤为牛，震为龙，巽为鸡，坎为豕，离为雉，艮为狗，兑为羊。

【译文】

乾是马，坤是牛，震是龙，巽是鸡，坎是猪，离是野鸡，艮是狗，兑是羊。

【辨证】

这一段说明八卦分别代表的八种动物。其中“豕”是猪，细分大猪为豕，小猪为豚。

乾为首，坤为腹，震为足，巽为股，坎为耳，离为目，艮为手，兑为口。

【译文】

乾是头，坤是腹，震是脚，巽是腿，坎是耳朵，离是眼睛，艮是手，兑是嘴。

【辨证】

这一段说明八卦分别代表的人体的部位。“股”一般指大腿，不细分就是腿。

乾，天也，故称乎父；坤，地也，故称乎母。震一索而得男，故谓之长男。巽一索而得女，故谓之长女。坎再索而得男，故谓之中男。离再索而得女，故谓之中女。艮三索而得男，故谓之少男。兑三索而得女，故谓之少女。

【译文】

乾是天，天属阳，所以表示父亲。坤是地，地属阴，所以表示母亲。坤卦从乾卦索取到第一个刚爻而生出男孩是震卦，所以震代表长子。乾卦从坤卦索取到第一个柔爻而生出女孩是巽卦，所以巽代表长女。坤卦从乾卦索取到第二个刚爻而生出男孩是坎卦，所以坎代表中男。乾卦从坤卦索取到第二个柔爻而生出女孩是离卦，所以离代表中女。坤卦从乾卦索取到第三个刚爻而生出男孩是艮卦，所以艮代表少男。乾卦从坤卦索取到第三个柔爻而生出女孩是兑卦，所以兑代表少女。

【辨证】

这一段说明八卦分别代表的父母与三子三女。“索”是索取。如“震一索而得男，故谓之长男”是说，震卦是坤卦从乾卦索取到第一个刚爻生出长子，所以震为长子。在八卦里初爻为长，中爻为中，上爻为少。余可类推。

乾为天，为圜，为君，为父，为玉，为金，为寒，为冰，为大赤，为良马，为老马，为瘠马，为驳马，为木果。

【译文】

乾是天，是圆环，是君王，是父亲，是玉，是金，是寒冷，是冰，是大红色，是良马，是老马，是瘦瘠的马，是杂色马，是树上的果实。

【辨证】

这一段说明乾卦的卦象。其中“圜”是圆环的意思。“驳马”是毛的颜色不纯的杂色马。“木果”是树木结的果实。

坤为地，为母，为布，为釜，为吝啬，为均，为子母牛，为大舆，为文，为众，为柄，其于地也为黑。

【译文】

坤是地，是母亲，是布帛，是瓦釜（锅），是吝啬（不慷慨大方），是均匀，是带犊子的牛，是大车，是文，是众，是柄，对于地来说是黑土地。

【辨证】

这一段说明坤卦的卦象。“釜”是做饭用的锅。“舆”本义为车厢，这里指车。“大车”是古代载重的货车，即牛车。

震为雷，为龙，为玄黄，为旉（fū），为大途，为长子，为决躁，为苍筤竹，为萑苇。其于马也，为善鸣，为馵（biàn）足，为作足，为的颡。其于稼也，为反生。其究为健，为蕃鲜。

【译文】

震是雷，是龙，是苍黄，是展开，是大路，是长子，是急躁，是青色竹子，是芦荻苇子。它对于马来说，是善嘶鸣的马，是后左蹄白的马，是抬足而动的马，是白额头的马。它对于禾稼来说，是反生的禾稼。变到最后是经乾到蕃盛鲜洁的巽卦。

【辨证】

这一段说明震卦的卦象。“玄黄”，玄是天色、黄是地色，即天的苍色与地的黄色。“旉”是展布开。“决躁”是具有冲决的性能而急躁。“苍筤竹”是青色的竹子。“萑”是芦荻。“其于马也，为善鸣，为馵足，为作足，为的颡”中，古代因为马在人们的生活中很重要，所以分得很细。“善鸣”是常常嘶鸣的马，“馵足”是马左边后蹄上带白颜色的马，“作足”是常常抬足而动的马，“的颡”是额头上带白颜色的马。“其于稼也，为反生”是说，对于禾稼来说，是反生的禾稼。比如豆子，它在土里发芽先向下长然后才返上来顶出地面。“其究为健，为蕃鲜”中，“究”是穷尽、到头的意思，这里指究卦，究卦是把本卦三爻全变成阴阳相反的卦。比如震卦（☳），三个爻的阴阳性质都变，就成为巽卦（☴）。震卦是坤“一索而得男”，是坤（☷）变了下爻成震，接着变震的中爻就成了兑（☱），继续变兑的上爻就成了乾（☰），再变乾的下爻就成了巽（☴），这样就把震卦三爻都变尽了。所以这一句是说，震的究卦是经过了兑、乾，一直到变成巽。其中“健”指的是乾卦，“蕃鲜”指的是巽卦（见巽卦说明）。八卦的每一卦都有究卦，这里虽然说的是震卦，但《说卦》是让人们由此类推的简略讲解，要注意它的普遍意义。当然还应该理解，究卦是卦的发展变化方向，不是它现在的属性。所以“其究为健，为蕃鲜”是说，震卦的发展变化方向是乾的刚健和巽的鲜洁蕃盛。

巽为木，为风，为长女，为绳直，为工，为白，为长，为高，为进退，为不果，为臭。其于人也，为寡发，为广颡，为多白眼，为近利市三倍。其究为躁卦。

【译文】

巽是树木，是风，是长女，是绳直，是工巧，是白色，是长，是高，是进退，是不结果，是味。它对于人来说，是头发少，是大脑门，是白眼多，是近利市三倍利息。变到最后是急躁的震卦。

【辨证】

这一段说明巽卦的卦象。其中“绳直”是指木匠用的墨斗，木匠用墨线定木料的直线。巽卦有线绳、直线之象。“工”是工匠，包括工匠所具有的技巧。“不果”有两个意思：一是办事不果决，犹豫不定，这与“进退”意思一致；二是没结果。古人认为犹豫不定做事就没结果。还可引申为树木不结果实，因为巽是仲春的树木。再引申还可以是人不怀孕、不生孩子等。这就要类推了。“臭”现在作“嗅”，是气味，包括臭味，但不仅是臭味，一切较为强烈的气味都是“臭”。“近利市三倍”是靠近利市能获得三倍的利息。“其究为躁卦”中，“躁卦”指的是前文讲的“震为决躁”的震卦。可参见上一段对究卦的说明。

坎为水，为沟渎，为隐伏，为矫輮，为弓轮。其于人也，为加忧，为心病，为耳痛，为血卦，为赤。其于马也，为美脊，为亟心，为下首，为薄蹄，为曳。其于舆也，为多眚（shěng）。为通，为月，为盗。其于木也，为坚多心。

【译文】

坎是水，是沟渠，是隐伏，是矫輮（róu），是弓或车轮。它对于人来说，是忧愁多的人，是心病，是耳痛，是血卦，是红色。它对于马来说，是美脊马，是心急的马，是低头的马，是薄蹄的马，是肯拉的马。它对于车来说，是多灾的车。是通达，是月，是盗寇。它对于树木来说，是坚实多心的树木。

【辨证】

这一段说明坎卦的卦象。其中“矫輮”是古代把直木料弯曲或把弯木弄直的一种工艺方法。一般是把湿木料固定在所需形状的架子上，然后用火来熏烤或等待它干透，这样木料就按人的需要定型了。“多眚”是多灾难的意思。分开说，“灾”是外来的灾难，“眚”是自己或内部造成的灾难。不分开说，灾眚都是灾难。“其于木也，为坚多心”是说，对于树木来说，坎卦代表的是木质坚实树心多空的木本植物。在自然界中，一般长刺的木本植物坚实而树心中空，不容易长得很高大。

离为火，为日，为电，为中女，为甲胄，为戈兵。其于人也，为大腹。为乾卦，为鳖，为蟹，为蠃，为蚌，为龟。其于木也，为科上槁。

【译文】

离是火，是日，是闪电，是中女，是铠甲头盔，是戈兵武器。它对于人来说，是大肚子。是干燥的卦，是鳖，是螃蟹，是甲虫，是蚌，是龟。它对于树木来说，是光头而上部干枯。

【辨证】

这一段说明离卦的卦象。其中“电”指的是闪电，“甲”是古代作战穿的铠甲，“胄”是戴的头盔。“乾卦”是干燥的卦，因为离为火。古代乾、干是一个字。“鳖”“蟹”“蠃”“蚌”“龟”都属硬壳类动物。“蠃”是甲虫。“其于木也，为科上槁”中，“科”是光头，“槁”是干枯。这句意为，对于树木来说，离卦表示的是树头枝叶脱落快光了而上部又干枯的树木，也就是枯树。

艮为山，为径路，为小石，为门阙，为果蓏（luǒ），为阍（hūn）寺，为指，为狗，为鼠，为黔喙（huì）之属。其于木也，为坚多节。

【译文】

艮是山，是小径，是小石，是门阙，是草瓜木果，是守门人，是手指，是狗，是鼠，是黑嘴动物。它对于树木来说，是坚硬多节的树木。

【辨证】

这一段说明艮卦的卦象。其中的“径路”指的是小路，与震卦的“大途”不同，震卦是大路。“阙”是没有屋顶相连的门，“蓏”是草本植物结的果实，“阍寺”是守门的值班人，“黔”是黑颜色，“喙”是嘴头子。“黔喙之属”指的是黑嘴头子的动物。

兑为泽，为少女，为巫，为口舌，为毁折，为附决。其于地也，为刚卤。为妾，为羊。

【译文】

兑是大泽，是少女，是巫觋（xī），是口舌是非，是毁折，是退落。它对于地来说，是坚硬的盐碱地。是妾，是羊。

【辨证】

这一段说明兑卦的卦象。其中“巫”指的是巫觋，“巫”是巫婆，“觋”是神汉，即男巫。“口舌”一是指口和舌，另外还指口舌是非。“附决”是从所附着的物体上脱落下来。“刚”是坚硬，“卤”是指土壤里含有盐碱。

【结语】

《说卦》向我们介绍了八卦在创制时给它们各自规定的

所代表的物象。虽然罗列了不少，但用这些卦象应对算卦时问到的万事万物，仍然显得太少。所以《说卦》用了不少可以让人们去类推的语句，比如“其于人也”“其于马也”“其于木也”“其于地也”“其究为……”等，这显然是指就某个方面说如此，还有没有提到的很多方面。读的人可以由此类推。所以后来的人又给八卦补充了很多逸象。从道理上讲，这就是“其称名也小，其取类也大”，合乎《说卦》的要求。事实上《说卦》不可能把万事万物尤其是当时还没有的事物，都面面俱到地说出来。但这也并不是说人们可以随便按自己的想象去附会。《说卦》还是从较多的方面向人们说明了八卦各自的类别，只有那些附合各自类别而补充的卦象才是可以信从的。这又是我们鉴别逸象的一把尺子。学习《说卦》，更重要的是要学会掌握这把尺子。

《系辞传》与《说卦》涉及周易体例中的许多问题，所以要先学懂。至于《序卦》与《杂卦》涉及体例较少，又都对理解六十四卦卦名具有标准意义，可以放在各卦里说明。这里只串讲一下，以便于对它先有一个整体的理解。

三 序卦

有天地，然后万物生焉。盈天地之间者，唯万物，故受之以屯。屯者，盈也。屯者，物之始生也。物生必蒙，故受之以蒙。蒙者，蒙也，物之稚也。物稚不可不养也，故受之以需。需者，饮食之道也。饮食必有讼，故受之以讼。讼必有众起，故受之以师。师者，众也。众必有所比，故受之以比。比者，比也。比必有所畜，故受之以小畜。物畜然后有礼，故受之以履。履而泰然后安，故受之以泰，泰者，通也。物不可以终通，故受之以否。物不可以终否，故受之以同人。与人同者，物必归焉，故受之以大有。有大者不可以盈，故受之以谦，有大而能谦必豫，故受之以豫。豫必有随，故受之以随。以喜随人者必有事，故受之以蛊。蛊者，事也。有事而后可大，故受之以临。临者，大也。物大然后可观，故受之以观。可观而后有所合，故受之以噬嗑。嗑者，合也。物不可苟合而已，故受之以贲。贲者，饰也。致饰然后亨则尽矣，故受之以剥。剥者，剥也。物不可以终尽，剥穷上反下，故受之以复。复则不妄矣，故受之以无妄。有无妄，然后可畜，故受之以大畜。物畜然后可养，故受之以颐。颐者，养也。不养则不可动，故受之以大过。物不可以终过，故受之以坎。坎者，陷也。陷必有所丽，故受之以离。离者，丽也。

有天地然后有万物，有万物然后有男女，有男女然后有夫妇，有夫妇然后有父子，有父子然后有君臣，有君臣然后有上下，有上下然后礼义有所错。夫妇之道不可以不久也，故受之以恒。恒者，久也。物不可以久居其所，故受之以遁。遁者，退也。物不可以终遁，故受之以大壮。物不可以终壮，故受之以晋。晋者，进也。进必有所伤，故受之以明夷。夷者，伤也。伤于外者必反于家，故受之以家人。家道穷必乖，故受之以睽。睽者，乖也。乖必有难，故受之以蹇。蹇者，难也。物不可以终难，故受之以解。解者，缓也。缓必有所失，故受之以损。损而不已必益，故受之以益。益而不已必决，故受之以夬。夬者，决也。决必有所遇，故受之以姤，姤者，遇也。物相遇而后聚，故受之以萃。萃者，聚也。聚而上者谓之升，故受之以升。升而不已必困，故受之以困。困乎上者必反下，故受之以井。井道不可不革，故受之以革。革物者莫若鼎，故受之以鼎。主器者莫若长子，故受之以震。震者，动也。物不可以终动，止之，故受之以艮。艮者，止也。物不可以终止，故受之以渐。渐者，进也。进必有所归，故受之以归妹。得其所归者必大，故受之以丰。丰者，大也。穷大者必失其居，故受之以旅。旅而无所容，故受之以巽，巽者，入也。入而后说之，故受之以兑，兑者，说也。说而后散之，故受之以涣，涣者，离也。物不可以终离，故受之以节。节而信之，故受之以中孚。有其信者必行之，故受之以小过。有过物者必济，故受之以既济。物不可穷也，故受之以未济。终焉。

【译文】

乾是天，坤是地，有天地万物才能化生。充满天地之间的是万物，所以接着是屯卦，屯是盈满的意思，也是万物开始生出的意思。万物刚生长出来必然是幼稚蒙昧的，所以接着是蒙卦，蒙是物的蒙昧、幼稚状态。万物在幼稚时期不能不养育，所以接着是需卦，需是饮食长养之道。饮食必然会产生争讼，所以接着是讼卦。争讼必定会有众人起来争斗，所以接着是师卦，师是众的意思。人众多了必然会有所亲比，所以接着是比卦，比是亲比的意思。比合在一起必然会形成一种蓄聚状态，所以接着是小畜卦。物质得到蓄积丰富起来，然后要有礼节节制，所以接着是履卦，履是礼节的意思。按礼仪去做就会通达，然后可以平安，所以接着是泰卦，泰是通达的意思。事物不可能永远通达，所以接着是否卦。事物不可能始终是否塞不通，所以接着是同人卦。与人同心同德，人物就会来归附，所以接着是大有卦。富有的人不能骄盈，所以接着是谦卦。大有又能谦虚一定会怡悦，所以接着是豫卦。怡悦一定会有人随从，所以接着是随卦。喜悦地随从人必然会出事，所以接着是蛊卦，蛊是生事的意思。有事而后可以壮大，所以接着是临卦，临是大的意思。事物发展壮大就可观了，所以接着是观卦。德政教化可观了，人心民意就可相合，所以接着是噬嗑卦，嗑是合的意思。事物不可以苟且相合就行了，所以接着是贲卦，贲是文饰的意思。经过文饰之后就亨通昌盛到了尽头，所以接着是剥卦，剥是剥蚀的意思。事物不能一直剥蚀到全部尽净，从上剥蚀到极点，又会返到下边复生出来，所以接着是复卦。复回正道就不会虚妄了，所以接着是无妄卦。能够不虚妄，然后就可以有积蓄，所以接着是大畜卦。万物蓄聚之后才可以畜养，所以接着是颐卦，颐是养的意思。不经过一番颐养就不能有所行动，所以接着是大过卦。事物不可能总是顺利通过，所以接着是坎卦，坎是坎陷的意思。陷入坎里必定会附着在一个地方上，所以接着是离卦，离是附丽的意思。

有了天地然后才会有万物，有了万物然后才有男女两性，有了男女两性然后才会有夫妻，有了夫妻然后才会有父子，有了父子尊长卑少然后才会有君臣尊卑，有了君臣尊卑然后才会产生上下等级，有了上下等级然后在礼仪制度上才有种种不同的错杂。夫妻的正道不可不长久，所以在咸卦之后接着是恒卦，恒是永久的意思。事物不能永久占住一个位置而不发展变化，所以接着是遁卦，遁是退的意思。事物不能老是消退，所以接着是大壮卦。事物也不能老是盛壮，所以接着是晋卦，晋是进的意思。一味前进必然会受到伤害，所以接着是明夷卦，夷是伤的意思。在外受到伤害一定会返回家里，所以接着是家人卦。家道困阻一定会出现离异，所以接着是睽卦，睽是乖离的意思。乖离必然会遇到阻难，所以接着是蹇卦，蹇是阻难的意思。事物不可能阻难到终了，故接着是解卦，解是缓解的意思。缓解懈怠一定会有损失，所以接着是损卦。不停地损减下去，一定会出现损极而反的增益，所以接着是益卦。增益不止一定会溃决，所以接着是夬卦，夬是决退的意思。决退之后一定会有遇合，所以接着是姤卦，姤是相遇的意思。事物都是相遇之后才能聚合，所以接着是萃卦，萃是聚合的意思。不断向上聚合就叫作升高，所以接着是升卦。上升不止一定会有困穷的时候，所以接着是困卦。在上受困一定会返回到下边来，所以接着是井卦。为井之道不可不经常更新，所以接着是革卦。能变革事物的没有什么能比得上鼎，所以接着是鼎卦。主持国家鼎这样重器的人没有比嫡长子更适当的了，所以接着是表示长子的震卦，震是动的意思。事物不可以老是震动，要让它停下来，所以接着是艮卦，艮是止的意思。事物不可以总是停止不前，所以接着是渐卦，渐是进的意思。渐进必定要有个归宿，所以接着是归妹卦。得到所归的一定会丰大起来，所以接着是丰卦，丰是大的意思。穷极奢大的人必然会失去寄身之地，所以接着是旅卦。行旅在外而无所容身，所以接着是巽卦，巽是进入的意思。能进入而后才会言谈喜悦，所以接着是兑卦，兑是言谈喜悦的意思。言谈喜悦之后疑惑消散，所以接着是涣卦，涣是离散的意思。事物不可能长久离散下去，所以接着是节卦。有符节而后可取信于人，所以接着是中孚卦。有符节凭信的人一定能通行，所以接着是小过卦。能超过其他事物的人一定会济渡成功，所以接着是既济卦。事物发展不可能穷尽，所以接着是未济卦。六十四卦终结。

四 杂卦

乾刚坤柔。比乐师忧。临观之义，或与或求。屯见而不失其居。蒙杂而著。

震，起也。艮，止也。损益，盛衰之始也。大畜，时也。无妄，灾也。萃聚而升不来也。谦轻而豫怠也。噬嗑，食也。贲，无色也。

兑见而巽伏也。随，无故也。蛊则饬也。剥，烂也。复，反也。晋，昼也。明夷，诛也。井通而困相遇也。咸，速也。恒，久也。

涣，离也。节，止也。解，缓也。蹇，难也。睽，外也。家人，内也。否泰，反其类也。大壮则止，遁则退也。大有，众也。同人，亲也。

革，去故也。鼎，取新也。小过，过也。中孚，信也。丰，多故也。亲寡旅也。离上而坎下也。

小畜，寡也。履，不处也。需，不进也。讼，不亲也。大过，颠也。姤，遇也，柔遇刚也。

渐，女归待男行也。颐，养正也。既济，定也。归妹，女之终也。未济，男之穷也。夬，决也，刚决柔也，君子道长，小人道忧也。

【译文】

乾卦刚健，坤卦柔顺。比卦喜乐，师卦忧苦。临卦、观卦的含义，有的给予，有的求取。屯卦是出现并占据一席之地。蒙卦是杂乱蒙茸而显著。

震卦是震起。艮卦是阻止。损卦、益卦是旺盛与衰退的开始。大畜卦是得时。无妄卦是灾难。萃卦是聚合。升卦是不下来。谦卦是自居轻微。豫卦是怠。噬嗑卦是吃食。贲卦是没有颜色。

兑卦是显现于外。巽卦是隐伏于内。随卦是没有事故而从宜适变。蛊卦是整饬。剥卦是朽烂。复卦是返回。晋卦是白昼。明夷卦是诛灭。井卦是相通而困卦是相遇。咸卦是迅速感应。恒卦是长久。

涣卦是离散。节卦是节止。解卦是缓解。蹇卦是行进之难。睽卦是分离于外。家人卦是回到家内。否卦与泰卦是否塞与通达类别相反。大壮卦是止于盛壮。遁卦则是消退。大有卦是拥有众多。同人卦是与人亲合。

革卦是除旧。鼎卦是立新。小过卦是越过。中孚卦是取信。丰卦是故旧多。旅卦是亲友少。离卦是火炎上。坎卦是水润下。

小畜卦是积蓄尚少。履卦是不停留。需卦是不前进。讼卦是不亲合。大过卦是颠覆。姤卦是相遇，柔爻与刚爻相遇。

渐卦是女子出嫁等待男子行聘。颐卦是颐养正道。既济卦是趋于安定。归妹卦是女子的终身归宿。未济卦是男子的困境。夬卦是决去，刚爻决去柔爻，君子之道生长，小人之道忧愁。

第二篇　六十四卦全解

一 乾——万物之父

䷀

《周易》六十四卦，每卦六爻，每个六爻卦都是由上下两个三爻卦组合而成。乾卦属八纯卦之一，由上下两个三爻的乾卦（☰）重叠成为一个六爻的卦画䷀，这个卦画符号也称作卦图。因为卦图的顺序是从下向上，所以传统上对卦图的组合称作乾下、乾上。又因为乾的基本卦象是天，故在八宫卦里称作乾为天。

《序卦》说："有天地，然后万物生焉。"意思是说，乾是天，坤是地，有天地万物才能化生，天地是万物的父母，乾坤就是六十四卦的父母。《杂卦》说："乾刚坤柔。"意为乾的特性是刚健，坤的特性是柔顺。综合《序卦》《杂卦》的意思，乾就是刚健的天道。从《周易》学原理上讲，乾是纯阳之气，坤是纯阴之气，阴阳二气的交感流通，是宇宙产生的根源，万物无不由此而生，这是《周易》的宇宙发生论。但阴阳二气太抽象，所以《周易》作者用直观的天地作表象，把它昭示出来，便于人们作具象的认识。

因为天地阴阳是万事万物产生的基因，所以《周易》首列乾坤两卦。至于为什么乾要放在坤之前，有人认为这可能是由母系制社会发展到父系制社会的思想反映。据说在《归藏》易里，是坤在乾的前边，到了《周易》才把乾放在首位。其实更重要的原因，是《周易》作者对天地阴阳具有主次观念，天的阳气是主动的，地的阴气是从动的，两者虽然都是宇宙之源，但并不相同，有主次之分。

应当说宋人在揭示易理方面，高出前人一筹。王宗传在《童溪易传》中说："窃原《周易》之始作也，则亦本诸一奇一偶而已矣。天下之理，有动必有静，有刚必有柔，有屈必有伸，有消必有长，盖亦未有无对待而能无穷者，故曰'一阴一阳之谓道'。圣人得其说，据依之以为《周易》，故一奇一偶立，而阴阳兴，阴阳兴而动静、刚柔、屈伸、消长之理在是矣。"这段话具有深刻的哲理意义。用今天的哲学道理讲，等于说宇宙万事万物无不一分为二，《周易》作者就是用一阴一阳表示宇宙对立的两个方面，对立双方的矛盾运动，形成了宇宙运动的基本规律。

朱震在《汉上易传》中说："乾为马，六爻皆以龙言，何也？乾体本坤，阳以阴为基也。自震变而为乾，震变乾，则乾为龙；乾交震，则震为马，故震其究为健。"朱震提出"乾体本坤，阳以阴为基"，这就揭示了宇宙运动的基本方式是既对立又统一。对立表现在阴阳的迭互消长上，统一表现在对立双方的互基互根上。可惜宋人没有注意到易理在卦变中的表现。

乾坤两卦是《周易》的父母卦，两卦是《周易》的基本构架。《系辞·上》说："乾坤其《周易》之缊邪？乾坤成列，而《周易》立乎其中矣。"前人多指出了乾坤与其他六子卦的关系，其实父母加上六子，只成为八卦，还不足以成为六十四卦的父母。这句话更深层的意思在于，乾坤是六十四卦卦变的基础。乾与坤的迭互消长形成了十二消息卦，又由十二消息卦变为六十四卦。在十二消息卦中，乾表现了阳长阴消的六卦，坤表现了阴长阳消的六卦。乾卦以坤卦为基础，坤卦以乾卦为基础。坤卦是阴气极盛时期，阴极阳生，乾卦就是在坤卦的基础上逐爻生长而成。坤卦六爻皆阴，下生一阳为复䷗，下生二阳为临䷒，下生三阳为泰䷊，下生四阳为大壮䷡，下生五阳为夬䷪，六阳生成即为乾䷀。乾卦的爻辞正是反映了这种变化。从卦变上讲，乾卦从坤卦变来。这种变化，表现了阴阳对立、双方互基互根的统一性和迭互消长的对立性，直观地图示了宇宙运动的对立统一规律。

乾，元、亨、利、贞。

【译文】

乾卦，创始、通顺、适宜、正固。

【辨证】

乾是卦名，六十四卦都是在卦图之后，先标出卦图的名称，六个刚爻组成的卦图☰，用文字标名称作乾。据说伏羲只画出卦图，文字的标名都是由周文王完成的。“元、亨、利、贞”是卦辞，最早称作彖辞，是一卦的断语，附在卦名之后。后来人们习惯把孔子写的彖传称作彖辞，为了便于区别，我们只称卦辞。前人把“元、亨、利、贞”称作卦的四德，按《子夏传》的讲法：“元，始也；亨，通也；利，和也；贞，正也。”“元”与“原”字互通，是原始的意思，在乾卦里，是说乾具有创始万物的功能。因为天是纯阳，它与纯阴的坤交感流通创造万物。“亨”是通顺畅达，因为天道的运行刚健雄强，周而复始，永动而不止息，无处不在，无时不有，永远不会受到阻碍。天道是万物的大法，可以说“顺天者昌，逆天者亡”，就因为天道是通的，逆天道是不通的。“利”是有利，指天道的运行适宜于万物的生存，普遍地把利益带给万物。《子夏传》说“利，和也”，是指文言中的“义之和”，指天的运行得宜，适合于万物。“贞”是正固，正是指天道运行永无偏差，固指天道守正不变。天无情无欲，永不衰竭，没有任何偏私，从不破坏自己的运动规律，是一切法则的准极，最正不过，永恒不变。人以及万物的运动如果偏离了天道，迟早会受到惩罚。从取象上讲，“元、亨、利、贞”在这一卦里取象于乾为天。从意义上说，天道就是自然法则。

初九：潜龙勿用。

【译文】

潜伏的龙，不可发挥作用。

【辨证】

“初九”是爻序，六十四卦每卦的最下一爻称初，刚爻称九。刚爻也称阳爻，阴阳爻分老少，老变少不变，《周易》之前的《归藏》《连山》，占筮用少不用老，《周易》用老不用少。揲筮得九为老阳，六为老阴，七为少阳，八为少阴。得出的老阴或老阳那一爻的爻辞才用来取断。而爻辞都是备以取断的，即使在平常占筮中不是老，但总会有是老的时候。因为只有在为老爻时爻辞才起作用，所以刚爻都称九、柔爻都称六。陆绩说：“阳在初称初九，去初之二称九二，则初复七；阴在初则称初六，去初之二称六二，则初复八矣。卦画七八，经书九六，七八为彖，九六为爻，四者互明，圣人之妙意也。”意思是说，老阳在初爻，初爻就是初九。老阳在二爻，二爻就是九二，初爻实际上是少阳，是初七了。老阴在初爻，初爻就是初六。老阴在二爻，二爻就是六二，初爻实际上是少阴，是初八了，卦画是七八，而经书上标九六，是为了突出老阴老阳取以为用。少阳少阴就去看卦辞，老阴老阳去看爻辞，四者互相证发，这是《周易》作者的巧妙之处。陆绩要说明的就是为什么刚爻都要称作九。“潜龙勿用”就是初九的爻辞。就是说，如果筮得乾卦，又正好是初爻为老阳，那就用“潜龙勿用”取断。爻辞与卦辞都可称为系辞，为了便于与《系辞传》区别，我们只称作爻辞。爻辞一般分为两个部分，一部分为爻象，一部分为占辞。爻象说明爻所显示的象，占辞说明在这种爻象下所显示的吉凶或应当如何行动。爻象都有象上的依据，占辞则是作者据象所下的断语。初九的象辞是“潜龙”，依据是乾卦从坤卦变来。初九是变的第一爻，即坤䷁下生一阳为复䷗，初九在复的下卦震（☳）里，震为龙，上有五个柔爻，如同在盛阴之下的潜伏之龙，故称“潜龙”，这是爻象。潜龙就是蛰伏的龙，这种爻象所显示的意义是不可发挥作用，故占辞是“勿用”。地冻三尺，一阳初复那么一点阳气，当然管不了多大事，这就是初九所处的时势，在这样的时势下要崭露头角、飞黄腾达，都不可能，轻举妄动只能自讨苦吃。作者告诉人们，筮得这一爻要懂得自己所处的是

“潜龙”一样的处境和条件，要顺应这种时势，静守待时，不要徒劳妄动。

九二：见龙在田，利见大人。

【译文】

龙出现在田地之上，宜于见大人。

【辨证】

“九二”也是爻序号。一卦六爻，最下一爻称初，最上一爻称上爻，中间四爻从二至五按顺序数称呼，只是顺序数放在九或六的后边。刚爻故称九，在第二位故称二（下同）。“见”用如“现”。“见龙在田”是爻象，《系辞·下》说：“《周易》之为书也，广大悉备，有天道焉，有人道焉，有地道焉。兼三才而两之，故六。六者非它也，三才之道也。”意思是说，一卦六爻，下两爻为地，中两爻为人，上两爻为天。在下两爻中，初位为地下，二位为地表。从坤变乾，阳长到二爻，卦变为临䷒，九二在临卦互震（九二→䷒>互震）里，震为龙，龙已出现在地表之上，故为“见龙在田”。从地下到地上，虽只一位之差，但已是离潜出隐，崭露头角，龙德显扬，济物利民了，故“利见大人”。大人是圣德兼备的人，用今天的话讲就是伟大人物。“利见大人”是指导人们该如何行动的占辞。爻辞的意思是说，九二是处在一个真龙出现、济物利民的时势之下，正如具有龙德的大人出世。故筮得这一爻，适宜于去见大人，而有所作为，该是积极行动的时候了。

九三：君子终日乾乾，夕惕若厉，无咎。

【译文】

君子终日精进不休，自强不息，晚上也戒惧谨慎如有危厉，没有咎害。

【辨证】

乾是健，“乾乾”意为健进不息，“惕”是戒惧警省，小心谨慎。三位于三才为人道，《周易》例刚爻为君子，柔爻为小人，九三刚爻故言君子。六爻卦由两个三爻卦上下重叠而成，三位是下卦之终，乾为昼，坤为夜，故言“终日”，上乾下乾，九三在两乾交接之处，故为“乾乾”。从坤变乾，阳长到九三为泰䷊卦。泰，下乾上坤，昼夜之交，故为“夕”，在上还是下的关键部位，故有“厉”而“惕”。“无咎”是占辞。爻辞意为，筮得九三这一爻，位置不上不下，功业未就，有半途而废的可能。君子应当自强自立，健进不休，终日不懈，晚上也要戒惧警省。如能常以危厉自警，虽处危地，最终不会有咎害。

九四：或跃在渊，无咎。

【译文】

龙或飞跃上天，或在渊中，没有咎害。

【辨证】

《文言》说：“或之者，疑之也。”意为或是举棋不定的意思。故“或跃在渊”应当理解为“或跃，或在渊。”这一爻仍在讲“龙”，龙可飞跃上天，也可处身深渊。从象上讲，九四已跃入上卦，故言“跃”。从坤变乾，刚爻长到四位，卦成大壮䷡，大壮上卦为震，故为龙（䷡>震,震为龙），在互卦兑里（䷡>互兑），兑为大泽、为渊，故言“在渊”。九四已接近天位（五位），故可上飞。与九三相比，九四进退有据。九三位在上卦之下，下卦之上，不上不下，位置尴尬；九四进入上卦，上可飞天，下可入渊，龙入深渊也是得其所，故上下均无咎害。但两者相比，入渊不如飞天，然而还未到天位，故游移未定。爻辞的意思是说，九四处在一个上下有据的时势中，可以跃身一试，跃与不跃都没有咎害。如筮得这一爻，不妨试一试自己的身手。跃是飞跃，九五言“飞”，九四言“跃”，换词避复，意思相同。

九五：飞龙在天，利见大人。

【译文】

龙飞上天，宜于见大人。

【辨证】

朱震说："自震变而为乾，震变乾，则乾为龙。"意思是说，龙取震象，不过是从震变乾的过程中取象。乾为天，五位于三才中又属天位，龙到天上，故言"飞"。龙飞上天，行云布雨，大显身手。正如人当上皇帝，纵横施为，泽被下民。成语"九五之尊"，指的就是皇帝的尊位，来源就是乾卦九五这一爻。爻辞的意思是说，九五处在龙飞上天可以纵横施为的时势中，条件极为优越，可以任意施展自己的才能。用人的处境比喻，是君子位登大宝，成为大人，权势在握，能够替天行道。有志于成就功业的人，宜于进见大人去施展自己的抱负。这一爻是《周易》中最好的一爻。

上九：亢龙有悔。

【译文】

龙飞得太高，有忧悔。

【辨证】

上九是爻序号，六十四卦最上一爻都称上。“亢”是高极的意思，“悔”与“吝”都是“凶之小者”。《周易》的基本哲学思想是对立统一，物极必反，周而复始。这里突出的是物极必反。上九是全卦最上，也是最后的一爻，到了极处，无可再上，故言“亢龙”。物不可极，到了极处就置身于穷困地位，动辄有悔，如同处在穷途末路，失去任何回旋余地。爻辞的意思是说，上九是龙飞到极高处被困起来的时势，筮得这一爻，要居高思危，自我戒惧，不能再追求过分的满足，自我膨胀，而要克制自己的欲望，收敛节制，不然就悔之无及了。

用九，见群龙无首，吉。

【译文】

用老阳之数九，见群龙无首无尾，吉祥。

【辨证】

六十四卦只有乾卦与坤卦多出“用九”“用六”两句，这两句既不是爻辞，也不是卦辞，而是说明《周易》占筮的体例。意思是说，用《周易》占筮的时候，要取用老阳之数，不用少阳。老阳在哪一爻，就用这一爻的爻辞占断。老阳可以在六位中的任何一位，周流六虚，无头也无尾。《左传》昭公二十九年里提到用九说："秋，龙见于绛郊，魏献子问于蔡墨曰：'……今何故无之？'对曰：……'不然，《周易》有之：在乾䷀之姤䷫，曰潜龙勿用。其同人䷌曰见龙在田，其大有䷍曰飞龙在天。其夬䷪曰亢龙有悔。其坤䷁曰见群龙无首，吉。坤之剥䷖曰龙战于野，若不朝夕见，谁能物之。'"意思是说，昭公二十九年秋天在绛地的郊外出现了一条龙。魏献之问蔡墨说："（龙这种神物到底有没有？）现在怎么见不到？"蔡墨回答说："（怎么会没有呢？）不然，《周易》里写得清清楚楚，乾初九是潜龙勿用，九二是见龙在田，九五是飞龙在天，上九是亢龙有悔，用九是见群龙无首，吉。坤的上六是龙战于野。如果不是朝夕能见到龙，谁能描摹它的形状？"蔡墨与魏献子讨论的是有没有龙，不是在占筮。蔡墨把"用九"称作是"其坤"，意思是乾卦六爻全变成坤卦，就是说用九指的是六爻全变。朱熹据此认为六爻全变就以"用九"的命辞占断，这样讲颇有窒碍，六十四卦仅乾坤两卦才有"用九""用六"，其他卦六爻全变该怎么办？其实蔡墨讲的"乾之姤"，指乾卦初爻为老阳，是动爻；"其同人"是乾卦九二为老阳，是动爻；"其大有"是乾九五为老阳，是动爻；"其夬"是乾上九为老阳，是动爻；"其坤"是乾各爻都是老阳，为动爻。显然是以老阳的动爻称呼爻序。“用九”不是爻序名，是指乾的六爻任何一爻都可能是老阳而成为动爻，故用“其坤”这个全变的可能称呼。《周易》用老阳不用少阳，这在大量的用例中屡见不鲜，乾坤两卦发凡起例，故于两卦说明《周易》的使用方法。“群龙无首”一般理解为没有首领，但从《周易》的哲学观上分析，其基本意思是周而复始，循环无端，天道运行，如斗柄旋转，四时更替，日出日落，等等，都是首尾回环。人能效法天道，穷则变，变则通，就会吉祥。《周易》用老阳变爻占筮，也是取效法天道，以求吉祥之意。

以上讲的是乾卦的经文。《周易》除经文外，还有传为孔子所作的七篇易传，即彖传、象传、文言、系辞传、说卦、序卦、杂卦，因为彖传、象传、系辞传各分为上下篇，前人把这十篇易传合称为十翼。《三国志·魏书·高贵乡公曹髦传》：“帝又问曰：‘孔子作彖、象，郑玄作注，虽圣贤不同，其所释经义一也。今彖、象不与经文相连，而注连之，何也?’（博士淳于）俊对曰：‘郑玄合彖、象于经者，欲使学者寻省易了也。’”根据这段记载，可知古代经与传各自成篇，到东汉郑玄传费直易，才把经、传合在一起，便于人们翻检。直到三国魏时，仍有经、传各自成篇的本子。我们现在见到的传本，大多是经、传合在一起的本子。它的基本模式是：把彖传、象传逐条分开，卦辞之后附彖传，标以“彖曰”，象传之后列彖传，标以“彖曰”；每爻爻辞之后附各爻的象传，也标以“象曰”。为了便于区别，卦的象传称大象，爻的象传称小象。文言附在乾坤两卦之后。其他易传还单独成篇。只有乾卦，为了保存原貌，把经、传分开，先列经，后附传。以下是乾卦的传文。

彖曰：大哉乾元，万物资始乃统天。云行雨施，品物流形；大明终始，六位时成；时乘六龙以御天。乾道变化，各正性命，保合太和乃利贞。首出庶物，万国咸宁。

【译文】

乾阳的创始功能太伟大了，万物都依赖它才开始具有了自己的生命，乃至能统御天体。行云布雨，各类事物才流变化生出各自的形体；贯通大明的终始，六个时位才得以形成；按时乘驾着六条飞龙统御天体的运行。乾道运行造成各种变化，万物才能够获得相宜的性命。常保永聚乾阳赋予的元气处于大的和谐状态中就是“利贞”。乾阳首先创生出众物，万国都得到安宁。

【辨证】

彖传是解释卦辞的，卦辞原来叫作彖辞，正如甲骨占卜中称作繇辞一样，是对卜筮所下的断语。彖传以“彖曰”

标目，意为彖辞的意思是说。后来人们习惯上把彖传称作彖辞，我们也沿用这个习惯称呼。卦辞是观象系辞，除占断语外，一般有卦象作依据，所以研究卦辞不能离开卦象。而彖辞是解释卦辞的，有时说明卦象，有时则直接讲道理，故研究彖辞不能拘于卦象，这是首先要分辨清楚的。乾卦的彖辞分四个方面说明卦辞“元、亨、利、贞”。（一）“大哉乾元，万物资始乃统天”，解释卦辞“元”。“大哉”是对乾天功能的赞叹，犹言太伟大了。“乾元”是天的创始功能。“资”是资助，这里是借助的意思。“万物资始”，意为万物都借助于天才开始具有生命。“统”与下文的“御”互文见义，是统御的意思。“乃统天”等于说乾具有统御天体的功能。这两句意为：伟大啊！乾的创始功能。万物都依赖它才开始具有生命，它统御天体。这是把乾作为天而说明它的创始作用，元就是始。（二）“云行雨施，品物流形；大明终始，六位时成；时乘六龙以御天”，也解释“元”，但主要是解释“亨”。“施”是布，“云行雨施”犹言行云布雨。“品”是类，“品物”即各类事物。“流”是流变化生。“形”是形成，与下句“六位时成”中的“成”互文见义。古人认为万物生命的本源是元气，元气来自于天，天的元气流变化生为万物。流变化生的方式最显而易见而可用以指明的就是上天行云布雨，以雨露滋润，从而使万物得以生长。“云行雨施，品物流形”，是说天把流动的元气通过行云布雨等方式赋予万物，万物才得以化生成形，形成各种类别的事物。这是说天怎样创始万物，从而使万物顺利成长。“大明”指白昼，《系辞·上》说，“刚柔者，昼夜之象也”，意为刚爻表示白昼，柔爻表示黑夜。乾卦都是刚爻，大明指的就是白昼。“终始”指卦的初位、上位，初为始，上为终。由坤变乾，刚爻从初位长到上位，这就是“大明终始”。“六位”指卦的三才六位，《说卦》说，“分阴分阳，迭用柔刚，故《周易》六位而成章”，就是指卦的六爻就是六位。“时”是指六爻各自代表一种时势，乾卦初爻是潜，二爻是见，三爻是“终日乾乾”，四爻是跃，五爻是飞，上爻是亢，各有各的时势。“大明终始，六位时成”，是说刚爻从初位到上位的运动，全卦六个爻位所表示的六种时势才得以形成。“时乘六龙以御天”，“时”指按时，“乘”是乘驾，“六龙”是乾卦的六个刚爻，意为乾按时乘驾着六个刚爻统御着时势的运转。天的运动，“变动不居，周流六虚”，故能顺利通达。这是把乾作为天的运转，说明亨是通。从彖辞的说解中可以看出，《周易》以乾坤两卦为纲，编织成为六十四卦，用以代表宇宙万物的运动。正如《系辞·上》说：“乾之策二百一十有六，坤之策百四十有四，凡三百六十，当期（一年）之日。二篇之策万有一千五百二十，当万物之数。”爻的推移就是万物运动的模拟，其基本模式就是天体的运动，故以乾天作为统御一切的总纲。这就是作者对宇宙运动认识的基本构架。（三）“乾道变化，各正性命，保合太和乃利贞”，解释卦辞“利贞”。“正”是使性命正，就是使万物各得其宜。“性”是特性、本性；“命”是生命、命运，命运指生命运行的必然规律。“乾道变化，各正性命”是说，万物各自不同的本性和命运都是天的运动变化才各得其宜，获得各自的恰当位置。这是说明乾天为什么利正，正就是贞。“保”是保持。“合”是聚合。“太和”是大和谐，具体指的是元气。老子说：“万物负阴而抱阳，冲气以为和。”能保持元气聚合不散就是“太和”。“保合太和乃利贞”是说，能常保永聚天所赋予的元气就是利贞。常保永聚指贞，贞是坚固不移。太和指利，利就是得其宜而和。从这些话里可以看出，《子夏传》说“元，始也；亨，通也；利，和也；贞，正也”，比较正确地说明了彖传的意思。（四）“首出庶物，万国咸宁”，是对乾元、亨、利、贞四德在社会意义上的推演。乾为首，庶是众，坤为众、为国，坤变为乾，所以才这样解释。“首出庶物”是说天首先创造出了众多的万物，“万国咸宁”是说万国都得到安宁。“首出庶物”就是乾的“元亨”，“万国咸宁”就是乾的“利贞”。朱震讲“万国咸宁”结合了乾卦的六爻，六爻从职位上所代表的象，初爻是元士位，二爻是大夫位，三爻是公位，四爻是诸侯位，五爻是辟（君）位，上爻是宗庙位。各正其位，就没有僭越、妄动，国家就安宁和谐了。这段彖辞，前人有把“大明”讲成日月的，从先后天卦位上讲“天地相函，坎离错居”；有把“大明终始”看成离，“云行雨施”看成坎，讲下离上坎，既济定位的；有把“六位时成”当成十二辰，给各卦六爻配十二地支的，等等，都没有讲出确切的证据，似是而非。因为说法太多了，凡不取的，以下不再介绍。

象曰：天行健，君子以自强不息。

【译文】

天的运行刚健不息，君子从中得到启示，要自强不息。

【辨证】

象也是易传，用以解经。象可分为大象、小象，大象解释卦辞，小象解释爻辞，都用“象曰”标目。除乾卦外，大象附在卦辞的彖传之后，小象附在爻辞之后。人们习惯上把它称作象辞，我们沿用这种称呼。以上几句就是乾卦的大象。“象曰”意为象上的意思是说。“天行健”意为天的运行刚健不息。这是说明乾卦由上下两个三爻的乾卦组成，乾为天，乾为健，卦象显示出的意义就是天运行刚健。“君子以自强不息”，是说君子要效法天刚健运行的特性，加强自己的道德修养，培养自强不息的精神。大象辞一般都是先从上下卦组合上分析出卦所显示的意义，然后把这个意义推演到人在道德修养上所应当效法的内容方面。天的刚健，主要体现在永无止息的运动上，日出月落，冬去春来，这种运动不止的永恒性就是刚健。君子从中受到启示，也要使自己的行为永不停步。应当注意的是，作者在用乾坤表示天地运动时，用的是十二爻，而不仅是六爻。刚爻从初位长到上爻，全卦成乾，但它的运动并没有停止，还要从初爻再退至上爻，直到全卦成坤，这才是一个循环。观察卦象一定要注意这种周流不息的变化。

潜龙勿用，阳在下也。见龙在田，德施普也。终日乾乾，反复道也。或跃在渊，进无咎也。飞龙在天，大人造也。亢龙有悔，盈不可久也。用九，天德不可为首也。

【译文】

初九爻辞“潜龙勿用”，是因为这个阳爻在全卦的最下位；九二爻辞“见龙在田，利见大人”，是因为恩德施及普遍；九三爻辞“终日乾乾”，是因为在道上反复；九四爻辞“或跃在渊”，是因为跃进没有咎害；九五爻辞“飞龙在天”，是因为大人在兴旺时期；上九爻辞“亢龙有悔”，是因为盈满不能久保；用九数占筮，是因为天的德行不能为首。

【辨证】

这一段就是乾卦的小象辞。小象辞解释爻的取象，一般是从爻象变化中说明爻辞，有时也兼释词义。这一段共用了七个判断句，分别说明六爻爻辞和“用九”命辞。第一句是说：为什么初九爻辞要说“潜龙勿用”呢？这是因为初九这个阳爻在全卦的最下边。阳气潜伏在下，正如冬至时一阳初复，还发挥不了作用。至于为什么要说“龙”，下是不是地下，都没有讲。要正确理解这句话，还要联系《说卦》所说的“震为龙”和《系辞·下》所说的“有天道焉，有人道焉，有地道焉，兼三才而两之，故六”。此外还得懂得卦变之说，知道阴阳互根。坤变乾，初爻变为复，复下卦为震，震为龙；一卦六爻，下二爻为地，初爻为地下，故说潜龙尚处地下，还发挥不了作用。“阳在下也”只是提示性的说明而已。以下按小象的内容讲解，深入分析请参考卦爻辞的辨证。“见龙在田，德施普也”，解释九二爻辞。“德施普”就是恩德施及普遍广大。这是为了同时解释“利见大人”。真龙出现，泽被下民，伟人出现，恩德普遍，一语双关，注意小象引用爻辞有省略。“终日乾乾，反复道也”，解释九三爻辞。“反复道”是从下卦三爻的小循环取象，老子讲“一生二，二生三”。三是一个小极数，也可代表众多，三爻卦就是以三为终极，故言反复。至于为什么说在道上反复，这也是一语双关，与“君子”“夕惕若厉”联系在一起讲的，卦上指在乾天的道上反复，从君子的道德修养上说，是在道德上反复修炼。“或跃在渊，进无咎也”，解释九四爻辞。重点强调“跃”无咎，到了九四可以前进，不是九三那样要反复，跃就是进。“飞龙在天，大人造也”，解释九五爻辞。“造”是有造化、有运气。《诗·周颂·闵予小子》：“闵予小子，遭家不造。”“不造”是时运不佳，碰上倒霉的时候。《文选·潘安仁·寡妇赋》：“嗟余生之不造兮，哀天难之匪忱。”“不造”也是指生不逢时，古人把生辰八字称“命造”，“造”指造化。“大人造也”，是说大人遇上走运的时候，换言之就是大人处于兴旺时期。显然也在解释为什么“利见大人”。从这一句象辞和九二“德施普”中看，“利见大人”是指利于进见大人。“亢龙有悔，盈不可久也”，解释上九爻辞。意为亢龙有悔是因为盈满就不能久保。把亢讲成满极。满招损，谦受益，物极必反，满极就坚持不了多久，故有忧悔。这显然是强调上九爻位到了穷极之处。“用九，天德不可为首也”，解释“见群龙无首，吉”。“首”与“尾”是相对的一组概念，有首就必然要有尾，有首有尾就必然有终止的时候，没有首也就无所谓尾，无首无尾才符合天道刚健运行不止的德性。天的德性不能有首。天如果停止运转，宇宙就毁了，世界有了末日，还有什么吉祥可言？但卦从初到上，天从早晨到晚上，都有起止，有起止就有首尾。有首尾怎么办？让首尾接起来，像天那样首尾循环，变有首为无首。所以《周易》要用老阳这个变数九，以表现天道运行无首无尾，从而也没有止息的德性。

《文言》曰：元者，善之长也；亨者，嘉之会也；利者，义之和也；贞者，事之干也。君子体仁，足以长人；嘉会，足以合礼；利物，足以和义；贞固，足以干事。君子行此四德者，故曰：乾，元、亨、利、贞。

【译文】

《文言》说：元是仁善之首，亨是完美的荟萃，利是得宜的和谐，贞是事物的骨干。君子体仁善而行，足以为人之长；完美荟萃就足以合礼；利益万物就足以谐和道义；坚贞强固就足以干成事业。君子要推行乾阳这四种品德，所以说“乾，元、亨、利、贞”。

【辨证】

以上是《文言》的第一段，《乾文言》可分为七段。第一段说明乾卦卦辞运用于社会方面的意义，尤其是在道德修养方面给人的启示。《文言》也属易传，只在乾坤两卦里有。有人认为可能原来其他六十二卦里也有，后来人们在抄写时嫌其繁多，删掉了，只留下乾坤两卦作个样板。这种说法还没有线索可以证明。至于为什么要称作“文言”，传统说法是“文谓文饰”。孔颖达不同意，认为“夫子但赞明易道，申说易理，非是文饰华彩，当谓释二卦之经文，故称《文言》”。意思是文指经文，言是说，《文言》是经文的意思是说如何如何。这样解释比较通达。以上这段话在《左传》襄公九年里有记载。襄公的祖母穆姜与侨如私通，还要妄自废立，去掉该立的成公，立她的情人。阴谋没有得逞，被赶到东宫去住。她想看看吉凶，请太史占了一卦，得的是艮䷳之随䷐，就是艮卦只有第二爻未变，其他五爻都是变爻。太史说：“随，其出也。君必速出。”姜曰：“亡，是于《周易》曰：‘随，元亨利贞，无咎。’元，体之长也；亨，嘉之会也；利，义之和也；贞，事之干也。体仁足以长人，嘉会足以合礼，利物足以和义，贞固足以干事。然固不可诬也，是以虽随无咎。今我妇人而与于乱，固在下位，而有不仁，不可谓元；不靖国家，不可谓亨；作而害身，不可谓利；弃位而姣，不可谓贞。有四德者，随而无咎。我皆无之，岂随也哉？我则取恶，能无咎乎？必死于此，弗得出矣。”当年穆姜就死在了东宫。穆姜的讲法，只有“体之长”与“善之长”，“体仁”前没有“君子”两字，与《文言》不同，其他说法完全相同。穆姜死于鲁襄公九年，即公元前 564 年，孔子出生在公元前 551 年，如果《文言》是孔子所作，比孔子出生还早死了十三年的穆姜怎么会见得到？

这只能有一个合理的解释，是孔子作《文言》时袭用了前人的成训，十翼中的话有很多是积古相传的说法。穆姜对乾的四德也没有作正面解释，但她从反面讲到什么不能称作四德，可供我们理解上的参考。她说不仁不可谓元，不靖国家不可谓亨，作而害身不可谓利，弃位而姣不可谓贞，这就无异于从反面解释了元、亨、利、贞。可见这是指人在品德方面的修养。“元者，善之长也”，元是创始，这是元在天道方面的含义。《系辞·下》：“天地之大德曰生。”天地可以始生万物，人从中效法什么？效法天地生育万物的大生，发扬仁德，显扬天地的善性，这就效法了“元”。对人的品德来讲，元就是善的首，就是要以善为首。“亨者，嘉之会也”，亨是亨通，这是亨在天道方面的意义。人从中效法什么？要把天道的通达无阻运用到社会中去，让人类顺利而欣欣向荣地发展，这就效法了“亨”。对人的品德来讲，亨就是嘉美的会合。人人都顺利，社会就美好，“利者，义之和也”，利是有利。人可以像天那样造福于人，只是要效法天那种普利众生没有偏私的品德。“义”是宜的意思，得宜才称义。古人认为行公利为义，行私利为利。效法天道的利，要行公利，使万物各得其宜，彼此和谐。能使民众各得其宜处在和谐之中，才算效法了天道的利。“贞固，足以干事”，是说君子效法天道的“贞”，要像天体运行那样永无偏斜，坚贞强固，以此为德去办事。效法天道的贞，就足以干成事业。“君子行此四德者，故曰：乾，元、亨、利、贞”，是说，君子要效法天道，像以上那样把天的四德化用到社会中去，所以乾卦才讲元、亨、利、贞。也就是说，人如果明白了这些道理，才算学到了元、亨、利、贞。这段话，《文言》把元、亨、利、贞推演到人的品德方面，后人也有再推演到春夏秋冬上去的，或金木水火上去的，或仁义礼智上去的，这里不作详述。

初九曰“潜龙勿用”，何谓也？子曰：“龙德而隐者也。不易乎世，不成乎名，遁世无闷，不见是而无闷。乐则行之，忧则违之，确乎其不可拔，潜龙也。”

【译文】

问：初九爻辞“潜龙勿用”说的是什么意思？孔子答道：是说具有龙那样的道德而又隐遁起来的人。他的道德不会因世俗的影响而改变，也不去争逐成就世俗的功名，从社会中隐居起来也不为此而苦闷，不被社会承认也不因此愁闷。社会乐于接受自己的主张，就把自己的主张推行于世；不乐于接受自己的主张，就离开隐遁起来。反正自己的道德是坚定而不能动摇的，这就是潜龙对人显示的社会意义。

【辨证】

从这几句开始直到上九“是以动而有悔也”，是《文言》的第二段，说明爻辞在道德修养方面给人的启示，揭示爻辞的社会意义。以上是解释初九爻辞，为第二段的第一小节。这一段，《文言》设为问答，逐爻作进一步的发挥。这一小节，“不易乎世”的“易”是变的意思。“遁”，义为隐退。“不见是”是不被社会赞成。“违之”是离开它。“确乎”是坚忍不拔的样子。

九二曰“见龙在田，利见大人”，何谓也？子曰：“龙德而正中者也。庸言之信，庸行之谨，闲邪存其诚，善世而不伐，德博而化。《周易》曰：‘见龙在田，利见大人。’君德也。”

【译文】

问：九二爻辞“见龙在田，利见大人”讲的是什么意思？孔子回答：“这是指具有龙那样的道德而又能保持中正的人。日常说话能守信用，日常办事能谨慎虔敬，防止邪恶的侵入，内心保持诚意，对社会有贡献而又不去自我显示夸耀，道德博大又能感化世人。《周易》说‘见龙在田，利见大人’，这是君王的道德啊。”

【辨证】

这是第二段的第二小节，阐释九二爻辞的道德意义。“庸”是平常的意思，“闲邪”是防止邪恶。“善世”是对社会有益。“伐”是矜伐，也就是夸耀显示。

九三曰“君子终日乾乾，夕惕若厉，无咎”，何谓也？子曰：“君子进德修业，忠信，所以进德也；修辞立其诚，所以居业也。知至至之，可与言几也；知终终之，可与存义也。是故，居上位而不骄，在下位而不忧，故乾乾因其时而惕，虽危无咎矣。”

【译文】

问：九三爻辞说“君子终日乾乾，夕惕若厉，无咎”是什么意思？孔子回答说：“这是说君子要不断提高自己的道德修养，努力树立自己的功业，保持忠诚信实，用以提高道德修养；说话讲求言辞的合宜，内心树立诚意，用以立定功业。知道时势会有机遇到来，就努力促使它到来，这就可以说懂得几微而具有先见之明了。知道时势会这样终止，就适可而止，这样就可以说是懂得什么是义而能相宜行事了。因此，处在上位不会骄矜，处在下位不会忧虑。所以能自强不息，按所处的时势条件不断警省自己，那样即使是有危险也不会有咎害。”

【辨证】

这是《文言》第二段第三小节，说明九三爻辞的道德意义。“修辞”与我们今天讲的“修辞”含义稍有不同，主要指说话方式要合乎内心诚敬的要求，偏重于内；现在说的修辞主要指表达方式的完善优美，偏重于外。“几”是事情发生之前的几微之处，也即一些细微的先兆。“知几”是能从几微之处，预见事物未来发展状况。“知终”是知道事情的发展结果。

九四曰“或跃在渊，无咎”，何谓也？子曰：“上下无常，非为邪也。进退无恒，非离群也。君子进德修业，欲及时也，故无咎。”

【译文】

问：九四爻辞说“或跃在渊，无咎”是什么意思？孔子回答说：“或跃上去或退下来不是固定不变的，但上去下来都不是出于邪恶的动机。前进也好，后退也好，也不是固定不变的，但进退都不会离开自己的群类。君子提高道德修养、建立功业，总是想不错过时机，所以不会有咎害。”

【辨证】

这是《文言》第二段第四小节。“无常”“无恒”互文见义，都指没有固定的常态，指一定的行动方式。“群”是自己的同类，指刚爻。

九五曰“飞龙在天，利见大人”，何谓也？子曰：“同声相应，同气相求；水流湿，火就燥；云从龙，风从虎，圣人作而万物睹。本乎天者亲上，本乎地者亲下，则各从其类也。”

【译文】

问：九五爻辞说“飞龙在天，利见大人”是什么意思？孔子回答说：声律相同就会发生共鸣，气息相同就会互相吸引。在平的地面上，水会向湿处流；同样可以燃烧的东西，火会扑向干燥的地方。云总是随着龙，风总是跟着虎，圣人兴起，万物自然而然愿意看到他。以天为本的事物会亲近天，以地为本的事物会亲近地。万物都是这样，各自随从它自己的群类。

【辨证】

这是《文言》第二段第五小节。讲相互感应的问题。

圣人与万物存在着这样一种相互感应的关系。因为圣人无私无欲，以天地为心，体天道而行，无异于天的化身。万物与圣人的感应犹如与天的感应相同。

上九曰“亢龙有悔”，何谓也？子曰：“贵而无位，高而无民，贤人在下位而无辅，是以动而有悔也。”

【译文】

问：上九爻辞说“亢龙有悔”是什么意思？孔子答道：正如尊贵却没有职位，高高在上却失去了民众，下面有贤明的人却得不到辅助，因此动一动就会有忧悔。

【辨证】

这是第二段第六小节。讲人应当从各爻爻辞中学习到什么样的内容。这一段没有提到“用九”，可见“用九”还是有些特殊性。对这段话，象数派讲得很认真，把每一个字词都找出爻象上的依据。比如九五《文言》：“五变之二成巽，下有伏震，巽风震雷，同声相应也；二动之五成兑，下有伏坎，兑泽坎水，同气相求也；五之二，兑泽流坎，水流湿也；二之五，离火见，离燥卦，火就燥也。五变来之二，二有伏震，云从龙也；二巽往之五，五兑成虎，风从虎也；九五中正而居天位，圣人作也；二震为万物，离目为睹，万物睹也；九五变六，六本乎地，故亲下而见二；九二应五，九本乎天，故亲上而见五。”（见朱震《汉上易传》）这实际上是想证明易传也是观象系辞，而事实上易传只是对卦爻辞的解释，有时指明象，有时说明理，有它的自由性，不可能都局限于象。从总体上看，《文言》主要是阐明卦爻辞在社会应用方面的意义。

潜龙勿用，下也；见龙在田，时舍也；终日乾乾，行事也；或跃在渊，自试也；飞龙在天，上治也；亢龙有悔，穷之灾也。乾元用九，天下治也。

【译文】

初九“潜龙勿用”，是因为处在下的时位；九二“见龙在田”，是因为处在顺时进位的时候；九三“终日乾乾”，是因为事情还在进行之中；九四“或跃在渊”，是因为处在可以一试身手的时位；九五“飞龙在天”，是因为身处上位，能进行统治；上九“亢龙有悔”，是因为处于困顿有灾的境地。乾元用九数，是因为变才能使天下得治。

【辨证】

这是《文言》的第三段。主要阐明各爻所处的时位，指出人在相同的时位中，应当怎样去行动才符合易理。“潜龙勿用”是指处在下的时位，人处在这样的时位不可争着出头露面。“见龙在田”是处在顺时进位的时势中，可以崭露头角。“时舍”是顺着时势前进。“舍”是古代行军或行旅一站一站地前进，到一站住下来称舍。九二上到地表，前进了一站，可以不像初九那样蛰伏不动，时位变了，人可以行动起来。“终日乾乾，行事也”，是说九三处在一个不能松懈的时位上，人要努力办事，精进不休。“或跃在渊，自试也”，是说九四处在进退有据的时位，人如果在这样的时位中可以试一试自己的身手。“飞龙在天，上治也”，是说九五处在地位高贵的时势，人得此时，可以在上治理天下。“亢龙有悔，穷之灾也”，是说上九处在穷极的时位，人在此位动辄有悔。“乾元用九，天下治也”，是说能像乾道那样用变去化不通为通，天下即可得到大治，也是讲人要如何行动。

潜龙勿用，阳气潜藏；见龙在田，天下文明；终日乾乾，与时偕行；或跃在渊，乾道乃革；飞龙在天，乃位乎天德；亢龙有悔，与时偕极。乾元用九，乃见天则。

【译文】

初九为什么处在不能出头露面的时位？这是因为阳气处在潜藏时期。九二为什么处在可以崭露头角的时位？这是因为阳气冒出地面，天下变得光明而有文采。九三为什么处在不能松懈的时位？这是因为随着时势一起前进。九四为什么处在可试身手的时位？这是因为乾道要变革了。九五为什么处在大治的时位？这是因为进居天位与天同德了。上九为什么处在动辄有悔的时位？这是因为随着时势的发展一同进入穷极的时候。乾卦为什么要强调用老阳的九数？用九可以表现天道变的法则。

【辨证】

这是《乾文言》的第四段，重点说明各爻为什么会有那样的时位。

乾元者，始而亨者也。利贞者，性情也。乾始能以美利利天下，不言所利，大矣哉！大哉乾乎！刚健中正，纯粹精也。六爻发挥，旁通情也。时乘六龙，以御天也。云行雨施，天下平也。

【译文】

乾元是创始而亨通，利贞是性情。乾才能用美和利造福天下，不限定它对什么有利，是因为太伟大了。伟大啊，乾阳！刚健又中正，纯粹精华，它的六爻发动，可以广通万物之情。按时乘驾六条飞龙统御天体。行云布雨，天下得到太平。

【辨证】

这是《文言》的第五段，发挥彖辞的意义。“乾元者，始而亨者也”，是说彖辞讲“大哉乾元，万物资始”，说的是乾元是始而亨通。“利贞者，性情也”，是说彖辞讲“各正性命，保合太和乃利贞”，说的是利贞是性情。这就比较明确地把元讲成始，把亨讲成是靠天的创始功能才亨通。利贞是保持天所赋予的性情。“乾始能以美利利天下”，是说只有天才能用美和利造福天下。联系“亨者，嘉之会”来说，“亨”有嘉美的意思。就是说亨是通顺而嘉美。“不言所利，大矣哉”，是说乾卦不讲对什么有利，太伟大了。“不言所利”是不限定它对什么有利，比如坤卦就作了限定，是“利牝马之贞，”乾卦没有限定，也就是对什么都有利，所以才“大矣哉”。“刚健中正，纯粹精也”，是说天道刚健、适中、正确，纯粹不杂，全是精气。这就是天的贞。“六爻发挥，旁通情也”，是说乾卦六爻变化所发挥的作用，可以旁通万物的性情。“时乘六龙，以御天也”，是说六爻的变化如同按时乘驾六龙统御天体运行。“云行雨施，天下平也”，是说天行云布雨，使万物得到滋润，才使天下得到太平。这是说明“万国咸宁”。这一段对彖辞重新作了错综讲述，使有些词又显得明晰起来。尤其是“六爻发挥，旁通情也”，不仅说明了乾卦在构架六十四卦中的纲领性作用，同时也说明了为什么《周易》可以用来预测。虞翻根据这一句，说《周易》中讲旁通卦，虞氏的提法还无法证实。但可以相信，乾卦作为纲领，可以旁通其他六十三卦。

君子以成德为行，日可见之行也。

【译文】

君子把成就道德的实践当作行为，这种行为要体现在日常可见的行动中。

【辨证】

这一句是《文言》的第六段，发挥大象辞的意义。大象辞说“天行健，君子以自强不息”。为什么要“自强不息”，这里作了解释，意为，君子把成就自己道德的实践活动看作是行，这种实践应当表现在自己日常可见的行为中，故要自强不息，一天也不能松懈。

潜之为言也，隐而未见，行而未成，是以君子弗用也。

【译文】

所谓潜是隐伏而不显露出来，实践但还没有成就道德，所以君子在这样的情况下不能发挥作用。

【辨证】

从这几句以下是《文言》的第七段，发挥各爻小象辞的意义。可按爻分为六个小节，以上是第一小节。这是讲“阳在下”。

君子学以聚之，问以辩之，宽以居之，仁以行之。《易》曰：“见龙在田，利见大人。”君德也。

【译文】

君子要积善成德，努力学习，聚少成多，有了疑难向人求教，力求辩明，以宽容的态度为人处世，以仁爱的心肠去做事。《周易》说“见龙在田，利见大人”，这是君王应具备的道德。

【辨证】

这是第七段第二小节，发挥九二象辞“德施普”的意义。

九三重刚而不中，上不在天，下不在田，故乾乾，因其时而惕，虽危无咎矣。

【译文】

九三刚爻与刚爻相重，地位又不在下卦之中，上没有到达天位，下又离开地位，所以健动不息，因所处的时势而警省自己，这样即使有危险也无咎害。

【辨证】

这是第七段第三小节。阐发“反复道也”的意义。

九四重刚而不中，上不在天，下不在田，中不在人，故或之。或之者，疑之也，故无咎。

【译文】

九四也是刚爻与刚爻相重，不在中位，上没有到达天位，下不在地位，三四虽说都是人位，而四爻离开地面，中不在人的合适位置，所以爻辞用“或”来说明它。或是游移不决，进也可，退也可，所以没有咎害。

【辨证】

这是第七段第四小节。阐发“进无咎也”的意义。

夫大人者，与天地合其德，与日月合其明，与四时合其序，与鬼神合其吉凶。先天而天弗违，后天而奉天时。天且弗违，而况于人乎？况于鬼神乎？

【译文】

大人与天地的道德相合，与日月的光明相合，与四季运行的时序相合，与鬼神福善祸淫的吉凶相合。行动比天道超前一些，天道不会相违同行；行动比天道落后一些，大人会奉天道而行。天尚且与他一致，更何况是人呢？更何况是鬼神呢？

【辨证】

这是第七段第五小节。阐发“大人造也”的意义。

亢之为言也，知进而不知退，知存而不知亡，知得而不知丧。其唯圣人乎！知进退存亡，而不失其正者，其唯圣人乎！

【译文】

所谓“亢”，就如同说只知道前进而不知道后退，只知道生存而不知道死亡，只知道获得而不知道丧失。只有圣人吧，能知道进退存亡相互依存的关系，而不失去正道，大概只有圣人才能这样吧！

【辨证】

这是第七段第六小节，阐发“盈不可久也”的意义。

第七段实际上是小象辞的补充。乾卦具有发凡起例作用，讲得比较详细。这一段对观察六十四卦的爻象都具有指导意义。

二　坤——万物之母

䷁

坤卦的卦画组合是下面一个三爻的坤（☷）卦，上面重叠一个三爻的坤卦，合起来成为一个纯坤的六爻卦，传统称作坤下坤上，在八宫卦的序列中称作坤为地。《序卦》说："有天地，然后万物生焉。"天指的是乾，地指的就是坤。因为乾的基本法象是天，坤的基本法象是地。天地化生万物，把天地的化生功能寄寓在《周易》里，就是乾坤两卦演生六十四卦，六十四卦的爻策表示万物。《杂卦》说"乾刚坤柔"，指出乾的特性是刚健，坤的特性是柔顺。那么坤就是柔顺的大地。从易学原理上讲，乾是纯阳之气，坤是纯阴之气，坤阴是与乾阳对立并列的另一面。它的作用与乾同等重要，乾是万物之父，坤是万物之母。

乾天坤地、乾父坤母，这是《周易》作者为了使读者通晓易理而拟出的一种直观具象。从哲理上讲，它却并不是这样截然不同的关系。《周易》讲"太极生两仪，两仪生四象"。

太极是宇宙的原体，是由混沌的元气组成的浑然一体的宇宙，两仪不过是太极的正面与反面或阴面与阳面，并不是人为地强分出来。比如地球，它本来是一个整体，但分开来看，面向太阳的一面就是阳面，背向太阳的一面就是阴面，这就是两仪。有了阴阳的定位，左右也就可以分出来，阴阳左右就是四象。宇宙就是这样一个浑囵的圆体，说这个浑囵的圆体就是太极，说它的正反面就是阴阳两仪，说它的正反左右就是四象。这并不是说太极是一样东西，两仪变成两样东西，四象又变成四样东西。这样就割裂了宇宙的统一性，不符合中国古代哲学的世界观，也无法解释为什么会一分为二，二分为四。我们见到的太极图就是在一个浑囵的圆体上划出了阴面与阳面。然而，有了两仪就有了阴阳的不同，虽未分裂为两种东西，但阴与阳所具有的性质不同了。比如一个苹果，向阳的一面要变红早熟，背阴的一面则发青晚熟，虽然都是一个苹果，但有了正与反的区别，统一之中有了对立，这就是一分为二。并不是非要把苹果切开才能一分为二，而是在统一体中的一分为二。然而，既然有了性质上的不同，这种性质发展到极端就会发生质变，变成一种新质游离出来，就成为不同的两种东西，到这时候才有太极的分化作用，变出天和地，成为截然不同的两样物体。从宇宙的原体讲，太极的两仪是相互转化的，因为宇宙是一个运动的整体，正与反不是绝对的，阴可变阳，阳可变阴。乾坤不过是阴阳两极的代表符号，天地也只是阴阳的一种比喻性拟象。抛开这些具象，深入到哲理中去观察，阴与阳就不能机械分割，而是要相互转化。比如地球的运转，既不能硬指东半球为阳、西半球为阴，也不能硬指西半球为阳、东半球为阴，而是阴阳要不断转化，这就是阴阳互根的原理。阴阳互根的原理在卦变中的表现，就是乾卦由坤卦变来，坤卦又由乾卦变来。没有绝对的界限，既不是谁生谁的问题，也没有先有阴还是先有阳的问题。阴阳都是从太极中生出，太极运动，阴阳互根，如此而已。乾卦六爻皆刚，阳盛到极端，下生一柔为姤䷫，下生二柔为遁䷠，下生三柔为否䷋，下生四柔为观䷓，下生五柔为剥䷖，六个柔爻生成就是坤䷁。这种变化模拟了太极也即宇宙的运动。《九家易》讲坤卦时说：“此卦本乾，阴始消阳。”指的就是这种卦象上的变化。干宝讲坤卦初六说“自始来也”，讲六二时说“自遁来也”，讲六三时说“自否来也”，讲六四时说“自观来也”，讲六五时说“自剥来也”，讲上六时说“卦成于乾”，较为正确地揭示了坤卦从乾卦变来的易理。观察坤卦的卦象，一定要注意这种卦爻的运动变化。

坤，元亨，利牝马之贞。君子有攸往，先迷后得主。利西南得朋，东北丧朋。安贞吉。

【译文】

始生，亨通。有利于母马的正道。君子有所行动，起先会迷失方向，随后则会得到主要法则。西南方有得到朋友的利，东北方有丧失朋友的利。安定守正吉祥。

象曰：至哉坤元，万物资生，乃顺承天。坤厚载物，德合无疆。含弘光大，品物咸亨。牝马地类，行地无疆，柔顺利贞。君子攸行，先迷失道，后顺得常。西南得朋，乃与类行；东北丧朋，乃终有庆。安贞之吉，应地无疆。

【译文】

至大无际呵，坤的始生作用，万物都借助它才能生成。顺应天道的运行，坤地深厚负载万物，道德博大与天相合，无边无际。包容无限而广大，各类事物都亨通。母马属地类，驰行大地没有疆界。柔顺利于正道。君子有所行动，起先会迷失道路，在后随顺会得到常规法则。西南方得到朋友，是伴随同类而行；东北方丧失朋友，最终会有喜庆。安定守正的吉祥，是与无边无际的地道相应。

象曰：地势坤，君子以厚德载物。

【译文】

地的形势就是坤卦。君子效法大地的品德，以深厚的道德负载万物。

【辨证】

从坤卦开始，彖传与大象辞附在卦辞之后。坤是《周易》的第二卦，地位仅次于乾。从卦象讲，乾为天、为父；坤为地、为母，是万物始生的根源。乾有元、亨、利、贞四德，坤也有元、亨、利、贞四德。不同的是乾是先导，坤是随顺。因此卦辞上稍有不同。乾的元是创始，坤的元是生成。乾的创始，如同动物从父体那里得到精气，坤的生成如同在母体中孕育成形。又如植物的化生，乾的创始是种子入地，坤的生成是生长出来。万物从乾那里得到的是性命，从坤那里得到的是生命。比如一粒谷子种在地里，谷子绝不可能长成豆子，这种本质的特性和决定性的发展趋势就是性命。谷粒活了，发芽长出来，这才成为生命。万物生命的获得来源于乾坤。故乾的元始是创始，坤的元始是生成。乾的亨通是天道运行的畅通无阻，从而使万物得以顺利成长；坤的亨通则是契合元间地阳！因天道运行，把天的化生功能变成现实，使万物顺利成长，故乾亨通，坤也亨通。乾的利是“不言所利”，也即无所不利。而坤的利有了限制，是“利牝马之贞”。

《说卦》讲："乾为马。"乾男坤女，乾牡坤牝，坤与乾相对，从乾变来，故坤为牝马，牝马即母马。彖辞说"牝马地类"，地类就是阴类，从象上讲是"利牝马之贞"，从取义上说就是利于阴类的正道。因为阳是主动，阴是从动，阴要随顺阳才能阴阳和，不随顺就失去了和，而利就是义之和，失去和就没有利。所以要限定在利于阴类的正道上，贞就是正道。乾的正道是指天道运行没有偏差，永久不变；坤的正道是指与天保持一致，永远契合无间。所以坤的"贞"又多了一层守常道而永久不变的意义。"君子有攸往，先迷后得主"中，"攸"用如"所"，意为君子筮得这一卦，如果有所前往，要像坤那样有所遵循，不能率先行动，而要跟着去做。自己带头会迷失方向道路，随后跟着去做就能找到可遵循的主要法则，也就是找到可遵循的法则，因为你筮得的是坤卦，坤卦本身就有只能遵循不能率先的特性。"利西南得朋，东北丧朋"，是说坤卦东南西北都有利，但利的内容不同，西南方有得到朋友的利，东北方有丧失朋友的利。失去朋友有什么利？象辞说："东北丧朋，乃终有庆。"是最终会有喜庆的利。什么样的喜庆？是得主的喜庆。坤阴不能为主率先，西南是阴方，与同类相伴，有朋友，但都是阴类，还是没有主心骨；而东北是阳方，失去同类朋友，却可得到阳为主要法则。比如一个女孩子，有一大批女朋友当然是利，如果找到一个合心的丈夫，那更是喜莫大焉。虽然离开了女友，还是有利。当然，这也不过是个比喻，对男的也是如此，比如你有一个企业，要找一些合伙人，那就到西南方去找，假如你的企业不大景气，想找一个可以作为依托的公司，那就得到东北方去找。为什么说西南是阴方，东北是阳方？按照西汉孟喜的卦气说，朱震在《汉上易传》根据北斗运行与月令变化，列出一个“斗建乾坤终始图”，形象地配上十二消息卦，反映了古人对一年四季阴阳消长规律表现在方位上的认识，并引用荀爽、干宝的话作了具体说明。

其中坎离震兑四卦表示四正，即坎是正北，震是正东，离是正南，兑是正西。斗建指北斗星斗柄所指。从图中十二消息卦中，可以清楚地看到阴阳消长的顺序。乾阳的成长，斗柄从正北坎方、十二辰的子（十一月冬至日）位起，一阳初生，从北向东运转，经历复、临、泰三卦，长成三阳，所谓三阳开泰；再经历大壮、夬、乾三卦，六阳长成，成为纯阳的乾卦。坤阴的成长，斗柄从正南离方、十二辰的午位（五月夏至日）起，一阴生出，从南向西运转，经历姤、遁、否三卦，长成三阴；再经历观、剥、坤三卦，六阴长成，成为纯阴的坤卦。从时令上讲，农历的十一月至五月是阳长阴退，五月至十一月是阴长阳退。从方位上讲，从北至东是阳长阴退，是乾阳渐次取得地位的过程；从南至西是阴长阳退，是坤阴渐次取得地位的过程。所以阴在西南方是伴随同类而行，会得到朋友的支持。到了东北方，阴处在被取代的地位，所以在东北方是丧失同类朋友，而阴以阳为主，丧朋却可得主。“安贞吉”是就坤具有柔顺、安静的特性讲的，乾动坤静，坤要安；乾刚坤顺，坤要守正，故安定守正才能吉。

彖辞从六个方面解释卦辞。(一)“至哉坤元，万物资生，乃顺承天”，解释卦辞“元”。“至”是极其、达到顶点的意思，彖辞称赞乾的创始功能是“大哉”，称赞坤的生成功能是“至哉”，前后意思都是对天地化生万物功能的高度赞叹之词。要从语气的层面上区别，“大哉”是太伟大了，“至哉”是太了不起了。从语意上讲，“至哉坤元”就是至大无际呵！坤的生成作用。“万物资生”是说万物都从大地的功能中获得生命。“乃顺承天”是说地是随顺天的运行而运行，它的生成功能也是顺承天的创始功能。这一句最重要的一点是“万物资生”与乾“万物资始”的区别。“资始”是万物赖以创始，“资生”是万物赖以生成。“元”虽然都是始，但有了主从的区别。(二)“坤厚载物，德合无疆。含弘光大，品物咸亨”，解释卦辞“亨”。坤为什么具有亨通的特性？因为坤是地，深厚的大地能把万物负载起来，地的德与天相合，无边无际。“弘”是大，“光”用如“广”，“含弘”是有巨大的包容量，“光大”是广阔远大，因此各类事物才能在大地上顺利生长。“亨”就是亨通顺利。(三)“牝马地类，行地无疆，柔顺利贞”，解释卦辞“利牝马之贞”。从象上说，先点明牝马取象于坤，从意义上讲，是说不仅对母马的贞有利，而且对所有的地类也即阴类都有利，举牝马以代其类。为什么举母马代阴类？因为马是世界上最善行走的动物，与大地的无边无界配得上。“柔顺利贞”，阐明为什么坤的利要受到限制，是因为坤的特性是柔顺，柔顺的坤有利于守正。（四）“君子攸行，先迷失道，后顺得常”，解释卦辞“君子有攸往，先迷后得主”。意思是说，君子有所行动，要效法坤的柔顺特性，率先会迷失道路，随后行动就找到了领路人，行动才会得到常规法则。后是因为要顺应。（五）“西南得朋，乃与类行；东北丧朋，乃终有庆”，解释卦辞“利西南得朋，东北丧朋”。西南方是伴随同类而行，故有得朋之利。东北方最终会得主，故有喜庆之利。朱震讲这句时说：“得君者，臣之庆；得亲者，子之庆；得夫者，妇之庆。庆者，未有不离其朋类而得者也。”彖辞这一句讲得十分关键，如果没有彖辞的解释，人们会以为丧朋是一件坏事，也不会搞清坤卦东北方也有利。乾周流六虚，无往不利，坤也是周流六虚，怎么会在东北半部不利呢？只是利的情况受到一些限制罢了。（六）“安贞之吉，应地无疆”，解释卦辞“安贞吉”。意为坤卦所以安贞才吉祥，是因为合于无边大地安静、纯正、贞固的特性。“应”是合的意思。

大象先解释上下卦的组合。因为上卦是坤，下卦也是坤，坤为地，故言“地势坤”。“地势坤”与“天行健”互文见义，知道天行健，可以推知“地势坤”；知道“地势坤”也可推知“天行健”。《周易》里这种错综成文，意义上相互证发的修辞方式用得较为普遍。所以“地势坤”一是说坤是地卦，另一层意思是说地的形势顺。朱震讲这一句说：“天高西北，地倾东南以顺之。”意为昆仑山是天极，在西北方，西北天高，大地就向东南倾斜，变得越往东南越低。这样讲太拘板。“天行”“地势”是就天动地静讲的。天体运动，大地顺应这种运动而变化，这就是地势顺。君子要从大地受到启示，学习大地负载万物的精神，把大地的深厚变成自己道德修养上的深厚，以其博大深厚的道德去承担负载万物的责任。这样就从大地那里学到了最应该学到的东西。大象辞总是从卦象上提示人应当从中学习什么，突出《周易》对人的道德修养所具有的社会意义，从而指导人们去如何行动。

初六：履霜，坚冰至。

【译文】

脚下踏着霜，当知会有坚冰到来。

象曰：履霜坚冰，阴始凝也。驯致其道，至坚冰也。

【译文】

脚下踏着霜，当知会有坚冰到来，是因为霜是阴气刚开始凝聚。循着阴气凝聚的形势发展下去，就会有坚冰出现。

【辨证】

“履”是脚踏上去。爻辞意为，脚下已经踏着霜了，不久就会踏在坚冰上。从象上讲，坤卦由乾卦变来，初六是乾渐次变为坤的第一爻，乾卦下生一阴为姤，即乾䷀下生一阴，上通一阳，变姤䷫。初六在姤的初位，依据易例，初爻为足，故言“履”。初六是盛阳之下刚刚凝聚而出的一点阴气，还不足以结冰，故言“霜”。由乾变坤阴气要上长，故言“至”。上卦乾（䷫>乾），乾为寒、为冰，故言“坚冰’。象辞解释说，踩在霜上，不久会出现坚冰，是因为霜是阴气刚开始凝聚，沿着阴气凝聚的规律向前发展，坚冰必然会出现。“驯”是循着、沿着。“致”是使……到来。这是告诫人们要见微知著。乾变坤从一阴始凝开始，最后会发展到盛阴代阳的地步，人应当善察细微，早做准备。同时也说明了卦变的方式。把这一爻的象辞与乾卦初九象辞“阳在下也”联系起来看，可以察知乾从坤变来，坤又从乾变来的卦变规律。

六二：直、方、大，不习无不利。

【译文】

正直、四方、广大，不重复，没有不利。

象曰：六二之动，直以方也；不习无不利，地道光也。

【译文】

六二的运动，正直而四方；不重复没有不利，是地道广大。

【辨证】

古人认为天是圆的，地是方的；天的运动是圆环状，地的运行是直线状。天大地也大，故地的特性是正直、四方、广大。“习”是重复，“不习”是不重复，意思是一个地方一个样。“无不利”是无所不利，大地载负容蓄万物，对什么都有利。王弼认为每卦都有一个最主要的一爻，“为一卦之主”，这种提法有合理性，可把这一爻称作主爻。乾卦是天，九五是天位，五位是乾本位，九五是主爻。坤卦是地，二位是地位，是坤本位，六二是主爻，代表地的特性。从乾变坤，变至六二，地的本位出现，故取地的“直、方、大，不习无不利”为象。象辞说“六二之动，直以方也”，是指从初爻变起，变动到六二，到了地的本位，故有大地“直、方、大”的特性。“不习无不利，地道广也”是说不重复没有不利，是地道广大无边。从取义上说，“直”是理直，“方”是方正，“大”是博大。“不习无不利”是各具特色，没有不利。

六三：含章可贞。或从王事，无成有终。

【译文】

蕴含文采，可守正道。或跟从君王做事，不以成功自居，最终会有好结果。

象曰：含章可贞，以时发也；或从王事，知光大也。

【译文】

蕴含文采可守正道，是待时而发；或跟从君王做事，不以功自居有好结果，是智慧广大。

【辨证】

“章”是美丽的文采。“含”是含蓄而不显耀。“从王事”

是跟随君王做事。“无成”是不以成功自居。全句意为，道德有文采之美但不要显示，这样可以恪守正道。如果跟随君王干大事业，会取得成就，但不能以功自居，这样才会有好结果。要求人要谦逊、内向，万不能张狂，能充分注意这一点，就是吉的。从象上讲，卦变到三爻，全卦成否䷋，下卦已成为坤（䷋＞坤），坤为文，文即章，故言“章”。下卦为内卦，文采在内卦，故言“含章”。“包”“含”义同，否卦六三爻辞“包羞”，换言“包”。上乾为君，下坤为臣，乾刚坤柔，故言“或从王事”。六爻的坤卦虽未成，但下卦已变到终点，故言“无成有终”。象辞说：“含章可贞，以时发也。”“以”是按的意思，意为有美德不显耀，是要待时而发，时不到不可发。“发”是发动。乾的九三是“终日乾乾”，要格外努力；坤的六三是“含章可贞”，不能显耀。三位是个待时而动的时势。“或从王事，知光大也”，句中有省略，说全了应是“或从王事，无成有终，知光大也”。“知光大”主要解释为什么“有终”。意为，为什么会“或从王事，无成有终”呢？是因为有审时度势的大智慧，知道不以成功自居的道理。易理是辩证的，总是告诫人们怎样做才有利，背后还有潜台词，不这样做就不利。不能只看吉凶，不管该怎样做。问个吉凶，想怎么干就怎么干，那就违背了易理。《周易》是以天道哲理指导人的行动，这与后世的算命术有本质区别。

六四：括囊，无咎无誉。

【译文】

扎起口袋，没有咎害，也没有荣誉。

象曰：括囊无咎，慎不害也。

【译文】

扎起口袋没有咎害，是谨慎不会有害。

【辨证】

“囊”是口袋，“括”是结扎，“括囊”是把口袋扎住口。“咎”是害，“誉”是荣誉。“无咎无誉”是没有害处也没有好处。从象上讲，变至四爻，全卦成观䷓，观下卦为坤，坤为布帛、为虚，故为囊。上卦巽（䷓>巽），巽为绳。六四互为艮卦（六四→䷓>互艮），艮为手，手用绳子把口袋束扎起来，故言“括囊”。“无咎无誉”是占辞。象辞说：“括囊无咎，慎不害也。”强调指出这一爻要谨慎。那么括囊是取守口如瓶的意思，谨言慎行，韬光养晦，可保无咎无誉，平平安安。成语“囊括天下”从“括囊”引申发展而成，但意义不同。

六五：黄裳元吉。

【译文】

黄色下衣，大吉大利。

象曰：黄裳元吉，文在中也。

【译文】

黄色下衣，大吉大利，是文采在中。

【辨证】

“衣”与“裳”析言有别，衣是上衣，裳是下衣。“元”是大，《周易》里讲“元吉”是大吉大利，是最上等的吉。元是始、是首，首是头号的，故元可讲成大。如“临卦”卦辞“元、亨、利、贞”，象辞换言“大亨以正”，就是把元讲成大。不过《周易》里还有“大吉”，而“元吉”比“大吉”还要好。“黄裳元吉”里含有古人特殊的文化意识，《左传》昭公十二年里提到过这句话。当时鲁国的南蒯想搞叛乱，占了一卦，遇坤䷁之比䷇，曰“黄裳元吉”，以为大吉也，示子服惠伯，曰：“即欲有事，何如?”惠伯曰：“吾尝学此矣，忠信之事则可，不然，必败。外强内温，忠也；和以率贞，信也。故曰‘黄裳元吉’。黄，中之色也；裳，下之饰也；元，善之长也。中不忠，不得其色；下不共，不得其饰；事不善，不得其极。外内倡和为忠，率事以信为共，供养三德为善，非此三者弗当。且夫《周易》不可以占险，将何事也？且可饰乎？中美能黄，上美为元，下美则裳，参成可筮。犹有阙也，筮虽吉，未也。”把这段话译述出来，是说南蒯筮的是坤卦，六五是变爻，故之卦（变卦）是比。坤六五爻辞是“黄裳元吉”，南蒯以为是吉利，拿给子服惠伯去看，说：“我想办件大事，你看得到这么个断语怎么样？”惠伯说：“我曾学过《周易》，如果是忠信的事情是可以吉的，不然必定失败。外刚强内温顺，这是忠诚，直率坦诚又能和顺，这才是信用，所以才说‘黄裳元吉’。黄是中的颜色，裳是下身的修饰，元是最大的善。心中不忠，算不得黄色；在下而不恭敬，算不得有修饰；事情不是出于为善，也算不得长。外与内和谐一致是忠，率真诚信做事是恭，诚敬培养这种品德才叫善，要不是这三种品德就不吉。再说《周易》不能用来占卜冒险的事，你要干什么？况且是不是自我修美？中美才是黄，上美才是元，下美才是裳，三样都具备才合筮辞。假如有缺失，占筮虽吉利，还是不行的。”按子服惠伯的解释，黄是中美，是忠；裳是下美，是恭；元是上美，是善。这三项是吉的条件。子服惠伯可能已经觉察出南蒯不是想干好事，所以有点借题发挥，但从中可以了解古人的文化意识。说黄是中之色，是依据我国古代的五行说。东方木青色，南方火红色，西方金白色，北方水黑色，中央土黄色。裳是古人穿的裙裤，位在下体，穿上裳，不仅可以遮羞，下身也得到美化，所以裳是一种修饰。那么“黄裳”的取义是中正美好，不单纯是穿黄色裙裳的问题。从象上讲，坤为裳，中色黄。卦变至五爻，全卦成“剥”卦，下卦为坤，六五占据中位，故言“黄裳”。剥卦将要把阳灭尽，故取坤裳为象，突出在下守中之意。从象上看，这一爻确有保持在下恭顺、善自修饰、守中不逆才能大吉大利的意思。象辞说：“黄裳元吉，文在中也。”强调了中位，取义上突出内心的修美。文是美丽的文采。

上六：龙战于野，其血玄黄。

【译文】

龙在郊野交战，其血青黄混杂。

象曰：龙战于野，其道穷也。

【译文】

龙在郊野交战，是因为到了穷途末路。

【辨证】

上六的卦象较为清晰，象辞也交待得比较明确。从乾变坤，发展到上爻，到达最上一位，坤盛到六爻皆阴的极处，无可再变，路走尽了。乾上九爻辞称“亢”，坤上六象辞称“穷”。联系起来看，上位是极位，穷是终尽极困之位。《周易》的设计是六爻相互推荡运动，总的运动方向是从初爻向上爻运动。从上爻隐去，退出来，经历一段重生的过程，再从初爻长出来。如同天体运行，太阳从东边升起来，西行一个白昼，从西边落下；月亮从东边升出运行一个夜晚；太阳经过一夜的新生，再从东边出来。对于人的生命，古人也这样认识，卦书里讲十二宫，把人生命的过程看成是一个循环：长生、沐浴、冠带、临官、帝旺、衰、病、死、墓、绝、胎、养，首尾循环。其他万事万物无不如此。卦图上六爻表示出来的仅是可见的一面，如同太阳从出到落。余下的一段仍在运动推荡，只是隐在背后罢了。坤的上六到了极处，处在坤卦又要逐爻退出去的形势下，前进一步就是一阳复苏，面临的是阴阳交战，争夺生存地位的斗争，故言“龙战于野”。龙指的是刚爻，野指的是乾（见后）。上六这一爻形势不利，大势已不可逆转，会受伤，故言“血”。坤为地，乾为天，天色青苍为玄，地土颜色为黄。《千字文》第一句“天地玄黄”，就是源于《周易》。乾坤交战，故言“其血玄黄”。象辞说

“其道穷也”，交待了“龙战于野”的原因。《系辞·下》说：“穷则变，变则通，通则久。”宇宙运动没有停滞的时候，阴阳消长，更代无穷，会永远延续下去。阴到了穷极时，阴阳对立的一面突显出来，阳要息长。形势一变，运行的道路才能通畅。反过来也是如此。这是《周易》告诉人们的事物运动规律。学习《周易》，不能死守穷极不放，穷极不变，上天不佑，也就是要受到宇宙规律的惩罚。变是痛苦的，我们常把这种情况比作婴儿新生时的阵痛，《周易》用“龙战于野，其血玄黄”来说明，意思是相同的。

用六，利永贞。

【译文】

用老阴之数六，利于永守正道。

象曰：用六永贞，以大终也。

【译文】

用老阴之数六，永守正道，是因为坤是大终。

【辨证】

“用六”如同乾卦的“用九”，是说明筮例的。朱熹说：

"用六，言凡得阴爻者，皆用六而不用八，亦通例也。"这一句讲对了。《周易》以奇数一、三、五、七、九为阳数，以偶数二、四、六、八、十为阴数。占筮时只用六、七、八、九。七、九为阳数，六、八为阴数。阳数顺序，故七为少阳，九为老阳。阴数逆序，故八为少阴，六为老阴。占筮时看变爻，筮得老阳或老阴才叫变爻。所以"用九"是指用老阳之数九作为变爻，取该爻爻辞下断。"用六"是说用老阴之数六确定变爻，取该爻爻辞下断。这是在《周易》开篇的乾坤两卦说明占筮的通例。"用九"下说"见群龙无首"，是告诉筮卦的人，变爻可以在六爻中的任何一爻，它是可以流动的，没头也没尾。"用六"下说"利永贞"，是告诉筮卦的人，变爻只要确定在哪一爻上，就不能动了，一定要取这一爻的爻辞下断，不能随便从卦里去挑选。这样占筮才有利。因为这是结合乾动坤静的特性讲的，所以才附加上乾的流动和坤的正道意义。这里体现了《周易》动静的辩证法。从变爻会出现在哪一爻的可能上讲，它是动的、变的，不能定死。从具体到一次占筮中，变爻出现在某一爻上，那就定死不能动了。"利永贞"在揭示筮例上说，就是利于长久定在某爻上不动。取义上是说，要效法坤道永久正道的特性才有利。象辞说："用六永贞，以大终也。""以"是因为，"大终"是坤地的特性。《系辞·上》说："乾知大始，坤作成物。"《文言》说："地道无成，而代有终也。"

地是把天所创始的大业作成功，所以地的作用是大终。“用六”是用坤地的特性，发挥地的大终作用，所以才永久正道，所以才用六。这是从义理说明“用六”的原因。简言之，“用九”是用乾天，“用六”是用坤地，九与六里含有天地作用的深层意义，不是随便定的。正如乾文言所讲，用九是“以见天则”，用六是“以见地则”。这就是《周易》在编制中使用九数和六数的理性意义。

文言曰：坤至柔而动也刚，至静而德方。后得主而有常，含万物而化光。坤道其顺乎！承天而时行。

【译文】

坤阴是最为柔顺的，然而运行起来却很刚健；是最为安静的，但品德却是方正不邪。它是以乾阳为主导在后随着运动，但有自己的常规。它包容万物，化生功能是广大无边的。坤阴的基本特性是顺应吧！它顺应天道而按时序运行。

【辨证】

坤卦与乾卦一样，也有一段文言。同样也是为了突出两卦在构架六十四卦上的纲领性作用，说明两卦的重大意义，便于人们对《周易》有一个整体性的认识。其发凡起例的作用与乾文言同等重要。坤文言分为两段，以上是第一段，进一步发挥卦辞、彖辞和大象的意义，总论坤卦的特性。“坤至柔而动也刚，至静而德方”，意为，坤地的特性是最柔顺的，但运动起来却十分刚健；坤地的特性是静止不动的，而道德却方方正正。从这两句中首先要看到，文言作者告诉人们：乾的特性是刚健，坤的特性是柔顺；乾的特性是运动不息，坤的特性是静止不动。这是《周易》对天地的基本认识，可以把它看成是认识易理的出发点。但健与顺、动与静、刚与柔不是绝对不变的，这种特性也是辩证的。乾的特性是动，是刚，是圆，是开；坤的特性是静，是柔，是方，是合。但在运动变化中乾也会静，也会直；坤也会动，也会开。所以《系辞·上》里讲：“夫乾，其静也专，其动也直，是以大生焉；夫坤，其静也翕（合），其动也辟（开），是以广生焉。”意义上相互证发。古人把这种道理称作阴阳互含。太极图中的阴阳鱼，阴鱼点阳眼，阳鱼点阴眼，就是要图示阴阳互含的道理。这是《周易》中反映出来的相对论的思想。世界上没有绝对不变的东西，阴不是绝对的阴，阳也不是绝对的阳。如果把它看成是绝对不变的，阴与阳就不可能相互转化，迭为消长。比如一个人，性格刚强，但他绝不可能一味刚强，他也会有柔顺的一面。这就是阳中有阴。万事万物这种阴阳互含的特性从哪里来？古代的哲人认为就是从阴阳二气的互含中来。因此，事物虽是一分为二，都有对立的两面，但这两个方面又是相互联系、相互转化、相互依赖、相互包含的。坤的基本属性是柔顺，这是指地要顺应天的运动；但它只要顺应天道运动起来，那就任何东西也不能使它改变，万物都得随着它运动，所以又是极为刚健的。坤的基本属性是静止不动，这就决定了它品德的方正，因为地如果动起来，东西南北就会错位，就不可能四方正位了。这就是地在动与静这个方面的辩证关系。文言强调“德方”，当然就有对人在道德修养方面的指导意义。方在几何图形上指的是四方形，但从道德上讲指的是方正严整，不能胡来。古人把它称作“义方”，指行为合乎大义，办事讲原则，不能在原则问题上通融。“后得主而有常”，是说地是从动的，不是主动的，但它随天道运行却是有常规的，不能破坏。主的深层含义是主动。“后得主”是指地不率先运动，不作主导，随天运动，在天之后。“有常”是指虽然是随着动，却不是可以随便到可以改变常规的地步，而是有它自己不变的规律，这是地既要顺从天而又有自己的常规两方面的辩证关系。从哲理上说明“先迷后得主”的原因。“含万物而化光”，是说大地容蓄万物，它的化生功能可以与天相比，也是广大无边的。“坤道其顺乎”是祈使句，“其”是表推测的语气词，意为坤道的基本特性是顺承天吧。“承天而时行”是说，它是顺应着天道而按时序运行。这就是坤地的常规。

积善之家，必有余庆；积不善之家，必有余殃。臣弑其君，子弑其父，非一朝一夕之故，其所由来者渐矣，由辩之不早辩也。《周易》曰："履霜，坚冰至。"盖言顺也。

【译文】

积累善行的人家，必定会有多余的吉庆留给儿孙后代；积累恶行的人家，必定会有多余的灾祸留给儿孙后代。臣子到了杀君王的地步，儿子到了杀父亲的地步，都不是一朝一夕的缘故，而是长期积累逐渐发展成这样的，是因为对这种恶性事件形成的原因不能及早加以分辨而及时提防。《周易》上说"履霜，坚冰至"，说的就是这个意思。

【辨证】

以下是坤文言的第二段，分为六个小节，逐节发挥各爻爻辞和小象的意义。这是第一小节，解释初六的爻辞和象辞。这段话清楚地告诉人们，人要趋吉避凶，就必须认识客观事物的发展规律，能见微知著，预见事物的发展趋势和方向，及早做好防微杜渐的工作，就可使事物向好的方向发展，否则就会相反。

直其正也，方其义也。君子敬以直内，义以方外，敬义立而德不孤。“直、方、大，不习无不利”，则不疑其所行也。

【译文】

直是指六二的正直，方是合乎大义。君子学习六二的爻辞，也要以恭敬的态度使内心保持正直，外在行为要合乎大义，方正合宜。树立了敬慎合乎大义的品德，就有了德行而不会孤立无援。六二爻辞说“直、方、大，不习无不利”，是说有了这种品德，行为上就不会游移不定，自然会把事情处理好。

【辨证】

这一小节发挥六二爻、象辞的意义。

阴虽有美，含之；以从王事，弗敢成也。地道也，妻道也，臣道也。地道无成，而代有终也。

【译文】

属于阴类的事物，虽然有美丽的文采，但要含蓄而不显耀，去随从君王成就功业，不能显示自己居于成功的地位。

这是地的法则，也是做妻子的法则，是做人臣的法则。地的法则就是不自居有功，而是忠实地代替天，去完成天的创始功能。

【辨证】

这是坤文言第二段第三小节，发挥六三爻、象辞的意义。这一段讲阴与阳从各自的特性上应当发挥的作用。比如一个物体有阴阳两面，阴是暗的一面，它如果一定要表现自己，抢占亮的一面，那性质上就会发生变化。应当注意的是，这是就一般规律而言，而不是绝对的，转化的可能性还是存在的。

天地变化，草木蕃；天地闭，贤人隐。《周易》曰："括囊，无咎无誉。"盖言谨也。

【译文】

天地变化，草木滋长繁盛；天地闭塞，贤人隐退。《周易》里说"括囊，无咎无誉"，就是说要谨慎。

【辨证】

这一小节发挥六四爻、象辞的意义。"天地变化"指阴阳二气的交流，“天地闭”指阴阳二气的闭塞。交流就会天地通泰，万物欣欣向荣，贤人应当出世。“草木蕃”是草木滋生繁盛。天地闭塞，万物凋敝，贤人应当隐退。人的出入进退要根据时势而定，这才是懂得顺应天道。六四爻辞说“括囊，无咎无誉”，说的是贤人在天地闭塞的时势下，立身处世应当小心谨慎。

君子黄中通理，正位居体，美在其中，而畅于四支，发于事业。美之至也。

【译文】

君子处在六五这一爻的时势下，应当按爻辞的提示，保持内心的中正，通达事理，立身处世要摆正自己的地位。内心充满美德就可畅达于身体的四肢，举手投足无所不美。从自身再向外发挥，就可把美德扩展到事业上，这样就十分美好了。

【辨证】

这一小节发挥六五爻、象辞的意义。《周易》里讲的美、文，都是指道德上的完美，不是指外形的美。“事”“业”析言有别，手下经营的工作叫事，事情成功了才叫业。儒家把一个人的道德修养与最后成就功业的关系作如下表述：诚意——正身——齐家——治国——平天下。“黄中通理”是诚其意的内心修养功夫。“正位居体”“畅于四支”就是正身，“发于事业”就是齐家、治国、平天下。“业”指的是大业。

阴疑于阳必战。为其嫌于无阳也，故称龙焉。犹未离其类也，故称血焉。夫玄黄者，天地之杂也。天玄而地黄。

【译文】

阴气被阳气猜疑，必然要发生争战。因为产生了阳气不存在的嫌疑，所以爻辞里要说到“龙”。但上六并没有离开阴的类别，所以爻辞里要说到“血”。至于说“玄黄”，那是天地交杂的颜色，天是玄（青）色，地是黄色。

【辨证】

这是坤文言最后一个小节，发挥上六爻、象辞的意义。文中“疑”字与“嫌”字分称合义，都是嫌疑的意思。卦到上六，阴气太盛，故被阳气怀疑，所以阴阳之间发生了争战。因为到了上六，全卦都是阴爻，会使人产生没有阳气存在的嫌疑，所以爻辞称“龙”，龙有提示阳气存在的作用。

但上六仍是阴爻，并没有离开阴的类别，所以爻辞上又称“血”。这是为了点明阴与阳在交战。玄黄是天地混杂的颜色，天是玄色，地是黄色。这一段不仅阐明道理，还对怎样去理解爻辞作了示范，甚至还解释名词，对读《周易》很有帮助。

三　屯——万事起头难

䷂

屯卦的卦画结构是下面一个三爻的震（☳）卦，上面一个坎（☵）卦，坎为水，震为雷，故传统称作震下坎上，水雷屯。《序卦》说：“有天地，然后万物生焉。盈天地之间者惟万物，故受之以屯。屯者，盈也。”意思是说：有了天地，然后万物才能生出来，充满天地之间的是万物，故在表示天地的乾坤两卦之后接着是屯卦。屯是盈满的意思。《杂卦》说：“屯见而不失其居，蒙杂而著。”意为，屯是万物刚刚出现，各自占据了一席之地。蒙是杂乱而著明。《说文》说：“屯，难也。像草木之初生，屯然而难。从屮贯一。一，地也。尾曲。《周易》曰：‘屯，刚柔始交而难生。’”意为，屯是难的意思。像草木刚从地下生长出头来，难于破土而出的样子。屮是草木之苗，一是地。从字形上说，画的是一棵幼苗顶出地面时的初生状态，尾部根系还未伸展，两片芽叶刚刚吐出（）。据以上说解，屯主要是万物始生的意思。始生不易，故有艰难的意思；始生还未伸展开，故有团聚的意思；万物始生，从无到有，故有充满的意思。

依据卦变的体例，屯卦从临卦变来。即临䷒（六五、九二）九二与六五换位，变屯䷂。临卦是十二消息卦之一。临卦变屯，是乾坤互为消长变出十二消息卦，十二消息卦演变为众卦的具体表现之一。不知卦交，就难以明白《系辞》中讲的“乾坤，其《周易》之缊耶？乾坤成列，而《周易》立乎其中矣。”“乾坤，其《周易》之门耶”这些话的具体所指。仅用乾坤生六子，六子组成众卦，解释不了彖辞中有关卦交的大量提示。分析屯卦，一定要注意它从临卦交来的爻位移动。

屯，元、亨、利、贞。勿用有攸往。利建侯。

【译文】

屯卦，开始亨通，有利于正道。不要有所前往。利于建立功业封侯。

彖曰：屯，刚柔始交而难生。动乎险中，大亨贞。雷雨之动满盈。天造草昧，宜建侯而不宁。

【译文】

屯卦，刚爻与柔爻开始交流艰难地出生。下卦震为动，上卦坎为险，在险难中运动，大为亨通而正道。震为雷，坎为雨，雷雨发动，天地满盈。天地草创，适宜于建立侯王，天下还未安宁。

象曰：云雷屯，君子以经纶。

【译文】

上卦坎为云，下卦震为雷。云与雷组成屯卦。君子从中得到启示，要努力经营组织。

【辨证】

“元、亨、利、贞”习惯上被称作卦的四德，“元”是开始，“亨”是通顺畅达，“利”是有利适宜去做，“贞”是正道不变。乾卦是万物之父，四德齐备；坤卦为万物之母，顺承于乾，在四德上有了一定条件的限制。除乾坤之外，四德俱全的还有屯、随、无妄、革四卦。这四卦的四德与乾坤四德的取义稍有不同，用王宗传的话说，就是“具体而微”，四德的大体是具备的，但在普遍性、永恒性方面要小一些、差一等。彖辞对它们的解释有了区别。“元”是开始而不是创始。“亨”是运动的顺利发展，不是永久性的亨通。“利”是对自身有利，不再是对万物普遍性的利益。“贞”是守正固定，不是永久的正确不变。“勿用有攸往”，是说刚刚开始经营自己的生存空间，扎根未牢，不要急着发展。“利建侯”是说在人类社会刚开始组建的时候，最适宜先确立一个首领。从象上说，屯卦总的时势是万物刚刚开始出生，有了繁息的基础，发展下去会欣欣向荣，故有元、亨、利、贞的特点。下卦震为足、为行，上卦坎为险，涉足入险，不可轻动，故言“勿用有攸往”。“往”是前进、前往，有所行动。象上指爻从下向上的运动。“有攸往”就是有所往。虞翻说震为诸侯。《白虎通义》也说：“震雷万里，诸侯之象。”《系辞·上》说：“震一君二民。”《说卦》说：“帝出乎震。”把这些话联系起来分析，说震为帝王、为诸侯，虽是逸象，还比较可信。但从卦变中看，九五是君王位，卦辞“利建侯”从九五爻位的推移取象。

彖辞分为四个方面对卦辞作了解释。（一）解释卦名的意义。“屯，刚柔始交而难生。”这句话第一层意思是说，屯卦是乾卦与坤卦（也就是天与地）相互交感流通产生万物的初始阶段。“刚”指刚爻，乾卦纯是刚爻；“柔”指柔爻，坤卦纯是柔爻。屯卦紧接在乾坤两卦之后，“刚柔始交”是讲乾坤两卦刚、柔爻的流动刚刚开始。按《周易》

的宇宙发生论说，就是阴气与阳气刚开始流通。第二层意思是说，万物刚刚开始出生，有始生的艰难，卦名有难的意思。交是交接流通，难生，是难于出生。（二）从上下卦特性的组合上解释卦辞“元、亨、利、贞”。“动乎险中，大亨贞”，是说在险难中动，所以“大亨贞”。“大”是副词，“大亨贞”是说很亨通，很合正道。在险难中动为什么还“大亨贞”？向深处挖掘一下就有了哲理意义。比如胎儿出生，母亲有临盆的阵痛，婴儿有出生的险难，然而无论多么险难也得使劲产下来，这是动乎险中。婴儿出世，从无生命到有生命，有了本质的变化，再向大长就容易了，这就是大亨。创生万物是天地正道，这就是大贞。不独人的诞生如此，自然万物的始生都是如此，要“动乎险中”，才能获得生命。这里应当注意，彖辞除把“元”讲成始，还讲成大。（三）从上下卦象的组合解释，卦名“屯”还有满盈的意思。“雷雨之动满盈”，是说下卦震为雷、为动，上卦坎为雨，上下卦组合在一起是雷雨发动。古人认为雷有振起的作用，唤醒万物从冬眠中振作起来。雨有滋润作用，哺育万物生长。雷雨一动，万物就要苏醒而生长，于是蠢蠢而动，万物齐出，天地之间盈满了。（四）解释卦辞“利建侯”。“天造草昧，宜建侯而不宁”，“天”指天地，“造”是创造，“草”是初步草创，“昧”是昏昧。“宜建侯而不宁”意思是说，天地初创，人类还不能安宁，最合宜的是先建立侯王作带头人，把人们组织起来。彖辞与卦象联系较紧密。比如“刚柔始交”，在象上指的是临卦变屯卦，九二刚爻与六五柔爻的相互置换的流动。

大象与彖辞有一个基本的分工：彖辞解释卦辞。大象解释卦象给人类的启示。这是一般体例。大象总是先说明上下卦象的组合。“云雷屯”，是说上卦坎，坎为云，下卦震，震为雷，云与雷组合在一起就是屯卦。接着推演人们从这个卦象中应当学习哪些天地之道。“君子以经纶”，是说正人君子应当从云与雷这个卦象中，体悟天地广生之道，把人类社会努力经营组织起来，使人们能平安顺利发展。“经纶”本指理出丝绪，编织成物。这里是经营组织的意思。象辞与彖辞取象的角度稍有区别。彖辞“雷雨之动”，以坎为雨，强调的是满盈。象辞讲“云雷”，以坎为云，强调的是云在聚集，屯结未解，屯是屯聚。联系解䷧卦看一下，就会了解作者的用意。解卦也是由坎与震组成，只是上下换了位置，解卦象辞说“雷雨解”，以坎为雨。这里讲“云”，就是要突出难而未解，尚在聚结。君子看到这种卦象，要承担起解难散结的责任，把初创时的纷乱理出头绪，使人类社会步入正常轨道。意思与彖辞“利建侯”相呼应。

此外，全卦上卦是坎，坎为水、为坎陷，下卦是震，震为行，是水流行入坎陷之地而回旋，故各爻都有徘徊回旋之象。

初九：磐桓，利居贞，利建侯。

【译文】

徘徊难进，利于居正，宜于树立王侯的威信。

象曰：虽磐桓，志行正也；以贵下贱，大得民也。

【译文】

虽徘徊难进，但前进的心愿合于正道；高贵而谦处卑贱之下，从而广泛得到民众拥护。

磐石压住了恒树，处在艰难的困境。

【辨证】

磐石压住了恒树，处在艰难的困境。是说有阻力、有困难，不能直线前进，只能回环前进。从卦象上讲，下震（䷂ >震）是行，上坎（䷂ >坎）为水、为陷，水流遇到低洼的地形，只能徘徊回环而进。“利居贞”是说利于居守正位。初九是刚爻，初位是刚位，刚爻居刚位是位正。初九与六四是正应，居于正位，要守正而不偏斜，这样才会有利。“利建侯”，是说最宜于建立侯王做领导，取象是下卦震为诸侯，初九是震的主爻。但这个侯不是封建制所说的诸侯，因为是天地初创，人群刚刚开始组建，只能是原始社会酋长一类的头头。象辞说“虽磐桓，志行正也”，意思是虽然徘徊回环着前进，但前进的心愿合乎正道。万物始生，困难阻力很多，但天地有生生之德，生长虽然艰难，但合乎天地正道。这一句，同时也提示“利居贞”的“贞”就是正的意思。“志”指初九与六四阴阳正应的关系，故应有上进的心愿。“正”是位正，应爻六四柔爻居柔位，位也正。上下正位相应，故行也正。从取义上讲，是说合乎正理，不悖天理人情，应当这样做。从象辞的话里可以看出“居贞”不是不让动，而是说前进要居守于正道。“以贵下贱，大得民也”，解释爻辞“利建侯”。《周易》例，刚爻（也就是阳爻）为贵，柔爻（也就是阴爻）为贱。从象上看初九在三个柔爻之下，是具有尊贵身份的阳爻降到卑贱的阴爻之下，有谦恭敬人的美德，礼贤下士，深得人心。互卦坤（☷＞互坤）为民，取得了广大民众的信赖，适合做民众的首领，故适宜于被拥戴成为侯王。这一爻意思是说：前进艰难迟缓一些，但合乎正道就有利。推选民众的首领最合时宜。

六二：屯如邅如，乘马班如。匪寇婚媾。女子贞不字，十年乃字。

【译文】

坎坷难进，骑马团团打转。不是贼寇，是来求婚。女子贞定自守，不生育，十年才能生育。

象曰：六二之难，乘刚也；十年乃字，反常也。

【译文】

六二这一爻的难，是因为乘驾在刚爻之上。十年才能生育，是返回常道。

【辨证】

“屯”是难。“邅”，马融讲作“难行不进之貌”。“屯邅”后来变成一个词，也作“迍邅”，是命运坎坷，不顺利的意思，就是来源于《周易》。“如”是形容性词尾，相当于什么什么的样子。“班”义同“盘”，是团团转、盘旋难进的样子。“匪”同“非”。“婚媾”是婚姻，“字”是怀孕生育。从象上讲，六二从临五位推移，下乘刚爻，前临互艮（䷂ > 互艮），艮为阻。应爻在九五，九五是上卦坎的主爻（九五→䷂ > 坎），坎为险难。前进艰难险阻，困难重重，故为“屯如邅如”。全卦都是水流行于低洼坑陷之处，而呈回旋盘环之象，六二也会团团打转。震为“作足马”（抬足而动的马），故为“乘马班如”。九五在坎中，坎为寇盗，但九五刚爻在上卦中位，六二柔爻在下卦中位，上下阴阳正应，婚姻匹配正合，故言“匪寇婚媾”。坤为女，六二在互坤（六二→䷂＞互坤）里，处下卦中位，二是柔位，六是柔爻，应正，位也正，故云“女子贞”。震为“反生稼”，稼是禾稼，反生就是该生不生，不该生而生；该向上生而向下生，该向下生而向上生。六二与九五匹配中正该生，而六二却在震里，反生，故“不字”。“字”是生育。《说文》：“字，乳也。从子在宀下。”《说文·叙》又说：“字者，言孳乳而浸多也。”字就是繁衍孳生，简单讲就是生孩子。反生就是不生孩子。坤数十，六二在互坤中，故言“十年乃字”。象辞说：“六二之难，乘刚也。”首先把爻辞“屯邅”讲成“难”。意为六二所以会遭际坎坷，盘旋难进，是因为乘刚。乘刚是《周易》例，凡柔爻位在刚爻之上就称乘刚。六二之下紧接着刚爻初九，下来乘驾在刚爻之上，故言乘刚。“十年乃字，反常也。”是说十年才能生孩子，是因为返回常道。象辞解释爻象，总是抓取一两点最突出的地方作出示范，不作全面详细的讲解。屯卦由临卦变来（临䷒二与五换位），六二原是临的六五，与九二正应，然而却是刚爻在下，柔爻在上，违反常道。两爻换位返回常道，故言“反常”。

六三：即鹿无虞，惟入于林中。君子几不如舍，往吝。

【译文】

追逐野鹿，却没有猎官做向导，只会迷失山林之中。君子前进不如舍弃，前往有灾吝。

象曰：即鹿无虞，以从禽也。君子舍之，往吝穷也。

【译文】

追逐野鹿没有猎官做向导，坚持去追赶野兽。君子舍弃，是因为前往会被困住。

【辨证】

象辞提示，“即”是从，“鹿”是禽，“舍”是舍弃，“吝”是穷。据象的讲法分析，“即”是就、挨近。“从”是从后面跟上来，就是挨近了去追赶。“鹿”是野兽。王肃与虞翻把鹿讲成山麓，与象辞讲法不合。《白虎通义》：“禽者何？鸟兽之总名。”古代飞禽走兽都可称禽，不仅指飞禽。“虞”是古代的猎官，虞翻也说：“虞谓虞人，掌禽兽者。”《尚书》中有“尔作朕虞”。虞人指的是古代管理山林的官，贵族去打猎，虞人负责做向导，故为掌鸟兽的官。“即鹿无虞”，是说打猎追逐野鹿，却没有猎官做向导。“惟入于林中”，是说没人领路，只会盲目地钻进深山老林中去。“君子几不如舍”，“几”是几微，指事情未发生前所显示出的细微征兆。君子知几，从没有虞人作向导，前面又是深山老林这些现象能看出，狩猎不会有收获，故不如舍弃而不去追赶。“往吝”是前往会有吝难。从象上看，坤为田、地，故为田猎；艮为山，坎为丛棘、为林。鹿的象，《说卦》没有列出，虞翻说震为麇鹿。震为行，鹿善走，这样取象不矛盾。六三在互坤中（六三→䷂ > 互坤），又在下卦震里，是田猎逐鹿之象。正应在上六，而上六也是柔爻，相敌不应，无虞之象，故云“即鹿无虞”。前临互艮（六三→䷂ > 互艮），上卦为坎，前往会进入艮山坎林之中，故云“惟入于林中”。“君子”指卜筮的人，看到这样的爻象要知几，舍弃追赶的野兽，前往会有灾困。全爻是说：不要去追逐猎物，否则不但得不到，反而会陷入困境，明智的人应当放弃。

六四：乘马班如，求婚媾，往吉，无不利。

【译文】

骑马团团打转，去求婚，前往吉祥，没有不利。

象曰：求而往，明也。

【译文】

为求婚而前往，是明智的做法。

【辨证】

震为“作足马”，六四在下卦震之上，故言乘马。在下震上坎之中，水流行于坎陷，故与六二同象。乘马来回盘旋。应爻在初，初九是阳爻，与六四阴阳正应，男女相悦，婚姻好合，可以喜结伉俪。如初九来求婚，前往吉祥，没有不利。象辞说：“明也。”主要是指六四与九五紧邻，六四不能上合九五。九五虽是阳爻，但正应在六二。六四能舍五从初，是明智的选择。这一爻是说，前往盘旋难进，合婚吉利，有人来求婚最美满。

九五：屯其膏，小贞吉，大贞凶。

【译文】

膏泽屯聚，占问小事吉祥，大事凶。

象曰：屯其膏，施未光也。

【译文】

膏泽屯聚，是施布不广。

【辨证】

“膏”是膏泽、油脂，引申为恩惠、恩泽。“屯”是团聚不散，犹如“囤货居奇”的囤。象辞说“施未光也”，此“施”是施舍散布，“光”用如“广”。施舍不广泛，显然是把屯讲成聚。从象上说，兑为泽，故可为膏泽。九五从临卦九二升上来，在临卦时九二在下卦兑中（临䷒>兑），升到九五变为屯卦，进入坎中（屯^{九五}䷂$^{>坎}$）。坎为云，聚结为云，还未变成雨向下施布，这是大泽蒸发成云气之象，故言“屯其膏”。下有六二阴阳正应，应的范围小，故“小贞吉”。五位不仅是上卦的中位，也是全卦的中位，象辞称作尊位（见大有卦），是天子之位。天子只与六二相应，心有所私，恩泽不能广布，故“大贞凶”。“小贞吉，大贞凶”，在象上指九五位正，局限于六二这个小范围吉祥，对各爻这个大范围讲凶，“贞”指位正、应正。取义则是占问小事吉祥，占问大事凶，“贞”是占问。《周易》里这种取象与取义意义不同的现象很多。象辞“屯其膏，施未光也”，是提示九五的坎为团聚的云，没有下雨，犹如天子的恩泽未能广被下民。

上六：乘马班如，泣血涟如。

【译文】

骑马团团打转，哭泣血泪涟涟。

象曰：泣血涟如，何可长也。

【译文】

哭泣得血泪涟涟，怎么能长久呢！

【辨证】

上六在全卦的最上位，是一卦之末。《周易》例以上位为穷极之位，穷是困，极是尽，到了顶点，前进就是下坡路。穷极是指走到了穷途末路。从象上分析，上六在九五之上，乘刚与六二相同，比六二更糟的是没有发展余地，坎为"美脊马"，虽有马可乘，但无路可走，全卦各爻都在回旋，上六更是团团打转，故云"乘马班如"。六二上有九五为应，有应是有应援可救。上六应在六三，六三也是阴爻，敌而不应，毫无出路。坎为水、为血，故先泣为眼泪，继之以血出，故云"泣血涟如"。这一爻在全《周易》里也是比较凶的。爻辞的意思是说，上六这一爻毫无出路，血泪涟涟也无用。象辞说“何可长也”，是说筮得上六这一爻，无可挽救地要灭亡，日子不会太长了。

【提示】

《周易》建立了一个自然观与社会观统一论的体系。在每一卦里，先揭示卦所表示的天地自然之道，及该卦在自然之道中所处的时势。然后把这个道与时势，作为对人类社会的一个大的制约，从而决定人们应当怎样去行动。中国古代典籍把这种自然规律与社会规律的统一性，称作是“天人感应”，要人们去究天人之际。屯卦讲自然界天地始生万物，时势艰难，犹如人类社会的开辟阶段，正从蛮荒向文明发展，也是艰难困苦时期，故提出要建立首领，分群立国，把人类先组织起来，才能生存发展。所以象辞说君子要努力去经营组织。作者是把人看作是万物之一，同万物一样要受天地之道的支配。社会规律应当受到自然规律的制约，自然规律是一切规律中最基本的规律。

屯卦的初爻，在《左传》里有两次用例，下面摘引出来，看看古人怎样筮卦。闵公元年：初，毕万筮仕于晋，遇屯䷂之比䷇。辛廖占之，曰：“吉。屯固比入，吉孰大焉？其必蕃昌。震为土，车从马。足居之，兄长之，母覆之，众归之。六体不易，合而能固，安而能杀，公侯之卦也。公侯之子孙，必复其始。”毕万是毕公高的后人，毕公高做过诸侯，后来失了国。毕万这次占筮的目的，是想预测一下到晋国去做官的后果如何。周大夫辛廖来给他占筮，遇到的是屯卦，即屯䷂中初九爻动，刚爻变为柔爻，成比䷇卦。然后判断说：“吉利。屯卦初九爻辞‘利居贞’，贞是地位巩固。比卦初九爻辞说‘有孚比之’。比是亲比，这是能得到亲信而进入权力核心。哪能比这更吉利呢？一定会昌盛起来。初九不变，屯的下卦是震（☳>震），初九一变为比，比的下卦是坤（☷>坤），这是震变为坤。震为雷，坤为土，这是震雷变成坤土。震为马，坤为大舆、为车，车马相从。震是足、是兄，有震在先，能占住脚，有兄长来培养。坤是母、是众，有坤在后，是有母亲来庇护，民众来归附他。马、车、足、兄、母、众，卦体的六象先后不可移易。比卦是比，屯卦是固，比合又能巩固。震是雷，有杀威；坤是土，能安居。安居而有杀威，这是做公侯的卦。你又是毕公高的子孙，一定能恢复始祖的地位。”后来毕万在为晋献公做车右，灭掉耿、霍、魏三个小国后，果然，献公把魏赐给毕万，成了诸侯。

《左传》昭公七年：“卫襄公夫人姜氏无子，嬖人婤姶（zhōu yǎn）生孟絷。孔成子梦康叔谓己：‘立元，余使羁之孙圉与史苟相之。’史朝亦梦康叔谓己：‘余将命而子苟与孔烝钼（jǔ）之曾孙圉相元。’史朝见成子，告之梦，梦协。晋韩宣子为政，聘于诸侯之岁，婤姶生子，名之曰元。孟絷之足不良能行。孔成子以《周易》筮之，曰：‘元尚享卫国，主其社稷？’遇屯䷂。又曰：‘余尚立絷，尚克嘉之？’遇屯䷂之比䷇。以示史朝。史朝曰：‘元亨，又何疑焉！’成子曰：‘非长之谓乎？’对曰：‘康叔名之，可谓长矣。孟非人也，将不列于宗，不可谓长。’且其繇曰：‘利建侯。嗣吉何建？建非嗣也。二卦皆云，子其建之。康叔命之，二卦告之。筮袭于梦，武王所用也，弗从何为？弱足者居，侯主社稷，临祭祀，奉民人，事鬼神，从会朝，又焉得居？各以所利，不亦可乎？’故孔成子立灵公。”这一段的意思是说，卫国国君襄公死了，要确定该立谁为国王，为此而占筮了一卦。当时正宫娘娘姜氏没有生儿子。襄公的宠姬婤始先生一个叫孟絷的孩子，脚上有残疾，虽然也能走路，但不大利索。执政的大夫孔烝钼梦见卫国的始祖康叔对自己说：“要立元做继位的人，我将让你儿子孔羁的孙子孔圉和史朝的儿子史苟两人来辅佐他。”正好史朝也梦见康叔对自己说：“我要让你儿子苟和孔烝钼的曾孙孔圉来辅佐元。”史朝找到孔烝钼，告诉他自己做的梦，两人的梦一致。在晋国执政大夫韩宣子到卫国聘问的那一年，宠姬婤始又生了一个孩子，起名叫元。这样就得在孟絷与元两人中间挑选出一个继位人。于是孔烝钼用《周易》先给元起了一卦，祝告说：“让元来享祀卫国列祖列宗，主持国政，怎么样？”得到的是屯卦。又为孟絷起了一卦，祝告说：“我们要是立孟絷享祀列祖列宗，赞成不赞成?”得到的是屯之比。即屯卦初九爻动，变卦是比。孔烝钽把结果拿给史朝去看，史朝分析说：“屯卦卦辞说得明明白白，是‘元亨’，元亨就是元享。当然是立元，还怀疑什么?”孔烝钽说：“元是善之长，这个元莫不是指长子孟縶吧?”史朝回答说：“元是康叔给他定的名字，元可以说就是长。孟縶是残疾人，不能列为宗子，不能称长。况且屯卦卦辞说‘利建侯’。要是让孟縶年长接班，那是嗣位，还谈得上什么建呢?要说重新建立，就不是按长幼嗣位，比卦卦象辞也说‘建万国’，两卦都讲建，先生还是建立吧！康叔在梦里有命令，两卦又这样告诉，卦和梦相承一致，这是武王采用过的，不从该怎么办?脚上有残疾的人利于闲居，与屯卦初九爻辞‘利居贞’相合。立侯王要主持国家，亲临祭祀，奉养百姓，侍奉鬼神，参加会见朝拜，又怎么能闲居呢?各人按照他有利的去做，不也是可以的吗?”所以孔烝钽就立元做了卫灵公。

从以上两例可以看出，古人占筮，先要把自己占筮的意图祝告一遍，这叫作“命辞”，然后才筮卦。筮卦主要看的是动爻，取遇卦卦辞与动爻爻辞与自己占筮目的有联系的那一部分，作为分析的基础，然后联系之卦变爻爻辞灵活分析。从遇卦到之卦所显示出的变化中抽取其预示的征兆。这种分析要因事而异。毕万仕晋遇屯之比，大吉，可做大官；而孟縶继位遇屯之比，却不能继位，这主要是看卦爻辞内含的意义与自己占筮的目的合还是不合。“建侯”是要重新建立侯王。毕万原来不是侯王，就利建侯；孟縶原来就是长子，按正常发展会成为侯王，就不利建侯。可见，对卦爻辞的正确理解，具有决定性的意义。当然占筮中这种卦爻辞与占筮目的暗合的情况比较少见，有时还要把卦爻辞的意义故意作些曲解，这在《左传》的筮例中也不少，这主要是为了适合占筮需要，而让卦爻辞作些迁就，从而得到一些说明。这种曲解也必须是有一定根据才可以的。比如‘元亨”讲成“元享”，这是因为古代亨与享本来就是一个字。

四　蒙——蒙昧蛮荒

䷃

蒙卦的卦画结构是下面一个三爻的坎（☵）卦，上面一个三爻的艮（☶）卦，艮为山，坎为水，传统称为坎下艮上，山水蒙。《序卦》说：“物生必蒙，故受之以蒙。蒙者，蒙也，物之稚也。”意为，万物刚生长出来必然是幼稚蒙昧的，所以在表示始生的屯卦之后接着是蒙卦。蒙是蒙昧，物的幼稚状态。《杂卦》说：“屯见而不失其居，蒙杂而著。”意为，屯是万物刚刚出现，各自占据了一席之地；蒙是杂乱蒙茸，显示出来了。按《序卦》《杂卦》的讲法，蒙是幼稚蒙杂、成长显著的意思。用植物来比喻，屯是刚长出萌芽，蒙是乱蓬蓬地成长。这是对天地开辟后的一种具象认识。人类在他的蛮荒蒙昧时期，心智未得到开发，需要教育。赵彦肃说：“有万物乃立君、师，屯寓君道，蒙寓师道。”意思是，万物生出来要有首领，有教师，屯卦讲的是君道，蒙卦讲的是师道。这一卦确实讲的是人类的启蒙教育问题。

孔颖达在《序卦》下疏："六十四卦，二二相偶，非覆即变。覆者，表里视之遂成两卦，屯、蒙，需、讼，师、比之类是也；变者，反覆惟成一卦，则变以对之，乾、坤，坎、离，大过、颐，中孚、小过之类是也。"意思是说，六十四卦的排列方式，都是两卦组成一对。两卦的关系，不是卦图的覆象，就是卦图的变象。覆象是从上向下看，再倒过来从下向上看，于是成为两卦。比如屯䷂卦与蒙䷃卦，需䷄卦与讼䷅卦，师䷆卦与比䷇卦，这一类都是如此。变象是正看倒看都一样，那么就用变的方式来配对，比如乾䷀卦与坤䷁卦，坎䷜卦与离䷝卦，大过䷛卦与颐䷚卦，中孚䷼卦与小过䷽卦，这一类都是这样。孔颖达揭示的"非覆即变"这一规律，确实是《周易》排卦的顺序。前面讲过的乾与坤就是交的关系，而蒙与屯则是覆的关系。即屯䷂整卦倒过来看，就成为蒙䷃卦。《周易》这样有意识地排序，显然是要提示一种卦象上的联系。从卦变上讲，蒙又是十二消息卦中观卦的变化形态，即观䷓六二与九五交换位置，交䷃蒙。故分析蒙卦，不能脱离它与屯卦和观卦之间的联系。

蒙，亨。匪我求童蒙，童蒙求我。初筮告，再三渎，渎则不告。利贞。

【译文】

蒙卦亨通。不是我去求蒙昧的儿童，而是蒙昧的儿童来求我。初次占筮，可以告诉他。两次三次地占筮就亵渎神灵，亵渎就不告诉他。利于守正。

彖曰：蒙，山下有险，险而止，蒙。蒙亨，以亨行时中也。匪我求童蒙，童蒙求我，志应也。初筮告，以刚中也。再三渎，渎则不告，渎蒙也。蒙以养正，圣功也。

【译文】

蒙卦，上卦是艮，艮为山、为止，下卦是坎，坎为险。山下有险，遇险而止，这就是蒙卦。蒙卦亨通，是通顺地行进在时序和中庸之道上。不是我去求蒙昧的儿童，而是蒙昧的儿童来求我，这是因为心志相应。初次占筮可以告诉他，是因为具备中庸之道刚毅能断。两次三次地占筮就亵渎神灵，亵渎就不能告诉他，是因为他亵渎而蒙昧。启蒙教育有利于培养中正的人，这是修养成为圣人的功业。

象曰：山下出泉，蒙。君子以果行育德。

【译文】

上卦艮为山，下卦坎为泉，山下流出清泉，这就是蒙卦。君子从中受到启示，要行动果毅，培养道德。

【辨证】

屯卦是万物刚刚生出幼芽，蒙卦是杂乱蒙茸地长起来，生命力很强，发展旺盛，故亨通。蒙卦的主爻是九二，从来源上说，蒙卦是屯卦的覆象，屯卦的九五倒过来成为九二；从卦变上看，是观卦的九五来到二位成为九二。五位是上卦中位，二位是下卦中位，主爻始终都能保持不离中位，它的运动符合中正之道。本身又是刚爻，这就是彖传讲的“行中”“刚中”。由屯卦到蒙卦，万物从始生到了成长时期，适宜于发展到旺盛的地步，这是天时提供的大好条件，九二能顺应时势而变化，这就是彖辞讲的“行时”。因此蒙卦所显示的卦象是亨通无阻。“匪我求童蒙，童蒙求我”中，“匪”与“非”同义，“童蒙”是蒙昧的儿童。不懂事的孩子要开发心智，接受启蒙教育，这不是老师有求于蒙童，而是蒙童有求于老师，蒙童要主动去求师学道。从象上讲，六五是蒙童（见六五爻辞），九二是启蒙老师、是我，刚爻在五位为君（见屯卦），在二位为师（见师卦）。九二无求于六五，是六五有求于九二。因为九二是刚爻，高明能断；六五是柔爻，柔暗蒙昧。六五与九二在相应的位置上，去求九二顺理成章，九二也应当给予帮助。但六五是为了决疑断惑，求得指教，因此要具有诚意，不能疑信参半。正如占筮一样，有疑惑求助于占筮，占筮一次有了答案，就要按答案去做。如果觉得答案不如意，翻来覆去地占筮，那等于不相信占筮而相信自己，失去了占筮的意义。所以"初筮告，再三渎，渎则不告"。"渎"是亵渎。《礼记·表记》里说："子曰：'无辞不相接也，无礼不相见也，欲民之毋相亵也。'《周易》曰：'初筮告，再三渎，渎则不告。'"意为，人与人的往来要注意说话的用语和方式，要讲究礼貌，为的是相互尊重，不要互相亵渎。孔子把渎讲成亵渎。亵渎是带着一种不尊重、不严肃的态度对人的轻慢行为。古人认为师生之间是很严肃、很尊重的关系，师道尊严，师不尊道尊，不能轻慢对待。也同占筮一样，占筮是向冥冥中的神灵求教，也不能轻慢，三番五次地占筮，对占筮得到的结果不认同，那就不必再告诉他。从象上讲，六五来求教于九二，上下正应，相互信任，要为他启蒙；六三、六四与九二不是正应，没有孚信，心不诚，意不坚，告诉他没有用，不能告诉。所谓"渎蒙"是说六三、六四态度亵渎而又蒙昧。"利贞"是有利于正道，就是说不能三心二意，游移不决，贞固自守才有利。

彖辞从六个方面解释卦辞。（一）从上下卦象的组合上解释卦名。"蒙，山下有险，险而止，蒙。"意思是说，蒙卦是上卦艮，下卦坎，艮为山、为止，坎为险。卦象的组合是山下有险，外有山阻挡不通，内有险难又居处不得，不知该怎么办，蒙住了，卦名的意思是蒙顿不明。（二）从九二爻的推移解释卦辞“亨”。“蒙亨，以亨行时中也”，意为蒙卦所以亨通，是九二顺应时势发展而不离开正道行动，故能亨通。“时”指蒙卦是蓬勃发展的时势，“中”指九二无论原在五位还是运动到二位，都属中位是正道。（三）从九二与六五相应的关系上解释卦辞“匪我求童蒙，童蒙求我”。“志应也”，是说六五是柔爻，九二是刚爻，处在相应的位置上，阴阳正应，心意相互应合，故可相求。六五是童蒙，九二是我，是六五求九二。（四）“以刚中也”解释卦辞“初筮告”。九二居下卦中位，又是刚爻，有中庸之道又刚毅能断，具备给予正确指教的条件，故可告。从象上说，坎为筮（见后），九二是坎的中爻，故以占筮比喻启蒙教育。（五）“渎蒙也”解释卦辞“再三渎，渎则不告”。意思是说，一而再、再而三地占筮，这是蒙昧而又亵渎的做法，所以不能告诉他。（六）解释卦辞“利贞”。“蒙以养正，圣功也”，从哲理上做了推广。中国古代哲学讲的“道”，是让自己的行为能返回初始的自然状态，与自然融为一体，与自然规律保持一致而运动。能够与自然协和无间，就达到正道的境界而成为圣人，因此在道德修养上，要尽力去掉人为的造作，返回原始自然上来。童蒙比成人的成见与偏执要少得多，如果从这种天真蒙昧的状态向正道去靠近，那要快得多，所以说“蒙以养正”，“正”就是纯正而不偏执的天性。把这种天性培养到合于正道的境界，就修成了圣人的功夫，所以说是“圣功也”。“利贞”就是从童蒙开始守住正道最有利，要是等到形成偏执和成见再去养正，那就十分难了。

象辞也从上下卦象组合上解释蒙卦，只是换了取象的角度。上卦取艮为山，下卦取坎为泉，卦象是山下流出泉水。泉水从山下流出，也是成长之象，故为蒙卦。山泉虽小，但清澈不杂，可汇为江河。人的道德修养也要真纯清澈，由小而大积聚为圣功。所以君子从中受到启示，要像主爻九二一样刚毅能断，果敢行动，养育成自己的道德。象辞主要取山泉纯净与成长壮大为义。

初六：发蒙，利用刑人，用说桎梏，以往吝。

【译文】

启蒙，宜于给人树立规范，用以脱去桎梏，前往有吝难。

象曰：利用刑人，以正法也。

【译文】

宜于给人树立规范，是为了正法。

【辨证】

“发蒙”就是启蒙，就是开发蒙童的教育。“刑人”是用一定的规范去塑造人。蒙卦是人的成长时期，最宜于塑造。“刑人”是动宾词组，“刑”是“型”的古文，就是古代制造陶器用的坯模或铸器用的沙范。“刑人”是指用一定的模式把人培养成器，“刑”是规范的意思。当然规范就要有约束力，有强制的成分，要让人知戒，这就要有刑罚。刑罚是规范的手段，故刑有刑罚的意思，但刑罚是扩展义，基本义是规范。《诗经·大雅·思齐》：“刑于寡妻。”是给妻子树立规范，绝不是成天打老婆。“用”是“以”的意思，“说”同“脱”，而“桎梏”是刑具。“在足曰桎，在手曰梏。”梏是手枷，如同今天的手铐；桎是足枷，如同今天的脚镣。“用说桎梏”，是说以一定的规范把人塑造成才，以此来脱掉童蒙的刑具。人受到教育，行为合乎规范，就不会触犯法律，也就没有牢狱之灾，可以免去刑具的惩罚。“以往吝”，取义是说，如果让童蒙不受教育自己去发展，就如同是一棵树不加整修，一定会长出许多疯杈来，将来会遭受斧斤之灾，必然会遭遇吝难。吝是“言乎其小疵也”，就是小的灾难。从象上讲，初六是全卦的初爻，又在下卦坎里，坎为水，法平如水，故坎为法。“正法”是使法正，是为了保证教育的进行，故言“发蒙，利用刑人”。蒙卦从九二至上九是个缩小了的颐卦(即蒙颐)，颐是桎梏之象（见噬嗑卦），初六在颐卦的外面，故言“用说桎梏”。初六不能向上前进，前往会进入颐卦之中，故言“以往吝”。象辞说：“利用刑人，以正法也。”意思是对人进行处罚教育，是为了端正法规。法规是进行教育的保证手段，必须维护。触犯就应处罚。这是这一爻的基本意思，至于说这一爻有对罪犯进行处置的意思，那就是基本义的扩展了。

九二：包蒙，吉。纳妇，吉。子克家。

【译文】

包容蒙昧，吉祥。娶妇吉祥。儿子能持家。

象曰：子克家，刚柔接也。

【译文】

儿子能持家，是刚爻与柔爻相接。

【辨证】

“包”与“纳”互文见义，“包”是包含容纳。“纳”是纳进，这里是娶进的意思。“克”是能。爻辞意为，包含容纳蒙昧的人，娶媳妇吉祥，儿子能治理好家。从象上说，全卦两个刚爻，上九位处外界，九二从观卦的九五来到二位，刚健处中，为一卦之主，在蒙昧的时局中，犹如中流砥柱，成为众柔爻崇拜的偶像。虞翻说九二“应五据初……包养四阴，故包蒙吉”。与六五阴阳正应，六五柔爻中正，故“纳妇吉”。九二在互震里（九二→䷃ > 互震），震为长子。封建制社会诸侯的封地称国，大夫的采邑称家，按爻的职位讲，五是天子位，为君；二是大夫位，故称家，长子居于家位，故言“子克家”。象辞说：“子克家，刚柔接也。”“接”是交接，指明九二从观卦五位下到柔爻群里，上下都是柔爻，九二以刚健居中，与温顺的四个柔爻相交接，刚柔相济，故有吉象。

六三：勿用取女，见金夫，不有躬，无攸利。

【译文】

不要娶这个女子，见到有财势的男子就会失身，无所利。

象曰：勿用取女，行不顺也。

【译文】

不要娶这个女子，是因为行为不顺理。

【辨证】

“取”与“娶”是古今字。“金”指财势。“躬”是自身。“攸”义同“所”。这一爻主要从应爻取象。六三与上九是阴阳正应，理当从上九。但六三近比九二，九二是众望所归，势众富有，故为金夫。六三又阴居阳位不正，位处上下卦之际，上下犹豫不定，贪慕财势，见利忘义，取悦九二，苟且失身。这样的女子行为不端，故“勿用取女”。“躬”即自身，坤为身、为躬，六三所在的下卦坤变为坎，故云“不有躬”。象辞说：“行不顺也。”指六三乘刚，柔爻凌驾于刚爻九二之上。《周易》例，柔乘刚为不顺。这一爻是说，六三这个女子不可娶为妻子，见到有财势的人会失身贪求，娶这样的女子没有好处。

六四：困蒙，吝。

【译文】

被困在蒙昧中，有吝难。

象曰：困蒙之吝，独远实也。

【译文】

被困在蒙昧中的吝难，是因为远离刚爻。

【辨证】

“困”是处在困境中难以自拔。《周易》例，柔爻为虚，刚爻为实，全卦四个柔爻，初六与九二比邻，六三与上九为正应，六五与九二为正应，只有六四这一爻与全卦的两个刚爻毫无关系，处在蒙的大局之中。既无依傍，又无救援，故为困蒙而有吝难。象辞指出“独远实也”，正是说六四与刚爻相离独远。吝是小疵，比咎还轻一些，不算灾，但有困难。

六五：童蒙，吉。

【译文】

蒙昧的儿童，吉祥。

象曰：童蒙之吉，顺以巽也。

【译文】

蒙昧儿童的吉祥，是因为柔顺且居于中位。

【辨证】

六五是从观卦的六二升上来的，（即：观九五→六二→䷓中六二与九五换位，变六五→䷃蒙），在观卦里，五在上卦巽中（䷓>巽），二在下卦坤中（䷓>坤），六二升到五位，五位所显示的卦象变化又是上巽变为互坤（䷓>坤）。巽为入，坤为顺，六五能柔顺地进入尊位，始终不离中正，正是彖辞讲的“蒙以养正，圣功也”，所以吉祥。象辞说“顺以巽也”，明确提出由巽卦变来。取义则是柔顺而入尊位，与彖辞的“圣功”互为补充。这一爻虽是童蒙，但却是明道入圣的好爻。

上九：击蒙。不利为寇，利御寇。

【译文】

用打的方式启蒙。做寇盗不利，抵御寇盗有利。

象曰：利用御寇，上下顺也。

【译文】

抵御寇盗有利，是因为上下顺从。

【辨证】

上九刚爻，位置亢极。在上卦艮里，艮为手。处蒙昧的大局中，刚亢而以手来发蒙，故为“击蒙”。应在六三，六三在下卦坎中，坎为盗寇。六三“见金夫，不有躬”，不应上九。盗寇不应，故“不利为寇”。上九在全卦外界，下有互坤，坤为众、为顺，有众人顺从，故“利用御寇”。象辞说：“利用御寇，上下顺也。”意为上九下有互坤为顺。“上”指上九，“下”指互坤，象上说的是在上位下有顺。取义是上下都顺。

【提示】

《周易》要求人们在道德修养上要符合“时”“中”。这个“中”即孔子讲的中庸之道。所谓中庸，实际上指的是在天地自然之道的正中运行，用古人的话讲是“无过、无不及”；用现代的话讲就是既不左倾，也不右倾，始终保持正确路线，这是一种比较高的道德境界。孟子对孔子才称“圣之时者也”“圣之中者也”。所谓“时”，实际上是指与时势一致。天地自然的运动有它的时序，时序的不同阶段所形成的时势就不同，时势是随时序而变化的。人要顺应天道，就必须按照时势经常调整自己的行为，使自己的言行与时势保持协调一致，简言之，就是要顺时应变。古人甚至在政策法令上都要考虑天时。比如春天是万物生养的时期，政令上就鼓励种植繁殖，禁止捕猎，让万物滋生；秋冬是肃杀季节，则安排收割捕猎，征讨处决，助成天地的肃杀之功。人处在复杂多变的社会时势中，要识时务，随形势的变化而变化，不能墨守成规。能时能中，人的行为才符合天地自然之道，保持正确，从而可以趋吉避凶。

五　需——摄取营养

䷄

需卦的卦画结构是下面一个三爻的乾（☰）卦，上面一个三爻的坎（☵）卦，坎为水，乾为天，传统称为乾下坎上，水天需。《序卦》说："物稚不可以不养，故受之以需。需者，饮食之道也。"意为，万物在幼稚时期，不能不养育，所以在表示万物幼稚成长时期的蒙卦之后，接着是需卦。需是饮食长养之道。《杂卦》说："履不处也，需不进也。"意为，履是行进而不安处，需是等待而不前进。据以上解释，可知屯是万物始生的婴儿时期，蒙是幼稚成长时期，而需则是养育等待长成时期。养育需要营养，故为饮食之道。饮食是为了让万物吸收充足的营养，充分发育。需的整体时势是还未长成要等待。故彖辞说："需，须也。"需是须的意思，须是等待的意思。现代汉语中这个义项不常用，古代汉语里须是等待。如《诗·风·匏有苦叶》："人涉卬否，卬须我友。"卬是我，意为，人都渡过河去了，我的朋友还没来，我留下来等着他一起渡过河去。须就是等待。需卦是等待万物吸取营养成长发育。《杂卦》说“需不进也”，“不进”是不要有所作为，等待条件成熟，不是不发展。

需卦与下一卦讼成为一组，两组之间也是“覆”的关系。即：需（䷄）上下颠倒，为讼䷅。从卦变上说，需是大壮卦的变化形态。

虞翻说：“大壮四之五。”意思是说，大壮卦的九四上升到五位，当然大壮的六五就被推到了四位。即：大壮六五九四䷡中九四与六五交换位置，变需䷄。这样，需卦与讼卦、大壮卦就存在一定联系。

需，有孚，光亨，贞吉。利涉大川。

【译文】

需卦，有诚信，光辉亨通，守正吉祥。有利于渡过大川险阻。

彖曰：需，须也。险在前也。刚健而不陷，其义不困穷矣。需有孚，光亨，贞吉。位乎天位，以正中也。利涉大川，往有功也。

【译文】

需是等待的意思。有险难在前面。性格刚健而不会陷于险难，从道理上讲不会困穷。需卦有诚信，光辉亨通，守正吉祥。是居于天位，又正又中。有利于涉过大川险阻，前往会成功。

象曰：云上于天，需。君子以饮食宴乐。

【译文】

上卦坎为云，下卦乾为天，云上到天上就是需卦。君子从中受到启示，要饮食宴乐。

【辨证】

“孚”是诚信的意思，内心诚实，被人信服。《周易》例，凡有异性爻来亲近应合为有孚。需卦从大壮变来，九五升入尊位，上下有两个柔爻亲比相合，故为“有孚”。“亨”是通顺。《周易》例，凡阴阳不交为闭塞，阴阳相交为亨通。大壮卦（䷡）四阳在下，二阴在上，壁垒森严。变为需卦，五四换位，阴阳交流，故为亨通。互卦有离（䷄>互离），离为光明，故为“光亨”。“贞吉”指九五居于尊位，得位而正中，守正吉祥。“利涉大川”，意为渡过大川险阻，成就大功，正是有利的时机。卦象上指上坎为水、为川，下乾为健，有刚健的特性，能够涉川历险，战胜艰难困苦。

彖辞从四个方面解释卦辞。（一）“需，须也。险在前也。”解释卦名的含义是等待，需是须的意思，须作等待讲。因为上卦是坎，坎为险。上为前，下为后，有险在前，不得不等待排除险难，然后再进。（二）“刚健而不陷，其义不困穷矣。”从上下卦特性的组合上解释卦辞“亨”。意为，上卦坎为险、为陷，下卦乾为健，刚健可以突破险难，不会被陷于困境。这从道理上讲没有被困住的理由。“义”是义理。（三）“需有孚，光亨，贞吉。位乎天位，以正中也。”解释需卦为什么会“有孚、光亨、贞吉”。天位指五位。五位在上卦之中，又是刚位，九五刚爻居刚位，位正，又中又正，行为符合中正之道，都是从九五是尊位上加以说明。（四）解释卦辞“利涉大川”。“利涉大川，往有功也”，意为，有利于涉过大川险阻，前往会成就大的功业。大川是上卦坎，“往有功”是因为下卦乾为刚健，有大川阻挡不住。

象辞说明上下卦象。“云上于天，需。”指的是上卦坎，下卦乾。坎为水，乾为天，这里说“云”，是因为坎水来源于兑泽，卦从大壮变来。大壮是下乾互兑（䷡互兑乾），兑为泽，泽水上天化为云气，云气在天上即为需卦。云到天上酝酿时雨，故为盼望下雨的时期。君子要了解时势，既然处于等待雨露滋润的时期，就要耐心等待，安心饮食宴乐，养气待时，不要冒进，迟早会有机会来临。饮食宴乐不是为了满足口腹之欲，然而时势未至，也不可勉强而为，尽可享受饮食宴乐的乐趣。时可则进，时不可要安心静养，蓄积精锐。

初九：需于郊，利用恒，无咎。

【译文】

在郊外等待，有利于守常，没有咎害。

象曰：需于郊，不犯难行也；利用恒，无咎，未失常也。

【译文】

在郊外等待，是不冒险前进；有利于守常，没有咎害，是未失去常态。

【辨证】

尚秉和先生《周易尚氏学》认为“乾为郊”，虽是逸象，考之各卦，比较可信。《说卦》以乾为天，天远称郊可通。同人䷌上九爻辞说“同人于郊”，也以上乾为郊。《尔雅》里讲：

"邑外谓之郊，郊外谓之野。"郊是城邑之外。初九在下卦乾下（初九→☰>乾），又在需卦，故言"需于郊"。全卦各爻都处在等待的大局中，大川大险在上卦，从初爻到上坎，由远及近，步步靠近坎险，初九距坎险最远，是在郊远处等待。"恒"是长久不变，"利用恒"是说利于长久不变。初九在乾卦是"潜龙勿用"，不宜动，故言"利用恒"。"无咎"意为只要守常不动，不会有咎害发生。吝是难，咎是害，凶是灾，三者的凶险程度不同。初九没有咎灾是因为距险尚远，咎害还一时危及不到，可以保持正常。象辞说："利用恒，无咎，未失常也。"首先说明"恒"是常的意思。意思就是指距坎险尚远，保持常态即可。在"需于郊，不犯难行也"一句里，已明确指出初九等待的位置比较安全。"犯难"意同冒险，"犯""冒"同义。干宝认为这一爻是周武王伐纣，到了朝歌的北郊，等待进攻。如果是举例说明，这样讲可以，但要说爻辞的普遍意义，还是要理解成在远离坎险的地方等待。总之，这句爻辞是提示人们不宜行动，要远远地等着。

九二：需于沙，小有言，终吉。

【译文】

在沙滩上等待，有些小的口舌是非，最终吉祥。

象曰：需于沙，衍在中也；虽小有言，以终吉也。

【译文】

在沙滩上等待，是沙衍在水中；虽有些小的口舌是非，最后会变得吉祥。

【辨证】

虞翻说：“沙谓五，水中之阳，称沙也。”意指沙的象在九五，上卦坎为水，九五是水中的阳爻，故为水中的沙洲。就是说九二是从应爻取沙象，应在九五，故称“需于沙”。九二比初九靠近坎水一步，到了水边的沙滩。“言”在《周易》里或指口舌是非，或指有人说闲话，或指受到言语责难。从象上讲，互兑为言（䷄>互兑），九二在坎险之外，有言伤害不大，故为“小有言”。处下卦中位，行为适中而不斜曲，故最终吉祥。象辞说“需于沙，衍在中也”，“中”指中位，“衍”是水中沙。《周易尚氏学》引《穆天子传》说：“天子遂东征，南绝沙衍。”证明衍是水中有沙。这样讲与上卦坎象合。“虽小有言，以终吉也”，意为虽有些口舌是非，但影响不大，最终结果吉祥。这一爻小有纠缠，不要去理它，最终是好的。

九三：需于泥，致寇至。

【译文】

在泥沼中等待，招来寇盗。

象曰：需于泥，灾在外也。自我致寇，敬慎不败也。

【译文】

在泥沼中等待，是因为外边有灾难。自己招来寇盗，只要谨慎小心，不会陷于祸败。

【辨证】

九三紧邻坎险，如同靠近坎水，居于河边泥沼。这一爻从卦变取象，需从大壮变来，九四上升为九五，大壮的上二爻原为柔爻，九五升入两个柔爻之中，有如在坤（☷）中加入一个刚爻而变坎（☵），坤为地、为土，坎为水，水入土中为泥。九三紧接在这种卦象变化之下，故为“需于泥”。坎为寇盗，九四升入九五，九三所处的位置无可回避地面临上坎，致使寇盗来临，故言“致寇至”。象辞说“需于泥，灾在外也”，“灾”指的是外卦坎（九三→䷄>坎）为险难，故有灾。“自我致寇，敬慎不败也”，是说虽然招来了寇盗，只要自己谨慎小心，就会免除祸败。这是指九三在下卦乾中，乾为健，有自卫能力。象辞强调“自我致寇”，指上卦坎为寇盗，九三与坎的上六正应，自己去应合寇盗，故有自我招来寇盗之嫌。总之，爻辞意思是说，有寇盗在觊觎，潜伏着灾祸，小心可免，如狂妄自大会招致祸败。

六四：需于血，出自穴。

【译文】

在血泊中等待，从洞穴中逃出来。

象曰：需于血，顺以听也。

【译文】

在血泊中等待，柔顺而听从。

【辨证】

需卦上三爻进入坎卦，《说卦》：“坎为血卦。”又云：“坎，陷也。”陷可看成陷阱，陷阱就是地下之穴。由大壮变需，主要是四爻与五爻交换了位置。六四从五位出来()，故称“出”，上卦变坎，故称“穴”，爻辞从爻位的推移中取象。象辞说“需于血，顺以听也”，也是指九五如

同在坤卦中夹入一个刚爻，上卦变坎，坤为顺，坎为耳，故云“顺以听也”。这一爻意为，在血泊中等待，最后从洞穴中逃了出来，是大难不死，血泊逃生的意思。

九五：需于酒食，贞吉。

【译文】

在酒食宴乐中等待，守正吉祥。

象曰：酒食贞吉，以中正也。

【译文】

在酒食宴乐中等待，是因为中正。

【辨证】

“酒食”也即象辞讲的饮食宴乐。九五是全卦主爻，从大壮的九四升上来，原在大壮的互兑中（九四→䷡ > 互兑），兑为口，进入九五上卦成坎，坎为水、为酒，故有饮食之象。君子安命知时，时须等待，饮食善处，在患难中泰然处之，行为不失中正之道，就会吉庆相随。象辞说“酒食贞吉，以中正也”，指九五在上卦中位，刚爻居刚位，位正，能得需的中正之道，故能获吉。这是全卦最吉祥的一爻。以酒食自娱是因为时势如此，一遇到转机，便可成就大功。

上六：入于穴，有不速之客三人来，敬之终吉。

【译文】

进入洞穴中，有不请自到的三位客人来，尊敬他们，最后会得到吉祥。

象曰：不速之客来，敬之终吉；虽不当位，未大失也。

【译文】

不请自到的客人来，尊敬他们，最终会得到吉祥；上六虽然位置不当，但没有大的过失。

【辨证】

大壮上卦原不是坎，故不是穴。九四升为九五，六五下为六四。而上六未动，上卦成坎，坎才是穴。故六四为“出自穴”，而上六是变入穴中，故云“入于穴”。上卦坎为大川，下卦乾为刚健，上六在上极之位，处需待之极，等到了尽头，到了“利涉大川”的时候，故乾卦三个刚爻要上，于是“有不速之客三人来”。“速”是召请，不请自到为

“不速”，态度强硬，让来也来，不让来也要来，这样的客人就是“不速之客”。但上六与九三是正应，九三是“自招”，上六是“不召”，显然是从应爻取象。既为正应，只要诚意相待，尊敬他们，最终会得到吉祥。象辞说：“虽不当位，未大失也。”“不当位”主要指上六下乘刚爻九五不顺，其次是指上六处在全卦穷极之位，已经等到最后，不能再等，该下乾强渡大川了。“未大失”，意思是还不是大错，象辞上指上六与九三还有阴阳正应关系。九三象辞说“敬慎不败”，上六象辞说“敬之终吉”，上下呼应，可以合作，敬则两利，不敬则两伤，一在坎险，一在刚健涉险，势处敌对，意在应合，故能“敬之终吉”。势敌故称“不速”，意合故称“客”。总之，这一爻是告诉人们，处在不利退避之时，要恭谨适变，充分利用优势，化凶为吉。

【提示】

王弼在《周易略例·辨位》中提出：“象无初、上得位、失位之文。又《系辞》但论三五、二四同功异位，亦不及初、上，何乎？唯乾上九文言云‘贵而无位’，需上六云‘虽不当位’。若以上为阴位邪？则需上六不得云‘不当位’也。若以上为阳位邪？则乾上九不得云‘贵而无位’也。阴阳处之，皆云非位，而初亦不说当位失位也。然则，初、上者是事之终始，无阴阳定位也。”王弼的意思是说初爻与上爻没有阴阳的定位。举出的证据是乾卦上九文言说“贵而无位”，需卦上六象辞说“不当位”。上位如果是阴位，需卦上六是阴爻，就不能说不当位；上位如果是阳位，乾卦上九是阳爻，就不该说贵而无位。用王弼的提法去分析爻位，弊病太多，不得不加以辨别。既然说“无位”，说“不当位”，当然就存在着位的问题，如果没有位的问题，就不会扯到位上来讲。位肯定是有的，关键是“位”究竟指的是什么？《周易》例，位的内容很多，有阴阳位，有乘承比应位，有三才位，有上下卦内外始终前后位，有中位，有职位，有方位，有卦际之位，还有穷极之位，等等。需卦上六讲的“不当位”，无非是说位置不合适，指的并不一定是阴阳位。屯卦六二象辞说“六二之难，乘刚也”。柔爻应当在刚爻之下，居于刚爻之上就是位不当。“不当位”指的是乘承位。王弼把“当位”“不当位”全部用阴阳位作衡量标准，所以不能自圆其说。这样他提出“初上无阴阳定位”的条例就难以成立。《周易》例一、三、五、七、九等奇数为阳数，二、四、六、八、十等偶数为阴数。一三五为阳位，二四六为阴位，初为一，上为六，怎么能排除在阴阳之外？只不过有取有不取而已。

程颐在讲噬嗑卦时说：“初居最下，无位者也；上处尊位之上，过于尊位，亦无位者也。以为无阴阳之位，阴阳系于奇偶，岂容无也？然诸卦初上不言当位不当位者，盖初终之义为大。临之初九则以位为正。若需上六云不当位，乾上九云无位，爵位之位，非阴阳之位也。”程颐也不同意“初上无阴阳定位”的说法。

六　讼——生存竞争

䷅

讼卦的卦画结构是下面一个三爻的坎（☵）卦，上面一个三爻的乾卦（☰），传统称作坎下乾上，天水讼。《序卦》说："饮食必有讼，故受之以讼。"意为，饮食必然会产生争讼，所以在表示饮食的需卦之后，接着是讼卦。这句话今人不大容易理解，应当联系上古的物质条件。饮食是人类生存必需的物质条件。这个条件对今人来说比较容易满足，但上古物质不丰富，不能满足每个人的需要，这就要争夺，争夺起来就要打官司，讼是争讼、打官司的诉讼。《杂卦》说："讼，不亲也。"意为讼卦是人与人之间不相亲爱、亲近。还指争讼、打官司。《序卦》与《杂卦》对卦名讼的解释比较一致。

讼是需的覆卦，即需（䷄）倒过来看就是讼卦䷅。需卦从大壮卦变化而来，讼卦则是从大壮卦的覆卦遁卦变来。彖辞说"刚来而得中"，提示了这种变化运动。虞翻说：遁三之二也。”意为遁卦的三爻与二爻交换了爻位，即遁两爻交换位置，变讼䷅。从九二这一爻位置的推移上看，就是“刚来而得中”。有人只相信《系辞传》提到的乾坤生六子，六子重叠为六十四卦；不承认乾坤变化为十二消息卦，十二消息卦变为六十四卦，所以总是不能自圆其说。对彖辞中讲到的“小往大来”（泰）、“刚来而下柔”（随）、“柔来而文刚，分刚上而文柔”（贲）、“刚自外来而主于内”（无妄）、“刚来而不穷，柔得位乎外而上同”（涣）等多处提示，视而不见，实在不足取法。其实彖辞解《周易》，比《系辞传》更直接，更具权威性。《系辞传》的主题是揭示易理，对《周易》的常识言之甚少，从彖辞中分析卦爻的变化不能忽视。所以分析讼卦，一定要注意它与遁卦、需卦的联系。

讼，有孚，窒惕，中吉，终凶。利见大人，不利涉大川。

【译文】

讼卦，有征信，窒塞戒惧，中间吉，最后凶。宜于见大人，不利渡过大川险阻。

彖曰：讼，上刚下险，险而健，讼。讼有孚，窒惕，中

吉，刚来而得中也。终凶，讼不可成也。利见大人，尚中正也；不利涉大川，入于渊也。

【译文】

讼卦，上卦乾为刚健，下卦坎为险，阴险而又刚健，争讼。讼有征信，窒塞戒惧，中间吉祥，是刚爻来到下卦而居于中位。最后凶，是争讼不可以完成。宜于见大人，是崇尚中正。不利涉过大川险阻，是进入深渊之中。

象曰：天与水违行，讼。君子以做事谋始。

【译文】

上卦乾为天，下卦坎为水，天向上，水向下，背道而驰，这就是讼卦。君子做事情要从中得到启示，开始时就应当谋划好。

【辨证】

按彖辞“刚来而得中”的提示，讼卦的九二是很关键的一爻。九二来到下卦中位，上下有两个柔爻相合，故有“孚”。孚是信，在别的卦里多指诚信。讼卦是打官司。信是凭信，有证据，有孚是有征信。窒是窒塞，与亨通意义相反，在讼卦里是指心中郁闷窒塞。从象上讲是因为“天与水违行”。需卦是水蒸发到天上，上下流通。讼卦是水从天上落在地下，天高出水上，水返回地下，背道而行，越离越远，上下由交流又恢复到不交流，故窒塞不通。惕是有所担心而做好戒备，指九二在坎中。《说卦》说“坎为加忧人”，有忧虑，故戒惧。中吉，象上指九二在下卦中位，有中庸之德，故吉祥。取义是说，打官司最好适可而止，中途能停止就吉祥。终凶是说打官司本身就是凶事，不能争讼不止。从象上说，外卦乾为刚健，内卦坎为险，一个人内心阴险，外表刚健，是个讼棍坯子，打官司没完没了，最后结果肯定是凶多吉少。“利见大人”指九五，乾卦九五爻辞为“飞龙在天，利见大人”。大人在尊位，耿耿清正，刚明能断，有冤枉向大人告状最有利。“不利涉大川”，从象上讲，需是内刚健、外大川，讼卦与需卦相反，是大川在内，刚健在外，大川在内为险阻，又有刚健的力量在外堵截，不易过去。卦辞的意思是说：打官司有证据，心中憋闷窒塞，担心戒惧，中途结束案子吉祥，打到底有凶。找大人诉冤有利，但不要冒险去贪功立业，时机不允许。

彖辞从五个方面解释卦辞：（一）从上下卦的组合上解释卦名。“讼，上刚下险，险而健，讼。”意思是说，讼卦，上卦是乾，乾为刚健，下卦是坎，坎为险，组合在一起是险恶而刚健。这种人到处都会发生争执，打官司是必然的，因此构成讼卦。（二）从卦变上解释卦辞“有孚，窒惕，中吉”。“讼有孚，窒惕，中吉，刚来而得中也”，意思是说讼卦是由遁卦变来的，遁卦的九三下到二位，居于下卦之中，成为两个柔爻的主心骨，两个柔爻依附相合，故为有孚。下卦变坎，坎为加忧，为险阻，故窒惕。居于中位，行不失中，故中吉。“刚来而得中”显然指爻的运动。（三）从义理上解释卦辞“终凶”。“终凶，讼不可成也。”“成”是完成，意为打官司不能逞强好胜，纠缠不休，得理不让人。拖延到最后，会有凶险。这样把“中吉”的意思也作了解释。古人认为一世不进公门就是福，公门指的就是上公堂打官司。打官司是不得已的事，要适可而止。（四）解释卦辞“利见大人”。“利见大人，尚中正也”中，“尚”从词义上讲是推尚，断案推尚中正公平。从象上讲，“尚”与“上”义同，指上卦的九五。五位是全卦的尊位，九五刚爻居刚位，位正；在上卦之中，故为中正。刚爻居五位是大人得位，故“利见大人”。（五）“入于渊也”解释卦辞“不利涉大川”。指全卦的主爻九二进入下卦坎中，坎为水，故言“入于渊也”。入渊有灭顶之灾，故“不利涉大川”。这是针对九二爻变说明卦象。

象辞讲上下卦象组合。“天与水违行，讼”，意为上卦乾为天，下卦坎为水，天在上，水润下，上下分离，相背而行，故有争讼。君子从中得到启示，要从做事一开始的时候就想到，背离不合会起事端，应早做谋划，防止事情会背离不合，故云“君子以作事谋始”，为的是避免陷入争讼之中。

初六：不永所事，小有言，终吉。

【译文】

不把事情办到底，有小的口舌是非，最终吉祥。

象曰：不永所事，讼不可长也；虽小有言，其辩明也。

【译文】

不把事情办到底，是争讼的事情不可长期坚持；虽有小的口舌是非，可以辨别明白。

【辨证】

这一爻主要取象于初位。卦是讼卦，爻是初爻，初六是争讼的初始阶段，只要不坚持把官司长期打下去，虽然小的口舌争执免不了，但最终会吉祥。“永”是长，“事”是诉讼的事端，“言”是诉讼的口舌是非。从爻所处的卦象讲，初六所在的下卦坎为耳，前临互离（初六→䷅>互离）为明，上有九四为正应，耳朵一听就明明白白，不会长期纠缠下去。

象辞作了提示，“不永所事，讼不可长也”，把“永”解为长，把“事”解为讼事。“虽小有言，其辩明也”是说，没有是非口舌，就用不着去辩。辩就是有口舌是非。显然是把“言”讲成必须去辩的原因。总之，爻辞是说：有争讼的事端，不要长期纠缠；有是非口舌，无大妨害，最终是好的。麻烦免不了，要有思想准备，但也不必担心，最后吉祥。打官司千万不可好勇斗狠，要是办别的事情会半途而废。

九二：不克讼，归而逋，其邑人三百户，无眚。

【译文】

官司败诉，回来逃躲起来，他采邑中的三百户人就不会牵连受灾。

象曰：不克讼，归逋窜也；自下讼上，患至掇也。

【译文】

官司败诉，回来逃窜躲避起来。从下边告上边，祸患是自己找的。

【辨证】

这一爻主要从敌应取象。爻与爻相应的关系是初与四应，二与五应，三与上应。《周易》例：相应的两爻如果是一刚一柔，即为阴阳正应。正应是上下应援，心志相合。如果相应的两爻全是刚爻或全是柔爻，即为敌应。敌应是上下不能应合而敌对。这种敌应、正应的爻象，来源于古人对阴阳之间异性相吸、同性相斥的认识。在别的卦里，敌应影响不大。在讼卦，敌应就成为诉讼的两造。九二与九五是敌应关系，九五在尊位，是大人得位，九二与九五相敌，肯定会败诉，故云“不克讼”。“克”是胜，“不克讼”是说官司打不胜。“逋”（bū）是逃窜，“邑”是大夫的采邑，即大夫的“家”。按封建制规定，诸侯受封有国，大夫受封有家，大夫的封地就是采邑，也可以收取自己封地中的赋税。三百户是下大夫之制，二位是大夫位，故云“邑人三百户”。“眚”是灾难。郑玄说：“异自内生曰眚，自外曰祥，害物曰灾。”意为，灾异从内部产生叫眚，从外部产生叫祥，伤害人或物才叫灾。“归而逋”是说逃窜回家躲避起来。从象上说，九二是从遁卦的九三下到二位（遁九三→䷠，中九三来到二位，变讼䷅），使下卦成坎，坎是在坤（☷）的中间夹了一个刚爻，坤为土地、为国邑（见《九家易》），大夫入于邑中成坎，坎为隐伏，故为“归而逋”。坎为多眚，九二入大夫邑，居中位，名分相当又不失中，故“无眚”。象辞解释说：“不克讼，归逋窜也。”也是说败诉下来，逃窜回去躲起来。象辞把“逋”讲成窜。“自下讼上，患至掇也”，解释为什么“不克讼”。下指九二在下位，上指九五在上位，居于下位还要与上级打官司，故不能胜诉。“掇”是拾取，“患至掇也”，是说祸患的到来是自己找的。象辞把“眚”讲成患。九二这一爻在下卦中位，本可平安自保，但以下犯上，打官司要输，要逃窜才能保住自己封邑中的人口，也只是没有灾患罢了，不逃躲起来就难说了。

六三：食旧德，贞厉，终吉。或从王事，无成。

【译文】

吃祖宗留下的余荫，守正有危厉，但最终吉祥。或随从君王做事，没有成就。

象曰：食旧德，从上吉也。

【译文】

吃祖宗留下的余荫，随从上面吉祥。

【辨证】

“旧德”是世袭制社会里祖宗给儿孙留下的余荫。祖先立了功，封了官爵，有封地封号，死后儿孙可以继承下来。

只要后代不犯国法被废除，还可以吃祖宗留下的饭，这就是“食旧德”。“德”指祖先的恩德。祖宗的余荫并不容易保得住。《左传》里讲：“君子之泽，五世而斩。”意思是说这种祖荫最多能守上五代，随时都有被褫夺的可能。守旧德要坚持正道，常常有一种危厉感，注意不要张狂，最后才会吉祥。如果随从君王办事，也不要自居有功，贪图封赏，保住祖先的封地封号就不错了。从象上说，三是公位，有祖先的余荫，坎为饮食，乾为旧德（见虞翻说）。六三在下卦坎里，上承乾卦，故云“食旧德”。下坎为险，上乾刚健有险不能出，故“贞厉”，有上九作正应，上九在全卦之终，六三在下卦之终，故“终吉”。上乾为君，从遁二变为讼三，遁是柔灭刚为逆，变三互为巽卦（䷅ > 互巽），巽为随顺，由逆变顺，故言“或从王事”。乘承皆刚故“无成”。象辞说“食旧德，从上吉也”，取义是说吃祖先的福荫，要顺从上面的君王。象上指六三与上九为正应，上九在乾里，乾为君。

九四：不克讼，复即命，渝安贞，吉。

【译文】

不能胜诉，返回到自己命定的分限，变得安分守正，吉祥。

象曰：复即命，渝安贞，吉，不失也。

【译文】

返回自己命定的分限，变得安分守正，吉祥，是无大的失误。

【辨证】

九五爻辞“讼，元吉”，是讼卦之主。九二与九五争讼“不克讼”，九四与九五争讼，也是“不克讼”，同样会败诉。“复”是返回来，“即”是就，义同“到”，“命”是自身的命运。“复即命”是返回到自己本身命定的分限之中，也就是顺从天命，没有非分之想。“渝”是变，“安贞”是安定正道。从取义上说，是处在争讼的大局之中，免不了与人争讼打官司，但官司不胜诉，能变得安分守正，顺从天命，就会吉祥。九四在上乾和互巽里（九四→䷠ > 互巽），乾为天，巽为命（古人认为巽为风，风是传送上天信息，故以巽为命），有天命。又在诸侯位上，能守定自己命定的分限，安命知命，不做违背天命的事，可获吉。象辞用“不失也”解释“复即命，渝安贞”，就是指九四天命如此没有失误，虽然讼卦会败诉，不致造成损害而吉祥。

九五：讼，元吉。

【译文】

诉讼，大吉大利。

象曰：讼，元吉，以中正也。

【译文】

诉讼大吉大利，是因为既中又正。

【辨证】

“元”是首，引申为头号的、大的，“元吉”是头等的吉，是大吉大利。九五刚爻，五是刚位，位正；五是上卦中位，位中；五是天位、尊位，刚爻占据五位是大人得位，拥有统治权，可用自己的道治理天下。有权有势，行为不失中庸之道，办事又公正，不激不偏，清正廉明，能理枉断曲，故“讼元吉”。象辞用“以中正也”解释“讼，元吉”，孔颖达的《正义》解释说：“‘以中正也’者，释‘元吉’之义。所以讼得大吉者，以九五处中而得正位。中则不有过差，正则不有邪曲，中正为德，故元吉。”孔氏把“元吉”讲成大吉，对“中正”的阐释都较正确。

上九：或锡之鞶带，终朝三褫之。

【译文】

或赐给官服大带，但一天之内会被三次剥夺。

象曰：以讼受服，亦不足敬也。

【译文】

因打官司受到官服，也不值得敬佩。

【辨证】

“锡”用同“赐”。“鞶带”是大带。古代朝廷任命官员，按等级颁赐不同的官服，鞶带是官服中很重要的一部分，尤其是带钩和带上镶嵌的饰物，可以区别官职的等级，有金质、玉质、角质、木质种种不同。古装戏里还可看到一些遗制，如金带、玉带等。赐给大带，实际上就是赐给官服，所以爻辞说“锡之鞶带”，象辞则说“受服”。赐给官服，实际上就是授给官职。“朝”是日，“终朝”即终日，就是一天之内。“褫”是夺。爻辞的意思是说，官司打赢了，争讼得到好处，朝廷赐给官服，授给官职，但却长不了，一天之间就被三次贬谪，夺去爵位。从象辞上分析：乾为衣、为金、为玉，金玉为服，最明显的是鞶带，故有鞶带之象。乾为白昼，故为“终朝”。共三爻，故言“三”。上九位处穷极，有剥退之象，故云“终朝三褫之”。放在讼卦这个大环境里，就是打官司能因争讼而得官，高兴那么一阵子，但积怨太深，长不了，迟早会垮台。象辞说：“以讼受服，亦不足敬也。”“不足敬”是不值得敬重。靠争讼取得职位，而不是凭贤能和政绩，得之非道，故“不足敬”。言外之意是说，一天之间被贬谪三次，那是理所当然的。

【提示】

《周易》里不时提到“命”，对命的认识与今天的说法不尽相同，要注意按《周易》的思想体系去理解。《周易》讲的命是与时位相关的一个范畴，即在天地造成的时势中所处的特定位置，这是一种客观条件的局限，谁也不能超越。在客观条件允许的情况下去行动，就是顺应天命，即可获吉，绝不是让人们坐等好运的到来。不顾客观条件盲目行动，就是逆天命，逆天命就会遭凶。既反对盲动，又鼓励人们顺应规律去活动。知道自己所处的时势地位和应当如何活动的规律，这就是知天命。实际上命是客观条件对人的限定，自然与社会法则对人的制约。今天讲的命定论，不是《周易》的命所含的基本内容。中国有句古话，称作“知天命，尽人事”，对待命运的态度是比较积极的。

周易全解

【第二卷】

垢文涛/主编

辽海出版社

七　师——聚伍纷战

䷆

师卦的卦画组合是下面一个三爻的坎（☵）卦，上面一个三爻的坤（☷）卦，坤地，坎水，所以传统称作坎下坤上，地水师。《序卦》云：“讼必有众起，故受之以师。师者，众也。”意为争讼必定会有众人起来相斗，故在讼卦之后接着是师卦。师是众的意思。《杂卦》说：“比乐师忧。”比卦喜乐，师卦忧苦。师是古代军队的一级编制，名称沿用到现在。按《周官·大司马》记载，古代军队的编制是藏兵于农，每户出一人，五人为一伍，由下士任伍长；五伍为一两（二十五人），由中士任两司马；四两为一卒（一百人），由上士任卒长；五卒为一旅（五百人），由下大夫任旅帅；五旅为一师（二千五百人），由中大夫任师帅；五师为一军（一万二千五百人），由卿任军帅。师有二千五百人，故有众多的意思。师是军队的编制，故有军队的意思。军队用以作战，故师有战争的意思。战争给人们带来的是灾难，故有忧苦的意思。《序卦》讲的“众起”，《杂卦》讲的“师忧”，以及彖辞讲的“毒天下”，都是在师作为军队一级编制这个意义上引申出来的。

按卦变之例，师卦是在复卦的基础上变化了的形态。复卦的初九上升到二位就成为师卦。即：复䷗初九与六二交换位置，变师䷆。按《序卦》排序，师卦与比卦构成一组正覆卦，师卦的卦画上下倒置就成为比卦，即师（䷆）上下颠倒，为比䷇卦。分析师卦要顾及这种爻的推移和卦的变化。

师，贞，丈人吉，无咎。

【译文】

师卦，众而正，丈人吉祥，没有咎害。

彖曰：师，众也；贞，正也。能以众正，可以王矣。刚中而应，行险而顺，以此毒天下，而民从之，吉，又何咎矣。

【译文】

师是众的意思，贞是正的意思。能带领民众走正路，可以为王了。九二刚爻中正，与六五正应。下卦坎为险，上卦坤为顺，行进在险难中还能顺顺当当，用这种做法去治理天下，而民众顺从他，吉祥，又会有什么咎害呢？

象曰：地中有水，师。君子以容民畜众。

【译文】

上卦坤为地，下卦坎为水，地中有水就是师卦。君子从中得到启示，要容纳人民，蓄聚群众。

【辨证】

“贞”是正的意思，彖辞作了解释。“丈人”是有威望尊严、可以信托的长者。汉代的本子都作“丈人”，只有《子夏传》作“大人”。彖辞说“可以王矣”，可见还不是王，有待升迁，“丈人”比较符合身份。卦辞是针对九二这一爻下的断语。全卦只有九二一个刚爻，统帅五个柔爻，位在下卦中位，众望所归，居中不偏，为一卦核心，故言“贞”。位在下卦，被众柔爻簇拥，在群众中享有极高声望，故言“丈人吉”。然而师为忧苦之事，对一般人来说，仅能“无咎”而已。

彖辞从五个方面解释卦辞。（一）解释卦名及“贞”的意思。“师，众也”，“贞，正也”，都是判断句。卦名“师”

是众多的意思。卦辞“贞”是正的意思。师卦是拥有民众又行不失正。（二）“能以众正，可以王矣”，指出“丈人吉”的第一个理由。能带领民众走正路，这样的人有做君王的素质，可以成为王者。从下卦中位到上卦中位，不离中道，故言“能以众正”。“以”是带领。意为现在虽不是王者，但具备为王的条件。（三）“刚中而应”，指出“丈人吉”的另一条理由。九二是刚爻，又在下卦中位，与上卦六五处在相应的位置上，阴阳正应。如同有刚健的素质，行为能守正道，又得到民众的响应，在师卦中做大军统帅名实相符，故“丈人吉”。（四）“行险而顺”，指出“丈人吉”的又一条理由。从上下卦特性的组合上分析，下卦坎为险，上卦坤为顺，行进在坎险中还能顺利，故能吉祥。（五）总括说明卦辞“吉，无咎”。“以此毒天下，而民从之，吉，又何咎矣”中，“此”指前面提到的“刚中而应”“行险而顺”。“毒”，干宝解释说“荼苦也”，意思是说给人们带来苦难。从象上说，下卦坎，坎为毒（见噬嗑卦）；上卦坤，坤为民。上下卦象合在一起是荼苦人民。“毒民”本来不吉，然而坤又为顺，是民众愿意顺从，足见被民众信赖之深。战争本来是荼苦人民，带来苦难的，但为了长远的利益，有时又不得不战。民众理解这一点，相信领导者的正义性，才可能甘心接受这种苦难，赴汤蹈火，在所不辞。丈人得到了民众的信赖，故能“吉无咎”。有人把“毒”讲成

“药治”“役使”“荼毒”等，与《杂卦》的“忧”义不合。

象辞换了一个角度讲上下卦象。“地中有水，师”，是说上卦坤为地，下卦坎为水，上下卦象组合在一起是地中有水，这就是师卦。陆绩说：“坤中众者莫过于水。”意思是说，大地上最多的东西，什么也比不了水。这句话现在可以科学说明，地球上百分之七十的面积是水，只有百分之三十的陆地。然而水却容蓄在大地之中。地中有水是一种能容蓄众多的象。故君子要效法大地的胸怀，像大海容纳百川一样，能包容人民，蓄聚群众。“蓄”既有养的意思，又有聚的意思。

初六：师出以律，否臧凶。

【译文】

军队出动要按军纪，不顺军纪行事凶。

象曰：师出以律，失律凶也。

【译文】

军队出动要按军纪，破坏军纪凶。

【辨证】

师卦初六来自于复卦的六二（复卦六二→䷗，六二下到初位，即初六→䷆师），向下推移了一位，故言“出”。下卦成坎，坎为水，水平故可为法、为律。在师卦，故言“师出以律”。律是法律。取义是说，行军打仗要有严明的军纪军法。“否臧”，象辞解释为“失律”，就是不按军纪军法行事。《左传》宣公十二年晋国的知庄子曾用这句爻辞分析过胜负。在晋与楚的邲之战中，晋军副帅先縠（hú）刚愎自用，不听命令。知庄子说：“此师殆哉！《周易》有之，在师䷆之临䷒，曰：‘师出以律，否臧凶。’执事顺成为臧，逆为否。众散为弱，川壅为泽。有律以如己也，故曰律。否臧，且律竭也。盈而川竭也，夭而不整，所以凶也。不行之谓临，有帅而不从，临孰胜焉。此之谓矣。果遇，必败，彘子尸之……”说的意思是，《周易》里说过，在师卦初爻爻动变为临卦（师初六→䷆初六爻动，柔变刚，为䷒临）。爻辞说：“师出以律，否臧凶。”部下听从指挥把事办成是臧，背逆命令就是否。师卦是众，变成临卦后，师象消失，如同是师众消散变成弱，下卦原为坎，坎为川，变成兑，兑为泽，是大川被堵塞变成沼泽。军队有法度纪律，是要让部下听从命令，进退合于主帅一己的心意，故称作律。否臧，军纪将丧失殆尽，由盈满变得大川枯竭，夭夭而不能整齐划一，所以凶啊。来到停住不行走才叫临，有将帅的指挥不听，有令不能行，还有比临更糟的吗？说的就是这种情况。如果真的遇上敌军，肯定会失败。先縠要主受其祸，即使免于战死，回国也一定会有大的灾殃。《左传》的这段话，还是把“否臧”讲成有令不行。其中“否臧，且律竭也”，指出“否臧”是军纪丧失殆尽。分开讲，“执事顺成为臧，逆为否”，臧是顺，否是逆。从词义上直接分析，臧是善，否是不，否臧就是不善，引申为逆而不顺。这与象辞“失律”的讲法一致。

九二：在师中，吉无咎，王三锡命。

【译文】

在三军中位，吉祥无咎害，君王三次赐命嘉奖。

象曰：在师中，吉，承天宠也。王三锡命，怀万邦也。

【译文】

在三军中位，吉祥，是受到天子的宠信。君王三次赐命嘉奖，是使万国来臣服。

【辨证】

“在师中”显然是指九二在下卦中位。取义是说，九二是三军统帅。古代军队分上中下三军，主帅在中军坐帐，统一指挥，九二位在中为主帅，故吉祥而无咎害。“王三锡命”，是指九二的应爻在六五，五位是天位、天子位，九二与六五阴阳正应，到下一卦比中，九二会升至五位，由二至五中隔三爻，故有君王三次赐命嘉奖擢拔之象。“锡”用如“赐”。“三命”，在《周礼》中说：“一命受职，再命受服，三命受位。”《曲礼》又说：“一命受爵，二命受服，三命受车马。”指对功臣的封除奖赏。这一爻是全卦的中心，也是全卦最好的一爻。象辞说：“在师中，吉，承天宠也。”“承”是受到，“天宠”是天子的宠信。受到天子宠信，在三军中做大帅，故吉而无咎。“王三锡命，怀万邦也”中，“怀”是被德政感化而来臣服，“万邦”是万国。这句意为，君王三次赐命嘉奖，使万国都来臣服。这是指坤为国。九二为一卦唯一的刚爻，居下卦坎中，坎是刚爻占据坤中，上卦又为坤，柔爻都来应合九二，故有万国臣服之象。

六三：师或舆尸，凶。

【译文】

出师会拉着尸体回来，凶。

象曰：师或舆尸，大无功也。

【译文】

战车拉着尸体回来，大败而无功劳。

【辨证】

管辂以坎为棺椁。《系辞·上》说：“古之葬者，厚衣之以薪，葬之中野，不封不树，丧期无数。后世圣人易之以棺椁，盖取诸大过。”意为：古代人安葬，是垫上厚厚的柴禾，埋在田野之中，不堆坟堆，也不立标志。悼念也没有规定期限。后代的圣人换用棺椁装殓尸体，大概取象于大过卦。大过䷛是棺椁之象。大过是一个放大了的坎卦（䷛ < ☵），管辂认为坎有棺椁之象可从。坎又为“多眚舆（多灾多难的车）”。乾为阳、为生，坤为阴、为死。六三在下卦坎里（六三→䷆ > 坎），又在互坤里（䷆ > 互坤），上卦又是坤（䷆ > 坤），时在师卦，故有战死舆尸之象，十分凶险。古代称车厢为舆，这里指战车。“舆尸”是战车拉着尸体回来。

象辞说：“大无功也。”“大”是“太”的意思。“大无功”是说仗打得连小回合上的一点功劳都没有，彻底败北。前人有把“尸”讲成“尸主”的，这与象辞的意思不一致，求深反失。

六四：师左次，无咎。

【译文】

部队后退驻扎，没有咎害。

象曰：左次无咎，未失常也。

【译文】

后退驻扎没有咎害，是没有失去常规。

【辨证】

朱震说“震为左”。按卦位讲，震东、兑西，面南而立，东方为左。六四在互卦震里（六四→䷆>互震），故云“左”。又在坎水之旁（六四→䷆>坎）。《左传》僖公十九年：“次睢”下孔颖达疏：“次谓水旁也。”故云“次”。在师卦，故云“师左次”。从取义上讲，“次”是部队驻扎。《左传》庄公三年：

“凡师，一宿为舍，再宿为信，过信为次。”次是两天以上的驻扎。古代军中尚右，左次是退舍，即退后三十里驻扎。前遇阻碍，退军驻扎，但并不一定是失败，是退后驻扎没有咎害。象辞说：“左次无咎，未失常也。”意为退军驻扎。这在行军打仗中是常有的事，并不违背用兵的常规，所以不会有咎害。

六五：田有禽，利执言，无咎。长子帅师，弟子舆尸，贞凶。

【译文】

田中有禽兽，利于仗义执言地猎获，没有咎害。长子可做主帅，弟子载尸而归，守正道不动有凶。

象曰：长子帅师，以中行也；弟子舆尸，使不当也。

【译文】

长子做军队主帅，是按正道行施；弟子舆尸而归，是使用人不当。

【辨证】

“田”在唐以前就有两种讲法，一是讲为田猎，如荀爽：“田，猎也。”后来字作“畋”，指打猎。二是讲为田地、田野。两义并不矛盾。古代打猎在田野中，所以“田”与“畋”同字。“禽”指禽兽。《说文》：“禽，走兽总名。”后来才分出飞禽走兽。“田有禽”是说田地里有禽兽来祸害。“执”是擒获抓住，“言”是说明抓获理由的言辞。“利执言”是说把它抓获有充足的理由。从象上说，坤为地，故有禽可田。坤为柄，故可执。震为长男，即长子；坎为次男，为弟子。师卦从复卦变来，复卦的下震变而为下坎（复䷗>震变为师䷆>坎），为长子入主中军，故言“长子帅师”。如以坎为三军主帅，就会出师大败，载尸而归。六五处在天子之位，故有任命用人之事。“贞”是正道不动。六五柔爻占据至尊之位，又面临九二“能以众正，可以王矣”，有退位让贤之象。下一卦比就是刚爻占据天子位，六五退下到二位，故言“贞凶”。古代立嗣以长，名正言顺。次子监国督军都名分不正。象辞说：“长子帅师，以中行也。”指九二在下卦中位，行为不失中道。“弟子舆尸，使不当也”，意为让弟子领兵会载尸而归，是使用人不当，也是指名分不正。前人解释这句爻辞未注意卦变，但把九二看成代表长子的一爻，六三看成代表弟子的一爻还是对的。这有两爻爻辞可证。

上六：大君有命，开国承家，小人勿用。

【译文】

天子颁赐爵命，建立国家，小人不要使用。

象曰：大君有命，以正功也；小人勿用，必乱邦也。

【译文】

天子颁赐爵命，是让有功之人得到正当的奖赏。小人不要使用，小人定会乱了国家。

【辨证】

上六位在全卦之终，时当用师完毕，论功行赏。六位为宗庙位，古代出师、献捷、册封颁赐，多在宗庙举行仪式，表示天子不敢自专，要请求先王神灵的意旨。这在《诗经·颂》里有较多的描写。如《鲁颂·閟宫》写鲁僖公伐淮夷取得胜利，以其战功告祭祖庙，追述僖公祖先伯禽受封的情况，唱道："王曰叔父，建尔元子，俾侯于鲁。大启尔宇，为周室辅。乃命鲁公，俾侯于东，锡之山川，土田附庸。"

意思是说，成王对周公说："叔父，立你的长子伯禽在鲁国做诸侯，开辟你的疆土，做周王室的羽翼。于是册封伯禽为鲁公，到东部沿海做了诸侯。赐给他山川土地以及其上的人民。"战争胜利，在祖庙献功告捷，然后论功行赏，这是古代的风俗。故于宗庙位的上六讲"大君有命"。从象上说，上卦坤为国、邑，故言"开国承家"。大君是天子，封建制度，对功臣最高的奖赏是封为诸侯，占有一方土地人民，成立诸侯国；次一等的赐给一块采邑，立家做大夫，以后便世袭下来。"开国承家"互文见义，等于说开国家、承国家。开是创立，承是继承，指世代继承。"小人勿用"，意为不能奖赏给小人土地和人民。六五讲的弟子，即这一爻的小人。六五讲长子、弟子，这一爻讲大人、小人。君子有位即为大人，无君子之道又无位即为小人。象辞说"大君有命，以正功也"，"正功"是使功正，即使论功行赏之道正，也就是使有功的人得到合理的奖赏。"小人勿用，必乱邦也"，"小人勿用"与六五爻象辞"使不当也"意义相通，是说不能把国家封赏给小人，因为小人没有治理国家的才德，必然会把国家搞乱。

【提示】

结合上一卦，可以说明一下爻的爵位。朱震的《汉上易传》指出一卦六爻各有爵位之象。初爻是元士位；二爻是大夫位；三爻是公位；四爻是诸侯位，古代诸侯在朝为天子之卿，故又为近臣、卿位；五爻为天子位；上爻为宗庙位。从讼卦与师卦的爻辞中看，这样分析爻的爵位符合《周易》的实际。讼卦讲不同等级职位上的人所发生的争执与诉讼。九二“有采邑”，六三“食旧德”，九四“复即命”，九五“元吉”是“大人”，上九“有鞶带”。初六爻辞看不出职位的迹象，但从“小有言”上看，职位比较低。这一卦的上六又取宗庙为义。看来六爻有等级职务的分工，这不是外加上去的。《周易》常取上爻为剥退之象，可能还因为宗庙是退职先王之位，故有剥退之象。

八　比——亲合相依

䷇

比卦的卦画结构是坤（☷）下坎（☵）上，传统称作水地比。《序卦》说：“众必有所比，故受之以比。比者，比也。”意为：人众多了必然会有所亲比，故在表示众多的师卦之后接着是比卦。比是亲比的意思。《杂卦》说：“比乐师忧。”意为：比卦喜乐，师卦忧苦。比的本义是相互靠近，字形是“”，两个人挨近在一起。《说文》说：“比，密也。二人为从，反从为比。……古文比。”画的是两个人并列在一起相互挨近。方向换一下就是从（），两人前后相随。《序卦》说：“比者，比也。”这里用的是原义，比就是比的意思。《杂卦》说的“比乐”是与“师忧”相对而言。师是军队要打仗，相互亲比较之相互打仗要令人喜乐。彖辞说：“比，辅也。”辅是辅佐，即互相帮助。这是在亲比意义上的引申。人与人亲比，故有人辅助。卦爻辞里所用的挨近、亲靠、喜乐、归附、互助等义，都是在卦名亲比意义上的引申义。

比卦是在剥卦的基础上变化了的形态，是剥的上九下居五位。即：剥䷖中上九与六五换位，变比䷇。这是卦变。比卦又是师卦的覆卦，即：师䷆上下倒过来看，即为比䷇。这是正覆关系。分析比卦，要注意它与剥卦、师卦的联系。

比，吉。原筮，元永贞，无咎。不宁方来，后夫凶。

【译文】

比卦吉祥。考察占筮预兆，开始永久守正，无咎害。从不安宁中刚刚过来，迟迟不来亲比的人凶。

彖曰：比，吉也；比，辅也。下顺从也。原筮，元永贞，无咎，以刚中也。不宁方来，上下应也。后夫凶，其道穷也。

【译文】

比卦吉祥；比是亲辅。下卦坤为顺，是下边顺从。用占筮考察，开始永久守正，无咎害，是因为九五刚健中正。刚刚从不安宁中过来，是上下都来应合。迟迟不来亲比的人凶，是无路可走了。

象曰：地上有水，比。先王以建万国，亲诸侯。

【译文】

下卦坤为地，上卦坎为水，地上有水就是比卦。先王在这样的时势下，封建万国，亲近诸侯。

【辨证】

卦辞“比，吉”，是对比卦的断词，意为比卦是个吉祥的卦。“原筮”中，“原”是推原考察，“筮”是占筮。这句意为，在天下从战乱走向安定，圣明的天子已居正位的时候，要用占筮的方法考察一下，该用什么样的方略亲比诸侯，如何建邦立国。从象上说，下卦坤为地，故为田原；上卦坎为龟，龟用以占筮，故为占筮，合在一起是“原筮”。比卦接着师卦而来，师卦是用师作战，是天下合久必分；比卦是从战争中走向统一，是天下分久必合。全卦只有九五一个刚爻，又占据九五之尊，其余五个柔爻都要归附九五，正是天子改朝建国的时候，要决定建国方略。如何决定，要用占筮的方法看看天意如何，“原筮”的取义是用占筮考察一下，作为确定建国方略的依据。“元永贞”中，“元”是始，“永”是久，“贞”是正。这句意为新的朝代开始建立，要永久，要坚守正道。“无咎”是说有一定的困难，但并无咎害。“不宁方来”，指刚从师卦过来。师卦是用师时期，不安宁，到了比卦才安宁下来。“方”是刚刚、才的意思。这句意为刚刚从不安宁的局势下走过来。“后夫凶”指的是上六。上六从剥卦的六五升为比卦的上六（剥䷖六五升到上位变比䷇）。剥的上卦是艮（☶>艮），艮为背，上六到背后去了，又在全卦穷极之处，故有凶。取义是说，后来归附亲比的小国有凶。

彖辞从四个方面对卦辞作了解释：（一）解释卦辞“吉”，可分三层。第一层，“比，吉也”，提出论点，比卦吉祥。“比，辅也”为第二层，比是比辅，大家都来亲近辅佐九五，所以吉祥。第三层，“下顺从也”，指下卦为坤（☷>坤），坤为众、为顺，在下位，故为下面都来顺从之象，所以吉祥。（二）解释卦辞“原筮，元永贞，无咎”。“以刚中也”指九五是刚爻，在全卦的尊位，刚健中正。“元”是指九五刚从师卦的九二升级为九五，刚开始成为天子。“贞”指九五刚爻居刚位，位正，“永”指九五有刚正之德，能保证天下长治久安。（三）解释卦辞“不宁方来”。“上下应也”是说九五在上卦之中，刚爻居刚位；六二在下卦之中，柔爻居柔位；上下阴阳正应，和谐无间，从不安宁走向安宁了。“不宁”是乱而不安定。前人有把“不宁方”作为一个词来讲的，认为是乱的方国。这样讲义不顺。“方”是时间副词，意为刚刚、才，所以下面才说“后夫凶”。刚刚开始，才有先后的问题，词义上下贯通，不能不看语言环境，去生硬解释。（四）解释卦辞“后夫凶”。“其道穷也”是指上六处在全卦穷极的地位，无路可走。大家都来亲比九五，表示归顺，上六游移不定，迟迟不来，有异心，所以要遭殃。“后夫凶”是指迟迟不来有凶。不要简单理解为先来后来。“夫”是语气词。

象辞“地上有水，比”是解释上下卦象组合。比卦由两个三爻卦组成，上卦坎，坎为水；下卦坤，坤为地。合在一起是地上有水，即为比卦。“先王以建万国，亲诸侯”，是说先王在这样的时势下封建万国，亲近诸侯。“建”与“亲”是互文，意为建万国亲万国，建诸侯亲诸侯。地可以容水，博大宽厚如天子，水可以滋润大地，亲附如诸侯。地与水相与为用，相互依存。古代的天子把诸侯看作自己的藩城，诸侯要依靠天子的保护，也是相互依存，所以在地水亲比的时势下，明智的先王要封建万国，相互亲辅，巩固统治。这是封建制背景下的文化意识。史书记载，夏王朝时执玉帛者万国，成汤时有七千七百七十三国，成周是一千八百多个诸侯国。诸侯国越小，力量就越弱，对天子的依赖性就越大，所以要多建诸侯国。

初六：有孚比之，无咎。有孚盈缶，终来有它吉。

【译文】

有诚信去亲比，没有咎害。诚信充实如缶中盈满，终来亲比，有格外的吉祥。

象曰：比之初六，有它吉也。

【译文】

亲比到初六，有格外的吉祥。

【辨证】

“孚”是诚信。九五刚健中实，五个柔爻信托追随，是孚信之象。初六是向九五亲比，故言“有孚比之，无咎”。下卦坤为釜，借为“缶”，上卦坎为水，水在缶之上，满盈之象。“缶”是瓦盆，古代常用的陶器。瓦盆水满，比喻人心中的诚信充盈，故为“有孚盈缶”。“终来”指九五从剥的终爻上六来到五位，成为全卦的中心，大人得位成为天子，初六与“终来”的九五亲比格外吉祥，故言“终来有它吉”。

“它”是另外的意思，意为有另外的吉祥。初六距九五最远，从绝远的地方来归顺亲比于天子，这与邻近的几个小国来亲比不同，有更大的意义，格外吉祥。荀爽认为：九五与六二正应，初六在应爻六二之外，如同是绝域殊俗的蛮夷之国，九五如同圣明的天子，威望素著，华夏归附，影响所及，绝远的异国也来归顺，所以格外吉祥。这就是“有它吉”。

象辞说："比之初六，有它吉也。"意思是前来归附的国家，影响所及，到了初六，就有了另外的吉祥。也是说初六远在域外，能来亲比，较之中原诸国的归附具有更大的意义，说明九五的恩德感化无边广大，吉祥不同一般。正如《千字文》歌颂的"爱育黎首，臣服戎羌；遐迩一体，率宾归王"，是王道远播，天下大治了。

六二：比之自内，贞吉。

【译文】

从内部亲比，守正吉祥。

象曰：比之自内，不自失也。

【译文】

从内部亲比，是行正道，自己没有失误。

【辨证】

下卦又称内卦，六二在内卦之中；柔爻居柔位，位正；与九五是正应关系，同九五是内部间的亲比关系，故为"比之自内"。因为居中守正，行为不左倾右斜，故云"贞吉"，而“贞吉”是持天道而吉祥。

象辞说“不自失”，也是指六二中正，能不失正，就无过失。这一爻与九五亲比，名正言顺，也最得九五宠爱，初六来亲比是意义大，六二来亲比是理所当然。

六三：比之匪人。

【译文】

亲比的不是该亲比的人。

象曰：比之匪人，不亦伤乎！

【译文】

亲比的不是该亲比的人，不也令人伤感吗！

【辨证】

“匪”用如“非”，“匪人”是说找的人不对。全卦只有九五一个刚爻，又在尊位，五个柔爻都应向九五亲比。然而六三与其他几个柔爻不同。初六在一卦最下，下面没有邻爻可比，只能上比九五，六二与九五正应，六四与上六和九五比邻。只有六三，上面比邻的是六四，下面比邻的是六二，总是与九五不能相比，故言“比之匪人”。象辞说：“比之匪人，不亦伤乎！”意为：亲比非人，不也令人伤感吗！指六三在亲比之时，亲比的却是不该去亲比的人，选择的错误，造成陷身饮恨，令人伤感。

六四：外比之，贞吉。

【译文】

向外亲比九五，守正吉祥。

象曰：外比于贤，以从上也。

【译文】

向外亲比贤明的人，是顺从上面的九五。

【辨证】

六四虽然也与六三比邻，但六三是柔爻，所以向九五亲比。下为内，上为外，故言“外比之”。意思是说向外亲比九五。九五刚健中正。六四是柔爻得位，位正。正与正相亲比，故言“贞吉”。象辞说：“外比于贤，以从上也。”“贤”与“上”都指九五。“贤”是指九五刚正为贤明之主，“上”

指在六四的上面。从职位上说，五是君王，四是近臣，四比五是从上。

九五：显比。王用三驱，失前禽。邑人不诫，吉。

【译文】

显耀的亲比。君王用三驱之礼狩猎，失去前面的禽兽。邑人不惊怕，吉祥。

象曰：显比之吉，位正中也。舍逆取顺，失前禽也；邑人不诫，上使中也。

【译文】

显耀的亲比，是位置中正。舍去叛离，容纳归顺，故失去前面的禽兽；邑人不惊怕，是使九五上去处于中位。

【辨证】

九五是全卦独有的一个刚爻，又居尊位，全卦要以九五为核心亲比在一起，故为“显比”，是最明显的亲比对象。下卦坤为田、为禽，故有狩猎之象。驱是进，九五从师卦的九二上升到五位，历经三爻，是三进到位，故云“三驱”。五位是天子，为君王，故云“王用三驱”。狩猎的三驱之礼，据《诗·小雅·车攻》《毛传》讲：“一曰乾豆，二曰宾客，三曰充君之庖。故自左膘而射之达于右腢，为上杀，射右耳本次之，射左髀达于右骿为下杀。面伤不献，践毛不献，不成禽不献。”意为：猎获的动物，一等的拿来供宗庙祭祀的乾豆使用；二等的拿来招待宾客；三等的作君王的食物。所以用箭射击的时候，从左边小腹射穿右肩，中心而死的为第一等；从左腹射穿右耳根，挨近心脏而死的为第二等；从左大腿外射穿右腰，未伤心脏而死的为第三等。至于迎面射伤脸的、射伤外观的，以及幼小的动物，都不能用来献祭使用。总之是要从动物的后边向前射，不能从正面向后射，其中的讲究就是舍逆取顺。因为狩猎是一种战争演习，动物逆我而来如同敌人来投降，不能杀；动物顺我而去是要逃跑，不能放过去，所以用三驱之礼狩猎，前来的禽兽都放走了。这就是爻辞讲的“失前禽”。从取象上讲，上六与九五换位为“失前禽”，《周易》例，上为前，初为后，上六为前，“失前禽”是把上六放过去。“邑人不诫”中，“诫”是惊戒。这句是说国邑中的人不惊扰，也不警戒，完全相信九五的德政。九五施政宽大，来不来亲附，听凭自愿，不强迫，都自动来亲附，故吉祥。象上指坤为国邑，为顺。九五从师卦二位上升到比卦九五，从下坤到上坤，邑人顺从，不惊扰，不对抗。象辞说“显比之吉，位正中也”，指出九五位置中正、显耀。“舍逆取顺”解释“失前禽”，反取狩猎的“舍逆取顺”之义，是说不愿归附而叛离的舍去，愿来归顺的就取来收容。“邑人不诫，上使中也”，是说国邑中的民众不惊扰，是愿意使九五上去处在尊位，作为大家归附的核心。这一爻是王道荡荡，天下归心。

上六：比之无首，凶。

【译文】

亲比没有首领，凶。

象曰：比之无首，无所终也。

【译文】

亲比没有首领，无地可去，到了完结的时候。

【辨证】

《周易》例，上为首，初为尾、为足；上为终，初为始；上为前，初为后。上六在全卦上位，是首、是终、是前。但从卦变上看，比卦从剥卦变来，上六正是变动的一爻，与九五换了位置。剥卦的首上九下到五位，六五升到上位，再去下比九五，如同失去了首，故云“比之无首”。取义是说没有头领，无地可归附，故凶。象辞说“比之无首，无所终也”，指出上六无地可去，处在终位，穷途末路，要完结，故有凶。这一爻又是前禽，又是后，前是按《周易》例取象，后是从卦变取象，艮为背，上六在互艮之外（䷇>互艮），故为后。上六是全卦最凶的一爻。

【提示】

这一卦的“原筮”讲法多歧。王弼注：“处比之时，将原筮以求无咎，其唯元永贞乎？”意为：处在亲比的时势下，按照筮占去求得没有咎灾，只有“元永贞”吧。把“原”看成是推原、根据、按照、考察之类的意思。孔颖达疏：“原穷其情，筮决其意。”意思相同。《经典释文》没有异词。蜀才讲成“原究”。干宝说：“原，卜也。《周礼》之卜，一曰原兆。”又说：“考之蓍龟，以谋王业。”《周礼》：“太卜掌三兆之法，一曰玉兆，二曰瓦兆，三曰原兆。”注：“言龟兆似玉、瓦、原之璺罅。”甲骨占卜是看钻灼之后龟甲兽骨上面裂开的纹路，根据纹路裂开的形状来判断吉凶。这种纹路的形状，与玉石、瓦片受到敲击或大地干旱裂成的纹路有相似之处，所以太卜要用这三种裂纹比附龟甲上的纹路。“原兆”只是一种兆象，不是占卜，干宝的证据用错了。但他认为“原”有考察的意思是对的。程传：“推原占决其可比者而比之，筮谓占决卜度，非谓以蓍龟。”程氏把筮讲成是不用蓍龟，而是自己去度量，但还是把原讲成推原。《说文》：“原，水泉本也，从泉出厂下。”意为：“原”是水的发源地、源头，是本始的意思。有本始就有来由，故引申为原由，人们办事要推寻、考察事情的原由，故引申为推究考察。《系辞》中的“原始要终”就是推究考察事物的起源和归宿。“筮”是占筮，“原筮”就是考察一下占筮的吉凶预兆，依据占筮去办。自从朱熹根据《尔雅·释言》把“原筮”讲成了“再筮”，就造成解释的混乱。蒙卦卦辞说：“初筮告，再三渎，渎则不告。”占筮不可亵渎，岂能再筮。尚秉和先生说：“坎为筮，坤为原，这是原筮在象上的依据。”“坤为原”好理解，坤为地，地为原野。“坎为筮”的依据是坎为北方之卦，天的四象北方为龟蛇。只是取象与解释词义不能混同为一。取象是为了命辞，命辞的词义要与卦爻的时势联系起来理解。允许词义的引申。所以王弼讲要“得意忘象”。比如屯卦九五爻辞，从兑泽升上天位的象中取出“屯其膏”的爻辞，“屯其膏”就不能仅理解为泽上于天，还可引申为天不下雨、君王恩泽不能下施等义。象与辞是两物，要承认其中的差别。辨象是为了追究系辞的来源，证义是为了搞清它的确切含义，两者不可偏废。把“原筮”讲成到郊原上去占筮，这就囿于取象而不允许词义的引申了。综上所述，原筮的取象是坤为原，坎为筮；取义是天下走向统一，要决定建国方略，用占筮的方法，考察一下该如何决定自己的政策，作为一种依据。干宝说周朝建国之初，“大相东土，卜惟洛食，遂乃定鼎郏鄏。卜世三十，卜年七百”。这在《诗经》中有记载。在当时的历史背景下，用占筮决定国策是极为自然而正常的现象。

九　小畜——原始积累

䷈

小畜的卦画结构为乾（☰）下巽（☴）上，传统称作风天小畜。《序卦》说：“比必有所畜，故受之以小畜。”意为：大家比合在一起，必然会形成一种畜聚状态，故在比卦之后接着是小畜卦。《杂卦》说：“小畜，寡也。”意为小畜是积聚较少。《序卦》解释“畜”是积蓄，“畜”用如“蓄”，《杂卦》解释“小”为寡。卦名“小畜”就是积聚寡少的意思，也即小有积蓄。

依据卦变的定例，一柔五刚的卦，都从夬卦或姤卦变来。从卦爻辞中看，小畜卦从姤卦变来。卦变的方式是姤卦的初六升到四位，而九四降到初位，即姤（䷫）四爻与初爻换位，变小畜䷈。小畜与下一卦履构成一组覆卦，小畜的卦图倒过来看即为履卦，即小畜（䷈）全卦上下颠倒，即履䷉。这一卦与姤卦联系最为紧密。

小畜，亨。密云不雨，自我西郊。

【译文】

小畜卦亨通。浓云密布却不下雨，从我西郊而来。

彖曰：小畜，柔得位而上下应之，曰小畜。健而巽，刚中而志行，乃亨。密云不雨，尚往也；自我西郊，施未行也。

【译文】

小畜卦，柔爻占据了正位，上下都来应合，柔爻为小，故称小畜。下卦乾为健，上卦巽为风顺，是刚健而又能风顺；中位都是刚爻，是中心刚健，心志能推行，所以才亨通。浓云密布却不下雨，是往上去了。从我西郊而来，是布施而未流行。

象曰：风行天上，小畜。君子以懿文德。

【译文】

上卦巽为风，下卦乾为天，风在天上吹行就是小畜卦。君子从中得到启示，要美化自己的道德。

【辨证】

卦辞说小畜卦亨通。“密云不雨，自我西郊”，意为浓云密布，却从我的西郊吹过去了，没有降雨。象上指的是，小畜卦下卦乾为天，上卦巽为风，风在天上吹，浓云密布也会被吹散，无雨之象。“自我西郊”主要取主爻六四为象，六四在下互兑里（六四→☱>兑），兑为西，巽为风，刮的是西风，西风把云吹走，虞翻说“乾为郊”，故云“自我西郊”。

彖辞从五个方面解释卦辞：（一）解释卦名，同时说明卦辞“亨”的理由之一。“小畜，柔得位而上下应之，曰小畜。”象上指小畜卦唯一的一个柔爻六四。柔爻占据柔位为得位，在涣卦（䷺）彖辞中也讲“柔得位乎外而上同”，也指六四。《周易》例，刚爻占据五位，柔爻占据四位，是最为合适的爻位。“上下应之”，卦象指六四上下有五个刚爻呼应。取义是说，柔顺地占据了该占的位置，上上下下都来应合，这是小畜卦的特点。全卦只有一个柔爻，位置又好，这是亨通的第一个理由。同时柔爻为小，所以叫小畜。（二）从上下卦特性的组合上说明“亨”的第二个理由。“健而巽”，指下卦乾为刚健，上卦巽为顺。坤是柔顺，巽是风顺。组合在一起是既刚健又遇上风顺，所以亨通。（三）从中位都是刚爻说明“亨”的第三个理由。“刚中而志行，乃亨”，指小畜卦二与五两个中位上都是刚爻。取义是说，刚健又能奉行正道，心愿就能得到推行，所以才亨通。以上三条，从不同角度阐释小畜卦为什么会亨通无阻。（四）“尚往也”解释卦辞“密云不雨”。小过卦六五象辞“密云不雨，已上也”，与这一爻对照看，“上”与“尚”同义。“尚往”就是往上。象上指六四是从姤卦的初位上往四位，卦变为小畜，小畜是巽风吹到乾天之上，浓云往上飘走，不能下雨。（五）“施未行也”解释“自我西郊”。意为：从西郊把浓云吹过去了，这是云的流行而未施雨。取义是说，积蓄太少，恩泽还未下施。从彖辞的提示来看，小畜卦通顺，但不会有大的恩泽利益带来。

象辞先解释卦象。“风行天上，小畜。”指下卦乾为天，上卦巽为风，风在天上吹动就是小畜卦。《九家易》说：“风者，天之命令也。今行天上，则是令未下行，畜而未下，小畜之义也。”荀爽认为是周文王在西岐时，还未做天子，不能把恩泽、政令下施于民，最好是去美化自己的道德，这样讲合乎历史。所以才说：“君子以懿文德。”“懿”是美，“文德”是有文采的道德。意思是君子要效法天象，要在道德上美化自己。

初九：复自道，何其咎，吉。

【译文】

返回正道，会有什么咎害，吉祥。

象曰：复自道，其义吉也。

【译文】

返回正道，从道理上讲应当吉祥。

【辨证】

《周易》例，刚爻的推移，从上返下再生出来称复。剥䷖卦是刚爻从上剥退，复䷗卦就是又返到下面长出来。小畜从姤变来，初九与六四换位，从上来下，是循着复的正道返下，故云“复自道，何其咎，吉”。

象辞说：“复自道，其义吉也。”“义”是义理。意为：返回到正道上来，会有什么咎害，从道理上讲应当吉祥。

九二：牵复，吉。

【译文】

牵连而返回正道，吉祥。

象曰：牵复在中，亦不自失也。

【译文】

牵连返回正道，又在中位，也是自己没有过失。

【辨证】

姤是阴长阳退的卦，而小畜卦中初九是返下复生，改变了阳爻上退的趋势。九二紧邻初九，是初九牵动了九二来复，故云“牵复”。“复”是返回正道，故“牵复”也吉祥。象辞说：“牵复在中，亦不自失也。”指九二占据下卦中位，中是无过无不及，行为适中。自己没有过失，所以吉祥。把“不失”与上爻的“其义吉也”联系起来可以看出，吉祥与否在于自己有没有过失，有过失，从道理上讲就应当不吉；无过失，从道理上讲就应当吉。前人讲“义者，宜也”,“义”有应当的意思。人应当顺应天道，顺应天道而无过失就会吉祥。

九三：舆说辐，夫妻反目。

【译文】

大车脱落辐条，夫妻反目不和。

象曰：夫妻反目，不能正室也。

【译文】

夫妻反目不和，是不能把家室关系摆正。

【辨证】

乾卦九三象辞说“反复道也”，泰卦九三爻辞说：“无平不陂，无往不复。三是反复之位，况且九三又被小畜卦唯一的一个柔爻切断，有上下脱节之象。“舆说辐”中，“舆”是车厢，“说”同“脱”；“辐”，《释文》说“一本作图輹”。輹是连接车厢与车轴的卡子，古人称伏兔。在大畜九三与大壮九四里都提到“輹”。从象上看震为輹，小畜卦里没有震，不应作輹。“辐”是大车上的木质辐条。《周礼·考工记》：“毂也者，以为利转也；辐也者，以为直指也；牙也者，以为固抱也。”意为：车轮上的部件：穿车轴的毂，是用来使车轮转动的；辐是用来内连车毂外接车辋的支撑直木；牙是用来牢固地把车轮环抱住。辐就是车轮上的辐条。从象上讲，巽为木、为直、为股，直木作股，故为辐，指的是九三与上卦巽辐（九三→䷈>上巽）脱离开。兑为毁折，九三在互兑里，故为大车颠覆，车轮毁坏，辐条脱落。“反目”是反目不和，“夫妻反目”是夫妻吵嘴打架，怒目相向。象上指的是小畜从姤卦变来，姤卦上乾为夫、下巽为妇（䷫ >乾 >巽），夫在上，妇在下；变为小畜是巽在上，乾在下（小畜䷈ >巽 >乾），关系颠倒。互卦变离（巽 < ䷈ > 互离），上卦变巽，离为目，巽为多白眼，故为“夫妻反目”。象辞说：“夫妻反目，不能正室也。”指的是妻在夫上，家室关系不正，故反目不和。

六四：有孚，血去，惕出，无咎。

【译文】

有诚信，离开流血之灾，从忧惧中出来，无咎害。

象曰：有孚惕出，上合志也。

【译文】

有诚信，从忧惧中出来，是上面与自己心志相合。

【辨证】

六四是全卦唯一的一个柔爻，从姤卦的初六来到六四而得位，上下都来应合，故为“有孚”。“孚”是信，“有孚”指被上下信从。“惕”是忧惧。这是从卦变中取象。六四来源于姤卦的初六，姤是柔爻灭刚爻的第一卦，初六是灭刚的第一爻。坤初六文言说："臣弑其君，子弑其父，非一朝一夕之故，其所由来者渐矣，由辩之不早辩也。"指的就是姤卦初六要灭刚，充满血腥与危惧。卦变为小畜初六进入四位，柔爻与刚爻应合，不去灭刚，解除了这种流血危惧状态，故言"血去，惕出，无咎"。象辞说："有孚惕出，上合志也。""上"指姤卦上面的五个刚爻，六四升上来与五个刚爻心志相合。

九五：有孚挛如，富以其邻。

【译文】

有诚信，系恋的样子，与邻居共同富裕。

象曰：有孚挛如，不独富也。

【译文】

有诚信，系恋的样子，是不独自富裕。

【辨证】

"挛"是拳拳系恋的意思。九五处在本卦的大中之位，唯一的柔爻六四紧承其下，九五系恋六四，上下孚信相结，故为“有孚挛如”。姤卦上面的五个刚爻挨在一起为邻，卦变为小畜，小畜是小有积蓄而富有，上巽为近利市三倍，五个刚爻从被灭掉的形势下变为小康，共同富裕起来。其中九五在尊位，是带头人，故言“富以其邻”。“以”是与的意思。从取义上讲，是说九五信实忠厚，拳拳系恋着别人，与邻居一同富裕。象辞重点解释爻辞的取义，“有孚挛如，不独富也”，意为有忠信，系恋的人，不独自享受富裕。“不独”解释“挛”的意思。

上九：既雨既处，尚德载。妇贞厉。月几望，君子征凶。

【译文】

已经下了雨，已经安然相处，在上位负有德望。妇女在危难之中守正道。月亮快要满盈，君子征进有凶。

象曰：既雨既处，德积载也。君子征凶，有所疑也。

【译文】

已下雨，已安然相处，是负有积累的道德。君子征进有凶，是有所嫌疑。

【辨证】

“既”是已经，“既雨既处”，意为已经下了雨，已经安然相处。古人认为，下雨是天降雨露，恩泽下被。在上位能把恩泽布施于下，就是在上有德。“尚德载”中，“尚”同“上”，“载”是载负，这句意为在上位负有德望，也即处上位有德，在民众中负有声望。“月几望”中，“望”是十五的月亮，月满为望，“几”是快要，这句意为月亮快要圆了。这一爻主要是从上九的爻位取象。上位是极位，卦是不下雨的卦，到了极处就要下雨；卦是小富有的卦，发展到最后，小富有就可安居而享，故言“既雨既处”。发展到最后，大家都小畜了，所以才是“尚德载”。上卦巽为妇，妇在夫之上，关系乱了，正道不变有危厉，故言“妇贞厉”。按纳甲原理，兑为上弦月，“月几望”之象，主爻六四在互兑里，有快盛极之象，故言“君子征凶”。象辞说“既雨既处，德积载也”，主要指上九是小畜积累到最后。“君子征凶，有所疑也”，是说盛极而衰，再前进，就有衰败的可能。

【提示】

这一卦的卦爻辞大多从卦变中来，观察卦变时爻的推移运动，才能察知命辞的来源和内容。卦爻辞的来源还有一个重要的渠道，就是卦的错综关系。明朝万历年间，易学家来知德著有《周易集注》十六卷，提出“错综”的理论，实际上在《杂卦》“否泰，反其类也”中，已露出一些线索，孔颖达注《序卦》时已经指出卦序排列的覆与变关系。来氏讲的“错”就是孔氏讲的“变”，比如乾䷀卦六爻皆阳，全变为阴爻，即成为坤䷁卦，乾与坤就是错的关系。来氏讲的“综”就是孔氏讲的“覆”，比如小畜䷈卦，倒覆过来看就是下一卦履䷉，小畜与履卦就是综的关系。来氏特别强调了错综卦象的取象意义，把对《周易》的解释推进了一步，我们应当吸收他的合理见解。要而言之，我们在书面上看到的卦画是不动的，但卦要相荡，爻要推移，仅从一个不动的卦画中不能看出推移的痕迹。有了卦变与错综就可把卦画看活。简单地讲，卦变如同卦的来龙，大多可用以说明每组的前一卦；错综如同卦的去脉，大多可用以说明每组的后一卦。

十 履——礼仪规范

䷉

履卦的卦画结构为兑（☱）下乾（☰）上，传统称作天泽履。《序卦》说："物畜然后有礼，故受之以履。履者，礼也。"意为：物质得到蓄积丰富起来，然后要有礼仪来节制，所以在小畜卦后接着是履卦。履是礼节的意思。《杂卦》说："履，不处也。"意为履是行进而不停留。《说文》说："履，足所依也。"意为履是脚上穿的鞋子。综上所述，履的本义是鞋子，引申为践履、履进、礼节。古人认为，人的行动要受到礼的节制，不然就会乱来，故履有该怎样行动的意思，这就是礼。在卦爻辞中，卦名"履"主要是践踏、行进的意思。

履是小畜的覆卦，两卦构成正覆关系。即小畜（䷈）中上下倒过来看为履䷉。按卦变的通例，小畜由姤䷫卦变来，它的覆卦履应当由姤的覆卦夬䷪变来。是夬的上六下到三位，即

上六与九三换位变履䷉。分析履卦的卦爻辞要注意它与夬、小畜卦的关系。

履，履虎尾，不咥人，亨。

【译文】

踩在老虎尾巴上，虎不咬人，亨通。

彖曰：履，柔履刚也。说而应乎乾，是以履虎尾，不咥人，亨。刚中正，履帝位而不疚，光明也。

【译文】

履卦，是柔顺以礼对待刚健。下卦兑为悦，上卦乾为人，兑悦而顺应乾人，因此踩在虎尾上，虎不咬人，亨通。刚爻居于中位得正，踏上帝王之位而无愧疚，是因为光明正大。

象曰：上天下泽，履。君子以辨上下，定民志。

【译文】

上卦乾为天，下卦兑为泽，天在上、泽在下就是履卦。

君子效法这种秩序，要分辨上下，安定民心。

【辨证】

“咥”（dié）是咬噬，“疚”（jiù）是惭愧内疚。卦辞说：“履虎尾，不咥人，亨。”意思是说：踩在老虎尾巴上，老虎也不咬人，太顺利了。兑为虎，上为首，下为尾，从夬卦变为履卦，上卦兑变成下卦兑（夬䷪>上兑、履䷉>下兑），由首变尾，卦又是履卦，故为“履虎尾”。兑又为口、为悦，上卦乾为人，以悦应人，有口而不咬，故为“不咥人”。踩在虎尾上，虎不咬人，实在是太侥幸、太顺利了，故曰“亨”。

彖辞从三个方面解释卦辞。（一）说明主爻六三的运动。“履，柔履刚也。”意为：履卦是六三这个柔爻礼待刚爻，指主爻六三来源于夬卦上六，从上位下来，让刚爻上去。（二）解释卦辞“履虎尾，不咥人，亨”。“说而应乎乾”，指上下卦的组合，下卦兑为悦，“说”用如“悦”，上卦为乾，这里取乾为人的象，喜悦而顺应人，所以不咬人，亨通。（三）进一步说明“亨”的原因，指出九五中位是刚爻。“刚中正，履帝位而不疚，光明也。”彖上指的是九五，九五是刚爻在上卦的中位，又刚居刚位，位正，故言“刚中正”。九五是尊位，为帝主，在履卦，故言“履帝位”。“不疚”指九五有刚健中正之德，登上帝王之位也无愧疚，可以胜任。“光明也”指主爻六三在互离中（六三→☲>互离），离为光明。因为卦象上有以上诸多条件，故能亨通。

象辞解释上下卦象的组合。“上天下泽，履”，指履卦上卦乾为天，下卦兑为泽，天在上、泽在下就是履卦。“君子以辨上下，定民志”，是说君子要效法天地自然的本然秩序，把社会也这样组织好，分辨出人的高低尊卑，大人君子要排列到上面，小人平民要排列到下面。上下排列合理，百姓的心里就会安定。

初九：素履，往无咎。

【译文】

按平素的做法履行，前往没有咎害。

象曰：素履之往，独行愿也。

【译文】

按平素的做法履行、前往，一个人也要去行动。

【辨证】

夬卦变履卦，是六三从上位来到三位，三位以上的几个刚爻都到了柔爻之上，唯独初九、九二地位未变，仍保持原来的样子。所以初九是“素履”，九二是“中不自乱”。因为是在履卦，故为“素履”。素履是仍按原来的样子去履行。因为行为照常，故“往无咎”。象辞说：“素履之往，独行愿也。”意为素履之往，是按照独自的心愿去行动。没有象辞的说明，“素履”可以讲成白鞋，可以讲成朴素的行为等，有了象辞的限制，“素履”就应当讲成平素的行动，用成语解释就是我行我素，按照自己的心愿去行动。其他的意义不能作为主要意思。取象与取义要分开。

九二：履道坦坦，幽人贞吉。

【译文】

前进的道路平坦宽阔，幽暗之人正道吉祥。

象曰：幽人贞吉，中不自乱也。

【译文】

幽暗之人正道吉祥，是因为守中不乱。

【辨证】

履卦的形成是夬卦的上六下到九三之上的三位。二位是地位，“直方大”，故云“履道坦坦”。“坦坦”是道路宽而平的样子。“幽”是暗，“幽人”是幽暗的人，主要指盲人。归妹九二爻辞说“眇能视，利幽人之贞”。“幽人”总是与“眇”连在一起。“眇”是眼有残疾，“幽人”主要指盲人，扩展一点讲，可理解为一切身处幽暗的人。从象上分析，九二互离（六二→䷉>互离），又在下卦兑中，离为目，兑为毁折，目有毁折，故为“幽人”、为“眇”。“贞”指九二在下卦中位，能在中守正，故吉祥。象辞说：“幽人贞吉，中不自乱也。”意思是说：幽暗之人吉祥，是位在中而自己不乱。“乱”指的是乱动，“中”指中位。“不自乱”解释“贞”。夬变履，九二守中不动。归妹九二的象辞说“利幽人之贞，未变常也”。“未变常”与“不自乱”可相互说明，能保持常态，品行端正，不逐荣华，与初九的不改素常意思接近。对于“幽人”的解释，前人有解为隐士的，有解为守节女子的，有解为囚犯的，有解为幽静之人的等，无论怎样讲，要以盲人为基础去理解，引申为幽暗之人。

六三：眇能视，跛能履。履虎尾，咥人，凶。武人为于大君。

【译文】

眼有残疾能看得见，瘸子能走路。踩在老虎尾巴上，咬人，凶。武人要做大王。

象曰：眇能视，不足以有明也。跛能履，不足以与行也。咥人之凶，位不当也。武人为于大君，志刚也。

【译文】

眼有残疾能看得见，是不能看清楚。瘸子能走路，是不能走长路。虎咬人，凶，是位置不正当。武人要做大王，是心志刚强。

【辨证】

"眇"，《说文》说："眇，一目小也。"指一只眼大、一只眼小的人，眼长得有毛病，是斜眼或偏盲，但还看得见，这就是"眇能视"。"跛"是瘸子，"履"是行走，瘸子还能走路，就是“跛能履”。履又为踩踏，“履虎尾”即踩在老虎尾巴上。“咥”是咬噬，老虎咬人，故凶。“武人”是勇武之人，可视为后人说的军人，“大君”犹如大王，“为”是做，军人要当大王就是“武人为于大君”。从象上讲，六三在互离之中（六三→䷉>互离），又在下兑（䷉>兑）。离为目，兑为毁折，目受伤为眇，但有目，可见，故云“眇能视”。六三上连为互巽（六三→䷉>互巽），下连为兑，巽为股，兑为毁折，股毁折成了瘸子，为跛。在履卦，故“跛能履”。原在夬的上位是首，来到下卦成尾，故为“履虎尾”。兑又为口，故可“咥人”，有凶。爻辞取爻象，卦辞取卦象，卦辞说“不咥人”，爻辞说“咥人”，主要是取象的范围不同。兑为虎，虎威猛，故为武人；虎是兽中王，六三是全卦的主爻，故“武人为于大君”。象辞说：“眇能视，不足以有明也。”“不足”是不胜任。这句意为：眼有残疾能看见，但不能看得很清楚。“跛能履，不足以与行也”中，“与行”是参与行走行列。这句意为：跛子能走路，但不能走多远。“咥人之凶，位不当也。”一指六三是柔爻占据了阳位，失位不正；一指六三虽为本卦唯一的阴爻，被五个阳爻上下应合，但骑在两个刚爻之上，柔乘刚位不当。“武人为于大君，志刚也。”指六三有上九刚爻做正应，又为其他刚爻所应合，虽然是柔爻，心志比刚爻还刚强，要做大王。

九四：履虎尾，愬愬，终吉。

【译文】

踩在老虎尾巴上，战战兢兢，最后吉祥。

象曰：愬愬，终吉，志行也。

【译文】

战战兢兢，最后吉祥，是心志得到满足。

【辨证】

六三是虎尾，九四乘在虎尾之上，故为“履虎尾”。“愬愬”（sù）是恐惧的样子，马融本作“虩虩”，也是恐惧发抖的样子。九四紧邻下卦兑（九四→☰>兑），兑为虎、为口，有被虎口咬噬的危险，故愬愬发抖。但处在上下卦之际，中间有分界。履是小畜的覆卦，九四就是小畜的九三，小畜九三爻辞“舆说辐”，也是指下上脱开，故咬不着。但危险恐惧是不可避免的，故“愬愬”。因为下有六三这个全卦唯一的柔爻相比，故“终吉”。

象辞说：“愬愬，终吉，志行也。”意为有恐惧但最终吉祥，是因为心志得行。这从象上讲，指的是六三从夬卦的上六下来，顺承九四，比合在一起，九四的心愿满足了，“志行”指的是心志的满意。

九五：夬履，贞厉。

【译文】

行履刚决，正道有危厉。

象曰：夬履，贞厉，位正当也。

【译文】

行履刚决，正道有危厉，是位置正当。

【辨证】

履卦由夬卦变来，故言“夬履”。程传讲：“夬，刚决也。五以阳刚乾体居至尊之位，任其刚决而行者也，如此则虽得正犹危厉也。古之圣人居天下之尊，明足以照，刚足以决，势足以专，然而未尝不尽天下之议，虽刍荛之微必取，乃其所以为圣也，履帝位而光明者也。若自任刚明，决行不顾，虽使得正，亦危道也，可固守乎？有刚明之才，苟专自任，犹为危道，况刚明不足者乎！”意思是说：九五是刚爻，在上卦乾里，乾为刚，又在五的尊位上，是个一味刚决而行的统治者。这样下去，居正也有危厉。古代的圣人据有天下的尊位，有足够的才能和权势，还是要听他人的意见，即使是卑微下民的意见也要听，这才是圣人、光明的帝王。如果自己认为刚明不顾别人的意见武断而行，即使得正，也是危道，怎么可以固守呢？有刚明的才能，如果独断专行，还有危厉，更何况才能不足的呢！

上九：视履考祥，其旋元吉。

【译文】

审视走过来的行为，考察吉凶，返旋上位，大吉大利。

象曰：元吉在上，大有庆也。

【译文】

大吉大利在上位，是大有喜庆。

【辨证】

“视”是看，“履”是行，“考”是考察，“祥”是吉凶的征兆，“旋”是返转。爻辞意为：审视走过来的行为；去考察是吉是凶。能返转过来，大吉大利。全卦五个刚爻，只有上九与主爻六三阴阳正应。六三在互离之中（䷉>互离），离为目，可视；离为龟，龟可占卜，可考问吉凶。六三又是履的代表，故言“视履考祥”，是说上九可审视如何履进，去考察吉凶，也就是看看如何行动来察知吉凶。“旋”指上九返转到上位。卦从夬变来，上九是与六三换位，返旋到上位，故言“旋”。象辞说：“元吉在上，大有庆也。”意为大吉大利在上位，是大有喜庆。“大”指上九是刚爻，刚爻为大，六爻中只有上九有正应，故有喜庆。

【提示】

这一卦提示三点：一是关于虎的取象。虞翻认为坤为虎，朱升认为离为虎，唐鹤征认为乾为虎，苏轼认为九二为虎，邵雍认为兑为虎。考之《说卦》，邵雍说的正确。《说卦》讲，离“南方之卦也”，坎“正北方之卦也”，“震，东方也”。这是后天八卦的方位，显然，兑是西方之卦。天的四象是东方七宿为苍龙，西方七宿为白虎，南方七宿为朱雀，北方七宿为龟蛇。天的四象古人早有成说，《周易》大量采用古代天文知识，不可能仰观俯察而不取四象。《说卦》里还讲，“震为龙”“离为雉”，已经指出东方为龙，南方为朱雀，那么即可推想而知西方兑为虎，北方坎为龟蛇。

虞翻说坤为虎，可能是误以为乾为龙，故坤为虎。其实乾不是龙，震才是龙，乾是震的一阳渐次生长，直到六爻皆阳，乾是六龙相加。朱升认为离为虎，可能是以为离为文，虎有斑文，故离为虎。但《说卦》已经讲到“离为雉”，雉就是朱雀，再给它安上虎就不妥当了。朱雀一般认为是凤凰，但古人并未这样认定，只是觉得南方七宿像一只鸟罢了，古人甚至有认为是鹌鹑的，这从鹑火这一类的星名即可推知。雉是一种美丽而比较大的鸟，《诗经》里还把它看得很高贵，时时见诸歌咏，其实凤不过是雉的一种神秘化说法。凤凰这种鸟即使古代确实有过，也不过是像孔雀、雉那样一种美丽的大鸟。所以雉就是后人讲的朱雀可以承认。取天的四象，兑为虎就较接近《周易》作者的认识。说乾为虎，是从履卦刚爻多得到的印象，没有线索可据。至于《说卦》讲的“离为鳖，为蟹，为蠃，为蚌，为龟”，显然是取离（☲）外刚内柔，故为甲壳类动物，那是另一种取象方法，与取天的四象来源不同。二是乾为人的取象。依据易理，乾为阳，坤为阴，可以推知乾为人，坤为鬼。最有说服力的是彖辞“说而应乎乾，是以履虎尾不咥人”。显然是把兑看成说，把乾看成人。彖辞虽未明讲，但提示是较为明显的。虞翻说“乾为人”，可以从中得到印证。三是关于“礼”的问题。《序卦》说：“履者，礼也。”礼在卦中是如何反映出来的？

这主要反映在“上天下泽”的卦象里。礼在古代是维护上下等级和谐相处的一种礼仪秩序，主要是防止在下位的人僭越等级而做出的一些规定。上下分明就是守礼，在下位而超越了规定就是越礼。《系辞·下》提到：“履，德之基也。”“履，和而至。”“履以和行。”履都有礼的意思。上天下泽是自然的等级，礼是人伦社会的等级。

十一 泰——阴阳和谐

䷊

泰卦的卦画结构是乾（☰）下坤（☷）上，传统称作地天泰。《序卦》说：“履而泰然后安，故受之以泰。泰者，通也。”意为：按仪礼去做就会通达，然后可以平安，所以在履卦之后接着是泰卦。“泰”是通达的意思。《杂卦》说：“否泰反其类也。”意为否卦与泰卦是类别相反。从卦象上讲，指的是阴爻与阳爻的返上复下，类别相反。从意义上讲，否卦象辞说“天地不交，而万物不通也”。否卦是天地不交，阴阳闭塞，泰卦则是天地相交，阴阳通达，也就是不闭塞。按《序卦》《杂卦》的解释，泰卦是通达、平安的意思。

蜀才说：“泰本坤卦，小谓阴也，大谓阳也。天气下，地气上，阴阳交，万物通。”意思是：泰卦从坤卦发展而来。坤卦是六爻纯阴，一阳下生为复卦，即坤䷁中下生一位阳爻，变复䷗；二阳下生为临卦，即复䷗中再下生一位阳爻，变临䷒；三阳下生为泰，即临䷒再下生一位阳爻，变泰䷊。泰卦达到了阴爻与阳爻的平衡。泰的覆卦、变卦都是否卦，即泰（䷊）全卦倒过来看，为否䷋；泰䷊六爻全变，为否䷋。“独不见往来乎？否泰是也。”否、泰是显示卦爻摧荡、阴阳消息最突出的两卦，分析时要注意泰卦与否卦的关系。

泰，小往大来，吉亨。

【译文】

泰卦，小的去往，大的来到。吉祥亨通。

彖曰：泰，小往大来，吉亨。则是天地交，而万物通也。上下交，而其志同也。内阳而外阴，内健而外顺，内君子而外小人。君子道长，小人道消也。

【译文】

泰卦，阴爻为小，阳爻为大，阴去阳来是小的去往，大的来到，吉祥，亨通。下卦乾为天，上卦坤为地，天地相交，万物通达。天本在上，地本在下，而泰卦却天在下、地在上，是上下相交，心志相同。阳爻在内卦，阴爻在外卦，这是内阳外阴。乾为健，坤为顺，这是内刚健、外柔顺。阳爻为君子，阴爻为小人，这是内君子、外小人。阳爻从下息长，阴爻从上消退，这是君子之道在生长，小人之道在消退。

象曰：天地交，泰，后以财成天地之道，辅相天地之宜，以左右民。

【译文】

下卦乾为天，上卦坤为地，天地上下相交通，就是泰卦。君王受到启发，按天地法则制定人的法则，助成天地法则推行，来指导民众。

【辨证】

卦辞“小往大来”，与否卦卦辞“大往小来”结合在一起观察就会发现，阴爻为小，阳爻为大；爻从上向下运动为来，从下向上运动为往。否卦卦图是乾上坤下䷋，泰卦卦图是坤上乾下䷊，两卦既有往来，说明卦是运动的。泰卦从否卦运动而来，是大的阳爻来到，小的阴爻去往。从取义上讲“小往大来”是失去的少，得到的多。《系辞·上》说：“吉凶者，失得之象也。”既然得大于失，故为吉祥。乾为天、为阳，坤为地、为阴，泰卦乾在下、坤在上，是天的阳气到了下边，地的阴气到了上边，是天地阴阳交感流通之象，故万物得以生出长成，所以亨通。

彖辞从五个方面解释卦辞：（一）强调“小往大来”的运动。彖辞虽然只是重复说“泰，小往大来，吉亨”，但话一重复就有了强调意义，这里强调的就是“小往大来”是一种运动，运动才能吉亨。（二）说明“吉亨”的第一个原因：“则是天地交，而万物通也。”象上指下卦乾为天、上卦坤为地，乾下坤上是天的阳气下降，地的阴气上腾，为天地相交之象，天地能交感流通，万物才能吉祥、亨通。这是《周易》最基本的思想，天地相交，万物化生；阴阳相交，流行亨通。天地不交，万物既无由产生，也难以生存，更谈不上吉亨。（三）从上下的交感流通解释吉亨。“上下交，而其志同也”，象上指坤地位下而愿上，乾天位上而愿下，天地互喜，阴阳相吸，上下相交，志同道合。推及到社会伦理上说，在上位的人能谦恭卑下，在下位的人能顺应迎上，至诚交感，上下一心，心志相合，故吉祥、亨通。（四）从内卦与外卦的组合上说明“吉亨”。“内阳而外阴，内健而外顺，内君子而外小人。”下卦为内卦，上卦为外卦，内外卦的组合是内卦乾为阳，外卦坤为阴；内卦乾为刚健，外卦坤为柔顺；内卦刚爻为君子，外卦柔爻为小人。推及到社会伦理上说，阳气内包，阴气外发；内心刚健，外表柔顺；内近君子，外远小人，所以吉祥、亨通。（四）从阴阳消息上说明“吉亨”。“君子道长，小人道消也。”象上指阳爻代表君子之道，阴爻代表小人之道。阳爻在下息长，阴爻在上消退，所以吉祥、亨通。从彖辞的提示中可以看出：刚爻为阳、为大、为君子；柔爻为阴、为小、为小人。在下是向上息长，在上是向外消退。

象辞解释卦象组合，“天地交，泰”，意为下卦乾为天，上卦坤为地，天与地上下交感流通就是泰卦。“后以财成天地之道，辅相天地之宜，以左右民。”“后”是君王，因为帝位的六五是阴爻，故称后。“财”通“裁”，意为断制，犹言制定。“辅相”是赞助的意思。“宜”是适合，这里指天地适合于万物的运行之道。“左右”是率领、指导的意思。这句意为君王要从天地交感流通中得到启示，要按天地运行的法则制定出人伦大道，把天地适合于万物的大道推及到社会上，助成天地之道的推行，来率领、指导民众的行动。其实就是按天地之道制定政策，领导人民推行天地运行的法则。天地运行的法则就是阴阳交流则通达，不交流就闭塞。天地之宜就是要交感流通。

初九：拔茅，茹以其汇，征吉。

【译文】

拔茅草，根系牵连带着同类，征进吉祥。

象曰：拔茅征吉，志在外也。

【译文】

拔茅草征进吉祥，是志在外有进取。

【辨证】

茅是一种草类植物。《说文》："茅，菅也。"茅是菅草。《释文》："茹，牵引也。"虞翻说："茹，茅根。"茹是根系牵连的样子。菅草是靠根系滋生的一种草，根系在地里蔓延得既长又多，往上起拔的时候，根系牵缠，拉得很长。汇是类。爻辞意为，拔茅草，根系牵连，带着同类一同上进，吉祥。否卦初六爻辞也说："拔茅，茹以其汇，贞吉亨。"象辞："拔茅贞吉，志在君也。"两爻只有个别字的差异。泰初九的"征吉"与否初六的"贞吉"，正如《系辞·上》讲的"动静有常，刚柔断矣"。刚爻以动为性，柔爻以静为性。"征"是前进，与刚爻性合；"贞"是贞固静止，与柔爻性合。其他的爻象都应与否的初六联系在一起考虑。虞翻说："否泰反其类，否巽为茅。茹，茅根。艮为手。汇，类也。初应四，故拔茅茹以其汇。"意思是说，泰是否的覆卦，又是否的变卦。否卦中的互巽为茅（否九四→䷋>互巽），互艮为手（九四→䷋>互艮），初爻与四爻是应位，故从否的四位取象。否的九四在巽茅艮手里，如同手拔茅草，根系牵连，同类一起提出。"茹"是茅根，"汇"是同类。茅根牵连上出，否卦一反就成为泰卦。虞氏的说法可备一说。巽为茅见大过卦说明。如果与否初六爻辞联系在一起分析，大致可得出一个结论：同性爻一同上长即为"拔茅以其汇"。刚爻与刚爻为类，柔爻与柔爻为类，推移中刚爻与柔爻始终保持各聚一处，顺序而不分开，有如根系牵连，同类共进，泰卦是由坤卦经过复、临长成，泰初九相当于复卦初九，复初九在下震里，震为萑苇，根系牵连似茅，震又为生，有挺出上拔之象，带领同性爻一同上长，故言"茹以其汇"。象辞说"拔茅征吉，志在外也"，联系否初六象辞"志在君也"一起分析。《说卦》讲"乾为君"，否的初六是志在乾卦，乾在外；泰的初九是志在坤卦，坤在外。从爻位上看，初九的应爻在六四，上下阴阳正应，所谓"志在外"，还是讲阴阳喜合，异性相吸，初九的愿望在外卦。取义是说，初九的愿望是要向外发展。

九二：包荒，用冯河，不遐遗，朋亡，得尚于中行。

【译文】

包容广远，徒步过河，不因远而遗失，失去朋友，中正行进受到崇尚。

象曰：包荒，得尚于中行，以光大也。

【译文】

包容广远，中正行进受到崇尚，是因为广大。

【辨证】

“荒”是广远，如远古称“荒古”，广野称“荒野”。“包荒”是说包容广远，胸襟阔大。“冯”用如“凭”，“冯河”是徒步涉水。“遐”是远，“遗”是失，“不遐遗”是说不因遥远而有所遗失，也就是再远也能顾及。“朋”指朋友，坤卦象辞说“西南得朋，乃与类行”。“朋”“类”互文见义，朋指朋友。“朋亡”是失去朋友。“得尚于中行”，意为按中道行进，受到崇尚。从象上说，九二在下乾之中，要推移到上卦之中，志在上坤，乾天大，坤地广，有广远之象，故称“荒”。虞翻说“在中称包”，考之各卦，初、上两位不言包，包都在卦的中四爻。如蒙卦九二“包蒙”；否卦六二“包承”，六三“包羞”；姤卦九二“包有鱼”，九四“包无鱼”，九五“包瓜”。甚至言“苞”的也在中四爻，如否九五“苞桑”。如“中”指除初、上而外的卦中四位，虞氏的说法可以成立。那么“包荒”是从九二在下卦中位，又是下卦乾的主爻，要向上发展到上卦中位取象。下卦乾为健，九二要上到五位，前临互兑（五位→䷡>互兑），兑为泽，故可为河。互震为足（䷡>互震），刚健而足涉河，故为“用冯河”。天大地广，从泰推移到否，是天地运动，故“不遐遗”。坤为朋，坤卦卦辞“西南得朋，东北丧朋”，古代串成两串的贝币或两串玉都可称朋，坤（☷）像两串，故为朋。坤卦要从上消退，故言“朋亡”。九二从二位升进到五位，是从下卦向上卦，从下中位走向上中位，经历三四位，行在卦中，故言“得尚于中行”。“尚”义同“上”。象辞说：“包荒，得尚于中行，以光大也。”“光”用如“广”，是说九二包容广远，从下卦中位上到上卦中位，是因为乾天大、坤地广。爻辞是从泰卦往来运动中取象。理解可以灵活，“包荒”是无所不包，“用冯河”是徒步可涉过大河险阻，一往无前。“不遐遗”是遐迩都可顾及，远近皆宜。“朋亡”是不立朋党，大公无私。“得尚于中行”是能行中正之道，被大众所推崇。

九三：无平不陂，无往不复。艰贞无咎，勿恤其孚，于食有福。

【译文】

没有只平而不倾斜的，也没有只往而不返的。艰难守正没有咎害。不必担忧，内心信实。在饮食方面有福可享。

象曰：无往不复，天地际也。

【译文】

没有只往而不返的，是处在天地的交界。

【辨证】

“陂”是倾斜不平，“复”是返回。“恤”是忧恤。从象上看，下卦三个刚爻，上卦三个柔爻，阴阳平衡。但刚爻要向上推移，柔爻要下退，平会变得不平。从泰到否，从否到泰，乾来坤往，坤来乾往，天地的运动往来不绝，故言“无平不陂，无往不复”。九三在下卦乾与上卦坤的边界线上，正是天地运动的衔接处，是阴阳推荡的前沿，要保持泰平，在艰难中守正才会无咎。但阴阳推移虽是消长生灭的契机，而阴与阳又是相互依存的，九三与上六阴阳正应，相互信赖，不必担忧，故言“艰贞无咎，勿恤其孚”。九三在互卦兑中（九三→䷊>互兑），上卦是坤，下卦是乾，兑为口，坤为众，乾为福，是可食的东西众多，有口福之象，故言“于食有福”。象辞说“无往不复，天地际也”，意为没有来而不往，往而不来的，是处在天与地的边际。强调天地运动的规律是往来运动不绝。

六四：翩翩，不富以其邻，不戒以孚。

【译文】

轻飘飘地，与邻居一同不富足，不戒备，心存诚信。

象曰：翩翩不富，皆失实也；不戒以孚，中心愿也。

【译文】

轻飘飘的与邻居一同不富足，是都不重实。不戒备心存诚信，是心中愿意。

【辨证】

“翩翩”是飘飞的样子，这里指轻飘飘的。象上指上卦坤为虚，要向上退去。刚爻为实，柔爻为虚，因虚故“翩翩”。坤为虚、为吝啬，故为“不富”。六四与相邻的六五、上六一同组成坤卦而向上消退，故言“不富以其邻”。“不戒”是不加戒备。刚爻上推，柔爻外退，六四处在推退前沿却不加任何戒备，是因为六四与初九阴阳正应，又因为六四与下面的三个刚爻直面相接，按同性相斥异性相吸的易理，六四对刚爻喜悦而信赖，故言“不戒以孚”。象辞说“翩翩不富，皆失实也”，“实”指刚爻，意为轻飘飘的不富足，是因为相邻的爻都不是刚爻。“不戒以孚，中心愿也。”意为不加戒备，心怀信赖，是心中愿意如此。这一爻的“翩翩”，前人多讲成鸟飞，但象中没有鸟。按象辞“无实”的说法，应当看成是轻飘飘的样子。

六五：帝乙归妹，以祉元吉。

【译文】

帝乙嫁妹，以此得福，大吉大利。

象曰：以祉元吉，中以行愿也。

【译文】

以此获福，大吉大利，是行正道实现自己的心愿。

【辨证】

女儿出嫁为“归”。在归妹卦里也提到“帝乙归妹”。看来周王朝的先祖确实有过娶商帝妹妹的历史，故念念不忘。李镜池先生认为，《诗经·小雅·大明》中，“挚仲氏任，自彼殷商，来嫁于周，日嫔于京”说的就是这件事。传统解释认为，《诗经》讲的是挚国姓任的二女儿，从商下嫁于周的王季，生下了周文王。挚是商王朝近畿的一个诸侯国。从古代同宗封侯的习惯考虑，太任很可能是商王的同宗妹妹。这样，帝乙应当指商纣王的父亲帝乙。前人也有解帝乙为商汤的，姑且存疑。“帝乙归妹”，意为天子帝乙下嫁自己的妹妹。“祉”是福，“以祉元吉”，是说受到这样的大福，大吉大利。归妹䷵卦上震（☳）下兑（☱），震为长男，为兄；兑为少女，为妹。泰卦是互震为兄（䷊>互震），互兑为妹（䷊>互兑）。五是帝位，按纳甲说，坤纳乙，故言“帝乙归妹”。“以祉元吉”指六五与九二阴阳正应，而且都在中位，乾为福、为祉。象辞说“以祉元吉，中以行愿也”，就是指六五的应爻九二也在中位，能行正道，上下应合，心愿得以推行。这一爻在《左传》哀公九年中有用例，可列出来参考。当时晋国的赵鞅为了救郑，要向宋国宣战，于是先进行占筮，看看吉凶。“阳虎以《周易》筮之，遇泰䷊之需䷄，曰：‘宋方吉，不可与也。微子启，帝乙之元子也。宋、郑，甥舅也。祉，禄也。若帝乙之元子归妹而有吉禄，我安得吉焉？’乃止。”泰之需就是泰卦的六五爻是动爻，动爻一变成为需卦，即：泰䷊中六五爻动，柔爻变，名交，为需䷄卦。阳虎认为，泰卦的六五爻辞是“帝乙归妹，以祉元吉”，“祉”是福禄，宋是微子启受封的国家，微子启就是帝乙的长子，微子启受封后曾把妹妹嫁给郑国。现在微子启虽然不在了，宋仍是他的后代。宋国与郑国又是舅舅与外甥的关系，正好应了“帝乙归妹”，那就是宋国有福禄。

上六：城复于隍。勿用师。自邑告命，贞吝。

【译文】

城墙倒塌在城壕里。不要出兵。从乡邑传来命令，正道不变有吝悔。

象曰：城复于隍，其命乱也。

【译文】

城墙倒塌在城壕里，命令乱了。

【辨证】

“隍”是护城河。古人筑城就近取土，城墙修成，城墙下挖成大壕沟，壕沟里注满水就是护城河。没有注水的城壕称作隍。虞翻说“无水称隍，有水称池”，即指此。“复”是倒覆，“城复于隍”是说本来是从城壕挖土垒成城墙，现在城墙又倒塌下来填进了城壕。与“无平不陂，无往不复”的意思相同，指事物循环往复、沧海桑田的变化。只是“城复于隍”有崩塌的意思。“勿用师”，师是军队，天地翻覆，阴阳往来，用兵抵抗没有任何用处。“自邑告命”，邑是乡邑，大夫的封地为邑，比国家的京城要小。正常的情况是从京城向乡邑发布命令，现在从乡邑传送命令，也是上下颠倒，地位互变。“贞吝”是正道不变有悔吝。从象上说，上六已处泰卦最上位，物极必反。下乾为天，上坤为地，现在要天向上复，地向下返，复归本位，天地翻覆要大变。坤为城邑，上六在互震之上(上六→䷊>互震)，震是个小复卦（震☳<䷗复），互兑为泽为池（䷊>互兑），故言“城复于隍”。坤为众、为师，坤卦要从上消退，不利用师，故言“勿用师”。坤为邑，巽为号令，上六返下变恒䷟，由泰的上坤下而为巽（恒䷟>巽），巽为命令，故言“自邑告命”。天地往来之时，不变已是不可能的事，故言“贞吝”。象辞说“城复于隍，其命乱也”，“其命乱也”显然是解释“自邑告命”。象辞因简约而节引爻辞，读的时候应当贯通起来去理解。物极而反，天翻地覆，天命无常，所以“其命乱也”，表现在现实中就是“自邑告命”。“自邑告命”是“命乱”，那么就是由原来自上而下的“告命”，变成自下而上的“告命”。按象辞去理解，“自邑告命”是从乡邑传来命令。讲成另外的意思属爻辞义的引申。

【提示】

关于上下经的分工问题，《周易尚氏学》在否卦之后有一段按语，移录于下，作为参考。“按否泰云，大小往来，无平不陂，无往不复。终则曰，城复于隍，其命乱也。否则曰，否之匪人。皆言天地否泰之运，循环往来，自然如此，不假人为。为上经天地水火之枢纽，明天道本如斯，不可易也。至下经第十卦之损益，则曰损益盈虚，与时偕行；曰损刚益柔，曰损下益上；曰见善则迁，有过则改。所言皆履世之大经，修治之极轨。无丝毫委心任运之意，以为咸、恒、既、未济之枢纽，明人事宜如斯也。尽人事，听天命，斯学《周易》之功也。”这是一个传统说法。大致意思是说：《周易》分为上经、下经两大部分。上经三十卦，从乾、坤开始，到坎、离终止，天地水火的变化，否泰是枢纽。上经主要是讲天道，也就是自然规律。否泰所反映的“大小往来”（对立统一运动）、“无平不陂，无往不复”（物极必反）的规律，是自然规律中最基本的规律，所以安排在上经的第十卦之后。下经三十四卦，从咸、恒开始，到既济、未济终结，夫妇与成败的变化，损益是枢纽。下经主要讲人事，也就是社会规律。损益所反映的“满招损，谦受益”“改过迁善”等规律，是自然基本规律在人事方面的体现，所以把损益安排在下经的第十卦之后。以上的说法，孔颖达在咸卦的正义里有一段辨析：“先儒以易之旧题分，自此（按指咸卦）以上三十卦为上经，以下三十四卦为下经。《序卦》至此，又别其端首，先儒皆以上经明天道，下经明人事。然韩康伯注《序卦》，破此义云：‘夫易六画成卦，三才必备，错综天人，以效变化，岂有天道人事偏于上下哉？案上经之内，明饮食必有讼，讼必有众起，是兼于人事，不专天道。既不专天道，则下经不专人事。’理则然矣，但孔子序卦，不以咸系离，《系辞》云‘二篇之策’则是六十四卦旧分上下，乾坤象天地，咸恒明夫妇；乾坤乃造化之本，夫妇实人伦之原，因而拟之，何为不可？……岂能妄为异端！”孔颖达为《周易》作疏，用的就是魏王弼与晋韩康伯的注解。一般情况下是疏不破注，这里竟然把韩康伯驳斥了一番，维护先儒的说法，可见上下经还是有一个大致的分工，上经主要明天道，下经主要明人事。但韩康伯的讲法不是没有道理，尤其是对于《周易》这部天人统一的著作，不能这样截然分开，所谓上下经在内容上的分工，也只能说是个较粗的线条，上下经在内容上的穿插还是相当多的。

另外，关于序卦的排列顺序，还有人提出一些数上的讲究。如宋朝的俞琬在《读易举要》中提出，乾、坤、屯、蒙、需、讼六卦是六军之数皆全，所以第七卦是师卦。四十九是大衍之数，故第四十九卦是革。六十是周甲之数，故第六十卦是节，等等，这就有些牵强附会了。

十二　否——天地不通

䷋

否卦的卦画结构是坤（☷）下乾（☰）上，传统称作天地否。《序卦》说：“物不可终通，故受之以否。”意为，事物不可能永远通达，所以在泰卦之后接着是否卦。《杂卦》说：“否泰，反其类也。”“反其类”在象上指刚爻与柔爻的返上覆下，类别正好相反。从意思上理解，泰是通达，否卦就是不通。根据以上说法，否卦卦名的基本意思是闭塞不通。

泰卦从坤变来，否卦就是由乾变来。乾一变而为姤，即乾䷀中下生一位柔爻，上退一位刚爻，变姤䷫；二变为遁，即姤䷫再下生一柔，上退一位刚爻，变遁䷠；三变而为否，即遁䷠又下生一柔，上退一位刚爻，变否䷋。否卦又是泰的覆、变卦，即泰䷊六爻全变，为否䷋，这是变的关系；泰（䷊）上下倒过来看，为否䷋，这是覆的关系。分析否卦要注意它与乾卦、泰卦的关系。

否之匪人，不利君子贞，大往小来。

【译文】

遇到否塞的是不该否塞的人，不利于君子正道不变，大的去往，小的来到。

彖曰：否之匪人，不利君子贞，大往小来。则是天地不交，而万物不通也；上下不交，而天下无邦也；内阴而外阳，内柔而外刚，内小人而外君子。小人道长，君子道消也。

【译文】

遇到否塞的是不该否塞的人，不利于君子正道不变，大的去往，小的来到。这是上卦乾为天，下卦坤为地，天的阳气上行，地的阴气下行，天地不能交感流通，万物就不会亨通。天本在上，地本在下，上下悬隔不交往，天下就没有像样的邦国。内卦是阴爻、柔爻，为小人；外卦是阳爻、刚爻，为君子。这是内部阴暗，外表阳明；内部柔弱，外表刚强；内部是小人，君子排挤在外。阴爻从下息长，阳爻从上消退，这是小人之道在生长，君子之道在消退。

象曰：天地不交，否。君子以俭德辟难，不可荣以禄。

【译文】

上卦乾为天，下卦坤为地，天地上下分隔而不交感流通，这就是否卦。君子从中得到启示，道德上要注意俭损，躲避时局的灾难，不可去追求利禄，谋取荣华富贵。

【辨证】

《周易》例以柔爻为小人，刚爻为君子。故基本态度是应当扶持刚爻，抑制柔爻。而否卦却是柔爻上长，刚爻消退，正是该扶持的消退，该抑制的生息不已。乾为人，乾由三个刚爻组成，处在不利地位，故言“否之匪人”。“匪”同“非”，意为否塞的对象不合适，也就是不该窒塞不通的人却窒塞不通。“否之匪人”与比卦六三爻辞“比之匪人”句式相同。比六三的象是上下比邻的都是柔爻，组成的是坤卦，而不是乾卦；否卦是上乾要被推出卦外，都以乾为人。刚爻为君子，刚爻处在消退的大势中，君子应当安命知微，顺时引退，如正道不变，就不利，故言“不利君子贞”。“贞”是守正道而不知变通。刚爻为大，柔爻为小，刚爻要往外退，柔爻要从下来，故言“大往小来”。泰卦是阳长阴退，否卦是阴长阳退，从两卦的命辞上，可以看出作者扶阳抑阴的态度。

彖辞从五个方面解释卦辞。（一）“否之匪人，不利君子贞，大往小来”，是重复卦辞，提出要说明的内容。（二）“则是天地不交，而万物不通也”，指乾天在上，坤地在下，天的阳气不下降，地的阴气不上腾，与泰卦正好相反，是天地不交感流通的卦象。天地如此，万物就无由得到亨通。指明否是不通的意思。阴阳二气不往来，比如男的打光棍，女的守寡，不能结合，这日子不好过，通顺不了。（三）“上下不交，而天下无邦也”，“邦”是国家。卦象还是指天在上、地在下，上下悬隔不能交流。引申到社会组织上讲，就是在上位的人与在下位的人，上下不能交流，这个国家迟早要完蛋，天下没有邦国可言。彖辞作者从天地大道上认识上下级的关系。进一步指出泰是交，否是不交。（四）“内阴而外阳，内柔而外刚，内小人而外君子”，与泰卦一样，还是指下卦是内卦，上卦是外卦；刚爻为阳、为健、为大、为君子；柔爻为阴、为柔、为小、为小人。但刚柔爻的位置与泰卦换了。内卦是柔爻，外卦是刚爻。阳在外，阴在内；刚在外，柔在内；君子在外，小人在内。引申到人的修养上讲，就是内心阴险，外表却阳明；内心柔弱，外表却刚健；

内里是小人的肚肠，外表却装得像个君子。这种类型的人，与人们应当具备的道德修养完全相反，还怎么能行得通！引申到社会组织上讲，就是内部阴暗不堪，外部却显得阳明体面；内部柔弱，外部却显得刚强；小人主于内，君子排斥于外，这个组织怎么会亨通！这一句进一步强调否就是不通。（五）“小人道长，君子道消也”指出，否卦是柔爻上长、刚爻消退，表示的是小人之道在一天天发展壮大起来，而君子之道却一天天消退衰落下去，所以才说是“大往小来”，所以才“不利君子贞”。“否之匪人”是君子否塞不通、小人得势的意思。

象辞说明上下卦象组合。“天地不交，否。”天卦在上，地卦在下，天地不能上下交通，这就是否卦。处在这样一个上下隔绝的形势下，君子要“俭德辟难”。“俭”是约束收敛，“俭德”是说要在道德修养方面注意自己行为的约束和收敛，不要张扬显露。“辟”同“避”，“辟难”是躲避小人得势造成的灾难。“禄”是禄位，“不可荣以禄”，是说不可去追求功名利禄、荣华富贵。也是说否卦是君子受阻，小人得势。

初六：拔茅，茹以其汇，贞吉，亨。

【译文】

拔茅草，根系牵连，带着同类，正道吉祥，亨通。

象曰：拔茅贞吉，志在君也。

【译文】

拔茅草，正道吉祥，是心里想着君王。

【辨证】

同性爻相连一起上长即为“拔茅，茹以其汇”（见泰卦初九）。荀爽说：“拔茅茹，取其相连，汇者，类也。”泰卦是下面的三个刚爻向上长，否卦是下面的三个柔爻向上长，如同是手提着茅草一步步拉出来。初六是否的初爻，代表初生，故言“拔茅”，它与上面的六二、六三牵引连类而进，故言“茹以其汇”。与泰卦初九同象，所不同的是，泰是君子道长，否是小人道长。君子道长是应当的，小人道长是不应当的，故初六最好是不要前进。初六柔爻，具有静止柔顺的特性，又有九四在上阴阳正应，也愿意不动，故言“贞吉”。象辞说：“拔茅贞吉，志在君也。”乾为君，“志在君”是心里想着乾，因为应爻九四在上卦乾里。从取义上说，在下位的人能顺应于上，处处为君王着想，守正不变，就会吉祥。

六二：包承，小人吉，大人否，亨。

【译文】

包容承受，小人吉祥，大人窒塞，亨通。

象曰：大人否亨，不乱群也。

【译文】

大人闭塞，六二亨通，是不乱群。

【辨证】

《周易》例，只要是被初爻与上爻包在中间的二、三、四、五爻都可称中，故可称包。泰与否是天与地的运动，天包地承的特性表现得较为明显，故两卦多取包象。二位与五位分别是下卦、上卦的中位，在三爻的乾卦坤卦里，一般中爻代表卦的性能。否卦的六二表示下坤的地，九五表示上乾的天，否卦要向泰卦发展，六二会渐次上升到五位，这是六二要上包；六二与九五阴阳正应，六二承应九五，这是六二的承，故言“包承”。从取义上说，“包”是包容，“承”是承载，意为包容广大，无所不载。与泰九二“包荒”对比，“包荒”是天的包容广远，是讲天之大，“包承”是地的包容能载，是讲地之大，胸襟博大，具有无限的承受能力。六二代表坤卦三个柔爻的上长，柔来灭刚，柔爻为小人，刚爻为君子，君子在位为大人，从发展趋势上看，小人得势吉祥，大人处在否闭窒塞之中，故“小人吉，大人否”。“亨”是指六二这一爻亨通，不是大人亨通。无论是“大往小来”，还是“小往大来”，都是天地的运动，故有亨通之理。六二呈壮大发展之势，故亨通。象辞说：“大人否亨，不乱群也。”没有群党所乱。这句意为，大人闭塞，六二亨通是因为六二是下三爻的核心，三个柔爻群体不乱。对爻辞的理解，要注意它是针对六二的命辞，如果把省略的部分全列出来，爻辞是说：六二包承；六二小人吉，大人否；六二亨。

六三：包羞。

【译文】

含羞容耻。

象曰：包羞，位不当也。

【译文】

含羞容耻，是位置不当。

【辨证】

上下卦分开讲，二位是下卦中位，五位是上卦中位，把六爻卦合起来讲，三、四是全卦的中位。故六三也是“在中称包”。

“羞”是羞怯、羞耻。六三上接刚爻，处在阴阳接触的地位，如男女授受，故有羞怯。从取义上说，“包羞”是包容羞耻，也即不知廉耻、包容丑恶的意思。象辞说：“包羞，位不当也。”

认为“包羞”是从爻位取象。“位不当”与泰九三象辞“天地际也”对比起来看，是处在上三阳、下三阴的边际处。

这个位置在阴阳男女之际，有羞。宋人多把“位不当”讲成是六三阴爻而占据阳位。

这是六三位不正，九四是阳爻居阴位，也是位不正，不正与不正而阴阳遇合，故有羞耻。“位不当”主要是指在阴阳爻的际遇处。

九四：有命，无咎，畴离祉。

【译文】

有所授命，没有咎害，众人依附同受福禄。

象曰：有命无咎，志行也。

【译文】

有所授命，没有咎害，是心愿能推行。

【辨证】

“有命”是有人授命，也就是有人授权给它。前人有说命指天命的，也有说指君命的，从象上分析，受君命确切一些。命取象于巽。九四在互巽中（九四→☴>互巽），与九五组合在一起才成为互巽。九五是帝王，是九五授权给九四。“无咎”是无咎害。“畴”同“俦”，同类称俦，意为多数。“离”是附丽，《序卦》说，“离者，丽也”，当依附讲。“祉”是福禄。“畴离祉”意为众人依附它而得到福禄。象上指九四下临三个柔爻，柔爻具有依附的特性。九四刚健，众多比邻于下的同类柔爻都来依附，从而得到福禄。乾为福、为祉，坤为众、为畴。象辞说：“有命无咎，志行也。”

“志”指九四受命之后的心愿，意为君王授权给九四，九四奉命行事，希望实现君王的命令，这种心愿能推行下去。与泰六四象辞“中心愿也”对比着看，“志”指心愿，讲的是阴爻与阳爻相互悦慕的心情。爻辞是说九四有来历，虽在否闭的形势下也无咎害，能给众人带来福利，可以依附。

九五：休否，大人吉。其亡其亡，系于苞桑。

【译文】

闭塞休止，大人吉祥。要灭亡，要灭亡，却系在大桑树上。

象曰：大人之吉，位正当也。

【译文】

大人的吉祥，是位置正当。

【辨证】

“休”是休止，“休否”是说否塞不通的状况到九五这一爻时就停止下来。“其”是表推测、委婉的语气词。“其亡其亡”意为快要亡了吧，快要亡了吧，在念念不忘危亡的时局。“苞”的讲法分歧较大，从爻辞的内在联系上分析，“苞”同“包”，是大的意思。“系于苞桑”是拴在大桑树上。这句爻辞《系辞·下》讲过：“子曰：危者，安其位者也。亡者，保其存者也。乱者，有其治者也。是故君子安而不忘危，存而不忘亡，治而不忘乱，是以身安而国家可保也。《周易》曰：‘其亡其亡，系于苞桑’。”孔子的意思是说，人如果能居安思危，存而思亡，治想着乱，就可以长治久安。反之则会亡国乱邦。“其亡其亡”是经常想着有灭亡的可能，从而及时补救，反而会如同“系于苞桑”。就是说不但亡不了，还会如系在大桑树上一般牢固。从象上看，九五下临互艮（九五→䷋ > 互艮），艮为止、为休，在否卦，故言“休否”。九五刚爻占据大中之位，是君子得位，故称“大人”。阳爻居阳位，既中又正，故“吉”。否卦是阴灭阳，九五是三个阳爻的核心，有危亡之感，故言“其亡其亡”。互为巽卦（九五→䷋ > 互巽），巽为木、为绳，在中称包，故言“系于苞桑”。象辞说：“大人之吉，位正当也。”意为：九五在否塞的卦里能够吉祥，是因为位置正当。特别强调了九五位置中正。

上九：倾否，先否后喜。

【译文】

否塞的状况要倾覆，先否塞后喜悦。

象曰：否终则倾，何可长也。

【译文】

否塞到了终极就会倾覆，怎么会长得了。

【辩证】

泰卦上六爻辞是“城复于隍”，否卦上九是“倾否”，“倾”与“覆”意同，意为颠倒倾翻。象上指上九到了全卦最上位，物极必反，否极泰来，否塞不通的时势要倾覆，从此要变得通泰顺畅。否卦倒过来就是泰卦，故言“倾否”。否是忧，泰是喜，先为否卦，后变泰卦，故言“先否后喜”。象辞说：“否终则倾，何可长也。”也是讲物极必反，上九已经到了终极的地步，就要倾覆，否的局面怎么会长得了，强调了上九处在终极之位。

【提示】

否卦是十二消息卦之一。前人把六十四卦中从乾到坤，又从坤到乾，阴阳二气互为消长表现最为明显的十二卦称作消息卦，并认为这十二卦是卦变的基础。它们的消长过程如下：乾卦是六爻全阳，是阳气极盛的时期。宇宙是阴阳二气对立统一的运动，对立双方相互依存、相互消长是个永恒不变的规律，阳气盛到极处，便会有阴气产生。于是一阴下生，一阳上退，乾变为姤，即乾䷀中下生一阴，上退一阳，变姤䷫。从姤卦开始，是阳气渐次消退，阴气逐爻生长的时期。姤下再生出一阴，即为遁䷠卦；遁下再生一阴，即为否䷋卦；否下又生一阴，即为观䷓卦；观下又生一阴，即为剥䷖卦；剥下继生一阴，就到了阳气消尽，六爻纯阴的坤䷁卦。坤卦是阴气到了极盛时期，物极必反，又会有阳气产生。于是一阳下生，一阴上退，坤变为复，即坤䷁中一阳从下生出，一阴从上退去，变复䷗。从复卦开始又是阴气逐爻消退，阳气渐次生长的时期。复下再生一阳为临䷒卦；临下再生一阳为泰䷊卦；泰下又生一阳即为大壮䷡卦；大壮从下又生一阳即为夬䷪卦；夬下继生一阳，又到了阴气灭尽，六爻纯阳的乾䷀卦。阴阳的消长用十二消息卦刚柔爻的推移极为直观地表现出来，把事物的对立统一运动作了形象化的图示。揭示了宇宙运动回环无端、往来不绝、永动不息的客观规律。提示人们在客观实践中要遵循宇宙运动的规律，永无止境地前进。并指导人们把握物极必反的规律。不为极盛，盛极知退；不欺弱小，新生可畏。始终把自己放在一个客观的位置上。值得注意的是，《周易》并不是把乾坤视为转折，而是把泰否视为事物变化的转折点，是否极泰来，泰极否来。否泰是阴阳相对平衡的时期，这就提示人们，应当在矛盾双方相对平衡的时期，注意把握转化的契机。天翻地覆的运动，也就是根本上的转化，正是从这里开始。

十三　同人——分久必合

䷌

同人卦的卦画组合为离（☲）下乾（☰）上，传统称作天火同人。《序卦》说：“物不可以终否，故受之以同人。与人同者，物必归焉，故受之以大有。”意为：事物不可能老是否隔不通，否塞到一定程度，定会突破悬隔，走向和同，所以在否卦之后接着是同人卦。与人能同心同德，万物就会来归附，所以在同人之后接着是大有卦。《杂卦》说：“同人，亲也。”同人是相互亲近的意思。据《序卦》《杂卦》的讲法，同人是与人同心同德，相互亲近。

虞翻认为同人从姤卦变来，是姤卦的初六与九二换了位置，即姤䷫初爻与二爻换位，变同人䷌。同人与下一卦大有是正覆卦关系，即同人（䷌）上下倒过来看，为大有䷍。

同人于野，亨。利涉大川，利君子贞。

【译文】

与在野的人同心同德，亨通。有利于涉过大川险阻，有利于君子守正。

彖曰：同人，柔得位得中，而应乎乾，曰同人。同人曰："同人于野，亨，利涉大川。"乾行也。文明以健，中正而应，君子正也。唯君子为能通天下之志。

【译文】

六二柔爻取得柔位，处下卦之中，又与上卦乾相应，称作同人卦。同人卦说："同人于野，亨，利涉大川。"这是乾的运行。下卦离为文明，上卦乾为健，文明又刚健。九五位正居中，又有六二相应合，这是君子端正。只有君子才能沟通天下人的心志。

象曰：天与火，同人。君子以类族辨物。

【译文】

上卦乾为天，下卦离为火，天与火就是同人卦。君子从中得到启示，对天下的万事万物，既要按族归类，又要按物分别。

【辨证】

同人只有六二是柔爻，故六二是分析全卦的主爻。同人卦从姤卦变来，六二原是姤卦的初六。姤是十二消息卦之一，属阴长阳退，柔来灭刚的六卦之首。它的发展趋势是：一阴下生为姤䷫，二阴下生为遁䷠，三阴下生为否䷋，四阴下生为观䷓，五阴下生为剥䷖，直至六爻皆阴的坤䷁，把阳爻消尽。这种发展趋势对刚爻形成一种威胁，刚、柔爻处在敌对之中，小人要来灭君子。姤卦变而为同人，初六进居二位，九二下居初位，改变了柔爻继续下生的局势，不再对刚爻形成威胁。六二柔居柔位，又在下卦之中，柔顺中正；与上卦的九五处在阴阳正应的位置上，上下应合，化敌对为应援。刚爻与柔爻同心同德，故卦称同人。从象上讲，乾为人，六二与上乾的九五同心一意，才称同人。乾为远、为郊、为野，故卦辞说“同人于野”。“亨”是亨通。从取义上讲，古人把在朝廷执政称“在朝”，朝外的老百姓称“在野”，“同人于野”是说在朝的人能与在野的人同心同德，上下一心，故亨通。上下同心就会有难同当，有险可济，故可以渡过大川险阻，任何天堑地险都阻挡不住。从象上讲，彖辞提示是“乾行也”。“乾”指上卦是乾，“行”指姤的下卦原是巽（姤乾<䷫>巽），乾是刚健，巽为股，股是大腿，巽的初六进到二位变同人，是股动而成为同人。所以同人卦是刚健的股动而进，这就是“乾行”。刚健而进，故“利涉大川”。“利君子贞”指姤卦是柔灭刚，君子不利正道，变而为同人，柔来应合刚爻，君子处在可以坚守正道不动的有利形势下，因为刚爻为君子。

彖辞从五个方面解释卦辞。（一）从主爻六二位置的推移解释卦名同人。“柔得位得中，而应乎乾，曰同人。”指的是六二原是姤卦的初六，位置既不中也不正，还要上长灭刚。位置进到六二，二是柔位，是柔爻得柔位，位正；二位是下卦的中位，是位中；与上卦乾的中爻九五相应，是应合上乾。六二位置的推移，改变了刚、柔爻相敌的状态，使刚爻与柔爻同心同德，所以才叫同人卦。取义上是说，主爻具有柔顺中正的美德，又能顺应天（乾）道，符合正理，可把人们同心同德地组织起来。（二）从卦变上解释卦辞。“同人曰：‘同人于野，亨，利涉大川。’乾行也。”先引出卦辞，指示说明的内容。“乾行也”，主要解释“利涉大川”。前人讲这一句，多数要指实大川的象，彖辞不这样讲，只是说“乾行”，而“乾行”就是健行，因为健于行进，故“利涉大川”。象上指的是姤变同人，下卦巽股动。（三）从上下卦的组合上解释卦辞“亨”。“文明以健”，“以”是连词，相当于“而”。象上指下卦离为文明，上卦乾为健，既文明又刚健，故能亨通。（四）从中位的九五解释卦辞“亨”。“中正而应，君子正也。”象上指九五刚爻居刚位，位正；在全卦尊位，位中；有六二正应，有应援。刚爻为君子，九五是正人君子，故可亨通。这一句有人认为是指六二，理解失误。六二已在“柔得位得中，而应乎乾”中做了说明，不可能又来重复，况且《周易》例刚爻才是君子。刚爻居九五可称大人，但同人卦是强调刚爻与柔爻由敌对变为同心同德，重点指明的是刚爻，故只取君子而不取大人之象。从取义上说，君子能行中庸之道，行为端正，又能获得人们的响应，所以卦才亨通。（五）从道理上解释同人卦。“唯君子为能通天下之志。”可以看出，“同人”是“通天下之志”。人各有志，只有君子才能沟通天下人的心，统一大家的思想，把人们领向同心同德的境界。

象辞分析上下卦的组合，只是不讲卦才，而换言卦象。“天与火，同人”，指上卦乾的卦象是天，下卦离的卦象是火，天与火组合在一起是同人卦。“君子以类族辨物”是阐发同人卦的哲学思想。用《系辞·上》的话讲，就是“方以类聚，物以群分”。“同人”是人与人同，但同中有异，异中有同，这是客观规律。知同而不知异，就会混同而丧失原则；知异而不知同，就难以统一而导致分裂。“类族”是合异为同，“辨物”是散同为异。同而异、异而同，君子要用这种对立统一的辩证方法去看待天下的事物，不能因为同人而走向极端。君子要团结小人，但又不能与小人混同。

初九：同人于门，无咎。

【译文】

出门与人同心同德，没有咎害。

象曰：出门同人，又谁咎也。

【译文】

出门与人同心同德，又有谁来咎责。

【辨证】

初九是与六二换位的一爻。二位是家宅位，因为二位是大夫位，大夫有家，纳甲筮法始终把二位看成是宅（见《卜筮正宗》），盖有所传承。初九从二位下到初位，从家宅中出来，又在同人卦里，故言“出门同人”。免去了咎害，故言“无咎”。从取义上说，出门是走出门外与外界接触，范围扩大。能不拘于同门同宗的关系，摆脱门户之见而与人同心同德，心地公正不狭隘，不会遭受咎害。象辞说："出门同人，又谁咎也。""咎"在象辞中是责怪的意思，不是仅在门内，而是走出门外，与大家同心同德，又有谁会责怪呢！爻辞说"于门"，象辞说"出门"，可以看出初九这一爻位置有移动。说同人从姤卦变来符合卦变的实际。

六二：同人于宗，吝。

【译文】

只与同宗的人同心同德，鄙吝。

象曰：同人于宗，吝道也。

【译文】

只与同宗的人同心同德，是鄙吝之道。

【辨证】

二位是家宅，姤变同人，六二与初九换了位置。初九是出门，六二就是入门。"门"与"宗"互文见义，"同人于宗"，是进到门里只与同宗族的人同心同德，把宗族以外的人都抛在门外，对人亲疏有间，厚薄不一，心胸狭隘，不能出自大公，违背了同人的大格局，所以是鄙吝之道。象辞说：“同人于宗，吝道也。”指六二与初九有不同，在同人之世不能大同，走的是自取鄙吝之道。另外，全卦只有六二是阴爻，五个刚爻都希望与六二同心，然而六二正应只有九五，心胸未免狭隘，故为取吝之道。从这一爻还可以看出，卦辞与爻辞不同。卦辞对六二盛加赞誉，爻辞却不无贬斥，这是因为卦辞讲的是全卦，从全卦取象；爻辞只讲一爻，要从爻中取象。卦是大局，爻是大局中的一个部分或一个时段，应当有所分别。

九三：伏戎于莽，升其高陵，三岁不兴。

【译文】

埋伏兵甲在草莽之中，登上高陵，三年不能发动。

象曰：伏戎于莽，敌刚也。三岁不兴，安行也。

【译文】

埋伏兵甲在草莽之中，是与刚强为敌。三年不能发动，是安于行进。

【辨证】

“戎”是兵甲军旅，“莽”是草莽，“兴”是发动。爻辞仍从姤变同人中取象，但取用的象变换了角度。姤的下卦原为巽（☴>巽），巽为草木、为人、为伏。变为同人，下卦成离（☲>离），离为甲胄、兵戈。九三在下卦，从巽变离，如同戈兵入草木之中埋伏，故言“伏戎于莽”。“陵”是山陵。取象于上九，象辞说“敌刚也”，指九三的正应在上位，而上位是刚爻，九三也是刚爻，刚爻与刚爻敌而不应，九三想升到上位的高陵，是与刚爻为敌。从三位到上位须前进三爻，故言“三岁不兴”。“兴”是发动，三年不能发动。取义上可理解为三年之内不能兴旺。

象辞说“三岁不兴，安行也”，是指六二与九三相比，九三安于现状，上行的愿望不强烈。

九四：乘其墉，弗克攻，吉。

【译文】

登上城墙，不能攻打，吉祥。

象曰：乘其墉，义弗克也；其吉，则困而反则也。

【译文】

登上城墙，道义上不能攻打；吉祥，是遇到窘困而能返回到正当法则上来。

【辨证】

“墉”是城墙。“乘其墉”是登上城墙。九四的应爻在初位，姤卦不变同人，初位是柔爻，与九四阴阳正应，下卦为巽（䷫>巽），巽为绳直、为高，既高又直，故取为城墙之象。九四在巽上，变为同人，九四又在互巽之上（九四→䷌>互巽），故为“乘其墉”。柔爻从初位升到二位，九四从有应变为失应，象在城上，本可攻打，但六二的变化是从敌刚变应刚，从道理上又不能攻打，故言“弗克攻”。化敌为友故吉祥。象辞说：“乘其墉，义弗克也。”意为攻到了城墙之上，但道义上不能去攻打。“其吉，则困而反则也。”后一个“则”是法则。这句意为：所以吉祥，是因为柔爻从逼困刚爻返回到顺应刚爻的正当法则上来。

九五：同人，先号咷而后笑，大师克，相遇。

【译文】

与人同心同德，先号啕大哭，后放声大笑。大部队攻占胜利而相遇。

象曰：同人之先，以中直也。大师相遇，言相克也。

【译文】

同人，先哭后笑，是因为处中动直。大部队攻占胜利而相遇，说的是克敌制胜。

【辨证】

本卦唯一的柔爻六二，与九五上下阴阳正应，但这种关系是从柔灭刚的姤卦变来。先在姤卦，柔爻在下卦巽里，巽为号，这里指号啕大哭。柔爻升到二位，与九五正应，对九五极有利，故又破啼为笑。“先号啕而后笑”取象于卦变。同人伏卦为师（同人☰六爻全变，为师☷），故言“大师”，姤是相遇的意思（见姤卦），从二爻到上爻是个缩小了一点的姤卦，故言“大师克相遇”。“克”是战胜，柔来应刚，刚爻得胜。象辞说：“同人之先，以中直也。”引话有省略，意思是说同人的九五先号哭，后大笑，是因为处在中位，又在上卦乾里，《系辞·上》说“乾，其静也专，其动也直”，行为中正，理直不曲，所以会最后得胜而笑。“大师相遇，言相克也”，意为：“大师相遇”，是说大师能取胜。九五爻辞，《系辞·上》里讲过：“‘同人，先号咷而后笑。’子曰：‘君子之道，或出或处，或默或语：二人同心，其利断金。同心之言，其臭如兰。’”意为：同人，先哭后笑。孔子说：君子所奉行的道，是该出来执政就出来执政，不该执政就引退而处。该说就说，不该说就不说。两人同心，锋利可切断金属；同心的话，味如兰花一般香。主要是说同心同德的好处。从中可以看出，“先号咷而后笑”是先受挫折后顺利。前人讲这一爻，一般要指实笑的卦象。其实，笑的象主要是指有六二阴阳正应而得意。

上九：同人于郊，无悔。

【译文】

与郊野的人同心同德，没有忧悔。

象曰：同人于郊，志未得也。

【译文】

与郊野的人同心同德，是未得志。

【辨证】

分开讲，邑外为郊，郊外为野。如不细加区别，郊、野义同。从象上说，乾为郊野，上九在上卦乾里，故言“同人于郊”。卦辞说“同人于野，亨”，爻辞说“同人于郊，无悔”，这是因为上九在本卦之外，有引退之象。象辞说“同人于郊，志未得也”，即指上九有从朝中引退，置身局外之象。本卦只有六二是柔爻，上九离六二最远，内无应与，故为不得志。“不得志”主要是指无应。

【提示】

（一）前人讲《周易》，经常提到卦体。一般地说，卦体指爻所在的卦，强调爻与卦的关系。（二）同人卦前人讲得最不统一。一般认为六二是卦主，九五是正应，九三、九四与九五争夺六二，初九与六二近比，上九游离于外。取象的方式也极不统一，有只讲承乘比应的，也有讲旁通伏卦的，也有讲爻变爻动的，还有讲卦变错综的。各有所见而言人人殊。综合前人的意见，遵循《周易》例，按卦变讲更符合作者的意图。（三）《周易》取象绝少重复，很可能是为了适应占筮的需要而能包罗万象。比如这一卦，同样是从巽卦取象，而各爻所取并不重复。九三取草木，九四取城墙，而九五取号啕，各有侧重，绝少雷同。只要稍注意一下彖辞和象辞的解释，即可发现这种安排的痕迹。如本卦彖辞说“文明以健”，取卦才为象，乾为健，离为文明；而象辞说“天与火”取的是基本卦象，乾为天、离为火。

十四　大有——万物所归

䷍

大有卦的卦画组合是：下卦乾（☰），上卦离（☲）。乾为天，离为火，故传统称作乾下离上，火天大有。《序卦》说：“与人同者，物必归焉，故受之以大有。”意为：与人同心同德，人物就会来归附，所以同人卦后接着是大有卦，是说“大有”是拥有众多的拥护者。《杂卦》说：“大有，众也。”大有是众多的意思。据此可知，大有是受人拥戴和富有。古人称丰收之年为大有，也是众多、富有之意。大有与同人是正覆卦关系。即同人（䷌）倒过来看上去，为䷍大有。同人从姤卦变来，大有与之相反，是从夬卦变来，是夬的上爻与五爻换位。即：夬䷪上爻、五爻换位，变䷍大有。从卦关辞的来源分析，大有与夬卦联系密切。

大有，元亨。

【译文】

大有卦，大亨通。

彖曰：大有，柔得尊位，大中而上下应之，曰大有。其德刚健而文明，应乎天而时行，是以元亨。

【译文】

大有卦，柔爻六五得到尊贵的位置，处在大中而上下应合，称作大有。它的德性刚健而又文明，顺应天道而随时运行，因此大亨通。

象曰：火在天上，大有。君子以遏恶扬善，顺天休命。

【译文】

火在天上就是大有卦。君子从中得到启示，要遏制丑恶，发扬美善，顺应上天赋予的美好使命。

【辨证】

大有从夬卦变来，夬是阳长阴消的卦。从纯阴的坤卦开始，下生一阳，上退一阴为复䷗；下生二阳，上退二阴为临䷒；下生三阳，上退三阴为泰䷊；下生四阳，上退四阴为大壮䷡；下生五阳，上退五阴为夬䷪。夬再向上发展一步，即会把阴灭尽，变为纯阳的乾卦。显然，夬卦所表现的是刚爻与柔爻的敌对状态。夬变为大有，柔爻占据了中位，与刚爻交流应合，化敌为友，故卦辞说“元亨”。元者，大也；亨者，通也。元亨就是大通顺。

彖辞从三个方面说明“元亨”的原因。（一）从主爻六五的爻位解释“元亨”。“大有，柔得尊位，大中而上下应之，曰大有。”本卦只有六五是柔爻，六五是卦的主爻，在夬变为大有卦中起决定性作用。五位是天位、天子位，故称尊位，主爻占据的是最尊贵的五位，这就是所谓的“柔得尊位”。本卦以六五为核心，五个刚爻环拱应合，刚爻为大，故称“大中”。“大中”是说在大的刚爻之中，取意可说为大处中。本卦没有第二个柔爻与它分争，五个刚爻在它的上下簇拥，故为“上下应之”。从取意上讲，“上下应之”是上上下下都来应合，故能大亨通。主爻居尊，又有众多的人物环拱应合，这就是大有卦所显示的卦象。（二）从上下卦的组合上解释“元亨”。“其德刚健而文明”，指下卦乾为健，上卦离为文明，组合在一起是具有既刚健又文明的品德，故能无往不通而“元亨。”（三）从六五与九二的正应关系上解释“元亨”。

“应乎天而时行，是以元亨。”指六五在上卦中位，九二在下卦中位。六五在上卦离中，离为日；九二在下卦乾中，乾为天。六五与九二相应，有如太阳顺应天体，四季中道运行，故曰“应乎天而时行”。“时”指一年四季。“是以”即“以是”，是因此的意思。太阳在天上运行，永动不衰，风雨无阻，故“元亨”。“是以元亨”总括了以上三条原因。

象辞分析上下卦象。“火在天上，大有。”指上卦离为火，下卦乾为天，组合在一起是火在天上，这就是大有卦。柔爻为小人、为恶，刚爻为君子、为善。刚爻上长是扬善，柔爻消退为遏恶。“遏”是抑制，“扬”是举，“遏恶扬善”意为发扬优良的东西，抑制丑恶的东西。大有从夬卦变来，故君子要从中受到启发，要效法卦象，弃恶从善。“顺天休命”，“休”是美好，“休命”是美好的天命，意为要顺应美好的天命。也就是说，上天把重大使命安排在君子身上，要顺应天道，好好去做，不要辜负上天的期望。“休命”指的是尊位。《系辞·下》说：“天地之大德曰生，圣人之大宝曰位，何以守位曰仁，何以聚人曰财。”在财物众多的大有卦里，上天把大宝之位授给君子，就应当努力顺应天道，把发扬天地大生之德的重大使命完成好。这就是“顺天休命”。象辞的体例，一般是先讲卦象组合，然后从卦象中发挥出人应具备的道德修养。这一卦也不例外。

初九：无交害，匪咎，艰则无咎。

【译文】

没有交往的灾难，不是咎害，艰难自守就没有咎害。

象曰：大有初九，无交害也。

【译文】

大有卦的初九，没有交往的灾害。

【辨证】

大有只有一个柔爻六五，五个刚爻环拱应合，各爻均与六五交往，故六五爻辞说“厥孚交如”。在五个刚爻之中，只有初九与六五毫无关系。九二与六五正应，九三在夬卦原是上六的正应，九四与六五比邻，上九与六五换位。初九距六五最远，又无由交往，故言“无交”。然而初九位在最下，未到出头之日，正如乾卦初九“潜龙勿用”，尚在蛰伏时期，强出头有害，不出头正与地位相合，不交往可免去强出头的灾难，故言“无交害”。时势如此，静而不往，故言“匪咎”，“匪咎”意为不是咎害，“匪”同“非”。在上无应，置闲处散，能在艰难中自守待时，故言“艰则无咎”。

赵彦肃讲这一爻说："匪咎由时，无咎由己。"意思就是说，处在潜藏时期，这是时运如此，不是咎害。自己能艰守不妄动，这是个人知命识时，故不会招致咎害。总之这一爻是时运未至，无利也无害，能在艰难中潜退自守，不妄动强求，可保平安。

九二：大车以载，有攸往，无咎。

【译文】

大车能载重，有所前往，没有咎害。

象曰：大车以载，积中不败也。

【译文】

大车能载重，是积累在中而不毁败。

【辨证】

"大车"是载重的牛车。古代供人乘坐的车子，行路轻快，用马来拉；供搬运载重的货车，用牛来拉，虽比较慢一些，但结实可负重。大车就是载重的货车。从象上讲，坤为大舆，离为牛（见《左传》）。大有是夬卦的变化形态，夬是阳长阴消的卦，从坤变来，坤下生一阳为复，下生二阳为临，下生三阳为泰，下卦即由坤变为乾。九二已到下卦中位。柔爻为小，坤为虚；刚爻为大，乾为实，由坤的柔爻变为乾的刚爻，如同在坤车上装上实重的东西，故言“大车以载”。有人根据虞翻的“乾为大车”，即认为乾有大车之象。其实虞氏讲的是坤变乾。他用的是旁通（见提示），认为大有与比卦旁通，故说：“比坤为大车，乾来积上，放大车以载。”《说卦》讲，坤“为大舆”，不能直接把乾看作是大车。本卦只有九二与主爻六五正应，故九二“有攸往，无咎”。初九不能盲动，九二则可前往。象辞说“大车以载，积中不败也”。“积”是因为卦为大有，财富要渐次积累；“中”指下卦中位；“不败”是不毁坏，上卦离为牛，下卦由坤变乾为负重的大车，故可载重致远，前往无阻，牛车平安，没有咎害。

九三：公用亨于天子，小人弗克。

【译文】

公侯受到天子的宴享，小人不能。

象曰：公用亨于天子，小人害也。

【译文】

公侯受到天子的宴享，小人反而有害。

【辨证】

古代“亨”与“享”是一个字，“亨”在这里当“享”讲。这句爻辞《左传》僖公二十五年有用例。当时周襄王与同母弟王子带争位，王子带势大，襄王逃到郑国避难，晋文公想帮助襄王复国。“秦伯师于河上，将纳王。狐偃言于晋侯曰：‘求诸侯莫如勤王，诸侯信之，且大义也。继文之业而信宣于诸侯，今为可矣。’使卜偃卜之，曰：‘吉。遇黄帝战于阪泉之兆。’公曰：‘吾不堪也。’对曰：‘周礼未改，今之王，古之帝也。’公曰：‘筮之。’筮之，遇大有☲之睽☲，曰：‘吉。遇公用亨于天子之卦，战克而王享，吉孰大焉！且是卦也，天为泽以当日，天子降心以逆公，不亦可乎？大有去睽而复，亦其所也。’”把这段话译述出来，意为：秦穆公把军队驻扎在黄河边上，准备护送周襄王回国。狐偃对晋文公说：“想求得诸侯的拥护，没有比勤王更好的机会了。既可取得诸侯的信任，又能伸张大义。继承晋文侯的霸业，在诸侯中树立威信，现在可以干了。”晋文公让太卜偃进行龟卜，回答说：“吉祥。遇到黄帝战于阪泉的卜兆。”晋文公说：“我担当不起黄帝的地位。”卜偃回答说：“周王室的礼制未变，现在的周襄王，才相当古代的黄帝。”晋文公就说：“那么再占筮一下。”又进行占筮，遇到的是大有的九三爻动，之卦是睽。回答说：“吉祥。遇到‘公用亨于天子’的卦，打胜之后，周王宴享，还有比这更大的吉利吗！再说这一卦，下乾为天，变为下兑为泽，上卦离为日，是天变成泽来承受日光，天子降格来迎接您，不也可以吗？大有不变睽，回到本卦，正是天子复位大有天下之象。”后来晋文公就带兵杀了王子带，护送周襄王复位，受到周襄王的宴享。从这段用例中可以看出，“公用亨于天子”就是受到天子的宴享款待。“小人弗克”是小人不能。从象上讲，九三是公位，五是天子位，从三至五互为兑卦(䷍>互兑)，兑为口，公到天子那里用嘴去吃，故为“公用亨于天子”。六五原是夬的上六，与九三正应，柔爻为小人，如不变大有，上六不在天子位，虽是正应也无用，故言“小人弗克”。象辞说：“小人害也。”意思是小人如享受这样的待遇，反而会变成灾害。解释“小人弗克”的意义，取义与取象有区别。

九四：匪其彭，无咎。

【译文】

不以盛大自居，没有咎害。

象曰：匪其彭，无咎，明辨晢也。

【译文】

不以盛大自居，没有咎害，是能分辨明晰。

【辨证】

“彭”字的说法有争议，《经典释文》：“子夏作‘旁’。干云‘彭亨骄满貌’。王肃云‘壮也’。虞作‘尪’，姚曰‘彭，旁’。”《经典释文》作者见到的子夏本《周易》是“旁”字；干宝本作“彭”，讲成彭亨骄满；王肃本讲成是壮大；虞翻本是“尪”字；姚信则认为彭、旁义同。旁、彭、尪三字，古代读音接近。从语音上考察，发音洪大的字，一般具有宏大的意思。《诗经》“行人彭彭”“出车彭彭”“四牡彭彭”，都含有盛大的意思。《杂卦》也说：“大有，众也。”综合起来，讲成盛大比较妥当。从象上说，尪卦从初九发展到九四，连续四个刚爻上长，已成为大壮䷡，相当盛大。在大有中，已相当丰盛。九四上承柔爻九五，五是天子位，四是诸侯位，四五相比，上下相孚。上卦离为明（☲>离），九四在离里，有诸侯清明，盛大而不自居，忠心事上之象，故言“匪其彭，无咎。”象辞说：“匪其彭，无咎，明辨晢也。”

即指九四在上卦离里，离为明。

六五：厥孚交如，威如，吉。

【译文】

交往有诚信，具有威望，吉祥。

象曰：厥孚交如，信以发志也；威如之吉，易而无备也。

【译文】

交往有诚信，是以诚信引发人的心志；有威信的吉祥，是平易而无人戒备。

【辨证】

“厥”用同“其”，“孚”是信，“如”是形容性词尾，相当于“然”。直接译述，“厥孚交如，威如”，是六五受到的信赖，交往的样子，有威望的样子。就是说六五的诚信在来往中表现出来，取得人们的信赖，具有威望，吉祥。从象上看，大有从夬变来，六五与上九交换了位置，故言“交如”。独处刚爻之中，成为全卦主爻，无另外的柔爻与它争应，上下五个刚爻都愿与它应合，故有孚。孚一般指刚柔爻应合而受到信赖。在互兑之中（䷍>互兑），兑为虎，有虎威，故言“威如”。象辞说“厥孚交如，信以发志也”，用“信”来解释“孚”，指心志上的信赖。六五有待人的诚信，故能引发别人的信赖之心。“威如之吉，易而无备也”中，“易”是平和喜悦。这句意为因为在人们的心目中有威信，所以大家都平和喜悦而不加戒备。象辞取兑为悦、为易之象。这一爻总的说是在群众中享有崇高的威望，大家都诚心诚意愿与它合作而不争竞计较。

上九：自天佑之，吉无不利。

【译文】

天来保佑，吉祥没有不利。

象曰：大有上吉，自天佑也。

【译文】

大有的上九吉祥，是有上天保佑。

【辨证】

《系辞·上》说：“《周易》曰：‘自天佑之，吉无不利。’子曰：‘佑者，助也。天之所助者，顺也；人之所助者，信也。履信思乎顺，又以尚贤也，是以自天佑之，吉无不利也。’”这段话解释上九爻辞。译述出来是说：“《周易》里讲‘自天佑之，吉无不利’。孔子解释说，‘佑是帮助。天帮助的是顺应天道人心的人，人帮助的是有诚信的人，能履行诚信想着顺应天道人心，又能崇尚贤人，所以天来保佑，吉祥没有不利。’”从象上讲，五是天位，兑为右（震为东、为左；兑为西、为右），上九从五位换到上位，卦才由夬变为大有，下有互兑，故为“自天佑之”。上苍保佑，当然“吉无不利”。象辞说“大有上吉，自天佑也”，是说上九有天来保佑，故大吉。

【提示】

（一）宋人解《周易》，经常提到卦德、卦才，一般地说，所谓卦德，指的是“元、亨、利、贞”四德。比如大有卦，卦辞只提“元亨”，即可认为只具两德。所谓卦才，指的是卦所具有的特性，比如乾有刚健之才，坤有柔顺之才，等等。但这两个术语用起来区分并不严格。这一卦乾健、离明，而彖辞却说："其德刚健而文明。"才也称德，并不如宋人的强行分别。（二）宋人常把五位称作大中之位，根据是大有彖辞有"柔得尊位，大中而上下应之"。细按彖辞的说法，"大中"指在刚爻之中，不在刚爻之中不应称大中，彖辞只承认五是尊位。所以以五位称"尊位"为妥。（三）虞翻讲象常常提到伏卦、旁通。所谓伏卦、旁通，指的是卦的反象，即所有的爻全变后的卦象。如离的伏卦就是离的阳爻变阴爻、阴爻变阳爻而形成的坎卦。即离☲中所有的爻阴变阳，阳变阴，为坎☵。大有的旁通卦是比，即大有䷍中所有的爻阴变阳，阳变阴，为比䷇。只不过伏卦多就三爻卦而言，旁通多就六爻卦而言。

十五　谦——三才益谦

䷎

谦卦的卦画组合是艮（☶）下坤（☷）上，传统称作地山谦。《序卦》说："有大者不可以盈，故受之以谦。"意为：富有的人不能骄盈，故在大有卦之后接着是谦卦。《杂卦》说："谦轻而豫怠也。"意为：谦是自处轻微，豫是愉快（见下卦）。"谦"与"盈"对称反义，盈是满，谦就是虚。"谦"与"豫"因果连义，谦是轻微，豫是怡悦。轻微是指不背名分、地位等的包袱，在上位而不盛气凌人、高傲自尊，谦和甘下，谦虚之义也。

彖辞说："天道下济而光明，地道卑而上行。"提示谦卦爻位有上下推移的问题。隋唐时人侯果说："此本剥卦，乾之上九来居坤三，是天道下济而光明也。坤之六三上升乾位，是地道卑而上行者也。"侯果的意思是说，谦卦由剥卦变来，是剥卦的上九与六三交换了位置。即：剥䷖中上九与六三换位，变䷎谦。谦卦与下一卦豫卦构成一组正覆卦，谦卦卦画上下倒覆即为豫卦，谦（䷎）中上下颠倒，为豫䷏。

谦，亨，君子有终。

【译文】

谦卦，亨通。君子会把事办到底，有好结果。

彖曰：谦亨，天道下济而光明，地道卑而上行。天道亏盈而益谦，地道变盈而流谦，鬼神害盈而福谦，人道恶盈而好谦。谦尊而光，卑而不可逾，君子之终也。

【译文】

谦卦亨通，天位虽高上，却向下救助放光明；地位虽卑下，却向上运行。天的法则是减取满盈而增加虚少；地的法则是把满盈的变少，流入低下之处；鬼神的法则是祸害骄满而福佑谦虚；人的法则是厌恶骄满而喜好谦虚。谦虚被人尊重又光荣，位处低下又不可逾越，君子有谦虚的美德，就会有好结果。

象曰：地中有山，谦。君子以裒多益寡，称物平施。

【译文】

下卦艮为山，上卦坤为地，地中有山就是谦卦。君子从中受到启示，减损多的，增益少的，称量多少而公平施与。

【辨证】

谦卦由剥变来，剥卦上九阳爻下到三位，六三阴爻升到上位，阴阳二气交流，故亨通。阳爻为君子，阳爻下到三位，三位是下卦之终，下卦成艮，艮为止，故言“君子有终”。从取义上说，“君子有终”一指君子能善始善终，把事情办得有头有尾，不会半途而废；一指君子会有好的结果，“有终”是有好的归宿。

彖辞从两个方面解释卦辞。（一）解释卦辞“亨”。“谦亨，天道下济而光明，地道卑而上行。”意为：谦卦所以亨通，是因为天地交流。天高地低虽然是大自然的秩序，但在上的天，其运动规律是向下与地交感流通，在下的地，其运动规律是向上与天交感流通。“济”是救助，天把日月星辰的光明普照大地，向下救助。地气蒸发到天上去。天地阴阳的交流化生万物，所以才能通畅运行。从象上说剥卦的上九代表天的阳气下到六三，六三代表地的阴气上升到上位，这是从卦变上说明卦辞“亨”。（二）从道理上推导卦辞“君子有终”。“天道亏盈而益谦”中，“亏”“益”都是使动用法，意思是天的规律是使满盈的受到亏损，使谦虚的得到增益。唐朝人崔璟讲这一句时说："若日中则昃，月满则亏，损有余以补不足，天之道也。"太阳正午之后就要西斜，月亮圆了就会亏损，这些天象可以说明天的法则是损有余而补不足，骄盈满溢不会得到天的佑助。"地道变盈而流谦"中，"变"是改变，"流"是流向。这句意思是：地的规律是使满盈的变少，把多余的部分向谦虚的地方流动。崔璟说："高岸为谷，深谷为陵，是为变盈而流谦，地之道也。"即地壳的变化是高山变为深谷，深谷变为高山，这些大地的运动可以说明地的法则是损有余而补不足，骄盈满溢也不会得到地的佑助。"鬼神害盈而福谦"中，"害"与"福"也是使动用法。这句意思是：鬼神会使满盈的受害、谦虚的得福。崔璟说："朱门之家，鬼阚其室；黍稷非馨，明德唯馨，是其义矣。"深宅大院就要闹鬼，这是鬼害盈。神不享用丰盛的祭品，而保佑有德之人，这是神害盈而福谦。"人道恶盈而好谦"中，"恶"是厌恶，"好"是喜欢。这句意为人都喜欢谦虚而厌恶骄盈。崔璟说："满招损，谦受益，人之道也。"就是说骄傲自满会受损失，谦虚谨慎会受益，这是人行动的规律。"谦尊而光，卑而不可逾，君子之终也"中，"逾"是超越。这句意为，谦虚反而被人尊重，是一种光荣，自居卑下，别人反而难以越过，谦虚是君子最好的归宿。这一段从天、地、人、神、鬼各方面证明君子应当保持谦虚的美德，骄傲自满人神共愤，说明“满招损，谦受益”是一条不可动摇的规律。故言谦为“君子有终”。

象辞中的裒，意同“掊”，减损的意思。“称”是称量。从上下卦的组合看，上卦坤为地，下卦艮为山，组合在一起是山在地中。山本在地上，而卦象却是山下到凹地中去了。君子看到这样的卦象，要效法山能谦下的精神，体悟天地公平之道，把它运用于人类社会，就应当从多处损减，向少处增益，称量多少，公平施与。看来天地人鬼神，福谦祸盈的基本原则就是要公平。

初六：谦谦君子，用涉大川，吉。

【译文】

谦而又谦的君子，用以渡过大川险阻，吉祥。

象曰：谦谦君子，卑以自牧也。

【译文】

谦而又谦的君子，是能谦卑自守，把自己管理好。

【辨证】

“谦”是能够自居卑下。初六在谦卦之中，已是谦下，又处全卦最下位，故为谦而又谦。孔颖达的《正义》说："处谦之下，谦之谦者也。"注意到爻辞是从下位取象。刚爻为君子，九三爻辞说"劳谦君子"，九三是君子，初六又在九三的下两位，故言"谦谦君子"。从取象上讲，"谦谦君子"是说比君子还谦而又谦。取义上则是说谦而又谦的君子。爻辞的取象意义与取义意义并不完全相同，初六前临互坎（初六→䷎>互兑），坎为水，故言"用涉大川"。人能谦恭自处，天人共助，故可"用涉大川"而吉祥。象辞说："谦谦君子，卑以自牧也。""牧"的本义是放牧，引申为管理，比如州官称州牧，当官的责任是牧民等，牧都作管理讲。象辞意为：君子能把自己管理好，无须别人监督，自己会谦卑自守，符合天地之道，所以才吉祥。说明谦虚是一种美德，虽无人强制你去这样做，但要自觉地去培养，须自己把自己管理好。能自我控制做到谦而又谦，就会获吉。

六二：鸣谦，贞吉。

【译文】

鸣和谦虚，守正吉祥。

象曰：鸣谦贞吉，中心得也。

【译文】

鸣和谦虚，守正吉祥，是心中自得。

【辨证】

苏东坡说：“雄鸣则雌应，故《周易》以阴阳唱和寄之于鸣。谦之所以为谦者，三也。其谦也以劳，故闻其风被其泽者，莫不相从于谦。六二其邻也，上九其配也，故皆和之而鸣于谦。而六二又以阴处内卦之中，虽微九三，其有不谦乎？故曰‘鸣谦’，又曰‘贞吉’。鸣以言其和于三，贞以见其出于性也。”苏氏认为九三是有功劳又能谦虚，六二闻风响应，故与九三一唱一和地谦虚起来。“鸣谦”就是对谦虚的美德发出共鸣。从象上讲，九三从剥卦的上九来到三位，与六二比邻相合，六二前临互震（六二→䷎ > 互震），震为善鸣（《说卦》：“震为善鸣马。”）。九三是全卦的主爻，代表谦卦，六二与九三比合，故为“鸣谦”。“贞”指六二在下卦之中，又是阴爻处阴位，位正。位中又正，故吉。象辞说：“鸣谦贞吉，中心得也。”主要指六二与九三阴阳相得，九三原是剥卦上九，下到三位比邻于六二，故六二心中感到自得。

九三：劳谦君子，有终，吉。

【译文】

有功劳又谦和的君子，有好结果，吉祥。

象曰：劳谦君子，万民服也。

【译文】

有功劳又谦和的君子，万民都悦服。

【辨证】

这句爻辞《系辞·上》有说明：“‘劳谦君子，有终吉。’子曰：‘劳而不伐，有功而不德，厚之至也。语以其功下人者也。’”孔子把“劳”讲成功劳，“谦”是不伐德，也就是不自居有功，能谦下待人，为人厚道。从象上讲，九三在互坎里，坎为劳（《说卦》：“帝劳乎坎。”），刚爻为君子，故言“劳谦君子”。又在下卦艮里（☶>艮），艮为终（《说卦》：“终万物始万物者莫盛乎艮。”），故为“有终”。本卦唯一的一个刚爻，有众柔爻拥戴，故吉。象辞说：“劳谦君子，万民服也。”指的就是谦卦五柔一刚，一刚统帅五柔，五柔都诚心悦服，柔爻为民。《系辞·下》讲六子卦提到的“阳一君而二民”，“阴二君而一民”，都是以刚爻为君，柔爻为民。谦卦最好的一爻就是九三。

六四：无不利。撝谦。

【译文】

没有不利，能发挥谦虚的美德。

象曰：无不利，撝谦，不违则也。

【译文】

没有不利，能发挥谦虚的美德，不违背法则。

【辨证】

“撝”，《释文》：“义与麾同。”《九家易》：“撝犹举也。”麾是元帅的大纛，帅旗，用以指挥。从取象说，震为旗鼓。《左传》僖公十五年：“车脱其腹，火焚其旗。”以震变离为“火焚其旗”，以震为旗，离为火。震为鼓见《九家易》。六四在互卦震里（六四→䷎>互震），为旗鼓之象，故言“撝谦”。从取义上讲，“撝”义同“挥”，“撝谦”是能发挥谦虚的美德，故“无不利”。把撝讲成指挥、推举、挥却等义，于取义不合。象辞说："无不利，撝谦，不违则也。""则"指的是天地人神鬼之道，"不违则"是说符合"天道亏盈而益谦，地道变盈而流谦，鬼神害盈而福谦，人道恶盈而好谦"的法则。

六五：不富以其邻，利用侵伐，无不利。

【译文】

因邻居而不富足，宜于使用侵伐，没有不利。

象曰：利用侵伐，征不服也。

【译文】

宜于侵伐，是征伐不服的人。

【辨证】

从象上讲，坤为虚、为吝啬，故坤为不富。六五在上卦坤里，故言"不富"。坤为众，故"利用侵伐"。五位是尊位，故"无不利"。象辞说："利用侵伐，征不服也。"主要是指卦变而言。剥卦是柔灭刚，"子弑其父，臣弑其君"，逆而无道，上九下到三位"万民服"，是上九下去"征不服”，上六爻辞说“利用行师，征邑国”可证。因为六五居尊得中，有征伐的权势，故可利用侵伐。

上六：鸣谦，利用行师，征邑国。

【译文】

鸣和谦虚，宜于行军打仗，征伐邑国。

象曰：鸣谦，志未得也；可用行师，征邑国也。

【译文】

鸣和谦虚，是因为不得志；可以出兵打仗，是征伐邑国。

【辨证】

“鸣谦”是与九三的谦虚发生共鸣，彼此应和。从二爻到上爻是个小一点的师卦，故言师。邑国是下属国家。分封制度是诸侯有国，大夫有家。天子分封的诸侯称国，分封的大夫领地就是邑。邑国都是天子的附庸，要受天子的领导。剥卦是臣要灭君，上六是与剥上九换位的一爻，故言征伐。象上指坤为邑国，剥的上九来到三位，是一刚统帅众柔，成为上坤下坤的中心，故言“征邑国”。象辞说“鸣谦，志未得也”，也是指卦变而言。上六与九三正应，九三在互震之中，震为鸣，故可应和而鸣。上六与九三是换位的一爻，在剥卦里上九与六三就是阴阳正应关系（剥

），与六二毫无联系。换位之后九三比于六二，对六二来说，不是正应而得相比，是不该得而得，故六二是“中心得也”。对上六来说是应而不能相比，是该得而未得，故言“志未得也”。

【提示】

《周易》是观象系辞，这在《系辞传》里讲得十分明确肯定。讲《周易》不讲象，或“得意忘象”，就不符合《周易》的实际。王弼之后的义理派长期得不到易学家的认可，原因就在此。但《周易》的观象系辞有它自身的限度，不能无限扩大。所谓“观象系辞”，指的是卦辞、爻辞一般要有象上的依据。即使是卦辞、爻辞也应当有所分别。一般说卦爻辞可分成两个部分，一部分是“象辞”，一部分是“占辞”。“象辞”是根据卦象、爻象来命辞，有象作依据；“占辞”是吉凶断语，大多是从道理上推出的结论意见，故无法为占辞找出取象所在。比如卦爻辞中提到的“吉”“凶”“无咎”“无不利”等，都属于占辞。因此，研究《周易》中的取象，应当限定在为卦、爻辞中的象辞部分找出取象依据，不可扩大化。汉人讲象，把这部分内容扩大化了，不仅想给所有的卦爻辞找出象来，甚至还要为彖辞、大小象辞、文言等找出象来，这就难以自圆其说了。彖、文言等属于易传，易传是解释经的，有时说明取象，有时要解释语义、阐发意蕴，是从理上推导出来的。说明取象是摆事实，阐发意蕴是讲道理。讲道理的部分不可能找出取象来。象数派所以让人难以信从，往往是在这些方面讲得太牵强。比如这一卦的彖辞说，“天道下济而光明，地道卑而上行”，指剥卦变为谦卦中上九与六三的爻位推移，可以找出象上的依据。至于后面说的“天道亏盈而益谦，地道变盈而流谦，鬼神害盈而福谦，人道恶盈而好谦。谦尊而光，卑而不可逾，君子之终也”，都是从理上推导出来的。而汉人乃至魏晋以及后代的象数家们，却搜肠刮肚地非要找出哪一爻是神，哪一爻是鬼等所有每个词的象来不可，这就把“观象系辞”的范围扩大了。

十六 豫——心情怡悦

䷏

豫卦卦画组合是坤（☷）下震（☳）上，传统称作雷地豫。《序卦》说：“有大而能谦必豫，故受之以豫。”意为：大有又能谦虚一定会怡悦，故在大有、谦卦之后接着是表示怡悦的豫卦。《杂卦》说：“谦轻而豫怠也。”意为：谦卦是轻微自处，豫卦是心志怡悦。“怠”用如“怡”。尚秉和先生说：“怠，虞作怡。按怠、怡皆从心，本一字，故古常通用。《史记·始皇本纪》‘视听不怠’，刘歆《烈女传赞》‘言行不怠’，注并作怡。”《释文》：“豫，悦豫也，备豫也。马云：‘豫，乐。’”陆氏和马融都说豫是悦怡。《经典释文》认为豫还有预备的意思。从卦爻辞中分析，豫的主要意义是悦怡。

关于卦变，虞翻说：“复初之四。”意思是说豫卦从复卦变来，复卦的初九上升到四位，与六四换了地方，即复卦（六四、初九 ䷗）中两爻交换位置，变豫䷏。豫卦与上一卦谦为一组正覆卦，谦（䷎）中上下卦颠倒过来，为豫䷏。

豫，利建侯行师。

【译文】

豫卦，宜于封建诸侯，出兵征伐。

彖曰：豫，刚应而志行，顺以动，豫。豫，顺以动，故天地如之，而况建侯行师乎！天地以顺动，故日月不过，而四时不忒。圣人以顺动，则刑罚清而民服。豫之时义大矣哉！

【译文】

豫卦，刚健之志得到应合，在天下推行，顺物性而动，故为怡悦。怡悦顺物性而动，故天地也与此相同，何况是封建诸侯，出兵征伐呢！天地顺时序而运动，所以日月运行不会失度，四季不会出现差错。圣人顺物性而动，就会刑罚清明，百姓悦服。豫卦所表现的顺应时序的意义太伟大了。

象曰：雷出地奋，豫。先王以作乐崇德，殷荐之上帝，以配祖考。

【译文】

雷从地下出来，大地振作起来，就是豫卦。先王得到启示，创制音乐，崇尚道德，并以盛大的仪式进献天帝，把祖先的亡灵与天地配在一起，共同来祭享。

【辨证】

豫卦的上卦是震，下卦是坤。震为诸侯，坤为众，故卦辞说“利建侯行师”。师就是众（见师卦）。坤为顺，震为动，能顺物性而动，故万物豫悦，所以取名豫卦。豫是怡悦。关于震为诸侯的取象，《说卦》里没有提到，虞翻和《九家易》都这样讲，从提到“侯”的各卦中考察，虽是逸象，还是比较可信。

彖辞分五层说明卦辞。（一）从卦的主爻说明卦名。“豫，刚应而志行。”意指豫卦从复卦变来，复的初九上升到四位，成为本卦的中心，一个刚爻有五个柔爻上下应合，愿望得到极大的满足。从取义上说，则是刚健之志得以实现，故能豫悦。（二）从上下卦特性的组合上解释卦名。“顺以动，豫。”指的是下卦坤为顺，上卦震为动，能顺物性而动，故万物喜悦，所以为豫悦卦。（三）从义理上解释卦辞“利建侯行师”。“豫，顺以动，故天地如之，而况建侯行师乎！”意为：豫卦能顺物性而动，所以天地的运动法则都会与它保持一致，能与天地的运动节律并行不悖，就会没有不利，何况仅仅是封建诸侯、行军打仗呢？象上仍然强调的是下坤为顺，上震为动。（四）进一步强调“顺以动”的巨大意义。“天地以顺动，故日月不过，而四时不忒”中，“过”是过错失度，“忒”是差错。这句意为：天地都是顺时序而动，所以日月的运行准确而不失度，一年四季应时而来，永远不会出现差错。这是从自然法则上讲“顺以动”的意义。“圣人以顺动，则刑罚清而民服”，意为：圣人把天地的法则运用于人类社会，顺规律而行动，就会把社会治理得井然有序，刑罚清明，百姓悦服。这是从社会法则上讲“顺以动”的意义。（五）揭示学习豫卦的巨大意义。“豫之时义大矣哉！”意为豫卦顺时序而动的意义太巨大了。天地的运动是顺时序，人应当学习天地之道，也应当顺时序而动。把这个意义推及到各个方面，就会无所不利。简言之是“顺以动”，圣人是顺规律而动，一般人是顺物性而动，这都是从天地顺时序而动那里应学到的东西。这是豫卦给人们的巨大启示。

象辞说明上下卦象。下卦坤为地，上卦震为雷，上下卦组合在一起是雷出地上。象辞说“雷出地奋”，“奋”是受到震动而振奋、振作起来的意思。冬天没有雷声，如同潜伏地下。开春以后春雷动，大地复苏，万物生长，如同大地从冬天的蛰伏状态重新振奋起来，也是喜豫之象。所以说“雷出地奋，豫。”“作”是创制，“殷”是盛大，“荐”是进献，“先王以作乐崇德，殷荐之上帝，以配祖考”，意为：先王从“雷出地奋”的卦象中得到启示，效法天地之道，创制出音乐来，用以崇尚道德，并用音乐组成盛大的仪式进献天帝和自己的祖先。古人认为雷有振起的作用，创制音乐，也可以让人精神振作。比如军队誓师，唱一支雄壮雪耻的歌曲，可以激励部队的精神，所以把音乐与雷声联系起来。另外音乐还可以歌颂盛德，组成盛大感人的阵容，用以制造神圣的气氛，故可用以祭祀天帝祖先。“祖考”用如“祖先”，“以配祖考”是把祖先的亡灵与天帝配在一起祭享。郑玄讲解说：“王者功成作乐，以文得之者，作籥舞；以武得之者，作万舞，各充其德而为制。祀天帝以配祖考者，使与天同享其功也。故《孝经》云：‘郊祀后稷以配天，宗祀文王于明堂，以配上帝也。’”证明音乐不仅是表示喜悦，还用于歌功颂德。关于荐享天帝祖先的巨大政治意义这一点，在《诗经·颂》里有大量的记载。

初六：鸣豫，凶。

【译文】

和鸣于喜乐，凶。

象曰：初六鸣豫，志穷凶也。

【译文】

初六和鸣于喜乐，其志已尽，凶。

【辨证】

初六的应爻在九四，又是复变豫与九四换位的一爻。全卦只有九四一个刚爻，为一卦的主爻，初六与九四关系最为密切，也最为得意。九四在上卦震里，震为鸣，故初六与九四和鸣，这一爻与谦卦上六相同，只是谦卦的上六覆在初位而已（谦上六爻辞“鸣谦”可证）。但豫与谦不同，谦是谦虚，与谦虚和鸣，能一同谦虚；豫是喜乐，与喜乐和鸣，则会乐而忘忧。志满意得，不求进取，故凶。象辞说：“初六鸣豫，志穷凶也。”穷是极尽，位处一卦之初就心满意足，不求进取，其志已尽。沉溺于喜乐，忘乎所以，故会有凶的结果。爻辞的意思是说，人不可胸无大志，满足于喜乐。像初六这样得意忘形，必然会有凶的后果。正如成语所言“人无远虑，必有近忧”。

六二：介于石，不终日，贞吉。

【译文】

独立如巨石，不等终日，守正吉祥。

象曰：不终日，贞吉，以中正也。

【译文】

不等终日，守正吉祥，是因为处中位又得正。

【辨证】

“介”同“界”，这从象上可以得到证明。本卦除上六外，各爻与卦的主爻九四非比即应，唯独六二与九四界限分明，毫无联系，是独立不移之象。六二在下卦中位，又以柔爻处柔位得正，既中又正，犹如中流砥柱。此卦是喜乐悦豫，六二能不苟同于世，守正不阿，故得吉祥。象辞说：“不终日，贞吉，以中正也。”指的是六二的位置既中又正。关于这句爻辞，《系辞·上》里讲过：“《周易》曰：‘介于石，不终日，贞吉。’介如石焉，宁用终日，断可识矣。君子知微知彰，知柔知刚，万夫之望。”意为：独立如巨石一般，怎么会终日去等待？一定会有他独到的见识。君子能察微知著，能柔能刚，就会抓住时机去行动，这是万民仰仗的对象。介是界限、区别，引申为不同一般，耿介之意。《离骚》：“彼尧舜之耿介兮，既遵道而得路。”用的是耿介义。《系辞·上》：“忧悔吝者存乎介。”介也是不苟同因循，能以独到的见识改变悔吝的局面。爻辞的取象在互卦艮（六二→☶>互艮），艮为石，故言“介于石”，艮为终，故言“不终日”。取义则是说，不能沉溺于喜乐，要守中正，见机而作，在因循苟且的世俗中，要有独立的见识，及时杜绝忧患的产生，这样才会吉祥。与初六的“鸣豫，凶”意思一反一正。

六三：盱豫，悔。迟有悔。

【译文】

小人得意，忧悔。行动迟缓有忧悔。

象曰：盱豫有悔，位不当也。

【译文】

小人得意有忧悔，因为所处位置不当。

【辨证】

盱（xū）字多解。《经典释文》：“睢盱也。向云：‘睢盱，小人喜悦之貌。’王肃云：‘盱，大也。’郑云：‘夸也。’《说文》云：‘张目也。’……子夏作‘纡”，京作‘汀’，姚作‘盱’，云：‘曰始出’。引《诗》：‘盱日始旦。’睢，《说文》云：‘仰目也’。”孔颖达疏：“睢盱者，喜悦之貌。”《周易集解》：“向秀曰：‘睢盱，小人喜悦佞媚之貌也。’”帛书《周易》作“杅”。总的来看，盱的异文较多，唐以前的注解多取睢盱为意，同意向秀“小人喜悦佞媚之貌”的讲法。宋人依据《说文》讲成仰视貌。《庄子·寓言》：“而睢睢盱盱，而谁与居。”注：“睢睢盱盱，跋扈之貌，人将畏难而疏远。”对以上说法加以辨析，盱不能讲作喜悦，向秀说的喜悦是与豫连在一起的，豫是喜悦，盱是小人喜悦的样子，恣意忘形的意思，心中得意，对上佞媚，对下横暴，仰头张目，自命不凡，架子挺大，不屑理人，总之是小人得意之象。从象上看，六三紧邻主爻九四，九四是豫的代表，六三上比九四，自以为得势，小人得意，故言“盱豫”。喜乐不可耽溺，初六为九四正应，尚且鸣豫有凶，六三只不过与九四比邻，就小人得意，故有忧悔。艮为止，故迟，六三在互卦艮中（六三→䷏>互艮），故言“迟有悔”。“迟”与六二爻辞“不终日”意思照应，“不终日”是能及时行动，不待终日，“迟”是不懂得乐极生悲的道理，行动迟缓。“迟有悔”是说乐而忘忧，行动迟缓，定会忧悔。象辞说：“盱豫有悔，位不当也。”“位不当”主要是指六三比于九四，九四是喜豫之主，随着九四仗势豫乐而不知节制，这种小人得意的状态是所处位置决定的。六三爻辞总的意思还是说，得意忘形，不知忧患，必然会有忧悔发生。

九四：由豫，大有得。勿疑，朋盍簪。

【译文】

喜豫之由，大有收益。无须猜疑，朋友会像簪子聚拢头发一样聚合在一起。

象曰：由豫，大有得，志大行也。

【译文】

喜豫之由，大有收益，是心志得到极大的推行。

【辨证】

九四是豫卦的主爻，从复卦变为豫卦，正是九四从初位升到四位决定的。九四是成为豫卦的原由，故言“由豫”。本卦只有九四是刚爻，五个柔爻上下应合，前面彖辞说“刚应而志行”，指的就是九四，故言“大有得”。坎为疑，九四在互坎之中（九四→䷏>互坎），能取得上下信赖，故“勿疑”。

“朋盍簪”取豫卦的总象。“朋”是朋友，“盍”义同“合”，“簪”是古人为聚拢头发而插入发中的发针。本卦五个柔爻散布上下，九四一个刚爻横贯其中，像是插入发中把头发聚拢在一起的簪子。比作人事，就是聚合众多朋友的中心人物。这是用古人熟悉的事物做比喻。现在男人不蓄长发，无需簪发，古代男子都蓄长发，与现在不同。取义是说九四是联结众人的纽带。象辞说：“由豫，大有得，志大行也。”指九四受到五个柔爻的信赖，大家都来应合，自己的志愿可以广泛推行，得到充分实现。强调的是九四的核心地位。九四是全卦最好的一爻，志向实现，大有收益，吉不待言。

六五：贞疾，恒不死。

【译文】

正在闹病，但长久不会死亡。

象曰：六五贞疾，乘刚也。恒不死，中未亡也。

【译文】

六五正在闹病，是因为乘驾在刚爻九四之上。久病不死，是因为在中位不到死的时候。

【辨证】

豫卦的主爻九四是唯一的一个刚爻，六五正好乘凌在它的上面，又在互坎里（六五→䷏>互坎），坎为疾，位置在上卦正中，故言“贞疾”。“贞”指正中之位，“疾”指互坎。“乘刚”为不顺，故取不吉之象。若无乘刚之故，中位很少取坎为疾象。六五又在上卦震中，震为反生，故言“恒不死”。总之六五是不死不活的病人，但没有病死的危险。虞翻说：“坎为疾，坤为死，震为反生，位在震中，与坤体绝，故‘贞疾，恒不死’也。”取象大体是正确的。象辞说：“六五贞疾，乘刚也。”是说位中还取疾为象，是因为有乘刚的原因。“恒不死，中未亡也。”是说不死是因为它毕竟还有在中位的优势。

上六：冥豫，成有渝，无咎。

【译文】

昏昧不明地喜乐，终有变化，没有咎害。

象曰：冥豫在上，何可长也。

【译文】

昏昧不明地喜乐，位处上穷，怎么会长得了。

【辨证】

“冥”是昏昧幽暗，“渝”是变，“成”是终。爻辞意为，昏昧不明地沉溺于逸乐喜豫之中，已经到头了，很快就要发生变化，不可能长期喜乐下去，情况一变就没有咎害了。从象上说，上六在豫卦之终，极豫尽乐，到了终期，最后还不觉悟，故言“冥豫”。但上位是穷极之位，物极必反，终必有变，故言“成有渝”。尽情寻欢作乐必然会有悔，变化之后，反而会无咎害。象辞说“冥豫在上，何可长也”，强调上六的上位，“何可长”是指豫悦的局面不会长久，也是说到了终了要变化。上六的无咎是形势的变化造成的，不是上六的自我醒悟。

【提示】

《经典释文》说：“豫，悦豫也，备豫也。”悦豫是豫的主要意思，但豫也有早作预防的意思。所以爻辞中都含有在喜乐之中要见微知著、早作预备的意思。六二能“介于石，不终日”则吉，初六“鸣豫”，不能早作预防则凶。把这一卦与上一卦联系起来看，早作备豫的意思更为明显。谦卦虚而轻，一卦各爻却很少有不吉的；豫卦是怡悦，各爻却很少有吉的。说明《周易》作者主张的是居安思危，不可乐而忘忧，稍一放纵就会祸由喜生，只有见几知微，处乐而知戒，能有所控制，及时转变，才能吉利。不然即使处在喜乐的时势中也不能获吉。《系辞·下》说："《周易》之兴也，其当殷之末世，周之盛德邪？当文王与纣之事邪？是故其辞危。危者使平，易者使倾。其道甚大，百物不废，惧以终始，其要无咎。此之谓《周易》之道也。"所谓《周易》之道，无非是吉凶祸福的辩证思想，用老子的话说就是"福兮祸之所依，祸兮福之所伏"。吉凶、悲喜等相对相反的两面都是相互依存的。

十七 随——从宜适变

䷐

随卦的卦画组合为震（☳）下兑（☱）上，传统称作泽雷随。《序卦》说："豫必有随，故受之以随。"意为：喜悦一定有人随从，所以在表示喜悦的豫卦之后接着是随卦。《杂卦》说："随，无故也。"意为随是没有事故。没有事故是指没有主观上一定要怎么样去做的事情，要随着时势的发展去决定做什么，是从宜适变的意思。《序卦》《杂卦》把随讲成随从、随时的意思，这与彖辞讲的"随时之义大矣哉"的解释相合。

依据彖辞的提示"刚来而下柔"，虞翻说："否上之初，刚来下柔。"揭示的卦变现象是对的。虞氏的意思是说，随卦由否卦变来，变的方式是否卦的刚爻上九与初六互换了位置，来到柔爻之下，即：否上九初六䷋）中两爻换位，变随䷐。随卦与下一卦蛊为一组，随卦（䷐）上下颠倒阴阳爻变就是下一卦蛊䷑。随与蛊是正覆卦。

随，元亨，利贞，无咎。

【译文】

随卦，大亨通，有利而正，没有咎害。

彖曰：随，刚来而下柔，动而说，随。大亨贞，无咎，而天下随时，随时之义大矣哉。

【译文】

随卦，刚健却来到柔顺之下，行动而喜悦，这就是随卦。大亨通而正，没有咎害，天下随时势运行，随时提示的从宜适变的意义太伟大了。

象曰：泽中有雷，随。君子以向晦入宴息。

【译文】

大泽中有雷，就是随卦。君子从卦象中得到启示，要随天时而动，晚上回家安然休息。

【辨证】

“元亨”彖辞换言大亨，说明“元”可讲成“大”。随卦从否卦变来，否卦是天地悬隔，上下不通。否卦的上九从天上下来到了地下，地下的初六上升到天上，天地交流，阴阳往来，打破了否卦的闭塞状态，开始变得十分通畅，这就是“元亨”。通畅无阻，万物繁衍生息，故言“利”。上九原是刚处柔位，初六是柔处刚位，上九与初六交换位置，上爻与初爻都得正位，故言“贞”。“元亨利贞”何咎之有，故言“无咎”。

彖辞分四层解释卦辞。（一）从卦变上说明随卦。“随，刚来而下柔”，是说随卦从否卦变来，是否卦的刚爻上九来到初位，处在柔爻之下。从取义上，是说刚健的人本来难以随顺别人，而今竟然甘居柔顺之人的下方，这就是随卦。随是能随顺的意思。（二）从上下卦的特性组合上解释随卦。“动而说，随”，是说随卦的组合是下卦震、上卦兑，震的特性是动，兑的特性是悦，组合在一起是心中喜悦地去行动，心里愿意干才干，所以也是随顺之意。（三）解释卦辞“元亨，利贞，无咎”。“大亨贞，无咎，而天下随时”意为：所以会“元亨，利贞，无咎”，是因为天下能顺应时势而运动。人能不拘执于自己的成见，按形势的发展该怎样做就怎样做，顺应时势，从宜适变，这才是正道，所以才通行无阻，无所不利，自己也不会出现咎过。用现代话说，就是找到一条正确路线，不左倾，也不右倾，当然就“元亨，利贞，无咎”了。（四）强调随卦的“随时”意义。“随时之义大矣哉”是提醒人们深刻理解随卦的“随时”意义。随时不仅指要随天时而动，把这个意义运用于社会，还有顺应时势的意义。变是自然、社会发展的必然规律，任何事物都不会一成不变，这就要求人在行动上要从宜适变，顺应不断变化的形势，随时调整自己的行动，这才符合天地之道，才能趋吉避凶。变是《周易》的大法，随时是人行动的准则，意义太重大了。用今天的话讲，一切僵死的、守旧的、教条主义的、机械的观点都要不得。随卦向人们揭示了这些重大内容，学习随卦，就要深入体会它的“随时”意义。

象辞从卦象组合上来解释。“泽中有雷，随”是说随卦上下卦象的组合是上卦兑为泽，下卦震为雷。雷进入大泽之中，这就是随卦。“君子以向晦入宴息”中，“向晦”指到了晚上，“宴”是安然，“息”是休息。通俗地讲，就是君子晚上回家去睡觉，不出来活动。意指日出而作，日入而息，也是随天时而动。《九家易》说：“八月之时，雷藏于泽，则天下随时之象也。”意思是说，泽中有雷这个卦象，显示的是阴历八月雷声消失，藏到大泽中去了，到了一年中的蛰伏季节，雷都要随季节而藏伏，人更应该随时而动，所以君子才从雷随时而藏息的卦象中体悟出“向晦入宴息”

的道理来。白天出来干活，晚上回家睡觉，这是一个十分简单的道理，但要把它推广到君子要随时这个意义上讲，那就深刻得多了。所以彖辞才讲“随时之义大矣哉”，古人很善于从这些简单的现象中体悟出深邃的哲理。

初九：官有渝，贞吉。出门交有功。

【译文】

为官有权变，又不离正道，吉祥。出门与人交往，会有功效。

象曰：官有渝，从正吉也；出门交有功，不失也。

【译文】

为官有权变，又能从正道出发，吉祥。出门交往有功效，是因为没有过失。

【辨证】

“渝”是变。在这里是指当官能有权变。有权变是指能灵活施政。“贞”是守正，用现代的话说，渝是灵活性，贞是原则性。“官有渝，贞吉”是说，当官施政既不离开正道，又能从权适变，吉祥。“出门交有功”，是说走出门与外界交往会有成效。从象上讲，初九是随卦的主爻，是它“刚来而下柔”才由否卦变为随卦，可见它是最能趋宜从权、随时知变的一爻。下卦震，震为诸侯、为长子，长子做诸侯，故言“官”，知变故言“有渝”。在互卦艮之下（䷐>互艮），艮为门，故言“出门”，与上六是换位的一爻，故言“交”。初九的变化使闭塞的否卦变成随卦，故言“有功”。象辞说：“官有渝，从正吉也。”象辞首先把“贞”讲成“正”，意思是知变是《周易》的大法，但也要注意变不能离开正道，能守正而变才会吉祥。从象上说，“贞正”都指初九刚爻占据刚位，位正。“出门交有功，不失也”，是说出门与人交往有功效，是因为初九变而没有过失。看来象辞强调的是变不能脱离原则，要在守住正道的基础上从宜适变，讲得十分辩证。

六二：系小子，失丈夫。

【译文】

系恋于小子，失去了丈夫。

象曰：系小子，弗兼与也。

【译文】

系恋于小子，不能两者兼得。

【辨证】

六二与九五是阴阳正应，六二阴爻，九五阳爻，九五是六二的丈夫。但初九是本卦的主爻，初九来到六二之外，两爻比邻，六二不能不有所系恋。在随卦之中，就近随了初九。初九在震卦，震为长子，故言“系小子，失丈夫”。象辞说：“系小子，弗兼与也。”“与”是跟从，意为在小子与丈夫之间要选择一头，不能两者兼得。因为是随卦，总得随一头，不能两头都随，就只能是系恋于小子，失去了丈夫。从这句象辞可以看出，象辞引用爻辞常有省略，达意而已，并不巨细无遗地全引。这句象辞说全了应当是：“系小子，失丈夫，弗兼与也。”在读其他象辞时，也必须注意这种省略了的内容。至于取义，更应当灵活理解。爻辞主要是针对女性讲的，是说顾恋孩子，失去了丈夫，有离异之象。但对男性来说，丈夫不妨理解为英雄豪杰，小子不妨理解为庸碌之辈，不能拘执。重在取其不可兼得之意。至于吉凶，要据情况而定，爻辞只是告诉你不可两全，不一定就凶。要从位上讲，六二居中得正，很难说一定就不好。对其他爻辞的理解也不要一言断死，这才符合《周易》的圆通性。

六三：系丈夫，失小子。随有求，得。利居贞。

【译文】

系恋丈夫，失去小子。随从别人有所求，可以得到。居身守正有利。

象曰：系丈夫，志舍下也。

【译文】

系恋丈夫，是舍弃从下的选择。

【辨证】

象辞说“志舍下”，指六三舍弃随从下位的初九，言外之意就是“随上”，上指的是六三上面紧邻的九四。因为是随卦，六三也是就近随人，与初九隔着六二，不能相随，故随九四。九四刚爻在上，六三柔爻在下，柔爻顺于刚爻，故指九四为丈夫。六三与九四都无应，女以从男为顺，六三与九四近比相得，故言“随有求，得”，意思是指六三随从九四，有所求取，可以得到。但六三与九四位都不正，故戒之以“利居贞”，意为要居身守正才会有利。这一爻虽然也是不能两全，但比六二有得利之象，从象上说，初九为小子，互巽为利（六三→䷛>互巽），六三有利可得。

九四：随有获，贞凶。有孚，在道以明，何咎。

【译文】

随人而有收获，贞固不变有凶。心怀诚信，处正道能明，又有什么咎害？

象曰：随有获，其义凶也。有孚在道，明功也。

【译文】

随人而有收获，从道义上讲应当凶。心怀诚信，能处正道，是明智之功。

【辨证】

“随有获”，是指随着别人去干，自己却大捞了一把，这在情理上说不过去，所以会招致凶的后果。象辞说：“随有获，其义凶也。”“义”指道义，“其义凶也”，就是说从道理上讲该有凶。因为是跟着别人去干的，立意发谋以及主要责任都不在自己，而好处却被自己获得，情理上必然招致别人的怨恨，迟早会得到报复，凶的来到就是咎由自取。从象上说，九四在随卦，又互为巽卦（九四→䷐>互巽），巽为“近利市三倍”，故为“随有获”。“贞凶”中，“贞”指九四贞固而不知变，随卦要人从宜适变，随时随地调整自己的行动，贞固不变而背离“随时”之道，故有凶。象辞说“其义凶也”，主要指在“天下随时”的大势中，九四还不知变通，违反随卦之道。从象上说，随卦从否卦变来，是上九与初六交换了位置。其实否卦的初六正应在九四（否九四初六→䷋>应），应当与初六换位的首先是九四，而在变化之中，上九都下来了，九四却没有变。变化之后，九四又在互艮里（九四→䷐>互艮），艮为止，又是止而不动，始终保持贞固不变。在别的卦里，不动则可，处在随卦，故言“贞凶”。“有孚，在道以明，何咎”是说，除以上的象以外，九四还有孚众，处正道能明，没有咎害的象。《仲中氏易》认为，九四与它的应位初九组成一个正反卦（九四初九→䷐>），震为大途，艮为径路，正看反看都在道路上，故言“在道”。这个正反卦，既是一个缩小的中孚卦（>䷼中孚），又是一个放大的离卦（>☲离），小于中孚，故言“有孚”，大于离卦，离为明，故言“以明”。“有孚”是自己有诚信，受到别人的信赖，“在道”是处在道理之中，“以明”是能以明智的方式约束自己的言行。九四具有以上的优点，故不会有咎害。象辞说：“有孚在道，明功也。”意思是说能孚众不离正道，都是自己明智取得的功效。把爻辞的意思连在一起讲，九四这一爻意思是，随人而获利，固执不变，会有凶灾；能心怀诚信，明智地按道理去做，则无咎害。

九五：孚于嘉，吉。

【译文】

有诚信于嘉美，吉祥。

象曰：孚于嘉吉，位正中也。

【译文】

有诚信于嘉美吉祥，是因为位置正而中。

【辨证】

“孚”是诚信，“嘉”是美善。“孚于嘉”是说其道嘉美，又对嘉美之道心存诚信，是能真正推行嘉美之道，故吉祥。从象上说，九五处此卦尊位，五位是上卦中位，九五是刚爻占据刚位，位正，又中又正又有地位，美善之至。在上卦兑里，兑为悦；在互卦巽里，巽为利；卦又是随，民众能随从；下有六二阴阳正应，好事占全了，故言“孚于嘉，吉”。这是全卦最好的一爻，比主爻初九还强。象辞说：“孚于嘉吉，位正中也。”指出九五的主要优势在位置正中，处在这样的位置上，所有的好处才能显示出来。

上六：拘系之，乃从维之，王用亨于西山。

【译文】

扣住拴起来，又捆起来，大王祭享于西山。

象曰：拘系之，上穷也。

【译文】

扣住拴起来，是因为处在极上困穷之位。

【辨证】

“亨”与“享”古代是同一个字，这里作祭享解。“拘”是被扣住不放，“系”是拴缚，“维”是捆绑，“西山”即后文提到的岐山，是周王朝的发祥地。王应当指周文王。这句爻辞前人有两种说法，一种认为是周文王被囚于羑里，一种认为是太王避狄去豳来岐之事。太王在岐山建业，固然有豳人相随，但没有“拘系之，乃从维之”，与象辞说的“上穷也”意思不合。应当以文王囚于羑里之说来解释。商纣王无道，周文王当时只是个西伯，因为心怀怨望，被纣王囚禁在羑里牢狱之中，确实是把文王扣留拴缚起来；后来找不出文王的罪证，西周又以讨好的方式表示随从纣王，文王才被放出来。说文王回到岐山去祭享，比较合乎情理。从象上说，上六已到随卦的尽头，随顺到极点，卦象要变，与文王后来灭商形势相符。尚秉和先生说：“三至上正反巽，巽为绳，故曰系，曰维。虞翻曰：‘两系曰维’。《诗》所谓‘絷之维之’也。”意思是说，从三爻到上爻组成一组正反巽卦（上六 六三 反巽 正巽），巽在《说卦》里讲“为绳直”，上六身上正反都是绳子，所以被拴起来、捆起来。“维”是拴了又拴，取正反两巽为象。西山的卦象，毛奇龄讲得确切一些：“兑，西方之卦，连艮为山。”意为：从二爻至上爻互为上兑下艮（兑 艮），兑为西方之卦，艮为山，故有“西山”之象。至于“祭享”，《周易》里常以正反震为二簋，“二簋”通俗点讲就是两盘子祭品。初爻至四爻为正反震（反震 < > 正震），震为簋，对称摆着两盘祭品，虽然简约，也算是祭享。象辞说：“拘系之，上穷也。”突出指明上六在本卦的穷极之位。从爻辞中分析，这一爻有牢狱之灾，穷尽随从，可逢凶化吉。

【提示】

这一卦中前人对“贞吉”的解释最为纷杂。顺便说一说《周易》的一词多义现象。“元亨”彖辞讲成“大亨”。“元”不仅可讲成始、大，还可讲成首、善、长等，这是古代词汇分化还不够丰富而具有的一词多义现象，毫不奇怪。首、善、长、大等义都与“始”的意思相关，是“始”这个概念的外延引申。语言的发展是先有概念的外延引申，然后才会有词汇的分化出现。我们现在习惯于对分化后词汇的理解，觉得古代这种一词多义现象有词无定义之嫌，其实这是我们认识上的偏执，不能怪古人讲法多歧。我们应当从语言发展的历史现实中去认识。《周易》里这种一词多义的现象很多，比如“贞”，基本意是守正，但同时也含有固的意思，这才能说明后代贞操、贞节、坚贞等词汇的来源。当初没有这些词汇，并不等于没有这些概念，而是把这些概念，同用一个“贞”来表达。除此之外，贞还可讲成内卦、我方、遇卦、贞问等意。读古人的书，要从众多的词义中捕捉到在具体语言环境里最恰当的义项，力求避免用现代人的思维习惯去苛求古人，这才是历史唯物主义的做法。读《周易》尤其不可拘执，不然就钻进死胡同无路可寻了。前人囿于“贞，正也”，正怎么还有凶？于是绕了很多弯子，变化出种种讲法，总是不谐。这里应当注意，卦是随，要顺天随时，“贞”取的是固守不变的意思，所以有凶。

另外值得强调的还有一点，随卦在主爻初九的爻辞里提到“官有渝”，象辞提出“从正吉也”。这种讲法富于哲理。当官执政，古人强调要有经有权，“经”是正、是常；“权”是变通。换成今天的话讲，就是在不违背原则的基础上要灵活变通。从实际出发，因时制宜，灵活处理。

十八　蛊——整饬修治

䷑

蛊卦的卦画组合为巽（☴）下艮（☶）上，传统称作山风蛊。《序卦》云：“以喜随人者必有事，故受之以蛊。蛊者，事也。”意为：长期喜悦地随顺人，必然会出事。所以在表示喜悦的豫卦、表示随顺的随卦之后，接着是蛊卦。蛊是事的意思。《杂卦》云：“随，无故也；蛊，则饬也。”意为：随卦是没有什么一定要干的事，蛊是整饬修治。前人把“故”和“蛊”都讲成是“事”，理解起来有一定难度，但讲得并不错。从词义联系上说，故是故意、有意，随卦的“无故”是指不是自己有意地一定要去干什么事，而是随着别人去干，故云“随无故也”。无故是没有个人的成见、定见，这样才能随人。“饬”是整饬修治，整饬修治什么呢？就是要治理整顿“以喜随人”必然会出现的事。这就是有意地去干了，不是随着人去干，而是自己有所作为。《杂卦》是在这个意义上把随卦与蛊卦反义对比排列在一起的。蛊卦的“事”指的是什么事？既需整饬修治，那就一定不是什么好事；既然是“以喜随人”造成的，那么这个事指的可能是天下喜乐日久，万民随顺而渐渐滋生出来的官僚腐败等弊政。承平日久，安乐成习，这些事就都出来了。这就需要整饬治理。事指的就是如官僚腐败、违法乱纪、以权谋私、纵欲僵化等问题。《说文》云：“蛊，腹中虫也。《春秋传》曰：‘皿虫为蛊。’晦淫之所生也。”蛊是吃得肚子里长虫了。《左传》昭公七年记载，秦医和为晋侯看病，医和诊断之后对晋侯的臣子赵孟说：从字形上分析，器皿中生了虫子就叫蛊。粮食中生了飞虫也是蛊。在《周易》里，女人迷惑男人、大风吹落山木叫蛊，这都是同类事物。苏东坡讲：“器久不用而虫生之，谓之蛊；人久宴溺而疾生之，谓之蛊；天下久安无为而弊生之，谓之蛊。”蛊的本义是盆盆罐罐这些器皿长期不使用而生出来的虫子。推及到社会这个意义上讲，指的就是久安之弊。有弊就得改革，《周易》的着眼点侧重于社会问题，所以才说“蛊则饬也”。尽管蛊有蛊虫、疾病、蛊惑、颓败等意，但在卦名的意思上，治理整顿是它的主要义项。蛊卦讲的是社会改革中的问题。

彖辞提示说“刚上而柔下”，从卦变上看，蛊卦由泰卦变来。虞翻说：“泰初之上。”意思是说：由泰卦变化成蛊卦的方式是泰卦的初九上升到上位，与上位的上六换了位置。即泰（上六初九䷊）中初九与上六换位，变䷑蛊。从卦序排列上讲，蛊卦与上一卦随，一正一反，构成一组正覆卦，即蛊（䷑）整卦上下翻倒，为䷐随。卦图上存在这样的联系，取义上也有不可分割的关系。泰卦是天下太平，随卦是万民随顺，于是久安生弊而成蛊。

蛊，元亨，利涉大川。先甲三日，后甲三日。

【译文】

蛊卦，大亨通。有利于涉过大川险阻。开始前的（癸、壬、辛）三天，和开始后的（乙、丙、丁）三天。

彖曰：蛊，刚上而柔下，巽而止，蛊。蛊元亨，而天下治也。利涉大川，往有事也。先甲三日，后甲三日，终则有始，天行也。

【译文】

蛊卦是刚健之爻到了上位，柔顺之爻来到下位，巽顺而有所止，这就是蛊卦。蛊卦大亨通，是天下得以治理。有利于涉过大川险阻，是要去干事。开始前的三天和开始后的三天，是事情终结后又有新的开始，这是天道的运行法则。

象曰：山下有风，蛊。君子以振民育德。

【译文】

山下有风就是蛊卦。君子从中受到启示，要振起民众培育道德。

【辨证】

泰卦是天地阴阳之道的相对平衡，但长期保持这种均衡状态，社会就不可能发展了。事物的发展总是由不平衡趋向平衡，再重新打破平衡，在这种矛盾对立中不断前进的。泰卦变而为蛊，就是打破平衡状态的向前发展，所以蛊卦“元亨”。亨者，破阻而发展之谓也。利涉大川取象于下巽上艮。巽为木、为风，艮为涯岸、为止，木舟乘风有涯岸可上，故利涉大川。涯岸以艮是山为据，山临水为涯岸，互卦有兑，兑为泽（
），艮在兑上，故为涯岸。从取义上讲，“利涉大川”是宜于涉难历险，大川是指天险。在这一卦指的是利于突破险阻，改革盛兴。“先甲三日，后甲三日”讲法比较纷纭，可参考后面的提示。这里取一种较为圆通的说法。从卦象上分析，这一句应当与巽卦提到的“先庚三日，后庚三日”等通盘考虑，不能孤立一处说通就形成定见。综合考查，纳甲之说较为圆通。依据纳甲原理，十天干与八卦相配是乾纳甲、壬，坤纳乙、癸，丙纳于艮，丁纳于兑，戊纳于坎，己纳于离，庚纳于震，辛纳于巽。古人以十天干记日，甲乙丙丁戊己庚辛壬癸，十天干周而复始。“先甲三日”意为甲日前的三天，指的是辛日；“后甲三日”意为甲日后的三天，指的是丁日。蛊卦从泰卦变来，泰的下卦是乾，乾为甲；从泰卦变为蛊卦，爻的推移是泰的下乾里的初九，从乾三爻的最下，升到坤三爻的最上位。下为前，上为后，坤卦在乾卦后三爻的位置上（泰初九→䷊>坤>乾），初九从乾的前三位升到坤的上三位，取象爻变，故有此说。从取义上讲，甲是十日之首，是开始的意思。在这一卦指改革的开始。改革要破旧立新，前三天终结旧的弊政，后三天开始新的统治，完善新的法规，是改革启动的关键时期，要与旧的既得利益集团做斗争，要担风险，故要涉大川。“先甲”“后甲”是说这段时间是了却旧帐，重新开始，完成一个“终则有始”的社会运行过程。

彖辞分五个方面解释卦辞：（一）从卦变上解释蛊卦。“蛊，刚上而柔下”，意为：蛊卦是从泰卦变来，泰卦的刚爻初九上升到了上位，柔爻上六降到下位，两爻交换位置成为蛊卦。（二）从上下卦特性组合上解释蛊卦。“巽而艮，蛊”，意为：蛊卦的卦画组合是下卦巽，巽为逊顺，上卦艮，艮为止，下边逊顺，上边停止不动，这就是蛊卦。（三）解释卦辞“元亨”。“蛊元亨，而天下治也”，意为：蛊卦大亨通，是天下革除弊政而得到治理，顺利向前发展。显然彖辞认为蛊是要治的弊病，又是对弊病的治理。这与《序卦》《杂卦》的讲法可以相互印证。（四）解释卦辞“利涉大川”。“利涉大川，往有事也”是说宜于涉过大川险阻，是因为前往有事要干。言外之意就是事情非干不可，有大川险阻也不怕，一定要渡过去。有这样刚健的意志要上，所以“利涉大川”。（五）解释卦辞“先甲”“后甲”。“先甲三日，后甲三日，终则有始，天行也”，意为：开始的前三天、后三天是指一个过程的完结，另一个过程又要重新开始，这是天道运行的规律。这种运行规律符合天道，所以才“利涉大川”，所以才“元亨”。讲泰卦时我们提到，古人把相对平衡看成是运动转化的契机，这一点很不简单，我们今天也常会忽略这个道理，而《周易》却把它提炼得如此深刻。

象辞从上下卦象的组合解释蛊卦。“山下有风，蛊”指的是蛊卦的上卦是艮，艮为山；下卦是巽，巽为风；上下卦象组合在一起是“山下有风”，这就是蛊卦。从意思上该怎样去理解？《左传》僖公十五年：秦国攻打晋国，卜徒父为秦伯筮卦得蛊，把“山下有风”讲成风吹落了山上树木的叶子和果实，称作“风落山”。那是结合进攻的时令是秋天，据时发挥，可以商榷。但秦医和也这样引用，就不得不考虑这是传统解释。“风落山”无非是风扫落叶、摧枯拉朽之象。也是要荡涤颓败，清除陈腐，重新振作。所以象辞说“君子以振民育德”。“以”是因此，是说从这个卦象中要受到启示，效法蛊卦之道。要振起民众，培养道德。因为有陈腐存在，不得不振起；因为有积弊，不得不培育新德。穿旧鞋走老路，因循守旧不符合蛊卦的要求。

初六：干父之蛊，有子，考无咎，厉，终吉。

【译文】

纠正父辈养成的弊政，是父亲有能继承大业的好儿子。亡父没有咎害，有危厉，但最终吉祥。

象曰：干父之蛊，意承考也。

【译文】

纠正父辈养成的弊政，是从思想上能继承亡父的意志。

【辨证】

“干”的本义是干犯，干犯正确的东西就是违逆，干犯错误的东西就是纠正。这里干犯的是“父蛊”，是纠正的意思。“考”，死去的父亲称考。“有子”是才能称得上好的继承人的意思，指有好儿子。爻辞认为，父辈养成的弊政，儿子能加以纠正，这才算有子，才能消除亡父的咎责，虽然这样做有危厉，但最终能获吉。从象上说，乾为父、坤为母，泰卦下乾上坤，父母俱在，变为蛊卦，乾坤之象全都消去，故父母皆亡。初六从上六来到乾卦之下，故为“干父之蛊”。初九从乾卦分离出来到了上位，上卦成艮，艮为少男，故云“有子”。有儿子能纠正父辈的遗患，父亲的错误减轻了，故“考无咎”。这样做极易招致他人的非议，故有“厉”。但符合天道，故“无咎”。我国封建社会实行的是世袭制，儿子继承父亲的职位。父亲死后，儒家思想主张“慎终须尽三年礼，追远常怀一片心”“三年无改父之道”。《周易》不这样看，认为父辈把大业传下来，同时也会把积弊带来，儿子应当革除弊政，使父辈的基业能长久流传，这才是亡父最根本的愿望。如果沿习弊政，把大业中途葬送，反而不合亡父的遗愿。所以改革久安之弊，励精图治，锐意进取，是“干父之蛊”，也是父辈后继有人，亡父失政的咎责也会消除。这不是儒家那种“三年无改”的愚忠之孝，而是把握了祖宗的根本愿望，积极地把它实现。象辞说：“干父之蛊，意承考也。”“意承考”就是能从祖先的根本愿望上继承亡父的遗愿。“三年无改”是愚笨子孙，“意承考”才是好儿孙。可见《周易》对忠孝的认识要比后代的儒家思想深刻得多。

九二：干母之蛊，不可贞。

【译文】

纠正母亲的弊端，不可固执守旧制。

象曰：干母之蛊，得中道也。

【译文】

纠正母亲的弊端，符合中庸之道。

【辨证】

本卦只有九二与六五上下正应，其他爻皆不应，六五是泰卦坤母的中爻，变蛊之后坤象隐去，六五为亡母。故九二为“干母之蛊”。九二在下卦中位，六五在上卦中位，都有中庸之德。在“干母之蛊”这个意义上讲，就是能把纠正母亲的弊端这件事办得恰到好处，适中得体，不至过分。所谓“不可贞”，是指不可要求固执守旧制，要适可而止。封建社会，妇女一般不参政，母亲之蛊，无非是些宫廷中的腐败现象，什么生活作风呀、偏心溺爱呀、母党后党呀等问题。对这些现象不纠正当然不对，但不能过分。正确的方法是做好善后，加以纠正。但不要过分认真、固执，伤害亲情。过分认真固执，往往是为了争权夺利，滥杀无辜。象辞说：“干母之蛊，得中道也。”“不可贞”就是“得中道”，就是能适中得体，不激不偏，适可而止。

九三：干父之蛊，小有悔，无大咎。

【译文】

纠正父辈的弊政，有小的忧悔，但无大的咎害。

象曰：干父之蛊，终无咎也。

【译文】

纠正父辈的弊政，最终不会有咎害。

【辨证】

九三与九二都是刚爻，都有纠正之才。九二位中，行为不失中道。九三刚爻占据刚位，位正，但过刚。“干父之蛊”，易于矫枉过正，过正会有后遗症，故“小有悔”。但社会得到救治，故“无大咎”。象辞说：“干父之蛊，终无咎也。”意为：纠正父辈养成的弊政，虽然会有小的忧悔，但最终不会有咎害。九三位处下卦之终，故言“终”。可见救治社会积弊，宁可矫枉过正，遭受小的忧悔，也绝不能不加救治。矫枉过正是改革中的偏差，不纠正则可能亡家亡国。

六四：裕父之蛊，往见吝。

【译文】

宽容父辈的弊政，前往会见到吝难。

象曰：裕父之蛊，往未得也。

【译文】

宽容父辈的弊政，前往未能有得。

【辨证】

蛊卦由泰卦变来，是泰的上六下到初位，初九上升到上位。故初六是“干父之蛊”。然而泰卦初九的应爻在六四（即泰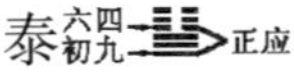

），在变化中，首先应当与初九换位的是六四，而实际的变化却是上六与初九换位，六四未动，故六四是“裕父之蛊”。“裕”是宽容。“裕父之蛊”就是不能纠正父辈养成的弊政，而是把这种弊政继承了下来。六四与下三爻组成正反巽（

），巽为进退不果，正反游疑不定。宽容弊政又进退不果，故“往见吝”。象辞说：“裕父之蛊，往未得也。”意为：宽容父辈养成的腐败弊政，不能果断地加以救治，有所作为也不会有收益。“裕”有宽容的意思，从取义上讲，对前人养成的腐化风气容忍坐视，任其存在蔓延，必然会遭受吝难。

六五：干父之蛊，用誉。

【译文】

纠正父辈的弊政，用荣誉把大业继承下来。

象曰：干父用誉，承以德也。

【译文】

纠正父辈的弊政，保持声誉，是因为能以道德来继承大业。

【辨证】

“誉”是美好的名声、荣誉。爻辞是说，纠正父辈的弊政，使用的方法能使父辈获得好的声誉，不被后人指责。这当然是最好的救治之法，既能革除弊政，又给祖宗争得面子。六五在本卦尊位，下有九二正应，上下都在中位。《系辞·下》说：“二多誉”“五多功”。主要是位置好。推阐到继位垂统上讲，六五是一位有德而又能持盈守成的君王。有中庸之德，办事无过，无不及，能以最恰当的方式处理好前人遗留下来的腐败弊政，故言“用誉”。象辞说：“干父用誉，承以德也。”是指六五有中庸之德，强调的还是中位。朱震讲这一爻时说：“干父之蛊善于用誉矣。蛊之患非一世，譬如人嗜酒色、饵金石，传气于子孙者，溃为痈疽，死与不死，在治之如何耳。秦皇、汉武，穷兵黩武一也，秦亡而汉存者，始皇无子，而武帝有子以干之也。必曰‘承以德’者，誉谓德誉，非虚誉也。”简述出来是说，纠正父辈的弊政，最理想的是用道德荣誉了。蛊的疾患往往不是一代人的事，比如有的人嗜酒贪色，服食金丹，病气遗传给子孙，溃烂成了疥疮。死还是活就看怎样治了。秦始皇、汉武帝穷兵黩武是一样的。秦灭亡了，汉却没有亡，这是因为秦始皇没有好儿子，汉武帝有好儿子，能救治他的弊政。象辞一定要说用道德来继承，这是因为爻辞的“誉”指的是道德荣誉，不是徒有其名的虚誉。朱氏认为使王朝的荣誉得到保持，不能靠文过饰非，树立什么威信，而是要以高于前人的道德，继往开来、巩固发展。尤其要对前人的弊政加以修正，从而使他保持荣誉。“用誉”与前面提到的“矫枉过正”相比，除了救治是一致的外，还有一个发扬优良传统的问题。对父辈的优点要发扬光大，保持荣誉；对父辈的缺点要改革补救，为前人减轻咎责，赢得荣誉。这是社会改革盛兴的最佳方案，所以才说“干父之蛊，善于用誉”。《周易》的思想对我们今天的改革仍有借鉴意义。

上九：不事王侯，高尚其事。

【译文】

不去侍奉王侯，把自己的行为看得很高尚。

象曰：不事王侯，志可则也。

【译文】

不去侍奉王侯，志向可以效法。

【辨证】

乾为君王，震为诸侯。上九从泰卦的下乾游离出来，来到互震之上（

），所以是“不事王侯”。位处本卦最高之处，故言“高尚其事”。《后汉书·逸民传序》说：“《周易》称‘遁之时义大矣哉’。又曰‘不事王侯，高尚其事’……或隐居以求其志，或回避以全其道，或静己以镇其躁。或去危以图其安，或垢俗以动其概，或疵物以激其清……荀卿有言：‘志意修则骄富贵，道义重则轻王公’也。”作者认为这句爻辞是讲隐士的。为什么不为王侯服务而去做隐士？《逸民传序》里讲了很多，说他是“蝉蜕嚣埃之中，自致寰区之外，异夫饰智巧以逐浮利者”。摆脱不了名利那是假隐士。为什么“志可则”？荀子说是“重道义、修志意”，追求的是精神上的高尚，在个人修养上可以效法。隐士游离于社会大潮之外，作为一种个人修养，追求道德上的完美，无可厚非。但作为一个社会人，那就不能不说是悲剧。象辞说：“不事王侯，志可则也。”“志可则”是其志可则，也就是说追求道德完美的愿望可以效法，而不是要效法当隐士的做法。很多人从《周易》这句话里寻找遁世思想，就不大客观，《周易》是积极用世的。爻辞说“高尚其事”，也只是肯定隐士自认为高尚而已。从蛊卦看，社会有益，才会出现隐士，隐士也是不得已的一种社会现象。

【提示】

这一卦讲社会改革盛兴，对当前的改革开放有一定借鉴作用，顺便挖掘一下它的深层意义。此卦六爻，初六提出“干父之蛊”是后继有人，肯定了改革中兴旺的进步意义，同时提出前进道路上的风险以及光明的前途。六五指明改革盛兴的最佳方案，与“矫枉过正”和“裕父之蛊”相比，“用誉”既不是全盘否定，也不是死守不变，而是一种继往开来的改革方法。看来《周易》对社会的改革，既不主张把祖宗骂臭，全盘否定，又不主张死要面子，妄自尊大。而是要从自身开始，去劣存优，图发展、求进取的一种观点。彖辞肯定了改革盛兴是“终则有始，天行也”。指出这是人类社会一条长久性的规律，符合天地自然法则。九二爻辞分析了宫廷内部问题与社会问题的区别，提出不同的处理方法。九三提出矫枉过正也“终无咎”。宁可矫枉过正，也不能因循守旧。唯独六四是“见吝”，这是保守造成的，上九则是社会有益出现的特殊现象。蛊卦比较完整地勾画出一个改革盛兴之世的大致轮廓。

这一卦的难点在“先甲三日，后甲三日”。下面介绍一些前人的说法，以资借鉴。从意思上说，《子夏传》认为：“先甲三日者，辛壬癸也；后甲三日者，乙丙丁也。”肯定了古代以十干纪日的讲法。王弼认为：“甲者，创制之令。”不妨理解为改革开始而创制的法令。因为甲是第一，有开始的意思。郑玄认为：“令甲之首，必先令三日，后令三日，以示取信。且前三用辛，取更新之义；后三用丁，取丁宁之义。”他认为甲是改革的新令，发布实施要经过前后六天的造舆论时期，深入人心，取信于民再行。取甲前三日是辛日，甲后三日是丁日。十天干纪日是循环的。辛是革新之意，丁是丁戒、丁宁之意。无非是让大家听从新令，跟着改革。以上三家的解释比较明确。不过“先甲三日，后甲三日”应当理解成一个“终则有始”的过程，三日不是一个确数，只表示一个时段。这个时段也不只是行令，是破旧立新的过程。很关键，要抓紧，这一时段过去社会就亨通了。

关于“先甲三日，后甲三日”的取象，我们只是采用了纳甲说的原理，并不是照搬虞翻的纳甲说的讲法。因为他讲得太迂曲晦涩，很难信从。但纳甲的原理却不可否认。《周易》里有一个很重要的组成部分，就是关于数的理论。

在数理之中，序数是个被十分看重的内容。乾卦是八卦乃至六十四卦之首，甲是十干之首，都是第一，怎样把这两个第一搭配在一起才不矛盾，魏伯阳从月象的变化中作了论述。虞翻采用了这个原理，杜撰了卦象，不能因杜撰卦象否定原理。

前人对“先甲”“后甲”大约有六种说法：

(1) 后天八卦方位说。这是由东汉经学大师马融提出的。他说：“甲在东方。艮在东北，故云先甲；巽在东南，故云后甲。”他认为“先甲”取象于蛊的上卦艮，“后甲”取象于下卦巽。十天干甲乙配在东方震，丙丁配在南方离，壬癸配在北方坎，庚辛配在西方兑，戊己配在中央土。甲所在东方是震卦，按后天八卦的方位，甲的前边是东北方的艮卦，后边是东南方的巽卦，所以蛊卦有“先甲后甲”之象。他还说：“所以十日之中唯称甲者，甲为十日之首，蛊为造事之端，故举初而明事始也，言所以三日者，不令而诛谓之暴，故令先后各三日，欲使百姓遍习，行而不犯也。”马融是郑玄的老师，二人讲法一致。

(2) 纳甲说。虞翻认为：“谓初变成乾，乾为甲；至二成离，离为日；谓乾三爻在前，故先甲三日，贲时也。变三至四体离，至五成乾，乾三爻在后，故后甲三日，无妄时也。《周易》出震，消息历乾坤，象乾为始，坤为终，故终则有始；乾为天，震为行，故天行也。”在纳甲理论中，乾配甲。虞氏认为蛊卦从下往上逐爻变起，初爻一变，下卦就成了乾（☰），即蛊䷑初爻变，为大畜䷙>乾。第二爻接着变，下卦成离（☲），即蛊卦第二爻接着初爻变，为离，整个六爻卦成了贲卦（䷕>离）。离为日，在下卦变离之前，先变成的是乾，乾是甲，乾共三爻，这就是“先甲三日”。再接着三、四爻变，上卦又成了离，即蛊䷑初爻、二爻、三爻、四爻变，为噬嗑䷔>上离。再变到第五爻，上卦又成了乾，本卦成了无妄（䷘>乾），即蛊䷑下五爻全变，为无妄䷘>上卦成乾。上卦的变化是先出现离，后出现乾，所以叫“后甲三日”。他从爻变中说明取象。

（3）先天八卦方位说。清朝的胡渭认为：“先天甲在东之离，由甲逆数：离、震、坤，三位为艮，先甲三日也；由甲顺数：离、兑、乾，三位为巽，后甲三日也。”先天八卦的方位排列与后天八卦不同，离在东方，甲也在东方。从离甲顺逆数去，第三位正好数到巽卦和艮卦。胡氏大概觉得马融的说法“三日”的“三”没着落，才搬出了先天八卦方位。但先天八卦的方位在《周易》里是弃而不取的。

（4）六十甲子说。苏东坡说：“阳生于子，尽于巳；阴生于午，尽于亥。阳为君子，君子为治；阴为小人，小人为乱。天一日十二支相值，干五支六而后复，世未有不知者也。‘先甲三日，后甲三日’，则世所谓六甲也。‘先庚三日，后庚三日’，则世所谓六庚也。甲庚之先后，阴阳相反，故《周易》取此以寄治乱之势也。先甲三日，子、戌、申也；申尽于巳，而阳盈矣，盈将生阴，治将生乱，故受之后甲。后甲三日，午、辰、寅也，寅尽于亥，然后阴极而阳生。”简单点儿讲，苏氏认为：干支纪日是十天干用六次，十二地支用五次，正好配出六十个干支纪日单位。在六十周甲中十天干要用六次，每干要配六次，甲、庚都是这样，把六甲前后分开，前三甲就是甲子、甲戌、甲申；后三甲就是甲午、甲辰、甲寅。他又按甲申旬末日为癸巳，甲寅旬末日为癸亥，亥巳为阴阳起点，推出先甲三日是阳极生阴，由治而变乱；后甲三日是阴极生阳，由乱而变治。这个说法与取象连不上，不再细述。

（5）斋戒祭祀日说。《汉书·武帝纪》：元朔五年，“十一月辛巳朔旦，冬至，立泰畤于甘泉。诏曰：‘辛卯夜，若景光十有二明，《周易》曰：“先甲三日，后甲三日”。朕甚念年岁未咸登，饬躬斋戒，丁酉拜祝于郊’”。汉武帝说他是按《周易》的讲究，从辛卯日开始斋戒，经历了壬辰、癸巳、甲午、乙未、丙申六日，到丁酉那天去举行郊祭，把先甲后甲当成斋戒祭祀之日，这与取象无涉。大概是正好遇上了辛日和丁日，断章取义，拉出《周易》来玄乎一下，不可太认真的。

（6）十干说。毛奇龄说："虽说干有十数，而前三后三，历七日而十已周。盖先甲为辛为金，为壬癸，为水；后甲为乙为木，为丙丁，为火。合木火金水而四时悉备，所不用独戊己耳。……盖戊己属土，分王于八干，而所行特迟，言震甲者必去之。"他认为十天干里除"先甲后甲""先庚后庚"（见《巽卦》）的甲、庚外，先甲三日辛壬癸，后甲三日乙丙丁，只缺戊己，戊己为土，分旺四季，太迟不能用。这样"先甲三日，后甲三日"实际上是把十天干能用的都用上了，也是"终则有始"的意思。这个说法也与卦象连不上。

十九 临——力量增长

䷒

临卦的卦画组合为兑（☱）下坤（☷）上，传统称作地泽临。《序卦》云："有事而后可大，故受之以临。临者，大也。"意为：有所作为而后可以壮大，故在表示有所作为的蛊卦之后，接着是临卦，临是壮大的意思。蛊是事，就是前面讲过的对弊政加以整饬的事，也就是有所作为的事。大是壮大。《正义》说："临，大也。阳之浸长，其德壮大。"大是不是德可以商榷，但说大是壮大可确定无疑。一阳生是复，二阳长是临，三阳长是泰，四阳长是大壮。

临是向大壮发展的，所以说临是大，指的是阳爻的壮大发展。《杂卦》云："临观之义，或与或求。""与"是给与，"求"是求取。

临卦是给与，是付出，是做贡献。象辞说："君子以教思无穷，容保民无疆。"君子要把自己的才能贡献给社会。卦名的取义，主要是指来临。来临才能发展壮大，才能做贡献。

临卦从坤变来，由复发展而成。即：复䷗中再长出一个刚爻，变临䷒。临卦与下一卦观组成一对覆卦，即：临䷒上下倒置，为观䷓。临卦与复、观两卦具有意义上的联系。

临，元亨利贞。至于八月有凶。

【译文】

临卦，大亨通，有利，坚守正道。到八月有凶。

彖曰：临，刚浸而长。说而顺，刚中而应，大亨以正，天之道也。至于八月有凶，消不久也。

【译文】

临卦，刚健之爻来临而渐渐长大。喜悦而柔顺，刚健居中而有应合，大亨通而正，是天的运行法则。到八月有凶，是消退不久就会到来。

象曰：泽上有地，临。君子以教思无穷，容保民无疆。

【译文】

湖泽的上面有大地，就是临卦。君子从中得到启示，要以无穷的思想教化和无边的包容保育人民。

【辨证】

从这一卦可以看出，卦的消息是《周易》世界观中最基本的认识论，否认消息卦脱离《周易》的实际。卦辞说：“至于八月有凶。”八月指观卦。彖辞又明确讲“刚而浸长”，“至于八月有凶，消不久也”。十分明确地指出临卦是二阳长，观卦是二阳消。卦的消息变化是《周易》的内部组织规律。《周易》认为阴阳的消长都不是骤变，而是渐变。此外还认为阴阳二气之中，阳气是创生的、主导的，阴气则是顺动的、终成的。阳气是活性的，具有生命力的；阴气则是收敛、闭藏的。两者虽是构成宇宙不可或缺的对等因素，但作用并不相同，因此常常褒阳而贬阴，重阳而轻阴。这与我们今天讲的“对立统一”“一分为二”不尽相同。二者不是平列关系，而是有轻重轩轾之别。对立统一是规律，阴阳轩轾也是规律。这个问题后面还会遇到。刚爻的生长表示的是阳气的发展壮大，阳气的发展壮大表示的是事物的兴旺强盛，临卦是刚爻的生长发展，故言“元亨利贞”。“元亨”是大亨，“利贞”是有利、正道，都是指临卦的发展趋势是好的，前途光明。“至于八月有凶”，是说到了八月，观卦当令用事，阳气处在被逼退的地位，临卦就发展成为自己的对立面观卦，盛极而衰，故有凶。吉凶祸福是由事物运动发展的规律决定的。这个规律就是事物都是在矛盾对立中不断发生变化，否极泰来，盛极而衰，万事万物各有自己当令用事的时势，时势一过，必然会走向自己的反面。临卦讲的八月指的是观卦，可参见后面的提示。

彖辞从五个方面解释临卦。（一）从卦变上说明临卦。“临，刚浸而长”中，“浸”字亦作“寖”，是渐渐的意思。这句意为：临卦是从复卦发展而来，从纯阴的坤卦生出一阳就是复卦（坤䷁初阴生出一个刚爻，成为复䷗），复卦再生出一阳就是临卦（复䷗下面再生出一个刚爻，为临䷒）。临卦是刚爻渐次的生长，是刚爻的发展壮大。（二）从上下卦特性的组合上解释临卦。“说而顺”是指临卦由下卦兑、上卦坤组成，兑的特性是喜悦，坤的特性是柔顺，组合在一起是既喜悦又柔顺。这样来临受到欢迎不会遇到阻力，当然就“元亨利贞”。（三）从主爻的优势上说明临卦。“刚中而应”指的是主爻九二，位在下卦中位，与六五阴阳正应。取义是说，有刚健的特性，行为不失正道，又有应援，所以会“元亨利贞”。（四）从易理上解释卦辞“元亨利贞”。“大亨以正，天之道也”，是说能在正道上运行，所以非常顺利，因为符合天的运行法则。同时把“元亨”讲成“大亨”，“贞”讲成“正”。（五）从易理上说明卦辞“至于八月有凶”。“至于八月有凶，消不久也”，意为：到了八月有凶，是因为消退变衰不久就会来到。一卦六爻，临卦是刚爻已发展成为二爻，向前发展四爻，全卦变成纯刚的乾卦。乾卦再向前发展，柔爻又会下生，柔爻向前发展四爻，卦就变成观䷓，观就是二刚处在变衰消退的地位。八次变化由盛而衰，所以“至于八月有凶”。这就是消退变衰不久就会来到的内涵。从彖辞的说明中，我们当然还可以推知其他消息卦的凶在几月。尤其应当看到，《周易》讲的吉凶都有它的时序限定，不能看得太绝对。

象辞先说明临卦上下卦象的组合，“泽上有地，临”。指的是临卦的下卦是兑，兑为泽；上卦是坤，坤为地，组合在一起是泽上有地，这就是临卦。“泽上有地”主要取的是什么意思？宋赵彦肃《复斋易说》里讲：“无穷无疆，法地之广；教以防民情，犹岸之蓄水。”赵氏认为，“泽上有地”主要取的是湖泽的边上有大地作为涯岸，是大地包容大面积水域的意思，所以后面才说：“君子以教思无穷，容保民无疆。”君子从这个卦象中应当学习到哪些有益的东西呢？主要是效法大地的无穷无疆，能把大湖大泽包容起来的品德。把这种品德推行到人类社会上，就要思虑无穷，宽容无边，广施教化，保育民众。大地无穷无疆，坤卦里已经讲过，也比较好理解。思虑教化与大地有什么关系呢？这就需要联系古人的特殊文化意识才能说清。《尚书·洪范》里讲“洪范九畴”，“初一曰五行，次二曰敬用五事”。五行之中“五曰土……土爰稼穑……稼穑作甘”。五事中“五曰思……思曰睿……睿作圣”。把思与土配在一起，就是说思的五行特性属土，大地是土，故地为思。君子学习大地，就要有睿智圣明，用深沉思虑的大道去教化民众。《汉书·五行志》就是按《洪范》的配法讲五行的，说：“思心之不睿，是谓不圣。思心者，心思虑也。睿，宽也。孔子曰：‘居上不宽，吾何以观之哉！’言上不宽大包容臣下，则不能居上位。”象辞是用大地比君子，湖泽中的水比百姓。大地包容水，君子要包容人民。大地有思虑的特性，君子要思虑圣智，对人民施行教化保育。虞翻说“坤为思”“坤为容民”也源于此。这种以土配思的五行观念，在传统的中医理论中保留至今。有点根基的中医都知道，五脏中脾属土，主思。

初九：咸临，贞吉。

【译文】

一起来临，守正吉祥。

象曰：咸临，贞吉，志行正也。

【译文】

一起来临，守正吉祥，是因为心志和行为正当。

【辨证】

“咸”与“感”是古今分别字，古代“感”就写成“咸”，这在咸卦里看得比较清楚。正因为如此，前人多把“咸”讲成“感”。但从临卦看，初九是“咸临”、九二也是“咸临”，其他四个柔爻都不言“咸临”，分明说的是初九与九二两个刚爻一起来临，在众多的柔爻之中出现了两个刚爻。“咸”主要取的是皆、都的副词意义。这样解释，于象、于义都十分贴切。“咸临”就是初九与九二两个刚爻一起都来到了。象辞说：“咸临，贞吉，志行正也。”意在把“贞”讲成“正”，同时说明刚长柔消，阳息阴退是天地正道。“志”指刚爻向前发展的愿望，“行”指刚爻逐爻成长的运行趋势。这种愿望与趋势都符合天地正道，所以吉祥。从中可以看出《周易》赞成刚爻的生长，因为刚爻表示的是活力、生命力。有活力才能发展旺盛，欣欣向荣，才可能吉祥。“天地之大德日生”，活力的增长，符合天地的正道。

九二：咸临，吉，无不利。

【译文】

一起来临，吉祥，没有不利。

象曰：咸临，吉，无不利，未顺命也。

【译文】

一起来临，吉祥，没有不利，是因为天下还未顺命。

【辨证】

在复卦里，初九是主爻，到了临卦，刚爻长到二位，九二成为主爻。在复卦里，刚爻势单力孤，“潜龙勿用”，很难有所作为。到了临卦，刚爻有了同伴，“见龙在田”，可以大显身手，阳刚用事。情况的转化主要取决于刚爻的增加成为一种势力，所以爻辞说“咸临，吉，无不利”。“咸临”就是与初九一起来临，成为一股强劲的力量，无法阻挡的意思。象辞说：“咸临，吉，无不利，未顺命也。”主要是揭示“咸”的意义。阴极生阳，天命有归，然而临卦上面还有四个柔爻占据多数，光靠一阳不能成事，要两个刚爻一起来到才能促成由阴变阳的转化，所以“咸临”才能“吉，无不利”。“未顺命”，指的是柔爻还占据多数，阳长阴退的天道运行还有一段过程，不能立刻实现，有待于刚爻的渐次生长，所以刚爻的“咸临”才能“吉，无不利”。“未顺”指的是柔爻还占多数，“命”指天道运行的法则。

六三：甘临，无攸利。既忧之，无咎。

【译文】

甘美地对待来临，无所利。能为处境忧虑，不会有咎害。

象曰：甘临，位不当也。既忧之，咎不长也。

【译文】

甘美地对待来临，是位置不适当。能为处境忧虑，是咎害在不久之内。

【辨证】

“甘”是甘美，心里美滋滋的；“攸”同“所”。爻辞是说六三美滋滋地对待刚爻的来临，没有好处。如能对自己的处境有所忧患，则会没有咎害。从卦象上讲，六三在下卦兑里，上临坤卦（六三→䷒>坤 >兑），兑为口，坤为甘（见前引《洪范》），嘴里含着甜美的滋味，故为“甘临”。但二刚进逼，六三首当其冲，对这种被逼退的形势无所觉察，还美滋滋地自得其乐，所以“无所利”。如果能清醒地看到自己在大势中所处的地位，忧虑为计，那就可以无咎。象辞说：“甘临，位不当也。”意思是说“甘临”为什么会“无攸利”？是因为六三正好处在柔爻被逼退而自己却首当其冲的位置上，位置不好。“既忧之，咎不长也”，是说为什么六三要有忧虑，这是因为咎害就在眼前，不是长久的事。这一爻没有便宜可占，提醒人们的忧患意识。如早为自身打算，阳长阴退也不过是自然法则的运动，可保元咎。如沉溺甘乐，则可能遇有不测。

六四：至临，无咎。

【译文】

来到，没有咎害。

象曰：至临无咎，位当也。

【译文】

来到而没有咎害，是因为位置适当。

【辨证】

“至”是到，“临”是来，“至临”就是来到。六四在互卦震里（六四→䷒>互震），震为行，又在临卦，故为来到之象。象辞说：“至临无咎，位当也。”与六三象辞“位不当也”

联系起来看，“位当”主要是指六四没有在首当其冲的位置上，有六三相隔，远害无患，故无咎。另外，六四柔爻处柔位，位正；与初九上下正应，位置很好；虽处柔爻被逼退的大势之中，刚爻能来应合，不会有咎害。

六五：知临，大君之宜，吉。

【译文】

明智地君临天下，天子合宜的统治，吉祥。

象曰：大君之宜，行中之谓也。

【译文】

天子合宜的统治，说的是施政适中。

【辨证】

坤为思、为睿智，六五在上卦坤中，所以是“知临”。在古代“知”与“智”通用，在这里“知”作“智”讲。“知临”是说能以聪明睿智君临天下，“临”在这一爻中是君临、统治的意思。因为五是尊位，天子位，六五有君临之象。六五有主爻九二作正应，上下都处中位，位置比六四还要好。上卦坤为顺，下卦兑为悦，天下人能喜悦顺从，故为“大君之宜，吉”。“大君”就是天子，“宜”是合适。这句意为统治天下很适宜，吉祥。象辞说：“大君之宜，行中之谓也。”主要强调六五在上卦中位，应爻在下卦中位，阴阳正应，都不离正道，说明推行的方针政策，既不左倾，又不右倾，能保持在适合国情民意的中庸之道上，天人共助，所以吉祥。

上六：敦临，吉，无咎。

【译文】

敦厚临民，吉祥，无咎害。

象曰：敦临之吉，志在内也。

【译文】

敦厚临民的吉祥，是因为志在下层人民群众。

【辨证】

“敦”在意义上取的是敦厚，艮卦上九象辞“敦艮之吉，以厚终也”，把“敦”解释为“厚”可证。“临”是临民，就是统治人民。爻辞的意思是说，以敦厚之道治理人民，吉祥，没有咎害。统治者待人厚道，不刻薄，百姓安居乐业。从象上说，上六在上卦坤里，坤为地，大地敦厚，又是临卦，故言“敦临”。象辞说“志在内也”，“内”指内卦，内卦就是下卦，“志在内”就是志在下，心里装的是下层人民群众。从象上说，柔爻本性同地，本然秩序在下，临卦是阳长阴退，上六处在由上而下变化的位置上，向内卦运动，合乎心志。“内”还有内心的意思，可参考复卦六五爻的辨证。

【提示】

前人对临卦的解释相当纷杂，主要是因为不顾卦象，师心作古造成的，不得不做些洗尽铅华的工作。这里不作细述，重点说三正的问题。我国古代有改朝换代要变正朔的习惯，所以不得不介绍一些古代的历法知识。前面我们讲到，十二消息卦反映了《周易》对于阴阳迭互消长，宇宙在阴阳对立统一的矛盾运动中发展的认识。这种认识主要来源于对一年四季天地变化的观察。从冬至以后，宇宙开始出现活力，万物表现出生命力，生长蓄息；到夏至以后，宇宙又开始敛退闭藏，万物呈现出生命力衰减、成熟的景象。每个年度的变化，完成一个阴阳消长的终始。把这种对宇宙运动规律性的认识用十二消息卦直观地图示出来，复卦就是一阳初生的冬至，姤卦就是一阴始凝的夏至。其他十个消息卦顺序搭配，展示阴阳的周期性规律。把这种周期性的规律与十二月配在一起，就形成一种对应的排列。但夏、商、周三代的正朔不同，讲起十二消息卦与十二月的对应关系来，就出现了混乱。因为古人基本上是根据北斗星斗柄所指方位来说明天象的运转，十二辰在表示方位上比较一致，所以又把十二辰配在十二消息卦上。斗柄建子，节气为冬至，阴极而阳生，配十二消息卦的复卦，其他卦顺序下排。建子之月对应于周历是正月，商历是十二月，夏历是十一月。因为夏历比较合乎农时，所以农历一般沿用夏历的正朔。商朝的历法比夏历提前了一个月，以夏历的十二月为正月；周朝比商历又提前了一个月，以夏历的十一月为正月。如果把十二消息卦与十二辰、十二月对应起来，可总结如下：

正朔可以人为地改变，天象不能由人的意愿去改变。十二辰按孔安国讲是日月的十二次会合之处。在一年的周期内，地球绕太阳一周，粗略说月球绕地球十二周，古人虽不是这样认识地球与太阳的运动，但客观上已观察出这种天象，认为一年日月要会合十二次，直观地反映在天象上就是斗建。子是正北方，斗建子是阴气盛极时期，在卦图上就是坤卦到了最后，就是一阳初生的复卦。无论你把它称作是十一月、十二月还是正月，反正它是这样一个确定的天时。临卦处在斗建丑、大寒之后，雨水之前的天时中，是夏历的腊月、商历的正月、周历的二月。阴阳的消长是二阳来临，如此发展下去过八个月，到了斗建酉的时候，就是观卦执令，正是夏历的八月、商历的九月、周历的十月，由二阳的生长变成二阳的衰退，故卦辞说“至于八月有凶”。毛奇龄认为周文王在殷纣王的时代作《周易》，已经预见到商朝的危机，写到临卦，正合商历的正月，于是提醒人们过八个月，只要一入商历的九月，商王朝就岌岌可危，有大的凶灾难以渡过。当时周王朝还未建立，所以不能按周历计算。这个问题不能详细讨论，但必须提醒一点，八月不是指我们现在用的公历纪月。以上观点荀爽已有论及，比较符合实际。另外还有以八月是否卦的、为遁卦的，等等，只要从《周易》卦序的排列上注意一下临与观的互综关系，即可说明这些讲法不符合《周易》的内证。

二十 观——蔚为大观

䷓

观卦的卦画组合为坤（☷）下巽（☴）上，传统称作风地观。《序卦》云：“物大然后可观，故受之以观。”意为：事物发展壮大就可观了，故在表示壮大的临卦之后接着是观卦。《杂卦》云：“临观之义，或与或求。”意为临卦与观卦的意义，一为给与，一为求取。《序卦》把“观”解为观看，《杂卦》解为求取。观看与求取是在什么意义上联系在一起的呢？彖辞说：“观天之神道。”是通过观察而求取天之神道，把天的神道用于社会成为治国理民之道。临卦是用治国理民之道教化民众，是给予。治国理民之道从哪里来？要从天地自然的运行规律中去观察学习，故为求取。实际上是讲君子的哲理大道，也就是我们说的真理，要通过对天地的自然变化，对那些还鲜为人知的奥秘的体悟观察从而获得，然后再把这种哲理大道用以教化人民，从而把社会治理好。《周易》就是这样做的。《系辞·上》说：“仰以观于天文，俯以察于地理，是故知幽明之故，原始反终，故知死生之说。精气为物，游魂为变，是故知鬼神之情状。与天地相似，故不违，知周乎万物，而道济天下，故不过。”圣人之道从哪里来？就是从对天地的观察中悟出来的。“观”就是从天地奥秘中取得道，“临”是把道用于社会，所谓“道济天下”，是一种给予。“予”“求”指的是道的获得和使用。卦里讲对宗庙的祭祀、对天地的观察，就是指象辞说的“天之神道”。《周易》的这些内证十分明确，意义有机联系，相互证发，把“予”“求”讲成别的意思就不大妥当。总之，卦名的基本意思是观察，什么大观、可观、求取、瞻仰、视察、展示等都是在观察这个意义上的引申。

观卦从乾变来，由否卦发展而成，否卦是十二消息卦中柔长刚退阴阳趋于平衡的卦，否卦的柔爻再向上发展一位就成为观卦，即：否䷋↑柔爻上长一位，刚爻退去一爻，为䷓观。观卦与临卦为一组正覆卦，临的卦画上下倒置即成观卦，即：临（䷒）中上卦下卦倒过来，为䷓观。

观，盥而不荐，有孚颙若。

【译文】

观卦，在祭祀时洁敬洗手，还未进献祭品，就表现出庄严恭敬的无比虔诚。

彖曰：大观在上，顺而巽，中正以观天下，观。盥而不荐，有孚颙若，下观而化也。观天之神道，而四时不忒。圣人以神道设教，而天下服矣。

【译文】

德行伟大，在上被万民瞻仰，教化顺利深入人心，能以中正之道展示天下，这就是观卦。祭祀时洁敬洗手，未敬献祭品，就表现出庄严虔诚，使下民观而受到感化。仰观俯察天地神秘的大道，四季运行没有偏差。圣人用天地神秘的大道设立教化，天下人自然信服。

象曰：风行地上，观。先王以省方观民设教。

【译文】

风吹行在大地上，就是观卦。先王从中得到启示，到四方去巡视，观察民情风俗，设立教化。

【辨证】

“盥”（guàn）是在祭祀前洗手，“荐”是进献祭享的供品，“颙”是严敬之貌。卦辞讲的是宗庙祭祀活动。古代在宗庙里举行祭祀，礼仪是十分繁盛虔敬的。大致说来，主祭的天子先要散斋七日，这七天虽然可以不在净室之中，但饮食、仪容、声色方面是相当洁净的。七日之后是致斋三日，这三天不仅要吃素，还要住在净室里，不能回寝宫去睡，要在净室按规定焚香沐浴。等身心内外都足够洁净虔诚之后，才开始祭祀。祭祀要先迎祖宗入庙，主祭的天子洗手。洗手的方法是由侍从用匜（特制水壶）盛水，主祭人把手伸出来放在接水的盆子上方，侍从用匜向手上浇水来洗。比医院的外科大夫做手术前的洗手，还要多一份虔诚的心理和仪容。这就叫作盥。然后才酌酒献祭，再把酒浇在茅草上，象征被神享用了，这叫灌。然后祭祀求神，进入祭礼的繁缛礼仪阶段。摆供品是“三献而荐腥，五献而荐熟”，进退秩序有没完没了的讲究。连孔子都说：“禘自既灌，吾不欲观之矣。”就是因为太啰唆了。但这些繁文缛礼都是为了表现出主祭人的虔诚，精诚洁齐才能感动天地人心，虔诚之心是万万不可少的。至于祭品的多少，只要够规格就行，并不是越多越好。《左传》里讲：“黍稷非馨，明德为馨。”又说：“牺牲玉帛，弗敢加也，必以信。”大概古人也注意到了，反正摆多少神灵也不会来吃，只不过是对那些分胙而得散福的人有利，所以特别讲究虔诚。孔子那样的正经人，从灌酒之后不想看了，在这之前还是想看的。想看什么？就是要看主祭人的虔诚表现，以及这种虔诚所造成的感化教育效果。观卦卦辞说：“盥而不荐，有孚颙若。”主祭人洗了手，还没有开始进献祭品，那份诚敬的样子就颙颙然表现出来了，于是臣民都受到了感化。从象上说，观卦由否卦发展而来，否卦是上乾下坤，乾为天、坤为地（否䷋>乾天 >坤地），变而为观，观是一个放大了的艮卦（观䷓>☶艮），艮为门阙，高大的门阙是宗庙之象。古代祭祀，列祖列宗配天地而祭享，宗庙是天子、诸侯的祖庙，故为祭祀天地先王之象。九五是观卦主爻，主爻在互艮里（九五—䷓>互艮），艮为手，下卦为坤，坤为器皿，手在器皿之上，故为盥。盥的程序在进献之前，故为“盥而不荐”。九五有四个柔爻在下拥从，故为“有孚”，“孚”为诚信，故言“颙若”。“若”同然，“颙若”是庄严虔敬的样子。

彖辞从五个方面解释观卦。（一）从主爻九五解释观卦。“大观在上”，指的是九五处在本卦的天位、尊位、上位，又是刚爻，为下面众多的柔爻所拥戴，德行伟大，为万民所瞻仰，是一个圣明之主。（二）从上下卦特性的组合上解释观卦。“顺而巽”是指下卦为坤，坤为顺；上卦为巽，巽为入，组合在一起是顺利而深入，德政教化能顺利深入人心，也是道德可观之象。（三）从主爻的优势上解释观卦。“中正以观天下，观”是指主爻九五刚爻占据刚位，位正；在上卦中位，位中。九五之下的初二爻为地位，三四爻为人位，都在天下，九五居高临下观看下面，是观天下。能以中正之道观天下，这就是观卦。（四）解释卦辞的意义。“盥而不荐，有孚颙若，下观而化也”，意为祭祀时洁敬洗手，还未进献祭品就表现出庄严恭敬的无比虔诚，是说在下的臣民看到主祭人的精诚就受到了感化。明确指出，所谓“盥而不荐，有孚颙若”，不是指别的意思，而是在讲道德的感化力量。（五）推演观卦的重大社会意义。“观天之神道，而四时不忒”，是说人们应当从观卦里学习哪些有益的东西呢？要仰观俯察天地神秘的大道，看到天地运行、四季分毫不差这种谐合无间的变化规律，把它学到手。“圣人以神道设教，而天下服矣”，是说圣人要把学到的天地神秘的大道，用来设立教化，这样天下人就会信服。是讲道取之于天地，用之于人民。彖辞讲“天”，也包括地。“忒”是差。“神道”指隐秘未显示出来的哲理，不是什么神仙道化。讲白了就是天地之秘，因秘才称神。后人讲的神仙道化可以自立门户，不要往《周易》上贴，这里没有那个意思。

象辞先解释上下卦象的组合。“风行地上，观”是说观卦的上卦是巽，巽的基本卦象是风；下卦是坤，坤的基本卦象是地，组合在一起是风在大地上吹行的卦象，这就是观卦。然后讲从观卦应当受到的启发，去学习什么。“先王以省方观民设教”中，“省方”是到四方去视察，“观民”是观察民情风俗，“设教”是设立教化。古人认为风是最能感化的，春风一吹，坚冰都化；风是最具普及性的，无孔不入，吹彻人寰；风是最有征服力的，风吹草伏，都会倒向一边。所以常常用风来比喻帝王的政令教化。彖辞讲政令教化的大道取之于天地，象辞补充说怎么把它用于社会呢？圣人先要到天下四方去走一走，看看各地的风气习俗，然后再结合实情，酌情制定出教化的方案，把天地大道普及于民。这就不仅仅是观察到“风吹大地”的表面现象，而是从中学到了应当学到的有益而重大的内容。下面引一段王宗传《童溪易传》的话，了解一下古代的省方之礼。“夫省方之礼，所以观民也。观民则教之所由设也。其在虞舜之时，时当嗣位之初，岁二月东巡守，至于岱宗；五月南巡守，至于南岳；八月西巡守，至于西岳；十有一月朔，巡守至于北岳。各觐其方之后，协其时日，同其器数，修其礼物。自此以往，则五载一巡守，群后四朝。其在《周官》，则六年五服一朝，又六年王乃时巡。考制度于四岳，诸侯各朝于方岳，大明黜陟。夫先王省方之礼，非固为是烦扰也，以谓不如是则无以观览夫民俗，而施设其教条也。孟子曰：‘昔者齐景公问于晏子曰：吾欲观于转附朝儛，遵海而南，放于琅玡，吾何修而可以比于先王观也？晏子对曰：善哉问也！天子适诸侯曰巡狩，巡狩者，巡所守也。诸侯朝于天子曰述职，述职者，述所职也。无非事者。春省耕而补不足，秋省敛而助不给。夏谚曰：吾王不游，吾何以休？吾王不豫，吾何以助？一游一豫，为诸侯度。’夫由晏子之言，则先王之观亦不过日省耕、省敛，以为补助之政云尔。故曰‘为诸侯度’。此观民设教之大旨也。其在后世则不然，故流连荒亡，如秦皇之出游、汉武之行幸，徒为是烦扰而无补于海内之万一矣。故曰为诸侯忧。其视先王观民设教之意不亦远乎？”他认为视察与游览是不同性质的两件事，游览是扰民，视察则是调查考察情况。可见以考察为名外出旅游，国内不足还要远渡重洋，这样的事前人已有警告。

初六：童观，小人无咎，君子吝。

【译文】

像儿童一样看问题，小人没有咎害，君子有吝难。

象曰：初六童观，小人道也。

【译文】

初六像儿童一样看问题，是小人之道。

【辨证】

虞翻认为艮为童仆。这也是逸象，但考之《说卦》“艮为少男”，也比较合乎情理。观卦是大艮。提到“童观”，观卦变为蒙卦又提到“童蒙”。看来“艮为童仆”的说法可信。初六在观卦最下位，观的主爻是九五，九五是“大观在上”“中正以观天下”，初六距九五最远，又是柔爻小民，对于九五的德政教化见识不多，看得最为肤浅，对什么经国治世、道德礼仪等朝廷美政，一窍不通，又在大艮的最下位（初六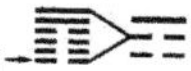艮）。艮为童子少男，故为“童观”，即孩子般的见识。小人是“劳力者治于人”的下层劳动人民，《周易》作者也认为这些人是不懂经国治世的群氓，并认为他们不懂德政教化是理所当然、无可厚非的。这种观点有历史局限性，但作者就是这样认识的，所以还得按作者的实际认识去分析。初六柔爻，柔爻为小人，小人见识如同孩子般肤浅，合乎情理，故“小人无咎”。但君子不能这样，君子如此浅薄那就有吝难了，故言“君子吝”。

象辞说：“初六童观，小人道也。”意为，像孩子般地看问题，这是小人正常的现象，合乎其道，故小人无咎。言外之意就是，非君子之道，故君子有吝。这样看来，咎也罢，吝也罢，只要合乎其道就好。

六二：窥观，利女贞。

【译文】

从门里向外观看，女子守正有利。

象曰：窥观女贞，亦可丑也。

【译文】

从门里向外观看，女子守正有利，对君子来说就不符合规矩了。

【辨证】

窥是偷看，窥观还有从门缝里向外看的意思。不走出门来看，就难以看真切，从门缝里偷着看，更是浮光掠影，一孔之见。小孩子是看不懂，在门里看是看不清。从卦象上讲，观为大艮，艮为门阙，坤为女。六二在大艮里，又在下卦坤中，是女子从门里向外看。封建社会，女子不出闺房，不下绣楼，对外边的事只能站在门里向外浮光掠影地张望一下，对九五的德政教化也理解不了多少。见识比孩子强点，但还是头发长见识短的妇人之见。但六二在下卦中位，柔爻居柔位，位正，上有九五为正应，守正的女子有利。象辞实际上是有所省略，与上一爻的象辞互文见义，是说："窥观女贞，君子亦可丑也。"女子有妇人之见不可丑，因为是"女人道也"。君子满肚肠的妇人之见太羞惭了。六二离九五稍近了一步，所以见识稍强于初六。

六三：观我生，进退。

【译文】

观察我的生民，决定进退。

象曰：观我生进退，未失道也。

【译文】

观察我的生民决定进退，是不失正道。

【辨证】

前人对“生”的讲法太混乱，有许多说法求深反失。九五爻辞说“观我生”，象辞解释说“观我生，观民也”。“生”就是生民，也就是百姓。“观我生，进退”，是说观察我的生民的情况，决定是进还是退。这是观察民情风俗决定政策。

这样讲象上有据，六三在下卦坤里，坤为民众；上邻巽卦，巽为进退，又在上下卦之际，可进可退，有这样的象才能系这样的辞。有道之君的礼仪教化，要从国情民俗中来，看看人民的愿望要求，制定政令教化，据实际情况增减进退，这与全卦的主题思想一致。

象辞说：“观我生进退，未失道也。”意为观察人民的风俗决定进退，符合观卦之道。这一爻还是相当好的。注重调查研究，实事求是。

六四：观国之光，利用宾于王。

【译文】

观看国家礼仪盛典的光辉，利于做君王的座上客。

象曰：观国之光，尚宾也。

【译文】

观看国家礼仪盛典的光辉，是推尚贤能。

【辨证】

“观国之光”，主要是观礼，比如国家有大型的庆典，邀请外宾来观礼，这种礼仪往往是一个国家经济、文化、艺术、科技、政治、民意、民俗以及军事力量等方面的综合反映，故为国之光。被邀请参加的都是国家级别的客人，享受国宴级的待遇，故“利用宾于王”。从象上讲，观卦从否卦发展而来，是否下卦的三个柔爻又向上长到四位，六四正是长上来的关键一爻。否的下卦原是坤，坤为国，上卦原是乾，乾为君王。六四长入乾里，居于坤国之上，全卦变观。坤卦象辞说“含弘光大”，观卦又是大艮，为门阙，六四进入门阙内部，紧邻九五，九五是天子。六四如同进入宫阙，承接天颜，参加观礼，受到贵宾礼遇，故言“观国之光，利用宾于王”。象辞说：“观国之光，尚宾也。”“尚宾”是贤能的人受到崇敬推尚。爻辞有它分封制社会的特殊背景，与我们今天不同。当时虽分为众多的诸侯国，但各诸侯国同属天子的下属国家，各诸侯又大多是天子的宗室、功臣，国与国之间时有礼聘任职的做法，诸侯也可能到天子身边任职。“尚宾”不仅仅是一种国家级的礼遇，还可能被授以要职，大则丞相，小则侍从顾问，所以爻辞还有升官发迹之义（参见提示）。

九五：观我生，君子无咎。

【译文】

观察我的生民，君子没有咎害。

象曰：观我生，观民也。

【译文】

观察我的生民，是观察人民。

【辨证】

九五是观卦的主爻，彖辞已说过，它是“大观在上”“中正以观天下”。尊贵中正，身为天子，下有四个柔爻拥戴。是个道德可观、万民悦服的君王，是本卦六爻仰望观瞻的对象。

九五来观什么？是“中正以观天下”，就是要看下面的四个柔爻，刚爻为君，柔爻为民，故为“观我生”。生就是民。天子能观察民意，因情施政设教，故言“君子无咎”，因为符合观卦之道。象辞说：“观我生，观民也。”直接把“生”作“民”讲，为理解爻辞提供了一个明确的依据。

上九：观其生，君子无咎。

【译文】

观察他的生民，君子没有咎害。

象曰：观其生，志未平也。

【译文】

观察他的生民，心志未平。

【辨证】

上九与九五是全卦仅有的两个刚爻，比邻在上。九五在尊位，是现任的天子，观生是观自己的人民，故言“观我生”。上九已经退出尊位，不再执令当权，成为太上皇了，“观生”是观九五的人民，故言“观其生”。能为九五观察民俗风情，做些调查研究的工作，也符合观卦之道，故“君子无咎”。但“无咎”与九五不同。九五是自观其民，又受到万民拥戴，上九是观他人之民，民拥戴的还是九五。同样功德，享誉不同，心中难免酸溜溜的，所以象辞说：“观其生，志未平也。”从易理上讲，“志未平”是由个人所处的时势地位决定的，观卦是柔爻上到四位，再继续下生，上九就会被逼退，处在倾侧危殆之地。泰卦的九三就说“无平不陂”，观的上九陂不待言，陂就是不平。这完全是天地阴阳的消长规律决定的。只不过是刚爻具有主导作用，应当治世；柔爻禀性柔暗，不宜逼退刚爻，所以才不言凶。如果换成大壮䷡，四个刚爻向上逼退柔爻，五位的六五也有损失，上六就更不好处。

【提示】

观卦的主题讲政令教化，圣人要从天地自然中观察体悟哲理大道，观风知情，制定礼仪盛典、政令教化，结合实际把大道运用于社会。因为符合天地自然的法则，就可以不言而化，民风归淳，天下大治。这个思想对我们仍具有借鉴意义。卦中提到对小人、女子的看法，与现实大大脱节，要引起注意。

六四爻辞在《左传》庄公二十二年有用例，引出来看一看古人怎样使用《周易》。当时是陈国的厉公生了个儿子叫敬仲，让成周的太史筮了一卦，六四爻动，得观之否。即：六四→䷓观中六四为动爻，由柔爻变刚爻，卦变为否䷋。太史判断说：“此其代陈有国乎？不在此，其在异国；非此其身，在其子孙。光远而自他有耀者也。坤，土也；巽，风也；乾，天也；风为天于土上，山也。有山之材，而照之以天光，于是乎居土上，故曰‘观国之光’。庭实旅百，奉之以玉帛，天地之美具焉，故曰‘利用宾于王’。犹有观焉，故曰其在后乎？风行而著乎土，故曰其在异国乎？若在异国，必姜姓也。姜，太岳之后也，山岳则配天。物莫能两大，陈衰，此其昌乎？”简述出来意为：“敬仲这个孩子恐怕将来要代替陈而享有国家，但不是在陈国，而是在别的国家。不是应在他本人的身上，大概是他的后代子孙吧。因为光是从远方别处照过来的。坤是土，巽是风，乾是天，在土上风变而为天，变出是山。有山的林木，又有天光来照射，于是居于土上，这是‘观国之光’。庭中陈列的进荐礼物上百件，又进奉玉璧束帛，天上地下美好的东西都具备齐了，所以说‘利用宾于王’。但还要观看，所以说是应在后代身上。风在土上刮着走，所以说应在别的国家。如果是别国，一定是个姜姓国家。姜姓国家是太岳的后代，山岳高大可以配天。但事物不能两头都大，陈国衰亡之后，敬仲这一支就昌盛了。”后来陈国确实灭亡了，敬仲的后代陈成子取代了齐国的政权，因为有后面的史实，所以把当时筮卦的情况也记录了下来。这个筮例具有代表性，我们看一下太史的分析方法。周太史在卦有一个动爻的情况下，以动爻的遇卦爻辞作为判断的依据。看来可以作为通例。然而又分析遇卦观与之卦否两卦之间的变化。观的下卦未动仍是坤地，上卦因为爻动由巽风变为乾天（观 巽风< 坤地< ䷓ ←六四爻动生变，上卦变刚为乾，卦变否 ䷋ >乾天），这就是他说的“风为天于土上”。土上的风变为天，地上的山才能高可配天，又有互卦艮，艮为山（ ䷋ >互艮 ），这就是他说的“山也”。巽又为木，山中有林木，说明大地才人众多，又有天光照耀，这样的版图上就是“观国之光”，这就是他说的：“有山之材，而照之以天光，于是乎居土上，故曰‘观国之光’。”乾是金玉，坤是布帛，坤又为众多，观又为门阙，这是宫阙的庭中有丰富的礼物陈列，相当诸侯朝见天子的摯礼，可见要做诸侯。这就是他说的“庭实旅百，奉之以玉帛。天地之美具焉，故曰‘利用宾于王’”。另外他还从艮中取山象，山为岳，太岳姜姓，推知敬仲的后代在齐国要执政。从观来看，还得等一下，推知是在敬仲的后人身上才能应验。从事物不可能两全上推知陈衰亡后敬仲后人才能发迹。从中看出，取遇卦动爻爻辞为依据，还要联系占筮的动机，从卦的变化来随象取义。不懂卦象，爻辞就成了死教条。再看唐人《定命录》的例子。天宝四年，王诸应举，欲入京，筮得乾之观即乾卦下四爻都动，刚爻变柔爻成观：乾䷀中四爻皆动，变为观䷓，判断说，自己去“宾王，而大人未见”。后来王诸到了京师果然遇上安禄册作乱，没见上天子，返回去了。乾的九五是“飞龙在天，利见大人”，观的六四是“利用宾于王”，乾变观是变到四爻在五爻处停住了。所以是自己去朝见，大人却没有出现，主要看的是观的四爻爻辞、乾的五爻爻辞，结合自己所问的具体事情，从爻象变化趋势中去理解。看象方法更为灵活，爻辞不过是提供了一个思路线索而已。这就更进一步说明，不懂卦象，只讲义理，根本就无法下断。

二十一 噬嗑——刑狱啮咬

䷔

噬嗑卦的卦画组合为震（☳）下离（☲）上，传统称作火雷噬嗑。《序卦》云："可观而后有所合，故受之以噬嗑。嗑者，合也。"意为德政教化可观了，人心民意就可相合，所以在观卦之后，接着是噬嗑卦。嗑是合的意思。《杂卦》云："噬嗑，食也。"意为噬嗑是咬食东西。"噬"是用牙齿咬食，"嗑"是上下牙对合在一起。《序卦》主要解释的是嗑，《杂卦》主要解释的是噬。把《序卦》《杂卦》的意思合在一起来理解，噬嗑是上下牙对合起来咬食东西。从道理上讲，德政教化的可观与上下牙对合咬噬东西联系不上。《序卦》所以要这样讲，是为了迁就卦的排列顺序，在取义上联系得有些牵强。要揭示这一卦的主题思想，还得依据卦、彖、象辞。卦辞说"利用狱"，彖辞说"利用狱也"，象辞说"先王以明罚敕法"。全卦的主题是讲法制刑狱。总之，这一卦卦名的意思是上下牙对合咬食东西，用于社会的意义是讲法制刑狱。其中的联系可参见下面的说解和后边的提示。

依据彖辞“柔得中而上行”的说法，侯果说：“坤之初六上升乾五，是柔得中而上行。”他的意思是说，噬嗑卦是从否卦变化而来。是否的下卦坤里的初六，上升到上卦乾的五位，卦才由否变为噬嗑，这就是彖辞讲的“柔得中而上行”的具体所指。讲得直白一点，就是否卦的初六与九五互换了位置。即：否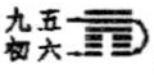交换位置，变噬嗑䷔。因为六五是在变化中成为决定因素的主爻，从六五着眼来讲，就是“柔得中而上行”。噬嗑与下一卦贲构成一组覆卦，噬嗑的卦画上下颠倒就是贲卦，即：噬嗑䷔整卦上下颠倒，为贲䷕。卦爻有以上的运动变化，分析卦爻就要注意这种运动变化中的联系。这种联系《周易》作者有时把它突出出来，有时则可能不作强调，但作为一种观象治易的方法，它是一种客观存在，是必须要掌握的，否则就难以自己去观象了。在这一卦里，作者更多地强调了它与颐卦的联系。颐是一张嘴，噬嗑是嘴里咬着东西（详说见后）。作者在观象系辞时，从众多纷杂的象里，时取此象，时取彼象，我们追踪的是作者取象依据，作者不取之象就不作详说。但不取之象并不等于不存在。

噬嗑，亨。利用狱。

【译文】

噬嗑卦，亨通。有利于听讼治狱。

彖曰：颐中有物曰噬嗑。噬嗑而亨，刚柔分，动而明。雷电合而章。柔得中而上行，虽不当位，利用狱也。

【译文】

口中有物就是噬嗑卦。噬嗑卦亨通，刚柔分开交错，行动光明。雷声闪电合在一起威力显明。柔顺占据中位向上运行，虽然位置不当，但有利于听讼治狱。

象曰：雷电噬嗑。先王以明罚敕法。

【译文】

雷电合在一起就是噬嗑卦。先王从中受到启示，彰明刑罚，端正法律。

【辨证】

“狱”是诉讼案件，不是我们今天讲的监狱，古今词义不尽相同。卦辞说“噬嗑，亨”，象上的依据主要是噬嗑从否卦变来，否卦是天地悬隔，滞塞不通。《系辞》说，“变则通”，一变就通了，故亨通。否卦是下面三个柔爻，上面三个刚爻，排列严整，刚柔不杂；变成噬嗑，刚爻与柔爻交错开了，卦由原来的刚柔各一方变成刚柔相济，互为补充，所以亨通。“利用狱”取的是六爻全象，作者把噬嗑的整个卦画看成是一个戴着全副刑具的囚犯，卦里的三个刚爻分别是戴在犯人身上的颈枷和桎梏。这有初爻爻辞“屦校灭趾”、上爻辞“何校灭耳”可证。三个刚爻横亘在上中下的位置上，就是给犯人戴上了颈枷、手枷和足枷，囚犯被锁起来了（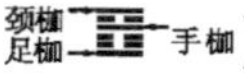

）。古代的枷总称“校”，用木头做成。分开讲，锁在脚上的枷称桎，相当于脚镣；锁在手上的枷称梏，相当于手铐。这就是前人讲的“在足曰桎，在手曰梏”。锁在脖子上的称枷。手枷和颈枷往往是连在一起的，既可锁手，又可锁颈，所以九四爻辞不言“校”。犯人既然被锁住抓起来了，真凶在案，当然就利于听讼治狱。要不然还去审谁？

彖辞从五个方面解释噬嗑卦。（一）从卦画上解释卦名的意义。“颐中有物曰噬嗑”指的是噬嗑取的是颐卦卦画为象。颐卦是一张口，上下两个刚爻是嘴的上唇和下唇，中间的四个柔爻是嘴里排列的牙齿（即颐

，详见颐卦）。而噬嗑是在颐卦里横亘了一个刚爻，如同口中咬着东西在牙齿之间（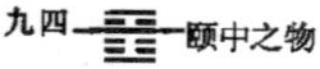

），九四是颐中之物，

所以此卦才取牙齿对合咬食东西之义的噬嗑为名。（二）从卦变上解释卦辞“亨”。“噬嗑而亨，刚柔分”是指否卦变为噬嗑，把否卦原来刚爻与柔爻各成营垒的状态分开了，刚爻与柔爻交错起来。从取义上讲，只刚强不柔顺行不通，只柔顺没一点刚强之气也行不通，一个人能刚能柔，刚柔相济就行得通了，所以噬嗑卦亨通。（三）从上下卦特性的组合上解释卦辞“亨”。“动而明”指的是本卦的组合是下卦震，震为动；上卦离，离的特性是明，行动光明，故亨通。（四）从上下卦象的组合上解释噬嗑卦。“雷电合而章”中，“章”义同“彰”，是显明而有文采。这句指的是下卦震，震的卦象是雷；上卦是离，离的卦象是闪电，上下卦象组合在一起是惊雷闪电合在一起，具有强大的震慑力量和明察秋毫的光照效应，所以利于听讼治狱。（五）从主爻的推移上解释“利用狱”。“柔得中而上行，虽不当位，利用狱也”，指的是由否变噬嗑的方式是主爻六五从初位上升到五位，是柔爻的推移取得上卦中位。五位是刚位、尊位、天子位，柔爻没有刚健的素质，不应当占据这个位置，然而能占据上位以柔理事，还是适合听讼治狱的。可见彖辞认为听讼治狱处理案子不能用刚，柔顺比较适合。要有忍耐的性格，平心静气，顺事理去处理。不能急躁刚强，动不动就火，那样往往会制造冤假错案。

象辞还是先说明上下卦象的组合。“雷电噬嗑”与彖辞的“雷电合”在取象上相同。“电”指上卦离，“雷”指下卦震，上下卦象重合在一起是雷与电的组合。侯果说：“雷所以动物，电所以照物，雷电震照，则万物不能怀邪，故先王则之，明罚敕法，以示万物，欲万方一心也。”这就说明了雷电与法治的联系。“先王以明罚敕法”中，“敕”是端正的意思。先王从噬嗑卦的雷电中受到启示要彰明刑罚，端正法律。雷有赫赫之威，具震慑威力；电有烨烨之明，具照邪难逃的效用。象征国家的法治恢恢严正，不容罪恶，妖邪难逃，纤毫必究。所以先王效法雷电，端正法治。罪有大小，罚有轻重，量刑要合情合理，当然要明；法不徇情，人人平等，当然要公正。不明不正，法律成了摆样子的粉饰，自取乱败，谈不上法治。所以旧日的公堂上都要挂上“正大光明”的大匾，赫然入目，为法官垂范。执法徇情舞弊，是自己把自己放在社会蠹虫的位置上，民众不允，上级也不答应，只能遗臭万年。

初九：屦校灭趾，无咎。

【译文】

戴上脚枷，遮住了脚趾，没有咎害。

象曰：屦校灭趾，不行也。

【译文】

戴上脚枷，遮住脚趾，是不能行动了。

【辨证】

“屦”是脚上穿的鞋子，这里作动词用，是穿上的意思，引申为戴上。“灭”是遮没的意思。“校”是枷，戴在脚上就是脚枷。初九是与六五换位的一爻，从五位下到初位，下卦变成震（☳震），震为足，有如在脚上戴上枷锁。侯果说：“屦贯趾足也。震为足，坎为校，震没坎下，故‘屦校灭趾’。初位得正，故无咎。”坎有没有校象，不大容易辨得清，但这里取的不是坎，而是六爻全象。本卦是戴刑具的犯人之象，初九在下位，故为校。互卦有坎（☵互坎），坎为水，初九没在水下，故为“屦校灭趾”。“灭”就是没的意思。初九刚爻，初位刚位，位正，对犯人来说，自己行得端，走得正，没有犯罪，所以不会有咎害。象辞说：“屦校灭趾，不行也。”意为：戴上脚枷遮住脚趾，是不能行动了。主要是说明“屦校灭趾”是戴上脚枷的意思，不取“震为行”之象。取象各有侧重，卦讲的是听讼治狱，所以取震为足之象。如果不是噬嗑卦，震也可以取震为行之象，那就不是走不了，而是相当善走。这一爻有羁绊之难，但最后没有咎害。身陷囹圄，会获释脱难。

六二：噬肤灭鼻，无咎。

【译文】

咬肉吃，鼻子没入肉里，没有咎害。

象曰：噬肤灭鼻，乘刚也。

【译文】

咬肉吃，鼻子没入肉里，是因为乘驾在刚爻之上。

【辨证】

“肤”是带皮的肉。动物的皮肤之下，一般是比较肥厚的脂肪层，带皮肉比较肥美。《经典释文》引马融说：“柔脆肥美曰肤。”古代的“肤鼎”指肉鼎，“麋肤”指麋鹿肉。“肤”不仅指皮肤，与下文的“腊肉”“干胏”比较起来，肤是软肉、鲜肉，所以一咬，鼻子才能陷进去。虞翻说“艮为肤”，从卦象考订，虞氏的话比较可信。象辞指出九四是颐中之物，六二与九四只能互为艮卦（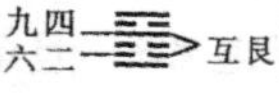
），艮卦是一刚在外、二柔在内，刚爻是外面的皮，柔爻是皮下的肥肉（艮☶ 肉皮 皮下肉），与“艮为果蓏”的取象手段相同。这个逸象有据。艮又为鼻，为黔喙之属（黑嘴头子的动物），在互坎之下，故为没。在噬嗑卦里，故言“噬肤灭鼻”。黑嘴头的动物（比如猪）吞食东西，常常把鼻子探进食物中去，出自本性，人如果这样咬食，出乖露丑，食相不堪。然而也不过是雅俗巧拙问题，没有大害，故言“无咎”。象辞说：“噬肤灭鼻，乘刚也。”为六二的出乖露丑提出另外一条理由，就是六二柔爻却乘驾在初九刚爻之上，柔乘刚为不顺，故虽有吃肉之象，又会有灭鼻之丑。

六三：噬腊肉，遇毒。小吝，无咎。

【译文】

咬食腊肉，遇到毒。有小吝难，无大咎害。

象曰：遇毒，位不当也。

【译文】

遇到毒，是因为位置不当。

【辨证】

“腊肉”是较长时间存放的肉，制作的方法，有的是风干，有的是撒盐冷藏，有的是火烤。现在民间还有制作，各地的制作方法不尽相同。但总的说，腊肉比鲜肉要干，吃起来难咬一些。六三虽也在互艮中（），但比六二接近上卦离，离为火，肉发干，故为腊肉。又在互卦坎里（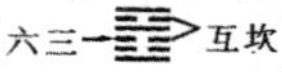），焦循、虞翻都说“坎为毒”。腊肉放得时间长了，会变质有毒。古人大概常常遇到。但毒性比较小，不是剧毒，作者把这种生活现象比附到爻辞中来，故言“噬腊肉，遇毒。小吝，无咎。”象辞说：“遇毒，位不当也。”意为：六三会有中毒之象，是位置不当。这个位置主要指在坎卦里。“坎为毒”的说法，在师卦里有印证。

九四：噬干胏，得金矢。利艰贞，吉。

【译文】

咬食骨头上的干肉，得到金属箭头。宜于在艰难中守正，吉祥。

象曰：利艰贞吉，未光也。

【译文】

宜于在艰难中守正，吉祥，是因为还不光大。

【辨证】

“胏”是骨头肉，“干胏”是带骨的干肉。九四正是象辞讲的“颐中有物”，横亘于口齿之间。从象上讲，艮为肤，九四虽然也在互艮里（九四→䷔互艮），但比六三更接近上卦离，离为火，离火越近烤得越干。既为横亘之物，又是刚爻，只能是骨头。有骨有肉又干，故言“噬干胏”。坎为弓轮，离为戈兵，弓上的戈兵只能是箭。所以陆绩说“离为兵矢”。离卦是否卦的上乾，因为初六“柔得中而上行”变出来的。原本是乾卦，乾为金，所以这个离矢是金矢。九四在互坎（九四→䷔互坎）、上离之中（九四→䷔离），故言“得金矢”。得是因为离矢原来没有，爻的推移使它出现了，从无到有，故有得。干胏中的金矢只能是金属箭头。坎又为险难，九四是互坎的中爻，故“利艰贞”。在艰难中守正，故可得吉。古代人常吃田猎射到的禽兽之肉，从骨肉中找到箭头是生活中常有的事。得到个金属箭头算得上意外收获。对爻辞的理解要与古人的意识统一。要而言之，“噬干胏”是啃干肉，油水不大，费劲不小。“得金矢”是有意外的小小收获。“利艰贞吉”是处境并不顺利，艰难守正才会得吉。

象辞说“利艰贞吉，未光也”。“光”指的是上卦离，离为光明。九四虽在上卦离里，但并不是离卦中爻，与主爻六五的“得当”（见下）比起来，还不算光明，所以还得在艰难中守正。“胏”不是今天的常用字，陆绩说：“肉有骨谓之胏。”《说文》：“胏，古文作𩚵，食所遗也。”《玉篇》：“肉带骨也。”总起来说，是已经没有多少肉的骨头，没多大可吃的价值，再加上是干胏，更不怎么样。《说文》认为是吃剩下的东西，看来也是骨多肉少之意。

六五：噬干肉，得黄金。贞厉，无咎。

【译文】

咬食干肉，得到黄金。能守正并感到危厉，没有咎害。

象曰：贞厉无咎，得当也。

【译文】

能守正并感到危厉，没有咎害，是因为位置得当。

【辨证】

六五是本卦的主爻，又是从否变为噬嗑的关键性一爻，处本卦尊位，故取象范围较为广泛。下临艮为肤，上卦离为火，故为“噬干肉”。否卦变噬嗑之前，上卦为乾，乾为金；六五从否的下坤升上来，坤为中央土，色黄。坤六五爻辞“黄裳”可证。乾坤交错变成噬嗑的上卦离，故为“得黄金”。互卦有坎（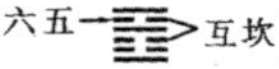

），坎为险，故有“厉”，但在上卦中位，故言“贞厉”。彖辞说“柔得中而上行”，故“无咎”。象辞说：“贞厉无咎，得当也。”意为：守正有危厉没有咎害，是因为位置得当。彖辞说“虽不当位”，小象辞却说“得当”，看来六五有得当之处，也有不得当之处。不当是柔爻不该占据尊位，得当是指位置还是好的，不过是该占不该占的问题。这就同时说明了“贞厉”与“无咎”的原因。不该占尊位故有厉，位置好故无咎。这一爻是本卦最好的一爻，有意外的收获，啃干肉比“噬干胏”要好得多。有危厉，守正可无咎。前人因为九四爻辞有“吉”，认为九四比六五好，其实这是一种误解。“吉凶者，得失之象也”，六五得到珍贵的黄金，比九四得“金矢”要得到更多。不言吉也有吉。

上九：何校灭耳，凶。

【译文】

带着枷，遮住了耳朵，凶。

象曰：何校灭耳，聪不明也。

【译文】

带着枷，遮住了耳朵，是耳不聪目不明。

【辨证】

上九是囚犯戴的颈枷，在互坎（互坎 上九）、上离之上，坎为耳，离为目，是颈上戴的木枷高过耳目，把耳目都遮住了，故为“何校灭耳”。“何”与“荷”是古今字，意为扛着负担。处本卦之终，穷途末路，故有凶。象辞说“何校灭耳，聪不明也”。“聪不明”不能理解为“聪而不明”，而是耳不聪、目不明结合在一起说的。这是一种互文的修辞方法，但容易引起误解。“聪”在古代的意思指的是耳朵灵，“明”是眼睛亮。“聪明”不是今天讲的聪明伶俐。象辞说耳不聪、眼不明是解释为什么枷会“灭耳”，“灭”是遮挡住的意思，与初九象辞的“不行也”意同。初九的枷是把脚挡住，所以称“灭”。上九的枷是把耳挡住，也称灭。爻辞没有提到目，象辞却提到“不明”，说明象辞认为还有遮住目的象。这一爻比初九糟得多，牢狱之灾不可脱。

【提示】

这一卦不得不讲一下六爻全象。《说卦》里讲的卦象都是三爻卦的八卦卦象，然而《周易》在取象时，有时却取的是六爻卦的整象，把六爻看成是一个整体，组成一个六爻的全象。前面提到的颐卦就是如此，把颐卦的六爻整体看成是一个嘴巴。这一卦又把全卦看成是一个戴着全副刑具的囚犯。还把全卦看成是一张咬着刚硬之物的大嘴，这都有内证可据，并不是后人的附会。更为明显的还有鼎卦，作者把鼎的六爻整体看成是一个大鼎的形象。下边是鼎足，中间是鼎身，六五是鼎耳，上爻是插在鼎耳中抬鼎的杠子，古人称铉（鼎卦：

）。鼎卦的爻辞说得清清楚楚。只不过卦画只有横线，没有竖线，没有勾勒出来罢了。小过卦中间两个刚爻是鸟身，上下各两个柔爻是鸟翼，故彖辞说“有飞鸟之象焉”（小过：

）。豫卦是一个刚爻插在五个柔爻之中，爻辞有“朋盍簪”，把全卦六爻看成是头发中插入了簪子（豫：

）。

此外大过卦䷛是栋桡之象，又是棺椁之象（见《系辞》），大壮卦䷡是上栋下宇之象，离卦䷝是网罟之象，都是显而易见的，全都是取的六爻全象。讲《周易》的卦象就必须承认这个现实，多少人反对也无用。但要提起注意的是，六爻全象也和八卦之象一样，作者有时取，有时不取，不能凭后人乱猜，要有可靠的证据作依托。但如果卦爻辞中已经揭示了六爻全象的内容，那我们也得承认，态度要客观一些。因为我们是在讲《周易》，不是在自己创造《周易》。比如中孚卦，《序卦》说“节而信之，故受之以中孚”。

《序卦》已明确指出是符节对合而后可信，中孚是符节对合之象。古人把竹板成齿状中剖，契约双方各持一半为据，以对合取信，这种用竹制成的合同式的契约就是节。《说文》：“节，竹约也。”说得十分明确。中孚的六爻全象就是节齿对合：中孚

。正因为节齿对合得上，所以卦才叫中孚，孚是相信。卦取六爻全象可以认定无疑。朱熹没有辨出作者的取象，他说：“中孚是一个卵象，是鸟之未出壳底孚，亦是那孚膜意思。”又说：“孚字从爪，从子，如鸟抱子之象。今之乳字也一边从孚，盖中所抱者，实有物也。中间实有物，所以人自信之。”认为中孚是鸟蛋，这已是乱猜，不过总还承认是六爻全象。而还有相当多的人连六爻全象也不承认，这就更不是客观态度。再如中孚卦的彖辞说“乘木舟虚也”，显然彖作者又把中孚的卦画看成是一条中空的大船，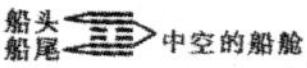

。船舱做成空的，才能载物渡水，因此才说“舟虚”。

如不承认六爻全象，那就只能否定彖传，自己去随意附会。

二十二　贲——绘事后素

䷕

贲卦的卦画组合为离（☲）下艮（☶）上，传统称作山火贲。《序卦》云：“物不可以苟合而已，故受之以贲。贲者，饰也。”意为：事物不可以苟且相合就行了，所以在表示相合的噬嗑卦之后接着是贲卦。贲是文饰的意思。《杂卦》云：“贲，无色也。”意为贲是没有颜色。《序卦》认为贲是文饰，是要美化一下，而《杂卦》却说贲是没有颜色。考之彖辞“天文”“人文”的讲法，显然文饰是贲的主要意义。《杂卦》说的“无色也”是指在无色的基础上加以文饰，所谓“绘事后素”之意。其正确解释是：贲卦是因为还没有颜色，是从无色到有色。事物不能凑凑和和地苟合在一起，得文饰美化一下才可以相合，文饰美化成为必要，所以噬嗑卦后才接着是贲卦。这是《序卦》要强调的意思。据以上分析，贲的卦名意思主要是文饰美化。前人讲的黄、白、黑色，以及爻辞中提到的白色等，都应当统一到文饰美化这个意义上去理解。怎样进行文饰美化？古人与我们今天的理解不尽相同。《说文》讲："文，错画也。"把线条交错一下就是文饰。象辞讲"柔来而文刚"。"分刚上而文柔"，也是说刚爻与柔爻交错一下就是文饰。并不全同于今天说的重彩描绘、涂脂抹粉的人为装饰，而更多的是强调在质素前提下的自然美化。是按照事物本身所具有的形质和多样性所进行的一种有秩序的交错组合，从而形成一种美的和谐，重在自然和真实，这才能把文质统一起来。在社会意义上说，贲卦与噬嗑卦相互补充，噬嗑卦讲的是法治，贲卦讲的是文明。用今天的话讲，是说文明与法治是组织社会不可或缺的两个方面，要两手抓，而且两手都要硬。所谓文明，指的是人的道德品质、文化修养、礼仪制度、公共秩序、思想教育、社会风尚等方面，是能制约、规范人的言行而必需的一切思想意识方面的建设。这就是象辞讲的"人文"的主要意义。人的言行首先要受到文明的规范，超越了文明的制约又要受到法治的规范，这样才能保证社会有秩序地前进发展。从某种意义上讲，文明比法治更重要，文明是组织绝大多数人在正常秩序上活动的保证，而法治主要是强制少数犯罪分子回到秩序上来。任何一个统治者都不可能，也没有必要把所有的人都关进监狱进行劳教，而文明则是道德法庭，虽无强制，却具有管束力量。《周易》是社会的组织术，所以在噬嗑卦里讲法治，紧接着在贲卦里就讲文明。《周易》

的治世思想可以研究，但有一点是肯定的，绝对的自由是没有的，人只要一降生到人间，就进入了社会，就会受到社会的规范约束。无论你职位权势有多大，财产金钱有多富，毫不例外。要取得自由，那就得去把握社会规律，按社会规律去运动。规律就是《周易》里讲的道。总之，贲是文饰，卦的主题思想是讲社会文明。

按照象辞“柔来而文刚”“分刚上而文柔”的讲法，虞翻、荀爽都认为贲卦是由泰卦变化而来，是泰卦的上六与九二交换了位置，即泰䷊两爻换位，变䷕贲。九二从泰的下卦乾里分出一个刚爻，到上卦坤的三个柔爻里交错一下，就是“分刚上而文柔”。泰的上六从上卦坤的三个柔爻中下来一个柔爻，到下卦乾的三个刚爻中交错一下，就是“柔来而文刚”。这样讲准确无误，贲卦是由泰卦变化而来。贲卦与上一卦噬嗑组成一组正覆卦，即贲卦的倒象就是噬嗑，贲䷕整卦上下倒过来为噬嗑䷔。两卦一正一反相互联系，所以在取义上相互补充。噬嗑讲了法治，贲就来讲文明。这是《周易》内部组织的有机联系，分析时不能割断。

贲，亨。小利有攸往。

【译文】

贲卦，亨通。小的方面来往有利。

彖曰：贲亨，柔来而文刚，故亨。分刚上而文柔，故小利有攸往，刚柔交错天文也。文明以止，人文也。观乎天文，以察时变；观乎人文，以化成天下。

【译文】

贲卦亨通。柔爻来文饰刚爻，所以亨通。分出刚爻到上边去文饰柔爻，所以小的方面来往有利，阴阳交错就是天象。能够用文明来进行规范，使人们的行为有所限止，这是人文。观测天文，从而察知季节的变化；观察人文，从而用文明手段进行教化，把天下组织成一个和谐的整体。

象曰：山下有火，贲。君子以明庶政，无敢折狱。

【译文】

山下有火就是贲卦。君子从中受到启示，使各种政令开明，但不能以此断狱。

【辨证】

贲卦为什么亨通？主要是因为天地阴阳、刚柔昼夜进行了交流。贲卦从泰卦变来，泰是刚、柔爻的严整平衡排列，贲卦又打破了平衡，为发展开辟了广阔的前途，所以亨通。彖辞是结合贲卦讲的，从易理的根本上去认识，“柔来而文刚”“分刚上而文柔”还是个刚柔爻的交流问题。只不过是贲卦讲文饰，所以要联系文饰去讲。贲卦为什么“小利有攸往”？因为刚爻为大，柔爻为小，泰卦变为贲卦，是刚爻上去一个，占据的不是中位，没有使上卦充分交错开，而柔爻下来一个却占据了中位，使下卦得到充分交错。这样的来往对谁更有利？当然是对来的柔爻六二更为有利，所以是“小利有攸往”。这是卦辞在象上的依据。“小利有攸往”，准确点讲，是说来往对小的一方更加有利。当然这并不能禁锢对卦辞在取义方面的灵活理解，但却应当有一个基本的限定范围。

彖辞从六个方面说明贲卦。（一）从卦变上解释卦辞“亨”。“贲亨，柔来而文刚，故亨。”在卦象上指的是由泰卦变为贲卦，泰上卦的柔爻上六，下来到下卦三个刚爻的中间，使刚柔爻交错开（泰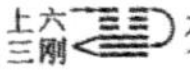

变贲刚柔交错）。从取义上讲是刚柔互济，比如用文治美化武功，用文明美化法治，刚柔之道并行不废，所以能够亨通。（二）从卦变上说明卦辞“小利有攸往”。“分刚上而文柔，故小利有攸往”，卦象上指的是由泰变为贲，泰的下卦乾分出一个刚爻九二，上升到上位，使上卦的三个柔爻得到文饰（即：泰

变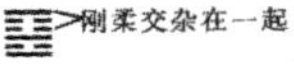

）。交杂就是文饰。从取义上讲，交杂

也是刚柔互济，比如一个人能刚能柔，能文能武，就更加美好。这一句与上一句都有解释贲是文饰的作用。比较起来，柔爻的来往变化更有利一些，六二的位置从被消退的上六变而成为下卦中位，柔爻为小，六二是柔爻，故言“小利有攸往”。（三）从卦变中推演出“天文”的意义。“天文也”在卦象上指的是“分刚上而文柔”，是从下卦乾里分出一个刚爻去加以文饰，乾为天，等于是上天来对它加以美化。（四）从上下卦特性的组合上推演出“人文”。“文明以止，人文也”，象上指的是，下卦离，离为文明；上卦艮，艮为止，组合在一起是以文明来止（贲艮止䷕离文明）。取义是说，能以文明的手段限止、规范人们的行为，这是人文。（五）推演“天文”的社会意义。“观乎天文，以察时变”，是说天文是天象的变化，什么阴晴寒暑、云卷云舒、雷出雷入、日月起落、星辰运转、彗星月蚀等，人们通过对天文的观察，可以察知一年四时的变化，从而使人的行为更合乎天道。（六）推演“人文”的社会意义。“观乎人文，以化成天下”，是说观察社会的文明状况，可以更好地教化人民，使天下组织得更有成效。因为文明能使人的活动限止在应有的分际，能使社会在文明的调节下和谐地生存和发展。比如礼貌、谦让、相互理解、敬老爱幼、拥政爱民、遵守公德等都不可能靠法治去强制，要靠对人文状况的观察了解进行教化。

象辞总是先说明上下卦象的组合，然后从中引申出人应当学到哪些伦理道德。所谓“山下有火，贲”，是指贲卦由上下两个三爻卦组成，下卦离，离为火象；上卦艮，艮为山象，组合在一起是山下有火，这就是贲卦。“君子以明庶政，无敢折狱”，是说君子从中要学习到开明政令、不折狱的道理。“庶”是众，“折狱”是断狱。至于为什么把山下有火与明庶政、不折狱联系起来，这得与古人的特殊意象联系起来理解。古人认为山与火可以表示一种人文景观。我们举出《尚书·益稷》中的一段话看一下。虞舜要推行文明教化，其中有一条说：“予欲观古人之象，日月星辰、山龙华虫作会（绘），宗彝藻火、粉米黼黻絺绣，以五彩彰施于五色作服。”古代天子穿的衣服，上面要画日、月、星、山、龙、华（花）、虫（雉），下面要绣上虎、藻（水草）、火、粉米、黼、黻，用五彩绣画，表示要宣明教化。无非是认为可以用以上的东西表示天文地文。山与火都是其中之一，所以郑玄注认为山是地文，火是天文。郑玄的话有争议，但用天文地文象征人文是肯定的。因为一个六爻卦只有上下两个三爻卦，当然不可能把上面提到的象都表现出来，有了山与火就可以表示一种人文。所以从中受到启示，要使自己的各种政令开明。但文明道德对罪犯没有约束作用，罪犯如果讲文明道德就不可能走向犯罪道路。断狱服刑是制约罪犯的手段。除罪犯外，一般人要讲文明道德，贲卦是讲文明道德的卦，故不敢用以折狱，“不敢”实际上是说不能。

初九：贲其趾，舍车而徒。

【译文】

文饰脚趾，舍弃车子不坐而徒步行走。

象曰：舍车而徒，义弗乘也。

【译文】

舍弃车子徒步行走，是道理上不必乘车。

【辨证】

初位在卦的最下方，故被视为脚趾之象。如剥初六“剥床以足”，噬嗑初九“屦校灭趾”，咸初六“咸其拇”，大壮初九“壮于趾”等。趾从爻位取象。在贲卦，故初九爻辞为“贲其趾”。“趾”就是脚趾。“贲其趾”是收拾打扮一下脚。理解这句话要与古代的文明条件联系起来。人类服饰的进化有它自己的过程，到了能打扮脚的时候，服饰文化就比较进步了。物质文明差的时候，穿草鞋、打赤脚的不在少数，能打扮一下脚也是件美事。从道理上讲，脚收拾好了，就该走路了，用不着再去坐车，所以“舍车而徒”。象辞说“舍车而徒，义弗乘也”，说的就是这个道理。“义”就是道义、道理。虞翻说：“坎为车”，“位在下，故舍车而徒”。《说卦》里确实有坎“为通舆”的讲法。初九在互坎之下（

），不在车子上，故言“舍车而徒”。前人讲这句象辞，大多认为初九位置低，是下层人，道义上不应当坐车。理有或然。但从爻辞内部的联系上分析，把脚收拾好就是为了好走路，收拾好了反而不走去坐车，道理上说不通，这是象辞的主要意思。

六二：贲其须。

【译文】

文饰胡须。

象曰：贲其须，与上兴也。

【译文】

文饰胡须，是与上边一起动。

【辨证】

“须”是胡须，“贲其须”是收拾打扮一下胡须。侯果说："自三至上有颐之象也。二在颐下，须之象也。"意思是说，从九三到上九是一个小颐卦（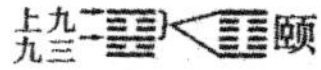

），取颐象。颐是一张嘴，六二在嘴的下方，是胡须之象（

），故为"贲其须"。象辞说"贲其须，与上兴也"。"兴"是动起来，从卦变上讲，泰卦变为贲卦，六二与上九正是往来的两爻，两爻一起动，所以是"与上兴"。从象上说，上九上去后，六二的上方成为颐口，胡须自己不能动，也得随着嘴巴动，也是"与上兴"。古人认为"身之肤发，受之父母"，所以不轻易剪头发、剃胡须。长多长算多长，所以对胡须的修饰很讲究。三国的关羽还是美髯公，平时要用锦囊把胡须罩起来。对胡须也有称呼上的分别，嘴上的称髭，嘴下的称须，须下的称胡（胡是颔下悬肉，即下巴垂下的肉，故下巴上长出的才称胡），两颊的称髯。都在嘴的周围，与颜面有关，故要收拾打扮。把这一爻与初九联系起来看，是从头到脚收拾打扮，文饰先从自身做起。前人有把须讲成"婴"，认为是小妾的，这就与爻辞距离太远了。

九三：贲如，濡如，永贞吉。

【译文】

文饰的样子，润泽的样子，长久正道吉祥。

象曰：永贞之吉，终莫之陵也。

【译文】

长久正道吉祥，最终也不会有人凌驾于上。

【辨证】

初九、六二经过了从头到脚地收拾打扮，九三是把自己收拾打扮好了，既润泽又光彩。“濡”是润泽，“贲”是有文饰，“如”同“然”，是形容词词尾。“贲如，濡如”就是有文饰的样子，润泽的样子。从象上说，九三位在互坎之中（
），又在下卦离里（
），离为文采，坎为水。在离里有文采；在坎中，不干巴巴的，水灵，故有润泽。贲卦从泰卦变来，是泰卦的九二与上六换位。然而上六的正应在九三（泰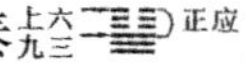
），卦变时九二与上六换位，九三却没有动，故为“永贞”。“永贞”是长久正道。贲卦是要文饰，永贞而能“贲如，濡如”，符合贲卦之道，故吉。象辞说，“永贞之吉，终莫之陵也”，从象上讲，九三在下卦之终，上位是全卦之终，九三未动，没有上去，是最终没有凌驾于上。从取义上讲，“莫”是没有什么人的意思，“终莫之陵”是说始终没有人能凌驾于上，也就是文饰得谁都比不了，故能吉祥。

六四：贲如皤如，白马翰如。匪寇，婚媾。

【译文】

文饰的样子，须发洁白的样子，白马像天鸡般纯白的样子。不是寇盗，是来求婚联姻。

象曰：六四当位疑也。匪寇婚媾，终无尤也。

【译文】

六四正当多疑的位置。不是寇盗而是来求婚联姻的，最后不会有怨尤。

【辨证】

“皤”，《说文》：“老人白也。”老人须发银白称皤。“翰”是一种白色的鸟。《尔雅·释鸟》：“翰，天鸡。”又称白鸟、鸟鸡、白雉，就是白色的野鸡。商朝人尚白，白马称翰马。《礼记·檀弓上》：“戎事乘翰”，注称“白色马也”。《家语·五帝》：“戎事乘翰”，注同。总的看这一爻是用白色来文饰。贲主要的颜色是黄、白、黑三色。京房说：“五色不成谓之贲。”郑玄、王肃都说贲是“黄白色也”。《吕氏春秋》记载孔子筮得贲卦，说：“夫白而白，黑而黑，贲亦安吉乎?”《家语》里也说，孔子筮得贲卦，对子张说：“贲，非正色之谓也。夫质也，黑白宜正焉，今得贲，非吾兆也。”孔子认为黑白间杂不合质素的要求，要白就一色白，要黑就一色黑。这是因为他想得到一个明朗的结果。贲卦黑白间杂，与他的占筮动机不协，故说“非吾兆也”。但从色彩学上讲，黑白对比最鲜明，黑白交错最能把花纹表现出来。斑马所以很美，就是因为身上有黑白花纹的交错。纯白也是一种美。民谚“若要俏，三分孝”，白色也是一种特殊的美。五彩的野鸡是一种美，白色的野鸡也很美。这一爻主要是突出白色的文饰，用了很多可爱的白色事物做比喻。从象上讲，贲是无色，故言“白”。离为雉，坎为美脊马，颐有须。六四在小颐卦里（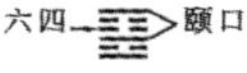

），须发洁白，故言“贲如皤如”；在互坎里（

），故言“白马”；与离卦紧邻（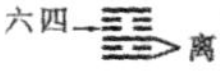

），故言“翰如”。坎为加忧、为疑，又为盗寇。全卦六爻只有六四与初九能阴阳正应，其他爻都不应，所以六四有“婚媾”之象。故先疑为寇盗，而最后却是求婚联姻，故言“匪寇婚媾”。

象辞说，“六四当位疑也”，象上指六四在互坎里，坎为疑，六四正处当多疑的位置上。“匪寇婚媾，终无尤也”，意为虽然有怀疑是寇盗的担心和忧虑，但实际上并不是寇盗，而是来联姻的，最终不会有怨尤。“尤”是怨尤的意思。从爻的关系上讲，六四应在初九，比在九三，六四柔爻，与两个刚爻都有联系，也存在犹疑的因素。

六五：贲于丘园，束帛戋戋。吝，终吉。

【译文】

文饰于丘园之士，轻微的束帛之礼。有吝难，最终吉祥。

象曰：六五之吉，有喜也。

【译文】

六五的吉祥，是有喜庆。

【辨证】

“丘园”是丘山田园；“束帛”是成捆的布帛礼物。《子夏传》：“五匹为束，三玄二纁。”束帛是五匹一捆的绢。“戋戋”，少貌，犹言轻微。五匹一捆的礼物不算太少，但送礼的主人犹觉轻微，所以说“束帛戋戋”。这句爻辞在张衡的《东京赋》里用过：“聘丘园之耿介，旅束帛之戋戋。”意思是到丘野田园中去聘请耿介的隐士，摆出一捆捆的束帛作礼物。李善注：“古招隐士必以束帛，加璧于上。”前几爻是文饰自身，这一爻文饰到了丘野田园的隐士。国家派人到他们的隐居之地，用礼物聘请他们出来为国效力。朝廷能礼贤下士，也是社会文明的一种表现。从象上讲，贲卦由泰变来，泰的上卦为坤，坤为田园，变而为贲，贲的上卦为艮，艮为山丘，故云“贲于丘园”。坤又为布帛，“分刚上而文柔”，上九与九三把坤的两个柔爻夹在中间（

），形同“束帛”，故言“束帛戋戋”。六五柔爻占据尊位，下又无应，故有“吝”。但位中多功，故“终吉”。象辞说：“六五之吉，有喜也。”喜是因为卦变而有喜庆。卦从泰变，六五原与九二正应，变贲九二升到上位与六五比邻，六五尚贤又得到文饰，正应又来相比，故“有喜”。

上九：白贲，无咎。

【译文】

在白色上文饰，没有咎害。

象曰：白贲无咎，上得志也。

【译文】

在白色上文饰，没有咎害，是在上得意。

【辨证】

贲为无色，质素，上九是泰卦下乾的九二“分刚上而文柔”，泰卦下乾为天、上坤为地，是乾天来美化大地，大地由质素变得灿烂有文采，就是在素白的基础上加以文饰，故为“白贲”。象辞说：“分刚上而文柔，故小利有攸往”，故“无咎”。爻辞的意思是“绘事后素”，先是白的才能往上画，画上才有文饰。上九是来美化柔爻，如同在白的底色上加以美化。象辞说：“白贲无咎，上得志也。”象上指的是上九是从下边升进到了上位，从下向上运动合乎自己的意愿，比较得意，故无咎害。前人讲这一爻，有说是“饰终反素，反朴归真”的，也有说是“文不胜质，复反其本”的，与象不合，可见不了解象的变化，失去理解爻辞的依据，很容易把意思讲错。这一爻就是在白色上加以美化，以文饰质，用文明加以文饰，使事物由质而变美。

【提示】

把贲卦的内容与革卦联系起来，可以看出《周易》关于内容与形式的辩证观点。革卦爻辞提到“虎变”“豹变”，象辞解释虎变是“其文炳也”，豹变是“其文蔚也”，指出是兽皮斑纹色彩的变化。“文”是事物的外在形式，而爻辞的意思却是指发生了质变（见革卦）。这实际上是涉及到哲学领域里内容与形式的关系。前人对这种关系用文与质的矛盾性与统一性来加以说明。古人尚质，尤其是老庄思想，主张返真归朴，由文返质。质是重要的，不但不尚文，甚至坚决反对文饰。《庄子·胠箧》里说：“灭文章，散五采，胶离朱之目，而天下始人含其明矣。”这是突出文与质对立矛盾的一面。孔子更注重文与质统一性的一面。《论语·颜渊》里说：“棘子成曰：‘君子质而已矣，何以文为？’子贡曰：‘惜乎，夫子之说君子也！驷不及舌。文犹质也，质犹文也。虎豹之鞟犹犬羊之鞟。’”意为：棘成子对子贡说：“君子只要本质好就够了，要文采干什么？”子贡回答说：“先生这样议论君子，太令人遗憾了！一言既出，驷马难追。本质也如同文采，文采也如同本质。假如把虎豹的皮和犬羊的皮都拔去带文采的毛，那还有什么区别呢？”显然子贡认为不能不讲文采，文采表现质，质要通过文采显现出来，两者相互依存，这是强调文采与质统一性的一面。《论语·雍也》里又说：“质胜文则野，文胜质则史。文质彬彬，然后君子。”孔子认为：“朴质多于文采就未免粗野，文采多于朴质又未免虚浮，文采和朴质配合适当才是君子。”这是强调文采与质怎样才算统一和谐。革卦讲的是根本性的变革，是质变。上三爻提到的“改命”“豹变”“虎变”“革面”都是质的变化，只不过是通过文采的变化把它显示出来，不能理解为皮毛上的表面变化。这说明《周易》作者既看到文与质的对立，又看到文与质的统一。

这一卦讲文饰，尤其是彖传讲的“观乎人文，以化成天下”。讲究社会文明，这是一种进步史观。王宗传在《童溪易传》里说：“夫文与质非二物也。有是质，必有是文。盖亦表里之符不可强有，而不可强无之也。故子贡于此得以谓之文犹质也，质犹文也。犹之曰，文与质二名也，其实一物也。故设喻曰，此虎豹也，则其鞟必虎豹也。此犬羊也，则其鞟亦犬羊也。故虎豹之鞟与犬羊之鞟，二鞟也，其实则一理也。”虎豹的皮毛上有花纹，犬羊的皮毛上无花纹。人们不能强调质的重要，就一定要让虎豹长出与犬羊一样的皮。也不能说犬羊是质朴的，虎豹是不质朴的，文与质各有其重要性，不可偏废，要在文与质上统一。统一是好的，不统一就不好。王氏讲的文与质“一物也”，“一物”指的是统一。虎豹的花纹与虎豹的本质统一，犬羊的颜色与犬羊的本质统一。犬羊长出虎豹的花纹就不统一。把这个道理推广到社会，就是社会发展到一定的物质阶段，就一定要有必要的精神文明与其适应，不加以文饰，社会就不够美好。社会发展，文明要随着不断发展，不能要求社会返朴归真，由文返质。这与老庄的思想有显著不同。当然，如果社会的本质不足，硬要用文明手段加以美化，这就成为一种粉饰，文质不能统一，这样的社会也谈不上美好。

二十三　剥——剥烂朽蚀

䷖

剥卦的卦画组合为坤（☷）下艮（☶）上，传统称作山地剥。《序卦》云："致饰，然后亨则尽矣，故受之以剥。剥者，剥也。"意为：经过美化文饰之后，就亨通昌盛到了尽头，所以在表示美化文饰的贲卦之后，接着就是剥卦。剥是剥蚀的意思。《杂卦》云："剥，烂也。"意为剥是渐渐剥烂朽蚀的意思。《序卦》《杂卦》的讲法一致。卦名剥的意义就是剥蚀。

剥是十二消息卦之一。消息卦分为两类。复、临、泰、大壮、夬、乾（䷗、䷒、䷊、䷡、䷪、䷀）属于刚爻生长、柔爻消退的六卦；姤、遁、否、观、剥、坤（䷫、䷠、䷋、䷓、䷖、䷁）属于柔爻生长、刚爻消退的六卦。剥卦是柔长刚退的第五卦，五柔长成，要把最后一个刚爻彻底剥蚀掉。从卦变上讲，剥卦也从乾卦变来，由四柔长成的观卦发展而致，直接从观卦而来，即：观䷓中柔爻再上长一位，变䷖剥。如果再向前看，柔长刚退的六卦，从姤卦开始，都是从乾卦变来。剥卦又与复卦构成一组覆卦，即：剥（䷖）上下倒过来看，为复䷗。在六十四卦的序列中，剥卦之后就是复卦。

剥，不利有攸往。

【译文】

剥卦，不宜有所往。

彖曰：剥，剥也。柔变刚也。不利有攸往，小人长也。顺而止之，观象也。君子尚消息盈虚，天行也。

【译文】

剥是剥蚀的意思。是柔爻去变掉刚爻。不宜有所往，是小人在生息长大。顺着规律加以制止，是观卦象可以看出来的。君子崇尚消息进退，因为这是天的运行法则。

象曰：山附于地，剥。上以厚下，安宅。

【译文】

山附在地上就是剥卦。君子从中受到启示，要从上而下地增加根基的厚度，安稳而居。

【辨证】

《周易》以刚爻为君子、为正，以柔爻为小人、为邪。剥卦是柔爻要把最后一个刚爻剥蚀掉，是小人势盛，要最后把君子彻底清除，邪气压倒正气，再向前发展极度不利，故言“剥，不利有攸往”。“攸”义同“所”，“往”是从下向上，象上指不能再向上有所发展。取义是不利于前往。

彖辞从五个方面解释剥卦。（一）解释卦名的意义。“剥，剥也”，这是古人讲解词义的一种训释方法，句中使用的是词的基本意思，习惯用本字解释。剥的基本意思：《说文》：“剥，裂也”；《玉篇》：“削也”；《广韵》：“落也”。剥就是剥蚀。彖辞说“剥，剥也”，与《序卦》的讲法相同，就是剥落的意思，与它的基本意义相同。也就是说剥是剥蚀的意思。（二）说明剥卦的卦变趋势。“柔变刚也”，指的是柔爻从姤卦开始变去刚爻，变到剥卦，已经是变去五个刚爻，再向上变，就会把最后一个刚爻变去。（三）解释卦辞“不利有攸往”。“不利有攸往，小人长也”，象上指的就是柔爻是小人，刚爻是君子。柔爻的不断上长，就是小人在不断生息长大。五柔已盛，一刚仅存，小人道长，君子道消，再向前发展没有什么利，所以“不利有攸往”。（四）从上下卦特性的组合上说明君子应当从中学习哪些有益的东西。“顺而止之，观象也”，象上指的是剥卦由下卦坤和上卦艮重叠而成，坤的特性是顺，艮的特性是止，组合在一起是“顺而止”。君子看到卦象，应当明白顺着规律加以制止的道理。因为阴阳的消长盈虚是自然规律，事物发展到一定阶段，阴长阳消是一种规律性的运动，强力对抗徒劳无益，要顺应时局加以制止。（五）说明“顺而止之”的道理。“君子尚消息盈虚，天行也”中，“尚”是崇尚。这句意思是说，君子对阴阳消长盈虚的运动应当崇尚，不能反对，因为这是天的运行规律。天道循环，是自然常理，君子效法天道，就应当崇尚此理，不能违天逆常，要顺时适变。在阳刚生息之时要顺应，在阴柔生息之时也要顺应。这是为什么要“顺”的道理。但阴柔的生息确实又不利于君子，因此又不能消极顺应，还要加以制止。只不过制止的方式不是对抗性的，而是因势利导。这种顺应与道家的思想不同。道家是一切顺其自然，不要人为。而《周易》的思想是既顺其自然，又作人为的努力，加以控制。阳刚生息时要推波助澜，阴柔生息时要“顺而止之”，不是完全听其自然。用今天的话讲，就是要把客观必然性与主观能动性结合起来。不认识客观必然性，不顺强止，就是不明“天行”；没有主观能动性，“顺而不止”就流于道家的“无为”，完全成为“天行”的奴隶。《周易》所具有的这种思想十分可贵，过去人们总觉得用老庄思想解《周易》不合适，这是最突出的一点。在认识世界方面，《周易》与老庄思想有一致的一面，在改造世界方面，《周易》与老庄思想不尽相同。具体到剥卦讲，“顺”是尊重客观必然性，“止”是发挥主观能动性，两者不可偏废。人要在顺应中能有所调节。趋势发展有利，就促快发展速度，向最大限度的兴盛发展；趋势发展不利，就减缓发展速度或改变发展方向，制止恶性发展。正如《史记·孙吴列传》中孙膑所说的话：“善战者因其势而利导之。”既不逆规律而动，又要引导形势向有利于自己的一方发展。这就叫“顺而止之”。

象辞先说明上下卦象的组合。“山附于地，剥”，在象上指的是剥的上卦艮，艮的象是山；下卦坤，坤的象是地，上下卦象组合在一起是“山附于地”，这就是剥卦。作者不说“山在地上”，而说“山附于地”，显然是要突出“附”的意思。附是附着。山不能离开地，地是山的依托、基础。基础不厚实，山再高也无处可附。君子应当明白这个道理，故“上以厚下，安宅”，意思是说，君子效法剥的卦象，要增加基础的深厚，安稳而居。对国家来讲，“民惟邦本”

“本固邦宁”，在上位要能厚下固本，巩固统治地位，使自己能在上安稳。在上位不顾人民的疾苦，不断从人民身上剥削榨取，实际上是在动摇自己的统治基础。

初六：剥床以足，蔑贞，凶。

【译文】

剥蚀床足，以邪灭正，凶。

象曰：剥床以足，以灭下也。

【译文】

剥蚀床足，是从下灭毁。

【辨证】

这一卦是柔爻从乾卦开始逐爻向上剥蚀刚爻，一直剥蚀到六五。当乾的初爻最初被剥蚀时，柔爻先灭掉乾的最下一位刚爻，初六正处在这个位置（即乾初九→䷀初九由刚变柔䷫←初六姤）。初爻一变，下卦成巽（䷫>巽），虞翻说“巽木为床”，考之卦画，巽像一张床（巽☴，下有床腿，上有床板）。初爻的变化如同从床的足开始剥蚀，故云“剥床以足”。刚爻为正，柔爻为邪，柔爻灭去刚爻，故言“蔑贞”。虞翻说：“蔑，灭也。”“贞”即正。邪灭正，故言“凶”。象辞说“剥床以足，以灭下也”，从床的下边把床足砍掉，床就不得安稳，所以凶。同时还可看出，象辞向人们提示了卦变的运动趋势，剥蚀是先从下然后向上渐次发展。总的看，这一爻是从根基上剥烂，情况不是很好。

六二：剥床以辨，蔑贞，凶。

【译文】

剥蚀床腿，以邪灭正，凶。

象曰：剥床以辨，未有与也。

【译文】

剥蚀床腿，是六二没有应与之爻。

【辨证】

“辨”的讲法较杂。郑玄说：“足上称辨。近膝之下，屈则相近，申则相远，故谓之辨。辨，分也。”他从人体部位上讲，说辨是膝盖以下的小腿部分。崔璟讲得更直接一些：“辨当在第足之间，床膝也。”“膝”同“髀”，是大腿。简要言之，辨就是腿，床辨就是床腿部分。从象上看，姤中巽为床，初六剥蚀掉床足，接着又向上剥蚀，但还没有到床板，所以次及六二，向上剥蚀的这一截是进入床腿部分。去掉床的足和腿，床要翻落在地上，这就更岌岌可危，所以有凶。六二是进一步以柔灭刚，故也说是“蔑贞”。象辞说：“剥床以辨，未有与也。”“与”是与它相应的应爻，从剥卦看，六二的应爻在五位，而五位是柔爻，柔爻与柔爻敌而不应，所以说“未有与也”。无应与是失去援助，故有“凶”。关于“未有与”的解释，联系六三象辞“失上下也”会看得更加清楚。总之，六二的凶显然要比初六更严重一些。

六三：剥之，无咎。

【译文】

剥蚀它，没有咎害。

象曰：剥之无咎，失上下也。

【译文】

剥蚀它没有咎害，是因为六三与上下邻爻没有呼应。

【辨证】

这一卦的五个柔爻，只有六三与全卦唯一的刚爻上九正应。五个柔爻本来是要一起向上剥蚀最后一位刚爻上九，但六三因与上九有阴阳正应的关系，就不愿把上九灭掉，因而与它上下的四个柔爻失去一致。象辞说“失上下也”，就是指的六三有应爻。“上下”是六三上面的六四、六五，与六三下面的初六、六二。柔爻剥蚀刚爻是以邪灭正，故有凶。六三不同意剥蚀上九，实际上是明剥暗助，故不会有咎害。“失上下”与六二象辞的“未有与”前后补充，说六三是“失上下”，六二就不是失上下；说六二是“未有与”，六三就是有与，都是就有没有应爻这一特点讲的。从整体上看，初六是“剥床以足”，六二是“剥床以辨”，六三应当是“剥床以身”了，但因为六三有应爻，取象要照顾吉凶，故换了角度。“剥床以身”会把整个床烂掉，凶太重了，与六三有正应的象有矛盾，故言“剥之，无咎”。从取义上讲，这一爻是尽可以侵吞剥蚀，没有关系。

六四：剥床以肤，凶。

【译文】

剥蚀床到了皮肉，凶。

象曰：剥床以肤，切近灾也。

【译文】

剥蚀床到了皮肉，切近灾难了。

【辨证】

“肤”指皮肉，噬嗑卦里已有解释。王肃说：“在下而安人者床也，在上而处床者人也……床剥尽以及人身，为败滋深，害莫甚焉，故曰剥床以肤，凶。”意思是说：床是供人坐卧的，床剥蚀尽了，就剥蚀到人的身上，为害更加深入，没有比这更危险的了。从全卦看，柔爻长到六三已把巽床剥蚀尽了，到了六四，六四在上卦艮里（六四→䷖>艮），艮为肤（见噬嗑），故言“剥床以肤”。“肤”是床上人的皮肉，要把皮肉剥蚀掉，切肤之痛，当然凶。象辞说“剥床以肤，切近灾也”。“切”是挨着了，“切近灾”是说灾害已经到了身边，躲不及了。这一卦从初爻到四爻是连类而下，取象都是从柔爻的渐次进位、刚爻的逐爻剥蚀中而来。从床足、床腿、床身到人的皮肉，连喻而及，比较明显。其他说法与作者寓意悬殊，难以信从。总之，这一爻是灾难就在眼前，已经无法逃脱，凶更为严重。

六五：贯鱼，以宫人宠，无不利。

【译文】

鱼贯而进，以宫人的身份受宠爱，没有不利。

象曰：以宫人宠，终无尤也。

【译文】

以宫人的身份受到宠爱，最终不会有怨尤。

【辨证】

“贯”的本义是穿在一起，这里是指鱼游动时前后挨近成为行列的样子。从取象上讲，《周易》里多处提到鱼，一般都是取柔爻为象。前人说鱼是阴物，故以阴爻为鱼。考之卦爻辞，这样说最为合适。“贯鱼”是许多鱼排成一行，指前进有序。现代汉语里常说的“鱼贯而行”“鱼贯而入”，等等，“鱼贯”这个词的来源就在这里。剥卦从初爻到五爻，柔爻排成一个行列，六五正是排头的一爻，柔爻为鱼，故言“贯鱼”。六五进入天位、尊位、天子位，已进入皇宫，身份尊贵受到宠爱。但天子却不是排起队来挨个当的，五个柔爻又都是阴性，用皇宫的情况相比，只能是进宫的宫女、妃嫔之类，故言“以宫人宠”。六五位在上卦之中，故“无不利”。《三礼注》里说：“皇帝有皇后一个，夫人三人，嫔妇九人，世妇二十七人，御妻八十一人。”轮着侍奉皇帝，按次序当夕。远古盖不如此，但宫人也不会太少。《后汉书·梁皇后传》说，皇帝因宠爱梁皇后，有时不按次序把她招来相伴，梁皇后说：“愿陛下思云雨之均泽，识贯鱼之次序。”“贯鱼”是有次序。作者从初爻到四爻基本上是用“剥床”为喻，为什么到了六五突然换成以“贯鱼”“宫人”为喻？除了我们上边讲的五位是天子位外，还因为六五正好到了本卦唯一的一个刚爻上九之下，正是彖辞讲的“顺而止”的位置上。上卦艮为止、为终，停止剥蚀刚爻。正如象辞所说“终无尤也”。

上九：硕果不食。君子得舆，小人剥庐。

【译文】

硕大的果子不吃。君子得到乘舆，小人掀掉庐室的顶盖。

象曰：君子得舆，民所载也；小人剥庐，终不可用也。

【译文】

君子得到乘舆，是受到民众的负载；小人掀掉庐室的顶盖，是小人之道不能用到最后。

【辨证】

作者把本卦唯一的刚爻上九，既比作是树上结的一个硕大果子，又比作是房子的顶盖。从象上说，艮为果蓏，为门阙，刚爻为大，上九在艮里（上九 ䷖ 艮），又是仅剩下的一个刚爻，故言“硕果不食”。坤为大舆，上九在下坤、互坤之上（上九 ䷖ 互坤 下坤），刚爻为君子，故言“君子得舆”。庐取六爻全象，柔爻虚、刚爻实，剥卦是在下面五个柔爻之上横盖着一个刚爻，如同在宽大空阔的房子上加上房顶。柔爻如果再前进一位，就会把最后一个刚爻掀掉，因为柔爻是小人，故言“小人剥庐”。象辞说“君子得舆，民所载也”，《周易》以刚爻为君，柔爻为民（见《系辞》），上九下有五个柔爻，是万民载负之象。“小人剥庐，终不可用也”是指上九是最后一个刚爻，柔爻如果剥到最后，会把全卦都变成柔爻，上九这个庐顶会被掀掉，柔爻不能再向上长了。柔爻上长是小人道长，小人之道不能用到最后，应当停止。

【提示】

在这一卦里介绍一下《序卦》，《序卦》是讲六十四卦的卦序排列，并说明各卦相次的理由。这种理由，前人认为有六种情况，《正义》解释《序卦》分为六门，即天道门、人事门、相因门、相反门、相须门、相病门。但从相次的理由上看，只有两种关系，一种是相因，一种是相反。相因是按所具条件顺理推导因果，相反是根据物极必反的易理逆向推导相反的因果。贲卦之后接着是剥卦，相次的关系属相反类，是说事物经过美化文饰之后太完美了，物极必反，就要由完美向不完美变化，开始剥蚀，故两卦相次。在哲学上是相反相成，否定之否定。相类似的如“泰者，通也。物不可以终通，故受之以否。物不可以终否，故受之以同人”。

相因关系的如“有天地，然后万物生焉。盈天地之间者唯万物，故受之以屯。屯者，盈也，屯者，物之始生也。物生必蒙，故受之以蒙。蒙者，蒙也。物之稚也。物稚不可不养也，故受之以需。需者，饮食之道也。饮食必有讼，故受之以讼。讼必有众起，故受之以师。师者，众也。众必有所比，故受之以比。比者，比也。比必有所需，故受之以小畜。物畜然后有礼，故受之以履。履者，礼也。履而泰然后安，故受之以泰。泰者，通也”。都是因为具备了什么条件之后，就会有什么样的结果，顺着事物的发展往下推。

《序卦》这样说明卦序排列的理由，有时显得牵强（比如观卦与噬嗑的联系是“可观而后有所合，故受之以噬嗑”。把德政教化可观而形成的人心民意相合，与上下牙对合牵连在一起）。但从推理上讲明了卦名的含义，其功不可没。王弼说，《序卦》的作用主要是“因卦之次，托象以明义”。孔颖达也认为王弼的说法“盖不虚矣”。讲卦的排列主要是“非覆即变”，讲卦名的含义，《序卦》是主要依据，其次是《杂卦》。同时《序卦》在揭示易理方面有不可忽视的作用，如果能与彖辞和大象辞综合起来考虑，常常具有揭示各卦主题思想的作用。

二十四　复——返初复始

䷗

复卦的卦画组合为震（☳）下坤（☷）上，传统称作地雷复。《序卦》云：“物不可以终尽，剥穷上反下。故受之以复。”意为：事物不能一直剥蚀到最后全部尽净，从上剥蚀到极点，又会返到下边复生出来，所以在剥卦之后接着是复卦。《杂卦》云：“复，反也。”意为复是返下复始。依据《序卦》《杂卦》的解释，复卦卦名的意思是返回复始。古人不可能用现代物理、化学的手段证明“物质不灭”这个规律，但《周易》作者从日出日落、四季更代、生生死死等万事万物的生生化化中，体悟到“物不可以终尽”这个规律，并把它上升到哲理角度，提出“穷上反下”的定理，又把它用卦象直观地图示出来。一个物体当它剥蚀殆尽的时候，又从下面重新生长出来。用刚爻柔爻的推移作概括性的图示，就是刚爻被剥蚀到最后一爻时，又返回到下边重新往上长。这就是复卦的卦画与卦名要揭示的内容。

从十二消息卦的推移中看，复卦并不是直接从剥卦变来，从剥到复还须经过一个坤卦。即剥卦五个柔爻再向上长一位，全卦变坤。（剥䷖↑中柔爻再向上长一位，刚爻退出卦外，变坤䷁）。坤卦六爻皆柔，阴盛到无可再盛的地步，于是才阴极阳生，一阳复苏，成为复卦。即：坤䷁从下长出一个刚爻，变复䷗。从卦画上看，复是剥的覆象，即：剥䷖上下倒覆过来，为复䷗。剥与复是一组正覆卦，所以在六十四卦的序列中，两卦比邻相排。复卦是十二消息卦中刚长柔退六卦里的第一卦，具有重新取得活力而新生，君子、正气、生命力重新抬头等意思。

复，亨。出入无疾，朋来无咎。反复其道，七日来复。利有攸往。

【译文】

复卦亨通。出入没有疾病，朋友会渐次而来，没有咎害。在轨道上反复运行，七天会重新回来复始。前往有利。

彖曰：复亨，刚反，动而以顺行，是以出入无疾，朋来无咎。反复其道，七日来复，天行也。利有攸往，刚长也。复其见天地之心乎？

【译文】

复卦亨通，刚爻又返回来，顺着轨道运动行进，因此出入不会有疾病，朋友渐次而来没有咎害。在轨道上反复运行，七天会重新回来复始，这是天的运行法则。前往有利，是因为刚爻在向上生长。从复卦可以看到天地运行的心意吧！

象曰：雷在地中，复。先王以至日闭关，商旅不行，后不省方。

【译文】

雷在地中还没出来，这就是复卦。先王从中得到启示，冬至这一天锁闭关城，商人旅客不出门行走，君王也不到四方去视察。

【辨证】

卦辞说复卦亨通，主要原因是，复卦表示的是生命力的复始，事物会越来越强健兴旺。在卦象上指的是初九这个全卦的主爻已经出现，必然会以无穷的新生力量前进发展，无可阻挡。“出入无疾”指的是刚爻从剥卦的上位退回来，又来到复卦的初位长出来，这是符合自然规律的运动，不会有灾害疾病。“入”是退，“出”是长，“疾”泛言灾害疾病。刚爻表示活力生气，刚爻生长，蓬蓬勃勃，哪会有灾害疾病？“朋来无咎”，是指从复卦开始，必然会有众多的刚爻连续生长出来，越来越强大，哪里会有咎害？因为复是刚长柔退的第一卦，所以这样说。从象上说，柔爻成串为贝、为朋，贝是古代的贝壳货币，用绳子穿在一起成串，两串为朋，几个柔爻排在一起，形似两串，这个卦象后面还会遇到。复卦上面五个柔爻排在一起，故言“朋”。复就是来，不来怎么复？故言“朋来无咎”。“反复其道”指的是主爻初九，在十二消息卦的轨道上，从上返下重新复出，完全符合天地周而复始的运行正道。“七日来复”，是指从剥卦到复卦，刚爻由上返下，从上九到初九，有七个位次的变动，即从上九退出一个爻位，向下运动六位，一位一日，七日到复卦的初九。“利有攸往”是指刚爻上长，代表君子、正气的成长，所以有利。“往”都是指爻从下向上推移。

彖辞从六个方面解释复卦。（一）解释卦辞“亨”。“复亨，刚反”，意思是说：复卦为什么会亨通？是因为刚爻由剥卦中被剥蚀的状态，变而成为返下复生的状态，从衰败之势变为成长壮大之势，所以亨通。这是从爻的推移上做出的说明。（二）从上下卦特性的组合上说明卦辞“出入无疾”。“动而以顺行，是以出入无疾”，象上指复卦由下卦震、上卦坤重叠而成，震为动、为行，坤为顺，上下卦这种特性组合在一起，是“动而以顺行”，能顺道行动，所以出入不会有灾害疾病。（三）从“周而复始”的天地自然之道上解释“朋来无咎”。“朋来无咎。反复其道”，意为：为什么会朋友跟随着出来无咎害，这是因为符合周而复始、回环运行的天地之道。“朋”指刚爻与刚爻为朋，柔爻与柔爻为朋。初九这个刚爻一生出来，接着就会有许多刚爻生出来，这就是“朋来”，消息盈虚是自然运行之理，复卦正是轮到刚爻生长之时，所以没有咎害。“反复其道”指的就是消息盈虚、周而复始、返上复下这样的道。从根本上讲是天地运行的自然法则，易法天地，所以自然法则就是易理。合道合理，何咎之有？（四）从天的运行规律解释卦辞“七日来复”。“七日来复，天行也”，意为：七天时间才会返回复生，这是天的运行告诉人们的。这是古人从一年四季阴阳的变化中观察出来的现象。从阴气极盛的严冬到一阳复苏的冬至要经历七天的时间，七天是质变的孕育，冬至开始发生质变。从无阳到一阳复苏，中间要经历七天的酝酿时间，不独是一阳复苏如此，一阴始凝也是如此。这是古人悟到的又一条哲理。我们认为量变是量的渐变，质变是突变。古人还认为，质变也不是一下子就发生的，中间还有个酝酿孕育过程，这个孕育过程从天地阴阳的变化中看，要七天的时间。邵雍把它称作“天根月窟”。《周易》作者把从量变到质变分成三个阶段：一量变，二孕育，三质变。这样讲比较聪明，不是有了量的积累就一定要发生质变，在孕育过程不继续推进，也很可能功亏一篑，重新翻船。至于为什么说天的运行是七日来复，可参见提示。（五）从消息盈虚上解释卦辞“利有攸往”。“利有攸往，刚长也”，意思是说：为什么会有利于前往？因为是该刚爻生长的时候了。言外之意就是说刚爻生长好，刚爻生长有利。从中可以看出，《周易》在对待刚爻、柔爻的态度上有倾向性，扶刚抑柔。柔爻是小人，是邪气，刚爻是君子，是正气；柔爻长是向闭藏发展，刚爻长是向昌盛发展。这个道理也很简单，事物无不一分为二，《周易》以刚爻表示的是正气、君子、昌盛的一面，以柔爻表示的是邪气、小人、闭藏的一面，并不是柔爻有什么不好，而是它代表的邪气、小人、闭藏这一方本身对人不利。显然，“刚长也”是指复卦是刚爻生长的卦。这又是《周易》讲十二消息卦的明证。（六）推演复卦告诉人们的有益内容。“复其见天地之心乎”，意思是说从复卦可以看出天地的用心吧！这个“心”指的是“扶刚抑柔”的倾向性。天地本无心，哪里会有用心？显然，这里是说扶刚抑柔是天地的运动法则，这种运行法则中，不把对立双方等量齐观，而是分出主次的倾向性，可以从复卦中看得出来。尤其是与剥卦一对比就格外分明。剥是柔长，卦辞就说“不利有攸往”；复是刚长，就说“利有攸往”。这种扶刚抑柔的态度太明显了。上面我们把彖辞分成六个方面作了讲解，这只不过是为了分析时条理清楚，并不是彖辞可以割裂。相反，彖辞本身是个有机联系的整体，许多意思可以相互证发。比如“刚反”与“动而以顺行”，句式都是贯通的，也可读成“刚反动而以顺行”。为了分析方便，只好分为两截。再如“刚长”“动而以顺行”“反复其道”，也同样可以用来解释卦辞“亨”，读的时候应当注意这种有机联系。不独复卦如此，读其他卦也应当如此。

象辞说：“雷在地中，复。”指的是复卦由下卦震和上卦坤组成，从八卦的基本八象说，震为雷，坤为地，组合在一起是雷在地下还没出来，这就是复卦。“雷在地中”是雷还被封闭在地下，要出来还没有出来，未到春雷震起、万物生发的时候，需再耐心等待时机的到来。所以先王从中得到启示，在复卦代表冬至的这一天不要出来活动，要关闭城门，禁止商人旅客的往来，君王也不到外地去视察。这就是“先王以至日闭关，商旅不行，后不省方”。“至日”是冬至那一天，“后”是国君，“省”是巡视，“方”是四方各地。古人有冬至不出门的习俗，象辞说得十分肯定。

初九：不远复，无祇悔，元吉。

【译文】

没走出多远就返回正道，没有忧悔，大吉大利。

象曰：不远之复，以修身也。

【译文】

没走出多远就返回正道，是用以修道养身。

【辨证】

“祇”，《经典释文》：“音支，辞也。”是说祇是一个助辞，没有什么实义。“无祇悔”就是无悔，因为前一句“不远复”是三字句，所以“无悔”中加了一个衬字，以取得句式整齐。这个词前人有讲成“病”的，有讲成“安”的，有讲成“多”的。考之爻辞的用例都不大合适，《周易》中自有“疾”“安”“大”，没有绕弯子的必要，还是《经典释文》讲得较为通达。这句爻辞，《系辞·下》讲过：“子曰：‘颜氏之子，其殆庶几乎？有不善未尝不知，知之未尝复行也。《周易》曰：不远复，无祇悔，元吉。’”孔子赞扬他的得意门生颜回，有错误很快就能发现，发现了就再不犯第二次，“不二过”也是讲人的道德修养。没有错误不可能，有错误能尽快发现，及时纠正，不再重犯，早日返回正道，就不会造成悔恨。这就是“不远复，无祇悔”。象辞说“不远之复，以修身也”，也就是说这是自我完善、培养自身道德的捷径，当然就没有忧悔，大吉大利。要是推开一步讲，并不单是自身修养，任何事情只要注意修正自己，及时走上正确轨道，也比晚了强，也会免去追悔，因而获吉。从卦象上看，剥卦的刚爻上九很快返回卦的下位，成为复卦的初九，没走弯路，这就是“不远复”。复卦是刚爻重新生息发展，是刚爻的最佳选择，这样及时的选择，当然“无祇悔”而“元吉”。复是复回正道。

六二：休复，吉。

【译文】

停止返回，吉祥。

象曰：休复之吉，以下仁也。

【译文】

停止返回的吉祥，是因为下边是仁人贤士。

【辨证】

“休”是休止，“休复”就是停止返回。这从卦象上看得十分清楚。复卦只有一个刚爻初九，初九是复卦的主爻，代表复，是一阳复苏，上临众多柔爻的强大势力。六二正是与初九直接接触的柔爻，首当其冲，截住了上复的道路，故言“休复”。但六二在下卦中位，初九又不进逼，所以“吉”。象辞说“休复之吉，以下仁也”。意思是说：六二下邻的是初九，初九是刚爻为君子，是仁贤之士，不会咄咄逼人，所以吉。如果在别的卦，六二实为乘刚，应当不吉。但复卦是刚爻刚刚生息出来，正是乾卦的“潜龙勿用”，还需待时，不会进逼柔爻，耐心等待柔爻顺时而退，表现得极为仁慈，故言“下仁”。六二柔爻柔位，位正，不失中正，会选择中正之道顺时退避，故会吉祥。这是爻、象辞的主要意思。如果把“下仁”理解为礼贤下士，作为取义的内容多少还算说得过去，至于把“休复”讲成“美善之复”，那就是词义的引申了。

六三：频复，厉无咎。

【译文】

频繁地返回开始，有危厉，没有咎害。

象曰：频复之厉，义无咎也。

【译文】

频繁地返回开始有危厉，从道义上说不应当有咎害。

【辨证】

终则有始，始就是复。全卦之终在上位，而三位又是下卦之终，也就是终中之终，故三位是个不安定的位，总是翻来覆去。坤卦的六三爻辞是“无成有终”，乾卦的九三象辞是“终日乾乾，反复道也”，都为三位的位次特点作了示例。终则有始，周而复始，又在复卦之中，所以六三是“频复”。“频复”就是一次又一次地频频返回来重新开始，六三又在下卦震里（六三→䷗>震），震为动，位上是反复，象上是多动，老是忙忙乎乎、反反复复。复本来是返回正道重新开始，按说是件好事，但是一次又一次没完没了地老得向正道返回，显然也就是频频出了错误，这与前面讲的“不二过”大不相同，所以“有危厉”。人不怕犯错误，犯了错误及时改正是好事，但也得接受教训，不要再犯类似的错误。不接受教训，犯了作检查，检查了又犯，这就是“频复”。《周易》认为这种人“厉”，是因为他难以救药。然而能认识错误，愿意改正，还是比顽固不化好。所以没有咎害。象辞说“频复之厉，义无咎也”，意思就是说：频复的危厉从道理上讲不会有咎害。“义”是义理、道理。总之，这一爻从人的道德修养这一个侧面讲是屡犯屡改，不善接受教训有危厉，愿意改正没有咎害。其他方面可以据此类推。这一爻应当向初九学习，“不远复，无祇悔”，那就无厉而有吉了。

这一爻程颐讲得很精彩，他说："频复频失，不安于复也。复善而屡失，危之道也。圣人开迁善之道，与（赞同）其复而危其屡失，故云'厉无咎'。不可以频失而戒其复也。频失则为危，屡复何咎？过在失而不在复也。"这里说明一点，爻辞是载道广应，不单就道德修养而言。不过基本的意思不能歪曲，懂得了基本意思则可以广泛类推。

六四：中行独复。

【译文】

在行（háng）列正中，独能返回正道。

象曰：中行独复，以从道也。

【译文】

在行列正中独能返回正道，是能顺从正道。

【辨证】

这一爻毛奇龄讲得恰当。他说："复之四即剥之三也。复之四应初，即剥之三应上也。""五阴上下各二，而四居其中，谓之'中行'，犹剥之五阴上下各二，而三居其中，谓之‘失上下’。”他把剥卦的六三在五个柔爻的正中间（剥六三—䷖ 上面两个柔爻 下面两个柔爻），与复卦的六四也在五个柔爻的正中间（复六四—䷗—居柔爻之中）作了比较。剥卦六三的象辞说是“失上下”，复卦六四的爻辞说是“中行独复”，“失上下”与“中行独复”互文见义。“失上下”是说它位置在正中间与上下的柔爻不一致，“中行独复”也是说它在正中间与上下的柔爻不一致，因此才“独复”。所以这个“中”是就五个排在一起的柔爻讲的。剥卦的六三，复卦的六四，在被上下柔爻包围在中间的情况下，能“失上下”“独复”地单独行动而不随类从朋，都是因为它们各自对应理想的应爻。剥的六三与上九阴阳正应，复的六四与初九阴阳正应，而其他的柔爻都没有。复卦全卦只有一个刚爻初九，初九是主爻，又代表复，六四与初九互为应援，故为“中行独复”。“中行”是从在柔爻的位列中取象，“独复”是从应爻取象。这样前后联系地分析，融通解《周易》，符合《周易》的实际。很多人囿于“中”指下卦的二位和上卦的五位，硬在这里套用，背离了作者的本旨，不足取。“行”现在分两音，上古不分，这个字本来就是画了一个十字路口，指交通大道。从取象上说，这里是行列的意思。从取义上讲，“中行”是指在路的中间走。初九的复是“天行”，六四能与“天行”相应，就是顺应天地自然之道，从人的道德上讲，就是能顺应道义。别人都不理道义，唯独自己能中道而行、顺应道义，不言吉也会有吉。象辞说“中行独复，以从道也”，说的就是这个意思。象上指的就是从初九。

六五：敦复，无悔。

【译文】

敦厚返回正道，没有忧悔。

象曰：敦复，无悔，中以自考也。

【译文】

敦厚返回正道，没有忧悔，是居中而能考察反省。

【辨证】

从象上讲，“敦”是厚的意思。取的是坤象，坤为地，地厚载物，故坤为敦，坤卦里有示例。六五是上坤的中爻，故言“敦复”。象辞说：“敦复，无悔，中以自考也。”“无悔”“中”“自考”联系在一起看，是指内心的活动。“中”有内心的意思，“自考”就是自己内心中的考察反省。注重内心的考察反省才能返回正道。“敦复”是内心敦厚，返回正道。临卦的上六爻辞“敦临”，象辞说它是“志在内也”。

“内”在象上指内卦，在义上同时也指内心。这一爻象辞说“中以自考”，“中”在象上指上卦中位，义上同时也指内心。两爻可以相互证发。当然在这一爻的“中”，主要还是指能适中公正地评价自己。象辞这种一语多关的现象极多，不能死读。总之，爻辞的意思是说，心存敦厚返回正道，不会有忧悔。

上六：迷复，凶。有灾眚。用行师，终有大败，以其国君凶。至于十年，不克征。

【译文】

迷误返回，重新开始，凶。有灾难怪异。出兵打仗，最终要大败，凶要应在国君身上。在十年之内，征伐不能取胜。

象曰：迷复之凶，反君道也。

【译文】

迷误返回、重新开始的凶祸，与国君应推行的道背道而驰。

【辨证】

这一爻的爻辞比较长，内容也多，要注意作者是从爻的运动中取象。不能把象看死。“迷”取象于上卦坤，坤卦卦辞“先迷后得主”可证，上六在上卦坤里，故为“迷复”。从取义上讲，“迷复”比“频复”更糟，“频复”屡错屡改，还知道错在哪里，应当怎样改。“迷复”是迷迷糊糊既不知错在哪里，也不知道怎样改，糊里糊涂地返回去重新开始，所以“凶”。上卦坤又为众，上六在全卦之终，又处在复卦，复是要返下复生，而复卦是刚爻返下复生，上六是柔爻，糊里糊涂地返回到初位，全卦会变成师。即：复䷗上六向初位运动为师䷆，这是以众行师。上六返到初位，下卦成坎（☵>坎），坎为灾眚，故言“有灾眚”。灾与眚混言不别，区分开了讲，灾是外部来的，或是有怪异而又伤害众人；眚是内部来的，或有怪异而未伤害众人。总之都是灾难。上六这一爻是两者俱全。坎又为血卦，以众行师进入血卦，故言“用行师，终有大败”。下卦本来是震（☳>震），震为诸侯、为君，上六返初，下卦由震变坎，震君变坎灾，故言“以其国君凶”。“十年”来源于上卦坤。从数理上讲，一二三四五是生数，六七八九十是成数；阳是顺数，阴是逆数；在成数里，阴数的顺序是十、八、六，阳数的顺序是七、九。所以凡言阳数多取七，如“七日来复”等，凡言阴数多取十，如“十年乃字”等。上六在上卦坤里，坤为阴，取阴数，故为“十年”。上六在复卦穷极之位，不宜征行，动则有灾，所以“不克征”。象辞说“迷复之凶，反君道也”，指的是刚爻为君，柔爻为民，复卦是刚爻返下复生，而上六是柔爻也来返下复生，与刚爻不合，违背了复卦之首。上六是复卦最凶的一爻，国君身当其难，十年之内不能起运。打仗会惨败，不打仗也免不了天灾人祸。

【提示】

这一卦的“至日”指的是冬至那一天。朱熹《本义》引邵雍的诗说：“冬至子之半，天心无改移。一阳初动处，万物未生时。玄酒味方淡，大音声正希。此言如不信，更请问包牺。”包牺就是指伏羲创制的八卦，实际就是《周易》的复卦。冬至前的七天就是“七日来复”。因为是阳气复苏，故取阳数七。关于“七日来复”的讲法，前人大致有四种，综述如下：

①隔七卦说。此说创自京房，虞翻、陆绩沿用。虞翻说是：“乾成坤，反出于震而来复。阳为道，故复其道。刚为昼日，消乾六爻为六日，刚来反动，故七日来复，天行也。”他的意思是说：乾卦六个刚爻，一爻一爻地消退，一直消退完，变成坤卦，然后刚爻又从坤卦下边生出来，使坤的下卦成震，就变为复卦。即：乾☰初九消退成姤☴，九二继退成

遁䷠，九三继退成否䷋，九四再退成观䷓，九五再退成剥䷖，上九退尽成坤䷁，从坤的初位生出一个刚爻成复䷗>下震。因历七卦而说七日，这就是“七日来复”。

②隔七月说。侯果说：“五月天行至午，阳复而阴升也；十一月天行至子，阴复而阳升也。天地运往，阴阳生复，凡历七月，故曰‘七日来复’。此天之运行也。《豳诗》曰：‘一之日觱发，二之日栗烈。’‘一之日’，周之正月也；‘二之日’，周之二月也。则古人呼月为日明矣。”他的意思是说：阴历五月，天（斗柄）运行到十二地支的午位（正南方），阳气满盈，开始消退，阴气开始上长。到十一月，天运行到子位（正北），反过来是阴气满盈，开始消退，阳气开始上长。这种天地阴阳的运行过七个月就交换一次，所以是“七日来复”。为什么不说七月而说七日呢？因为“日”就是指月。《诗经·豳风》里说的“一之日”实际就是周历的正月，“二之日”就是周历的二月，所以月可以称日。侯果除引证《诗经》说明七日就是七月，基本上遵用虞翻的七卦说。但他把十二消息卦与十二月配起来，就不得不换日言月。还有人继续申发此说。如《正义》引：“诸氏、庄氏并云，五月一阴生，到十一月一阳生，凡七月而言‘七日’。不云月者，欲见阳长欲速，故变月言日。”这是为“换月言日”找证据，认为阳气是生长者盼望阳气生长得快一点，故本来是七月，却说是七日。

③分卦值日说。此说在卦变中实际是隔一卦说。《易纬乾凿度》简称《乾凿度》（汉哀、平间书）、郑玄、王弼、李鼎祚都这样主张。郑玄说："建戌之月，以阳气既尽；建亥之月，纯阴用事；至建子之月，阳气始生。隔此纯阴一卦，卦主六日七分，举其成数言之，而云'七日来复'。"（见《正义》引）意思是说：阴历九月斗建戌，配的是十二消息卦的剥卦；到十月斗建亥，配的是十二消息卦的坤卦。坤卦是纯阴值令。到十一月斗建子，才配的是十二消息卦的复卦。复卦阳气才开始生出。可见从剥卦到复卦，中间隔着一个纯阴的坤卦。按卦气图的说法，一卦执令$6\frac{7}{80}$日，要举整数就是七日，这就是"七日来复"。卦气图是《易纬》的讲法，认为六十四卦与一周年的$365\frac{1}{4}$日相配，其中坎离震兑四正卦，每卦六爻，共二十四爻，每爻主二十四节气中的一个节气，不配在具体日上。余下的六十卦，每卦可分主$6\frac{7}{80}$日（$365\frac{1}{4}$日$\div 60=\frac{365.25}{60}=6\frac{527}{6000}$（用75约分）$=6\frac{7}{80}$）。从剥到复中间只隔着一个坤卦，所以是隔着$6\frac{7}{80}$日，说整数就是七日。

④隔七爻说。毛奇龄认为隔一卦是对的，但从剥至复中间隔一卦，要是算头不算尾是七爻，每爻主一日就是七日。他说："从剥至复，则历剥上爻、坤六爻，合为七日。"

以上四说各有所长。从《周易》的卦象看，“七日来复”是就爻的推移讲的，毛奇龄的讲法比较符合原意，指的是剥上九到复初九，七个位次的变化。从“天行也”分析，七日指的是冬至前七天从无阳到一阳复苏的七天孕育时期。其他讲法说明天象有其长处，说明卦象理由不足，也有情理不通之处。比如隔七月说，阴阳的运行实际上是过六个月（半年）交替一次，即使可以换月言日，也只能是“六日来复”。分卦值日说即使是《周易》在历法上的原理之一，$6\frac{7}{80}$日举整数也应当是六日，不应当把$6\frac{7}{80}$这点不足$\frac{1}{10}$的尾数进上去，况且古人举整数都是说一年360天，那就连尾数也没有了。所以我们只取其合理部分。

二十五　无妄——无妄之灾

䷘

无妄的卦画组合为震（☳）下乾（☰）上，传统称作天雷无妄。《序卦》云：“复则不妄矣，故受之以无妄。”意为：返回正道重新开始就不胡来了，所以在表示返回正道重新开始的复卦之后，接着是无妄卦。《杂卦》云：“大畜，时也；无妄，灾也。”意为：大畜卦是时运，无妄卦是时运中的灾难。“妄”是虚妄，《说文》云：“妄，乱也。”通俗点讲就是胡来。“无妄”就是不虚妄、不胡来。不胡来不应当有灾害，胡来才会有灾害，这是理所当然。然而人在社会中生活，并不是遇到的全部合理。有时候自己遵道顺理，一点也没有胡来，也会遇到倒霉的事，这种不幸《周易》解释为是时运造成的，故出现不该有而有的灾。所以《杂卦》讲：“大畜，时也；无妄，灾也。”是自己的时运不好，无缘无故碰到灾害。《杂卦》把“时”与“灾”对举，意思前后证发，不能割断这种联系。大畜是时运好，无妄是时运不好，意思相对，所以才对比起来说。不能简单地把“无妄，灾也”理解成无妄是灾害的意思，应是不虚妄而遇到的灾。从基本意思上说，无妄卦的卦名取的是不虚妄、不胡来的意思。这就把《序卦》《杂卦》的讲法融通在一起了。成语中的“无妄之灾”就来自于《周易》此卦，意思是不虞之灾，或无缘无故的灾，成语的形成有它的根源。古人对“灾眚”的理解，分开讲有区别。朱震《汉上易传》在复卦里说：“灾自外至，眚己招也。”意思是说：灾眚虽然都是灾害，但灾是指自己没有责任，从外边来的天灾人祸；眚是自己犯了错误导致的灾害，自己招来的，个人有责任。“灾”人们都同情，“眚”人们不同情。所以“灾”本来就有无妄的意思。简要言之，无妄就是不虚妄。

彖辞说“刚自外来而为主于内”，按彖辞的说法，无妄卦是从遁卦变来，是遁卦的上九从外卦来到内卦的初位成为内卦之主。即：遁上九→䷠上九从上返下，变无妄䷘，遁的上九变成无妄的初九，初九是无妄卦的主爻，分析卦爻辞应当注意初九的作用。另外无妄与下一卦大畜组成一对正覆卦，即：无妄䷘全卦上下倒置，为大畜䷙，故两卦比次排列。

无妄，元亨利贞，其匪正有眚。不利有攸往。

【译文】

无妄卦，大亨通利于正道，如果不正会有灾眚。不宜于有所行动而前往。

彖曰：无妄，刚自外来而为主于内。动而健，刚中而应，大亨以正，天之命也。其匪正有眚，不利有攸往，无妄之往，何之矣？天命不佑，行矣哉！

【译文】

无妄卦，刚健从外部来到内部而成为主心骨。行动强健，内中刚健而有应援，大通顺而且中正，这是天命。如果不正会有灾眚，不宜于有所行动而前往，不可虚妄时前往，想到哪里去？上天不保佑，能行得通吗！

象曰：天下雷行，物与无妄。先王以茂对时，育万物。

【译文】

雷在天下运行，万物一起都不可虚妄。先王从中得到启示，勉力配合天时，养育万物。

【辨证】

卦、彖、象辞联系起来看，“元亨利贞”在彖辞中换言为“大亨以正”，是说无妄卦所以会大亨通是因为“正”。无妄卦“正”在哪里？象辞作了说明，是“天下雷行，物与无妄”。“与”是一起、共同的意思。雷在古人的心目中是威严和法律的象征，天下震雷施威，一切邪秽都会逃遁隐藏，任何东西都不敢胡来，虚妄不起，所以万物一起都不敢虚妄。“正”取象于“天下雷行”。“其匪正有眚”中，“其”是语气词，“匪”同“非”，“眚”是自招之灾。这句意思是说：震雷施威，是上天不容邪秽，如果有人敢不管天时，行为不正，那就是自找灾难。“不利有攸往”，是说不利于有所行动前往。从象上讲，天打雷劈的时候，最好是不要出门，要避一避风头，这是很自然的道理。如果把雷看成是法律的象征，如法律正在严厉打击的时候，法严网密，动辄得咎，最好还是不要活动。卦辞主要是从下震上乾天下雷行中取象。

彖辞从五个方面解释无妄卦辞。（一）从卦变上说明“元亨利贞”。“无妄，刚自外来而为主于内”，指无妄卦是从遁卦变来，是遁卦的刚爻上九从外卦来到初位成为内卦之主。从卦的来源上看，无妄卦具有“刚来主内”的优势。爻从上向下推移称“来”，从下向上推移称“往”，因为下面是内卦，上面是外卦，从内到外是往，从外到内是来。无妄既然是“刚来主内”，就如一个人本来内心柔弱、外表刚强，现在变得内心刚健有了主心骨。再如一个国家，由外强中干变得内部强健，能主持内政，都为“大亨以正”提供了条件，所以“元亨利贞”。（二）从上下卦特性的组合上说明“元亨利贞”。“动而健”指无妄卦由下卦震和上卦乾重叠而成，乾卦的特性是刚健，震卦的特性是行动，组合在一起是行动刚健。行动刚健，难以阻挡，这又是“元亨利贞”的另一个条件，所以卦辞才说“元亨利贞”。（三）从中位上下应爻上说明“元亨利贞”。“刚中而应”指上卦中位的九五是个刚爻，下卦中位的六二是个柔爻，两爻在相应的位置上，正好一阳一阴，处在尊位的九五刚健能守中道，在下的六二柔顺地来应援，所以“元亨利贞”，“贞”就是正。“正”还因为有九五刚爻处刚位、六二柔爻处柔位，上下位正的原因。（四）从卦象上解释“元亨利贞”。“大亨以正，天之命也”，指无妄从遁卦变来，遁卦是个放大了的巽卦（遁䷠ > ☴巽），巽为命令，推移中的上九原在上卦乾里（上九→䷠ > 乾），来到无妄的初位，如同把上天的使命带来。从取义上说，是带着天命而来，替天行道，所以“元亨利贞”。“大亨以正”兼有解说“元亨利贞”词义的作用。“元亨”就是大亨，“贞”就是正。“以”是因为，因为正才大亨，也就是正了才能通，换言之就是宜于正，“利”是宜于、应当的意思。（五）解释卦辞“其匪正有眚，不利有攸往”。“其匪正有眚，不利有攸往，无妄之往，何之矣？天命不佑，行矣哉”意为：如果不正会自招其灾，不利于有所行动而前往，是因为天下正处在不可虚妄之时，万物都得规规矩矩、老老实实，你能到哪里去？上天意在惩治邪恶，不会保佑你现在活动，你能行得通吗？总之是说无妄这一卦要躲在家里避风头，原来设计的活动计划要暂时取消。

象辞对彖辞的思想又从卦象组合作了进一步说明。“天下雷行，物与无妄”，指的是无妄卦由上卦乾和下卦震组合而成，乾的基本卦象是天，震的基本卦象是雷，组合在一起是震雷在天下施威，这就是无妄卦。“物与无妄”这一句对揭示卦的主题很关键。按象辞的通例，一般是说成“天下雷行，无妄”，而这里破例加了两个字“物与”。这是《周易》里绝无仅有的现象，说明象辞作者特别强调的是无妄卦的时势。“物与无妄”是万物都一同不能虚妄，谁也不能胡来，概无例外。任何人都得规规矩矩、老老实实。这就是无妄卦的时势。在这样的时势下人该怎么去行动？先王从中得到启示，要“以茂对时，育万物”。“茂”与“勉”古音一声之转，意为勉力、努力，不是茂盛的意思。“对”是配合。“以茂对时”是说要努力配合这种不得虚妄的天时。也就是说，先王看到无妄之时万物不敢动的另一面，积极补救“育万物”。“育万物”是养育万物。因为万物都不敢动了，噤若寒蝉，那就得靠替天行道的人来养育。从象辞里可以看出这样的思想：法治里有辩证法，要一张一弛。国家严治了一段，去掉了社会上的不少弊病，但同时也带来了一些后遗症。没有法治不行，仅靠法治也并不是最好的办法。人总是得活动起来，人的活动妄与无妄，世俗是以法为准绳的。正确与否往往在毫厘之间，动很可能碰到点上，被当成典型。法治太严往往会局限人们的活动。无妄之时都不敢动，国家就难以繁荣。财富创造不出来，只好等国家来救济。象辞从“恩威并用”这个意思上把卦象与人的道德联系起来。

初九：无妄，往吉。

【译文】

没有虚妄，前往吉利。

象曰：无妄之往，得志也。

【译文】

没有虚妄前往吉利，是因为心志得以实现。

【辨证】

卦辞是“不利有攸往”，而初九爻辞是“往吉”，这种现象是因为卦辞从全卦取象，爻辞从所在局部取象，这种命辞不止一处，要据情分析。初九的“无妄”是因为身在无妄卦中，“往吉”是因为在下卦震里（初九→☳>震），震为动、为足，能够前往。初九是无妄卦的主爻，正是它的从上返下，卦才成为无妄，初九的运动不虚妄，所以吉。象辞说：“无妄之往，得志也。”初九是彖辞讲的“刚自外来而为主于内”，它自己愿意来，故为“得志”。有这样的心愿，又实现了这样的心愿，这就是“得志”。象辞讲的“得志”，有很大一部分指的是变动来往的那一爻。如贲卦的“上得志”，指“分刚上而文柔”的上九；损卦的“大得志”，指“损下而益上”的上九，等等。这一卦的初九与此同例。应当注意区别的是象辞说的“无妄之往”，这里是对爻辞“无妄，往吉”的引用，与彖辞“无妄之往，何之矣”不同。

彖辞指的是无妄之时的“往”，是不该往；这里“无妄，往吉”的“往”，是该往。词面相同，意思各别，要具体分析，不可混为一谈。这一爻是说不胡来，可以行动，吉利。

六二：不耕获，不菑畬，则利有攸往。

【译文】

不耕种而有收获，不开荒而有熟田，那么前往有利。

象曰：不耕获，未富也。

【译文】

不耕种而有收获，是还不富裕。

【辨证】

《经典释文》引马融说：菑，“田一岁也”；畬，“田三岁也”。意思是说：菑是当年开垦的荒地，畬是开出三年的熟田。从象上说，二位是田位，乾卦九二爻辞“见龙在田”有示例。六二这一爻原是遁卦的初六，是上九由上返下来到初位，把它推到了无妄卦的二位（遁上九初六䷠），上九下来占据初位，初六上移，变无妄䷘←六二），六二是得到现成田地，故言“不耕获，不菑畬”。六二的推移是坐享其成，所以“则利有攸往”。象辞说“不耕获，未富也”，坤为不富，富指的是巽卦，巽为近利市三倍，为富。六二还差一位，到了六三就进入了互巽（六三→䷘>互巽），故说“未富也”。从取义上讲，是说六二坐享其成没有凶灾，因为它还比较穷，得点不劳而获的财富还能说得过去。总之，这一爻是既能坐享其成，又能前往有利。

六三：无妄之灾。或系之牛，行人之得，邑人之灾。

【译文】

无缘无故的灾难。有人拴了一头牛，被过路人牵走了，村里人遭了灾。

象曰：行人得牛，邑人灾也。

【译文】

过路人把牛牵走了，村里人受到怀疑遭了灾。

【辨证】

无妄之灾是意外的、无缘无故的灾难。“或”是不定指代词，意为有的人。爻辞很形象地举了一个例子，说是有人在村子的路边上拴了一头牛，被一个过路人偷着牵走了。牛主找不到牛，指控是村里人偷的。村里人谁也没偷（无妄），却受到这种不清不白的冤枉，这是没胡来而得灾，莫名其妙的意外之灾。从取象上讲，六三在下卦震里（六三→䷘>震），又在互巽（六三→䷘>互巽）、互艮（六三→䷘>互艮）里，震为行人，巽为绳，艮为手，是行人手牵着绳子走了。绳子后拉的是什么，要看下卦震的变化，震是在坤卦（☷）下面来了一个刚爻（震☳）。坤为牛、为国邑，震出现后坤象不见，故是牛被牵走，邑人受灾，行人占了便宜。因为初九正是彖辞讲的“刚自外来而为主于内”的那一爻，也正是补在坤下的刚爻，故从卦变中取象。

九四：可贞，无咎。

【译文】

可保持正道，没有咎害。

象曰：可贞无咎，固有之也。

【译文】

可保持正道没有咎害，是自身具有正道。

【辨证】

无妄从遁卦变来，爻的变化是遁的上九来到下卦初位，全卦成为无妄。如果从遁卦分析这种变化，哪一爻更应当来到初位，当然是九四，因为只有九四才是初位的应爻（遁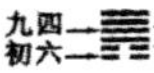

初六与九四在阴阳正应的位置上）。既然相应就应当向初位运动，然而在实际的变化中，是上九来到初位，九四却固守不动，因为无妄这一卦是“不利有攸往”，九四不动没有咎害，所以爻辞说“可贞，无咎”。象辞说“可贞无咎，固有之也”。首先象辞是有意反把爻辞的“贞”讲成固，固就是固守不动。同时也说明九四没有运动，本来就是它在卦变中存在的现象。这一爻可以保持不动，没有咎害。

九五：无妄之疾，勿药有喜。

【译文】

无缘无故的疾病，不必吃药，会有喜庆。

象曰：无妄之药，不可试也。

【译文】

治无缘无故疾病的药，不可试服。

【辨证】

九五正是彖辞讲的“刚中而应”的一爻，处无妄卦尊位，贵为天子，下有六二阴阳正应，故有喜庆。但无妄全卦由遁变来，初九是“刚自外来而为主于内”，应爻六二为初九所主，又在下卦震里，震为决躁，故为疾。九五与六二之间又横亘着一个艮卦（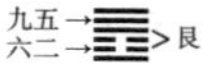
），艮为止，尚有障碍。然而是处

在无妄卦里，疾是无妄之疾，阻是无妄之阻，故“勿药有喜”。象辞说“无妄之药，不可试也”。这是从情理上加以推论，意为治这种无缘无故而生病的药，病还不能确诊，怎么可能对症下药，服了会造成后患，不可以试服。这一爻有无妄之疾，但并不坏，病可自愈，还有喜庆。

上九：无妄，行有眚，无攸利。

【译文】

没有虚妄，行动会自招灾难，无所利。

象曰：无妄之行，穷之灾也。

【译文】

没有虚妄的行动，是穷途末路的灾。

【辨证】

“穷”是穷尽。上九居于无妄卦的最上位，到了极端，爻位如此，无路可走，尤其是在不能虚妄的时候，更不能动，所以是“行有眚，无攸利”。象辞说“无妄之行，穷之灾也”。明确指出上九穷途末路的处境，所以行动必然会自招灾殃。但这一爻只是说明不宜出行妄动，并不一定就有灾，强要出去活动才有灾。

【提示】

有了前面二十五卦的感性认识，这里可以讲一下卦变的问题。卦变与变卦不同，从范围上讲，卦变是组织六十四卦成为体系的原理用语，而变卦是占筮用语，不能混为一事。关于卦变的争议极为纷纭，大体上可分为两种，一种是承认卦变的存在，一种是不承认卦变的存在。如果认为彖辞具有权威性，不承认卦变就完全成为一种站不住脚的理论。从前面二十五卦的彖辞中，我们摘录一些明显的实证看一下："乾道变化"（乾）、"刚柔始交"（屯）、"刚来而得中"（讼）、"柔得位而上下应之"（小畜）、"柔履刚也"（履）、"小往大来"（泰）、"大往小来"（否）、"柔得位得中而应乎乾"（同人）、"柔得尊位"（大有）、"天道下济而光明，地道卑而上行"（谦）、"刚应而志行"（豫）、"刚来而下柔"（随）、"刚上而柔下"（蛊）、"刚来浸而长"（临）、"刚柔分""柔得中而上行"（噬嗑）、"柔来而文刚""分刚上而文柔"（贲）、"柔变刚也""小人长也"（剥）、"刚反""刚长也"（复）、"刚自外来而为主于内"（无妄），等等。几乎每一卦都交待刚柔爻位置的推移，也就是卦变的方式。不必引证《系辞传》等其他材料，已可看出不承认卦变是一种不符合实际的做法，不讲卦变也不符合《彖传》的本旨，只能在黑暗中摸索。然而在承认卦变的诸家中，对于卦怎样变，说法也极不一致。大致有二：一种说法认为是从三爻卦中变来，一种说法认为是从十二消息卦中变来。传统的讲法都认为是以十二消息卦为基础，刚柔爻上下往来推移。虞翻、荀爽等尽管在说明每一卦时讲法互有参差，但大的框架比较一致。这种传统的讲法，与彖辞中不时提到的刚柔爻有上下往来的证据相合。主张从三爻卦变来、理由最充分的是宋人苏东坡，他抛弃了传统的讲法，依据乾坤生六子的原理，激烈反对从十二消息卦变来的说法。他在《东坡易传》里讲贲卦时说："易有刚柔往来、上下相易之说，而其最著者，贲之彖也。故学者沿是争推其所从变，曰'泰变为贲'。此大惑也。一卦之变为六十三，岂独为贲也哉？学者徒知泰之为贲，又乌知贲之不为泰乎？凡《周易》之所谓刚柔相易者，皆本诸乾、坤也。乾施一阳于坤，以化其一阴而生三子，皆一阳而二阴。凡三子之卦有言刚来者，明此本坤也，而乾来化之。坤施一阴于乾，以化其一阳而生三女，皆一阴而二阳。凡三女之卦有言柔来者，明此本乾也，而坤来化之。故凡言此者，皆三子三女相值之卦也。非是卦也，则无是言也。"苏轼的话不无道理，但用来解释卦变就窒碍难通了。卦都从三爻的乾、坤变来，用来解释"往来"已勉强难通，又怎么去解释"上下"？不在六爻卦中往来，必然就得从六爻卦外往来，卦外往来还谈什么上下？况且这样讲卦变也无法说明卦爻辞的来源，仅为卦变争议，毫无意义。再说苏轼认为“凡言此者，皆三子三女相值之卦也”。而无妄卦却是下震上乾，震为长男，乾为父，又何尝是“子女相值之卦”？彖辞依然还是说“刚自外来而为主于内”，又何尝“无是言”？要而言之，乾坤生六子是两卦生八卦、八卦生六十四卦的产生序，而消息卦变六十四卦则是变化序，同样不能混为一事。《周易》本身存在着这两个序列也只能按这样去讲。至于各卦怎样变化，彖辞有说明，可参见各卦的讲解。并不是谁认为如何如何的问题，而是变化有迹可循。

二十六　大畜——富甲天下

䷙

大畜的卦画组合为乾（☰）下艮（☶）上，传统称作山天大畜。《序卦》云：“有无妄然后可畜，故受之以大畜。”意为：能够不虚妄，然后就可以有积蓄，故在无妄之后接着是大畜卦。《杂卦》说：“大畜，时也。”意为：大有积蓄，是时运好。在上一卦里已经讲过，《杂卦》是把“大畜”与“无妄”连在一起对比说的，无妄是灾，时运不好；大畜是福，时运好。《周易》里讲时运。“畜”与“蓄”是古今字，大畜的基本意思是大有积蓄。程传讲畜有“畜聚、蕴畜、畜止”三意，甚至还有畜养的意思，都是在大有积蓄这个意思上的引申扩展。关于谁畜谁的问题，可以与小畜卦对比起来看。小畜卦是五个刚爻中夹了一个柔爻（小畜䷈），大畜卦是四个刚爻中夹了两个柔爻（大畜䷙），既然分出大小多少，刚爻为大，柔爻为小，是刚爻畜柔爻，柔爻论多少。从象上应当这样看。但卦内有时也会出现畜刚爻的意思，那是在卦名意思上的推展，一进入大畜卦，刚爻也要畜，柔爻也要畜。正如一进入谦卦，各爻都要谦。前人为此争议纷纭，往往是因为象与理分不开，执定义理生硬地往外推，越推越乱。

彖辞说“刚上”，按彖辞的提示，蜀才说“此本大壮卦”。虞翻说“大壮初之上”。都认为大蓄是从大壮卦变来。变的程序是大壮的初九升到全卦的上位。即：大壮初九䷡初九向最上位推移，变大畜䷙。从卦变的体例讲，大畜与上一卦无妄是一组正覆卦，即大畜䷙整卦上下倒置，为无妄䷘，两卦比邻相次。无妄从遁卦变来，大畜就是从遁的覆卦大壮变来。这也是《周易》内部的组织规律。

大畜，利贞。不家食，吉。利涉大川。

【译文】

大畜卦，守正道有利。不吃家里的饭，吉祥。利于涉过大川险阻。

彖曰：大畜，刚健笃实，辉光日新，其德刚上而尚贤。能止健，大正也。不家食吉，养贤也。利涉大川，应乎天也。

【译文】

大畜卦，刚健厚实，日日放射新的光辉，有崇尚刚健贤能的道德。能留止刚健，这是大正。不吃家里的饭，是指养育贤才。利于涉过大川险阻，是顺应天道。

象曰：天在山中，大畜。君子以多识前言往行，以畜其德。

【译文】

天在山中就是大畜卦。君子从中受到启示，要多学习前人的佳言善行，培养积聚自己的道德。

【辨证】

卦辞说“大畜，利贞”。“贞”是正道不动。停蓄不流才能积聚，比如水流到一处停下来，才能聚为湖泽池沼，流过去不停下来就不可能停蓄。卦为大畜，当然利于正道不动。从取义上讲，大畜卦不宜外出活动，止而不动有利。“不家食，吉”，象上指的是上九。卦从大壮变来，大壮的刚爻初九从最下位升进到最上位，刚爻代表贤者。依据彖辞的讲法，上九的变化表示的是“尚贤”，也就是贤能的人受到崇尚，国家给了他很高的名誉地位，受到礼遇优待，用不着吃自己家里的饭，由国家养起来。这是显贵之象，所以吉祥。“利涉大川”指卦从大壮变来，大壮是四个刚爻以雄壮之势刚健上进，锐不可当，上面的两个柔爻，势弱无力抗拒（大壮䷡），变而成为大畜。最下位的刚爻升上高位（大壮初九䷡变䷙大畜），本卦呈现出对勇往直前极为有利的形势，故可突破大川险阻。总之，卦辞的意思是说：大畜卦不动有利。有显贵之象，吉祥。如有艰难险阻，也是突破的好时机。

彖辞从六个方面解释大畜卦。（一）从上下卦象的组合上说明大畜卦的优势。“大畜，刚健笃实”，象上指的是大畜卦是由下卦乾与上卦艮组合而成，乾为天，艮为山，天行刚健，大山厚实，合在一起是既刚健又厚实。“笃实”就是厚实，具有如此优势，就会无坚不摧，雄壮勇锐。（二）从刚爻的运动上说明卦的优势。“辉光日新”，象上指的是刚爻为昼日，柔爻为黑夜（《系辞·上》“刚柔者，昼夜之象也”）。大壮卦是刚爻大壮，壮则易老，然而刚爻的运动方向，并没有向夬（䷪）、乾（䷀）卦这种刚老的趋势上发展，而是变为大畜，既保持了壮盛，又有新的发展。因为刚爻是昼日，故言“辉光日新”。从取义上说，“辉光日新”，意为每天都要不断进取，新陈代谢，日新月异，让道德的光辉得到更新，在不断更新中得到大畜。从这句话里可以看出很多问题。首先可以看出彖辞作者很了解辩证法，在蓄聚的问题上，既要停止，又要前进。不停止就不可能蓄聚，停止不进又会成为死聚，比如流水积为湖泊，当然要停蓄才行，但一味停蓄而无流动，只能是一潭死水，很快就会变臭。所以要在止与流的矛盾运动中去大畜，既要聚为大畜，又要流水不腐。卦辞何尝不是这样认为，既“利贞”，又“利涉大川”，其中也包含着动与止的辩证法。另外还可以看出，《周易》的理并不是循环论。《周易》确实讲周而复始，天道循环，但这种循环是“日新又日新”的曲线上升，正如现代哲学上讲的，是螺旋式上升。四时不停循环，但今年不同于去年；日出日落不停循环，但今天也不同于昨天，太阳每天都是新的。循环的形式没有变，内容却不尽相同。而且这种运动没有止境，也不能停下来，有运动，有更新，才能持续保持生命和活力，永放光辉。太阳一停止运转，不日日更新，就会熄灭。今天的阳光与昨天的阳光不一样，它前进了一天。不仅是天道如此，万事万物无不如此，所以才讲“辉光日新”。把这个原理用在人的道德修养上，也要“辉光日新”。如果认为自己达到了至善，不再前进，同样会失去光辉。古人讲“至善”，主要是把它当成一个修养的目标，让人不断地向至善靠近，也是不让人停止不前。当然也会评价某个人至善，那是指他在有生之年达到了最高境界。如果再活下去，还得“辉光日新”。（三）从卦变上说明大畜卦。“其德刚上而尚贤”，象上指的是大壮变为大畜，是刚爻从下位升进到上位，这就是“刚上”。卦象的这种变化表现出一种“尚贤”的意义。所以大畜卦具有“尚贤”的品德，这个“德”是卦德。“尚贤”是礼贤下士，尊重人才，加以任用，同时含有解释卦辞“不家食”的内容。以上三点都是侧重分析大畜卦的卦德。（四）从上下卦特性的组合上说明卦辞“利贞”。“能止健，大正也”，象上指大畜卦的组合是下乾上艮，乾的特性是刚健，艮的特性是阻止，能把刚健止住，说明具有巨大的力量，什么都可以阻止，因此此卦守正道有利。同时也说明，这种巨大的力量来源于卦本身的中正，正了才稳，稳了才固。既能“止健”，说明相当中正，所以说“大正也”。“大”是副词，相当于“很”。（五）从取义上说明卦辞“不家食吉”。“不家食吉，养贤也”，意思是说：“不家食”指的是贤人，贤人被国家养起来了，不用吃家里的饭，这是国家尊重人才，养育、崇尚贤能，所以吉祥。这一句与前面提到的“尚贤”意思上相互证发，象上显然是指上九爻位的推移。（六）从尊位的六五有应上说明卦辞“利涉大川”。“利涉大川，应乎天也”，象上指尊位的六五与下卦的九二阴阳正应，九二在下卦乾里，乾象为天，六五能应九二，如同是顺应天道。顺应天道自然会无可阻挡，所以有利于涉过大川险阻。这是彖辞为“利涉大川”提出的另一条卦象上的理由。

象辞在说明大畜的卦象组合时，强调了大畜卦名的意思。“天在山中，大畜”，指下卦乾为天象，上卦艮为山象，天当然比山要大得多，而卦象显示的却是把天装在山里边了，可见山也太能包容了，所以卦名叫“大畜”。大畜是极大地蓄藏。“君子以多识前言往行，以畜其德”，是说君子从这个卦象中要学习具有巨大包容量的长处，把它推演到道德修养上，就是要把前人有益的东西尽量多地包容下来，使自己的道德得到积聚和蓄养。“识”是记住。“前言往行”指前人的佳言善行，畜是积聚蓄养。君子靠什么来积聚蓄养道德？主要是学习前人积累的经验和智慧，学得越多，道德蓄聚的也就越深厚。象辞认为这一卦的主题是要向前人学习。再加上彖辞讲的尊重人才，这一卦的基本思想就抓住了。

初九：有厉，利已。

【译文】

有危厉，宜于停止不动。

象曰：有厉利已，不犯灾也。

【译文】

有危厉宜于停止不动，不要去招惹灾祸。

【辨证】

这一卦各爻的取象大多都与大畜卦的大局联系得比较紧密。大畜卦是蓄止积聚，“利贞”，各爻有止而不动之象就有利，这是一个大势。在这个大势下，对各爻要作具体分析。初九在下卦乾里，乾为刚健，刚健就容易勇往直前，而且初九还有六四正应，很容易上进。但势处最下，又在蓄止卦里，不宜勇进。故爻辞说“有厉，利已”。“已”用如“学不可以已”的“已”，指的是停止。初九这一爻的潜在危险就在于勇进，如能止而不动就会有利。象辞说“有厉利已，不犯灾也”。“犯”是干犯、冒犯，如果勇进不止就是犯灾。也是讲，不能仅从个人主观条件出发，而不顾大局的客观条件如何，轻易冒进，不通时务，那就等于是自找灾祸。这一爻是告诉人们，初九有潜在危险，如谨慎处之不妄动，还是有利的。

九二：舆说輹。

【译文】

车厢从车轴上脱下来。

象曰：舆说輹，中无尤也。

【译文】

车厢从车轴上脱下来，合乎中道没有过失。

【辨证】

“舆”是车厢。“说”用同“脱”。“輹”是车上的伏兔，也称作车钩心，是大车上把车厢与车轴连在一起的零件。农村的大车上现在还有，是车厢底下卡轴的槽。“舆说輹”是车厢从连着车轮的轴上脱下来。这与“舆说辐”不同。“舆说辐”是车坏了，“舆说輹”只不过是把车厢卸下来，輹本来就是装卸车厢的零件，车不走了就可以脱輹，并不一定是车子坏了。所以爻辞的意思是说车停住不走，把车厢卸了下来，短期内也不准备出车。从象上讲，宋人如郑刚中等认为虞翻的取象不当，应取震为车，在《左传》《国语》里都有以震为车的先例。其实据《周易》的内证考核，应当是震为輹。大壮卦九四爻辞“壮于大车之輹（大壮九四→☳>震），也以震为輹，輹作为车的零件也可表示车。震卦（☳）形似车厢，下面的刚爻是车厢底下的横木，正是车輹所在的部位，极为直观。九二在互震之下（九二→䷙>互震），与互震摘离，故言“舆说輹”。象辞说“舆说輹，中无尤也”，“中”指九二在下卦中位。“尤”是怨尤，这里指过失。行为适中，无过无不及，符合大畜卦的停蓄之道，故没有过失。这一爻是自己停住不走，无尤无害，并不坏。

九三：良马逐，利艰贞，日闲舆卫，利有攸往。

【译文】

良马驰逐，宜于艰难守正道。每日练习驾车护卫，有利于前往。

象曰：利有攸往，上合志也。

【译文】

有利于前往，是因为前往向上合乎心愿。

【辨证】

“日闲舆卫”中，“日”《正义》本作“曰”。汉人郑玄、虞翻本都作“日”。《经典释文》说“郑，人实反”，“云日习车徒”，虞翻说“离为日”，都在王弼之前，王弼改“日”为“曰”，可能是形近而讹。从句子结构上讲，日是时间状语，意为每天、日日。“闲”用如“娴”，意为娴熟，这里是练习娴熟的意思，作谓语。“舆卫”是宾语。“舆”是车，这里是驾车，“卫”是护卫。全句是天天练习驾车和护卫的意思。改成“曰”句子不顺，只好说“曰”是语辞。古代驾车是一门很重要的技艺。孔子讲六艺，有“礼、乐、射、御、书、数”。御就是指驾车。护卫战车也是一门重要技艺。《考工记》说周人尚舆车，守护战车的有六等之数，“戈也，人也，殳也，戟也，矛也，轸也”，是执不同兵器保护战车的卫士。《左传》成公二年记载齐晋鞍之战，郑丘缓给郤克做车右，自己说“自始合，苟有险，余必下推车”。逢丑父给齐侯做车右，因为负了伤，战败撤退时不能下去护卫车，于是“不能推车而及”，齐侯差一点做了俘虏。车右就是车卫，打起仗来，要保证战车的驰逐不受影响。车轮子掉了，还要端起车轴跑步让车前进。戈、殳、戟、矛都是长兵器，也要使用娴熟，才能保护车子不让敌人靠近。所以车御和车卫都要练习得技艺娴熟才能驾战车。“日闲舆卫”是战车上的两个重要人物车御和车卫，天天练习技艺。从象上看，乾为良马，震为行，故曰“良马逐”。震为车，故可为车，刚爻为昼日，故言“日闲舆卫”。大畜由大壮变来，变的方式是初九升进到上位，而实际上真正与上位正应的是九三，九三更应当升入上位，故“利有攸往”。但在大畜卦里九三前临艮卦，艮为止，有阻力，故“利艰贞”。“利艰贞”意为在艰难中守正道有利，也是不动固守才合宜的意思。象辞说“利有攸往，上合志也”。既然不动合宜，为什么又会“利有攸往”？这是因为在卦变中九三上有应爻，到上位更合乎自己的心愿。这要看卦变前大壮的九三，到大畜的九三，虽与上处在应位，但已是敌而不应。所以只是一种愿望，最好还是在艰难中守正道。总之这一爻还是不动有利，但可加紧练习，为前进准备条件，娴熟了才可以有所行动。

六四：童牛之牿，元吉。

【译文】

小牛角上缚着防止顶人的横木，大吉大利。

象曰：六四元吉，有喜也。

【译文】

六四大吉大利，是因为有喜庆。

【辨证】

“牿”，《说文》作“告”，说：“牛触人，角著横木，所以告人也……《周易》曰‘僮牛之告’。”古人为了防止牛用角来顶伤人，在牛的两角横绑上一根短木，避免牛角刺入人体。角上短木就是“牿”。侯果讲这一爻引《周官·封人职》曰：“‘设其楅衡’，注云：‘楅设于角，衡设于鼻，止其抵触也。’”《说文》讲的“告”、《封人职》讲的“楅”、《周易》讲的“牿”，就是这种牛角上的横木。“童牛”是小牛，《说文》作“僮牛”，很说明问题。把“童牛”讲成秃牛、无角牛不合适。这一爻与下一爻六五，正是本卦的两个柔爻，是被大畜的对象，故都用人畜养牲畜命辞。这一爻是养牛，下一爻是养猪，而且反映了古人的畜养技术。小牛在学习顶触的时候就给它加上牿，这是把野牛改良成家畜过程中的畜养技巧。下一爻是改良野猪。古人用这套技术把野畜变成家畜，畜牧业才发达起来。现代人养的是改良好的家畜，用不着这套技术了，说出来很陌生，但对古人是司空见惯的现象。小牛角上加牿是发展畜牧业，正合“大畜”之道，所以是大吉大利。从象上讲，六四在上卦艮里，艮是在坤（☷）卦上横加了一个刚爻（艮☶），而本卦上艮的刚爻又正好是从大壮的初九加上来的，坤为牛，艮为止，所以是在小牛角上加了牿。牛变得驯良好养，畜牧业大发展，所以大吉大利。象辞说“六四元吉，有喜也”，从象上说，互兑为悦，六四在互兑中（六四→䷊>互兑）可取出喜象。

六五：豮豕之牙，吉。

【译文】

劁过了的猪嘴里的牙，吉祥。

象曰：六五之吉，有庆也。

【译文】

六五的吉祥是有喜庆。

【辨证】

《经典释文》：“豮，符云反。刘云‘豕去势曰豮’。”意思是说豮（fén）是劁（qiāo）了的猪。陆绩也说“豮谓豕之去势者”。势是阳性生殖器，去势是把公猪的生殖器阉割下来。现在人们养猪依然如此，除了种猪之外，所有的公猪都要割下睾丸。猪本来是一种很凶猛的动物，牙齿很可怕，去势之后就变得温驯，牙齿退化，也容易长膘了。崔璟说：“豕本刚突，豮乃温和，虽有其牙，不足害物。”王宗传说：

“夫豕之不能自已其刚躁之性，则必以是牙为物之害也。当止畜之时，若强制其牙，则用力愈劳，安能已其刚躁之性也？惟去其势，则牙虽存，刚躁自已……不为物害矣。”都是说，公猪不劁，性刚突狂暴，像野猪一样容易咬人。去掉它的牙不是办法，一劁就老实了，有牙也不会咬人。但在这一爻，畜不是止畜，而是蓄养。六四是养牛，六五是养猪。对这两爻来说，大畜是大蓄养。从爻辞中可以看出，我国的养猪起源很早，到了《周易》的时代，已经有了一套养猪的成熟技术，而且流传到现在。有这样一套技术，可把野猪改良成家畜，猪也繁殖得快、养得好。上一爻是牛马成群，这一爻是猪羊满圈。所以这一爻也是吉祥。从象上讲，六五在上卦艮中（），艮为黔喙之属，是黑嘴头子的动物，故为猪。虞翻说“三至上，体颐象”，意思是说从三爻至上爻是一个缩小了的颐卦（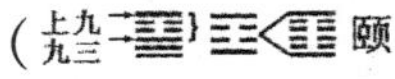）。颐是一张嘴，卦里的柔爻都是嘴里的牙，大畜的六五正是小颐卦中的柔爻，所以是牙。因为是在大畜卦里，猪是被饲养起来，故六五是“豮豕之牙”。从取义上讲，“豮豕之牙”是变老实的猪嘴里的牙，不咬人，养得驯良，所以很吉祥。象辞说“六五之吉，有庆也”，意思是六五的吉祥是有喜庆。“喜”与“庆”意思接近，只有程度上的区别，喜小庆大，大喜才庆。六四说“有喜”，六五说“有庆”，是因为六五占据的是上卦中位，比六四位置还要好。联系爻辞来讲，这两爻都很好，六四是

“元吉”，六五是“吉”，六四并不比六五差，各有自己的优势。

上九：何天之衢，亨。

【译文】

位当四通八达的天街大道，亨通。

象曰：何天之衢，道大行也。

【译文】

位当四通八达的天街大道，道可大行。

【辨证】

“何”同“荷”，意思是负荷、担负。“衢”是十字路口，是交通十分方便的地方。从象上讲，上九这一爻，正是从大壮变为大畜由下升上的一爻，凌驾于全卦之上，被全卦担负起来，故言“何”。五位与上位是天位，故言“天”。《说卦》讲“震为大涂（途）”，上九的推移正好来到互震之上（上九的推移上九互震），故言“衢”。从取义上说，被天衢担负起来就是居于天衢之上，位当天街大道，纵横可达，畅通无阻，愿意到哪里就可以到哪里，极为亨通。如果与彖辞讲的“刚上而尚贤”联系起来，“道”引申为贤人的治国之道，他的治国之道受到崇尚，可以自由施为，大行于天下。所以象辞说：“何天之衢，道大行也。”总之这一爻是极为通顺，有志可成，有道可行，能够实现自己的政治抱负。

【提示】

这一卦讨论一下《周易》的断句。《周易》的断句也是个十分头痛的问题，争议也相当大。断句要在读懂之后才会句读合适，这是一个常识。《周易》因为句义不容易把握，句读出问题是难以避免的。尤其是从王弼尽黜象数之后，卦爻辞脱离了象数上的依据，人们就难免附会，附会不通时，就会在句读上做文章，于是断句也成了打不清的官司。解决这个问题没有什么捷径，还得先搞清作者的意思。明白了他的具体所指，才能对正确与否有一个判断的标准。尤其是卦象，它是证明作者意旨的铁证，绝不可以忽略。以这一卦的彖辞为例，从王弼开始，把“刚健笃实，辉光日新，其德刚上而尚贤”，断成“刚健笃实，辉光日新其德”。这是受了儒家《大学》的影响，把“日新其德”连在一起，“辉光”无所归属，凑合着挤到了“日新其德”里。《十三经》的断句，觉得别扭，又断成“刚健笃实辉光，日新其德”。其实还是认为“日新其德”当断为一句，剩下的就近归属就行了。都是从逻辑上去推，没有考虑卦象。改来改去还是不顺。要是从象上一看，这个问题并不难解决。“刚健笃实”指的是下卦乾，乾为刚健，上卦艮，艮山笃实。“刚健笃实”把上下卦都说出来了，这里必须断开。“辉光日新”指的是刚爻的推移，刚爻为昼日，刚爻从大壮的初九升进到大畜的上九，刚爻呈上升之象，所以是“辉光日新”。这一句讲爻的推移，把卦变之象也说明白了，这里也必须断开。“其德刚上而尚贤”是进一步推演卦变的寓意，意思是说，刚爻的上升可以表示一种“尚贤”的社会伦理意义，这一卦就具有了“尚贤”之德。德是卦德，这又是一层意思。“其德”应当连下成句。明白了句子的具体所指，断句就有了依托。辨不清具体所指，生把两个四字句归前属后地移来移去，前人有这么别扭的没有？汉以前还没有这样破句就义的，这正是王弼“得意忘象”造成的遗患。所以，象辨不清还不要紧，大家慢慢来辨，总会一步步靠近。要是不辨象，那就只好公婆各理，后息者胜了。关于这一卦象辞的断句，可参见郑玄、管辂、虞翻、崔璟的讲法，都比王弼高明一些。《汉书·礼乐志》：“是以海内，遍知上德，被服其风，光辉日新。”这也是以“辉光日新”成句。

周易全解

【第三卷】

垢文涛／主编

辽海出版社

二十七　颐——颐养天和

䷚

颐卦的卦画组合为震（☳）下艮（☶）上，传统称作山雷颐。《序卦》云：“物畜然后可养，故受之以颐。颐者，养也。”意为：万物蓄聚之后才可以畜养，所以大畜卦之后接着是颐卦。颐是养的意思。《杂卦》云：“颐，养正也。”意为颐是养育得正。《序卦》《杂卦》都把卦名之义说成是养，这是颐在卦里的主要意思。但从词义的根源上讲，颐是一张嘴。《说文》作“𦣝”，解释说：“𦣝，顄也，象形。”篆文作。比《说文》再早一些的字书《急就篇》：“颊颐颈项肩臂肘”下注：“下颔曰颐。”“颔”与“顄”异形同义。朱骏声《说文通训定声》里说，颐是“耳下曲骨，所谓辅车也”。通俗点说，颐是嘴下边连着下巴的牙叉骨部分。“𦣝”的小篆象形，要横过来看，画的是上嘴唇以下的部分（横看为），实际就是一张嘴和下巴部分。过去把颐讲成腮或颊是一种误会。成语“颐指”，是有权势的人动下巴指使人，不是用面颊或两腮。从卦画看：颐卦上下的两个刚爻是上下牙床或嘴唇，中间的四个柔爻是上下牙齿

（即

），全卦六爻共同组成的象形之象是一张露出牙齿的嘴。郑玄说：“颐者，口车辅也。震动于下，艮止于上。口车动而上，因辅嚼物以养人。”他认为颐是嘴的上下牙床。车是下牙床，辅是上牙床。吃东西时，下牙床（车）开合张动，上牙床（辅）不动，是下牙床上合，与上牙床一起才能咬食东西。这与上卦是艮（☶），艮为止而不动；下卦是震（☳），震为动而上合的卦象，极为契合。颐是一张嘴，嘴吃食物获取营养，所以颐是养的意思。成语“颐养天年”就是从颐卦来的。

关于颐卦的卦变须先说明一下。彖辞里没有直接提示卦变的言辞，这就为分析带来困难。虞翻说这一卦是“晋初之四”，意思是说颐卦由晋卦变来，这就破坏了卦变的体例，所以后人不信。侯果说：“此本观卦，初六升五，九五降初，则成颐也。”意思是说观卦的初六与九五互换了位置。即：观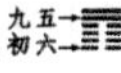

换位，变颐䷚。从观卦变来没什么问题，卦辞里有“观颐”，爻辞里有“观我朵颐”，彖辞里有“观其所养也”“观其自养也”，都有迹可循。但具体怎样来变，须印证一下。从全卦看，初九爻辞说“观我朵颐”，“朵”是下垂，初九从上降下可得到印证。究竟是观的上九还是九五下降，从初九象辞“亦不足贵也”看，初九原来还是贵的，应当从九五变来。这样就只能是观卦的九五与初六换位，侯果的讲法正确。另外颐卦正看、倒看一个样，没有覆卦，所以在卦序排列上，与下一卦大过，组成一组变卦，即：颐䷚六爻全部刚变柔，柔变刚，为䷛大过。因为颐卦具有正看、倒看一个样的特点，所以就有了爻辞配对、应爻取象等特点，这也是卦爻辞中出现颠倒顺逆、正反成对现象的主要原因。这在其他正反同象的卦里也会出现。

颐，贞吉。观颐，自求口实。

【译文】

颐卦，守正道吉祥。看着嘴，自己去谋求食物。

彖曰：颐贞吉，养正则吉也。观颐，观其所养也。自求口实，观其自养也。天地养万物，圣人养贤以及万民。颐之时义大矣哉！

【译文】

颐卦守正道吉祥，是颐养得正就吉祥。看着嘴，是说要看他所养的对象。自己谋求食物，是看他如何颐养自己。天地养育万物，圣人养育贤能的人，从而养及万民。颐卦的时势意义太重大了！

象曰：山下有雷，颐。君子以慎言语，节饮食。

【译文】

山下有雷就是颐卦。君子效法颐卦之道，要言语谨慎，饮食有节。

【辨证】

卦辞说“颐，贞吉”，主要是因为颐卦的卦画上下对称，左右停匀，不歪不斜，“贞”取的是“正”的意思。从颐养之道上说，颐养得正，健康长寿，当然就吉祥。“观颐”从象上指颐卦从观卦变来，从取义上讲，“观颐”就是看着嘴。“自求口实”是自己谋求颐养的食物，“口实”是口中实惠之物，主要是食物。从象上讲，颐卦从观卦变来，观卦是一个放大了的艮卦观䷓☶艮。艮为鼻。古文“自”就是“鼻”字。《说文》云：“自，鼻也。象鼻形。”所以艮为自。作者又认为颐卦卦画是一张嘴，自己变来变去变出一张嘴来，还不是在为嘴忙碌，故言“自求口实”。按卦辞的说法，颐卦极为一般，得看着嘴，自己去忙忙碌碌地谋生。但这也并不坏，自己谋生，是颐养的正道，吉祥，因为是自食其力，没有依赖别人。

彖辞觉得这样讲太一般化，于是把它推演到社会意义上深入挖掘，揭示颐养之道在社会组织上的应用意义。从六个方面加以申发。（一）从道理上解释卦辞“贞吉”。“颐贞吉，养正则吉也”，意思是说：颐卦贞吉，是颐养得正就吉祥。同时解释“颐”是养，“贞”是正。怎样才算颐养得正？这里与卦辞还是统一的，那就是自食其力才是颐养正道，依赖别人不是正道。反对无偿占有他人的劳动成果。（二）说明卦辞“观颐”的社会意义。“观颐，观其所养也”，意为：看着嘴干什么？是要看看他养的是什么人。“所养”指所养的对象。是要看颐养之道，不是看那个表面上的嘴。（三）说明卦辞“自求口实”的社会意义。“自求口实，观其自养也”，意为：自己谋求食物，是要看他如何自己养活自己，也是要看颐养之道正还是不正。（四）从天道上说明颐养的正道。“天地养万物”，是说天地养育的正道是养育万物。这是紧承“观其所养”讲的。颐养之道，不单是自食其力的问题，还有个养育谁的问题，天地就不是养育自己，而是养育万物。所以“观颐”，还得看看养育对象。（五）从天地之道引申出颐卦的社会组织意义。“圣人养贤以及万民”，是说圣人要学习天地普养万物的正道，把万民都养育好，而养万民的方法是先要把贤能的人养育起来，贤人有能力帮助你把万民养育好，这样就把社会组织好了。这一句实际上不仅讲了养育什么人的问题，还讲了怎样养的问题。提出“养贤”的主题。（六）强调颐卦的巨大理性意义。“颐之时义大矣哉”，意思是说：上面提到的这些“养什么”“怎样养”等等颐养正道，卦辞虽然没有明说出来，但颐卦的时势条件里是有的，而且是个相当重大的问题，要特别注意学习这些内容。颐卦的时势条件是什么？就是在大畜卦之后，天下大有积蓄，有了养育的条件，这就要看该养些什么人了。从组织社会这个意义上说，就是要“养贤”，先把人才养起来，发挥他们的贤能，从而把天下万民都养育好。

象辞从另一个方面揭示颐卦的主题。“山下有雷，颐”，指的是颐卦由上卦艮和下卦震组合而成，艮是山象，震是雷象，重合在一起是山下有雷，这就是颐卦。“山下有雷”取的是什么意思？前人附会了很多，大多不着边际。刘表讲得好一些，他说：“山止于上，雷动于下，颐之象也。”认为山是取止而不动，雷是取动而不止，正如人的嘴巴一样，吃东西时上牙床不动，下牙床一张一合。还是说颐卦是一张嘴。为什么不说“下动上止，颐”，而偏要说“山下有雷，颐”？这是因为象辞与彖辞有分工，象辞多讲八卦的实象，彖辞多讲八卦的特性功能，这是彖、象辞的体例，一般不会打破。说“山下有雷”实际是讲“下动上止”。从这个卦象中学习什么？象辞说“君子以慎言语，节饮食”，是说君子要从中得到启示，说话要谨慎，饮食要有节制。颐是口，《说文》：“口，所以言食也。”意思是说口是用来吃饭、说话的那个器官。“言”与“食”是口的两大主要功能，故联系到言与食上来讲。古人认为“祸从口出”“病从口入”，民谚说“言多必失”“爽口食多利于病”，所以说话要注意，吃东西要有节制。从颐养之道上讲，口是人体与物质世界来往的主要渠道，是保养人体的重要器官，使用不当直接危害人的生命，所以一讲口就联系到颐。象辞认为，　养正道还有个如何养自己的问题。把彖辞的“养贤”与象辞的“慎言语，节饮食”加起来就是颐卦的主题思想，也就是颐养的正道。

初九：舍尔灵龟，观我朵颐，凶。

【译文】

扔掉你的大龟，看我下巴嚼动，凶。

象曰：观我朵颐，亦不足贵也。

【译文】

看我下巴嚼动，也够不上高贵。

【辨证】

颐卦从观卦变来，是观卦的九五与初六换了位置（观九五初六䷓九五与初六换合变颐䷚）。颐卦的初九是舍弃了九五的尊位，来到最下位。颐是一个放大了的离卦（离☲<䷚颐），离为龟，大离故为大龟。灵龟就是大龟。古人认为龟活得年代最长，所以什么事都知道，占卜要用龟甲，最有灵应，故称“灵龟”。龟越大越有灵应。初九从观的九五来到初位，变成颐卦的下牙床，位置下降，是下牙床垂了下来，所以是“舍尔灵龟，观我朵颐”。在《周易》的体系里，内卦为我方，外卦为对方，初九是从外卦来到内卦，故有“你”“我”之说。“朵”是下垂。《说文》：“朵，树木垂朵朵也。从木，象形。”朵是树木缀满花叶下垂的样子。从取义上讲，龟是最善颐养

的，气功里讲“龟息”，人还要学习龟的颐养之道。“朵颐”是下牙床张开在咬食东西。舍弃了灵龟的颐养之道，看着人家下巴张合流口水，愚蠢之极，所以凶。象辞说：“观我朵颐，亦不足贵也。”是说看着我吃东西眼馋，太没出息了，不足为贵。在取象上暗示了初九是从尊位下来的，原来还是高贵的，变得没出息了。

六二：颠颐，拂经于丘颐，征凶。

【译文】

颠动口舌下巴，悖逆丘园颐养的常道，征进凶。

象曰：六二征凶，行失类也。

【译文】

六二征进凶，是征行会失去同类。

【辨证】

“颠”是颠动，“颠颐”，是颠动下巴颏，取颠唇簸舌或下巴嚼动之意。“拂”是拂逆，可参见六三象辞。“经”是正经、正常。“拂经”是悖逆了正常的颐养之道。“丘”是山丘。六二在下卦震里，震为动，故言“颠颐”。震是反艮

（震☳倒过来为艮☶），艮为山丘，反艮，故为“拂经于丘颐”。从二至上是一个小的剥卦（上䷚ ䷖剥）。剥卦是阴剥蚀阳，上九是颐养万民的贤人，六二上剥是小人剥蚀贤人，故言“征凶”。从取义上说，“颠颐”是颠倒了颐养正道，还可引申为颠唇簸舌，胡吹乱侃。“拂经于丘颐”是违背了丘园纯朴的颐养常道。象辞说“六二征凶，行失类也”，指的是征行会失去同类。六二与六三、六四都是柔爻，为同类，但六三有正应在上九，六四有正应在初九。六二没有正应，征行会失去与六三、六四的一致性。总的来讲，这一爻是颠唇簸舌，悖逆丘园颐养常道，冒进有凶。若能憩息于田园不惹是非，才可无虞。

六三：拂颐，贞凶。十年勿用，无攸利。

【译文】

悖逆颐养正道，坚守正道也有凶险。十年不能用，没有利。

象曰：十年勿用，道大悖也。

【译文】

十年不能用，是与颐养之道悖逆太过。

【辨证】

从象辞的解释中可以看出，“拂”就是“悖”的意思。《玉篇》：“悖，逆也。”《说文》：“悖”，“乱也”。象辞说“道大悖”，当然指颐养之道。爻辞说“拂颐”，象辞就说“道大悖”，还不是把“拂颐”讲成悖逆颐养之道。六三也在上五爻的小剥卦里，有剥蚀刚爻之象，故为“拂颐”。但六三与上九是阴阳正应，可以上应上九，况且六三柔爻居刚位，不动不安，故言“贞凶”。又在互坤里（六三→☷>互坤），坤数十，故言“十年勿用，无攸利”。

象辞说六三“道大悖”，就是说它反颐养之道而动。这一爻因为悖逆了颐养正道，动与不动都有凶灾，十年内不会有好转。

六四：颠颐，吉。虎视眈眈，其欲逐逐，无咎。

【译文】

颠动口舌下巴，吉祥。虎视眈眈，追逐欲望，没有咎害。

象曰：颠颐之吉，上施光也。

【译文】

颠动口舌下巴的吉祥，是上面施布的恩惠广大。

【辨证】

六四在上卦艮里，艮为止，从六四以上三爻都属上牙部分（六四→☶>艮，上牙）。上牙止而不动，如无下牙的张动开合，嘴的言食功能就无法实现。正好的是六四柔爻居柔位，位正，又有全卦的主爻初九为正应，初九在下卦震里，震为动，初九带着下牙开合颠动，又与六四上下应合，阴阳得配，口的说话、饮食功能就能充分发挥出来。故“颠颐”对六四来说吉祥。六二失去应爻，“颠颐”就凶。“颠颐”还是指下牙床的颠动。六四的“颠颐”取象于应爻初九。全卦到了六四，已是嘴的中间，口已大开，如老虎大张嘴，颐卦又是从观卦变来，观就是视，全卦又是一个大离，离为目，故言“虎视眈眈”。“虎视眈眈”是老虎带着贪馋的攫取欲望往下看的样子，故言“其欲逐逐”。“其欲逐逐”是追求满足欲望的样子。这句话异文多一些，《释文》：“子夏传作‘攸攸’，志林云‘攸当为逐’。荀作‘悠悠’。刘作‘跾跾’，云‘远也’。”“攸攸”“悠悠”“跾跾”都没有“逐逐”明晰，《十三经》的校勘是对的。逐是追逐求取的意思。汉语用叠字作词尾一般都具有形容状态的作用，“眈”是“下视”，“眈眈”就是下视的样子。“逐”是追逐，

"逐逐"就是追求的样子。再如，欣是高兴，欣欣就是高兴的样子；漫是长远，漫漫就是长远的样子，等等。"其欲逐逐"与"虎视眈眈"，连在一起，最恰当的解释就是追求满足欲望的样子。"逐逐"言其急迫不易满足的状态，是欲望大的意思。联系颐卦，是说胃口很大。因为颐卦讲的是饮食颐养，六四又正值口中，故胃口大点也无咎害。象辞说"颠颐之吉，上施光也"，"光"用如"广"，是说上面施布的恩惠广大，利及于己而得吉。从象上说，观变颐，九五来到初位，把全卦一张大嘴都笼罩住了，这就是"上施光"。《周易》里"光"与"广"经常用一个"光"字表示。"光"与"广"意思上有联系，有光才能看得广远。但在具体的上下文里，要注意区别它在语意上的侧重之处。这里的"上施光"与坤卦讲的"地道光"，都是广大的意思。

六五：拂经，居贞吉。不可涉大川。

【译文】

悖逆常道，居止正道吉祥。不可涉过大川险阻。

象曰：居贞之吉，顺以从上也。

【译文】

居止正道吉祥，是顺从上面。

【辨证】

六五阴爻居阳位，不正，又在上五爻的小剥卦里，故为“拂经”。因为上推也是阴剥阳，小人剥蚀贤人，故言“居贞吉”，意思是如果居正不动就可获吉。五位位好。但六五柔爻没有刚健之德，又无正应，故“不可涉大川”。象辞说：“居贞之吉，顺以从上也。”指顺从六五之上的上九。

上九：由颐，厉吉。利涉大川。

【译文】

颐养之由，有危厉而吉祥。有利于涉过大川险阻。

象曰：由颐，厉吉，大有庆也。

【译文】

颐养之由，有危厉而吉祥，是大有喜庆。

【辨证】

“由”是自、从、来源的意思。取义是说颐养所需都从这儿来。“厉吉”是有危险而吉祥。“利涉大川”是渡过天堑险阻正是有利的时候。从象上说，颐卦从观卦变来，观卦的两个刚爻，成为变为颐卦的决定因素。一个刚爻下到初位成为下牙床，上九成为上牙床。颐卦的来由就在于两个刚爻一上一下的摆布。初九取了“观我朵颐”的象，上九取了“由颐”的象。“厉”是危厉。在观卦里，两个刚爻本来是处在被四柔逼退的地位上（观上九→䷓↑），上九处在一卦之极，消退的危险迫在眉睫。然而一变颐卦，却成了稳固不动的上牙床，由厉而变吉，故言“厉吉”。下有六三为正应，征进有援，故“利涉大川”。“大川”是险阻，上九处在一个由危险变为吉祥的时势中，正是冒险获取成功的时机。象辞说“由颐，厉吉，大有庆也”，庆是喜庆，上九在卦变中由不利变得有利，还不是喜庆的事？“利涉大川”的象可参见大涣卦。

【提示】

这一卦前人讲得极为纷杂，不仅是取象混乱，义理也极不统一，无可适从。我们不得不从《周易》的内部体例上重新挖掘，尽量吸收前人的有益成果，来一番脱胎换骨的改造。前人在解释这一卦时，较多地用了覆象（或称倒象、反象），就是把卦画倒过来看从中取象。比如这一卦是上艮下震（䷚上艮下震），艮倒过来就是震（艮☶上下翻过来为☳震），震倒过来就是艮（震☳翻为☶艮）。艮为止，震为动，取覆象就可以说震为止，艮为动。这样颠颠倒倒，就可说明卦爻辞里许多正反相对的现象。还有的人取伏象。比如朱震在解释六四爻辞“虎视眈眈”中的虎象，说“伏兑为虎”。意思是说，六四在上卦艮里，艮是兑的伏卦（即：艮☶三爻全变，为☱兑。兑在艮的背后藏着，故为伏卦），虎的象是从伏兑中取出来的。这种取象的方法我们没有采纳，而是更多地注意了应爻取象。应爻取象是辞在本爻而象在应爻，这在爻辞中有印证，比较可信。比如这一卦，初爻与四爻、二爻与五爻、三爻与上爻分别处在相应的位上。初爻有“朵颐”，四爻有“颠颐”；二爻有“拂经”，五爻也有“拂经”；三爻有“拂颐”，上爻有“由颐”。只有把这种应的关系纳入卦变中去分析，才能找出一个头绪来，也比较合情合理，否则很难说得通。对于爻辞的意思，应当说越是简单明了、通俗易懂才越正确，《系辞》说：“易简，天下之理得矣。”每当人们旁征博引、不烦费辞的时候，那就是意思上出障碍了。费辞越多问题越大，这也算读书的一条规律吧。

二十八　大过——过中不当

䷛

大过的卦画组合为巽（☴）下兑（☱）上，传统称作泽风大过。《序卦》云：“不养则不可动，故受之以大过。”意为：不经过一番颐养，就不能有所行动。所以颐卦之后接着是大过卦。这是说大过是一种大的度往行动。《杂卦》云：“大过，颠也。”意为大过是颠覆。也就是说，大过是太过火，于是适得其反而颠倒。把《序卦》《杂卦》的意思综合起来分析，大过是过分大的度往。但在全卦里，“大”有时是形容词，有时又是形容词作名词用，可以当“大的”讲。“过”的意思更为复杂，有通过、经过、渡过、超过、过往、过分、过失等义。《周易》语句的难以把握，主要表现在这种词的多义性上。对卦名的理解要抓住它的基本义。大过的基本义就是过分大的度往。其他意思都是在这个基本意思上的引申。

大过与上一卦颐组成一组变卦。大过的卦画，刚爻一律变柔爻，柔爻一律变刚爻，就成了颐的卦画，即：大过䷛爻反性变化，为颐䷚。大过也是个正看、倒看一个样的卦，与颐卦有许多相同的特点。从卦变上分析，颐卦从观卦变来，大过因为与颐是错卦，应当是从观的旁通卦大壮变来，是大壮的六五与初九换位，即：大壮六五→初九→䷡六五与初九换位，变大过䷛。对其他错卦的卦变也应当这样分析。《周易》里共有四组变卦，即乾与坤为一组、坎与离为一组、颐与大过为一组、中孚与小过为一组。

大过，栋桡。利有攸往，亨。

【译文】

大过卦，栋梁弯曲。有利于前往，亨通。

彖曰：大过，大者过也。栋桡，本末弱也。刚过而中，巽而说行，利有攸往，乃亨。大过之时义大矣哉。

【译文】

大过是大的过去。栋梁弯曲，是栋梁的本末两头柔弱。刚爻过来处在中间，顺利而和悦地前往，所以前往有利并能亨通。大过卦的时势意义太重大了。

象曰：泽灭木，大过。君子以独立不惧，遁世无闷。

【译文】

泽水淹没了树木，这就是大过卦。君子从中得到启示，要独立无所畏惧，隐身遁世也不苦闷。

【辨证】

卦辞说大过卦是“栋桡”。简要言之，“栋”就是栋梁，是支撑房屋大厦的重要构件。“桡”是木曲。栋梁弯曲是大厦将倾之象。全卦是一种崩溃前的倾危局势。关于栋桡的取象，彖辞做了说明。“利有攸往”是说有利于前往，“亨”是亨通。意思是说如果有大的行动、大的举措，这是一个相当有利的时势，可以大干一番，会畅通无阻。这在彖辞里也有说明。

彖辞针对卦辞逐句加以说明，可分为五个方面。（一）解释卦名的意思。“大过，大者过也”，从取义上说，意为大过是大的行动能过得去，也是可以干大事的意思。从象上讲，是说刚爻为大，柔爻为小，大过卦从大壮变来，大壮是个刚爻由壮向老发展的时局，变为大过，改变了刚爻衰老的趋势，四个刚爻过去到了全卦的中间位置上，是刚爻过去了。这一句提示大过是由卦变而得名。（二）从六爻全象上说明卦辞“栋桡”。“栋桡，本末弱也”，意思是说：为什么大过卦会有栋梁弯曲的命辞？这是因为大过的六爻呈现出一种本末两头柔弱的卦象。“本”是树根部分，“末”是树梢部分，反映在卦象上，初爻在卦的下部是本，上爻在卦的上部是末。全卦中段是四个刚爻，只有本末两头是两个柔爻（大过中段四刚䷛上六、末、柔爻／初六、本、柔爻），这就是“本末弱”。一根栋梁两头软了，必然会弯曲。毛奇龄讲得更绝，他说：“四刚相并，有似一木，而两端受窍，有似木之为栋者。”他认为不仅“本末弱”取六爻全象，“栋”也是取六爻全象。刚爻是连线，四刚居中有似木材的中段圆木，柔爻是断线，居于两端有似在木材的两头凿上了榫卯，简直就是加工好了的栋梁，所以才称栋，两头有缺断，所以才桡曲。看来无论是卦辞还是彖辞，都在向人们昭示，大过是大厦将倾，独木难支，时局大坏，难以维持。（三）从卦变上说明卦辞“利有攸往，乃亨”。“刚过而中”，卦象上是指，大过是从大壮变来，大壮的四个刚爻原来都聚于下部（大壮䷡），没有居于中段位置，变为大过，四个刚爻从下部过去占据了中段（大过䷛）。从取义上讲，刚健居中要比外强中干好得多。一个人意志刚强不屈不挠，就有利于行动前往，也容易破除阻力亨通畅达。（四）从上下卦特性的组合上说明卦辞“利有攸往，乃亨”。“巽而说行，利有攸往，乃亨”是指大过是由两个三爻卦组合而成，下卦是巽，巽是顺利，上卦是兑，兑是和悦。把这两种特性汇合在一起，是既顺利又和悦，能顺利而和悦地行动，所以宜于前往，就能亨通。这里顺便说一下巽卦的特性。程颐认为巽卦的特性是顺。比如他讲“巽而说行”时说：“下巽上兑，是以巽顺和说之道而行也。”凡秉承程颐的本子都认为，巽是顺物之理，兑是服人之心。但彖辞不是“顺而说行”，而是“巽而说行”，没有明确指出巽就是顺。《说卦》又说是坤为顺，那么巽为顺就值得推敲，所以后人也不时提出质疑。但程颐的讲法大致可取，只是没有加以区别。要是简单点讲，坤为顺是柔顺，巽为顺是顺利，字面相同，意思有区别。巽的顺是因为巽为风，是一帆风顺的顺；坤的顺是因为坤为阴，与阳刚相对而言，是柔顺的顺，应当有所区别。（五）强调大过卦的时势意义。“大过之时义大矣哉”，是说大过的时势太重大了，要人们提起注意。大过的时势是什么？这就是前面讲的大厦将倾，应当有个大的行动，而且这个大的行动进行起来非常有利，可以顺利而成功。简言之，就是说大过是个干大事业的时机，如果想干大事不要错过机遇。

象辞从上下卦象的组合上解释大过卦。“泽灭木，大过”，指的是大过卦由上卦兑、下卦巽组合而成，兑是大泽之象，巽是树木之象，组合在一起是大泽的水把树木淹没了。“灭”是淹没的意思，这在噬嗑卦里可以印证。象辞说大过卦是“栋桡”，象辞又说大过是灭顶之灾。《系辞·下》又说：“古之葬者，厚衣之以薪，葬之中野，不封不树，丧期无数，后世圣人易之以棺椁，盖取诸大过。”大过是棺椁之象。故汉人一讲到大过，就说是死卦（参见焦赣《易林》）。从这样的卦象里，君子应当学习什么？象辞说“君子以独立不惧，遁世无闷”，意思是说君子看到时局太坏，要以挽救时局为己任，不要惧怕，要独立支持，把它挺过来，这正是君子干大事的时候。如果实在是救国无门，回天无术，那也不要怨天尤人，可以隐身遁世，不必苦闷。这也是时势所致，不是个人的道德有缺陷。从中可以看出象辞与彖辞的意思一致。程颐说：“大过之时，其事甚大。故赞之曰‘大矣哉’。如立非常之大事，兴不世之大功，成绝俗之大德，皆大过之事也。”又说：“天下非之而不顾，独立不惧也；举世不见知而不悔，遁世无闷也。”天下人都反对，也要有点反潮流的精神独立支持；世人都不理解你，也不悔恨苦闷改变操守，这是君子的品格。把彖传与象传的意思综合起来，所谓“栋桡”“泽灭木”，那是指时局处在大厦将倾、灭顶之灾的状态里；所谓“利有攸往”“独立不惧”，是个人要力挽狂澜，救颓败于既倒，扭转崩溃之势。这是全卦的主题。关键是个人怎么去做，并不是一筮得大过卦就必然要死，如果做得好，还可起死回生，干成大事，而且这还是个相当不错的机遇。

初六：藉用白茅，无咎。

【译文】

用白茅垫在下边，没有咎害。

象曰：藉用白茅，柔在下也。

【译文】

用白茅垫在下边，是柔爻在下位。

【辨证】

“白茅”是一种柔韧洁白的草。“藉”是在下面铺东西垫起来。“藉用白茅”是说用柔韧洁白的茅草垫在下边。据《左传》记载，古人用白茅主要是作祭祀时“缩酒”的用品。把白茅放在地上，献祭的人把酒浇酹在白茅上，酒渗入草里，表示神享用了。而爻辞说的是献祭人在摆供品的时候，还要在祭器的下边垫上一层白茅，可见这种洁诚恭谨的态度达到了多么细致入微的程度。《系辞・上》解释这句爻辞说：“‘初六，藉用白茅，无咎。’子曰：‘苟错诸地而可矣，藉之用茅，何咎之有？慎之至也。夫茅之为物薄，而用可重也。慎斯术也以往，其无所失矣。’”意思是说：把祭品摆在地上就行了，下边还要再垫上一层茅草，这会有什么过咎？谨慎到极点了。茅草是一种轻微之物，但用起来可以有重大意义。按照这种谨慎的方法去做事，就不会有过失了。《系辞传》用孔子的话作了讲解，爻辞的取义已十分明确。至于取象，初六本来在大壮卦的五位，变为大过，下到初位，这是垫在了下边。虞翻说“巽柔白为茅”，意思是说巽在《说卦》里讲是木、是白，初六又是柔爻，柔韧的白色草木就是白茅。从取象上讲，初六在下卦巽里（初六→䷛>下巽），故言“藉用白茅”。象辞说“藉用白茅，柔在下也”，这至少是暗示了为什么要说“藉”。有一点要注意，“咎”也是多义词，它可以讲成是过错，《系辞》里就是这样用的，但作为吉凶断词，它的更普遍意思是小灾，相当于“害”，不完全等同于咎过。总之，这一爻做事谨慎洁诚，没有咎害。

九二：枯杨生稊，老夫得其女妻，无不利。

【译文】

干枯的杨树上长出新枝，老夫得到少女为妻，没有不利。

象曰：老夫女妻，过以相与也。

【译文】

老夫得到少女为妻，是过了岁数才相遇。

【辨证】

“稊”，郑玄本作“荑”，讲为“木更生”，就是老树又分蘖出新的嫩枝条。程颐把“稊”讲成根，误会了。《诗经·卫风·硕人》：“手如柔荑。”传云：“如荑新生。”荑才有新生之意，从象上说，荑是新生的茅草，《诗经·邶风·静女》：“自牧归荑。”《诗经》云：“茅之始生也。”即使不相信虞翻的巽为白茅，也该相信爻辞的“藉用白茅”，有茅才有稊，“根”却无据可查。再说“老夫得其女妻”也分明是老而新生之意。郑玄的讲法是左右逢源，程颐的讲法是举步维艰。虞翻说“巽为白茅”言而有据，“枯杨生稊”就是干枯的杨树上长出了新枝嫩条，是绝处逢生。老夫娶少女，虽然年龄不大相配，但还可以生育，也是续嗣新生。从象上看，从初爻到九五是一个缩小了一点的姤卦（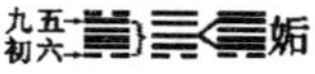

），姤是阴少阳老，又为相遇。九二在下卦巽中，巽为长、为木，树木里杨树长得较高，故为“杨”，从大壮而来，壮而趋老，故“枯”，巽为茅草，故可“生稊”。故言“枯杨生稊，老夫得其女妻”。爻有新生之象，故言“无不利”。象辞说“老夫女妻，过以相与也”，从取义上讲，是过了年龄才得相遇。这一爻也很好，是晚年得妇，绝处逢生。

九三：栋桡，凶。

【译文】

栋梁弯曲，凶。

象曰：栋桡之凶，不可以有辅也。

【译文】

栋梁弯曲的凶祸，是不能有辅助。

【辨证】

栋、梁，混言不别，都是承担屋顶重压的构件，不可或缺，所以人们常常把“栋梁”连称，看成是大材。但要分开讲，栋与梁各有所指。梁是大梁，民间称作“柁”，是前后架在屋顶上的承载大木；栋是脊栋，民间称作“檩”，是左右架在屋顶上的承载长木。栋与梁纵横交搭，才能把房顶架起来。木结构的房子是柱子把梁支起来，梁上横架檩栋，檩栋上又纵挂椽子，椽子上又横压栈板。栈板上涂泥，泥上盖瓦。屋顶很重，栋梁是不能弯曲的。一间房子，栋不是只有一条，房子越深长，就得多架几条。按部位称作前檩、后檩、中檩、脊檩等。在屋顶正中的叫脊檩，因为在它的上面起屋脊。一般说的栋，指的就是这条脊檩。栋与梁的区别还在于，梁的下边可以支柱子，栋的下边不能支柱子。因为梁的下边是房子的隔墙，柱子垒在墙里，对屋子的空间没影响。栋在屋子的空间之上，支上柱子妨碍人在屋子空间里的活动。栋比梁还怕弯曲。栋要是弯曲了，不能加柱子顶起来，这就是象辞说的“不可以有辅”的取义。“辅”就是辅助。程颐说“栋，今人谓之檩”，《周易折中》说“栋”是“脊檩”，讲得都对。九三与九四位居全卦中间，相当于屋子的脊檩，因为“本末弱”而弯曲，故言“栋桡”。屋顶要塌下来，很危险，有凶。象辞说：“栋桡之凶，不可以有辅也。”“辅”在象上指的是应爻，有应爻是有应援，故言“辅”。九三的应爻在上六，阴阳正应，本是一件好事。但檩子下不能撑柱子来辅助，上六的应救没有用，有辅也凶。要说代表大厦将倾无可挽救时局的，那就是九三这一爻，它是真正的独木难支。

九四：栋隆，吉。有它吝。

【译文】

栋梁向上隆起，吉祥。有另外的吝难。

象曰：栋隆之吉，不桡乎下也。

【译文】

栋梁向上隆起吉祥，是不向下弯曲。

【辨证】

九四也位在全卦中间，故与九三同取脊檩为象。九四也是“本末弱”，所以与九三一样，也是弯曲的脊檩。但所好的是九四在上卦里，是向上弯曲，比九三在下卦向下弯曲要好得多，故言“栋隆，吉”。隆是向上隆起。栋向上隆起，屋顶向下压，两力相抵，房子结实耐久，虽然外观差一点，但没有倾塌的危险，所以吉祥。但全卦的两个柔爻正好是九三、九四的应爻，九四也有正应在初六。九四也“不可以有辅”，如果以初六为应援，那就会有吝难，故言“有它吝”。“它”是另外的，“吝”是比“咎”还轻的害。有应爻在别的卦里是好事，在这一卦里成了坏事。象辞说：“栋隆之吉，不桡乎下也。”意思是说九四也弯曲，但没有向下弯曲，故吉。“上”与“下”取的是上下卦的象。有人说“不桡乎下”是“不应初”，这就不切实际了。九四与初六是阴阳正应，这是客观上的象，不应也得应，这不能由九四主观上来决定。如果不应初，“它吝”又从哪里来？如果是筮得这一爻的人，才可以主观上作出努力，尽量杜绝应援拉拢，避免吝难。

九五：枯杨生华，老妇得其士夫。无咎无誉。

【译文】

干枯的杨树开了花，老妇人得了个少壮男子为夫。没有咎害，也没有荣誉。

象曰：枯杨生华，何可久也；老妇士夫，亦可丑也。

【译文】

干枯的杨树开了花，怎么长得了。老妇人得了个少壮男子为夫，也够丢人的了。

【辨证】

大壮变大过是初九与六五换位（大壮䷡交换位置，变大过䷛）。初六是全卦主爻，九五也是关键的一爻。五位是全卦尊位。又多从全卦取象。下卦巽为杨树，上卦兑为“正秋”，杨树到了秋天，故也称“枯杨”。兑又为少女、为悦，故为花。九五位在上兑，故言“枯杨生华”。“华”同

"花"。上五爻是一个缩小了一点的夬卦（

夬），夬卦是阳爻壮盛决去衰阴，男壮女衰之象，所以是老妇得了个少壮男子，故言"老妇得其士夫"。"士"是男子，因与老妇对比而言，故知少壮。"夫"与九二爻辞的"妻"相互印证，此处指的是丈夫。"老妇得其士夫"，是说老年妇人得到一个少壮男子做丈夫。"九五"这一爻与九二成对，相同之处是枯木得生，晚年得配，但在吉凶上却差别很大。苏东坡说："稊者，颠而复蘖，反其始也；华者，盈而毕发，速其终也。"王宗传说："杨既枯矣，以其耗竭之余，尽发而为华，则其零落也，可立而待也。夫何益于枯也！"意思是说九二的嫩枝是新生之象，九五的开花是回光返照。故象辞说"枯杨生华，何可久也"。老夫娶少女，还可生育，因为男子的生育期长；老妇嫁少男，不能生育，因为女人绝育早。不能生育，功能衰退了还找小丈夫，有些丢人，故象辞说"老妇士夫，亦可丑也"。但爻辞没有说得这样严重，而只是说"无咎无誉"。"咎"是责怪，"誉"是夸扬，意思是说既无可责怪，也无可赞扬，无非是不好也不坏，谈不上丢人。在老龄妇女婚配的问题上，爻辞比象辞更具理性，道德观也更具人性。象辞是基于当时那种把婚配主要看成是生儿育女、继承香火的文化背景。爻辞还没有受这种思想的影响。老龄婚配也不仅是为了生儿育女，现代人讲爱情，会更加赞同爻辞的观点。过了岁数才结婚，不值得提倡，这是

“无誉”；晚年在爱情上寻求慰藉，无可指责，这就是“无咎”。这是爻象辞思想上分歧较大的一爻。

上六：过涉灭顶，凶。无咎。

【译文】

过大水淹没了头顶，凶。没有咎过。

象曰：过涉之凶，不可咎也。

【译文】

过大水淹没了头顶的凶祸，无可指责。

【辨证】

这一爻显然是从全卦取象。大象辞说“泽灭木，大过”。这一爻因为是在全卦最上位，按初爻为足趾、上爻为头角的《周易》例，是到了人体的头顶部位，故把“泽灭木”的卦象用在了爻象上。下卦是巽，巽为木；上卦为兑，兑为泽，又在大过卦里，故言“过涉灭顶”。象上是大泽之水淹没了树木，把树顶都没在水下，再加上大过的因素，就成了过大水而淹没了头顶。这是真正的灭顶之灾，有凶祸。

但爻辞又说“无咎”，这个“咎”主要取咎过的意思。“无咎”，是没有过失。象辞讲得比较明确，说“过涉之凶，不可咎也”，意思是说过大水而被淹没，遇上凶祸，确实是倒霉，但有大水是应当渡过去的，不能指责他是咎由自取。前人讲到上六，常常举商纣时代的比干为例，认为商王朝到了覆灭的边缘，箕子隐遁起来，保全了性命，比干却苦谏纣王，试图挽救垂亡的国家，结果被纣王挖了心，遭到杀身之祸。箕子和比干都没有错，箕子是“遁世无闷”，比干是“独立不惧”。独立不惧，力挽狂澜也无可咎责。这一爻是有凶而无咎。

【提示】

这一卦与上一卦颐都是正看、倒看卦画相同的一组错卦，可以在此基础上分析一下《周易》里的对象。一般的卦是初与四应、二与五应、三与上应，六爻交叉成对。这一卦有一个明显的特点，除了不违背相应的原则外，还把六爻上下中分，两两成对，组成另一种配对的关系：初爻爻辞是“藉用白茅”，是垫底；上爻爻辞是“过涉灭顶”，是盖顶，一底一顶自成一对。二爻爻辞是“枯杨生稊，老夫女妻”；五爻爻辞是“枯杨生华，老妇士夫”，“稊”“华”与“老夫”“老妇”各自成一对。三爻爻辞是“栋桡”，四爻爻辞是“栋隆”，一桡一隆自成一对。这显然是作者的有意安排，这种安排除二与五的对应关系保持不变外，其他四爻的成对关系又作了调整。初与上、三与四有时也可能成对，这就提示我们，《周易》里还有一种对象，在分析时应当加进这个因素。

这一卦还启示我们，《周易》里还有纵横象。卦辞第一句就是“栋桡”，彖辞解释为“本末弱”，显然作者是把六爻整体看成是一条栋，两头发软，中间的四个刚爻是连成一体的栋梁中段。如果毛奇龄的两端为榫头的讲法合乎作者的初衷，那更是把六爻横过来看成是一根檩条（即卦画横看形似檩条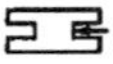榫头）。即使毛氏讲得过巧，不一定是作者的本意，那也是横看成一根栋梁，四个刚爻是连成一体的，作者的心目中有横象。到了九三、九四的爻辞，作者又有“栋桡”“栋隆”的说法，把九三、九四分别看成栋，四个刚爻又不连在一起，分别成为屋顶上的四根檩条，只不过是二与五不在卦的中间部位，没取栋象。这种取象方法，又是把整个卦画纵过来看（即卦画纵看䷛形似屋顶檩条的分布。屋顶俯视）。同在一卦，同取栋象，又竟然出现了这种纵横取象的不同，说明作者取象的方法极为灵活多变，观象也不可拘板。

二十九 习坎——水流就下

䷜

习坎的卦画为坎（☵）下坎（☵）上，坎为水。《序卦》云：“物不可以终过，故受之以坎。坎者，陷也。”意为：事物不可能总是顺利通过，所以在大过卦之后接着是坎卦。坎是下陷的意思。《杂卦》云：“离上，坎下也。”意为：离是火象，火向上燃烧；坎是水象，水向下渗透。《尚书·洪范》讲“火则炎上”，“水则润下”，意思相同。把《序卦》《杂卦》的意思综合起来，坎是低下的坎陷，引申为险阻之义，是就地形而言。大地的地形有高有低，一般地讲，所有低下之处都可以说是坎陷，但卦里有时也指高而难以逾越的地形。彖辞就说“地险，山川丘陵也”。坎与平坦只不过是相对而言，不平坦的地形都可看成是坎，包括高坎低陷。这样坎就有了低陷、高坎、险阻等义。但它的基本意思是指低下的坎陷。八纯卦相重都用八卦原名，唯有坎卦称作“习坎”。“习”是重，习坎就是重坎。前人对这一现象有多种解释，有认为是沿用《连山》《归藏》旧名的；有认为是八纯卦除乾、坤外，习坎是第一个出现的纯卦，用习坎称呼有示例的作用；也有人认为这一卦讲坎险，强调的是重重险阻。不论原因如何，大家都认为习坎是重坎这一点一致。所以卦名的基本意思是重重的低下坎陷，其他意思都是在这个意思上的扩展引申。前面讲过，《说卦》里讲的“乾，天也，故称乎父；坤，地也，故称乎母……坎再索而得男，而谓之中男”等，是就八卦的生成讲的，是卦的生成序，不是卦的变化推移。就卦变讲，坎卦是由临卦变来，是临卦的初九与六五交换了位置，即：临六五初九䷒两爻换位，变习坎䷜。九五从下位升到全卦尊位，是一卦的主爻。彖辞里说“乃以刚中也。行有尚，往有功也”，都提示了卦变的方式，不能据卦的生成序而否定卦的变化序。另外坎卦与下卦离是一组变卦，即：习坎䷜爻反性变化，为离䷝。所以两卦比邻相次。这两卦也有正看、倒看卦画不变的特点。

习坎，有孚。维心亨。行有尚。

【译文】

习坎，有信实。因为内心而亨通。行动有上进。

彖曰：习坎，重险也。水流而不盈，行险而不失其信。

维心亨，乃以刚中也。行有尚，往有功也。天险，不可升也；地险，山川丘陵也。王公设险以守其国。险之时用大矣哉！

【译文】

习坎就是重险。水流不满，流行在坎险中而不失信。因为内心而亨通，是内心刚健。行动有上进，是前往能成就功业。天险是不能升上去，地险是山川丘陵。王公设置险阻用以守卫自己的国家。险的时势作用太重大了。

象曰：水洊至，习坎。君子以常德行，习教事。

【译文】

水连续流来就是习坎卦。君子从中得到启示，要使德行有常性，不断学习提高教化人民的水平。

【辨证】

卦辞说“习坎，有孚。维心亨”。习坎是重坎，在象上指的是习坎这一卦是两个三爻的坎卦重叠在一起组合而成。“孚”是信，“有孚”是有信实，内心诚实，遵守诺言。从象上来分析，坎卦是刚爻居中（☵←中刚），刚爻为实，柔爻为虚，中有信实。“维心亨”中，“维”是词头，有正是、因为的意思（见下彖辞的分析）。意为：正是因为内心的关系才亨通。精诚所至，金石为开，诚可感天地，泣鬼神。是取坎为心之象。“行有尚”中，“尚”意同“上”，是说行动可以上进，走向高位。象上指习坎从临卦变来，主爻九五从下位升到尊位。坎卦总的讲还是好的，心地坦诚能亨通顺利，还有高升的可能。但坎坷肯定是有的，还可能多次遭遇险难，关键是内心要刚健笃实。

彖辞从八个方面说明习坎卦。（一）解释卦名。“习坎，重险也”，意为习坎是重险的意思。同时也有说明习坎卦的卦画组合意义，一个三爻的坎卦又重叠一个三爻的坎卦就是习坎卦。坎为险，两坎相重，就是重重叠叠的坎险。（二）从卦象上说明习坎卦的优点，提出“维心亨”的理由之一。“水流而不盈”，象上指坎为水，又为低洼的地形，水流入低洼地，卦象呈现的是水流而不满。从取义上讲，“满招损，谦受益”。习坎卦有不满盈的优点，能够受益。“流水不腐，户枢不蠹”，习坎卦有流动的特性，不会腐败而能保持活力。（三）从卦的特性上说明习坎卦的优点，解释卦辞“有孚”的理由。“行险而不失其信”，象上指坎的特性是险，又是流动，在坎险之中流行尚且能信守诺言，平时更会信实，所以才会说它“有孚”。“行”是指水有流动的特性。关于坎卦“有孚”的说法，前人有较多的说明，大致提出以下三条理由：第一是水朝宗于海，无论经过任何曲折迂回，奔向大海的目标不变，非常有准信。第二是大海之水潮汐有时，从不失信。民歌还说“早知潮有信，嫁与弄潮儿”。第三其实主要是因为坎（☵）卦中爻刚实，内中诚实而有信用。“孚”就是信。（四）从坎的卦画上解释“维心亨”。“维心亨，乃以刚中也”，意思是说：坎卦（☵）是两个柔爻分居上下，一个刚爻居中。刚健充满心中，又是中实之象，所以亨通。“乃”是副词，相当于正是，“以”是因为，“乃以”用以解释“维”。彖辞认为“维心亨”，“正是因为心才亨”。而坎卦的“心”是什么样的心呢？就是刚健笃实的心，有这样的心才能亨通。（五）从卦变上解释卦辞“行有尚”。“行有尚，往有功也”，象上指习坎是从临卦变来，临卦的初九升进成为习坎的九五（临初九→䷒上往五位，变九五→䷜习坎），取得尊位，这是主爻的推移，前往有功业可成。这就是卦辞“行有尚”的具体所指，“尚”是向上。从取义上讲，尚可讲成高尚、嘉尚，但在象里指“上”。这也是彖辞一语多关的辞例。（六）解释“险”的意思。“天险，不可升也；地险，山川丘陵也”，指险可分为三类，一类是天险，一类是地险，还有一类是人险。天险，我们今天都是当成自然生成的险阻这个意思。彖辞作者不这样讲，他说的天险是指天道规律不可抗拒的险阻，这样的险阻无法逾越，人也不能异想天开地去逾越，所以说“天险，不可升也”。比如说消息盈虚的规律会给某一方造成险阻，这没什么办法，都得随着运动。人作些努力也只能是修修补补，根本上改变不了。“不可升”就是不可逾越，是让人看到天险具有不可逾越的特点。地险才是大地上自然生成的险阻，比如山川丘陵之类。这里为什么要提到天险、地险？主要是为了强调人险。习坎是险，人要从天险地险中学习利用险，学习天险的不可逾越，学习地险的布置形态，从而设置人险。（七）举例说明人险的用途。“王公设险以守其国”，就是讲人险的用途。王公效法天险的不可逾越，地险的布置形态，设置深沟高垒等人为的险阻，可以用来守卫自己的国家。这就把不利因素化为有利因素，懂得怎样利用险阻，这才算学懂了习坎这一卦。（八）强调习坎卦的时用意义。“险之时用大矣哉”，意思是说习坎卦虽然是重重险难，但不能只看到它的不利一面，人如果善于从中学习，险难的时势和作用也相当重大，应当对它有一个正确的认识，是让人们从习坎卦中学会化消极因素为积极因素的本领。彖辞作者在（六）、（七）、（八）里不厌其烦地向人们说明学《周易》的方法，主要是因为人们很容易一看到习坎这一卦就觉得晦气，从而丧失信心，这与易理并不相符。高明的人应当学习易理的辩证思想，从习坎中学会怎样利用险。要是从象上讲，上坎就是天险，下坎就是地险。王公之险是从中引发的，没有象。前人为王公之险还要找出象来，这就是杜撰了。象辞解释卦象组合。“水洊至，习坎”，象上指习坎卦由两个三爻的坎卦组成。上坎是水，下坎又是水，水与水接踵而来，这就是习坎卦。洊，前人都讲成“仍也”，就是接续而来连连不断的意思。君子从这个卦象里学习什么？“君子以常德行，习教事”中，“常”是使动用法，“常德行”意为使德行有常，就是说看到水连续不断的卦象，也要让自己的德行连续不断，始终如一。不要朝三暮四，品德行为前后脱节。“习教事”的“习”也是反复相重的意思，“教事”从个人修养方面指接受教化之事，从社会意义上讲是教化人民之事。

这是说君子要不断学习，掌握教化民众的本领。从“水洊至”可以看出，“习”的学习意思是从反复相重这个基本义引申出来的。

初六：习坎，入于坎窞。凶。

【译文】

重坎，落入坎中之坎。凶。

象曰：习坎入坎，失道凶也。

【译文】

重坎而落入坎中之坎，是迷失道路的凶祸。

【辨证】

习坎卦从临卦变来，临卦的初爻与五爻交换了位置，初六正是从临卦的五位推移到初位，成为习坎的最下一爻。上卦是坎，下卦又是坎，初六落到坎下之坎，故言“习坎，入于坎窞”。“窞”，《说文》讲为“坎中更有坎”。落入坎中就不易出来，再落入坎下之坎，这一爻是陷得太深了，无法出来，故“凶”。

象辞说“习坎入坎，失道凶也”，指初六是从临的五位而来，自己走错路，掉到坎下之坎，有凶祸；取义上是说迷失道路，遭遇了凶祸。

九二：坎有险，求小得。

【译文】

坎陷中有险难，求取小有所得。

象曰：求小得，未出中也。

【译文】

求取小有所得，是还未从中走出。

【辨证】

九二也在下坎之中，坎为险，故“有险”。在下卦中位，行为不失中，又有初六下来比邻，故有得。但初六是柔爻，柔爻为小，故言“求小得”。象辞说“求小得，未出中也”，“未出中”有两层意思，一是指未离开坎中，故有险；二是在中位，上下有两个柔爻相辅，故“小有得”。

六三：来之坎坎，险且枕。入于坎窞，勿用。

【译文】

来去都是坎，险难枕藉。进入坎陷之中，不可用。

象曰：来之坎坎，终无功也。

【译文】

来去都是坎，最终不会成功。

【辨证】

“来”是过来，“之”是去往，“来之坎坎”就是来来去去都是坎陷。“枕”，《说文》：“卧所荐也”，是睡觉时垫在头下的枕头，引申为下面铺垫的东西。“险且枕”是说险难枕藉，再通俗点讲，就是满地都是险难。这样讲与象合。六三在上下卦之际，往上卦去是坎，到下卦来还是坎，所以才说“来之坎坎”。坎为险，前后都是险，还不是到处是险?故言“险且枕”。“枕”是满地、到处，由铺垫引申而来。“入于坎陷，勿用”，是说进入坎陷丛里去了，拔不出腿来，使不上力。象辞说“来之坎坎，终无功也”，意思是说往前也是坎，退后也是坎，挣扎到最后也成功不了。这是针对全爻“来之坎坎，险且枕。入于坎窞，勿用”讲的，不单是解释“来之坎坎”。

六四：樽酒簋贰，用缶。纳约自牖，终无咎。

【译文】

一樽酒，两盘供品，用瓦缶作祭器。从窗户纳进简单的祭品，最终没有咎害。

象曰：樽酒簋贰，刚柔际也。

【译文】

一樽酒，两盘供品，是在刚与柔相际处。

【辨证】

六四爻辞涉及到很多古代的知识，先得解释一下。“簋”是古代的一种器皿，形制是内方外圆，祭祀或宴享都可用。《说文》：“簋，黍稷方器也。”《诗·秦风·权舆》：“每食四簋。”传：“四簋，黍稷稻粱。”《经典释文》：“内方外圆曰簋，以盛黍稷；外方内圆曰簠，用贮稻粱，皆容一斗二升。”看来主要是用来盛黍稷稻粱，讲究一点要用四簋，簠簋俱全。用二簋规格低一等，简单多了，不算讲究。“缶”是瓦器，陶制品。簠簋在没有青铜器之前是烧制的瓦器，现在出土的文物大多是青铜器。瓦器没有青铜器贵重。爻辞说“樽酒簋贰，用缶”，指一杯酒，两盘黍稷之类的供品，而且还是放在瓦器里，都说明简朴而不讲究。“纳约自牖”，“牖”是窗户，“纳”是纳入，是说把这种简约的祭品从窗户送进去。这是古代女子非正祭的一种牖下之祭。《诗·召南·采苹》：“于以奠之，宗室牖下。”孔疏：“户牖间之前，户西牖东，去牖近，故云牖下。”是说这种牖下之祭，是在门窗之间的前面进行，位在门的西边，窗户的东边，稍微离窗户更近一点，所以称“牖下”。正祭是在室内西南角设立祭坛，所谓“祭于奥”。窗户离祭坛要近一些，是从窗户把供品纳入室内，放到祭坛上。供品不多，祭器简朴，又是牖下之祭，都说明祭祀的规格不高，“约”在取义上主要是说简约。但祭祀主要是要有诚敬之心，并不取决于规格高低，所以最终不会有咎害。王弼说：“一樽之酒、二簋之食、瓦缶之器，纳此至约，自进于牖，乃可羞之于王公，荐之于宗庙，故终无咎也。”讲得较为通顺。从象上辨析，六四在互艮（六四→䷜>互艮）、互震（六四→䷜>互震）和上坎里。虞翻说“震主祭器，故有樽簋，坎为酒”，这些都是逸象。考之卦象，震为仰盂，形似器皿，较为可信。坎为水，用以祭祀为酒，理上可通。上一卦我们讲到对象，可以说明爻辞作者心目中有对象。从二至五，是正反震（正震<䷜>反震），又是正反艮（正艮<䷜>反艮），又是正反艮的对象。在上坎，故言“樽酒”；正反震相对称，故言“簋贰”；两震相对为缶（见下卦），故言“用缶”。艮为门，在对艮里，处两门之间，故为“牖”；坎为信，信为约誓，故为“约”，所以说“纳约自牖”，只不过“约”的取象与取义不同罢了。与损卦印证，也是以正反震为二簋（损反震<䷨>正震），损卦卦辞就说“二簋可用享”。这样分析圆通一些，象辞说“樽酒簋贰，刚柔际也”，象上提示的是习坎由临卦变来，临的初九升到五位，把六四与上面的柔爻隔开，六四夹在了两个刚爻中间，形成正反震的对象。从取义上讲，“牖下之祭”一般是贵族家庭未出嫁的女孩子举行的祭祀，男刚女柔有分际，所以才“纳约自牖”。

九五：坎不盈，祇既平，无咎。

【译文】

水流入坎里不满溢，仅到了齐平，没有咎害。

象曰：坎不盈，中未大也。

【译文】

水流入坎里不满溢，是居中但不够光大。

【辨证】

九五是习坎卦的主爻，从临卦的初位升上来，进入上卦坎中。坎为水，又有流动之象，坎为低洼，故言“坎不盈”。水性平，故言“祗既平”。“祗”是语辞，与复卦的“无祗悔”同例，在上下文的环境里略含“只、仅”的意思。“既”是已经，“祗既平”意思是虽不满，但已经齐平，并没有溢出来。从取义上讲，是说九五能够谦居中位，不为已过，不会有咎害。象辞说，“坎不盈，中未大也”，意思是九五居中位，有中庸之道，不骄满横溢，但还不够光大。象上提示的是九五在两个柔爻之间，柔爻为小，又为暗，被小暗所拘，还不光大。能行为适中，故无咎；不够光大，故不言吉。

上六：系用徽纆，置于丛棘，三岁不得，凶。

【译文】

用绳子捆起来，放在荆棘丛中，三年不能出来，凶。

象曰：上六失道，凶三岁也。

【译文】

上六迷失道路，凶三年。

【辨证】

“系”是用绳子拴缚。“徽”“纆”都是绳子，刘表说：“三股为徽，两股为纆。皆索名，以系缚其罪人矣。”指的是三股拧成的绳子和两股拧成的绳子。“丛棘”是牢狱。古代监狱的外围放上有刺的荆棘，故称牢狱为丛棘。《九家易》说：“周礼，王之外朝左九棘，右九棘，面三槐。司寇、公卿议狱于其下。害人者加明刑，任之三事。上罪三年舍，中罪二年舍，下罪一年而舍也。”考之《周礼·秋官·朝士》：“朝士掌建邦外朝之法，左九棘，孤卿大夫位焉，群士在其后；右九棘，公侯伯子男位焉，群吏在其后；面三槐，三公位焉，州长众庶在其后。”讲的是公卿在左右栽种荆棘的外朝断案定罪。爻辞的意思是说被绳子捆缚起来，定成大罪（上罪），投入牢狱，三年不得出狱，凶。这一爻的取象，尚秉和先生讲得较有道理。他说："坎为矫鞣，物之能矫鞣者莫过于绳，故以徽纆取象。"矫鞣是古人用熏烤的方法把木材强力弯成所需弧形的一种工艺。木材熏烤之后变得柔韧，用绳子把它捆缚成一定形状，等待它干透定型。坎为矫鞣，故有被绳索捆绑之象。坎为"坚多心木"，故为"棘"，二坎相重，故为丛棘，上六在全卦之上，有"于丛棘"之上的象。《周礼》讲的"上罪三年舍"，盖记载古代的成法。重罪要服刑三年。《周礼司圜》："收教罢民，能改者，上罪三年而舍，其不能改而出圜土者，杀。"意为有悔改表现，三年后释放，如无悔改表现或偷偷越狱的要杀掉。所以说"三年不得"，意思是无论怎样三年之内是出不来的。这一爻三年牢狱之灾不可免，故凶。象辞说"上六失道，凶三岁也"，重在解释上六为什么会有罪。象上提示的是坎为水，水是向下流，而上六却位居一卦之上，违背了水流的道路。取义是说上六无道胡来，所以有三年的凶祸。

【提示】

习坎卦是除乾、坤之外第一个出现的八纯卦之一，有些问题要提出来说明一下。前人把三爻的八卦有时称单卦，有时称经卦，这都是与六爻卦相对而言的。说单卦是因为它没有相重，说经卦是因为它可以编织六爻卦，这都有理可言。但三爻卦不能称纯卦，因为两个三爻卦相重组成六爻卦，才有纯不纯的问题。所以，八纯卦指的是由两个上下相同的三爻卦搭配而成的八个六爻卦。习坎正是这样的一个纯卦。纯卦都具有提示卦象的作用，因为上下由同一个卦组成，纯卦的特性不杂，所以纯卦里所具有的内涵也反映单卦的内涵，这就提出一个据纯卦求象的问题。《说卦》讲的卦象用来解释六十四卦，并不能满足所有要求，这样就得扩大卦象的来源，所以前人补出很多逸象。在这些逸象里，据纯卦补出来的，应当说最可信。比如这一卦，坎为水、为险、为耳等，这些是《说卦》指明了的。但前人还不断提到坎为孚信，为心实，这就是《说卦》没有提到的逸象。根据习坎卦辞“习坎，有孚，维心亨”的命辞，这种逸象有内证作依据，就比较可信。推而广之，坎出现在其他卦里有孚信心实之象，可以成立。这样可以帮助我们解释《周易》里的部分问题。据此，在研究《周易》时，先要认真熟悉八纯卦，要注意从八纯卦里发现、印证逸象，这个方法前人也常常用到。但需提示一点，即使是据八纯卦求象，也应当有较多的材料加以印证，不能把八纯卦所有的命辞一概都看成是单卦的卦象。《周易》里的纯卦有由单卦自身重叠的八个六爻卦，即乾、坤、坎、离、震、艮、巽、兑。

三十 离——火炎向上

䷝

离卦的卦画组合为离（☲）下离（☲）上，离为火。《序卦》云：“陷必有所丽，故受之以离。离者，丽也。”意为：陷入坎里肯定会附着在一个地方上，所以在坎卦之后接着是离卦。离是附着的意思。《序卦》讲的“丽”是附丽，也就是口语讲的有个着落附在上面。离就是附着的意思。《杂卦》云：“离上而坎下也。”离为火，火炎上，离卦是火向上燃烧。这里含有五行说法。从全卦考订，离的主要意思是附丽，但有时按卦象取火（如“焚如”）、取日（如“日昃之离”）、取文明（如“黄离”）、取明（如“明两作”）、取礼（如“履错然”）、取征伐（如“王用出征”）等义，要注意它的多义性。

离也是八纯卦之一，可以据卦求象，比如卦辞说“畜牝牛吉”，可证明离有牝牛之象。《左传》昭公五年，庄叔为穆子初生而占筮，遇明夷之谦，楚丘解释说“纯离为牛”。

可见不独是坤为牛，离也可为牛。另外，八纯卦都是单卦自身相重，所以都有相重之义。坎称“习坎”指出来了，离卦没有指出，但还是有相重的意思。程颐说：“八纯卦皆有二体之义。乾内外皆健，坤上下皆顺，震威震相继，巽上下顺随，坎重险相习，离二明继照，艮内外皆止，兑彼己相悦。”分析八纯卦要注意这个特点。

离与坎是一组变卦，即离卦六爻全部刚变柔、柔变刚，就成了坎卦（离䷝爻反性变化，为坎䷜）。坎卦由临卦变来，离卦就由临的旁通卦遁变来（临䷒旁通遁䷠）。是遁卦的初六与九五交换了位置，即遁九五初六䷠两爻换位，变离䷝。六五是全卦的主爻。彖辞中说“柔丽乎中正”，上九爻辞说“折首”，都可证明这一点。认为六子卦没有卦变，那就太不尊重实际了。乾、坤尚有卦变的问题，六子卦更不能例外。

离，利贞，亨。畜牝牛吉。

【译文】

离卦，利于正道，亨通。畜养母牛吉。

彖曰：离，丽也。日月丽乎天，百谷草木丽乎土。重明以丽乎正，乃化成天下。柔丽乎中正，故亨，是以畜牝牛吉也。

【译文】

离是附丽的意思。日月附丽于天，百谷草木附丽于地。双重光明附丽于正道，于是教化天下达到文明。柔能附丽于中正，所以亨通，因此畜养母牛吉祥。

象曰：明两作，离。大人以继明照于四方。

【译文】

光明接着光明升起来，就是离卦。大人从中得到启示，光明相继而照临四方。

【辨证】

“离”是附丽，附丽就是附着于某一个物体上，当然是正而不斜才附着得牢固，所以卦辞才说“离，利贞”。“利贞”是宜于正道，坚守正道有利。与坎卦相比，坎宜于流动，是“行有尚”。离不利于流动，是“利贞”。离卦的主爻在由遁变离时，从初位进升到尊位，刚柔爻交错成文，故“亨”。坤为牛，离得坤中爻，故离有牝牛之象。上离下离牝牛成群，故言“畜牝牛吉”。《说文》：“牝，畜母也。”牝是母的动物，牝牛就是母牛。

彖辞分五个方面解释离卦。（一）解释卦名的意思。“离，丽也”，意思与《序卦》相同，卦名离的意思是附丽。（二）从天地之道说明附丽的意思。“日月丽乎天，百谷草木丽乎土”，是说万物都要有所附丽。看看日月，还要附丽在天上；看看百谷草木，还要附丽在地上，附丽合乎天地自然之道。离卦具有附丽的特性，这是卦的优点。（三）从上下卦象的组合说明卦辞“利贞”。“重明以丽乎正，乃化成天下”，意指下卦离为明，上卦离又是明，两个明重叠在一起，就是六爻的离卦，离是丽，如果能附丽得正，就能教化天下，成就文明的大业，所以才利于正。这一句把“贞”讲成正，“利贞”是因为正可“化成天下”。显然，“明”扩展出光明的道德的意义，是要用光明纯正的道德教化人民，使社会文明大治。（四）从卦变上解释卦辞“亨”。“柔丽乎中正，故亨”，象上指离卦从遁卦变来，遁卦两个柔爻（遁䷠>二柔），初六与九五换位变离之后，两个柔爻分居于上下卦中位，左右停匀，上下对称，所以是柔爻附丽到中正的位置上。从取义上说，附丽是要依附，当然柔顺才好依附，依附得中得正才会稳固，“柔丽乎中正”符合依附之道，所以才会亨通。（五）解释卦辞“畜牝牛吉”。“是以畜牝牛吉也”紧接“柔丽乎中正”而来。“柔丽乎中正”既是“亨”的原因，也是“畜牝牛吉”的原因，意思是因此才畜牝牛吉祥。为什么“柔丽乎中正”也会“畜牝牛吉”呢？因为坤为牛，又为顺，卦象认为牛是天下柔顺的动物，再加上又是母牛，就更加柔顺。柔顺取得中正之位，对柔顺太有利了，故畜养母牛就吉祥。

象辞解释卦象组合是个常例。“明两作，离”，指离卦由两个三爻的离卦组合而成，上卦是离，下卦又是离，离为光明，组合在一起是光明一个接一个地升起来，“作”是起来。这就是六爻的离卦。八纯卦都有相重的意义，不是仅有两个明，而是连续不断的多个明，“两明”表示多个连续不断的光明。从这样的卦象里学习什么？“大人以继明照于四方”，是说治理国家的大人，要以连续不断的光明道德照临天下四方。彖、象辞一致认为全卦的主题是学习离卦，要使人的道德纯正，并以道德之光连续不断地普照天下，教化人民，走向文明大治。

初九：履错然。敬之，无咎。

【译文】

礼仪有文采。恭敬它，没有咎害。

象曰：履错之敬，以辟咎也。

【译文】

礼仪文采的恭敬，可以避免咎害。

【辨证】

“履”在取义上作礼讲，指的是各种礼仪制度。“错”指的是文采。礼仪是社会的文采，没有礼仪，社会就质而不文，“履错然”是礼仪有文采。既交错又有秩序才算得上文采。礼仪有文采是有秩序，很文明的样子。《序卦》说：“有上下，然后礼仪有所错。”意思可相互印证。“敬之”，是说对这种有文采的礼仪要怀着恭敬之心去履行，这样就不会有咎害。从象上讲，初九这一爻是遁变离时从五位下来的。初位是足，如同是在脚上穿了鞋子，故言“履”，象上取履为鞋子之意。下到初位，既是“刚来文柔”，又组成下卦离，离为文，故言“错”，“错”就是文。举止文明礼貌，故言“敬之”。“无咎”是断词。象辞说“履错之敬，以辟咎也”，意为礼仪有文采，文明礼貌，当然就可以避免咎害。“辟”与“避”是古今字。总之这一爻是彬彬有礼，行为文明，不会有咎害。这是爻辞的主要意思。前人讲这一爻也有分歧，对这些分歧的意见怎样认识呢？凡是能与作者本意挂得上的，可以不把它看作主要意思，但也不要一概排斥。比如，说“履错然”是穿了一双花鞋，也可以算对。因为爻辞就是要用这样一种浑囵的语言载道广应，不能看得太死。但如果认为“花鞋”是主要意思，那就大谬不然了。对爻辞的解释都应当这样去看。

六二：黄离，元吉。

【译文】

黄中文明，大吉大利。

象曰：黄离元吉，得中道也。

【译文】

黄中文明大吉大利，是得到中道。

【辨证】

“黄”是中之色。坤卦六五“黄裳元吉”，象辞解释是“文在中也”。《文言》说是“黄中通理，正位居体，美在其中而畅于四支，发于事业，美之至也”，这里有五行观念。从五行的方位讲，木金火水分居东西南北，分别是青白红黑，而土居中位，是黄色。所以周人尚黄，以黄为美。从生成上讲，离卦是得坤的中爻，把坤的美带入乾卦（坤☷中爻入乾☰，生成离☲)，表示最醇美的文明。六二在下卦离里，又是中爻，故言“黄离”。离是文明，“黄离”是美丽中正的文明，所以“元吉”。象辞说“黄离元吉，得中道也”，“中道”象上指六二在下卦中位，意思是说具有不偏不斜最正确的道，所以大吉大利。

九三：日昃之离。不鼓缶而歌，则大耋之嗟，凶。

【译文】

西斜的太阳。不是敲瓦盆唱歌，而是垂老之人的嗟叹，凶。

象曰：日昃之离，何可久也。

【译文】

西斜的太阳，怎么会长得了。

【辨证】

“昃”，《说文》：“日在西方时，侧也”，是日西斜。离为日，“日昃之离”，就是西斜的太阳。“缶”是瓦盆，“鼓”是敲，“不鼓缶而歌”是不敲着瓦盆唱歌。“鼓缶而歌”是一种自得其乐的达观态度。《庄子》里说，庄子的妻子死了，庄子鼓缶而歌，认为人的死是与自然同化，没什么可悲哀的。“耋”是老。马融说是“七十曰耋”，王肃说是“八十曰耋”，《说文》也说是八十岁称耋。总之是七老八十的老者。“则大耋之嗟”，是说垂老之人的嗟叹。总之，这一爻的意思是说：太阳西斜了，不是“鼓缶而歌”的乐观歌唱，而是垂暮之人的嗟叹，凶。是灭亡之前的哀叹。荀爽说：“初为日出，二为日中，三为日昃。”九三处下卦之终，是日西斜之象。以日时比拟人的生命，就是垂暮的老人。程颐说：“九三居下体之终，是前明将尽，后明将继之时。人之终始，时之革易也，故为日昃之离。日下昃之明也。昃则将没矣。以理言之，盛必有衰，始必有终，常道也。达者顺理为乐。缶，常用之器也，鼓缶而歌，乐其常也。不能如是，则以大耋为嗟忧，乃为凶也。大耋，倾没也。人之终尽，达者则知其常理，乐天而已，遇常皆乐，如鼓缶而歌。不达者则恐，但有将尽之悲，乃大耋之嗟，为其凶也。此处死生之道也。”卦有上下二离，九三在二离之间，离为日、为明，正是一日之末，二日未到，垂暮之象。正如坎卦的六三“来之坎坎”，也在两坎之间。正、反兑组成对象才是“鼓缶而歌”，如中孚卦的六三“或鼓或歌”，就是如此(中孚反兑六三兑)。因为兑为口，两口相对为歌唱之象。缶是有盖的瓦盆，这从字形上可以看得出来（小篆盖盆），有盆有盖，故以正反震相对为“缶”（中孚震<䷼>反震）。中孚的六三既在正反震，又在正反兑里，所以才有“鼓缶而歌”之象。而离的九三正好与此相反，两兑相背（离兑<䷝>反兑），缶象拆开，故为“不鼓缶而歌”。“缶”并不是一种乐器，古人击缶节歌，是一种随便将就的做法。《史记·廉颇蔺相如列传》记载秦人有击缶而歌的习惯，不尚讲究，蔺相如以此来侮辱秦王。但对普通人来讲，不讲究方式而自得其乐，正是一种乐天达观的表现。九三这一爻时在垂暮，又不乐天达观，故为“大耋之嗟”。“嗟”是嗟叹，是为垂亡而哀叹，故“凶”。象辞说“日昃之离，何可久也”，说明九三这一爻是时日无多，行将就木，没几天好日子过了。

九四：突如其来如，焚如，死如，弃如。

【译文】

突然而来，焚烧、整死、扔掉。

象曰：突如其来如，无所容也。

【译文】

突然而来，无地可容。

【辨证】

“如”是形容性词尾，相当于“然”。“突”，《说文》作“𠫓”，解释说：“不顺忽出也。从倒子。《周易》曰：‘突如其来如’。不孝子突出，不容于内也……或从古文子，即《周易》‘突’字。”意为：“𠫓”的意思是逆着突然就出来了，字形是个倒着的“子”()()字。《周易》里说“突如其来如”，是不孝顺的孩子突然生出来，不容于内。是六的另一种写法，是倒过来的古文“子”()字。这就是《周易》的“突”字。小篆的“子”字是个象形字，画的是一个襁褓中的婴儿“”，古文的“子”字还有头发“”。“𠫓”是把这个孩子倒过来（或），表示忤逆。古人认为儿子不孝顺最恼人，还不如早点把他焚烧、整死、扔掉。“弃”是扔掉。《说文》讲这个字的结构是“从廾推芉，弃之。从六。六，逆子也。”意思是两手推着箕把不孝子扔出去。《汉书·匈奴传》说，(王)“莽作焚如之刑，烧杀陈良等”。陈良是叛变投靠匈奴的汉臣，后来被遣送回国，王莽创制“焚如”之刑，用来处决逆臣。如淳的注说：“焚如、死如、弃如者，谓不孝子也。不畜于父母，不容于朋友，故烧杀弃之，莽以此作刑名也。”这些均可证明，“突”是叛逆之子。爻辞的意思是说：逆子让人想都想不到的就生出来了，该焚烧、整死、扔掉。从象上讲，九四取的也是对象，

二至五爻既是正反兑（兑反兑），又是正反巽(反巽巽)，兑为悦，巽为随顺，是悦而不悦，顺而不顺，正如生了个孩子该喜悦却高兴不起来，该孝顺却不孝顺，故为“突如其来如”。上离为火，故“焚如”；兑为毁折，故“死如”；焚死之后该扔掉，故“弃如”。象辞说“突如其来如，无所容也”，意为：意想不到地生出这么个逆子来，没地方可以容下他。读这二爻要注意一个问题，爻辞这样主张弃婴，是立足在父母本身正确的基础上，如果父母本身就是个坏蛋，儿子要顺的就是天道。

六五：出涕沱若，戚嗟若。吉。

【译文】

涕泗滂沱，悲戚嗟叹。吉祥。

象曰：六五之吉，离王公也。

【译文】

六五的吉祥，是附丽于王公。

【辨证】

“若”也是形容性词尾，用如“然”“如”。“涕”本指眼泪，引申为鼻涕眼泪。“沱”是滂沱，水涌出的样子。“出涕沱若”是鼻涕眼泪一齐涌出，哭得十分可怜，犹如口语说的鼻涕一把泪一把的样子。“戚”是悲。成语“休戚相关”就是喜与悲紧相关联。“戚嗟若”是说悲痛慨叹的样子。这一爻是悲痛可怜，泪流满面，痛哭不止，悲叹不绝。然而不是有凶，而是吉祥。《周易》中有很多这样的例子（如“先号咷而后笑”），“忧”才能吉，乐反而凶。《系辞·下》说：“作《周易》者其有忧患乎？”“其辞危。危者使平，易者使倾。”“危”与“易”是一对矛盾，知危而忧，化险为夷，才能获得乐易；乐而忘忧，疏于备虞，就会获凶。所以老泪纵横，痛哭连声，反而获得吉祥。从象上说，六五在上卦离里，离为目，又在互兑之中（六五→䷝>互兑），兑为口，为泽水，口、目出水如泽，故为“出涕沱若”。有口而叹，故为“戚嗟若”。然而六五是遁变离的主爻，从初位上升到尊位，虽有悲哭之象，却能获吉，故言“吉”。象辞说“六五之吉，离王公也”，是说遁卦的上卦原来是乾（遁䷠>乾），乾为君王，六五从初位升进到乾卦的中位，是附着在王公的身上，所以会吉。

上九：王用出征，有嘉。折首，获匪其丑，无咎。

【译文】

国王出兵征伐，有功获嘉。斩了首领，获俘主犯，没有咎害。

象曰：王用出征，以正邦也。

【译文】

国王出兵征伐，是正治自己的邦国。

【辨证】

“嘉”是喜庆，“有嘉”是说能取得成功。“折首”是砍断头，这里有杀掉首领的意思。“丑”是同类，指一般胁从人员，“获匪其丑”是说俘获到的非是一般的胁从人员，而是主犯。《尚书》里说“歼厥渠魁，胁从罔治”，意思是杀了作乱的大头目，胁从的人员不追究。与这一爻义同。这一爻是国王去平息叛乱，把头头杀了，主犯抓了，祸乱平定了，征伐成功。从取象上讲，乾为君王，离为戈兵，离卦从遁变来，上卦乾变为离，故言“王用出征”。乾为首，六五从初位上来，把乾折断，故言“折首”。上位为头领，故言“获匪其丑”。征伐成功，故“有嘉”“无咎”。象辞说“王用出征，以正邦也”，意思是说国王出征，是为了正治自己的邦国。是解释出征的意思，没有涉及象。

【提示】

从离卦各爻的命辞可以看出，离卦是由遁卦变来，六五象辞说“离王公”，上九爻辞说“折首”，如果上卦原来不是乾，这些象都毫无根据。《说卦》里讲得很清楚，乾“为君”、乾“为首”，这里用的都是点明了的象。有人硬要抛弃卦变，所以不惜舍掉这些明象而去重加经纬，这就不可取了。离是《周易》上经的最后一卦，有了以上三十卦的基础，我们可以归纳一下《周易》里的三个序列。

《周易》在它的构架组织上，共有三个大序列的交织。第一个序列是八卦的生成序列。《说卦》里讲，“乾，天也，故称乎父。坤，地也，故称乎母。震一索而得男，故谓之长男。巽一索而得女，故谓之长女。坎再索而得男，故谓之中男。离再索而得女，故谓之中女。艮三索而得男，故谓之少男。兑三索而得女，故谓之少女。”这是用父母生出三男三女，说明乾坤生出六子卦，于是才有八卦。八卦相重才生出六十四卦，主要说明的是生成序列。《说卦》因为是讲卦象，把生成序讲出来，是为了说明八卦在人伦关系上它们各自代表的是什么象，根本不是要讲卦变，这是一个相当明确的事实。我们也不能据此讲什么卦变。

第二个序列是爻的推移序列。《系辞》是从总体上揭示《周易》的原理，因为卦变是很重要的原理之一，所以才讲卦变。《系辞》说："八卦成列，象在其中矣；因而重之，爻在其中矣。"这是说明卦的生成。又说"刚柔相推，变在其中矣""刚柔相推而生变化""是故刚柔相摩，八卦相荡""六爻之动，三极之道也"，等等。卦生成而爻不推移，《系辞》为什么要说这么多废话？卦动怎么能代表爻动？这只有一个合理的解释，那就是六十四卦生成后，还有个爻的推移序列，而不是生成之后，又去从乾坤里索取。而这种推移的序列正反映的是阴阳消长的对立运动，也正是《周易》最基本的原理。因此说六十四卦在十二消息卦的基础上产生变化，是《周易》里的变化序列，不能与生成序列混同。能够得出这个结论，并不在于是某个人这样讲过，而是有大量的彖辞和爻辞材料可以证明。抓住这个线索许多问题就可以迎刃而解，抛弃这个线索就难以自圆其说。这可以充分证明，变化序列是《周易》内在的规律。

第三个序列是六十四卦的编排序列。这个序列孔颖达已做出揭示，他说"六十四卦，二二相偶，非覆即变"；它正确反映了《周易》的实际，并把排列的秘密发现了，这就为后人的研究提供了方便。

《周易》有这样三个序列，所以才会出现数的问题。从这一点上看，讲象数并没有错，关键是讲得对不对。王弼尽黜象数的做法并不可取，搞乱了人们的思想，开了几百年的倒车。

三十一 咸——男女感应

䷞

咸卦的卦画组合为艮（☶）下兑（☱）上，传统称作泽山咸。《序卦》云："有天地然后有万物，有万物然后有男女，有男女然后有夫妇，有夫妇然后有父子，有父子然后有君臣，有君臣然后有上下，有上下然后礼仪有所错。夫妇之道不可不久也，故受之以恒。"意为：有了天地然后才会有万物，有了万物然后才分出男女两性，有了男女两性然后才会有夫妻，有了夫妻然后才会有父子，有了父子尊长卑少然后才会有君臣尊卑，有了君臣尊卑然后才会产生上下等级，有上下等级然后在礼仪制度上才有种种不同的交错。夫妻的正道不能不长久，所以在咸卦之后接着是恒卦。《序卦》在下经的一开始，就讲人伦的产生进化顺序：天地—万物—男女—夫妇—父子—君臣—上下—礼仪，认为这是一个自然进化的序列。人伦也是自然的产物，从而把自然与社会统一起来。从中可以看出，《周易》是把自然与社会作为一个整体来研究的，它的自然观也是社会观，这种整体、全面认识世界的方法，对分析科学越来越发达的今天，具有特别重要的意义。按照《序卦》行文的条例去理解，“夫妇之道不可不久也，故受之以恒”，是讲“咸卦之后接着是恒卦。咸卦是‘夫妇之道’”。但咸卦为什么要接在离卦之后，《序卦》却未作交待，而是把咸卦与乾坤（天地）两卦直接挂在一起。这就不得不说，下经有发端更始的用意。上下经的分开，不单是因为篇幅长短的问题。程颐说：“天地万物之本，夫妇人伦之始，所以上经首乾坤，下经首咸，继以恒也。”话说到这里其意已足。有人又发挥说，上经是“明天道”，下经是“明人伦”，这就把上下经从内容上割裂开了，与《序卦》把咸卦和乾坤连在一起的用意相背。所谓发端更始，只是强调自然与社会是《周易》研究道的两大方面的内容，作为人伦之始的咸、恒两卦，在贯通人类社会运动方面具有较为重大的意义。夫妇家庭是研究人类社会的一个基础，所以把乾坤放在上经首位，把人伦之始的咸、恒放在下经首位，并不是要上经专讲天道，下经专讲人伦。从根本上讲，社会从属于自然；从认识目的上讲，认识自然是为了更深入地认识社会，从而指导人们的正确行动。《周易》是自然与社会的辩证统一论。

《序卦》认为咸的意思是夫妇之道。《杂卦》云：“咸，速也；恒，久也。”意为：咸是快的意思，恒是长久的意思。把《序卦》《杂卦》的说法，用象辞的讲法沟通起来就容易理解。彖辞说："咸，感也。"咸是男女夫妇之间的快速感应。这就是卦名的基本意思。

关于卦变，彖辞提示说："柔上而刚下，二气感应以相与。"蜀才说："此本否卦，案六三升上，上九降三，是柔上而刚下，二气交感以相与也。"他认为咸卦是从否卦变来，否的上九与六三换了爻位，即：否䷋两爻换位，变䷞咸。蜀才的讲法，准确地说明了彖辞的所指内容，没有再争论的必要。这一卦的卦变，还有一个明显的特点，就是爻位的推移正好发生在相应的位置上（否䷋三位与上位相应），又是刚爻与柔爻的异性往来，这在卦变中也是难得的巧合，所以卦名以男女迅速感应的"咸"为义。在卦序上，咸卦的倒象是恒卦，即：咸䷞整卦上下颠倒，为䷟恒，咸与恒是一组正覆卦，所以两卦前后相次。

咸，亨，利贞。取女吉。

【译文】

咸卦亨通，宜于正道。娶女吉祥。

彖曰：咸，感也。柔上而刚下，二气感应以相与。止而说，男下女。是以亨利贞，取女吉也。天地感而万物化生，圣人感人心而天下和平。观其所感，而天地万物之情可见矣！

【译文】

咸是感应的意思。柔顺上去，刚健下来，阴阳二气相互感应结合在一起。止于喜悦，男对女态度谦下，因此亨通，宜于正道，娶女吉祥。天地相互交感流通，万物才得以化生；圣人感化人心，天下和合太平。看它的相互感应，天地万物的情理就可以发现了。

象曰：山上有泽，咸。君子以虚受人。

【译文】

山上有大泽就是咸卦。君子从中得到启示，要虚怀无私、容纳他人。

【辨证】

卦辞说“咸，亨，利贞”，是讲咸卦是相互感应，阴阳二气相互交感流通，所以才亨通。从卦象上讲，咸卦从否卦变来，否的刚爻上九与应位的柔爻六三相互交流换位（否上九六三䷋变䷞咸）。否（䷋乾坤）的上卦是乾，乾为天；下卦是坤，坤为地。刚爻代表阳气，柔爻代表阴气，这是上天的阳气与下地的阴气相互交感流通，所以能亨通。在阴与阳的交流中，阴要顺阳而动，才合乎天地之道，所以阴气利于正道。“利贞”是说，感应虽说是流通，但这种流通要符合天地正道，阴气不能主动，要固守顺阳而动的规律。“取女吉”中，“取”与“娶”是古今字，是说这一卦娶女人吉祥，因为这是一个阴阳正应交感的卦。

彖辞从五个方面说明咸卦：（一）解释卦名的意思。“咸，感也”，意为咸是感应的意思。王安石讲：“有心曰感，无心曰咸。”这是从字形上讲的，但他也强调了一点，“咸”的感应，是效法天地不带私心的自然感应。（二）从卦变上说明咸卦。“柔上而刚下，二气感应以相与”中，“与”是一起。这是解释咸卦所从来，它是否卦的变化形态，否的柔爻六三升进到上位，刚爻上九下降到三位，就是“柔上刚下”的具体所指。否的上卦乾为天，下卦坤为地，天的阳刚之气与地的阴柔之气，像上九、六三那样发生了交流往来，卦象上呈现出一种阴阳二气的交感流通，感应到一起去了，这就是“二气相感以相与”的具体所指。这两句指出了卦辞为什么会“亨，利贞”的原因之一。（三）从上下卦特性的组合上说明卦辞“亨，利贞，取女吉。”“止而说”，是指下卦艮为止，上卦兑为悦，上下卦的特性组合是停止在喜悦上，所以娶女吉。（四）从上下卦象上说明卦辞“亨，利贞，取女吉”。“男下女”是指下卦艮，艮为少男；上卦兑，兑为少女，少男少女正是相爱的时候，况且又是少男主动居于少女之下（九三是从否卦的上九下来的），是男子以谦恭和卑下的态度对待少女，符合男向女求婚的正常规律。“是以亨利贞，取女吉也”，意为：因此才亨通，宜于正道，娶女人吉祥。“男下女”，是男子去掉骄矜之态，低身下气地去求女方，说明女子能顺应天道，娶这样的女子做妻子当然吉祥。看来彖辞依据阳动阴顺的规律，是主张女子在男女情爱的问题上应当比男子相对地封闭一点。（五）推演咸卦的巨大意义。“天地感而万物化生”，强调感应是天地自然的必然规律，正是因为天地相互的交感流通才能化生万物。“圣人感人心而天下和平”，是说明圣人从天地感应中应学习到哪些有益的东西。即学会感化人心，使天下和合太平。圣人所以能把天下治理好，就是因为能究天人之际，把感应的方法用于社会。“观其所感，而天地万物之情可见矣”，强调感应的巨大意义，观察相互间如何感应，是洞察万物奥妙的一把钥匙。比如最基本的一条“同性相斥、异性相吸”的普遍规律，就可以从感应中观察到。它可以解释说明诸如山崩钟应之类的情理。

象辞说“山上有泽，咸”，是用八卦的基本象解释咸卦，下卦艮为山，上卦兑为泽，山上有大泽就是咸卦。这个卦象显示了大山能够容纳的广阔胸怀。君子要学习这种胸怀，虚怀若谷，能够容人，这就是“君子以虚受人”。

初六：咸其拇。

【译文】

感应到脚的拇指上。

象曰：咸其拇，志在外也。

【译文】

感应到脚的拇指上，是心里想着向外走。

【辨证】

按卦位分析，初位在下为足，因在咸卦，故为足受到感应。初六有正应在九四，要动，故言“咸其拇”。足易动的首先是脚趾。“拇”指脚上的大拇指。象辞说，“咸其拇，志在外也”，主要是说初六在外卦有九四为正应，在否变咸的过程中，六三已动到外卦的上位，初六也有外动的心思。从取义上说，感应最灵敏的是心，腹背尚且迟钝，更何况是脚趾，说明感应尚浅，有待深入。但拇指已有感应，外动的愿望已经有了。

六二：咸其腓，凶，居吉。

【译文】

感应到了腿肚子，凶，安居吉祥。

象曰：虽凶居吉，顺不害也。

【译文】

虽然有凶，安居吉祥，顺应不会有灾害。

【辨证】

“腓”，《说文》：“胫腨也”，“腨，腓肠也”。段注：“腓肠谓胫骨后之肉，腓之言肥，似中有肠者，故曰腓肠。”段玉裁揭示的语源没有讲出根据，但他讲的部位是对的。《庄子·天下篇》说禹“腓无胈，胫无毛”。胈是细毛，腓是腿肚子。腿肚子上汗毛比小腿前的胫要浓密一些。小腿前部称胫，腿肚子称腓。从象上讲，巽为股，股是大腿，六二在大腿之下（六二→䷞>互巽），足之上，故为“腓”。从取义上说，感应到腿肚子上，是想动而不可能动，上受腿的控制，下受足的牵扯，只有腿肚子抽动，会出毛病，故言“凶”。老实待着比较好，故言“居吉”。象辞说“虽凶居吉，顺不害也”，指虽然腿肚子受到感应乱动起来有凶，但老实待着会吉祥，是因为六二在互巽里，巽为随顺，能随顺不会有害。这一爻是让人稍安勿躁，躁动有凶，安居无害。

九三：咸其股，执其随，往吝。

【译文】

感应到大腿上，控制住不能随着动，前往会遇到吝难。

象曰：咸其股，亦不处也。志在随人，所执下也。

【译文】

感应到大腿，也不安处。想随着人动，是受下边控制。

【辨证】

九三在互巽里（九三→䷞> 互巽），巽为股，故言“咸其股”。感应到了大腿，整个下体可以活动，比“咸其拇”“咸其腓”都好得多。但九三又在下卦艮里（九三→䷞>艮），艮为止，巽又为随顺，这种随顺被止住了，故言“执其随”，“执其随”是说想随着别人去动，却被控制住了。“执”是被绊住动不了。既被绊住，还要前往就会有吝难。象辞说“咸其股，亦不处也”，意思是说感应到大腿，与感应到拇指、腿肚子一样，也会动起来，不安处。又说“志在随人，所执下也”，“志”是心里的愿望。九三是否变咸与上六交换位置的一爻，愿意随着上六动，但来到三位，下卦变艮，被下卦止住了。总之，这一爻是想动，但下面有羁绊，动不了，一定要动，会有吝难，不大容易解得开。

九四：贞吉悔亡，憧憧往来，朋从尔思。

【译文】

正道吉祥，没有忧悔，来来往往，朋友都与你的心思相同。

象曰：贞吉悔亡，未感害也。憧憧往来，未光大也。

【译文】

正道吉祥，没有忧悔，是未感受到灾害。来来往往，是还不够广大。

【辨证】

“贞吉悔亡”需作一下辨析。《尚书·洪范》中有一段话，说周武王灭商后做了天子，不知道当天子有哪些常规，于是向殷商的宗室老臣箕子讨教处理政务的一些常规，其中第七项是怎样用卜筮决定大事。箕子告诉他说：“七稽疑：择建立卜筮人，乃命卜筮。曰雨、曰霁、曰蒙、曰驿、曰克、曰贞、曰悔，凡七。卜五，占用二，衍贷。立时人作卜筮，三人占，则从二人之言。汝则有大疑，谋及乃心，谋及卿士，谋及庶人，谋及卜筮。汝则从、龟从、筮从、卿士从、庶民从，是之谓大同，其身康强，子孙其逢，吉。汝则从、龟从、筮从，卿士逆、庶民逆，吉。卿士从、龟从、筮从，汝则逆、庶民逆，吉。庶民从、龟从、筮从，汝则逆、卿士逆，吉。汝则从、龟从、筮逆，卿士逆、庶民逆，作内吉，作外凶。龟筮共违于人，用静吉，用作凶。”简单译述出来，是说：国家有了疑难不决的大事怎样做出决定？选择任命一些掌管龟卜和蓍筮的官员，让他们去用龟甲卜问，用蓍草去算卦。龟卜的兆象，有像雨的，有像雨过天晴的，有像雾气蒙蒙的，有像半阴半晴的，有像阴阳二气相犯的。卦象分内卦、外卦。龟兆和卦象主要有这七种。前五种是龟兆，后两种是卦象。根据这七种兆象去推演，看看有什么不同。让这些官员去卜筮。如果是三个人占卜，就按两个相同的意见下断。假如你有重大疑难，先要自己考虑出个意见，再与卿士、庶人、龟卜、占筮人员商量。如果是你同意、龟卜吉、占筮吉、卿士同意、庶民同意，这就叫作“大同”，一定会安康强健，子孙兴旺，这是吉。如果是你赞成、龟卜吉、占筮吉，而卿士反对，庶民也反对，也是吉利的。如果是卿士同意、龟卜吉、占筮吉，你反对、庶民也反对，也是吉利的。如果是庶民同意、龟卜吉、占筮吉，你反对、卿士也反对，也是吉利的。如果是你赞成、龟卜吉，占筮凶、卿士反对、庶民反对，那么做朝内的事吉祥，做朝外的事就不吉利。如果龟卜、占筮都凶，那就不去做吉利，做就凶。在这段话里“贞”指内卦，“悔”指外卦，于是“贞吉悔亡”可以讲成内卦吉祥，外卦没有吉祥。有人觉得用在这里不恰当，又说“贞”是占卜，“贞吉悔亡”是占问吉，悔事消亡。都是因为“贞”这个词是个多义项的词，让人无可适从，不知该怎么讲更好一些。从《周易》的内证里分析，“贞”尽管有内卦、占问等意思，但在卦爻辞里，取的是正道不动的意思，“贞吉悔亡”是说正道不动吉利，没有忧悔。“憧（chóng）憧往来”也需要辨析一下。《释文》：“憧憧，马云行貌。王肃云：往来不绝貌。《广雅》云：往来也。”总之，憧憧是来来往往的样子。刘歆说憧憧是意未定。后人说成是“神思不定”“心有所扰”等。下面看看《系辞·下》里怎样说：“《周易》曰：‘憧憧往来，朋从尔思。’子曰：‘天下何思何虑？天下同归而殊途，一致而百虑。天下何思何虑？日往则月来，月往则日来，日月相推则明生焉。寒往则暑来，暑往则寒来，寒暑相推而岁成焉。往者屈也，来者信也，屈信相感而利生焉。尺蠖之屈，以求信也。

龙蛇之蛰，以存身也。精义入神，以致用也。利用安身，以存德也。过此以往，未之或知也。穷神知化，德之盛也。’”把这段话译述出来是说：《周易》里讲“憧憧往来，朋从尔思”，孔子解释说：“天下有什么思虑？天下从不同的道路上归入一致，道一致却有千百的思虑。天下有什么思虑？日往月就来，月往日就来，日月推移产生了光明。寒往暑就来，暑往寒就来，寒暑推移才成为年岁。往是屈，来是伸，屈伸相互交感就产生了利。尺蠖这种小虫，把身子屈起来，是为了求得向前伸展。龙与蛇蛰伏起来，是为了保存自身。把精微的义理推究到入神的地步，是为了取用。知道利与不利又能致用，使自己能处于平安之中，可以提高自己的道德。超过这些再向前推求，就不可知了。能够穷尽神妙，懂得天下的感化，这就是道德的盛大。”孔子在这段话里，把“往来”讲成屈伸，而且认为屈伸是自然规律。时当出就伸、就来，时当藏就屈、就往，万物只要随着屈伸就可以了，这样才能安身致用，才算“精义入神”“穷神知化，德之盛也”。用不着“憧憧往来”瞎忙乎，要应时而动，懂得屈伸之道。有这段话的讲述，就使我们加深了对彖辞“观其所感，而天地万物之情可见矣”的理解。感应是万事万物的奥秘，男女相悦只不过是感应最明显的表现，其他如千里之外的神经感应，梦与现实的重合，气功所产生的神秘效应，等等，都是一种感应。感应是在一来一往的运动中产生的。

所以孔子才从往来讲到“精义入神”“穷神知化”。“朋从尔思”中，“朋”是朋友，也是众，“从”是随，“尔”是你，“思”是想法。这句意为大家都同意你的想法。用《洪范》的话讲，就是“汝则从、龟从、筮从、卿士从、庶民从，是之谓大同。其身康强，子孙其逢，吉”。把这一爻的爻辞贯通起来，意为正道吉祥，没有忧悔，来来往往，忙忙碌碌，最后大家都同意你的想法。从卦象上说，九四这一爻在九二股之上，又在九五脢之下，脢是背，股上背下，正是人的心脏，感应到心上去了，“心之官则思”，故言“朋从尔思”。“朋”指的是在互乾之中（九四→䷠>互乾）上下都是刚爻，刚爻与刚爻为朋，在取义上“朋”是众。《说文》：“朋，凤飞群鸟从以万数。”众鸟随凤凰飞。在由否变咸的过程中，上九与六三换位，九四不动而成为互乾的中爻，故言“贞吉悔亡”，上六与九三围着自己往来，故言“憧憧往来”。象辞说：“贞吉悔亡，未感害也。”从全卦的象辞分析，凡是提到“未”，都指的是有正应而未来往。全卦六爻都有正应，上六与九三因为来往而不言“未”，九四是“未感害”，九五是“志未也”，所以“未感害”是指九四正道未动，没有与初六发生来往，因此也就没有感应的灾害。又说“憧憧往来，未光大也”，取义是说，忙忙碌碌，因为还不广大。“光大”义同“广大”。

九五：咸其脢，无悔。

【译文】

感应到背上，没有忧悔。

象曰：咸其脢，志末也。

【译文】

感应到背上，是心志未实现。

【辨证】

“脢”（méi），《释文》：“心之上、口之下也。郑云：‘背脊肉也’……《广雅》云：‘胂谓之脢’。”《说文》：“胂，夹脊肉也。”“脢，背肉也。”脢是背上的夹脊肉。“咸其脢”是感应到背上，背因为不像拇趾或腿肚子那样可以自动，所以感应上去也不会有乱动的忧悔。这一爻也是从爻位取象（见提示），位在心之上、口之下，故言“咸其脢”。从取义上说，这一爻比初六、六二、九三要好一些，是感应未到点上，但也没有忧悔。象辞说“咸其脢，志末也”，“末”应是“未”字之讹。全《周易》讲到“志”都言“未”不言“末”。也是说九五在感应的卦里，却未与正应六二交往，心志未能实现。原文作“志末”，误。

上六：咸其辅、颊、舌。

【译文】

感应到牙床、两颊和舌头上。

象曰：咸其辅颊舌，滕口说也。

【译文】

感应到牙床、两颊和舌头上，信口开河地说起来。

【辨证】

《释文》：“辅，马云‘上颔也’。”《说文》：“辅，人颊车也。”又释“酺”为“颊也”。“辅”与“碲”异形同义。《说文通训定声》：“其内上下持牙之骨。”辅车是上下牙床。分开说，“辅”是上牙床，“车”是下牙床。“颊”是面颊，嘴两边的面部。辅、颊、舌指的是口。这从象上可以得到证明，上卦兑，兑为口，故言“咸其辅、颊、舌”。象辞说：“咸其辅颊舌，滕口说也。”“滕”，《释文》：“达也。”今字作“腾”，腾达用以形容说话，是指一张嘴掮动起来，沸沸扬扬讲得热闹。因为上六是从三位上来的，故言“滕”。居上位，又在兑里，嘴受到感应，说起来没了边际，信口开河，不大真实可信了。

【提示】

咸卦的六个爻，从初到上分别表示人体从下到上的六个部位，这在爻辞中有比较明显的表示。初爻为拇，二爻为腓，三爻为股，五爻为脢，上爻为辅颊舌。九四“朋从尔”，四爻没有提到具体部位，但讲到“思”。再九三“咸其股”，联系明夷卦六四“入于左腹”来分析，四位联系六二“咸其腓”，是腹心的部位。在其他卦里，这些部位会随初六“咸其拇”有上下位的移动。比如艮卦五位成了“辅”，但这种移动仅限于邻近部位的上推下移。尽管各爻在取象时，还有卦象上的依据，但上爻不说足，初爻不言首，大的框架不变。说明作者是有意把人体的上下部位与爻的上下部位统一起来看的。我们把咸卦与艮卦有关人体部位与爻的爻位之间的对应关系单抽出来，集中作一下对比，会发现作者的这种意向。尽管卦象、爻象不同，这种由下及上的部位，大体上保持一致，说明作者心目中存在这样一种序列，这个序列主要在爻位的高低与人体部位高低的对应上。可见爻位中还具有人体部位的分象，只不过不能看得太死罢了。

三十二　恒——白头偕老

䷟

恒卦的卦画组合为巽（☴）下震（☳）上，传统称作雷风恒。《序卦》云：“夫妇之道不可不久也，故受之以恒。恒者，久也。”意为：夫妻的正道不能不长久，所以在表示夫妻之道的咸卦之后接着是恒卦。恒是永久。《杂卦》云：“咸，速也；恒，久也。”意为：咸是男女间的迅速感应，恒是男女的长久结合。《序卦》《杂卦》一致认为卦名恒是永恒、长久的意思。咸卦是男女之间敞开心扉的交流感应，恒卦是结婚后的永久牢固地结合，这是全卦大势。

根据彖辞“刚上而柔下”的提示，恒卦是从泰卦变来，是泰卦的刚爻初九往上推移，柔爻六四往下推移，两爻交换了爻位，即：泰六四初九䷊两爻交换位置，变䷟恒。恒与上卦咸是一组正覆卦，即：恒䷟全卦上下颠倒为䷞咸。

恒，亨，无咎，利贞，利有攸往。

【译文】

恒卦，亨通，没有咎害，宜于正道，前往有利。

彖曰：恒，久也。刚上而柔下。雷风相与，巽而动，刚柔皆应，恒。恒亨，无咎，利贞，久于其道也。天地之道，恒久而不已也。利有攸往，终则有始也。日月得天而能久照，四时变化而能久成，圣人久于其道而天下化成。观其所恒，而天地万物之情可见矣。

【译文】

恒是永久的意思。刚健往上，柔顺来下。雷与风相互助长，随顺而运动，刚爻与柔爻都能上下应合，这就是恒卦。恒卦亨通，没有咎害，宜于守正，能长久保持自己的正道。天地之道就是永恒长久而不停止。前往有利，是终结之后就会有新的开始。日月能在天上来往，才能永久照临；四季推移变化，才能永久并形成年岁；圣人长久保持自己的正道，天下才得到教化形成文明。看它如何保持自己的恒久，天地万物的情理就可得见了。

象曰：雷风恒，君子以立不易方。

【译文】

雷与风组合在一起就是恒卦。君子从中受到启示，立身修德不改变自己的方正。

【辨证】

卦辞说“恒，亨，无咎，利贞”，意思是说：筮得恒卦，通顺，没有咎害，坚守正道有利。恒卦所以通顺，是因为恒卦从泰卦变来，泰卦是下乾上坤，乾天坤地相对平衡，变为恒卦，又打破平衡，向前发展。这种发展符合天地运行之道，所以不会有咎害。万事万物都是在相对平衡，又突破平衡，再趋于相对平衡这个规律上终则有始地运动。运动是变，但这个运动的规律不能变，所以又利于正道。“利有攸往”是说向前运动发展有利，又强调了运动符合天地自然之道。这就等于提出一个动与不动、变与不变的辩证认识观点。动中有不动，变中有不变，简单地讲，运动是永恒的，运动中所遵循的终则有始的规律也是永恒的，所以卦名才称恒。《周易折中》引徐几的话说：“恒有二义，有不易之恒，有不已之恒。利贞者，不易之恒也；利有攸往，不已之恒也。合而言之，乃常道也。倚于一偏，则非道矣。”要是换成今天的话说，就是“不已之恒”是运动的绝对性，“不易之恒”是运动规律的永恒性。事物是在不变的规律支配下不停地变动。

彖辞从九个方面解释恒卦。（一）解释卦名。“恒，久也”，意为恒是永久的意思。（二）从卦变上说明恒卦。“刚上而柔下”，指恒卦从泰卦变来，泰卦的刚爻初九向上推移到四位，柔爻六四向下推移到初位，就变而成为恒卦。从取义上讲，刚是刚健的阳气，柔是柔顺的阴气。阳气在上、阴气在下是天地的本然秩序，所以才能保持永恒。咸卦是讲阴阳感应的，阳刚向下，阴柔向上，来往交流才能感应。交感结合之后要保持稳定，这就得恢复本然秩序。恒卦讲的是保持持久，所以又是“刚上而柔下”。（三）从卦象组合上说明恒卦。“雷风相与”是指恒卦由两个三爻卦组合而成，下卦是巽，巽的基本卦象是风；上卦是震，震的基本卦象是雷，风雷组合在一起就是恒卦。从取义上说，“风雷相与”正如《说卦》讲的“雷风相薄”，是指风与雷的相互激荡，风助雷势，雷助风威，所以才能亨通无阻。（四）从上下卦特性组合上说明恒卦。“巽而动”，指上卦震的特性是动，下卦巽的特性是随顺，随顺而动，所以亨通。（五）从爻位相应的关系说明恒卦。“刚柔皆应，恒”，是指恒卦还有六爻皆应的优点，初柔、四刚相应，二刚、五柔相应，三刚、上柔相应。有应是有应合、有应援，所以“亨，无咎，利贞，利有攸往”。“恒”是总括（二）（三）（四）（五）四个方面讲的，指恒卦具有“刚上柔下，雷风相与，巽而动，刚柔皆应”四个方面的特点。（六）解释卦辞“亨，无咎，利贞”。“恒，亨，无咎，利贞，久于其道也。天地之道，恒久而不已也”，意思是说：恒卦所以会亨通，没有咎害，利于正道，是因为长久保持自己的运行正道。天地自然的正道就是永久保持规律而不停地运动。恒卦能恒久保持运动规律，所以利于正道；能恒久不停地运动，所以亨通而无咎。（七）解释卦辞“利有攸往”。“利有攸往，终则有始也”，意为：之所以会前往有利，是因为万事万物的运动规律总是一个旧的运动周期完成，又有一个新的运动周期开始，不可能停下来。“贞”是要恒守这个规律，不是不能前往。运动不止，所以前往有利。（八）举天地人道为例，说明运动与守恒的关系。“日月得天而能久照”是举天道为例，意思是日月能够在天上不停地来往推移，才能长久地照临天下，这是天道运动与守恒的关系。“四时变化而能久成”，是举地道为例，意思是说：春夏秋冬四季更代，周而复始地不停变化，才能年复一年地长久形成岁时，这也是运动与守恒关系的明显表现。“圣人久于其道而天下化成”，是说圣人效法天地之道，要在自己的正道上长久地运行下去，天下才能得到教化形成文明大治。人道也有变化运动与守恒长久的问题。天地人都有运动与守恒的关系，说明恒卦所揭示的规律具有极广泛的适用性。（九）强调学习恒卦的巨大意义。“观其所恒，而天地万物之情可见矣”，意为：万事万物，只要观察它所恒守的是什么样的法则，就可发现它的情理奥秘。

象辞讲的“雷风恒”，也是指卦象组合，上卦震为雷，下卦巽为风，雷与风组合在一起就是恒卦。“君子以立不易方”，“方”是“义方”，指人在行为上应遵循的道义。君子学习恒卦，要学会守恒。在道德为人上，要有常性，不要朝秦暮楚，要有原则、操守，不要随风倒。没有原则、操守是小人。

关于这一卦在道德修养方面的意义，《系辞·下》讲得比较多。“复，德之本也；恒，德之固也。”“复小而辨物，恒杂而不厌。”“复以自知，恒以一德。”大致意思是说：复卦是返回正道，是道德修养的根本；恒卦是守恒不变，是道德修养的巩固。复卦是从道德修养积累的小事物上就要辨别出是否合乎正道，恒卦是积累得比较纷杂但还不满足。复卦是由自我醒悟中返回正道，恒卦是坚定地守住道德始终如一。尤其是“恒杂而不厌”，它是针对恒卦具有恒守与运动不止两个特性讲的。运动不止才讲“杂”，杂是运动变化中的纷杂；恒守才讲“不厌”，不厌是保持永恒没有自满。

初六：浚恒，贞凶，无攸利。

【译文】

深求恒久，正道不动凶，无所利。

象曰：浚恒之凶，始求深也。

【译文】

深求恒久的凶，是开始求取得太深。

【辨证】

“浚”，郑玄本作“濬”，字通，是深入水底进行掏挖，所以治理河床称“濬”。《尚书·禹贡》：“禹别九州，随山濬川。”“濬”是掏挖河床，疏通水道。初六这一爻是由泰变恒，从四位下来的，一下子就扎到全卦的最下位，如同向最深处掏挖，互兑为泽，下巽为股（巽<䷟>互兑），股入泽下，故言“浚恒”。意思是说追求恒久太深了。运动与守恒是辩证统一的，过分追求恒久就会一成不变，不符合日月推移、四季更代这种自然天地之道，故言“贞凶”，意思是说正道不动有凶。“无攸利”，是无所利。象辞说：“浚恒之凶，始求深也。”“始”指初六在初位，初为始；“求”指初六从四位下来求取；“深”指在全卦的卦底。一开始就追求恒久，而且追求过头了，不知道要在运动中恒久，死守不动，所以才凶。帛书《周易》作“复恒”，讲不出什么道理来，不能依据帛书怀疑传统的读本。

九二：悔亡。

【译文】

没有忧悔。

象曰：九二悔亡，能久中也。

【译文】

九二没有忧悔，是能长久保持中庸之道。

【辨证】

“亡”读如“无”，“悔亡”是没有忧悔。九二在下卦中位，在卦变中没有参与爻的推移。所以象辞说：“九二悔亡，能久中也。”“能久中”是说它能长久保持中位，从取义上讲，“能久中”是能长久保持不偏不斜的中庸之道，能保持中庸之道就不会有忧悔。

九三：不恒其德，或承之羞，贞吝。

【译文】

道德品行不能恒守，或受到羞辱，正道不动有吝难。

象曰：不恒其德，无所容也。

【译文】

道德品行不能恒守，无处可以容纳。

【辨证】

九三在下巽里，巽为进退不果。“不恒其德”是说不能坚守一定的德行。就是人们说的没定准、随风倒、风派人物、有奶便是娘等。“或承之羞”中，“或”是或者、或许，“承”是承受。这句意为或许要受到羞辱。“或”不能讲成无定代词，乾文言说“或之者，疑之也”，又说“或”是“上下无常”“进退无恒”，总之是不定的意思，游移不决，或者这样，或者那样。“贞吝”是正道不动有吝难。从象上讲，恒卦的九三与咸卦的九四在象上相同，咸卦九四倒过来就是恒卦的九三（咸九四→䷞卦图上下颠倒，为恒䷟←九三）。咸卦的九四说“贞吉悔亡，憧憧往来，朋从尔思”，恒卦的九三说“不恒其德，或承之羞，贞吝”。咸卦是交感流通，往来就吉；恒卦是守恒，往来就不吉。再把这两句爻辞对照起来一比较就可分析出象来。恒的九三是去上“承”，咸的九四是朋来下从，“承”与“从”指的是卦变中推移的那位刚爻。咸由否卦变来，否的上九与六三换位，上九变成咸卦的九三，来到九四之下，故九四是朋来下从（否上九九四䷋上九下来从九四变咸䷞九四九三）。恒由泰卦变来，泰的初九与六四换位，初九变为恒卦的九四，升到九三之上，故九三是下承九四（泰九三初九䷊初九升到九三之上变恒䷟九四九三）。所谓“憧憧往来”“不恒其德”，都是指围绕着本爻而发生的邻近爻的推移。九三是卦变成恒之后，还保住原位，如同是一个朝代变了，自己的地位应当有所变化，而九三还是保住自己的职位不放，这就是“不恒其德”。“承”是对上承受，九四变到它的上方，九三承受，故言“或承之羞”。“或”是因为九三是个不定的位。《周易》里凡言“或”的，大多在三位，其次是四位，很少例外，因为三、四位是上下卦之际，可上可下。如乾九四“或跃在渊”，讼六三“或从王事”，师六三“师或舆尸”，无妄六三“或系之牛”，渐六四“或得其桷”，中孚六三“或鼓或罢，或泣或歌”，小过九三“从或戕之”，等等。因为有摆动不定的特点故言“或”。“贞吝”是指九三在卦变中未动而有羞吝。取义是指正道不动有吝难。象辞说“不恒其德，无所容也”，指九三没有德行，不能恒守节操，是个无耻小人，没人愿意容纳他。

九四：田无禽。

【译文】

田猎得不到禽兽。

象曰：久非其位，安得禽也。

【译文】

长久守着不适当的位置，怎么会得到禽兽？

【辨证】

“田”是田地，乾卦九二“见龙在田”，显然指的是田地、田野。古人在田野里打猎，故“田”又是田猎，后来为了把意思区别开，田猎之田写成“畋”。《周易》没有“畋”字。“田无禽”中“田”与“禽”连用，显然是指田猎，这句意思是出去打猎空手而回，什么禽兽也没打到。“田”与“禽”都取象于坤卦。从泰变恒，泰的上坤(䷊>坤)变没有了，故言“田无禽”。“田”因为是地，坤为地，取象较确定。关于“禽”的取象，前人没有个令人信服的解释，我们自己直接从卦爻辞中归纳一下。《周易》里提到“禽”的有四处：师卦六五“田有禽”（䷆←六五），比卦九五“失前禽”（䷇←九五），井卦初六“旧井无禽”（䷯←初六），还有这一爻的“田无禽”。综合起来看，有坤才有禽，原来有坤，在卦变中失去坤象就无禽。师卦六五在上坤里是“田有禽”；比卦九五来自复卦初九，升入五位，复卦的上坤消失，故为“失前禽”；井卦从泰卦变来，是泰卦上坤的六五下到初位，坤象也消失，故言“旧井无禽”。坤为田地，禽在田地里也较合乎情理，因此说坤为禽。象辞说：“久非其位，安得禽也。”这就涉及到四的爻位。《系辞·下》说：“二与四同功而异位，其善不同，二多誉，四多惧，近也。柔之为道不利远者，其要无咎，其用柔中也。”二位与四位都是柔位，柔位近利，远不利，二位在中，四位不在中。九四这一爻是在泰变恒时从初位上来的，本身是个刚爻，既不柔也不中，来到四位不是合适的地方，故言“久非其位”，意思是这个地方待不长。“安得禽也”，是说怎么能猎获到禽兽呢？也是说九四这一爻空手无获。

六五：恒其德，贞。妇人吉，夫子凶。

【译文】

恒守自己的德行，守正道。女人吉，男人凶。

象曰：妇人贞吉，从一而终也。夫子制义，从妇凶也。

【译文】

女人吉祥，是跟从一个丈夫到最终；男子受义理制约，听从女人有凶。

【辨证】

六五在上卦中位，下有九二正应，九二也在中位；在泰变恒的过程中，六五没有推移，故言“恒其德，贞”，意思是能始终如一地坚守自己的德行，正道不变。六五是柔爻为女，柔爻顺应、主静，能天道不变吉祥，故言“妇人吉”。但五位是刚位、尊位，应当由刚爻占据，刚爻为男，如今由柔爻占据，刚爻居于从属地位，故言“夫子凶”。象辞说“妇人贞吉，从一而终也”，意思是说女子具有柔顺的特性，要顺阳性而动，是从动不是主动，嫁一个丈夫，跟着他过一生，这是人生的幸福，吉祥；老换丈夫是一种灾难，就不吉祥。又说“夫子制义，从妇凶也”，是说男子要受到义的制约，随着妇人转就凶。“义”是宜，办事情合适就是义。爻象辞里显然含有男尊女卑的思想，这一方面出于作者对阴阳不同属性的认识，另一方面也有上古的民俗为背景。说女子“从一而终”，是基于一夫一妻制比乱婚制要好，还没有后代那种浓重的封建礼教意味。后人把“从一而终”夸张到“嫁鸡随鸡，嫁狗随狗”的程度，这就大谬不然了。总之，这一爻是女子吉祥，男子凶。

上六：振恒。凶。

【译文】

长久震动，凶。

象曰：振恒在上，大无功也。

【译文】

在上长久震动，极无功可成。

【辨证】

“振”，虞翻本作“震”，马融讲成“动”，郑玄讲成“摇落”。从象上看，“振”与“震”意同，是震动的意思，上六在上卦震里（上六→䷲>震），故言“振恒”，意思是说长久不停地老是震动，有凶。象辞说“振恒在上，大无功也”，强调上六处在全卦的上位，在高巅之处还要不停地摇晃，什么事情也办不成，所以凶。

【提示】

毛奇龄在《仲氏易》里引了《听斋杂记》里的一段故事：明朝土木堡之变，英宗被敌掳去，宰相魏骥要上疏让太子监国。正遇上会算卦的陆时，就请他给算一下。陆时占筮后，得到恒卦之解，就是恒卦的第三爻是动爻（恒䷟三爻动变柔，成䷧解）。魏骥看了说：“英宗皇帝被敌人掳去，不在其位，这是‘不恒’（九三爻辞“不恒其德，或承之羞，贞吝”），蒙受耻辱，是‘承之羞’。又变成解卦六三的‘负且乘，致寇至’（解卦六三爻辞），该怎么办?”陆时说：“敌寇已拉着英宗乘车去了，再来还怕什么？只是爻辞中的‘贞吝’，怕是只防守会有吝悔。”魏骥说：“好！”于是把请求太子监国的奏疏换了内容。第二天陆时去访问魏骥，魏骥问他：“昨天的卦没有什么大凶害吧?”陆时说：“大吉之卦。”魏骥问：“这怎么讲?”陆时分析说：“恒卦是个大坎（䷟>☵坎），九三在大坎之中，所以陷进去了。然而恒的二至四爻又互为乾卦（九四 九二 ䷟>互乾），九三是刚爻，在乾中位，像是到哪里也是君王。一变成为解卦，已经缓解了。解卦的象辞说‘利西南’，西南正是争夺之地，又说是‘其来复’，这不是要回来吗？恒是久，‘日月得天而久照’，现在解卦中有一离一坎两个互卦（解互离<䷧>互坎），下卦还是一个坎（解䷧>坎），坎为月，离为日，不正是日月幽而复明吗？大明是我们的国号，这不是要返国吗？只是解卦有两个坎，两个离，上边的离不全（䷧>震的上爻如变成刚爻才是离☲），还需等一等。”后来敌人果然又来进犯，大明的军队胜利了，英宗回来复辟。从这个卦例中，我们可以参考以下内容：①明朝人还保留着从卦中取象的说法。②结合具体事例对卦爻辞的理解会更加明确。③分析卦不拘一格，要针对所筮内容，触类联系。这就必须要自己会看象。

三十三　遁——激流勇退

䷠

遁卦的卦画组合为艮（☶）下乾（☰）上，传统称作天山遁。《序卦》云：“物不可以久居其所，故受之以遁。遁者，退也。”意为：事物不能长久地占住一个位置而不发展变化，所以在表示长久的恒卦之后接着是遁卦，遁是退的意思。《杂卦》云：“大壮则止，遁则退也。”意为：大壮卦是应当控制，停止向前发展，遁卦是要退出去，“遁”的基本意思是退出去。大壮卦是刚爻已上长到四位（大壮䷡↑），再向前发展会由壮变老，故要控制发展，要止；遁是大壮的覆象，虽然也有四个刚爻，但已处在上退之势（䷠↑），故为退。刚爻为君子，柔爻为小人，所以“止”“退”都是针对刚爻讲的。从社会意义上讲，就是要从当权用事中退出来，所以古人说遁卦是讲退隐的卦。遁卦是十二消息卦中六个柔长刚退的卦之一，二柔长成，逼退四刚，与一年中阴阳消长的十二个月对应，时当斗建未的农历六月，天气由热变冷，阳气已过了当令值日的时候，逐渐要被阴气取代，这是一个不可逆转的自然规律，君子法天，要知时而退。《系辞》里讲的“屈信(伸)”，象辞里讲的“往来”，就是要“屈”、要“往”，也就是要消退。除以上这些意思外，遁还有一个假借义，就是“豚”，豚是小猪。《周易》中刚长的卦总要说“牵羊”，柔长的卦总要说“系猪”（如姤卦柔长，初六爻辞“系于金柅……羸豕孚踯躅”。否卦柔长，九五爻辞“系于苞桑”；夬卦刚长，九四爻辞“牵羊悔亡”，提到复卦称“牵复”等），盖以柔爻为豚，刚爻为羊。《周易》为君子谋，刚长要助，故“牵”；柔长要制，故“系”。中孚卦二柔在中间（䷼），卦辞说“豚鱼吉”。这一卦的爻辞中有“遁尾”“系遁”“好遁”“嘉遁”“肥遁”，可以看出遁还隐含着猪的意思。但就全卦主体意思上讲，遁意取遁退。这是《周易》里一语多关的现象。

从卦变上讲，遁卦由乾变来，直接从姤卦发展而成，姤是一柔下生（䷫←柔爻出生），柔爻再向上长出一位即为遁卦，即：姤䷫↑柔上长一爻变䷠遁。遁与下一卦大壮为一组正覆卦，遁的卦画上下倒置就是大壮，即：遁䷠倒过来为䷡大壮。

遁，亨。小利贞。

【译文】

遁卦，亨通。小的一方利于正道。

彖曰：遁亨，遁而亨也。刚当位而应，与时行也。小利贞，浸而长也。遁之时义大矣哉！

【译文】

遁卦亨通，是退而亨通。刚健当位又有应援，随着时势而运行。小的一方利于正道，是渐渐生长。遁卦的时势意义太重大了。

象曰：天下有山，遁。君子以远小人，不恶而严。

【译文】

天的下边有山，这就是遁卦。君子从中得到启示，要疏远小人，不去惹他又要有严格界限。

【辨证】

“遁”作为卦名，传统上写作“遁”。卦辞说“遁亨”，意思是说筮得遁卦通顺。因为天地自然总是在阴阳消息中不停地运动，阳长阴退亨通，阴长阳退也是亨通。如果阴阳消息的运动受到阻塞，那就不通。遁卦是阴长阳退，虽然是阴来阳往，刚屈柔伸，但仍符合天地自然之道，所以亨通。“小利贞”指的是刚爻为大，柔爻为小，柔爻利于正道。在《周易》里，柔爻代表小人，小人无限制地膨胀把君子逼得步步后退，总不是好事，所以柔爻宜于保持正道不动。最好是不要再向前发展。这一卦柔长阳退已成趋势，所以是个小人得时的卦。

彖辞从四个方面解释遁卦。（一）从卦变发展上解释卦辞“亨”。“遁亨，遁而亨也”，意为遁卦亨通，是指认清形势，主动退出去就亨通。这是对刚爻君子讲的。进退有它的客观条件，取决于对立双方的发展势头。进退要知时，不能凭主观愿望。遁卦柔爻的发展势头看旺，刚爻要主动退出去。君子要识时务，该进就进，该退就退，这样才能保证长久通顺。举个玩股票的例子，要是不看发展势头，一味凭主观愿望买进卖出，肯定会有一天栽进去，那就不通。盯着股市行情，分析势头，该进则进，该退则退，就会顺利，退也是保证顺利的一个方面，遁卦讲的就是这一个方面的亨通。打仗又何尝不是如此。其实各种事情无不如此，因为这是天地自然之道，所以才说“遁而亨也”。这是告诉人们，时势如此，退一退顺利。在象上指的是遁卦由姤卦变化而来，姤卦的一个柔爻已长成两个柔爻，还要往上长，刚爻应当知道这个趋势退一退。(二)从九五有应的优势上解释卦辞“亨”。“刚当位而应，与时行也”中，“刚”指刚爻九五，因为五位是个尊位，九五才能称当位。“应”指的是六二，九五与六二阴阳正应。六二是全卦的主爻，刚从姤卦发展而来，代表柔爻的上长势头。从全卦分析，柔爻虽然是上长得时，但九五还占据尊位，所谓当位，是说还控制着局势，还可当权行令。全卦四个刚爻还占据多数，形势还未到急转直下的一步。代表柔爻上长的六二又正是九五的应爻，愿意与九五应合，目前并无大的忧患。刚爻所以要持退避态度，只不过是顺应时势而运动，并不是败退，所以才退而能亨。“与时行也”，就是指伴随着时势而运动。(三)从卦的发展趋势上解释卦辞“小利贞”。“小利贞，浸而长也”中，“浸”是副词，也作“寖”，意思是逐渐。此句意为小的柔爻利于正道不动，是因为它在渐渐向上长。这显然指姤变为遁，遁还要变为否，否还要变为观，观还要变为剥。这种发展趋势，是柔爻要逐渐把刚爻剥蚀殆尽，必然导向“子弑其父，臣弑其君”的发展后果，应当在早期有所警戒，所以柔爻的发展应当有所控制，利于守正道不动摇。(四)强调遁卦的巨大意义。“遁之时义大矣哉”直译出来，是说遁卦的时势意义太重大了！彖辞发出这种感叹，一般都是在带有较为深刻哲理意义的卦里，是要提醒人们注意卦里所蕴含的普遍性规律。这些规律往往容易被人忽视，所以要强调一下。遁卦的哲理意义在哪里？这就是消息盈虚造成的天时，以及人在一定的时势条件下应当怎样去做。遁卦是退的时势，但退有退的作用，《系辞》里说“屈信（伸）相感而利生焉，尺蠖之屈，以求伸也；龙蛇之蛰，以存身也”。只进不退未必是好事，人如果只知前进不知后退，连家门都摸不着了，又会有什么好处？进退是辩证统一的，涉及到《周易》的基本哲学观点，具有哲理奥义，不能把它看浅了。“时”就是时势、运时，是客观规律发展而形成的独特环境条件。人要了解自己每时每刻所处的环境条件，据时而动，所以古人讲“识时务者为俊杰”。“时务”指的就是“时”。后人把这句话理解偏了，衍生出不要立场、变节易德的意思，让人听着反感，“识时务”原来没有这个意思。准确理解“识时”，要与恒卦联系起来，人在社会活动中，既要守恒有常，又要随时而变，这是天道。如果违背天道，一时可能会得到便宜，但迟早要受到天道惩罚。遁卦强调随时而变的一个方面，要人从宜适变，知几知权，察微明道，随时而动，所以才讲“遁之时义大矣哉”！

象辞说“天下有山，遁”，象上指遁卦是上乾下艮，乾为天，艮为山，组合在一起是天下有山，这就是遁卦。天高远，山幽深，人远远地遁入深山，就是从当权用事中退了出来，隐遁在野。君子效法于此，要疏远小人，但也不要去惹他，因为小人正得势应时，大局定了，激流勇退，但也不能与小人同流合污。“君子以远小人，不恶而严”中，“远”

是疏远，“恶”是惹的意思，口语中讲的“不要恶小人”，还保留着这个意思。“严”是界限清楚。小人厉害，我不惹你，但小人也别梦想君子会与他一同干，界限分明严格。

初六：遁尾，厉。勿用有攸往。

【译文】

遁退之尾，有危厉，不要前往。

象曰：遁尾之厉，不往何灾也。

【译文】

遁退之尾的危厉，不前往有何灾害。

【辨证】

《周易》例以上爻为头，初爻为尾。这是因为爻的推移是由下向上运动的。比卦上六“比之无首”，离卦上九“有嘉折首”，都是以上爻为首。既济、未济初爻爻辞“濡其尾”，上爻爻辞“濡其首”，都是“首”“尾”互相发明的。所以尾的象在初爻爻位。初六是遁卦之尾，故言“遁尾”。遁是退，退在最后，是见机太晚，故有危厉。遁卦是柔爻上长，柔上长发展趋势是剥蚀刚爻，小人进逼君子，故“勿用有攸往”。象辞说：“遁尾之厉，不往何灾也。”“不往何灾”是假设复句的浓缩，意思是说你如果不前往，那还会有什么灾害？这是把“厉”讲成“灾”。这一爻不宜行动，安分自守可保无灾。

六二：执之用黄牛之革，莫之胜说。

【译文】

用黄牛皮拧成的绳子拴缚住，没有人能解脱得了。

象曰：执用黄牛，固志也。

【译文】

用黄牛皮拧成的绳子拴缚住，是要坚固心志。

【辨证】

“执”是捆扎住，“黄牛之革”是皮绳子。古代把皮子拉成条，称皮韦，皮韦再拧成绳子，比一般的绳子结实，牛皮又是皮子中最结实的，用黄牛皮拧成的绳子去捆扎，那是决心要捆住不让松动。“胜”是能够，“说”同“脱”，前面提到的“舆说辐”可证。爻辞的意思是牢牢地捆住，没有人能解脱得开。从象上说，坤为牛，中为黄，六二再向上发展，下一步就使下卦变坤（䷠↑变否䷋>坤），但遁卦的下卦是艮（䷠>艮），艮为皮肤（见噬嗑卦），六二又在下卦中位，故为“黄牛之革”，革就是皮。艮为止，又为手，互巽为绳（六二→䷠>互巽），故为“执之用黄牛之革”。捆得太结实了，故言“莫之胜说”。象辞说“执用黄牛，固志也”，“志”指与九五相应的愿望。六二是全卦的主爻，代表柔爻向上发展的势头，但上有九五为正应，不能步步进逼刚爻，为了应合九五，得把柔爻向上发展的趋势牢牢地控制住。坚定与九五应合的心愿，这就是“固志”。

九三：系遁，有疾厉，畜臣妾吉。

【译文】

系住退势，有疾病危厉，蓄养奴仆婢妾吉祥。

象曰：系遁之厉，有疾惫也；畜臣妾吉，不可大事也。

【译文】

系住退势的危厉，是有疾病疲惫。蓄养奴仆婢妾吉祥，是不可以办大事。

【辨证】

九三也有系缚之象，但与六二不同，六二是被系，九三是去系。从象上看，九三紧邻两个上长的柔爻，处在为刚爻守住阵地的位置上，下卦艮为止，是止住柔爻进逼的势头。艮为手，互巽（九三→☴>互巽）为绳，要把退势系住挽回，故言“系遁”。但柔长刚退已成定局，九三一夫当关，顶住不退，勉力支撑，大势难挽，故“有疾厉”。艮为少男，所以为僮仆臣妾，九三是下卦艮的主爻，故言“畜臣妾吉”。从取义上说，九三这一爻是要把进逼的对方势力顶住，挽回退让的大势，相当吃力。大势已不可逆转，如果回去蓄养奴仆、婢妾，反倒吉祥。象辞说“系遁之厉，有疾惫也”，意为要拴住退势，太困难了，会累得疲惫不堪而生病。又说“畜臣妾吉，不可大事也”，意思是说：败退的大局已不能挽回，大事不济，回去蓄养老婆、抱抱孩子，干点这类事情吉祥。“臣”是男奴，“妾”是女奴。但不要理解太死，臣妾都是家人，“畜臣妾”是指回去养家过小日子，干大事没什么希望了。

九四：好遁。君子吉，小人否。

【译文】

好好退让。君子吉祥，小人否塞不通。

象曰：君子好遁，小人否也。

【译文】

君子好好退让，小人会否塞不通。

【辨证】

“好”是好坏之好，不是爱好之好，“好遁”与九五“嘉遁”意思相互证发。九四所以好，是因为有初六正应，又有九三顶住退势，不是直接被逼着遁，主动退让，退得很得体。九四刚爻，刚爻为君子，君子能主动退让，故“君子吉”。柔爻为小人，柔爻再向上发展一爻，逼进九四，全卦会成为否卦（遁䷠↑柔上长一位，为䷋←九四否），故言“小人否”。“否”是否塞不通。象辞说“君子好遁，小人否也”，意思是说：君子才会主动退让，故君子是好好退避，小人不会主动退让，故小人否塞不通。这一爻君子好，小人不好。象辞主要是从道理上说明，知进知退就通，知进不知退就否塞不通。

九五：嘉遁，贞吉。

【译文】

非常好的退让，正道吉祥。

象曰：嘉遁贞吉，以正志也。

【译文】

非常好的退让，正道吉祥，是正固心志。

【辨证】

“嘉”与“好”意同，只是在程度上要比好还好。“嘉遁”是非常好的退让。九五正是象辞讲的“刚当位而应，与时行也”那一爻，最善退让。九四退让得体，九五退让有美誉。位在九五之尊，四个刚爻为朋，下有六二为正应，故言“嘉遁”。位正，故言“贞吉”。象辞说：“嘉遁贞吉，以正志也。”这是把“贞”讲成“正”。“志”是与六二正应的心愿。象上指九五在上卦中位，刚爻居刚位，居中得正；应爻六二在下卦中位，柔爻居柔位，居中得正；九五是尊位，六二是主爻，上下阴阳正应，心愿相合。心志中正应合，故有“嘉遁贞吉”的爻辞。这是全卦最好的一爻，在位是贤明之主，退让是君子之行，进退不离中正，顺时从容，不失为圣人。

上九：肥遁，无不利。

【译文】

高飞远走而退，没有不利。

象曰：肥遁无不利，无所疑也。

【译文】

高飞远走而退没有不利，是无所疑顾。

【辨证】

从全卦的基本意思上讲，“肥”借为“飞”，“肥遁”是高飞远走地退隐而去。张衡《思玄赋》云“飞遁以保名”，曹植《七启》云“飞遁离凡俗”。李善注：引遁上九爻辞“飞遁，无不利”。《汉书·张衡传》注引《淮南子》九师训说“遁而能飞，吉孰大焉”。人们都把“肥”当成“飞”的假借字来理解。朱芹引姚宽《西溪丛语》，反杨用修之说，“肥古作‘巷’，巷蜚同字”。“肥”就是“蜚”，“蜚”就是“飞”。把字讲得这样确切，可以帮助读者理解，但说得太死，未必符合作者的初衷。《周易》就是要用词的多义性增强它的涵盖性，取“飞”意，也取“肥”意。不过要讲最基本的意思，应当说讲成“飞”，与全卦退的主题更合拍。王弼也说是“增缴不能及”，取远飞为意。从象上讲，上九在全卦最上位，柔爻只要上长一位，就会退出卦外，又在上卦乾里，乾为天，它要向天外飞去，远远退隐，故言“肥遁”。知时而退，符合遁卦之道，故“无不利”。象辞说：“肥遁无不利，无所疑也。”“疑”前人讲成“疑顾”，意思是说没有什么顾恋而犹疑不决。这从象上说也较合适。九四、九五都有应爻，上九与九三不应而敌，无所挂碍，在遁之时，高飞远引而去，真正当了世外隐士，没有不利。

【提示】

这一卦应当提示一下《周易》语言的涵盖性。《周易》是一部载道广应的书。举偏概全，多所影射，这是它包罗万象所需要的，所以用语朦胧多歧，不能咬得过死。我们只求讲出一个基本的意思，其余内容要根据各自占筮的要求触类联系，不可拘执。《周易》的这种涵盖性，主要是采用了四种语言上的手段，即词的多义性、一语多关、互文错综和省略，尽量以“不言而言”的方法表达更为广泛的内容。从词的多义性上讲，《周易》里绝少有只用一个单纯义项的词，而是尽量发挥词的多义特点。比如这一卦的卦名遁，《序卦》说“遁者，退也”。

它的基本义是遁退。但它同时又是“豚”，是猪的意思。再如大过、小过的“过”，它的基本义是一种度往行动，但在具体的上下文里又可以有概念上的引申扩展。如小过象辞“过而亨也”，过而亨通，说明“过”是顺利通过。大过上六爻辞“过涉灭顶”，“过”“涉”连文，“过”指渡过。小过六二爻辞“过其祖，遇其妣，不及其君，遇其臣”。“过”与“不及”“遇”连文，“过”是超过。小过九三爻辞“弗过防之，从或戕之”。“过”与“防”连文，“过”是过错、过失。小过象辞“用过乎恭，丧过乎哀，用过乎俭”。超过恭、哀、俭的常规，“过”是过分。即使是意思比较单纯的吉凶断语，也有多义性的特点。比如“咎”这个词，它的基本意思是表示比灾要轻的害。坤卦六四爻辞说“括囊，无咎无誉”，象辞说“括囊无咎，慎不害也”。“咎”就是害。但有时它又是责怪的意思，如同人初九象辞“同人于门，又谁咎也”。有时又是咎过、咎由自取的意思，等等。诸如此例的情况多得不胜枚举，正是这种词的多义性，造成了意思上的涵盖性。

《周易》的涵盖性在语言上的第二个方面的表现是一语双关，甚至是一语多关。首先，卦爻辞因为来自卦象，就不得不照顾在卦象上的意思。卦爻辞一旦确定下来，又得为社会需要服务，于是又不得不具有义理上的意思。所以在取象与取义上往往是一语双关。我们举离卦初九爻辞“履错然”为例。

从取象上说，离卦是从十二消息卦的遁卦变来，变的方式是遁卦的初六与九五交换了位置，即：遁卦九五初六䷠两爻换位，变䷝离卦。离卦的初九，是遁变离时从五位下到初位。按易例来说，初位是足，初九下来如同在脚上穿上鞋子，所以才有“履”的命辞。“履”是鞋的意思，下到初位，既是彖辞讲的“刚来文柔”（刚爻下来把柔爻交错开），又组成下卦离（☲>下离），离在卦象里是文，所以才有“错”的命辞。“错”取花纹的意思，要是按象上的意思去解释，“履错然”是穿上花鞋的样子。但爻辞还有它的社会意义。“履”作“礼”讲，指的是各种礼仪制度。《周易》本经里没有“礼”字，凡是“礼”都作“履”，看来“礼”是个后起字。我国大量的古籍材料都认为：“礼，行所履也。”如《礼记·祭义》：“礼，履此者也。”《左传》文公元年：“履端于始。”《疏》：“履，礼也。”这样的材料很多。《说文》：“文，错画也。”笔画有秩序地交错就成为一种美丽的花纹。花纹表示一种文采，“错”指的是有文采。礼仪制度是社会的文采，没有礼仪社会就质而不文。“履错然”的社会意义，是礼仪有文采、有秩序、很文明的样子。《序卦》里就有“有上下然后礼仪有所错”的话，意思可以相互印证。“履错然”要是对于某个人来讲，那又是谦恭守礼、文质彬彬的样子。这仅是个一语双关的例子，除此之外，还有一语多关的情况。简而言之，卦爻辞一般都会具有象上与义理上的双重意思，这就增强了《周易》的涵盖性。

《周易》的涵盖性在语言上的另一个表现是前后互文错综、

相互发明。一句话指东也指西，说此也说彼。这里为了有个浅显的说明，举《说卦》中的一段话为例：

“万物出乎震，震东方也。齐乎巽，巽东南也；齐也者，言万物之絜齐也。离也者，明也，万物皆相见，南方之卦也；圣人南面而听天下，向明而治，盖取诸此也。坤也者，地也，万物皆致养焉，故曰致役乎坤。兑，正秋也，万物之所说也，故曰说言乎兑。战乎乾，乾，西北之卦也，言阴阳相薄也。坎者，水也，正北方之卦也，劳卦也，万物之所归也，故曰劳乎坎。艮，东北之卦也。万物之所成终而成始也，故曰成言乎艮。”

在说明八卦的方位意思时，震正东，巽东南，离正南，乾西北，坎正北，艮东北，六个方位都做了说明，而在坤卦与兑卦之后却并不提及方位，但人们根据上面六个方位的提示，按照四正四维一找，很容易发现坤的卦位在西南方，兑的卦位在西方。可见讲六个方位，也是在讲另两个没有提到的方位。在说明八卦的时令意思时，兑是正秋做了说明，其他卦的时令并未提及，但人们根据兑为正秋的提示，按照一年四季一找，也很容易发现震为春，离为夏，坎为冬。可见讲出一个时令，也是在说明其他三个时令。至于八卦在所具特性方面的意思，因为没有思路上的明确联系，就都分别做了说明，震为出，巽为齐，离为见，坤致役，兑为悦，乾为战，坎为劳，艮为成。显然这是用一种互文错综的方法，相互发明。这种语言上的表现，也增强了它的涵盖性。

《周易》的涵盖性还表现在用语的简洁省略上。经文里几乎找不到什么衬字，这是任何一部经书都没有的特点，语句比诗还简炼。至于省略，全书可以说是用一切可能省略的手段而省略，真是惜墨如金，尽量用不言而言的方式向人们昭示更为广泛的意义。

三十四　大壮——阳气大盛

䷡

大壮的卦画组合为乾（☰）下（☳）震上，传统称作雷天大壮。《序卦》云：“物不可以终遁，故受之以大壮。物不可以终壮，故受之以晋。晋者，进也。”意为：事物不能老是退，所以在遁卦之后接着是大壮卦。事物也不能老是盛壮，故大壮之后接着是晋卦，晋是进的意思。遁卦是退，晋卦是进，大壮卦在退与进之间，由退到停止不退，再到前进。《杂卦》云：“大壮则止，遁则退也。”意为大壮是停止，遁卦是消退。按《序卦》《杂卦》的讲法，大壮是止的意思。彖辞说：“大壮，大者壮也。”“大”指刚爻，大壮是刚爻壮盛。把这些意思综合起来理解，大壮的基本意思是刚爻很壮大。从卦象上看，大壮是四刚二柔，刚爻壮大。为什么《序卦》《杂卦》一定要强调大壮有“止”的意思？这是因为事物进退消息有它的规律，物极必反，盛极而衰。刚爻壮大是个较好的格局，见好该收，不要走向极端，因此要止。大壮是十二消息卦中六个刚长柔退的卦之一。前人把它配在农历二月，再向前发展阳气由盛而衰，《周易》抑阴而扶阳，不愿阳气衰退，大壮卦刚爻长到四位，超过全卦六爻的半数，再向前发展就不利，所以该止。《周易》里的量变质变规律，在这一卦表现得最为明显。事物发展有一个度，超过这个度就会发生质变。刚爻从复卦一阳复苏，到了二阳生出的临卦，有了好的发展势头，再到三刚在下的泰卦，已达到阴阳的相对平衡状态。到了四刚的大壮，就是最佳的度。再向前发展，就会走下坡路。懂得消息盈虚之理，就该在最佳的度上停下来。

从卦变上讲，大壮属阳长的六卦，从坤变来。直接从泰卦发展变化而成，即：泰䷊↑刚爻向上长一位，变䷡大壮。大壮再向前发展就是夬卦、乾卦。大壮与上一卦遁是一对正覆卦，即：遁䷠上下倒置，为䷡大壮。遁是柔长刚退，大壮是刚长柔退。

大壮，利贞。

【译文】

大壮卦，宜于正道。

彖曰：大壮，大者壮也。刚以动，故壮。大壮利贞，大

者正也。正大而天地之情可见矣。

【译文】

大壮是大的一方壮盛。刚健而行动，所以壮大。大壮利于正道，是大的一方为正，又正又大，天地的情理就可见到。

象曰：雷在天上，大壮。君子以非礼弗履。

【译文】

雷在天上，这就是大壮卦。君子从中得到启示，不去做非礼的事。

【辨证】

卦辞说“大壮，利贞”，意思是说已经很壮大了，就应当在这个最佳的度上停下来。正道不动最有利。这是取象于四刚长成，向前发展会由壮及老，是从消息盈虚上讲的。

彖辞从四个方面说明大壮卦。（一）解释卦名。“大壮，大者壮也”是指《周易》以刚爻为大，柔爻为小，刚爻超过半数，是大的一方壮盛。刚爻还表示正气、君子等，总之是好的一方有一个强壮旺盛的局面。（二）从上下卦特性组合上解释卦名。“刚以动，故壮”，指下卦乾，乾的特性刚健；上卦震，震的特性是动，上下卦组合在一起是具有刚健的禀赋而行动，所以能壮大。以上两个方面，解释卦名，同时说明大壮是个好卦，筮得大壮是正处在壮盛时期。（三）解释卦辞“利贞”。“大壮利贞，大者正也”，意为大壮卦利于正道，是因为大的刚爻为正。《周易》以柔爻为邪，刚爻为正。大壮是刚爻占据优势，故有利于正的一方。这是把“贞”讲成“正”。（四）推演大壮卦的意义。“正大而天地之情可见矣”，意思是天地就是既正又大，人能体正大之道，就发现了天地的情理。刘牧讲这一句时说：“天地无不覆载，大也；覆载无所偏私，正也。”

象辞说的“雷在天上，大壮”，指大壮下卦是乾，乾为天，上卦是震，震为雷，上下卦组合在一起，卦象是雷在天上，这就是大壮卦。从取义上说，雷在天上，声威壮大，上天声威，不容邪恶非礼，故君子从中受到启示，不干非礼之事。“非礼弗履”中，“履”是履行，是说行动上不要有非礼的事，这反映了初民对天雷那种宗教式的恐惧心理。

初九：壮于趾，征凶，有孚。

【译文】

强壮在脚趾上，征进凶，有信实。

象曰：壮于趾，其孚穷也。

【译文】

强壮在脚趾上，有信实受到困穷。

【辨证】

趾是从爻序取象。初爻在卦的最下位，是脚趾。如噬嗑初九“屦校灭趾”，贲初九“贲其趾”，夬初九“壮于前趾”，艮初六“艮其趾”等。卦是大壮，爻在初位，故言“壮于趾”。脚趾的功能是征进，而大壮卦要止，故“征凶”。初九刚爻，刚爻为实，故言“有孚”。象辞说“壮于趾，其孚穷也”，意思是具有信实的刚爻再向上勇进会走向穷途末路。指大壮的刚爻不停上长，会到五位、上位，由壮及老。到了上位其道就穷了。因为初九是泰变大壮刚刚生长出来的一个刚爻，征进的心愿很强烈。“穷”在这里是受困的意思。

九二：贞吉。

【译文】

正道吉祥。

象曰：九二贞吉，以中也。

【译文】

九二正道吉祥，是因为有中道。

【辨证】

九二在下卦中位，上有六五为正应，有中道又有应援，故为“贞吉”。象辞说“九二贞吉，以中也”，意为九二正道吉祥，是因为在下卦中位。在中位取有中道为义，有中道，不偏不斜，行为适中得体，故会吉祥。但从整卦来看，九二也不宜征进，“贞”还有守正不动的意思。

九三：小人用壮，君子用罔，贞厉。羝羊触藩，羸其角。

【译文】

小人利用自己的强壮，君子不这样，正道有危厉。公羊顶撞藩篱，挂住觭角。

象曰：小人用壮，君子罔也。

【译文】

小人依靠强壮，君子不依靠这些。

【辨证】

“用罔”与“用壮”互文见义，“罔”作“不”讲，象辞说“君子罔也”可证。有人把“罔”讲成“网”，与象辞义不合。在爻辞中讲成网还算勉强可通，象辞就不能这样讲。“小人用壮”，小人指体力劳动者，要靠强壮的体力去劳动，君子是脑力劳动者，不依赖强壮的体力。取义上可引申为小人依靠自己的强壮，恃强凌弱，以力量或优势凌人。“君子罔也”是说君子不用这一套，“罔”是对小人做法的否定。这一爻还是要止，不要恃强而进。三至五爻互为兑卦（

），兑为羊。上卦震，震为藩篱。《说卦》“震为蕃鲜”，“蕃”借为“藩”。尚秉和先生说：“《易林》乾之丰云‘藩屏周卫’，同人之师云‘藩屏汤武’，皆以震为藩。”比较可信。其他卦没有提到“藩”，这一卦从三爻向上讲“藩”，也只有上震才能有藩篱之象。羝羊又称羖，民间称作“大顶羊”。公牛称“牯”，公羊称“羖”，羖是长着一对强壮大角的公羊，最喜顶触。“触”是顶撞。“藩”是篱笆，关羊的栅子也称藩。“羸”，王肃本作“缧”，郑玄、虞翻本作“虆”，蜀才本作“累”，都是系缧的意思。“羝羊触藩，羸其角”，是指公羊顶触篱栅，羊角被栅子挂住，卡在那里动不了。因为是被挂住动不了，所以“贞厉”，“贞厉”是指守正不动有危厉。象辞“小人用壮，君子罔也”，是指柔爻为小人，刚爻为君子，大壮从泰卦变来，九三在泰卦处在刚柔爻相接的位置上（九三—柔爻 刚爻），刚长一爻变为大壮，对柔爻不利，对刚爻有利。但刚爻是君子，要从大局出发，知进知止，不以壮盛凌人，小人才会利用壮盛凌人。象上显示的是九三上下都是刚爻，强强相遇，撞不出去。这一爻不吉利，进退不得。

九四：贞吉悔亡，藩决不羸，壮于大舆之輹（fù）。

【译文】

正道吉祥，没有忧悔，冲破藩篱，角解脱出来，大车的车輹强壮。

象曰：藩决不羸，尚往也。

【译文】

冲破藩篱，角解脱出来，向上前往。

【辨证】

九四是全卦的主爻，代表刚爻壮大上长的势头，锐不可当。能遵循大壮的正道就会吉祥，故言“贞吉悔亡”。刚爻如再上长一爻就会变成夬卦（䷪），夬就是决，上震为藩，故言“藩决不羸”。“决”是冲决、突破义，“羸”是挂住。“藩决不羸”意思是从藩篱中冲决出来，不会被藩篱勾挂住，因为九四已突过上震，前临被逼退的柔爻。坤为大舆，震在坤下变出一位刚爻（☷←柔变刚为☳震），故震为车厢底下的横木，为车輹（见大畜九二爻辞“舆说輹”、九三爻辞“日闲舆卫”下“辨证”）。“輹”是把车厢装在车轴上的零件，车脱輹就不能走，车輹壮就可以横冲直撞。九四是震的主爻（九四→䷡>震），又是大壮的主爻，故言“壮于大舆之輹”，是说车輹很坚固，前进的大车不可阻挡。从九四的发展势头上看，确实如此，上面的两个柔爻已无力阻止它的上进。这一爻总的讲是冲决藩篱，势如破竹，具有摧枯拉朽的威力。象辞说“藩决不羸，尚往也”，意为冲决网罗、藩篱，是向上前往，就是指刚爻上长的势头。

六五：丧羊于易，无悔。

【译文】

羊在边界丧失，没有忧悔。

象曰：丧羊于易，位不当也。

【译文】

羊在边界丧失，是位置不合适。

【辨证】

“丧”是丧失，“易”同“埸”，指疆埸、边界。《荀子·富国》：“观国之治乱臧否，至于疆易，其端已见矣。”注：“易与埸同。”《说文》：“埸，田畔也。”是地的边界。从象上看，大壮从泰变来，泰的上卦是坤，坤为地，变为大壮，上坤的下界已被刚爻占去，六五与上长的刚爻相接，故有丧埸之象。互兑为羊（六五→䷡＞互兑），故言“丧羊于易”。但六五在上卦中位，与九二正应，故言“无悔”。象辞说“丧羊于易，位不当也”，“位不当”一是指六五正处在与上长的刚爻相接的位置，首当其冲，刚爻壮大，柔爻弱小，位置不好；二是指五位是尊位、刚位，六五柔爻不应当居于其位，因此才会有羊在边界丧失的损失。这一爻损失是有的，但时势如此，没有忧悔。

上六：羝羊触藩，不能退，不能遂，无攸利。艰则吉。

【译文】

公羊顶撞藩篱，不能退，不能遂意，无所利。艰难自守就会吉祥。

象曰：不能退，不能遂，不详也；艰则吉，咎不长也。

【译文】

不能退，不能遂意，是不加审详；艰难自守就会吉祥，咎害长不了。

【辨证】

上六处在全卦最后一位，已经是靠边站了。在上卦震里，震为藩篱，上位为角（见前），互兑为羊，故有羊冲撞藩篱之象。但上六撞来撞去没有出路。向下有四个刚爻锐不可当，向上已无路可进，不能遂意，故言“羝羊触藩，不能退，不能遂，无攸利”。“遂”是遂心如意。但上六又是大壮之末，再发展很快会由壮及老，上六这种进退失意的状况不会维持多久，如能在艰难中自守就会否极泰来，获得吉祥。这一爻当时在艰难中，吉祥在将来。象辞说："不能退，不能遂，不详也。""不详"是不能自己审详，也就是不认真思量，指上六"羝羊触藩"的做法是一种不加审详的做法。所以不能退，也不能如意。"艰则吉，咎不长也"，意思是盈虚消长为自然之理，大壮及老是必然趋势，上六的咎害不会长久，艰难自守，吉祥会到来，不审时度势而横冲直撞没有用处。

【提示】

结合本卦，说明一下大卦。大卦也称兼画卦，从京房开始就有这样一种取象的方法。就是把几个刚柔相同的爻看成是一爻，把一个多爻卦看成是三爻卦。比如前人把中孚䷼当成一个大的离（☲）卦。小过当成一个大的坎卦（小过䷽>☵坎），临卦当成一个大的震卦（临䷒>☳震），遁卦当成一个大的巽卦（遁䷠>☴巽），观卦当成一个大的艮卦（观䷓>☶艮），大壮当成一个大的兑卦（大壮䷡>☱兑）。朱熹《周易本义》注说"卦体似兑，有羊象焉"，就是指大壮是兑的大卦，兑为羊，是一只大羊，所以卦爻辞中老是提到羊，这样取象，实际是六爻全象的一种变例，从大量的爻辞中分析，从大卦取象是《周易》中自有的。除以上六卦外，六爻的乾卦自然是放大的三爻乾卦（䷀>☰），六爻的坤卦自然是放大的三爻坤卦(䷁ > ☷)。八卦在六十四卦中各有放大的形象，对应也较为严整。另一种大卦的变例，是把四爻、五爻并列在一起也看成是一个大卦。比如益卦的下五爻可看成一个大离（益䷩ > ☲离），贲卦的上四爻也可看成是一个大离（贲䷕ > ☲离），甚至六爻的颐卦也可看成是一个大离（颐䷚ > ☲离）。这样，大卦取象的范围就较为广泛，比如前面讲过的大过，前人就把它看成是大坎（大过䷛ > ☵坎），等等。总的讲，从大卦中取象不违背《周易》的体例，但也要注意，大卦之象作者也是时取时不取，用以解《周易》，还要参照卦爻辞为据。

三十五　晋——青天白日

䷢

晋卦的卦画组合为坤（☷）下离（☲）上，传统称作火地晋。《序卦》云：“物不可以终壮，故受之以晋。晋者，进也。”意为：事物不能老是止于盛壮，所以在大壮之后接着是晋卦。晋是进的意思。

关于晋卦的卦变，虞翻说“观四之五”，蜀才解释道：“此本观卦，案九五降四，六四进五。”彖辞提示说“柔进而上行”。所以晋卦是由观卦变来，是观卦的柔爻六四向上升进了一位，九五向下推移了一位，即：观九五六四䷓两爻位置交换，变䷢晋。晋卦与下一卦明夷是一组正覆卦，即晋䷢整体倒置，为䷣明夷。

晋，康侯用锡马蕃庶，昼日三接。

【译文】

晋卦，荣耀的诸侯用天子赏赐的良马繁殖。一日之内天子接见三次。

彖曰：晋，进也。明出地上，顺而丽乎大明，柔进而上行，是以康侯用锡马蕃庶，昼日三接也。

【译文】

晋是升进的意思。光明出现在大地的上空，顺从而附丽于光明，柔顺前进向上运行，因此荣耀的诸侯用天子赏赐的良马繁殖，一日之内天子接见三次。

象曰：明出地上，晋。君子以自昭明德。

【译文】

光明出现在大地上空，这就是晋卦。君子从中受到启示，要昭示自己的明德。

【辨证】

“康侯”，前人考证是卫康叔（见提示），作为卦辞，即使实指其人，也只能是举例性质。《释文》：“康，美之名也。”因此讲成荣耀的诸侯更好一些。“锡”同“赐”，古代“赐”多借用“锡”。“蕃庶”是蕃息而众多。“用锡马蕃庶”，是说用天子赐给的良种马去畜养繁殖，给国家培养出大量的良种马。这在古代也是一种很大的功勋。《史记·秦本纪》说，秦的祖先大费（即柏翳），“佐舜调驯鸟兽，鸟兽多驯服，是为柏翳，舜赐姓嬴氏”。周孝王时代，柏翳的后代“非子好马及畜，善养息之”，周孝王让他在汧渭间养马，马大蕃息，孝王奖励他说：“昔柏翳为舜主畜，畜多息，故有土，赐姓嬴。今其后世亦为朕养马，朕其分土为附庸”“邑之秦”。靠养马而裂土封侯，为后来的秦王朝立下了基业。“昼日”是白天，这里指一个白天，“三接”是天子接见了他三次。三接之礼，《周礼·秋官·大行人》有记载：诸公“三飨”“三问三劳”；诸侯“三飨”“再问再劳”；子男“三飨”“一问一劳”。诸侯来朝，天子要接见，第一次是接见，第二次是设宴款待，第三次是慰劳，但不是一天之内的事。一天之内接见三次，足见这个诸侯在天子心目中地位的重要，宠爱有加。卦辞的意思是：光荣的诸侯用天子赐给的良种马繁殖，功劳卓著，上京朝见，天子一天就接见了他三次，这是一种殊荣。从象上讲，下卦坤为牝马，为众；互卦坎（䷢>互坎）为美脊马，有马繁殖之象。晋为昼，下卦三个柔爻并进，有昼日三接之象。

彖辞从五个方面说明晋卦。（一）解释卦名。“晋，进也”，这是用声训解释晋是升进的意思。（二）从上下卦象的组合上解释卦名。“明出地上”，指晋卦由下卦坤和上卦离组合而成，坤为地，离为明，光明出现在大地之上，这是光明上升之象。（三）从上下卦特性的组合上说明晋卦。“顺而丽乎大明”，指坤的特性是柔顺，离的特性是附丽、光明，组合在一起是柔顺地附丽在光明上，是个荣耀的卦。（四）从卦变上说明晋卦。“柔进而上行”，是指晋卦从观卦变来，观卦下边的柔爻向上推移，观䷓六四上行到五位就变成晋䷢。从取义上说，是柔顺地向上升进。（五）解释卦辞。“是以康侯用锡马蕃庶，昼日三接”中，“是”作指示代词用，意为这；“以”是因为，“是以”就是因此。这一句总括以上四个方面的内容而言，是因为全卦有升进、附丽于光明等原因，才有荣耀晋升之义，所以才说，光荣的诸侯用天子所赐的良马繁殖众多，一天被接见三次。指出卦辞是荣耀晋升的意思。

象辞说“明出地上，晋”，意为下卦坤为地，上卦离为明，光明出现在大地上空就是晋卦。“君子以自昭明德”中，“昭”是昭朗，也就是显现。这句意为君子从卦中得到启示，要让自己光明的道德显现出来。俞琰说：“明德，君子固有之德也。自昭者，自有此德而自明之也。人德本明，人欲蔽之，不能不少昏昧。其本然之明固未尝息，知所以自明，则本然之明，如日之出地，而其昭著初无增损也。《大学》所谓‘明明德’、所谓‘自明’，与此同旨。”认为人一生下来就有人的本性，这种本性符合道德标准，后来被私欲蒙蔽了，道德有了亏损，现在要自己把这种与生俱来的德性开发出来，让它发扬光大。“自昭”就是自己去昭明、开发。“明德”是人的天然本性。这是承袭宋人的观点。如王宗传说：“夫人性本明，其或不能遽然而明者，是公有所蒙蔽而然也。”宋人又承袭儒家的性善说。但从象辞中看不出“明德”就一定是“人性本明”“君子固有之德”。“明德”就是好的道德，“自昭”就是自我彰明，是要加强自身修养，使道德昭朗。

初六：晋如，摧如，贞吉。罔孚，裕，无咎。

【译文】

升进的样子，推挤的样子，正道吉祥。未受到信任，从容，没有咎害。

象曰：晋如摧如，独行正也。裕无咎，未受命也。

【译文】

升进而又推挤，自己前行于正道。从容没有咎害，是还未接受任命。

【辨证】

“摧”，《说文》：“挤也”，推排进挤的意思。全卦是“柔进而上行”，六五已经上到尊位，以下的三个柔爻都要上行。所以初六爻辞是“晋如”，六二爻辞是“晋如”，六三象辞是“志上行也”。这是爻的推移趋势。下三爻如同排起队向上走。初六上进前临的是互艮（初六→䷖>互艮），艮为止，前面受阻，后面往上挤，故言“摧如”，“摧如”是往开推排的样子，这里指推挤。初六在最下位，有向上推挤之象，“晋如，摧如”就是推挤着向上升进。但初六位置太靠后，又是初始起步，一时挤不上去，加塞乱挤不行，故言“贞吉”，要正守其位，在后边老老实实排队才吉祥。“罔孚”是个人的信实还没有被认识，也就是还未受到信任。一开始就要升进，还没人信得过。从象上说，初六与九四是正应，有孚，但九四把位置让给了六五（观变晋，六五与九四是换位的爻）。初六还未受到信任。“裕”是宽裕从容。排在最后，时间宽裕从容，慢慢等待，会有升进的机会，故言“裕，无咎”。象辞说“晋如摧如，独行正也”，是指初六的推挤升进符合“柔进而上行”的晋卦正道，但唯独自己排在最后，所以才推挤。“裕无咎，未受命也”，是指位置最下，还未受到任命上不去，还有从容的时间去等待。“未受命”主要解释“罔孚”。

六二：晋如，愁如，贞吉。受兹介福，于其王母。

【译文】

升进的样子，忧愁的样子，正道吉祥。从王母那里受到这样的大福。

象曰：受兹介福，以中正也。

【译文】

受到这样的大福，是因为中正。

【辨证】

六二也要升进，故言“晋如”。但六二前临的是互坎（六二→䷢>互坎），坎为加忧，故言“愁如”。观卦变晋，六二实际是观卦九五的正应（观九五六二→䷓>应位），但六二没有升进五位，而是按顺序让六四升到五位，自己守住下卦的中位，故言“贞吉”。“介福”是大福，指卦辞讲的“康侯用锡马蕃庶，昼日三接”的殊荣。王母指六五，六五柔爻占据天子位，故言王母。《尔雅》：“父之妣为王母。”《周易》的妣多指祖母，如小过六二“过其祖，遇其妣”，“妣”与“祖”对举。王母在取义上可理解为祖母。六二在下卦中位，六五在上卦中位，两爻可代表晋卦，故六二有“受兹介福”之象。

象辞说“受兹介福，以中正也”，指六二在下卦中位，行为不失中正，所以受到大福。

六三：众允，悔亡。

【译文】

众人升进，没有忧悔。

象曰：众允之，志上行也。

【译文】

众人升进，都愿意向上行。

【辨证】

“允”是借字，本字作“粇”。升卦初六爻辞“允升大吉”。《说文》作粇。解释说“粇，进也……《周易》曰：‘粇升大吉。’”“众允”是众人一起向上升进。从象上讲，六三在下卦坤里，坤为众，“柔进而上行”，故言“众允”；六三前临上离（六三→☲>离），走向离明，故“悔亡”。象辞说“众允之，志上行也”，意指六三与下面的六二、初六一起升进，心志都是要向上行。

九四：晋如鼫（shí）鼠，贞厉。

【译文】

像鼫鼠一样升进，正道不动有危厉。

象曰：鼫鼠贞厉，位不当也。

【译文】

像鼫鼠一样守正不动有危厉，是位置不当。

【辨证】

据《古今注》《本草》《广韵》的说法，鼫鼠是最喜啃食土豆的蝼蛄。《子夏传》作“硕鼠”，那就是田老鼠了。《九家易》把鼫鼠直接称作“五穷”，那就是蝼蛄。蔡邕在《劝学篇》里又称作是鼯鼠，称它是“五能不成一伎”，所以称它是“五穷”。《说文》讲得详细一些，说这种小动物“能飞不能过屋，能缘不能穷木，能游不能渡谷，能穴不能掩身，能走不能先人。”意思是说蝼蛄这种鼫鼠，会飞，飞不过房子高；会攀援，爬不上树那么高；会游水，游不过河谷；会挖穴，掩不住身子；会跑，还没人走得快。因此是五伎而穷。这种动物北方农田里很多，串地皮穴走，屡屡可见。靠这么两下子升进，显然是有危害的。从卦象上说，全卦是“柔进而上行”，四个柔爻中六五已超过它，上进到它上边去了，六三、六二、初六又追了上来，九四在观变晋的过程中已向下移了一位，接着又要被下面的三个柔爻甩在后面，简直就是个鼫鼠，故言“晋如鼫鼠”。九四在互艮里（九四→䷢>互艮），艮为鼠，故言“鼫鼠”。本身无能，挡住柔爻上行的路也不行，故言“贞厉”，上卦离为日，鼠是夜行动物，白天不宜，守正不动也有危厉。象辞说“鼫鼠贞厉，位不当也”，“位不当”主要指它处在柔爻升进的路上，有被凌轹而过之象，故有危厉。

六五：悔亡，失得勿恤。往吉，无不利。

【译文】

没有忧悔，不顾虑得失。前往吉祥，没有不利。

象曰：失得勿恤，往有庆也。

【译文】

不顾虑得失，是因为前往有喜庆。

【辨证】

六五是观变为晋的主爻，原为观卦的六四，在上巽里（观六四→☶>上巽），巽为利，变而为晋卦，上巽消失，这是失利。升进到全卦尊位，这是得。在互坎里（晋六五→☶>互坎），坎为忧恤，故言“悔亡，失得勿恤”。恤是忧虑。六五是全卦“柔进而上行”的四个柔爻中，唯一升进上去的一爻，故言“往吉，无不利”。象辞说“失得勿恤，往有庆也”，指六五升进到尊位，实现了上行的愿望，大有喜庆，得大于失，勿需患得患失。总之，六五是失去小利，获得大的喜庆。“失”在孟喜、马融、郑玄、王肃诸本中皆作“矢”，“矢得”连文不成话。虞翻把“矢”讲成“誓”，仍不成话。王弼本作“失”是对的。“失得”在《周易》里是个常用词，作“矢”是形近而讹。

上九：晋其角，维用伐邑。厉吉，无咎，贞吝。

【译文】

升进至角，用以征伐邑国。危厉吉祥，没有咎害。正道有吝难。

象曰：维用伐邑，道未光也。

【译文】

用以征伐邑国，是王道还不光大。

【辨证】

《周易》例上爻为角，初爻为尾；上爻为首，初爻为足；上爻为顶，初爻为趾。到了上位再升进，就是升进头上的角了，故言“晋其角”。上九在上位，又在上卦离里，离为戈兵，下卦坤为国邑。在上位操戈兵临于国邑，故言“维用伐邑”。“伐邑”是天子出兵讨伐自己治下逆乱的属国，不是去侵略，名正言顺，故有危厉而吉祥无咎。“贞吝”是正道不动有吝难，因为上九处在穷极之位，上面已无位可进，不动会被推出去。象辞说：“维用伐邑，道未光也。”象上指上九在离卦里，离为光明，而上九位置困穷，光明不能远照。义上取的是王道不光大，还得去征伐。

【提示】

结合这一卦讨论一下《周易》的逸象。逸象指的是《说卦》里没有明确指出的卦象。《说卦》列出八卦之象众多，这些象都称为八卦的正象或本象。其实卦代表什么象，只不过是一种人为的规定。但这种规定又不是后人可以随便加的。因为人们是要用卦象解释《周易》，这就得遵循《周易》作者的规定。作者观象系辞，已经把这些象融注到卦爻辞里，后人就必须按他的取象来加以说明。否则就是自己去另行创造，违背了作者的本旨。作者对八卦规定的象，《说卦》作了一个基本说明，但仅靠这些说明还覆盖不了全部卦爻辞的内容，于是后人就补充了一些卦象，这些卦象通称之为逸象。如《荀氏九家易》所载逸象有三十一种，清惠栋从虞翻的《易注》辑得逸象三百三十种，张惠言《周易虞氏易》收集了四百五十六种，宋人如邵雍等又从五行等方面扩大了逸象。到了方申，把前人有关内容搜集在一起，在《虞氏易象汇编》中列出一千二百八十七种。这就产生了逸象是否符合《周易》作者规定的问题。对前人提到的这些逸象，既不可全信，也不可不信，应当根据《周易》本经有所鉴别。比如这一卦提到的“邑”，《说卦》没有明确规定，虞翻说“坤为邑”。虞氏的话可信不可信，得检验一下。《周易》提到“邑”的有八处：讼九二（九二→䷅）“归其逋，其邑人三百户无眚”。这是因为九二逃到坤卦之中，使坤变为坎。比卦九五（九五→䷇）“邑人不戒”，九五也是占据坤卦中位，下卦又有坤。泰上六（上六→䷊）“自邑告命”，是上六要消退，坤有了危机。谦上六（上六→䷎）“征邑国”，上六也在坤卦。夬（䷪）卦，卦辞说“告自邑”，指坤象消退到最后一爻。升九三（九三→䷭）“升虚邑”，邑指上卦坤。尤其有说服力的是井（䷯）卦，彖辞说

“改邑不改井，乃以刚中也”，显然指的是九五，九五占据了坤的中位，邑就改了；坤变成坎，坎为水，井就没有改。说明“坤为邑”的说法是有所传授。还有就是本卦的上九。从坤的基本象上看，坤为地，“邑”是乡土，“坤为邑”与基本卦象一致，这就可以相信虞氏的说法。

三十六　明夷——黑暗无光

䷣

明夷的卦画组合为离（☲）下坤（☷）上，传统称作地火明夷。《序卦》云：“进必有所伤，故受之以明夷。夷者，伤也。”意为：一味地前进必然会受到伤灭，所以在表示升进的晋卦之后接着是明夷卦。夷是伤灭的意思。《杂卦》云：“明夷，诛也。”诛是灭。意指明夷是诛灭。《序卦》《杂卦》都没讲“明”，因为“明”较容易理解。其实“伤”“诛”都是对“明”说的，象辞说“明入地中，明夷”，显然是说光明进入地下，光明熄灭。因此明夷卦名的意思是光明熄灭。晋是“明出地上”，是白天，明夷就是黑夜。

从象上说，明夷是晋的覆象，晋卦卦画上下颠倒就是明夷，即晋䷢倒置为䷣明夷。从卦变上说，明夷直接是从小过卦变来，即小过九四初六䷽九四与初六换位，变明夷䷣。这要从爻辞中认真研究。虞翻与蜀才都说从临变来，从卦变体例上说也应该从临变来。看来小过与中孚是卦变的中间环节。

明夷，利艰贞。

【译文】

明夷卦，宜于在艰难中守正。

彖曰：明入地中，明夷。内文明而外柔顺，以蒙大难，文王以之。利艰贞，晦其明也。内难而能正其志，箕子以之。

【译文】

光明进入地中，就是明夷卦。内心文明而外观柔顺，以此蒙受大难，周文王是这样做的。宜于在艰难中守正，是韬光养晦。内部患难而能正固自己的心志，箕子是这样做的。

象曰：明入地中，明夷。君子以莅众用晦而明。

【译文】

光明进入地中，这就是明夷卦。君子从中得到启示，临众治事要隐去自己的察察之明，而愈显圣明。

【辨证】

明夷卦是光明进入地下，天下黑暗无道。卦辞说“利艰贞”，意思是在黑暗无道的时势里要艰难守正道才有利。“贞”在这里有两层意思：一是要守正，取“正”义。不能因为黑暗无道，而改变正道与世混同。二是不要盲动，取“固”义。天下黑暗无道，时势所限，动而取祸，不动有利。卦辞作者认为，身处暗世的正人君子，有这样两条立身处世的原则，不招辱取祸，也不改变正道，这样就有利。时势艰难，君子也要耐得住艰难，既不屈志求荣，又善于远害避祸，保存自己，一定会坚持到时势出现转机。故言“利艰贞”。

彖辞从五个方面解释明夷卦。（一）从上下卦象的组合上说明。“明入地中，明夷”，指明夷卦的上卦是坤，坤为地；下卦是离，离为日、为明，组合在一起是太阳落入地下，光明进入地中之象，光明夷灭，所以卦名称“明夷”。（二）从上下卦特性的组合上说明。“内文明而外柔顺”，指上卦为外卦，下卦为内卦；内卦是离，离为文明；外卦是坤，坤为柔顺，内外卦组合在一起是内心文明，外表柔顺。（三）举文王为例说明卦辞“艰”。“以蒙大难，文王以之”与上句“内文明而外柔顺”意思贯通。是说周文王就是用内心文明外表柔顺的方式，在蒙受大难的逆境中，远害避祸，保存自己。“难”是解释卦辞“艰”。“文明”指明智。在黑暗的世道中，君子的明智与世道的黑暗格格不入，就得把自己的光明隐藏起来，表现得很柔顺，避免世道的迫害，善于保护自己。周文王就是用这种方法躲避商纣王的迫害，先使自身得以保存，然后再去拯救世道。《史记·殷本纪》记载："纣乃重刑辟，有炮烙之法。以西伯昌、九侯、鄂侯为三公。九侯有好女，入之纣。九侯女不憙淫，纣怒，杀之，而醢九侯。鄂侯争之强，辩之疾，并脯鄂侯。西伯昌闻之，窃叹。崇侯虎知之，以告纣。纣囚西伯羑里。西伯之臣闳夭之徒，求美女、奇物、善马以献纣，纣乃赦西伯。西伯出而献洛西之地，以请除炮烙之刑，纣乃许之。赐弓矢斧钺，使得征伐为西伯。"这段话里的西伯就是后来的周文王。纣王的三公中，九侯把女儿送给商纣王，就因为女儿不喜欢淫乱被杀了，九侯也被剁成肉酱。鄂侯替九侯争辩了几句，也被杀死做成了肉干。周文王为此叹了口气，被投入羑里监禁起来。如果再有所表示，杀身可知。文王正是蒙受大难。文王表现得很柔顺，纣王又把他放了。结果是放虎归山，最后周灭了商，拯救了黑暗的世道。这是彖作者给读者树立的一个善处暗世的典型。（四）解释卦辞"利艰贞"的含义。"利艰贞，晦其明也"，意思是说：怎样才算是"利艰贞"？是指能把自己的明智隐晦而不表现出来。卦象是"明入地中"，对人来讲就是明智藏于内心。（五）举箕子为例说明卦辞"利艰贞"。"内难而能正其志，箕子以之"，意思是说：在内难发生的时候，能够正固自己的心志，箕子就是这样做的。《史记·殷本纪》载："纣愈淫乱不止，微子数谏不听，乃与太师、少师谋，遂去。比干曰：'为人臣者，不得不以死争。'乃强谏纣。纣怒曰：'吾闻圣人心有七窍。'剖比干，观其心。箕子惧，乃佯狂为奴，纣又囚之。"箕子有的书说他是纣王的叔父，有的说是与纣同姓，总之他与微子、比干都是纣王的宗室老臣。微子劝纣王劝不过来，隐身而去，比干要死谏，结果被挖了心，箕子无可奈何，披发装疯做奴才。纣王还要把他关起来。商王朝灭亡，箕子才被周武王放出来。箕子是个非常有韬略的人，后来做了天子师，周武王还向他讨教治国大计。当时他处的是内难，与周文王不同。他披发装疯，为奴被囚，但他并不因此改变自己的心志，所以说他是蒙受内难而能正其志。这是彖作者为读者树立的又一个善处暗世的典型。

象辞换了一个角度作推阐。认为从"明入地中"的卦象中，君子可以学到"用晦而明"的哲理。"莅众"是临众，也就是治理百姓。"晦"是不明。为什么要用晦去治众？主要是为了集思广益，博采众长。什么事你都表现得很精明，众人的智慧就受到压抑。大事要明，不能糊涂，小事要晦，糊涂一些。在小事上太精明，必然没有精力顾及大事。对百姓也不能吹毛求疵。每个人身上都有不足，总体上过得去就行了。要求谁都没有缺陷，处处计较，古人称作"察察之明"，察察之明损害大局。"水至清则无鱼，人至察则无徒"，所以临众要用晦。但宏观上不能晦，要明。这就叫作“用晦而明”。君子要学会这种统治方法，把国家治好。

初九：明夷于飞，垂其翼。君子于行，三日不食。有攸往，主人有言。

【译文】

光明熄灭，所以要飞，但垂下了翅膀。君子要走，三天不吃东西。有所前往，主人有责言。

象曰：君子于行，义不食也。

【译文】

君子要走，道义上不能留下食禄。

【辨证】

从这句爻辞看，明夷是由小过卦变来。初九原是小过上卦里的九四，在卦变中下来到了初位（小过九四—䷽从上向下推移）。小过卦的象辞说“有飞鸟之象焉”，指的是小过的上震是鸟的上翼，下艮是鸟的下翼，两翼张开是鸟在飞翔（小过震艮 ䷽ 上翼下翼）。初九从上震移下来到了初位，变成明夷，小过的“飞鸟”垂下翅膀，故言“明夷于飞，垂其翼”。刚爻为君子，初九刚爻，从上位向下退，故言“君子于行”。从四位到初位过三爻，下卦成离，离为日，故言“三日”。原在互兑里（小过九四䷽互兑），兑为口，在上卦，上食天禄，来到初位，兑口毁去，成为下离，离为大腹，空肚子，故言“不食”。六五在尊位，原来就是主子。九四本与六五互为兑卦（小过六五九四䷽互兑），九四推移，六五的兑口之象也随之毁去，以口毁人，故言“有攸往，主人有言”。“有言”是有责言，“主人有言”是主人要骂。从取义上讲，“于”在上古还没有完全虚化成介词，保留有去往的动词意思，《诗经》里的“于”常作“往”讲。“于飞”就是往飞，“于行”就是往行。爻辞的意思是说，天黑了，想起飞，却把翅膀垂下来。这是迫于时势，不能展翅高飞。君子离开高贵的地位要走，三天不吃东西，这是从权贵中退隐出来，决心不吃俸禄，自己一走，主子会骂街，这是主子相当不满意。所以爻辞的普遍意思是飞不起来，出行要饿三天，还要挨主人的骂。象辞说“君子于行，义不食也”，“义”是道义，是说君子身处暗世，不愿与昏庸之主合作，要离他而去，出于道义，不能留下来吃俸禄。

六二：明夷，夷于左股，用拯马壮，吉。

【译文】

光明熄灭，左股受伤，用马来拯救，马强壮，获吉。

象曰：六二之吉，顺以则也。

【译文】

六二的吉祥，是随顺而有原则。

【辨证】

六二原在小过卦的互巽里，巽为股(小过六二→䷣>互巽)，小过卦是一个正反震的卦象（小过䷽>正震>反震)，震为左，故六二是“左股”，变为明夷，巽股象毁，故言“明夷，夷于左股”。然而互巽变成互坎(明夷六二→䷣>互坎)，坎为美脊马、亟心马、下首马、薄蹄马，为曳马，总之是个蹄子轻快，脊身刚美，低下头使劲拉曳的急性子马，也就是肯干活的好马，股伤有马来救，故言“用拯马壮，吉”。马取坎象有涣卦初六爻辞可印证。涣初六爻辞也说“用拯马壮，吉”，取下卦坎为象（涣初六→䷺>坎)。爻辞的意思是说：六二处在黑暗之中，左大腿受了伤，有强健的马来代步相救，马很强壮，能救出来，吉祥。象辞说：“六二之吉，顺以则也。”这是提示六二由在原来的互巽变成了在互坎里。巽是随顺，坎为法则，巽变坎是随顺变得有法则。从取义上说，是随顺但不是一味随顺，是有原则的随顺。这是结合全卦是明夷讲的，明夷是暗世暗主，一味随顺就会与暗主沆瀣一气，有原则不苟同的随顺才能获吉。坎为法则的取象，可与师卦初六爻辞“师出以律”相互印证，坎为法则、法律。

九三：明夷于南狩，得其大首，不可疾，贞。

【译文】

光明熄灭，到南方狩猎，获得大首领，不可操之过急，正守天道。

象曰：南狩之志，乃得大也。

【译文】

向南狩猎的心愿，能得到极大满足。

【辨证】

小过变为明夷，下卦成离，离为南，从二爻至上爻为缩小的师卦(明夷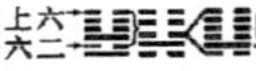

师)，取师象，故言“明夷于南狩”。

在小过卦里九三就与上六正应，只是隔着九四（小过

九三与上六正应）。卦变为明夷，九四下到初位，应路打通，故九三可直取上六。上爻为首，故言“得其大首”。《周易》以上爻为首，如比卦上六“比之无首”，离上九“有嘉折首”，既济上六“濡其首”，未济上九“濡其首”等，只要在上位，不论刚爻柔爻都可称首。但九三还在下卦，上卦坤为众，不能操之过急，故言“不可疾，贞”。“疾”意为急。贞是要守正，正如太阳落入地下，迟早会再升出来，但有一个运行过程，现在还在地下，要守正待时。从取义上讲，爻辞的“狩”与“大首”是互文，“狩”是打猎，“获大首”是指征伐敌人俘获大首领，既指打猎又指战争。古代常以狩猎喻战争，直至三国时还如此，如曹操在赤壁大战前向孙权下战书说：“今治水军八十万众，方与将军会猎于吴。”所谓“会猎”就是打仗。爻辞中狩猎与征伐的意思全有，狩猎可猎获大动物，征伐可俘获敌人的大首领。因为上坤既可以是狩猎的田地，又可以是被征伐的邑国。爻辞两象皆取。至于守正待时，前人举周武王伐纣为例。《童溪易传》讲，纣王的黑暗统治引起各诸侯国的公愤，“盟津之役，诸侯不期而会者八百，皆曰‘纣可伐也’。武王曰：‘汝未知天命，未可也。’乃还师。归居二年，闻纣暴虐滋甚，于是告诸侯曰：‘殷有重罪，不可以不毕伐师。’渡盟津，诸侯咸会。武王乃作《泰誓》，故《泰誓》一作，而殷亡矣。”这就是要守正待时。总的讲这一爻是光明征服黑暗，向南征进有大获，但要待时而动。象辞说：“南狩之志，乃得大也。”象上指九三的正应在上六，自己的心愿可以实现。“志”是心愿，心愿可以得到极大的满足。

六四：入于左腹，获明夷之心，于出门庭。

【译文】

进入左腹，得到暗主的心意，走出门庭。

象曰：入于左腹，获心意也。

【译文】

进入左腹，获得了心意。

【辨证】

六四是卦变中与初九换位的一爻，原在下卦艮里（小过初六→䷽>艮），艮为门；上到四位，处在互震（六四→䷣>互震）、上坤中，震为左，下卦成离，离为大腹，又在互坎里（六四→䷣>互坎），坎为心，故言“入于左腹，获明夷之心，于出门庭”。意思是进入心腹里去了，把暗主昏庸的心事了解透了，于是决心离开他躲避时难，从门庭里走出来。爻辞颠倒了一下顺序，在卦变中是先走出门庭后入于左腹，作者为了强调离开暗主的意思，颠倒了一下。朱震讲这一爻说："其微子去商之事乎?"认为是如同微子劝谏纣王，纣王不听，微子离开纣王，隐身远去，避开了一同覆亡的灾难。从象辞"文王以之""箕子以之"，以及六五爻辞"箕子之明夷"等内部看，这样讲是对的。爻辞作者尽管是举例说明，但内心确实有纣王时期的史实在起作用。象辞说"入于左腹，获心意也"，解释爻辞"入于左腹"的意思是得到了暗主的心意。再引申一下，是说把暗主了解透了，知道已无可救药，所以才从内部离之而去。

六五：箕子之明夷，利贞。

【译文】

箕子一般的光明熄灭，利于正道。

象曰：箕子之贞，明不可息也。

【译文】

箕子一般的坚守正道，是光明不可熄灭。

【辨证】

箕子这个人在《史记·宋世家》中有较详细的记载："箕子者，纣亲戚也。纣始为象箸，箕子叹曰：'彼为象箸，必为玉杯；为杯，则必思远方珍怪之物而御之矣。舆马宫室之渐自此始，不可振也！'纣为淫泆，箕子谏，不听，人或曰：'可以去矣。'箕子曰：'为人臣，谏不听而去，是彰君之恶而自说于民，吾不忍为也。'乃被发佯狂而为奴，遂隐而鼓琴以自悲，故传之曰箕子操。"马融、王肃说箕子是"纣之叔父"，服虔、杜预以为他是纣之庶兄。这个人明知纣王是彻底不可救药了，但怕暴露了纣王的昏暗而显出自己的明智，不忍离去，自晦其明，保持对商王朝的忠贞，这就是"箕子之明夷"，也就是说像箕子那样把自己的明智隐晦起来不让显露。从象上看，六五在上卦坤中，坤正是遮蔽下卦离明的大地，柔爻为夜，处在最黑暗之中。但六五在上卦中位，能守中道，不是自己黑暗，而是所处时势黑暗；不是自己不明，而是自己把明掩藏起来，故言"箕子之明夷"，这个"明夷"是自己去夷灭自己的光明，所以才说"利贞"。"利贞"是利于正道。明不显露，内心正义。象辞说"箕子之贞，明不可息也"，是解释箕子的"明夷"不是箕子昏暗，而是内心守正。实际上他的光明并没有熄灭，而是潜藏于内，不表现出来罢了。

上六：不明，晦。初登于天，后入于地。

【译文】

不光明，晦暗。起初升上天，后来入于地。

象曰：初登于天，照四国也；后入于地，失则也。

【译文】

起初升上天，光照四方；后来入于地，失去法则。

【辨证】

上六因为到了全卦的终极之位，所以在表示物极必反的规律方面显示得尤为强烈。太阳落入地下之初是先升出在地面上，发展下去必然是太阳落入地下。五位、上位为天位，而上坤又为地象。所以爻辞说“初登于天，后入于地”。“登”义同“升”，明夷是晋的覆卦，晋卦是“明出地上”，太阳升起的白昼；明夷是“明入地中”，太阳落入地下的黑夜。故爻辞说“不明，晦”，意思是不光明、晦暗。象辞说“初登于天，照四国也”，“四国”义同“四方”，指四方的诸侯国，天子圣明各诸侯国都会得到照临。“后入于地，失则也”中，“则”是法则。天子昏暗，行为离开法则，各诸侯国都会跟着遭殃。说明这一爻是圣明的王朝换上了暗主。如果是其他事情，也会大起大落。

【提示】

结合这一卦，讨论一下《周易》的异文。所谓异文，指的是与定本不同传本的异字。现在用的定本，指的是《十三经注疏》本。因为这个本子曾作为历代的法定教材，经过唐宋后多次认真的整理，比较可信。但《周易》传抄时间太久，很难说不出现错字，从一些古老的本子作些考订也十分必要。比如定本九三象辞作“乃得大也”。如果不与“南狩之志”连在一起也可以说通。然而“志”与“得大”搭配就不算通顺，所以人们都相信石经本作“乃大得也”，更为有据。《十三经注疏》本附有清阮元的《校勘记》，如彖辞“文王以之”“箕子以之”，郑玄、荀爽、刘向本作“文王似之”“箕子似之”。六二爻辞“夷于左股”，“夷”子夏本、郑玄本、陆绩本均作“睇”，京房本作“胰”。“左股”马融本、王肃本作“左般”，姚信本作“左槃”。“用拯马壮，吉”中，“拯”字子夏本作“抍”。六五爻辞“箕子之明夷”，蜀才本作“其子”，刘向说“今《周易》‘箕子’作‘荄兹’”。《校勘记》大多数是采录于唐人陆德明《经典释文》的记载，并与当时存世的本子作了对勘。现在又有帛书《周易》出世。比如

"垂其翼"作"垂其左翼"，"拯"作"撜"。这些都是异文。对这些异文的客观态度，第一是要重视，不能视而不见。第二要与《周易》的思想、卦爻象联系起来分析，也不能见到一个就大惊小怪。难以说通，就弃而不取，更不能以异文自炫。比如把"箕子"作"荄兹"，当成刚长根的时候，这与明夷卦"自晦其明"的主题不合。彖辞中"文王以之""箕子以之"对举，意义相互证发，"箕子""内难而能正其志"，讲成刚长根芽的时候，大理上过不去。箕子分明是一位前贤，把"箕子"说成是"荄兹"，"文王"怎么着落？《汉书·儒林传》记载："武昭之间，蜀人赵宾好小数书，后为《周易》，饰《周易》文，以为'箕子明夷'，阴阳气亡箕子，箕子者，万物方'荄兹'也。"荄兹成了"阴阳气亡"，这明显是背离彖传，师心作古，并不难作出判断。可惜还有不少后人竟以此自炫博雅，旁推曲求，讲出许多名堂来，这就毫不足取。

关于这一卦，《左传》昭公五年记载了一个卦例："初，穆子之生也，庄叔以《周易》筮之，遇明夷䷣之谦䷎，以示卜楚丘。楚丘曰：'是将行，而归为子祀，以谗人入，其名曰牛，卒以馁死。明夷，日也。日之数十，故有十时，亦当十位。自王以下，其二为公，其三为卿。日上其中，食日为二，旦日为三。明夷之谦，明而未融，其当旦乎？故曰'为子祀'。日之谦，当鸟，故曰'明夷于飞'。明而未融，故曰'垂其翼'。象曰之动，故曰'君子于行'。当三在旦，故曰

‘三日不食’。离，火也；艮，山也，离为火，火焚山，山败。于人为言，败言为谗，故曰‘有攸往，主人有言’。言必谗也，纯离为牛，世乱谗胜，胜将适离，故曰‘其名为牛’。谦不足，飞不翔，垂不峻，翼不广，故曰‘其为子后乎’。吾子，亚卿也。抑少不终。”这段话的大致意思是：鲁国的亚卿庄叔生了个儿子叫叔孙豹。庄叔请卜人楚丘算了一卦，看看他的将来如何。正好遇上明夷卦，因初九是动爻，刚爻变柔爻，之卦是谦卦（明夷$_{\text{初九}\rightarrow}$䷣动爻反性变化，为䷎谦），楚丘分析说：“这个孩子将来得外出逃亡，回来后能成为你的接班人，带着一个能说人坏话的人回来，这个人叫牛， 最后叔孙豹得饿死。”又说：“日的数目是十，这是古代以十天干记日，所以每日有十个称时的时段。配合在人的十等上，中午是王，食时是公，平旦是卿，鸡鸣是士，半夜是皂，人定是舆，黄昏是隶，日入是僚，哺时是仆，日昳是台。从王往下数，第二是公，第三是卿。平旦是第三位，是卿。明夷卦变而为谦卦，是光明还未达到白热（谦不足），相当于平旦，平旦是第三为卿。先生您是亚卿，这个儿子将来也要做卿，所以说可以做您的接班人。变谦卦是因为明夷的初九是动爻，初九在明夷属下卦离，离为日，变而为谦，正当鸟的位置上，所以才说‘明夷于飞’。太阳还光线不足，所以说‘垂其翼’。又因为初九动，象离日在动，所以说‘君子于行’。正当三，时在平旦（未到食时），所以说‘三日不食’。下卦离为火，变艮，艮为山，是火烧山之象，山要败。对人来说是败言，败言就是谗言。所以说‘有攸往，主人有言’，有言一定是说坏话。纯离是牛，世乱谗言能胜，胜了又回到离卦，故‘其名为牛’。谦是不足，飞不起来，垂下翅膀不高举，羽翼展不开不广，所以说‘其为子后乎’。因为先生是亚卿，恐怕这个孩子不能尽天年，好死不了。”后来这个叔孙豹为了避侨如之难，逃亡到齐国，在庚宗这个地方，遇到个女人，两人同居，生了个孩子“牛”。襄公二年叔孙豹被召回立为卿。他的孩子还是个竖子（小孩），受到宠爱，取名叫竖牛。竖牛长大执政，进谗言害死叔孙豹的大儿子孟、二儿子仲。后来叔孙豹得病，竖牛不给他饭吃，把他父亲叔孙豹也饿死了。直到昭公继位，才杀了竖牛。这段话里提到一些逸象，“纯离为牛”是指明的。除此之外，“日之谦，当鸟”“火焚山，山败。于人为言”，没有明说，依据杜预的注是“离为鸟”“艮为言”。这只能看成是杜预的意见，在取用时要有所选择。另外这一段纯以动爻解释爻辞的象，而且是结合楚丘的断辞“其为子后乎”“其名为牛”一起讲的，只能看成是筮卦的取象方法，不能与卦爻辞的取象混同起来。有的人直接据此解释卦爻辞的取象，这就有商榷的余地了。总而言之，前人筮卦时的取象可以作为参考，但要照搬过来说明卦爻辞的取象就不妥当。卦爻辞要求有普遍适用性，筮卦要求有具体适用性，取象也不当混同。不仅这个卦例如此，其他卦例也应如此分析。

三十七　家人——家庭秩序

䷤

家人的卦画组合为离（☲）下巽（☴）上，传统称作风火家人。《序卦》云：“伤于外者必反于家，故受之以家人。”意为：在外受到伤害一定会返回家里，所以在表示受伤的明夷卦之后接着是家人卦。《杂卦》云：“睽，外也；家人，内也。”意为睽卦是外，家人卦是内。这一卦的卦名较好理解，家人就是家里人，说的是家庭中的事，联系家庭与社会的关系。

这一卦从遁卦变来，即遁卦的初六与九四换位变家人（遁九四初六䷠两爻互换位置，变䷤家人）。虞翻说：“遁初之四也”，指的就是这种变化。

家人，利女贞。

【译文】

家人卦，利于女子守正。

彖曰：家人，女正位乎内，男正位乎外。男女正，天地之大义也。家人有严君焉，父母之谓也。父父、子子、兄兄、弟弟、夫夫、妇妇，而家道正，正家而天下定矣。

【译文】

家人卦，女人在家内地位正，男子在家外地位正。男女都正，这是天地的大义。家人有严格的君长，指的就是父母。父亲要像个父亲，儿子要像个儿子，兄长要像个兄长，弟弟要像个弟弟，丈夫要像个丈夫，妻子要像个妻子，这样家道就正，家道正，天下就安定了。

象曰：风自火出，家人。君子以言有物而行有恒。

【译文】

风从火中生出，这就是家人卦。君子从中得到启示，说话要有内容，行动要有常规。

【辨证】

家人卦由遁卦变来。从象上讲，下卦为内卦称家。遁变家人是刚爻九四下到初位，把家内作了防闲（见初九爻辞），有治家之象，故称家人。女子是家庭的主妇，主妇的好坏对家庭的作用至关重大，故言“利女贞”，意思是说主妇要正固才有利。“正”是要正经，“固”是要守贞。爻上主要指六二，六二在下卦中位，柔爻居柔位，位正。

彖辞从六个方面说明家人卦。（一）从六二位正说明家人卦。“家人，女正位乎内”，象上指的就是六二，六二在内卦位中正，柔爻为女，义取女子在家内有中正的地位。（二）从九五位正说明家人卦。“男正位乎外”，指九五在外卦中位，刚爻居刚位，位正，刚爻为男，义取男子在家外有中正的地位。彖辞作者认为家庭男女的主要分工是女主内，男主外。（三）从天地之道说明家人卦。“男女正，天地之大义也”，指五位是天位，二位是地位，男子阳性效法天，女子阴性效法地，男女都正，符合天地的大道。（四）说明家庭的基本秩序。“家人有严君焉，父母之谓也”中，意思是说：一家人要有个主事人，像社会要有个严格的君主来管理一样，家里的君主就是父母。（五）说明“家道正”的具体内涵。“父父、子子、兄兄、弟弟、夫夫、妇妇，而家道正”中，“父父”是说父亲要按照父亲的样子去做，也就是要有父亲的样子，合乎为父之道。下面几句也要这样理解，儿子要合乎为子之道，哥哥要合乎为兄之道，弟弟要合乎为弟之道，丈夫要合乎为夫之道，妻子要合乎为妻之道，这样每个人都能尽自己的职分，家道就正了。（六）说明家人卦的社会意义。“正家而天下定矣”，是说每个家庭都得到正治，天下就会安定。用今天的话说，家庭是社会的细胞，是社会的分子。社会的构成，家庭是个最基础的形态，每个家庭都组织得很文明，社会必然安定。

象辞说“风自火出，家人”，指上下卦象的组合，下卦离为火，上卦巽为风，组合在一起是风自火出，这就是家人卦。这个卦象，孔颖达认为是假象，但从“风自火出”这句话里去分析，作者还是按实象讲的。火苗燃烧起来呼呼生风，不是指大自然的风。“君子以言有物而行有恒”，是说君子从这个卦象中得到启示，风是从火中生出来的，话是从内心流露出来的，两相比附，君子说话就要以内心的真实内容为基础，不说虚话。行为是常规道德的表现，行为要以常规道德为基础，不干没有操守的事。

初九：闲有家，悔亡。

【译文】

家里早做好防闲，没有忧悔。

象曰：闲有家，志未变也。

【译文】

家里做好防闲，心志还未改变。

【辨证】

初九是从遁的九四推移到家人内卦的初位，内卦为家，初九如同下来守住自己的家庭，故言“闲有家”。位在卦初，初是开始，从开始就有所防闲，故“悔亡”。“闲”是防闲，字的构造就是在当门口横亘一木，是挡住门的木栏杆，把家门内外隔开，作用是有所防范。防范自己家里的人有越轨胡闹的行为，或外界的侵扰，使家庭维持正常秩序，和睦相处。“有家”的“有”是名词词头，如同“有夏”“有扈”中的“有”。“闲有家”就是“闲家”。“悔亡”的“亡”是无的意思，“悔亡”即悔无，意为没有忧悔。象辞说“闲有家，志未变也”，主要是强调初九的初位，在刚开始的时候就早早做好防范，大人孩子的心志都还没有变坏，这是以一定的家规家教维护家庭正常的最好办法，所以不会有不幸发生。要是等孩子、女人等家庭成员有了不良的心意再来防范，那就不易了。这一爻是一个早做防范、很有秩序的家庭。

六二：无攸遂，在中馈。贞吉。

【译文】

不自作主张，主持家庭中的饮食，正道吉祥。

象曰：六二之吉，顺以巽也。

【译文】

六二的吉祥，是柔顺又随顺。

【辨证】

六二在内卦中位，内卦为家，柔爻为女，正是彖辞讲的“女正位乎内”，是家庭主妇、母亲。与外卦的九五阴阳正应，九五是“男正位乎外”，是一家之长、父亲。六二在下卦，九五在上卦，六二能顺承九五，故言“无攸遂”。“遂”是遂心所欲，“攸”是所，“无攸遂”是不遂心所欲，指能顺应九五。在家庭中说，就是能尊重家长的意见，做事不自作主张、胡搅蛮缠、老是个人意见第一，而是个贤妻良母，配合丈夫主持家政。六二在下卦离中，离为火，又在互坎里（六二→☵>互坎），坎为水，水在火上，烧水做饭之象，故言“在中馈”。“中馈”，主要是供应一家人的饮食。在封建社会，中馈还有一个内容，是要把祭祀祖先的供品烹调出来。总之，就是主持饮食。“在中馈”是说六二处在主持饮食的地位上。“贞吉”是守正吉祥。象辞说“六二之吉，顺以巽也”，指六二是柔爻，有柔顺之德，上应九五，上卦为巽，巽是随顺。本身柔顺又能随顺九五，是个丈夫的贤内助，故能吉祥。

九三：家人嗃嗃，悔厉吉；妇子嘻嘻，终吝。

【译文】

家里人嗃嗃训斥，有忧悔危厉但吉祥；妇女孩子嘻嘻哈哈，最终会有吝难。

象曰：家人嗃嗃，未失也；妇子嘻嘻，失家节也。

【译文】

家里人嗃嗃训斥，是未失掉家庭的节制；妇女孩子嘻嘻哈哈，是失掉了家庭的节制。

【辨证】

内卦为家，九三在内卦上位，为一家之长，刚爻居刚位，有过分刚严之象。家人卦从遁卦变来，九三在遁的互巽里（遁九三→ > 互巽），巽为多白眼。变而为家人，又在互离、互坎之中（家人九三— 互离 互坎），离为目，坎为水，目中出水，啼哭之象，故为“家人嗃嗃”。“嗃嗃”，《说文》徐铉新附字云：“严酷貌，从口高声。”从字形结构上说，“高”应是声中有义，是高声斥责的发怒声。正如人们常说的动不动吹胡子瞪眼，发怒申斥的家长作风。《释文》作“确确”，刘向作“嗃嗃”。根据与“嘻嘻”前后对举，作“嗃嗃”为是。读音应作 hè ，是嚇嚇发怒声。巽为妇，《九家易》说：“别体异家，阴阳相据，喜乐过节也。”指九三在上下卦体分开之处，从六二至九五刚爻与柔爻相互交错（九三— } 刚柔爻交错相比），是打破家庭的界限男女混杂，喜乐没有节制，故言“妇子嘻嘻”。意思是说成天嘻嘻哈哈，没个正经。从家道上讲，是说家长严厉，刺伤家人感情，有忧悔危厉，但能维持家庭的正肃，最后还是吉的。孩子女人成天没正经，家长不管，最后会有吝难。象辞说：“家人嗃嗃，未失也；妇子嘻嘻，失家节也。”“节”是家庭中的节度、节制，犹言家法家规。家长怒斥成员是有家规，未失节度；妇女孩子嘻嘻哈哈就是失去家规，没有必要的节制。总之，这一爻是两个极端，要不就是家长作风，吹胡子瞪眼；要不就是没有家教，妇子胡闹。比较起来，管严一点稍好一些，但方法粗暴简单，远不如九五。

六四：富家大吉。

【译文】

家庭富足大吉。

象曰：富家大吉，顺在位也。

【译文】

家庭富足大吉，是在位顺当。

【辨证】

六四是卦变中由初位升上来的一爻，进入上卦巽里，巽为“近利市三倍”，又为随顺，故言“富家大吉”。象辞说“富家大吉，顺在位也”，指六四在上卦巽里，巽为随顺；六四柔爻，四是柔位，以柔居柔位正，这就是“顺在位”。取义是说顺顺当当处在合适的位置上，所以家庭富足而大吉。这一爻是人顺家安，和气生财。

九五：王假有家，勿恤，吉。

【译文】

王能感化自己的家庭，不必忧虑，吉祥。

象曰：王假有家，交相爱也。

【译文】

王能感化自己的家庭，一家人相亲相爱。

【辨证】

九五是一家之主，全家的主心骨。位在九五之尊，故言“王”；下有六二正应，相互感应相亲，故言“王假有家”。“假”，《释文》解释说：“更白反，至也。”意思是说：“假”读音是“格”，至的意思。《尚书·尧典》：“曰若稽古，帝尧曰放勋，钦明文思安安，允恭克让，光被四表，格于上下，克明俊德，以亲九族；九族既睦，平章百姓；百姓昭明，协和万邦，黎民于变时雍。”意为：考察古代的圣人，帝尧名叫放勋，他处事敬慎而贤明，温和宽容，信实恭谨能谦让，光辉普照四方，以至诚感化上下，能发扬才智美德，使家族亲密和睦；家族亲密和睦之后，又能评判管理百官；百官贤明，又能使各诸侯国协调和顺，百姓就变得和睦友爱。“格”就是“至”的意思，是至诚感化。治理天下要先正身，再齐家，然后治国，最终平天下。《尧典》这段话与象辞说的“正家而天下定矣”的意思接近，无异于从过程上做了说明。九五在国是圣明天子，先从家庭治起，然后把治家之道推广到社会，方法就是感化。家里人受感化变好了，就没有忧虑而吉祥，故言“勿恤，吉”。

象辞说“王假有家，交相爱也”，象上指初九与六四正应，九五与六二正应，交互感应，上下和睦亲爱。“假”是感化而交相爱。这一爻不仅是治家的典范，也是君王推而广之治国平天下的典范。

上九：有孚威如，终吉。

【译文】

有诚信威望，最终吉祥。

象曰：威如之吉，反身之谓也。

【译文】

有威望的吉祥，说的是能反身自律。

【辨证】

上九在全卦最上位，是全家地位最高的人物，如同老太爷，故言“有孚威如”。意思是极有威信，“孚”是信，“如”同“然”，因为在全卦之终，故言“终”，受到全家包括家长在内的尊重，故言“吉”。象辞说“威如之吉，反身之谓也”。象上指上九到了穷极之处，要由上返下。对全家地位最高的人物来说，就是能反身自律。也就是要求家里人怎样做，反过来也要求自己先做到，是以身作则的意思。孟子有过这样一段话：“天下之本在国，国之本在家，家之本在身。”所谓“正身、齐家、治国、平天下”，首先是要正身。上一爻引《尧典》的一段话，也是指尧本身做得好，影响了一家子，这是用感化的方式“齐家”。推广齐家之道，就可以治国平天下。可见“正身”是个基础功夫。这一爻反身自正，以身作则，有威望，受到家庭所有成员的尊重，吉祥。

【提示】

在这里介绍一下龙图。龙图世传不一，仅介绍一种供参考。《宋文鉴》有陈抟《龙图序》一篇，元代张理的《易象图说》又作了一些说明。按《龙图序》的讲法，河图、洛书反映的是天地之数的错综变化，历经三变成为河图洛书。

《龙图序》说：“始龙图之未合也，惟五十五数。上二十五，天数也。中贯三、五、九，外包之十五，尽天三、天五、天九，并十五之位。后形一六无位，又显二十四之为用也。兹所谓天垂象矣。下三十地数也，亦分五位，皆明五之用也。十分而为六，形地之象焉。”意思是说先有天地之数，天地之数在没有交错变化之前，是各呈己象，这是天地未合之数。天数是每五个空心点为一组，五组十字交叉排列，共二十五。地数是每六个实心点为一组，也是五组十字交叉排列，共三十。天数在上，地数在下，各自分开，这就是龙图未合，天地之数共五十五。其中天数五为一组，共五组，表示的是天五；每组的小十字纵横皆三，表示的是天三；大十字中轴线上纵横都是九，表示的是天九；大十字三组纵横各自加起来是十五，这就是“外包之十五”。这样反映的是天数为奇数三、五、九，以及并为十五的分位。天数共二十五，其中在下面的变化中一不配位，这样起作用的只有二十四，这就是“后形六一无位，又显二十四之为用也”。地数以偶数六为单位也组成五组，表示的是五的变化作用。三十分为五组，每组六个点，十与六都是阴数，故以六分三十，表示的就是地数。这就是“下三十地数也，亦分五位，皆明五之用也。十分而为六，形地之象焉”。这是所谓的第一变的内容。

龙图二变是天地已合之位。上图是一二三四五天地的生数，把生数分布于四方和中央就成为四象。下图是成数，把生数各自加五就成为成数。上图一三五是天数，二四是地数，下图六八十是地数，七九是天数，天数与地数有了交错组合分出四方的位置，不再是龙图一变中天地之数各自分开的状态，故称天地已合之位。《龙图序》说："六分而成四象，地六不配，在上则一不配，形二十四。在下则六不用，亦形二十四。"天数二十五减去一不用是二十四，地数三十减去一个六不用也是二十四，二十四配二十四是天与地数的配合。

龙图三变是龙马负图之形，也就是河图洛书。据传说是黄河龙马所负之图和洛水神龟背上之书。张理说是在天地已合之位的基础上变化而成。二变中上下两图相合，天一配地六，地二配天七，天三配地八，地四配天九，天五配地十，即成五行生成图，刘牧称之为洛书。两图中错位相合，上图中五不动，下图中十隐去，一三五七九奇数居中央和四正，二四六八偶数分居四隅，即成九宫图，刘牧称之为河图。朱震说河图从陈抟传下的口诀是"戴九履一，左三右七，二四为肩，六八为足，纵横十有五，总四十有五"，扬雄传洛书的口诀是"一与六共宗，二与七共朋，三与八成友，四与九同道，五与五相守"。有关河图洛书的争议很大，南宋的朱熹又据汉代的一些说法，认为刘牧说的河图才是洛书，洛书才是河图，于是又有河十洛九与图九书十的争议。所谓十指的是五行生成图，九指的是九宫图。更有关于真伪问题的各种说法。从传下来的图式看，用河图洛书解释大衍之数较合理，解释八卦生成还没有令人信服的讲法。河图洛书基本上反映的是数理上的问题。

以上介绍的是图书派较为核心的内容。关于龙图的一变二变，没有文献可以印证，但河图洛书不可一概斥为虚妄，因为它有汉以前大量的典籍作基础，也就不足怪了。

三十八　睽——分背异化

䷥

睽卦的卦画组合为兑（☱）下离（☲）上，传统称作火泽睽。《序卦》云："家道穷必乖，故受之以睽。睽者，乖也。"意为：家道困阻一定会出现离异，所以在讲家道的家人卦后接着是睽卦。睽是乖异的意思。《杂卦》云："睽者，外也。"睽是向外离异。《说文》云："睽，目不相听也。""不相听"就是不相从，"目不相听"是一只眼看东，一只眼看西，也是离异的意思。总之，卦名的意思是离异、不合、乖背。

睽卦是家人卦的覆卦，家人的卦画倒过来就是睽（家人䷤上下倒置为䷥睽）。所以《序卦》说"家道穷"，"穷"是到了穷极而困阻不通。关于睽卦的卦变，彖辞提示说"柔进而上行，得中而应乎刚"，这只能指六五，在中位的柔爻只有六五。六五这个柔爻如何"进而上行"？最直接的方式是中孚的六四升进到五位，中孚九五六四䷼两爻互换位置变䷥睽。然而，虞翻说是“大壮上之三”。依据虞翻的传述，睽从大壮变来，是大壮的上六下到三位（大壮䷡上六与九三换位变䷥睽），这显然是柔来而下行，与彖辞的说法相左。如果说睽卦从遁变来，虞翻在家人卦里又说是“遁初之四”，家人已由遁变来，睽卦是家人的覆卦，则应当由大壮变来。为了尊重彖辞的说法和虞翻的传述，这里只好灵活从权。简要言之，睽卦或从遁、或从大壮变来，但中间有一个环节，先变成中孚，然后再由中孚变为睽卦。其具体情况，需待有更多的材料才能确定。

睽，小事吉。

【译文】

睽卦，小事吉祥。

彖曰：睽，火动而上，泽动而下。二女同居，其志不同行。说而丽乎明，柔进而上行，得中而应乎刚。是以小事吉。天地睽而其事同也；男女睽而其志通也；万物睽而其事类也。睽之时用大矣哉！

【译文】

睽卦，火向上燃烧而动，泽向下浸润而动。两个女儿同住在一个家里，心愿不是向同一个婆家行走。喜悦地附丽于光明，柔顺地向上行进，占据中位又与刚健相应合，因此小事吉祥。天与地分开，但化育万物的事理相同；男女性体不同，但相互求爱的心愿相通；万物形态各异，但各有其相同的事类。睽卦的时势功用太重大了！

象曰：上火下泽，睽。君子以同而异。

【译文】

火在上，泽在下，这就是睽卦。君子从中受到启示，要同中有异。

【辨证】

睽卦的主爻是六五，六五是柔爻，柔爻为小，从中孚变为睽卦，六五升进到全卦尊位，时势虽乖异，六五却有利，故言“小事吉”。从哲理上说，睽卦讲的是异化。卦名的意思是异而不同，不合要分开。家人卦要合、要一致，睽卦与之相反。一家子，父母生了儿女，各自成家，要分出去，这是自然之理。看看动物的生活方式就能明白。雏鸽只要长成，母鸽就赶它离巢，让它自己去成家。这里没有丝毫人为的成分，也没有什么鸽子主义，而是一种本性自然。哲学上讲异化是对的，人不能违背自然。封建社会讲什么四世同堂、五世同堂，这算不上好事，是人为的礼教。《周易》作者能尖锐地看出异化，说明他对哲理的领悟没有偏见。但人与其他动物的区别，在于人是一种社会动物，要团结合作，相互离异就不如精诚团结，所以卦辞的断语是“小事吉”。所谓小事，只能是个人、个体的事，不是群体的大事、社会的大事。

彖辞从六个方面说明睽卦。（一）从上下卦象的组合上解释睽卦。“睽，火动而上，泽动而下”，指的是睽卦由上卦离与下卦兑组成。离为火，火是向上燃烧；兑是泽，泽是向下渗透。一上一下背道而驰，越离越远分开了。睽是相乖背而离异。（二）换个角度从上下卦卦象的组合上解释睽卦。“二女同居，其志不同行”，指的是上卦离为中女，下卦兑为少女，中女、少女同居一卦，如同住在娘家的两个女儿，中女爱上了王家的小伙子，少女爱上了李家的小伙子，心愿不同，必然要分开，不能同行，这就是异化。（三）从上下卦的特性组合上说明卦辞“小事吉”。“说而丽乎明”，指下卦兑的特性是喜悦，上卦离的特性是附丽，是光明，上下卦组合在一起是喜悦地依附于光明，所以“小事吉”。（四）从卦变上说明“小事吉”。“柔进而上行，得中而应乎刚”，指睽卦从中孚变化而来，是中孚的柔爻六四升进到五位，得到上卦中位，又与下卦的刚爻九二正应。五位为尊，又有应援，所以吉；柔爻为小，故为“小事吉”。取义是说，能柔顺地前进，又上进到适中的地位，还有刚健之人作应援，虽处离异之世，做小事还是吉祥。（五）从自然现象推演异而同的哲理。“天地睽而其事同也；男女睽而其志通也；万物睽而其事类也”，是说天在上、地在下，上下悬隔，这是上下离异，但天气要下来，地气要上去，天地二气交通，天生地成，要共同化生万物，这是有异才有同。男女性别不同这是离异，但男的要找女的为妻，女的要找男的为夫，男女相爱的心愿相通。男女结合，人类的生命才得以延续，所谓“男女构精，万物化生”。这又是有分才有合，有异才有同。宇宙万物千相百态，各自不同，用现代的话说，世界上甚至没有绝对相同的两片树叶，这是异。但“方以类聚，物以群分”，再特别的东西也有它各自的类别，这又是同。异而同是世界的本来面貌，所以要求同存异。（六）强调睽卦的巨大时势功用。“睽之时用大矣哉”中，“时”是时势，“用”是功用。睽卦是乖异，时势不好，但异有异的作用，同异是辩证统一。有异才会有同，因同才有异，两者相互依存，同异互根，从这个意义上讲异是同的起点，是同之母，异的时势有它特殊的功用，所以要特别强调一下睽的时势作用是非常重大的。彖辞一般是在人们不易看出其中的道理时才讲“大矣哉”，每一个“大矣哉”的背后都有其深刻的哲理。这里强调的是异的用途。举些例子说，五色不同，画家可用不同的五色画出华美的画卷；五音不同，演奏家可以用不同的五音奏出协调优美的乐章；五味不同，高明的厨师可以用不同的五味烹制调合出可口的菜肴；人的性格不同，君子可以用它组成大同文明的社会。如果五色相同、五音相同、五味相同，那就没有艺术可言；人与人完全相同，也就没有五彩缤纷的社会。这还不是睽的时势功用的意义？

象辞说“上火下泽，睽”，也是讲睽的上下卦象组合。上火下泽是离异，君子看到这种离异现象，要学会“同而异”的道理。这就是“君子以同而异”。彖辞讲“异而同”，象辞讲“同而异”，这就是辩证法。宇宙的本然状态就是同中有异、异中有同，君子就要效法这种本然状态，不要一刀切，允许有不同。绝对的同就违背天地之道。从社会意义上讲，“同而异”是君子的领导艺术。社会上各色人才极不相同，各有各的用处，君子是要把这些不同的人组织成一个统一文明的社会，而不是强求人人都一样。如果各种人才格格不入，社会要离异；如果人人都一样，那就更糟。比如每个人都是伟大的军事家，那么谁来种地，谁来织布？那就只好缺衣少食地天天打仗，君子是要把“不同”组织出统一协调的“同”来，而不是要强求一律，这就是“同而异”。

总之，睽卦讲同异，结合睽卦主要是讲异化，但要辩证地去理解。

初九：悔亡，丧马勿逐，自复。见恶人，无咎。

【译文】

没有忧悔，丢失马匹不必追赶，自己会回来。见到恶人，没有咎害。

象曰：见恶人，以辟咎也。

【译文】

见到恶人，是为了避免咎害。

【辨证】

睽卦从中孚变来，初九在未变之前有正应在六四（中孚 六四/初九 ䷼ 正应），六四“柔进而上行”，初九失去应爻。六四原在互震里（中孚六四→䷼ >互震），震为善鸣马，故言“丧马”；震为行，为足，震象消失，故言“勿逐”。震马消失，变出互坎（睽䷥ >互坎），坎为美脊马，故言“自复”。在卦变中失去震马又变出坎马，所以是丧失了马匹，用不着去追赶，自己会回来。在卦变中初九失去正应，应位上变出一个九四，初九与九四都是刚爻，敌而不应（九四/初九 ䷥ 敌而不应），九四又在互坎里（九四→䷥ >互坎），坎又为盗寇，故为“见恶人”。

但处在睽异之世，同中有异，好人与坏人相见也无伤害，故言“无咎”。“悔亡”是没有忧悔。象辞说“见恶人，以辟咎也”，“辟”与“避”是古今字，意思是说与恶人相见是为了避免恶人带来伤害。这明显是针对睽卦是个世道人心离异的卦。为了保护自己，不得不与恶人相见，这样可以避免咎害。

九二：遇主于巷，无咎。

【译文】

在巷道中遇见主人，没有咎害。

象曰：遇主于巷，未失道也。

【译文】

在巷道里遇见主人，是没有失去道义。

【辨证】

中孚未变睽之前，九二的应位在九五（中孚九五、九二应位），五位是全卦的尊位，是一卦之主，变为睽卦，九五下到四位，与九二互为离卦（九四、九二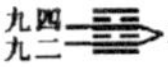互离），离为目、为见，故九二有与旧

主相见之象。《说卦》里没有讲巷的卦象，毛奇龄认为“离为巷”，他说：“互离在前，两刚相夹如巷者。”尚秉和先生据《易林》考证，汉朝时就有以离为巷的。从卦象上看，毛氏的讲法有道理，离卦是两个刚实的爻夹着一个柔虚的爻（☲离），形似巷子。从卦变中说，中孚也是个大离（中孚䷼ > ☲离）。中孚是大街，离就是小巷，故言“遇主于巷”。世道离异，九二在小巷里遇见旧主，没落之中得到一点旧日的温馨，虽无补于大事，但也无害，故言“无咎”。象辞说“遇主于巷，未失道也”。显然是指小胡同也是一条道，九二原在互震里（中孚九二→䷩ > 互震），震为大涂（大路），变而为互离，成为小巷，但还有路可通。从取义上讲，九二是得主之象，很可能被任用。

六三：见舆曳，其牛掣，其人天且劓。无初有终。

【译文】

看见车往后拉，牛往前拽，这个人既受了黥刑又受了劓刑。开初不好，最终有好结果。

象曰：见舆曳，位不当也；无初有终，遇刚也。

【译文】

车往后拉，是位置不当；开初不好最终有好结果，遇到刚健之人。

【辨证】

六三的正应在上九，但六三与上九之间隔着互坎（上九六三 > 互坎）、上离（上九六三 > 离）。坎为曳马，为多眚舆；纯离为牛，为见，故言“见舆曳，其牛掣”。“曳”是拉的意思。马曳是马向前拉车，“舆曳”则是车往后拉马，这是因为在卦变中九四与六五是换位的爻，九四从前位下到后位，六五是从后位升到前位，九四是坎的主爻，六五是离的主爻。九四后退是车往后拉，六五前进是牛往前拽。前拉后拽两力相抵，六三是进退不由己之象。“天”是墨刑，古人称黥刑，就是在犯人的额上刺上字，再涂上墨。“劓”是割掉鼻子的刑法。虞翻说：“黥额为天，割鼻为劓。”从象上看，在中孚卦里，六三在互艮里（中孚六三→ > 互艮），艮为鼻，变为睽卦，艮象失去，鼻子被割掉了，故言“劓”。六三之上本来是巽卦（六三→ > 巽），巽为广颡人、寡发人，卦变之后成为上离，离为文，头上出了花纹，故言“天”。后人因为古代没有把墨刑称作“天”的书证，怀疑这个“天”字可能是“兀”或“而”，“兀”是刖足，“而”是剃去鬓发，可备一说。但《周易》里的“天”字用得比较多，唯独这里出现讹误，可能性不大。“掣”的异文也不少，刘瓛本作“㸷”，郑玄本作“契”，子夏本作“契”，荀爽本作“觭”。《说文》说是牛一俯一仰，郑玄讲成“牛角皆踊”，子夏本讲成“一角仰”，都不如“掣”字明晰，“舆曳”“牛掣”互文，都是牵拉的意思。象辞说“见舆曳，位不当也”，主要是说它在卦变中处在上面两爻换位的位置上，所以才前拉后拽。又说“无初有终，遇刚也”，是指卦变之后九四来到它的上面比邻，与刚爻相遇。其实六三所以“有终”，是因为它位在下卦之终，又有全卦的终爻上九正应。象辞只是简要地提示了一下卦变，把显而易见的原因省略了。

九四：睽孤，遇元夫。交孚，厉，无咎。

【译文】

乖离孤独，遇到大丈夫。互相信任，有危厉，但无咎害。

象曰：交孚无咎，志行也。

【译文】

互相信赖没有咎害，是心志得行。

【辨证】

九四是中孚变睽从五位下到四位的一爻。在中孚里，与上九比邻为一组(中孚上九九五比邻) 的刚爻，下到四位，与上九离异，故与上九同为“睽孤”。四位与初位是应位，初九刚爻，九四离开刚爻上九，与初九处在应的位置上，又遇刚爻，故为“遇元夫”。“元”是初始的意思，故称初九为“元夫”。九四是变中孚为睽时交换位置的一爻，故言“交孚”；进入互坎中位(九四→>互坎)，坎为忧，睽异之世能忧虑，故“厉，无咎”。从取义上讲，“睽孤”是分离孤独，“遇元夫”是与大丈夫际遇。“元”是大。“交孚”是交互信赖。“厉，无咎”是有危厉但无咎害。总的来讲，是先有分离孤独，后有际遇。象辞说“交孚无咎，志行也”，象上指九四在卦变中下到四位，义取心志得以实现。

六五：悔亡，厥宗噬肤，往何咎？

【译文】

没有忧悔，宗人咬食肤肉，前往有什么咎害？

象曰：厥宗噬肤，往有庆也。

【译文】

宗人咬食肤肉，前往有喜庆。

【辨证】

六五是中孚变睽的主爻，在中孚里，九五在全卦尊位，是六四的宗主。两爻都在互艮里（中孚九五六四䷼→互艮），艮为肤。六四与九五换位，从二到上九变成一个缩小的噬嗑卦（即睽上九九二䷥近似噬嗑䷔，九五变九四是咬进艮里（中孚九五→䷼↓入艮䷥睽），故言“厥宗噬肤”。“厥”相当于“其”，意为他的，“肤”是带皮的肉，“厥宗噬肤”从取义上说，是他的宗族之内的人都能吃肉。他的同宗人都能吃上肉，可见富贵之极。不仅是一家子吃肉，一宗的人都能吃肉。所以，六五从四位升进到五位是极为有利的事，故言“往何咎”。“往何咎”是说前往有什么咎害，换言之，就是毫无咎害，指的是升进到六五有大利而无小害。所以，象辞说：“厥宗噬肤，往有庆也。”有庆比有喜要好，庆是大喜。总之，这一爻是全宗族的人都要跟着吃肉富贵起来。“宗”在象上指主，在义上指宗族。

上九：睽孤。见豕负涂，载鬼一车，先张之弧，后说之弧。匪寇婚媾，往遇雨则吉。

【译文】

乖离孤独。见到猪背上满是泥，拉了一车鬼，先张弓要射，后又放下弓。不是寇盗，是来婚配，前往遇雨就吉祥。

象曰：遇雨之吉，群疑亡也。

【译文】

遇雨的吉祥，是许多疑虑都没有了。

【辨证】

睽卦由中孚卦变来，卦未变之时，上九与九五朋比为类（中孚上九九五 刚爻朋比为类），并不孤独。变为睽卦，时世离异，九五下到四位，与上九分开，故为“睽孤”，意为分离孤独。上九的正应原在六三（上九六三 正应），两爻之间隔着互艮（上九六三 互艮），艮为背（见艮卦）。卦变后九四进入两个柔爻之中成互坎（上九六三 互坎），坎为豕、为水，九四进入两个柔爻是水入坤土为泥，故言“见豕负涂”。“见”是因为上离为目明可见，“豕”是猪（豚是小猪，豕是大猪），“负”是背上背着，“涂”是泥，“见豕负涂”意为见到满身泥巴的猪。坎为多眚舆，“正北方之卦”“万物之所归也”（见《说卦》)。《说文》："鬼，人所归为鬼。"人的最后归宿就是鬼。知坎可为鬼，故言"载鬼一车"，意为拉了一车鬼。"弧"是弯木为弓。《系辞·下》说："弦木为弧，剡木为矢，弧矢之利，以威天下，盖取诸睽。"《说卦》讲坎为弓轮。从爻位上讲，上为前，下为后，应爻六三，前互为坎(六三坎)，故为"先张之弧"；后连为兑(六三兑)，兑为说，故言"后说之弧"，意为先张弓要射，后又把弓放下，"说"义同"脱"。坎为寇盗，正应为婚姻，故言"匪寇婚媾"。六三虽在互坎里，但不是上九的寇盗，而是正应来合婚。"匪"同"非"，六三在下兑里，兑为泽，大泽上升为坎水(六三互坎 兑)，化而为雨，故言"往遇雨则吉"。这是从上九与六三的正应关系上取象，"豕""鬼""弧""寇"都取坎为象，而六三位在下兑，最切实的卦象是泽水蒸发于上，坎为水。象辞说："遇雨之吉，群疑亡也。"意指坎为"豕""鬼""弧""寇"等这些虚象的疑虑都会消失，只取坎为泽水化雨之象，故遇雨最为吉祥。

【提示】

结合这一卦讨论一下互体。互体又称互卦，指的是六爻卦中，除组合的上下两卦之外，中间的四爻因为三与四爻的互用，又可打破上下卦的界限，另外再组成两卦。如本卦睽，下卦是兑，上卦是离，除初、上两爻外，二三四爻可组成互离（九四九二☲互离），三四五爻可组成互坎（六五六三☵互坎），其中六三与九四在互离与互坎中互用。互卦的原理在于爻的推移和各爻分别代表一个特殊的时位，所以爻移动一位，就会呈现一个新的卦象，并不完全是为了扩大取象范围。这是《周易》在开始设计中就规定了的内容，并不是后人为了取象才发明创造出的方法。反对讲互卦是破坏《周易》内部组织的做法。事实如此，并不会因为后人同意还是不同意讲互卦的意见而改变。比如这一卦提到了弧、豕、寇、雨等卦象，《说卦》里明文规定“坎为弓轮”“为矫輮”“为豕”“为盗”“为水”等，爻辞分明指的是互坎，如果我们硬不承认互卦，抛弃《说卦》的传承，那岂不是自己另搞了一套。用自己另搞的一套来套《周易》，还有什么真实性可言？王弼不同意讲互体，一味地用承乘比应讲象，承乘比应讲不下去，就主张“得意忘象”，于是就开了自认为“得意”的先例，谁都可以任意附会。这种做法，为“自圆其说”提供了理论上的依据，博得了很多人的欢心，却否定了事实的客观性，不是讲《周易》应有的正确态度。直到现在人们还为能不能取互象首鼠两端，这不能不说是王弼的不良影响。《周易》的爻辞里随处都在取互象，《左传》的筮例也取互象，只要深入下去，自然会发现互卦的真实性，所以许多认真研究的人并不同意王弼的讲法。清人黄宗羲在《易学象数论》里反对讲爻辰、纳甲、世应、飞伏，但不反对讲互体。

全祖望在《经史问答》里只是反对讲互体的变例，但并不反对互体正例。俞樾在《周易互体征》里也极力说明互体的存在。因为讲经总得言之有据，抛弃了经书本身的体例就无法说得通。

至于互体的变例，因为没有充足的材料可以印证，就不易说得清。较为有据的说法是所谓的连互取象，连互是取一卦六爻之中相连几爻用互体的方法重新组成一个六爻卦。比如这一卦的上五爻连互可成为一个噬嗑卦。睽(䷥ 六三 初九)除去初九不用外，其中因为六三既是互卦离的中爻(六三→☲ 互离)，又是互卦坎的下爻(六三→☵ 互坎)，一个柔爻作两个柔爻互用，故上五爻原六三变成两个柔爻，为䷔噬嗑。这种取象方法在道理上不大说得通，取互体是因为各爻有各自的时位，爻位变了，取象随之而变，而且并不冲击六爻卦的本体，是随爻移位自然取象。而连互的方法必须改变原卦的本体，如果没有充足的原理为基础就不大可信。这个原理现在还看不出来，所以我们宁可相信上五爻是个近似的噬嗑卦。六五爻辞说“厥宗噬肤”，可意识到作者从噬嗑取象，看不出连互的讲究。虞翻也只是说“二体噬嗑”，意思是从九二至上九卦体形似噬嗑，并不说连互为噬嗑。连互是后人据虞翻的说法推出来的讲究，没有充足的理由还不能滥用。以上因为是五爻扩展而成，称作五画连互。此外还有四画连互，是把互卦中的三爻四爻各用两次，有时甚至是把上下卦中的二爻或五爻用两次，讲不出道理来。除上面提到的连互之外，互卦的变例还有宋代林栗提出的包体、兼互，元吴澄提出的先天互体，清李光地提出的环互，宋朱震讲的伏互等，大多近似爻画游戏，因为不取，不作一一介绍。

三十九　蹇——前进之难

䷦

蹇卦的卦画组合为艮（☶）下坎（☵）上，传统称作水山蹇（jiǎn）。《序卦》云：“乖必有难，故受之以蹇。蹇者，难也。”意为：乖异必然会遇到困难，所以在表示乖异的睽卦之后接着是蹇卦。蹇是难的意思。《杂卦》云：“蹇，难也。”也说蹇是难的意思。《说文》云：“蹇，跛足。”蹇是跛足，走路不利落，可见蹇主要是行进之难。《周易》卦名中含有难意的不只是蹇。如“屯”也是难，“困”也是难。程颐分辨说：“屯亦难也，困亦难也，同为难而义则异。屯者，始难而未得通；困者，力之穷；蹇乃险阻艰难之义，各不同也。”屯卦是万事起头难，困卦是力不足而难，蹇是有险阻而艰难。

蹇卦在卦序排列上有卦画上的独特之处。一般地讲，卦序排列是两卦为一组，非覆即变，比如蹇卦与下一卦解为一组，两卦是覆的关系，即蹇䷦全卦上下倒置，为䷧解。上一卦睽与家人又是一组，睽倒置为家人，家人倒置为睽（睽䷥、䷤家人），两卦也是覆的关系。但组与组之间很少有非覆即变的关系。而蹇卦与睽卦却又是变的关系，即睽䷥六爻反性变化，为䷦蹇。可见，作者在卦序排列时，除恪守同组内非覆即变的关系外，组与组之间也尽量照顾这种非覆即变的关系。从卦变上讲，蹇卦直接是从小过变来。彖辞说“往得中也”，正是提示这种卦变的内容。是小过的九四升进到五位，得到上卦中位。即小过六五九四䷽两爻换位，变䷦蹇。认真分析一下彖辞的提示，就可得出这个结论（参见下文辨证中的彖辞部分），虞翻说从观变来，看来观须经历小过才能变出蹇。

蹇，利西南，不利东北。利见大人，贞吉。

【译文】

蹇卦，西南方有利，东北方不利。宜于进见大人，正道吉祥。

彖曰：蹇，难也。险在前也。见险而能止，知矣哉。蹇利西南，往得中也；不利东北，其道穷也。利见大人，往有功也。当位贞吉，以正邦也。蹇之时用大矣哉！

【译文】

蹇是难的意思。险难在前。遇见险难而能停止不前，明智啊！蹇卦西南有利，是前往可取得中位；东北不利，是因为道路困阻。宜于进见大人，是因为前往有功效。身当其位正道吉祥，能够正治邦国。蹇卦的时势功用太重大了。

象曰：山上有水，蹇。君子以反身修德。

【译文】

山上有水就是蹇卦。君子从中得到启示，要反过来对自身进行省察，修养道德。

【辨证】

蹇卦从小过变来，是小过的九四升进到全卦尊位成为大人，《周易》以刚爻升进得位为利。卦变成蹇，九五的推移使互兑（九四→䷽ > 互兑）变成互离（九五→䷦ > 互离），是在兑与离中的升进。离南方之卦也，兑西方之卦也，故言“利西南”。全卦两个刚爻，一个上到九五之尊，另一个九三未动，仍在下卦艮里，艮东北之卦也，故“不利东北”。九五从下向上升进取得天子之位，大人得位，故“利见大人”。九五刚爻占据刚位，位正，故言“贞吉”。

彖辞从七个方面说明蹇卦。（一）解释卦名。“蹇，难也”，是说卦名蹇是难的意思，这与《序卦》《杂卦》讲法一致，这可以印证一点，《序卦》《杂卦》与彖辞是同一思想体系。（二）从上下卦象的组合上说明蹇卦。“险在前也。见险而能止，知矣哉”，指的是蹇卦由上卦坎和下卦艮组合而成，上面是前，下面是后，坎是险，艮是止，全卦是坎险在前，难以前进。遇见坎险而能停止不进，卦象显示的是一种明智的做法。“知”同“智”，“知矣哉”是感叹句，其意为“明智啊”！意思是说，卦是难，但也是个明智的卦。（三）从卦变上解释卦辞“利西南”。“蹇利西南，往得中也”，是指蹇卦从小过变来，小过卦的九四往上升进到上卦的中位，取得全卦最尊贵的位置。既然彖辞说的是“往得中”，卦就不能从观直接变来，观直接变蹇是上九来居三（观上九六三䷓两爻换位，变䷦蹇），既不是“往”，也不是“得中”。（四）从卦变上解释卦辞“不利东北”。“不利东北，其道穷也”，是指小过的两个刚爻（小过九四九三䷽两刚），九四升上去利西南，九三不动仍在艮里，艮为止，九三路阻道穷，不能往来，故不利，艮的卦位在东北，所以“不利东北”。（五）从主爻九五得位解释卦辞“利见大人”。“利见大人，往有功也”，指的是刚爻前往尊位，获得极大成功，位登九五成为大人。对九五本身讲是大人出现，对其他人来说，是圣明天子在位，见大人可以发挥自己的作用。（六）从主爻九五位正上解释卦辞“贞吉”。“当位贞吉，以正邦也”，是指九五是刚爻，五位是刚位，刚爻居刚位，既正又合适，这是“当位”。五位又是上卦中位，行为中正，可以把邦国正治得好。“贞”是正，“邦”是国。（七）强调蹇卦的时势功用。“蹇之时用大矣哉”，意思是说蹇卦的时势作用太重大了。因为蹇卦是难卦，很容易被人们视为不好的卦，从而看不出蹇的作用，所以要强调一下。胡炳文说：“坎、睽、蹇皆非顺境，夫子以为，虽此时亦有可用者，故皆极言赞之。”其实难与易、坎险与成功同样是相互依存的关系。“时用大矣哉”，是强调险难是成功之母的巨大作用，有蹇才会“往有功”，这里有深刻的哲理意蕴。

象辞说：“山上有水，蹇。”这是从上卦坎为水、下卦艮为山讲蹇卦的组合，意思是说坎水在上、艮山在下，这就是蹇卦。至于为什么要联系到“反身修德”上来，前人讲了很多，大多联系得不够自然贴切。直接从象辞的话去分析，是说山本高出水，水本低于山，而卦象却是水在山上，水按本性反身下流，就可滋润大山。用此比附人的道德修养，就是人要以道德反身自润，故言“君子以反身修德”。因为卦里有自润之象，才联系到人的道德自润。注意这里的“反身”与家人上九象辞的“威如之吉，反身之谓也”里的“反身”，都指的是反省审察。用孟子的话讲是“行有不得者，皆反求诸己而已矣”。用今天的话讲是多做点自我批评，都是要完善自己。

初六：往蹇来誉。

【译文】

前往遇难，回来有荣誉。

象曰：往蹇来誉，宜待也。

【译文】

前往遇难，回来有荣誉，是应当等待。

【辨证】

在小过卦里，初六的正应在九四（小过 九四 初六  正应），九四在互兑里（九四  互兑），兑为口、为悦，口里讲喜悦的话，故为“誉”，“誉”是好的名声。爻向上推移为往，向下推移为来。九四往上推移到九五全卦变蹇，这就是“往蹇”；如果往下推移来到九四就又回到互兑里，这就是“来誉”。因为九四是初六的正应，对初六的影响就成了“往蹇来誉”。从取义上讲，是说前往会遭遇险难，回来有荣誉，在

进退的选择中回来有益。象辞说“往蹇来誉，宜待也”，主要是强调初六处在一卦之初，位置太低，还未到行动的时候，尚需待时而动，所以前往不如回来有益。虽然没有详细交待卦象推移，但提示了人们对爻的时位的注意。象辞的说解总是点到为止，从不烦言费辞。

六二：王臣蹇蹇，匪躬之故。

【译文】

君王的臣子劳苦艰难，不是为了自己。

象曰：王臣蹇蹇，终无尤也。

【译文】

君王的臣子劳苦艰难，最终没有怨尤。

【辨证】

这一爻是讲勤于职事的大臣，为君王解难分忧，不辞辛苦地勤劳不懈，担当一件又一件的蹇难，但不是为了自己，也就是埋头苦干，任劳任怨。从象上讲，六二的正应在九五（九五、六二 正应），九五在上位为君王；六二在下位相应，为人臣，故言“王臣”。六二向上连遇两坎(六二—上坎 互坎)，坎为险难，故言“蹇蹇”。蹇卦是因为主爻九五的推移变出来的，六二又正是九五的应爻，是为应援九五而任蹇难，故言“匪躬之故”。“匪”同“非”，“躬”是自身，“故”是缘故，意为不是因为自己。象辞说“王臣蹇蹇，终无尤也”，“尤”是怨尤，这句意思是说，君王的臣子，为王事劳苦任难，始终没有怨言。这是说明为什么能蹇而又蹇。扩展一点讲，“终无尤”也可讲成最终也不会受到埋怨。如韩愈《诤臣论》里讲：“蹇之六二则曰‘王臣蹇蹇，匪躬之故’。夫不以所居之时不一，而所蹈之德不同也。若蛊之上九，居无用之地，而致匪躬之节；以蹇之六二，在王臣之位，而高不事之心，则冒进之患生，旷官之刺兴，志不可则，而尤不终无也。”意思是说：臣子居于不同的时势，应当遵循不同的标准。蛊卦的上九是处在没有职用的时势，如果一定要忘我地尽节，那就是冒进，会有祸患。蹇卦的六二是处在大臣的时位上，如果高尚其事，不事王侯，那就是旷职，就会招来讥刺。

这两种思想都不可效法，最终都不会没有怨尤，这就是把“尤”讲成被人怨尤。但从象辞的基本含义上讲，“终无尤”是始终无怨言，是任劳任怨的意思。

九三：往蹇来反。

【译文】

前往遇难，返了回来。

象曰：往蹇来反，内喜之也。

【译文】

前往遇难返了回来，是内部喜欢。

【辨证】

九三的正应在上六(上六 九三 正应)，九三向上应援上六，前遇上坎(上六 九三 坎)，故言“往蹇”。三位在上下卦之际，可上可下，故可返回不往，故言“来反”。从取义上说，是说九三前往遇到困难又返了回来。象辞说：“往蹇来反，内喜之也。”“内”指内卦，内卦为艮(九三 艮)。一般地说，内卦为家。“反”是返家。虞翻说“内喜谓二阴也”。据《周易》的内证分析，内卦艮下面的两个柔爻为臣妾（如遁九三爻辞“畜臣妾，吉”。九三 臣妾），是主子返回家内，臣妾喜欢。总之，这一爻是往外遇到困难，回来有人欢迎，有退避的余地。

六四：往蹇来连。

【译文】

前往遇难，返回来连下。

象曰：往蹇来连，当位实也。

【译文】

前往遇难返回来可以连下，是因为当位健实。

【辨证】

六四是小过变蹇与九五换位的一爻，在小过卦里九四与九三刚爻相比为类（小过九四九三相比为类），变为蹇卦，九四升到五位与九三分开，六四下来又把它们连在一起。所以六四是“往蹇来连”。象辞说：“往蹇来连，当位实也。”“实”指的是刚爻，“当位”指的是九五，彖辞说“当位贞吉，以正邦也”，显然指九五。九五是刚爻当位，刚爻为实，故言“当位实也”。六四是把尊位让给九五，下来与九三相连。所以这一爻风格极为高尚，既让贤，又为贤者作辅。“连”是要把下边的力量连在一起帮助九五共济蹇难。从取义上讲，这一爻是前往遇到困难，回来可连为一体，也有退避之路。

九五：大蹇，朋来。

【译文】

大难，朋友来到。

象曰：大蹇朋来，以中节也。

【译文】

遇大难朋友来到，是因为中正合乎节度。

【辨证】

九五是蹇卦的主爻，正是它的推移才变出蹇卦。而且九五又居于全卦的尊位，它所承受的蹇难是天下之蹇，故言“大蹇”。九五是在互兑、互离中推移，兑西离南，故卦辞说“利西南”。西南之利主要表现在“西南得朋”（见坤卦卦辞），故言“朋来”。爻辞是说九五身当天下大难，有众多的朋友来相助。象辞说：“大蹇朋来，以中节也。”“中节”是合乎节度。这主要指九五在上卦中位，取义是不左倾右斜，合乎节度。如果联系卦象，九五有正应在六二，六二在下卦中位，又在下卦艮里，艮“为坚多节木”。这是强调九五所以会有朋友来相助，是因为有应爻，有应是有应援，故为“朋来”之象。总之，这一爻身当大难，但有众人帮助，可共济时难。

上六：往蹇来硕，吉。利见大人。

【译文】

前往遇难，回来有丰硕功利，吉祥。宜于进见大人。

象曰：往蹇来硕，志在内也；利见大人，以从贵也。

【译文】

前往遇难，回来有丰硕功利，是心愿向内；宜于进见大人，是随从了贵人。

【辨证】

“硕”是大，《周易》里用指“硕果”，如剥卦上九爻辞“硕果不食”。“往蹇来硕”是说前往会遇到困难，回来有丰硕成果。从象上说，上六处全卦顶端，前进无路，故言“往蹇”。但卦是蹇难，蹇难到极处自会变得平易，上六处一卦之极，难极而返回来就会有大功，故言“来硕”而“吉”。上六与九五相比，九五是大人得位，故“利见大人”。象辞说："往蹇来硕，志在内也。""内"是内卦，上六与内卦的九三正应，故言"志在内"。"志"是心志，是说上六与九三心志应合。九三是在下卦艮里，艮为果蓏，回来有大果可食。又说"利见大人，以从贵也"。《系辞·下》说："三多凶，五多功，贵贱之等也。"五位是贵位。"从贵"是追随九五。九五是大人在位，上六应当去随从九五，所以是进见大人有利。从取义上讲，"硕"可以指大的功利。

【提示】

虞翻在讲此卦的"利西南，不利东北"时，较多地提到纳甲的依据。关于纳甲的说法，前面已有所提及。我们在这一卦里没有采用纳甲的说法，但作为《周易》学的传统原理之一却不可不知。纳甲的说法，现在能见到的典籍，始见于京房的积算法，但京房没有作出说明。他的做法是把十天干配在八卦上，乾卦配甲壬，坤卦配乙癸，震卦配庚，兑卦配丁，巽卦配辛，艮卦配丙，离卦配己，坎卦配戊。魏伯阳在《参同契》里用月象说明这样搭配的原理。他说："三日出为爽，震庚受西方。八日兑受丁，上弦平如绳。十五乾体就，盛满甲东方。蟾蜍与兔魄，日月气双明。蟾蜍视卦节，兔者吐生光。七八道已讫，曲折低下降。十六转受统，巽辛见平明。艮直于丙南，下弦二十三。坤乙三十日，东北丧其朋。节尽相禅与，继体复生龙。壬癸配甲乙，乾坤括始终。”他把一个月内月亮的变化分出六个步骤，初三是月芽初吐为“爽”；初八是上弦月，称作“上弦平如绳”；十五是满月，称作“盛满”；十六是满月开始消退；二十三是下弦月；三十是月晦；初一是月朔。按天干的方位与八卦的卦画之象搭配，震（☳）卦犹如月芽初吐（），月亮在初三晚上在庚（西）方出现，所以震配庚。兑（☱）卦犹如上弦月（），月亮在初八晚上出现在丁（南）方，故兑配丁。乾（☰）卦三画皆实，尤如满月（），月亮十五晚上出现在甲（东）方，故乾卦配甲。巽（☴）卦下爻变虚，犹如十六日开始消退的月亮（），月亮在十六日早晨从辛（西）方退去，故巽卦配辛。艮（☶）卦犹如下弦的月芽（），相当于二十三的月亮，月亮于二十三早晨在丙（南）方消退，故艮配丙。坤（☷）卦三爻皆虚，犹如月晦，月亮是三十日光明在乙（东）方消尽，故坤配乙。上半月据月出之方取象，下半月据月消之方取象，取月亮消长盈虚之理。至于壬癸，因为是在北方，每月之内日月在北方相会一次，所以壬配乾，癸配坤。戊己在中央为土，戊为阳土，己为阴土。坎得乾卦中爻（坎☵），故坎配戊；离得坤卦中爻（离☲），故离配己。所谓“七八道已讫”是说七八一十五，十五之后月亮满极，上长之道已到尽头。“曲折低下降”是说月亮开始消退下降。“十六转受统”是说十六又开始走上向下消退的轨道。

关于纳甲的学说，还须说明的一点，是魏伯阳认为“坎离”是乾坤之用，就是说乾坤是阴阳的本体，坎与离是阴阳的作用，乾是太阳，表现在离上；坤是太阴，表现在坎上。所以以离为日，因为离是太阳；以坎为月，因为坎是太阴。按大自然运动的秩序，是太阳每年一个终始（实际是地球绕太阳一周），月亮是每月一个终始（实际是月亮绕地球一周），所以每月太阳与月亮会合一次。古人把这种对于天象观察所得到的结论运用到《周易》中来，并不是生造出来的，但《周易》是否就一定依据这个原理，尚有待于研究。

朱震《汉上易传》云：纳甲何也？曰：举甲以该十日也。乾纳甲壬，坤纳乙癸，震巽纳庚辛，坎离纳戊己，艮兑纳丙丁。皆自下生。圣人仰观日月之运，配之以坎离之象，而八卦十日之义著矣。

四十　解——解脱宽松

䷧

解卦的卦画组合为坎（☵）下震（☳）上，传统称作雷水解。《序卦》云：“物不可以终难，故受之以解。”意为：事物不可能一味险难到终了。所以在表示险难的蹇卦之后接着是解卦。《杂卦》云：“解，缓也。”解，是缓解。合观《序卦》《杂卦》的说法，卦名解的意思是险难缓解，蹇难开散化为平易。

解的卦画是蹇的倒象，即蹇䷦上下颠倒过来，为䷧解。两卦是覆的关系。蹇是难，解是难倒过来，走向反面而变得平易。关于卦变，虞翻说：“临初之四。”用彖辞验证，临需经历小过，进而再变出解。彖辞在涉及卦变的部分里说：“解利西南，往得众也。无所往，其来复吉，乃得中也。”那么这一卦的卦变是如果上往可以得众，如果不上往，向下来复，则可得中。在上卦蹇里，我们已经知道，小过变蹇“利西南”是“往得中”，上往是变蹇。这一卦是小过变解，下来复得中。也就是说，小过的九三来到下卦中位，即解直接由小过变来，小过九三六二䷽两爻交换位置，变䷧解。

解，利西南。无所往，其来复吉。有攸往，夙吉。

【译文】

解卦，有利于西南方。无所前往，返回来吉祥。有所前往，提前一些吉祥。

彖曰：解，险以动，动而免乎险，解。解利西南，往得众也。无所往，其来复吉，乃得中也。有攸往夙吉，往有功也。天地解而雷雨作，雷雨作而百果草木皆甲坼。解之义时大矣哉！

【译文】

解卦，有险难而动，动而脱离险难，解脱。解卦西南方有利，前往可以得到群众。无所前往，返回来吉祥，即可得到中位。有所前往提前一些吉祥，是前往会有成功。天地开解就会发生雷雨，雷雨发生百果草木都破壳而出。解的时势太重大了！

象曰：雷雨作，解。君子以赦过宥罪。

【译文】

雷雨发生就是解卦。君子从中得到启示，要赦免原宥有罪过的人。

【辨证】

卦辞先说明往西南方行动有利。然后提出向西南方怎样前往吉祥，不前往怎样行动吉祥，两种趋吉避凶的指导。“无所往”是“其来复吉”，这是第一种指导。“复”是返回来，“其”是如果的意思。如果不前往西南方，返回来就吉祥。“有攸往”是“夙吉”，这是第二种指导。“攸”义同“所”。“夙”是抓紧晚上的时间。《说文》：“夙，早敬也，从丮，持事虽夕不休，早敬者也。”字形结构是从丮从夕，“丮”是抓住东西的一把手()，“夕”是晚上()。意思是说做事要提前及早行动。“丮”是手里抓着要办的事，“夕”是晚上也在干，及早行动，敬谨干事的样子。“有攸往，夙吉”，可以理解为如果前往的话，抓紧晚上的时间吉祥。狭义理解是晚上去吉祥，宽泛一点说是提前去吉祥。如果把“夙”讲成早晨，那就大错特错了。解卦为什么会有两种指导的卦辞？这是因为，在卦变中有这样的显象，解卦从小过变来。在上一卦蹇里，我们知道小过的刚爻九四前往五位“利西南”，这一卦也从小过变来，故也是往上推移“利西南”。但解卦是刚爻九三向下推移，占据了下卦中位，故言“无所往，其来复吉”。“往”是爻向上运动，“来”是爻向下运动，“复”是返下。这一卦是“无所往”，而是来返下，因此有了第一种指导，返回来吉祥。吉祥是因为获得下卦中位。如果必须前往的话，那就得提前行动才吉祥。因为那是上一卦蹇里的事，不提前就赶不上，故言“有攸往，夙吉”。

彖辞从六个方面说明解卦。（一）从上下卦特性组合上解释卦名。“解，险以动，动而免乎险，解。”第一个“解”字是指解卦。“险以动”指这一卦由下坎、上震两个三爻卦组合而成，坎是险，震是动，动是因为处在险难里不得不动。“以”表原因。“动而免乎险”是推论。“免”是脱离。有险才动，动是为了脱离险难，从险难中脱离出来，那还不是解脱。后一个“解”是解释卦名，意为这就是解脱。把这一句意译出来是说：解卦，有险而动，动而从险难中脱离出来，就是解脱。有人说后一个“解”字是衍文，主张删去，这就不恰当了。（二）从卦变上解释卦辞“利西南”。“解利西南，往得众也”，指的是解卦由小过变来，小过刚爻的推移可以有两个方向，一是往上，一是来下。往上可变蹇卦，蹇卦是“利西南”（见蹇卦），故解卦有“利西南”的基础。如果刚爻往上会进入坤中（小过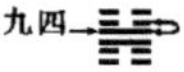

变蹇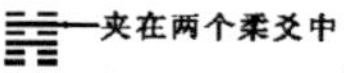

），坤为众，所以是“往得众”。所谓“利西南，往得众也”，是指具有这样的基础和条件。要注意的是“解利西南”的“解”，是照引卦辞，也不是衍文。另外，蹇卦彖辞说是“往得中”，这里说是“往得众”，有相互发明的意思。另外还可看出，彖辞允许把坎（☵）看成是刚爻入坤（☷），可取坤象。（三）从卦变上解释卦辞“无所往，其来复吉”。“无所往，其来复吉，乃得中也”，指的是解卦在从小过变来的过程中，实际上爻位的推移，是刚爻没有往上推移，这是无所前往，而是返回向下而来，即：小过九三→䷽返（复）而下来到二位，变九二→䷧解，九二进入下卦中位，“得中”故“吉”。（四）从卦变上解释卦辞“有攸往，夙吉”。“有攸往夙吉，往有功也”，是说有所往，提前行动吉祥，是因为提前行动前往才有功效。这是因为“往有功”是上一卦小过变蹇就出现的情况（蹇卦彖辞“往有功也”可证），晚了一卦，所以要提前。“夙”是头天晚上把第二天的事就做好。从取义上讲，可理解为晚上前往吉祥。（五）从上下卦象的组合上说明解卦。“天地解而雷雨作”，指上卦震为雷，下卦坎为雨，雷雨出现是天地解冻生发之象。“作”是兴起。春天来了，雷雨才会出现；雷雨出现，天地从冻结封闭的状态中开散出来。（六）强调解的时势意义。“雷雨作而百果草木皆甲坼”，承上句说明雷雨的时势意义。“甲”是甲壳，就是种子外边的硬壳。“坼”是裂开。雷雨一动，万木复苏，百果草木都从裂开的甲壳中萌生出来，给万物提供了生长发展的条件，这个时机太好了。“解之时义大矣哉”，是说解卦所具有的时势意义太重大了，是发展的好时机，不可失之交臂。得时是有机遇，一个人活在世上难得有机遇，没有机遇天才也会埋没，时势的作用相当重要，故要特别强调。这里也有深刻的哲理意义。历史上许多英雄豪杰感慨生不逢时，都是悟到点儿“时”的哲理奥义。如果简单地把“时”的哲理意义说出来，就是时势造英雄，英雄造时势，两者是辩证的统一。

象辞从上下卦的组合谈君子应当学习的内容。“雷雨作，解”，是指上卦震为雷，下卦坎为雨，雷雨发生就是解卦。君子看到天地从封闭状态中解放出来，要赦免有过失的人，宽宥有罪的人，这就是“君子以赦过宥罪”。这里要注意，“赦过宥罪”要看时，倒不在乎罪的大小。解卦是时势宽松，大罪可赦；没有宽松的时势，小过也不可赦。举个简单的例子，战争时期小有变节，可能严惩；战争胜利局势稳定，大战犯可赦。这都要看对社会有益还是有害，有人讲象辞一味争议小过、大罪，这不是要点。战争时期，一点小小的变节行为可能导致大局的溃败，小过也不能饶恕；大局稳定，大罪的人放出来可能有益于社会，就可赦宥。如果是民愤极大，放出来起的作用抵消不了带来的恶劣影响，大罪就不可赦。这些道理都取决于“时”。解卦是宽松的时势才讲“赦过宥罪”，不是要把大小罪犯一齐放出来，也不是大罪不放，赦放小过。

初六：无咎。

【译文】

没有咎害。

象曰：刚柔之际，义无咎也。

【译文】

刚柔交际，道义上不应当有咎害。

【辨证】

解卦是坎下震上（解䷧>震>坎），屯卦是震下坎上（屯䷂>坎>震）。屯卦的彖辞说“刚柔始交而难生”，解卦初六象辞说“刚柔之际”。可见“际”主要是指刚爻与柔爻相交，初六是处在刚柔相交的分际里。在象上指的是解卦从小过变来，小过的下两爻都是柔爻，九三推移到二位，把两个柔爻与刚爻交错开，初六处在交错的分际上（小过䷽>二柔未错开，解初六→䷧←由九二错开二柔）。刚柔交错是阴阳交流，其次是初六上承刚爻九二是以柔承刚，符合以柔顺刚的天地秩序，另外初六有正应在九四，是有应援，这都是初六应当吉祥的理由。但有一点，初六在下卦坎里（初六→䷧>坎），坎为险难，这些理由，只能是在坎险之中无咎而已，故言“无咎”。象辞说“刚柔之际，义无咎也”，是强调初六在刚柔相交的分际之中，其他理由没有说，并不是不存在。但这些理由加起来，也只是“无咎”，不能说初六就一定吉祥，所以结论是没有咎害。

九二：田获三狐，得黄矢，贞吉。

【译文】

田猎获取三只狐狸，得到黄色箭头，正道吉祥。

象曰：九二贞吉，得中道也。

【译文】

九二正道吉祥，是因为获得中道。

【辨证】

坤为田地，二为田位（乾九二“见龙在田”九二→䷀），坎为狐（未济“小狐汔济”䷿>互坎 坎），离为矢（噬嗑九四“得金矢”九四→䷔>离）。坤为黄色，离（☲）得坤中爻，故言“黄”。九二是全卦的主爻，在卦变中，它从小过的三位来到下卦的中位，使下卦变坎，坎是坤得乾中爻，故有下田狩猎之象。刚爻进入坤中是“往得众”，下卦三爻为九二所得，故言“田获三狐”。九二移位变出互离（九二→䷧>互离），故言“得黄矢”。“矢”是箭，这里主要指金属箭镞（见噬嗑）。在下卦中位，故言“贞吉”。象辞说：“九二贞吉，得中道也。”中道不偏故“吉”。前人讲这一爻，认为狐狸是狐媚小人，“得狐”是去小人，这从爻辞中读不出来，属引申发挥的内容。总之，这一爻的基本义是出去打猎有收获，猎得较多的狐狸，还可得到黄色箭头，守正吉祥。

六三：负且乘，致寇至，贞吝。

【译文】

背着东西乘在车上，招来寇盗，正道有吝难。

象曰：负且乘，亦可丑也；自我致戎，又谁咎也？

【译文】

背着东西乘在车上，也让人看着丑；自己招来兵戎，又能怨谁？

【辨证】

六三是在卦变中与九二换位的一爻，原在小过的下卦艮里（小过），艮为背，背上是九三。小过变解从二位升成六三，乘凌在九二之上，下卦成坎，坎为多眚舆，故是“负且乘”。因六三自己的推移下卦成坎，坎为寇盗，故言“致寇至”。“致”是招致。“贞吝”是说六三如果守天道不动，守住二位也有吝难。象辞说“负且乘，亦可丑也”，是说乘上车还不把东西放在车上，仍背在背上，这个形象太不雅观。“自我致戎，又谁咎也”，是说自己把寇盗的兵戎招来，怨不得谁。“戎”是解释“寇”。“咎”应当是解释“吝”，爻辞说“贞吝”，象辞说“又谁咎”，对不上号，但没有异文可考，只能暂仍其旧。这句爻辞《系辞·上》里讲过：“子曰：‘作《周易》者其知盗乎？’《周易》曰：‘负且乘，致寇至。’负也者，小人之事也；乘也者，君子之器也。小人而乘君子之器，盗思夺之矣。上慢下暴，盗思伐之矣。慢藏诲盗，冶容诲淫，《周易》曰‘负且乘，致寇至’，盗之招也。”大意是说，《周易》的作者大概懂得寇盗的心理吧！《周易》里说：“负且乘，致寇至。”背东西是小人干的活，车是君子代步的工具。小人却坐在君子的代步工具上，寇盗就想着要夺走它。对上傲慢，对下粗暴，寇盗就想着要收拾他。珍贵的东西不快藏起来，这是教给人家来盗窃；打扮得花里胡哨，那是教唆人家来调戏淫乱。《周易》里讲“负且乘，致寇至”，是说寇盗是自己招来的。按《系辞》的讲法，爻辞在取义上似乎还有“上慢下暴”的意思，有“慢藏诲盗、冶容诲淫”的意思，这些是从道理上引申出来的，说明“致寇至”的理由，讲得十分精彩，可帮助我们理解爻辞，但不能把这些当成爻辞的基本意思。

九四：解而拇，朋至斯孚。

【译文】

解开脚拇指，朋友来到才有信实。

象曰：解而拇，未当位也。

【译文】

解开脚拇指，是还未占据合适地位。

【辨证】

从卦变中看，蹇卦是小过的九四升进到五位，故蹇九五爻辞说“大蹇，朋来”。蹇象辞说九五是“当位贞吉”“往得中也”。解卦九四未上往，故卦辞说它“无所往”，象辞说它如果像蹇卦那样上往会“往得众也”“往有功也”。这都可以看出九四这一爻在小过变解时守住四位没有上往到九五，它可以上往，只不过是未动而已。在解卦未动，处在上卦震里（九四→䷧>震），震为足、为拇，故言“解而拇”。如果上到九五就会像大蹇的九五一样“朋来”，故言“朋至”。卦由小过变来，中孚（䷼）是两个柔爻孚于四个刚爻，小过（䷽）是中孚的变卦，是两个刚爻孚于四个柔爻，小过也是孚，故言“斯孚”。象辞说“解而拇，未当位也”，正是指出九四没有上往九五去当位。从取义上讲，“解而拇”是缓解才到了足下拇指，是刚开始缓解的意思，直接讲是解开脚拇指的束缚。“朋至斯孚”中，“斯”是这的意思，这句是说朋友来到这种孚信才能表现出来，也就是朋友来了自己的真心实意才可兑现。当然“朋至斯孚”可以讲成朋友来到表现得很诚信，但这是字面义。联系卦象，是九四还没有“朋至”，也没有“斯孚”，到了九五当位才是“朋来”，有了“朋至”的条件才能“斯孚”。

六五：君子维有解，吉，有孚于小人。

【译文】

君子来缓解，吉祥，取信于小人。

象曰：君子有解，小人退也。

【译文】

君子来缓解，小人甘心退去。

【辨证】

从蹇到解，把彖象辞贯通起来看，都是说九四该升进到五位去当位，而九四却没有这样上往。六五该下降到四位，也没有下来，这样才成为解卦。九四刚爻为君子，六五柔爻为小人。对君子来说，没有上往而成为解卦，故言“君子维有解”，意思是说“君子来缓解”，由君子来为六五缓解，故“吉”。小过为刚爻孚于柔爻，卦从小过变来。九四孚信于六五，故言“有孚于小人”，意思是说君子的诚信小人也信得过，也就是小人相信君子。象辞说：“君子有解，小人退也。”意思是说君子来缓解局势，小人相信，愿意主动退出去。这也是指六五应当把尊位让给九四。总之，这一爻是君子能来缓解，说话办事能兑现，有应验，小人也相信，愿意让君子居于尊位。

上六：公用射隼（sǔn）于高墉之上，获之，无不利。

【译文】

王公射下高墙上的鹰鹞，获得它，无不利。

象曰：公用射隼，以解悖也。

【译文】

王公射鹰鹞，来解除悖乱。

【辨证】

《系辞·下》说：“《周易》曰：‘公用射隼于高墉之上，获之，无不利。’子曰：‘隼，禽也；弓矢者，器也；射之者，人也。君子藏器于身，待时而动，何不利之有？动而不括，是以出而有获，语成器而动也。’”意为：“《周易》里说王公射隼于高墉之上，获之，无不利。孔子说：‘隼是一种禽鸟，弓箭是武器，拿来射的是人。君子怀藏利器，等待时机来到行动，会有什么不利？行动如意，因此出动就有收获，这是说有平素养成的利器才可以行动。’”“括”从字面义上讲是约束，从语源上讲是包括。古代造弓，先制成一种弓架子，把竹木等作弓的原料捆绑在上面，等原料定型之后取下来，就制成一张弓。“集括”是让原料定型。“不括”

是做成了，不再约束在括上，也就是能使用了。“器”是君子的才器技能，也要先蘖括定型，才能自由应用。君子把技术掌握好了，使用起来随心如意，左右逢源，这就是所谓的“动而不括”。从这段话里可以看出，上六要有弓箭射象。“隼”是鹰一类的飞禽，古人称作鹘，是一种飞得极高又非常矫健的猛禽。上六在上卦震里（䷽>震），震为诸侯，故言公。坎弓离矢为射。小过为大鸟、为隼。巽为绳直、为高，故为城墙。上位为位高、为高墉。小过变为解卦，其中小过为飞鸟之象，下有互巽（小过䷽>互巽），就是隼在高墉之上。变解后出现了上震之公和下坎互离的弓箭，故有“公射”之象。爻辞的意思是王公要射下高墙之上的鹰，会有收获，没有不利。象辞说：“公用射隼，以解悖也。”“悖”是背理昏乱。“解悖”是解除背理昏乱。上六在全卦穷极之位，故为悖。

【提示】

汉人解《周易》，卦气说较有理性。卦气说有李溉据《易纬》传下来的方图，还有唐释一行据孟喜卦气说制出的图表。图表讹误较少，方图则比较直观。

卦气说是把一年的四季、十二月、二十四节气、七十二物候、三百六十日与六十四卦对应配置在一起，用六十四卦表示一年内天地的运转情况。卦气图把六十四卦分出坎离震兑四正卦表示一年的四季。坎正北主冬，在二分二至中配冬至。一卦六爻，每爻主一个节气，初六主冬至，九二主小寒，六三主大寒，六四主立春，九五主雨水，上六主惊蛰。震正东主春，在二分二至中配春分。一卦六爻配六个节气，初九春分，六二清明，六三谷雨，九四立夏，六五小满，上六芒种。离正南主夏，在二分二至中配夏至。一卦六爻配六个节气，初九配夏至，六二小暑，九三大暑，九四立秋，六五处暑，上九白露。兑正西主秋，二分二至配秋分。一卦六爻配六个节气，初九秋分，九二寒露，六三霜降，九四立冬，九五小雪，上六大雪。其余六十卦，每五卦为一组，分辟、侯、大夫、卿、公五种，每组主六候，十二组共主七十二候。七十二候是中国传统历法中的术语，一般地说五日为一候，三候十五天为一个节气。每候用一种古人观察到的物候变化情况来说明，如“雷始发声”“水始冰”等。搭配的大致情况是每个候卦分出内外卦，各主一候，其余辟、大夫、卿、公各主一候，每组对应配六候。七十二候实际只有三百六十日（$72\times5=360$），把三百六十日分配在除四正卦之外的六十卦里，每卦六日，每卦六爻，每爻主一日。这是一个大体的配置，实际上已经是卦气说的整体设想，无须细究。因为前人取其整数 360 日为一年，余下的零头由置闰去解决，六十四卦只是个大的框架，不是历法，能基本反映天地运转情况就可以了。比如说，按太阳周天运动的实际情况说，周天实际是365 $\frac{1}{4}$度，这实际上就是后人把每个圆周分为360度的根源，但后人也没有一定要把圆周分为365 $\frac{1}{4}$度。然而在历法中余下的5 $\frac{1}{4}$日就必须照顾到它的客观存在，不然就会影响农时。后来历法日趋精密，要按365 $\frac{1}{4}$日与六十卦搭配，这就出现了每卦主六日七分之说（$365\frac{1}{4} \div 60 = 6\frac{7}{80}$）。六日七分之说在汉代郑玄注《周易》时已有论及，但这种说法把卦当成历法去计算，虽然精密，却并不符合《周易》整体构想的原理。应当说《周易》在它的构想中是卦主六日。

四十一　损——锦上添花

䷨

损卦的卦画组合为兑（☱）下艮（☶）上，传统称作山泽损。《序卦》云："缓必有所失，故受之以损。"意为：缓散懈怠一定会有损失，所以在解卦之后接着是损卦。损卦与下一卦益是覆的关系，损卦画颠倒就是益卦（损䷨倒置为䷩益）。从卦变上讲，彖辞提示说"损下益上""损刚益柔"，与损卦卦画相印证，损卦是由泰卦变来，虞翻说"泰初之上"。意思是说：泰初九䷊初九从最下位升到最上位，变䷨损。下卦减去一个刚爻，上卦增加一个刚爻，这就是"损下益上"，下卦三个刚爻减去一个，上卦三个柔爻加上一个，这就是"损刚益柔"。虞翻的讲法正确地说明了彖辞的内容。

损，有孚，元吉，无咎，可贞。利有攸往。曷之用？二簋可用享。

【译文】

损卦，有诚信，大吉大利，没有咎害，可守正。有利于前往。用什么？两簋（guǐ）可以用来祭享。

彖曰：损，损下益上，其道上行。损而有孚，元吉，无咎，可贞。利有攸往。曷之用？二簋可用享。二簋应有时，损刚益柔有时。损益盈虚，与时偕行。

象曰：山下有泽，损。君子以惩忿窒欲。

【译文】

损卦，减损下边增益上边，运行之道是向上走。损减而有诚信，大吉大利，没有咎害，可守正。有利于前往。用什么东西？两簋可以用来祭享。使用两簋祭享应当符合时宜，因为减损阳刚、增益阴柔适宜。减损增益、盈满亏虚，都是伴随着时序运行的。

山下有大泽就是损卦。君子从中得到启示，要遏制怒气，杜绝嗜欲。

【辨证】

卦辞说“损，有孚，元吉”，意思是说：有诚意地减损自己去增益别人，就会大吉大利。“无咎，可贞”，是说这样没有咎害，永保正道。从卦象上说下卦是贞卦，上卦是悔卦，贞是我方，悔是对方。泰变损是损我方益对方。人们经常犯的毛病是损人利己，而损卦是损己利人，确实具有诚意，应当大吉大利，没有咎害，永保正道。“利有攸往”，是说前往有利，卦象上指泰变损初九从最下位升到了最上位，升进之象，故有利。“曷之用？二簋可用享”中，“曷”义同“何”，“簋”是祭器，“享”是祭享。这句意思是说：用什么东西进献？简单的两盘祭品可用来祭享天地祖宗。“曷之用”的“之”是标志宾语提前，等于说“用何”，意思是用什么？“簋”这种祭器形制是内圆外方，古代用来盛放黍稷稻粱等新鲜谷物。古代的祭享八簋为盛，四簋为中，两簋为简。只有两簋供品是比较简省的。但只要有诚信，不必丰盛，两簋也可以。《左传》里讲：“苟有明信，涧溪沼沚之毛，苹蘩蕰藻之菜，筐筥锜釜之器，潢污行潦之水，可荐于鬼神，可羞于王公。”只要有诚信明德，草菜雨水，粗皿笨器也可以。从象上说正反震相对为二簋，由泰变损，刚爻从初位升到上位，变出正反震的对象，故言“二簋可用享”（上九  反震 正震）。爻向上推移，故有进献之象。

彖辞从三个方面解释损卦。（一）从卦变上说明损卦。“损，损下益上，其道上行”，指的是损卦由泰卦变来，泰卦的初九从下卦损减出来，增益到上卦成为上九，爻的推移运行之道是向上行走。这是从卦变中主爻的运动路线来说明卦义。程颐不承认损卦是从泰卦变来，可是在讲六三时说："三人谓下三阳、上三阴。"下三阳、上三阴还不是泰卦？可见事实如此，绕不过去。（二）从道理上说明卦辞。"损而有孚，元吉，无咎，可贞。利有攸往。曷之用？二簋可用享。"彖辞的这一段话除了把卦辞的"损，有孚"变成"损而有孚"外，全部是照引卦辞。彖辞是解释卦辞的，全部照引等于没有解释，不解释还写彖辞干什么？既然写了，说明彖作者认为这就是解释了。什么地方是解释？那就是把"损，有孚"变成了"损而有孚"。所以，彖辞是把卦辞当成一个大的因果复句来讲的。"损而有孚"中，"而"是如果的意思，这一句是因，其余的卦辞都是果。意思是说，因为是具有诚信地损己益人，所以才会出现"元吉，无咎，可贞。利有攸往。曷之用？二簋可用享"等这些结果。可见"损而有孚"，是彖辞中表示原因的关键部分。"损"是自己要承担损失，舍出点东西来给别人一些实惠。"孚"是诚信。有诚信地舍己助人，故可大吉大利，故可没有咎害， 故可守正道，故可有利前往。用什么去损己？换句话说，就是要损失些什么？因为心有诚信，简单的两簋哪怕是用来祭享也尽够了。（三）从天地损益盈虚的变化规律，说明为什么会有以上卦辞。"二簋应有时，损刚益柔有时"，是说为什么两簋就可用以祭享？这是因为祭享中有应当用二簋的时候，关键是要应时，时该损就损，时该益就益。一个人太刚强了，就到了损刚益柔的时候，如果不能损刚益柔，就会招致刚强太过的灾害。正如卦象那样，损刚益柔是因为到了泰卦，泰卦是刚柔平衡，刚爻再发展就要过中，这个时候应当减损。“损益盈虚，与时偕行”，是说天地自然都是应时而损益盈虚。比如天上的月亮，十五成为满月，再向前发展就要变得亏虚。时令到了夏至，白天太长，夜晚太短，再向前发展就要减损白天的时间，增益晚上的时间。到了冬至，夜晚又太长，白天又太短，再向前发展又会减夜增昼。这都是损益盈虚伴随时序而运行，是天地自然之道，损卦能应时损减，完全符合天地之道，所以才能“元吉，无咎，可贞。利有攸往。曷之用？二簋可用享”。《童溪易传》说：“夫惟与时偕行，则或损也，或益也，而惟时之为听，则当此时也，而二簋之是用不亦可乎？此卦之德，所以有曰‘有孚，元吉，无咎，可贞。利有攸往。曷之用？二簋可用享’也。”

象辞“山下有泽，损”，指的是损卦的上卦艮为山，下卦兑为泽，山下有泽就是损卦。从这个卦象中学习什么？山高泽深，泽越深山就显得越高，用以比附人的道德修养，减损自己身上无益的东西，让它像泽一样低之又低；增益自己的道德，让它像山一样高之又高，这样就会越损越高。“惩忿窒欲”，互文。孔颖达《正义》：“惩者息其既往，窒者闭其将来。忿欲皆有往来，惩窒互文而相足也。”意思是说：

对自己身上以前的、以后的怒气都要有所惩戒，有所扼制；对以前、以后的嗜欲也都要惩戒和扼制。把这些无益的东西损减下去，道德就愈加高尚。

初九：已事遄往，无咎。酌损之。

【译文】

已开始损减，急速前往，没有咎害。酌情减损。

象曰：已事遄往，尚合志也。

【译文】

已开始损减，急速前往，上往合乎心志。

【辨证】

“已事”各家讲的不同。王弼本把“已”看成是已经的已，“已事遄往”是“事已则往”。孔颖达说：“已，竟也；遄，速也。”意思是事情办完了就赶快去。也有人说已是止，是放下正在干的事马上去。虞翻本“已事”作“祀事”，说是“祭祀之事”。《释文》说：“已事，音以，本亦作以。虞作‘祀’。”项安世认为“古语止疾曰已”。已事是治病之事。

孰是孰非，只好从象上判断了。损卦从泰卦变来，泰卦的初九升进到上位，九二被推到初位，这就是损卦的初九。从象上看，是泰卦的初九已经去“损下益上”“损刚益柔”，接着就轮到了九二（损的初九）损益下去。“已事”是说已经开始了损减之事，“遄往”是说就应当急速地从下往上损减。轮到你了，慢腾腾地不好，马上行动前往。“无咎”是说越快越好，没有咎害。“酌损之”，是说要斟酌情况，适当损减，不要损减太过。因为泰卦下面只有三个刚爻，初九已经损减，九二处在损卦里又得急速损减，这样对刚爻的损减太过分，到了考虑应当损减多少的时候，要酌量。比如统治者向百姓征收赋税，这是损下益上，只要适度，没有咎害，超过百姓的承受能力，就会激出民变，量的多少要有个限度，应当酌量。象辞说“已事遄往，尚合志也”，指的是初九有正应在六四（

），六四在上卦。上九已升上去了，初九上卦有应合，也愿意上往。“尚”义同“上”。

九二：利贞，征凶。弗损益之。

【译文】

利于正道，征进凶。不损下也不益上。

象曰：九二利贞，中以为志也。

【译文】

九二利于正道，以守中为心愿。

【辨证】

在“损下益上”“损刚益柔”的大局中，上九已损下而益上，初九是酌量损减，九二如果继续损减下去，必然是损减太过。所好的是九二在下卦中位，正应六五在上卦中位，两者都能守中道。守中道是无过无不及，在损减上能适量合度，故言“利贞，征凶。弗损益之”，意思是说九二应当坚守不动，不能再损减下去，征进有凶，不损下也不益上。象辞说“九二利贞，中以为志也”，意为九二所以要利于正道，是以中位为心愿。在损卦就是以损益适中为心愿。上九是全损，初九是酌损，九二要使损减保持适中，应当全不损，所以九二是使全卦的损减达到适中。如同在一个天平上，一头放上上九过损的砝码，初九在损与不损之间，另一头要放上九二全不损的砝码，这样可以使损道平衡。这就是“中以为志”。

六三：三人行则损一人，一人行则得其友。

【译文】

三个人同行就会减损一人，一个人行走就会得到友人。

象曰：一人行，三则疑也。

【译文】

一个人行走（会得到朋友），三个人同行就会产生猜疑。

【辨证】

这一爻显然是在说损卦由泰卦变来。泰卦的下三爻都是刚爻，上三爻都是柔爻（泰䷊三柔三刚），变而为损，下卦三个刚爻失去一个，故言"三人行则损一人"；上九行往上卦，得到两个柔爻为友，故言"一人行则得其友"。柔爻的情况也是如此，泰卦三个柔爻的向下推移，使上卦失去一个柔爻，六三推移到下卦，得到两个刚爻为友。"友"与"朋"显然不同，"朋"是同性为朋（见坤卦"西南得朋"），"友"则是异性为友。象辞说"一人行，三则疑也"，意思是一人行走会得到友人，三人同行会产生猜疑。《系辞·下》解释这一句说："天地絪缊，万物化醇。男女构精，万物化生。《周易》曰‘三人行则损一人，一人行则得其友’。言致一也。”意为天地阴阳二气的亲密交合，万物得以浓醇化育；男女精血交构，万物得以化生。《周易》里讲“三人行则损一人，一人行则得其友”，说的是阴阳之间的致一。所谓“致一”就是达到一致。从哲学上讲就是同一性。对立双方有同一性，不能加入第三者，加入第三者就破坏了同一性。象辞说“三则疑也”，指的就是加入第三者同一性就要被破坏，相互猜忌。如同热恋中的两个人，有第三者插足，就会拈酸吃醋，迟早要甩掉一个。在《周易》的哲理中，“合二而一”是存在的。天地要合二而一，男女要合二而一，万事万物对立双方无不合二而一。

六四：损其疾，使遄有喜，无咎。

【译文】

减损他的疾病，能使他快一些有喜庆，没有咎害。

象曰：损其疾，亦可喜也。

【译文】

减损他的疾病，也还是可喜的。

【辨证】

从象上说，震为疾，六四位在互震。丰卦六四爻辞说“往得疑疾”，可以看出，“疑”就是一种疾。损卦六三象辞说“三则疑也”，是三爻并行为疑。泰卦变损，上卦三个柔爻推移到下卦一个，故言“损其疾”。推移到下卦成兑（☱下兑），兑为悦，故言“使遄有喜”。

“遄”是急速，是说爻的推移越快越有喜。从取义上说，六四是减损疾病，越快越好，不仅没有损失，还有治好病的喜悦，故“无咎”。

象辞说“损其疾，亦可喜也”，去掉疾病，当然是一件喜事。

六五：或益之十朋之龟，弗克违，元吉。

【译文】

有人送给价值十朋的宝龟，占卜不违背意愿，大吉大利。

象曰：六五元吉，自上佑也。

【译文】

六五大吉大利，是来自上天的庇佑。

【辨证】

“或”是有人，“益”是增益、送给。“十朋之龟”是价值十朋的大龟。《汉书·食货志》的注说：“苏林曰：两贝为朋，朋值二百一十六。”龟价十朋，可知是珍贵的宝龟。《尚书·大诰》：“予不敢闭于天降威，用宁王遗我大宝龟，绍天明。”意思是说：我不敢在上天降下灾难的时候把宝贝藏起来，用文王留给我的大宝龟，占卜一下天命如何，结果得到吉兆。大宝龟是国宝，有人送给大宝龟等于送给天命。《周易》是占筮书，筮与卜在古代经常同时使用，这在《尚书·洪范》里讲得很清楚。大宝龟当然是用来占卜。“从”与“违”是占卜的结果。“从”是占卜结果合乎意愿，“违”是占卜结果不合意愿。“弗克违”是占卜的结果不违背自己的意愿，“克”是能，也就是占卜的结果与自己的意愿一致，是“从”而不“违”，故言“元吉”。从象上讲，离为龟。泰卦变损，上九从下位上往，使二至上爻变成一个大离（

），是一个大的灵龟，六五在互坤里（

），坤为地，地数十，故为“十朋之龟”。象辞说：“六五元吉，自上佑也。”“上”指六五之上的上九。正是上九的损刚益柔，才使六五处在大离之中，所以是上九带来的福佑。从取义上说，“自上佑”是来自上苍的保佑，也就是天保佑。

上九：弗损，益之，无咎。贞吉。利有攸往，得臣无家。

【译文】

没有受到损减而是得到增益，没有咎害。守正道吉祥。有利于前往，得到臣民而失去家。

象曰：弗损益之，大得志也。

【译文】

不是损减，而是增益，心志得到大的满足。

【辨证】

从象上看，上九的“弗损，益之”显然指的是上九不是来损减，而是来增益。损卦从泰卦变来，上九正是“损下益上”的主爻，进往上位，明显地不是来损而是来增益。无损而有益，故“无咎”。“贞吉”是指全卦不能再继续损益下去，保持正道吉祥，也是损减不可太过的意思。“利有攸往”指上九的推移，上九从最下位往进到最上位，故为“利有攸往”。“得臣无家”指的是内卦为家，柔爻为臣民。上九从内卦推移出来，下据三个柔爻，故言“得臣无家”。按封建制的说法是拥有采邑为家，做了诸侯才是得臣。“得臣无家”是从有家的大夫变为拥有臣民的诸侯。王肃说“万方一轨”，指的就是这个意思。程颐也认为“得臣谓人心归服，无家谓无有远近内外之限也”。总之是以国为家，把家扩大成国了。象辞说“弗损益之，大得志也”，指的就是上九没有受到损害而只能得到益处，成为一国之君，心志得到极大满意。“弗损益之”在取象与取义上内容稍有不同。

【提示】

《系辞》里关于损卦提到得比较多，除对六三爻辞“三人行则损一人，一人行则得其友”作了解释外，在道德修养方面也常常提到损卦。“损，德之修也；益，德之裕也。”“损，先难而后易；益，长裕而不设。”“损以远害，益以兴利。”意思是说：不断地损减自己身上无益的东西，就是道德的修养。不断地增益自己身上有益的东西，就是道德的充裕。损减开始很难，但到后来会变得越来越容易；增益是长期充裕而不付出行动去创造。这是指道德的修养要顺其自然，损要顺规律而损，益要顺规律而益。只要按规律去损益，开始会难损一些，逐渐会变得容易。对道德的增益会长期不断地充裕起来，而不是一下子设立起来。损减可以远离危害，增益可以兴起利益。总之，损益都可在道德修养方面起作用，关键是损益的是什么。按象辞讲的“惩忿窒欲”，要损减的就是自己身上那些无益的东西。彖辞没有讲“损之时大矣哉”，但多次提到“应有时”“有时”“与时偕行”，可见损的时势也相当重大。就是要按时去损，该损则损，合乎自然地去损，损就可以吉祥。损并不是一个一定就不好的卦。《淮南子》引孔子读《周易》，至损益，喟然而叹曰：“或欲利之，适足以害之；或欲害之，适足以利之。利害祸福之门，不可不察。”《系辞》里又说“损以远害”，这些都讲的是损益的辩证关系。

另外，在这一卦里顺便介绍一下装卦与爻辰说。在古代说《周易》的理论中，还有一种装卦与爻辰说被看成是《周易》的基本理论之一。但这种讲法在《周易》的内证里找不出线索，所以我们没有采纳，这里只作一般性的介绍。装卦说实际上在传为京房的纳甲占筮法里已有运用，而卦书里则说是始创于战国时的鬼谷子。其基本做法是把十二辰配入八卦，“纳甲”是在八卦中配天干，装卦是在八卦中配地支，然后用干支的五行属性及其生克原理去判断吉凶。除干支外，还要配上六亲、六神，以及世、应、身爻等，形成一套所谓混元甲子的体系。京房称作是“降五行、颁六位”。

十二辰的搭配方式，按朱震《汉上易传》里的《乾坤六位图》的说法："天六、地六、气六、象六。天乾交坤而生震坎艮，故自子顺行。震自子至戌六位，长子代父也。坎自寅至子六位，中男也。艮自辰至寅六位，少男也。坤交乾而生巽离兑，故自丑逆行。巽自丑至卯六位，配长男也。离自卯至巳六位，配中男也。兑自巳至未六位，配少男也。女从夫者也，故其位不起于未。易于乾卦言大明终始，六位时成，则七卦可以类推。"他的意思是说：十二支按顺序排列，根据阳奇阴偶的性质可以分出阴阳如下：

子$_{1}$　寅$_{3}$　辰$_{5}$　午$_{7}$　申$_{9}$　戌$_{11}$——奇数阳六支

丑$_{2}$　卯$_{4}$　巳$_{6}$　未$_{8}$　酉$_{10}$　亥$_{12}$——偶数阴六支

乾与三男的震坎艮属阳卦，要配阳支；坤与三女的巽离兑属阴卦，要配阴支。阳卦都是顺序排列，阴卦都是逆序排列。依据这个原理把十二支配入乾卦，从下向上逐爻搭配是：

初爻子、二爻寅、三爻辰、四爻午、五爻申、上爻戌

坤卦从下向上逐爻搭配，从未上起是：

初爻未、二爻巳、三爻卯、四爻丑、五爻亥、上爻酉

震卦从下向上逐爻搭配完全与乾卦相同，是因为震为长子，可以代父。

坎卦是中男，比震向后错一位，逐爻搭配是：

初爻寅、三爻辰、三爻午、四爻申、五爻戌、上爻子

艮卦是少男，比坎向后又错一位，搭配如下：

初爻辰、二爻午、三爻申、四爻戌、五爻子、上爻寅

巽卦是长女，因为女子要随从丈夫，不能与母卦坤相同，所以从“丑”上起位，逆序搭配如下：

初爻丑、二爻亥、三爻酉、四爻未、五爻巳、上爻卯

离卦是中女，比巽卦错后一位排列如下：

初爻卯、二爻丑、三爻亥、四爻酉，五爻未、上爻巳

兑卦是少女，比离卦又错后一位排列如下：

初爻巳、二爻卯、三爻丑、四爻亥、五爻酉、上爻未

八卦生出六十四卦，其他卦的搭配，按上下卦分开，看它的上下卦各是八卦里的什么卦，然后以三爻卦为单位，区别开上下，把八卦的地支整体移入各卦。比如这一卦损，兑下艮上（䷨上卦艮 下卦兑），那么就把兑卦的下半截移入损的下三爻，把艮卦的上半截移入上三爻，成为：初爻巳、二爻卯、三爻丑、四爻戌、五爻子、上爻寅。余可类推，这样就把十二辰配入六十四卦。

天干的搭配依据纳甲（原理见蹇卦提示）。因为乾纳入甲和壬两位天干，就把甲配在乾的下卦，壬配在乾的上卦，乾的下三爻都是甲，上三爻都是壬。坤卦也纳入两位天干，乙和癸也一样分别配入上下卦，下三爻都是乙，上三爻都是癸。其他六卦因为只纳入一位天干，所以每爻都是那一位天

干，即震卦六爻都属庚，坎卦六爻都属戊，艮卦六爻都属丙，巽卦六爻都属辛，离卦六爻都属己，兑卦六爻都属丁。八卦配齐，再移入六十四卦。也是以三爻卦为单位，区别开上下，把八卦的天干整体移入各卦。比如损卦兑下艮上，移入兑卦的丁配在下三爻，移入艮卦的丙配在上三爻，加上前面讲的地支，损卦甲子的配置是：

初爻丁巳、二爻丁卯、三爻丁丑、四爻丙戌、五爻丙子、上爻丙寅

不过，这一套占筮方法，大多抛开了《周易》的卦爻辞，直接从五行生克中取断，虽然还用六十四卦的形式，而内容上已成为另一个体系，不应当与《周易》混为一事。

用爻辰解释《周易》，见于著录的是《易纬·乾凿度》。郑玄在《周易》《诗经》《礼记》的注释中，用过十几例，但语焉不详，把他的说法整理出来，大致是把六十四卦中的六个刚爻与六个柔爻与十二辰固定搭配起来，还配上十二月、十二次、十二律吕，以此来取象。其基本搭配方式如下表：

爻位	初九	六四	九二	六五	九三	上六	九四	初六	九五	六二	上九	六三
十二生辰	子	丑	寅	卯	辰	巳	午	未	申	酉	戌	亥
生肖	鼠	牛	虎	兔	龙	蛇	马	羊	猴	鸡	狗	猪
月	十一	十二	一	二	三	四	五	六	七	八	九	十
十二次	女虚	斗牛	箕尾	氐房心	角亢	张翼轸	柳星	井鬼	毕觜参	胃昴	奎娄	危室壁
律吕	黄钟	大吕	太簇	夹钟	姑洗	仲吕	蕤宾	林钟	夷则	南吕	无射	应钟

四十二　益——雪中送炭

䷩

益卦的卦画组合为震（☳）下巽（☴）上，传统称作风雷益。《序卦》云：“损而不已必益，故受之以益。”意为：不停止地损减下去，一定会出现损极而反的增益，所以损卦之后接着是益卦。《杂卦》云：“损益，盛衰之始也。”益卦是兴盛的开始。从卦象上看，损下益上就要衰败；损上益下就会兴盛。《杂卦》认为是不应当厚取于民，在上的统治者如能损上益下，国家就会兴旺发达。益卦与损卦一样，也是以内卦为贞、为我，外卦为悔、为彼，彼损我益，故卦名称益。益是增益的意思。

益卦与损卦为一组正覆卦，损卦的卦画上下颠倒为益卦（损䷨颠覆过来为䷩益）。益卦的卦变，彖辞提示说：“损上益下”“自上下下”“天旋地生”。这样说来，益卦只能从否卦变来。否卦是上乾下坤（否䷋乾坤），乾为天，坤为地，是上卦乾天中的三个刚爻减损一个增益到下卦，这就是“损上益下”

“自上下下”。既然说“天旋地生”，那么爻的推移是否的上九由最上位来到最下位，即：否上九䷋上九转到最下位，变䷩益。虞翻说“否上之初”，就是这个意思。蜀才认为是“此本否卦，案乾之上九下处坤初，坤之初六上升乾四”。在否卦里说是初与四换位，这就与彖辞的说法不合。“旋”就应当是整个卦的天地旋转，上九转到初位，下坤向上旋转，不是坤地的初六一爻向上旋转。“生”也只能从初位“生”。应当是上九向初位转，其他各爻随之向上推移一位。

益，利有攸往，利涉大川。

【译文】

益卦，有利于前往，有利于涉过大川险阻。

彖曰：益，损上益下，民说无疆。自上下下，其道大光。利有攸往，中正有庆。利涉大川，木道乃行。益动而巽，日进无疆。天旋地生，其益无方。凡益之道，与时偕行。

【译文】

益卦，减损上边，增益下边，百姓喜悦无边。从上降下，道德广大光明。有利于前往，是中正而有喜庆。有利于涉过大川险阻，是木舟能在水上行进。益卦动而能随顺，日复一日前进没有疆界。天旋转，地生养，增益没有固定的方式。大凡增益的法则，是伴随时序一起前行。

象曰：风雷益。君子以见善则迁，有过则改。

【译文】

风与雷组合在一起就是益卦。君子从中得到启示，见到善的就向善迁移，有过失就改正。

【辨证】

益卦“利有攸往，利涉大川”，从天道上讲是“穷则变，变则通，通则久”。物不可极，损到极点就是益的开始，益到极点就是损的开始。天道循环，永远亨通。反映这种天道的上经有泰否，下经有损益。泰是天下地上（䷊>地>天），否是地下天上（䷋>天>地）。从损益的角度看，泰是“天旋地生”到了极点的益，否是“损下益上”到了极点的损。泰卦一变就通而为损，否卦一变就通而为益。故损益两卦都“利有攸往”。损是向衰退的方向发展，益是向旺盛的方向发展。所以益卦“利涉大川”，就是说可以突破艰难险阻。具体的卦象，彖辞里做了说明。

彖辞分七个方面说明益卦。（一）结合卦变，阐发“损上益下”的意义。“益，损上益下”，是指益卦从否卦变来，否卦上面的三个刚爻减损出一个增益到下卦来。这种卦变所显示出的意义，是在上位的统治者能减损自己来增益在下的人民，所以百姓喜悦无边。这就是“民说无疆”。“说”同“悦”，“疆”是边。这是说明卦变所显示的社会意义。（二）结合卦变，阐发“自上下下”的意义。否变益，初九从最上位来到最下位，卦变上显示的是“自上下下”。第一个“下”是动词，意为下来；第二个“下”是名词，意为下位。对一个人来说，是能屈尊降贵，具有谦己尊贤的美德，能够敬事爱民。谦卦彖辞说：“天道亏盈而益谦，地道变盈而流谦，鬼神害盈而福谦，人道恶盈而好谦。谦尊而光。”天地鬼神都福佑有谦德的人，人都喜爱有谦德的人，故言“其道大光”。意为谦虚的人道德广大而光明。这是说明卦变所显示出的道德修养方面的意义。（三）从中位九五得正上解释卦辞“利有攸往”。“利有攸往，中正有庆”，指的是处在尊位的九五，下有六二正应。九五刚爻居刚位，位正，在上卦中位；应爻六二柔爻居柔位，位正，在下卦中位；上下应合，皆大欢喜，有喜庆，故可前往有利。（四）从上下卦象的组合上说明卦辞“利涉大川”。“利涉大川，木道乃行”，指的是上卦巽为木，下卦震为行，组合在一起成为益卦，象上显示的是用木做成舟适宜于在水上行走，故可涉大川有利。（五）从上下卦的特性组合上说明益卦。“益动而巽，日进无疆”，指的是下卦震的特性是动，上卦巽的特性是顺利，益卦能顺利而动，不会遇到障碍，就可日复一日地前进，前途无限。（六）从卦变上说明益卦的好处。“天旋地生”，指的是卦从否变来，否的上卦乾为天，下卦坤为地，乾天的上九来到初位，其他各爻随之上推一位，如同乾在不停地旋转，坤地在不断地吐生。“其益无方”，是说天地的生成功能无穷无尽，不拘方式地往出增益。“无方”是没有固定的方式，有方就受到限制，无方就没有限制，无方是多方，也就是广大无限、无穷无尽。（七）揭示益卦的时势意义。“凡益之道，与时偕行”，是说益与损一样，也是一种天道运行的自然规律，也要伴随时序的变化而运行，只要天道的时序不变，损益的规律也不变，有它的永恒性。告诉人们损益有时，该损的时候要损，该益的时候要益。比如春天到了万物增益的季节，人就要随时播种五谷、繁殖牛羊，这样就可得到增益。如果你在秋天损减的时候去播种五谷、繁殖牛羊，那就收获甚微，所以说益要伴随时序而运行。

象辞说“风雷益”，是指益卦的组合是上卦巽为风、下卦震为雷。“君子以见善则迁”是说，君子从风与雷中学习什么？学习迁善改过。“迁”是向某个地方迁移，“迁善”就是向善变迁，“善”就是我们今天讲的优点、长处。看到别人身上有什么优点、长处就向人家学习，使自己也变成这样的人。“有过则改”是说自己有缺点、过失要及时改正。

大象辞最后都要讲一下人的道德修养问题，从天道讲到人道，把天人合一，说《周易》是自然观与社会观的统一论，在大象辞中看得最为明显。至于“风雷”与人的迁善改过有什么关系，前人大多这样讲：“风得雷而威益彰，雷得风而声益远。雷风二物，相益为用，此风雷所以为益。君子观风雷相益之象，而尽其所以相益之道。”主要是从“相益”上联系起来的。风助雷势，雷助风威，这是相得益彰。人该怎么相益？学习别人的优点，克服自身的缺点，互相学习，在道德修养上相得益彰。

初九：利用为大作，元吉，无咎。

【译文】

利于用来兴办大事，大吉大利，没有咎害。

象曰：元吉无咎，下不厚事也。

【译文】

大吉大利，没有咎害，是下民不厚事上边。

【辨证】

初九是全卦的主爻，在卦变中从否卦的上位来到益卦的初位，是损上益下。在社会组织中，表示在上的统治者不厚取于民，不与民争利，能够与民休息，而且能把优惠带给下民。百姓可以用上面的优惠政策兴办大事。虞翻说：“大作谓耕播耒耨之利。”从象上看，这样讲是对的。下卦震是出生，是蕃鲜，是稼穑。但从取义上说，应作广义理解，大作是大的兴作，包括大工程、大事业、大项目的开发等。因为初九是“天旋地生”的主爻，天时地利正在大可增益的时机，故大吉大利，没有咎害。总之，这一爻是告诉人们，初九是干大事的有利时机。象辞说：“元吉无咎，下不厚事也。”是说初九是“下不厚事上也”，省略了一个“上”字。意思是说初九是损上益下，不是损下益上。在上的统治者不向在下的百姓征集太多的赋税徭役。换言之，是百姓负担较轻的时候。“厚”是状语，是丰厚、多的意思，“事”是动词，是事奉、交纳的意思。“不厚事”是上边要的不多，下边要交纳的较少，这从初九“损上益下”的象上看得很清楚。

六二：或益之十朋之龟，弗克违。永贞吉，王用享于帝，吉。

【译文】

有人送给价值十朋的宝龟，占卜不违背意愿。长久守正吉祥，君王用以祭享天帝，吉祥。

象曰：或益之，自外来也。

【译文】

有人来增益，是从外而来。

【辨证】

益是损的覆卦，益的六二就是损的六五倒过来，象相同，命辞也相同。从初九到九五是一个大的离卦（），离为龟，大离就是大龟。大离中间是互坤，坤为地，地数十。柔爻并连为朋贝之象，朋是两串穿在一起的贝，大离中的互坤形如两串贝。《说卦》“离为蚌”，蚌壳为贝，故这个大离是“十朋之龟”，价值珍贵，有灵应，是个大宝龟。“弗克违”的基本意思是用灵龟占卜，得出的结果与人的愿望一致。扩展一点讲，也可以是占卜的结果不能违背，也就是照占卜的指示去做。益的六二与损的六五不同之处在于位置变了。二是柔位，五是刚位；二是卑位，五是尊位。六二柔爻居柔位，位正，与九五阴阳正应，配合得天造地设一般合适，变动不利，故言“永贞吉”。上面提到的大离，换一个角度取象，又是正反相对的一组震卦（），震是簋，是祭器。祭器总是要对称地摆列，故二簋常取正反震的对象，二簋是祭祀之象。益卦从否变来，六二宝龟是否的上九从乾天下到初位才出现的。可见，六二是得到天的福佑，故言“王用享于帝，吉”，“帝”是天帝，这句意为君王用以祭享天帝，吉祥。象辞说“或益之，自外来也”，指的是有人送来的大宝龟，是从外卦来的，也就是否卦的上九从外卦来到内卦的初九，全卦变益，六二才得到增益，才有了“十朋之龟”。

六三：益之用凶事，无咎。有孚中行，告公用圭。

【译文】

用增益的东西拯救凶荒，没有咎害。有诚信，行中道，用圭璧告急于王公。

象曰：益用凶事，固有之也。

【译文】

用增益之物拯救凶荒，是本来应有的事。

【辨证】

古人把灾荒称作凶事。如《孟子》“河内凶”，指河内受了灾荒。《周官》中也说“凶事即荒政也”。《周礼》中更多，如“以委积待凶荒”。《周礼·大宗伯》记载的凶礼有五：“以凶礼哀邦国之忧，以丧礼哀死亡，以荒礼哀凶札，以吊礼哀祸灾，以禬礼哀围败。”其中的“以荒礼哀凶札”，指的是诸侯国发生灾荒，要去以荒礼哀恤。“凶事”指的就是灾荒。“圭”是救灾用的凭证。《周礼·春官·典瑞》：“珍圭以征守，以恤凶荒。”珍圭是天子征召守国的诸侯，或派使者去赈恤灾荒的专用凭证，这是天子珍圭的用途。郑玄注：“珍圭，王使之瑞节，制大小当与琬琰相依。王使人征诸侯、忧凶荒之国则授之，执以往致王命焉，如今时使者持节矣。恤者，开府库振救之。凡瑞节，归又执以反命。”诸侯国发生灾荒，天子派使者带着珍圭作凭信允许下边开仓赈灾，拨款救荒，圭是信物。圭是一种玉器，形制如同琬圭、琰圭，有九寸长。可见，这一爻都是针对拯救灾荒讲的。拯救灾荒与损上益下的主题一致，或者是免去徭役赋税，或者是从国库中拨出财物钱粮补贴遭灾荒的下民。所以，“益之用凶事”的基本意思是用上面增益给的东西去赈救灾荒。从象上说，益卦的六三与损卦的六四同象，都是遭受不幸，损卦的六四有疾，益卦的六三有凶荒，但损益的大局不同，损的六四是把不幸减损，故为“损其疾”；益卦的六三是用增益来救不幸，故为“益之用凶事”。从卦变中看，损卦从泰卦变来，泰卦的上坤失去一个柔爻到了下卦，六四正在上下卦接际之处；益卦由否卦变来，否卦的下坤失去一个柔爻到了上卦（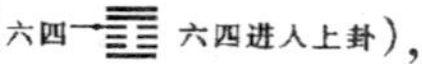

），六三在上下卦的接际之处。坤为地，地损失一爻，是田地有损失，故为凶荒，但全卦是益，故是用益来救荒，这在卦象上显示得十分清楚。“中行”指六三推移到了全卦中间的位置，“中行”是在中间行走。按上下卦分开取中，二位、五位为中；上下卦合在一起，三位、四位称中，如中孚（

）。“告公用圭”是指震为诸侯，乾为玉，卦变是否的上乾下来一爻成为下卦震（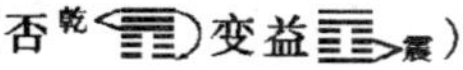

），故言“告公用圭”，虞翻说“乾为圭”是对的。朱震说：“上卦不变为玉，震东方之卦，交乾为圭，圭象春生者也。”这是从古代用圭象征春生来讲的，讲得走了点儿样。毛奇龄说：“坤艮重土之圭。”这是从八卦配五行讲的，指二至五爻有互坤、互艮（

），八卦配五行，坤为土，艮也为土，两个土放在一起就是“圭”字。这样讲，巧则巧矣，恐未必然。象辞说“益用凶事，固有之也”，没有讲象，只是说用上边增益的东西去救凶荒，本来就是应有的事。这是从道理上说明六三为什么会吉。以上讲的是爻辞的基本义，如果扩展一点理解，“凶事”则可以包括所有的凶事，不独指灾荒。

六四：中行，告公从，利用为依迁国。

【译文】

行中道，告于王公依从，利于用来作为依靠，迁移国都。

象曰：告公从，以益志也。

【译文】

告于王公依从，用以增强心志。

【辨证】

“迁国”，“国”指国都，是把国家的首都换一个地方。这一爻的“依”，古人多讲成是依附于某个强国而得到庇护。近人多讲成是“殷”，指周王朝建立之后，往成周迁移殷商王朝的遗民。《尚书·康诰》“殪戎殷”，《中庸》引作“壹戎衣”。《吕氏春秋·慎大》篇“亲邦如夏”，高诱注：“今兖州人殷氏皆曰衣。”这可以证明“殷”与“衣”有同音关系。但这充其量也只能证明同音有替代的可能，有可能并不一定就如此。备一说可以，如果认为是不可置辩就太学究气。帛书《周易》作“为家迁国”，古代“家”与“姑”同音，与“殷”的读音沾不上边，要指实“依”就是“殷”，理由并不充分。况且爻辞中还有“告公从”，“依”“从”互文见义，讲成依附理由更充分一些。一个诸侯国当受到外敌的威胁时，迁都是常有的事，不独殷商为然。迁都当然要找安全的地方，依附于某一强大友国从而得到庇护，这是情理中的事。从爻辞的普遍意义上考虑，讲成依附更通达一些。从象上看，六四也确是到上卦依附于九五。“中行”与六三同，都在全卦的中间位置。从义上讲，是行于中道。“告公从”，是向王公告急，王公依从，象上还是指初九以乾玉之圭来到初位，变震为诸侯，是带着信物来告公。所以要从初九取象，是因为初九是全卦主爻，又正是六四的正应。“从”是因为从下卦坤推进到上卦巽（六四→䷩>巽），坤是顺。巽是随顺，象上是顺从。坤为国邑，六四在从否变益中，由下卦坤推移到上卦，依附于九五，故言“利用为依迁国”。这一爻迁都有利。象辞说“告公从，以益志也”，“志”是心志，指六四与初九阴阳正应，初九依从，增强了六四的心志。王公答应了，自己的意志就更加坚定。这无异于指明“公”指初九。“志”一般是针对应讲的。

九五：有孚惠心，勿问，元吉。有孚，惠我德。

【译文】

有诚信施惠之心，不必占问，大吉大利。有诚信，怀惠于我的恩德。

象曰：有孚惠心，勿问之矣。惠我德，大得志也。

【译文】

有诚信施惠之心，不必再去占问。怀惠我的恩德，是心志得到大展。

【辨证】

九五居全卦尊位，在损上益下之时能施惠于民，是心怀诚信的圣明天子。天子恩惠下施，百姓心怀诚信感激这种恩德。所以彖辞说九五是“中正有庆”。从象上讲，否变益是损上益下，九五天子能施惠下民，故言“有孚惠心”。义取天子心怀诚信，施布恩泽。这个“惠”是施惠。“勿问，元吉”指九五在大离宝龟里（
），龟可占问，因为有施惠之心，不必占问也会大吉大利。“有孚惠我德”，指九五下有众多的柔爻拥戴于上（
），柔爻为民，是受到民众的热爱。这个“有孚”是百姓对天子有诚信，“惠”是百姓怀惠，怀念天子的恩惠。“我德”指九五施惠于下的恩德。爻辞从天子与百姓两个方面说，是相互“有孚”，两个“有孚”各指一个方面。“惠”对天子说是施惠，对百姓说是怀惠，两个“惠”也是分指上下，不是重复。但全爻是针对九五说的，意思是说九五有诚信，施惠于民，得到民众信赖，人民都感激九五的恩德，不必占问也会大吉大利。象辞说“有孚惠心，勿问之矣”，指九五有真诚施惠之心，勿需占问必然会元吉了。又说“惠我德，大得志也”，是指受惠的人怀念我的恩德，我的心志得到极大的满足。显然“惠”是施受同辞，或者说后一个“惠”是意动用法，“惠我德”是以我德为惠。

上九：莫益之，或击之。立心勿恒，凶。

【译文】

没有人来增益它，反而有人来打击。立心没有恒常，凶。

象曰：莫益之，偏辞也；或击之，自外来也。

【译文】

没有人来增益它，说的是普遍情况；有人来打击，是从外卦要下来。

【辨证】

上九爻辞在《系辞·下》里讲过：“子曰：‘君子安其身而后动，易其心而后语，定其交而后求。君子修此三者，故全也。危以动，则民不与也；惧以语，则民不应也；无交而求，则民不与也。莫之与，则伤之者至矣。’《周易》曰：

‘莫益之，或击之。立心勿恒，凶。’”意为孔子说：“君子先要使人感到自身安全，然后才去行动；使人心里平静喜悦，然后才与他说话；先与人家有交情，然后才去求他。君子能在这三方面修养到了，所以才能万无一失。要人家冒险去行动，民众不会跟着干；说话让人感到恐惧，民众不会响应；跟人家没有交情就去求人家，民众也不会给予帮助。没人给予帮助，就会有伤害你的人出来。《周易》里说：‘莫益之，或击之。立心勿恒，凶。’”从这段话里可以看出，“莫益之”就是没有人给予帮助；“或击之”就是会有人出来伤害；“立心勿恒”就是平素没有修养到，也就是立心不守恒常。从象上分析，否卦变益卦是否的上九“自上下下”来到初位，否卦原来的九五推移成为上九（否䷋变上九→䷩←原九五 ←原上九益），按“损上益下”的发展趋势，轮到上九接着“自上下下”，正如损卦初九的“已事遄往”。上九应当“损上益下”，不可能有人来增益上九，故言“莫益之”。上九位处高极，行将下落，故言“或击之”。上九的位置守不住，它也愿意由上返下，故言“立心勿恒”。这都是因为“天旋地生”是个不可改变的趋势，上九下落的命运确定无疑，所以才凶。卦在动荡，爻在推移，不是哪一爻在发生作用，而是整个大势如此，所以才讲“莫”、讲“或”。“莫”与“或”都是无定代词，“莫”是否定性的，意思是没有哪一个人；“或”是肯定性的，意思是有那么一个人，都不定指是谁。象辞说："莫益之，偏辞也；或击之，自外来也。""偏"，《释文》："偏音篇，孟作徧，云周匝也。"意思是说"偏"在孟喜的本子里是"徧"字，是周遍的意思。虞翻本也作"徧"，就是今天写的"遍"字。"偏辞"意为说的是普遍情况。象辞是错综成文，是讲"莫益之""或击之"是普遍如此，倒不一定是哪一个人；"莫益之""或击之"，都是因为上九会从外卦下来，不会有人上去增益它，反而会有人把它击落下来。象辞正是从卦爻推移的趋势上做出解释。从象辞的内在联系上分析，定本的"偏"字是形近致讹，应当是"遍"。

【提示】

在这一卦里提到用五行解卦，顺便介绍一下五行的原理。我国五行的观念比较古老，《尚书·洪范》里说："一曰水，二曰火，三曰木，四曰金，五曰土。水曰润下，火曰炎上，木曰曲直，金曰从革，土爰稼穑。润下作咸，炎上作苦，曲直作酸，从革作辛，稼穑作甘。"这至少可以说明，在《尚书》时代，人们已经把五行与五性、五味配在一起。《周易》里有五行观念与当时的认识是一致的。但像京房那样把五行配在卦爻上，从《周易》的内证上还看不出来。

按京房的说法，八卦的五行属性分别为乾兑金、震巽木、坤艮土、离火、坎水。六十四卦按归为八卦的哪一宫配上该宫的属性。如乾宫的八卦有：乾为天、天风姤、天山遁、天地否、风地观、山地剥、火地晋、火天大有，这八卦都随乾而属金。八卦的五行属性是据八卦方位定下来的，离正南为火，坎正北为水，震、巽位东属木，兑、乾位西属金。坤为地，当然属土，土在中央，故取对角成中线的艮为土。五行中除水、火外，其余三行各配有两卦，但有阴阳不同。阳四宫为乾父与三子卦，即乾、震、坎、艮。阴四宫为坤母及三女卦，即坤、巽、离、兑。于是分出乾为阳金，兑为阴金；坤为阴土，艮为阳土；震为阳木，巽为阴木。水火也分阴阳，但由坎离全代。

京房的《易传》说："八卦分阴阳，六位配五行。"清惠栋在《易汉学》里，据此制出八卦六位图，把爻位上怎样配五行做了说明。他的大意如下：

如乾为阳卦，各爻配十二辰的阳支，即：子、寅、辰、午、申、戌。初爻配子为水，二爻配寅为木，三爻配辰为土，四爻配午为火，五爻配申为金，上爻配戌为土。坤为阴卦，各爻配十二辰的阴支。但阴卦是逆数，从未配起，初爻配未为土，二爻配巳为火，三爻配卯为木，四爻配丑为土，五爻配亥为水，上爻配酉为金。余皆以此类推。京房这样搭配是为了装卦，以便于用五行生克推论吉凶。五行生克的基本原理是水生木，木生火，火生土，土生金，金生水；相克序是水克火，火克金，金克木，木克土，土克水。如果照京房的方法去解释吉凶灾异，六十四卦就无需卦爻辞，看它们之间的生克关系就可作出判断。所以，京房这样解释《周易》，已经脱离了《周易》的体系，完全是另外搞出一个算卦的系统。因为与本经相距甚远，不作详细介绍。如需详细了解，可参考清人王洪绪的《卜筮正宗》，书里对装卦等有全面说明。

四十三 夬——猛追穷寇

䷪

夬卦的卦画组合为乾（☰）下兑（☱）上，传统称作泽天夬。《序卦》云：“益而不已必决，故受之以夬。夬者，决也。”意为：增益不止一定会决口，所以在益卦之后接着是夬卦。夬是决口的意思。增益到容纳不下的时候，自然会决开口子流出来，这是把决讲成崩决、溃决。《杂卦》云：“夬，决也。刚决柔也。君子道长，小人道忧也。”意为：夬是决去的意思，是刚爻决去柔爻。刚爻为君子，柔爻为小人，是君子之道喜得生长，小人之道忧愁退去。这是从卦画五个刚爻要把最上面一个柔爻推出去讲的（夬䷪↑）。依据《序卦》《杂卦》的讲法，夬是决去、溃决的意思。按传统读法，夬读 guài。但《序卦》《杂卦》都认为它与“决”义同，“决”也从夬得声，古代读音相近，现在有了区别，其实它的基本意思就是“决”。

夬卦是刚爻生长到第五位，它是从坤卦渐次变化而来。

直接讲，它是从大壮卦变来，大壮䷡卦的刚爻向上再长一位即成夬卦。所以爻辞中屡屡提到“壮”。夬与下一卦姤是一组正覆卦，夬䷪上下倒置，即为䷫姤。

夬，扬于王庭。孚号，有厉。告自邑，不利即戎。利有攸往。

【译文】

夬卦，显扬于王庭，有孚信呼号，有危厉。封邑告急，不利于戎武，利于有所前往。

彖曰：夬，决也，刚决柔也。健而说，决而和。扬于王庭，柔乘五刚也。孚号有厉，其危乃光也。告自邑，不利即戎，所尚乃穷也。利有攸往，刚长乃终也。

【译文】

夬是决去的意思，刚健决去柔顺。刚健而喜悦，决去又能和洽。显扬于王者朝廷，是柔爻登乘在五个刚爻之上。有孚信呼号，有危厉，是有危厉才能光大。从封邑告急，不利于戎武，是上到了穷极之处。利于前往，是刚爻长到最后就会终止。

象曰：泽上于天，夬。君子以施禄及下，居德则忌。

【译文】

大泽到了天上，就是夬卦。君子从中得到启示，要把利禄施布给下边，自居有恩德则应禁忌。

【辨证】

夬卦卦辞都是针对主爻上六取象。所谓“扬于王庭”，是指九五是天子，上六位在王者之上，是被称扬，显扬于王庭之上。“孚”指的是受到王者的信赖。“号”指的是上兑为口（上六→䷪>兑），有呼号之象。“有厉”是指名声太显扬，很容易受到嫉妒，故有危厉。“告自邑”指兑口为告，夬卦从坤卦渐次发展而成，坤即将灭去最后一位柔爻，坤为邑，故为从封邑告急之象。“不利即戎”中，“戎”是兵戎，也就是用武力对抗，指上六无力抗拒刚爻的上长，用兵戎对抗不利。“利有攸往”，是指上六最有利的是前往而去，等六爻都长成刚爻，也就不可能再来上逼。

彖辞从六个方面解释夬卦。（一）从卦画上解释卦名含义。“夬，决也，刚决柔也。”意思是说：夬是决去，是五个刚爻要最后决去上六这个柔爻。这显然是说下面的五个刚爻还要向上发展，直至把上六逼出去，使全卦都变成刚爻。（二）从上下卦特性的组合上说明夬卦。“健而说”，是指下卦乾，乾为刚健；上卦兑，兑为喜悦，夬卦具有刚健而喜悦的特点。“决而和”是指主爻上六所在的上卦是兑，兑是和悦，既能决去，又能和悦，这也是夬卦的特点。处理事情，刚健则不易令人喜悦，决去就很难不伤感情，能刚健而令人喜悦，和和气气地除去小人，难能可贵，十分圣明。（三）从卦画上说明卦辞“扬于王庭”。“扬于王庭，柔乘五刚也”，是指上六凌驾于五个刚爻之上，显扬到了极点。推崇备至，无上光荣，有如在王庭里受到称扬。这是指受到九五之尊的崇尚。（四）从卦象上说明卦辞“孚号有厉”。“孚号有厉，其危乃光也”，是指上六处在全卦最高位置，太高了有危厉。按易理讲，能居安思危，才能平安无虞。上六在上卦兑里，兑为口，兑口呼号有危险，正是感到危厉而能及早预防，这样才能光大。“孚”是指受到五个刚爻的信赖。全卦只有上六一个柔爻，刚柔阴阳相求，上六孚于五刚，还感到危厉而呼号，所以能走向光大。（五）从爻位上说明卦辞“告自邑，不利即戎”。“告自邑，不利即戎，所尚乃穷也”，是指上六已处在穷极之处，上到无可再上，下面五个刚爻上推的大势不可逆转，用兵戎对抗没有任何作用。这也是说，上六的形势是从坤卦一步步发展到如此。坤卦一阳初生是复，长到五阳就是夬䷪。夬只剩下一个柔爻，上兑为口，坤为邑，邑步步消退，直至兑口来上告，是上到穷极之处。（六）从爻的推移上说明卦辞“利有攸往”。“利有攸往，刚长乃终也”，指夬卦的刚爻继续上长，长到全卦六爻皆刚就会终止，既然已成为不可改变的趋势，上六最好是往上退出去，退出去就会免去被逼的不利状况。意思是上六最有利的办法是往前走，不要与盈虚消息的天道抗拒。

象辞说“泽上于天，夬”，是就上下卦象的组合来说明夬卦。下乾为天，上兑为泽，泽水高出天上必然要决口，这就是夬卦。君子从卦象上得到启示，要把恩泽施布到下民身上，不要等决了口才让泽水流出来。这就是“君子以施禄及下”。“泽”取恩泽义，恩泽就是一种利禄。“居德则忌”，是说不要自居有恩德于人。换句话说，就是不要摆出一副有恩于人的样子。

初九：壮于前趾，往不胜为咎。

【译文】

前脚趾壮健，难以胜任地前往就是咎害。

象曰：不胜而往，咎也。

【译文】

难以胜任而前往，就是咎害。

【辨证】

《周易》例，初爻为趾。夬卦从大壮变来，大壮初九爻辞是“壮于趾”。夬卦刚爻比大壮又向前上长了一位，故言“壮于前趾”。“不胜”是难以胜任、承受不了的意思。刚爻从复卦开始上长，到夬卦已上长到五位，初九不停地往前进，不胜其烦，故言“往不胜”。“往不胜”就是一种咎害，故言“为咎”。象辞说“不胜而往，咎也”，就是指不停地长，初九难以胜任，这就是咎害。爻辞的意思是说初九有难以胜任的咎害。

九二：惕号，莫夜有戎，勿恤。

【译文】

受惊呼号，夜晚有兵戎，不必忧虑。

象曰：有戎勿恤，得中道也。

【译文】

有兵戎勿需忧虑，是得到中道。

【辨证】

初九是“壮于前趾”要向上长，九二也要上长，上长一位全卦成乾，九二会成为乾的九三。乾九三爻辞说“夕惕若厉，无咎”。从《周易》内部的联系上看，“惕”与“莫”取象于乾的九三。“莫”与“暮”是古今字，意同，“莫夜”就是乾九三的“夕”。“号”取上兑口为号，“戎”取刚爻与柔爻的对抗相推。“勿恤”是因为知“惕”而惧，可保平安。象辞说“有戎勿恤，得中道也”，强调了九二在下卦的中位。从取义上讲，是能行中道。关于爻辞的意思，《五代史》中有一个卦例，大致意思是说：唐明宗朝，路晏晚上去解手，厕所里有一个杀手正等着刺杀他。路晏觉得有些心惊，取灯来照，杀手走出来说：“先生不必害怕，我是受人指使而来，见先生办事耿直公正，所以没有下手。”说完就收起宝剑走了。后来路晏请董贺算了一卦，正好遇上夬之革。即夬卦的九二爻动，九二一变之卦为革卦，夬九二→䷪九二反性变化，为䷰革。革卦六二爻辞说“己日乃革之”，董贺分析说：“危险已经过去了，只要守住中正，不必担忧。”后来路晏果然无事。按这个用例分析，“惕号”是受到惊吓而呼号。“莫夜有戎”是夜晚有人袭击。“勿恤”是不必担忧。可见这一爻有惊恐，潜伏着危险，但最后平安，勿需忧虑。

九三：壮于頄，有凶。君子夬夬，独行遇雨，若濡，有愠，无咎。

【译文】

颧骨强壮，有凶险。君子面临当决，独自前行遇雨，打湿衣服，有怒气，无咎害。

象曰：君子夬夬，终无咎也。

【译文】

君子面临决断，最终没有咎害。

【辨证】

“頄”，郑玄本作“頯”（kuí）。《说文》：“頯，权也。”《释文》：“颧也，……翟云：‘面颧颊间骨也。’《玉篇》：‘頄，面颧也。’《广韵》：‘颊间之骨’。”“壮于頄”就是面颧骨强壮。“頄”与大壮九三的“羝羊触藩，羸其角”可联系起来理解。“角”与“頄”同在头上，取下卦乾为首。角强壮前顶，尚且有“厉”，“颧骨”强壮向前顶撞就会“有凶”。看来九三不宜向前挺进。“夬夬”意为要决断。其中前一个“夬”是当决，后一个“夬”是当决的时候。君子指九三是刚爻。全卦是五刚决去上六一个柔爻，而唯独九三是上六的正应，九三面临当决的时候，故言“君子夬夬”。“独行遇雨”指九三的正应上六在兑里，兑为泽，兑泽上天为雨象，故九三会“独行遇雨”。“濡”是衣服沾湿，九三在下卦乾里，乾为衣，遇雨而湿，故称“濡”。衣湿故生气，所以“有愠”，“愠”是生气发怒。“无咎”是没有咎害，因为上六终究是正应。象辞说：“君子夬夬，终无咎也。”也是强调九三与上六的正应关系，因为要决去的是九三的正应，所以才面临当决的时势。也正因为是正应，所以才会“无咎”。

九四：臀无肤，其行次且（zī jū）。牵羊悔亡，闻言不信。

【译文】

臀部没有皮肤，行走艰难。牵羊而进，没有忧悔，听到话不信。

象曰：其行次且，位不当也；闻言不信，聪不明也。

【译文】

行走艰难是位置不当；听到话不信是不聪明的表现。

【辨证】

爻位按人的体位来分，李鼎祚说："凡卦初为足，二为腓，三为股，四为臀。当阴柔，今反刚阳，故曰臀无肤。"意思是说：九四位当臀部。四位是柔位，而九四是刚爻，该有的没有，所以才是"臀无肤"。姤卦九三也有这样一句爻辞。正好出现在覆卦的同一爻位上（见姤卦）。其他爻辞相同的，大多都出现在覆卦的同一爻位上，看来是连类而取的倒象。"次且"今文写作趑趄，是行走迟疑难进的样子，与踯躅、踌躇、彳亍（chì chù）义近，"臀无肤"是臀上皮肤脱落，所以"其行次且"，进退都比较困难。上兑为羊，九四是被上兑拉着向前走，故曰"牵羊"。因为是被动地随着前进，故无忧悔。上兑为口、为言，九四与上六非比、非应，故"闻言不信"。象辞说"其行次且，位不当也"，指出九四刚爻占据柔位，位置不适当。九五与主爻上六相比，九三与上六相应，九四既不在比位，也不在应位，位置不适当。"闻言不信，聪不明也"中，"聪"是耳朵灵，"明"是明事理。这句意为听到话不信是因为处境艰难，别人的建议无关痛痒，难以明白事理。

九五：苋陆夬夬，中行，无咎。

【译文】

山羊面临决断，行于中道，没有咎害。

象曰：中行无咎，中未光也。

【译文】

行于中道没有咎害，是居中位还未光大。

【辨证】

“苋陆”前人有三种讲法。一是认为苋陆即“莞睦”，当喜悦和睦讲（虞翻）；二是认为苋陆是泽中的水草（王弼），荀爽则认为苋与陆各为一种泽草；三是认为苋陆是一种动物（孟喜）。从象上讲，孟喜的说法近是。大壮卦九三爻辞是“羝羊触藩”，九四爻辞“藩决不羸”，六五爻辞“丧羊于易”，上六爻辞“羝羊触藩”，都是讲羊的冲突前撞。夬由大壮发展而来，面临最后一个要决去的柔爻，上卦又是兑，兑为羊，所以苋陆是羊的一种，较为通达。《说文》讲苋是野菜，“萈”是“山羊细角者，从兔足”。所谓“苋陆”就是《说文》里的“萈”，因形近而传抄致误。“萈陆夬夬”是细角山羊面临决断的时候。大壮是大的兑卦

(䷪>☱)，夬上面是兑卦，故角细。九五与主爻上六相比，九三与上六相应，都有面临决断的问题，故两爻都言“夬夬”。“中行”指九五在上卦中位，是从中位向上行进，取义是说在中道上行进，合乎中道，故无咎害。象辞说“中行无咎，中未光也”，意思是说，从中位向上行进没有咎害，是在中位不行进就不够光大。只有向上推进使全卦成乾，才算光大。乾卦彖辞说“大明终始，六位时成”。九五虽居中位，但上六仍有柔爻未尽，只能“无咎”而已。

上六：无号，终有凶。

【译文】

号叫无用，最终会有凶。

象曰：无号之凶，终不可长也。

【译文】

号叫无用的凶，是到了最后，时间不会长久了。

【辨证】

上卦兑为口，为号叫。但全卦是五刚决去一柔，上六已到了穷极，号叫也没有用处，故言“无号”。这取决于盈虚消长的天道，天道无情，上六被决去的命运不可改变，故言“终有凶”。象辞说“无号之凶，终不可长也”，指出上六是坤卦被消退的最后一位柔爻，迟早要被刚爻取代，时间不会太长。

【提示】

彖辞说“刚决柔也”，上六象辞说“终不可长也”，这都明确地提示了刚爻向上推移，上六最后会被逼退的运动趋势，全卦的主要取象依据就是这种卦爻的推荡运动和消息盈虚的易理。其次是各爻与主爻上六的关系。辨象首先要摸清卦的来龙去脉，才能有一个总体的把握。夬卦的来龙就是由坤到大壮，去脉就是向乾发展。各爻的吉凶，大体是指在这个运动中的得与失。

前人在解释卦象时，有时会提到“两象易”的取象方法。所谓“两象易”是指，一个六爻卦由上下两个三爻卦组成，只要不是八纯卦，两个三爻卦的上下位置一调换，又会变成另外的一个六爻卦。比如夬这一卦是上兑下乾，如换成上乾下兑，就会变成履（䷉乾兑）卦。于是便可以从夬卦中寻找履的卦象，从履卦中寻找夬的卦象。从《周易》卦爻辞的内部联系上分析，这种从两象易中取象的联系并不是十分明显，大约有以下三卦可看出些痕迹。一是履卦的九五爻辞有“夬履”。另一卦是恒与益，益是上巽下震，换成上震下巽就成为恒卦（即益巽震䷩两象易，变䷟震巽恒），益卦的上九爻辞有“立心勿恒”。还有晋与明夷，晋是上离下坤（䷢离坤），换成上坤下离就成为明夷（䷣坤离）。离为日，坤为地，晋是白昼，明夷是夜晚，明夷上六爻辞有“初登于天，后入于地”。除此三卦外，两象易在其他卦里表现得不大明显，难以确定为一种普遍性的取象规律。虞翻在《易注》里多次提到两象易，但解释得过分勉强，不大容易使人信从。比如他解释《系辞·下》里的一段话：“上古穴居而处，后世圣人易之以宫室，上栋下宇，以待风雨，盖取诸大壮。”说“无妄两象易也”，意思是说大壮是无妄卦的上下卦换位（无妄乾震䷘两象易，变䷡震乾大壮）。于是从两卦的交叉运动和组成的互卦去解释：“无妄，乾在上，故称上古；艮为穴居，乾为野，巽为处。无妄，乾人在路（按指震），故穴居野处。震为后世，为圣人，后世圣人谓黄帝也。艮为宫室，变成大壮，乾人入宫。故易曰宫室。艮为待，巽为风，兑为雨，乾为高，巽为长木，反在上为栋，震阳动起，故上栋下宇，谓屋边也。兑泽动下，为下宇。”虞氏的这种辨象方法，很多人不以为然。两象易是否是《周易》作者的有意安排，仅凭这些材料还难以确定，所以我们只能弃而不取，只作一种读《周易》的知识，作一般性介绍。

四十四 姤——见微知著

䷫

姤卦的卦画组合为巽（☴）下乾（☰）上，传统称作天风姤。《序卦》云：“决必有遇，故受之以姤，姤者，遇也。”意思是说：决去之后一定会有遇合，所以夬卦之后接着是姤卦，姤是相遇的意思。《杂卦》云：“姤，遇也，柔遇刚也。”姤是相遇的意思，是柔爻与刚爻相遇。古文及郑玄本作“遘”，“遘”同“逅”，邂逅，指的是一种不期而遇，没有事先约定而碰上面的相遇。

从卦变上看，姤由乾卦变来，乾卦六爻皆阳，阳老而阴息，初位生出一个阴爻，这就是“柔遇刚”。姤又是夬的覆卦，夬卦翻倒过来就是姤，即夬䷪整卦倒过来，变姤䷫。

这一卦的主爻是初六。王弼在《周易略例》里讲：“夫少者，多之所贵也；寡者，众之所宗也。一卦五阳而一阴，则一阴为之主矣。”

姤，女壮，勿用取女。

【译文】

姤卦，女的太强壮，不要娶她。

彖曰：姤，遇也，柔遇刚也。勿用取女，不可与长也。天地相遇，品物咸章也。刚遇中正，天下大行也。姤之时义大矣哉！

【译文】

姤是相遇，柔爻与刚爻相遇。不要娶女人，是不能与她一同息长。天气与地气相遇，各类事物都蕃息显现出来。刚爻得遇中正的地位，阳气大行于天下。姤卦的时势意义太重大了。

象曰：天下有风，姤。后以施命告四方。

【译文】

天下有风就是姤卦。君王从中得到启示，要发布命令诏告四方。

【辨证】

卦辞说“女壮，勿用取女”。意思是说女的过分壮盛，不能娶这样的女子为妻。“取”与“娶”是古今字，义同。《周易》以柔爻为女，刚爻为男，姤卦只有初六一个柔爻，为什么还要说“女壮”？显然，这是从发展趋势上讲的。《坤文言》解释初六爻象说：“积善之家，必有余庆；积不善之家，必有余殃。臣弑其君，子弑其父，非一朝一夕之故，其所由来者渐矣，由辨之不早辨也。”是以柔爻为臣，为子，为不善，初六要向上发展，将刚爻灭尽，最后成为全是柔爻的坤卦。姤的初六正是将来发展成坤的初六，只是取了柔为女象。女的要向壮盛发展，要把男的灭掉。从未来的发展状况上看，不能娶这样的女人。彖辞里有说明。

彖辞从五个方面说明姤卦。（一）解释卦名意思。“姤，遇也；柔遇刚也”，指的是柔爻从夬卦被决去之后，又返到初位与刚爻相遇。姤是遇的意思，就是柔爻又来与刚爻相遇。（二）从爻的推移上说明卦辞“勿用取女”。“勿用取女，不可与长也”，指的是柔爻代表女性，刚爻代表男性，位在下表示上长，位在上表示壮老。柔爻虽处在初生阶段，但发展势头是越来越壮盛，刚爻虽处在壮盛时期，但发展前途是步步衰退。柔爻要不停地生长下去，而刚爻则会渐渐逼退，不能与柔爻一同生长，所以不能娶这样的女人为妻。从易理上说，是指盈虚消长是个不可改变的规律。从卦变上说，姤从乾变来，已经灭去乾卦的一刚，还要继续灭下去。（三）从阴阳运动的原理上说明姤卦的特点。“天地相遇，品物咸章也”，指的是刚柔爻的交接。纯乾只有阳气为天，纯坤只有阴气为地，两者不交接就不能化生万物。天的阳气与地的阴气相遇交流才能万物繁育。“品”是品类，“品物”是各类事物，“咸”是都，“章”是彰明显现。这句意思是说：有了天地阴阳二气的相遇才会有化生作用，万物才能都繁茂显现出来。（四）从刚爻占据上下卦中位说明姤卦。“刚遇中正，天下大行也”，指上卦的中位九五是刚爻，下卦的中位九二是刚爻，是刚爻还得遇中正的位置。阳爻为君子，柔爻为小人，小人虽处在上长的势头里，但目前还是君子之道在天下广泛流行。（五）强调姤卦的时势意义。“姤之时义大矣哉”，意为姤卦的时势意义太重大了。这个时势意义首先指的是姤为遇，遇是一种遇合，是一种机遇。不能把姤看成是坏卦，它同时还是个有机遇的卦，要抓住机遇及时进取，不要忽视机遇的重大意义。

象辞说“天下有风，姤”。讲的是姤上下卦的组合，上卦乾为天，下卦巽为风。上下卦象组合在一起是上天下风，所以才说天下有风就是姤卦。至于“后以施命告四方”，这里是从古人特殊的社会文化意识出发来作的说明。古人看到大地季节的变化、物候的转换，都源于天的运行，天的运行是怎样传送到大地上的呢？这就是靠风。春天刮明庶风，夏天刮景风，秋天刮阊阖风，冬天刮广莫风，把上天运转的契机不停地传送到大地上，大地才有了相应的变化。因而把风看成是传送上天号令的使者。后是君王，君王从“天下有风”中得到启示，也要把自己的号令传送到四方去，让四方的百姓随着君王的号令去行动，这也是效法天地之道。《周易》很多地方用巽卦作号令的象，就是源于古人这种文化意识。

初六：系于金柅，贞吉。有攸往，见凶。羸豕孚蹢躅。

【译文】

牵缚在缫车下的金属横杠上，正道吉祥。动而前往见凶。拴缚住的猪还要挣扎行动。

象曰：系于金柅，柔道牵也。

【译文】

牵缚在缫车下的金属横杠上，是柔道要有牵制。

【辨证】

“柅”，《释文》：“《说文》作‘檷’。云络丝趺也……

王肃作'柅'，从手；子夏作'鑈'；蜀才作'尼'。止也。"《正义》："柅之为物，众说不同。王肃之徒，皆为纺绩之器，妇人所用。惟马云：'柅者，在车之下，所以止轮，令不动者也。'于注云：'柅，制动之主。'盖与马同。"古音日、娘二母归泥，从尼、从尔得声之字可通。尼、抳、柅、檷、鑈，形虽异而读音字义相同，这一点没有疑问。重要的是"柅"究竟是个什么东西。《说文》讲作络丝趺，马融讲作"所以止轮"的车闸。要是从象辞"系于金柅，柔道牵也"来分析，讲成"络丝趺"好一些。车闸可止，而不能"牵"或"系"。"络丝趺"却既可牵，又可系。络丝趺是什么？段注："络丝柎者，若今络丝架子。"如此说来，就是手工作坊缫丝的缫车。唐阴宏道说："络器。关西谓之络垛，梁益谓之丝登，其下柎即柅也。"这就讲得更确定了。所谓柅，就是缫车下面的横木，它的作用是稳定缫车。讲成车闸不合适，《正义》是疏不破注，迁就了王弼的看法，不可从。"系于金柅"意为把丝系在缫车下的金属横杠上。"贞吉"是正道吉祥。"有攸往，见凶"是说，要是动而前往就会有凶。"羸"是拴缚的意思。大壮卦里"羸其角""藩决不羸"，"羸"都指的是被缠挂住进退不得。"羸"与"系"，意思上相互证发，不能讲成另外的意思。"豕"是猪。"孚"是信，意为确实。"踯躅"是行走不利落，这里指被拴缚住还要行动的挣扎样子。"羸豕孚踯躅"意为被拴缚住的猪确实还要挣扎着行动。这一爻的象可以参照遁卦，遁六二“执之用黄牛之革”，九三“系遁”，九四“好遁”，九五“嘉遁”，上九“肥遁”，遁就是猪。遁卦是下面生出两个柔爻，要九三把它们系住，不让它们再向上发展。姤卦只有一个柔爻在下，也要系住，控制它的发展。遁卦临接二阴首当其冲的是九三，命辞是“系遁”。姤卦首当其冲的是九二，故无论怎样取象，要九二把初六系住这一点可以确信。虞翻说“柅谓二也，巽为绳，故系柅。乾为金，巽木入，金柅之象也”。取九二是柅象，下卦巽，巽为绳，故系住了。互乾是金，巽又是木和入，故为系入金柅之象。豕的象在初六，《周易》常以阴爻为猪，阳爻为羊，盖取象于羊为阳物，豕为阴物。踯躅取象于巽为股，为进退。股进退为踯躅不前。“有攸往见凶”是就柔消刚说的，柔爻前进到二爻变遁，到三爻变否，到四爻变观，到五爻变剥，到上爻会最后将刚爻推出去变成坤，故前往会有凶。朱震说：“一阴虽弱，方来也；五阳虽强，既往也。”要从发展上看问题，圣人见几，岂可忽视，一定要早作防范。防范不早，就会出现凶的局面。初六既是豕，又是丝，朱震说：“初六阴柔不正，与九二相遇，如丝纷然，系之以坚重之器，乃可经理。”这个意思是对的。丝不加以经理就会延伸很长，把它系在缫车上绕起来，就不往上延伸了。

九二：包有鱼，无咎，不利宾。

【译文】

包裹中有鱼，没有咎灾，对宾客不利。

象曰：包有鱼，义不及宾也。

【译文】

包裹中有鱼，从道理上不会再让给宾客。

【辨证】

前人有把“包”讲成庖厨之“庖”的，从文字上讲可通，但不是最基本意思。全卦，九二是“包有鱼”，九四是“包无鱼”，九五是“以杞包瓜，含章”，都提到包，九五的“包”“含”前后照应。从全卦的整体上理解，包就是包含、包容、包裹。“包有鱼”该怎样理解？讲成包苴好一些。包苴是送人的礼包。古人常以豚鱼作为一般行礼之物，初爻已提到豕，豕是大豚，二爻提到鱼，联系起来看是讲行礼之物。王引之《经义述闻》，在讲《中孚》“豚鱼吉”时说：“豚鱼者，士庶人之礼也。《士昏礼》：‘特豚合升去蹄，鱼十有四。’《士丧礼》：‘豚合升，鱼鱄鲋九，朔月奠用特豚鱼腊。'《楚语》:'士有豚犬之奠，庶人有鱼炙之薄。'《王制》:'庶人夏荐麦，秋荐黍。麦以鱼，黍以豚。'豚鱼乃礼之薄者，然苟有中信之德，则人感其诚而神降之福。故曰'豚鱼吉'，言虽豚鱼之荐亦吉也。"这些材料可以证明用豚鱼作行礼之物是古人的一种习惯。这一卦讲相遇，看来说的是相遇时的礼仪。"包有鱼"是与人相遇的见面礼，包中有鱼。《诗·国风·召南·野有死麕》云:"野有死麕，白茅包之。有女怀春，吉士诱之。"写一个男子把麕鹿肉用白茅包起来，送给一个求爱的女子，引诱她对自己的爱慕。男女见面还要送礼包。虞翻说:"巽为白茅，在中称包。"意思是下卦是巽，巽为白茅，九二在中位故称包。"不利宾"是对宾客不利，鱼的取象是初六，柔爻为鱼、为豚。《周易》里提到鱼的除这一卦外，还有两卦，一卦是剥䷖，六五"贯鱼。以宫人宠"，显然指连贯的五个柔爻为贯鱼。另一卦是中孚䷼，卦辞说"豚鱼吉"，豚鱼指中间的两个柔爻。这一卦只有一个柔爻在初六，九二"包有鱼"指九二可以包容初六。初六与九四是正应，与九二只是比邻，按一般情况讲，初六应属九四，但在讲相遇的卦里，比邻较正应更得利。比邻直接相遇，九二就"包有鱼"了；相应不一定相遇，九四反而被冷落了。九四爻辞是"包无鱼"。看来"宾"指的就是九四，这是从应爻上取象。象辞说"义不及宾也"，前人认为是五个刚爻都要限制柔爻的上进，九二一见就把初六挡住是应当的，从道理上讲不应该让它去应九四。“义”是道义，“及”是到。

九三：臀无肤，其行次且。厉，无大咎。

【译文】

臀部没有皮肤，行动艰难。有危厉，没有大的咎害。

象曰：其行次且，行未牵也。

【译文】

行动艰难，是因为没有羊来相牵。

【辨证】

这句爻辞与夬卦九四前半部分相同，这是因为姤是夬的覆卦，夬的九四倒置过来就是姤的九三（夬䷪←九四全卦倒置九三→䷫姤）。“臀无肤”是说臀部没有皮肤，看来是受了笞刑，把臀部皮肤打烂了，行动艰难。九三在下卦巽里，巽为股。巽的上爻股上为臀。下卦还没有长成艮，艮为肤，故言“臀无肤”。有危厉，但没有多大咎害，是受些皮肉之苦，不是大灾难。象辞说“行未牵也”，也要与夬九四联系起来看。夬九四是“牵羊悔亡”，姤九三没有牵羊，故不能悔亡，而有厉，这一爻显然取象于夬的九四。只是时势不同，夬是刚决柔，姤是柔遇刚。夬卦刚爻要前进，姤卦刚爻要巩固地盘。

九四：包无鱼，起凶。

【译文】

包裹中没有鱼，奋起凶。

象曰：无鱼之凶，远民也。

【译文】

没有鱼的凶，是因为远离民众。

【辨证】

《系辞·下》讲：“阳卦多阴，阴卦多阳，其故何也？阳卦奇，阴卦偶。其德行何也？阳一君而二民，君子之道也；阴二君而一民，小人之道也。”是以阳爻代表君王，阴爻代表民众。九四本来与初六正应，是有民众的，但在相遇的卦里，初六与九二比邻相遇，民众附属于九二。九四该有民而无民，都是因为它较九二远离初六。没有民众的支持，奋起行动就有凶。这一爻显然是不宜行动。九二占据下卦中位是主，九四不在中位，又阳居阴位不正，故只能是宾，初六如取鱼象，鱼也被九二占有，故九四“包无鱼”。

九五：以杞包瓜，含章，有陨自天。

【译文】

用杞柳把瓜包起来，文采隐含于内，从天上陨落。

象曰：九五含章，中正也；有陨自天，志不舍命也。

【译文】

九五文采隐含于内，是因为位置既中又正；从天上陨落，是立志不放弃使命。

【辨证】

“杞”字多解。《正义》：“先儒说杞，亦有不同。马云：‘杞，大木也。’《左传》云：‘杞梓皮革自楚’，注则为杞梓之杞。子夏传曰：‘作杞匏瓜。’薛虞记云：‘杞，杞柳也。杞性柔韧，宜屈挠，似匏瓜。’又为杞柳之杞。按王氏云：

'生于肥地'，盖以杞为今之枸杞也。"简言之，对"杞"有三种说法：马融认为是一种像梓木的大树；虞翻认为是杞柳；王弼认为是枸杞。要是与包联系起来考虑，朱震说"大杞也，杞似樗，叶大而荫"，是一种大叶树。"以杞包瓜"，是说用杞树叶把瓜包起来。至于象，虞翻说："巽为杞，为包，乾圜称瓜。"是说取象于下卦巽和上卦乾，巽为木，故为杞柳，乾是圆的，故为瓜。"章"是文采，"含章"是文采隐含于内。象辞说"含章，中正也"，意为九五含章的取象在于位置中正。"中"指九五在上卦中位，正指阳爻处阳位。"有陨自天"是从天上陨落下来，取象于上卦乾为天，下卦巽为风，风从天上吹下，故有陨落之象。象辞说"志不舍命也"，意为立志不放弃使命。从象上看，柔爻在下生出，会渐次取代刚爻的地位。九五处在尊位，极力维护刚爻的统治地位，尽管有"自天陨落"的可能，但立志不放弃当时的时势，努力限制柔爻的生长。这也是天命所归啊 。

上九：姤其角，吝，无咎。

【译文】

遇到硬角来顶触，有悔吝，但没有咎害。

象曰：姤其角，上穷吝也。

【译文】

遇到硬角来顶触，处在卦的上穷之位，会有吝难。

【辨证】

从卦上看初爻为趾，上爻为角，很多卦都这样取象。具体地说，上乾为首，上九在乾卦之上，也是头上的角。在相遇的卦里，上九是遇到角来顶撞。乾卦上九爻辞是“亢龙有悔”，姤卦上九也处在“亢龙”之位，正是穷极而退的位置。初爻已生出一柔，向上再前进一步就会把它推出卦外，故有吝。因为刚爻势众，九二、九五还守着中位，局面暂时还可维持，故无咎。用彖辞的话讲，上九的无咎是“刚遇中正，天下大行”，但这一爻确实潜伏着危机。

【提示】

姤是十二消息卦中六个阴长卦之一。按阴阳消长的规律，阳老而阴生。乾卦纯阳，阳已壮老，于是一阴初生为姤䷫，继之以二阴生为遁䷠，接下去是三阴生为否䷋，四阴生为观䷓，五阴生为剥䷖，直至阴爻把阳爻全部推出卦外变坤䷁，这是一个必然的趋势。但《周易》里还有阴阳轩轾的规律。所谓轩轾，指的是阴阳虽是对立统一的两个方面，但双方并不是均等的，二者要分主从、高低。阳尊阴卑，阳为君子，阴为小人。所以每当阳长之卦，总是极力赞颂它的上进。反之，每当阴长之卦，则极力抑制它的上进。从哲理意义上讲，作者显然具有一种阴阳轩轾的观念，认为阳的本质属性是主，阴的本质属性是从，二者不能等量齐观。姤卦是一阴初生，阴爻的势力还相当微弱，从阴阳消长的规律看，它是新生事物，未来的发展趋势不可忽视，五个刚爻虽然势力还相当强大，但潜伏着危机。从阴阳轩轾的规律上讲，阳的本质属性是主，阴又不能把阳推到从属的地位上去。柔爻的上进发展还会受到从属这个本质的限制，这就构成十二消息卦中六个阴长卦的特殊运动方式。从哲学意义上讲，《周易》认为，事物虽然都是一分为二，有对立统一的规律在起作用，但也不可忽视对立双方的主从关系。关于阴阳轩轾的哲理，还应作为一种命题深入研究。

四十五　萃——众心聚合

䷬

萃卦的卦画组合为坤（☷）下兑（☱）上，传统称作泽地萃。《序卦》云：“物相遇而后聚，故受之以萃。萃者，聚也”。意为：事物都是相遇然后才能聚集在一起，所以在表示相遇的姤卦之后接着是萃卦。萃是聚合的意思。《杂卦》云：“萃聚而升不来也。”意为，萃是聚集，升是不来。象辞也说“萃，聚也”。依据这些说明，卦名萃的含义是聚集、聚合。卦中比较多地提到对宗庙的祭祀，这是出于古代社会特殊的政治文化意识。商周时代，一个王国的创建，先要营建国都，让人们定居下来。建邦设都时，首先要建的是宗庙，然后才营建宫室。宗庙是一个国家的政治核心，什么天命呀，祖先的福佑呀，人民的信仰，等等，都取决于人们对鬼神的敬畏。没有宗庙，等于没有指导思想和政治核心；有宗庙才能聚合人心、统一众志。讲宗庙，实际讲的是社会民众的聚合。

关于卦变，朱震说：“萃自临来，小过三之五。”朱震认为是先由临变为小过，再由小过变为萃卦。朱震的说法与象辞合（见下卦）。是小过的九三上升成为九五，即：小过六五九三䷽九三与六五互换位置，变䷬萃。萃卦从小过变来，小过是两个刚爻在中，信孚之象，故其卦里多次提到“有孚”。萃卦九五是全卦的主爻，也是全卦的聚合中心。萃卦与下一卦升是覆的关系。

萃，亨，王假有庙。利见大人，亨，利贞。用大牲吉，利有攸往。

【译文】

萃卦，祭享，君王到宗庙祭祀。利于见大人，亨通，利于正道。用大牲去祭祀吉祥，有利于前往。

彖曰：萃，聚也。顺以说，刚中而应，故聚也。王假有庙，致孝享也。利见大人，亨，聚以正也。用大牲吉，利有攸往，顺天命也。观其所聚，而天地万物之情可见矣。

【译文】

萃是聚集的意思。和顺又喜悦，刚健中正又有应援，故能聚集。君王到宗庙去，是尽孝心祭享祖先。利于见大人，亨通，是按正道集聚。用大牲吉祥，有利于前往，是顺应天命。观察它如何相聚，就可窥见天地万物的真情。

象曰：泽上于地，萃。君子以除戎器，戒不虞。

【译文】

大泽高出地上就是萃卦。君子从中得到启示，要修治兵器，警戒意外事故。

【辨证】

卦辞说："萃，亨，王假有庙。利见大人，亨，利贞。"程颐认为卦辞不应当出现两个"亨"，第一个"亨"是衍文（多余的字）。有的本子就把这个字删掉了。彖辞不这样讲。依据彖辞"王假有庙，致孝享也"的说法，显然是把第一个"亨"字当成"享"字来读。古代"亨"与"享"是同一个字。"亨"不是衍文，而是祭享的意思。"假"读"更白反"，音格，是至的意思。"有庙"即宗庙，"有"字是词头，"萃，亨，王假有庙"，是说萃卦要祭享，君王到宗庙里去祭祀祖先。这是取象于初至五爻是个小的观卦（九五 初六  观），观卦卦辞说"盥而不荐，有孚颙若"，就是讲宗庙中的祭祀。"利见大人"有双重意思，一方面是说正是大人显身扬名的时候，有利于大人出现，卦象上指小过的九三升进到尊位，大人得位；另一方面是说，大人居位，人们可以去进见，也是有利的时候。“亨，利贞”是卦德，“亨”是亨通，“利”是有利，“贞”是正道。“用大牲吉”中，“大牲”是用牛做成的供品。用动物肉做供品叫牺牲。牺牲常用的有牛、羊、豕三种。牛最大，故称大牲。从象上说，下卦坤为牛，上卦兑为毁折、为口，牛毁折供口享，故为大牲，是说用大牲祭享最吉祥。“利有攸往”指小过变萃，九三上往有功得位，故前往有利。

彖辞从五个方面说明萃卦。（一）先解释卦名。“萃，聚也”，是说萃是聚集、聚合的意思。可与《序卦》《杂卦》的说法相互印证。（二）从上下卦特性组合以及主爻九五说明聚的原因。“顺以说”，指的是萃卦由下卦坤和上卦兑组合而成，坤是顺从，兑是喜悦，组合在一起是顺从而又喜悦，这是能聚的第一个原因。“刚中而应”指主爻九五与六二阴阳正应。九五刚爻处上卦之中，六二柔爻处下卦之中；九五刚爻刚健处在中位，又有柔顺居中的六二相应，能聚合天下的民众，成为全卦的核心。“故聚也”，是说有以上两条原因，所以能聚合。（三）解释卦辞“亨，王假有庙”。“王假有庙，致孝享也”，是说君王到宗庙里去是表示对先王的忠孝而进行祭享。这显然是把第一个“亨”讲成“享”。（四）从主爻九五位正说明卦辞“利见大人，亨”。“利见大人，亨，聚以正也”，指的是九五刚爻居刚位，位正，使民众聚合于中正，说明九五是圣明的大人，所以“利见大人”而亨通。（五）从卦变上说明卦辞“用大牲吉，利有攸往”。“用大牲吉，利有攸往，顺天命也”，指的是小过卦变萃卦，九三升进到尊位，大人得位，前往有利。五位是天位；下卦坤为顺；三至五爻互巽（

），巽为命令，故言“顺天命”。君王用大牲祭享宗庙，是对天命的尊敬。（六）推阐萃卦的意义。“观其所聚，而天地万物之情可见矣”，是讲萃卦在哲理大道上的意义。“观其所聚”是观察天下万物如何聚合。“情可见矣”，是说就可察见它们各自的真情实理。天地万物是“方以类聚，物以群分”，有规律可循，能正能中，才能把天地万物聚合得顺乎天道。推广到哲学的普遍意义上讲，就是看万物的分合，是研究自然与社会的一个重要方法，这个方法应当引起人们的普遍重视。它是人类观察世界、认识世界不可或缺的认知手段。《周易》的这种分合论，揭示了人们基本的认识方法。

象辞说“泽上于地，萃”，是就上下卦卦象的组合解释萃卦。上卦兑为泽，下卦坤为地，大泽高出地面，是大泽满聚之象。荀爽说：“泽者卑下，流潦归之。”泽本来比地面要低，所以众水归聚，现在高出地面，可见水汇聚得相当多了。“除戎器”中，“除”是修治的意思，“戎器”就是兵器。“戒不虞”中，“不虞”是意想不到的事。这两句是说要修治兵器，警戒意外的事变。这是从“泽上于地”有决溃泛滥的可能讲的。程颐说："凡物之萃，则有不虞度之事故，众聚则有争，物聚则有夺，大率既众则多故矣，故观萃象而戒也。"聚众很可能闹事，要防着点。

初六：有孚不终，乃乱乃萃。若号，一握为笑。勿恤，往无咎。

【译文】

有诚信而不能坚持至终，于是乱，于是聚。似哭号，握手聚合而破啼为笑。不必忧虑，前往没有咎害。

象曰：乃乱乃萃，其志乱也。

【译文】

于是乱，于是聚，是心志乱的缘故。

【辨证】

"有孚不终"是有诚信而不能始终如一。象辞说乱是心志乱。象辞说萃是聚。"若号"与"为笑"意思相互证发，"号"是哭号。"勿恤"是不必忧虑。"往无咎"是前往没有咎害。这些词句的讲法都比较肯定。只有"一握"的含义较难把握。前人有讲成“一屋”的，有讲成“小之貌”的，还有讲成一团、一心、犹弹指之间的，也有讲成握手而聚的。比较起来，讲成握手而聚好一些。这段爻辞用了分承的修辞方法，“有孚”与“乃萃”“一握为笑”意思相承；“不终”与“乃乱”“若号”意思相承。意思是有诚信而又不能坚持至终，于是才心志散乱，于是才得以聚合。有如哭号，却又握手而聚，破啼为笑。用不着忧虑，前往不会有咎害。从象上看，理解会更清晰一些。初六取象的主要线索是卦变。萃从小过卦变来，处在聚合之初。小过的九三上升到五位成为萃卦（小过䷽>九三与六五换位变䷬萃）。在小过卦里，初六与九四正应，对九四有诚信，这时对九四“有孚”比较稳定。变萃之后，九五成为全卦聚合的中心，初六虽仍与九四正应，但最终是要向九五这个核心聚合，对九四的“孚”要变，这就是象辞说的“乃乱乃萃，其志乱也”。心志散乱才能促成初六向九五聚合，这就是“乃乱乃萃”。哭与笑的关键在于初六是从在上的九五，还是从在下的九四。从九四取在下的互巽（䷬>互巽），巽为号，故为哭号。从九五取在上的兑卦（䷬>兑），兑为口、为悦，故为笑。在聚合的大局中，九四最终也要向九五聚合。初六、九五间隔互艮（九五 初六 ䷬>互艮），艮为阻，又为手，艮手相握才有破阻而归聚于九五的可能，故有“若号，一握为笑”的爻辞。初六从九四有忧虑，但最终聚合于九五，故不必忧虑，前往没有咎害。初六在聚合之初，要经历一番选择，选择向九五聚合就吉，选择向九四聚合是中心分散，不合时势就凶。

六二：引吉，无咎。孚乃利用禴（yuè）。

【译文】

引入吉祥，没有咎害。有诚信，用以禴祭有利。

象曰：引吉无咎，中未变也。

【译文】

引入吉祥没有咎害，是因为守中而未变。

【辨证】

从爻象辞中可以看出，爻辞取象于卦变。“引吉”是小过的九三上升到五位，成为六二的正应，把六二引入吉祥。小过卦里六二无应，紧承九三(小过䷽<九三 六二)。九三升到萃卦的九五，成为全卦的中心，地位最尊，六二与九三承的关系变成六二与九五应的关系，故吉祥而无咎害。六二的吉祥是九五的牵引，故云“引吉”。六二在下卦中位，卦虽变而守中不变，上应九五，故有孚信。有诚信可感召神灵，故有利于

进行禴祭。“禴”是祭名，字也作“礿”。据《礼记·王制》讲：“天子诸侯宗庙之祭，春曰礿，夏曰禘，秋曰尝，冬曰烝。”注：“此盖夏、殷之祭名。”禴在夏商两朝指春天对宗庙的祭祀。《诗·小雅·天保》：“禴祠烝尝，于公先王。”《毛传》：“春曰祠，夏曰禴，秋曰尝，冬曰烝。”到了周朝，禴是夏天对宗庙的祭祀。从卦象上看，应当指春天的祭祀。小过上卦为震（☳>震），震为春，小过九三上升到震里，占据了九五王位，是君王进行春祭之象。“禴”是一种比较简单的祭祀。《礼记·王制》疏：“禴者，薄也。春物未成，其祭品鲜薄也。孙炎云：禴者，新菜可禴。”主要是用蔬菜做祭品。既济卦九五爻辞说：“东邻杀牛，不如西邻之禴祭。”简单的蔬菜供品比大牲做供品还好，主要是祭祀的人要有孚诚。六二有孚诚，进行禴祭也会得到神灵的福佑，故云“孚乃利用禴”。象辞说“引吉无咎，中未变也”，从中可以察见卦变的线索。六二守中未变，那么有的爻则可能发生了变化。能引六二入吉的只有应爻九五，看来九五是变上去的。

六三：萃如，嗟如，无攸利。往无咎，小吝。

【译文】

聚集的样子，嗟叹的样子，无所利。前往没有咎害，有小吝难。

象曰：往无咎，上巽也。

【译文】

前往不会有咎害，是因为上面是巽卦。

【辨证】

小过九三与六五换位才变成萃卦，故言“萃如”。六三就是小过的六五，从尊位下来了，故无所利。但两爻的交换对整个卦是有益的，这种来往没有咎害，只是对六三来讲有些小吝难。两爻的交换，对六三来讲使小过的互兑（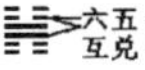

）变成萃卦的互巽（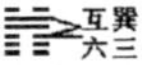

）。兑为口、为悦，巽为号，故由喜悦而变为嗟叹。象辞说“往无咎，上巽也”，指的就是互卦由兑变巽的情况。王弼不同意从互卦取象，看来还得讲互卦，在萃卦里只有一个互巽，象辞的“上巽也”，只能指这个互巽。从取义上可以说，上巽是上顺，就是在上的统治者能顺天应人，义取顺应。

九四：大吉，无咎。

【译文】

大吉，没有咎害。

象曰：大吉无咎，位不当也。

【译文】

大吉没有咎害，是因为位置不当。

【辨证】

“大吉”是好的断语，“没有咎害”是一般化的断语。说明九四的大吉要打折扣。为什么会出现这种状况？象辞说是“位不当”。“位不当”一般指四是柔位，九四刚爻，刚居柔位不当。“位不当”为什么又会大吉呢？这主要是九四下边是坤卦，坤是民众，在聚合之世，九四拥有下面三个柔爻，是拥有民众之象。但民众应当归附于君王九五，九四是臣位，近臣拥有民众，威高震主，故仅能“无咎”，这是“位不当”的另一层含义。萃卦是大人出现，聚合是大势所趋，九四是为九五聚合民众，虽会遭受疑忌，但最后也不至有杀身之祸。

九五：萃有位，无咎。匪孚，元永贞，悔亡。

【译文】

聚合而拥有地位，没有咎害。不孚众，开始恒守正道，没有忧悔。

象曰：萃有位，志未光也。

【译文】

聚合而拥有地位，志向实现得还不光大。

【辨证】

九五是全卦的主爻，从小过的九三升上来，在萃卦中占据了最尊贵的地位，故言“萃有位”。地位升进，利有攸往，故“无咎”。“匪”同“非”，“匪孚”是说还没有得到民众的信赖。因为就位不久，下面的九四拥有民众，威望比九五要高。在聚合的时势潮流中，民众开始向九五靠拢，正是树立威信的时候。如果从现在起开始恒守正道，不会有忧悔。这就是爻辞“匪孚，元永贞，悔亡”的意思。象辞说“志未光也”，是有大志而未充分实现。“光”是光大，有发挥的意思，是发挥还不够。就是九五作为聚合天下民众的圣主，这个志向还未充分发挥，受人拥戴的威望还不够光大。这一爻主要是讲九五正处在建立威信的阶段，需要有一个被民众了解的过程，其实是难得的好爻。

上六：赍咨涕洟，无咎。

【译文】

悲叹，涕泪满面，没有咎害。

象曰：赍咨涕洟，未安上也。

【译文】

悲叹，涕泪满面，是不安于上位。

【辨证】

《释文》："赍咨，嗟叹之辞"，郑同。马云："悲声、怨声"。赍、嗟一声之转，"赍咨"意同"咨嗟"，是悲怨叹息。《释文》：郑云："自目曰涕，自鼻曰洟。"意为：郑玄说从眼里流出的泪是涕；从鼻子流出的鼻涕叫洟。"涕洟"是哭鼻子抹眼泪。上六是悲怨伤心，长吁短叹，涕泪满面，但没有咎害。象辞说上六是"未安上也"。从象上看有三个原因：一是处在全卦的最高位，到了穷极之处；二是九五是全卦的聚合中心，上六凌驾于九五之上，以柔乘刚；三是与下面的三个阴爻隔绝，成孤立之势。这都是不安于上的因素，再加上孤立无助，位穷无援，没有应爻的因素，所以有悲叹哭泣。但全局是聚合，而不是分散孤立，上六可向下面的九五聚合，不会被拒而不纳，还不至于自绝于众，可保无咎。如果不在聚合之时，就恐怕危不止此。上卦兑，兑为口，又为泽，有兑口泽水下流之象，故嗟叹哭泣。

【提示】

《周易》对每一卦都描述了一个特定的时势，因此在读每一卦时，首先应当对这个时势有一个宏观上的把握。所谓宏观上的把握，就是要对每一卦有一个整体性的认识。整体性的认识可以作为我们分析细节的指导。比如这一卦的初六爻辞，乍读起来扑朔迷离，不知所云，前人的注解又极不一致，无可适从。解决的办法是什么？最好是从分散思维向集中思维逐步靠进，取得宏观上的把握。先把可以确定的点固定下来，由点连成线，由线连成面地反复阅读，即可取得一个大体的印象，在整体的印象指导下再去探求细节的内涵。这里我们归纳一下萃卦的整体认识。萃卦描述了一个王国初立，建邦设都，以人们对宗庙鬼神的信仰作为政治力量，从而稳定局势，树立威信，使民众得到聚合的特定时势。在这个时势中，向心力是正力，离心力是反力。爻的运动与向心力相合就比较吉祥，与离心力相一致就凶，这是全卦的大势。另外，聚合要有一个中心，中心分散就会减弱吉祥的程度。这两种主要因素构成各爻复杂多变的吉凶祸福。从象上讲，各爻大多从小过变为萃的卦变中取象，其次才是爻位、互卦等。前人大多从应爻上取象，与卦爻辞的大势难以协合。

四十六　升——积聚升进

䷭

升卦的卦画组合为巽（☴）下坤（☷）上，传统称作地风升。《序卦》云：“聚而上者谓之升，故受之以升。”意为：不断地向上聚集就叫作升高，所以在表示聚集的萃卦之后接着就是升卦。

《杂卦》云：“萃聚而升不来也。”意为萃是聚集，升是不下来。《序卦》《杂卦》都认为卦名升的意思是上升。

升是萃的覆卦，即：萃䷬上下倒置，为䷭升。依据彖辞“柔以时升”的提示，升卦从观变来，观先变为小过，小过再变升。小过的六二与九四换位，即：小过九四六二䷽两爻换位，变䷭升。

彖辞说“柔以时升”，指的是六二升进到四位。

升，元亨。用见大人，勿恤，南征吉。

【译文】

升卦，大亨通。用以见大人，不必忧虑，南征吉祥。

彖曰：柔以时升，巽而顺，刚中而应，是以大亨。用见大人，勿恤，有庆也。南征吉，志行也。

【译文】

柔顺地按时升进，顺利而又柔顺，刚健中正又有应援，因此大亨通。用以见大人，不必忧虑，是有喜庆。南征吉祥，是心志得行。

象曰：地中生木，升。君子以顺德，积小以高大。

【译文】

地中生出树木这就是升卦。君子从中得到启示，要依顺道德，积小成大。

【辨证】

升卦是向上升，蒸蒸日上，故言“元亨”。“元亨”是“大亨”，彖辞作了解释，大亨就是大亨通，顺利之极，全卦是“柔以时升”，主要是柔爻的升进，故言“用见大人”。“用见大人”与“利见大人”不同，“利见大人”是有利于大人出现或见大人有利。“用见大人”是见大人而得用，是指处在被大人任用的时势里。“大人”指的是九二，小过变升，刚爻从四位来到下卦中位，成为九二。乾卦九二爻辞说“见龙在田，利见大人”。九二是大人出世，还未取得九五之尊，正是风云际会之时，故可得用而“勿恤”。“恤”是忧虑。“南征吉”指柔爻初六的升进。全卦四个柔爻，三个柔爻已升到上卦，初六也会“柔以时升”，升进一位即成明夷（升初六䷭向上升进一位䷣明夷），下离为南，上互震为行，故言“南征吉”。明夷九三爻辞说“南狩，得其大首”可证。

彖辞从五个方面说明升卦。（一）从卦变上说明卦辞“亨”。“柔以时升”指升从小过变来，小过六二䷽六二升到四位变䷭升，是柔爻的升进。取义是说，柔顺地升进，所以能亨通。（二）从上下卦特性组合说明卦辞“亨”。“巽而顺”指升由下卦巽、上卦坤组合而成，巽是顺利，坤是柔顺，顺利而柔顺，故能亨通。（三）从刚爻九二位中说明卦辞“亨”。“刚中而应”，指九二来到下卦中位，刚健能行中道，又有居尊位的六五上下正应，有应援之象。“是以大亨”，是以上三个原因的结果。因为“柔以时升”“巽而顺”“刚中而应”三个理由，因此可以大亨通。（四）从卦象上说明卦辞“用见大人，勿恤”。“用见大人，勿恤，有庆也”，指小过变升，九二、六四换位互为兑卦（

），兑为喜悦，故见大人得用，勿需忧虑。“庆”即喜庆。（五）从卦的运动方向说明卦辞“南征吉”。“南征吉，志行也”，指全卦是柔爻上行，初六升进成明夷，有南征得利之象。所谓“志行”，指在下位的初六愿意上行。

象辞说“地中生木，升”，指上下卦象的组合，上卦坤为地，下卦巽为木，树木从地中生长出来，日日上升，由小至大，最后会长成参天大树，这就是升卦。“君子以顺德，积小以高大”，是说君子受到卦象的启发，认识到道德的修养也要像树木生长那样顺其自然，循序前进，日积月累，积小成大。既不能急于求成，也不能停滞不前，而是不弃小善，积卑成高，使自己日复一日地高大起来。

初六：允升，大吉。

【译文】

升进，大吉祥。

象曰：允升大吉，上合志也。

【译文】

升进大吉，是与上面志向相合。

【辨证】

《说文》：“㝃，进也。从本从中，允声。”《周易》曰：“㝃升大吉。”许慎所据孟喜《周易》，“允升”作“㝃升”。《汉上易传》：“施氏（施仇）《周易》作㝃，进也。”“㝃升”就是进升。全卦是“柔以时升”，小过变升，六二升到四位（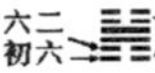

），只有初六仍在下位，故言“㝃升”。象辞说“允升大吉，上合志也”，“志”一般指应爻，在小过卦里，初六的正应在九四（小过

），九四与六二换位，来到初六的上面比邻，故言“上合志”。“上”指九二。心意相合，故要升进，升进故“大吉”。

九二：孚乃利用禴（yuè），无咎。

【译文】

有诚信，利用薄祭，没有咎害。

象曰：九二之孚，有喜也。

【译文】

九二的诚信，有喜。

【辨证】

小过变升，九二是与六四换位的一爻。来自小过，故“有孚”。有孚是有诚信。心怀诚信，故“利用禴”。“禴”是一种简单的祭祀。既济卦九五爻辞说“东邻杀牛，不如西邻之禴祭，实受其福”。杀牛是比较盛大的祭祀，禴祭是用蔬菜作供品的祭祀，比用牛作牺牲简单得多。因为有诚信，作薄祭也没有咎害。象辞说“九二之孚，有喜也”，意为九二心怀孚诚，进行薄祭也可得到福佑，会有喜庆。从象上讲，指的是九二与六四换位，互成兑卦（

），兑为喜悦。

九三：升虚邑。

【译文】

升进到村落。

象曰：升虚邑，无所疑也。

【译文】

升进到村落，是没有疑虑的。

【辨证】

“虚”同“墟”。墟邑就是村落，是氏族社会被遗弃的村落遗址。“升虚邑”是进入一个被废弃的村落遗址，定居下来（见提示）。从象上说，九三在互震里（九三→䷽＞互震），震为进；上临坤卦，坤为国邑，为虚，故言“升虚邑”。象辞说“升虚邑，无所疑也”，指的是在小过卦里，九三之上还有九四（小过九四九三䷽），九三还难以升进。变为升卦，九四下到二位，九三上临的是三个柔爻的坤卦，又在升的大格局中，可以毫无疑虑地升进。

六四：王用亨于岐山，吉，无咎。

【译文】

君王到岐山祭享，吉利，没有咎害。

象曰：王用亨于岐山，顺事也。

【译文】

君王到岐山祭享，是顺事天帝。

【辨证】

从爻辞的内在联系上分析，升卦讲的是一个王国的上升发展的情况，要与古代的历史背景联系起来去认识。氏族制社会，一个氏族的生存发展要受到环境、条件的制约，而且带有半游牧性质。在某地不适宜生存发展，就要迁徙到另一个地方。上一爻“升虚邑”，说的是找到可迁徙的村落，安邦设都定居下来。这一爻说的“王用亨于岐山”，直译是君王在岐山祭享。“亨”同“享”。祭享什么？看来是安邦定国之后对天地山川的祭祀，有如后世的封禅。“吉，无咎”是能得到天地山川的福佑，吉祥而无咎害。从象上看，震为诸侯、为祭器，六四在互震里（六四→䷭>互震），故言“王用亨”。六四是小过变升的主爻，原在小过的二位属下卦艮（小过六二→䷽>艮），艮为山；升进到四位变升卦，进入互兑（升六四→䷭>互兑），兑为西，故言“用亨于岐山”。岐山即“西山”。在随卦上六爻辞里就换言“王用亨于西山”，可以相互印证。象辞说：“王用亨于岐山，顺事也。”象上指六四在上坤里，坤为顺。义取顺事天帝。

六五：贞吉，升阶。

【译文】

正道吉祥，升上台阶。

象曰：贞吉升阶，大得志也。

【译文】

正道吉祥，升上台阶，是大得其志。

【辨证】

六五在上卦中位，卦变中未动，故言“贞吉”。下卦为巽，巽为高，六五在巽上的坤里（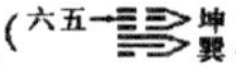

），坤为地，高处有地，台阶之象。又在升卦尊位，故言“升阶”。“升阶”义取登上台阶步步高升。象辞说“贞吉升阶，大得志也”，指从小过变成升卦，刚爻从四位下到二位，与六五上下正应，心志相得，六五从在小过中无应，变得在升卦中有正应，且尊位不动，心满意足，这就是“大得志”。在取义上是说步步升高，显贵发达，十分得意。

上六：冥升，利于不息之贞。

【译文】

昏昧地升进，利于不再上长且守正道。

象曰：冥升在上，消不富也。

【译文】

昏昧升进，处在上位，会消退而不富。

【辨证】

上六处在升卦高极之位，又在上坤里，坤为暗夜，故为“冥升”。“冥升”意为在昏昧之中盲目升进。“息”与象辞的“消”可对比起来理解，“消”是消退，“息”是生长。“不息”是不要再向上生长。“利于不息之贞”是说，有利于守正道不动，不要再向上生长。主要是因为上六已到穷极之处，上长已没有余地。象辞说：“冥升在上，消不富也。”首先指出上六位处上穷之地，物极必反，上长必然会消退。其次是在提示上六有应爻在九三，九三在下卦巽里（

），巽为近利市三倍为富，不息可维持富足，息则会消退自己的富足，上六在上卦坤里，坤为不富。也是说这一爻不可盲目升进。

【提示】

李鼎祚《周易集解》在六四爻象辞“王用亨于岐山”下，引唐人崔璟（著有《周易探玄》）的话说：“此象太王为狄所逼，徙居岐山之下，一年成邑，二年成都，三年五倍其初，通而王矣。故曰‘王用亨于岐山’。以其用通，避于狄难，顺于时事，故吉无咎。”认为爻辞是以周王朝的先祖开国立基的史实为模型而命辞，比崔氏早的陆绩也有类似说法，宋人大多同意这种看法。关于周王朝迁岐的历史，《诗·大雅·公刘》和《天作》里有简单记载：周王朝的先祖公刘从邰迁到豳，太王古公亶父因为受到狄人的侵扰，在豳地不能进行和平建设，于是带着自己的民众迁徙到岐山脚下，定居下来，成为周王朝发展壮大的根据地，终于由一个五里大的小国发展到统一天下。从这一卦的爻辞来看，与这段史实比较贴近。九二讲到“孚乃利用禴”，九三爻辞“升虚邑”，六四爻辞则明确说“王用亨于岐山”。“用禴”是简单的祭祀，“升虚邑”是迁岐时找到村落的废墟，“亨于岐山”则是定居之后对天地山川的祭祀。升卦就是以周王朝开国建邦为例，描写由小至大、积弱为强、上升发展的意义。说《周易》作者心目中有这样的历史作依据才写出这样的爻辞，无可厚非。然而，有的人又进一步推演说，“王”指的是周文王，周文王在殷末时作《周易》，不能自称为王，故断言爻辞不是周文王所作。爻辞究系谁作姑且不论，但这个论据是站不住脚的。文王已在岐山定居下来，不可能再“升虚邑”。祭享天地山川虽然也有新王登基的可能，但通常是新王朝创建时期的事情，崔璟认为是古公亶父时的事情更合乎情理，指实“王”就是周文王，从而得出结论，推翻爻辞不是文王所作，理由不足。爻辞原可不拘史实，即使按史实考据起来，这种说法也没有多少可信的理由。

周易全解

【第四卷】

垢文涛/主编

辽海出版社

四十七　困——身处逆境

䷮

困卦的卦画组合为坎（☵）下兑（☱）上，传统称作泽水困。《序卦》云：“升而不已必困，故受之以困。”意为：升进不止一定会有困穷的时候，所以在升卦之后接着是困卦。这是从物极必反的易理中推导出来的。事物不可能永远顺利升进，总会遇到不顺受困的情况。《杂卦》云：“井通而困相遇也。”意为：井卦是通达，困卦是相遇。《系辞·下》里提到困卦的还有：“困，德之辨也”“困穷而通”“困以寡怨”。意思是说君子与小人道德不同，在顺利的情况下不易看出，在困境中最易于分辨；困极了就可以转向通达；处在困难境地要少埋怨。

这些都是就个人的道德修养讲的。从这些说明中可以看出，卦名的含义是处在逆境而困穷。

关于卦变，虞翻说：“否二之上。”荀爽说：“此本否卦，阳降为险，阴升为兑也。”后人很少异词，认为困从否卦变来比较一致，即否六二升往上位，上九下来二位，变而为困（否䷋六二与上九换位，变䷮困）。荀爽说的“阳降为险”，指的是否卦的阳爻上九下降到二位，下卦成坎，坎为险。困卦与下一卦井卦是一组正覆卦，困䷮卦画上下倒置，为䷯井卦。

困，亨，贞，大人吉，无咎。有言不信。

【译文】

困卦，亨通，守正道，大人吉祥，没有咎害。说话没人相信。

彖曰：困，刚揜也。险以说，困而不失其所，亨，其唯君子乎！贞，大人吉，以刚中也。有言不信，尚口乃穷也。

【译文】

困卦，刚健受到埋没掩蔽。在险难中保持喜悦，处在困境而不失其所守，亨通，只有君子才能这样吧！正道，大人吉祥，是刚爻居于中位。说话没人相信，是因为徒尚口说就会困穷。

象曰：泽无水，困。君子以致命遂志。

【译文】

大泽上无水干涸就是困卦。君子从中受到启示，要舍命顺志。

【辨证】

卦辞说困卦“亨，贞”，“亨”是因为从否变来，否是闭塞，困是在否的基础上“天地交”。从易理上讲是否极就会泰来。“贞”是因为处在困境之中，要立心守正，不能改变操守。从象上说，指的是刚爻在中位。“大人吉”是因为大人在位，刚爻为君子，君子得位为大人。乾卦九五、九二都称“大人”，困卦九五、九二两个刚爻都得位。“无咎”是没有咎害。“有言不信”是指否变困，否的六二升进到上位，上卦变兑，兑为口，上去成口，是“尚口”之象。

彖辞从四个方面说明困卦。（一）解释卦名。“困，刚揜也。”“揜”同“掩”，是被掩盖住。“刚揜”是指刚爻被掩盖起来。从卦象上说，九二被初六、六三包起来；九四、九五被六三、上六包起来，刚爻表示君子，柔爻表示小人，君子被小人包围起来掩盖住，处在困境，所以才叫困卦，困是困穷的意思。（二）以上下卦特性的组合及刚爻守中两方面说明卦辞“亨”。“险以说”是指上下卦特性的组合，下卦坎为险，上卦兑为悦，组合在一起是在险难中还能保持喜悦，所以才亨通。这是“亨”的第一个方面的原因。“险以说”是常人很难做到的一种修养。《论语·雍也》里说：“贤哉，回也！一箪食，一瓢饮，在陋巷，人不堪其忧，回也不改其乐。贤哉，回也!”赞扬颜回在困境中不改其乐。《颜渊》中又说：(君子)“内省不疚，何忧何惧……死生有命，富贵在天。”自己没有什么可内疚的，愁什么？怕什么？死生富贵是命运，是个人的遭遇，用不着为此苦恼。与彖辞“险而说”意思一致。“困而不失其所，亨”，是“亨”的另一方面的原因。指的是九五原在上卦中位，九二在否变困时来到下卦中位，在困境中能立定中道，不失其所守，故能亨通。环境的顺逆是客观条件，如何对待顺逆的处境是人的道德修养。君子处在困境中，能正确对待个人的遭遇，不会因为身处困境而改变自己的志向和操守，达观处之，乐天知命，随时善处，不因困扰而一蹶不振。小人没有这个修养，处于困境则会自暴自弃，怨天尤人，悲观沮丧，振作不起来，故言“其唯君子乎”！“其”是表委婉的语气词，“唯”是只有，意思是只有君子才能“险以说”“困而不失其所”吧！彖辞的这两句，很多本子断成“困而不失其所亨，其唯君子乎”！没有顾及到彖辞的体例。“亨”是卦辞，彖辞是对应说明卦辞的。“亨”是要解释的对象，“险以说”“困而不失其所”是“亨”的原因。应当断成“险以说，困而不失其所，亨”。“其唯君子乎”是另一句话，如把“所亨”

连读，成了用卦辞“亨”去解释彖辞“君子”，本末倒置，不合彖辞的体例。况且“所”是名词，象上指的是刚爻所占的中位之处，也不能理解成具有指代功能的虚词。“君子”指的是刚爻，这在象上有明确的依据，断句不能以辞害义。（三）从刚爻在位上说明卦辞“贞，大人吉”。“贞，大人吉，以刚中也”，指的是九五、九二两个刚爻占据了全卦的两个中位，位中故正，所以才言“贞”，“贞”是指“正”。刚爻得位，故言“大人吉”。《周易》例，刚爻有位才能称大人，不在位则称君子。“大人”所以“吉”是因为占据中位。《系辞·下》说：“圣人之大宝曰位。”虽处困境，仍有大宝，所以困而能吉祥。这一句也不能读成“贞大人吉”。（四）从卦变上说明卦辞“有言不信”。困卦从否变来，否的六二与上九换位，于是上卦变成兑（上六→䷮>兑），兑为口，口是因为柔爻上到高位才出现的。彖辞把这种卦变中的情况说成是“有言不信，尚口乃穷也”。“尚”在取象上意同“上”，取义上是看重，意思是说，自己不做出个样子来，徒尚口说，光说不练，没人理睬，没人会相信。“穷”是困，象上指上六在全卦的穷极之位。义取受困。

象辞说：“泽无水，困。”是从上下卦象的组合上解释困卦。上兑为泽，下坎为水，水都渗到大泽的下边去，大泽枯涸，困干了，所以才叫困卦。君子从中受到启示，身处困境也不能改变志向，所以才说“君子以致命遂志”。“致命”是豁出命去。《论语·子张》“士见危致命”，意思就是士人面临危难能舍命取义，通俗点说就是豁出命来。“遂”是随顺，“志”是心志、个人的理想抱负，“遂志”是依照自己的理想抱负去做而不改变。这是从大泽干涸的困，联系到人所处的困境，讲君子应具备的修养。君子处于困境要舍身从志。君子的志是大志，就是要实现道义，道义是真理。“致命遂志”实际是作者提倡的捍卫真理的牺牲精神。屈志谀人可耻，丧志变节是叛徒，都不是君子应有的修养。

初六：臀困于株木，入于幽谷，三岁不觌（dí）。

【译文】

坐困在枯木之中，进入幽暗的深谷，三年不得相见。

象曰：入于幽谷，幽不明也。

【译文】

进入幽暗的深谷，是幽暗不光明。

【辨证】

《九家易》说“臀谓四”，是从爻位对应体位取象，初位为足，二位为腓，三位为股，四位为臀。初六柔暗不能自拔，须刚爻解困，有正应在九四，因为处在困卦，臀虽应而仍不脱困境。坎为坚多心木，坎上互离（初六→䷮>互离），离为"科上槁木"，故为"臀困于株木"。"株"是树干，"株木"指干树桩子，意为困坐在枯木之中。坎为川水，为隐伏，故为幽谷。初六在坎下，故言"入于幽谷"，意为进入幽暗的深谷之中。从否变困，否的上九历三爻来到二位成困，三年困顿之象。初六被九二困于下，九二在互离里，离为见，初六不可见，故言"三岁不觌"。"觌"是见面。象辞说："入于幽谷，幽不明也。"强调初六在下卦坎里，坎为隐伏，故幽而不明。幽是幽深黑暗。这一爻是说，幽闭在深谷之中，困坐在枯木林里，三年不能出头露面。困境刚刚开始，一时还过不去。

九二：困于酒食，朱绂方来。利用亨祀。征凶，无咎。

【译文】

君子处于困境，酒食匮乏，缺少吃喝，官位姗姗来迟。诚心的祭祀是有利的，前往则有凶险，但也无过错。

象曰：困于酒食，中有庆也。

【译文】

被酒食所困，居于中位有喜庆。

【辨证】

九二是否变困的主爻，来到下卦成坎，坎为水、为酒，故言“困于酒食”。从否卦的上乾中来，乾为衣、为大赤，故言“朱绂方来”。有酒食官服，故“利用亨祀”。身处困境，征进不利，故“征凶”。居下卦中位，故“无咎”。“困于酒食”是被动句，意为被酒食所困。“酒食”是口福，怎么还会困扰人？前人的讲法多歧。现在就很容易明白了，酒食确能形成困扰，不过这是权势人物的一种困扰。《周易折中》按语说：“小人以身穷为困，君子以道穷为困。卦之三阳，所谓君子也。所困者，非身之穷，乃道之穷也。故二五则绂服荣于躬，四则金车宠于行。然而道之不通，则其荣宠也适足以为困而已矣。”九二不是穷困，而是道困。政治抱负实现不了，成为酒食的奴隶。“朱绂”是一种官服。《礼记·月令》：“孟冬之月，天子居玄堂左个。”下疏：“朱深而赤浅。”“朱”是大红颜色。“绂”是古代称作蔽膝的下裳，上面有“亚”字花纹，样子与围裙近似。“朱绂”是诸侯或三公才能用的官服。“方”是刚刚。“朱绂方来”的取义是说，委以重任的官服刚刚送来。“利用亨祀”，“亨”同

“享”，意为穿着官服备有酒食，去祭享最有利，想要志行天下不利。“征凶，无咎”是说处在困境，征进有凶，不动没有咎害。象辞说：“困于酒食，中有庆也。”强调九二来到下卦中位，大人得位有喜庆，虽在困卦，也只是困于酒食而已。总之，这一爻是得位受宠，但不能实现自己的抱负，不能为实现个人的心志而向前征进。去祭祀最好，没有咎害。

六三：困于石，据于蒺藜。入于其宫，不见其妻，凶。

【译文】

困在乱石之中，占据蒺藜之上。进入宫室，见不到妻子，凶。

象曰：据于蒺藜，乘刚也；入于其宫，不见其妻，不详也。

【译文】

占据蒺藜之上，是因为下乘刚爻；进入宫室，见不到妻子，是不可审详。

【辨证】

《系辞·下》里解释了这段爻辞："《周易》曰：'困于石，据于蒺藜。入于其宫，不见其妻，凶。'子曰：'非所困而困焉，名必辱。非所据而据焉，身必危。既辱且危，死期将至，妻其可得见耶?"意思是说：孔子讲过，不该受困的地方被困住了，必然会玷辱自己的名声。不该占据的地方而占据了，必然会危及自己的身体。既名声辱没又身体危殆，死期就要到来，怎么可能见到自己的妻子！按《系辞》的讲法，六三主要是把自己摆在一个不适当的位置上，完全是咎由自取。"蒺藜"古人又称"茨"，是一种结角刺子实的草，成熟的时候，子实满地，角刺尖锐，不可乘坐。按象辞的说法，"据于蒺藜"是"乘刚也"。"蒺藜"之象在刚爻九二，六三在九二之上。虞翻则认为坎为蒺藜，荀爽、《九家易》都说是坎为丛棘，为蒺藜。考之《说卦》，坎为坚多心木，可从。"困于石"取象于否变困。六三原在否的互艮里（否六三→䷋>互艮），艮为石，上九下到二位变困，故言"困于石"。艮又为宫阙，虞翻说巽为妻，否变困，上四爻变成正反巽（反巽 六三 ䷮ 正巽）的对象，六三在互离里（六三→䷮>互离），离为见，见到的似妻又不似妻。象辞说："入于其宫，不见其妻，不详也。""不详"是说不可审详。"详"不能解成吉祥之"祥"。"详""祥"两字在《周易》里有分工，履卦上九爻辞有“视履考祥”，大壮卦上六象辞有“不能退，不能遂，不详也”。用法不同，详是细加审详。似是而非，故不可审详。“凶”是断词，按《系辞》的解释，这一爻有性命之虞，是全卦最差的一爻。《左传》襄公二十五年崔杼要娶齐棠公的寡妻，筮卦遇困之大过，就是这一爻动（困六三→䷮爻动反性变化为䷛大过），陈文子分析说：“夫从风，风陨妻，不可娶也。且其爻曰‘困于石’，往不济也；‘据于蒺藜’，所恃伤也；‘入于其宫，不见其妻，凶’，无所归也。”“夫从风”是指下卦坎变巽，坎为中男。筮婚事可为夫，巽为风。“风陨妻”是指互巽变为下巽（困䷮>互巽，大过䷛>下巽），巽为风，又为妻，风把妻从上吹落到下边。卦本不利，崔杼认为那是棠姜的前夫应了爻辞，还是把棠姜娶到家里。没想到棠姜原来就与齐庄公私通，崔杼于是杀了庄公，与庆封一起掌了大权。到襄公二十七年，崔杼因为自己前妻的儿子与棠姜带来的儿子互相残杀起来，躲在庆封家避难，庆封为了大权独揽，以帮助崔杼平息家乱为名，杀死了崔杼的孩子，棠姜上吊死了，家产也被抢光。等送崔杼回去时，已是家破人亡，无家可归，崔杼自己也上吊而死。《左传》的记载可帮助我们理解爻辞。

九四：来徐徐，困于金车，吝，有终。

【译文】

徐徐而来，被金车所困，有吝难，有好结果。

象曰：来徐徐，志在下也。虽不当位，有与也。

【译文】

徐徐而来，心愿在下边。虽然位置不当，但有应援。

【辨证】

“金车”是坚重华贵的车子，取象于否。否上乾为金，下坤为大舆，故为“金车”。否卦变困，上九下到二位，全卦只有九四与初六为正应（

），九四也可下来，但九四却未动，而且处在互巽里（

），巽为进退不果，慢腾腾下不来，被坚重的金车困住。有吝难，但最终是好的，这是因为有正应。象辞说：“来徐徐，志在下也。虽不当位，有与也。”“志”和“与”都指有正应。因为有正应在初六，所以愿意到下边去。因为还留在否卦中的原来地位，要下还未下，所以才说它“来徐徐”。“徐徐”是行动迟缓。全卦三个刚爻，九五、九二都在中位，只有九四不当位，故有吝难。但三个刚爻也只有九四有正应，所以会有好结果。“有与也”中，

"与"是在一起有相帮的人，指应合而与。

九五：劓刖，困于赤绂，乃徐，有说，利用祭祀。

【译文】

要受劓刑、刖刑，被官服所困，于是行动迟缓。可脱离困境，有利于祭祀。

象曰：劓刖，志未得也。乃徐有说，以中直也。利用祭祀，受福也。

【译文】

要受劓刑、刖刑，是志向未得伸展。行动迟缓可脱离困境，是因为守中正直。有利于祭祀，是可以得到神灵的福佑。

【辨证】

"劓"是割去鼻子的刑法，"刖"是砍去足的刑法。否卦的九五下有互巽（九五→䷋>互巽）互艮（九五→䷋>互艮），艮为鼻，巽为股。变而为困，艮鼻与巽股都受到伤害，故言"劓刖"。否变困，三个刚爻中只有上九下到二位，九五与九四都未动，九五仍保留在上乾的位置上，乾为大赤、为衣，故为赤绂，故为“困于赤绂”。九四是“来徐徐”，九五也是“徐”，故言“乃徐”。上卦变兑，九五在兑里（九五→䷮>兑），兑为说，故“有说”。九五有“赤绂”，位置中正，故“利用祭祀”。从取义上讲，“劓刖”只是一种危险，因为后面还“有说”。“说”用同“脱”。意思是说，要受劓刑刖刑，被官服所困，慢慢可以脱离这种险困的局面，去祭祀最好。象辞说：“劓刖，志未得也。”是指九五在否卦有正应在六二，变为困卦，二位被上九占据，变得没有正应，反而有劓刖之象。“志”指正应。“乃徐有说，以中直也”，强调九五在上卦中位，中直公正，所以可以慢慢脱离困境。“利用祭祀，受福也”，是说祭祀可以受到神灵的福佑，这也是九五守中正直的缘故。这一爻是从否变困、九五未动的利弊两方面取象。

上六：困于葛藟（lěi）、于臲卼（niè wù），曰动悔。有悔，征吉。

【译文】

被葛藟所困，被高危之地所困，叫作动而忧悔，有所悔悟，征进吉祥。

象曰：困于葛藟，未当也。动悔有悔。吉行也。

【译文】

被葛藟所困，是位置不当。动而忧悔，有所悔悟吉祥，可以征行。

【辨证】

“葛藟”是蔓生的草本植物，形似藤萝，攀附缠绕，上六是被葛藟缠绕而受困。“臲卼”是连绵词，意思是高而危，从象上看得十分清楚。虞翻说：“巽为草木称葛藟。”上六在互巽之上（上六→䷮>互巽），故言“困于葛藟”。否卦变困，上六是从二位升到上位，乘在两个刚爻之上，位高至极，故言“于臲卼”。从内卦推移到外卦，外卦为悔，故言“曰动悔”。动到上位，既被纠缠又高危不安，故曰“有悔”。但上位是极位，再向前走可以彻底走出困卦，故“征吉”。象辞说“困于葛藟，未当也”，主要指上六推移到互巽的上边，位置找得不适应。“动悔有悔，吉行也”，是说动而忧悔，有所悔悟，离开就吉祥。前一个“悔”是忧悔，后一个“悔”是悔悟。“动悔”是动了之后因不利而忧悔，“有悔”是觉察到动错了而悔悟，正如《系辞·上》讲的“震无咎者存乎悔”。知错能悔就可无咎，再动就是“吉行”。全爻是说上六在卦变推移中贪高而上，结果高位对自己并不合适，既被纠缠，又高危不安，感到不利能有所悔悟，离开就是吉祥。

【提示】

从困卦的取象联系卦变来考察，卦从否变来，九二与上六是交换位置的两爻，所以九二言“方来”，“来”是爻向下推移。上六言“动悔”，“悔”是外卦。卦变之后对各爻造成的影响不同。初六仍有九四正应，但有九二来下相比，应路间阻。六三的正应换成上六，有应而变得无应。九四仍有初六正应，但被九二抢先一步，故言“来徐徐”。九五的正应被九二置换出来，本应九五去做的事情，反被九二做了，故言“乃徐”，是九五该动而未动。全卦最该动的是六三，自己的应爻动了，应该相应而从动，六三死守而未动，故最凶。抓住卦变与正应这两条线索，可对全卦有个总体性的认识。

另外，全卦讲的是“柔掩刚”，刚健的君子不能施展自己的抱负，被埋没掩盖，身处困境，致使全卦成为受困的局面。然而柔爻比刚爻受害更深。初六是困于株木幽谷，三年不能出头露面。六三是困于乱石蒺藜，死期将至。上六困于葛藟，走出去才能离困，都是自身受困，切肤受害。相对地说，三个被埋没的刚爻则好得多，九二是困于酒食，九四是困于金车，九五是困于赤绂，都不是自身之忧、切肤之害，只是君子之道被困。作者所以要取这些象而不取另外的象，显然有一个基本思想在起作用，这就是我们在姤卦里提到的阴阳轩轾。作者认为刚爻是主导、是人才、是君子，柔爻是顺从、是庸才、是小人。君子、人才不应当被埋没掩蔽，而应当出来治世。违背了这个基本法则，全社会都会受困。在困境中，君子能随时善处，受害则轻；小人怨天尤人，受害则重。

四十八　井——坚定不移

䷯

井卦的卦画组合为巽（☴）下坎（☵）上，传统称作水风井。《序卦》云：“困乎上者必反下，故受之以井。”意为：上升而受困一定会返回到下边来，所以困卦之后接着是井卦。《序卦》取的是井底下之义。《杂卦》云：“井通而困相遇也。”意为：井卦是相通，困卦是相遇。《系辞·下》还提到：“井，德之地也”“井居其所而迁”“井以辨义”。卦辞说“改邑不改井”，说明村庄可以搬迁，井却不能搬走，井有固定不动的特点。但村庄无论迁移到哪里，都不能没有取水的井，又得随邑而迁。所以井又有不迁而迁的特点，位置动不了，而利物济民，可迁。“井以辨义”正是针对井不可改移的特点讲的，是坚定不移还是见异思迁，可以分辨一个人有没有道义。立场坚定就有道义，随风倒就是不讲道义。至于井为“德之地”，除了指井有守恒不移的特点外，井还有取之不尽、用之不竭的特点。井卦象辞说“井养而不穷也”，井养育人，源源而来，故为“德之地”。从这些解释中可以看出，井就是水井。还可以看出，古代村落的迁移是常见的事。

井卦是困卦的覆卦，从卦变上讲，虞翻、荀爽都作了说明，井卦由泰卦变来，即泰卦的初九上升到五位，而六五下降到初位，即泰六五初九䷊初爻与五爻交换位置，变䷯井。

井，改邑不改井，无丧无得。往来井井。汔（qì）至亦未繘（jú）井，羸其瓶，凶。

【译文】

井卦，村邑改迁，井不改迁。没有丧失，也没有获得。往来有秩序。快提上水来还未提到井上的时候，挂住了打水的陶罐，凶。

彖曰：巽乎水而上水，井。井养而不穷也。改邑不改井，乃以刚中也。汔至亦未繘井，未有功也。羸其瓶，是以凶也。

【译文】

进入水下而向上提水，就是井卦。井养育人而永不穷竭。村邑可以迁移，井不能迁移，是因为刚爻居中。快要提上来还未到井上，是还没有成功。挂住陶罐，因此有凶。

象曰：木上有水，井。君子以劳民劝相。

【译文】

木上有水就是井卦。君子从中得到启示，要慰劳民众，鼓励帮助别人。

【辨证】

《孟子·滕文公上》：“方里而井。井九百亩，其中为公田，八家皆私百亩，同养公田。”贾公彦疏：“一井九夫之地，四面八家，各自治一夫（百亩）。中央一夫，八家各治十亩，八家治八十田，入公。余二十亩，八家各得二亩半，以为庐舍井灶，葱韭。”这是古代井田制的一个大致轮廓。把方一里的土地划分成井字形的九等份，每份一百亩。四周的八份，平均分配给八家作为私田，中间的一份是公田。公田的使用是八家各为公田耕种十亩，共八十亩。余下的二十亩，八家平分各得二亩半，用以建造住房井灶，还可以种点葱韭作为菜地。每井八户，四井三十二户就是一邑，成为一个村落。卦辞说“改邑不改井”，就是指这种村邑可以重新划分搬迁，井却是打到哪里就固定在哪里，搬迁不走。从象上说，泰变井，泰的上卦为坤，坤为邑；变为井卦，上坤变为坎，坎为水；邑变而水井出现，故言“改邑不改井”。“无丧无得”犹言无失无得，象上指泰卦的三个刚爻与三个柔爻，变来变去，没多也没少。“往来井井”指初九上往变成井卦，六五下来变成的还是井卦。从取义上讲，“井井”是有秩序的样子。这与古人的社会意识有关。《说文》：“刑，罚罪也，从井，从刀。《周易》曰：‘井，法也’。”井是公众取水之所，应当有个大家共同遵守的公约，因而井有法的意思。“井”是因为遵守公约才具有井然有序的意思。“往来井井”是说大家来来往往地取水很有秩序。“汔”，几也，义同“迄”。“汔至”是几乎要到了。“繘”是从井中提水的绳子，也称作“绠”。这里是用绳子提上来的动词用法。“汔至亦未繘井”等于说“汔至，亦未繘于井”，是说快要提上来的时候，还未从井里提上来。“羸”是被钩住、挂住的意思，大壮卦“羝羊触藩，羸其角”中的“羸”可以互证。“瓶”是古代陶罐之类的提水器，小口大腹就可称瓶，不是现代的玻璃瓶。“羸其瓶”是说打水的陶瓶被井壁挂住，就是后来的俗语讲的“瓦罐终须井上破”。水没打上来，陶瓶就坏了，所以“凶”。从取义上讲，是功败垂成，极为不利，凶。从象上说，巽为绳，故言“繘”，互离为大腹（䷯>互离），兑为口（䷯>兑），大腹小口故言“瓶”。初至四爻是正反兑的对象（兑<䷯>反兑），瓶口向下又向上，是先从井里口朝下取水，然后口朝上提上来，取水之象。上卦坎水，瓶在水下翻覆，打翻不能提出水，故“未繘”而“羸其瓶”。

彖辞从五个方面说明井卦。（一）从上下卦的组合上说明井卦。“巽乎水而上水，井”，指的是下卦为巽，上卦为坎。巽为入，坎为水，巽在下是进入水下，坎在上是向上提水，进入水下向上提水所以才是井卦。（二）从道理上说明井卦的特点。“井养而不穷也”，意思是说：井卦也有井卦的好处，并不是凶到一无是处。井可养育人，取之不尽，用之不竭。同时兼释卦辞“无丧无得”。井水连通地下水，多打一些，井水不会减少；少打一些，井水也不会增多。因为有不穷竭的特点，所以才称得上“无丧无得”。（三）从刚爻居中上说明卦辞“改邑不改井”。“改邑不改井，乃以刚中也”，指的是井卦的九二占据下卦中位，九五占据上卦中位，刚健居中，不易改变，所以是邑改而井不改。（四）解释卦辞“汔至亦未繘井”的意义。“汔至亦未繘井，未有功也”，意为井以打水为功，没有打上水来，陶瓶破裂，前功尽弃，未能成功。（五）解释卦辞“羸其瓶，凶”。“羸其瓶，是以凶也”，是说井壁把陶瓶挂住，因此是凶。彖辞省简，没有解释卦辞“往来井井”，对其他卦辞也只作提示性的说明。

象辞说：“木上有水，井。”从上下卦象的组合说明井卦。下卦巽为木，上卦坎为水，木上有水就是井卦。木指什么？郑玄认为："巽木，桔槔也。"桔槔是古人从井中取水用的杠杆，比后来的辘轳还原始一些。《庄子》记载是"凿木为机，后重前轻，挈水若抽"，就是用杠杆原理绑成的大木，长臂一头起落于水的上下，短臂的一头加上重物，由人来操纵省力一些。用桔槔把水吊上来就是"木上有水"，故为井卦。井可养育民众，又有取之不尽、用之不竭的优点。所以君子要学习井的品德，要慰劳养育民众，要努力去鼓励、帮助别人。"劳"是慰劳、犒劳，"劝"是鼓励，"相"是帮助。这就是"君子以劳民劝相"。

初六：井泥不食，旧井无禽。

【译文】

井下淤泥不能食用，旧井里没有禽兽。

象曰：井泥不食，下也。旧井无禽，时舍也。

【译文】

井下淤泥，是位置在下。旧井里没有禽兽，是临时的停留。

【辨证】

依据象辞“下也”的说法，“井泥不食”是取象于初爻的下位。全卦是井，初六是泰变井换位的一爻，来自上坤，坤为土，土入井下，故为井下淤泥。兑为口，下卦兑覆（初六→䷯>覆兑），口向下，故为“不食”。取义是井中淤泥，不能食用。“旧井无禽”的讲法也较杂，有说是废弃的旧井，水枯竭，飞鸟走兽不来饮水的；也有说是井里没有水，故没有水生动物的；还有讲成旧井无水，无所擒获的。另一种讲法认为井指捕兽的陷阱，是废弃的陷阱里没有禽兽可以捕获。比较起来，第一种讲法较为可取。古代深井少，大多是利用自然泉水加以修治而成的浅井，水位接近地面，故禽兽也可来饮水。九五爻辞说“井洌寒泉，食”，可证井、泉常是一回事。《释名·释宫室》说:“井，清也，泉之清洁者也。”讲成陷阱与前后文的文义不符，把禽讲成擒获，与《周易》里常提到的“田无禽”“失前禽”的禽也不符。古代说的“禽”，包括飞禽走兽，《说文》云“禽，走兽总名”，并不单指飞禽。关于禽的取象，从《周易》的命辞里直接归纳，应当是坤为禽。全书提到“禽”的共有四处，除本卦外，师卦六五“田有禽”（䷆←六五）、比卦九五“失前禽”（䷇←九五）、恒卦九四“田无禽”（䷟←九四），都与坤卦有关。坤为田地，田地有禽，坤象变则“无禽”或“失禽”。井卦由泰卦变来，初六来自泰的上坤，上坤变坎，故无禽。象辞说是因为“时舍”，“时舍”在乾卦文言里有用例。文言讲到乾九二时说：“见龙在田，时舍也。”意思是随时而停留的地方。井卦的初六也讲“时舍”，意思是初六从上坤下来临时停留的地方，禽兽到井泉饮水也只能是临时停留。总之，初六是需要收拾的一口老井，既不能食用，也没有禽兽来光顾。

九二：井谷射鲋，瓮敝漏。

【译文】

在井谷中射鲋鱼，水瓮破漏。

象曰：井谷射鲋，无与也。

【译文】

在井谷中射鲋鱼，是没有收获。

【辨证】

“井谷”是井泉所在的川谷。“射鲋”是古代一种捕鱼的方法。《吕氏春秋·知度》说：“譬若人射鱼指天而欲发之当也。”可证古人有用弓箭射鱼的。近些年发现古代的一些岩画，就画有射鱼的场面。“鲋”，前人有两种讲法。《子夏传》说是虾蟆，就是青蛙类的两栖动物。虞翻说：“鲋，小鲜也。”认为是小鱼。陆佃《埤雅》：“小鱼相即而行名即，相附而行名鲋。”认为是与鲫鱼差不多的小鱼。《子夏传》是从“井底之蛙”附会出来的，讲成小鱼较可取。从象上看，初六柔爻为鱼（见前），全卦为井，上坎为谷，又为矢，互离（䷯>互离）为弓。九二与九五都是刚爻不应，九二下比初六，故为“井谷射鲋”。象辞说“井谷射鲋，无与也”，指的就是九二在卦变中本来应当与六五换位，而实际上却是初九换到五位，六五来到初位，九二失去正应，只能下比初六。得不偿失，到井谷中去射小鱼。只不过它在下卦中位，还有点小利。“瓮”与“瓶”同象，都是大腹小口的陶器，形制大一些称瓮，小一些称瓶。瓮口翻覆，故为“瓮敝漏”。“敝漏”就是破漏。总之，九二是有点小利，还有破败。

九三：井渫（xiè）不食，为我心恻。可用汲，王明，并受其福。

【译文】

井淘干净没人食用，令我感到可悲。可用来汲水，君王英明，人们一同受益。

象曰：井渫不食，行恻也。求王明，受福也。

【译文】

井淘干净没人食用，这种行为多么可悲。求君王英明，可一同受益。

【辨证】

“渫”，荀爽解释说：“去秽污清洁之意也。”“井渫”，是把井淘干净。淘井就是把井中的脏水抽出来，挖去水下淤泥，让新水能畅快地涌出，井水就变得干净。“恻”是觉得可悲、惋惜，干宝说是“伤悼也”。“汲”是从井中打水。这段爻辞《史记·屈原列传》用过：“怀王以不知忠臣之分，故内惑于郑袖，外欺于张仪，疏屈原而信上官大夫、令尹子兰。兵挫地削，亡其六郡，身客死于秦，为天下笑。此不知人之祸也。《周易》曰：‘井渫不食，为我心恻，可用汲。王明，并受其福。’王之不明，岂足福哉！”意思是说：楚怀王不知道谁是忠臣，内被郑袖迷惑，外受张仪欺骗。疏远屈原而相信上官大夫和令尹子兰。打了败仗，割让土地，丢掉了六个郡。自己被囚禁死在秦国，成为天下人的笑柄，这是不了解人造成的祸患。《周易》说：“井渫不食，为我心恻，可用汲。王明，并受其福。”国王不英明，怎么能受到福佑呢？司马迁是把这段爻辞理解为井淘干净了，却没有人来食用，令我感到可悲。井水干净，完全可以取用，如同一个忠心耿耿的贤臣应当受到任用。国王英明的话，起用这样的人才，大家都会跟着受益。可见这是一种被历史承认的传统解释。有的人大胆怀疑，定要找出一些新的讲法。这种勇于探索的精神虽然可嘉，然而又该怎么向这些历史传统交待呢？比如有人把“渫”讲成是污浊，现代用这个义项的确实不少。但“渫”的本义是去污。《说文》：“渫，除去也。”是疏治水源、水道，除去污秽。因为有污秽才去“渫”，所以引申出污浊的意思，但本意不是污浊。讲成污浊有后遗症，文献典籍中的话无法理解了。比如《史记》的这段话，井水不食，是水脏了；屈原不用，总不能说成是屈原脏了吧？讲《周易》不能仅凭个人的感想认识，要顾及它的客观性。从象上看，九三是上临坎水，下在巽卦（
），巽为股，股入水下，淘井去了。巽为覆兑，兑口向下不食，故言“井渫不食”。坎为心为忧，故言“为我心恻”。从取义上讲“我”指井。从象上说“我”指内卦，内卦为贞，外卦为悔，“贞”为我方，九三在内卦，故言“我”。入于水而上水就是“可用汲”。“王”指九五，“明”指互离，九三与九五互为离卦（
），五位是尊位为王，离为明。“并受其福”指九五从泰卦的初位升到尊位，大人得位，贤才得用。象辞说“井渫不食，行恻也”，意思是井淘干净没人食用，令行经于此的人感到可悲惋惜。《诗·王风·黍离》里讲得“彼黍离离，彼稷之苗。行迈靡靡，中心摇摇。知我者谓我心忧，不知我者谓我何求”，就是一种行恻。“求王明，受福也”，是说求得君王英明，自己能受益。说明九三这一爻是有用而被弃置，令人觉得可惜，希望改变这种状况。

六四：井甃（zhòu），无咎。

【译文】

井壁砌好，没有咎害。

象曰：井甃无咎，修井也。

【译文】

井壁砌好没有咎害，是修治井。

【辨证】

“甃”是用砖石把井的内壁垒砌好，这样可以避免井壁泥土的掉落而使井坍塌。有的地方把这种修井的工程称作旋井，农村至今称作甃井。“井甃”是说井不仅淘好了，而且把井壁也修治好了。依据朱震的讲法，这一爻取的是组合象：“坎水坤土，合而火之，甄也。有巽工焉。自下垒而上至井口，甃也。”意思是说：井卦由泰卦变来，泰的上卦原是坤，坤为土；初九来到坤的中位变成坎，坎为水；水入土中合而成泥，互离在下（六四→䷯>互离），离为火；火烧泥土成了砖，下巽为工，是泥瓦工用砖把井从下向上垒砌直到井口，这就是甃井。烧砖的泥从坤变坎中提取，巽在下、坎在上，又取自下而上之意。看来观象要看爻的推移，不能把卦图看成是死的。

象辞说“井甃无咎，修井也”，主要是解释“甃”的词义是修治井，提示的是下巽取工象。

九五：井冽寒泉，食。

【译文】

井中清冽、寒爽的泉水可食。

象曰：寒泉之食，中正也。

【译文】

寒爽的泉水可食，是爻位中正。

【辨证】

“冽”是水清凉甘爽。九五在上卦坎中，坎为水，九五又是泰变井的主爻，代表井。位在上卦之中，又是刚爻处刚位，位正，是一口好井，故言“井冽寒泉”。

“食”是井水可食用。因为九五所在的坎水处在上位，井水上来才可食用。

象辞说“寒泉之食，中正也”，主要强调九五位置中正，完全合乎井的要求。

上六：井收勿幕，有孚元吉。

【译文】

井口收拢，不加盖，有孚信，大吉大利。

象曰：元吉在上，大成也。

【译文】

大吉大利在上位，是大功告成。

【辨证】

“井收”是甃井的时候把井的内膛修治得宽大一些，到了井口要逐渐收小。井壁下面宽阔可以多贮水，保证水源充足，井口收拢，可以减少脏东西吹到井里，取水也安全一些。“收”是把井口收小一些。“幕”同“幂”，是蒙覆的意思，这里指盖住。“勿幕”是不加盖。井是公用的，加盖不方便人们取水。井经过这样一处理，给人们造成方便，大家都感到满意，所以“有孚”。“有孚”是受到大家的欢迎，大家信服。“元吉”是最大的吉。象辞说“元吉在上，大成也”，意思是说上六在全卦的最上位，井的工程都在下面，到了上面已经是大功告成，所以“元吉”。主要是取象于爻位。上六在全卦最上，故为“收”、为“幕”。上六柔爻，中缺有口，故言“井收勿幕”。刚爻与柔爻相和为孚，上六下有正应九三，又与主爻九五相比，故言“有孚”。全爻主要取象是上六是井卦的最后一爻，全卦已成。

【提示】

井卦最明显的一个特点，是从初爻往上数，越来越好，初爻是“井泥”，二爻“瓮敝漏”，三爻“井渫不食”，四爻“井甃”，五爻“井洌寒泉”，上爻井成“元吉”。除了各爻中的具体取象外，还取了爻位的象。井以上水为功，越往上越适于民用，故越上越好。从总体上看，作者的意识里有“用世”的思想在做指导，主张为人类做贡献，反映了有所奉献就吉祥，无所奉献就不吉的潜意识。在道德修养上，提倡君子要做对社会有用的人才，努力为社会造福，这种意旨是积极的。

卦里用到组合象，所谓组合象是把两个以上的卦象组合在一起，取一个共同组成的象，而不是直接取各单卦中的象。《周易》里确实有这样的取象方法。比如家人卦九三爻辞说“在中馈”，是指九三在下离互坎里（家人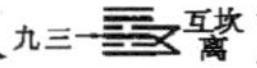
），坎为水，离为火，单从坎和离中取不出“中馈”之象，只有把两个象组合在一起，再加上位的因素，才能取出火在下烧煮上面的水，成为烧火做饭的“中馈”之象。本卦的“瓶”“瓮”都不是一个三爻卦的象能包括的，而是取离与兑的组合象，离为大腹，兑为口，小口大腹才是“瓶”或“瓮”。瓮形制虽大，但小口大腹的特点不变。大腹敞口就是缸，大腹收口才称瓮。至于“甃井”的组合象，就更为复杂一些，从卦变前的泰卦上坤中取土，从变坎中取水，从卦变中取水入土中，然后才成为泥，泥下有火，又烧制成砖瓦，再从下巽中取出工匠之象，于是才有工匠用砖甃井之象。这种取象方法，考之象辞与《说卦》，都信而有征，不可轻易否定，而且它与六爻全象的思路一致，值得研究。

四十九　革——破除陈旧

䷰

革卦的卦画组合为离（☲）下兑（☱）上，传统称作泽火革。《序卦》云：“井道不可不革，故受之以革。”意为：井道不可不经常更新，所以在井卦之后接着是革卦。革是更新的意思。《杂卦》云：“革，去故也。”意为革是除去陈旧的东西。《序卦》《杂卦》认为革就是除旧布新的变革。彖辞明确提到“革命”，现在我们把革命理解为推翻落后的政治制度，建立先进的政治制度，推动社会向前发展的一种社会群体行为，仍有除旧布新的意思。《周易》里讲的“革命”，指的是“革除天命”。古人认为，一个朝代的建立都要接受天命，叫作“奉天承运”，一个朝代的灭亡，就是革除这种天命。革命是推翻旧的王朝、建立新的王朝，也是除旧布新的意思。《说文》把革讲成是皮革，“革，兽皮治去其毛，革更之象”。把兽皮铲去兽毛留下的光板皮子就是革，所以“革”又有皮革的意思。兽皮花色的区分主要在于毛色的不同，去掉兽毛是一种大的变化，爻辞里提到的“虎变”“豹变”“革面”等就是指毛皮的变化。从全卦看，卦名革的基本意思是除旧布新的变革。

革与下一卦鼎是覆的关系，革䷰卦画倒置为䷱鼎，从象辞“革而当”的提示上看，革从大壮变来，是大壮的九二与六五交换了位置，即大壮䷡两爻换位，变䷰革。刚爻应占据九五的尊位，柔爻应占据六二的卑位，大壮变革之后，五位是刚爻，二位是柔爻，所以才说是革而当。虞翻说是“遁上之初”，这与象辞的提示不合。

革，己日乃孚。元亨利贞，悔亡。

【译文】

革卦，己日得到孚信。大亨通，利于正道，忧悔消亡。

彖曰：革，水火相息。二女同居，其志不相得，曰革。己日乃孚，革而信之。文明以说，大亨以正。革而当，其悔乃亡。天地革而四时成，汤武革命，顺乎天而应乎人。革之时大矣哉！

【译文】

革卦，水火互相熄灭。两个女子住在一起，心志不相容，称作革。己日得到孚信，是变革取得人们的信任。文明而喜悦，大亨通而中正。变革适当，忧悔就会消亡。天地变革才能形成四季，商汤革除了夏王朝的天命，周武王革除了商王朝的天命，顺应天道人心。革的时势意义太重大了！

象曰：泽中有火，革。君子以治历明时。

【译文】

大泽中有火就是革卦。君子从中得到启示，要制定历法，明辨天时。

【辨证】

古人用十天干纪日，甲乙丙丁戊己庚辛壬癸，一共十位，周而复始地往下排，十天之中就有一个己日。《周易》里提到甲日、庚日，这里又提到己日，说明当时已经用十天干纪日。依据纳甲原理，十天干与八卦相配，乾纳甲、壬，坤纳乙、癸，震纳庚，巽纳辛，艮纳丙，兑纳丁，坎纳戊，离纳己。大壮变革，下卦成离（☲>离），故言“己日”。刚爻与柔爻代表对立统一的两个方面，两者既对立又统一，强调二者统一性的一面就言“孚”。“孚”指的是刚爻与柔爻相依而合。大壮卦是刚爻逼退柔爻，变为革卦，柔爻与刚爻变得依附相合，故言“乃孚”。从取义上说，“革，己日乃孚”，是说大变革发生之后，到己日才能获得人们的信任。革卦与蛊卦都讲变革，但两者不完全相同，就社会意义讲，蛊是改革，革是革命。改革不一定质变，革命却是一种质变，是一次重大的根本性的变革，事物在新质上向前推进，故言“元亨利贞”。从陈腐中蜕变出来，故言“悔亡”。卦辞的意思是说重大变革，到己日取得民众的信赖。大亨通，利于正道，忧悔消亡。

彖辞从六个方面说明革卦。（一）从上下卦象的组合上说明革卦。“革，水火相息”，指上卦兑为泽，泽是大水，下卦离为火，水火相遇，格格不入，相互熄灭。《释文》：“息，马云‘灭也’。李斐注《汉书》同。《说文》作‘熄’。”“息”与“熄”是古今字。《说文》：“熄，畜火也。从火息声。亦曰灭火。”“畜火”是保存火种，保存得好，火可再生息长。保存不好就会熄灭。这是词的反向引申义。“水火相息”是水火不相容，水要浇灭火，火要烧干水，激战起来。“二女同居，其志不相得”，指下卦离为中女，上卦兑为少女，两个女子居住在一起，心志各异。睽卦彖辞说：“二女同居，其志不同行。”这是《周易》揭示的“同性相斥”的哲理。“得”是相处得好，“不相得”是处不好。“水火相息”“二女不相得”都是指合不到一起。“曰革”是说，因此才叫作革卦。合不到一起就要发生变革。（二）说明卦辞“己日乃孚”的意思。“己日乃孚，革而信之”，着重说明“孚”是信的意思。进行大变革后，到已日才能深入人心，取信于众。（三）从上下卦特性的组合及主爻九五中正上说明卦辞“元亨利贞”。“文明以说”，指下卦离为文明，上卦兑为喜悦。大变革由暗乱变得文明，由怨恨变得喜悦，所以能大亨通。“元亨”就是大亨。“元亨利贞”指大壮变革，主爻九五升进到上卦中位，刚爻居刚位，位正。既中又正，所以利于正道，所以才大亨通。（四）从卦变上解释卦辞“悔亡”。“革而当，其悔乃亡”，是指在大壮卦里，五这个尊位被柔爻占据，二这个卑位由刚爻占据（大壮六五九二䷡），该尊的不尊，该卑的不卑，位置不适当。变为革卦，尊位是九五，卑位是六二（革九五六二䷰），位置经过变革而得当，所以忧悔消亡。（五）从天、地、人道说明革卦的意义。“天地革而四时成”是讲天地之道。春天取代冬天，夏天又取代春天，秋天又取代夏天，冬天又取代秋天，不断变革才有一年四季，有四季才能成岁，所以大自然总是充满活力，生机勃勃，不停地向前发展，不然天地就会死寂。从社会现象讲也是如此，“汤武革命，顺乎天而应乎人”，商汤王推翻了夏桀的统治，建立了商朝；周武王又推翻了商纣王的统治，建立了周朝。不断更代，这样才顺天道，应人心，社会这个机体才充满活力，生机勃勃，不断进步，不然社会就会僵化死寂。（六）强调革的时势意义。“革之时大矣哉”，无论是自然的活力还是社会的活力，都是变革造成的，没有变革就会僵死，没有运动，也没有前进，也就没有时势可言，时势就是运动变化中的过程，所以说“革之时大矣哉”。从哲理上揭示了《周易》万事万物运动变化的观点。

象辞从上下卦象的组合上解释卦名。上卦兑为泽，下卦离为火，大泽之中有火，不得安宁。比如湖泽之中火山喷发出来，火大，泽水就会干涸；水大，火就得熄灭。二物相克，不能调合，只有变革。君子看到这样的卦象，就可体悟出天地运动的规律，四季也是不相容，相互取代，从它们的相互变革中观察天时的运动，把历法制定出来，察明天时运动的几微，颁告民众，让人们都按天时活动，这就是“泽中有火，革。君子以治历明时”。

初九：巩用黄牛之革。

【译文】

用黄牛皮做成的皮绳把它捆绑结实。

象曰：巩用黄牛，不可以有为也。

【译文】

用黄牛皮做成的皮绳把它捆绑结实，不可有所作为。

【辨证】

“巩”是牢固结实。“黄牛之革”是黄牛皮，这里指把黄牛皮裁成皮条做成的绳子。牛皮绳子是当时最结实的绳子。爻辞的意思是要用最结实的绳子捆绑牢固，一点也不让松动。从象上说，初九在全卦最下位，乾卦初九“潜龙勿用”，位低时初，不能盲动，应当牢固。纯离为牛，坤为黄，离得坤中爻，为黄牛。初九在革卦的下离（初九→☲>离）里，故言“巩用黄牛之革”。这一爻与遁卦六二“执之用黄牛之革，莫之胜说”不同。遁六二是受执被拘，而这一爻是要努力巩固不要有所作为，革命是冒险的事，不成熟不能动，但并不受执被拘。

六二：己日乃革之。征吉，无咎。

【译文】

己日就进行大变革。征进吉祥，没有咎害。

象曰：己日革之，行有嘉也。

【译文】

己日进行变革，行进有好处。

【辨证】

六二是大壮变革换位的一爻，来到二位居中得正。在下卦离中，故言“己日乃革之”，上有九五正应，可以征进，故言“征吉，无咎”。象辞说“己日革之，行有嘉也”，以“行”来解释“征”，指的是六二从大壮的五位下来，把尊位让给九五，行动可嘉，定本把“己日”写成“巳日”，王弼讲成是已经完成之日，字形讹误，应当更正过来。这一爻与初九大不相同。初九是一点也不让动，这一爻是到了己日，可以大胆变革，行动吉祥，能获得成功，没有咎害。

九三：征凶，贞厉。革言三就，有孚。

【译文】

征进凶，正道危厉。变革初告成功，有孚信。

象曰：革言三就，又何之矣。

【译文】

变革初告成功，又往哪里去？

【辨证】

九三这一爻正当上下卦之际。下卦离为火，上卦兑为泽水，处于水火不相容的位置上，征进会遇到泽水的浇灭，故言“征凶”。守正不动，位置又不允许，故正道有危厉。然而九三有正应在上六，上六处在兑卦，兑为口，为言。上兑三爻，九四“改命”，九五“虎变”，上六“豹变”“革面”，都随之而变，故云“革言三就”。从取象上讲，“就”是随从。王弼不注重卦象，讲到这一爻时也说：“已处火极，上卦三爻虽体水性，皆从革者也。自四至上，从命而变，不敢有违，故曰‘革言三就’。其言诚实，故曰‘有孚’。如是而犹征之，凶其宜也。”从取义上说，“革”是变革，“言”是宣告，“三”是小成之数，指变革初告成功，“就”是成功。从爻位上说，九三在下卦之终，也在小成的位置上。从社会变革的意义上说，九三是初告成功，大幅度征进，搞过头有凶。但又不是彻底成功，还有被颠覆的危厉，把握好分寸是成败的关键。有孚信可保无虞。象辞说“革言三就，又何之矣”，意为变革已初告成功，又会往哪里去？说明人们会随之而变。

九四：悔亡，有孚改命，吉。

【译文】

忧悔消亡。有孚信，改变旧的天命，吉祥。

象曰：改命之吉，信志也。

【译文】

改变旧的天命吉祥，是心志诚信。

【辨证】

“悔亡”是忧悔消亡。“有孚”是有诚信。“改命”是改变天命。古人认为每一个王朝的建立都是受命于天。改命是把不符天命的旧王朝废弃，换成一个符合天命的新王朝。“天命”指的是天道之命，而不是上帝。象辞讲“顺乎天而应乎人”，顺应天道人心就是合乎天命，就是符合人民的心愿，顺应自然规律。从象上说，九四在互乾（九四→☰>互乾）、互巽（九四→☴>互巽）里，乾为天，巽为命，又在上卦兑里，兑为口，是有口宣告天命，故言“改命”。从取义上说，“改命”是建立新的王朝，废除旧的政令，施布新的政令。象辞说：“改命之吉，信志也。”“信”解释“孚”，改命吉祥，是因为心志诚信，也就是诚心诚意地顺天应人。

九五：大人虎变，未占有孚。

【译文】

大人变出虎一般的文采，不占决而有孚信。

象曰：大人虎变，其文炳也。

【译文】

大人变出虎一般的文采，是文采彪炳。

【辨证】

“虎”是名词作状语，说明变的状态。初爻有“黄牛之革”，上六有“豹变”，都用的是“皮”义。大人在变革之前没有地位，文采本事显示不出来，皮如牛羊。大壮变革，九五从二位升进到全卦的尊位，成为一卦之主，刚爻得位，故称大人，上卦变兑，兑为虎，故言“虎变”。从取义上讲，变出虎皮，彪炳斑斓。虞翻说：“兑为白虎。”这是依据天之四象的方位。按二十八宿的天象分布，东方七宿是青龙，南方七宿是朱雀，北方七宿是龟蛇，西方七宿是白虎。兑是西方卦。“占”取象下卦离，离为龟可占，九五与下卦离的中爻六二正应，九五与六二在卦变中是换位的一爻，九五怎样做，六二就怎样应，用不着去占决，六二肯定会相孚，故言“未占有孚”。象辞说“大人虎变，其文炳也”，指出九五变出了文采，显然是指皮毛的变化。文的变化是质变的反映（见贲卦提示）。这一爻是全卦最好的一爻，是一个人由卑贱向显贵的大跨度飞跃。

上六：君子豹变，小人革面。征凶，居贞吉。

【译文】

君子变出豹一般的文采，小人换了新的面貌。征进凶，居于正道吉祥。

象曰：君子豹变，其文蔚也。小人革面，顺以从君也。

【译文】

君子变出豹一般的文采，是文采蔚然可观。小人换了新的面貌，是顺从君王而变。

【辨证】

“豹变”是变出豹子一般的文采。豹次于虎，君子的变化次于大人，但也相当可观。象辞说“君子豹变，其文蔚也”，“蔚”是文采盛，君子的文采本事也显露出来。“革面”是面貌有了崭新的变化，由坏变好。象辞说：“小人革面，顺以从君也。”“君”是君王，指九五。意思是随顺君王而发生变化，洗心革面。全卦九三是小成，上六是一卦之终，是大成，变革到了最终，大人变得文采彪炳，君子变得文采蔚盛，小人也面目一新。大人、君子、小人是《周易》作者对社会人所划分的等级，圣贤在位是大人，贤能有德为君子，无贤德为小人。从取象上说，虎豹同科，兑为虎，也为豹，上六无位，故言“君子豹变”。柔爻为小人，兑为悦，小人变得喜气洋洋，故言“小人革面”，变革已成。上六位处穷极，不可再进，故言“征凶”。坚守正道，居而不动可获吉。

【提示】

关于“孚”的取象，历来没有太好的解释。虞翻在夬卦里说“阳在二五称孚”。然而萃卦九五爻辞却说“匪孚”（萃䷬←）。又说“坎为孚”，通观全书也很难说通。卦爻辞中提到孚的有三十六例：需卦辞“有孚”（䷄），讼卦辞“有孚”（䷅），比初六“有孚比之”（䷇←），小畜六四“有孚”（䷈←），九五“有孚挛如”（䷈←），泰九三“勿恤其孚”（䷊←），六四“不戒以孚”（䷊←），大有六五“厥孚交如”（䷍←），随九五“孚于嘉”（䷐←），观卦辞“有孚”（䷓），坎卦辞“有孚”（䷜），大壮初九“有孚”（䷡←），晋初六“罔孚”（䷢←），家人上九“有孚威如”（䷤←），睽九四“交孚”（䷥←），解九四“朋至斯孚”（䷧←），损卦辞“有孚”（䷨），益六三“有孚中行”（䷩←）、九五有“有孚惠心”“有孚惠我德”（䷩←），夬卦辞“孚号有厉”（䷪），姤初六“羸豕孚蹢躅”（䷫←），萃初六“有孚不终”（䷬←），六二“孚乃利用禴”（䷬←），九五“匪孚”（䷬←），升九二“孚乃利用禴”（䷭←），井上六“有孚元吉”（䷯←），革卦辞“已日乃孚”（䷰）、九三“有孚”（䷰←）、九四“有孚”（䷰←）、九五“有孚”（䷰←），丰六二“有孚发若”（䷶←），兑九五“孚于剥”（䷹←），中孚九五“有孚挛如”（䷼←），未济六五“君子之光有孚”（䷿←）、上九有“有孚于饮酒”“有孚失是”（䷿←）。看来“孚”的象既不在爻位，也不能确定在某一卦上。大致看来，刚爻与柔爻具有统一性的一面，表现出相互依附而合和的状态就可言“孚”。具体说来，各爻又有不同。革卦的三个刚爻“有孚”，指的是变革中三个刚爻为实，故“有孚”。孚是信实。一般地说，孚要有异性爻来应合。

五十　鼎——鼎立新风

䷱

鼎卦的卦画组合为巽（☴）下离（☲）上，传统称作火风鼎。《序卦》云：“革物者莫若鼎，故受之以鼎。”意为：没有比鼎更能变革事物的了，所以在革卦之后接着是鼎卦。鼎在古代用来烧煮饭羹，如同我们现在使用的锅，它能把东西由生煮熟。《序卦》反映的是原始社会人类发现火之后，伴随产生的文明意识，因此才认为鼎是最能变革事物的。要把它放在人类由吃生食到吃熟食这个背景中去理解。《杂卦》云：“革，去故也；鼎，取新也。”意为：革卦是除去陈旧的东西，鼎卦是树立新的东西。《杂卦》在更广泛的意义上推演了一步，认为革与鼎两卦，一个是破旧，一个是立新。这就不仅指煮熟食物，所有人类社会破旧立新的现象都以革鼎两卦来表示。破旧立新往往是同时进行的，破中有立，立中也有破，这里不过是各自强调了一个方面。

鼎是革的覆卦。革卦䷰全卦上下翻倒过来就成为䷱鼎卦。从卦变上讲，彖辞提示说“柔进而上行”，鼎卦是由遁卦变来，即：遁九五六二䷠九五与六二换位，变䷱鼎。是遁卦的柔爻六二向上推移到了五位，这就是“柔进而上行”。虞翻说是“大壮上之初”，认为是大壮的上六与初九换位（大壮上六初九䷡换位，变䷱鼎），这只能是“柔来而下行”，违背彖辞意思。可见，虞翻把革鼎两卦的卦变线索传颠倒了，引起许多难以解决的问题。应当依据彖辞纠正过来。

鼎，元吉，亨。

【译文】

鼎卦，大吉大利，亨通。

彖曰：鼎，象也。以木巽火，亨饪也。圣人亨以享上帝，而大亨以养圣贤。巽而耳目聪明，柔进而上行，得中而应乎刚，是以元亨。

【译文】

鼎卦是鼎的形象。把木柴送入火内，是为了烹煮食物。圣人烹煮食物来荐享上帝，大量烹煮食物来养育圣贤。随顺而耳目聪明，柔顺向上升进，取得中位与刚健的九二相应，因此大亨通。

象曰：木上有火，鼎。君子以正位凝命。

【译文】

木上有火就是鼎卦。君子从中得到启示，要摆正自己的地位，凝重天命。

【辨证】

这一卦的卦辞前人有些争议。程颐认为“元吉，亨”中的“吉”是羡文，即多出来的字。道理有两点：一是卦有四德“元亨利贞”，有的卦占全了，有的卦占得不全，这都是正常的。但“吉”不是卦德，不应夹在“元亨”之间。二是彖辞最后说“是以元亨”，没有提到“吉”。显然，程颐是推理推出来的，后来有的本子（如元吴澄本）就把“吉”字删掉，这就太武断了。《周易》里讲“元吉”的不是一处，程颐不过是提出一种怀疑，据以删改经文证据不足。要保留原貌，对后人负责。鼎卦讲破旧立新，故“元吉”。“元吉”是大吉大利，“亨”是亨通。

彖传从五个方面说明鼎卦。(一)“鼎，象也”，是从全卦卦画的整体形象来说明鼎卦。意思是鼎的卦名是从全卦取象。全卦最下边断开的柔爻初六像是鼎的腿；二、三、四三个刚爻像是鼎的腹，五位断开的柔爻六五像是鼎的两耳，最上边一个刚爻如同扣住鼎的铉。全卦就是一个鼎的形象。王宗传说："分植于下者，足也；充实乎中者，腹也，二、三、四是也；对峙乎上者，耳也，六五是也；横亘乎上者，铉也，上九是也。夫物，有足、有腹、有耳、有铉，非鼎乎？"这是无可争议的确诂。古代的鼎有三条腿，画出来后面的一条腿挡住了，露出前面的两条腿，鼎的上面直立着两个鼎耳。鼎上有盖，盖上盖子后，从两耳中插入一根杠子，这根杠子称"铉"，铉既可以压住鼎盖，又可用来抬起鼎来挪动。把鼎卦卦画六爻作为整体看，就是一个有足、有腹、有耳、有铉的鼎。关于"鼎，象也"，前人还有一点争议，就是《系辞·上》中讲"以制器者尚其象"，意思是创造发明新器物的人重视卦象。好像是"观象才能制器"。这就出现一个问题，究竟是先有卦象还是先有器？器是从卦象中得到启发才造出来，还是先有器然后才从器中取象？其实这个问题不能机械地理解，"观象制器"与"从器取象"两者是互为因果，不可能有一个固定的模式。《系辞》也讲到另一个方面，"远取诸物"。就鼎卦讲，应当是先有鼎这个器物，然后才从这个器物中取出卦象，所以彖辞才说："鼎，象也。"没有鼎这种器物还去象什么呢？（二）从上下卦的组合上解释鼎卦。"以木巽火，亨饪也。""亨"是"烹"的古字。古代"亨""烹""享"只有一个字形，后来才分而为三，有了区别。鼎卦下卦是巽，巽为木，又为入，又为风，上卦离为火，把木柴放进火里再吹上风，那就是烧火做饭，所以说“亨饪也”。“亨饪”就是烧火做饭，这是除了把鼎看成做饭的锅以外，又从上下卦的组合中看象做出的说明。（三）推演鼎的实用意义。“圣人亨以享上帝，而大亨以养圣贤”，意为把食品烹制出来，圣人不光是为了自己吃，更大的作用是用以祭享上帝和养育圣贤。这充分反映了彖辞对上帝和圣贤的重视。上帝可以保佑自己，圣贤则是国家的支柱。孔颖达疏里讲：“享上帝尚质，特牲而已，故直言‘亨’。圣贤既多，养须周遍，故亨上加大字也。”意为：荐祭上帝要质朴，有小牛就可以了，所以只说亨。圣贤人多，供养要普遍，故亨上加了大字。《礼记·郊特牲》郑玄注：“郊者，祭天之名。用一牛，故曰特牲。”《礼记·王制》：“祭天之牛，角茧栗；宗庙之牛，角握；宾客之牛，角尺。”意为：祭上帝的牛小，牛角有蚕茧那么大；祭宗庙的牛稍大一些，牛角有一握那么大；款待宾客就要用大牛，牛角要一尺长以上。养圣贤，就是待宾客，“大亨”就是多做出一些肉来。（四）从卦象上说明鼎卦具有的特点。“巽而耳目聪明”，指下卦为巽，巽是随顺；上卦离为目、为明。值得注意的是耳，《说卦》讲“坎为耳”，鼎卦有些例外，耳的取象是六五。鼎卦所呈现的卦象特点是随顺而又耳聪目明。（五）从卦变上说明鼎卦的特点。鼎卦从遁变来。遁卦的六二升进到五位，六二是柔爻，五是上卦中位，卦变中显示的意义是柔顺地向上行进，这就是“柔进而上行”。“得中而应乎刚”是从主爻六五的推移上说明鼎卦的特点。六五取得上卦中位，又与下卦的九二正应，所显示的意义是获得中道而又有刚健相应。“是以元亨”说明卦辞“元吉，亨”。因为有以上诸多的因素，所以鼎卦才具有大吉大利亨通的断语。这是对以上祭上帝、养圣贤、随顺、耳目聪明、柔顺而上进、获得中道又有刚健之才相助等条件的总括。

象辞从上下卦象的组合解释鼎卦。“木上有火，鼎”，指下卦巽为木，上卦离为火，木上有火，这是用鼎烧火做饭，所以才叫鼎卦。至于君子从中得到什么启示而要“正位凝命”，前人讲得有些游离。这儿可能是指铸鼎讲的。铸鼎要先做好沙范，把模子各部位都摆正，然后把青铜的熔液注入沙范，等熔液冷却凝固，拆去沙范，鼎就铸造出来，所以才联系到“正位凝命”。“正位”取摆正沙范部位为义，“凝命”取冷却凝固成形为义。总之，是要与铸造前的设计相符。“正位凝命”是说要摆正自己的地位，凝重天命，也就是要以天命为重，不要改变。

初六：鼎颠趾，利出否。得妾以其子，无咎。

【译文】

鼎腿颠倒，利于走出否塞。因其子而得妾，没有咎害。

象曰：鼎颠趾，未悖也。利出否，以从贵也。

【译文】

鼎腿颠倒，并未背离正理。有利于走出否塞，是随从贵人。

【辨证】

鼎卦从遁卦变来，遁是个放大的巽卦（䷠>☴），巽为股，变而为鼎，六二升进到五位，作为股的六二向上去了，只剩下在初位的趾，故言“鼎颠趾”，意思是说鼎腿朝上翻倒过来。遁卦是柔长刚消的卦，再向上长出一位柔爻就是否卦（䷠䷋否），变鼎之后改变了向否发展的趋势，故言“利出否”，意思是说有利于从否塞中走出来。初六的正应在九四，自己原在下卦艮里（䷠>艮），艮为少男、为子，变鼎之后，应位变出互兑（九四→䷱>互兑），兑为妾。因艮子的变化相应地出现兑妾，故言“得妾以其子”。“以”是因为，意思是：因为儿子的关系得到妾，妾是小妻。“无咎”是没有咎害。从取义上讲，把鼎翻过来，倾倒出鼎中的残存污秽之物，清洗一下，就是“出否”。象辞说“鼎颠趾，未悖也”，“悖”是违背。象上指六二柔爻向上占据五的尊位，九五刚爻占据六二的卑位，本来是悖理的，但两爻都在中位上往来，未可算作悖理。鼎翻过来倾倒污垢也合乎常情。“利出否，以从贵也”，象上指九五从尊位下到二位与初六相比，初六随从了贵人。这一爻是走出低谷，随从了贵人，境况好转。

九二：鼎有实，我仇有疾，不我能即。吉。

【译文】

鼎中有实在的东西，我的仇人有疾病，不能接近我。吉祥。

象曰：鼎有实，慎所之也。我仇有疾，终无尤也。

【译文】

鼎中有实在的东西，是审慎选择了所到的地方；我的仇人有疾病，是最终没有怨尤。

【辨证】

刚爻为实。在卦变中九二来到鼎腹的底部，是鼎中来实之象，故言“鼎有实”。从取象上说，仇是配偶，《子夏传》说“仇，匹也”。九二的配偶就是正应六五。在卦变中六五柔爻却从卑位升到尊位，九二刚爻从尊位来到卑位，尽管是在中位上的推移，但对六五并不完全合适，故言“我仇有疾”。九二与六五正应，换位之后仍然分开，各在上下卦里，故言“不我能即”。“即”是挨近。从取义上讲，“仇”是仇敌，仇敌有病，不能靠近自己，所以吉祥。象辞说：“鼎有实，慎所之也。”象上指的是九二离开尊位来到二位，行为不失中正，推移的选择还较为审慎，“之”是到的意思，因此鼎中有实可食。“我仇有疾，终无尤也，”指六五占据尊位不合适，是九二把尊位让给了六五，六五不能怨九二。“尤”是怨恨的意思。所以才“不我能即”而吉祥。这一爻是让出尊位得到实惠，远嫌避仇，吉祥。

九三：鼎耳革，其行塞，雉膏不食，方雨，亏悔，终吉。

【译文】

革除鼎耳，行动困难，山鸡的美肉不吃，正下雨，有亏有悔，最终吉祥。

象曰：鼎耳革，失其义也。

【译文】

革除鼎耳，失去鼎耳的意义。

【辨证】

九三是大坎的中爻(九三—)，坎为耳，本来是鼎的大耳，然而鼎卦从整体形象上看，六五才是鼎耳，九三失去作鼎耳的意义，故言“鼎耳革”。鼎去耳，搬动起来不方便，大坎又为险，故“其行塞”。前临上离（>离）、互兑（>互兑），离为雉，兑为膏泽，又为口，有口可食雉膏，然而兑又是正反象(九三—正兑反兑)，又吃不成，故言“雉膏不食”。正兑为雨，反兑是雨返下，大坎是水，故言“方雨”。兑为毁折，故有“亏悔”。可是全卦只有九三是刚居刚位，位正，其他爻都位不正，又在下卦之终，故言“终吉”。这一爻，按《说卦》提供的坎为耳、为险，离为雉，兑为泽、为雨、为口等正象去看，只能承认《周易》里有从大卦取象的体例。象辞说“鼎耳革，失其义也”，也明确指出九三原有作为坎耳的意义，因为鼎卦整体上以六五为耳，所以才失去作为鼎耳的意义。

九四：鼎折足，覆公𫗧（sù），其形渥（wò），凶。

【译文】

鼎断了腿，洒了王公的粥，形体打湿，凶。

象曰：覆公餗，信如何也？

【译文】

把王公的粥洒出来，结果如何？

【辨证】

这句爻辞在《系辞·下》里作了解释：“子曰：‘德薄而位尊，知小而谋大，力少而任重，鲜不及矣。《周易》曰：鼎折足，覆公餗，其形渥，凶。言不胜其任也。’”意为：孔子说：“道德浅薄而占据尊贵地位，智慧不足而谋划大事，力量小却担当重任，很少有不连累自己的。《周易》里说‘鼎折足，覆公餗，其形渥，凶’，讲的就是不能胜任。”爻辞的意思是力不胜任，自己受到连累。“鼎折足”就是鼎断了腿。《说文》鬻的重文有餗。“餗”就是粥，这种粥与我们说的八宝粥近似，里边放入很多配料，是高级食品。王公之家，钟鸣鼎食，不同于我们今天的米粥、面粥，虞翻说是“八珍之具”。“覆公餗”是把王公的八珍粥洒出来。“渥”是沾湿。“其形渥”是粥洒到自己身上，衣衫沾染，不成样子。“凶”是凶险。这句爻辞讲法有分歧，从象上看，初六是“颠趾”，是因为卦变中大巽(遁䷠>☴巽)作为股的六二上到五位，只剩下在初位的初六为趾。九四位在股趾之间，互兑为毁折(九四→䷱>互兑)，互兑就是反巽，巽为股、为腿，鼎腿毁折反向上，故言“鼎折足”。李鼎祚说：“餗者，雉膏之属。公者，四为诸侯，上公之位，故曰公餗。”意思是说，“餗”就是前面提到的雉膏之类的鼎中食物。四位是诸侯位，为上公，所以才说“覆公餗”。“其形渥”与九三爻辞同象，九三是“方雨”，九四也在雨中，故“其形渥”。象辞说：“覆公餗，信如何也？”“信”是应验的结果。《正义》说：“信有此不可如何之事也。”把意思贯通一下，是说没有那个才能就不要挑起重任，把王公的粥洒了，结果怎么样？沾染到自己身上了吧！可见象辞作者对力不胜任的在位者很反感。

六五：鼎黄耳金铉。利贞。

【译文】

鼎配上黄色鼎耳，金铉。利于正道。

象曰：鼎黄耳，中以为实也。

【译文】

鼎黄色的鼎耳，是居中又坚实的样子。

【辨证】

这一爻提到“金”，下一爻又提到“玉”，《说卦》讲乾“为金玉”，显然鼎卦是从遁卦变来，遁卦的上卦才是乾（遁䷠>乾）。坤中为黄，遁变鼎，上卦成离，离是乾得坤中爻，又处在鼎耳的位置上，故言“鼎黄耳”。乾为金，上九未变，处在铉的位置上，故言“金铉”。六五在中位，故言“利贞”。爻辞的意思是说：六五是珍贵的大鼎，金黄的鼎耳，金作的铉，正道有利。象辞说“鼎黄耳，中以为实也”，指的是六五在卦变中从二位升到上卦中位，是来到乾卦之中，乾为实，是在中而又坚实。从取义上则是说，中心信实。

上九：鼎玉铉。大吉，无不利。

【译文】

鼎，玉做成的铉。大吉，没有不利。

象曰：玉铉在上，刚柔节也。

【译文】

玉铉在上位，是刚柔调节。

【辨证】

从整体卦象上看，六五是鼎耳，上九是鼎铉。卦从遁变来，上九原在遁的上乾里，乾为玉，故为“鼎玉铉”。鼎一般是青铜器，用金玉作铉，相当珍贵，是重器，故“大吉，无不利”。象辞说：“玉铉在上，刚柔节也。”“节”在这里是调节的意思，“刚柔节”是说不太刚也不太柔，调节得恰到好处。古人认为玉不仅珍贵，还有温润高雅的特性。用金为铉太刚，以玉为铉则刚柔合度。象上指的是遁变鼎，在上乾中来了一位柔爻，使上卦原来三刚变成刚柔相间的离卦。

【提示】

彖辞说：“鼎，象也。”认为鼎卦是一个鼎的整体形象。初六是鼎足，爻辞中有“趾”；九二、九三、九四是鼎腹，九二爻辞中有“实”；六五是鼎耳，爻辞中有“耳”；上九是鼎铉，爻辞中有“铉”。从这些迹象看，彖辞准确地说明了《周易》作者的本旨。那么可以说明一点，《周易》作者的取象灵活多变。一般地说，卦象指的是八卦所代表的象。而在鼎卦，许多象并不是出自八卦之象，而是出自六爻全象。这样，固执死守八卦之象去辨象就会背离作者的原意。因此，还必须注意这些八卦的象外之象。比如六五的“鼎耳”、上九的“鼎铉”，“坎为耳”是《说卦》明确规定了的，“铉”则没有做出说明，作者可以从坎中取耳象，也可以从六五取耳象，从上九取铉象。这就无异于为我们辨象做出示范。读《周易》应当善于发现作者这种不同的取象线索，不可拘执。

五十一　震——雷振而起

䷲

震卦的卦画组合为震（☳）下震（☳）上，传统称作震为雷。《序卦》云："主器者莫若长子，故受之以震。震者，动也。"意为：主持国家重器的人没有比嫡长子更适当的了，所以在表示重器的鼎卦之后接着是表示长子的震卦。震是动的意思。《序卦》把卦名解释为长子和震动两个意思。《杂卦》云："震，起也。"震是振奋而起，这是指震为雷，雷动惊蛰，万物发生，又以新的活力重新振起。

震与下一卦艮是覆的关系。震䷲上下颠倒，为䷳艮，两卦都属八纯卦之一。三爻的震卦（☳）就是一个小的复卦（复䷗>☳），震卦有再度复生的意思。从卦变讲，虞翻说："临二之四，天地交，故通。"意为：震卦由临卦变来，即：临六四九二䷒>二爻与四爻换位，变䷲震。彖辞对卦变没有明确提示，从爻辞中可发现一些痕迹。

震，亨。震来虩虩（xì），笑言哑哑。震惊百里，不丧匕鬯（chàng）。

【译文】

震卦亨通。惊雷袭来令人不安，言笑有节。雷声震惊百里之远，棘匕、鬯酒却不失手。

彖曰：震亨。震来虩虩，恐致福也。笑言哑哑，后有则也。震惊百里，惊远而惧迩也。出可以守宗庙社稷，以为祭主也。

【译文】

震卦亨通。惊雷袭来令人不安，恐惧可以招致福佑。言笑有节，是知惧然后有法则可循。震惊百里，是震惊远方而戒惧近处。国君出去，长子守宗庙社稷，可以作为祭祀的主持人。

象曰：洊（jiàn）雷，震。君子以恐惧修省。

【译文】

雷一个接一个地打来就是震卦。君子从中得到启示，应当知道有所恐惧而不断修养反省自己的道德。

【辨证】

震为雷，春雷动，大地复苏，经过天地闭塞的冬季，万物以勃勃生机而振起，重新活跃起来，所以震卦亨通。“虩虩”是惊恐的样子。“震来虩虩”是说惊雷袭来，令人感到恐惧不安。这是取象于震为雷。惊雷震响，声威皆壮，令人戒惧不安。“笑言哑哑”是说笑有节的样子。震卦从临变来，临下卦为兑(临䷒>兑)，兑为口、为悦，故为“言笑”。变而为上震下震的震卦，震知戒惧，故“哑哑”，“哑哑”是言笑合度有节，彖辞有说明。“震惊百里”也取象于震为雷。惊雷声威可以传播百里之远。“不丧匕鬯”取象于震为长男，坎为棘、为匕，又为酒，震为祭器，震三四五爻互坎䷲>互坎。“匕”是一种木制匙形的器具，鬯是一种香酒，都是祭祀时所用的东西。“不丧匕鬯”是说主祭的长子受到惊雷的震惊，手中的匕鬯没有失手掉落下来，仍能保持镇定的常态。这样的人具有临危不惧、受惊不乱、从容安详的修养，可以主持大事。古代的祭祀是一件大事，国君才能主祭。国君外出，由嫡长子主祭。在祭祀中表现得从容镇定，说明具有继位临政的才能和修养。

彖辞从五个方面说明震卦。（一）提出要说明的重点。“震亨”是说震卦亨通。震卦为什么会亨通，以下几点提出具体理由。(二)从忧患意识上说明卦辞“震来虩虩”。“震来虩虩,恐致福也”,强调人不可以放纵自任,乐而忘忧,而应当居安思危,注意自我约束,反映了一种忧乐互为因果的思想。受到震惊,感到恐惧不是一件坏事,有这种忧患意识,防患于未然,就可以带来好的结果。所以说能感受到恐惧,才能招致天地的福佑。(三)从忧患意识上说明卦辞“笑言哑哑”。“笑言哑哑,后有则也”,意思是说:因为有忧患意识,懂得该怎么做,不该怎么做,然后在行动上才有法度可循。“哑哑”就是有法则可循的样子。是先知戒惧,后有法则。可见“笑言哑哑”是指说笑都不是放纵无度,而是合乎节度,有分寸。(四)从忧患意识上说明卦辞“震惊百里”。“震惊百里,惊远而惧迩也”中,“迩”是近。这句意思是说:震惊百里是雷声传得很远,但并不只是使远处的有所戒惧,近处的人同样应当有所戒惧。近知惧,无远忧,反之,不知近惧,必有远忧。(五)从道德修养上说明卦辞“不丧匕鬯”。“出可以守宗庙社稷,以为祭主也”,意思是说:国君离开国家,长子代替监守宗庙社稷,这是把长子作为祭祀的主持人,所以才讲“不丧匕鬯”。“不丧匕鬯”是临危不乱,说明长子具有监国主祭的修养和能力。封建社会,诸侯到天子那里朝见,或出巡征伐,世子要监国,奉宗庙社稷。其实就是摄理国政,称作监守。“不丧匕鬯”是经受住了监守时能做主祭人的考验,说明具有道德修养。

总括起来，因为有以上几条原因，所以震卦才亨通。在这一卦里，彖辞反复强调一种忧患意识。显然是反映了古人对自然和上天的恐惧心理。雷是天在发怒，人应当有所戒惧，知戒知惧则可获福，反之则会受灾。在人的修养上，主张有所戒惧，言行有分寸，从而保持受惊不乱，身闲气静。

象辞与彖辞的思想一致。先解释卦象。“洊雷，震。”“洊”是再、重的意思，与坎卦的“水洊至”的“洊”义同。是说下卦震为雷，上卦震也为雷，雷一个接一个地打来，这就是震卦。“君子以恐惧修省”，意为：君子听到震雷，要有所警觉，知道恐惧，加强自身的道德修养，不断反省自己，改过迁善。只要自己没有过失，天谴就不会加于身，面临危惧就可以从容镇定。人不犯天威，天威也就不会危及于人。这是古人对于天人关系的一种认识。

初九：震来虩虩，后笑言哑哑，吉。

【译文】

雷电袭来令人不安，然后言笑有节，吉祥。

象曰：震来虩虩，恐致福也。笑言哑哑，后有则也。

【译文】

惊雷袭来令人不安，恐惧可以招致福佑。言笑有节，是知戒惧然后有法则可循。

【辨证】

爻辞与卦辞的前几句相同，只是在“笑言哑哑”前多了一个“后”字，说明“笑言哑哑”是在“震来虩虩”之后，两者有前后因果关系。“震来虩虩”是惊雷袭来令人恐惧不安，“后笑言哑哑”是因恐惧不安而知戒，然后言笑就不会过分放纵而有节度伦叙，由此可以获吉。“震来虩虩”取象于震为雷，“笑言哑哑”取象于临变震。“后”取象于爻位，一卦之中，在上为前为首，在下为后为尾。象辞说“震来虩虩，恐致福也”，讲明了这种因果关系。“笑言哑哑，后有则也”，又讲明了这种前后关系。“哑哑”与家人卦的“妇子嘻嘻”不同，“嘻嘻”是没有节制，“哑哑”是有节制。

六二：震来厉，亿丧贝。跻于九陵，勿逐，七日得。

【译文】

惊雷袭来有危厉，大量丧失钱币。登上九重高陵，不要追赶，七天会失而复得。

象曰：震来厉，乘刚也。

【译文】

震惊袭来有危厉，是凌驾在刚爻之上。

【辨证】

“亿”字有歧解。郑玄作数词讲，十万为亿；虞翻本作“噫”，认为是“惜辞”；干宝解为“叹辞”；程颐讲成“臆度”。六五爻辞“亿无丧”，象辞讲作“大无丧”。依据象辞，郑玄的说法近是。“亿”是大量的意思，“贝”是古代的货币，“跻”是登上，“九陵”是九重的山陵，言山陵之高。爻辞的意思是：震惊袭来，有危厉令人惊恐，丧失了很多钱币。劫去钱币的人登上了九重高的山陵，不要去追赶，七天之内丧失的钱币会失而复得。从象上看，六二是与九四换位的一爻，在临变震的过程中，从四位来到二位，下卦变震，震为雷，又在刚爻初九之上，如同坐在火山口上，故言“震来厉”。临的上卦为坤，坤为朋（见坤卦），朋是两串贝币，变震之后坤象消失，故为“亿丧贝”。临卦的九二上升到四位，与二三爻互为艮卦（
），艮为山，如同与六二换位的九四登上高山，故言“跻于九陵”。上震为足为行，下震为足为行，前后同行追不上，故言“勿追”。“七日得”取象于复卦。震是小复卦，复卦卦辞说“七日来复”，故言“七日得”。象辞说：“震来厉，乘刚也。”主要指出六二乘驾在刚爻初九之上，位置不安，故有危厉。总之，这一爻是有危险和大的损失，静待其复，七天可失而复得，如果孜孜追寻则会徒劳无功。

六三：震苏苏，震行无眚。

【译文】

惊雷震动使人发抖，行动没有灾眚。

象曰：震苏苏，位不当也。

【译文】

惊雷震动使人发抖，是位置不当。

【辨证】

“苏苏”也作“愬愬”，前人讲得不尽相同。其实“虩虩”“苏苏”与上六的“索索”都是形容性的叠字尾，意为吓得发抖的样子。从卦爻辞中分析，稍有程度不同。“

虩虩”抖得最轻，其次是“苏苏”，“索索”抖得最重。从发音上讲，“虩虩”开口度最小，“苏苏”次之，“索索”开口度稍大。开口度越大，抖的响声就越大，抖得也就最厉害。其实，象声而已，没有本质的区别。取象都在于上下都是震，上震为动，下震为动，反复动就是抖。“眚”与“灾”笼统地说没有区别，六三在互坎之中（六三→☵>互坎），坎为灾眚，但又在震里，震为行，能行可以脱离灾眚，故言“震行无眚”。意思是说震惊得哆哆嗦嗦，走开就没有灾难。象辞说：“震苏苏，位不当也。”主要是指六三处在一个进退皆震的位置，前后都有震惊，所以才发抖。

九四：震遂泥。

【译文】

震得掉到泥里去。

象曰：震遂泥，未光也。

【译文】

震得掉到泥里去，是还未光大。

【辨证】

震卦由临变来，九四是卦变中的主爻，从二位升到四位，临的上卦、互卦都是坤（临^坤 <䷒> 互坤），坤为土，临的九二正应在六五，应当升进到五位，五位是尊位，而在推移时，却升往四位，使上互变为坎卦（九四→䷲ > 互坎），坎为水，水入土中为泥。故九四如同震落到泥地上去。“遂”在古文里与队、隧、坠互有通假，“遂泥”就是“坠泥”。象辞说“震遂泥，未光也”，指九四如推移到五位，居中得正，就变得光大，差了一位，成为坠泥之象。如果进位到五，就不能取“遂泥”之象，因为还有中正的因素。

六五：震往来厉，亿无丧，有事。

【译文】

震来震往都是危厉。没有大量丧失，有事。

象曰：震往来厉，危行也。其事在中，大无丧也。

【译文】

震来震往都是危厉，是冒险行进。有事但居中，不会有大的丧失。

【辨证】

震卦由临变来，临卦的九二升往四位，成为主爻，而在临卦里六五是九二的正应（
），九二未与六五换位，却与六四换了位置。对六五来讲，九二的上往、六四的下来，都变出的是震卦，自己却处在互坎里（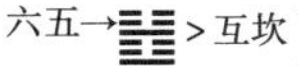
），坎为险，故言“震往来厉”。从取义上讲，“震往来厉”是受震惊，来往都有危险。临的上卦坤，形似串贝，卦变之后，六五还居其中，故言“亿无丧”，是说没有大量的丧失。但损失还是有的，故言“有事”，“有事”是有事故发生的意思。象辞说“震往来厉，危行也”，指出震为行，“震往来厉”是来往行动都有危险。危解释“厉”。“其事在中，大无丧也”，指出六五在中位，虽有损失不会太大。“丧”是失，“亿”是大，“事”指的就是丧失。

上六：震索索，视矍矍，征凶。震不于其躬，于其邻，无咎，婚媾有言。

【译文】

震得瑟瑟发抖，吓得惊慌张望，征进凶。震惊不在自己身上，而在邻居那里，没有咎害，婚配有言语争执。

象曰：震索索，中未得也。虽凶无咎，畏邻戒也。

【译文】

震得瑟瑟发抖，是中位未得占据。虽有凶险但无咎害，是从邻居那里感受到惊畏而自己知道戒惧。

【辨证】

“索索”是瑟瑟发抖，同“嗦嗦”。“矍矍”是鸟在高处双目惊慌四顾的样子。上六在全卦的最高位，受震最烈，抖动最大，故言“震索索”。从二至上爻是个缩小一点的小过卦（上六 六二  小过），小过是飞鸟之象（见小过卦），鸟在高处，故言“视矍矍”。上位是穷途末路，故“征凶”。“躬”是自身，坤为母，怀孕就是有身，故坤为躬。临变震，上坤变去，故言“震不于其躬”。“邻”指相比邻的六五，六五“往来皆厉”，故言“于其邻”。从邻爻六五受震吸取教训而知戒惧，故“无咎”。“婚媾”看应爻，上六的应位是六三，都是柔爻不应，成对不成偶。六三在卦变前是在临卦下兑里，兑为言。卦变后兑变为震，“言”变了，对方变了卦，故为“婚媾有言”。象辞说“中未得也”，指未能占据中位。虞氏说“四未之五，故中未得也”，指九四在卦变中该到上卦中位的五位而未到，影响了上六无所依归。“畏邻戒也”，意为从邻居那里感受到惊畏，自己知道有所戒惧。

【提示】

“匕鬯”不仅是祭祀用品，还有祭祀程式的意思。古代祭祀的礼仪很复杂。用匕献牲和用鬯酒灌地这两项，必须是主祭人亲自来做的，是祭礼中表示对神诚敬的重要程式。《正义》里讲："陆绩云：'匕者，棘匕，桡鼎之器'。先儒皆云匕形似毕，但不两歧耳。以棘木为之，长三尺，刊柄与末。《诗》云'有捄棘匕'是也。用棘者，取其赤心之义。祭祀之礼，先烹牢于镬，既纳诸鼎而加幂焉。将荐乃举幂而以匕出之，升于俎上。故曰'匕所以载鼎食'。"译述出来，大意为：陆绩说，匕是祭祀中用的棘木匙，从鼎里往外扠东西的器具。先儒都说，匕的形状与毕相似，只不过是前面不分叉罢了。用棘木制成，有三尺长，要砍削柄和头。祭祀的礼仪，先在锅里把牺牲煮好，然后捞出放在鼎里盖上。荐祭时揭起盖子，用匕匙把牺牲取出来放在俎上。所以说匕是用来从鼎中捞取牺牲的器具。牺牲都是整个的牛、羊、猪，持匕的人要稳当，不能惊慌，不然牺牲掉在地上就不能献祭。鬯是古代的香酒，用黑黍酿制，再把郁金香蒸煮之后捣碎，掺进去，称作秬鬯，古人认为用这种酒祭祀可以降神。祭祀之前鬯放在卣里，祭祀时要盛在彝器中。主祭人把秬鬯从卣中盛到彝器，然后浇地求神享用，也要稳稳当当，不能惊慌。"不丧匕鬯"是指主祭人在献牲灌酒这两步祭仪中都做得从容镇定，突然受到震惊，也没有失手把匕鬯掉落在地上。

另外讨论一下爻的乘承比应关系。《周易》里爻与爻之间讲究乘承比应。"乘"是在某爻之上，"承"是在某爻之下，

“比”是两爻相邻，“应”是初爻与四爻、二爻与五爻、三爻与上爻的关系，在相应的位置上，如果是一刚一柔为相应。如果是两刚或两柔为敌而不应。但这种关系不能看死，而要从爻的推移中去看，比如这一卦的六二，象辞说“震来厉，乘刚也”，是因为震卦从临卦变来，六二原在临卦的四位，来到二位才乘驾在刚爻初九之上，没有推移的变化就不能说“乘刚”。比如“六五”在刚爻九四之上，就不是乘刚。其他如“承”与“比”都是指在推移中的变化而形成的爻与爻之间的关系。关于爻的阴阳位当与不当也不能看死。一般地说，初、三、五位为阳位、刚位，二、四、上位为阴位、柔位。这是因为奇数为阳，偶数为阴，但并不能绝对地以此看待当位。比如本卦六三象辞说“震苏苏，位不当也”。“位不当”主要指六三处在一个上下皆震的位置上，前进后退都会受到震惊，正如坎卦的六三是“来之坎坎”一般，这才是象辞要说明的内容。义理派不顾卦象，仅用阴阳位讲“位不当”，说六三是柔爻居刚位不当，这就把象辞的意思理解错了。

五十二　艮——山止不动

䷳

艮卦的卦画组合为艮（☶）下艮（☶）上，传统称作艮为山。《序卦》云：“物不可以终动，止之。故受之以艮。艮者，止也。”意为：事物不可以老是震动，要让它停止下来。所以在震卦之后接着是艮卦。艮是止的意思。《杂卦》云：“震，起也；艮，止也。”震是振起，艮是停止。古文中自动词的用法往往是施受同词。“止”既是制止，又可以是停止。《说文》：“艮，很也。从匕、目，匕目犹目相比，不相下也。《周易》曰：‘艮其限。’”“艮”是什么意思？《说文》：“艮，不听从也。一曰行难也。”《段注》：“‘艮者，不听从也，一曰行难也，一曰盭也。’《周易》传曰：‘艮，止也。’止可兼艮三义。许不依孔子训止者，‘止，下基也，足也’。孔子取其引申之义，许说字之书，嫌云止则义不可明审，故易之。此字书与说经有不同，实无二义也。《方言》曰：‘艮，坚也。’《释名》曰：‘艮，限也。’‘目相匕’犹‘目相比’，谓若怒目相视也。”《广韵》说：“艮，很之俗字。”把这些意思归纳一下，艮的本义是不服气、不服从。字形取怒目相向、互不相让为义。谁也不服谁，相互造成阻力，各自受到限制，行动上就困难，所以又引申出乖戾睽绝、限止、行动困难的意思。《说文》是讲字本义的书，不取引申义。《易传》是解经的书，随文释义，就得按《周易》的意思去讲，所以取引申义。那么《周易》里的“艮”要讲成限止。《说文》独独把“艮其限”引为例证，也说明许慎认为《周易》里的“艮”是限制的意思。可见卦名艮的意思是制止、限止、停止的意思。

艮是震的覆卦，观卦又是临的覆卦，震由临变来，艮应当由观变来。虞翻说：“观五之三也。”意思是说：观卦的九五来到六三位就变成艮卦，即：观五与三换位，变䷳艮。

艮其背，不获其身。行其庭，不见其人，无咎。

【译文】

止住背部，不能获得其身。在庭院中行走，见不到人。没有咎害。

彖曰：艮，止也。时止则止，时行则行，动静不失其

时，其道光明。艮其止，止其所也。上下敌应，不相与也，是以不获其身。行其庭不见其人，无咎也。

【译文】

艮是止的意思。该停止的时候就停止，该行动的时候就行动，动静都不失时，其道就光明。艮卦是讲止的，而止要止得其所。六爻上下敌应，不能相互应与，因此不能获得其身。在庭院行走见不到人，故无咎害。

象曰：兼山，艮。君子以思不出其位。

【译文】

两山相并就是艮卦。君子从中得到启示，思考问题不超越自己的地位。

【辨证】

虞翻说："观五之三也。艮为多节，故称背。观坤为身，观五之三，折坤为背，故艮其背。坤象不见，故不获其身。震为行人，艮为庭，坎为隐伏，故行其庭不见其人"。意思是说：《说卦》里讲"艮为坚多节木"，背脊骨也多节，所以艮也为背。观卦的下坤为身（观䷓>坤），观变艮卦，九五下来到了六三位，把下坤折断变成艮背，故言“艮其背”。坤象退去，故言“不获其身”。互震为行人（䷖>互震），艮为门庭，坎为隐伏，故言“行其庭，不见其人”。李鼎祚补充说：“按艮为门阙，今重艮，重其门阙，两门之间，庭中之象也。”意思是说，艮为门阙，艮卦是两艮相重，两道门，两门之间就是庭院中的象。虞翻补充了艮为背、坤为身的逸象，说得比较近情理。“身”原有怀孕的意思，如《诗·大雅·大明》：“大任有身，生此文王。”坤为母，故可为身。“获”是获得，如明夷六四“获明夷之心”。卦辞的意思是说止住了他的背，但得不到他的身体。在他的庭院行走，见不到他们家的人，没有咎害。

彖辞从四个方面说明艮卦。（一）“艮，止也”，先说明卦名的含义是止。（二）阐明动静顺时的意义。“时止则止，时行则行，动静不失其时，其道光明”，这是联系震卦讲的，震是行，艮是止，该行动的时候要行动，该停止的时候要停止。行是动，止是静，动与静是辩证的统一。天是动的，地是静的，人要效法天地，能动也能静，要顺应客观时势处理好自己的动与静。动有动的意义，静有静的意义，动要不失其时，静也要不失其时，那么他的道就光明。关键是要顺应时势，而不能随心所欲。（三）阐明止得其所的意义。“艮其止，止其所也”，意思是说：艮卦是单讲止的，止要止得其所。“艮其止”的“其”是语气词，“艮其止”，意为艮卦正是讲止的。“止其所也”的“其”是代词，意思是止要止在他该止的地方。这两句强调了动与静不仅要顺应时势，还要注意处所的条件。指出人的动静要受到时与地两个条件的制约。（四）从应位上说明卦辞。“上下敌应，不相与也”，是指全卦六爻，在相应的位置上，初六与六四、六二与六五，都是柔爻与柔爻的对应，柔爻与柔爻同性相敌；九三与上九是刚爻与刚爻对应，也是同性相敌，没有任何一爻能得到应合。“是以不获其身。行其庭不见其人，无咎也。”意为：谁都得不到应合，因此才不能得到他的身体。行走在他的庭院里，见不到他们家的人。人与人之间了无相干，所以也就谈不上咎害。按彖辞的讲法，艮卦虽然没有咎害，但也有没人应合的意思。

象辞从上下卦象的组合上说明艮卦。“兼山，艮”，“兼”是并、重的意思，与坎卦的“习”、震卦的“洊”义近，因为都是纯卦。上卦艮为山，下卦艮还是山，两山并列就是艮卦。前面是山，后面也是山，人被挡在两山之间，与外界隔绝，所以有受阻而止的意思。“君子以思不出其位”，意思是说：君子见到这样的卦象，应该看到自己被限制在某一个地位上，行动上难以超越，从中得到启示，思考问题就不要超出自己的地位，也就是想你自己该想的事情，不该你想的事情想也没用。越过这个范围就是想入非非，君子不为。孔子说“不在其位，不谋其政”，这里反映了儒家的思想（见《论语·泰伯》）。

初六：艮其趾，无咎。利永贞。

【译文】

止住脚趾，没有咎害。利于永守正道。

象曰：艮其趾，未失正也。

【译文】

止住脚趾，未失去正道。

【辨证】

艮卦的取象与咸卦相似，都是从人体部位与爻的上下位序对应取象。可对比一下观察：

艮：上九敦艮	咸：上六咸其辅颊舌（头）
六五艮其辅（头）	九五咸其脢（背肉）
六四艮其身（身）	九四朋从尔思（心）
九三艮其限（腰）	九三咸其股（大腿）
六二艮其腓（腿肚）	六二咸其腓（腿肚）
初六艮其趾（脚趾）	初六咸其拇（脚拇指）

两卦大同小异。显然，除各爻的具体象之外，主要是取象于爻位的高低。艮的初六在全卦的最低下处，对应人体就是脚趾部位，故言“艮其趾”。身体靠脚趾来行走，能把脚趾止住不动，全身就不会行走，这一爻是止得其所，故无咎。初爻是事之初始，开始就能止，可保长久不动，故言“利永贞”。象辞说：“艮其趾，未失正也。”“正”是解释“贞”的，不是指阴阳位正不正。主要指初六位在最下，又是柔爻，在下能柔顺服从刚健，没有离开正道。下从上、柔从刚就是正道。

六二：艮其腓，不拯其随。其心不快。

【译文】

止住小腿，不抬起来随着动，心里不痛快。

象曰：不拯其随，未退听也。

【译文】

不抬起来随着动，未退后听从。

【辨证】

趾上是小腿部位，腓是腿肚子，就是小腿。“艮其腓”是止住小腿，“拯”是抬举，《释文》作“承”，引马融的讲法说“举也”。京房本作“抍”，也解作“举”。“不拯”意为不举，就是不抬起来。“随”是随着动。“不拯其随”是不抬起来随着动。走路的时候，小腿也要随着大腿抬起来，才能行走得力。小腿止住不动，随着动而不抬起来，走起来很不便利。“其心不快”是说心里不痛快。艮从观变来，在观卦里，九五是六二的正应（

），卦变中九五与六三换位，故“其心不快”。爻辞的意思是说六二动止不能自主，随着人家动，心里不痛快，也就没有积极性，懒得抬起来。象辞说：“不拯其随，未退听也。”意思是小腿不抬起来随着大众走动，是未能退后听从。也是讲六二心里不愿意听从。“退”是指从主动的地位退出来，象上指九五退居三位，六二因为九五不与自己换位，所以不愿听从。

九三：艮其限，列其夤，厉，熏心。

【译文】

止住腰，撕裂脊肉，危厉，心疼如焚。

象曰：艮其限，危熏心也。

【译文】

止住腰，危厉使心疼如焚。

【辨证】

九三来自观的九五，是卦变中换位的一爻，来到卦的中间部位，上下皆艮，卦象对称，故为“艮其限”。“限”是腰的部位。虞翻说：“限，腰带处也。”从取义上讲，“限”是限制，“艮其限”是止住加以限制。“列”与“裂”是古今字，分裂的意思。“夤”郑玄本作“胰”。《说文》引《周易》作“胂”，荀爽本作“肾”，但解释都相同，皆说为夹脊肉，指脊柱两边的肉。九三在互坎里（九三→䷳＞互坎），坎为美脊，故为“夤”。腰是横的中间部位，脊是竖的中间部位，坤为身，九三折断坤卦，故为“裂其夤”。坎为险，故为“厉”。坎为心病，故“熏心”，“熏心”是心如熏烤一般难受，是揪心如焚的意思。象辞说：“艮其限，危薰心也。”以“危”释“厉”，是危厉而使其心如焚。这一爻是受限制不能动，有危险，揪心如焚，脊腰受伤。

六四：艮其身，无咎。

【译文】

止住身子，没有咎害。

象曰：艮其身，止诸躬也。

【译文】

艮其身，是止住身子。

【辨证】

从爻位上讲，腰的上部就是人的上身。从卦象说，互坤为身，九三插入互坤，故为“艮其身”。止住身，动不了而已，但没有咎害。象辞说“艮其身，止诸躬也”。以“躬”释“身”。“躬”是自身，“诸”是之乎的合音，相当于“之于”，是说“艮其身”就是止住自身。这一爻身体受到限止，但无咎害。

六五：艮其辅，言有序，悔亡。

【译文】

止住上牙床，说话有伦序，忧悔消亡。

象曰：艮其辅，以中正也。

【译文】

止住上牙床，是因为位置中正。

【辨证】

“辅车”指上下牙床，分开讲“辅”是上牙床，“车”是下牙床，所以虞翻说辅是“上颊车也”。“艮其辅”是止住上牙床不动。人的嘴说话、吃东西都是下牙骨动，上牙骨不动。上牙骨止而不动是理所当然的事，止到该止之处。如果上下牙骨都晃动起来，那就是说话没了章程而胡说八道。上牙骨不动说话才有伦序，故为“言有序”。说话有伦序，就不会招惹是非，故“悔亡”。从象上讲，艮从三爻至上爻是个小颐卦（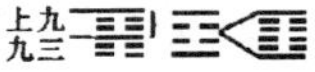），六五在小颐的上部（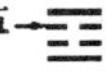），故为上牙床。小颐卦是艮震互对（），艮为止，震为动，能动又能止，故“言有序”。象辞说：“艮其辅，以中正也。”实际上是解释全爻，意思是说，六五所以要取“艮其辅，言有序，悔亡”的意思，是因为六五在上卦中位，中正不歪。如果没有中位这个条件，那就可能取别的象。六五是卦变中的主爻，获得中正的地位，是全卦中较好的一爻，受限制也取止不止都无所谓的地方为象。

上九：敦艮，吉。

【译文】

敦厚而止，吉祥。

象曰：敦艮之吉，以厚终也。

【译文】

敦厚而止的吉祥，是以厚重终止。

【辨证】

下卦艮为山，上卦艮又为山，山与山相重，厚重无比，上九正处在两山之上，故为“敦艮”。“敦艮”是厚重地止住，相当稳固，不可动摇，故吉祥。象辞解释说“敦艮之吉，以厚终也”。以“厚”释“敦”，指出上九在全卦之终的爻象，突出兼山厚止的内容。最终能厚厚实实地止住，是一种善终。

【提示】

在这一卦里讨论一下《周易》里的“正”，顺便发掘一下象辞的体例。《周易》里经常提到“中正”的术语。王弼把“中”解为中位，“正”解为“当位”，所谓“当位”指的是柔爻居柔位、刚爻居刚位，但这个说法与《易传》的许多地方不合。比如本卦，初六是柔居刚位（王弼认为初、上无定位），象辞说“未失正也”。六五也是柔居刚位，象辞说“以中正也”。既然不当位而言“正”，王弼显然是讲错了。为了自圆其说，王弼在恒卦九二的注里说：“虽失其位，恒位于中，可以消悔也。”程颐据此而发挥，认为“能恒久于中，则不失正矣。中重于正，中则正矣，正不必中也”。又在注震六五爻辞说：“不失中则不违于正矣，所以中为贵也。诸卦二五虽不当位，多以中为美。三四虽当位，或以不中为过，中常重于正也。”提出“中”重于“正”的观点，其实是为了弥补王弼提出的当位为正的说法。从《周易》的经传中去验证，“正”并不是单指当位，凡中都可言正，中正往往是一回事。此外，只要符合易理就可言正，也并不一定是当位、失位的问题。这一卦的初六所以“正”，是因为符合下从上、柔顺刚的易理；六五所以“正”，就是因为在中位，中当然正，不当位也正。当位只是正的因素之一，不能全包括正。

象辞在说明卦爻辞时有自己的体例。关于大象的体例，已在前面讲过。爻象的体例，一般是点出不易被人注意的地方，或解释不易懂的爻辞，点到为止，不作详细说明。在标明所解爻辞的起止处时，常常省略，读的时候应当补充进去，比如九三象辞“艮其限，危熏心也”，显然是说“艮其限，列其夤，厉，熏心，危熏心也”。是引用爻辞省略了一部分，而不独是以“危熏心”来解释“艮其限”。关于点到为止，可参见辨证里对六五象辞的说明，只要搞清象辞要说明的要点，就能对象辞有进一步的了解。

五十三　渐——循序渐进

䷴

渐卦的卦画组合为艮（☶）下巽（☴）上，传统称作风山渐。《序卦》云：“物不可以终止，故受之以渐。渐者，进也。”意为：事物不可总是停止不前，所以在表示止的艮卦之后接着是渐卦。渐是进的意思。《杂卦》云：“渐，女归待男行也。”意为：渐卦是女子出嫁等待男的行聘。《杂卦》认为“渐”有等待的意思，《序卦》认为是进，等待而进就是渐进，不是突飞猛进。“渐”有逐渐的意思。

渐的覆卦就是归妹，即：渐䷴卦整个倒置，为䷵归妹。“归”是女子出嫁，“归妹”就是嫁妹，所以《杂卦》说渐是女子等待出嫁。虞翻说：“否三之四。”意为：渐卦是由否卦变来，否卦的六三上升到四位就变为渐卦，即：否九四六三䷋三爻与四爻换位，变䷴渐。彖辞提示说“进得位”，指的是六四柔爻进居四的柔位，得位。虞氏的说法与彖传合。

渐，女归吉。利贞。

【译文】

渐卦，女子出嫁吉祥。利于正道。

彖曰：渐之进也，女归吉也。进得位，往有功也。进以正，可以正邦也。其位刚得中也。止而巽，动不穷也。

【译文】

逐渐而进，女子出嫁吉祥。进而取得正位，前往有功。按正道前进，可以正邦国。渐卦的位是刚爻居中。能停下随顺地等待，行动起来就没有困穷。

象曰：山上有木，渐。君子以居贤德善俗。

【译文】

山上长有树木就是渐卦。君子从中得到启示，要居于贤德，改善风俗。

【辨证】

女子出嫁称“归”，卦辞说“渐，女归吉”，意思是说：一步步地循序渐进把女儿嫁出去，吉祥。古代嫁女要经过六步（见提示），要一步一步来。渐卦由否卦变来，否卦是上乾下坤，乾男坤女，男上女下，坤女的六三向上推移了一位，是一步一步渐进，变渐之后男女结合，各得正位，故言“女归吉。利贞”。

彖辞从五个方面作了解释。（一）“渐之进也”解释卦名，指否变渐，六三向四位推移了一位，呈现的卦象是一位一位地逐渐前进，不是跳跃性的，而是一步一步来，渐是逐渐。逐渐进展也是“女归吉也”的条件。女子成熟等待出嫁，情急如火，但不能草率，逐渐进展才会吉祥。（二）“进得位，往有功也”，进一步说明卦辞“吉”的理由。从卦变中看象，否变渐的过程是否的六三进位成为六四，否的九四下来成为九三，换位之后六四柔爻居柔位，九三刚爻居刚位，都获得正位。对六四这个柔爻讲是“进得位”。爻向上推移称“往”。否卦原是乾男坤女各自分离，因为六四的上往，乾男坤女相交，婚事成了，这就是“往有功”。“功”指成功。（三）“进以正，可以正邦也”，是推广到社会意义上说明渐卦的作用。六四上进得到正位，引申来讲是按正道而进，影响所及，就可以使国家的风俗民情正过来。“邦”

就是国。古人特别看重男女风化的影响，《诗经》里大量讲男女爱情的诗歌，都要与风化联系起来。卦讲女归，故强调它的正邦化俗作用。（四）“其位刚得中也”，是讲渐卦的爻位，九五占据着上卦的中位，又是全卦的尊位，既中又正，下面又有六二正应，这就决定了全卦基本上合乎正常秩序。（五）“止而巽，动不穷也”，是从上下卦特性的组合上说明渐卦。下卦艮为止，上卦巽为顺，能停下来随顺地等待条件成熟，逐步进展，所以行动起来就不会遇到困境。“穷”是困的意思。

象辞说“山上有木，渐”，是从上下卦象上讲渐。下卦艮为山，上卦巽为木，山上长有树木就是渐卦。树木生长先要有好地，有好的地方才能长好，长在山上最理想。因此君子从中得到启示，也要居于好地，君子的好地就是贤德。树木的生长是“始于毫末，终于合抱”，渐渐长成，君子的贤德修养也要逐渐积累。移风易俗也不是一下子可以办到的事情，要靠贤德的逐渐影响，像树在山上的生长一样。树成山美，蔚然可观。象辞是在这些方面提示人们要观象进德。

初六：鸿渐于干，小子厉。有言，无咎。

【译文】

鸿雁渐进到水边，小子有危厉。言语不合，没有咎害。

象曰：小子之厉，义无咎也。

【译文】

小子的危厉，从道义上说不应当有咎害。

【辨证】

“鸿”是鸿雁，也就是大雁。“干”是水的岸边。《诗·魏风·伐檀》：“坎坎伐檀兮，置之河之干兮。”“干”指河边。全卦的基本卦象是爻位，从初爻至五爻，鸿雁渐进而高，初六是“鸿渐于干”（水边），六二是“鸿渐于磐”（大石），九三是“鸿渐于陆（高平之地），六四是“鸿渐于木”（树），九五是“鸿渐于陵”（高山），上九返回又是“鸿渐于陆”。命辞的方法与需卦相似。需初九是“需于郊”，九二“需于沙”，九三“需于泥”，六四“需于血，出自穴”，九五“需于酒食”，上六又返回“入于穴”。需卦是渐次靠近坎险，渐卦是逐步升高。可对照起来分析，渐卦六爻都讲到“鸿”，这里有古人对“鸿”所赋予的特殊意义

（见提示），鸿可以象征秩序、守信和知时等意义，渐卦讲男女爱情，故以鸿起兴。从象上说，初六是渐进的初始，位处最下，前临互坎（初六→䷴>互坎），坎为水，位在水边，故言“鸿渐于干”。艮为少男，故为小子，坎为险，故言“小子厉”。“小子”与“小人”不同，“小人”是社会地位低，“小子”是年纪小。“厉”是危厉。《说卦》里讲：“说言乎兑”“成言乎艮”。兑是悦言，艮是成言。初六在下卦艮里（初六→䷴>艮），故“有言”。“成言”是指形成定见的言论。“有言”就是受到这种定见的指责。从取义上说，“有言”都是指言语不合，有争执。“无咎”是没有咎害。象辞说：“小子之厉，义无咎也。”“义”是道理、道义。这句意思是说，小孩子还没有长成，有危厉，受到指责，属正常现象，从道理上讲不应当有咎害。

六二：鸿渐于磐，饮食衎衎（kàn），吉。

【译文】

鸿雁渐进到磐石上，饮食和乐，吉祥。

象曰：饮食衎衎，不素饱也。

【译文】

饮食和乐，不是白吃饱饭。

【辨证】

艮为石，六二在下卦艮中，故言“鸿渐于磐”。虞翻说“聚石称磐”，这是因为《说卦》里讲“艮为小石”，磐石是大石，是小石聚为大石，“磐”是乱石滩。从取义上讲，“磐”有盘旋游乐的意思，所以“渐于磐”并不是坏事。“衎衎”是和乐的样子。坎为水、为酒，六二在互坎里，又居下卦之中，上应九五，故言“饮食衎衎”。象辞说“饮食衎衎，不素饱也”，意为饮食和乐，不是白吃饱饭。《诗·魏风·伐檀》：“彼君子兮，不素餐兮。”意为那个君子可不是白吃饭的人啊！《伐檀》是反话正说，反唇相讥。但“素餐”是白吃饭。象辞是正话正说，“不素饱”是不白吃饱饭的意思，也就是有贡献。象上指六二与九五正应，九五是天子，六二以中道与之应合，并不是白吃饱饭的人，强调的是六二位中守正。

九三：鸿渐于陆。夫征不复，妇孕不育，凶。利御寇。

【译文】

鸿雁渐进到高平的大陆。丈夫出征不回来，妇女怀孕不生育，凶。抵御寇盗有利。

象曰：夫征不复，离群丑也。妇孕不育，失其道也。利用御寇，顺相保也。

【译文】

丈夫出征不回，是离开自己的群类。妇女怀孕不生育，是丧失了正道。抵御寇盗有利，是顺守相保。

【辨证】

《尔雅·释地》：“高平曰陆。”现在说的“大陆”，指的也是高出水位的板块地形。艮为山故高，坎为水故平，高平之象故为陆。九三在互坎和下艮之上，故言“鸿渐于陆”。初六在水边，六二在石滩，九三到了高平的陆地上，又升高了一步。“夫征不复”指九三从否的上乾三个刚爻中下到三位，阳穷于上返下为复，九三没有返下，这是征而不复。刚爻为男，故言“夫征不复”。取义是丈夫出征不回来。“妇孕不育”指与九三换位的六四，九三上互离卦（九三→䷴>互离），离为大腹为孕。上卦巽为长女、为妇，巽又为不果，肚子大不结果，故言“妇孕不育”。又在互坎中，坎为寇盗，又为弓，离为矢，故言“利御寇”。“凶”是断词。象辞说：“夫征不复，离群丑也。”“丑”是类，指九三离开否卦上乾中三个刚爻的同类，来到下坤的柔爻里。“妇孕不育，失其道也”，是指否卦乾上的三个刚爻的正常推移是返下而复，九四的正应又在初位，应当推移到初位，在卦变中却来到三位，失去正道，因此“妇孕不育”。“利用御寇，顺相保也”，是指否变渐，上卦成巽，巽为随顺，又改变了否卦柔长逼刚的发展趋势，保住了刚爻的地位，所以“利用御寇”。这都是从九三与六四换位上做出的说明。

六四：鸿渐于木，或得其桷（jué），无咎。

【译文】

鸿雁渐进到树上，或得屋椽，没有咎害。

象曰：或得其桷，顺以巽也。

【译文】

或得屋椽，是坤顺变巽顺。

【辨证】

六四又高出九三一位，上卦巽为木，故为陆地上长出的树木。《说文》：“榱（cuī），秦名为屋椽，周谓之榱，齐鲁谓之桷。”又云：“桷，榱也，椽方曰桷。”桷是屋顶上的椽子，齐鲁方言称桷，细加区别就是方形椽子。六四在上卦巽里，巽为木，又在下艮之上，艮为门阙，门阙上的木就是椽子，故言“或得其桷”。前人讲这一爻辨析说，鸿雁是蹼足飞禽，不能握木，飞到树上难以栖息，落在椽子上安稳一些。“或”取象于四位。三、四位为上下卦之际，可上可下故言“或”。乾九四“或跃在渊”可证。象辞说“或得其桷，顺以巽也”，意为所以能得到椽子，是因为在上卦巽里，巽是随顺。六四正是彖辞讲的“进得位，往有功也”从坤上来那一爻，故可“无咎”。

九五：鸿渐于陵，妇三岁不孕。终莫之胜，吉。

【译文】

鸿雁渐进到山陵上，妇女三年不怀孕。最终无人能胜过她，吉祥。

象曰：终莫之胜，吉，得所愿也。

【译文】

最终无人能胜过她，吉祥，是愿望得以实现。

【辨证】

九五互离（九五→䷴>互离），离为附丽，在下艮之上，艮为山，附丽于山上，故为鸿渐于陵。在上卦巽里，巽为长女为妇，又为不果，故言“妇不孕”。九五正应在六二，中隔三爻，故言“三岁”。正应在下卦艮里，艮为果，三年之后可孕。九五在上卦中位，六二在下卦中位，中道相应，故言“终莫之胜，吉”。“胜”是就应与比的关系而言。九三推移之后下比六二，九五是六二的正应，最终还是应的力量大于比。

象辞说：“终莫之胜，吉，得所愿也。”“愿”与“志”都指应，“得所愿”指最后能得到应合，愿望实现。这一爻婚姻吉祥，受到点阻碍，得子晚一些。

上九：鸿渐于陆，其羽可用为仪，吉。

【译文】

鸿雁渐进到高平的大陆，羽毛可用在礼仪中，吉祥。

象曰：其羽可用为仪，吉，不可乱也。

【译文】

羽毛可用在礼仪中，吉祥，是礼仪不可乱。

【辨证】

这一爻的“陆”与九三的“陆”相重，胡瑗提出质疑，认为“陆”当为“逵”，把“逵”解为云路。程、朱沿用。清朝的江永、王引之、俞樾又觉得“逵”不如“阿”，因为《尔雅·释地》讲：“高平曰陆，大陆曰阜，大阜曰陵，大陵曰阿。”阿比陵还要高。阿与仪也合韵。可备一说。但没有实据，古本都作“陆”，没有作“逵”或“阿”的。孔颖达讲：“上九与三皆处卦上，故并称陆。”意为：上九在上卦的上位，九三在下卦的上位，所以都称作“陆”。“鸿渐于陆”还是鸿雁渐进到高平的陆地上。九五已“鸿渐于陵”，上九“渐于陆”是返下到陆地上。从象上看，上卦巽为进退，退到陆地上可通。“其羽可用为仪”中，“仪”是礼仪，主要是指婚礼的礼仪。巽为进退，进退有序就是礼仪。互离为雉，故言“其羽”。这句意思是说，鸿雁的羽毛可以用在礼仪中。

象辞说“其羽可用为仪，吉，不可乱也”，指礼仪是尊卑有序，不能乱序。鸿雁的羽毛可表示一种有序的意义。

【提示】

这一卦涉及到古代的婚俗，做些简单介绍。古代的婚嫁，据《周礼》的记载，要经过六步。第一步是纳采，男方向女方提亲，送上一只雁作为礼物。第二步是问名，相当于后来的换帖，送八字合婚。要问清楚对方的姓名、氏族等。回去占卜一下，看是不是吉祥。后来就变成请算命先生给算一算，能不能合婚。第三步是纳吉，就是把占卜的结果告诉对方，吉的就相当于报喜。第四步是纳征，实际上就是订婚。当然要送一些聘礼。第五步是请期，也就是双方商定完婚的日子，男方选择好，去征求女方同意。第六步是亲迎，就是把姑娘迎来成亲。六步合称作六礼。这个风俗直到现在还在一些地区保留着。在六礼中问名（合婚）、纳征（订婚）、亲迎（完婚）最关键。《诗·大雅·大明》："文定厥祥，亲迎于谓。"说的就是周文王占卜之兆吉祥，订婚之后到渭滨亲迎太姒而成亲。在这六步之中，女子要耐心等待男方一步步的进展，所以《杂卦》讲"女归待男行也"。婚礼中为什么要用雁做礼物？这是古人的一种文化意识。前人的解释总括起来提到三点：（一）鸿雁知时有信。大雁是候鸟，春天飞回北方，冬天飞到南方，非常准时，不愆期，有准信。（二）鸿雁有序。在天上飞翔还要排起队来，组成雁字。落在地上有警卫守候，秩序井然。任何一种鸟都不会这样有秩序。所以上九的象辞说“不可乱也”。（三）鸿雁坚贞不渝。配偶遇难，不去另找新欢，孤雁哀鸣，为爱情深深忧伤。这三个特点正是男女情爱中弥足珍贵的地方，故提亲求婚要送一只雁作为礼物。古人称新婚之喜为“鸿喜”，新郎的帽子上要插上两支雁翎等等。扩展一点讲，古代许多礼仪都取鸿雁有序的意思。比如朝班有序可称“鸿序”。唐人李群玉《送唐侍御福建觐兄》：“世事纶言传大笔，官分鸿序厌霜台。”有时称“鸿鹭”，《魏书·李谐传》述身赋：“缀鸿鹭之末行。”《周官·大行人》有“鸿胪”（即秦汉初的典客），都是指朝班有序。至于说鸿象在哪里，前人讲的不大统一。从六爻皆有“鸿”上分析，应当指全卦的主爻六四所在的互离。离为雉，雉羽也常用为仪，故取以为象。全卦也只有六四向上进了一位。

前人讲解渐卦，较多地强调士人官职的晋升，由下而上，逐爻升进。这方面的内容不能否认，但从全卦的内在联系上分析，主要是讲婚事的逐步进展。

五十四　归妹——少女婚配

䷵

归妹的卦画组合为兑（☱）下震（☳）上，传统称作雷泽归妹。《序卦》云：“进必有所归，故受之以归妹。”意为：渐进必定要有个归宿，所以在渐卦之后接着是归妹卦。从词义上分析，“归”是归来，回到家。但“归妹”却是妹妹嫁人。女以男为家，妹妹嫁人，是妹妹有了归宿，也算有家可归。《杂卦》云：“归妹，女之终也。”意为，归妹是女子的最后归宿，这是以女子出嫁为归。

关于卦变，虞翻说是“泰三之四”。意思是说归妹从泰卦变来，泰卦的九三升往四位就变为归妹。即：泰（六四、九三）䷊九三与六四换位，变䷵归妹。后人多从其说，从卦爻辞中看，泰卦六五爻辞有“帝乙归妹，以祉，元吉”。两卦存在卦变的痕迹。归妹是渐的覆卦。即：渐䷴整个卦倒覆过来，为䷵归妹。渐卦卦辞有“女归吉”，两卦存在着联系。

归妹，征凶，无攸利。

【译文】

归妹卦，征进凶，无所利。

彖曰：归妹，天地之大义也。天地不交，而万物不兴。归妹，人之终始也。说以动，所归妹也。征凶，位不当也。无攸利，柔乘刚也。

【译文】

归妹是天地的大道理。天气与地气不交，万物就不会出现。归妹是人伦的归宿和开始。喜悦而动，所嫁的是妹妹。征进凶，是位置不当。无所利，是因为柔爻乘驾刚爻。

象曰：泽上有雷，归妹。君子以永终知敝。

【译文】

泽上有雷就是归妹。君子从中得到启示，要长久至终，知道有始无终的弊端。

【辨证】

归妹从泰变来，泰卦的九三是刚爻占据刚位，六四是柔爻占据柔位，都得位。九三与六四交换位置变为归妹，九四是刚爻占据柔位，六三是柔爻占据刚位，都失位。爻的征进并不吉利，故言“征凶”。卦变之后六三乘凌在九二之上，六五乘凌在九四之上，《周易》例称作柔乘刚。柔爻应当顺承刚爻，而今凌驾在刚爻之上，故言“无攸利”。这在彖辞中都有说明。

彖辞从五个方面说明归妹卦。（一）“归妹，天地之大义也。天地不交，而万物不兴”，是说天是阳气，地是阴气，阴阳二气的交通，这是天地运动的大道理。如果天与地不相互交通，就不可能有万物的产生，这是《周易》最基本的哲学思想，也是《周易》提出的宇宙发生论。没有阴阳二气的交感流通，宇宙什么东西也不会有。所谓“天地之大义”，指的就是阴阳二气的交通。“大义”是大道理，最基本的道理。这是从归妹来自泰卦讲的，泰卦是下乾天，上坤地，变归妹是天地相交。（二）推及到人伦大义上说明归妹卦。“归妹，人之终始也”，意思是说：阴阳相交是天地的大义，男女相交是人伦的大义，归妹就是男女的婚配结合。没有这种结合，人就会绝种灭迹。男女结合才有人类的衍生，人由男女结合开始。《杂卦》说：“归妹，女之终也。”

这里又说“人之终始”，还是说男女结合是人的最后归宿。扩展一下说，男女结合是人类产生的开始，也是人类永久至终不断衍生的关键。（三）从上下卦特性的组合说明归妹卦。“说以动”指下卦兑为悦，上卦震为动，上下卦组合起来是喜悦而动。“所归妹也”，是说所要嫁出去的是妹妹。妹是少女，少女的初恋婚嫁当然是喜悦而动。从象上看，震为长男，兑为少女，也是少女出嫁。（四）从位上说明卦辞“征凶”。“征凶，位不当也”，初三五为刚位，二四上为柔位，柔爻占据柔位为得位，刚爻占据刚位为得位。泰变归妹，三四爻交换位之后是六三柔爻居刚位，九四刚爻居柔位，位置不当，所以征进凶。（五）从柔爻与刚爻的正常顺序上说明卦辞“无攸利”的原因。“无攸利，柔乘刚也”，指爻位推移之后，六三下来乘驾在刚爻九二之上，九四上往又被六五所乘，成为柔乘刚的状态。按刚柔爻的正常顺序却应当是刚爻在上、柔爻在下顺承，因为秩序错乱，所以无所利。

象辞从上下卦象的组合上解释归妹卦。“泽上有雷，归妹”，指的是下卦兑为泽，上卦震为雷，大泽之上有震雷就是归妹卦。“君子以永终知敝”，是说归妹是人之终始，君子从归妹卦得到启示，应当在自己的道德修养或事业的建树上有始有终，要防止半途而废的弊端。“永终”是坚持长久直到最终。“知敝”是懂得事情常常会出现有始无终的弊病。"敝"同"弊"。泽上有雷是春天之象，春天适合婚配。

初九：归妹以娣。跛能履，征吉。

【译文】

用娣来随嫁嫁妹。拐子能走路，征进吉。

象曰：归妹以娣，以恒也。跛能履，吉相承也。

【译文】

用娣来随嫁嫁妹，是为了恒久。拐子能走路，是吉祥相承。

【辨证】

"娣"（dì）是随嫁的妹妹。古代诸侯一娶九女。正室夫人一名，随嫁侄娣二人为媵（yìng），或称介妇。正室与媵又各有二侄娣陪嫁。《公羊传·庄公十九年》："媵者何？诸侯娶一国，则二国往媵之，以侄娣从。"娣是随嫁的妹妹，侄是随嫁的兄弟之女，也就是侄女。只要是同姓就可，不一定是亲的。妹妹和侄女要随姐姐嫁给一个丈夫。侄娣的地位不同于妾，姐姐死了，侄娣可以继为正室，姻亲不断。有时侄娣不到成婚年龄，还可以在娘家待年，等长大之后再陪送过去。“归妹以娣”是说用娣来随嫁把妹妹嫁出去。妹妹做正室夫人，还有娣随嫁。嫁的妹妹很尊贵，为了保持与丈夫的姻亲关系久远，还准备了一个接班的人。“跛”是腿脚有残疾的人，也就是俗话说的拐子。拐子走路不利落。“履”是走路，“跛能履”是说拐子还可以走路。“征吉”是征进吉祥。从象上分析，全卦是归妹，初九在下卦兑里，兑为少女、为妹，故言“归妹以娣”。归妹由泰卦变来，初九在泰卦有正应在六四，本应与六四往来，而卦变中却是六四与九三换位，使下卦成兑，兑为毁折，初九在下位为足，足受毁折为“跛”，然而应位的九四在上震里，震为行，故言“跛能履”。拐子还能走路，故征吉。象辞说：“归妹以娣，以恒也。”意思是说带着娣嫁妹是为了保持姻亲关系恒久。“跛能履，吉相承也”，是说妹妹之后还有娣来继承，婚姻的吉祥可以连续不断。正如拐子虽受到损伤，但还可以继续走路。

九二：眇能视，利幽人之贞。

【译文】

眼偏盲的人能看得见，利于幽暗之人的正道。

象曰：利幽人之贞，未变常也。

【译文】

利于幽暗之人的正道，是未变恒常。

【辨证】

《说文》：“眇，一目小也。”一只眼大，一只眼小称作眇。眼睛长得有残疾，但还能看得见就是“眇能视”。“幽人”指幽暗之人，其本义是指瞎子。扩展一点说，处于幽暗，不追逐繁华世态的人都可算幽人。这句爻辞在履卦的九二、六三里出现过一次。九二“履道坦坦，幽人贞吉”，六三“眇能视，跛能履”，爻象相同。履九二、六三也在互离下兑里（履
），离为目、为明，兑为毁折，目受毁折为“眇”，有明可见，故为“眇能视”。目受毁折成为瞎子，位在下卦中位，能正，故言“利幽人之贞”。象辞说：“利幽人之贞，未变常也。”指九二在中能正，可保持恒久，又是幽人，所以说幽人守正道有利。

六三：归妹以须，反归以娣。

【译文】

原本以妾随嫁嫁妹，最终反而以娣随嫁。

象曰：归妹以须，未当也。

【译文】

以妾随嫁嫁妹，未能适当。

【辨证】

“须”，《释文》：“荀作嬬，陆云妾也。”苏轼说：“古者谓贱妾为须，故天文有须女。”须女是天上的一个星座，又称婺女，常现于织女星之南，是北方七宿“斗、牛、女、宿、危、室、壁”中的第三个星座。《搜神记》卷四，汉武帝时的张宽说，须女是“天星主祭祀者，斋戒不洁则见”。引《天官书》说：“须女四星，贱妾之称。”《史记·天官书》正义：“须女，贱妾之称，妇职之卑者，主布帛裁制嫁娶。”王弼等不顾爻辞的内在联系，把“须”讲成等待，偏离了作者的原意，也与象辞不合。“归妹以须”是说用妾来陪妹妹出嫁。“反归以娣”是说反而成为用娣来陪妹妹出嫁。这是由不适当变得适当。以娣随嫁是为了婚姻的永久，以妾随嫁则易于引起妻妾的不合。情况大不相同。从象上分析，六三是全卦的主爻，从上坤来到下兑。兑为妾，又为少女、为妹。因为是在归妹卦里，所以是形似“归妹以须”，实为“反归以娣”。象辞说：“归妹以须，未当也。”指明用妾陪嫁妹妹不适当，所以才取“反归以娣”为象。这一爻并不坏。所以要言“反”，是因为六三原在泰的上卦，柔爻本然秩序在下，六三又返回下卦。

九四：归妹愆（qiān）期，迟归有时。

【译文】

嫁妹延误了婚期，等待会有出嫁之时。

象曰：愆期之志，有待而行也。

【译文】

延误婚期的愿望，是有所期待再出聘。

【辨证】

“愆期”是延误了婚期。《诗·卫风·氓》：“匪我愆期，子无良媒。”意为不是我延误婚期，是你没有好媒人来说和。“迟”是等待。“有时”是会有嫁出去的时候。显然是想等待一个合适的丈夫，等得有些延误，但最后还是等着了。从象上看，九四在互离（九四→䷵>互离）、互坎（九四→䷵>互坎）里，离日坎月，日子比较长，故“愆期”。但九四又在上卦震里，震为行，又为春，古代嫁女以春为时，故有时可行，而言“迟归有时”。象辞说：“愆期之志，有待而行也。”“志”是心愿，象上都指的是应爻，九四是从泰的九三升上来的，原与上六正应，与六四换位并不合自己的心愿，故有待而行。“待”是解释“迟”的意思。从取义上说，之所以迟迟还不出嫁，是想等个好配偶。

六五：帝乙归妹，其君之袂（mèi）不如其娣之袂良。月几望，吉。

【译文】

帝乙下嫁御妹，小君的衣袂反而比不上娣的衣袂好。月快到望的时候，吉祥。

象曰：帝乙归妹，不如其娣之袂良也。其位在中，以贵行也。

【译文】

帝乙下嫁御妹，比不上娣的衣袂好。位置居中，是以尊贵的身份出聘。

【辨证】

殷商的天子称乙的有开国的商汤，还有十三世的祖乙、二十一世的小乙、二十七世的武乙、二十九世的帝乙。《子夏传》说帝乙指商汤，后人多认为是指二十九世的帝乙，也就是殷商末代皇帝商纣王的父亲。泰卦六五也提到“帝乙归妹”，详细情况不可考，看来“帝乙归妹”是确有其事。“君”是小君，也就是出嫁的御妹。《尔雅义疏》：“其嫡夫人则礼称女君。”诸侯的正室夫人称女君。“袂”是衣袖，这里指衣着。“月几望”，荀爽本作“月既望”。月望是月圆。“几”是接近，“月几望”是月亮快圆的时候。“既”是已经，“既望”是月亮圆了之后，指农历的十六。从象上看，应当是“月几望”。坎为月，兑为“月几望”（见本书纳甲说明）。六五在全卦尊位，故为帝。按纳甲原理，坤纳乙，六五原在泰的上坤，故为“帝乙归妹”。乾为衣、为良；坤为裳、为吝啬。泰变归妹，下卦乾变为兑，兑为妹、为娣，六五原在上卦坤里，故言“其君之袂不如其娣之袂良”。六五在互坎里，坎为月，故言“月几望”。六五位尊贵盛，故吉祥。象辞说：“帝乙归妹，不如其娣之袂良也。”意为帝乙下嫁御妹，穿的衣服没有随嫁的侄娣好。其实这不是坏事，前引《公羊传》里讲：“诸侯娶一国，则二国往媵之。”侄娣大多是同姓之国的女孩子，随女君出嫁，穿的衣服比小君还好，说明对随嫁相当重视，陪嫁丰盛，并不是要把小君比下去。“其位在中，以贵行也”，是说六五在上卦中位，以尊贵的身份出嫁，别人是比不上的。

上六：女承筐无实，士刲（kuī）羊无血，无攸利。

【译文】

女子捧着空筐，士人宰割羊没有血，无所利。

象曰：上六无实，承虚筐也。

【译文】

上六无实，是捧着空筐。

【辨证】

“筐”是竹器，《诗·采苹》传：“方曰筐，圆曰莒（jǔ）。”“刲”是刺杀宰割。女的捧着空筐，男的刺杀羊无血，这是古代的一种血祭。《诗·小雅·信南山》：“祭以清酒，从以骍牡，享于祖考。执其鸾刀，以启其毛，取其血膋（liáo）。”说的是男子杀牛祭祖的血祭。《诗·召南·采苹》：“于以盛之，维筐及莒……于以奠之，宗室牖（yǒu）下。

谁其尸之，有齐季女。”写的是“教成之祭”，也即女子出嫁前学习祭祀的礼仪，先实习一下，预备婚后使用。《仪礼·士昏礼》：“妇人三月，然后祭行。”“妇人三月乃奠菜。”《少牢·馈食礼》：“主妇设黍稷，祭则司马刲羊，司士击豕。”根据这些记载，女子成婚后要祭祖，新婚祭祖的时候女子捧着一只空筐，无所奉献。男子杀羊又取不出血来。祭祀不成，祖先不佑，不祥之兆，故“无攸利”。从象上分析，震为筐，坤为虚，上震由泰的上坤变来，故为空筐。兑为羊，坎为血，坎在兑上，血不下流（䷵ 互坎兑），故无血。象辞说:“上六无实，承虚筐也。”“虚”解释无实。《左传》僖公十五年：“初，晋献公筮嫁伯姬于秦，遇归妹䷵之睽䷥。史苏占之曰:‘不吉，其繇曰：士刲羊，亦无衁（huāng）也；女承筐，亦无贶（kuàng）。西邻责言，不可偿也。归妹之睽，犹无相也。’”意思是说：晋献公为把伯姬嫁给秦国占了一卦，遇到归妹的上六爻动，称作归妹之睽。史苏预测说：“不吉利。繇辞的意思是男人宰羊，不见血浆；女人捧筐，空空荡荡；西邻责怪，无以报偿；归妹之睽，没人相帮。”“衁”就是血，“贶”是送给，“无贶”是没什么东西可送，也是指虚筐。后来这次婚事对晋国不利。史苏的话可以用来印证一下爻辞的意思，但史苏依据占筮内容对爻辞有发挥。

【提示】

归妹卦的初九象辞有“归妹以娣，以恒也”。前人在解释卦象时另有两种取象的方法。一种是一变、二变、三变之说。比如朱震的卦变图，认为泰一变为恒䷟，二变为丰䷶，三变为归妹䷵。所以他在讲初九爻辞时说：“三兑者，震所归之妹也。初在三后，无应。三以巽下之初九自卑而进，说以从之，归妹以娣也。三下初成巽，初九应震，有雷风相与之象，恒也。”意思是说：如果泰卦的六四与初九换位变出的就是恒卦，（泰六四初九䷊两爻换位，变䷟恒），恒卦的初六上到三位就成归妹，是从下一步步随进到三位，所以初九才说“归妹以娣”。另一种取象的方法是用半覆卦，半覆卦指的是本卦中的内外两个三爻卦，其中有一个变成覆卦，这个覆卦与另一半不变的三爻卦组成一个新的六爻卦。比如归妹的上卦震不变，下卦倒覆过来（上卦震不动<䷵>下卦兑上下翻倒过来变䷟恒），恒与归妹就是半覆卦的关系，所以象辞才有“以恒也”的说法。以上两种取象方法，我们没有采纳，只作一般知识介绍。因为从“以恒也”的意思去分析，显然是与大象辞的“永终知敝”，彖辞讲的“人之终始”，《杂卦》讲的“女之终也”，以及九二象辞说的“未变常”等意思贯通。都是强调女子出嫁就是终身归宿，要与丈夫始终相守，白头到老，不能中途离异。“归妹以娣”正是为了把这种关系维系到永久，杜绝有始无终的现象。如果没有娣随嫁，很容易出现俗语讲的“两姨亲，不算亲，死了姨娘断了根”的事情。卦里讲的是女子归嫁诸侯，姻亲断了，还会影响到两国之间的互助关系，因此特别看重永久恒常。从象辞中看不出有什么取象的暗示。

五十五　丰——羽毛丰满

䷶

丰卦的卦画组合为离（☲）下震（☳）上，传统称作雷火丰。《序卦》云：“得其所归者必大，故受之以丰。丰者，大也。”意为：得到人们归附一定会盛大起来，所以在归妹卦之后接着是丰卦。丰是大的意思。《杂卦》云：“丰，多故也；亲寡，旅也。”意为：丰卦是故旧多，旅卦是亲友少。“多故”有人讲成事故多，要是把“多故”与“亲寡”对比起来看，“亲”与“故”同义，“多”与“寡”反义，“故”是亲戚故旧，“多故”是亲故多、关系众，也是丰大之义。讲成事故多与《杂卦》的用语方式不合。象辞也说：“丰，大也。”

丰卦从泰卦变来。虞翻说：“此卦三阴三阳之例，当从泰二之四。”意思是说：三阴三阳的卦都应当从泰否变来，此卦按卦变的体例是由泰变来，是泰卦的九二升到四位，即：泰六四⇄九二䷊九二与六四换位，变䷶丰。丰的覆卦就是下一卦旅。

丰，亨。王假之，勿忧，宜日中。

【译文】

丰卦亨通。君王使天下丰大，不必忧虑，适宜日在中午。

彖曰：丰，大也。明以动，故丰。王假之，尚大也。勿忧，宜日中，宜照天下也。日中则昃（zè），月盈则食，天地盈虚，与时消息，而况于人乎！况于鬼神乎！

【译文】

丰是大的意思。光明而行动，故能丰大。君王使天下丰大，是崇尚丰大。不必忧虑，适宜日在中午，适宜普照天下。日过中午就会西斜，月到圆满就会亏蚀。天地的盈虚，伴随时的推移而消长，更何况是人，何况是鬼神！

象曰：雷电皆至，丰。君子以折狱致刑。

【译文】

惊雷闪电一起来到就是丰卦。君子从中得到启示，断狱执刑。

【辨证】

丰卦从泰变来，泰卦下乾上坤，泰的九二上升为九四，六四下降为六二，乾坤流动交通之象，天地阴阳相交故能亨通畅达。“假”读为“格”，是“至”的意思。“王假之”是说君王使天下的丰大来到。因为丰卦是从泰变来，泰的九二从下乾升到四位，成为丰卦，乾为君王，《乾文言》说：“乾始能以美利利天下。”意思是君王使天下财富丰足，人民众多，国家盛大。“勿忧”是不必忧虑。从象上看，九四互兑（九四→☱>互兑），兑为悦。“宜日中”指六二的推移。泰卦六四来到下乾的中位，变为离日，柔得位，故“宜”。取义是说，日在中天，阳光普照，无过无不及，最得宜。

彖辞从五个方面对丰卦作了阐释。（一）解释卦名的含义。“丰，大也”，是说卦名“丰”是大的意思，这与《序卦》的讲法一致。丰是丰盛众多，“多”“大”义近，丰就是丰大的意思，也就是多而大。《说文》：“丰，豆之丰满者也。”本义就是丰盛。（二）从上下卦特性的组合上说明丰卦。“明以动，故丰”，指的是下卦离为明，上卦震为动，组合起来是光明地行动，所以能发展盛大。（三）从卦变上说明卦辞“王假之”。“王假之，尚大也”，指的是在泰变丰中，九二从下乾上升成为九四，乾为王，刚爻为大，是大的刚爻向上推移，“尚”是“上”的意思。从取义上说，是德业盛大的人受到推尚。（四）从六二的推移说明卦辞“宜日中”。“勿忧，宜日中，宜照天下也”，指泰卦下为乾，乾为天，所以称“天下”。六二推移到乾中，下卦成离，离为日，日照天下。日要普照天下最好是位在中天，故云“宜日中”。从取义上说，是指办事最好选择中午的时间。（五）推阐丰卦的哲理意义。丰卦是日在中天，普照万物，最为圆满。但圆满中潜伏着残缺，这是好与坏的辩证关系。彖辞总是在好的时候要指出它坏的一面，在坏的时候要指出它好的一面，防止人们片面地看问题，因此在圆满中强调残缺。“昃”是太阳过午而西斜。“日中则昃”是说日过了在中天的位置，就要向西偏斜。“食”同“蚀”，这里是亏缺的意思，“月盈则食”，意为月亮在十五圆满之后就会亏缺。“天地盈虚，与时消息”，是说大自然的规律无不如此，随着时间的推移，盛极转衰，衰极变盛，总是变动不居。比如夏天到了最热的时候就要开始变凉，冬天到了最冷的时候就要开始变热。其次如明与暗、潮与汐、旱与涝等，无不如此。整个天地都是按照这个规律运动的，概括起来就是天地的盈虚消长都是伴随着时序推移而发生的。“而况于人乎！况于鬼神乎！”是说既然天地都这样运动，更何况是天地中的人和鬼神，当然都要受到这个规律的支配去运动。规律就是“与时消息”。《周易》揭示自然与社会规律的目的，主要是为了确定人行动的正确途径。“与时消息”主要是对人讲的。

人要随着你个人所处的特定时势或消退或生长地去运动，规律不会变。如果不愿消退就得守中，保持谦下，不居骄盈，不为太过，可保常盛不衰。所谓“宜日中”，就是要守中不过。

象辞从上下卦象的组合解释丰卦。“雷电皆至，丰”，指的是上卦震为雷，下卦离为闪电，雷与电组合在一起就是丰卦。“君子以折狱致刑”，“折”是决断，“狱”是案件，“折狱”是断案的意思。“致”是使来到，“刑”是刑罚，“致刑”是执行刑罚。君子从雷与电的卦象中得到启示，要像闪电那样无邪不照，作出明正判断；要像惊雷那样无恶不惩，执行刑罚。《周易》震离组合的卦都要提到法制。噬嗑震下离上，卦辞讲“利用狱”，象辞说“先王以明罚敕法”。这是作者的意象，雷取其震慑之威，电取其无隐之明。

初九：遇其配主，虽旬无咎，往有尚。

【译文】

遇到匹配之主，十天内无咎害，前往有嘉尚。

象曰：虽旬无咎，过旬灾也。

【译文】

十天内无咎灾，过了十天有灾害。

【辨证】

“配”，郑玄本作“妃”，虞翻讲为妃嫔，王弼之后讲成对等，都不外乎匹配的意思。关键是要看“配主”指什么？“遇”是不期而遇。从象上分析，初九的“配主”是六二，因为初九只能与六二相遇。丰卦从泰卦变来，在泰卦里，初九的正应在六四（泰 六四 初九  正应），六四为初九的匹配。变丰之后，泰的六四下到二位与初九相遇，故言“遇其配主”。初九在卦变中未动，是六二的推移才使初九能与配主不期而遇。取义是说，能与自己相配的主子遇合。六二来自上卦坤，坤数十，下卦变离，离为日，十日为旬，故言“虽旬无咎”。初九原是六二的正应，六二动，初九不来应合而动，配合不默契，如能主动上往与正应换位，则会有益，故言“往有尚”。从取义上讲，“往有尚”是前往会得到嘉尚。从取象上说，“往有尚”是前往得到上位。象辞说：“虽旬无咎，过旬灾也。”以“灾”释“咎”。初九该动不动，只能得到六二所带来的一段益处，超过六二的范围，不动的灾害会显示出来，六二带来的只有十日，所以是超过十天会有灾。这一爻是告诉人们要行动，不动只能保证十天无害。

六二：丰其蔀，日中见斗。往得疑疾。有孚发若，吉。

【译文】

遮蔽很大，中午见到星斗，前往得到怀疑嫉恨，有诚信而发，吉祥。

象曰：有孚发若，信以发志也。

【译文】

有诚信而发，是诚信可启发心志。

【辨证】

蔀的名物没有定论。郑玄认为是“小席”，后人有解为蘼棚或草的，但都认为是遮蔽之物。虞翻解为“日蔽云中”。上六爻辞有“蔀其家”。程颐讲成“用障蔽之物掩晦明者”。总之，“丰其蔀”就是遮蔽很大，“日中”是正午，“斗”是北斗星，“日中见斗”是天空非常黑暗，中午见到了北斗星。“往得疑疾”是前往受到猜疑、嫉恨。“孚”是信。“发”是开启，“若”是形容词词尾，义同“然”。“有孚发若”是说有诚信表现出来。从象上分析，“日中”指的是下卦离，离为日，六二在离的中位，故言“日中”。斗指上卦震，六二是卦变中与九四换位的一爻，九四在上卦震里，震仰盂如斗（朱震）。“丰其蔀”取象于六二来自泰的上坤，坤为布。“疑疾”取象于六五。九四原在泰的二位，与六五正应，六二推移，与六五敌而不应，故言“往得疑疾”。但六二上下孚于二刚，又在离中，离为见，故言“有孚发若”。象辞说：“有孚发若，信以发志也。”意为有诚信而发，可启发心志。指六二受到六五的疑忌，因有诚信发出，可感动别人，消除疑忌，精诚所至，金石为开，故“吉祥”。

九三：丰其沛，日中见沬。折其右肱，无咎。

【译文】

黑暗很大，正午见到小星。折断右臂，没有咎害。

象曰：丰其沛，不可大事也。折其右肱，终不可用也。

【译文】

黑暗很大，不可以干大事。折断右臂，最终不能有为。

【辨证】

《九家易》说：“大暗谓之沛。”“沬，斗柄后小星。”“沛”是大，如“油然作云，沛然为雨”。这里指遮蔽大而形成大片黑暗。“沬”与“昧”通，指昏暗的小星。正午就有黑暗是一种不常见的怪异天象。这一爻比上一爻还要黑暗，连小星都可见到。“丰其沛，日中见沬”与六二取象相同，明入于下，斗见于上，只是九三位稍高于六二，故愈显黑暗。九三又在互兑、互巽（九三  互兑 互巽）里，巽为股，股为下肢之肱；兑为毁折，位西方，左东右西，故为右，所以为“折其右肱”。象辞说：“丰其沛，不可大事也。”是说黑暗太大，不可以干大事。“折其右肱，终不可用也”，是说右臂最得力，右臂折断，最终不可使用。“右肱”的取义是右臂。

九四：丰其蔀，日中见斗。遇其夷主，吉。

【译文】

遮蔽很大，正午见到星斗。遇到夷主，吉祥。

象曰：丰其蔀，位不当也。日中见斗，幽不明也。遇其夷主，吉行也。

【译文】

遮蔽很大，是位置不当。正午见到星斗，是幽暗不明。遇到夷主，是吉祥的征行。

【辨证】

九四是与六二换位的一爻，两爻取同象，故也为“丰其蔀，日中见斗”。白天见到星斗，天色幽暗。“夷主”是少数民族首领。中国古代称中原四周的少数民族，细数分别是北狄南蛮，东夷西羌，不加分别可以混称为夷。从象上看，九四原是泰卦的九二，与六五正应（泰
），变为丰卦，九二升进成为九四，与六五比邻相遇，六五在外卦，又是柔爻，故为“遇其夷主”，与六二“遇其配主”的取象一致。象辞说“丰其蔀，位不当也”，指九四应当与六五换位，换到四位不适当，故取“丰其蔀”为象。“日中见斗，幽不明也”，说明正午见到星斗是天色幽暗不明。这两句可以兼释六二爻辞，六四应当与初九换位，换到二位也是位不适当。“遇其夷主，吉行也”，指九四的推移能与六五比邻相遇，是吉祥的征行。九四是卦变中的主爻，又是上行，故吉。

六五：来章，有庆誉，吉。

【译文】

来到并得到文采，有喜庆美誉，吉祥。

象曰：六五之吉，有庆也。

【译文】

六五吉祥，是有喜庆。

【辨证】

爻向下推移为“来”。“来章”，指六五在泰卦里本来与九二正应，九二上往，六五应当下来，与九二换位，下卦成离，离为文明，章是文采，故言“来章”。六五没有推移，保持上卦中位，又在互兑里（六五→䷶>互兑），兑为悦，故有喜庆；兑为口，故有美誉。主要是因为五是尊位，故为吉祥之象。象辞说：“六五之吉，有庆也。”就是指出六五在中位而有喜庆。

上六：丰其屋，蔀其家。窥（kuī）其户，阒（qù）其无人，三岁不觌（dí），凶。

【译文】

房屋高大，遮蔽其家。从门中窥视，静无人迹。三年不能见面，凶。

象曰：丰其屋，天际翔也。窥其户，阒其无人，自藏也。

【译文】

房屋高大，阔及天边。从门中窥视，静无人迹，是自己隐藏了起来。

【辨证】

扬雄讲这一爻说："炎炎者灭，隆隆者绝，观雷观火，为盈为实。天收其声，地藏其热。高明之家，鬼瞰其室。"意为：火烧得太盛，就要熄灭；雷震得太响，就会断绝其声。看看震雷和大火，声势多么盛大而雄壮。结果雷声消失在天际，光热收藏到地下。高敞明亮的宅第，鬼就来窥视他的屋子。总的说，是太显赫盛大就要走向灭绝，凡事不可太过，太过必然衰亡。"丰其屋"是宅第建造得宽大。"蔀其家"是屋子遮蔽黑暗。原文"闚"即今"窥"字，是偷看，

“户”是门，“窥其户”是从门中窥视。“阒”是空寂无声，“阒其无人”是说死寂一片像无人居住一般冷清。“觌”是见面，“三年不觌”是三年见不到面。象辞说：“丰其屋，天际翔也。”李鼎祚本作“天降祥也”。“天降祥”是上天降下征兆。王弼本作“天际翔”，是飞到天边。从爻位看“天际翔”近是，扬雄也说是“天收其声”，指上卦震雷。“窥其户，阒其无人，自藏也”，意为家里死寂一片，是自己隐藏起来。关于取象，没有太好的解释。《系辞·下》说：“上古穴居而野处，后世圣人易之以宫室，上栋下宇，以待风雨，盖取诸大壮。”大壮是宫室之象。泰卦刚爻向上长一位即为大壮，而卦变中却没有上长，而是二、四爻换位。丰与大壮只差六二一爻（丰$_{\text{六二}\rightarrow}$䷡、大壮䷡），宫室加离目，见栋宇不见人，故为“窥其户，阒其无人”。上六位处穷极，与应爻九三悬隔三位，九三在下卦离中，离为见，故“三年不觌”。位高，故“丰其屋”；明在下，故“蔀其家”。象辞的“天际翔”指出上六位太高，“自藏也”指出穷极自退。

【提示】

丰卦的卦辞与爻辞显著不同，卦辞是盛大日中，爻辞却是一片黑暗。作者如此取象，显然是受到盛极而衰、丰大易暗道理的支配。另外，象辞提到“鬼神”，程颐解释说：“鬼神谓造化之迹，万物盛衰可见其消息也。”意思是说：鬼神是大自然变化莫测的奥秘，这些奥秘通过自然变化的轨迹也可以认知。比如怎样消退与生长，怎样盛衰迭代等，这些诡秘神奥的地方，通过对世界根本规律的认识，也可以逐渐发现，这就与后人讲的鬼神不完全相同，主要指的是自然与社会中鲜为人知的现象与变化。《周易》正是为了认识这些内容才写出来的。所以《系辞·上》里讲：“易与天地准，故能弥纶天地之道。仰以观于天文，俯以察于地理，是故知幽明之故。原始反终，故知死生之说；精气为物，游魂为变，是故知鬼神之情状。”意思是说：《周易》以天地为模拟对象，所以能包络天地的大道，上观天体中日月星辰等天文变化，下察大地万物变化的道理，因此能知道明与暗的缘故，推原本始，返到终结，所以知道死与生的学说。精气凝聚起来就是物，精气游离出来就是变，因此知道鬼神的情状。鬼神就是事物的精气游离变化状态，也就是游魂。气是《周易》讲的阴阳二气，精是元气积聚的具体化。《周易》认为阳气赋予万物精，阴气使万物生出形体。从形体中游离出来的精气就是鬼神，这种变化在幽暗中进行，触见不及，所以才显得神秘。当人们揭示了阴阳运动的基本规律，这种神秘的变化，也可以了解。这是《周易》中的鬼神可知论。简要言之，鬼神主要是指大自然变化中的一种隐秘形态。但《周易》确是有鬼神论，不能不承认这个事实。不过这里讲的鬼神与后人讲的鬼神不是一回事，也不能把这些东西强加到《周易》里去。

五十六　旅——萍踪浪迹

䷷

旅卦的卦画组合为艮（☶）下离（☲）上，传统称作火山旅。《序卦》云：“穷大者必失其居，故受之以旅。”意为：穷极奢大的人必然会失去寄身之地，所以在丰卦之后接着是旅卦。是说“旅”是无家可归，在外流浪客旅。《杂卦》云：“亲寡，旅也。”意为亲友少就是旅。抛家舍业，羁旅于外，自然亲友少。综合《序卦》《杂卦》的讲法，旅的基本意思就是客旅于外。古人认为客旅于外是件苦事，远不如现在人们出门那样觉得轻松。古典文学作品里咏叹羁旅之苦的比比皆是。《鹖冠子》里说：“离为五脏刀斧。”读这一卦，要与古代人的意识联系起来去理解。

旅与丰是覆的关系，丰䷶整个卦画上下倒覆就是䷷旅。丰卦是家太大、亲故太多，旅卦反过来，“失其居”而“亲寡”。丰卦从泰变来，旅卦从泰的覆卦否变来。彖辞提示说“柔得中乎外”。汉人大多认为是指旅卦六五从三位升进到外卦中位，如姚信说：“此本否卦，三五交易，去其本体，故曰客旅。”意思是说：旅卦由否卦变来，否卦九五六三䷋六三与九五换位，变成䷷旅卦。

交换的两爻，原来分别在否卦的下坤上乾里，卦变中从乾坤的本体中游离出来，所以才称作客旅于外。这种讲法准确地揭示了彖传的内容，应当遵循。

旅，小亨。旅贞吉。

【译文】

旅卦，小亨通。行旅守正吉祥。

彖曰：旅小亨。柔得中乎外而顺乎刚，止而丽乎明，是以小亨。旅贞吉也。旅之时义大矣哉！

【译文】

旅卦小亨通。以柔顺获得在外的中道又能顺应刚健，停止下来依附于光明，因此小亨通。行旅守正就会吉祥。旅卦的时势意义太重大了。

象曰：山上有火，旅。君子以明慎用刑而不留狱。

【译文】

山上有火就是旅卦。君子从中得到启示，要明察审慎地施用刑罚，而不滞留案件。

【辨证】

旅卦从否卦变来，否卦的柔爻六三上升到全卦的尊位，顺利升进，柔爻为小，故卦辞说“旅，小亨”。从取义上讲“小亨”是小有亨通。“六五”在推移中取得了上卦的中位，中正不偏，故言“旅贞吉”。“贞”是正的意思，指六五的中位。取义是说，客旅于外，守正履中吉祥。

彖辞从三个方面说明旅卦。（一）说明卦辞“旅，小亨”的理由，可分五个层次。一是先提出要说明的内容，“旅，小亨”。二是说明“小亨”的第一个理由：“柔得中乎外”，指的是尊位的六五是从否卦的六三升上来。是柔爻，柔爻取得外卦的中位，柔爻为小，故为“小亨”。这是从卦变中说明卦辞“小亨”。三是说明“小亨”的第二个理由：“而顺乎刚”，指六五虽居于尊位，但上有阳爻，六五阴爻居尊位，下接九四，是处在阳光普照下，说明卦辞“小亨”。四是说明“小亨”的第三个理由：“止而丽乎明”，这是指旅卦上下卦特性的组合，下卦艮为止，上卦离为附丽、为明，组合在一起是停止而附丽于光明。五是得出“是以小亨”

的结论。“是以”义同“因此”，因为有以上三条理由，所以旅卦“小亨”。（二）说明卦辞“旅贞吉”。“旅贞吉也”，虽然只加了一个“也”字，但原话变成了因果判断句，意思是旅卦主爻中正，所以能吉祥。取义是说，客旅于外能守正就会吉祥。（三）强调旅卦的时势意义，“旅之时义大矣哉”，意为旅卦所显示的时势意义很重大。旅是一种逆境，但逆境有逆境的时势意义。它能使人学会怎样处逆的道理，人能顺逆皆宜，就不失为君子。

象辞从上下卦象的组合解释旅卦。“山上有火，旅”，指的是下卦艮为山象，上卦离为火象，山上有火就是旅卦。“君子以明慎用刑而不留狱”，是说君子看到火在山上、高明下照的卦象，要学习它的光明能见，明察秋毫，慎重地处理案件，及时做出决断，不要让当事人长时间停留在案件的纠缠里。象辞作者能提出这样的看法很不简单，这是一种负责态度。处理案件不及时有损君子形象，如果是有案不办，等着当事人送礼行贿，那就更为卑污不齿。

初六：旅琐琐，斯其所取灾。

【译文】

羁旅卑琐，这是自取其灾。

象曰：旅琐琐，志穷灾也。

【译文】

羁旅卑琐，是志穷的灾害。

【辨证】

郑玄说："琐琐犹小小。"虞翻云："琐琐，最蔽之貌。"《诗·小雅·节南山》："琐琐姻亚，则无膴仕。"意为：尹氏那一伙卑污的姻亲，不要让他们做大官。《正义》说"琐琐"是"计谋褊浅之貌"。琐琐是指私党小人卑污的样子，含有依附于人、浅薄无识、卑污小器等意思。"旅琐琐"是在外客旅卑污猥琐。"斯其所取灾"，应当连读。"斯"是指示代词，相当于"这"；"其"是代词，相当于"他"；"所取灾"是个所字结构，相当于"所自取的灾害"。全句意为：这是他所自取的灾害。象辞说："旅琐琐，志穷灾也。""志"一般指与应爻的关系，"穷"是困。初六有正应在九四，但在下卦艮里，艮为阻止，志受困阻。从取义上说，"志穷"是自己没有志气，所以行为卑琐。初六显然是取爻位卑下之象。柔爻处在最为卑下的位置，又在下艮里，艮为少男、僮仆，这就是卦象。

六二：旅即次，怀其资，得童仆贞。

【译文】

行旅就舍，怀有旅资，得到忠贞僮仆。

象曰：得童仆贞，终无尤也。

【译文】

得到忠贞僮仆，最终不会有怨尤。

【辨证】

“即”是就。“次”是住下。古人称行旅于外，住一夜为“舍”，住两夜称“信”，住三夜以上称“次”。“旅即次”是说行旅就宿于馆舍。“怀”是身上带着，“资”是旅费、旅资，“怀其资”是身上带着旅资。“童仆”即僮仆，“贞”是忠贞不渝，“得童仆贞”是得到忠贞的僮仆。旅居于外，有馆舍可栖，旅资不乏，又有可靠僮仆为伴，可以说是最美满的行旅。这主要是因为六二在下卦艮里，艮为止。但它与初六不同，是柔爻居柔位，位正，又在下卦中位，止也是止得其位，故为“旅即次”。又在互巽里，巽为近利市三倍，故为“怀其资”。艮为少男，为僮仆，故言“得童仆”。“贞”指六二位中为正。

象辞说：“得童仆贞，终无尤也。”指六二在否卦与九五正应，九五推移本应六二上到五位，六三却与九五换了位，但六二在卦变中不动而受益，所以最终不会有怨尤。

九三：旅焚其次，丧其童仆贞，厉。

【译文】

行旅中大火烧了馆舍，丧失了忠贞的僮仆，危厉。

象曰：旅焚其次，亦以伤矣。以旅与下，其义丧也。

【译文】

行旅中火烧了馆舍，也够可悲的了。以行旅的态度对待下人，道义上要丧失僮仆。

【辨证】

九三在互巽里，巽为木，上临离卦，离为火。下五爻是一个缩小了一点的小过卦(小过)。小过为飞鸟，形成树上鸟巢被焚之象，因为在旅卦，故为“旅焚其次”。在下卦艮里，艮为僮仆，又在互兑里，兑为毁折，僮仆毁折，故为“丧其童仆”。象辞说：“旅焚其次，亦以伤矣。”“伤”

是可伤，意思是说也够可怜的了。“以旅与下，其义丧也”，象上指九三从五位下来与原来的正应六二在一起，“与下”是与在下的六二“相与”。从取义上说，是以对待旅人的态度对待下人，既然自己对下人形同路人，从道义上讲，下人也就会失去对自己的忠贞。

九四：旅于处，得其资斧，我心不快。

【译文】

客旅于他处，得到资财器用，我心不快活。

象曰：旅于处，未得位也。得其资斧，心未快也。

【译文】

客旅于他处，还未得位。得到资财器用，心中还未快活。

【辨证】

“处”是处所，“旅于处”是行旅于某个处所。“资斧”中，“资”是旅资；“斧”，王弼注：“斧所以斫除荆棘，以安其舍者也。”把“斧”讲成斧头。《释文》：“子夏传及众家并作‘齐斧’。张轨云‘齐斧盖黄钺斧也’。张晏云‘整齐也’。应邵云‘齐利也’。虞喜《志林》云‘齐当为斋，斋戒入庙而受斧’。”程颐认为是“货财之资，器用之利”。后人更简化，认为资斧就是旅费和行李。程颐的讲法与旅卦的主题合，资斧就是行旅中所用的资财器物。从象上分析，九四刚爻居柔位，不得位，住不下来，还得往前走，不能说“旅于次”，故言“旅于处”。但九四在互巽里，巽为近利市三倍，可以得到旅资，又在上离里，离为戈兵武器，可以得斧，故为“得其资斧”。有正应在初六，为下艮所阻，故“我心不快”。象辞说：“旅于处，未得位也。”象上指九四不在中位。义取还未结束行旅，仍在某处客旅，尚未到位。“得其资斧，心未快也”，意为虽然得到行旅用的资财器物，但心里并不快活。

六五：射雉，一矢亡，终以誉命。

【译文】

射雉鸡，丢失一只箭，最终会有美誉爵命。

象曰：终以誉命，上逮也。

【译文】

最终会有美誉爵命，是逮达于上。

【辨证】

“雉”是野鸡，“矢”是箭，“亡”是丢失，“射雉，一矢亡”，意为射野鸡丧失了一支箭。“誉”是令闻美誉，“命”是爵命，“终以誉命”是以誉命告终。换言之，就是最终会得到美誉，受到任命。

象辞说：“终以誉命，上逮也。”“逮”是到达，“上逮”是到达在上的位置。

从象上说，六五是全卦的主爻，彖辞所谓“柔得中乎外而顺乎刚”的一爻。在卦变中是从否下坤的六三升上来的一个柔爻，到上卦成离，离为雉，由下及上，故言“射雉”。离又为矢，下坤失去一个柔爻变为离，故言“一矢亡”。互为兑、巽（

），兑为口，故有誉；巽为命，故言“终以誉命”。显然，这一爻进升而尊，小有损失，终受晋封，主要是因为位中。

上九：鸟焚其巢，旅人先笑后号咷。丧牛于易，凶。

【译文】

鸟的巢被火烧掉，旅人先笑后哭。在边界丢失了牛，凶。

象曰：以旅在上，其义焚也。丧牛于易，终莫之闻也。

【译文】

客旅在外而居于上位，道义上会被焚烧。在边界上丢了牛，最终不会得到消息。

【辨证】

巢是鸟在树上搭的窝。鸟的巢穴被大火烧掉，无所栖身。“号咷”是大哭，“先笑后号咷”是先喜后悲。“易”同“埸”，晁说之说：“易，古文埸字。”埸是疆界，泛指地界疆界。“丧牛于易”是牛跑到边界之外丢失了。象辞说：“以旅在上，其义焚也。”强调上九爻位太高，处在全卦的极上处。从取义上说是客旅于外还要高高在上，从道义上说该被烧了巢穴。“丧牛于易，终莫之闻也。”强调上九在全卦的外界终位。牛跑出边界而走失，没有任何可以寻找的消息传来，意为失不可再得。从象上分析，离为雉，为鸟，互巽为木（离<䷷>互巽），上九在全卦最高处，下五爻又是一个小的小过卦，有鸟象，鸟在树上，鸟巢之象。上离为火，故“鸟焚其巢”。互兑为悦，故笑，互巽为号（互兑<䷷>互巽）；上为前，下为后，兑在巽前，故“先笑后号咷”。坤为牛，上九原是否卦下坤六三的正应，六三上到五位，下坤象不见，故言“丧牛于易”。这一爻最不吉祥，巢穴烧毁，先喜后悲，丢了牛找不回来，惶惶如丧家之犬，凶。

【提示】

这一卦介绍一下毛奇龄的推易法，毛奇龄在《仲氏易》《推易始末》中，提出《周易》里有五种推易方法。第一种是变易，所谓变易“谓阳变阴、阴变阳也”。指的是刚爻与柔爻的反性变化，如乾卦六爻全变为坤，坎卦六爻全变为离，这种变法与虞翻讲的旁通类似。第二种是交易。所谓交易“谓阴交乎阳、阳交乎阴也”。指的是上下卦的相重，如乾坤交为泰、否；坎离交为既济、未济等。他认为变易用以画卦，交易用以重卦，这是伏羲创制《周易》所使用的两种方法。另有三易是反易、对易、移易。所谓反易，“谓相其顺逆，审其向背，而反见之”，指的是覆卦，如屯六爻上下反转为蒙，咸反转为恒等，所以又称转易，他认为反易是排列卦序所用的方法。所谓对易，“谓比其阴阳，絜其刚柔而对观之”。毛奇龄认为对易是《周易》用以分为上下经的方法。如上经的需、讼与下经的晋、明夷为对易（需䷄、讼䷅；晋䷢、明夷䷣），上经用乾天坎水，下经用坤地离火，天对地，火对水。再如上经的同人、大有与下经的夬、姤为对易（同人䷌、大有䷍；夬䷪、姤䷫），以五刚对五刚，以一柔对一柔。最重要的是移易。所谓移易，“审其分聚，计其往来，而推移而上下之”。实际上指的是卦变。为了形成系统，毛奇龄又分出聚卦与分卦的概念。他说的聚卦，指的是刚柔爻各聚一方交错较少的卦。而分卦则是刚柔爻交错开了的卦。如泰卦䷊下卦三刚聚于一方，上卦柔爻聚于一方，就是聚卦。而既济䷾则是刚爻与柔爻相互交叉，就是分卦。毛奇龄认为卦变不都是来自十二消息卦，分卦是从聚卦中变来。要从聚卦变为分卦的过程看爻的推移，从而分析卦象。比如旅卦，毛奇龄认为是从三个聚卦变来，即否、咸、恒。否䷋刚柔爻各聚一方比较严整，咸䷞、恒䷟两卦三刚集中，也是聚卦。这样就可从否、咸或恒变旅的推移中取卦象。毛氏的做法无疑可以扩大取象范围，但这样讲卦变没有什么依据。但他特别重视从推移中辨象，这与彖辞的提示一致，不失为精华所在。毛奇龄把以上“五易”合称为《周易》中的推易方法，我们应当取其精华，对于那些自创的一整套做法，只作知识性的了解就可以了。

五十七　巽——风伏而入

䷸

巽卦的卦画组合为巽（☴）下巽（☴）上，巽为风。《序卦》云：“旅而无所容，故受之以巽。巽者，入也。”意为：行旅在外，无所容身，所以在旅卦之后接着是巽卦。巽是进入的意思。《杂卦》云：“兑见而巽伏也。”意为：兑卦是表现于外，巽卦是隐伏于内。《系辞·下》里也说“巽称而隐”。综合《序卦》《杂卦》的说明，巽是进入隐伏的意思。《说卦》里讲“坎为隐伏”，这里又说巽为隐伏。坎的隐伏是坎为水，水下可以有所隐伏，巽的隐伏是巽为风，风无迹，看不见，摸不着，消隐无迹。

巽是八纯卦之一，上下单卦都是巽，两卦相重构成一个六爻的巽卦。它与下一卦兑是覆的关系，即巽䷸上下翻倒过来，为䷹兑。关于巽的卦变，虞翻说是“遁二之四”，意思是说巽卦由遁卦变来，是遁卦的六二上升到四位，即：遁九四六二䷠六二与九四交换位置，亦䷸巽。彖辞提示说“刚巽乎中正而志行”，指九四下居二位，入于下卦中位。

巽，小亨，利有攸往，利见大人。

【译文】

巽卦，小亨通，有利于所往，有利于见大人。

彖曰：重巽以申命，刚巽乎中正而志行。柔皆顺乎刚，是以小亨，利有攸往，利见大人。

【译文】

两巽相重用以反复宣告命令。刚健随顺中正，心志大行。柔爻顺应刚爻，因此小亨通，有利于所往，有利于见大人。

象曰：随风，巽。君子以申命行事。

【译文】

风与风相随就是巽卦。君子从中得到启示，要反复宣告命令，推行自己的大事。

【辨证】

巽卦从遁变来，遁六二升进到四位，是柔爻升进之象，柔爻为小，所以称“小亨”。六二与九四换位，刚爻来到下卦中位，又是刚爻得位。柔爻升进，刚爻得位，故“利有攸往”。刚爻得位为大人，九五本在上卦中位，九二又得位为大人，故“利见大人”。卦辞从爻的推移中取象，意思是小有亨通，前往有利，见大人有利。

彖辞从三个方面说明巽卦。（一）说明上下卦象组合所显示的意思。“重巽以申命”，指全卦是两个三爻的巽卦重合而成。巽为风，风如同上天的号令，上天阴阳的变化，靠八风传送到大地，风就是上天的传令官。风而又风，是上天把号令反复传送下来，君子效法天道，也要把自己的命令一次次反复地宣告于众。“申”是已经告诉过再申说一遍。《尚书·尧典》“申命羲和”，传：“申，重也。”“申”是重复。“申命”如同人们说的“三令五申”，是多次宣告。（二）从刚爻占据中位说明卦辞。“刚巽乎中正而志行”，指刚爻九二在卦变中进入下卦中位，这样就成为五位与二位都是刚爻，刚爻为君子，君子得中位为大人，大人得位，大志得以推行。从取义上讲，巽又为随顺，刚爻随顺中正，是刚健而不违背中正之道。彖辞认为，卦辞共有两条象上的主要理由，这是其中的第一条。主要是大人得位，大人有位才

“利见”。（三）从柔爻顺从刚爻说明卦辞。“柔皆顺乎刚”指两个柔爻都在巽里，巽为随顺，柔爻都来顺从刚爻，刚爻又随顺中正，全卦有正常秩序，所以才会“是以小亨，利有攸往，利见大人”。这是第二条象上的主要理由。程颐从始至终把巽解为顺，从巽卦的彖辞中可以得到印证，彖辞“刚巽乎中正”，又说“柔皆顺乎刚”，“巽”与“顺”互文见义，彖辞认为“巽”与“顺”义同。《说卦》讲坤为顺，这里又是巽为顺，区别在于，坤的顺是柔顺，巽的顺是顺利。巽为风为令，风吹物随，令出众顺。

象辞从上下卦象的组合说明巽卦。巽为风，两巽相重，风后又随着风，故言“随风”，“随”与“习坎”的“习”、“洊雷震”的“洊”、“兼山艮”的“兼”、“明两作离”的“两”，都是相重的意思。“随风，巽”就是两风相重是巽卦。“君子以申命行事”是说君子从巽卦中得到启示而干自己的事业。君子要推行自己的事业，应当像上天那样，先把命令反复向民众说明，取得民众的支持，顺利推行下去。

初六：进退，利武人之贞。

【译文】

进退不决，宜于武人正道。

象曰：进退，志疑也。利武人之贞，志治也。

【译文】

进退不决，是心志游移。宜于武人正道，是心志应该得到正治。

【辨证】

“进退”是优柔寡断。《说卦》讲巽“为进退”“为不果”，进退游移，行为不果决。初六在两巽之下，进退不决，举棋不定，故“利武人之贞”。“武人”是军人，“贞”是坚定，乾文言说“贞者，事之干也”，“守正道足以干事”。君子有君子之道，武人有武人之道。武人之道就是坚定果决，敢打必胜。《左传》襄公十二年：“夫武，禁暴、戢兵、保大、定功、安民、和众、丰财者也。”《经籍纂诂》引《周书》谥法说：“刚强理直曰武，威强叡德曰武，克定祸乱曰武，保民犯难曰武，刑名克服曰武；戎昭果毅以听之之谓武。”武可补优柔的不足。从象上分析，巽卦从遁卦变来，遁卦下面的两个柔爻，六二上升到四位，互为兑卦（六四→䷸>互兑），兑为虎，故言“武人”。初六居下未动，故言“贞”。履卦六三说“武人为于大君”，可与这一爻联系起来看，兑为“武人”（履六三→䷉>兑）。象辞说：“进退，志疑也。”意思是说初六进退不定是心志游移。象上指，初六在遁卦原与九四正应，九四在卦变中换位，初六心志游移。又说“利武人之贞，志治也”，意思是说利于武人守正是心志得到正治。象上指自己的正应推移而初六坚定不动，心志稳定。

九二：巽在床下，用史巫纷若，吉，无咎。

【译文】

进入床下，用祝史巫觋祝告，意见混杂，吉祥，没有咎害。

象曰：纷若之吉，得中也。

【译文】

意见纷纷扬扬而能吉祥，是取了中肯的意见。

【辨证】

“巽”是进入隐伏，“巽在床下”是钻进床下隐伏起来。《周礼春官·大史》下疏：“案其职云：‘读礼书，祭之日，执书以次位常。’是礼事及鬼神之事也。”《司巫》下疏：“案其职云，若国大旱，则帅巫而舞雩，亦是事鬼神之事。”

古代的太史、司巫都相当于神职人员，无非是祭祝祓祷、歌舞降神，用以祈福禳灾。“纷若”是多而纷乱的样子。爻辞的意思是说，自己钻到床下隐伏起来，让巫觋祝史乱纷纷地请神祓禳。最后没有什么了不得的事，吉祥而无咎害。从象上分析，虞翻说巽为木、为床。从剥卦中印证，虞氏的逸象可从，九二是卦变中从四位下来的一爻，进入下卦巽里，故言“巽在床下”。遁六二与九四换位，从初至四成为正反兑象（九二正兑 反兑），兑为口，口多而杂，故言“用史巫纷若”。在下卦中位，故“吉无咎”。象辞说“纷若之吉，得中也”，强调九二的中位，正是彖辞说的“刚巽乎中正”那一爻，有中正之道，可保吉而无咎害。

九三：频巽，吝。

【译文】

频频申命，有吝难。

象曰：频巽之吝，志穷也。

【译文】

频频申命的吝难，是心志困穷。

【辨证】

“频巽”的基本意思是频繁地申命。如同说朝令夕改，政令多变。“频”，前人有讲成颦蹙不安的，这与象不合。坎卦的六三是“来之坎坎”，巽卦九三是“频巽”，象上指的是上巽下巽、频频而巽，“频”的基本义只能是频繁多次。巽可以是人，可以是伏，可以是风，但从取义上说，主要是申命。“申命”是把同一个命令三令五申，“频巽”则是频繁地更改政令而三令五申。象辞说：“频巽之吝，志穷也。”心志困穷才会频繁更改政令，心志坚定就会一令至终。象辞以“穷”释“吝”。

六四：悔亡，田获三品。

【译文】

忧悔消亡，田猎获得三种猎物。

象曰：田获三品，有功也。

【译文】

田猎获得三种猎物，有功绩。

【辨证】

“三品”前人有两种讲法：其一认为“三品”是三种动物；其二认为三品是三等猎物，即比卦九五提到的射中心脏为上杀，射中腿的为中杀，射中腹的为下杀。比较起来，《周易》里的“品”多作种类解，讲成三种动物好一些。从象上看，虞翻说“田谓二也，地中称田”。意思是说九四从遁的六二升上去，二是田位（乾九二“见龙在田”），故称田。巽为鸡，互兑为羊（六四→䷸>互兑），互离为牛（六四→䷸>互离），故言“田获三品”。象辞说“田获三品，有功也”，指九四推移是升进，又猎取得三种禽兽，是打猎有功绩。

九五：贞吉悔亡，无不利。无初有终。先庚三日，后庚三日，吉。

【译文】

正道吉祥，忧悔消亡，没有不利。没有善始，却有善终。庚日的前三天、后三天，吉祥。

象曰：九五之吉，位正中也。

【译文】

九五的吉祥，是因为位置中正。

【辨证】

“贞吉悔亡，无不利”中，“吉”属于兆辞。九五在全卦的尊位，居中得正，故能“正道吉祥，忧悔消亡”，没有任何不利。“无初有终，先庚三日，后庚三日”，要与蛊卦的“终则有始”“先甲三日，后甲三日”对比起来分析。“无初有终”与“终则有始”相互发明。“甲乙丙丁戊己庚辛壬癸”十位天干纪日，甲是十干之首，故蛊卦说“终则有始”。“庚”不是十干之终，这里说“无初有终”，显然“终”指“后庚三日”的辛壬癸，癸是十干之终。先庚三日是己戊丁，不是始，这是就巽卦取象。巽的究卦是震，震的究卦是巽，按纳甲原理，震纳庚，震前变三爻是巽，震后变三爻还是巽，上下皆巽，故言“先庚三日，后庚三日”。从取义上说，是指庚前的丁戊己三天、庚后的辛壬癸三天吉祥。象辞说“九五之吉，位正中也”，是说九五的吉祥，是因为位置中正，主要强调九五的中位。

上九：巽在床下，丧其资斧，贞凶。

【译文】

进入床下，失去资财器用，守正有凶。

象曰：巽在床下，上穷也。丧其资斧，正乎凶也。

【译文】

进入床下，是处在上穷的位置上。丧失资财器用，是正在凶中。

【辨证】

“资斧”，前人有讲成“黄钺”的。毛奇龄说：“巽固无碍，恐旅人不宜有耳。”意思是说：“资斧”在旅卦的九四爻辞里也出现过（见旅卦），如果把资斧说成是黄钺，在巽卦可以说得通，但对于行旅的人就不合适，从《周易》的前后一致性上考虑，不应当把主要意思讲成黄钺。古代的大将手把黄钺，受命专征，“黄钺”是一种大斧、长兵器，表示代天征伐的信物，大将出征用作仪仗。行旅的人不应当有。毛氏的讲法有道理。但在毛氏之前的典籍中，也有把资斧当成黄钺来使用的。如《梁书·武帝纪》：“今资斧所加，止梅虫儿、茹法珍而已。”应当知道来自《周易》。从《周易》本身看，“资斧”的基本义应当是行旅在外所需的资财器用。如占筮带兵打仗，也可以理解为失去黄钺兵权。从象上分析，巽从遁变来，在遁卦里只有上九与九四不能正应（遁上九九四→䷠>应位不应），卦变中九四与六二换位也只能牵动初六和九五，上九没有变动的条件，本无关系可言，它是随着别的爻推移而进入巽卦，正如兑卦的初九（见兑卦）是和兑一样。九二是卦变中的主爻，九二是“巽在床下”，上九是随着进入床下，故言“巽在床下”。上九在巽里，巽为富有，下有互离（上九→䷸>互离），离为戈兵，故为斧。拥有资斧，因为位处穷极保不住而“丧其资斧”。象辞说“巽在床下，上穷也”，指出上九孤立无援，穷处于上，前进无路。“丧其资斧，正乎凶也”，指出上九不知变通，正处在凶中。“贞”是守正不知变通。

【提示】

《说卦》里讲巽“其究为躁卦”，又说震“为决躁”，“其究为健、为蕃鲜。”虞翻说：“震究为蕃鲜、为白，谓巽也。巽究为躁卦，躁卦谓震也。”考之《说卦》巽为“絜齐”，虞氏的讲法可从。“究”是终，指卦变到最后成为反象，震变到最后成为反象为巽（震☳三爻全变成巽☴），巽变到最后成为反象为震（巽☴三爻全变成震☳）。“究”指的是一步步变来变到终究。《说卦》讲“震为决躁”，又说巽

“其究为躁卦”，指的是巽的究卦是决躁的震卦。又说“震其究为健、为蕃鲜”。健是乾卦，震的究卦不是乾，而是巽。那么震“其究为健、为蕃鲜”应当怎样理解呢？应当把“其究为健、为蕃鲜”看成是意思贯通的一句话，不要分开讲，指的是震最后变的过程。震☳←第二爻变为☱兑，兑☱←第三爻又变为☰乾（健），☰←下爻再变为☴巽。巽是万物鲜絜整齐，“蕃鲜”指的是巽卦。“其究为健、为蕃鲜”的正确解释是：震卦的究卦是经过变成健卦再变成蕃鲜的巽卦。《说卦》是想提示一下究变的过程，乾是震卦变到终究巽的最后一个环节，并不是乾是震的究卦。很多人在讲《说卦》时，没有把这句话连读下来，误会成两种意思，认为震的究卦是乾，震的特性是蕃鲜，这就无法说通。应当把它与巽“其究为躁卦”联系起来共同理解，不要脱离《说卦》的语言环境，孤立地去解释。总之，震的究卦是巽，巽的究卦是震，乾的究卦是坤，坤的究卦是乾。此外，坎与离、兑与艮也是互为究卦的关系。在这一卦的九五爻辞里说“无初有终，先庚三日，后庚三日”，从取象上说，指的是没有变成究卦的震作为初，却有变震为究的巽卦作为终。震纳庚，震的究卦巽是震前变三爻，又是震后变三爻，怎么变也是巽，所以是震的前三天、后三天。

五十八 兑——言谈喜悦

䷹

兑的卦画组合为兑（☱）下兑（☱）上，兑为泽。《序卦》云：“入而后说之，故受之以兑。兑者，说也。”意为：进入其中之后才会喜悦，所以在表示进入的巽卦之后接着是兑卦。兑是喜悦。古代“说”，既是言说的说，又是喜悦的悦。《说卦》云“说言乎兑”，说是言谈喜悦。所以象辞又提到“朋友讲习”。《论语》里讲：“有朋自远方来，不亦说乎！”朋友在一起讲习，把一些疑难讨论明白，心里畅快而喜悦。要把言说与喜悦联系在一起去理解“说”的词义。《杂卦》云：“兑见而巽伏。”意为兑卦是显现出来，巽卦是隐伏在内。综合《序卦》《杂卦》的说法，兑是言谈喜悦而表现于外。

兑是巽的覆卦，巽的卦画倒置就是兑卦。巽卦由遁变来，兑卦是由遁的覆卦大壮变来。虞翻说：“大壮五之三也。”意思是说大壮的六五下到三位就变成兑卦。实际上是大壮的六五与九三交换了位置，即：大壮六五九三䷡两爻换位，变䷹兑。六三爻辞有“来兑”，可证六三确是由五位下来到了三位，虞翻的卦变之说有据可凭。

兑，亨利贞。

【译文】

兑卦，亨通，有利，正道。

彖曰：兑，说也。刚中而柔外，说以利贞。是以顺乎天而应乎人。说以先民，民忘其劳；说以犯难，民忘其死。说之大，民劝矣哉！

【译文】

兑是喜悦。内心刚健外表柔顺，说通了并让人喜悦才利于正道。因此能顺应天道人心。先说服了民众，民众才会忘却劳苦；心悦诚服地去涉难历险，民众才会舍生忘死。说服而喜悦的重大意义，是民众可以勉力去干啊！

象曰：丽泽兑，君子以朋友讲习。

【译文】

大泽与大泽附在一起就是兑卦。君子从中得到启示，朋友之间要相互讨论研习。

【辨证】

“元亨利贞”是卦的四德，兑卦占了三德。“亨”是亨通，“利”是有利，“贞”是正道。比乾卦只差一个“元”，兑是一个比较好的卦。

彖辞从四个方面作了说明。（一）解释卦名。“兑，说也”，兑是喜悦，说通了心情畅快而喜悦。从彖辞后面的话分析，作者是在强调说服教育而使人心悦诚服，意为凡事不可勉强人家去干。（二）从卦象上说明兑卦。“刚中而柔外”，指的是三爻的兑卦☱，刚爻在中间，柔爻在上外。《周易》例是下内上外。两个兑卦都是如此。从取义上说，人能内心刚健外表柔和，与外强中干、色厉内荏相反，符合做人的道理。内心刚健，办事不屈不挠，待人接物柔和才能善与人处。兑卦具有这样的长处，这是“亨利贞”的原因之一。（三）从卦的特性上说明卦辞“利贞”。“说以利贞”，指兑的特性为说。说服了人，才能干事有效益；心悦诚服，人的意志才能坚定不移。有效益就是“利”，坚定不移就是“贞”。（四）推阐兑卦的意义。“是以顺乎天而应乎人”，意为这样才能顺应天道人心，所以才亨通利贞。要想使人心悦诚服就得符合天道，自己不违背真理。不合天道就不可能服人。要说服人就得顺应人心民意，不合人心民意也不能服人。顺应天道人心是使民众心悦诚服的前提。“说以先民，民忘其劳；说以犯难，民忘其死。说之大，民劝矣哉”，这是讲说服教育的重大意义。在办事之前，先向民众做好说服动员，民众心悦诚服，就会忘却劳苦，和你一道努力去完成。只要民众心悦诚服，再大的险难，民众也会冒着生命危险去干。兑卦所具有的重大意义，在于可使民众自我激励，用尽全力去干。“劝”是勉励的意思。“民劝矣哉”是民众会自己努力去干，不必强迫。

象辞说明上下卦象的组合，“丽泽兑”，“丽”是附丽。上卦兑为泽，下卦兑也是泽，大泽与大泽附丽在一起，相互连通，这就是兑卦。“君子以朋友讲习”，是说君子从两泽相连，流通互补中得到启示，也要相互帮助，朋友之间讨论研习，相互启发而不断提高。

初九：和兑，吉。

【译文】

和同喜悦，吉祥。

象曰：和兑之吉，行未疑也。

【译文】

和同喜悦，是行动而不疑忌。

【辨证】

这一爻可与巽卦的上九联系起来分析。兑卦从大壮变来，大壮除初九与九四不能正应外，其他四爻皆有正应，大壮变为兑卦，六五与九三换位，也只能牵动九二和上六（大壮 九四刚 初九刚  两刚不应），与初九没有纠葛。初九是随着其他爻的推移进入兑卦，故言“和兑”。“和兑”是一同变成兑卦。“和”是相互唱和、鸣和。一唱一和，关系协调一致。成为兑卦，初九在下卦兑里，兑为口，可鸣可唱；上卦又是兑，也可唱可鸣。上唱下和，故言“和兑”。从取义上说，“和兑”是和同喜悦，所以“吉祥”。象辞说：“和兑之吉，行未疑也。”指初九与九四本有疑忌，爻变推移，全卦六爻都变得没有正应，初九的疑忌也随之消失。

九二：孚兑，吉。悔亡。

【译文】

诚孚的喜悦，吉祥。忧悔消亡。

象曰：孚兑之吉，信志也。

【译文】

诚孚喜悦的吉祥，是因为心志诚信。

【辨证】

大壮卦九二与六五是正应关系（大壮六五柔 九二刚阴阳正应），大壮变兑，是九二的正应六五下来到了三位，与九二相比在一起，九二诚心希望六三的来临，故为“孚兑”。“孚”是诚信。从取义上说，“孚兑”是心悦诚服而喜，所以吉祥。“悔亡”指九二本可与六五换位升往五位，因六五主动下来应和自己，而没有上往的忧悔可以消亡。象辞说：“孚兑之吉，信志也。”以“信”释“孚”。“志”指正应相应和的心愿，正应六五下来应和，九二心志诚信，故能吉祥。

六三：来兑，凶。

【译文】

来求喜悦，凶。

象曰：来兑之凶，位不当也。

【译文】

来求喜悦凶，位置不当。

【辨证】

兑从大壮变来，大壮的六五下到三位成为六三。爻从上向下推移而来，下来成为兑卦，故为“来兑”。从取义上说，来而求悦，是上门讨人家喜欢、巴结奉承之象。王宗传说：“左右逢迎，惟以容说为事，此小人之失正者，故于兑为凶。”象辞说：“来兑之凶，位不当也。”主要指六三下来凌驾在刚爻九二之上，用《周易》的术语说是乘刚。没有把自己的位置摆正，又离开了中正之道，故招致凶灾。

九四：商兑未宁，介疾有喜。

【译文】

协商和悦，还不安宁，隔去疾病有喜庆。

象曰：九四之喜，有庆也。

【译文】

九四的喜，是有喜庆。

【辨证】

九四在上下兑之间，上兑为口为言，下兑为口为言，是两方谈判协商之象，故为“商兑”。取义是商量而和悦。爻辞取象，在八纯卦里一般是在三位取上下相重之象。如乾的九三“终日乾乾”，巽的九三“频巽”，坎的六三“来之坎坎”。兑卦因为六三是卦变推移的一爻，故在九四取两兑相重之象。两兑相重，言说不定，故“未宁”。在大壮卦里，九四与初九不能正应，本有疑疾，变为兑卦，六爻均无正应，九四的疑疾也随之而去。“介”是隔开的意思。卦变为兑，兑为悦，故言“介疾有喜”。象辞说：“九四之喜，有庆也。”以“庆”释“喜”。九四从独自无应变得与全卦一同为兑悦，故有喜庆。

九五：孚于剥，有厉。

【译文】

诚孚于剥退，有危厉。

象曰：孚于剥，位正当也。

【译文】

诚孚于剥退，是位置正当。

【辨证】

爻位处穷极称“剥”。如剥卦（䷖←上九）上九被五柔剥蚀，爻辞谓之“小人剥庐”。所以，“剥”指的是上六。卦由大壮变来，九五原是大壮的九三，与上六正应。卦变中升到五位，与上六比邻在一起，故言“孚于剥”。正如九二的“孚兑”，指六三“来兑”而孚。从取义上说，剥是被剥退、剥落、剥蚀，“孚于剥”是被衰退的人所信赖，故有危厉。象辞说：“孚于剥，位正当也。”指九五虽与上六比邻相孚，但刚爻占据上卦中位，又当尊位，位置正当，仅有危厉而不至于凶。

上六：引兑。

【译文】

引来喜悦。

象曰：上六引兑，未光也。

【译文】

上六引来喜悦，还不光大。

【辨证】

兑卦由大壮变来，爻的推移运动是三爻与五爻置换，从而成为兑卦（大壮䷡九三与六五换位）。在大壮卦里上六与六五共同处于被刚爻剥退的地步，变成兑卦，上六之下是自己原来的正应九三升到五位，如同上六把九五拉上来一般，故九五是“孚于剥”，而上六是“引兑”。“引”是拉的意思。如果用人事关系比喻，上六如同是引荐接班人的离退官员，九五如同是接班的被引荐对象，因为原有正应关系才被拉了上来。从取义上讲，“引兑”则是引来喜悦。象辞说：“上六引兑，未光也。”“光”是光辉广大，上六引来的是自己的正应九三，所以其道还不足以称得上光辉广大。

【提示】

兑卦如果讲卦主，应当说六三是卦主。找出卦主是为了对全卦有一个整体统一的分析。卦主的观点是由王弼提出来的。王弼在《周易略例》里说：“夫少者，多之所贵也；寡者，众之所宗也。一卦五阳而一阴，则一阴为之主矣；五阴而一阳，则一阳为之主矣。夫阴之所求者阳也，阳之所求者阴也。阳苟一焉，五阴何得不同而归之。阴苟只焉，五阳何得不同而从之。故阴爻虽贱，而为一卦之主者，处其至少之地也。”意思是说：少数总是被多数视为珍贵，寡者总是被众者看作宗主。一卦之内如果有五个阳爻一个阴爻，那么阴爻就成为全卦的卦主，反之，如果有五个阴爻一个阳爻，阳爻就成为全卦的卦主。因为阴所追求的是阳，阳所追求的是阴，阳爻如果只有一个，五个阴爻怎么能不共同归附于它；阴爻只有一个，五个阳爻又如何能不共同来跟从它。所以说，阴爻虽然卑贱，而能成为全卦卦主的原因，是居于全卦最少的地位。王弼只是论述了五阴一阳或五阳一阴的卦里的卦主，而这样的卦在《周易》里只有十二个，其余的五十二卦里有没有卦主，他没有提及，我们也不好把一些推想出来的意思强加给他。然而，王弼之后的一些易学家却往往要在六十四卦里每卦都找出一个卦主，这就不必再看成是王弼的主张。后人说的卦主往往指的是全卦中最关键的一爻。这一爻有的在彖传中有所提示，有的在彖传中找不出依据。这就往往会因为各人理解的不同而把卦主找得不一致。从《周易》内部分析，称为卦主未必合适，但各卦确可以有一个主要的一爻。王弼只注意了数量的多少，没有顾及卦变，其实主爻常常出现在推移的那一爻上，是因为爻的推移才使该卦出现，所以各爻往往会表现出与主爻的某种关系。其次才可考虑数量多少、位置的尊卑、是不是在中位等因素。比如这一卦是从大壮变来，是大壮的九三与六五换位变成兑卦的六三和九五，主爻只能在这两爻中去找，六三在全卦的刚柔爻中属少数的柔爻，所以六三是全卦的主爻。六三的推移必然要涉及到应位的上六；因为原在五位，又必然会涉及到五的应位九二，这样即可看出全卦四爻之间的错综关系，对全卦有一个统一的认识。

另外，兑卦是八纯卦之一，属六十四卦里八个基础卦之一，对它应当有一个比较深入的认识。兑卦主要讲“说服”工作的重要性，用我们今天的话讲，就是政治思想工作的巨大作用。《周易》里讲刑狱，也讲说服；有强制，也有引导。后人讲的恩威并用，或仁政、力政，王道、霸道等统治术，《周易》里已经明确认识到了。此外，说服是靠语言的，有了正确的道，语言会变成巨大的物质力量，所以孔子一再强调“辞”的重要。

五十九　涣——坚冰消融

䷺

涣卦的卦画组合为坎（☵）下巽（☴）上，传统称作风水涣。《序卦》云："说而后散之，故受之以涣。涣者，离也。"意为：说通而喜悦之后疑惑消散，所以在兑卦之后接着是涣卦。涣是离散的意思。《杂卦》云："涣，离也。"与《序卦》说法相同，涣是离散。《说文》："涣，流散也。"《诗·郑风·溱洧》："溱与洧，方涣涣兮。"传："涣涣，春水盛也。"笺云："仲春之时，冰以释水，则涣涣然。""涣"是涣然冰释、解冻的意思，所以字从水。象辞说"风行水上"，看来主要指春风解冻。兑卦与涣卦是在什么样的意义上联系在一起的？是说开了，心中的壅滞消散。《正义》在解释《序卦》时说："涣者，发畅而无所壅滞，则殊趣各肆而不反，则遂乖离也。"显然，前半句是涣的原有意思，后半句是引申出来的意思。前人一概把离散讲成是团结的反义词，这不大全面，涣的卦名含有坚冰解冻、化解壅滞、离散分披几层意思。

虞翻说："否四之二。"意思是说，涣卦是在否卦的基础上变化而来，是否卦的九四来到二位，即：否（九四、六二）䷋九四与六二交换位置，变䷺涣。涣卦与下一卦节是正覆象，即：涣䷺整卦上下倒置，为䷻节卦。

涣，亨。王假有庙。利涉大川，利贞。

【译文】

涣卦亨通。君王来到宗庙。有利于渡过大川险阻，利于正道。

彖曰：涣亨，刚来而不穷，柔得位乎外而上同。王假有庙，王乃在中也。利涉大川，乘木有功也。

【译文】

涣卦亨通，刚爻下来而不穷困，柔爻得到适当的位置与上面的刚爻和同。君王来到宗庙，是君王在中位。有利于涉过大川险阻，是乘着木舟有济渡之功。

象曰：风行水上，涣。先王以享于帝，立庙。

【译文】

春风吹行到水面上，这就是涣卦。先王从中得到启示，享祭天帝，设立宗庙。

【辨证】

涣卦是在否卦的基础上变化而来，否卦天在上、地在下，天地悬隔互无往来，变涣，九四、六二刚柔爻对流，故亨通。从否变来之卦都可言“亨”。其具体理由，彖辞里有说明。“王假有庙”是说君王到了宗庙，“假”读作“格”，义同“至”。到宗庙是祭祀天地祖先，主要是因为涣卦是观卦的下卦中位，从上乾中来了一个刚爻（涣九二→䷺、观䷓），观是大艮☶，艮是门阙，观是宗庙之象（见观卦）。“利涉大川”是说有利于涉过艰难险阻。大川犹如天堑，形成阻隔。“利涉大川”是形势有利，可以渡过这样的天堑。“利贞”是利于正道，因为中位都是刚爻。

彖辞从三个方面做了说明。（一）说明涣卦为什么亨通。“涣亨，刚来而不穷，柔得位乎外而上同”，指否卦变涣卦是否卦的刚爻九四与柔爻六二交换了位置，涣卦的九二原是否的九四。在否卦的上乾里，如果柔爻在下边生长，上乾的刚爻处在被剥退的境地，趋势是上穷。卦变中下来到了二位，缓解了上穷的趋势，故说是“刚来而不穷”。“不穷”

是从困境中走出来。“柔得位乎外而上同”指六四的推移，六四把下卦的中位让给刚爻九二，上往四位，柔爻居柔位是得位，由内卦上往外卦，故为“柔得位乎外”。否卦本来是柔长刚退的卦，涣卦的柔爻六四上往与上面的刚爻组成一体，同命运共患难，故言“上同”。刚爻与柔爻的推移各得其所，故卦能亨通。这是从卦变上说明卦辞“亨”。（二）“王乃在中也”，解释卦辞“王假有庙”。否卦的上乾为君王，变涣之后乾的九五占据上卦中位，乾分出一个刚爻到了下卦中位，故言“王乃在中也”。两中成为正反震相对之象（
），是对称的二簋之象，故为“王假有庙”。（三）“乘木有功也”，从上下卦象的组合说明卦辞“利涉大川”。指下卦坎为水，上卦巽为木，木在水的上边，是乘着木船渡水。因为有船可凭，所以很容易成功地渡过大川。

象辞换了一个角度说明上下卦象的组合。“风行水上，涣”，指上卦巽为风，下卦坎为水，春风吹行在水面上，坚冻消融，涣然冰释，所以才称涣卦。“先王以享于帝，立庙”，是说先王看到这样的卦象，从春风解冻中受到启示，给人们树立一种信仰，消除人们心中的壅滞，要设立宗庙，祭祀天帝。古人认为，对天帝宗庙的服从是人们政治上的信仰。要说我们国产的宗教，最古老的是对天帝祖先的崇拜，其次才轮得上孔教、道教等。

初六：用拯马壮，吉。

【译文】

用以拯救的马强壮，吉祥。

象曰：初六之吉，顺也。

【译文】

初六吉祥，是因为柔顺。

【辨证】

“拯”，《子夏传》作“抍”。这句爻辞在明夷六二的爻辞中出现过，“夷于左股，用拯马壮，吉”。是说左大腿受了伤，用马来拯救，马强壮而获吉。这里也是用马来拯救急难，马很强壮，吉祥。明夷六二（六二→䷣>坎）与此爻同处在坎卦的下位，取象相同。初六在坎下，坎为险难，又为美脊马，可以骑出去脱离险难。从取义上来讲，是说能化险为夷，获得吉祥。象辞说：“初六之吉，顺也。”直接讲，初六是柔爻，故柔顺。从卦变上说，初六原在否的下坤，坤为顺，九二下居中位，初六顺从。明夷六二的象辞说“六二之吉，顺以则也”，是顺从法则，指坎为水，水平面，故可为法则。两爻可对比起来分析。

九二：涣奔其机，悔亡。

【译文】

离散后奔向几案，忧悔消亡。

象曰：涣奔其机，得愿也。

【译文】

离散后奔向几案，得其所愿。

【辨证】

“机”虞翻解为“凭机”，是古人席地而坐所用的矮脚长条桌子，也称作“案”。古人的日常起居，常把手臂靠在几上，把头托住，用以小憩。《十三经注疏》沿用这个讲法。“机”是凭依之物，字可通“几”。《周礼》的“五几”，都作“机”。“涣奔其机”是说离散之后奔向几案，找到了依托。“悔亡”是忧悔消亡。从象上分析，九二是否卦的九四从上乾中分离出来奔向二位，故言“涣奔”。来到下坤中位，坤顺可依，上互艮手（九二→☵>互艮），故为“机”。

象辞说“涣奔其机，得愿也”，指否的九四原与初六正应，来到二位与初六相比，心愿得到满足。爻辞的意思是说，在分奔离散之中自己找到了依托，身处忧患，而忧患消亡。

六三：涣其躬，无悔。

【译文】

涣散自身，没有忧悔。

象曰：涣其躬，志在外也。

【译文】

涣散自身，心志在外。

【辨证】

“躬”是自己本身，“涣其躬”是涣散了自己。从象上说，六三原在否卦的下坤，坤为母，故为身，在涣卦，故言“涣其躬”。“无悔”是没有忧悔。从取义上讲，“涣其躬”是自己涣散，不是有人施加外力才致使涣散。前人讲这一爻联想到很多，有说是疏财济时的，有说是自动解散自己那个小团体的，等等，联想没有违背爻辞的基本意思，但爻辞只提供了自我涣散的意思。

象辞说："涣其躬，志在外也。""外"指外卦，从应的关系上看，全卦只有六三与上九正应，六三是志在外卦的上九。六三自己希望离开内卦到外卦去。

六四：涣其群，元吉。涣有丘，匪夷所思。

【译文】

涣散群类，大吉大利。涣散后聚为大丘，不是常人能想到的。

象曰：涣其群，元吉，光大也。

【译文】

涣散群类，大吉大利，是更加光辉广大。

【辨证】

丘是高大的山丘。多聚才能高大如丘。"丘"是众聚。程颐说："丘，聚之大也。"再如"師（师）"字从"自"，意为众，就是取"自"有高丘的意思。"涣其群"是解散了群类，“涣有丘”是涣散而又有大聚。朱鉴《朱文公易说》记朱熹的话说：“涣其群乃取老苏（见下）之说，是散了小小的群队，并作一个。东坡所谓合小以谋大。”意思是把小团体解散，组成了一个大的群体。“涣其群”是解散小团体，“涣有丘”是解散小团体后聚成一个大的社会群体，故言“元吉”。“匪夷所思”中，“夷”是平常，意为不是平常所想象的那样。因为其中有聚与散相互依存的辩证关系，道理深奥，按一般的思维方式想不到此。从象上分析，涣卦是从否卦变来，否卦上乾下坤，刚爻聚在上，柔爻聚在下，是分开的两个群体。涣卦的六四原是否卦下坤的中爻，上到四位，把柔爻群体的中心抽取出来，如同解散了柔爻的小群。这是“涣其群”。上到四位，彖辞说是“上同”，互卦成艮（九二→䷺>互艮），艮为山丘，这又是“涣有丘”。六四爻位的推移，促成全卦阴阳的交流，故为“元吉”。分离了小团体而使全卦聚为一个刚柔相错的大团体，故云“匪夷所思”。象辞说“涣其群，元吉，光大也”，意思是经过“刚来而不穷，柔得位乎外而上同”的变化，全卦由否塞变为“涣亨”，光大了，故大吉大利。

九五：涣汗，其大号涣，王居，无咎。

【译文】

涣汗，大号令涣汗，君王居位，无咎害。

象曰：王居无咎，正位也。

【译文】

君王居位无咎害，因为位在中正。

【辨证】

“涣汗”是叠韵连绵词，连绵词往往是一个词素构成的词，前人常常把它拆开讲，所以经常出问题。比如把“涣汗”讲成人出汗，汗出来后不再返回体内。其实，“涣汗”是水浩瀚无涯际的盛大样子，不能拆开讲。“大号”是大的号令，“其大号涣”如同说“其大号涣汗”，是说号令发布面广。“王居”是“君王居位”，旧读以“涣王居”断句，象辞就不这样读，象辞是“王居无咎”。从象上看，全卦是“风行水上”，水面平广，散布无际，故言“涣汗”。九五在尊位为天子。卦变前上卦是乾，乾为君；卦变之后上卦成巽，巽为号令，是君王的号令，故言“大号”。天子的号令传布天下，故言“其大号涣”。九五始终占据尊位，故言

“王居无咎”。象辞说：“王居无咎，正位也。”指出九五在中正的位置上，不会有咎害。要而言之，这一爻不是讲出汗，也不是“涣王居”，而是君王的号令散布广大，君王居于正位，没有咎害。

上九：涣其血，去逖出，无咎。

【译文】

涣散血害，离去远出，没有咎害。

象曰：涣其血，远害也。

【译文】

涣散其血害，是远离伤害。

【辨证】

象辞用“害”来解释“血”，可见“血”是流血受伤。“去”是离开，“逖”象辞解为远。爻辞意为，散去伤害，远离而去，没有咎害，是说离伤害很远，不会有血灾。从象上看，下卦坎为血、为险，上九与坎的六三正应，与血、险有关系，只是因为上九在全卦的外上，与坎卦距离较远，又在涣卦之中，所以才脱离了血、险，涣离而去。这一爻是从血光坎险中脱身，高去远走，受不到伤害。象辞说“涣其血，远害也”，指出上九从血害中远离而去。

【提示】

前人对涣卦的整体解释比较混杂，有人讲成是天下离乱，人心溃散；有人又讲成是焕然光辉，文采斑斓；还有人讲成洪水泛滥，怀山襄陵，等等。但从卦爻辞中看不出一定有这些意思。讲得平实一些，删去那些与卦爻辞没有必然联系的内容，更符合《周易》的广泛适用意义。另外，《系辞·下》里说：“刳木为舟，剡木为楫，舟楫之利，以济不通，致远以利天下，盖取诸涣。”意思是说：古人挖空大树做成船，砍削木头做成楫，有船有楫，渡过大水的阻隔，可到达远方，方便天下之人，大概是从涣卦中取象。这些话可以帮助我们理解卦辞的“利涉大川”。象辞讲的“乘木有功”，“木”正指的是“舟楫”。那么，有些卦提到的“利涉大川”，不一定取象于坎为水，也可能取象于巽，巽为木、为风，风吹船行就可“利涉大川”。比如益䷩卦卦辞说“利涉大川”，就是因为下震为行，上巽为风和船。中孚䷼卦卦辞说“利涉大川”，则是因为下兑为泽，泽也是大水，上巽为风和船等。有的人一见到“利涉大川”，就一定要找出坎的象来，在辨象上就陷于被动。

六十　节——信约节止

䷻

节卦的卦画组合为兑（☱）下坎（☵）上，传统称作水泽节。《序卦》云：“物不可以终离，故受之以节。”意为：事物不可以长久离散下去，所以在表示离散的涣卦之后接着是节卦。这是把节当成节止讲的。《杂卦》云：“涣，离也；节，止也。”意为：涣是离散，节是节止。

节是涣的覆卦，涣由否变来，节由否的覆卦泰变来。虞翻说“泰三之五，天地交也”，意思是说：节卦是在泰卦的基础上变化了的形态，是泰卦的九三上升到五位，也就是泰卦下乾天、上坤地的交流，即：泰䷊（六五、九三）九三与六五交换位置，变䷻节。彖辞说“刚柔分而刚得中”，证明虞氏的说法可从。

节，亨。苦节不可贞。

【译文】

节卦亨通。苦苦节止，不可以守正道。

彖曰：节亨，刚柔分而刚得中。苦节不可贞，其道穷也。说以行险，当位以节，中正以通。天地节而四时成。节以制度，不伤财，不害民。

【译文】

节卦亨通，刚爻与柔爻的群体分离而刚爻取得中位。苦苦节止不可以，因为道处穷困。喜悦而能行险，当位而能节止，中正而能通顺。天地有节止才形成四季。用制度来节止，就可以不损伤财物，不祸害百姓。

象曰：泽上有水，节。君子以制数度，议德行。

【译文】

大泽上有水就是节卦。君子从中得到启示，要制定数量上的限度，评议人的道德行为。

【辨证】

《系辞·下》里说："《周易》，穷则变，变则通，通则久。是以自天佑之，吉无不利。"彖辞又说"苦节不可贞，其道穷也"，"中正以通"。可见，"苦节"就是"道穷"，"不可贞"就是要变，变得中正就亨通。节卦亨通就是因为从泰卦变来。否卦是阳气上浮，阴气下降，越离越远，故为否塞。泰卦是阳气下流，阴气上流，故为通泰。通泰是因为阴阳的交流。然而，泰卦是下乾天、上坤地，阳气全部流下，阴气全部上浮，又失去了交流的意义，走到了另一个极端，又须重新变化取得交流，才能通达。节卦由泰变来，泰卦的刚爻九三返而上行，柔爻六五返而下行，由泰极而变，穷极而通，故言"节亨"。如果泰极而不能重新交流，也会在另一个极端上与否卦一样道穷，故云："苦节不可贞。""苦节"是穷极而节止太过，苦守不变。"不可贞"是说不可以这样固执不通。太过不是正道。

彖辞从六个方面作了提示性的说明。(一)"节亨，刚柔分而刚得中"，说明节卦为什么亨通。在泰卦(䷊)里，三个刚爻聚于下，三个柔爻聚于上，各自成为小小的群体。变为节卦，三个刚爻中分出九三上到五位，与柔爻交流在一起；三个柔爻中分出六五下到三位，与刚爻交流在一起。这是刚柔爻各自分离出一部分，称作"刚柔分"。形成节卦后，刚爻九二保持下卦中位，九五取得上卦中位，称作“刚得中”。刚柔阴阳交流，中位又都是刚健之爻，所以节卦亨通。（二）说明为什么“苦节不可贞”。“苦节不可贞，其道穷也”，指泰卦已到了刚下柔上的极限，守住不变必然道穷。虽然刚爻要下交，柔爻要上交，但上下到了极处，就必须变通，苦苦守住“刚下柔上”而不变，违背物极必反的规律，所以才讲“苦节不可贞”。“贞”是固守而正。“不可贞”是固守不变不可谓正。“其道穷”指泰卦“刚下柔上”达到极限。以上两点，都是从卦变上说明节卦。（三）从上下卦特性的组合说明节卦。“说以行险”，指下卦兑为悦，上卦坎为险，组合在一起是“悦以行险”。“行险”与“犯难”义同，正如巽卦彖辞讲的：“说以犯难，民忘其死。”心情舒畅，乐于去干，可以冒死去战胜险难。能顺民意，得人心，遇险可行，这也是节卦亨通的原因之一。（四）从九五占据中位说明节卦。“当位以节，中正以通”，指泰卦的九三上升到尊位成为九五，是大人得位，刚爻居刚位，又在上卦之中，具有刚健的品德，又能以中正之道进行节制，所以卦可亨通。这是“亨”的另一条理由。（五）指出节是自然的正道。“天地节而四时成”，是说天与地的运动因为有所节止，而不是极而不反，才能形成一年的四季。一直热下去没有节止，就不会有冬天；一直冷下去没有节止，就不会有夏天。没有寒暑交替，就不会有春秋。赵彦肃推阐说：“天地之节，播阴阳五行于四时。是故阳复于子、长于巳，而阴节之。阴遇于午、极于亥，而阳节之。二之分也。春木气盛而传之夏，夏火气盛而传之秋，秋金气盛而传之冬，冬水气盛而传之春。四季之月，土气时至，五之化也。故历有章部纪元，岁有春夏秋冬，月有晦朔弦望，日月晨昏昼夜，何莫非节！推而言之，金石丝竹，乐声以和；醯醢盐梅，滋味以适；黼黻丹青，彩色以章；万物尽然，而况于四时乎！”他讲节止才能调节，调节才能和谐，这是自然之理，万物皆然，道理是对的。（六）推阐节卦的社会意义。“节以制度，不伤财，不害民”，这是把自然辩证法推广到社会中来，天地都要有节止，人类社会也应当有节止。人类社会的节止就是要有制度规定。用制度规定对人的无厌欲望或超越本分的行为进行节制，不浪费财物，不伤害民力。

象辞从上下卦象的组合解释节卦。“泽上有水，节”，是指下卦兑为泽，上卦坎为水，大泽上有水就是节卦。大泽中的水，少的时候就不停地蓄聚，满了的时候就流出去。君子从中得到启示，要制定出数量多少的规定，对各种等级的规格有数量上的限制。比如我们今天讲的“四菜一汤”等，就是数度的规定。这就是“君子以制数度”。“议德行”是说要按有没有节制来评议人的道德行为。“在诸中为德，发于外为行”，道德是内心的修养，行为是道德的外在表现，对这两方面都要看知不知节制。我们在哲学上讲“度”，讲量变质变规律，看来象辞作者对这方面的哲理认识已相当深刻。

初九：不出户庭，无咎。

【译文】

不走出门户庭院，没有咎害。

象曰：不出户庭，知通塞也。

【译文】

不走出门户庭院，是知道闭塞与通达的时势。

【辨证】

节卦从泰变来，泰卦六爻都有正应。卦变中泰卦九二的正应六五与上六的正应九三交换了位置，牵动了以上四爻的关系（泰 六五 九二 正应，六五动牵动九二，上六 九三 正应，九三动牵动上六）。初九与六四正应（泰 六四 初九 正应），两爻都没有动，无从牵动，所以六四是“安节”，初六是“不出户庭”。初九没有推移的条件，位在最下，内卦为家，与九二共同前临互艮（九二 初九 互艮），艮为门阙，故言“不出户庭”。没有推移的条件而不推移，所以

"无咎"。象辞说："不出户庭，知通塞也。"是指初九的正应六四没动，初九处在闭塞在下的境地，不能走出门户庭院，初九知道自己处在这样的时势中，能明白通塞之理，所以没有咎害。这主要指的是行动，有以下几爻爻辞可以互证。《系辞·上》里讲过这一句说："不出户庭，无咎。"子曰："乱之所生也，则言语以为阶。君不密则失臣，臣不密则失身，几事不密则害成，是以君子慎密而不出也。"意思是说：《周易》里说"不出户庭，无咎"。孔子解释说："祸乱的产生，常常以言语为阶梯。君王不能保密就会失去臣子，臣子不能保密就会招来杀身之祸。事前几微之中不能保密，就会造成失败，因此君子总是谨慎保密而不出。"孔子把这句爻辞，主要讲成是机密的话不出门庭之外，这样就不会招致咎害。可见爻辞理解起来比较灵活。总之，这一爻是守在家里不出去，没有咎害。也可以引申为能保守秘密，不把话传到门外，没有咎害。

九二：不出门庭，凶。

【译文】

不走出门户庭院，凶。

象曰：不出门庭，失时极也。

【译文】

不走出门户庭院，是极端失时的原因。

【辨证】

节卦由泰变来，九二在泰卦中有正应在六五（泰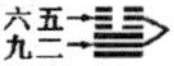

正应），卦变中六五让出全卦的尊位，与九三交换了位置，九二却没有及时上往五位，已被六五牵动，具备动的条件而不动，所以有凶。从象上分析，九二在内卦，内卦为家；前临互艮，艮为门阙，是死守在家而不走出庭院门户，故言“不出门庭”。“门”与“户”笼统讲没有差别，细分起来，单扇的门称户，双扇的门称门，在字形上有区别（户艮，门門），户是小门，门是大门。九二是该出大门而不出。象辞说：“不出门庭，失时极也。”指九二在正应六五牵动了的时势下，还大门不出、二门不迈地死待在家里，所以会“凶”。凶是因为它自己一再丧失动的时机。与上一爻的“知通塞”对比起来分析，九二是太不知通塞。初九是身处闭塞可以不动，九二是身处通达而未动，所以初九无咎，九二有凶。吉凶祸福主要取决于时势的通塞以及个人面对通塞的时势应当采取的行动。

六三：不节若，则嗟若，无咎。

【译文】

不知节制，就会嗟叹，无所归咎。

象曰：不节之嗟，又谁咎也。

【译文】

不知节制造成的嗟叹，又能归咎谁呢？

【辨证】

“若”是形容性词尾，义同“然”，相当于“……的样子”。“不节若”是不知节制或没有节操的样子。“嗟”是嗟叹，指后悔而悲叹。从象上分析，六三是从泰卦的五位下到三位，五位是上卦的中位，正应在九二，如果一定要动，应当与九二交换，来到下卦中位，保持中道而行。可惜的是换到三位，失去中正。在节卦里失去中正之道，就是不能以中正之道节制自己，故言“不节若”。来到三位下卦成兑，兑为口，故“则嗟若”。

象辞说：“不节之嗟，又谁咎也。”“咎”是责怪，意思是自己不知节制，从而悲叹，又能怨谁呢？指的正是六三自己推移的位置不对。

六四：安节，亨。

【译文】

安于守节，亨通。

象曰：安节之亨，承上道也。

【译文】

安于守节的亨通，是顺承九五的上道。

【辨证】

在泰变节刚柔爻流动的过程中，六四无所牵动，安然不动。又在互艮（六四→䷊>互艮）里，艮为止，故言“安节”。六四柔爻居柔位，九五刚爻取得尊位，六四柔顺相承，故能亨通。象辞说：“安节之亨，承上道也。”从爻的性质讲，六四本身是柔爻，能柔顺相从。从卦变上讲，上卦本来是泰的坤卦，六四在坤卦里，九五刚爻得位，坤性柔顺能从。九五居上，六四在下相承，均为顺承于上的象。“上”指六四之上的九五。从取义上说，“安节”是安于守节，也就是安心保持自己的节操。“承上道”是能顺应上级的政令教化。

九五：甘节，吉。往有尚。

【译文】

甘美的节操，吉祥。前往受到崇尚。

象曰：甘节之吉，居位中也。

【译文】

甘美的节操吉祥，是因为居于中位。

【辨证】

九五是全卦的主爻，从泰的三位升到五位，它的推移，正是彖辞说的“刚柔分而刚得中”“当位以节，中正以通”，是最美好的节。按五行的说法，“土爰稼穑”“稼穑作甘”（见《尚书·洪范》）。九五推移到泰的上坤中，坤为土，故言“甘节”。“甘”是甘美的意思。取得尊位，故吉祥。从下向上推进故为“往有尚”。爻从下向上推移称“往”，“尚”是“上”。从取义上说，九五是向上进升，“尚”是受到崇尚。象辞说“甘节之吉，居位中也”，指出九五推移到上卦的中位，节而能中，无过无不及，故能称为“甘节”而吉祥。

上六：苦节，贞凶。悔亡。

【译文】

苦苦守节，守正道不动凶。忧悔消亡。

象曰：苦节贞凶，其道穷也。

【译文】

苦苦守节，守正道不动凶，是道路穷困。

【辨证】

“苦”与九五的“甘”互文见义，不能曲解。“甘”的本义是口中有甘甜的美味，“苦”是味苦。“甘”引申为一般的甘美，“苦”就是苦难。从象上分析，上六在上卦坎里，坎为险难，有苦难，故言“苦节”。在泰卦里，上六本来与九三是正应，而卦变中九三却与六五换位，上六守住穷极之位不动，因此“贞凶”。意思是守正道不动有凶。“贞”主要是不动的意思，“悔亡”是说如果知悔而变，凶可消亡。上六主要是不知变通，受到九三的牵动而死守不动，所以有凶。象辞说“苦节贞凶，其道穷也”，指上六处在全卦的最上位，道穷路极，仍不知通塞的时势，苦苦守节，所以有凶。

【提示】

节卦提出“苦节不可贞”，不主张苦苦守节，与后人“守节”的封建伦理观念有天壤之别。《周易》主张人要有所节制，也应当有自己的节操，但同时也反对违背天道人心的人为苦节，这种思想十分可贵。封建社会让女子为丈夫守节，臣子为君王守节，儿子为父亲守节，等等，把这种伦理道德提高到不近人情的地步，背离了《周易》的主旨。在两千余年的封建社会里，人们把《周易》当成经典，却没有人能提出“苦节”来加以批判，反而把“饿死事小，失节事大”等教条奉为圣训，这是一种怪现象。时至今日，大家都来声讨封建伦理观念，却又有人把《周易》当成封建伦理来批判，这不得不说又是一种怪现象。比如《周易》提到的“中”，与孔子的“中庸”思想，原本是一脉相承，“中”无非是要“无过，无不及”，要正确，不要左倾右斜，而前些年我们却批判中庸之道，不知道正确还有什么好批判的，难道后人愿意自立于不正确的地位？这些颠来倒去的怪现象，能不能在认真读一下《周易》之后，在我们这样一个具有文明传统的泱泱大国里少出现一些！

节卦较明显地表现出《周易》取象的两大方法：一是卦变，二是爻在推移中的关系。全卦由泰变来，是泰卦的九三与六五交换了位置。九三与上六原是正应关系，九三应当与上六换位，而上六却守住上穷的位置未动，所以上六是“苦节”，象辞说它是“其道穷也”。九三升到上卦中位，成为全卦尊贵的九五，爻辞是“甘节，吉。往有尚（上）”，象辞说它是“居位中”。六五原与九二正应，六五应当与九二换位，六五动，九二不动，爻辞说九二是“不出门庭”，象辞就说它是“失时极也”。六五离开上卦中位，推移到下卦成为六三，爻辞认为它没有下到二位，说它是“不节若”，象辞说它是“又谁咎也”。六四与初九是正应，两爻在卦变中没有发生位的推移，所以爻辞说六四是“安节”，象辞说它是“承上道”，也就是顺承升上去的九五。初九没有六四的牵动，没有上往的条件，又位处最下，爻辞是“不出户庭”，象辞就说它是“知通塞”。全卦六爻的爻象辞表现得如此严整而有规律，毫无例外，这就不能不承认作者是抓住卦变和卦变中爻的关系两个方面来取象。虽然不能说《周易》里每卦都如此取象，但至少可以证明，这是作者观象系辞的重要方法之一。在分析其他各卦时，也必须考虑作者是否采用了同样的方法。除以上的重点外，我们还可以得出一个结论，《周易》也是我国最早的一本关系学著作。

六十一　中孚——如合符契

䷼

中孚的卦画组合为兑（☱）下巽（☴）上，传统称作风泽中孚。《序卦》云：“节而信之，故受之以中孚。”意为：有符节而后取信于人，所以在节卦之后接着是中孚卦。这里取“节”的符节义。《说文》云：“节，竹约也。”古人把竹板剖开，各持一半为据，合以取信，这种用竹制成的合同契约就是节。“节”是凭据，而“孚”是信。《杂卦》云：“中孚，信也。”与《序卦》讲法一致。简要言之，中孚是符节对合，显然取上下卦对合之象。中间的两个柔爻是符节上的齿，上下卦各为符节的一半，两半的齿相合，故可相信。“中孚”就是中间对合得上而可信。从取义上说，中可讲成内心，中孚是内心诚信。

中孚与下一卦小过是一组变卦，即中孚六爻全部反性变化为小过，即：中孚䷼六爻全变，为䷽小过。虞翻讲中孚的卦变时说：“讼四之初也。”“此当从四阳二阴之例，遁阴未及三，而大壮阳已至四，故从讼来。”意思是说：按卦变的体例，凡是四阳二阴的卦都应当从遁或大壮变来，而遁卦䷠的两个柔爻还未到三位，大壮的刚爻又越过了四位，都无法直接变成中孚，所以应当在卦变的体例上灵活一些，是遁卦先变成讼卦，即：遁 九三 六二 ䷠ 九三与六二换位，成䷅讼卦。再由讼卦变出中孚，即：讼 九四 初六 ䷅ 九四与初六换位，变䷼中孚。

中孚，豚鱼，吉，利涉大川，利贞。

【译文】

中孚卦，猪与鱼，吉祥。有利于涉过大川险阻，利于守正道。

彖曰：中孚，柔在内而刚得中。说而巽，孚乃化邦也。豚鱼，吉，信及豚鱼也。利涉大川，乘木舟虚也。中孚以利贞，乃应乎天也。

【译文】

中孚卦，柔顺在内，刚健得到中位。喜悦而巽顺。有诚信才能感化国家的民众。猪与鱼，吉祥，是诚信感化到了猪与鱼。有利于涉过大川险阻，是因为乘坐着木船，船中空。

中孚卦利于守正道，是顺应上天。

象曰：泽上有风，中孚。君子以议狱缓死。

【译文】

泽上有风就是中孚卦。君子从中得到启示，复议狱案，缓处死囚。

【辨证】

中孚是心中诚信。“豚鱼，吉”从字面上讲，“豚”是小猪，就是猪、鱼吉祥。按彖辞“信及豚鱼”的说法，是诚信达到感化猪与鱼的程度，所以才会吉祥。在动物里，猪最蠢，鱼最傻，当然也就最不易感化。猪、鱼都受到感化而信任，那是精诚所至，金石为开，感化天地。“利涉大川”是有利于涉过大川险阻，“利贞”是利于守正道。从象上分析，虞翻说“巽为鱼”，《说卦》讲“坎为豕”，卦从遁变讼，再变为中孚，遁下有互巽（遁䷠>巽）、讼下有坎（讼䷅>坎），变成中孚，故言“豚鱼、吉”。中孚卦下兑为大泽，上巽为木，大泽之上有木舟，故“利涉大川”。下卦中位是刚爻九二，上卦中位是刚爻九五，故“利贞”。

彖辞有进一步说明，可分为五个方面。（一）从卦画上说明卦名。“中孚，柔在内而刚得中”，指全卦六爻，外围是四个刚爻，内部是两个柔爻，是“柔在内”。上下卦的中位都是刚爻，是“而刚得中”。从取义上说，是内心谦虚柔顺，但守中正却很刚健，所以才称作“中孚”。程颐说：“内外皆实而中虚，为中孚之象。又二五皆阳，中实，亦为孚义。在二体则中实，在全体则中虚。中虚信之本，中实信之质。”虚是虚己待人，不存己私，诚意待人；实是实心实意，没有伪诈，不事欺骗；故能取得人们的信任。虚实皆得其宜，均有中孚之义。（二）从上下卦特性组合上说明中孚卦的感化意义。“说而巽，孚乃化邦也”中，“邦”是邦国，就是国家的人民。“化”是感化。这句指的是下卦兑为说，上卦巽为巽顺，上下卦组合在一起是喜悦而巽顺，百姓所以会喜悦地随顺，是因为统治者心怀诚信感化了国家。（三）解释卦辞“豚鱼，吉”。“豚鱼，吉，信及豚鱼也”，意为豚鱼吉祥是诚信感化到豚鱼。蠢猪傻鱼都受到感化而表现出信任，说明万物都受到感化，故能吉祥。（四）“乘木舟虚也”解释卦辞“利涉大川”。指上卦巽为木，下卦兑为泽水，木舟漂在水上。全卦中间又是两个柔爻，中虚之象，是一条中空的大船，所以可乘坐而涉过大川。（五）“中孚以利贞，乃应乎天也”说明卦辞“利贞”。“贞”是正道，天的运行是正而无爽，永恒不变，准确无误。人能坚守正道是顺应天的运行法则，因此有利。联系前面提到的“刚得中”，指的是中孚上下卦中位都是刚爻，位置中正，所以才

“利贞”。

象辞从上下卦象的组合上说明中孚卦。“泽上有风，中孚”，指下卦兑为泽，上卦巽为风，组合在一起是大泽上有风，这就是中孚卦。古人认为风是最能感物的，无孔不入，无幽不至，无物不起。春风吹来的时候，连地下的草虫都会蠢动起来。大泽又是极易受感化的。春风一吹，涣然冰释，泽上有风是感化之象。君子从中要学会感化人心。感化人心最要紧的是自己的诚信，不要伪诈，以至诚的真心去关怀那些最难感化的人，整个社会就会全部受到感化，最难感化的人就是犯了大罪成为死囚的犯人。这就是要“君子以议狱缓死”。“议”是要复议，断了的案子要重新复查，“狱”是案件。叛决的死囚要缓一缓执行。总之，是要消除冤屈，令死囚心里诚服。这是把刑狱问题提高到取信于民这种政治影响的高度来认识。

初九：虞吉，有它不燕。

【译文】

不变如初吉祥，有其他则不安。

象曰：初九虞吉，志未变也。

【译文】

初九不变如初吉祥，是心志未变。

【辨证】

“虞”，虞翻解为“安”，程颐解为“度”，王弼解为“专”。从词义上分析，“虞”是料度，如当初料度的那样去做不要更变，也就有了“专”和“安”的意思。并不是“虞”有三义。“虞吉”是不变如初吉祥。从象上说，“虞”是古代的猎官，是贵族打猎的向导。象上要有正应才有虞。初九有正应在六四，故为“虞吉”。下卦兑为泽，互震为雷，雷入大泽。古人认为是收声燕息之象，“有它不燕”，“它”是其他，“燕”是安，意为有了另外的一套就不安宁。因为卦是中孚，内心要诚信如一，不能变来变去，让人难以相信。初九在一卦之初，孚信刚刚开始，尤其不能忽东忽西自己失去准头。象辞说“初九虞吉，志未变也”，指初九与六四是正应，卦变中与六四换位，正应换位，心志不变。

九二：鸣鹤在阴，其子和之。我有好爵，吾与尔靡之。

【译文】

鹤在树荫下鸣叫，它的小鹤也叫着应和。我有好酒，我与你共享。

象曰：其子和之，中心愿也。

【译文】

它的小鹤叫着应和，是发自内心的愿望。

【辨证】

“阴”同“荫”。“爵”是鸟形酒杯，这里代指酒。“靡”是共享的意思。这一爻是讲人与人的关系真诚相待，亲密无间。用大鹤与小鹤父子和鸣起兴，说明关系的天然融洽，没有丝毫虚伪造作，引出朋友之间不分彼此，真心相待，有好酒愿与人同享。本性天然，没有任何自私与勉强，是人与人之间弥足珍贵的真情实感。《系辞·上》说：“‘鸣鹤在阴，其子和之。我有好爵，吾与尔靡之。’子曰：‘君子居其室，出其言善，则千里之外应之，况其迩者乎？居其室，出其言不善，则千里之外违之，况其迩者乎？言出乎身，加乎民；行发乎迩，见乎远。言行，君子之枢机。枢机之发，荣辱之主也。言行，君子之所以动天地也，可不慎乎！”意思是说：君子居于室内，说出的话诚实善良，千里之外也会得到应合，更何况是近处！说出的话不诚实善良，千里之外也会违背不从，更何况是近处！话从自己嘴里说出，听在大众的耳里；行为在近处发出，远处就会看见。言与行是君子的枢纽机关，枢纽机关发动，是人受到羞辱或得到荣耀的关键。言与行，是君子感天动地的所在，可以不谨慎小心吗？据此可知，爻辞的意思是诚善之言得到应和。象辞说“其子和之，中心愿也”，中心信实，坦诚无欺，自然和应，完全出自心愿。爻象见提示。

六三：得敌。或鼓或罢，或泣或歌。

【译文】

遇到对头，或擂鼓，或休战，或哭泣，或歌唱。

象曰：或鼓或罢，位不当也。

【译文】

或擂鼓，或休战，是位置不当。

【辨证】

爻取对象，敌就是对，“得敌”是遇到敌人、对头，卦上下对称相敌，六三在上下卦之际，故为“得敌”。震为雷，故为击鼓。二震相对，各擂战鼓（
），擂鼓是

对垒激战。二艮相对，故为“或罢”（反艮<䷼>正艮），艮为止，“罢”是罢战，不能讲成疲。对峙不下，只能是打打停停，故言“或鼓或罢”。正反巽相对，巽为号、为哭，故“或泣”（正巽<䷼>反巽）。正反兑相对，兑为口、为悦，以口表悦，故“或歌”（反兑<䷼>正兑）。象辞说“或鼓或罢，位不当也”，“位不当”主要指三位在上下卦之际，上下不稳定，故言“或”。全书只在三爻与四爻才言“或”。另外指处在上下相对的位置上，势均力敌，只能是或打或停，不可能把对方吃掉。

六四：月既望，马匹亡。无咎。

【译文】

月过十五，马匹丢失，没有咎害。

象曰：马匹亡，绝类上也。

【译文】

马匹丢失，与同类断绝，到了上卦。

【辨证】

十五满月为“望”，“既望”是满月已过的十六以后。

依纳甲说法，巽为十六的月亮，六四在上巽，故为“月既望”。卦变中，六四是从遁的初六升到四位，遁的上卦原为乾，乾为马，六四到了上卦乾象消失，故言“马匹亡”。卦成中孚，六四柔爻居四位，得位，故“无咎”。象辞说“马匹亡，绝类上也”，“绝”是断，“类”是同类，“绝类”指与自己的同类分离，“上”指到了上卦。指六四爻位发生了推移，遁卦下面是两个柔爻为类（遁䷠ >二柔为类），变为中孚，初六升为六四，六二升为六三，分别在上下卦里。

九五：有孚挛如，无咎。

【译文】

有诚信，系恋的样子，没有咎害。

象曰：有孚挛如，位正当也。

【译文】

有诚信，系恋的样子，位置正当。

【辨证】

九五在上卦中位，又是全卦的尊位，是上下的核心，全卦紧抱如一，故九五是“有孚挛如”。“挛”是卷曲抽紧。程颐说是“团结如拘挛”，犹如绳子捆在一起般的结实。虞翻说“巽绳艮手故挛”，指九五在上卦巽与互艮里(九五→䷼>互艮)，巽为绳，艮为手，手用绳子捆紧。象未必如此，取义是对的。卦是中孚，九五是卦的核心，诚信相交，团结紧固，把全卦凝固在一起，具有诚信感化的力量。象辞说“有孚挛如，位正当也”，正是强调九五作为全卦的尊位，成为核心，位置既中又正。在中孚卦里，是有诚信，把民众系恋在一起，团结如一。

上九：翰音登于天，贞凶。

【译文】

鸡鸣的声音高升天上，守正道不动凶。

象曰：翰音登于天，何可长也。

【译文】

鸡鸣的声音高升天上，怎么可以长得了。

【辨证】

《礼记·曲礼下》：“凡祭宗庙之礼……羊曰柔毛，鸡曰翰音。”意思是祭祀用的鸡叫翰音。虞翻说“巽为鸡……《礼》荐牲，鸡称翰音也”，指的就是《曲礼》。《说文》作“鶾”，释为“雉肥”，指肥鸡。鸡称“翰音”，是雄鸡善鸣，“翰音”指鸡的叫声，“登”是升的意思。爻辞的意思是说，鸡叫的声音升到天上，守正道不动有凶。从象上辨析，巽为鸡，兑为口、为鸣，上下卦正反巽，正反兑，有鸡鸣上下回应之象。上九在最高位，位在天上，故言“翰音登于天”。位处穷极，故“贞凶”。象辞说：“翰音登于天，何可长也。”主要是解释“贞凶”，叫声高出天上，名声太大，又处在穷途末路，不可能长久。守正道不变就会有凶。“穷则变，变则通，通则久”，穷就不能“贞”，故言贞凶。

【提示】

这一卦较多地取了正反对象，有人在解象时全在应爻上绕来绕去，故难以贴切自然。取对象最明显的是六三，“得敌”就是“得对”，正反震为“鼓”，正反艮为“罢”，正反巽为“泣”，正反兑为“歌”，注意不到取对象，爻辞的意思往往讲错。比如有人把“得敌”讲成战胜了敌人，把“或罢”讲成疲乏不堪等，就是不顾观象系辞。九二这一爻取对象也十分明显。朱震说“震为鹄，鹄，古鹤字也。《穆天子传》《列子》皆以鹄为鹤”。鹄、鹤古代读音相近，故有时通用。《说卦》没有提及震为鹤，但提到震为善鸣，鹤也善鸣，朱震的说法可信。九二前临正反震（反震<䷼>正震），两鹤相对。中孚卦从遁变来，遁卦上乾下艮（遁䷠>乾>艮），乾为父，艮为少男，少男就是小儿子，故有父子两鹤之象。正反兑相对（反兑<䷼>正兑），兑为口，两口上下相对，故有对鸣相和之象。正反巽相对（正巽<䷼>反巽），巽为木，正巽为树，反巽是树的倒影，故有树荫之象。“爵”是雀形或雕有雀形图案的酒杯，有鹤故称爵，上下卦图对口相向，故有共享之象。内卦为贞卦，外卦为悔卦，贞是我，悔是彼，内外卦对称，故言“你我”、言“共”。因为取以上的对象，爻辞才说“鸣鹤在阴，其子和之。我有好爵，吾与尔靡之”。这些象在卦画中反映得贴切自然，符合实际。看来《周易》里确实有时会取反象。反象又称覆象，尤其是在上下对称的卦里，这种取象的方法使用得还比较多。

六十二　小过——矫枉过正

䷽

小过的卦画组合为艮（☶）下震（☳）上，传统称作雷山小过。《序卦》云：“有其信者必行之，故受之以小过。”意为：有证件凭信的人一定能通行，所以在中孚卦之后接着是小过卦。符节的作用犹如我们现在使用的护照，出国过关要有证件，有证件就可以过，没有证件过不去。《序卦》的意思还是说，节是符节，是凭信；中孚是符节相合对得上；小过是放行，可以通过。“过”就是通过。《杂卦》云：“小过，过也。”也是说小过就是通过。与小过卦对应的还有一个大过卦。“过”分大小，就不再是一个简单的通行问题。从卦爻辞中看，“过”的义项较多，还可以讲成超过、经过、过分等义，这是因为“过”在古代是一个多义词，词汇发展才分化出许多词来。在作《周易》的时代，“过”就有那么多义项。但要说它的基本义，就是通过。小过就是小通过。

关于小过的卦变，虞翻说：“晋上之三，当从四阴二阳临观之例。临阳未至三，而观四已消也。又有飞鸟之象，故知从晋来。”意思是说：小过是在晋卦的基础上变化了的形态，是晋卦的上九下来与六三换位，即：晋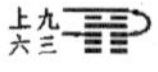上九与六三换位，变小过。按卦变的体例四阴二阳的卦都应当从临卦或观卦变来，但临卦的刚爻还未到三位（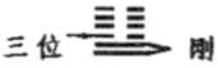），而观卦的刚爻已从四位消退（），况且又有飞鸟之象（虞翻认为离为飞鸟，有飞鸟之象必须卦中有离），所以推知是从晋卦变来。也就是说，小过卦，按卦变的体例讲，应当从观卦变来，但观卦不能一下子直接变出小过，观卦要先变成晋卦，即：观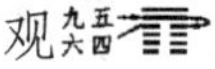九五与六四换位，变晋。再由晋变为小过。朱震则认为是从临卦先变为明夷，由明夷再变为小过。所谓“小过自临来，明夷变也”。考之彖辞“小者过而亨也”，还是虞翻讲得有理。“小”指柔爻，“过”是前往，“小者过”是柔爻向上推移。如果从临变来，柔爻只能向下推移。小过既是中孚的覆卦，又是中孚的变卦，所以两卦比邻相次。

小过，亨，利贞。可小事，不可大事。飞鸟遗之音。不宜上，宜下，大吉。

【译文】

小过卦，亨通，利于正道。可以做小事，不可以做大事。鸟飞过留下的声音。不适宜上，应当下，大吉。

彖曰：小过，小者过而亨也。过以利贞，与时行也。柔得中，是以小事吉也。刚失位而不中，是以不可大事也。有飞鸟之象焉，有飞鸟遗之音。不宜上，宜下，大吉，上逆而下顺也。

【译文】

小过卦，是小的方面通过而亨通。超过还要利于正道，是与天时一同运行。柔爻占据中位，所以小事吉祥。刚爻失去地位而不在中位，所以不可以做大事。卦有飞鸟之象，所以是鸟飞过留下的声音。不适宜向上而适宜向下，大吉利，是因为向上为逆，向下为顺。

象曰：山上有雷，小过。君子以行过乎恭，丧过乎哀，用过乎俭。

【译文】

山上有雷就是小过卦。君子从中得到启示，行为要格外谦恭一些，丧事要格外悲哀一些，用费要格外节俭一些。

【辨证】

依据彖辞的解释，“小过，亨”是“小者过而亨”，指柔爻为小，柔爻能通过而亨通，就是小的方面能顺利通过。“利贞”是利于正道。“可小事，不可大事”，是说可以办小事，不可以办大事。“飞鸟遗之音”，是鸟过留声的意思。“不宜上，宜下，大吉”，是说不适宜往上，而适宜往下，往下大吉。象上指柔爻的推移应当来到刚爻的下面。

彖辞从五个方面说明卦辞。（一）说明卦辞“亨”。“小过，小者过而亨也”，刚大柔小，卦变中是柔爻过去占据了上卦中位，所以是小过，是小的方面、小的事情能通过而亨通。这是从卦变上解释卦名和卦辞。（二）说明卦辞“利贞”。“过以利贞，与时行也”，意为超过而利于正道，是伴随时序运行（见提示）。（三）说明卦辞“可小事，不可大事”。“柔得中，是以小事吉也”，指柔爻在上下卦的中位，柔爻为小，所以小事吉祥。“刚失位而不中，是以不可大事也”，从“刚失位”“柔得中”可以看出，卦从观变来，观卦刚爻九五在上卦的中位，变为小过，刚爻失去了中位而不在中，柔爻取得了中位，所以不可以做大事。（四）说明卦辞“有飞鸟遗之音”。“有飞鸟之象焉，有飞鸟遗之音”，意为小过卦有飞鸟的象，所以才会有“飞鸟遗之音”的命辞。宋衷说：“二阳在内，上下各阴，有似飞鸟舒翮之象，故曰飞鸟。”意思是说：小过卦的六爻全象，中间的两个刚爻如同是鸟的躯干，上下各两个柔爻，如同是鸟展开的翅膀，卦画像一只飞鸟（即：小过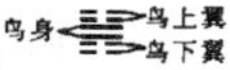

）。宋衷讲的与彖辞一致。虞翻说：“俗说或以卦象二阳在内，四阴在外，有似飞鸟之象，妄矣。”指斥是俗说、虚妄，这是虞翻曲解了彖辞，正确的东西否定不了。（五）说明卦辞“不宜上宜下”。“不宜上，宜下，大吉，上逆而下顺也”，意为不该向上，应当向下，是因为向上是逆，向下是顺，顺才获吉，逆不能获吉。象上指观变小过，两个柔爻到了刚爻之上。柔爻在刚爻之下为顺，乘刚爻之上为逆。

象辞先说明卦象组合。“山上有雷，小过。”指下卦艮为山，上卦震为雷，上下卦象组合在一起是山上有震雷，这就是小过卦。程颐讲：“雷震于山上，其声过常，故为小过。”意思是说：山头上的雷声比平地的雷声震响更大，所以才说它是小过。君子从中要学习些什么？“君子以行过乎恭，丧过乎哀，用过乎俭。”在行为上也要超常一些。“过”是超过，行为要比一般的谦恭再超过一点，办丧事要比平常人更悲哀一些，自己的用度要比正常的节俭再节俭一些。因为人们往往在这些方面显得不足，君子矫世励俗，不妨矫枉过正一些，给常人做个榜样，以小过而补不足，使社会风气纯正，小过是为了正。

初六：飞鸟以凶。

【译文】

飞鸟带来了凶。

象曰：飞鸟以凶，不可如何也。

【译文】

飞鸟带来了凶，是无可奈何的。

【辨证】

李镜池先生认为“飞鸟以凶”是上古时的鸟占遗迹，犹如人们说的夜猫子叫有凶。“以”是因，因飞鸟的不祥而有凶。小过“有飞鸟之象焉”，初六取飞鸟之象。初六柔爻居刚位不正；上有九四正应，九四刚爻居柔位不正；以不正应不正有凶。全卦是小者过，柔爻要越过刚爻，而柔爻“不宜上宜下”，初六有九四援引要上，故取凶象。象辞说：“飞鸟以凶，不可如何也。”“不可如何”指无法挽救，人无能为力。

六二：过其祖，遇其妣。不及其君，遇其臣。无咎。

【译文】

越过了祖父，遇到祖母。没赶上君王，遇到臣子。没有咎害。

象曰：不及其君，臣不可过也。

【译文】

没赶上君王，是臣子不可超过君王。

【辨证】

“过”与“不及”前后互文，“不及”是没赶上，“过”就是超过、越过。《尔雅》里说“父为考，母为妣”。从象上说，中孚卦九二是取父子和鸣之象，小过是中孚的变卦，故取“妣”“臣”之象。卦从观变来，观的下卦是坤卦（观䷓>坤），坤为母、为臣。六二柔爻在下卦中位柔爻居柔位，中正为臣又在小过卦里，故言“过其祖，遇其妣，不及其君，遇其臣”。因为卦里没有乾。从取义上说，“妣”与“祖”互文，“妣”指祖母。爻辞的意思是说：越过了祖父，没遇上，遇到了祖母；没有赶上君王，也没遇上，但遇到了臣子，没有咎害。总之，这一爻虽遇不上主要人物，还有遇到其他人物的机会，不如愿望中那么顺利，但也没有咎害。

九三：弗过防之，从或戕之，凶。

【译文】

没有越过，应加防范，随从人会受到戕害，凶。

象曰：从或戕之，凶如何也。

【译文】

随从人会受到戕害，有凶该怎么办？

【辨证】

“弗”是不。“过”是超越。“从”是随从。“戕”是杀害。“弗过”是不超越。“防之”是要提防，做好防范。“从或戕之，凶”，是随从别人会受到戕害，招致凶的后果。从象上说，九三原是观卦的上九，在卦变中与六三换位成为九三，不但没有越过，反而被两个柔爻越过去了，不设防之象，故为“弗过防之”。卦变后仍与上六正应，随从上六越过刚爻的行为，自己却处在互兑里，兑为毁折，故为“从或戕之，凶”。象辞说：“从或戕之，凶如何也。”意思是说，随从别人从而受到戕害，有凶该怎么办？

九四：无咎。弗过遇之，往厉必戒。勿用，永贞。

【译文】

没有咎害，不要越过，能够遇到。前往有危厉，一定要警戒。不可用，长久有正道。

象曰：弗过遇之，位不当也。往厉必戒，终不可长也。

【译文】

不要超越，能够遇到，位置不当。前往有危厉，一定要警戒，最终不能长久。

【辨证】

九四原是观卦的九五，在观变小过卦时与六四换位成为九四，在小过卦里，自己没有越过，反而被两个柔爻越过去了，故为“弗过”。原与六五比邻，换位后仍与六五比邻，故言“遇之”。大势是柔爻越过刚爻，故言“往厉必戒”。取义是说前往会有危厉，一定要告诫自己不要前往。“勿用”是不能使用，也就是不能动。“永贞”是永守正道。象辞说："弗过遇之，位不当也。""位不当"主要指处在上下相敌的位置上，中孚的六三象辞也说"位不当"，上下卦对称相敌，三、四位在上下卦的交接处，都是位置不当，其次才是刚爻占柔位，中孚六三是柔爻占刚位。"往厉必戒，终不可长也"中，"长"解释"永贞"的"永"。全卦是小者过，刚爻坚守不可能长久。

六五：密云不雨，自我西郊。公弋取彼在穴。

【译文】

浓云密布而不下雨，从我西郊飘过。王公缴射，猎取穴中之物。

象曰：密云不雨，已上也。

【译文】

浓云密布而不下雨，是已经向上去了。

【辨证】

小畜卦辞说"密云不雨，自我西郊"，象辞说"密云不雨，尚往也；自我西郊，施未行也"。"尚往"即"上往"，指爻向上推移，这里说“已上也”，就是已经推移到了上边，取义是说云向上飘去就不下雨。从西郊飘走是有雨而不能施行、有云无雨，是恩泽不能下施。“弋”是系着绳子的箭，用这种箭去射称弋矰缴射。“公弋”是王公缴射，“取彼在穴”，是射取穴中的猎物。从象上辨析，六五在互兑里（六五→䷽>互兑），兑为泽，泽水上天为云，五位是天位，六五从观的四位向上推移，故言“密云不雨”。兑为西，故云“自我西郊”。震为公侯（六五→䷽>震），故言“公”，互巽为绳（六五→䷽>互巽），坎为弓、离为矢，六五在卦变中，先与九四换位变晋，在上离互坎里（晋互坎<䷢>上离），再变为小过，下有巽绳，故言“公弋”。坎为穴，故言“取彼在穴”。象辞说“密云不雨，已上也”，指出六五是推移向上。云向上飘，故无雨。

上六：弗遇过之。飞鸟离之，凶，是谓灾眚。

【译文】

不相遇，超越过去了。飞鸟被网住，凶，这叫作天灾人祸。

象曰：弗遇过之，已亢也。

【译文】

不相遇，超越过去了，已经太高了。

【辨证】

小过从观变来，上六来自观的四位，越过两个刚爻到了最上位，故言“弗遇过之”。小过“有飞鸟之象焉”，故言“飞鸟”。观变晋，六四先在离下（晋上九六四䷢离），与离的上爻换位，故言“离之”。从取义上讲，“弗遇过之”，是超过去没有遇到。“飞鸟离之”，是飞鸟落入网罟。“离”是附着、落入。孔颖达《正义》：“过而不知限，身过而弗遇，必遭罗网。”朱震：“鸟飞过甚，自离于网罗。”虞翻也说是落于死地。程颐把“离”讲成远离，与爻辞义不合。从象上说，《系辞・下》云：“作结绳而为网罟，以佃以渔，盖取诸离。”离是网罟之象。帛书《周易》“离”作“罗”，也是罗网。爻辞有“凶”、有“灾眚”，六五爻辞有“取彼在穴”，上六不可能离走，上六有落入罗网之凶。“灾”是天灾，“眚”是人为造成的祸。上六位处太高，天道必然，是天灾。从四位升上来是自寻绝地，故为“眚”。“是谓灾眚”，意为这就叫作天灾人祸。象辞说：“弗遇过之，已亢也。”“亢”是高极，指上六是自己升得太高，已到了绝高的境地，超过而不能遇到。

【提示】

关于小过卦的哲理意义，历来认为讲的是“过”与“正”的关系。如程颐说：“过者，过其常也。若矫枉而过正，过所以就正也。”象辞提出：“行过乎恭，丧过乎哀，用过乎俭。”卦辞提到：“小过，亨，利贞。”彖辞说：“过以利贞，与时行也。”小过是为了取中得正，与天道相符，达到主客观的一致。天道是客观真理，人对天道的认识是相对正确的，有时会出现差误，小过是为了纠正人们行为上的差误，把过与正统一起来，这就有了对客观真理认识的相对与绝对性问题。彖辞说：“过以利贞，与时行也。”“时”是天时，天时中正，无过无不及。有小过就不中，为什么还“利贞”？这里可能有古代历法中置闰现象给人们的启示。日月的运行都不能用整天数来计算，月不都是整三十天，年也不都是三百六十天，因此在历法的制定时，常常会有提前或错后的几天。提前或错后都是为了取得与天时的适合。小过如同是置闰超前几天，以纠正历法中岁时的误差，从而达到与天时运行的一致。不仅是天时，人类在认识客观真理时，在许多方面都会因为认识上的误差，出现一些似中非中的现象，都需要有小的超过来纠正偏差。《周易》特别重视中，中才能正，因为人对中的认识常常是相对的，未必与绝对的中适合，这就需要作一些矫枉过正的工作，以取得与客观上的一致性。小过正是为了弥补这种相对认识上的误差，故言“过以利贞”。小过是为了正，不是为了过。关于“飞鸟遗之音”，历来没有太好的解释，程颐说：“飞鸟遗之音，谓过之不远也。”这似乎也有认识上的误差问题。光的传导速度与音的传导速度不同，人在认识上就容易出现误差。当听到鸟的叫声之后，再按发音的方向去寻找飞鸟，鸟已经飞过去了，所以才是小过，出现了主客观上的不一致。古人可能注意到了这些现象，才提出“飞鸟遗之音”的问题。音速的滞后现象，启示人们要有那么一点提前意识，才能循声找到飞鸟，小过一点才正确，没有小过反而不中不正。在人的社会实践中，类似的情况不少，都需要小过来补正，所以“矫枉过正”也就成了一条救正的法则。

象辞所云行为不妨过分谦恭一些，办丧不妨过分哀伤一些，费用不妨过分节俭一些，虽然超过了正常的限度，但可矫世励俗，就仍不失为正。当然类似的种种现象都需要小过来救正。

六十三　既济——圆满成功

䷾

既济的卦画组合为离（☲）下坎（☵）上，传统称作水火既济。《序卦》云：“有过物者必济，故受之以既济。”意为：具有超过其他事物的地方，必定会成功，所以在小过之后接着是既济卦。这是把“济”讲成功。但《序卦》又说“物不可穷也，故受之以未济”。可见“未济”是没有终尽，“既济”是已经成功到头。合而观之，“既济”是已经到头、成功的意思。《杂卦》说：“既济，定也；归妹，女之终也；未济，男之穷也。”意为：“既济”是得到稳定，“归妹”是女子的归宿，“未济”是男子的困穷。关于“未济”的说明见下卦。“既济”是阴阳相对的稳定。从词义上讲，“既”是已经。《说文》：“渡，济也。”“济”是渡过，古人称渡水为涉，渡过去为济。“既济”就是已经渡过去，成功了，可以告一段落稳定下来。主要意思是成功、完成。完成、成功往往是人们追求的目的，但从《周易》理上讲，事物发展不可能有穷尽的时候，一个阶段的完成，往往又是一个新阶段的开始，所以既济卦之后又是未济。

既济的卦变，虞翻说："泰五之二。"意思是说：既济是在泰卦的基础上变化了形态的卦，是泰卦的九五下来到了二位，即：泰䷊六五与九二交换位置，变䷾既济。另外既济与未济既是覆的关系，又是变的关系，即：既济六爻全变为未济（既济䷾六爻全变，为䷿未济），这是变的关系。既济䷾全卦上下翻倒过来，也是䷿未济，这又是覆的关系。

既济，亨小，利贞。初吉终乱。

【译文】

既济卦，小的方面亨通，利于守正道。开初吉祥，最终会乱。

彖曰：既济亨，小者亨也。利贞，刚柔正而位当也。初吉，柔得中也。终止则乱，其道穷也。

【译文】

既济卦亨通，是小的方面亨通。利于守正道，是刚柔爻位置正而得当。开初吉祥，是柔爻取得中位。终止则会乱，是道路穷尽的原因。

象曰：水在火上，既济。君子以思患而豫防之。

【译文】

水在火的上边就是既济卦。君子从中得到启示，要虑及忧患，早做预防。

【辨证】

按彖辞的讲法，卦辞应断成“既济，亨小”。意思是说既济卦是在小的方面、小的事情上亨通。这在象上指的是柔爻为小，全卦三个柔爻分别居于三个刚爻的上面，柔爻顺利，故为“亨小”。“利贞”指的是全卦六爻都居于正位，三个柔爻都占据柔位，三个刚爻都占据刚位，故“利贞”。“初吉”是因为既济卦是成功，取得成功之初即稳定下来，故可吉祥。“终乱”是因为成功之后还会有新的目标摆在面前，稳定的局面会在向新阶段的推进中被打乱。

彖辞从四个方面说明既济卦。（一）解释卦辞“亨小”。“既济亨，小者亨也”，指的是既济卦亨通，主要是柔爻亨通，说的是小的方面顺当。彖辞没有把“小”与“利贞”连读。（二）解释卦辞“利贞”。“利贞，刚柔正而位当也”，指的是全卦六爻里六二、六四、上六三个柔爻都在柔位上，初九、九三、九五三个刚爻都在刚位上，位置正当，只要正当就有利。（三）解释卦辞“初吉”。“初吉，柔得中也”，指的是在泰变既济的卦变中，六二从五位来到下卦的二位，居于下卦之中。五与二都是中位，六二是在中道行进。刚尊柔卑，五尊二卑，六二能以卑居卑，也是初吉的原因之一。这是从主爻的推移上说明卦辞。（四）解释卦辞“终乱”。“终止则乱，其道穷也”，意为终止就会乱，是道路穷尽。因为“既济”是已经取得成功、相对稳定下来，但万事万物是发展变化的，不可能到头，而“既济”却是一个阶段的终尽，所以向前发展就会由稳定而变乱。乱是新阶段的开始。

象辞从上下卦象的组合上做了说明。“水在火上，既济”，指的是下卦离为火，上卦坎为水，水在火上就是既剂卦。古人认为，火炎上，水润下。在既济卦里，火从下向上燃烧，水从上向下浸润，是水火相交之象。水火相交才能济天地之用，比如人的生存一天都离不开水火，水火相互调济才能得到生活的和谐。水与火是互补的关系。从天地运行上讲，日为火，月为水，日与月要相互调剂。夏为火，冬为水，冬夏要互补。水火相交是一种正常和谐的状态。水火相济为用，故卦称“既济”。但水与火并不总是处于平衡状态，一旦失去平衡，水火都可造成灾患。“君子以思患而豫防之”，就是说，君子从中得到启示，要考虑灾患的可能产生，而及早做好预防工作。象辞强调的正是这种事物的平衡与打破平衡的哲理。

初九：曳其轮，濡其尾，无咎。

【译文】

拉住车轮，沾湿车尾，没有咎害。

象曰：曳其轮，义无咎也。

【译文】

拉住车轮，道理上没有咎害。

【辨证】

“曳”是拉，“濡”是沾湿。《说卦》讲：坎为弓轮、为曳马、为水。初九前临两坎（
），在卦下为尾，故言“曳其轮，濡其尾”。“曳轮”是为了济渡。古代的大车很简陋，车轴与车厢的连接也不坚固，有时还要把车轮卸下来（见“舆说輹”），车轮与车厢很容易脱开。渡河时被水一冲，经常会因车轮脱钩而车覆人翻，所以要在车轴上拴上绳子拉住车轮，稳定车身。“曳其轮”是为了克服水的冲击力量，保持车身中正不斜。“濡其尾”是渡河时湿了车的尾部。象辞说："曳其轮，义无咎也。""义"是宜，就是道理上应当怎么办。"义无咎"是说从道理上讲就该如此，不应当有咎害。总之，这一爻济渡成功，有点小的不利，但没什么关系。

六二：妇丧其茀，勿逐，七日得。

【译文】

妇人丢失了头饰，不必追寻，七日后会失而复得。

象曰：七日得，以中道也。

【译文】

七日内会失而复得，是能行中道。

【辨证】

"茀"（fú），《释文》："首饰也。干云'马髴也'。郑云'车蔽也'。子夏作'髴'，荀作'绂'，董作'髢'。"帛书易作"发"。虞翻说："茀发谓鬒发也。"看来"茀"是古代妇女头上戴的一种假发套。自从郑玄讲成车帘子后，出了分歧。从象上辨析，六二从泰的六五下来，泰卦是下乾上坤，坤为妇，乾为首，六二与九五换位乾坤皆变，故有妇首更换之象，是妇人头上的首饰换了，互坎为盗（䷾>互坎），故云“妇丧其茀”。取义是说妇人把假发套丢了。六二是来到下乾中位，乾阳是“七日来复”，故言“勿逐，七日得”。象辞说“七日得，以中道也”，意为七日失而复得是因为六二占据下卦中位，能行中道，不会有损失。象上指到了下卦乾中，乾阳是“七日来复”（见复卦）。

九三：高宗伐鬼方，三年克之。小人勿用。

【译文】

殷高宗征伐鬼方，三年征服。小人不能用。

象曰：三年克之，惫也。

【译文】

三年征服，太疲惫了。

【辨证】

按历史记载考察，高宗是商朝的中兴之主武丁。鬼方是西羌的某一个国家，位在我国西北部。《汉书·匡张孔马传》

中，匡衡疏云：“此成汤所以建至治、保子孙、化异俗而怀鬼方也。”《后汉书·西羌传》：“及殷室中衰，诸夷皆叛，至于武丁，征西戎鬼方，三年乃克。故其诗曰：‘自彼氐羌，莫敢不来王。’”所谓鬼方，是对侵略民族的一种贬称，就如后人说的洋鬼子之类。很难确指是哪一个国家，大约是在西羌一带，是殷商的一个附属国。后人有的说是匈奴，与《后汉书》的讲法不一致。高宗伐鬼方实有其事，但史书没有详细记载，《周易》里记录了这一条，对考史有用。爻辞的意思是说：殷高宗武丁去征伐鬼方，三年苦战才征服，小人不能用。从象上分析，泰卦下乾为君，上坤为国，下乾的九二升到九五成为既济，是君王征伐属国获得成功。九三互为离坎（九三—互离 互坎），坎弓离矢，有征伐之象。九二经三爻上升到五位，故云“三年克之”。“小人勿用”，是说小人不能妄用。象辞说“三年克之，惫也”，意思是说天子去征伐属国，尚历经三年苦战，民力凋疲，小人就更不可以妄用。乾卦初九爻辞“潜龙勿用”，“勿用”是发挥不了作用，不要妄动。

六四：繻（xū）有衣袽（rú），终日戒。

【译文】

采缯变为败衣，成天警戒。

象曰：终日戒，有所疑也。

【译文】

成天警戒，是因为有所疑惧。

【辨证】

“繻有衣袽”有三种讲法：（一）虞翻说是“衣服皆败”。（二）北朝卢景裕说：“繻者，布帛端末之织也。袽者，残币帛，可拂拭器物也。繻有为衣袽之道也。四处明暗之间，贵贱无恒，犹或为衣，或为袽也。”以为“繻”是布头帛尾之类的衣料，“袽”是抹布，布头帛尾可以做衣服，也可以做抹布。（三）王弼说：“繻宜曰濡，衣袽所以塞舟漏也。”认为是济渡时用破衣乱絮堵塞船的破漏处。以上各家都认为“袽”是败衣敝絮之类的废料。“繻”的讲法不一致，王弼主张把“繻”改成“濡”才恰当。考之《说文》：“繻，缯采色。从糸，需声。读若《周易》‘繻有衣’。”“絮”下曰：“絮缊也。一曰敝絮。从糸，奴声。《周易》曰‘繻有衣絮。’”按《说文》所依据的孟氏本作“繻有衣絮”。“繻”是带颜色的帛缯，“袽”是敝絮，“衣袽”就是败衣，“繻有衣袽”是采缯也会变成败衣。“有”是说明这种变化的可能。至于是用来做抹布还是塞漏船，从爻辞中看不出来。我们只讲它的基本义，“繻有衣袽”就是很好的衣料也会变成破衣服。“终日戒”是从早到晚地警戒。从象上辨析，虞翻说：“乾为衣，故称繻。袽，败衣也。乾二之五，衣象裂坏，故繻有衣袽。”意思是说：既济从泰卦变来，泰卦下乾为衣，所以称繻衣，袽是破衣。泰卦下乾的九二升往五位变既济，衣象破裂，所以是衣服破了。显然还应当看到，坤为布帛，所以才言“繻”；乾为衣，所以才言“衣”。六四处泰卦的乾坤之间，卦变中没有推移，而变为既济，上坤下乾都有裂坏之象，六四是受了卦变的影响才“繻有衣袽”。坎为盗，为加忧，六四在两坎之间（六四 

），所以“终日戒”。乾是白昼，坤是黑夜，一天十二时不得安宁。

象辞说：“终日戒，有所疑也。”意思就是说成天警戒是因为有所疑惧。

九五：东邻杀牛，不如西邻之禴祭，实受其福。

【译文】

东邻杀牛举行盛大祭祀，反而不如西邻的薄祭，实实在在地受到福佑。

象曰：东邻杀牛，不如西邻之时也。实受其福，吉大来也。

【译文】

东邻杀牛，不如西邻按时祭享。实实在在受到福佑，大的吉祥来到。

【辨证】

“不如”表比较。“杀牛”是用太牢祭祀，规模盛大。“禴祭”也作“礿（yuè）祭”，是商朝时的春祭或周朝的夏祭。都是五谷未登、青黄不接时的一种比较简单的祭祀。盛大的祭祀反而不如简单的祭祀，说明上天保佑不是因为祭品多。正如《左传》僖公五年引《周书》云：“皇天无亲，唯德是辅。”“黍稷非馨，明德唯馨。”意为天帝不会因为谁的祭品丰盛就亲近谁保佑谁，而是要赐福给有明德的人。上天并不是接受祭品的香气，而是接受明德的香气。“东邻杀牛，不如西邻之禴祭，实受其福”，是说东邻的道德不明，杀牛宰羊举行盛大祭祀，上天也不会赐福。西邻道德高尚，作些简单的薄祭也会受到上天实实在在的福佑。前人说东邻指的是商纣王，西邻指的是周文王，纣王在朝歌位东，文王在岐山位西。这样讲符合史实。但爻辞具有广应性，基本义东邻就是东邻家，西邻就是西邻家。从象上辨析，《说卦》已确切指出震为东，兑为西，坤为牛，坎为水。既济从泰变来，泰卦互兑、互震（泰互震<䷊>互兑），上卦是坤，变为既济，上卦折坤变坎。“禴祭”是用蔬菜作祭品的一种薄祭。《左传》讲：“沼沚之毛，蘋蘩之菜，可羞于鬼神。”坎就是禴祭之象。所以震就是“东邻”，折坤就是“杀牛”，兑就是“西邻”，变坎就是“禴祭”。九五是卦变推移的爻，升到全卦尊位，又是刚爻，刚爻为实，故言“实受其福”。象辞说“东邻杀牛，不如西邻之时也”，指九五位正中得时，取义是说，祭祀要按时进行，九五是该祭祀的时候就祭祀，信守祭时。又说“实受其福，吉大来也”，意为实实在在受到福佑，是吉祥大来。当然指的是九五得到了天命，成为九五之尊的天子，吉莫大焉。

上六：濡其首，厉。

【译文】

浸湿了头，危厉。

象曰：濡其首厉，何可久也。

【译文】

浸湿了头有危厉，怎么可以长久！

【辨证】

朱震《汉上易传》在未济卦里说：“以成卦言之，上为首、为前，初为尾、为后。以画卦言之，初为始、为本，上为终、为末。”意思是说：首尾终末是从不同的角度来看，要从画成的卦看，上爻是头，又是前，初爻是尾、是后；要是从画卦的过程看，初爻是本、是始，上爻是终、是末。上六在全卦上位，故为首，又在上卦坎里，坎为水，水升到头顶，故为“濡其首，厉”。“濡”是浸湿，头在水中被浸湿，有灭顶之灾。象辞说：“濡其首厉，何可久也。”指上六在全卦的穷极之位，走上绝路，怎么会长得了！可见上六是灭顶之象，像一个被水淹没的人，无可救药，生命不长了。

【提示】

既济卦反映了作者对宇宙矛盾绝对性的认识。从卦画上分析，经过乾坤的矛盾运动，直到第六十三卦才达到三个刚爻居刚位，三个柔爻居柔位，走向和谐统一。这在刚柔的推移中应当是最为理想的境界。然而就是在最为和谐的统一之中，同时也可以看出，三个柔爻的每一爻之下都乘着一个刚爻，这种柔上刚下的状态，并不符合刚上柔下的本然秩序。显示出在和谐统一中潜伏的矛盾，说明宇宙的运动并不会到此结束。世界上没有绝对的完美统一，矛盾运动才是绝对的。从卦名上看，既济是一个大阶段循环的完成，是运动臻于完美的阶段。但这个完美并不是事物运动的终结，而只是运动变化相对的稳定，既济之后接着是未济，一个大的新周期正在稳定中埋伏下重新变化的条件。卦辞明确指出“初吉终乱”，正是要告诉人们，一个阶段的完成与统一就是下一个阶段矛盾运动的开始，正是矛盾的绝对性才造成世界变化运动的无限性。宇宙没有一劳永逸的事情，也没有绝对的完美，人类应该认识这种规律，使自己的行动永远保持与天道的一致性，向更加完美不断靠近。《周易》的作者虽然没有明确提出“矛盾绝对性”这个术语，但他认识到了世界运动的这种规律，并把这种规律通过自己特殊的表达方式描述了出来。

六十四　未济——新的起点

䷿

未济的卦画组合为坎（☵）下离（☲）上，传统称作火水未济。

《序卦》云：“物不可穷也，故受之以未济。终焉。”意为：事物不能穷尽，故在既济之后接着是未济，六十四卦终结。这是把未济讲成未穷，也就是没有到头完结。只是六十四卦这个周期运动的阶段性终结。

《杂卦》云：“未济，男之穷也。”意为未济是男子的困穷。这是就三个刚爻分别处在三个柔爻之上，刚爻为男，柔爻为女，刚爻在上的秩序到头了，肯定还要变化。与既济卦对比起来分析，既济是已经渡过，是完成、成功，未济就是还未渡过，未完成或未成功。

从卦画上看，未济是既济的覆卦，又是变卦，即：未济䷿上下倒置，为既济䷾，或未济䷿六爻全变，为既济䷾。从卦变上说，虞翻云：“否二之五也。”意思是说：未济卦是在否卦的基础上变化了形态的卦，是否卦的六二上升到了五位，即：否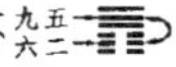六二与九五换位，变䷿未济。

未济，亨。小狐汔济，濡其尾，无攸利。

【译文】

未济卦，亨通。小狐狸快渡过水时湿了尾巴，无所利。

彖曰：未济亨，柔得中也。小狐汔济，未出中也。濡其尾，无攸利，不续终也。虽不当位，刚柔应也。

【译文】

未济卦亨通，是因为柔爻取得中位。小狐狸快要渡过水去，还未游出水中。湿了尾巴，无所利，不能继续游到头。虽然六爻位置不当，但刚柔相应。

象曰：火在水上，未济。君子以慎辨物居方。

【译文】

火在水的上边就是未济卦。君子从中得到启示，慎重分辨物类，使它们各居其方。

【辨证】

既济是事物发展完成而形成的平衡与稳定，未济是打破这种平衡稳定，向更高层次的平衡稳定发展，故卦辞说未济亨通。“小狐汔济，濡其尾”中，“汔”通“迄”，是到的意思，旧注作几乎讲，是快要到达的意思。

小狐快要渡过水去到对岸的时候，湿了尾巴。狐狸渡水要把尾巴抬起来，露出水外，湿了尾巴是济渡不太成功。狐狸渡水很有经验，过冰时要听一听冰面是否结实，小狐狸经验力量不足，渡水湿了尾巴很危险。“无攸利”是无所利。干宝说“坎为狐”，虞翻与《九家易》则认为是“艮为狐”，考之解卦（解九二爻辞“田获三狐”九二→䷧ > 坎），干宝的说法较为近理。未济卦连坎在下（未济䷿ > 互坎 坎），接近上爻而未能达上，是一群小狐狸在渡水还未到达岸边，故言“小狐汔济”。坎又为水，初爻为尾，上爻为首，上爻已出水，初爻在水中，故言“濡其尾”。卦辞总的意思是说，亨通，但功败垂成，无利。

彖辞分四个方面说明未济卦。（一）说明未济卦为什么亨通。“未济亨，柔得中也”，这是从卦变中讲六五得到了上卦中位。六五是柔爻，故言“柔得中”。柔顺上进又符合中道，有亨通之理。（二）说明卦辞“小狐汔济”。“小狐汔济，未出中也”，象上指六五在否变未济时，从下卦中位推移到上卦中位，没有从中走出。在其他卦是不离中道，在未济卦则是在济渡之中，没有走出济渡之中就是还在济渡，所以才是“小狐汔济”，“汔”是将到未到。（三）说明卦辞“濡其尾，无攸利”。“濡其尾，无攸利，不续终也”中，“续”是接续，这句意为没有继续顺利地到达彼岸的终点，所以小狐狸湿了尾巴。没有利可言。（四）补充说明未济卦好的一面。“虽不当位，刚柔应也”，指全卦六爻没有一爻当位，初六、六三、六五三个柔爻处在刚位，九二、九四、上九三个刚爻处在柔位，位置不当。但从应的角度看，初六与九四刚柔正应，九二与六五刚柔正应，六三与上九刚柔正应，六爻全都刚柔相应，能够互补相济，未济卦也有好的一面。从彖辞的话里可以看出，初上也有阴阳位。“刚柔应也”，显然是对全卦六爻讲的。如不包括初上两爻，那就只有六五与九二正应，这就不足以成为未济卦的特点。“刚柔应”与“不当位”是对比而言，“刚柔应”指一卦六爻，“不当位”当然也是针对全卦六爻讲的。王弼说“初上无位”是臆度之词。

象辞从上下卦象的组合说明未济。“火在水上，未济”，指上卦离为火，下卦坎为水，火在水上就是未济卦。火性炎上，水性润下，这是一种上下分离之象。君子从这种分离状态中受到什么启示呢？就是“君子以慎辨物居方”。何楷说：“慎辨物者，物以群分也；慎居方者，方以类聚也。”

他把“慎辨物居方”与《系辞·上》讲的“方以类聚，物以群分”联系起来考虑，讲得令人心服口服。“慎”是慎重小心。“辨物”是分辨物的群类。“居”是处，“方”是居处的地方。这句意思是说：君子从水火分离的卦象中学会慎重地分辨事物的群类，让它们各自居于应处的方位上，也就是不要把事物搞乱。世界万物有分有合，合是为了相济为用，发挥它们的互补作用，这是水火既济给人们的启示。分是为了避免它们的冲突或抵销作用，各自为用，这是火水未济给人们的启示。分与合各有各的用处，未济强调的是分的作用。

初六：濡其尾，吝。

【译文】

湿了尾巴，有吝难。

象曰：濡其尾，亦不知极也。

【译文】

湿了尾巴，也不知道到达终点。

【辨证】

初六与卦辞“小狐汔济，濡其尾”取象相同。在一卦最下，故为尾，前临重坎(䷜坎坎)，坎为水，故言“濡其尾”。象辞说：“濡其尾，亦不知极也。”象上指，否变未济是柔爻上往，柔爻最适当的位置在四位，初六有正应在四位，却没有上往，故为“不知极”，正如节卦的九二是“失时极也”。九四象辞说“志行也”，而初六未行。两爻可对比起来辨析。取义是说也不知道到达终点，极是“终”的意思。象辞说：“濡其尾，无攸利，不续终也。”“亦不知极也”与“不续终”义同，指不继续努力到达终点，才湿了尾巴。因为卦在未济里，所以没有渡成功。

九二：曳其轮，贞吉。

【译文】

拉住车轮，守正道吉祥。

象曰：九二贞吉，中以行正也。

【译文】

九二守正道吉祥，是能以中道行得正。

【辨证】

九二与既济的初九取象相同，也在坎下（九二→䷿ 互坎/下坎），坎为弓轮，故言“曳其轮”。拉住车轮是为了克服水的冲击力量，使车子不致翻，保持车身稳定，帮助济渡。九二在下卦中位，能保持中正，故言“贞吉”。象辞说“九二贞吉，中以行正也”，指九二是在卦变中从上卦中位来到下卦中位，始终保持中正，所以才能获吉。

六三：未济，征凶。利涉大川。

【译文】

未能渡过，征进凶。有利于涉过大川险阻。

象曰：未济，征凶，位不当也。

【译文】

未能渡过，征进凶，是位置不当。

【辨证】

六三在下坎与互坎之中（六三→䷿ 互坎/下坎），坎为水，处在前后都是水的位置上，所以是“未济”，还未渡过水去。坎为险，前后皆险，故征进凶险。但六三有正应在上九，上九是终位，有险可渡，故言“利涉大川”。

象辞说：“未济，征凶，位不当也。”“位不当”主要指在前后坎中，上不着天，下不着地，与坎六三“来之坎坎”相似。宋人一味用阴阳位解释“当位”，很容易忽视主要方面。

九四：贞吉，悔亡，震用伐鬼方。三年，有赏于大国。

【译文】

守正道吉祥，忧悔消亡。振奋起来讨伐鬼方，三年征服，受到大国奖赏。

象曰：贞吉，悔亡，志行也。

【译文】

守正道吉祥，忧悔消亡，是心志得行。

【辨证】

九四与既济的九三取象相同，坤为方国、为阴，故为鬼方，未济从否变来，否下坤为鬼方，上乾为君，上乾九五下来到二位成未济，故为“震用伐鬼方”。九四互为离坎（九四—䷿ 坎离），坎弓离矢，故有征伐之象。未济是既济的覆卦，既济的九三上下倒覆就是未济的九四，即既济（䷾←九三）覆为未济（䷿←九四），九三就翻到九四的位置上，所以两爻同象。所不同的是既济的九三是“高宗伐鬼方”，未济的九四是“震用伐鬼方”。高宗是天子，“震”在卦象上是诸侯。四位也是诸侯位。前人说这一爻是西周协助商王朝讨伐鬼方，胜利后获得殷王朝的奖赏。《后汉书·西羌传》说：“及武乙暴虐，犬戎寇边。周古公逾梁山而避于岐下。及子季历，遂伐西落鬼戎。”“武乙”是高宗武丁之后的第五世商王，《后汉书注》说他“无道。为偶人，谓之天神，与之博，令人代之行，天神不胜，乃戮辱之。又为革囊盛血，仰而射之，命曰‘射天’。遂被雷震而死”。意思是说：武乙无道，制作出一个木偶，称为天神，武乙与天神搏斗，找一个人代替天神，天神输了，就戮辱偶像。又用皮口袋装上血浆，挂起来仰身去射，称作是“射天”，于是被雷震死。武乙暴虐无道，招致犬戎不时来骚扰，古公亶父为了避开犬戎的侵扰，越过梁山，把周部落迁移到岐山脚下。到周文王之父季历时，去讨伐过西方部落的鬼戎。西周征伐过鬼方，也是实有其事。按爻辞考史，这次征伐获得胜利，也历经三年，最后得到商天子的奖赏。既济的九三是殷高宗躬行征伐，未济九四是周季历去征伐。

象辞说："贞吉，悔亡，志行也。"象上指九四有初六为正应，心志可行。义上取心志得以推行而实现。因为有正应，所以"贞吉"，因为"志行"，所以"悔亡"。

六五：贞吉，无悔，君子之光。有孚，吉。

【译文】

正道吉祥，没有忧悔，君子的光耀。有孚信，吉祥。

象曰：君子之光，其晖吉也。

【译文】

君子的光耀，光辉闪射而吉祥。

【辨证】

六五由否卦的二位升到全卦的尊位，彖辞称它是"未济亨，柔得中"。这一爻最顺利，居中守正就吉祥，不会有忧悔。

因为在上卦中位，故言"贞吉，无悔"。君子指否的上乾，光指乾变离，离为光明，故言"君子之光"。

“有孚”是有孚信，与九二换位，九二原在五位是它的正应，让出尊位给六五，又到下卦正应，可见信赖之深，故吉。

象辞说：“君子之光，其晖吉也。”“晖”解释光。“晖”是光辉。有如离日在天，光辉闪射，故能获吉。

上九：有孚于饮酒，无咎。濡其首，有孚失是。

【译文】

有孚信而饮酒，没有咎害。酒淋湿了头，有孚信也会失去。

象曰：饮酒濡首，亦不知节也。

【译文】

饮酒淋湿了头，也太不知节制了。

【辨证】

这一爻与既济上六取象有相同之处。上九有正应在六三，也是“有孚”，在重坎之上，坎为酒，故为“有孚于饮酒”而“无咎”。上九处全卦上位，上为首，坎为水，水淋首之象，故言“濡其首”。“有孚失是”的“是”是指示代词，相当于这，指的是前面提到的“有孚于饮酒，无咎”。意思是说：如果没有节制，到了酒淋湿头的地步，有孚信也会失去没有咎害这种好兆。也就是说，那就会有咎害。象辞说：“饮酒濡首，亦不知节也。”解释“濡首”是饮酒时把头也淋湿了，太不知道节制自己。可见“饮酒濡首”是纵欲酗酒过渡，没有节制。

【提示】

《周易》六十四卦，到未济终结。作者不用既济而用未济作结尾，表现了运动无限性的哲理。《序卦》说：“物不可穷也，故受之以未济终焉。”明确提出宇宙运动的无限性。六十四卦完了，事物的发展运动却是无限的，运动永远不会停止。程颐讲：“既济矣，物之穷也。物穷而不变，则无不已之理。《周易》者，变易而不穷也。故既济之后受之以未济而终焉。未济则未穷也，未穷则有生生之义。”

《周易》用六十四卦的方式向人们描述了一个大的运动周期，以后的运动还会按这种周期的方式出现，这样就概括了无穷永恒的哲理。但这不能看作是循环论，而是向人们揭示宇宙运动的周期性特征。宇宙的发展运动是无穷的，而运动方式却是周期性的。正如我们在哲学里讲的：宇宙运动是呈螺旋式上升的规律而发展的。有周期性就会形成螺旋，有无穷性就会上升。《周易》里讲“日新”，在原轨迹上循环就不可能日新。循环论是有穷的，只能在原来的轨迹中循环。宋朝人程颐都看到“未穷则有生生之义”，我们再说《周易》是循环论，那就是妄侮古人。比较起来，《周易》比那些侈言世界末日之类的哲学观要高明得多。

第三篇　智慧心解

《周易》的故事——古今中外通天下

中华文化的源头在哪里？中国人与西方人的差别在哪里？中国文化的内涵是什么？完全不同的两个中国人有什么共通的文化交集？

不同的人可能给出的答案完全不同，但是当我们把探究的视野放到《周易》这部古籍的时候，就会得到很多共识。

在外国人眼里的中国人，具有如下特征：打太极、练气功、信命相、讲风水、看中医，这些似乎都离不开阴阳五行、太极八卦。

故宫各大宫殿命名、民间建筑风水与《周易》息息相关。

中国古代的天文学、数学、物理学等更是《周易》学理的科学表达。

《周易》体现了儒家的玄思，成为五经之首，又是道家三玄之一，且是《道德经》《南华经》（即《庄子》）的思想来源，更是中国古代士大夫通修儒道释的桥梁与根本。

《周易》与阴阳家、纵横家、兵家的谋略思想密不可分。

可以这样说，中国人的思维方式是易经式的，变易不居又墨守成规；中国人的行为方式也是易经式的，随机应变又中庸保守。学习《周易》，就是通达天下的开始。

爱因斯坦的疑惑与李约瑟之谜

一、杨振宁挑战《周易》

2004 年 9 月 3 日，在北京人民大会堂“2004 文化高峰论坛”上，杨振宁做了题为“《周易》对中华文化的影响”的演讲。一石激起千层浪，《周易》是否有碍中国科学发展的争论，又引起易学家的关注与争执。

不过，杨振宁的演讲还是让易学家宽慰了一下，因为他说《周易》精神“贯穿到了几千年以来中国文化里面每一个角落。”这一评价可谓自古易学家想言而不敢言的呀！

杨振宁的观点大致是：归纳与演绎都是近代科学中不可缺少的思维方法，自古中国只有归纳法，而不具备演绎思维方式，因此中国科学不可能近代化。为什么中国没有产生演绎思维方法，那是因为中国有一套《周易》思维方法阻碍了它的产生。

为了廓清这一问题背后的含义，这里就相关问题的背景交代清晰。这对认清这一争论有一定的借鉴作用。

二、古今中国热

英国学者安格斯·麦迪森在《世界经济千年史》中，几乎是把中国的千年经济发展作为参照系与西方世界作比较，并得出结论，认为中国在1300年前，一直是世界上人均GDP最高的国家（考虑中国自古人口就远高于世界其他地区，中国的GDP总量会更大），换言之，中国经济发展一直领先西方，直到西方出现资本主义市场经济制度为止。根据麦氏的计算，即使到了1820年，中国的GDP总量仍占到世界的32.4%。

同时，该书还指出中国经济自20世纪50年代后，开始了赶超发达国家的进程，尤其是80年代后的发展速度一直保持超过西欧。

有意思的是，15世纪到18世纪的西方学者对中国充满想象，无论是大哲学家斯宾诺莎、大科学家莱布尼茨，还是大作家歌德、大经济学家魁奈，都对中国经济、社会发展以及中国文化产生了浓厚的兴趣，他们对中国的赞誉体现于他们的学术著作和文学作品中。

到了20世纪90年代末，西方再次表现对现代中国发展的强烈兴趣。无论哪个时期的西方学者，都试图对中国经济在1300年前的经济盛况或当今正在崛起的现状进行解释。不过，大部分学者最后都陷入两个迷惑之中：为什么近现代工业没有出现于14到15世纪的中国？为什么中国经济在近30年来能够以平均接近两位数的速度发展？他们最后都一致认为：如果不能很好地理解中国文化的独特性，几乎很难理解千年前的领先和今天的赶超。但基于对中国文化的不理解或误解，他们几乎都没能揭开这个历史之谜。即使到了今天，大家还是莫衷一是。

无疑，解谜的责任落到了我们肩上。

如果你仔细分析一百年来中国经济的发展，很快就会发现，中国认认真真搞经济建设的时间不足三分之一，却取得了令人惊讶的成就。因此，许多西方学者预测，如果时间再站在中国一边30年，中国经济总量定会成为世界第一，人均产出水平也会达到发达国家的入门水平。

翻开历史，展现在我们面前的故事是：中华文明起步较晚，但仅仅在商周之际，便迅速地超过了早自己两千到三千年的其他古代文明。是什么力量促使中华古人如此迅速地创造了辉煌的商周历史？这种精神是否也在继续帮助现代中国人完成新的历史使命？要回答这些问题，我们就要从商末周初已有的文献中寻找答案。

三、《周易》是解答谜团的钥匙吗？

我们致力于从历史中寻求答案，然而历史留给我们的可靠文献少之又少。《尚书》可以考察政治变化，《诗经》则向人们展开了当时社会的演进画卷，但这两部古籍都没有成为凝聚人们精神的基石。凝聚精神，需要如下特征：影响社会的主要政治、经济、军事、文化等领域的活动，决定这些领域的演进方向；成为一个民族的思维方式；成为一个民族的行为规范；成为一个民族安身立命的工具。

《周易》起到过这样的作用吗？

第一，受《周易》影响的领域有：中国的儒道两家学说。此二家都从《周易》中获取无穷无尽的营养，并将其作为自己学说的支柱。胡适认为："孔子学说的一切根本，依我看来，都在一部《周易》。"中国的兵法理论、谋略理论等深受《周易》影响，《孙子兵法》、三十六计皆取象八卦或六十四卦，另外还有著名的隆中对、八阵方图等。中医理论也建立在《周易》之上，孙思邈称"不知易无以为太医"。中国的汉字形态与八卦息息相关，甚至许慎的《说文解字》就是按照《周易》写就的，这是有历史记载和现代考古依据的。《周易》对自然科学的影响也是深远的，杨辉三角、方阵排列、黄金分割线，都是受《周易》的启发。天文历法几乎是对《周易》结构的重建和契合。

第二，到目前为止，研究《周易》的经典就有三四千部之多。儒道释皆从《周易》当中获取养料，并将自己的理论与之相沟通，这就造就了中国古代学术的独特性：派别林立但相互补充，观点各异却协调互证。这也为中国“和”文化奠定了基础，《周易》中的中道观、正道观、和合观已经成为中国人特有的思维方式，其中的“天人合一”思想成为各流派的共同认知。

第三，《周易》本身也是一套教化人民仁爱、正直、中道、守职的教科书，更是一部规范官员行为的指南，大象辞几乎都在告诫官员要教化民众、爱护民众、慎用刑罚、中正为官等。三百八十四爻，爻爻提醒人们做人要收敛、正派、不留偏私、戒惧反省、当位，等等。把《周易》的占卜外衣脱去，它几乎就是一部行为规范手册。

第四，《周易》与《圣经》《吠陀经》一起并称世界三大经典，是因为它们对世界不同地区的文明起到了构建作用，是因为它们成了不同文化的识别基因。中国人奉敬祖先、忧患戒惧、和正家庭、关爱国家，这些观念都明明白白写在了《周易》的卦爻辞、象辞之中。魏道宋儒的修身方法，都从《周易》中获得无穷的启示。不能说《周易》难以读懂，就认为这部经典离我们很遥远，其实，这部经典的精神早已化作中华文明的经脉，畅通于我们每一个人的心灵。也许你一生都没有读过《周易》，但这并不妨碍它对你的帮助和指引。最难能可贵的是，《周易》中的诚信敬畏观念，与自然、与他人和谐的观念，遵循自然规律的教导，和谐的伦理观念等，都会矫正现代社会的许多弊病。

四、西方学者解答了西方兴起的奥秘了吗?

在回答西方学者的两大困惑之前，我们回到问题的另一面：西方学者揭示了西方兴起的奥秘吗？换言之，为什么唯有西方世界走向了近代工业化之路。对这个问题的回答大致有如下几种：

1. 从历史演进的角度看，西方先出现工业革命，进而走向工业化。但这种观点没有解释为什么工业革命会在欧洲产生。

2. 社会主义者认为是资产阶级革命引起生产方式的变革，从而有利于工业革命的进行。同样，这种观点没有解释为什么资产阶级革命会在欧洲产生，也没有解释为什么资本主义会促进经济快速增长。

3. 西方社会出现了有利于产权清晰的制度变迁，因此西方社会得以兴起。但这一理论却没有令人信服地解释这个过程的起点在哪里（诺斯只是将起点归因于黑死病，令人难以相信）。

4. 西方独有的新教伦理成就了资本主义精神。韦伯的这一学说没有逐一说明其他的文化与资本主义精神相冲突。

因此我们说，西方学者对工业化在西方的实现并没有给出一个令人满意的答案。期望他们给出解释中国发展的答案是不现实的，那些视西方学者的理论为圭臬的中国学者，也许一辈子也不会接近正确的答案。

作为中国人，有责任破解西方学者的两个迷惑。为此，我们深入到文化的基因中，探讨中国能否完成赶超的历史使命。对此，我们先看看西方学者关于这个问题的疑惑。

五、爱因斯坦与李约瑟提出了什么样的命题

中国学者对《周易》的非难以及对《周易》的颂扬皆来自爱因斯坦的一段话，只是非难者取其前半段，颂扬者取其后半段。爱因斯坦是这样说的：

西方科学的发展是以两个伟大的成就为基础，那就是：希腊哲学家发明形式逻辑体系（在欧几里得几何学中），以及通过系统的实验发现有可能找出因果关系（在文艺复兴时期）。

在我看来，中国的贤哲没有走上这两步，那是用不着惊奇的，令人惊奇的倒是这些发现（在中国）全都做出来了。

通俗地说，中国古代没有西方式的演绎法和实验科学，但中国的先哲却做出了与西方学者一致的成就。实际上，爱因斯坦的惊奇与困惑，应当这样表述：是什么样的思维方法让古代的中国人取得如此辉煌的成就？

专门研究中国科学技术史的英国人李约瑟说得更加容易引起歧义与争论：

早期“近代”自然科学取得伟大成就的可能性，是源于机械论宇宙的假定——也许这对于这些成就是必不可少的——但是这样一个时代注定要来到，在这个时代

里，知识的增长迫使要接受一种更加有机的、与原子唯物论一样的自然主义哲学。这就是达尔文、弗雷泽、巴斯德、弗洛伊德、施培曼、普朗克和爱因斯坦的时代。当这个时代来到的时候，人们发现有一系列哲人已经铺平了道路——从怀德海上溯到恩格斯和黑格尔，从黑格尔上溯到莱布尼兹——而这种灵感也许完全不是欧洲人的，而且也许这种最现代的欧洲自然科学的理论基础受到庄周、周敦颐和朱熹这类人物的恩惠比世界上现在已经认识到的要多得多。

李约瑟的观点我不敢苟同：第一，只有西方科学进步的基石，而没有中国古代科学的基石吗？第二，既然中国曾领先世界，就能猜测中国先哲是西方近代文明的导师吗？

不过，他指明了一条研究大道：通过研究中国文化传统与西方文化传统的对立与契合，找到问题的答案，并解决相应的问题。李约瑟根据他的研究得到：学界公认的英国工业革命的所有先决条件，在明朝初年都已经具备。进而，他提出了著名的“李约瑟之谜”：为什么中国古代科技遥遥领先于西方社会？而工业革命不能从中国开始？

李约瑟半个世纪有关中国古代科学技术史的研究工作，实在令我敬佩，同时也令我汗颜，因为我们对中国科技史的了解，远不如李约瑟这个外国人，我深深忧虑许多国内“现代学者”对国宝的态度，尤其是对《周易》的态度远不如西方人。这些人以接受洋人观点为科学研究的起点，以在国内下苦功夫研究国学为旁门左道，他们正静悄悄地将中国文化传统塞到了西方文化传统的大幕后面。增加自己的自信心吧！请记住李约瑟以下的话：

中国文明在科学技术史中，曾起过从来没有被认识到的巨大作用，中国古代和中古代的医生和技士们的本领，比大多数汉学家愿意承认的强得多，人类历史上一些很基本的技术，正是从这块土地上生长起来的，只要深入挖掘，还可能找到更有价值的东西（《中国科学技术史》第1卷导论，第8页）。

六、迷失自我还是回归传统

许多西方学者把《周易》称为“宇宙代数学”“科学之巅的王冠”。在《周易》的故乡，它却被当成糟粕。目前我国对《周易》的研究远落后于海外，我们掌握着世界上最新的考古资料，却难以作出相应的贡献。

我们对《周易》有太多的误解，实际上源于两点：一是将看问题的参照系定在了西方，如同欧洲人认为自己是世界的中心，那我们只能是远东了。如果总是这样看问题，当然只能在人家的身后亦步亦趋。二是自己根本就没研究过《周易》，人云亦云，凭空想象，好似真理在手，其实离真理非常遥远。

根据上面的论述，我想大部分读者应该同意我的如下结论：

第一，《周易》是中国文化的基因，尤其是促进古代科技发展的原动力，因此，拥有这样的文化传统是我们的骄傲，应当继承发展。《周易》能够促进中华文明领先世界四千年，其中合理的文化基因应当被我们继承和发扬。

第二，中国文化缺少演绎方法和实验科学传统，妨碍了中国近现代科技的进步。那么，我们就应该认真学习西方的先进方法和手段，补足我们的缺憾。《周易》对此虽没有直接的帮助，但其中的系统观念、整体观念、变通观念、尊崇规律的观念都会有助于我国学者完成科学观念的转变。

第三，《周易》思维不能生硬地归类于演绎或归纳任何一方，本来《周易》的象思维与西方思维是两个完全不同的体系，无论是产生时代、环境、演变过程都是相对独立发展的。因此，对我们来说，供我们提高逻辑分析方法的手段比西方人多一个：象思维、归纳和演绎，这是中国学者的优势所在，不是劣势所在。

正确的方法是：挖掘他们的异同，取其精华，为现代人所用。持两端的方法是：掌握西方的思维方法，抛弃中国思维传统；或者坚持国学思维方法（首先要掌握这种方法），走出一条新路，成就现代国学的兴盛。

最可怕而又不可取的方法是：以西方为参照系，跟踪国外的学术成果（学习西方先进的科技知识，当然以西方科技发展为参照系，但研究国学绝不能如此），靠批判祖宗混得学术头衔，最后自己既没有掌握演绎方法，也没有掌握实验科学方法，更不懂祖宗的宝贵遗产为何物。

古今中外皆是经济大进步伴有文化大发展，但这样的景象在现代没有出现。我想，中国现代文化没有出现大繁荣景象，多少与此类学者长期活跃在中国社会科学舞台有关吧！先是在百年前倡导“全盘西化”，彻底否定自己，致使知识分子丧失自信心；之后便是寻找西方各式武器（左的或右的）与中国传统开战，大演“关公战秦琼”的大戏；再之后便是循环往复的玄学与科学的论争，直到中国出现诚信危机、文化危机、生存危机之时，人们才幡然悔悟；直到自己日子过得不错了，人们才需要一点文化传统的点缀。

清华校训与韩国国旗

一、清华校训体现乾坤合德

众所周知，清华大学的校训是“自强不息、厚德载物”，这个校训取自《周易》乾卦和坤卦的大象辞。

实际上，1911 年，清华大学的前身清华学堂初创时就提出“以进德修业、自强不息为教育之方针”。而“进德修业”是《乾卦文言》解释九三爻的用语，“自强不息”是对进德修业的最好诠释。1914 年，著名学者梁启超来到清华大学以《君子》为题发表讲演，以“自强不息”“厚德载物”勉励学生，这八个金光闪闪的大字被铸入校徽，高悬于大礼堂的上方，成为清华大学师生共同遵守的校训。

近百年来，清华学子在中国教育、科技、政治、文化、外交、军事、科学，乃至体育、艺术领域都作出了非凡的贡献，正是体现了清华校训的精神。清华大学的毕业生更以踏实肯干、兢兢业业闻名于全社会，这与梁启超的期待是一致的。

《周易·乾卦》象征至高最大的天，它的六爻大义为：一条巨龙一生经历了六个阶段。第一阶段开始潜修内功，不要对外张扬；第二阶段开始显示美德，被社会所认同；第三阶段则保持戒慎反省，进德修业；第四阶段则审时度势，或跃上高处，或又沉入湖渊，进退有据；第五阶段飞向蓝天，展示自己的全部才华；最后阶段避免高亢过度，谨防走向衰亡。这条龙的一生不曾有一刻的自暴自弃，完整地实践了自己的生命价值。它的仁爱、坚持、谨慎、自如、向上，都深深地缔造了伟大的中华文明。中国人爱给自己的儿子取名龙、乾、天、健等，正是期待自己的儿子能够像乾卦中的龙那样，走完自己奋斗的一生，正所谓“望子成龙”是也。

“龙马精神”不是一句口号，中国人的坚持与勤奋可谓世界第一。当前，西方人很少每天工作超过 6 个小时，而在中国，24 小时店比比皆是。可以这样讲，世界上最勤奋的学生群体在中国，世界上最勤劳的工农群体在中国，甚至世界上管事最多的官僚群体也在中国。中国文化中的乾卦拥有刚健基因，促使现代中国人不断地创造着新的奇迹，快速的经济增长、巨大的社会变革，不断修正着自己制度上的缺陷，且社会发展还相对地呈现出稳定和谐的局面，人们的信心愈加高涨，在当今世界，还有哪个民族能做到这一点？

《周易·坤卦》象征宽厚广大的大地，它的六爻大义为：在事情的隐藏未发阶段，就要认清事情的变化规律；学习大地的正直、方正、博大的品格，因此做人做事要择善而为，这样就会最终止于至善；隐含自己的美德和才华，守持正道，建功立业但不要居功自傲；在环境不好的时期，要节制自己的行为，不要追求名誉，要防范危险；身居重要领导岗位，要学会对外柔顺，对内谦卑的做事风格，这样就会通畅组织，事业发达；最后，切忌走向困穷而违背顺成原则。因此，坤卦从头到尾都在讲解如何顺从规律、顺从环境而有所为、有所不为的道理，这些道理几乎成了中国人做事情的准则。

“谦虚谨慎”是中国人做人做事的准则，中国人谦虚与内敛的传统目前正在经受着考验。但是中国人崇尚做人大度宽厚，最爱说“大人有大量”，“宰相肚里能撑船”，最喜欢儒雅谦卑的上流人物。随着中国文化传统的复兴，必会出现一个国民性情温和、举止优雅、守信守约、为人淳朴、谦让礼貌的国度。因为，这样的为人原则，统统记载在《周易》上，记载在“四书五经”上，记载在《老子》《庄子》上，记载在中国历代贤圣的学术著作上。

二、韩国国旗契合太极八卦

世界上有两个国家的国旗图案留有中国文化的痕迹，一个是韩国的太极旗，一个是不丹国的龙旗。其中，韩国人更是将中国文化传统的基本符号印在了自己的国旗上。

朝鲜半岛曾在1910年被日本吞并；1945年日本无条件投降后，以北纬38度线为军事分界线而分裂成南北两国。

1948年8月南方独立为大韩民国。1949年，韩国文教部正式确定韩国国旗为现在的样式：太极旗横竖比例为3比2；白底代表神圣的国土；太极图象征宇宙天地浑成以及单一民族构成的国家。中间太极的圆代表人民；太极的两仪为上红下蓝，分别代表阴阳。四周配以八卦图形。据韩国官方解释，太极图中的红色代表阳，蓝色代表阴，万物是由阴阳所构成的，阴阳合一代表宇宙的平衡与和谐。火与水，昼与夜，黑暗与光明，建设与破坏，男与女，主动与被动，热与冷，正与负等，作为宇宙中两种伟大的力量，通过相互对立而达到和谐与平衡。旗子的四个角落为八卦中的四卦，左上为乾，右下为坤，右上为坎，左下为离，分别代表天、地、水、火，或父、母、男、女之意，也象征朝鲜民族的融合与国家的发展。毋庸置疑，韩国国旗的太极和八卦思想来自中国的《周易》。和谐、对称、平衡、循环、稳定等原理代表着中华民族对宇宙、对人生的深刻思考。

这面国旗被赋予了许多内涵，是对大韩帝国国旗的继承。说来还有一段故事：1882年8月，两位李氏王朝的使臣朴泳孝和金玉筠奉命赴日本谈判。当时李氏王朝尚没有国旗，这两位使者认为，作为一个国家的代表，没有国旗是不行的，两人商议，决定用《周易》中内涵丰富、富有深刻哲理的太极图作为国旗图案。

于是，他们在去日本的船上绘制了一面太极旗。两人回国后，将绘制国旗一事向政府做了汇报，受到肯定和赞扬。第二年即 1883 年，李氏王朝正式颁布该旗为李氏王朝的国旗。

实际上，韩国政府对自己国旗的解释，与宋朝周敦颐《太极图说》中的含义有许多相通之处。

周敦颐在《太极图说》中说（白话）：

无极而太极。太极动而生阳，动到极致则静止下来；静则生成阴，静到极致则又动起来。所以说，一动一静，互为根源。从太极分出阴与阳，也就形成了天地两仪。

阳主动变化，阴则承顺相合，这样就产生出水、火、木、金、土等五行。五行之气顺次变化，春夏秋冬则依次运行。

乾道生成男，坤道生成女。阴阳二气交互感应，化育生成万物；宇宙万物生生不息，而变化无穷。

至于韩国太极图上的四个卦象，分别为伏羲先天卦和文王后天卦的南北两极的卦象。先天卦两极为南乾北坤，后天卦两极为南离北坎。可见，韩国国旗所包含的《周易》因素相当多，几乎涵盖了太极八卦的所有核心内容。

京城九门与故宫大殿

一、京城九门展示后天八卦结构

也许你早已习惯京城九门的称谓，也许你就住在朝阳门或者西直门，但是，你是否清楚这些城门在兴建的时候，是完全按照八卦来摆布的，而且每个门楼的功能与作用绝不可混淆？

明朝修建北京城，共设了九个城门，就是人们常说的北京“内九城”。今天京城九门中虽大多无存，在原址却留有以九门命名的地名。每个门都有独特的名称和独特的用处，被称为“九门走九车”。

这九个门的功能是按照后天八卦排列命名的。

北面城墙有两个门——德胜门和安定门。西北方为乾卦，有勇往直前之意，乾金象征兵戈，因此出兵打仗要出德（得）胜门；北为坎险，危险当然要尽量回避，因此，元大都唯独在正北不设城门，克服危险，班师回朝自然要走安定门，正所谓“利涉大川”，也正因为方位北为坎，代表危险，所以此门命名为“安定”。在安定门正南方向则是元大都的“安贞门”，即今天北京三环安贞桥附近（不过，明清皇宫是在元大都基础上往东南方向后撤了，在正北方位，元大都城墙没有开设城门，因为《周易·说卦》云“坎为隐伏”，故应看不到此门）。北京民谣有：“打仗要德胜，进兵就安定”，说的就是这个意思。有意思的是，明朝的主要威胁来自北方少数民族，士兵出北门也符合实际情况。另外，根据先天八卦方位理论，乾天在南，坤地在北，地为阴为偶数，所以城墙北面开两个门；同样，天为阳为奇数，所以城墙南面开三个门。

南面城墙有三个门——宣武门、正阳门和崇文门。宣武门处在西南坤卦之位，坤为纯阴卦，象征阴寒之地，万物终要归藏于土，因此，坤有收藏功能，季节为立秋，汉朝大易学家虞翻取象则强调坤卦为死、为丧的一面。因此，北京城西南多坟场，西南门也是犯人到菜市口行刑的必经之地，成了死囚必走的鬼门关，且处斩时间也选定在“秋后问斩”，奇门遁甲更是将这个门说成是“死门”。而元大都相应的城门命名为“顺承门”，则取义坤顺承乾。正南为离卦，离象征太阳，因此此门取名“正阳”，另外，先天八卦为乾，正是国君象征，因此，正阳门也就成了天子进出的特权门。元大都将此门命名为“丽正门”，则是取义离卦象辞“日月丽乎天”。东南城墙开的是崇文门，此门与宣武门东西呼应，它们的命名源自古代“左文右武”的礼制，文官上朝走东侧，朝堂之上则立在皇帝的左手边；同样，武官上朝则走西侧，朝堂之上则立在皇帝的右手边。文德是仁德，需要崇尚，武德是义德，需要宣扬，这就是崇文、宣武的含义。东南为巽卦，开此门是要将正气、财气集结到内城。此门又是政府纳税的关口，因此，抽税最高的酒车就得从这里经过了。另外，北京百姓家的四合院也需集纳正气、财气，因此北京的四合院的大门多开在东南巽位（还有开在西北乾位的，乾金生水，因为水有收止气场的作用，有利于德业和财气的积聚）。

西边城墙有两个门——西直门和阜成门。西直门位于西北向，亦是乾位，乾为金，从五行上看，金生水，故北京的水源在西北部的山脉中。从先天八卦上看，西北为艮为山，西山为太行山脉，北部山区为燕山山脉，有山必有泉，北京的西北方向正是高山叠嶂，永定河和玉泉山的水恰恰从西北而来，流向东南，成为北京水的来源，同时，也使北京城成为“山环水抱”的风水宝地。因此，西直门不仅走水车，旁边还是河闸口。阜成门处在正西兑卦，兑为金，有矿藏。兑金也象征折损，因此，从京西门头沟开采出来的煤炭源源不断地从这里运进城。有意思的是，今天的阜成路和莲石路仍是进京煤炭的主要入口。

东边城墙有两个门——东直门和朝阳门。东直门为东北艮卦，北京东北部恰恰是燕山山脉。先天八卦的东北方位为震为木，因此建材杂物走此门。正东为朝阳门，为震卦位，日出东方，因此此门命名为“朝阳”。另外，元以来，通过大运河南粮北调，南来的粮食经水路到通州码头，在通过朝阳门后进城。从今天北京城区东部的名称上，仍可以感受东直门和西直门运输的繁忙。如大木仓、海运仓、船板胡同等，如今东直门外和朝阳门外仍是北京仓储的集中地区。

从上面的分析，我们可以知道，北京的地形与中国的总体地形有相通之处：西南、西北、正北和东北都是山区，有两条往东南方向去的河流，平原地区集中在东南方向，这与中国地形有异曲同工之处，同时又都相通于八卦原理和五行之说。可以说，北京是少有的风水宝地、天然的建都福地。

后来，随着城市规模的扩大，清朝又在原有城墙的南侧修了一个外城墙，加设了外城七个门，俗称“里九外七”。这七个门为：东便门、广渠门、左安门、永定门、右安门、广安门、西便门。从此，北京城看起来就像一个“凸字”。里九外七的设置，也是由八卦理论而来，外城处在南面，南为阳，设七个城门，符合少阳之数。内城处在北面，北为阴，设九个城门，符合老阳之数。内城处阴用阳，正是太极阴阳平衡思想的体现。按照占卜易理，老阳可变，少阳不可变，这象征着皇帝掌握着生杀予夺的变化权力，而臣属只能顺从。

二、四大祭坛仿照先天八卦

北京九门是按照后天八卦排列的，但皇宫必须按照先天八卦排列。因为，伏羲先天八卦阐述的是上天运行之理，从太极图来看，阳气生于北而盛极于南，阴气生于南而盛极于北，故先天八卦乾南坤北为轴。而文王后天八卦阐述的阴阳之气变化运用之理，水与火是天地的最大应用，分别得乾坤的中气，所以，后天八卦以离火为南，坎水为北。皇帝贵为天子，承天治理民众，因此，其相关建制应符合先天八卦方位理论。

最能体现先天八卦方位理念的就是四大祭坛和皇城结构。

北京内城有四个祭坛，其中天坛建筑规模宏大、建筑结构精美，占地面积较大，古树参天，绿草茵茵，是排在故宫、长城之后北京的第三张名片，地坛、日坛和月坛的建筑规模依次递减。

天坛与乾的关系，还体现在天坛核心建筑祭坛圜丘上，圜丘围墙有四个门，东门为泰元门，南门为昭亨门，西门为广利门，北门为成贞门，四个门所表达的正是六十四卦第一卦——乾卦的卦辞：元、亨、利、贞。

与四大祭坛相似的是，皇城四个门，也体现先天八卦原理：南为天安门，北为地安门，东为东安门，西为西安门。其中，天安门又称为承天门，象征皇帝的权力是承天而来，奉天的旨意而统治天下。这一秩序也延伸到皇宫内廷中，南为乾清门，北为坤宁门，东为日精门，西为月华门，正是乾南坤北、离东坎西的结构。

三、先天八卦解密紫禁皇城

明清皇宫建筑庞大，宫殿数十间，房间近万间，但皇宫最重要的宫殿有六个：前朝三大殿——太和殿、中和殿、保和殿；内廷三大宫——乾清宫、交泰殿（宫）、坤宁宫。从皇城总体方位上看，外朝为阳，内廷为阴，故外朝三大殿皆取义《周易·乾卦》；从内廷自身来看，居南的后宫为阳，居后的后宫为阴。“太和”和“保和”取自《乾卦·彖辞》：“乾道变化，各正性命。保合太和，乃利贞。”大致意思是：天的法则是不停息地变动，从而化育出万物，万物要保持上天赋予的性命，就要保全自己的元气，达到阴阳平衡。可见，“太和”是最高的和谐，“保和”则是保有太和，“中和”是实现太和、保持和谐持久的手段。可以这样说，中和之道是《周易》思想的核心，也是《大学》《中庸》修身的基本功夫。中和就是保持阴阳平衡，达到仁爱和谐的一种状态。因此，“保合”含有“保和”与“阴阳平衡”之意，“保合太和”四字则是三大殿名称的来源。

太和殿俗称金銮殿，处在故宫的中心部位，殿内有沥粉金漆木柱和精致的蟠龙藻井，上挂“正大光明”匾，殿中间是封建皇权的象征——金漆雕龙宝座。太和殿是明清两朝新皇帝即位登基之地，是皇帝册立皇后，派将出征以及每年元旦、冬至、皇帝生日三大节日及国家其他重大庆典时，皇帝举行仪式和百官朝贺的地方。中和殿是皇帝在举行大典之前暂坐休息等候上朝时辰的地方，在接受百官祝贺后再去太和殿。保和殿在中和殿之后，是皇帝册立皇后，册立太子，大臣上表时举行仪式受贺之地。太和殿红墙黄瓦、朱楹金扉，在阳光下金碧辉煌，是故宫最壮观的建筑，也是中国最大的木构殿宇。

这前朝三大殿均建在三层基座之上，且三大殿的三层基座连成一体。特别有意义的是，这三层基座由北向南和从上向下看来，正好组成一个“土”字形，而且“土”字“居中得正”。这正说明，皇家自认为是“中央土”，“土”要永远“居中得正”。太和殿面阔十一间进深五间（两个廊柱的距离为一间），此外，天安门、端门、午门的城楼、保和殿、乾清宫等都是面阔九间而进深五间，含有九、五之数，象征着天子的“九五之尊”。

在内廷或后宫中，处在中轴线上的三大后宫为乾清宫、交泰殿（宫）、坤宁宫。乾清有两层含义，一个是乾代表天，天的阳气具有清扬上升的性质，二是告诫皇帝要效法天，要清明行使皇权。坤宁的意思则是告诫皇后应效法大地安静柔顺的品德，守持宁静真正的妇道。乾坤相交，坤宁在上，乾清在下，形成上坤下乾的泰卦，因此在乾清宫和坤宁宫之间设立交泰宫。其中，乾清宫是后宫正殿，是明清两朝皇帝的寝宫，也是皇帝日常活动和平时处理政务的地方，每年元旦、灯节、端午、中秋、冬至、皇帝生日等节日，皇帝在此举行皇族家宴。交泰殿（宫）在乾清宫之后，是皇后每逢大典及生日接受祝贺的地方。坤宁宫在交泰殿（宫）之后，是皇后的寝宫和皇帝大婚洞房之处。特别要提出的是，乾清宫前庭院台基的前半部为白石勾栏须弥座，后半部为青砖台基，形成“乾坤合德”之象。

皇宫宫墙采用红色，大殿的顶部是黄色，对此有不同的解释。如红色为火，火生中央土，则有稳固皇权基础的含义；明朝的“明”字为光明为火，明朝皇帝姓朱，朱者，赤也，赤为火，故为红墙。实际上，在八卦中，红色为乾卦之色，黄色为坤卦之色，上坤下乾构成泰卦，取义天下交泰。如果把这个泰卦看作是纵向的泰卦、隐伏的泰卦，那么，在乾清宫和坤宁宫之际为交泰宫，则是横向的、显明的泰卦。

莱布尼茨的二进制与波尔的徽章图案

一、莱布尼茨受益《周易》有案可稽

上文提到，15 世纪到 18 世纪的西方学者对中国文化十分痴迷，其中，那些到中国传教的牧师架起了中西交流的桥梁。自从《马可波罗游记》出版以后，中国就成了西方人心目中的文明圣地，因为作者所描述的元代远远比西方社会发达、富庶。之后，源源不断的传教士开始了他们东来的路途，留下了利玛窦、南怀仁、柏应理、白晋的名字。除了传播“福音”，他们还带来了西方的机械、几何、物理、历法、哲学等。应该说，这些西方文化与文明对明清时期的中国来说，是先进的，足以打开当时知识分子封闭的眼界。但是，当时的政府和绝大多数知识分子对西方文化与文明却采取漠视和否定的态度，斥之为无稽之谈、异端邪说、雕虫小技。这种故步自封的态度与中华文化兼容并包的精神，与《周易》含弘光大、厚德载物的精神不可同日而语。

众所周知，计算机技术依赖于二进制的发明。二进制是由莱布尼茨发明的，因此莱布尼茨有“计算机之父”的美称。实际上，莱布尼茨在当时是名冠欧洲的大学者、数一数二的数学家，也是一流的哲学家，他独立地创立了微积分的基本概念与算法，和牛顿共同奠定了微积分学。他与《周易》扯上瓜葛，源于他寄给当时在中国传教的白晋一封关于八卦图与二进制关系的信件。信中明确表达了他对伏羲八卦图的赞叹，并认为中国在远古就具备了二进制的思维方法。关于莱布尼茨是否受伏羲八卦次序图、伏羲八卦方位图的影响，学术界一直争论不休。事实上，在当时的欧洲，中国传统思想早已被介绍过来，莱布尼茨不必看到白晋所寄伏羲八卦图就可以见到伏羲方圆图了。

在艾顿所编著的《莱布尼茨传记》中，详细记载了法国传教士白晋对莱布尼茨发明二进制的影响。莱布尼茨从1697 年底开始与白晋首次通函，并介绍了一些自己对自然规律的研究体会。1698 年 2 月 28 日白晋在复函中指出，莱布尼茨所说的自然规律与中国哲学中阴、阳、动、静相同。白晋认为中国古老哲学体现在《周易》图之中，它以阴阳简明自然的方法表示了所有科学原理。莱布尼茨二进制算术体系，大约在 1701 年以前已形成。依据是莱布尼茨当时正在为巴黎科学院撰写一篇论文，而这篇文章就是二进制算术体系，0 与 1。1701 年 2 月 15 日莱布尼茨回函白晋。白晋见函后马上发现莱布尼茨的二进制与六十四卦相同。1701 年11 月 4 日白晋回函，据莱布尼茨本人介绍由于邮件绕行英国，1703 年 4 月 1 日收到邮件，见到了伏羲六十四卦方圆图。

当莱布尼茨收到白晋信中所附的伏羲卦序图和方位图后，也认为自己的二进制算术体系与伏羲这两张图类同。几天后莱布尼茨撰写了“二进位算术的阐述——关于只用0与1兼论其用处及伏羲氏所用数字的意义”一文，发表在法国《皇家科学院院刊》，收稿日期为1703年5月5日。

艾顿根据白晋所寄的伏羲八卦图晚于莱布尼茨的二进制算术发明确定，莱布尼茨不是受伏羲六十四卦图的影响发明了二进制算术。李约瑟在《中国科学技术史》第2卷“关于《周易》与莱布尼茨的二进制算术补记”中也记述了这个经过。国内有些学者据此也否定莱布尼茨受太极八卦影响而发明了二进制。

应该说，莱布尼茨发明二进制与白晋所寄的伏羲八卦图没有必然联系，但不能说莱布尼茨发明二进制与伏羲八卦图没有关联。据一些公开的历史文献记载，莱布尼茨在白晋所寄伏羲八卦图的16年前早已熟知伏羲八卦图。利玛窦著有《八卦与九宫之变化》，柏应理著有《周易六十四卦和六十四卦意义》。莱布尼茨发明二进制，就曾提到柏应理的著作。同时，莱布尼茨也提到在巴黎会见白晋教士，白晋提出阴阳变化关系，对他发明二进位原理启发很大。白晋本人对《周易》很有研究，著有《易经阴阳变化数理关系》。

柏应理所著《中国哲学家孔子》详细地介绍了八卦原理，包含伏羲八卦次序图、伏羲八卦方位图与周文王六十四卦图。引人关注的是，柏应理在伏羲八卦次序图、伏羲八卦方位图和周文王六十四卦图上，均标有阿拉伯数字 1、2、3、4、5、6、7、8……直至 64。

与同时代的其他学者一样，莱布尼茨对中国的文化和哲学思想十分着迷。莱布尼茨于 1687 年在一封给友人的信中，提及了阅读《中国哲学家孔子》一书。他不仅阅读过，而且在信中还提到伏羲的名字。可见，莱布尼茨不仅见过柏应理书中的伏羲八卦次序图、伏羲八卦方位图，还受到了较大的触动。

二、玻尔崇尚《周易》中外皆知

玻尔（1885～1962）是丹麦物理学家，哥本哈根学派的创始人。在 20 世纪初，世界物理学的核心就在哥本哈根。1922 年玻尔荣获诺贝尔物理学奖。第二次世界大战开始，丹麦被德国法西斯占领。1943 年玻尔为躲避纳粹的迫害，逃往瑞典。1944 年玻尔在美国参加了和原子弹有关的理论研究。他对原子科学的贡献使他成为与爱因斯坦并驾齐驱的伟大物理学家。他在 1913 年发表的长篇论文《论原子构造和分子构造》中创立了原子结构理论，为 20 世纪原子物理学开辟了道路。

玻尔比莱布尼茨幸运，他于1937年来到中国。在那个中华民族充满苦难的年代，在中国人备受西方凌辱的年代，玻尔以他对中华文化传统的崇敬，表达了对中国文化的热爱，以至于1947年，丹麦政府为了表彰玻尔的功绩，封他为“骑象勋爵”时，他将自己的爵士勋章镌刻上中国的太极图，并写上“互补即对立”的名言。

“互补”指的是玻尔于1928年首次提出了互补理论，“对立”指的是太极图表达的含义。互补理论的基本思想是，任何事物都有许多不同的侧面，对于同一研究对象，一方面承认了它的一些侧面就不得不放弃其另一些侧面，在这种意义上它们是“互斥”的；另一方面，那些被暂时放弃的侧面却又不可完全废除，因为在适当的条件下，人们还必须用到它们，从这种意义上说二者又是“互补”的。按照玻尔的看法，追究既互斥又互补的两个方面中哪一个更“根本”，是毫无意义的。玻尔认为他的互补原理是一条无限广阔的哲学原理，在他看来，因果性概念已经不敷应用了，必须用互补性概念这一“更加宽广的思维构架”来代替它。因此他说，互补性是因果性的“合理推广”。尤其是在晚年，他用这种观点论述了物理科学、生物科学、社会科学和哲学中的无数问题，对西方学术界产生了相当重要的影响。

与莱布尼茨受《周易》启发发明二进制这一问题引起

的争论一样，玻尔为自己的勋爵“族徽”图案刻上太极图，许多人便认为，玻尔的互补理论受惠于中国《周易》，结果在国内又引起轩然大波。在此，我不想卷进这场争论，但有几个事实不得不表达出来：第一，中国人抬出的西方学者皆是一等一的学界高手，绝对是统领时代的大师。争论的双方所聚焦的那个点，都足以引起中外普通读者的关注。第二，重点不是《周易》是否启发了莱布尼茨和玻尔，而是为什么《周易》与现代科学如此契合，这说明了什么？第三，与李约瑟之谜一样，为什么近现代中国人自己没有发明二进制和互补原理？

在国内，反对《周易》的人力图证明，《周易》对西方科学没有贡献，他们尤其对国内的易学家表达了轻蔑和近乎谩骂的批判。我无法判断这些人是否研读过《周易》，以及两千年来诸多贤圣的精深解读。我想说的是，这部经典在西方的命运远远好于当代中国。首先，17 世纪西方传教士将《周易》带回本土，几乎震惊了西方学术界。莱布尼茨是否因《周易》而发明二进制，根本不重要，重要的是他发现《周易》是一个科学研究的大宝藏。黑格尔是否从太极阴阳中得到启发而创立了辩证法不重要，重要的是《周易》与现代西方哲学理论的契合，因为这为中国哲学崛起于世界提供了可能性。玻尔是否受《周易》启发创立量子力学，并因此问鼎诺贝尔奖不重要，重要的是他对

《周易》的认识和理解，可以启迪中国的年轻科技工作者。此外，研读并对《周易》表达崇敬的伟大的现代学者还有心理学家荣格、物理学家卡普拉等一长串人物。诺贝尔经济学奖获得者查理森·威尔海姆曾还在强调：知识经济正在改变着我们的时代，但是许多人并不知道带给我们巨大冲击的这次革命，实在受惠于中国古代的伟大经典《周易》。《周易》中包含的信息论思想，不仅启发我们的科学家造出了计算机，而且正成为越来越多普通西方人日常生活的决策指南。

台湾学者、作家龙应台明确地指出：一个国家的繁荣昌盛，正是要证明自己民族文化的重要性。可是，当我们的物质文明建设取得巨大成就的时候，却发现我们的民族文化出现了严重的危机。

比如许多电视台搞“百家讲坛”“大师”“名家讲座”，火爆一时，可是讲来讲去，大部分学者只是把中国文化中的“智谋”部分挑拣了出来，客观上起到了教导民众勿要诚敬、勿要守信、勿要仁善、勿要坚持准则、勿要批评领导，总之，他们所讲的智谋有一个共同的结论：做真君子总是吃亏上当，做伪君子则可以名利双收（甚至有人为秦桧、袁世凯鸣冤，质疑岳飞、孙中山，简直是信口开河）。“百家们”所讲的智谋多是有悖诚信敬畏精神的逐利算计、道家阴险、兵家用诈、明哲保身等内容，与孔子三达德中的“智”的含义截然不同。遗憾的是，我们看到的只是一档阐述儒家修身的节目，且误读比比皆是。真善美是中华文化的精髓，仁义礼智信是我国传统的君子标准，不容把“经”念邪，这是关系到中华民族子孙后代，能否生活在友善、仁爱、诚信、文明的社会中的头等大事。

历史和现实反复证明，唯一可行的、能够教化我们这个社会文明的就是我国的文化传统。而复兴文化传统首先就要从传统典籍入手，《周易》作为五经之首和三玄至顶，应当起到举足轻重的作用。但是，目前《周易》在多数人眼中，只是占卜书籍，与巫术并列在一起，实在令我们忧虑。《周易》提出中庸至善、忠信仁义、自强不息、厚德载物、抑恶扬善、谦谦君子、有错必改、谦虚谨慎等做人准则，这些内容都可以大大提升中华民族的整体道德水平，使得百姓能够安身立命、行为规范，塑造自强不息的中国人性格。另外，《周易》提出一整套官员道德准则，如振民育德、责任天下、做事谋始、教思无穷、容保人民、中正有为、明罚敕法、厚下安宅、立不易方、言有物、行有恒、求同存异、反省修身、戒慎严谨、正位凝命、谦恭节俭等，这些内容无疑对根治腐败、构建官民和谐的社会具有十分重要的作用。

当代著名学者季羡林先生指出：“‘天人合一’这个代表中国古代哲学主要基调的思想，是一个非常伟大的、含义异常深远的思想”，“是人生最高的理想境界”。国学大师钱穆也说：“人类应当‘能注意到不违背天，不违背自然，且又能与天命自然融合一体’”，“‘天人合一论’，是中国文化对人类最大的贡献”。玻尔能够将互补原理与我国的“天人合一”理念联系在一起，我国的学者为什么非要束《周易》于高阁之上，甚至在没有读懂《周易》的情况下，偏执地置其于死地而后快呢？

《周易》入门与卦象释义
——理解《周易》象思维

《周易》思维就是“象思维”，这种思维方法有如下特征：

第一，通过取象获得对不同类别事物性质的理解。如乾卦取像天，进而将乾代表君、父、圆、红色等。天是我们看到的最大的象，在一个国家中，国君是最高的统治者，在一个家庭中，父亲具有最高的裁断权力。

第二，通过取象此类，将天道、地道和人道统一起来，教导人们效法天的大公无私和地的宽厚博爱。按照《周易》思想，国君的权力并不重要，重要的是国君要按照天的法则，即真善与仁爱的法则治理国家，同样，父亲应是一个家庭的楷模，敦厚仁爱应是父亲的形象。

第三，象思维具有直观性、整体性和同构性。六十四卦的基本含义与卦象往往能够直观地进行理解，如乾为天卦是两个天叠在一起，因此，乾为天卦阐述刚健有为精神，晋卦是太阳在大地之上，因此晋卦阐述晋升守正。无论是八卦还是六十四卦，都体现三才之道，尤其是每卦六爻，都含有一个完整的变化过程，如乾为天卦，通过六龙的“潜”“见”“惕”“跃”“飞”“亢”的过程，揭示事物发生、发展和衰亡的全过程。周易之所以具有预测能力，主要在于六十四卦是六十四个运行模式，至少可以与六十四种性质的事物同构，而同性质的事物千千万万，结果，周易的解释和预测能力自然很强。

第四，象思维可以将人们的日常经验创造性地应用到其他方面，如制度建设、发明创造等。《周易·系辞》载，古人通过离卦发明渔网。莱布尼茨通过伏羲六十四卦圆图悟到二进制。事实上，《周易》倡导变通、通久，正是一种系统化的创造性思维，将抽象思维容纳到形象思维之中，这对中华民族成为创造性民族具有重要意义。

殷商和宋朝是象思维最发达的两个时期，中华文明在这两个时期也最具有创造力。同样，我们期待象思维能够帮助现代中国人重新成为世界科技与社会文明的领先民族。

万事万物皆有周期大律
——《周易》大义

生命周期，万物有律

世间万物，皆有生命，生命皆有周期，大凡周期皆有共同的规律可循。本章所阐述的两点共同规律皆与《周易》相合：一是万物的发展过程特征是一样的——由六阶段划分表达，契合六爻；二是六阶段的发展过程或每个阶段内的发展过程，都会呈现相类似的变化规律，契合太极曲线——S曲线或倒S曲线规律。

一、六爻划分象征事物发展的阶段特征

六十四卦的内部结构有一个共同点，就是每卦皆由六爻组成，象征任何事物从出现到消亡都不会超过六个阶段，可以小于六个阶段，比如一年划分为四个季节。六阶段划分不仅是由八卦的三画相重而得，也不仅是要阐述“天地人”三才之道，而且是古人对事物发展规律长期观

察的结果。一般来说，六个阶段足以准确地描述任何事物的发展特征了。从孕育到初始，有一次事物性质的转化；从初始到成长，有一次事物性质的转化；从迅速成长到成长停滞，有一次事物性质的转化；从停滞到衰退，有一次事物性质的转化；从衰退到灭亡，有一次事物性质的转化。这五个转化点联结起六个过程。因此，六阶段划分可以充分体现事物的发展过程，对研究万物生命演化规律具有十分重要的意义。

万物生长变化皆有生命周期，这些周期阶段皆等于或小于六，再庞大久远的天体也会经历孕育、出生、幼稚、成长、盛壮、衰亡六大阶段。我们称太阳为恒星，并不是说太阳永远会存在下去，太阳也曾经历了漫长的孕育阶段、雏形阶段，才发展到现在的青壮年阶段；我们称之为“恒”，是因为我们人类的历史与之相比，实在太短，仿佛一个活了八十岁的老人，快速地眨了一下眼睛。据天文学家研究，太阳仍在不断变亮，变亮速度大约为每 11 亿年增亮 10%，之后经历红巨星之后（地球在这个时候化为蒸气，被太阳吞吸），最终会变成一颗与地球一样大的白矮星，不过那是 100 亿年后的事情了，最终太阳还会走向毁灭。而我们个体的生命与人类的历史相比，则如同百岁老人刚过了 14 分钟。地球至今已经度过了 32 亿年的寿命，正处在青壮年。

第一代恒星消亡了，它归宿于白矮星、中子星和黑洞。之后是孕育新一轮恒星，一个有生命的宇宙时代又将拉开序幕。我们看到的超新星爆发正是旧恒星衰亡、新恒星诞生的开始。

我们人类也要经过这六个阶段，分别称为：孕儿期、幼儿期、少年期、青年期、壮年期、老年期。这个阶段划分也适合其他生命过程。即使是只有几个小时生命的小飞虫也会经历孕育、出生、幼嫩、成长、盛壮、衰亡六个阶段，与人类无异。

即使是人类创造的社会组织也满足六阶段划分原则。如企业组织生命也是如此，依次经历成立期（对应屯卦）、初始发展期（对应小畜卦）、迅速成长期（对应泰卦）、盛壮顶峰期（对应大有）、衰退期（对应蛊卦）和被兼并或被清算（对应剥卦）六个阶段。

技术与产品周期历史演进也经历六个阶段：开发期（孕育）、引入市场期、成长期、成熟期和衰退期（应划分为衰减和退出两个阶段）。

庄子在《逍遥游》中讲了大年与小年的故事：

有一种菌类名叫朝菌，在阴湿的早晨出生，到阳光明媚的下午被曝晒而死，太可怜了，都不知道月亮还有圆缺。有一种蝉类名叫蟪蛄，过了春天出生，却在秋天来临前死去，蟪蛄也很可怜，存活不过一个夏季，既不知从前有暖春，又不知以后有凉秋，当然更不知凉秋后还有冰雪寒冬了。这被称作小年。

楚国南方有一种名叫冥灵的树。存活五百年才相当于人类过了一个春季，再活五百年又相当于一秋。这下该轮到人类可怜了，人再长寿也只能看到冥灵的一季，且几乎是恒常不变的。这被称作大年。当然还有生命周期更长的生物。

实际上，一个一生从没有离开过自己出生地的庄稼汉，并不知道更多的外界信息；生于干旱的甘肃，则不会感受江南还有绵绵的梅雨春季；生于热带的海南，则不会感受东北还有漫天飞雪的严寒冬季。然而，庄稼汉如果知晓了世间万物都会经历同样的生命周期，那他的智慧就与庄子比齐了。即使自己能够像古代彭祖那样活八百岁，整日只算计眼前一点私利，也不会有什么生命价值。庄子提醒我们，获得知识不是比谁的知识点多；知大律者才能获得大智慧，知小律者只是获得小智慧。通过感知自然天理，获得生命价值的提升，这才是庄子的教导，更是《周易》的大义所在！

二、万物运行规律契合太极阴阳变化曲线

在生活中，有很多曲线，例如，股票的波动线、心脏收缩过程中供血量的变化曲线、血压波动曲线、24 小时气温变化曲线，等等。S 形往往也是自然界的形状，如北斗七星

构成S形状，河流构成S形，甚至我们伏案工作的坐姿、熟睡的睡姿都是S曲线型的。

我们以股票价格曲线为例：有时候，一天之内，就要走十余个显著的S曲线或倒S曲线，这些若干小的S曲线合在一起构成一天的趋势走向，大致也符合S曲线或倒S曲线。

虽然具体的股价价位无法预判，但根据曲线的形状变化，就可以提前预知下一个阶段的股价走向。当股价上升的变化越来越快时，必然是一轮继续上升的过程；当股价上升的变化越来越缓时，虽然股价仍然上涨，但离回落已经近在咫尺。一旦股价达到顶峰，必然峰回路转，股价开始迅速下滑，直到股价下降的变化越来越缓时，虽然股价仍然低迷，但下一轮上升行情已经迫在眉睫。所以，只要读懂了太极图中间曲线变化的规律，就可以读懂股票价格的涨落趋势。

另外，股市看似杂乱无章，但一些长期遨游于股市的投资者，都知道股市有15天变化规律，有30天变化规律，有60天变化规律，但他们很少知道股市还有45天规律和22天规律，很少知道规律是叠套式的，即不同的规律往往交叉在一起，而那些峰值与峰谷的日期，几乎都落在了这些数字上。事实上，这些数字都是祖先总结出来的易数序列，它们所展示出来的正是天地星辰的变化规律。

我们知道，在人均GDP与收入平等之间有一条公认的倒U曲线，即在人均GDP较低时，社会分配相对公允，随着人均GDP的迅速增加，社会分配便出现两极分化现象，直到达到人均5000美元，又开始出现逐渐均等化趋势。这个规律早已被写进标准的经济学教科书。由于个人生命有限，研究者库兹涅茨不可能将研究拓展到更长的历史空间，在20世纪90年代以后，美国出现的情况则是贫富差距由缩小逆转为拉大，从而将倒U曲线变成了倒S曲线。

为什么事物的发展规律总要呈现如此相似的规律？这是由六阶段发展过程的性质历经五次转化所约束的。我们以产品生命周期曲线为例进行说明：在开发阶段，只有投入没有收益，尽管看不到产品的出现，但投入的规模是加速的；到了产品的中试阶段，年度投入达到最大；到了产品成型可以进入市场的时候，广告投入仍在增加，但企业可以通过销售收益获得损益平衡；之后，产品逐渐地被消费者认同，产品进入成长期，利润迅速增加；再之后，通过不断改良产品性能和生产工艺，产品进入成熟期，稳定的利润收入必然引起模仿者大量出现，从而使企业利润因供给者众多而下降；最后，渐次进入到迅速缩减时期，由于出现了成本更低的生产者，出现了性能更好的替代品，或者消费者不再认同这种产品，该产品进入退出市场阶段。如果我们把横坐标当作时间轴，把纵坐标当作利润水平，我们很容易画出一条横卧着的

S 曲线。

对于为什么我们的祖先会画出如此精妙的太极图，可谓众说纷纭。我常想，这也许与生活在黄河边有关：在古代，黄河经常改变河道，“三十年河东，三十年河西”，因为黄河是自西向东流的，无论是自己居住的东方或西方，都表明黄河在自己的家门口是南北流向的，以自己居住的地方为中心，将黄河的流向做一个连续的流向图，不恰恰是太极中间的 S 曲线吗？长江、黄河这两条河流不正是两条巨大的太极曲线——S 曲线吗？

周期运行，易知易从

《周易·系辞》说："易则易知，简则易从。"意思是"平易则容易让人明了，简约就容易使人顺从"。各个学科都存在这样的规律：大律至简，越是重要的、通则性质的规律，越是异常简单。而《周易》成书，正是要阐述体现万千变化的变易大律。简言之，万物变化皆在阴阳两个相反相成因素的相互作用下形成，再复杂的事情也只是简单变量的增减组合而已。复杂的计算机技术不过是 0 和 1 的演化，嫦娥一号发回的图像信号也是 0 和 1 的排列。0 代表阴，1 代表阳，阴阳二爻成为万物的基本构成符号，真实不虚。

一、简易管理是中华管理的智慧

黄钟大吕奏不出来复杂的音调，却是乐器中的君王。《周易》大律并不描述具体的经济管理问题，但这些大律可以揭示万物变化的规律，老子说"大道无形"，正是阐述的这一道理。

由于大律易知，人们才可以找到排解事物发展变化的具体规律；由于大律易从，人们才会容易地掌握学习和实践的技巧。管理学有一条大律：优秀的管理者每天的工作，就是将简单的管理律条不断地加以重复。

西方有一个家喻户晓的小测验：你同你的母亲、妻子一起乘着汽艇出海游玩。但是，很不凑巧的是，一个大浪打来，你的母亲、妻子同时落水。那么，你会先救谁？

A．母亲。因为在两个人当中，母亲今生今世只有一个，而我还可以再娶一个妻子。

B．妻子。母亲已近人生之途的尽头，死也无憾。

这个问题困扰了许多人，许多年轻女子在结婚前拿这个问题考验未婚夫的爱情度数有多高。其实，这个问题的答案异常简单："先救离自己最近的人"。思维越简约明了，越接近问题的正确答案。20世纪最伟大的管理天才杰克·韦尔奇说得更简洁：管得少就是管得好。将管理的律条缩小到极致，可能只剩下"诚信为人""反省戒惧""努力做事""相互协调"等基本的做人准则，这些准则恰恰是《周易》卦爻辞反复阐述的道理。比如：《周易》从乾卦到未济卦，几乎卦卦都强调谨慎是避免危害的前提，乾卦称："君子终日乾乾，夕惕若厉，无咎。"坤卦说："含章可贞。或从王事。无成有终。"而中孚卦专门讲解诚信之道，乾卦讲解奋进之道，同人卦讲解和合之道等。可是大部分人还在那里寻找所谓深奥的管理理论，实在是书斋里的游戏。

20世纪80年代计算机进入每个办公室，因此全世界流行“无纸办公”理念，一时间计算机成为环保的代名词。然而当电脑、软盘、打印机、复印机等设备进入办公室以后，人们更加方便地加印资料，电脑、打印机和复印机反倒成了巨大的浪费纸张的源头，这些IT产品也成了新的污染源。每个人都想让这些设备的功能发挥到极致，打印的资料又会在办公室里堆积如山。要想环保，最简单的办法是不要在办公室放置纸张。在交通方面也有同样的现象，交通一旦出现拥挤，政府就忙于修建新的道路，然而人们又会驾驶更多的汽车来填满每一条公路，不管道路如何扩建，交通永远都是拥挤的。简单的办法是减少生产汽车。

《周易》正是通过简单的卦象，阐述万物运动的基本原理，从而帮助人们趋吉避凶，成就人生和伟业。

二、如何才能有效地认知与实践《周易》大律?

事实上，认知大律与遵循大律都需要人们破除私欲这一障碍，这样才会获得规律的庇佑。比如先秦政治家、中国商人的祖师爷白圭和范蠡都提出了农业经济循环原理。古代岁星纪年法和五行思想，认为天时的好坏与农业的丰歉具有周而复始的循环周期，每一周期为十二年，周期开始的第一年总是大丰收，其后两年“衰恶”，第四年旱，再后两年小丰收，第七年又是大丰收，而后两年又“衰恶”，第十年大旱，继而又是两年小丰收，如此反复，以至无穷。在此基础上，白圭提出致富经，实行“人弃我取，人取我与”的原则，即丰收年景时，买进粮食，出售丝、漆；蚕茧结成时，买进绢帛棉絮，出售粮食。这就是遵循供求大律的行为，自然得到回报。然而，大部分农家却在丰年哀叹时运不济，谷贱伤农，而在歉年又感叹没有抓住物价好的时机，种上合宜的作物。

这样的例子比比皆是：比如大部分高校的入学录取分数是高一年低一年，20 多年从未改变过。但是，作为考生家长从来就没有人相信这个规律，他们总是觉得应该以最近的录取分数做参考，结果众多考生最终未能如愿以偿。这是典型的认知大律却不遵循大律的案例。再如，2003 到 2004 年发生过这样一件事，2003 年生姜的价格只有每斤不足 7 角钱，结果“姜贱伤农”。到了 2004 年，农民们纷纷改种大蒜，导致这一年的姜价达到了每斤 6 元，到春节时更是超过了每斤 10 元；而蒜的价格反而一落千丈，1 元钱可以买一辫蒜。这一怪事在 20 世纪 90 年代末也曾出现。到 2007 年夏，姜的价格又一次出现大幅下滑；至今，姜和蒜的价格周期变化还在继续着。这是典型的不能认知大律的案例。

近 20 年来，猪肉价格的波动着实让我们吃不消。一时间养猪成为政治局开会讨论的问题。猪肉价格之所以会有这么大的波动，原因在于猪肉的供求关系几乎长期处于失衡状态，左右摇摆，且摇摆幅度较大。细究下去，则是猪肉有一个较长的养育期，当猪肉价格大幅上升时，散养农户和每户的存栏数都会增加，结果必然引起饲料价格大幅上升，养猪成本加大，同时市场上生猪集中供给，导致猪肉价格下降，饲养者面临亏损的厄运。这一结果会导致来年的散养户下降，饲料价格也会大幅下降，饲养者因此会获得高回报。高回报还会吸引更多的人加入又一轮的喂养高潮中。结果，猪肉价格便遵循 S 曲线大律激烈地震动着。

猪肉价格仅仅是近十万种商品中的一种，在某些时候，可能大部分商品面临猪肉这样的困局：需求带动投资加大，从而也带动成本价格和商品价格飞升，价格上升又引起需求萎缩。灾难就在这个时候来临了：当商品供给量达到最大的时候，需求则处于迅速萎缩状态，高成本生产出来的产品将堆满仓库。

从 1825 年欧洲发生第一次全面的经济危机以来，经济周期的故事一讲就是 200 年，且讲得不知疲倦，讲得津津乐道。到了 2008 年，这个故事又一次进入到高潮。

事实上，要想猪肉价格不发生巨大波动，要想白圭的智慧能够被今天的农民认知，需要像白圭那样掌握并实践大律。自然周期大律真实不虚，人们应深信不疑。实际上，人体的运行规律依然真实不虚，但是，人们妄想自己有能力控制和改变这些规律，结果走火入魔。殊不知，从《黄帝内经》到老庄思想，都是对人体自然规律的顺从和挖掘，而不是懈怠身体或逆转身体。《黄帝内经》有一段精彩的对白，说明为什么远古的人可以像大部分动物那样获得天寿，从中可以看出现代人的缺憾。

黄帝问："我听说上古的人，都能超过百岁，而动作不衰；当今之人却半百而动作皆衰，难道是古今时代不同吗？"

岐伯答："那是上古的人知道养生之道，取法于天地阴阳，调和于五行。饮食有节，起居有常，每日劳作，故能获得天寿，过百岁而去世。今天之人则背道而驰，将酒当作琼浆喝，整天痴心妄想，酒醉入房，从而耗散自己的精气和真气，故半百而动作衰老了。"

事实上，人就是大自然阴阳变化的产物，因此，不可能背离自然规律而久长。人类每一次与大自然作战，得到的都是大自然加倍的报复。在社会规律中，人们有更多的妄想，往往会让事业半途而废。看到他人发财，便趋之若鹜，自然成为市场竞争的失败者。《周易》告诉我们大律何在，又告诫我们只有祛除妄见妄想，才能看清大律，才能实践大律，从而获得巨大的收益。可惜的是，随着科学技术的发展，人们越来越陷入虚妄之中。

毕竟，在2006年，全世界只有卢比尼一人能看到2008发生在美国的次贷危机，进而演化成全球性的金融危机，他的预言几乎涵盖了危机发生的整个过程。那时候大家对他的预言嗤之以鼻，称其为“乌鸦嘴”。毕竟，在中国尚没有一位经济学家能够准确预测明天会发生什么。祛除妄想，坚守大律，并能顺应大律的智慧，正是我们现代人所欠缺的，是那些科学主义者所迷失的。如果没有一代代诚信敬畏的人类出现，人类离灭绝就会越来越近，就会加快走向人类文明的终点。

三、经济周期凝聚着“S 曲线”这一至简大律

接下来，我们重点讲解经济周期的至简大律。

现代宏观经济学认为，我们每天都处在经济周期的不同阶段，一个可以感觉到的完整周期，大致 4 ~ 10 年发生一次，间隔时间越长，可能意味着危机的深度和广度越严重。每一个经济周期都可以分为上升和下降两个阶段。上升阶段称为繁荣，最高点称为顶峰。顶峰是经济由盛转衰的转折点，此后经济就进入下降阶段，称为衰退。衰退严重则演化为萧条，衰退的最低点称为谷底。到达谷底后，经济进入又一轮上升阶段。经济从一个顶峰到另一个顶峰，或者从一个谷底到另一个谷底，就是一次完整的经济周期。在经济扩张阶段，市场需求旺盛，订货饱满，商品畅销，投资增加，资金周转灵便。在经济收缩阶段，市场需求疲软，订货不足，商品滞销，生产下降，资金周转不畅。在一个完整的周期中，产出水平走过一个典型的 S 曲线。

通过分析美国从1930年到2006年的年度GDP增长率，我们可以得到如下结论：第一，较高的增长伴随着较大的衰退；第二，战后经济增长率处于较平缓的走势；第三，大致来说一个完整的周期保持在7~9年；第四，20世纪90年代到2007年，经济增长率处于长期稳定状态中，这可能意味着2008年以后将出现一个大的波动周期，同样的情况在1929年左右出现过若干次。

我们知道，今本《周易》卦序是一个起起伏伏的过程，泰向上，否则向下；同人、大有皆向上，谦不变，豫向下；随向上而蛊向下。这样我们也可以得到一个《周易》卦序的周期变化图。接下来，我们就探讨一下《周易》周期与经济周期的对应性问题。

《周易》六十四卦分上、下经，六十四卦构成一个长周期，上下经各为一个中长周期，上经含三个中周期，下经含四个中周期，而每一中周期内又有小的起伏变化，构成短周期，每卦又构成一个六阶段的生命循环。

通过与经济周期对比，我们会发现《周易》如此安排竟与经济周期的表征与分类如此一致，也与企业生命周期有类似之处，尤其是长周期中套短周期的模式，令人叹为观止。上经每一个中周期（本书章节排列正是因循中周期而划分）都是从阳爻开始的，下经每一个中周期则从阴爻开始，这与经济长周期前30年以产业革命（实体经济）带来长期经济繁荣，后30年以服务业（虚拟经济）带动经济发展如此契合，难道是巧合？

四、《周易》周期与经济周期比较

在经济周期类型中，朱格拉周期因法国经济学家朱格拉提出9～10年为周期的经济波动而得名。技术创新理论的缔造者熊彼特把这种周期称为中周期，这是经济周期中最主要的周期表现，我们所经历的周期大部分属于这一种。基钦周期因英国经济学家约瑟夫·基钦提出存在着一种40个月（3～4年）左右的小周期而得名，一个中周期则包括两个或三个小周期。康德拉季耶夫周期是目前人们发现的最长经济周期，因俄国经济学家康德拉季耶夫发现存在着50～60年一个的周期而得名，也称长周期或经济长波。美国经济学家库兹涅茨也提出了一种与房屋建筑相关的经济周期，这种周期平均长度为20年左右。这也是一种长周期，被称为“库兹涅茨”周期，也称建筑业周期。

熊彼特对前三种经济周期作了高度综合与概括。他认为前三种周期尽管划分方法不一样，但并不矛盾。每个长周期中套有中周期，每个中周期中套有短周期。每个长周期包括6个中周期，每个中周期又包括3个短周期。熊彼特还把不同的技术创新与不同的周期联系起来，以三次重大创新为标志，划分了三个长周期：第一个周期，从18世纪末到1842

年，是“产业革命时期”；第二个周期，1842～1897年，是“蒸汽和钢铁时期”；第三个周期，1897年以后，是“电气、化学和汽车时期”。熊彼特本人还提出了一个25～30年的周期。这样，目前所有的周期现象与划分都严格地与六十四卦的划分和今本卦序的升降起伏相一致。如今世界经济正在第五个长周期中运行，且产业周期的特征是IT技术、生物医药、新材料和新能源。而第四个长周期的产业特征是战后的核能技术、电子技术、重化工业等。

应该说，中国目前的经济发展正处在同时发展第三、第四与第五长周期出现的产业，从我国产品出口结构中，我们也会发现，西方衰落的电气、汽车产业、钢铁产业、重化工业等已成为近年来中国经济增长的发动机，同时，家电产品、机电产品也是中国出口产品的主力军，最后，中国还向世界出口航空航天、高性能计算机、精密仪器等高新科技产品。

进入21世纪以来，世界突然发现，如果没有中国参与先进的科学技术的研究和发展，这些技术的发展前景是暗淡的。在21世纪，中国将成为新的崛起大国，这是不容怀疑的，但是，崛起的大国要承担起相应的大国责任，不仅我们的硬实力会影响世界，我们的软实力也会左右世界文明的进程，因此，中国文化传统中最精华的部分必然成为世界通行的教科书。

生存之道，衰亡之路

彼得·伯恩斯坦在《风险》一书中说："企业兴盛或衰落、股市繁荣或崩溃、战争与经济萧条，一切都周而复始，但它们似乎总是在人们措手不及的时候来临。"在时机或危机来临之际，只有提前做好充分准备的企业，才谈得上真正知晓大律。大到民族复兴，小到企业发展，都有认知大律、遵循大律，从而成就伟大事业的责任。然而在世界上能够完成复兴的民族少之又少。四大文明古国，只有中华文明完整地保存了下来，目前，也只有中华文明有希望实现在 21 世纪完成赶超的重任。可见，民族的"存之道"只能在中华典籍中去寻找。

同样，有理想的企业家都在追求基业长青。但是，摆在我们面前的规律是，100 年来，在美国，只有 GE 一家公司始终保留在道·琼斯成分股中，而那些当年同样叱咤风云的巨头们要么纷纷被后来者超过，要么一夜间就轰然倒下。最近的案例是雷曼兄弟的倒闭和美国三大汽车企业的濒临破产。下面我们还会将 GE 的百年长青和美国次贷危机作为案例，讲解企业的存亡大律。

据美国《财富》杂志报道，美国大约 62% 的企业寿命不超过 5 年；只有 2% 的企业存活达到 50 年；中小企业平均寿命不到 7 年；大企业平均寿命不足 40 年；一般的跨国公司平均寿命为 10～12 年；世界 500 强企业平均寿命为 40～42 年，也就是说世界上最具实力的公司平均起来也只能维持传到第二代。10 年不到的企业平均寿命，让我们更加深刻地认识到寻找“存之道”，避免走“亡之路”是多么的重要。

一、中华民族实现伟大复兴，跳出历史周期律是关键

看到六十四卦卦名，多少令人欷歔不已：大部分卦象都不怎么好，乾坤过后，便是屯、蒙、需、讼、师五卦，“屯”是事物刚刚开始便陷入艰难之中，“蒙”是教化一帮未开化的野蛮人，“需”则是拓展生存空间，“师”更是充满杀伐声。好不容易转到泰卦，万物交泰，一派欣欣向荣，但是刚刚发展到第三爻，否塞的祸根便开始滋生，爻辞称“无平不陂，无往不复”，提示人们弯曲不平的道路就在眼前，走得太远应该回头了。从卦名上看，直接标明是“讼”难、“困”难、“蹇”难、“睽”难、“蛊”乱、“坎”险、“剥”态等卦象，就超过了一半，体现了治世短、乱世长的

历史现实。《周易》有五大类吉凶判词：吉、凶、悔、吝、咎。吉是吉庆好年景；凶则是灾难不可免；悔是有后悔遗憾，只要谨慎戒惧则无忧；吝是小的羞辱，小的厄运；咎则是小灾小难。吉只占20%，凶和咎则占了小一半，悔和吝也各占20%。

历史学家讲中国历史，总是沿着“一治一乱”的路子研究，然而乱世远比盛世的时间要长。据台湾著名经济史学者翁之镛统计，从秦统一到清覆亡共2159年间，盛世仅占6.9%，治世占13.2%，小休占10.5%，衰世占21.2%，乱世占48.2%。这个统计结果居然与《周易》卦象的安排十分巧合，吉利的卦象和吉的断辞大致占五分之一，而中国历史的盛世和治世加起来恰恰就是有20%。

世界历史走到今天，大国兴衰，依次转移；中国五千年历史，治乱交替变化，难道是《周易》大律的体现吗？1945年7月，抗日战争即将结束，黄炎培来到延安，在窑洞里问毛泽东，共产党能否走出一治一乱的历史周期率，他说：“一部历史，‘政怠宦成’的也有，‘人亡政息’的也有，‘求荣取辱’的也有。总之没有能跳出这周期率。”毛泽东答道：“我们已经找到新路，我们能跳出这周期率。这条新路，就是民主。只有让人民来监督政府，政府才不敢松懈。只有人人起来负责，才不会人亡政息。”（黄炎培《延安归来》，《八十年来——黄炎培自述》，文汇出版社2000年版，204—205页）

应该说，毛泽东指出的道路是正确的，毛泽东的回答含有这样的逻辑：如果人民不能监督政府，政府就会工作松懈；如果百姓不能做到“天下兴亡，匹夫有责”，政权就会转移。事实上，人民不能监督政府，政府官员可能会做出违背社会、人民利益的事情，如果官民矛盾激化，还可能导致社会群体事件频发。看来，当社会主义民主建设取得重大突破的时候，我们就可以说，中华民族已经走出了一治一乱的周期律。

中国历史可鉴：西周分封形成一个长达200年左右的君子通泰时代，至厉王、幽王始变，从此中国历史进入谋略纷争的否塞时代。至汉武帝独尊儒术，方有汉盛世的出现。之后每况愈下，中国历史几乎大部分时间陷入战乱分裂的局面。逾600年，始有“贞观之治”，在贞观短短23年中，君臣如兄弟，官民如父子，自此，中国没有出现一个朝代如贞观那样，政治清明如水，社会安定如山。至高宗、武后，否态尽显，“安史之乱”之后，中国社会进入“天地闭，贤人隐”时期。300年后，始有北宋五子出现，中国又进入通泰时期，这个时期因儒学立国的基础和框架建筑得十分坚固，本可改写历史兴衰周期率，但异族入侵，使得治乱循环又延续到后来。

从麦迪森的研究中，我们可以看到，从400年起，中国实质上发生长期经济增长的年代只有宋朝和当今。到了

1000 年，西方的发展速度比宋朝要快，结果 1300 年以后，中国的人均 GDP 便落后于西方，只是由于人口数量的优势，中国经济仍能继续维持世界第一 400 年。近 500 年来，世界经济增长的领头羊不断交错出现，先后出现西班牙、荷兰、英国、美国等龙头强国，颇类似于中国春秋五霸的兴衰历史。

一国经济超过另一国经济，只需其经济增长率长期超过他国即可。在 1870 年，澳大利亚人均 GDP 为 3123 美元，而日本仅为 618 美元，经过百年，到 1995 年，日本达到 37500 美元，而澳大利亚仅为 16400 美元，日本将澳大利亚远远甩在了后边。在这百年中，日本年平均经济增长率仅仅比澳大利亚高一个百分点。如今历史的机遇又转到了中国头上，中国已经有 30 年经济增长率稳居世界前列，且在大部分年份居首位，这为中国在未来几十年后超过大部分发达国家奠定了基础。

不过易道的规律是，变则通，通则久。当年大英帝国企业不愿退出已经形成的巨大固定资本，必然因新兴产业的兴起，被德美赶超；日本企业因 IT 产业缺乏投入，终导致 20 世纪 80 年代中期以后的增长乏力。战后经济运行的主要特征是，经济快速增长的核心不断在发达国家以及发展中国家之间转移。不过，这些核心国家皆没有领先超过 30 年。中国要想打破这个怪圈，就要回归中华传统智慧，构建和谐诚信的社会制度，无疑，《周易》将会继续给我们提供无穷的宝贵财富。今天我们要破除虚妄，感而遂通天下：知者盛，迷者衰，易道已先觉。易道昌，国运强，民族必复兴。

二、经济或企业通过变通避免走向衰败，转折点求变是关键

企业往往只注重学习成功的经验，而难以吸取失败的教训，这是企业经营的最大误区。形成这一误区的根源在于管理者没有意识到企业经营的独特性：企业成功与失败具有严重的不对称性，即企业成功的可能性远小于企业经营失败的风险。这导致过分学习成功经验的企业面临觉察不到的失败危险。

大多数人喜欢解剖那些成功的巨人，记录他们成功的足迹，阐述他们成功的经验。然而，失败者的悔恨和懊恼却没有多少人问津，失败者的切身体会和经验少有人能领悟。如果把管理学家当作把脉企业的医生，那么这些只从强壮的健康人身上得到医理的医生，一旦碰上出问题的企业，往往束手无策，因为他们没有学会给病人看病。管理学家应该从心理学家那里懂得这样一个道理：对健康人心理知识的了解也是通过研究有心理疾病的患者得到的。

在激烈竞争的市场环境中，企业时时刻刻面临生存与发展的选择。但是未必每个人都懂得：企业成功所带来的收益，永远抵不上一次同样程度的失败造成的损失。对任何规

模和发展阶段的企业来说，成功与失败永远不对称。无论企业成功多少次，积淀下多大的资产规模，一旦经营决策失败，哪怕只有一次，带来的损失往往是惊人的，资产越大，这一损失越严重。问题是市场允许企业永远成功下去，却往往只给企业少数几次甚至是只有一次失败的机会。因此，经营企业具有相当高的失败风险。结果，成功企业可以继续享受成功的喜悦，失败企业却无法承担失败之重。

因此，在企业竞争过程中，往往不允许犯错误，这些错误往往成为交不起的学费。因此，难免犯错误不能成为企业走向失败的开脱词，企业组织不允许自己成为试错的工具。为此，找到一把解决趋吉避凶的钥匙，是企业家梦寐以求的，也是企业基业长青的前提保证。《周易》恰恰可以起到这样的作用。

2006 年 9 月 7 日，纽约大学的经济学教授鲁里埃尔·卢比尼在国际货币基金组织（IMF）发表演讲。他预言，一场危机正在酝酿之中。他警告说，在未来的几个月和几年里，美国很可能会遭遇一场前所未有的房市崩溃，石油市场将会受到冲击，消费者信心将急剧下跌，美国将最终陷入一场严重的危机之中。他将这次危机设想成 12 步。今天已经发生的过程完全是按照他的预测进行的。为什么只有他一个人在金融体系一派繁荣的背景下预言危机呢？并不是他有什么法眼，而是他始终坚信经济规律一定会起作用。今天回头看他的推论，好像任何一位经济学家都可以想到，但面对 2006 年的经济形势，没有人能够把未来说得如此清晰。

卢比尼的推论基于这样一个事实：美国居民的消费需求严重超过居民收入，信贷过度失衡。他指出，60%—70% 的美国人实际工资下降，靠借钱维持过去的生活水平；20% 的美国人靠借款维持超出其收入水平的生活。在房地产价格不断上升的情况下，财富效应使得穷困潦倒的人也负债住上大别墅，结果大量的住房抵押贷款就充斥了美国债券市场，进而又由世界金融体系买单。接下来的信贷市场崩溃、楼市泡沫破灭就成为必然了。这也直接导致拥有 12 万多雇员的雷曼兄弟公司倒闭，150 年的辉煌历史顷刻结束——就在倒闭的前一年，它还名列《财富》全球最大五百家公司第 132 位。

卢比尼预言的例子说明，祛除虚妄对我们避免或平抑经济危机是多么的重要，从反面也说明，大多数人处于虚妄状态，对社会经济的损伤是多么地不可低估。雷曼兄弟公司在过去 150 年中，始终处在发展壮大之中，在发展中掩盖了存在的重大危机，它用活生生的例子诠释了企业经营的风险及不可承受失败之重的道理。

最后，我们可以通过通用电气公司（GE）的发展脉络，阐述企业顺应周期大律，紧抓变革时机，从而获得新的生命力，成为长青企业的奥秘。

通过分析通用电气公司的发展历程，我们不难发现，原来企业长青的奥秘异常简单，顺应产业发展的周期大律，及时成为技术创新的领先者，就可以不断发展壮大，不断走向新的辉煌。我们可以畅想一下：如果通用电气只生产电灯，今天我们会知道曾有个公司叫通用电气吗？如果通用电气今天没进入生物科技、有线及影视娱乐、安全以及风能等领域，20年后我们还会讨论通用电气吗？如果通用电气没有2~4年的产品更新换代，它还会在国际大企业的名录中吗？如果没有电子、机械等领域的全面技术领先，通用电气还会百年来领先照明产业吗？读者不难发现，百年来通用电气公司的发明，始终走在科技变迁的前列，且这些发明都是紧紧围绕重大社会需求。企业文化决定企业眼界，企业眼界决定企业事业的兴盛长久。

众所周知，韦尔奇从1981年执掌通用电气后，该公司连续18年保持两位数的高速增长。他初任CEO的时候，通用电气销售额为250亿美元，而到1999年时，达到1110亿美元，当年排在全球第一。即使是在2001年美国经济衰退的情况下，通用电气仍创出141亿美元的利润，年增长率11%。然而，董事会看到了韦尔奇的创新能力正在走下坡路，便毅然决然地用伊梅尔特接替韦尔奇，担任通用电气新的董事长兼CEO。实践证明，这是非常明智和有远见的决策。在2002年以后，通用电气进入生物科技、有线及影视娱乐、安全以及风能等具有更好赢利前景的热门领域。伊梅尔特接替韦尔奇的例子说明，变革要在衰退迹象即将发生的转折点上进行，切莫等到衰退进入谷底再进行人事变动、战略转移，因为，进入谷底可能意味着企业经营的彻底失败——破产或被兼并。

技术创新大师熊彼特讲了这样一个动听的故事：我们这个人类世界是由一群目光短浅但又理性的生物组成，但也有个别分子胆识过人勇于承担风险，且目光远大善于把握时机，他们被称作“企业家”。企业家最先发现有赢利的机会，并将这一机会转化为行动，结果在短期内迅速兴旺发达；之后一批敏感的跟进模仿者，他们也会获得相当的利润；这时候，众人方才如梦初醒，纷纷上马，结果等他们赶到，市场份额已经所剩无几。这就是“学习成功”的结局。第一个尝试者是企业家，第二个学习者是模仿者，第三个跟进者是失败者。故事远没有结束，因为机会随时都可能出现，然而结局总是一样的，企业家总是极少数人，而“学习成功”的大众永远不成功。

看来，在这个世界上，能够认知大律的精英是少数人，而认知大律之后又能诚信于大律的精英就更少了，至于还能够将大律实践于经济体系的企业家，则是少之又少的精英阶层了。这些企业家实际上只做了一件事情，那就是把握关键的时机，将可能的利润化作了现实的利润，而所有的时机几乎都在经济发生剧烈变化的转折点上。从 GE 的例子可以看出，对时机点的把握是一个长期的过程，一旦在一个转折点上失败，企业就会迅速地失去市场，走向衰退。《周易》倡导忧患、凶多吉少、逆多顺少，这种思想恰恰是企业经营中必须天天谨慎戒惧的地方。《周易》不仅向企业家展示成功的要诀，揭示领导变革的大律，还为企业家提供了一个预测决断的工具，让企业家在最迷茫的时候，也能抓住转折的时机，获得基业长青，这是《周易》对中国企业家的大恩惠，无怪乎那些有成就的中国企业家大多钟爱《周易》。

周易全解

【第五卷】

垢文涛/主编

辽海出版社

据情况不守一方，灵活出击

“咸其股，执其随，往吝”暗示我们，做事应有主见，不能人云亦云，盲目听从他人的建议。胡雪岩驰骋商场，根据具体情况作出灵活反应，不盲目听从他人的建议，结果又为自己点化出一条财路，正是最好的案例。

胡雪岩为自己的蚕丝生意和帮办王有龄湖州官府的公事，几下湖州，结识了湖州颇有势力的民间把头、现正做着湖州“户房”书办的郁四。胡雪岩凭着他的仗义和识见，也因为他帮助郁四妥善处理了家事，深得郁四敬服。为了报答胡雪岩，郁四做主，为胡雪岩娶了寡居的芙蓉姑娘。

芙蓉姑娘的娘家本来也是生意人，祖上开了一家很大的药店，牌号“刘敬德堂”。传至芙蓉姑娘父亲一辈时也还能勉强支持，不料她父亲十年前到四川采办药材，在三峡新滩遇险，船毁人亡。她的叔叔外号“刘不才”，本来就是一介纨绔，极尽挥霍还特别好赌，接下家业不到一年就无法维持，药店连房子带存货都典给了别人。不过刘不才非常顾及脸面，自己穷困潦倒，却不同意侄女芙蓉给人做“偏房”。芙蓉再嫁，他不肯认胡家这门亲戚。他即使到了告贷无门的地步，都不肯押出自己手上的祖传秘方，以为只要秘方还在，“家底”就还在，心里还想着有一天要重振家业。

胡雪岩娶了芙蓉姑娘，对刘不才不能不管，人们认为他有两个选择，一是按郁四的想法，送刘不才一笔银子，不再与他发生任何关系；二是按芙蓉的想法，由芙蓉劝刘不才拿出祖传秘方，胡雪岩帮忙卖掉，让他自己生活。

胡雪岩却不这样想，他要认这门亲戚，借刘不才开一家药店。他凭自己的眼光，看出药店生意是一个相当不错的行业。只要货真价实，创下牌子，药店生意就不会差。

不过自己不懂这行生意，刘不才懂，只要能将他收服，帮他改掉身上的毛病，他就可以起大作用，而且他手上的祖传秘方也正好可以充分利用。想妥之后，胡雪岩请郁四帮忙，摆了一桌认亲宴，在席宴上便谈妥了药店开办的地点、规模、资金等事项。

胡雪岩的“胡庆余堂”就是这样立起来的。在其后的几十年中，“胡庆余堂”成为名闻天下的老字号药店，不仅成为胡雪岩的一个稳定财源，也为他挣来了“胡大善人”的好名声，对他的其他生意也带来了极好的影响。

雀巢公司的成功之道

“箕子之明夷，利贞”暗示我们，在黑暗中要坚守正道。

食品产业是成熟产业，其前景是灰暗的，而雀巢公司通过坚守正道，迎来了一个又一个光明。

食品产业是成熟产业，没多大的发展前景，一般的公司都因利润不佳而转到其他行业中，但雀巢公司一直以食品为主业，并且在此行业取得了辉煌的战果。这其中的奥秘是什么呢？

雀巢面对食品业的黑暗前景，不盲目转行，更不盲目扩张，而是在保持食品、饮料为主业的基本战略不变的前提下，根据市场、技术、消费者的变化适时而动。如雀巢公司为保证业绩能稳定增长，开始转换赢利结构，医药品、矿泉水等商品成为公司新的赢利来源。

1999 年雀巢公司医药品部门的营业额是 10.77 亿瑞士法郎，比前一年增加 18%，首次超过巧克力和甜点部门（8.82 亿瑞士法郎）。巧克力是雀巢的传统商品，这个部门的赢利被新兴的医药品部门超过，象征公司获利结构的改变。

另一个带动雀巢业绩增长的新产业是矿泉水。1969 年，雀巢买下的 Vittel 和 1992 年买下的 Perrier 是生产矿泉水的两大支柱，它们在全球的市场占有率非常高，约 16.96%，是雀巢公司继咖啡之后另一个重要获利来源。

雀巢公司的领导人员普遍认为：与其盲目扩张，陷入更危险的境地，还不如维持本公司在本行业市场内的领先地位。为了达到此目的，雀巢公司实施持久战略。不局限于短期收益，而是着眼于长远。进入新世纪后，雀巢的战略目标是，执食品与饮料业的牛耳，用一流的设备生产一流的产品，不仅要占有发达国家的市场，而且还要占有拥有 40 多亿人口的发展中国家的市场。雀巢的这一新世纪战略规划显示了其做事的专注，眼光的长远，百年企业的成功秘诀可见一斑。

不难看出，雀巢公司在黑暗中行走，坚守正道——凭借着自己在食品业的经验保持原有业务在本行业市场内的领先地位，并根据市场、技术、消费者的变化开发新的产品——正是对前述爻辞的完美诠释。

为人慷慨大度终成大事

“悔亡。丧马，勿逐自复。见恶人，无咎”暗示着：事物是异中有同的。我们在经商时，要善于找出成本与利益的相同点，从而赚取更多的钱。

胡雪岩认为，做生意不能太小气，要大方待人。如果在各方面斤斤计较，刻薄寡义，是不能成大事的。正因为有这样的观点，胡雪岩才把生意做到洋场。

经过数年苦心经营，胡雪岩的阜康钱庄一跃成为同行之首，银钱往来业务超过任何一家钱庄。

有一次，一位顾客递给伙计一张银票，声言要支取现银。胡雪岩一看，来人竟是苏南青帮同福会的管家，他专管钱财往来，此次到杭州取现银，为了“安家费”一事。

胡雪岩知道，青帮需要流血拼命时，才发放安家费给眷属，以使他们解除后顾之忧，甘心赴死。管家告诉胡雪岩，同福会将替太平军护送一批军火从上海到金陵，途中官军重重设防，难免冲突，所以选了一百多位敢死的弟兄，去完成任务，当然应有“安家费”。

胡雪岩爽快地让他提走大批现银。他走后，胡雪岩心里反复掂量这条消息的价值。一直以来，胡雪岩十分垂涎军火生意，但苦于无处着手，如今知道这条消息，正可以捷足先登。于是，他立刻前去王有龄府宅协商如何参与军火买卖。

几天之后，胡雪岩带着王有龄开出的3万两银子的官票到了上海，求见上海青帮首领廖化生，表示想与其合伙做这批军火生意，并愿意把利润三七分成。廖化生喜出望外，没想到胡雪岩如此慷慨豪爽，他答应为他办事，并介绍一个名叫欧阳尚云的人。此人在洋行混了多年，懂法语和英语，是上海洋商看重的人物。万事俱备，胡雪岩叫欧阳尚云同麦得利联系，亲自和他面谈。

第二天，欧阳尚云陪同胡雪岩前去会晤麦得利，同麦得利谈起军火交易。麦得利却说已同别人签约，不可失信。胡雪岩指出麦得利与乱民签约，是反对中国政府。这一招很厉害，麦得利无言以对。胡雪岩抓住要害，进一步说，如果清廷得知这笔交易，派兵截获军火，那时他不但血本无归，还要被政府追究责任。又说自己可以代表浙江地方当局买下这批军火，并可提高出价。

这样没费多大力气，麦得利就放弃了原来的打算，同胡雪岩商谈起购买枪支的具体事宜。

为对手留有余地

“有孚惠心，勿问元吉。有孚惠我德”暗示我们，做生意要以“互利”为原则，因为它是达到利己的桥梁。胡雪岩深知这个道理，就是对自己的对手也遵守这个原则，结果他的事业越做越大。

在生意场中，不是互利的行动千万不要采取。胡雪岩以此为行动的准则，善于让人，结果赢得了对手的信任。

胡雪岩到苏州，到永兴盛钱庄兑换十个元宝急用，这家钱庄不仅不给他兑换，还指责阜康银票没有信用，使他很生气。

永兴盛钱庄本来就来路不正。原来的老板节俭起家，干了半辈子才创下这份家业，但40岁出头就病死了，留下一妻一女。现在钱庄的档手是实际上的老板，他在东家死后骗取了寡妇孤女的信任，人财两得，实际上已霸占了这家钱庄。永兴盛的经营也有问题。他们贪图重利，只有10万银子的本钱，却放出二十几万的银票，已经岌岌可危了。

胡雪岩在这家钱庄无端受气，自然想狠狠整它一下。起初他想借用京中“四大恒”排挤义源票号的办法。京中票号，最大的有四家，称为“四大恒”，行大欺客，也欺同行。义源本来后起，但由于生意随和，信用又好，而且专和下层人民打交道，名声很盛，官府都知道它的信誉，因此生意蒸蒸日上。“四大恒”同行相妒，想打击义源，于是出了一手黑招。他们暗中收存义源开出的银票，又放出谣言说义源面临倒闭，终于造成挤兑风潮。

胡雪岩仿照这种办法，实际上可以比当年“四大恒”排挤义源时更方便。浙江与江苏有公款往来，胡雪岩可以凭自己的影响，将海运局分摊的公款、湖州联防的军需款项、浙江解缴江苏的协饷几笔款合起来，换成永兴盛的银票，直接交江苏藩司和粮台，由官府直接找永兴盛兑现，这样借刀杀人，一点痕迹都不留。

不过，胡雪岩最终还是放了永兴盛一马，没有实施他的报复计划。他放弃计划，有三个考虑。一是这一招实在太过狠辣，一招既出，永兴盛绝对没有一点生路。二是这样做，很可能只是徒然搞垮永兴盛，而对自己来说，也没有什么利益。因为太过狠辣的招数一使，就会在同行中留下坏的印象。三是永兴盛一垮，老百姓存在它那里的钱也要打水漂了。

结果，永兴盛的老板对胡雪岩感激不尽，胡雪岩也因此塑造了更好的形象，生意也越做越顺。

戒欺戒躁创名牌

“以杞包瓜，含章，有陨自天”暗示我们，作为一个生意人，只要心地纯正，就能赢得顾客的信任，从而把自己的事业做大做强。

胡庆余堂开办之初，胡雪岩做生意的方针就是要做出自己的“金字招牌”。他要靠做出一块不倒的“金字招牌”，建立真正的名气，而要做出真正的名气，其实很简单，就是两个字——“戒欺”。

胡雪岩亲自拟定的商规是：“凡是贸易均着不得欺字，药业关系性命，尤为万不可欺。余存心济世，誓不以劣品巧取厚利，唯愿诸君心余之心，采办务真，修制务精，不致欺余以欺世人。是则造福冥冥，谓诸君之善为余谋也可，谓诸君之善自为谋亦可。”

这就是胡庆余堂的办店准则。第一，“采办务真，修制务精”，即方子一定可靠，选料一定实在，炮制一定精细，卖出的药一定要有功效。第二，药店上自总管、档手，下到采办、店员，除勤谨能干之外，更要诚实、心慈。只有心慈诚实的人才能够时时为病人着想，才能时时注意药的品质。这样，药店才不会坏了名声，倒了牌子。

旧时药店大堂上常挂一副对联：“修合虽无人见，存心自有天知”。意思是卖药只能靠自我约束，药店是赚良心钱。这里的“修”，是指中药制作过程中对于未经加工的生药材的炮制；“合”是指配制中药过程中药材的取舍、搭配、组合等，它涉及药材的种类、产地、质量、数量等因素，直接影响药物的疗效。中国传统中成药的修合，大都沿袭单方秘制的惯例，不容外人窥探。而且，由单方秘制的成品品质的良莠优劣，一般人很难分辨出来，如果店家存心不正，以次充好，以劣代优，或者偷减贵重药材的分量，是很容易得手的，因而自古以来就有所谓“药糊涂”一说。

不诚实的人卖药，尤其是卖成药，用料不实，分量不足，病人用过，不仅不能治病，相反还会坏事。这个道理，胡雪岩自然心知肚明，这才有了“戒欺”匾上“药业关系性命，尤为万不可欺”的警戒。

此外，胡雪岩认为“说真方，卖假药”最要不得。他要求胡庆余堂卖出的药，必须是真方真料且精心修合。比如当归、黄芪必须采自甘肃、陕西，麝香、贝母、川芎必须来自云、贵、川，而虎骨、人参，则必须到关外购买，即使陈皮、冰糖之类的材料，也绝不含糊，必须来自广东、福建，才允许入药。而且他还要求，让主顾看得清清楚楚，让他们相信，药店卖出的药的确货真价实。为此，他甚至提议每次炮制一种特殊的成药之前，可以贴出告示，让人参观。同时，为了让顾客知道药店选料实在，在药店摆出取料的来源。比如卖鹿茸，就不妨在药店后院养上几头鹿，这样，顾客也就自然相信药店的药了。这才是真正做出了“金字招牌”。

贝尔特拉摩公司的成功秘诀

“允升，大吉”暗示我们，在经商时，要从小事做起，因为良好的商誉是一点一滴地积累起来的。贝尔特拉摩公司就注意从小事做起，结果赢得了广大顾客的信任，生意越来越红火。

贝尔特拉摩公司是美国的一家颇有名气的公司，实力十分雄厚。贝尔特拉摩公司就是通过许多小事得到了顾客的终生信任，从而为自己拉来许多回头顾客。如在美国加州的门罗公园旁边的一家贝尔特拉摩公司的酒店，就能很好地说明这一点。

有一天，一位消费者来到该酒店打算买一箱酒，以备办公室开晚宴用。在柜台边，消费者递给售货员一张美国运通公司的信用卡。运通公司的办事机构正忙于别的工作，一时只有令人心烦的忙音，售货员在电话上花费了三四分钟的时间，才获得公司对信用卡的证实。售货员把信用卡还给消费者，随手从柜台的糖果盒取出一枚 5 美分一条的薄荷口香糖放入食品袋中，并说："实在抱歉，耽误了您的宝贵时间。要知道，我们非常看重您的惠顾。希望您不久再次光临。噢，祝晚会成功!"

很明显，美国运通公司电话占线并不是售货员的过错，但售货员主动把这个责任承担起来，他也不评判美国运通公司到底如何，更不发脾气，而是自己主动向因占线而久等的消费者道歉。事后，这位消费者深有感触地说道："他赢得了我们终生的信任！我们今后会毫不犹豫地继续走向那个'售货员赠 5 分钱糖果的商店'去购买东西。"

像这样的小事在这个店里时常发生。就这样，对这家商店产生好感的顾客越来越多，这家商店的销售额也因此不断上升。像这样的分店在贝尔特拉摩公司随处可见。这一提供优质服务的做法并不需要技术推动，但却能让公司在市场营销中获得持久的优势。

诸葛亮大败司马懿

“困于葛藟，于臲卼，曰动悔，有悔，征吉”暗示我们，在行军打仗时，处于困境中的弱者不能贸然行动，应仔细分析双方的力量状况，再采取行动。且看诸葛亮通过对敌我双方的情况的分析，采取“调虎离山”之计，大败司马懿的典故。

公元234年，诸葛亮领兵伐魏，六出祁山。魏明帝曹睿闻报，命司马懿为大都督，领兵40万至渭水之滨迎战。司马懿屯大军于渭水之北，命先锋夏侯霸、夏侯威领兵5万渡河至渭水南岸扎营，又在大营后方的东原筑城驻军，进可攻，退可守，稳扎稳打，务使魏军立于不败之地。

诸葛亮放弃强取的策略，没有贸然采取行动；因为他深知，蜀国向来处于弱者的困境中，其兵力是难以与魏国相抗衡的，贸然行动，只能陷入更危险的境地。经过仔细的分析，他找出蜀军最根本的弱点是远离后方，粮草困难；并推断出司马懿看准了自己这一点，将设法使蜀军断粮，从而困死或逼蜀军撤退，然后乘机取胜。后来，诸葛亮便想出了一个妙计：在粮草上设诱饵，以此引“他”离山。

首先，分兵屯田，与当地百姓一起就地生产粮食，以供军需，摆出一副持久作战的架势。果然司马懿的长子司马师沉不住气了，他对司马懿说：“现在蜀兵屯田，作持久战的打算，如何是了？何不约诸葛亮大战一场，一决雌雄！”司马懿虽说“我奉旨坚守，不可轻动”，心里其实非常着急。

诸葛亮的另一个措施就是自绘图样，命令工匠造木牛马，长途运粮，蜀营粮草由木牛流马源源不断从剑阁运抵岐山。司马懿闻报大惊：“吾所以坚守不出，因为他们粮草不能接济。今用此法，必久不思退。怎么办呢？”

诸葛亮料到司马懿急于破坏蜀军屯田、运粮计划，于是进一步引他上钩。他一方面在大营外造木栅，营内掘深坑，堆干柴，而在营外周围的山上虚搭窝铺草营，造成蜀兵分散结营与百姓共同屯田屯粮，而大营空虚的假象，引诱魏军前来劫营；另一方面在上方谷内两边的山坡上虚置许多屯粮草屋，内设伏兵，同时让士兵驱动木牛流马，伪装往来谷口运粮。而他自己则离开大营，引一支军马在上方谷附近安营，以引诱司马懿亲领精兵来上方谷烧粮。

司马懿虽烧粮心切，却极为谨慎小心，深恐中调虎离山之计，也用声东击西、调虎离山之计来应战。他亲领魏兵去劫蜀兵岐山大营，但一反过去每战必让主攻部队走在前面的惯例，让部将冲锋在前，直扑蜀营，自己在后，引军接应。他这样做，一是担心蜀营早有准备，怕中埋伏；二是他指挥魏军劫蜀军大营本属佯攻，目的是调动蜀军各营主力，乘机自领精兵奇袭上方谷，烧掉蜀方的粮草。

然而，司马懿的这个调虎离山计，却被诸葛亮料到。当魏军直扑蜀军大营时，诸葛亮只是安排蜀军四处奔走呐喊，虚张声势，趁司马懿离山之机，另派精兵夺取渭水南岸的魏营，而自己却在上方谷等待司马懿来烧粮，以便瓮中捉鳖。

司马懿果然中计。他见蜀军都奔大营救援，便乘机领司马师、司马昭及一支亲兵杀奔上方谷。接着被蜀将魏延依诸葛亮的安排，用诈败的方法诱进谷中后，被截断谷口。一时山谷两旁火箭齐发，地雷突起，草房内干柴全都着火，烈焰冲天。司马氏父子眼看就将葬身火海，幸亏突来一场倾盆大雨，才救了司马氏父子三人及少数亲兵的性命，只得大败而归。

LTV 公司的故事

“井谷射鲋，瓮敝漏”暗示我们，要随时检查自己的企业经营理念是否符合“利润最大化”的要求。吉姆斯·林恩就做到了这一点，结果变成了大富翁。

时代是不断前进的，一个有经营头脑的人是会随着时代的变化而改变自己的经营策略的。LTV 公司的由来就说明了这一点。

LTV 公司是美国人吉姆斯·林恩 1961 年创办的。仅仅 7 年工夫，LTV 由原来一家不知名的公司迅速崛起，成为全美最大的 15 家公司之一。

1946 年，吉姆斯·林恩勉强凑足 3000 美元，成立了一家小公司。那时，林恩最主要的财产只有一辆小卡车、一间租来的办公室。

二战后，美国的建筑业十分繁荣，办公大楼和工业方面的建筑更是方兴未艾。于是，林恩急忙参与其中，抢到了几桩生意，积累了一些资金。到了 50 年代初期，林恩电气行的年营业额已超过 100 万美元。但是，由于他是私人经营，需交许多所得税，使得林恩真正装进自己腰包的没有几个子儿。

经过再三考虑，林恩决定将自己的电气行改造成大众公司，如此，不但可以减轻税负的负担，而且有更多的合理避税机会，更重要的是，股份公司符合时代的发展，更容易扩张，也更能使利润最大化。

没过多久，林恩电气工程股份有限公司成立，并获准发行80万股普通股票，其中林恩拥有50%的股权，其余的40万股以每股2.5元价格上市。他成为了“负翁”。

林恩在几个朋友的帮助下，只用了几个月的时间就把上市的股票全都推销完了。除去各种费用，林恩公司实收资本为75万美元。

吉姆斯·林恩认为，利用股市挣更多的钱是符合时代的趋势的，是能为自己挣更多的钱的。于是，他决定利用股市捞到更多资金，创立一个庞大的公司王国。首先，他用现金购买了另一家电气工程公司，从而使林恩公司扩充了一倍。而公司的股票售价在证券市场上立即扶摇直上。

如此一来，使得林恩在购买其他公司时，处于更加有利的地位，可以不必马上用现金兑现了。公司股票在证券市场上日渐建立起信誉，价值日益看涨。因此，也可以把它当做现金使用，而不必动用现金。

没过多久，林恩又买下一家电子公司，并改名为林恩电子公司，如此股票价值更高。紧接着他又用相同的方式，收买了阿提克电子公司和迪姆柯电子公司。此时，他名下新崛起的公司，营业额已达1500万美元。他从“负翁”变成了富翁。

休斯·福特股份有限公司是美国重要的飞机和导弹制造厂，但是，它也成了林恩的收购目标。林恩采用双管齐下的方法，一方面从证券市场公开收购，另一方面和现有股东私下成交，迅速取得近40%的股权，成为休斯·福特公司最大的股东。

LTV公司的产生和壮大都是因为它的总裁善于洞察时势，更新自己的经营理念，实行新的挣钱方式，非常值得企业家们思考。

“群策群力”有奇功

“征凶，贞厉。革言三就，有孚”暗示我们，一个企业要想革除其弊端，解决问题，应推行有利于群众参与管理的决策模式。韦尔奇推行“群策群力”，使通用电气公司更加辉煌起来，暗合了上面的爻辞。

实行变革应获得上下信赖。在上者的信赖，可以使变革获得上级权力和条件的支持；群众的信赖，是变革成功的首要条件。当权者阻挠，变革便很难顺利实施；群众反对，变革便不可能成功。

韦尔奇总裁深知这个道理，在公司推行“群策群力”。“群策群力”包含着诸如工人的参与、信任感和下放权力等平凡，甚至有些陈旧的观念。它拆除了“蓝领”和“白领”的界限，不同岗位、不同阶层的职员集中到一起，针对某些问题研究并提出建议和要求，当场确定实施意见。这种管理方式，可减少大量中间环节，迅速提高了行政效率。而且它使改革既得到了上级的信赖，又得到了群众的支持，有利于改革措施的推行，从而促使改革走向成功。

“群策群力”讨论会不仅带来了显著的经济效益，而且能让职工广泛参与管理，让职工有主人翁的感觉，从而大大提高职工的工作热情。

1987 年，通用电气公司制造一台燃烧式喷气发动机上的关键部件，需要 30 周；通过开展“群策群力”活动，1991 年初，这一产品生产周期缩短到 8 周，如今只需 4 周。负责该部件制造加工的员工们还商讨 10 天内完成任务的可能性。

也正是这种“群策群力”活动，推动着公司的高层领导者更多地去放权，更多地去行动，更多地去听取意见。他们信任别人，也被别人所信任。就这样，通用电气上下齐心协力，改旧换新，从而长期走在世界电气行业的前列。

诸葛亮精心择官辅佐蜀汉

“鼎黄耳，金铉，利贞”暗示我们，要巩固新政权，要重用德才兼备的人才。以三国为例，刘备死后，有诸葛亮及其后继者蒋琬、姜维等辅佐，刘禅昏庸之主，才能坐帝位达

40 年之久。而曹操死后，其子曹丕篡汉，魏立国虽有 45 年，但早在 17 年前司马懿就发动政变夺取曹爽的军权，魏政权已归司马氏，魏已名存实亡，魏政权存在实际只有 28 年。孙权死后，孙亮立为吴帝，内部不和，国势日弱，遂被晋灭，孙权后人掌权只有 27 年。三国相比，蜀汉政权比较稳固，没有内部互相倾轧、争权夺利的事情，这正是有德才兼备的贤臣辅佐的缘故。

诸葛亮以其隆中策预见天下三分，显示其大才；以其鞠躬尽瘁尽忠蜀汉，显示其大德。与他的为人相符，为新生的蜀政权择官也以德才兼备为准则。

诸葛亮第一次北伐向刘禅上疏，即《前出师表》，疏中说："亲贤臣，远小人，此先汉所以兴隆也；亲小人，远贤臣，此后汉所以倾颓也。先帝在时，每与臣论此事，未尝不叹息痛恨于桓、灵也。"

诸葛亮上《前出师表》时，刘备已去世，由他执政辅佐刘禅，故在出征前总结了先汉与后汉兴亡的经验教训，谆谆告诫刘禅，不要学桓、灵二帝"亲小人，远贤臣"，要学先汉"亲贤臣，远小人"，才能使蜀国兴隆，以复兴汉室。

诸葛亮在《十六策》里指出："治国之道，务在举贤。若大国危不治，民不安居，此失贤之过也。夫失贤而不危，得贤而不安，未之有也。"因此，诸葛亮在治理蜀国时特别重视选拔德才兼备之士。

他推荐董允为侍中，领虎贲中郎将，统宿卫重兵，负责宫中之事。刘禅欲增加后宫嫔妃，董允认为古时天子后妃之数不超过 12 人，今已足数，不应增加。刘禅宠爱宦官黄皓，黄皓为人奸佞，想干预政事，董允上则正色匡主，下则数责黄皓，他在时，黄皓不敢胡作非为。

蒋琬、姜维都是诸葛亮精心选拔的接班人。

蒋琬入蜀，开始时任于都县长。刘备前去巡视，正看见蒋琬饮酒醉倒，不理政事，非常生气，要杀掉他。诸葛亮深知其人，为之说情："蒋琬，社稷之器，非百里之才也。其为政以安民为本，不以修饰为先，愿主公重加察之。"

刘备敬重诸葛亮，听到他所言，没有惩罚他。后来诸葛亮提拔蒋琬为丞相府长史，每次出征，他都足食足兵以相供给。诸葛亮经常赞蒋琬为人"忠雅"，可与他一起辅佐蜀汉大业。诸葛亮死前，秘密上表给刘禅："臣若不幸，后事宜以付琬。"

诸葛亮死后，蒋琬执政，其人大公无私，胸怀广阔，能团结人。同时他能明知时势，做到国治民安。

姜维继诸葛亮复兴汉室之志，屡次北伐，虽无大胜，但魏兵也不能侵入。等到司马昭派大军伐蜀，刘禅昏庸，不听姜维派兵扼守阴平的主意，终于使邓艾得以偷渡而直捣成都。

刘禅献城投降，并命令姜维也投降。姜维想假借投降的机会，杀掉钟会，复兴蜀汉，最后没有实现。其夙愿虽未实现，但足见其忠烈。

吉列刀片公司的复兴

“震苏苏，震行无眚”暗示我们，不要害怕意外的震动，只要我们谨慎行事，就能化险为夷。吉列刀片公司的经历就验证了这一点。

一个企业如一直处于顺境中，往往容易忽视自己存在的缺陷，从而让别的企业有机可乘。相反，假如经历了意外的震动，它就会小心谨慎，开创新的发展道路，从而再一次登上成功的宝座。

1962 年之后的几十年来，吉列刀片公司一直仅限于安全剃须刀、双刃刀片及剃须膏的研究。只要世上的男人会长胡须，谁都会相信吉列公司的前途。该公司有点儿得意忘形，怎么也没想到自己也有遭遇滑铁卢的一天：英国威尔金森·斯沃德公司，用所谓的“不锈钢刀片”向吉列公司公开挑战。

威尔金森·斯沃德公司本是一家以铸剑出名的老牌公司。但它的主要获利产品是昂贵的园林工具，由于刮胡刀市场广阔，利润十分丰厚，而威尔金森公司的产品与刮胡刀产品类似，经过艰苦的研究试验，终于研制了一种不锈钢刀片。这种刀片制造工艺合理，刀刃锋利，不易腐蚀，而且使用寿命长，一般碳素刀片平均只能使用3.5次，而不锈钢刀片平均可使用15次。

尽管不锈钢刀片成本相对吉列刀片公司生产的刀片的成本较高，但由于不锈钢刀片刀刃锋利，美观耐用，问世不久，很快就席卷了英国刀片市场。至1962年3月，它终于进军吉列公司的根据地——美国。不仅如此，美国国内两大竞争对手——夏普公司、美国安全刀片公司也推出不锈钢刀片，不约而同地向吉列公司进击，形成内忧外患的情势。

以威尔金森公司为始的不锈钢刀片，攻势一天比一天剧烈，吉列公司所占据的市场，形成欲抗无力的状态。

但是在技术和资金上实力相当雄厚、经验十分丰富的吉列公司并没有惊慌失措，也没有贸然采取反攻的行动，而是立即调整经营战略，迅速组织技术力量，投入大量资金全力开发研制不锈钢刀片。

首先，吉列公司推出“蓝色吉列刀片”。并在1965年末，推出更富耐久性的“超级不锈钢”，竭力与竞争者抗衡。同时，双管齐下，采用耗资近千万美元的大规模广告宣传攻势和降低售价的谋略进行大举反攻。

就这样，吉列刀片公司又抢占了世界刀片行业的大部分市场。

仗义守信方能成长远之事

“敦艮，吉”暗示我们，生意人也要敦厚，也要讲信用，因为敦厚能使他在生意场上知进退。

胡雪岩常说：“做人无非是讲个信义。”做生意与做人，本质是一致的。一个真正成功的商人，往往也是一个信义之人。胡雪岩正是仗义守信，才获得比一般人多的成功。

胡雪岩的钱庄开业不久，接待了一位特殊客户。此人名叫罗尚德，既不要利息，也不要存折。原来他在老家时，是个赌徒，定下婚约不提婚期，却因好赌，用去岳父家一万多两银子，最后岳父家提出只要罗尚德同意退婚，宁可不要银子。这下刺激了罗尚德，他不仅同意退婚，并发誓做牛做马也要还上银子。

罗尚德后来投军，辛辛苦苦十多年，熬到六品武官的位置，又省吃俭用，积蓄了这一万两银子。前几天接到命令，要到江苏与太平军打仗，因为没有亲眷相托，因而存入阜康钱庄。他既不要利息，也不要存折，因为既相信阜康钱庄的信誉，也因自己打仗生死未卜，存折带在身上是个麻烦。

得知这一情况后，胡雪岩当即决定：虽然对方不要利息，自己也仍以三年定期的利息照算；虽然对方不要字据，也仍立字据交由刘庆生代管。

罗尚德后来在战场上阵亡。临死之前，他委托两位老乡将自己在阜康的存款提出，转给老家的亲戚。两位同乡没有任何凭据就来到阜康钱庄，办理转移手续，原以为会遇到一些刁难或麻烦，甚至阜康会赖账。他们却没想到除为证实他们确是罗尚德的同乡，请人出面作证外，没费半点周折，就连本带利为他们办了手续。

其实，罗尚德手上没有任何字据，帮他来办理这笔款的人，也同他没有很大关系，倘若否认这笔存款，当然无可厚非，在商场上也并不是没有前例。但阜康却不肯这样做，从这一点上，我们能够看出胡雪岩仗义而守信的人品。

阜康付出了罗尚德的那笔存款，两个帮罗尚德办理取兑的同乡回到军营，讲了自己的经历，使阜康的声誉一下子在军营传开了。许多官兵把自己的积蓄甘愿长期无息地存在阜康钱庄，从而引来了大批的存进。

信用是一个人立身行事之本。孟子说："人而无信，不知其可也。"一个全无诚信可言的人，一定会为众人所不齿；一个讲信用的人，一定会有人与你一起打天下。

守中正之道，固汉室江山

“鸿渐于陆，其羽可用为仪，吉”暗示我们，只要心地纯正，即使已登峰造极，也能渐进。

汉高祖刘邦为汉室的开国皇帝，他所建立的功业在当时已到了极致。他的儿子汉文帝刘恒超脱于世俗之外，不为名利所累，不扩充疆土，不大兴土木，结果出现了“文景之治”，使汉室江山进一步得到巩固。

汉朝的开国皇帝刘邦的雄才大略无人不知，但他儿子汉文帝刘恒在位期间出现的“文景之治”更是令人叹服。汉文帝刘恒之所以能把刘家的事业进一步向前发展，是因为他懂得渐进的道理，不贪功冒进，以俭养德。

汉文帝刘恒，在位23年。他在位期间，不求建功立业，而是针对汉初民生凋敝的局面，采取“无为而治，与民休息”的国策，使秦末颠沛流离的百姓终于有了休养生息的机会。天下如有旱灾或虫害，他就倍加施恩于臣民，如免去诸侯进贡，开放山林川泽，允许民众渔猎。在对待皇室财政开支方面，他带头缩减自己的衣服、车驾、犬马，裁减官僚机构的官吏，开放粮仓赈济平民。自其登基以迄驾崩，他未曾扩建过宫室苑囿，未曾增加过犬马车驾，凡于民不利的，他就下令予以撤销。

他平常穿的衣服也是质地差的布料。为了节省衣料，就是他最宠爱的慎夫人，也不许长裙拖地；宫中的帏帐不准许有花纹锦绣。他在修葺皇陵时，用的一律是瓦器，禁止用金、银、铜、锡等贵重金属作为装饰，而且不修高大的坟墓，为的是节约费用，让老百姓安居乐业。

他做的所有事都出自一个目的，即“以示敦朴，为天下先”，也就是在全国带头倡导艰苦朴素的风气。

汉文帝的清心寡欲，不讲排场，不仅表现在生前，还表现在他对自己死后的丧事处理上。他非常不放心自己的丧事，唯恐人们铺张浪费，劳民伤财，因此立下遗诏：“我听说天下万物诞生后，没有一个不死的。死是天地间的常理，生命的自然结局，怎么可以过分哀痛呢？方今之时，人们都喜欢活着，厌恶死去，人一死就要厚葬，弄得损财破产，长时间服孝，以致伤害身体，对这种做法我十分不赞成。况且我又无德，没做什么有利于人民的事。现在谢世，却使百姓长期服丧痛哭，寒来暑往，旷日持久，让别人家的父子为我哀痛，老少为我伤心，不能正常饮食，停止祭祀鬼神，这等于加重了我的罪孽，如何对得起天下黎民百姓！我有幸得以守护宗庙，微末之身列于天下君王之上，已有 20 余年。仰赖天地神灵的福佑，国内安宁，没有战争。我虽不敏，却常恐行为有失，辱没了先帝的遗德。想到岁月悠长，唯恐难以善终。而今有幸得尽天年，能侍奉于高庙之中，以我之不明，有这样的结局，还有什么可悲哀的呢！你们要命令天下臣民，自出丧之日起，服孝三天即皆可除孝服。不要禁止人家娶妇嫁女、祭祀、饮酒、食肉等；参加丧礼的也不要光着脚；孝服的带子不要超过三寸，不要在车驾、兵器上缠孝布；不要命令男女民众来宫中啼哭，应来宫中举哀的，早晚各举十五声，礼毕即可。非早晚举哀之时，不得擅自哭泣。要布告天下，使臣民明白我的心意，我下葬的霸陵，山川要一切如旧，不要妄加改变。我死后，把宫中夫人以下的宫女全都放归其家。”

汉文帝奉行中道，循序渐进，一点一滴，赢得了民众，赢得了历史，为西汉中期的繁荣奠定了坚实的基础，在历史上留下了“文景之治”的美名。

有名无实的合作

“女承筐，无实；士羊，无血。无攸利”暗示我们，有名无实的合作只会死亡。所谓有名无实，亦即缺乏品德。荣事达和美泰克的合作失败就表明，只有虚假的外壳而没有真正的内容，这样的合作应当抛弃掉，因为它不但不能使大家达到真正的进，而且还会给双方都带来损失。

1995年，荣事达总裁陈荣珍在与日本三洋合资大尝甜头后，又将目光瞄准了美国第三大家电厂商美泰克。恰好此时，美泰克又积极地寻求中国市场的突破点，双方在香港中介公司的撮合下一拍即合。

鼎盛时的荣事达洗衣机年销量达到200万台，列国内第一。好景不长，2000年，荣事达洗衣机跌到全国第三名；2001年，全年洗衣机销量80万台左右，列第四位，中美合资公司亏损1.8亿元。面对种种颓势，资本方美泰克决心亲自操刀，派出董勤龄、王伟东等出任合资公司销售副总、市场副总裁等职。

2001年7月，资本方看到这种劣势没有丝毫转变，他们不是从自身找原因，而是一度施压，派出劳伦斯接替陈荣珍出任总裁，陈荣珍退居幕后。

腿脚不便的具有英国、澳大利亚双重国籍的劳伦斯有着40年企业管理经验。在此之前，劳伦斯只是在北京搞市场调查和促销活动，然而上任就放言要以“打内战”为主——完成内部管理的新构架。

劳伦斯这样打算：“我的目的是把世界上最好的管理模式、经验，参照中国本土的经验，让两者合二为一，成为适合中国情况特色的合资公司。这是我们的一个工作方向。”不仅如此，据媒体披露，当时的荣事达领导层霎时出现了

“多国部队”的局面，大量引进“海龟派”以及外籍经理人，而原陈荣珍旗下的老臣子一度被排斥在外。陈荣珍本人也退居副职，负责政府公关和对外联络。这无疑是与先前劳伦斯的位置做了一个置换。

然而，劳伦斯还没来得及实行他的一系列构想，荣事达美泰克公司第九次董事会就决定劳伦斯不再担任中美合资公司总裁职务，原美方派出的李广元、王伟东等副总裁们均退出管理层。美泰克宣布从荣事达撤资，短暂的“婚姻”宣告破裂。

让劳伦斯一度非常痛苦的是，虽然他当时成为了形式上荣事达的总裁，却是相当孤立。荣事达公司员工披露，陈荣珍的强人形象早已压过了所有人，公司的决策无不为陈荣珍所左右。甚至连劳伦斯的离任，都是陈荣珍上书美泰克，强行抵制他的结果。

最终的结果是：荣事达出现大量坏账。具体情况是，2002 年 2 月，合资公司在南方市场应收账款约为 1.2 亿元，华东为 5000 万元，北方市场为 7000 万元，加上其他地区，全国总计 3 亿元左右。荣事达原某高层指出，3 亿元应收款很大部分是中方为吸引美方入股，显示其产品在中国市场上很受欢迎，在价格和款项上对代理商做出很大让步，造成应收款居高不下。从另一个角度来解释，美泰克无疑落入了一个资本的陷阱。

这不难看出，双方的每一个行动都表明他们只为自己着想，没有替对方着想，结果两败俱伤。

巧用外力造繁荣

“丰其蔀，日中见斗。遇其夷主，吉”暗示我们，当遇到形势对自己大大不利的情况时，不妨依靠外部力量度过危险时期，并求得进一步发展。美国可口可乐公司就善于借助外部举债而得以发展。

美国可口可乐公司生产的饮料遍布世界各地，它的规模，它的价值是一般人难以想象的。它成功的秘诀在哪儿呢？

美国可口可乐公司的前任董事长伍德拉夫是位相当保守的金融家，他一生最讨厌的事是负债。

刚好在经济大萧条前夕，他还清了公司的全部贷款。那时，听说公司里一位主管财务的负责人要以9.75%的利息去借1亿美元的资金来兴建建筑时，他当即表示不同意，并说：“可口可乐永远不借钱！”虽然他的谨慎战略避免了可口可乐公司在经济大萧条中的灭顶之灾，但也因此产生副作用，那就是使该公司长期得不到发展，不能进入美国特大公司之列。在戈苏塔担任了公司董事长的职务后，他一改前任的作风，看准方向，大举借款。他到任时，可口可乐公司资本中只有不到2%的长期债务，从那以后戈苏塔把长期债务猛增到资本的18%，这种举措使同行们目瞪口呆。戈苏塔用这些资金来创建可口可乐公司的瓶装设备，同时还大胆投资于哥伦比亚影片公司。他说，只要是他看准了的兼并对象，他就不怕增加公司的债务负担。也正是由于他这种不怕负债的勇气，才把可口可乐公司从困境中解救出来，还使公司的利润一下子增长了20%，股票也开始上涨。

不难看出，适当的举债是使企业走出困境、走向辉煌的法宝。

杨修恃才傲物招杀身之祸

“频巽，吝”暗示我们，一个人不能丧失谦逊的美德。杨修被杀，正是由于才华太出众，导致过分张扬，锋芒太露，招致曹操的反感。

三国时期，曹操手下有位才子，名叫杨修。他不仅才华出众，而且反应机敏、聪颖过人。最初，曹操非常看重他。不过，杨修一向恃才傲物，锋芒太露，这就使曹操渐渐生出反感，而且最终引来杀身之祸。

杨修善于揣摩曹操的心思。有一次，曹操命人新修了一座花园，修好后他带人来参观。曹操觉得很满意，只是临走时在花园门上写了一个“活”字。等曹操走后，杨修对修园人说：“主公嫌花园的门太宽阔了，请你把它改窄点。”

修园人不解其意，杨修便说：“你没看见主公刚才在门上写的‘活’字吗？门与‘活’合在一起，正是一个‘阔’字。这就是告诉你们，花园的门太宽了，必须改小。”众人听了，都说有道理。于是，修园人按照杨修所说的去办。过了几天，曹操再次来参观时，发现花园门改小了，连连称好。

又有一次，有人送曹操一盒酥饼。曹操在饼盒上写了“一合酥”三个字，便放在桌子上。恰巧杨修进来看见了，便把大家叫来，想分吃酥饼。

可是，这盒酥饼是送给曹操的，谁敢轻易品尝？看到人们迟疑不动，杨修就说：“主公在盒子上面写了‘一合酥’三字，分开来念就是‘一人一口酥’。所以你们尽管放心吃好了，出了事由我来承担。”

大家觉得他说得对，便纷纷上前将酥饼一抢而光。曹操知道此事后，虽然没说什么，但心里却对杨修的自作主张有些反感。

后来曹操率军攻打刘备，在定军山大败。曹操感到进退两难，但又不愿轻易撤兵。一天晚上，大将夏侯渊走进帐来，向曹操询问当晚夜巡的口令。曹操正在吃饭，手中拿着一块鸡肉，就随口说了“鸡肋”二字。

夏侯渊出帐后，就把这个口令告诉了夜巡的将士。杨修听到后，便吩咐手下人赶快收拾行囊，准备撤退。有士兵把此事报告了夏侯渊，他有些迷惑，赶忙问杨修。

杨修说：“鸡肋，鸡肋，食之无味，弃之可惜！主公是不想在此恋战了，他虽然没有直接说出来，但心里已经准备要班师回朝了。”

夏侯渊早有耳闻，对他的话深信不疑。回到帐中后，也命令手下人收拾物品为撤军作准备，并派人通知了其他将士。

这一消息，有人很快报告给曹操。曹操一听，不禁勃然大怒，他早就对杨修的恃才之举有厌恶之心，立刻命人以蛊惑军心为由将杨修推出斩首。

雍正帝藏匾训臣整顿吏治

“弗过防之，从或戕之，凶”暗示我们，在小的动荡中，尤其不能采取太过的行为。

康熙和乾隆掌政时期，国家呈现出太平盛世的局面。康熙时期的繁荣得益于康熙治理天下有方，然而康熙晚期，国家却一直走下坡路。一方面是他晚年多病，不能勤政；另一方面是确立皇储的问题搅得朝中一片混乱。因此，在他统治晚年，朝中官员渐渐疏于政治，因循敷衍、懒散拖沓、贪污行贿把官场弄得乌烟瘴气，一直蔓延到雍正初年。

雍正登基后，决心全面整顿，改变朝廷大臣玩忽职守的态度和消极懒散的作风。他清楚这种作风已经有很长时间了，彻底改掉不是轻而易举的事情。但如果对他们仅仅宣传一些大道理，恐怕收不到较好的效果。

雍正想来想去，觉得不如来个杀鸡给猴看，说不定能产生大的影响，震住其他大臣。但是，到哪儿去找这只“鸡”呢？不久，雍正就找到了突破口。

一天，雍正让手下趁别人不注意时，把刑部大门上的匾额拿回来，藏在屏风后面。然后雍正耐心地等待，看看刑部有什么反应。

一天过去了，刑部没有什么异常。

两天过去了，刑部依然像什么事都没有发生一样。

第七天，雍正再也沉不住气了。他命令召见刑部主管官员。一见面，他突然问：“你们主管衙门外的大匾额还在吗?”

官员不知雍正有何用意，毕恭毕敬地回答说：“在!”

可是当他们抬头看皇上时，只见雍正脸色阴沉，不知自己说错了什么，慌忙补充说：“应该在吧!”说罢，不敢言语。

雍正向近旁的侍从招招手，两个内侍便把刑部大门外的匾额从屏风后抬出来。刑部主管官员一看，吓得直哆嗦，一时不明白究竟怎么回事。

雍正指着放在大殿中央的匾，厉声说道：“这块匾额已经放在这里七天了，可你们却没有任何人发现！这么大的缺陷你们居然都没有注意到，不知你们平日会疏忽多少事务！堂堂一部之首尚且玩忽职守到如此地步，又怎么能以身作则，教导下面的人勤于公务呢?”

雍正大发脾气，刑部主管吓得双腿发软，连连叩头，俯首请罪。他在皇上面前立下誓言，决心痛改前非，整顿吏治，提高效率。

自从这件事传开后，朝廷六部拖拖拉拉的办事作风很快就有了改变。

汉武帝打破传统重用金日磾

“高宗伐鬼方，三年克之。小人勿用”暗示我们，成功之后，不能重用小人，要重用有才德的人。汉武帝深知这个道理，不拘成规，重用有才德的人，使汉朝走上了兴盛。

汉朝经过文景之治后，到汉武帝时，达到汉朝最巅峰的时期。

汉武盛世，人才辈出，有两个人格外引人注目，一个是大将军卫青，另一个是奴仆出身的托孤大臣金日磾。

金日磾字翁权，原是匈奴休屠王太子。武帝元狩年间，休屠王和昆邪王密谋降汉，可休屠王在降汉前突然反悔，把事情泄露给匈奴首领。昆邪王一怒之下杀掉休屠王，押着休屠王的家眷投降汉朝。金日磾与其母、弟都投入官府为奴婢，他本人被送往黄门养马，当时才 14 岁。

作为休屠王的太子，金日磾度过了屈辱、痛苦的岁月，但他并没有一蹶不振，而是从养马工作中寻求解脱。由于他从小与马打交道，又尽心尽力，所养马匹都膘肥体壮，精神抖擞。

一天，汉武帝游宴苑囿，巡视马匹，随从的有大批官员和后宫妃嫔。马夫牵着所养马匹从殿下走过，这些人都偷偷地觑看皇帝和后妃风姿，只有金日磾目不斜视，一脸正气。再加上他容貌魁伟，所养马匹肥壮，武帝十分满意，就让他担任侍中驸马都尉的官职。

金日磾由一个奴仆到皇帝的亲近侍臣，从未有过过失，武帝对他甚是信爱，不断赏赐，出则骖乘，入侍左右。一些达官贵戚对他非常嫉恨，污蔑他只是一个胡狗，却被皇帝看成人。武帝知道以后，对金日磾更加器重。

金日磾对武帝忠诚，处事则周密谨慎。他的两个儿子，是武帝的弄儿，经常与武帝嬉戏。后来弄儿长大，在殿下与宫人嬉戏，正好被金日磾看见，金日磾厌恶他淫乱，当场将他杀死。武帝知道后大怒，金日磾连连叩头，将事实经过奏报，武帝内心对金日磾更是敬佩。

金日磾在武帝左右数十年，目不忤视；武帝赐给他宫女，他都不敢近身；武帝想把他的女儿纳入后宫，金日磾也不同意。这些都使武帝特别赏识他。金日磾的母亲阏氏病故，武帝将她的肖像置于甘泉宫，图上标明“休屠王阏氏”，以示尊重。此外，金日磾的“金”姓，也是武帝赐予的。

汉武帝重用金日磾，并非仅仅出于招徕少数民族的需要，而是赏识和器重金日磾的德操和才能，他知道金日磾持重可靠，能托付大事。

武帝末年，统治集团内部矛盾错综复杂，近臣莽何罗兄弟蓄意谋反，金日磾察觉他行为反常，昼夜提防。一天，莽何罗手持利刃想谋刺汉武帝，幸亏被金日磾及时发觉，武帝才幸免于难。

武帝临终前，仓促立8岁的刘弗陵为太子，命令霍光辅佐少主。霍光推让，推荐金日磾。金日磾则认为自己是外族人，坚决不肯接受。武帝便任霍光为大司马大将军，金日磾为车骑将军，与上官桀、桑弘羊等人一起受遗诏辅佐太子。同时，武帝遗诏封金日磾为侯，金日磾却没有接受封号。

双龙药业因贪吃而败

“濡其尾，吝”暗示我们，不能急功冒进。双龙药业违背了这一理念，盲目投资，结果惨遭败绩。

几年前，双龙药业公司已到了资不抵债，不得不等待被人收购的地步。而双龙药业刚上市的规模是不能小觑的，它上市前的实力也是不容小觑的。这引起了人们的深思。

其实，双龙药业之所以失败，是因为它在向目标（由地域性企业迅速发展为全国性现代医药企业集团）奋进时过于急躁冒进。

双龙药业公司上市的第二年即1998年，便兼并了南方某制药总厂、北京某制药工业研究所和北京制药机械设备厂，并将有关兼并款项预期支付给对方。

此后，公司对外投资的势头只有增强而无减弱的迹象。截至2003年年底，长期投资合计112180.26万元，公司已在全国10个省市组建了20家控股公司、6家参股公司。

经过这一次次的扩张行动后，尽管双龙药业主营业务收入从上市前1996年的2.08亿元猛增到了2003年的42.49亿元，增长了19.43倍，但2003年净利润仅6463.06万元，只比1996年税后利润5066.26万元增加了27.57%。8年来，公司效益的增长幅度仅为主营业务收入增长幅度的1.35%。

A药厂是双龙药业最早收购的企业和在华东的战略要点。资料显示，双龙药业历年投入的资金超过1.2亿元，2003年11月，“A药厂把过期药手工剥出更换出厂日期重新出售”被媒体曝光。对此，双龙药业曾两次发布公告，称

"A药厂"市场份额较小，不会影响公司总体业绩。事实上，"A药厂"产品在2002年的销售仅有300多万元，即便是"A药厂"全年停产，也不会对年销售高达40多亿元的双龙业绩造成影响。但双龙药业年报却显示，2003年的亏损高达3521.59万元。

就是这样一家公司，双龙药业近几年也多次对其追加投资，2003年公司还为昆山双龙贷款8000万元进行担保。并且，就在2003年8月9日，双龙药业还将原昆山双龙总经理严永明聘为上市公司副总经理。

另外，公司配股募集资金组建的全国性大输液集团项目在2002年就有10个，实际使用资金共14119.62万元。就这样，经过几年的收购兼并，双龙药业已经成为我国大输液产业的龙头老大。

但是，大输液产品的残酷市场竞争却让双龙药业始料未及。在4000多家企业共同竞争的大输液市场，由于成本问题，许多大企业都竞争不过小企业。原因是龙头老大没能获得垄断价格，也没享受到规模扩大带来成本降低的好处。

双龙药业大输液产品销售在"非典"期间一度降到历史最低水平。"非典"过后，由于市场供大于求，市场竞争白热化，大输液产品持续降价，输液公司赢利空间缩小。双龙药业高管人员说，双龙药业确实没有预料到大输液市场的竞争如此激烈。

残酷的市场竞争导致双龙药业的大输液子公司经营大多出现严重困难。

即使是陷入了如此困难的局面，双龙药业对外投资规模依然居高不减：2001年，双龙药业对外投资2. 56亿元；2002年，对外投资4. 24亿元；2003年，达到4. 36亿元。

从双龙药业的失败，我们可以看出，一个企业向成功的宝座奋进时，一定要谨慎行事，不能贪功冒进。

窦武功亏一篑铸成千古恨

“贞吉，悔亡。震用伐鬼方，三年有赏于大国”暗示我们，宜将剩勇追穷寇。窦武一夜离宫铸成千古恨，就是因为违背了这一古训。

封建社会中，每次帝王更迭，朝廷中都会产生一些骚动。尤其是年幼的皇帝登基，更容易引起骚动。

东汉永康元年十二月丁丑日（公元168年1月26日），年仅36岁的汉桓帝刘志死在德阳前殿，陈蕃、窦武等拥立解渎亭侯刘宏嗣位，是谓灵帝，时年仅12岁。

当时的局势是灵帝太小，遇事无主见，事事要依太后，太后又委政于自己的父亲窦武，这样窦武以大将军的身份掌握了朝政。他提拔征召李膺、杜密、刘猛、陈实等名士共掌朝政，志在诛除宦官，踌躇满志，大权在握，形势有利于窦武。但窦太后目光短浅，想调和双方，先后封授曹节、王甫等人为官。这样，宫廷内部宦官的势力则大于窦武等人了。

太后不征得窦武、陈蕃的同意就随意授官，而且所授之人，皆是阉党之徒。陈蕃向来疾恶如仇，此时已年近80，又身担太傅要职，不忍袖手旁观，就去找窦武商量。他建议窦武早下决心，千万不要姑息迁就，一旦宦官势力养成，则必然祸乱天下，后果不堪设想。窦武点头称是。陈蕃走后，窦武当即进宫去见太后，要求窦太后诛杀心怀鬼胎的宦官。窦太后优柔小仁，没有答应窦武的请求。

陈蕃知道窦武已经向太后请求要诛杀曹节、王甫几个阉党首恶，等了几天没有动静，又有些忍耐不住，上疏复申窦武的意见，请求诛杀宦官曹节、侯览、王甫、郑飒等人。窦太后则又按下不批。

灵帝元年（公元169年）八月，太白星犯房之上，将入太微天官。侍中刘瑜，颇知天象，借机上奏太后，说天象示警，不利将相，应当紧闭宫门，防备突来的变化。又给窦武、陈蕃写信，略言星象错谬，劝他们早决大计。窦武忙找陈蕃商议，要马上进行部署。先任命朱为司隶校尉，刘祐为河南尹，虞祁为洛阳令，全面地控制京师大权。然后用属于自己一党的小黄门山冰取代原黄门令魏彪，控制了宫廷内的一部分权力。接着窦武又奏请太后收捕了长乐尚书郑飒，送进北寺狱中审问。陈蕃建议窦武不必拷问，一律将作恶的宦官收监处死，窦武不同意，还想按一定程序处理此事。

郑飒受刑不过，招供了同伙们贪赃枉法等罪恶，把曹节、王甫等巨阉牵了进去，而这正是窦武、陈蕃所需要的。窦武见曹节、王甫等人的罪证已拿到手中，心中大喜。当即写好奏章，并郑飒的口供一起拟交太后审批，然后就可名正言顺地大规模诛杀这批作恶多端的阉党。只因当日天晚，窦武觉得从洛阳令到司隶校尉都是自己的人，只要明日早朝公布曹节等人的罪行便可大功告成，便把写好上封的密奏交侍中刘瑜，让他转呈太后。窦武连日操劳，感觉有些疲乏，当晚离开宫廷回府休息。不料这就好像扼住豺狼脖子的手已松开一样，给了恶狼喘息的机会。这一天是九月辛亥日（公历 10 月 25 日）。

窦武回到家中，吃完晚饭后酣然入睡。宫廷内则忙乱起来。刘瑜把窦武写的奏本交给一名内侍，让他转呈太后。本来这些太监们都感觉到几日来气氛不对，郑飒被抓及招供的事他们也有些耳闻，故反应都很敏感。那位送奏疏的小太监并未把奏疏送进宫中，而是先拿着去交给长乐宫内的五官史朱宇看。朱宇也是宦官当中的小头目，自郑飒被捕，心怀疑惧，与曹节、王甫等互相倚托，当然格外留心。一听说窦武有奏疏，忙接过启封偷看。此时也顾不得什么犯法了。看了几行，已经大为恼怒，待阅完全文，早已是怒从心头起，恶向胆边生，因奏章中要诛杀的名单中有他的大名，便立刻大声对周围的几名太监说："陈蕃、窦武奏请太后，要废帝为逆，这还了得，我们一定要保护皇帝。"说罢，忙让人去召集长乐宫的所有太监，共计有张亮、共普等 17 人，朱宇手持奏疏，慷慨陈词地煽动一番，其他人也无暇去看原文。17 人歃血为盟，共同谋杀窦武、陈蕃。接着又去通知曹节、王甫。曹节、王甫负责皇帝宫中事务，听后大惊，连忙带人进入灵帝内室撒谎说："外间喧嚣，恐怕不利圣躬，请速出御口德阳前殿，宣诏平乱！"灵帝刘宏当时才 13 岁，被人从热被窝中拉起，晕头转向，乳母赵娆也怂恿他快走，他没什么主见，也就跟着众人风风火火地出御前殿。曹节等人见控制了皇帝，心中有了主意，立刻命人关闭宫门，又命人拿着明晃晃的刀逼着尚书官属起草诏书。王甫带人先去假传圣旨杀了山冰，又到北寺狱放出了郑飒，宦官已控制了整个宫中。王甫放出郑飒后，又进长乐宫劫迫窦太后，取走了印绶。

众太监忙乱了大半夜，天亮时派郑飒带人去收捕陈蕃、窦武等大臣。至此，宦官势力已经占绝对优势。他们控制着小皇帝，可以随意写诏书。陈蕃闻宫中有变，带领官属80余人奔尚书省而来，途遇王甫用圣旨调来的御林军，两下力量相差悬殊，80余人大多束手就擒，被押进了郑飒刚刚住过的北寺狱。

窦武闻变，忙骑马驰入步兵营，与窦绍联手拒捕，射死数人，召集北军几千人屯守都亭，当众宣布黄门常侍造反，要求众将士合力除奸。众人半信半疑。不一会儿，王甫矫诏调来张奂及五营兵士前去攻讨窦武。张奂在当时也是较有声望的名将，王甫又确实带着圣旨。窦武一方的官兵见状，先已夺气，纷纷逃出。窦武、窦绍父子逃到洛阳都亭时被追兵围住，惶恐万分，先后拔剑自杀。至此，窦武、陈蕃发动的诛讨宦官的斗争彻底失败了。

窦武诛杀宦官失败的主要原因是他在最后的关键时刻离开宫殿，给了敌人以反扑的机会。

压力就是动力

伴随小排量耗油量低的日本小汽车的进口量加大，一度位居美国第三大的汽车公司克莱斯勒也要陷入破产的境地。面对这接二连三的不幸，美国人该怎么办呢？

这时，出现了一位名叫艾柯卡的英雄，他于紧急关头接任克莱斯勒的行政总裁。在短短的三年内，他将这家公司濒临破产的局面扭转过来，变为一家有盈利的公司。在替克莱斯勒效力之前，艾柯卡是福特汽车公司的总经理。这位总经理时常受到该公司总裁福特二世的排挤，令他不能充分发挥自己的才华。后来，他被炒了鱿鱼，他所有的特权，包括令人羡慕的高薪、豪华且设施齐全的办公室，还有保安、秘书，一夜之间化为乌有。由于合约的关系，他在被炒了鱿鱼后仍得待在公司一段时间。在这段时间中，他被安置到一个脏乱不堪的货仓里办公。于是，艾柯卡发誓要用一番成就来雪耻。结果，在面临破产的克莱斯勒公司，他的努力成功了。

假使福特二世让艾柯卡风风光光地退了休，假使艾柯卡没体会到“屈尊货仓”的公然侮辱，那么，后来的艾柯卡肯定不会如此风光，他可以依靠丰厚的退休金心满意足地安度他的晚年。反正他早已成功过，富贵过，风光过，他的人生几乎没有什么缺憾。但福特二世的侮辱，激发了他的斗志，给了他决心取得成功的动力。

还有很多人都是在蒙辱受耻后脱颖而出的。我国古代名相张仪就是其中的一位，他与苏秦都是我国历史上有名的纵横学家。年轻时，张仪与苏秦同在当时的名师鬼谷子门下求学。苏秦出道早，成功也来得早，而张仪却郁郁不得志。于是，张仪来到苏秦的门下，希望通过这条捷径获得成功。然而一连几天，苏秦不闻不问，不管不见。好不容易熬到了与苏秦会见的那天，但苏秦非但没有热情款待他，反而在席间将他安置到最末的位置，用粗茶淡饭招待他，并且拿话羞辱他："凭阁下的才干，怎能如此沦落潦倒呢？我实在没有法子帮你，还是靠自己的运气去另谋生路吧！祝你好运。"

远道投奔而来的张仪非但没得到半点好处却被当众侮辱而蒙羞，他被激怒了。他决心靠自己的聪明才智、靠自己的实力去创造一个属于自己的新天地，狠狠地打击苏秦。

苏秦不但不提防他，反而还派人暗中相助。其门人大惑不解，苏秦解释说："张仪的才干，其实在我之上，但以往他贪图眼前小利，过分安于现状。我担心他会因此而丧失斗志，便拿话羞辱他，以激励他上进。"

如果我们能够碰到像苏秦这样的朋友，或像福特二世那样的敌人，我们成功地机会就多了一半。他们为我们的成功创造了一个特殊的环境，提供了特殊的动力。

1．把打击当作上进的动力

斯泰里16岁的时候，在一个大型五金商店里做店员，这正是他所希望的一个职位。他感到自己的前途是光明远大的，于是他努力工作，尽心学习各种业务知识，盼望着将来做一个成功的五金销售员。他一直以为自己是踏实肯干的，但是其上司却看法不同。

“我不用你了，你不会做生意。你到铸造厂去做一个工人吧。你那种蛮力，除了做这种工作之外，没有什么别的用途。”

无端被炒鱿鱼，这对于一个年轻人的侮辱，该是何等无情！因为他始终以为自己工作得很好。那么，他是否准备到铸造厂去呢？他是否因为受到了极大的打击，而被打倒了呢？他的首次冲刺虽然失败了，但是，他没有被打垮，并重整旗鼓，决心要干出一番成绩来。

他到上司面前郑重其事地说：“你可以辞退我，但是你不能削弱我的志气。”他面对无理的上司发誓说：“十年之内，我也要开一个像这样大的五金店。”

他的话并不是一种气愤的发泄而已。这个青年将第一次的失败变为激励自己的动力，不停地努力，一直到他成为全国最大的五金制品商之一。

如果没有受这次打击，恐怕斯泰里永远是一个平庸的销售员而已。在受到打击之前，他原以为自己的工作是很好的——这种心满意足的心理磨灭了他那好学上进的斗志。他所受到的那个粗鲁经理的打击，正是促使他奋发上进的必要的动力。有时，要战胜一种不适当的自满心理，唯一的方法是受一次沉重的打击。

2. 从不利中挖掘令人信服的积极因素

多年前，有一位曾经因得罪领导而被调到离家较远的郊区工作的受挫干部，他已年过半百，每天要骑两小时自行车才能到单位，遇上刮风下雨情况就更不妙了。开始时他感到很懊丧，低谷心理极重，总想提要求，换个离家近点的单位。可是由于得罪了领导，他又不愿开口向领导提要求。于是，他主动采用了反向心理调节法，使自己的不快心理很快得到有效纠正。

过去，当他一大早骑着自行车赶路的时候，总是想到倒霉，越想倒霉越觉得这段路长。这是情绪影响了他对时间的知觉。现在他改变思索方向，倒过来想问题，他想：清晨骑自行车行驶在郊区的公路上，20 多里路，这是多好的锻炼身体的机会！每天我是第一个出门的，看着田园风光，吸着清新的空气，听着小鸟的鸣叫声，实在是一种难得的享受。这样想来，他脚下这段路程显得不那么漫长了，心情也不感到沮丧了，反而感到十分轻松愉快，到工作单位后也会精神抖擞地投入工作。

他深有体会地说：“痛苦是人们面对困境与低谷的一种

感觉。其实，只要你能正视现实，并从中发现事情有利的一面，就可以成功地引出积极心绪，使心理发生良性变化，痛苦就会被愉快所代替，哪怕是虚构的有利因素，也可以产生这样的效果。”

遇到困难或低谷时要多从积极的方面去想，发挥自己丰富的想象力和多角度的思维能力，极力从不利中挖掘、寻找到令人信服的积极因素，调动自己的积极情绪，战胜消极情绪，这正是《周易》中反复强调与暗示的基本思维。

企业成长大律（上经）
——艰难七日行之一

“七”这个数字，是古人解密天道的钥匙：上帝创造万物需要七天，至今人们都以“七天”作为工作的周期；《黄帝内经》认为，女子七岁肾气开始盛旺起来，之后女子便按照七年一个生命周期成长；从女性生理周期看，恰恰是以七为单位，划分为四个过程，形成一个完整的周期，也许这是由月亮周期决定的，因为女子与月亮同属阴性；现代社会学统计显示，七年是离婚的高发期，称为“七年之痒”；就连我们身体中的感冒病毒，也会从发作到结束走完七天周期；对企业来说，生存七年正是战略转型的关键时期：不变革一定会因产业周期调整而失去发展机会，变革则面临转型失败的风险，因为小企业的平均寿命为七年左右；《尚书》载，中国古人以28星宿的天体运行为主体构建历法，其中，东青龙西白虎北玄武南朱雀都各主七个星宿。

《周易》更是把“七”作为一个重要的易数，如北京外城墙开设七个城门，象征少阳；细细品味六十四卦今本卦序，你会惊奇地发现，里面含有七个大的波动周期，而企业的起起伏伏都按照一定的时位顺序有条不紊地排列着，本章就是要把这种排列的奥秘揭示出来，并赋予中国式管理理念，读者从中可以体会出企业经营的艰难七日。

乾德与坤道——企业的生存哲学

乾卦是纯阳卦，居六十四卦之首，全卦揭示了《周易》“变易”的总规律，展示了《周易》精神的最高境界。乾坤代表天地运行，所含有的观念和规律难以穷极，本书择其要点分别加以说明。乾卦阐述了如下管理观念：内敛修身观念、戒惧无咎观念、存亡求变观念、整体奋进观念等。同时也阐述了如下管理规律：物极必反规律、循环圆通规律、时位和合规律等。

坤卦是纯阴卦，居六十四卦榜眼，全卦揭示了《周易》“变易”的总应用，展示了《周易》修身的大手段。坤卦阐述了如下管理观念：顺应有成观念、包容宽厚观念、知危避险观念等。同时也阐述了这些管理规律：相合顺通规律、见几知著规律、积小成大规律等。

一、乾卦的管理观念

◆内敛修身观念

乾卦初九爻辞众所周知："潜龙勿用"。不过关于这四个字的解释则千差万别，这说明我们并没有很好地理解我们最熟悉的东西。有一天别人指出你不会呼吸、不会吃饭的时候，你可能大为光火，"我怎么能如此弱智?"事实上，许多人身心严重困扰，就是因为呼吸错误、饮食不当造成的。中国人练习太极和气功，印度人练习瑜伽功，首先就要学习健康的呼吸方法，一呼一吸之间，阴阳交互，便决定了身体能否和谐与平衡。肥胖、营养失衡、心脑血管疾病、糖尿病，哪个不是病从口入?《周易》第一爻便从我们最熟悉的道理开始。

这四个字回答了如下三个问题：潜在哪里?潜多长时间?如何潜?按照四爻爻辞"或跃在渊"，我们知道龙是潜在河渊之中的，渊的特点是安静、深厚和纯洁。龙虽是三栖动物，但只有成熟的龙才具有飞上苍天的能力，幼小的龙只能在河渊之中练硬自己飞跑的百足和飞翔的双翅。因此，"潜"是企业练习内功的一种手段，是企业孕育新产品的试验场。

首先，企业新员工在人际关系方面处在劣势，在技术操作方面处在稚嫩期，在行为举止方面处在不成熟阶段。

年轻人的天性是阳刚勇猛，难以克制自己，因此，“学习、学习、再学习”“潜修、潜修、再潜修”是唯一的行为指南。

其次，新产品研发要在保密的环境下完成。考虑到S周期大律的作用，企业每时每刻都应该有在研制的产品，且当一个产品走向没落，退出市场的时候，新产品就要相应进入市场，就像GE做的那样。产品处在开发阶段重在保密，要“潜”下来。

再次，企业在初始发展阶段，“潜”和“勿用”是非常重要的行为准则。这个阶段正是第三卦屯卦所描述的，只有以坚强的毅力，默默地努力工作，才能走出创业的艰难时期。

最后，也是最重要的，一个人一生的好品格都是在这个阶段形成的。人们常说，“优秀是一种习惯”，这种习惯恰恰是在潜修阶段形成的。能力是管理工作的基础，因为管理效率取决于管理者自身的素质。管理能力又由专业技能和管理手段构成，随着管理范围的拓展和管理层级的提高，具体的专业技能变得越来越不重要，但管理手段的重要性则凸现出来。同样的管理手段在不同的领导者那里会有完全不同的结果，原因不在于领导者对管理手段是否熟悉、是否能够运用自如，而在于被管理者对管理者本人是否接纳、是否忠诚。因此，有内敛作风、有道德修养、有仁爱之心的精英才可能成为众望所归的领导者。

这就是为什么接下来九二爻说“利见大人”。俗话说“是骡子是马拉出来遛遛”，潜的功夫有多深，要在实践中检验，“见（现）龙在田”则是幼龙的第一次亮相：尽管只能在田野上走上两步，但它的所有举止，都被众人一览无余。所以孔子说：“他的平常言论值得信任，他的平常行为谨慎有节；防止邪恶而保持诚信，举止美善而不自夸，德业博大而能教化天下。”孔子的教导再清楚不过了：日后伟大的品行皆是“潜”的功夫，这时候只是把平常修身的内容展现出来而已。未来的领导者就是在这个展示过程中选拔出来的。事实上，能够成长为有实力的大企业也是因为在弱小时做足了功课，能够吸引消费者的新产品也是因为在研发阶段付出了艰苦的努力。

因此，内敛修身是成功的领导人、成功的企业、成功的产品必须做足的功课；“潜”修是我们每个人都应实践的功夫，内敛做人、内敛做企业，是贯穿个人一生、企业完整生命周期的成功要诀。

◆戒惧无咎观念

“龙”几乎是无所不能、变幻多端的动物，但是乾卦对龙处处告诫。初九告诫“潜”而“勿用”；九二告诫每一个举动都有上级在观察着；九三爻更是戒惧有加，整个白天，都要勤奋不懈地努力，即使到了夜晚，也要保持戒慎；九四充满疑惧，是上还是下；九五飞上蓝天，还要嘱咐和应于同类；上九亢龙有悔，更是忧虑衰亡。

六十四卦中讲解“进”的卦很多，典型的有乾、履、晋、升、渐五卦，就连讲解等待之道的需卦也充满“向前进”的含义。在“前进”之道上，乾为奋进，履为险进，晋为柔进，升为虚进，渐为渐进。其中，进取心最强的便是乾卦的奋进——自强不息地前进。

从阴阳的性质看，过于刚强容易折损。战国的时候，有一个政治家叫叔向，别人问他：“刚与柔那个更坚固?”叔向回答：“我八十多了，牙齿一再脱落，但舌头还在。”老子也说：“人活着时柔软，死了就会僵硬。”乾卦纯阳，因此有刚强过剩之象，且还要刚进不息，这样就必须反省戒惧，才可避免刚躁而进，可以免除由此导致的灾咎和迅速衰亡。

乾卦以刚居阳位的爻位有三个——初九、九三和九五，正是三个刚过之象，上九则是处在阳极之位。九五居中正之位，具有中道正道的品德，因此可以“飞龙在天”。其余三爻皆告诫减损自己的刚躁，以获得吉庆和平安。初九阳刚在下，其位、其势、其能皆不宜冒进有为：其位低微不可骄躁，其势单薄不可出头，其能弱小不可作为；《周易·系辞》认为三爻多凶险，这是因为三爻处在内卦之外，且与无位的上爻相应，因此，凡处三爻皆应戒惧。正因为乾卦九三爻有刚过之象，刚过则会有灾咎，因此，爻辞告诫谨慎、谨慎、再谨慎！上爻为事物发展之末，多有衰亡之象。故上九说“亢龙有悔”，阳刚发展到极致，应该有所收敛，有所节制，才会避免迅速衰亡。几乎所有的刚过之爻，六十四卦都要告诫减损阳刚，避免灾咎和减少遗憾，无论老子还是孔子都持同样的观点。如子路问孔子怎样才能保持常满，孔子回答：“高的能够低一点，满的能够空一点，富有的能够不足一点，聪明的能够若愚一点，勇敢的能够软弱一点，好辩的说话能够笨拙一点，学问渊博的要表现浅薄一点，明察的人要昏暗一点，减损一点不让它太满。”看来常满之道便是保持谦虚就可以了。老子更是提出了“天之道，损有余而补不足”的命题，在官场上，我们见到太多的傲慢者或丢官或入狱，他们中的许多人其实能力出众，甚至是十分清廉的。

◆存亡求变观念

进退存亡，需要企业时刻警惕。只有掌握了“退”的道理，才能够保持进，只有掌握了“亡”的规律，才能长远存在。

世界上不存在永远不衰亡的产品，因此，如果企业没有产品创新出现，必然会在某个时刻死亡。如果把乾卦六爻比作企业产品，这就意味着企业在任何时刻都有正在研发的产品、刚进入市场的产品、比较成熟的产品和进入衰亡阶段的产品，任何一个阶段的产品缺失，都会导致整体产品系统的毁坏。当第一个产品衰亡时，第二个产品进入到鼎盛期，第三个产品进入到成熟期，第四个产品进入到壮大期，第五个产品进入成长期，第六个产品进入始创期；接下来一个时期，第二个产品衰亡时，而第三个产品进入鼎盛期，第四个产品进入成熟期，第五个产品进入壮大期，第六个产品进入成长期，第七个产品进入始创期……如此周期往复，企业生生不息，缔造基业长青。

产品创新是企业长青的手段，时时求变才是符合自然规律的正确选择。企业在哪里求变创新呢？理想的是，企业变通点应选择每一爻之间的转折点，最晚不应迟于二、三爻之间，由于三爻与上爻有应，故三爻不变，上爻的衰亡必出现。至于在三、四爻之间求变，不过是亡羊补牢之举罢了，企业能否渡过灾难，要看竞争对手的发展速度和进逼战略了。

◆整体奋进观念

整体分析方法是现代系统论的分析基础，这种整体观体现在太极观念、六十四卦符号体系和文辞体系中。作为六十四卦之首，乾卦无疑将整体分析方法体现得最为充分。

太极可被看作是中国人的本体论、宇宙观，太极外圆圈代表无极，无极生太极，太极是宇宙的初始，一切事物皆有初始，因此，任何事物都是小宇宙，世界万物在元初之时具有同构性。太极生两仪，因此这种同构性反映在太极图的阴阳鱼上，任何事物的产生和发展，都是由阴阳两极之间的相互作用推动的，两个鱼眼睛代表事物发展到极致，就会在组织内部产生相反的力量，如当阴的力量增长到极致，阳的力量削弱到最小的时候，在阴鱼内部，就会产生阳性力量。同时阴阳相互消长的规律体现在之间的倒 S 曲线中，这条曲线的形状是阴阳交互作用的结果，由于万物都是由阴阳作用的结果，因此，倒 S 曲线也成为万物的运行趋势线。如当阴的势力增大的时候，阳刚的力量就会受到挤压，从而产生一股反弹的力量，这样就会在阴阳严重失衡的时候，增大阳刚的力量，从而朝向阴阳均衡发展。所以，我们说在阴阳鱼的内部和外部都产生着阴阳平衡的力量，从而达到和合向上的力量。

“两仪生四象，四象生八卦，八卦生吉凶，吉凶生大业。”八卦相重而成六十四卦，象征万物世界，浑然构成一个整体。从静态看，六十四卦构成了一个事物相互转变的体系，即《周易·序卦》所阐述的思想。从动态看，每一个卦象都会因其中一爻或几个爻的变化，而转变为另一卦，因此，我们说《周易》六十四卦就是以阴阳为基本元素的宇宙整体。

具体到任何一卦，都是由六爻构成，象征天（上爻和五爻）、地（初爻和二爻）、人（中间两爻）三才，又构成一幅天人合一的整体图画。如果把六爻看作一个企业组织，则从初爻到上爻分别代表员工、班组长、车间主任、副总、老总、离任老总。即使你讨论的是企业内部与外部之间的关系，仍可以把外卦（上面三爻）看作企业的客户，而把内卦（下三爻）看作企业内部的相应结构。你看，是不是很齐全呢？

在乾卦爻辞中，处处体现着这种整体观念。从卦辞上看，“元亨利贞”正是对四季的描述，元是成长需要的种子，亨是幼苗开始茁壮成长，利是收获果实，贞则是将果实收藏起来。如果从企业成长角度来看，元是技术创新产生新的产品；亨是产品走向市场，培育市场的成长性；利是产品带来客观的利润；贞是产品即将退出市场，要将一部分赚的利润进行新开发，这样企业生产又从“元”开始循环。从爻辞上看，初为潜，二为田，皆是大地，五为天，而三爻称君子不称“龙”，体现的正是人在天地间，可见乾卦爻辞完整地体现了《周易》的时位观。

从长期来看，乾卦六爻不断地向上前进，由渊至天，龙家族源源不断地结束着旧生命，也诞生着新生命，成为“群龙无首”也无尾的成长体系，也就是说，在每一个生长阶段上，都有产品或在研发，或刚刚走向市场，或成为市场的抢手货，或走向黄昏。企业唯有这种整体性成长，才会永远存续下去，成为长青企业。

二、乾卦的管理规律

◆物极必反规律

物极必反是《周易》的基本规律，如否极泰来、泰极否来，再如剥极复来、损极益来等。知道什么时候事物的性质会发生变化，就可以把握事物运行的规律，趋吉避凶。简言之，物极必反就是当事物发展到极致就会向相反的方向发展。老子也提出了“反者道之动”这一辩证命题，意思是，事物向着相反的方向转化，是道的作用。

乾卦阐述了企业在奋进过程中受物极必反的规律约束，这个规律集中体现在上九爻上：阳刚发展到极端，开始衰亡，事物又将开始新的奋进过程。“亢龙有悔”说明向着阴柔的方向变化，不再言奋进，而言“知进退存亡”。如果从一个爻位看，也存在这样的规律：初九潜的功夫达到极致，必然冒出河渊，显现自己的才能，一反“勿用”的做人原则，成为有作为的“见龙”。

企业在经济周期中运行，运行成本变化莫测，市场供求变幻难以把握，萧条来临，所有企业都将进入到系统性的缩减之中。因此，懂得物极必反大律，在经济走向亢奋之时，及时收紧投资，减少库存量，注意代销风险，必然会在萧条来临之际，安稳度过艰难时期。同样，当经济衰退进入到低谷阶段，投资的成本越来越低，这时候企业就要提前启动投资，加大生产力度，以便在繁荣之初便占领市场份额，从而在一个经济周期运行中，发展壮大起来。

◆循环圆通规律

基业长青就是要实现企业的循环再生。当企业最初的产品进入到衰亡时期时，在任何一个瞬间，我们都会看到六龙各按轨道自由运行的图景。

我们选择三个点讨论企业循环圆通的规律。在A点即初爻，企业只拥有第一种产品和第二种产品，企业在此时的发展程度仅仅是刚进入市场的一种产品和尚处在研发阶段的产品，这时候，投入较高而产品收益低，因此，处在这样状况的企业规模也不会大，经营风险较高。企业发展到B点即三爻，则拥有四种产品，第一种产品在此时发展到成熟阶段，尚未发展鼎盛阶段。企业发展到C点即五爻，则拥有五种产品，从研发产品到鼎盛产品应有尽有。企业一旦发展到D点即上爻，便拥有从研发到衰亡的六种产品。自D点之后，企业将持续循环下去。在任何一个观察点上，都会看到一个接一个的连续地进入从始创到衰亡的六组产品，就好像企业处在静态恒久的状态之中。此时，企业在生生不息的循环中，获得圆通。

因此，企业长青之道，不仅是指每一件产品都要修足潜、见、惕、跃、飞的功夫，而且不得投机取巧，不能懈怠，不可缺失任何一个产品环节。如此，企业才可以周圆而通久，在群龙起舞的周圆上，揭示出一条长青大律，圆则通，通则久。

我们从乾卦中可以看到：时间静止，一副六龙和谐的画面，或伏，或现，或思，或跃，或飞，或悔；时间转动，一条龙从出道到成长，最后走向衰亡，历经六个阶段；如果我们同时观察群龙，则看到了生生不已、日日更新的群龙家族。正是这个家族自强不息的精神，启发中华民族五千年文明的延续与进步。同样，龙家族的自强不息也会保证中国企业走出中国特色的长青之路。

◆时位和合规律

因为经济是周期运行的，因此对企业运行来说，时与位的一致性就变得异乎寻常地重要。六十四卦今本卦序是一个大的时位统一场，如需卦是寻求饮食（资源）之道，争夺饮食（资源）则会引发争端，故讼卦排在需卦之后。企业通泰日久，就会生出导致否塞的因素，所以泰卦之后是否卦。

六爻结构是最典型的时空结构，每一爻既是“位”，又是“时”：以企业发展为例，初九既代表企业处在初创阶段，又代表企业处在弱小阶段；以产品发展为例，初九代表产品尚在实验阶段，既有时间概念，又有产品的形态概念；以人力资本的发展为例，初九代表刚刚进入企业的员工，也代表其身份比较低微。

每爻的“时位和合”是时位“对立统一”的内在要求。如乾卦初九爻“潜龙勿用”，在这个阶段，企业的研发投入决定着企业未来的发展实力。因此，企业要把“潜”的功夫做足。研发阶段的产品不可能飞上天，也不可能亢奋异常。时位统一也提示我们，切莫在事情还没做之前，就大吹大擂，切莫在产品刚刚研发阶段，就急于做产品广告。另外，还存在爻位的上下关系，这种关系则是空间与时间的网络关系，如乾卦九二与九五上下呼应，形成“同声相应，同气相求”的和应局面，这是龙家族能够团结向上的文化氛围。

这种时位关系与现实经济是一致的。以2003年至2008年的中国股市为例，在2003年，大部分上市公司的业绩出现大幅增长，股价却处在低价位，这时股价并没有相应上升，如同“潜龙勿用”一般。但到了2004年，因企业利润上升，A股市盈率大幅度下降，股价因此出现一轮大幅上升行情，如同“见龙在田”。2005年之后，股价开始了少有的大牛市，人们本应戒惧谨慎，但却排着队进入股市，做着发财梦，结果在2006年，中国股民数量大幅度增加，每天都有几十万人开户，A股市盈率远远超过了40倍这一警戒线，如同“飞龙在天”。这样的故事持续到2007年，股市也朝向六千点进发，这时候，最后一批疯狂的股民进入市场中来，他们呐喊着“冲击八千点”“冲击一万点”的口号，如同“亢龙”一般，但到了2008年剩下的只是“有悔”。

三、坤卦的管理观念

◆顺应有成观念

乾卦六爻皆为阳刚，当奋进不息，坤卦六爻皆为阴柔，应柔顺跟从。因此，乾讲解奋进有成的道理，坤讲解柔顺有成的道理。对企业领导人来说，乾卦重在讲解领导人的成功性格和把握规律的能力，坤卦则重在讲解领导人的做事风格和个人修养；乾卦讲企业领导人的成长之路，坤卦讲企业领导人的涵养品德。企业领导人正是在这一动一静之间，从幼稚走向成熟，从成熟走向卓越。

老子在《道德经》第十六章中，提出了“致虚极，守静笃”的领导人修身境界。坤卦象辞则提出：作为生养万物的母体，坤德宏大至极，但是这种生养功能不能超过乾元的创生，因此，坤道再大，也必须顺应乾道而行，否则会迷失方向，失去生养万物的功能。简言之，乾卦以时间为坐标轴，展示了事物发展变化的规律，坤卦以空间为坐标轴，说明了顺成乾卦大律，然后成就事业的道理。这就是顺应有成观念的含义。

坤卦阐述的这种顺应性具有成就事业的巨大力量：卦辞提出“西南得朋，乃与类行；东北丧朋，乃终有庆。”坤卦属阴，如果遇到西南方位同为阴性的离和兑，就会志同道合，齐心行动；如果遇到东北方位的乾阳三子震、艮、坎，虽无朋友相助，但是阴顺应阳，阴阳合应，最终会有吉庆结果出现。坤卦这种顺应思想超越了对立、矛盾、冲突的世界观，更符合自然天理，同类则相互促进，反类则相合新生，从而万物和谐共存，相辅相成，相反亦相成。可见，对跟随型企业而言，顺应之道是有百利而无一害的成功妙法。

怎样才能做到顺应呢？坤卦反复提出的主张便是守持贞正，在六十四卦中，坤卦对贞正最为关注，“用六”仅仅用

"利永贞"三个字便总结了坤卦特征，即坤卦六爻皆有利于永远守持"顺应有成"这一正道。如此强调贞正的原因在于，修养到心胸开阔较易，但达到"虚极静笃"的程度非常艰难，须有大毅力、大觉悟才成。无论企业能否达到这样一种境界，如果不具有坚韧持久的做事态度，企业就不可能做到基业长青。

◆包容宽厚观念

坤卦象征大地，大地的气势是包容的、深厚的，因此有容纳万物的气量，这就是"厚德载物"的含义。坤卦的包容宽厚也体现在各爻的爻辞之中。

初六提出"履霜坚冰至"的渐进观念，提出见微知著的认知规律，但这种观念要深入内心并被认知，则需要豁达的心胸和远见卓识。六二以大地"直方大"三大特征，说明修炼包容宽厚的心胸是无止境的。六三蕴含美德，厚德含藏。自己做出了重大贡献，却要归功于上级，这是难以做到的。如能心甘情愿地这样做，则是懂得了功成身退而获吉祥的道理，自然也就成了合格的下属，如同越国谋士范蠡那样，留下千古美名，切不可像文种那样惹来杀身之祸。但是眼前的功名利禄，谁会弃之如敝屣呢？六四处境艰险，收起口袋，放弃利益的诱惑，守持住现有的成果。六五处在尊位，却甘为人下，非大襟怀不能！

坤德坤体厚到无疆的程度，时间无限，空间无限，如此，万物才可以受到滋养而亨通，虚体越广大，则能容下的世界越宏大。坤卦所提出的扩大厚德载物的四大方面，正是领导者修身的工具。

在具体的经济运行过程中，这种包容宽厚的观念会使企业意识到危险的来临，并采取有利的应对措施。初六告诫我们，只要看到微小的性质改变，就要及时进行相应的行为调整，最后避免在萧条来临之际，陷入危险而不能自拔。如，尽管企业的销售量还在增长，但出现了销售增长率下滑，这时候就要思索，是否该种产品已经市场饱和或过剩；如果投资连续两三年快速增长，这时候企业就应当想到，当这些投资品进入投产阶段，未来商品的供给量会大大增加，经济衰退在所难免；当股票价格与其他形式的投资品种相比已经不再具有吸引力的时候，或者股市的平均市盈率已经超过其他金融产品的时候，股票的价格一定处在随时下跌的边缘。在这几种情况下，收紧口袋，保土守利是最佳的选择；甘居人后一定大享后福；即使投资也要采取风险共担的形式，最好跟在行业领导者身后，做到“无成有终”，还要考察投资领域的可靠性，只有符合“直”“方”条件的企业和产品，才能把资本投放出去。

◆知危避险观念

坤卦为纯阴卦，自然之道为“阳气清扬、阴气浊降”，所以坤卦不具有向上的任何力量，在这种情况下，企业要想发展壮大必然充满危机。可以这样讲，坤卦六爻都可以看作避险的方法：初六告诫，尽管刚有一点寒意，但经济的严冬即将到来，要做好过冬的准备；六三和六四两爻接连提出“含”和“括”的避险手段，含就是蕴含，括就是收紧、扎紧。六五爻虽处尊位，却告诫甘为人后，还要守持中道，这样才会吉庆。上六顺应之道穷尽，最后阴阳两伤，提示顺应之道不可违背。

在商海遨游的企业，首要任务是生存，其次才是壮大，因为企业经营失败的风险远比经营成功机会要大。所以，学会保全自己就是企业学习顺应大律的过程。无疑，发展十年以上的企业至少要经历一次萧条。实践证明，那些危机中的存续者，必会在即将到来的繁荣时期迅速成长。

在追随君王成就大事业的时候，要隐含自己的美德和才华，这是明哲保身的智慧。自古都是居功自傲必招中伤，功高盖主自取灭亡；相反，谦虚退让，反倒事业节节进步，最后获得好的归宿。在危机四伏的时候，企业只有收紧口袋，才可以避免在经济萧条时期破产倒闭。

五、坤卦的管理规律

◆相合顺通规律

坤卦大义乃是以柔顺刚，是阴柔对阳刚的应合，而非以柔克刚。有了上面所讲的顺应有成观念，就会得到相合顺通规律。企业间建立相合关系，意味着阴阳之间、阴阴之间已经确立了长久的契约关系，且这种关系是建立在诚信的基础之上，不是建立在相互防范、相互设局的基础之上。没有诚信就没有可顺利执行的契约，结果就没有市场的效率。“独阳不生，独阴不长”，乾坤合德，才会有万物生长，才会有企业的繁荣昌盛。坤德顺从乾德，是受自然大律的指引，坤德顺应是努力实践自然大律。

无论是“西南得朋”，还是“东北丧朋”，企业都处于不败境地，在完全不同的环境下皆能成就事业，至柔至顺是无往不胜的法宝。柔顺虽不能指引前进道路，也不能阐释变化大律，柔顺所具有的通泰性质却是最好的做事做人准则。坤卦描述了怎样的经济现实呢？坤卦初爻说“履霜坚冰至”，随后的各爻则渐次向我们展示经济从霜到寒冰的过程：什么时候我们能够看到“直方大”的世界，是落叶缤纷的秋冬季节，因此，认识事物也要从全景开始，从去除枝节开始；“含章”则是经济到了危机潜伏的阶段，需要顺应而为，切忌莽撞冲动；“括囊”则是萧条前夕，这时候谁把自己的口袋扎牢实了，谁就可以安然越过冬天；即使自己是行业龙头企业，在阴寒的经济条件下，也要采取顺应的策略，甘居人后，这样才能获得吉庆。

对企业管理者而言，如果自己处在属下的地位，最好的工作手段就是顺应上级。顺应不等于没有主见，顺应也不等于无条件服从。顺应强调的是，顺从事物变化的规律，应和领导的相应决策。因此，“含”和“括”不是消极的工作方法，而是正确的应对手段：六三爻强调“隐含自己的美德和才华，追随君王成就大事业”，还是强调发挥自己的才智，只因处在危险的附属之位，因此，即使作出了重大贡献，也要归功于上级。六四说“束紧自己的口袋，千万不要追求名誉，能够免除灾咎就是好的结局”，则是说处在上下闭隔状态时，应力求免除灾咎和切忌追求赞誉，正是明哲保身之上策。即使在否塞之际，都可以获得顺通的好结果。

◆见几知著规律

坤卦初六说“脚踏微霜，感到阴气开始凝结，沿着自然规律思索，就会知道坚冰即将来临”，这里阐述了“见几微而知显著”的道理。《周易·系辞》提出“极深研几”，意思是“穷极事物的深奥道理，研判事物的几微所在”。孔子说：“所谓几，就是事物变动的微妙机理，预先显现吉凶的征兆，君子看到几微变化，迅速应对，不会等待超过一个白天。”

《周易·坤卦·系辞》所提出来的见几微而知显著的规律，包括四个方面：对规律的感知能力、对规律的认知能力、对事件发展的研判能力和迅速的应对能力。在现实中，我们多因四个方面中的某一个能力缺失，或多个能力不足，最终难以掌握和应用这个规律。

如果感知能力不足，人们就会在这个规律完全表现出来之后，才能看到结果。实际上我们大部分人都不具备这种能力。如1997年东南亚金融危机爆发前夕，可能只有那些金融大鳄才能嗅觉灵敏，在经济学家中，也只有克鲁格曼预言准确；而在2008年全球金融危机中，也只有卢比尼在2006年就感受到了即将来临的危机，甚至准确地预测到所有变化。

即使感觉到了危机，但认知能力不足，也会行动慢半拍。在美国2007年信贷危机出现的时候，绝大多数官员和经济学家仍犹豫不决，行动迟缓，甚至认为此次危机并没有多大。在2008年4月份，美联储主席伯南克、美财长鲍尔森等人还在讲，到2008年底就会走出危机的低谷。

研判能力是实践的基础。因此，准确地研判事物的发展变化是成功避免危机的前提。尽管2008年金融危机的几微现象很少有人能够感知到，一旦危机明显地爆发出来后，具备研判能力的经济学家就会多起来，这是因为可获得的信息越来越清晰和完备起来，判断的依据也会越来越显明。即使如此，许多人也不能及时应对，如到了2008年，金融危机已经深刻地表现了出来，各国政府仍未能出台及时准确的宏观政策。

为什么大部分人不具备这种极深研几的能力？这与我们的思维定式有关。如我们有习惯线性思维，即总是顺着事物现实发展的脉络直线向前推演、延伸；其次，我们对一件事物的发展变化常常出现截然不同的判断，这是由未来的不确定性决定的；另外，对事物发生逆转的时机，我们因机会主义态度而难以把握，甚至常常错误决策，导致事与愿违。《周易·系辞》说：《周易》的成书就是要彰显过去，从而察知未来，从而使得几微之处显示出来、隐蔽之处揭示出来。因此，修炼极深研几的本事才是企业家、政治家、经济学家当务之急的重要功课，研修《周易》无疑可帮助企业家迅速地提升自己极深研几的能力。

◆积小成大规律

《坤卦·文言》说：“积善之家，必有余庆；积不善之家，必有余殃。”初六说：“履霜，坚冰至。”这里所阐述的都是积小成大的规律。孔子反复提醒我们，小变化的逐渐累积就会导致大事件发生。臣弑其君，子杀其父，都是逐渐积累而成的。因此防微杜渐，明辨是非，是避免灾祸的最佳方法。由于积小而能成大，因此唯有“勿以善小而不为”，才能使自己的道德修养提升到较高的水平；唯有“勿以恶小而为之”，才能最终避免走向罪恶的深渊。

从屯到否——企业完成第一个大循环

企业经历十卦完成第一个大循环。从屯到否，企业经历了初创时期最艰难的岁月，历经屯、蒙、需、讼、师、比、小畜、履、泰、否等卦，且出现了罕见的屯、蒙、需、讼、师、比六连坎现象，即这六卦的内外卦都含有一个坎卦，如屯为上坎下震，讼为上乾下坎等。在八卦取象中，坎代表危险、代表忧患。因此，六连坎深刻表明《周易》作者强烈的忧患意识，尤其是在事业初创时期，坎险连连，自当谨小慎微，反省戒惧，这样才能度过艰难的创业时期，这也揭示了大多数企业短寿的原因。即使进入通泰时期，好景也不会久长，转眼又来到了否，泰极否来、否极泰来，一旦陷入这种循环之中，企业发展壮大的梦想几乎就不太可能了。

六十四卦分为三类：一类是描述具体发展状态的，如屯、讼；另一类是阐述具体的修养之道，如蒙、比；第三类既描述状态，又讲解修养之道，如小畜。我们把第一类卦象放入圆环内，第二类和第三类放入矩形框架中。由于卦序之间具有一定的逻辑关系，因此，我们可以将矩形框中的修养之道看作圆环内具体状态的保持或解脱方法。

因此，企业在发展之初，为了从屯难、讼争、师困和否塞中解脱出来，就必须进行如下养正之道：蒙教以化解人们的幼稚愚昧；在危险面前学会等待机遇；通过亲比，团结一切可以团结的力量；建立基本的礼仪规范匡正人们的行为；蓄止财富有利于企业走向成功；这样就会发展到通泰阶段，企业力争持久保持通泰。

《周易·序卦》说：有了天地（即乾与坤），然后万物开始产生。充盈天地间的只有万物，所以，《周易》继乾坤之后设定“屯”卦。屯是草昧充盈，象征事物初生。事物初生必然蒙昧无知，因此，屯之后是象征开启智慧的“蒙”卦。事物幼稚不可不养育，所以接下来是象征寻找饮食的“需”卦，“需”有等待含义。争夺饮食必然产生争讼，所以接下来是象征争讼的“讼卦。”争讼必然激起众人力量的兴起，所以接下来是象征出师用兵的“师”卦。兵众兴起有了胜负，事物必然要选择比附对象，所以接着是象征亲比的“比”卦。相互亲比必然有所蓄聚，所以接下来是象征小有积蓄的“小畜”卦。事物有所积蓄，然后产生礼仪规范，所以接下来是象征实践礼教的“履”卦。践履礼教，然后事物可以通泰，人民安定，所以接下来是象征通泰的“泰”卦。万物不可以永远通泰，所以接下来是象征否塞的

“否”卦。

根据《周易·序卦》的描述，我们可以看到：屯是企业开始创立，艰难成长；蒙是企业通过智慧开启获得实力提升；需是寻找新的资源，可以看作是分蛋糕而不是做蛋糕，一个企业多得，另一个企业就会少得；争讼和用兵都会耗损内部资源，企业处于下行阶段；经过师之后，优胜劣汰，众人亲比优胜者，故处在比卦的企业快速提升实力。至此，企业走过一个完整S曲线。亲比必然有所积蓄，企业进一步成长壮大；“仓廪实则知礼节，衣食足则知荣辱”，员工能够按照行为规范行事，必然增加管理效率，企业发展进入新的阶段；经过艰苦的六连坎，又经过蓄积和礼仪规范，企业进入到通泰阶段，在这个阶段企业快速发展，达到创业初期的辉煌，好景不长，之后便进入否塞衰退阶段。从比到否，企业从谷底开始复苏，历经一个长期繁荣阶段，达到通泰顶峰，接着又迅速滑入另一个谷底。

从屯初生到进入否塞，企业经历两个小周期，经历波峰波谷各两次。从经济含义上看，我们可以把蒙、需、讼、师四卦看作是具体的屯难或济屯方法，而把比、小畜、履三卦看作是迈向通泰的三个阶梯，而否则是第一个循环的结束。

一、屯蒙相济提升实力——企业处于创业和上岗培训时期

屯卦讲解企业艰难创业的历程和具体的济屯方法，蒙卦

则阐述了教育培训的原则和具体蒙教方法；屯卦重点讲解企业管理层的行为选择，蒙卦则重点讲解被管理者的选拔和培训问题。屯为初生，蒙为蒙稚，皆表示企业处在幼小的发展初期。

企业发展初期，最为紧急的工作是建立组织结构，这是正常工作得以开展的前提。因此，屯卦卦辞强调“利建侯”，即首先确立管理者队伍，大象辞指出他们的任务是“经纶”企业，即管理者首先要捋顺创业之初烦琐的工作头绪（经），并按照类别建立规章制度（纶），合理地进行相应管理。从企业经营的角度看，“经纶”与“管理”是同义词。

屯卦有两位阳刚有为的管理者，初九，“以贵下贱”，赢得基层民众的信任。这在企业艰难的创业阶段尤为重要，基层员工是企业忠诚度最低的阶层，一支安稳的员工队伍可以弥补创业初期组织不畅、机制不健全等缺憾。到了九五爻位，财富有所积累，这种积累更多的是全体员工辛苦奋斗所得。尽管企业尚处在幼小阶段，但不宜过度囤积脂膏，因此，应当恩泽下属，激励员工继续一起奋斗，或者寻找更有利的投资渠道，拓展盈利空间，为企业和员工的更大发展创造条件。当然，企业应时刻提防经营风险，还要有一定的储备以备不虞之变。

屯卦四个阴爻分别讲解企业在初期发展过程中可能遇到

的问题。其中，六二，企业处在摸索期，这时候困难重重，最需要坚忍不拔的创业精神。因此，有“十年不出嫁”的告诫，这里含有两重含义：其一，不要与弱于自己的企业结盟；其二，默默地壮大自己，切忌弱化自己的力量。六三，企业看到了利益所在，但经验和环境条件皆不允许冒险行动，最好还是选择规避风险，不要误入歧途。这时候如有高人指点迷津，则可以继续前行。六四，企业发展迅速，人员结构、制度结构都趋于合理，前进方向非常明确，因此选择积极进取的经营战略。上六，企业处在没有和应的阶段，当谨慎行事，只要守持正道，企业很快就会走出屯难。

企业新，员工亦新，从职业操守到工作技能，新员工都需要岗前培训，因此，蒙卦是解答屯难迈出的第一步。职业操守注重道德培养，因此蒙卦彖辞提出“蒙以养正”，大象辞提出“果行育德”的教育思想，工作技能注重组织效率和实战能力，因此九二提出“克家”，上九提出“御寇”两个教育领域，一是内部管理，二是外部打拼，初六还提出“正法”观念，即规章制度的重要性。

蒙卦有两位阳刚的蒙师和四位各色各样的学生，全卦围绕着他们阐述了具体的教育方法和培训内容。九二是一位出色的授业解惑的蒙师，采取包容的教育方法，最后达到修身齐家的效果。九二被群阴学生包围，学生良莠不齐，唯有包涵容纳之心，才能使未开化者接受启蒙。上九采取严厉的

“敲击”之法进行启蒙，正是对九二包容蒙教方法的补充和修正。这样，一柔一刚，上下合作，就可以应对各类不同的学生了。

四个学生的身份和所处环境各异，因此有完全不同的学习态度，蒙师因材施教，才会采取不同的教学手段。初六以阴居下，最为蒙昧，启发他的智慧需要特殊的手段，因此，要用刑罚作为告诫，使之走向开化的渐进之路。六三为轻浮贪财之人，且顽劣难以调教，对这种人当舍弃勿用。六四远离两位蒙师，困于蒙昧之中，自己自暴自弃，没有任何人可以挽救他。六五身为领导核心，却像幼稚的孩童那样谦虚求教。有这样的领导人，企业一定能摆脱蒙昧，得以快速发展。蒙卦也阐述了具体的蒙教内容：初六提出，新员工首先应学习企业的规章制度，要懂得奖惩严明可以兴企的道理；九二提出，要学习组织治理方法、领导以身作则的管理原则，等等。

屯卦刚刚有脂膏囤积，蒙卦便出现见异思迁之淫“乱”，和刚猛不才之寇“乱”，企业在创业之初，当全力防范两乱发生。当然，也要防止六四“困而不学”局面的出现，避免启用和提拔六三这种“见财思迁”的人。

二、需待和合化解相争危害——企业处在寻找生产资源时期

需卦卦象有前行遇险之象，又象征三个男子涉险获取饮

食资源的全过程。涉险并非冒险，要等待时机而后进，避免陷入危险之中。开拓饮食资源，必与别人发生冲突，这就是坎险所在，化解冲突的和合策略则是需卦智慧，拓展资源的一方与资源拥有的一方，分别采取“等待”和“敬养”的方法，达到以礼相待，从而化解争端的完美结果。

需卦六爻所处环境有安有危。初九，身处安全的郊野地带，当守护安稳的生活。九二，进入沙滩之中，以诚信待人，以宽厚的态度待人，最终吉庆。九三，陷入泥沼危险之中，当采取恭敬和谨慎的态度，避免灾祸。六四，寻找资源，陷入杀伤之地，凶险异常。这时候应谦卑地听取别人的脱险建议。九五得到饮食资源，但此爻告诫，用正道获取资源才会有吉庆。上六，原有资源的主人与寻找资源的不速之客相遇，以敬养的态度获得和平共处，化解了一场冲突。

寻找资源，或者开拓资源，都会有冲突，甚至流血牺牲。需卦解决这些冲突的智慧皆不提倡针锋相对，而是讲和合之策，讲等待时机化解，讲敬养，讲谨慎等。因此，化干戈为玉帛才是上上的大智慧。

三、讼师相争消耗内外资源——企业处在内部利益分配和外部利益相争时期

需是向外需求资源，讼则是内部分配资源，师又是向外拓展资源。因此，需卦与讼卦讲述“内与外”，需卦与师卦讲述“和与争”。讼卦涉及打官司，涉及漫长的诉讼过程，

官司还会影响企业的声誉，因此争讼不仅不会将蛋糕做大，而且会大大减小蛋糕的尺寸。在师卦向外拓展资源的过程中，也是一个消耗内部资源的过程。例如，许多同类型的牙膏企业大打广告战，受益的是电视台，而民众不会因看了广告多刷一次牙。文景之治之后，大汉的粮库里塞满了粮食，国库里的钱币也是堆积如山，连穿钱币的牛皮绳都烂了。然而，汉武帝连年征战，二十多年下来，国库空空如也，不得不将盐铁收归国家专营，以充军饷。这一做法直接导致历朝历代的政府都偏爱“与民争利”，致使中国到 20 世纪 90 年代才搞起市场经济。

讼卦从初爻开始便告诫，不可将争讼进行到底！初六与人争辩遭到言语相伤，因而收敛言语锋芒，甘居下风，故最终获得吉庆。九二与上级强争，祸患难以避免，最后逃到安全的地方躲起来，而自己的领地也缩小到只有区区三百户而已。六三不与人相争，最后保持住了自己的原有利益。九四强争了一阵子，发现损失惨重，赶紧改变态度，安守在家中，战火平息了，自然又获得了吉庆。上九是一位争讼到底的人，最终被剥夺得非常惨，一日之内就被剥夺三次。可见，从整体看，讼争是一个减损个人利益的过程，即使暂时获得一点讼争收益，最终也会因此失去更多。

师卦充满了火药味，初六伊始便进入备战之中，严明军纪，训练士兵，军备投入开始加大。九二，元帅统领部队出发。六三不正面讲战争的残酷，而是说，载着士兵尸体的大车，返回了故里。六五再次渲染了这一场面。尽管战争最后取得了胜利，但在战争过程中，耗费了巨大的资源。企业在市场上打拼，也会出现类似情况，巨人集团一句“送礼就送脑白金”成就了企业，广告投入则是资源耗费过程，长期看，这样的企业也不可能成为“巨人”，甚至还可能走向失败；秦池酒争夺央视标王，最终让企业走向关门，则是大车载着尸体返回故里的写照。

四、比畜相继，初显财富积累——企业处在初期扩张和积累时期

亲比是走向和谐的一种途径。克劳塞维茨曾说：“战争是政治手段的延续。”师卦之后，胜者通吃，内部、外部皆来亲比依附，形成以国君为核心的和乐大家庭。

比卦的和谐首先来自诚信，因此，初六提出亲比要内心充满诚信，诚信要像瓦缸里的美酒那样充溢。六二爻说明亲比的和谐发自内心，且坚持正道，不丧失自己。六三告诫不要与小人亲比，以免受到伤害。六四强调要亲比贤明，追随正道。六五为众人亲比核心，他是一位仁爱的圣明领导者，内心诚信的亲比者获得安抚，而对那些叛逆者则网开一面，去者随意。上六则告诫亲比者，切莫心存异志，离心离德。这样就保证了在自己的团队中，每个人都齐心协力，相亲合作，企业也会因此大大提高管理效率，获得发展机会。

《周易》首次出现“富”字，是小畜卦九五爻。小畜卦阐述的正是畜止财富之道：只有财富达到一定程度，才会有礼仪规范的出现，只有人们的行为符合共同的规范，通泰时期才会随之来临。

小畜卦初九、九二两爻提出以正道畜止财富的思想。初九，坚持自己的阳刚正道，不要被阴弱力量所左右。九二，与同道者一起坚持正道，携手共进。孔子说：“道不同，不相为谋。”（《论语·卫灵公》）前两爻正是志同道合者，相合共进自然带来额外的合作收益，即产生财富的积蓄，这就是1+1>2的管理定律。九三爻不守正道，必然内部不和，上下冲突，在积蓄财富之时，应避免出现这种情况。六四、九五分别为积蓄财富者和财富的积蓄核心，二爻皆言“有孚”，说明应以内心诚信积蓄财富，九五提出要与大家共同分享财富，不可独享。因此，畜止之道在于守持正道、内心诚信和共享财富。

五、礼教文化奠定通泰盛世——企业进行文化建设时期

“履”通“礼”，履卦讲的是实践礼仪教化之道。企业经营的最高境界是文化管理，文化管理的核心是企业特有的价值观和行为规范，任何企业对此都难以模仿到位，因为它与企业具体的奋斗历史、长期凝结的企业观念、共同信奉企业价值观等内容联系在一起。这就是普拉哈拉德和哈梅尔所

说的“公司核心竞争力”。为了维持这种独特的核心竞争力，企业必须花费很大的气力进行教化工作，因为尊崇礼教需要民众有敬畏之心，实践礼教需要民众有谨慎的态度，如同走在老虎的后边，这就是履卦取象的深刻含义。

企业以礼教进行管理，就是要全体员工按照一定的企业行为规范做人做事，倘若企业内部做到行为合情、合理、合法，情、理、法得以协调顺当，且以规章为行动依据，企业就会获得一致向前的动力。

初九是基层员工，能够安贫乐道，爱岗敬业，位卑不敢忘忧国。九二是位坦荡荡的君子，唯一看重的是自己的操守。六三爻告诫我们，企业行为规范就是员工的行为指南，切不可对规范条文睁一只眼闭一只眼，也不可实践起来三心二意，这样都会导致灾害。九四，履行规范，要有战战兢兢的戒惧感，这样才不至于踩到企业规章制度这个老虎尾巴上。九五强调应以规章制度进行管理，不可武断专横。上九，要不断地反思自己的行为，考察得失，这样才能实现通过文化管理企业的目标。

六、泰极否来道尽兴衰大律——企业首次历经大起大落

尽管六十四卦只有“泰极否来”，没有“否极泰来”的卦序，但否卦本身含有否极泰来的变化规律。应该说，泰否相互转化是经济发展的常态，也是企业运行的常态。

经济周期进入复苏阶段，新生的企业纷纷涌现，很快进入繁荣阶段，我们可以把这个过程看作通泰时期。实际上，在经济发展的通泰时期，许多投资都是盲目的，为未来的衰退埋下了隐患。同样，经济走到繁荣的顶峰，实体经济开始泡沫化，产品供给过剩，企业盈利下降，最终出现大批企业倒闭，生产资料和资本品价格下降，经济进入衰退，我们可以把这个过程看作否塞时期。在这个时期，投资办企业的成本大大降低，消费者逐渐从恐慌中恢复信心，最终为未来的繁荣打下坚实的基础。

泰卦初九爻描述了通泰之初的场景：如同春天大地复苏，草根结连在一起，只要拔起一根茅草，就会带起一大片来。说明企业发展开始兴旺起来。九二阐述了保持通泰持久的具体手段：包容之心、勇敢克险、不遗漏偏远的人才、打击结党营私、崇尚中道。这五点囊括了从个人到组织，从道德操守到做事风格的众多内容。九三提出“无平不陂，无往不复”的辩证思想，走平路多了，必然会走曲折路，离开家门太远，就要转身往回走。这里饱含着周期波动的思想，同时说明在通泰走到一半的时候，就会出现否塞苗头。六四强调诚信。六五说明联合战略的重要性。发展到上六，城墙倒塌到护城河中，否塞出现，即泰极否来。城墙使用的土料是挖护城河得到的，城墙修得越高，护城河越深，结果城墙的根基越不牢靠。经济发展也是如此，泡沫越大，实体经济危机的程度越大。

从泰否相互转化的角度看，否卦第一爻对应泰卦第四爻，因此否塞刚刚开始的时候，大家尚能保持诚信之心，只要守持正道，尚有转否为泰的可能。六二否塞发展到不可逆转的程度，因为小人得志，君子远遁，领导者身边已经没有了正义的力量。否塞发展到六三，已经出现转否机会，此时否塞已经走到低谷，该走向复苏之路了。九四奉命治否。九五则休止了否塞现象。到上九，否塞扭转过来，又将开始通泰时期，即否极泰来。

泰极否来，否极泰来，相互转化，循环不已，这就是亘古不变的周期大律。经济起起伏伏，繁荣和衰退相继发生。

从同人到剥——完成第二个大循环

企业走出否塞，开始复兴的脚步，需要历经同人、大有、谦、豫、随、蛊、临、观、噬嗑九卦，才达到贲卦的欣欣向荣，最后阴恶势力抬头，经济又陷入剥蚀状态。企业经历第二个大循环共十一卦。不过，从整个国民经济体系来看，有的企业成长到第二个大循环，而有些企业刚刚进入创业阶段，还有一些企业在第一个大循环中已经彻底死去，还有一些死而复生，重新从屯难开始，还有的企业已经进入到第三、第四，乃至第七个大循环之中。

《周易·序卦》说："事物不会永远闭塞，所以继之以同人。与人和同，万物就会归附，故继之以大有，象征大有所获。大有之后，不应盈满，故继之以谦。富有而谦卑之人必然欢乐，故继之以象征欢愉的豫卦。欢愉必然有人跟随，所以继之以随卦。欢愉跟随他人，必定生出事端，所以继之以治理弊乱的蛊卦。事端治理之后，事业便会宏大，所以继之以临卦，临是盛大治理。事物盛大然后有人观仰，所以继之以观卦。通过观仰就可以上下之间有所交合，所以继之以噬嗑卦。事物不可草率而合，所以要加以修饰，所以继之以象征文饰的贲卦。过度修饰，必然是事物剥蚀穷尽，故继之以象征剥蚀的剥卦。”

第一个大循环主要以拓展、争夺、配置资源为核心，第二个大循环主要以人事的和合、领导、品行为核心。

转化否态要从君子和同之道开始，内心充满诚信和抑制过度偏私才可能和同于人。现代经济效益的提高主要源于人们能够相互合作，这是经济发展的大道，大道之后必有大收获，和合企业因此获得大财富。有了财富自然就会照出两种不同的人品：一个谦卑，一个沉溺。谦卑可继续保有财富，沉溺则会乐极生悲。

追随他人当循正道，这样企业就会进一步发展。然而企业运行到一定程度，自然会产生懈怠和腐败，这会大大减少企业的运行效率。随着企业不断发展壮大，简单的领导方式已经不适应形势发展，企业的经营效率越来越依赖领导水平，因此蛊乱之后讲解临和观，即领导方法和观察方法。

噬嗑卦进一步阐述通过铲除小人获得安宁的道理，依然是治蛊的继续。贲卦则阐述企业的修饰之道，广告等文化宣传工作应该遵守自然朴素的原则。在光芒之下，企业便渐渐被小人所剥蚀，组织管理效率大幅度下降。根据以上各卦含义及对现实经济的影响，我们绘出相应的企业发展的波动曲线，从同人到豫，从随到临，从观到剥，企业走过了三个S曲线。

一、同人大有奠定未来发展大势——企业处在蓬勃发展时期

能够渡过第一个大循环的企业，一定具有较强的竞争力和可供借鉴的经验，这种竞争力和经验共同构成企业独特的文化。再经过泰否这样的大幅波动的洗礼，企业定会迎来大发展时期。这就如同在20世纪初发展壮大，又渡过大萧条和二战的GE和通用汽车公司一样，必然在40年代以后有突飞猛进的发展。在这个蓬勃发展时期崛起的大公司大部分现在仍名列世界五百强。

很多企业上下隔阂，各求私利；同人卦则是上下和谐，共寻公利。同人卦强调企业上下层之间只有同心同德、求同存异，才可以战胜艰险。大同是人类社会的共同终极理想，在现实中，大同之路异常艰险，要超越私利、宗族和等级观念。只有地位卑微的初九没有偏私，没有亲缘关系，没有上级可以依靠，才能以广大的心胸与人和同，但是，卑微之人不可能实现同人大道的重任。小型低端企业恰恰处在这个地位，因此做光明正大的企业，避免偏私才是最佳的选择。六二只和与家族相关的企业合作，必然形成各亲其亲的市场割据状态，这样，整个市场都会失去创新动力，生产成本居高

不下，最终被跨国公司击垮。九三和九四则强调不可通过强取豪夺进行企业兼并。九五通过艰苦努力，终于和与自己相合的企业和同在一起。大企业和同小企业，最好选择互补型、相合型，这种合作才会生产出更大的蛋糕，提高人均产出率。

同类型合并导致的结果往往是市场垄断。无疑这种垄断会给企业带来一定的垄断利润，但长期看，这些企业将渐次被市场挤垮淘汰，或通过享受纳税人的“资助”而生存，正如目前许多国有大型企业那样。比如家电销售企业巨型化以后，会挤压生产厂商的利润，导致生产厂商无力进行技术改造和创新，最终失去国际竞争力。同样，这些超大型的家电企业一旦出现财务问题，就会将整个家电产业链拖入寒冬之中。可以预言，在一次又一次经济萧条时期，同类型合并的垄断企业都会面临巨大的产业危机，甚至威胁到国家经济安全。韩国历经1998年和2008年两次危机，都是对这一问题的最好诠释。

大有卦象征着大获所有，企业终于有了大财富积累，这一积累正是和同分工的结果。大有卦所阐述的保有财富的思想，尤其值得处在上升期的大企业反思。

初九爻提示企业，没有交往，自然不会发生相害事件。企业大富有之后，常勾结官员，侵害公共利益，也常侵凌中小企业、损人利己。此爻同时告诫企业要牢记艰苦奋斗的日子，常怀忧患意识，这样就会常保富有。九二强调财富应“取之有道”，这是保持富有的正道。九三阐述了王公奉献天子的道理，换成现代语言就是，企业应承担起一定的社会责任。九四的财富增加过快，要想长久保持富有，需自我抑制，这样就可以避免盛极必衰。中国有一个怪现象，企业老总一旦爬上福布斯中国富豪榜首位，便离锒铛入狱不远了。发生这种现象并非中国法律仇富，也不意味着中国人喜欢“枪打出头鸟”，原因在于这些老总脑子里只是装载财富，而不能容纳保有财富的天理大律。国美老总黄光裕在央视采访节目中，反复强调自己的财富量远远不够，最终为了迅速积累财富，走上违法乱纪的道路。六五拥有盛大的财富，如同处在行业龙头地位的大企业。爻辞强调与上下诚信交往，就可以充满威严，保有财富。这说明，财富进一步增长的条件是以公平分配为前提，这样才会获得“天佑”、大吉大利。只有先学会保持住大富有，才可以有进一步的发展。刚刚学会走，就站在悬崖边上练习腾飞，结果可想而知。

二、谦则安，豫则危，谦豫讲解安危之道——企业内部出现谦和安乐时期

有了大财富容易骄慢，骄慢是企业走向衰败的开始，故在大有之后，《周易》安排谦卦告诫企业家要行谦和之道。圣人担忧富贵之人处在大有时期，难以对自我抑止有深刻的

理解，将谦卦的彖辞写得尤其意味深长：天道、地道、人道、鬼神之道皆亏损那些盈满者，助益那些谦卑者。企业家应从谦卦中体会出“满招损，谦受益”的道理，从而让自己的企业时刻处在安稳之中，如此便可理解为什么谦卦是唯一六爻皆吉利的卦象。

谦卦初六说明，谦虚是克服险难的手段，是成就大事业的工具。六二和上六分别为拥有谦虚美名的企业管理者，在获得美名之后仍能保持谦虚是有益的：六二守正有吉，上六做事有利。九三为劳苦功高的中层领导，为唯一阳爻，仍保持谦虚获得吉庆。如果企业的骨干整日居功自傲，争功争利，企业何吉之有？六五为企业核心领导，只有与员工共享成果，才能率众在市场上打拼，战胜那些不可一世的家伙。

豫字由“予”和“象”组成，意思是，在我和自然之间寻求和悦之道。企业很容易处在安逸快乐之中，比如在快速成长时期，员工可能会滋长一种乐观情绪，失去谨慎敬畏的做事风格，又如有些企业占有得天独厚的地理位置或自然资源，非常容易获得盈利，企业也会滋生安逸情绪，且这种情绪往往贯穿企业整体。因此，一旦危机来临，或一旦安逸导致内部出现问题，都难以寻得解脱方法。

初六告诫安逸过头会有凶险。从初爻到五爻，唯有六二不失位，因此具有像磐石那样的意志，不会沉溺于欢愉，即使获得欢愉，也不会超过一天。企业处在欢愉状态，就难以发现自己行为的不当之处，也看不清事物发展的几微变化和未来趋势，如此下去，企业就会渐渐衰亡而不能及时感知到。六三通过献媚取悦上级，自然不会有好的结果。九四是柔弱领导者的副手，如同诸葛亮辅佐刘禅，处在这种地位，当用忠诚之心辅助领导人。如果诸葛亮代刘禅为帝，就不可能有千古美名了。许多能力超群的副手陷入抱怨、夺权之中，他们忽略了一点，公众可以容纳能力低的老总，却难以接受存有异心的副总。六五与上六描述了两个沉溺欢愉的领导人，使得企业逐渐进入不死不活的地步，欢愉也会随之结束，如能痛改前非，尚能从灾祸中走出来。

欢愉造成科层制的效率低下，欢愉的中层必然把部门利益放到企业长久利益之上，中层领导会演化为利益的分配者，基层员工也会因企业长期利益短期化而快乐，利益短期分配造成长期竞争力下降，不正是许多国有大企业的死法之一吗？

三、随蛊相继，治理积弊当常抓不懈——企业进行追随战略和内部治理时期

企业有大有小，有强有弱，其发展有先有后，因此，追随战略成为弱小、后发企业的必然选择。随卦所阐述的追随之道重在从善、从正、从时，即选择正道企业而随，要根据

企业发展良机而随。

随卦初九为追随初始，因此，择正而随十分重要，追随错了企业，不仅不能壮大自己，而且还会受其牵累。如与一个危机四伏或诚信度较低的企业合作，当这个大企业倒闭后，跟随企业往往也难以生还。另外，企业选择进入某行业，首先应考虑这个行业是否有发展空间和发展前程。事实上，每年都会有大量的企业成为投资风险的承受者，几乎投产之日就是停产之日。六二追随弱小，企业难以获得发展。六三追随不正，告诫要安居守正。九四俘获追随自己的六三爻，并获得不该得到的利益，有凶险。因此，通过诚信取信上级，才可以免除灾害。对于龙头企业来说，作为其他企业的追随者，它所确定的产品价格便成为其他企业产品的价格，它的产品标准便成为其他企业的产品标准，因此，这类企业当追随美德，追随诚信，追随正道，这样才能肩负起指导社会的责任。

追随日久，就会产生事乱，产生腐败。企业及时进行治理蛊乱，才能保证企业机体的健康。如果放任蛊乱不加治理，就会增加更多的事乱和腐败现象，一旦组织对蛊乱现象习以为常，就只能眼睁睁地看着企业一步步病入膏肓，走向死亡。如同扁鹊给齐桓侯看病一样，当病情在表皮层时只需热敷发汗即可，如果到了皮与肉之间，则需要针灸，如果发展到肠胃，尚有汤药可以治疗，一旦病灶深入骨髓，成为组织的血液成分，就难以医治了。齐桓侯对扁鹊嗤之以鼻，结果在扁鹊离开齐国五天后，桓侯驾崩。

初六蛊乱未深，需及时治理，这时柔弱年轻的继位者就可以匡正前任的过失和弊乱。当蛊乱积久之后，就需要一个强力的治蛊者，九三就是这样一个刚正无私，但刚猛过度的治蛊者，爻辞强调重拳治理需兼顾稳定。六四为柔弱的治蛊者，宽容前任的过失必然有遗恨，继续下去不会有所得。近年来，中国足协主席换了一个又一个，但没有一个认真治理前任的事乱，以致事乱愈演愈烈，使得中国足球水平每况愈下，如今已经成为亚洲二流球队。六五则因成功地治理了前任的蛊乱而获得称誉。上九爻指出，治蛊有成之后，自己应当退下来，因为接下来自己也会造成新的弊乱。看来，在同一岗位上工作日久，是任官制度的大缺憾。

治蛊是有周期性的。卦辞说："先甲三日，后甲三日。"天干为十日，先甲三日为辛，后甲三日为丁，辛取义"改过自新"，丁取义"反复叮咛"。治蛊要提前准备，之后还要严加防范。如果把治蛊看作一个过程，准备三天、发布一天（甲日）以及预后三天，共七天，占天干十日的三分之二强。因此，只有三分之一弱的时间内没有治蛊活动，而蛊乱恰恰集中发生在这个时候。治蛊者应知晓圣人对治蛊周期的这种清醒认识。

四、临观之法阐述领导艺术——企业开始注重提高企业领导力

组织结构越来越庞杂，领导力问题就会愈益凸显。尧舜禅让正是强调选拔适宜的领导者，是事关国家兴旺的头等大事，这里有观察之法（尧将女儿嫁给舜，又委派他做不同类型的工作等，从中考察他的能力），也有领导艺术（舜注重与百姓的交流，也时刻与尧进行交流，这是“咸临”）。近十年来，管理理论最前沿的领域就是领导变革，在十年前，战略管理则是最热点的领域，而战略管理最强调企业的策划能力和领导执行力，从广义上看，领导变革正是战略管理理论的延续和发展。一般管理理论的奠基者法约尔将管理活动分为计划、组织、指挥、协调和控制等五大管理职能，现代管理学教科书也是按照这个结构编排的，这五个职能不过是领导执行力的不同侧面而已。

临卦阐述的领导艺术包括咸、甘、至、知、敦五大方面。从初爻到上爻，可以将他们看作不同身份、地位、性格的领导人及其应采取的领导方法：初爻二爻是基层领导，三爻四爻是中层领导，五爻上爻是上层领导。

初九与九二可看作是基层领导，采取的领导方法是“咸临”，即感应的领导方法。这种感应是连通上下的基本保证，与上级相感应，获得人财物的支持和帮助；与下属员工感应，才能将工作落实到实处，再好的规划，没有下属支持也

不会变成现实。这两爻充分说明，基层领导要做好自己的工作，首先要处理好与自己上级的关系，尤其是面对阴柔才弱的上级，只有取得其信任和支持，才可能做好自己的本职工作。

一般解易者都对六三爻持批判态度，因为“甘临”之法只是花言巧语而已，如此虚情假意的领导人怎能好相处呢！事实上，在现实管理中，适度的言语激励是必要的，适度的问寒问暖是需要的，适度的语言策略也是必要的。如果这种“甘美”的领导方法基于忧患意识，基于勤勉目的，那么企业组织当然需要这样的中层柔性领导。六四采取亲近基层的领导方法，亲近下层领导和员工，是真正的“甘”临。如果一个企业有这样一个亲善亲力的中层领导，就会出现组织和谐、人才稳定的良好局面。

六五处在企业家位置，他承担着企业的兴衰大任。然而，企业经营有一个特殊性，那就是非常成功的企业，也会因在用人、投资等问题上的失误，导致破产清算。如英国巴林银行就是错用了一个海外分支的小经理，导致了自己的破产。这说明，企业家即使成功一百次，也会被一次失败摧毁殆尽。因此，最高决策者的智慧和眼光便成了把守企业生死存亡的最后一道大门。因此，智慧是六五的治理方法，也是胜任这一岗位的基本要求。上六则像企业的董事长，具体执行能力较弱，却达到了最高的权力顶峰。因此，上六的最佳领导方法为“敦临”，即敦厚治民、以人为本。敦厚则既能平衡员工的利益，还能支持总经理的工作，这样，才会出现两权分离企业制度下的和谐局面。

通观六爻，我们看到，下层领导具有较强的感应能力，这样就可以及时发现问题，与上级和员工沟通，使问题能够较好地得以解决；中层领导采取和悦、亲为的工作作风，可以有效化解组织内部的矛盾和冲突，大大提高企业运行的效率；上级领导具有智慧和宽厚的领导风格，这样就会感而遂通，上下和谐一致，领导效率可以尽情发挥出来，形成和乐融融的管理局面。

从某种意义上说，临就是观，观就是临：群众看着领导，领导看着自己的内心；临是由上往下看，看自己的领导方法与效果，观则是由下往上看。适宜的领导形成美好的治理前景，在一临一观之中形成一门具有中国特色的领导艺术学。

观察之法，由小到大，由自己到他人，再到国家，循此顺序。观卦以短浅和偏见开始，再到反省自己、观察国家，最后从自己的视角观察国民。企业处级领导和基层员工受限于工作范围，只能以自己为中心分析问题，即使片面肤浅也不会有什么影响。比如，他们没有必要在生产过程中去思考自己生产的产品是否能够及时销售出去。六三处在企业中层，他们根据自己的生存状况就能知道企业的发展状况，这决定着他们的进退选择。六四的眼界遍及整个行业，因此观察最为清晰，他的选择代表了人心向背。因此，企业上层也可以通过中层人才的流向，检讨自己的行为。企业一旦出现人才外流或新生人才断档，就会迅速走向衰亡。九五和九六是众人仰观的对象，承担着教化员工的责任，因此，观察自己的生活方式，就是观察天下民俗，只有自己具备君子品格，企业才会得以治理。

五、贲卦阐述文饰之道——企业开始注重产品质量与外在形象设计

企业有了相当的财富积累，又有了健全的组织管理体系，终于发展到贲卦：这时候，由于产品供给数量的急剧增加，消费者的眼光自然就会集中到这里，挑剔和责难在所难免。因此，建立品牌信誉、培养忠诚的客户，是这一阶段的主要任务。

贲的意思是文采斑斓，引申为修饰打扮。贲卦阐述的文饰原则重在追求内在品质，文饰只是衬托产品质量，文饰之道贵在创新求实。与此对应的企业经营活动为包装、广告等企业文化宣传活动，以及企业的外在形象设计。

没有消费者评价的产品质量定义是模糊的，如对农业生产来说，可以把太阳当作计时的工具，对一般工业生产来说，计时工具的误差可以以秒计量，但对精密仪器的运

行来说，可能误差不能超过万分之一秒。因此，适用且能满足消费者需要的产品就是符合质量要求的产品。因此，广告宣传等营销策划活动，也是围绕该种产品质量能否吸引相应消费者为核心进行的，这就是文与质的一致性原则。

朴素是文饰的最高境界，简明是外在形象设计的最好手段。大凡国际名牌，其外观和商标皆简洁至极，如耐克、Dior，可口可乐，简朴到只有企业名字。文过质丧是目前企业外包装的最大误区。过度包装使得产品的内在功能被掩盖了，一旦人们的视野关注在包装上，对包装啧啧称叹，那么询问购买产品的意愿也就相应降低了。切忌出现买椟还珠这样的事情。为此，贲卦反复强调：六二强调修饰要以品质为依托；告诫九三切勿沉溺修饰而丧失品质；六四则衣素马白，产生协调的美感，反衬出尊贵品质；六五说明只要诚信，简朴一样获得吉庆；上九是修饰的最高境界，朴素无华才是最美的修饰。知名品牌logo设计几乎都采取素色单色，正是契合贲卦的大义。

企业的其他营销创新活动，也应当遵循这些文饰之道，如何推销、如何拓展渠道、如何定位消费者群体、如何定价，等等，都需要掌握并遵循贲卦提出的文质一致原则、朴素一致原则、质量的相对性原则等。

六、噬嗑与剥讲述小人对组织的伤害——企业清除小人、挽救衰败颓势时期

《周易》为君子谋，因此许多卦象都取义清除小人，如上经的否卦、噬嗑卦、剥卦和下经的解卦、夬卦等，在其他卦象中，许多爻象也反复告诫勿用小人、远离小人、清除小人，如师卦上六爻告诫“小人勿用”，大有卦九三爻告诫“小人害也”，遁卦大象辞说“君子以远小人，不恶而严”等。在企业经营中，小人之害，主要有四点：一是中饱私囊，损害企业利益；二是排挤君子，削弱企业人力资源优势；三是结党营私，致使组织效率下降；四是争权夺利，最后导致企业组织分崩离析。

防范小人是走向强盛的基本条件。齐桓公九连诸侯成就霸业，正是启用管仲、隰朋的结果；齐桓公去世之后，五个儿子忙于争夺君位，死了之后儿子争权，尸体腐臭都没人埋葬，这是晚年启用竖刁、易牙的结果。管仲对小人的危害认识得最为深刻，因此临终前反复告诫齐桓公勿用竖刁、易牙、公子开方这些小人，以防国家动乱。

有一次，齐桓公对管仲说：“我这个人有三大缺点。一个是爱好打猎，直到晚上看不清野兽了才回宫。二是喜欢饮酒，整日醉醺醺的。这两个缺点使得大臣不得相见，耽误了许多公事。三是好色，连自己的表姐都不让出嫁。我还能治理好国家吗?”管仲则说：“这些缺点都不好，但

都不足以阻碍您称霸诸侯。你只需做到三点就可以了：第一，要重用和信任有为君子；第二，要远离小人；第三，即使启用了小人，也不要让他们干预朝政。这样就可以称霸天下了。”

噬嗑卦提出解除小人的意旨和方法，剥卦指出小人乱国的灾害。

噬嗑卦六爻分为两类，初九和上九为罪犯，之间四爻为法官。初九是一位初犯小人，小人最大的特点是不见刑罚不认罪，他们不知道什么叫廉耻、什么叫正义。因此，通过刑罚让小人止恶是保全小人的方法，免得发展到上九爻，罪大恶极不可饶恕。企业不幸雇佣到小人，只有靠严格执行规定，制定严格的处罚条例，才可以避免小人趁机取利。许多企业因员工偷懒和疏于防范，导致灾难性事故；许多金融企业因员工个人投机行为导致巨额亏损或破产。甚至在 2008 年末，纽约证券交易所也爆出麦道夫惊人大骗局。这样的事例不可胜数。

从二爻到五爻，阐述治理小人要本着刚正、刚直、刚中原则，对小人的任何妥协都会成为企业进一步发展的障碍，尤其是让小人得志，必然让更多的人成为后继者，企业管理效率会大大减低。

剥卦象征君子之道渐次消亡，小人势力渐次壮大。初六通过床角被剥蚀，象征企业组织的基层被小人污染，企业组织基础受到动摇，其危害十分严重。六二剥蚀到企业骨干层，基层会因此陷于瘫痪状态。六四剥蚀到了床面，人们将失去安身之所，象征企业陷入深深的混乱之中。不过剥极复来，发展到六五爻，小人们开始感到自身的生存也受到威胁，便由对企业的无序破坏转变为有序服从，这样就会为企业从混乱中复兴创造了条件。在六三的支持和六五的顺从下，上九这一阳爻受到人们爱戴，开始了复兴之路。

从复到离——企业完成第三个大循环

企业历经复、无妄、大畜、颐、大过、坎、离七卦，走完上经。六十四卦愈往后发展，阐述的道理也愈发深刻，从开始追求财富增长和保泰持盈，再到阐述做人之理、领导方法，最后进入养正的颐养之道和诚信的无妄之道。

《周易·序卦》说："事物不可以被剥蚀殆尽，剥尽于上而返回于下，所以接下来是象征复兴的复卦。复兴就不会妄为，所以接下来是无妄卦。不妄为，就会有所积蓄，所以接下来是大畜卦。事物有了蓄积就可以养育，所以接下来是象征颐养的颐卦。不养育则不可以有所作为，所以接下来是大过卦。事物不可以长久过甚，所以接下来是象征坎陷的坎卦。陷入危险就必须有所依附，所以接下来是象征依附的离卦。"

与剥蚀的过程相反，复兴是企业组织渐次走向秩序化，同时，复卦初九又象征新产品、新技术开始走向市场，复卦卦象为大震，有动而向上之势。因此，复兴会带来企业发展。无妄代表不妄语妄为，不妄为就会避免取巧有失，就会确保行为守常，这样企业就会健康发展。发展到大畜，企业开始进行德育教育，通过畜止刚躁者的不当行为，企业管理效率大大增加，从而有产出水平的较大提高，大畜卦象为动而刚健，有大为上升之势。颐卦强调颐养正道，有动有止，并不具有影响实际产出的意义。大过是企业经历大危难时期，企业发展受到严重考验，尽管有克险的大手段，但毕竟在这个阶段企业会投入大量的资源用于解救危难，这些投入多不能形成投资，因此企业发展会经历一个快速下降阶段。之后，企业进入重重坎险之中，企业发展下滑得更为迅速。发展到离卦，企业终于有所依附，便从坎卦这个大低谷中走出来。从复到离，企业走了一个大S曲线。

一、复兴需要精心守护和耐心培育——企业处在复兴初始时期

企业从即将剥蚀殆尽的地步开始复兴，是一个艰难的过程，不可急躁，也不可迷失。首先要保护好能够让企业生生不息的产品，这个产品就是初九，但是初九的生长并不顺利，上面有五个阴爻压着，前进的道路异常艰辛，因此需要人们尽心尽力地守护、培育这个即将破土而出的新生命，只有它能长成参天大树，企业才会迎来硕果累累的

那一天。

初九爻强调不要远走，要坚守正道，要不断地迁善改过，匡正行为方向，培育好根基，有利于今后成长。种子埋在地下，施以肥料和适度浇水，这样才会有新生命诞生。企业研发新产品也要及时激励、调整，才可以让阳爻种子生长出来。六二离种子最近，告诫要休止以往的过失，择善而从。“善”指的就是初九，能够从善就是能够精心培育阳爻种子。

六三之后，各爻离阳爻渐远，其守护初九的意志将随着自己所处的不同环境而大不相同。六三更像研发部的负责人，怀着一颗疑惑的心看待新产品的研发，态度反反复复，最终都能复归到支持研发上来，虽然这样做很危险却没有造成灾祸。六四处在群阴之中，在众人有不同意见时，能够始终坚持主见，是新产品研发的护航员。六五是企业的核心领导，正反意见常常左右着他，只要秉持中道，经常反省自己，自然会做出正确的抉择。

上六与初九隔阂最远，因此有迷失道路的危险，不去保持自己未来的竞争优势，而是靠掠夺他人而生存，这样就会走向衰败。中国 IT 业有一个盗版的恶习，这个恶习造成一个恶果，就是我国作为 IT 产品的应用大国，却是不拥有核心知识产权的技术弱国，这就是走了上六之路。只有复归到六二，精心维护自己的核心技术，才可能有中国创新经济时代的来临。

二、祛除虚妄是大业复兴的保证——企业获得复兴发展时期

复兴之难，需要破除虚妄、培养储备人才、颐养人们的品德，还要具有解救大危难的手段，因此，复卦之后安排无妄、大畜、颐、大过四卦，就是要阐述实现复兴的四大必要条件。

虚妄是企业走向失败的主要原因之一。其表现各异：如拔苗助长式的虚妄，将不成熟的产品推向市场，导致经营失败；如春秋大梦式的虚妄，只看到收益，没有看到风险，盲目投资，结果产品投入市场之日正是市场饱和之时；如异想天开式的虚妄，本来企业经营在正道上，老总却常常有"奇思妙想"，结果企业其他阶层的领导者无所适从，企业便成为一个摇曳的小舟，时刻有倾覆的可能。

聪明反被聪明误，许多企业家误把悬崖峭壁当作通天大路，都是虚妄在作怪，而且这种虚妄并没有随着阅历增多而减少，反而有与日俱增的趋势，这也是人类现代病之一。虚妄者往往失去了天理大道的指引，失去了对经济管理大律的信奉，失去了自己那无妄的本性。

如在 2008 年上半年，中外经济学家几乎都矢口否认世界会发生严重的经济危机，甚至在美国金融危机日益严重的时候，国内官员和学者还认为，中国可以独善其身，甚至有

些人认为，只要自己愿意就可以拯救世界。到了年底，经济数据让他们目瞪口呆。仔细分析，这个结果是一定要发生的。可是一定会发生的结果，众人却怎么都看不到呢?！原因就是虚妄过度。在当今“股坛”，众多连货币供给量为何物都不清楚的所谓专家，众多连财务报表都看不懂的所谓学者，不正在媒体上说着连自己都不知道是何物的大道理，以各类专家的身份畅所欲言吗?

非历史学者解读历史，非文化学者解读文化，甚至非专业医生解读健康养生。可见虚妄世界里的故事，是多么的令人毛骨悚然 。

初九告诫企业家，复兴之路刚刚起步，这时只能有理想，不能存妄想。只有无妄前往，才能获得吉庆。六二强调一分耕耘、一分收获，且不可守株待兔，做那种不劳而获的美梦。六三自己不妄为，却不能消除别人有妄见，自己丢了锄头，便怀疑邻居都是窃贼。九四、九五、初九三爻阐述了无妄可以免灾的道理。九四固守无妄，祛除灾祸。九五无妄，却有疾患，只要继续秉持无妄，就会好起来。告诫不要出现问题就怀疑自己所选的道路，有病乱投医正是虚妄的表现。不过，产品和企业都会有生命的终点，这时候无妄意味着要像黄河归大海那样平静，不可继续勉强支撑。在美国，许多产业已经走过夕阳，正是这些企业向发展中国家转移，才有新企业、新技术、新产品的诞生。如今，美国汽车业同样面临这样的局面，无论今天选择维持还是选择放弃，它都应该寿终正寝。

三、培养根基、颐养正道象征复兴大业有成——企业进行人才规划与开发时期

培养的目的是要人们守正。大畜卦重点在培植匡正，颐卦重点在养民从正。前者讲解“修剪”歧出之法，后者讲述“摄入”养分之道。因此，企业培养人才需要约束和导引共举，一味修剪约束，会造成人才流失，一味摄入导引，会使人才培养失序。因此，大畜卦与颐卦对企业人才培养的启示，不可不识。

大畜卦重点阐述规正刚躁的方法。年轻人大多初生牛犊不怕虎，敢说、敢想、敢干，却不懂得宜说、宜想、宜干。结果，待到人过不惑之年，发现自己走了许多弯路，浪费了许多大好年华。因此，如果上级能够及时对他们进行栽培和修剪，匡正他们行为中的不当之处，会减少许多不必要的伤害和冲突。

内卦乾为刚躁者或正在生长的小树，外卦艮为止躁者或肩负修剪责任的园丁。刚刚进入到企业的初九，冲劲十足，但经验太少，连看清事态变化的能力都显不足。这时候要进行潜修功夫，切忌有犯上作乱之举。九二告诫不可冒进，要学会自我约束，尤其不要到处显示棱角。只有在进入企业之初学会静养才干的年轻人，才会被上级重点培养。九三即将

走出被畜止的阶段，因此每日练习技术，掌握本领，才可以大展宏图。此爻强调机会只给那些有准备的人，因此，在走向战场之前，应当练就好杀敌本领。

牛可以有大贡献，但牛角却会伤人，牛越是力量大，牛角越是锋利。因此，在匡正刚躁之初，就要做到防患于未然。六四爻是畜止之初，给初生牛犊架上木牿，正是要在刚进入企业之时加以制度约束。六五指出治理刚猛过激行为，需要治本而不是治标，獠牙之害源于公猪的本性，阉割公猪正是要改变其本性。如同将周处的恶性除去，才可以变为除暴安良的英雄。上九向我们展示了蓄养有成之时，企业行进在通天大道上的豪迈。

畜止的目的是培养人，而不是限制人的发展。如果年轻人潜修获得了胜任重要岗位的技能与德行，仍不给提拔重用的机会，则企业将出现大规模的人才流失。以往的经验证明，离开企业的多是怀才不遇的才俊。如今，企业多采取“挖墙脚”战略、“空降兵”战略，对内部原有员工缺乏必要的蓄养与帮助，长久下去，不仅这样的企业会走向穷途末路，整个行业也会陷入人才短缺的尴尬境地。因为，摘桃子者众，浇水剪枝者寡，桃子资源终有枯竭的一天。

大畜卦依赖别人的“修”养，颐卦重在自我养正。颐卦所阐述的养正之道有两点：一是去除过度的欲望，二是不要违背养正常理。根据内外卦顺序，可以将内卦三爻看作下层领导，把外卦三爻看作上层领导。初九强调发挥自身具有的灵性，守持自己的阳刚品德，不要贪羡他人口中的食物，这样就会取得进步。六二和六三两爻通过正反两个例子说明，中正之德是颐养的手段，也是颐养的目的。尊奉中正，有吉；违背中正，有凶。这说明，下层领导首先要把自己的工作做好，切忌动辄依赖上级，更不应该让下属代替自己工作。

六四则是承上启下的领导，但是自己处在阴弱地位，能力欠佳。要想把工作做好，只能通过学习借鉴他人的工作经验，弥补自己的能力不足。爻辞告诫要有“虎视眈眈”般的渴望、专注和不间断的求养欲望，才能避免因自己才能不足造成灾祸。有一些能力欠佳的领导，由于生怕别人知道自己无能，在向下属请教之后，便将知道自己底细的下属裁掉，卸磨杀驴造成自己失去了给养来源，最后还会因为自己无能而难以胜任工作，只有下台一条路可走。六五的目标是养正天下，因此，借助高参顾问，将现代管理理念和方法灌输到企业，这样企业员工就可以提高管理水平和业务修养。上九虽没有实权，却是一个开悟者、一个圣贤导师，企业所有的精神源泉必取之于此。对中国企业来说，中华文化传统才是我们的精神家园，从中寻找中国式管理的精神和方法，是有远大理想的企业家必修的课程。

四、大过卦阐述解救大危难的非常手段——企业经历大变故时期

有了人才储备，才可以解除源自外部的大危难，尤其是像大萧条、大地震等带来的系统性灾难，颐与大过正是“养兵千日，用兵一时”，前者是精心培养，后者是战时能胜。从序卦理解大过的含义是，颐养必会出厚德之才，他们可以处理大灾难。因此，“过”当“过越”讲，“大过”就是“大有过越”之意，即有大本事的人解救大灾难之意。

全卦以栋梁为取象，其隐喻十分明确，如今我们仍然称精英人才为国家栋梁，亦同此理。栋梁在特殊的环境下，也有担当不起的时候，这时候就需要过越的手段战胜困难，完成己任。大灾难或大事件体现在卦象和大象辞中：大过取象大坎水，本末阴弱，中间阳刚，正是洪水滔滔奔腾向前的大洪灾之象。

“泽灭木”意为大泽淹没木头，木头本应漂于湖泽之上，如今却被浪涛打翻，这是罕见的大过越事件。可见，大过卦所阐述的正是大手段克服大事件的道理，这与小过卦所阐述的含义是一致的，小过则是阐述小手段应对小事件的道理。

大过初六强调在大事件来临之前，要戒真诚敬。通过细

密与慎重的准备，就可以避免灾祸。九二通过枯杨树根系重新荣发和老夫少妻尚能生育为例，阐述克服大事件的大手段为阴柔接济刚过，阴阳平衡就可以解救大灾难了。九三刚过却没有阴柔相济，危险异常。这说明在大事件来临之际，切勿启用刚猛之才担当大任。九四形成最能承重的拱形结构，这是刚柔共济的结果。这时候大事件已经发展到眼前，九四的大手段就是通过均衡稳定的结构，克服眼前的大灾难，这说明能解救大事件者是那些刚柔平衡的人物。九五刚过而无应援，只能借助上六的经验，才能渡过大灾难。九五的大手段是，在没有应援的情况下寻找经验，借助似乎不可借助的力量，以渡大灾难。虽有灭顶之灾，上六却顽强地协助九五，使得栋梁稳定地撑起房屋。上六的大手段就是，牺牲自己济难大过。中国人讲究舍生取义，正是生命价值的最高境界。

五、水与火是天地的大功用——企业的化险为夷方法和相辅相依之道

先天八卦以乾坤天地为中心轴，而后天八卦以坎离水火为中心轴。天地是自然的最大取象，水火则是天地最大的功用，天地造化万物，需要阳光（离火）、氧气和水就够了，而水是由氧和氢组成，因此水与火的变化是万物产生与演化的催化剂。故此，《周易》六十四卦以乾坤为起首，上经以坎离为终结，全卦以既济未济为终结，而既济、未济是两个

象征水火交融的卦象。

坎卦象征重重坎险，坎卦重点阐述处险、克险之道。在洪水滔滔之际，需要大勇气、大诚信和大意志，这就是坎卦卦辞的含义。每当较大的经济萧条来临，企业都会面临重重坎险，产品积压、资金紧张、投资失误等接踵而来，唯有勇气、诚信和意志皆备的领导者才能成为化险为夷的英雄。领导者软弱、取巧和退缩，都会使危机中的企业陷得更深而不能自拔。

因此，初六、六三和上六皆因柔弱、退缩的性格而深陷危险之中，十分凶险。初六处在坎陷的最底部，又能力欠佳，必然深陷凶险之中。六三正好处在经济萧条全面爆发的阶段，市场前途呈现巨大的不确定性，生产者和消费者的悲观情绪达到高点，这时候企业家只需静观。上六虽接近脱险，但不行正道，因此有三年凶险之久。六四柔弱，但能满怀诚信，且与九五这个济政大英雄相比邻，最后才能免除凶灾。九二虽具有刚中之才，却居险中，且后险还未至，因此，只要有利润可赚就相当不错了，切忌存侥幸心理，酿成大错。九五刚正、中道，以大无畏的气概铲平了阻碍洪流的小丘，得以化险为夷。

离卦阐述相辅相依之道，日月只有依附于天，才可以发出光明，百谷草木只有依附于泥土，才能顺利生长。坎卦唯有九五能够克险有成，是因为只有他能够勇气、诚信和意志皆备，这就是济政英雄所依附的地方。坎卦说明，有所依附就能出险，无所依附是凶险的根源，坎卦和离卦阐述的正是这个道理。企业的依附之道可分为三类：企业与环境之间的依附关系（时空关系）、既定环境条件下企业之间的依附关系（空间关系）、企业自身发展前后之间的依附关系（时间关系），这三种依附关系，在离卦中都可以体验出来。

离卦初九为依附之初，自先乱了阵脚，当然凶险，因此依附之初当位卑用敬，初始用敬。六二光明中道，心无偏私。因此依附于中道才可以有吉庆。九三刚过，有毁折之象，这时候要把握住依附的最后时刻，发展到无所依附，就会有凶险。纵观内卦三爻，我们看到，任何事物的产生与发展都要有可依附的自身条件，失去依附就会遭遇凶险。

皮之不存，毛将焉附。任何事物都有其表里，相互依存和相互促进，这体现着事物在一定的时空中，依附关系的变迁原则。九四像朝霞一样，迅速毁灭，因此有凶，皆是难以有所依附。

古代易学家常把九四比作新君继任之际，这个时候，原有的承继载体已经消逝，因此，突变可能导致迅速衰亡，因此，处在转型时期的企业原则为渐变，以便新生事物获得容纳的空间和支持的力量。六五是他人或他事依附的主体，自身怀有强烈的忧患意识，因此极为戒惧，以至泪如滂沱，忧戚悲伤。换个视角，如此柔弱正是克刚躁的大工具。上九依附于光明自身，因此，上九有用光明正大征服邪恶的行为，并用光明教化天下。企业发展到依附的最高境界就是铲除邪恶，使企业得以依附于正道，从而得以健康发展。

企业成长大律（下经）
——艰难七日行之二

企业历经“上经”三个大循环，历经三次大起大落，开始迈向更大的辉煌，许多企业家开始追求通达天下和基业长青。“下经”正是从咸恒开始，以既济、未济结束，来阐释此理。

不过，随着成长壮大，企业面临的管理问题、经营问题会越来越复杂，要经历的困难比“上经”还要多，导致失败的因素也会随之增加。因此，“下经”围绕众多的解难济困卦象渐次相间展开，对于企业解困具有重要的启发作用。

从咸到蹇——企业完成第四个大循环

企业历经九卦完成第四个大循环，包括咸、恒、遁、大壮、晋、明夷、家人、睽、蹇。按照《周易·序卦》的说法，上经阐述的是天地之道，重在讲解自然天理，下经阐述的是夫妇之道，重在演化人伦规范。

《周易·序卦》说："下经从象征男女感情的咸卦开始。夫妇感情不可以不恒久，所以在咸卦之后是象征恒久的恒卦。事物不可以长久安居于一个地方，所以继之以象征隐退的遁卦。事物也不可以永远隐退（必将有所振兴），所以继之以大壮卦。事物发展不可以始终安于壮盛而不进取，所以继之以象征上进的晋卦。上进必然会受到损伤，所以继之以象征光明受到伤害的明夷卦。在外受到伤害必然返回到家中，所以继之以象征家庭和睦的家人卦。家道走到困穷就会发生乖离现象，所以继之以象征乖离的睽卦。乖离一定会有险难，所以继之以象征险难的蹇卦。"

在上经三个大循环中，并不以人们之间的感情为线索，即使是讼卦、比卦也只是讲化解争讼的方法和亲比的原则。而在下经中，则将人的情感变化融入卦爻取象之中，如在这个大循环中，咸卦的男女交感和悦，家人卦描述的家庭生活场景，都会活灵活现地展现在我们的面前。尤其是睽卦上九爻那个重度狐疑的新郎的举措，就像一则完整的寓言一样：醉眼惺忪地站在路边，看到远处有一头脏兮兮的猪，等猪走近了些，又变成了一车鬼怪，心中不免疑神疑鬼，搭箭欲射。但定睛一看，不是贼寇，而是送亲队伍，这才清醒过来，原来自己是新郎官，于是放下弓箭，前去迎候。走着走着，下起了雨，大家便在雨中举行了婚礼。

在第四个大循环中，咸卦显示企业内部能够进行情感交流。《系辞》盛赞《周易》能感而遂通天下，是说男女感应可以成就天地化生的功能，成就事物的孕育与生长。因此，感应相通的企业就会有较好的发展。恒久企业懂得渐进积累之道，按照此道发展，企业就会不断壮大。遁卦则是企业出现小人乱政现象，小人喜欢结党营私，行正道的人才跳槽，企业进入下降期。历经咸恒，企业已经成为强壮的行业龙头，但历经遁卦之后却由小人操纵，结果屡屡违背恒久正道，用壮用强导致企业壮极而衰。晋卦讲解企业通过物质激励、晋升激励等措施，使企业得到进一步发展。从咸到晋，企业走过一个中型S曲线。

明夷卦描述的是昏君残害忠良的故事，企业的业务骨干、管理中坚走的走，裁的裁，贬的贬，好端端一个企业被昏庸的领导人搞得迅速衰退。在清理了昏庸领导人及其余孽之后，企业必然出现一位好家长，采用家人之道进行企业治理，重新建立和谐的企业人际关系，家人和睦，企业自然发展良好。尤其是在中国式管理中，好家长带来好企业的案例比比皆是。明夷与家人描述的恰恰是一邪一正两个企业掌舵人。家人之间还有一种现象，那就是相互乖离，相互矛盾，企业一旦陷入内部不和谐之中，管理成本就会大大增加，许多事情被拖沓，许多决策难以执行，最终会影响企业的发展。屋漏偏遇连天雨，这时恰又赶上经济环境困难，乖离的企业面对困难，深感力不从心，难以从困境中解脱出来，结果企业经营有一个较大的滑落。从明夷到蹇，企业走过另一个中型S曲线。

一、咸恒阐述感而遂通天下的大道理——上下感应奠定企业基业长青

感应是成功的基础，只有你对某一个领域有了深刻的了解和喜爱，才能对其中所蕴含的道理有所阐发，对该领域的发展有所贡献和有所创新。如果你不能与某一个领域进行友好对话，那么这个领域所蕴含的宝藏也不会对你开放，即使你做多大的努力，花费多少时光，你也不可能成为这个领域的行家里手。同样，成功往往意味着对所从事的领域有种近乎天然的切身感应，这种感受将你与事业合为一体。所以孔子说："知之者不如好之者，好之者不如乐之者。"唯有和悦于此道，才能开悟于此道，这就是感而遂通天下的深意，也是咸恒二卦相继的深刻含义，岂止是男女之道所能道尽。

咸卦强调感应的谦和性与专一性，指出领导人在与员工感应之时，应谦虚待人，虚怀若谷。初六与六二两爻所阐释的感应之道都是以静止、安守的态度与人相感。心宁才能体会出他人真实的感受，才能不被私欲所左右而骄躁

妄行。九三有跟随他人而动之象，盲从没有感应，因此执意地追随别人是有凶险的。实际上，人们在投资、购买之初都会存较大的戒心，但趋利的动机会让人们的理智迷失在他人策划好的骗局中，事物发展到九三这个阶段是最危险的，如果自己不能安分守己，就会成为股市泡沫的受害者，就会成为不折不扣的房奴，就一定会成为企业投资的风险承担者。九四告诫切不可心思不定，贪恋私利。九五则指出背弃私欲，固守正道才能获得吉庆。上六只是耍嘴皮子，自然没有利益可得。

正如“咸”字是“无心之感”，感应之道贵在没有私心杂念的掺杂，因此咸卦六爻所阐述的道理只有一个，那就是以自己至真、至纯、至专、至悦、至诚的美德与人相感，这样就会获得事业亨通，获得安定和谐。

基业长青是企业家的梦想，然而企业的平均寿命是短暂的，平均不超过十年。恒卦所阐述的保持恒久的道理与咸卦一样简单明了，那就是，守持住了恒久之道自然就会获得恒久。恒久之道就这么三条：一是远离天灾人祸，不可把工厂建在河道里，也不要居住在地震断裂线上，更不能把公司开在战争风险高的国家。二是追求恒久不变的行为准则，孟子说有恒产才能有恒心，其实有恒心才能有恒产，这种恒心就是诚信敬畏。三是获得恒久必须能够遵循规律变化随时变通，这就是“变则通、通则久”的道理。

初六告诫初创企业不要梦想“一口吃成胖子”，恒久基业是持久积累所成，来得快去得也快，这几乎是不变的自然规律。九二阐述了得中位者得天下的道理，整部《周易》反复阐述得正、得中就能受益这样一条真理。在富豪榜上，居前面的企业家都已锒铛入狱，居后面的企业家有的进入到中位，有的被淘汰出局。而那些居中位的企业家大多安稳地存在着。在企业管理中，中年人既可以获得长者信任，也可以与年轻人沟通，因此，大部分经营出色的企业多由中年人掌舵，即使是老年人执掌大帅，他也必须有一颗年轻向上的心。因此，守持中道是事业恒久的前提之一。九三和九四二爻从反面说明，没有获得中位，就会有丧失恒德的危险，即使努力工作也不会有所收获。六五说明不同类型的企业所信守的品德是不一样的，因此学习成功企业的经验，不见得适用自己。当学习到的经验完全不同时，就会常常改变自己的行为，这样就背离了恒道，这是有凶险的。比如，稻谷要种在水田里，高粱要种在旱地中，苹果不能种在海南，香蕉不可移植东北。因此，认清自身发展规律，恒久信守，就会在日积月累中，变成一个长青企业。

二、隐遁宜快、轻、美、飞，打拼戒莽、强、冲、困——企业战略退出时期vs企业强壮打拼时期

古人在论述“舌头硬还是牙齿硬”时，阐述了以柔克

刚的道理。其实，《周易》的大义是以柔顺刚，最后多半是柔者犹存而刚者先逝。遁卦讲解的是柔退而存的道理，而大壮讲解的是壮进而衰的故事。

其实，我们的祖先在汉字授音的过程中充分考虑了刚与柔、阴与阳的因素。在诵读一些阳性词汇过程中，人们就会感觉气息舒畅，如好、美、大、善；相反在诵读一些阴性词汇过程中，人们就会感觉气息压抑，如坏、丑、小、恶。如果念“大”三十次，你就会感到心胸越来越开阔，反之，念“小”三十次，你就会感到心胸越来越憋屈。这种理念也深深地渗透到遁和大壮二卦之中。

遁卦内卦三爻讲解的是不该隐遁的三种情况，爻辞充满危险和困顿，如初六告诫“有危险，不要往前走！”六二则被牛皮绳子捆绑起来，九三记挂着私欲，这样隐遁是有危险的。外卦三爻则是描述了三个当通则遁的隐者，一个“好”、一个“嘉”（“嘉”就是“美”）、一个肥（“肥”就是“飞”）。好、美、飞，这三个字如此令人逍遥畅快，口型越来越大，音调越来越清扬。这就是企业在战略退出时应具备的心态。尤其是处在行业龙头地位，更要看到行业的生命周期，当企业发展到如日中天的时候，衰退也会随之而来。领先企业选择退出，才是大智慧。只有提早退出，才可能在新的产业革命来临时，占据有利位置，再谱新篇。事实上，领先者不知退隐，才是走向衰败的原因。当年英国不愿从传统的产业中退出，所以，它必然成为欧盟国家中生产农产品的大国；而在金融危机下的美国，不愿意三大汽车公司倒闭，也有了类似的故事延续。

大壮卦告诫“大者正也”，意思是只要发展到盛大，企业就要端正自己的行为，切忌莽撞行事。然而，通观六爻，我们看到的是一片征伐之声：初九莽撞，抬腿就前往征伐；九三用“壮”，欺凌他人，自己的羊角却被篱笆墙夹住，不得动弹；上六在强壮衰弱的情况下，还要横冲直撞，困在不能进也不能退的境地。爻辞多“壮”“征”“触”“丧”，读来令人窒息郁闷，口型越来越小，音调越来越浊顿。因此，企业处在强盛阶段，当避免用强用壮，因为强壮易逝，不可经常使用，这就是《周易》告诉我们长久保持强盛的秘诀。

三、晋卦阐述人才使用、培养和晋升之道——企业注重策划人力资源战略时期

晋卦卦象为日出大地，冉冉升起，象征晋升。晋升之道也如卦象所示，内心要如大地般宽厚，行为要如太阳般光明。《周易》阐述“进”的卦象很多，如乾卦、升卦、渐卦、晋卦等。根据不同的情况，采取完全不同的“上进”方法，如乾卦在进取过程中“自强不息”，将上进贯彻始终，可以看作是阳刚强势而进，晋卦则与之相反，强调柔顺地上进。另外，晋卦还涉及激励、提拔等人力资源领域的重

要内容，结合蒙卦、履卦、颐卦、大畜卦、井卦、艮卦等阐述的思想，就可以构建出系统的《周易》人力资源管理体系。

晋卦卦辞描述的是天子奖赏安定国家的有功诸侯，并且一日之内召见了三次。这给我们留下了深刻印象：激励不仅要有力度，还要及时，并且还要凸显核心领导的施恩举措。年轻人规划自己的人生未来，应当将做好工作作为晋升的前提，因此，告诫初六在职业伊始要从容做事，争取服众，告诫六二即使没有及时获得上级支持，也要守持中正之道，最终会获得提拔。年轻人愈发成熟，到了而立之年，在上级组织的考评中，获得群众信任，终于获得了晋升。纵观内卦，可看出六三的晋升是之前长期努力工作的结果。九四才能有限，又失去了柔顺之道，像硕鼠那样窃取了权柄，最终是凶险的。六五是核心领导，去除私心杂念，才能做到不患得患失，信任下属，放手工作，这样才能人尽其才，成就大业。上九晋升到最高位，也是晋升到穷极之处，只适宜征伐存有异志的属国，晋升之道也随之终止。

四、明夷叙述昏君统治时期明臣的不同命运——企业处在独裁昏庸领导时期

如果处在昏庸领导时期，最好采取明哲保身的策略。明夷卦卦象如同大地遮蔽了太阳，或正义受到伤害。在现实中，有一批领导人属于那种整日算计下属的“暴君”，在这

种情况下，选择做君子就是选择受迫害。

卦辞通过周文王和箕子的故事，讲解脱困和避险之策。周文王因奸臣诬陷而遭难，囚羑里七年终脱险，文王的方法是内心应怀有光明的美德，外表则显现柔和顺从。箕子是殷商贵族，纣王的叔父，任纣王的太师。箕子的方法是守持住自己忠诚的意志，隐蔽自己的光明（装疯避害）。明夷卦告诫我们，处在黑暗时期，要谨言慎行、收敛锋芒与聪敏，保全自己是真正的大智慧。

六爻依次取象为伯夷和叔齐、周文王、周武王、微子、箕子和商纣王，爻辞所反映的内容，恰是这七个人的品行与命运。初六，伯夷和叔齐在仁德消亡的时代，采取隐居的方式以避免受到加害；文王和箕子分别是六二爻和六五爻；九三是讨伐纣王的英雄，告诫要做艰辛的准备，切忌急躁；六四是宋国开国国君，殷商帝乙之子、纣的庶兄，也是孔子先祖。在劝谏纣王无效的情况下，采取逃亡的方法，避免受到加害。上六取象残暴的纣王，昏庸无道，最终国败身亡。如果企业核心领导昏庸到迫害仁善君子、挤压企业骨干，企业离衰亡也就不远了。

五、正则兴，疑则衰，家人、睽阐述求同存异——家族企业的存亡之道

家族企业不长久，原因在于当企业壮大之后，就会因利益分配不均而争吵分家。家族企业的命运大致相同：从家人

和合开始，以乖离相争结束。产生这样一个结果的原因是，在宗法社会中，人与人之间的关系是靠亲缘远近来维系的。如兄弟合作办企业，等企业壮大之后，家族其他成员就会加入到企业当中来，而兄弟两人各有关系更近的妻儿，这样，发生利益冲突的可能性就会加大，因为妯娌俩之间的亲缘关系相当远。农村大家庭分家几乎都是因兄弟成家造成。如果是父亲办企业，等到父亲死后，兄弟自然就会分家单干，从而失去市场竞争力。而这种情况在美国几乎是不存在的。老沃顿去世，五个小沃顿继承财产，沃尔玛仍然是零售业老大；同样，洛克菲勒历经数代，不曾分出一份资产。为此，韩国家族企业规定，只有一个儿子继承财产，其他子女都要另谋出路。

家人卦讲解治家之道，其核心思想就是家族中所有成员都要守持自己的正道。父亲应尽父亲慈爱之责，儿子应尽儿子孝顺之责，兄长应尽兄长友爱之责，幼弟应尽幼弟相敬之责，丈夫应尽夫道，妻子应尽妇道，这样家风就会端正。如果在家族企业中，每个人都能做到这些，家族企业自然就会和悦和谐，兴旺发达了。这里强调了两点：尽责和本分。

家人初九强调在家族企业兴办之初，首先要防备外边的歪门邪道影响到家族成员，培养他们良好的守正习惯。六二像一个慈母一样，守持中正，安于家庭分工，服从大局。重要的是孩子们是从母亲那里学会做人做事的道理。家族企业一旦失去了这种阴性智慧，就会在权威至上时走向一言堂，在权威减退时走向相互争斗。初九与六二的阴阳均衡合一，才是家族企业治理的大智慧。九三阐述了宁严勿宽的治理原则。经过前三爻的家人治理，企业终于达到富贵，家人都能和顺当位，自然大吉大利。九五强调一家之长应尽感化家人的责任，这样才能家人和睦，无忧无虑。上九家道有成，诚信与威严是家族企业领导人必备的品德。

与家人相反，睽卦讲述的是家族内部相互乖离、狐疑，难以沟通的状态，因此，睽卦从头到尾都在讲解化解乖离的方法和益处。然而，“道不同不相为谋”，只有那些具有相同抱负的人才可能化乖离为和合，从而化凶险为吉祥。

初九与九四难以和应，有交恶之象，但同德之志促使他们最后化干戈为玉帛。这里的求同存异，存的是阳刚正义，去的是个人偏见。九二与六五是可以相助的上下级，有和应之象，他们之间的同心之志使得上下级相互亲和，有如亲人间的亲爱，这样的家族企业必然能够和谐发展。六三被群阳包围，行为受阻，而上九处在乖离之极，必是狐疑重重。当一个组织乖违到十分严重的程度，去除人们心中的疑惑至关重要。六三行为受阻尚能坚持不懈，上九努力消除狐疑，正是克服严重乖违的大手段。

六、蹇卦讲解如何度过艰难险阻时期——企业齐心协力共济险难的方法

蹇卦卦象为山上有水，象征行路艰难。水为险，山为止，意思是见险而知止，这是智者的选择。卦象又如前面有水险挡道，后面有高山阻隔，因此蹇卦所讲解的是解脱困境的方法。从卦象上看，二爻到六爻皆当位，因此守持正道是蹇卦处险出险的共同要求。

蹇卦大义，阳刚者具有可蹇之才，而阴柔者无济蹇之能。初六蹇始，面对两个套在一起的坎险，遇险知止，宜于待机行事。六二身陷坎险之中，虽深知自己非济蹇之才，亦当奋不顾身，勇于承担济蹇重任，这样做才无过错。九三是个智者，知险而止，返回来与初六、六二合应克险，以退待进。六四处在前险未出、后险即至之际，返回来与众人一起共济蹇难。九五为济蹇领袖，中正为人，众人皆前来帮助他共同克蹇。上六回助九五建立大功，灾难终于过去。通观六爻，克蹇大道有三点：守正、智慧和团结。

从解到困——企业完成第五个大循环

企业历经解、损、益、夬、姤、萃、升、困八卦，走完

第五个大循环。其中含有损益二卦的周期自循环，即损益是交替变化的，如同泰否的自循环一样。严格地说，在这个大循环中，只有萃、升、困是企业面临的一种现实状态，其他都是在讲解企业的经营法则。

《周易·序卦》说："事物不可能永远陷于危难之中，所以接下来是象征解缓的解卦。解缓一定有所损失，所以接下来是损卦。不停地减损自己必然会转向增益他人，所以接下来是益卦。增益不停，必然满盈，满盈就会断然决去，所以接下来是象征决断的夬卦。决去必有所交遇，所以接下来是象征交遇的姤卦。事物相遇合然后形成会聚，所以接下来是象征会聚的萃卦。会聚后共同上进，称为升，所以接下来是升卦。虚升不停，必陷入困境，所以接下来是困卦。"

上经第二个大循环也主要以描述经营之道为主，如谦、随、临、观等卦，相应的，下经第二个大循环也以阐述经营之道为主。解卦阐述的正是企业解缓危难的方法。危难解除，企业发展必然顺畅。可以将损与益二卦看作企业分配比例的调整。损卦描述的是上层领导得到相对高份额的情况，益卦描述的是下层员工得到相对高份额的情况。是领导人得到强激励对企业发展有利，还是生产工人得到强激励对企业发展有利，是没有明确答案的。这里只是根据《周易·序卦》大义，认为损是对企业发展的减损，益是对企业发展的增益。因此，从解到益，企业历经一个相对小的S曲线。

夬卦讲解决权势小人的方法，清除领导人身边的小人是君子的志向，领导人本人往往需要小人的溜须拍马，如乾隆皇帝需要和珅一样。因此在清除小人的过程中，企业产出量并没有实质的增长。姤卦则有小人乱政现象，企业内部也会因遇合问题出现矛盾，这些变化都会降低企业自身的竞争力。相遇相合，必然形成企业规模的扩张，规模效应导致单位产出成本下降，企业实力因此快速提升。升卦则描述了企业在泡沫经济状况下的升高假象，看起来企业在迅速上升，实际上，企业的实体部分与虚拟部分严重脱节，盲目扩张，不练内功，虚升掩盖了问题所在。一旦泡沫破灭，企业将坠入困难重重之中，即陷入困卦所描述的状态之中。因此，从夬到困，企业又历经一个相对中等的S曲线，但历经一次大起大落。

一、解缓险难重在清除奸恶小人——企业解除险难源头的方法与道理

解卦卦象为险而动，意思是遇到危险就要迅速行动去解救。解卦所阐述的解缓险难原则是：从手段上讲，尽量以和顺的方法化解险难；从目的上讲，险难解除后要迅速让民众复归平日的安宁生活；从战略上讲，发现险难就要在第一时间决断行动。2008 年发生了汶川大地震，政府和民间及时

组织救援，之后又及时安排灾民的基本生活，充分体现了这三点解难原则。同样在 2008 年，金融海啸席卷全球，但世界各国的反应似乎迟钝了些，几乎都是在海水淹没了自己的村庄后，才紧急避险，甚至有的国家在海水淹没了城市时，还在讨论解救方案。

缓解了险难，会给企业带来发展机会。纵观六爻，不难发现六三爻便是解卦所指的险难根源，除初六外，其余各爻皆以解除六三为目标，这是因为六三处在不中、不正、阴险、无应的地位，而所承的九四与初六和应，必先剪除它的阻隔，同样，九二要与六五和应，也要逾越它的阻挡。

初六处在险难初解之时，又能刚柔和应，自然没有灾咎。九二刚中，在解除险难的时候，有所收获。这一点很重要，在进行解救企业危难的行动中，要投入大量资源，如果这种投入适宜恰当，就会变成优质资产，在经济危机渡过之后，变成企业盈利的动力。将六三比喻成招摇过市的盗贼，多么像如今那些设计骗局的华尔街金融大鳄。九四是解除险难的主力，需要朋友相助，只有你做到了不与六三有瓜葛，朋友才会协助你。处在核心领导地位，要采取规劝和引导的方法，这样就会让制造险难的小人们收敛。可惜的是，每当金融危机到来，我们都会发现，许多国家的政府及其官员在应对危机过程中，为了短期利益便充当了帮凶而不是解除者，致使危机异常深重。上六暗示我们，要随时准备好解除险难的武器，要站在高处监察随时可能出现的危险苗头，一旦出头，就要即刻将它消灭掉。因此，企业做好预警，及时行动，才可以确保运营平安。

二、损益变化，道尽利益调整法则——利益分配调整的周期原理

《周易·杂卦》说损益是“盛衰之始”，按照字义顺序应该解读为：损为盛之始，益为衰之始。但是古代易学家却公认，损是衰之始，益是盛之始，原因是损卦是由泰卦爻变而来，自然由通泰转变为衰落，同样，益卦由否卦爻变而来，自然由否塞转变为昌盛。这里暂遵古说。

不过，在市场经济条件下发生的损益故事可能与计划经济有所不同：计划社会采取“损”的办法走向强盛，将收益收归国家，国家的力量因此强大。集中力量办大事是计划经济的优势，短短十来年的工夫，计划经济就可能建立起一套较完备的工业体系。但是这个体系是没有演化功能的，久而久之，体系本身也会垮塌。反之，市场经济采取“益”的办法走向强盛，国家采取藏富于民的治国理念，国民们为了财富利益纷纷经商办厂，而且商业体系和工厂规模会日益扩大，科学技术体系也会因逐利动机而突飞猛进，这就是在资本主义国家已经发生的故事。在企业分配过程中，损卦有

利于上层领导，益卦有利于下层员工，到底哪种分配会带来更大的产出，经济学界尚无定论。

损益之道强调要尊重“因时制宜，因地制宜”原则。企业有两种情况会发生损下益上，一种是财务危机，需要解答，另一种是母公司需要进行新的投资计划，需要子公司施以援手。损卦初六强调，子公司增益母公司时，要量力而为，不可影响到自身的经营，而且在增益上级的时候要做好自己的工作，且及时助益。六三强调减损的目的是要达到阴阳平衡，这样就不会因分配不平衡导致猜疑争斗。其他各爻分别阐述了如下道理：自己坚持正道，就会增益他人，因此正道是不能减损的；工作中的缺点必须减损掉；损权益来，大公无私才是损卦大义。

益卦讲述上级减损自己而施益下级的道理。上级是利益分配的主宰，能够主动增益下层，需要克服自己的私欲，发挥利他主义精神。经济学家认为，牺牲效率会增进平等，增进效率会加大不平等。效率的一增一减正是一个典型的损益过程。比如我国改革开放之初，通过“让少部分人先富起来”带动国家经济繁荣，结果社会分配出现不公现象，且贫富差距拉大。目前，我国的基尼系数（表示贫富差距，数字越大差距越大）已经超过警戒线很多，因此我国福利调节政策应加大公平，改变“效率优先”的国家基本经济政策导向，这样才会有和谐社会的出现。

益卦强调，下级受到增益后，应当反过来创造更大的财富，来回报企业。告诫初九大有所为，告诫六二教化社会以及告诫六三平定凶险之事，都是要受益者存有桃李相报的感恩之心，诚信而守正，这样益道就会发扬光大。这样的理论在现代经济学中也有，如诺贝尔经济学奖得主阿克洛夫就曾提出效率工资理论，认为高工资自然带来高产出，从而增加企业的竞争力。

损益像泰否一样是周期变化的。从新中国成立到 20 世纪 60 年代，我国一直执行减损农业以增益工业的办法发展经济，开始时较有成效，至 70 年代，我国农业几乎到了崩溃边缘；1979 年以后放开农副产品市场，农民收入大幅提高；但是进入 90 年代后，农民收入增长相对落后，城乡差别进一步拉大，三农问题又成为制约我国经济发展的瓶颈。进入 21 世纪，惠农政策频频出台，成为我国经济增长新的动力。又如，劳资纠纷多源于损下益上过久，积怨难以排解，终以上访、罢工、游行、静坐等冲突形式爆发；同样损上益下，则领导团队失去创新动力，企业也会走向衰亡，老总们的选择是，要么跳槽，要么放任。再如，税收逆对经济周期而行，经济繁荣，企业利润大增，政府通过税收增加减损其收益，经济萧条，企业难以为继，政府通过减税和其他政策扶持增益其利润。可见，利益调整以损益形式表现出来，这种调整呈现出周期波动性。

三、夬姤相继，阐述如何决除权势小人和防范小人诱惑——企业培养果断决策能力和提高遇合防范能力

现在最流行的EMBA和MBA课程讲的便是领导执行力。夬卦虽然讲的是如何清除最高领导身边的小人，却道出了许多增加执行力的具体方法。是否具有执行力，首先取决于能否“做正确的事情”，而不是学会“正确地做事情”。因此，夬卦卦象所强调的是以阳刚正气清除阴险邪气，这就是说，决策首先要看准方向。夬卦卦辞具体阐述了四点决断之道：一要勇往直前；二要诚信团结；三要绝不妥协；四要避免决裂。初九告诫，没有成功的把握，就不要躁动执行；九二提出，决断之勇与决断之谋缺一不可，周密的部署是执行有力的保证；九三强调无论别人怎样看自己，自己清除小人的意志不可动摇；告诫九四自己能力再强，也要依靠大家的力量，否则只能自取羞辱；九五是核心领导，刚毅果敢是提高执行力的内在要求，同时还要斩断偏私，在机会成熟之际，一举歼灭小人。

阴阳和遇，万物才能和谐共生，阴阳失衡，必会造成混乱。刚柔相遇，可能有利也可能不利，全看是否符合遇合正道。姤卦一阴生于下，五阳与一阴遇，阴小虽然微弱，但要防止她渐渐滋长，从而小人道长，君子道消。企业用人，皆与人相遇，能否相合，取决此人品行，亦取决用人企业的教

化与管理。

姤卦初六与九二比邻，又与九四有应，如果三心二意，整日勾三搭四，又与比邻九二相亲相爱，必然发生群阳之间的争斗，因此，要及时防范制止初六，如同坚固车闸，及时制止小人乱动越轨。九二与阴柔势力最近，要对之加以管控，切断小人制造祸端的机会。九三不得阴阳遇合，当然处境不利；但不与小人遇合，也不会有因相争引起的祸凶。九四因与初六有应，必然与九二发生争执，终没有益处。九五处在中正地位，因缺少阴阳遇合的时机，只得求贤若渴，希望阳刚得到阴柔相助。上九则感叹无人所遇，然而远离祸源，是其福分。六爻以阴弱的小人出场，以君子渴望贤能结束，看来相遇相合之道，是阴阳和遇于正道，而不是和遇于邪道，因此，各自守持自己的正道而为，才可以有和合发展的可能。

四、萃则群体相聚，相聚则须防范混乱出现——企业经历防范和解决群体事件时期

萃卦为兑上坤下，卦象是湖泽会聚在大地之上，引申为民众会聚在一起，因此，萃卦阐述的是群体会聚之道。有群体会聚就会出现群体事件，当现代工厂制度出现以后，人类便因劳资关系问题不断发生冲突，从 18 世纪初到 20 世纪中叶，工人运动风起云涌，始终成为社会变革的动力，直到战后西方发达国家纷纷通过《充分就业法》和建立福利国家

制度，工人运动才渐渐成为偶发事件。在发展中国家，群体事件仍然严重地影响着社会稳定和经济进步，我国经济目前正处在由发展中国家向发达国家过渡的阶段，研究萃卦对我国具有重要的借鉴作用。

萃卦阐述的治理群体行为的方法是：用宗庙教化感召民众，说明凝聚精神至关重要；用精英领导民众、守持正道，说明组织结构在治理大群体组织中的作用，以及治理人才的作用；用大型祭祀强化礼教，诚信敬畏是培养仁善的良药，说明组织文化对组织内部和谐的重要性。大象辞更是强调在相聚相合之时要谨防变乱，平日加强戒惧，修治兵器以备不测。

萃卦初六处在会聚之初，一定要守正自己的行为，只有与阳刚朋友相聚合，才能吉庆，如果亲近小人，则有灾害。六二应顺应九五的引导，守持中正之德，这样才能吉庆。六三感伤于不能与君子相会聚，尚能戒惧自己，也不会有什么灾害。内卦三爻阐述的会聚之道是一个，那就是荟萃要以诚信为本。初六志弱，需固诚信之本，六二中正，需弘扬诚信之本，六三无应，勿放弃诚信之本。

在会聚之时，九四就是那个领导民众的精英，只要做到诚信民众，赤诚九五，就会大吉大利。九五则是人财物会聚的中心，只要坚守仁善正道，会聚之时出现的问题都会迎刃而解。上六虽然居高位，但处在不能会聚的地位，只能通过戒惧来解除灾咎。

通观六爻，皆冠以“咎”字，看来，会聚之咎随处可见，唯有诚信敬畏、中正无私地做人做事，才是免除荟萃之难的法宝。

五、升卦讲述顺势而升的不同发展阶段——企业如何在经济泡沫时期防范风险

升卦卦象为巽下坤上，有随风而升、畅通无阻之象，又有合众而往，终入阴寒地域之意。升卦有阳刚被阴柔裹挟上升之象，上升的基础阴弱无力，但发展到外卦却虚幻而升，无所疑虑。可见，最能代表升卦的经济事件便是股市的暴涨阶段，即大牛市时期，而六爻充分地体现出股市那真实又虚幻的世界，体现出股民在其中的喜乐哀愁。升卦错综为萃卦，说明股市群体行为的巨大力量，因此，防范股市虚升是治理股市重中之重的政策选择，是防止出现股灾，导致金融崩盘的预警机制。

升卦以阴爻开始，象征虚拟经济开始启动，此时并没有实实存在的产业变迁和技术革命的来临，尽管如此，消费的拉动、资本品价格的低廉，都意味着有利可图的投资机会到来了。六二强调诚信，强调要戒除虚妄，这时候投资带来经济的成长潜力是乐观的，如果只认定经济会朝着最优的方向发展，就会虚升经济，导致泡沫急升。九三爻辞这样描述：进入一个令人毛骨悚然的地方，“升虚邑”，一个一无所有

的城堡，而且大家都勇敢地进去且无所疑惑。看到成千上万的民众走入股市，排队去发财的时候，其结果也可以预见了。

六四不言升，只言周文王祭祀于岐山，说明身处此时，戒惧者吉庆。六五上升的幅度加快，阶跃上升。处在尊位者志得意满，一副股神巴菲特的形象。终于上升到黑暗无光的地方，上六告诫“冥升”，指明了这次经济快速膨胀已经结束。上六小象说“冥升在上，消不富也”，泡沫破灭，资本价格又回复到与实体经济相应的水平，狂热的股民被剥夺了财富。现实中的世界与升卦描述的世界是何其相似，《周易》对我们的开悟作用不可不识呀！

六、困卦讲述困难重重之境和解脱方法——企业如何渡过危机四伏、困难重重时期

《周易》六十四卦，三分之一卦象处在困局，如讼卦、否卦、坎卦、明夷卦、蹇卦等，但困卦之困则是处处困顿，许多爻都有难以解脱之象。因此，困卦所阐述的解困之道才是解救困境的通用原则。从困卦卦象上看，湖泽下面有河流，因此泽水下泄导致泽中无水，象征困厄艰难。如果一个企业的骨干、资金和客户都像泽中之水那样流失，企业的困局是很难解救的。

困卦卦辞讲解了三条脱困原则：一要处险和悦，坚定脱险信心，丧失信心就会使困局进一步加深。二要固守刚中之

德，正直无私是排除困境的品德要求。三要少言，处困之道需要的是坚贞的毅力，不是优美的言辞，徒尚口舌不仅无益，反而更加困穷。爻辞则阐述了隐遁待机、诚信敬畏、和衷共济等济困方法。

大凡金融泡沫破裂之后，都会有一段困难的日子要过。1929 年大萧条导致世界经济崩溃，东南亚金融危机使得泰国和印尼经济至今也难有起色。2008 年金融危机，美国拖垮世界经济的可能性早已成为现实，世界经济在后来几年都遭遇寒流。

困卦初六阐述的是隐遁待机的解困方法。犹如臀部困在树丛之中，只得退到幽暗的深谷中，隐遁三年不要露面。九二阐述的是诚信敬畏的济困方法。守持中庸，敬畏神明，就会免除灾祸。六三阐述的是居位得当的解困之道。此爻为行困之象，动则有险，犹如陷在乱石和蒺藜之中。只要放弃不该自己占有的地位，自然就会脱困。九四和九五则阐述共济解困的道理。

九四与初六相合，九五与九二同德，是解困的内在要求，因为困卦之困是群阴围困阳刚的结果，只有合力才能得以解脱。

上六则说明困极而通的道理。不过困难即将过去之时，自己却陷入处位不当的危险之中。因此应谋定而后行，最终必然前行而获吉庆。

从井到旅——企业完成第六个大循环

历经井、革、鼎、震、艮、渐、归妹、丰、旅九卦，企业走完第六个大循环。从困境中走出来的企业，需要建立新的运行秩序，因此在修复了残败的井体之后，企业便着手革除旧弊，建立新的体系，完成革故鼎新的过程。再经过戒惧修身，开始走向稳步成长之路，最后又发展到盛大，终于成为大型企业。但大型企业有大型企业的难处，还有很远的旅程要走。

《周易·序卦》说："困穷于上必返归于下，以求安居，所以继之以井卦。水井弥久不能不变革整治，所以继之以革卦。变革物性（化生为熟）莫过于鼎器，所以继之以鼎卦。鼎器代表权力，最适宜主管鼎器的人莫过于长子，震卦代表长子，所以继之以代表震动的震卦。事物不可能永久震动，所以继之以象征抑止的艮卦。事物也不能长久抑止，所以继之以象征渐进的渐卦。渐进必然有所依归，所以继之以象征少女出嫁的归妹卦。物有所归必然发展至盛大，所以继之以象征盛大的丰卦。盛大穷极必然丧失安居之所，所以继之以象征行旅在外的旅卦。"

困卦是虚升引起的，因此困卦强调不可前进。井卦是从困难重重开始的，因此井卦首先描述一幅残败的图景；其次井卦本身是对困卦的修复，因此是低位的建设、基础的建设。变革肯定会给企业带来新的活力，但是变革的过程有资源消耗，也有制度变革带来的收益，很难说孰多孰寡，有的企业因变革而迅速成长，而有的企业因变革而迅速衰亡，不一而足。鼎新是一个耗工夫的过程，也是出成果的过程，鼎新有成，企业就会获得大成功。企业通过鼎新过程也获得了足够的储备，因此在危险纷至沓来之际（震卦），能够从容应对，不至于在危境中失败。进过仁善修身（艮卦），企业文化管理达到了一个前所未有的高度。艮为一个相对静止的过程，而渐卦是渐变过程，在文化建设取得成就之后，企业有了一个渐渐成长的过程，随之又出现人员错位失位（归妹卦）的现象，这对企业的发展有小的负面影响。经过调整，最终企业发展到丰大，成为行业龙头。最后丰极必衰，企业开始走向失败，不得不商旅于外。

一、井养天下则可贤才辈出——井卦教你如何构建学习型企业

井卦为巽下坎上，象征通过井绳和辘轳将水从井穴中取上来，因此井卦象征井养贤才。困卦上下皆水，最终却是湖泽干涸，因为湖泽之水在上位，最终会下泄完，而井水处在下位，便具有不断蓄积、滋养民众的功能。象辞讲

述了这样一个故事：提升水瓶快至井沿时，水瓶打翻，功败垂成。企业培养贤才也是如此，且不可在即将学成之际放弃。

井卦也告诫我们，井体残破和井水质量都会影响到水井的使用，因此，企业建立适宜的学习平台和学习机制才是源源不断培养人才的根本。日本科学家做了一个测试猴子学习能力的实验：将香蕉挂在猴子可以够到的地方，当猴子抓住香蕉的时候，上面就会有热水浇下来。当第一次抓香蕉的时候，猴子就会遭受热水浇灌。经过两三次之后，猴子就不会再尝试吃香蕉了。如果我们的企业都像猴子那样靠本能吃饭，那离失败就不远了。由于企业不可以像猴子那样反复尝试错误，因此必须建立一套行之有效的学习机制，让员工能够迅速成长为合格的企业管理者或生产人才，井卦正是提供给我们一个适宜的井养之道。

井卦初六处在年轻员工初修之初，或者处在企业构建学习平台之初。这时候要清除旧井底中的污泥，建立一套可行的学习资料。九二爻提示切忌大材小用，浪费资源，在建立学习平台时，要把学习的目标定在高处。九三则是学习平台完整地建立了起来，学习内容也很适宜健全，此时所等待的，就是企业能够将员工培训计划付诸实施。此爻暗示企业，学习不能摆花架子，要付之行动，尤其是在学习过程中发现贤才，使用贤才，这样企业才能有一支过硬的人才队伍。六四强调，随着人们素质的提高，学习平台也要进一步扩大，因此此爻再次提出强固井体。九五是核心领导，他的中正清廉如井水般清澈，这样就会感染员工，加入到学习的队伍之中，企业因此也会成为学习型组织。上六井体和井水都达到了可以教化天下的程度，这时候就要诚信于社会，企业也会因此进入到人才济济的良好发展时期。

二、革鼎相继，阐述革故鼎新之道——领导变革提升企业竞争力

领导变革是近年来西方管理理论的核心论题，是20世纪90年代管理学革命的核心，这个管理领域的核心概念也成为管理时尚用语，如愿景规划、执行力、领导力、核心价值观、平衡艺术等。读罢《周易》革卦，似乎都有这些管理理念的影子，如对变革过程、变革注意事项、变革结果等描述与领导变革的研究内容惊人地相似，如领导变革理论强调执行力，则六爻几乎都在告诉我们在不同的变革阶段要采取何种策略，再如领导变革理论讨论为什么基层员工会抵制变革，则革卦提出“革言三就”和“小人革面”。

革字原意为鞣制皮革，通过水浸火烤，完成制作；革卦离下兑上，象征水与火的变革过程，从僵硬的皮成为柔软的革，这是一个改变物性的过程。因此，领导变革正是要完成改变组织效率和企业目标的改性过程。

革卦首先提出变革要寻机而为，时机成熟方可变革，须待到亟须变革的“已日”推行变革，不可虚妄刚躁。初九像黄牛皮革那样牢牢捆绑自己，变革需要一个夯实变革基础的过程，需要充分地准备和酝酿，即使在最佳时机宣布变革（六二爻），仍然在变革之中出现执行问题，因此九三提出让民众信服变革会有更好的未来，变革才会亨通的道理。告诫九三在推进变革之时，要再三讨论议定，直到人心安定下来方可执行，因此重大举措要谨言谨行，这样就会提高变革的组织效率。九四和九五指出，变革需要排除变革阻力，因此变革举措要符合有利合宜的原则，要用坚定的意志确保贯彻。即使变革成功，小人们也只是表面上改变态度，不过只要他们顺从变革潮流，变革就会取得重大胜利。

革故是对旧制度体系的革除，但是新制度能否成功，则需要一个鼎新的过程，就如同用鼎器烹饪做饭，必须有一个渐变成熟过程才可以。鼎也代表权力，如我们常说“问鼎中原”，就是这个意思。鼎卦正是讲解在这个鼎新过程中需要注意的事情和处事原则。

鼎卦初六强调鼎新之初要吐故，把污物清洁扫除，才可以容纳新事物，所以九二强调纳新。九二为一个洁净的鼎，装满食物即将烹饪。这时候要十分戒惧，切不可将自己的偏私偷偷放进来。在制度变革当中，我们看到太多的“新瓶装旧酒”的故事，看到太多的假借改革之名，实际是在盗窃国家利益的事情。九三通过鼎耳阴弱，可能会因加热变形，而不能享用雉羹的故事，说明领导者要做到耳聪目明，才能鼎新有成，别忘了人的耳根子最软。告诫九四，如果过于私偏，鼎足有折断的危险，多美好的食物也会翻倒出来，鼎也会受到污染。这里在告诫担当鼎新大任者，如果委托信任于小人，鼎新事业就会倾覆。六五处在鼎耳之位，九三之危，危在鼎耳，因此加固鼎耳则可以巩固。食物成熟，取之于上，因此，鼎耳虽小，却是应下承上稳定大局的关键，耳目聪，才可以有圣贤出。上九为鼎杠，用宝玉装潢鼎杠，象征阴阳平衡才可以治国成功。

三、震动戒惧、处变不惊，方可免除灾害——企业应对经济发展大震荡时期的方法

震卦取象惊雷震天，教导人们要学会戒惧惊恐、反身修德。震上震下，惊雷接连巨响，一幅令人惊恐的画面。在股市暴跌阶段，任何消息都如炸雷一般引起股民恐慌，当2008年金融危机来临之际，即使经营正常的企业也会惶恐不安，听到负面消息，就会马上关注自己的现金流，关注月度业绩，甚至当日业绩。这是一个企业应对经济发展大震荡时期必然的反应。在这个动荡时期，企业应该如何应对呢？震卦给出了答案，这个答案就是戒惧惊恐，处变不惊，如此大气魄才会获得福庆，象辞和初九爻都强调了

这一点。

震卦初九处在雷声突然响彻云霄之时，虽然戒惧惊恐，却能谈笑自若，这样就会获得吉庆。六二惊慌失措，以致在惊慌逃避中丢失了财物。在经济萧条之际，必然会有暂时的损失，但不要急于弥补，只要坚持下去，就会失而复得。在熊市来临之际，且不可盲目出局，在下一轮经济繁荣时期，你的财富还会回来，出局者一定是实实在在的损失者。六三畏惧超过了初九、六二，因此能够赶紧行动起来，修正自己的行为，这样虽有险最终却无灾咎。九四疑虑重重，雷声把他震到了泥潭之中。这说明身处危险之中，需要沉静来摆脱险境。六五在大震动来临之际，无论是上还是下，都面临危险。这时候唯有谨慎中道，诚信敬畏，才可以保住自己的社稷家园。上六在惊雷面前，显现出极度恐惧，只要提早避险，就不会伤及自身。

震卦提醒处在大风险时期，当采取及时地避险措施，切忌莽撞决策，一旦危机过去，一定会有明朗灿烂的未来。

四、艮静修身、止于至善，方可行止自如——企业进修文化建设的高级课程

艮卦象征两座高山层叠在一起，艮为止，因此艮卦表示抑止私欲的修身过程。老子说：修养的最高境界是“致虚极，守静笃”。修养之道在于及时把握动静，当止则止，当行则行，动静符合时宜，修养之道就会光明。因此，作

为企业领导人应当注重修身，这样才能做到行止自如，知行而行，知止而止，做到“动静不失其时”，这样既不会错过时机，也不会投资有误。时止时行则是修身的高级阶段，行止自如，皆服从自然规律。因此，通过艮卦进修，企业文化建设达到新的高度，为企业的平稳发展提供软件支持。

艮卦六爻取象人身部位，非常形象。初六抑止脚趾。初修之人心最漂移，应抑止于未行动之前。企业决策之前当克制自己，戒除虚妄。六二抑止小腿肚，当行而未行。因此企业当修养自己中正的美德，这样才能向上拯救九三，做到当行则行。九三取象人的腰胯部位，腰部抑止之困有如脊背肉断裂，危险如烈火熏心。腰部正如企业中层，这个阶层失去了灵活性，整个组织就会失去效率。腰部保持伸缩自如，才符合自然生理规律。企业中层自由灵活才有运行活力。腰最忌讳过猛、过力，也忌讳缺少依靠，更忌讳僵直不动。企业中层也应有足够的自由活动空间，让其适宜活动的范围变大，则是最优制度安排。管理学家讨论集权与分权利弊，争论不休，观艮卦六二、九三爻，其义皆备。

六四抑制住身体运动，处在当止则止，当行则行的位置。只有抑制住了私心杂念，才能做到行止自如。六五处在发号施令的领导地位。领导人的话，会被下属执行，甚至会被放大。因此六五尊位要抑止言语，不要随心所欲地表达观点，更不能妄言妄语。由于领导者所言就是属下执行的尺度，因此，领导人的指示要明确，要符合逻辑，要符合中正原则。如果老总指示总是前后矛盾，下属就不会认真执行命令。上九修养之道得以完成，邪欲得以抑止，仁善得以弘扬，企业至此修完文化建设高级课程。

五、渐卦讲述循序渐进的过程和方法——企业稳步成长之道

渐卦取象山上有风，有渐渐化俗的含义，因此，渐卦讲解的是渐进之道，对企业来说，就是讲解稳步成长的方法。渐卦彖辞阐述的企业渐进原则有：第一，要取得显要地位，这样前往才会建立功业；第二，渐进要采取正道，走正道可以使企业安定；第三，领导人应具备刚中之德，这样企业才能渐渐地培养美好的德行；第四，要有静止和顺的品格，这样在渐进之路上就不会陷入困穷。企业在树立企业核心价值观和行为规范时，应懂得渐进教化之道，不可操之过急，只要假以时日，一定会产生效果。

中国改革开放走过30年路程，正是一条循序渐进之路。中国文化强调任何事物都要按照自然规律进行，不可拔苗助长，也不容不思进取，这种观点正是《周易》渐卦思想的体现，“摸着石头过河”正是这种文化传统的具体体现。

初六告诫年轻人做事要渐进不躁，企业在渐进之初，

应戒除孩童毛躁的缺点，渐进发展。六二渐进到稳固的磐石上。起飞需要一个稳固的起点，这样才可以飞得更高。这说明，企业领导者谦逊沉稳，勤奋努力，就会有好的结果。九三强调渐进要克己、戒燥、持正，这样才可以避免凶险。“进以正”，不能进以邪，这是彖辞对焦躁九三的告诫。六四飞到了树上平坦的地方。树非安全之地，但树上却有平坦可安的地方，六四诠释了企业创造小环境的重要性。虽然渐进到最为凶险的地方，但自己本着温顺谦和的做事态度，得以渐进。九五凭借坚强的毅力，守持刚健中正的德行，终得所愿。上九终于完成渐进过程，飞到了极限的高度。此时社会已经达到“居贤德善俗”，从此，礼仪垂范、社会安宁。

六、归妹讲解失位错位的婚姻状况——企业员工面对失位错位

归妹卦中间四爻皆失位，初爻和上爻又都无应，因此全卦体现出失位错位之象。归妹与渐卦“进以正”相反，归妹“说以动”，指导行动的是正道，则人们努力工作或学习，就会逐渐进步；如果指导自己行动的是快乐动机，那么大部分人可能就会忙于玩游戏，荒废学业或工作懈怠，当然，学业失败、工作失败，最终也会失去最终的快乐，这也是一种失位错位。员工失位错位，就会有不利出现。

归妹卦初九取象陪嫁少女，具有阳刚治家之才，却地位较低，还要辅助正室料理家务。虽失位，但应守持常道，努力工作。九二错配给不良丈夫。如同有才干的下属遇到了无德无才的上级，虽错位，最佳的行为选择仍是不因上级不良而改变自己的刚中美德，这样的选择才是正确的。六三挖空心思想成为正室，有失德之象。企业千万别启用这样的人。九四错过了佳期，仍在期盼美好的姻缘，属于失位现象。归妹卦唯一力图矫正失位错位的爻象就是九四，避免错配带来的痛苦，可能是长期等待的痛苦。六五爻辞“帝乙归妹”，是说纣王的父亲帝乙把小女嫁给姬昌，有下嫁错位之象。虽错位，但仍能守持妇道，获得吉庆。在现代企业战略联盟中，经常出现许多国际巨头与新兴企业之间的合作，我们经常听到硅谷大企业与中国 IT 企业成立联合开发公司的新闻报道，错位也可以各取所需，和合发展，这就是企业战略联盟的基础。上六到了夫妇这一天地之道穷极的时候，阴阳难以平衡，必然没有任何好处。可见，即使自己处在失位错位境况，只要自己能够守持正道，就会有吉庆，相反，违背正道，就会有凶险，或一无所获。

七、保持丰大当常常戒惧反省——大型企业的生存之法

《周易》物极必反原理认为，丰大意味着盛极而衰，因此当企业发展到盛极一时，其戒惧程度也应达到极大。什么

事情令古人坐卧不安呢？是大地震颤和天狗吃日（即日全食），每当这些事件发生的时候，国君都要反思自己的行为。尤其是日全食发生后，国君或皇帝都要发“罪己诏”，其戒惧之深，可见一斑。丰卦所描述的正是企业发展到丰大壮盛阶段，成为行业领袖时期，而六爻取象则凸显日全食发生的全过程。从卦象爻辞中，我们所感受的戒惧与自省是其他卦象所不及的。

丰卦卦辞告诫我们：太阳转到正午就要侧转，月亮一旦满盈，随之就会亏残。因此，达到丰大就意味着企业将走下坡路。同样当某一个产业走向鼎盛的时候，很快就会夕阳西下，因此，抓住最丰大的时候，创造最辉煌的业绩，才是这个时候应当做的，但同时，也一定要想到企业未来的出路与转型。从屯卦企业创立开始，企业走了六十四卦中的五十三卦，即八分之七的路途才达到鼎盛，但是从丰到未济，还剩下短短的八分之一路途，到时候企业将进入到新的周期循环中。

丰卦吉凶原则与其他卦象的通用原则正好相反：六十四卦的通用原则是，和应吉庆，不应不利；丰卦是和应有凶，不应则吉。和应必然出现更为丰大的情况，然而丰极必衰，因此，在超大型企业不堪重负的情况下，再加大企业的规模，无疑是往负重累累的骆驼上继续加稻草，必会有一根成为压垮骆驼的稻草。不应则会减弱企业的丰大，谦则长久，这对超大型企业是有利的。战略退出还是战略跟进，这要看企业处在什么地位，不可一概而论。

因此，初九与九四不应，就如同双垄断寡头行业，初九处在上升期，九四处在盛大期，但他们的实力相当，因此二爻皆强调，双方如果势均力敌就会呈现吉庆。六二与六五，如同行业处在如日中天的两个寡头。六二收敛光芒，避免受到行业龙头六五的猜忌，还要充满诚信且大大发挥诚信美德，这样才会与六五共享丰盈盛大的市场。六五同样以谦道招天下英才，继续保持丰大事业。可见，处在盛大之时，谦受益，骄必败。九三与上六正应，相合必然过度丰大。过丰必衰落，因此，六三以折肱自损得无咎，上六丰极自闭终致凶。

八、行旅在外重在守正、谨慎和安常——行旅在外的生存哲学

旅卦卦象为山上有间旅舍，意思为旅行在外。全卦讲解的行旅原则是谨小慎微和守持正道。也提出了几点忠告：切忌耍蛮，尤其不要对抗刚强之人；节欲戒贪；切忌冒险。

旅卦初六为行旅之初，出门在外容易招人欺负，因此要不卑不亢，志穷会遭到小人欺凌。六二守持中正，虽然行旅在外，却过得安稳。九三行为刚躁，客舍焚毁，童仆跑掉，失去了安全感。而行旅在外最重要的就是安全！九

四找回了失去的资财和利斧，这样就可以做些营生和自卫。但没有安适的旅舍可供居住了。六五以射野鸡亡失箭的取象，说明行旅之人不要计较得失，只有顺承尊者，才能获得福庆。上九行旅居高位，极度狂躁，命运也最凶险。可见，行旅在外，时时怀有戒惧之心，常常大度顺让，才能换来平安吉庆。

从巽到小过——企业完成第七个大循环

历经巽、兑、涣、节、中孚、小过、既济、未济八卦，企业完成第七个大循环。我们把既济、未济两卦合并单独成一个小节，阐述《周易》生生不息、周期往复的管理理念，作为第五章和第六章的总结。因此，在第七个周期中，我们只讨论从巽到小过六卦。在事业有成（既济卦）之前，安排制度建设和诚信思想地建设，说明制度建设和诚信在社会教化过程中的重要作用，以及制度建设的艰巨性和诚信社会构建的持久性。

《周易·序卦》说："旅行在外没有容纳安居之所，所以要顺从他人才能入住旅舍，所以继之以象征进入的巽卦。进入安居之所才能欢悦，所以继之以象征欢悦的兑卦。内心欢悦然后可以解散其所悦，所以继之以象征离散的涣卦。事物不可以长久离散，所以继之以象征节以制度的节卦。有所节制就能保持诚信，所以继之以象征诚信的中孚卦。有了诚信必然有所行动，所以继之以小过卦。有超越能力的人必能将事情办成功，所以继之以象征事业有成的既济卦。事物发展是不能穷尽的，所以继之以象征事业未竟的未济卦。六十四卦在生生不息之中结束。”

俗话说“和气生财”，谦逊和顺自然能够增加企业财富。欢悦是享受财富，不会增加财富量。企业处在涣散状态，必然降低市场竞争力，也会使企业实力大大下降。节卦则重在阐述制度带来效率的道理，对企业来说，制度建设是长期过程，但发展到以制度促进发展的阶段则是企业成熟的标志。中孚是企业进行诚信建设阶段，诚信是最有价值的企业精神，会形成真正的核心竞争力，对企业实力的提升至关重要。小过是企业处理小事的过越能力，从卦义看，这是一个宜下不宜上的过程，因此，我们将这个过程看作消耗企业资源的过程。

一、巽兑相继，阐述谦逊之道和和悦之道——企业学习谦逊与和悦

巽卦象征谦逊顺从，如果企业内部出现顺从而为的现象，无疑会大大减少企业运行阻力，减少不必要的冲突和矛盾，增加组织管理效率。阐述“顺”的卦象有坤卦、随卦、谦卦、巽卦等，但每卦顺德含义是不同的，坤卦是承顺自然

规律，顺应规律而为就会成功；随卦的“顺”从于人或“顺”从于道，带有主观选择；谦卦的“顺”是卑己修身的方法；巽卦所阐述的顺是组织内部成员的一种服从态度、服从方法和服从原则。

谦逊并不是处处顺从长官意志，“奴性”十足。相反，谦逊是让自己做人更加堂堂正正。初六过度谦逊，以至懦弱狐疑，在执行命令时，不知如何适应，对命令本身也多有不解、曲解之处。因此爻辞鼓励他要学习武人，坚定自己的意志，这样才可以掌握做事情的根本，政事才可以有效率。九二过度谦逊，谦卑到趴在床边，虽然谦逊却没有了诚信。九三刚躁，谦逊都浮在表面，因此屡巽屡败，每每恨惜。这说明，谦逊要发自内心，不可以伪装。

六四最懂得谦逊之道，最终完成使命，建功立业。九五是施行号令者。爻辞称“先庚三日，后庚三日”，意思是变更政令要提前三日，反复叮咛，颁布三日之后，还要贯彻调整。下级越谦逊顺从，他们自主工作的动力越弱，因此上级在发布政令的时候就要越周详，这样就可以弥补顺从的柔弱缺憾。上九谦逊之道已经穷尽，高高在上而过于谦逊，资财和利器皆失，非常凶险。纵观六爻，谦逊之道为守正和守中：居中守中，柔正守正，过于谦逊则矫正。从行政效率来看，每个人都朝着中正做事的方向努力，事业必成，这才是巽卦的大义。

兑卦为两个湖泽并联在一起，象征和悦。当今最流行的一句话是“态度决定一切”，米卢用快乐方法让中国足球在世界杯上走了一遭。此后，中国足球陷入黑暗之中，你能想象的所有不该发生的事情都发生了，反而更加说明“态度决定一切”是句千真万确的名言。

象辞说：“用和悦方法治理民众，则民众会忘记劳苦，任劳任怨；民众也会不畏危难，舍生忘死。”“和悦可以让人民相互勉励”，天啊，连上级的激励政策都可以不要！如此推崇和悦的管理方法，在六十四卦中仅见。

兑卦初九和顺待人。为人刚正谦和，自然吉庆。九二用诚信和悦待人。诚信做人自然获得更多的人信任，这是最可靠的做人方式。六三主动前来讨取欢愉。一副溜须拍马嘴脸，唯上不唯理，以取悦他人换取自己利益，从而损害第三者利益，这是做人大忌。九四面对小人的取悦，要反复忖度其意，心中不得安宁。只有对恭维献媚有了免疫力，才可以有吉庆。九四反复忖度才能识破小人的糖衣炮弹，可见克服人性弱点真的很难。九五虽处中正尊位，却中了小人手段，如果与小人一起分享快乐，必然减低自己的诚信。上六引诱他人一起欢悦，自己又能说会道，故应守持正道，以免为谋私利而败坏了组织。可见，兑卦和巽卦一样，只要和悦于正道、中道，就会有吉庆；相反，和悦于歪门邪道，凶险异常。

二、涣卦阐述涣散成难的道理和相应的解救之道——企业处在涣散时期

鲁迅说“中国人是一盘散沙”，难以富强起来。反观日德，则是内聚力超强的国家，他们都是世界经济大国，实力曾排在世界第二和第三。散漫的形成源自组织失去了忧患意识。在涣散的企业组织中，每个人都意识不到市场的变幻莫测，上下一团和气，“高高兴兴上班来，平平安安回家去”，久而久之，企业将失去应对危机的能力，因此，涣散本身就是一种静悄悄的危机。企业人心离散，就会造成运作失灵，治理涣散之道就是阐述凝聚人心的手段和道理。

涣卦初六处在涣散之始，应当迅速治理涣散，如同用健壮的快马脱离险境。一块石头投到水中，波纹离散的速度十分惊人，因此治理涣散贵在迅速和治理及时。九二涣散已经成难，应快速奔向所安之处。企业谣言四起，当以公告形式安定人心。六三涣散掉自身的不良习气，有利于凝聚人心。九四提出解散小团体，凝聚成大集体，从而克服涣散。涣散的表现之一是企业内部拉帮结派，争斗不已。因此，解涣之道重在组建大团队，打击小团队，这样涣散可济。九五解除涣散积久带来的病害，又通过财散人聚的方式，凝聚人心。上九涣极必聚，所有的忧患和危惧都离散出去了，企业终于可以齐心协力办大事了。

三、节以制度，大大提升组织运行效率——企业进行大规模制度建设时期

制度建设是近30年来我国出现频率最高的词汇之一。制度经济学认为：不同的制度结构导致不同的组织秩序和经济效益，因此进行适宜的制度安排是提高企业效率的关键。比如，如果一个车间没有段长进行工作监督，那么员工就会集体偷懒怠工，同样，如果企业没有质量监督员，产品就会出现质量问题。是让面包师傅做面包房的老总，还是让营销策划人员做面包房的老总，结果是大不一样的。如果让面包师去监督营销策划师的工作效率，恐怕花多少成本也不会搞清楚，但是让营销策划师监督面包师的工作效率，只需计算一天的收入就可以了。由此可见，制度建设和制度安排是企业能否兴盛的条件之一。不过，节卦只是告诉我们一些制度构建的原则，并不涉及类似“怎样的制度设计是高效率的”这样的话题。

节卦彖辞阐述了节以制度的基本原则：第一，制度建设要有明确的目标。第二，制度建设应符合适宜原则。第三，制度设定要符合当位中正原则。政出多门是制度建设的大忌。第四，节卦提出“不伤财不害民”的原则。

节卦初九为制度建设起步期，切忌刚躁，要慎重行事。九二有错失制度建设最佳时机之象。六三刚德已失，有不能节制之象。如果制度不能有效执行，必然带来灾

害。六四自觉地遵守制度，这样制度才能得以推行。九五为制度的设立者，制定令百姓感到甘美的政令，百姓必然颂扬当权者，制度也可以顺畅通行。上六为节制之道的终极，过度节制、百姓痛苦不堪，恶法不可持久。这说明，随着环境的变化，制度本身也应随之改变，如果我们继续执行严格的计划生育政策，若干年后中国就会变成一个老人国了，恐怕70岁的老者都要站在工作岗位上，否则社会保险系统就要崩溃。

四、诚信敬畏造就组织和谐与成员幸福——诚信是企业真正的核心竞争力所在

据研究，幸福指数与人们的收入并不成正比。印度平均收入低于中国，但是印度的国民幸福指数却高于我国；中南美洲相对较贫困，但是那里的民众整天载歌载舞，过得逍遥快乐；生活在纽约、东京地区的人们，连停下来倾听他人问路的时间都没有，过得紧张痛苦。是什么让城市人失去了幸福感？是内心对他人的真诚、对陌生人的信任、对美好世界的崇敬、对自然的畏惧正在悄悄地远离我们现代人。中孚卦正是从诚信之道开始，化解我们内心的焦躁不安，化解现代生活的相互隔阂和陌生，化解那个被私欲遮蔽的屏障。

中孚卦所讲的诚信之道，多是需要常年修养才可以达到，如心胸要广阔，中孚就是中虚之象；做人保持和悦，现

代人很难将这一原则保持始终，相反紧张急躁可能是人生常态；诚信到至极，诚信容不得半点虚假，在商场上几乎看不到完全的诚信，商场如战场，凡是买卖行为，皆是博弈做局的过程，诚信只是存在于契约之内。

中孚卦初九处在诚信之初，不要动摇诚信的信念。九二强调诚信双方要相互应和，诚信是双方共有的财富，不可独享。告诫六三诚信之心当去除左右自己心志的私欲，否则诚信就会丧失。只要六四祛除了私党，就会免除咎害。说明诚信要正，不能太偏。九五靠诚信维系天下。诚信天下，天下亦诚信于他，企业领导人如能诚信如此，自然就会构建一个其乐融融的企业。上九说明，诚信贵在真实可靠，不应停留在华丽的辞藻说教上。

五、小事不小，事关成败——企业处理小事之道

小事情不小，大事情不大。只要心胸足够宽广，多大的事情都可以承载，多小的事情都能照应，这是成功者必备的心境和做事方法。《西游记》讲了这样一个故事：

唐僧师徒四人历经八十劫难，终于取经成功，尚缺最后一难。这时他们来到了通天河，又看到了当年驮他们西渡的老龟。原来这个老龟已经等了他们数年，就是要问一问唐僧是否向佛祖询问它的年寿如何。当老龟再次驮着师徒渡河时，老龟则请教唐僧这个问题，唐僧支支吾吾，没法回答。老龟一气之下，将他们滚翻入水。好在他们皆已脱离肉体凡

胎，不曾受到伤害，但所携带的经卷却受到损失。

这个故事告诉我们，行大事者往往忽略小情节，结果小情节会损失大事业。因此，学会做好小事情才可以完成大事业，如同一架宇宙飞船，不可以忽略任何一个小螺钉的安装，不可忽略任何一件仪器的衔接，在处理这些小事情时，要加倍地仔细，这就是小过卦的管理大义。

小过卦取象飞鸟，取义宜下不宜上。初六逆势高飞，有小人依附权贵之象，不能谦卑自己，乃自取凶险。上六情绪过亢，越飞越高，招致被射杀，亦是自取灭亡。唯有六二和六五处在柔中的地位，同德可以遇合，但过于柔弱难以成就大事情。九三要超越群阴，受到群阴加害。故爻辞告诫要加紧预防，不要自恃刚强，要知道自己的处境最为危险。尽管是小事，不能谨慎戒备，仍可能有凶险。九四通过自减刚强，获得初六的支持（宜下），如果一味前往，必有危险。

既济与未济
——企业生生不息，周期往复

既济的意思是成功渡河，象征大功告成；而未济的意思是未能成功渡河，象征事业未竟。既济六爻所显示的，是从既济到未济的过程，物极必反，开始导致成功的因素会变成阻碍发展的因素，因此既济卦有初始吉庆、最终生乱之象。未济六爻所显示的，是从未济转化为既济的过程，通过勤奋努力，事情终会完成。既济与未济，正是万事万物周期往复规律的体现。

既济与未济相互交替，再次展现了企业循环创生、生生不息的动人画面。因此，理解既济、未济两卦之间的辩证关系，就可以深刻理解企业长生的秘诀。《周易》最终以未济结束六十四卦，说明不存在一劳永逸的企业经营模式和产品形态，只有随着经济发展的周期大律不断重生，才会基业长青，这是乾卦大义，是既济、未济大义，也是《周易》六十四卦大义。

《周易》取象，意义深刻。革卦取象虎变和豹变，象征君子在变革时代能够迅速转变观念；鼎卦取象鼎器，说明政权建设需要假以时日；艮卦取象人的身体，象征修身重在克服私欲。既济与未济皆取象小狐狸，则象征事物变化较为迅速，要及时把握，只有准确地调整和明智地决策，才可以在既济时保持住成功，在未济时通过积极的转化促进手段，使成功早日到来。

《周易》大义，以刚居阳位、柔居阴位为得正，阳能乘阴、阴能承阳为有亲比，阴阳相应为正应，六二与九五则中正，如果满足了上述条件，则是达到了“天时地利人和”，事业便有成功的把握，既济卦则是符合上述条件的唯一卦象。但是，尽管既济各爻皆处在中正合应的地位，但未必都吉庆，而是与咎、厉、戒、勿用等吉凶断辞相伴。这里正是《周易》思想的深刻之处：万物皆无永远繁荣昌盛的道理，也无永远不可生发成长之理。

水火都有大用，又都是大患之源。水火不容，但是水火可以相济以成事业，地球上的生命皆是在水火的锤炼中创生与进化的，万物创生与发展，用水与火来象征最恰当不过。从内外卦上看，既济、未济皆是由水与火组成：既济卦水在火上，火升高水的温度，水降低火的炙热，既可表达食物煮熟，也可以表达破灭火灾，都有既济之象。未济则是火在水上，火炎上水润下，水与火的用处难以和合在一起，既不能煮熟食物，也不能扑灭火焰，有未济之象。

既济之后当思，如何将成功保持得长久。经济是周期运行的，当经济周期发展到繁荣（既济）时，那些效率低、能耗高、污染大的柔弱企业也会赚足利润，当 2002 年到 2007 年房地产业拉高中国经济增长时，许多乡镇小企业也架起了高炉，炼起了钢铁，许多成本高、设备陈旧的水泥厂也突然起死回生；然而，最终这只是周期现象的一景，接下来发生的是，房地产业发展停滞不前，甚至陷入衰退，不仅柔弱的小企业会倒闭，那些优质的房地产企业也会在严冬中艰难度日。未济之时，企业要勤奋努力，挣脱危险，及时调整战略，争取占到一个适宜有利的地位，这样就可以从未济走向既济。

既济卦始终提示企业别走向“初吉终乱”的下场，因此戒慎是既济的主导思想和手段。初九取象拖住前行的车轮和渡河的小狐狸沾湿尾巴，有两层含义：一是既济之初，仍然行难；二是既济之初当戒慎守成，千万不要轻举妄动，慢慢前进才没有灾害。车轮快速转动起来，将它拖住慢行是很困难的，但高速行驶的马车会发生人仰马翻的惨剧。这是为什么经济政策总是逆对经济形势，而不是快马加鞭的原因。六二守持中正，取象车幔丢失，这时候不要寻找，此爻有不要前行和当行则行双重含义。在成功之时，要修补战略中的漏洞，不要急于冒进。九三取象武丁攻打鬼方，这场战争打了三年才胜。又告诫“小人勿用”。告诫当既济达到繁盛之时，重要的是治理好内部，而不是对外兴师征伐。如果内部用人不当，外部大举投资，那么在萧条来临的时候，企业终会陷入危机之中。因为祸乱始于用人不当和投资不当，而不是经济萧条！

既济的好景不长，发展到六四，就现出了未济的阴霾，经济发展已经进入到危机四伏的阶段，内心的疑惧终会成为现实，爻辞告诫“终日戒”，可见戒惧之甚！九五纣王已达终乱，六二文王处在初吉，皆是“天时”使然。既济将终，唯有艰难俭朴为中正之道。上六既济终极，物极必反，取象小狐渡河淹没头顶，说明那些不知戒惧的投机企业终会消失在经济萧条的巨浪之中。

未济卦爻辞的特点是，初六至九四皆言“贞”，体现出在未济之时，坚持在正道上行进的重要性，而六五与上九皆言“孚”，说明诚信是确保走向既济的必要条件。如果将既济看作经济周期始于经济繁荣止于衰退，那么未济则始于危机止于复苏，既济与未济恰恰构成完整的经济周期运行曲线，依次完成繁荣、危机、衰退和复苏四个阶段。如此循环下去，则成为永远持续波动的经济周期变化大律。至少，自1825年英国发生经济危机以来，我们经历过的经济体系一直按照这个规律演变着，从未发生改变。

未济初六取象小狐狸渡河沾湿了尾巴，柔弱且不知深浅，贸然前进，必有咎害。因此，处在未济之初，柔弱的初六不可能完成渡河的任务。九二则像被人拖住的轮子，艰难前行，在经济不好的时候要坚持下去，往往在经济危机中挺过来的企业，便成为下一轮经济繁荣的领头羊。六三告诫未济之时不应贸然前往，以避风险。九四终于出现了既济的前兆，征伐鬼方终于取得成功。在向既济转化的转折点上，六五要有柔中的性格、光明的内心和坚守正道的意志，满怀诚信，终会取得成功。上九为未济至极，当为既济之始，如果享乐过度、缺乏戒慎，终会有遗憾。

世界历史走到今天，大国兴衰，依次转移；中国五千年历史，治乱交替变化，难道是《周易》大律的体现吗？我们不想对未来定下一个带有宿命论色彩的结论。但是《周易》大义，我们应当牢记：处在既济时应戒惧、敬畏和固守正道，处在未济时应坚持、诚信和内心充满光明，这样，中华民族就会避免大起大落，就会走得平坦向上，就会有大贡献于世界。

第四篇　养生智慧

自强不息，奋发进取

天行健，君子以自强不息。

——《周易·乾卦·象传》

【译文】

天道运行周而复始，永无止息，谁也不能阻挡，君子应效法天道，自立自强，不停地奋斗下去。

【阐释】

“乾卦”为《周易》六十四卦之首。

“乾卦”，由阳的符号重叠而成，强调复杂的天道变化和功用。“乾”的本意是指日出时，光气舒展的形象。在构成宇宙的阴阳二元中，它具备阳的活力。纯粹是由阳气构成的，最大的就是天，所以用阳的符号重叠而成，命名为“乾”，相当于天。“乾”是指天的功能，强调复杂的天道变化和功用。

关于“乾卦”，《周易·乾卦·象传》中有：“天行健，君子以自强不息。”

在此，《周易》指出了“乾卦”的精神实质，即刚健努力，奋发向上。

《周易》含有“天人合一”“天人相应”的思想，天道运行的标准即春夏秋冬的交替变更、昼夜的不断变换，且谁也不能阻挡。因此，《周易》认为，人也应该效法这一精神，积极进取，自强不息。

由此可见，《周易》强调积极进取的人生观，这是《周易》从大自然的运行规律、日月更替的自然现象中感悟出来的。

正所谓“流水不腐，户枢不蠹”，“自强不息”的人生观是我们成就事业、健康长寿最重要的前提之一。

【养生之道】

进取心有利于健康长寿。因为，无论哪一种疾病都与心理因素有关。人体生理和防卫功能的完整需要依靠中枢神经、内分泌和免疫这三个系统的联系和作用，不良心理和社会因素可以通过它们转化为病理过程。抑郁、强迫性倾向可引起消化腺分泌失调而患溃疡病；易怒、情绪不稳定可使交感神经兴奋而导致小动脉痉挛，久之可能患高血压、冠心病；严重的精神创伤可引起免疫功能降低，这是癌症发病的重要诱因之一……

事实上，进取心是一种良好的心理状态，是人的精神支柱。

有进取心的人，为了实现自己的目标，善于安排工作、学习、运动和休息，生活有节奏；有进取心的人，不会为日常生活中的一些烦恼而忧愁，遇事能泰然处之，始终保持愉悦的情绪。这样，他们体内各种生理功能都能正常活动，新陈代谢旺盛，从而预防各种疾病的发生，达到延年益寿的目的。

在我们身边，一些科学家、发明家、思想家和文学家的寿命比一般人长，其奥秘也正在于此——有正确的人生观，有理想抱负，有执着追求，始终对人类、对社会具有高度的责任感，积极进取，勤奋不息，无私奉献，不图名利。

如我国明代医学家李时珍（1518～1593 年，享年 75 岁）、杰出的气象学家竺可桢（1890～1974 年，享年 84 岁）、英国物理学家牛顿（1642～1727 年，享年 85 岁）、美国发明家爱迪生（1847～1931 年，享年 84 岁）等名人。他们的科研成果是人类的无价之宝，他们的进取精神是人类的宝贵财富，也是他们心理保健的良药，是他们保持生命之树长青的源泉。

总之，有进取心的人少烦恼而多快乐，少懒惰而多勤奋，他们对知识学而不厌，对工作乐此不疲，所以，他们也就能够获得更大的成功，拥有更多的健康和更长的寿命。

【养生典范】

说到“自强不息，奋发进取”的典范，我们就不能不提先贤孔子。

孔子认为，天之所以能够运行不止，是因为它处于永恒的运动之中，人也应该效法天，有自己的奋斗目标，有所追求，有所作为，有所奋斗，在自己的人生道路上自强不息。

所以，孔子最喜欢“自强不息”的学生，如颜回；最不能容忍懒散的弟子，如宰予。

孔子这样严格要求弟子，也这样严格要求自己。

孔子青少年时期，努力进行知识储备，他勤奋好学、思维敏捷、博闻强识，形成了自己独特的见解和主张，为后来提出“仁”的学说和创立儒学奠定了基础。

中年时期，孔子为实现自己的政治理想，不辞劳苦周游列国，先后到过卫、陈、曹、宋、郑、蔡、楚等国，共会见国君和权臣七十余人，但却处处碰壁，虽备受磨难，但却目标坚定，从未有过动摇，他的意志也从未有过消沉。

老年时期，孔子对统治者失望以后，随即又为自己确立了新的人生目标——新办私学，著书立说。他一生培养弟子三千余人，身通六艺者七十二人。在教学实践中，总结出一整套教育理论，如因材施教、学思并重、举一反三、启发诱导等教学原则和学而不厌、不耻下问的求学精神，以及“知之为知之，不知为不知”和“三人行必有我师”的学习态度，为后人所称道。他先后删《诗》《书》，订《礼》《乐》，修《春秋》，对中国古代文献进行了全面整理。孔子老而喜《易》，曾达到“韦编三绝”的程度。

孔子一生，虽大部分时间不得志，经历了许多生活的纷扰，但他始终保持着“自强不息，奋发进取”的精神。他活到了73岁。人生七十古来稀，无疑孔子是长寿的，他的长寿与其“自强不息，奋发进取”的精神密切相关。

以德养生，益寿延年

地势坤，君子以厚德载物。

——《周易·坤卦·象传》

【译文】

坤象征大地，君子应效法大地，胸怀宽广，宽容万物。

【阐释】

“坤卦”，由阴的符号重叠而成，指地的情势，表示纯粹的阴、最柔的顺。有了天，与天相对的就是地，所以“乾”卦之后便是“坤”卦。“坤”原意为“伸”，也含顺的意思，与太阳光气舒展的形象相对，为地气舒展的形象。在构成宇宙的阴阳二元中，它具备阴的柔顺。而纯粹是由阴气构成的，最大的就是地，所以用阴的符号重叠而成，命名为“坤”，相当于地。“坤”是指地的情势，表示纯粹的阴、最柔的顺。

《周易·坤卦·象传》云：“地势坤，君子以厚德载物。”

朱熹对此的解释是：“地，坤之象，亦一而已。故不言重，而言其势之顺，则见其高下相因之无穷，至顺极厚而无所不载也。”

明人林希元的解释似乎更为妥当，他说：“地势坤，言地势顺也。于此就见其厚，故君子以厚德载物。盖坤之象为地，重之又得《坤》焉，则是地之形势，高下相因，顿伏相仍，地势之顺，亦唯其厚耳。不厚，则高下相因便倾陷了，安得如此之顺。唯其厚，故能无不持载，故君子厚德以承载天下之物。夫天下之物多矣，君子以一身任天下之责。群黎百姓，倚我以为安。鸟兽昆虫草木，亦倚我以为命。”以此而论，君子须有宽厚容人之德。

如《文言·坤》所说：“敬以直内，义以方外。敬义立而德不孤。”也正是在此意义上，孔颖达说：“身有敬，义以接于人，则人亦敬，义以应之，是‘德不孤’也。”“德不孤”，必有邻，内心品行纯正，行为适宜，内心和外化的行为完美地结合起来，美德才能广布，德性才能周正，于事于物才能亨通畅达。

君子唯有具备了这样的品格才能以“宽厚之德容载万物”，才能身心安康，享受天伦之乐。

由此可见，《周易·坤卦》暗含了以德养生之义。

【养生之道】

关于以德养生的主张，孔子提出了“仁者寿”的观点。

《论语》中有：“子曰：知者乐水，仁者乐山；知者动，仁者静；知者乐，仁者寿。”

明代养生学家石天基也说：“善养生者，当以德为主，而以调养为佐，二者并行不悖，体自健而寿命自可延年。”他明确指出，道德修养是主要的，身体调养是辅助的，如果主辅结合，匹配得当，就一定能身体健康，心理顺畅，从而“寿命自可延年”。

那么，为什么道德高尚的“仁者”能够长寿呢？

关于这个问题的答案，《孔子家语》通过哀公与孔子的一问一答对此作了解释：

“哀公问于孔子曰：知者寿乎？仁者寿乎？孔子曰：然。人有三死，而非其命也，己取也。夫寝处不时，饮食不节，逸劳过度者，疾共杀之；居下位而上干其君，嗜欲无厌而求不止者，刑共杀之；以少犯众，以弱侮强，忿怒不类，动不量力，兵共杀之；此三者，死于非命也，人自取之。若夫智士仁人将身有节，动静以义，喜怒以时，无害其性，虽得寿焉，不说宜乎。”

这段话讲了三个意思：首先是以肯定的态度回答了哀公

的提问，认为有高尚道德的人确实是可以长寿的。然后指出，人的死亡本应是生命发展的必然结果（“命”），但有些死亡却并非如此，而是由于人们养生不善而导致的，即所谓“己取也”。最后分析了“仁者寿”的理由和依据。这就是：身体保养合乎节律，动静结合恰到好处，当喜而喜，当怒而怒，才不会伤害人的身体。

汉代董仲舒明确指出：“仁人之所以多寿者，外无贪而内清静，心平和而不失中正，取天地之美以养其身。”就是说，一个道德修养好的人，可以免除贪欲之心，使自己保持“内清静”“心平和”，从而身心健康，延年益寿。

可以说，无论是孔子“仁者寿”的观点，还是董仲舒所说的“德”能养生的主张，皆是《周易·坤卦》思想的继承和发挥，即道德高尚的人，节制贪欲、调控喜怒、心理平和、情绪不乱、气机通顺、血脉畅达，自然会身心健康，益寿延年。

据现代医学研究表明，高尚的德行确实有益于健康长寿。这是因为善良、高尚的品性，内无贪欲，外无烦扰，有利于保持心理平衡。这种良好的心态，能促进机体分泌更多的有益的激素、酶类和乙酰胆碱物质。这些分泌物能把人体的血液循环和神经兴奋调节到最佳状态，从而增强人体的抗病机能。

反之，那些败坏社会道德风气、行为悖于社会伦理的人，其内心虚恐、内疚、自责、寝食不安，精神高度紧张。这种不良情绪，必然会引起神经中枢、内分泌功能的失调，人体各组织器官系统受到强烈扰动。长此以往，必然诱发各种身心疾病，如癌症、心脑血管等疾病，导致机体早衰，进而寿命缩短。

所以说，我们应重视并努力挖掘弘扬以德养生思想，促使人们在追求健康的道路上更加自觉地提高自身道德修养素质，摒除各种有悖于社会人伦道德的行为，净化社会风气，促进社会文明进步。做到对自身，达到强身健体的目的；对社会，做一个厚德载物的君子。

【养生典范】

晏子，名婴，字仲，春秋时期齐国宰相。据史学家考证，晏子活到了95岁，这一年龄即使在今天也属高寿。

那么，晏子是因何如此高寿呢？

事实上，历史文献中并没有关于晏子长寿秘诀的记载，但从有关文献中，我们可以看出，晏子的长寿与其道德修养是密切相关的。

廉洁无私

晏子连续被齐国齐灵公、齐庄公、齐景公三世国君重用为相，执掌朝政数十年，但他一直勤恳廉洁从政，清白公正做人，他主张“廉者，政之本也，德之主也”。晏子管理国家秉公无私，亲友同僚求他办事，他从不徇私，从不接受礼物，大到赏邑、住房，小到衣物、车马，他都予以拒绝。不但如此，晏子还时常拿出自己的俸禄接济亲戚朋友和穷苦百姓。他廉洁无私、善良坦荡的德行是他长寿的一个重要原因。

主张仁和

“仁”是儒家的主要学说，也是晏子施政的重要原则。晏子非常推崇管仲的“欲修政以干时于天下”必须“始于爱民”。他坚持“意莫高于爱民，行莫厚于爱民”。遇到灾荒，他就先将自家的粮食分给灾区人民，然后劝诫君主赈灾，因此他深受百姓爱戴。对邻国，他主张和平相处，不事争战，他劝景公“请礼鲁以息吾怨，遗吾执以明吾德”，景公“乃不伐鲁”，他的这一行为得到了许多诸侯国的赞誉。晏子对内对外的施政主张，正是他道德修养的极好体现，正所谓“万人称誉，多寿祛病”。

俭朴寡欲

晏子十分注重俭朴的德行。他吃的是“脱粟之食”“苔菜”，可谓“食非薄”，用今天的话来说，就是吃粗茶淡饭、素食；穿的是“缁布之衣”，就是最平常的衣服；上朝坐的是“驽骊弊车”；住的是“近市，湫隘嚣尘，不可以居”的陋仄之室。晏子不但生活俭朴，而且清心寡欲。他不但“戒得”，而且“戒色”。景公见晏子的妻子“老且恶”，想把自己的女儿嫁给他，晏子坚决推辞不肯接受。晏子说：“去老者，为之乱；纳少者，为之淫。且夫见色而忘义，处富贵而失伦，谓之逆道。”晏子“生活俭朴，清心寡欲”，这亦是他健康长寿的重要原因。

远离疏懒，勤奋主动

蒙，亨。匪我求童蒙，童蒙求我。初筮告，再三渎，渎则不告。利贞。

——《周易·蒙卦》

【译文】

承受教化，就会通达顺利。不是我去求蒙昧的幼童，而是蒙昧的幼童来求我。承受教化应该虔诚、一心一意，不能反复无常。这就像占卦一样，第一次求占灵验，一而再再而三地求占，就是亵渎神灵，就不灵验了。承受教育必须有坚守的心意，才会受益有用。

【阐释】

《周易·蒙卦》的序卦辞说："蒙，亨。匪我求童蒙，童蒙求我。初筮告，再三渎，渎则不告。利贞。"

意思是说，承受教化，就会通达顺利。不是我去求蒙昧的幼童，而是蒙昧的幼童来求我。承受教化应该虔诚、一心一意，不能反复无常。这就像占卦一样，第一次求占灵验。

“蒙卦”，上卦“艮”为山，有止的作用，下卦“坎”为水、险。山下有险，是昏蒙的场所。而下险上止，又意味着内心恐惧，对外抗拒，象征幼稚愚昧，所以说“蒙”。一而再再而三地求占，就是亵渎神灵，求占就不灵验了。承受教育必须有坚守的心意，才会受益有用。

这里以“求占”为比喻，第一次“求占”，表现了虔诚；再三“求占”，实际上是不相信前次的“占言”，所以就谈不上虔诚了。

这就是说，接受教化要诚心诚意，同时还应主动求教。

这里“蒙卦”的卦意不单单是说教育，它还告诉我们：做人、做事同求知一样，疏懒是不可以的，只有勤奋、主动才能有所得。

养生的道理亦在于此——要健康长寿，必须“远离疏懒，勤奋主动”。

【养生之道】

有一句谚语：“没有一个长寿者是懒汉。”这句话很有道理。

所谓勤劳，就养生来说，就是身体多动，大脑勤用。勤于锻炼身体，可以增强体质；勤于使用大脑，多思考，能够延缓衰老。身体健康有助于大脑灵活，大脑灵活促进身体健康，相辅相成，相得益彰。

书画家之所以大都长寿，就因为绘画、书法是一种脑力和体力相结合的劳动。构思、写画，一天到晚，体、脑不闲，使身体、大脑都受到锻炼，从而达到延年益寿的目的。

86 岁的漫画家方成养生长寿的经验竟然是一个“忙”字，国画大师齐白石的座右铭就是“天道酬勤”。这正应了“用进废退”的老话，多用脑，勤动身，才能永葆青春。

然而，我们许多人就是在这个“勤”字上出了问题。有的人认为奔波一生，到老应该好好享受安乐清闲之福，没有坚持体脑双勤，身心兼养，不但不爱活动身体，还懒得动脑筋，无所事事，散漫无聊，加速了身体老化进程；有的身动多，脑动少，表面看很健壮，但因为头脑迟钝，老气横秋，也影响了身体健康；还有的只动脑，而四体不勤，不注意健身，体质衰弱，神情疲惫，也难使生命之树常青。

这些偏误，不仅不利于强身健脑，也是养生之大忌。一些人所以未老先衰，头脑呆滞，就是因为身、脑不勤，或是体、脑没有并用，违反了“善养者生”的古训。

美国教育家卡耐基说：“要忙碌，要保持忙碌，这是世界上最便宜的药，也是最美好的药。”天道酬勤，学有所成、建功立业如此，锻炼身体、养生长寿亦然。

健康由“动”始，长寿从“勤”来。

【养生典范】

王朝闻，四川合江人，我国著名的美学家。《中华养身保健》2002 年第 2 期发表了一篇文章，很能说明王朝闻先生的养生之道，那时王老先生已 90 多岁，但仍身体硬朗，思维敏捷。

文章中概括王老先生健康长寿的秘诀为：

刻章印铭“夕不甘死”

王老先生年轻时，就对自己提出了“朝闻道，夕可死矣”的求知要求，并一生严格要求自己。1979 年，王老先生在自己 70 寿辰时，请著名的篆刻家曹辛之先生为他刻了一方图章，印铭为“夕不甘死”。虽年老，但王老先生依然“还要尽残生为党为人民干点事，不吃老本，不做有两只手却吃闲饭的人”。

岂肯坐享清福

王老先生认为，许多人退休以后，渐渐变得闲散懒惰起来，觉得自己辛苦了几十年，现在也该享享清福了。殊不知，坐享清福反而更容易衰老。王老先生认为，老年人如果饱食终日，无所事事，以至于体力和智力都懈怠下来，就会变得百无聊赖，思想空虚，失落感和衰老感便会油然而生。在这种消极的思绪中，人的精神就会变得萎靡不振。而且，因情绪的长期抑郁，还会导致各器官和生理功能的紊乱，从而发生各种各样的问题。

读书写作不辞辛劳

王老先生已完成了十几部著作，但依然笔耕不辍。他每天清晨4点钟左右就开始写作，“完成了功课才去锻炼和吃早饭”。王老先生说，晚年他的两件大事就是勤奋地读书和写作。他不仅自己辛勤劳作，而且指导着年轻的研究人员和学者。王老先生说：“在工作中我没有吃老本，但在身体上则是吃了些老本的。”雕塑工作是不同于一般美术工作的艺术科目，除了画笔外，它还要同黏土、石膏、青铜、汉白玉等不同的材质打交道，有时工作强度竟与泥瓦匠没什么两样，没有好的身体是吃不消的。

百练不如一走

王老先生的锻炼形式以走路为主，每天两次散步。王老先生说：“在中国传统的养生术中有‘百练不如一走’的健身法门。”王老先生认为，坚持走路是既可呼吸新鲜空气，又可助食物消化，还可调剂心情，更可活动筋骨的一种一举多得的运动形式，而且简便无需费用。

中和养生，长寿之道

讼，有孚，窒惕，中吉。终凶。

——《周易·讼卦》

【译文】

争执的时候，惟有自我反省、把握中和，才会吉祥，如果自以为信实而逞强，就会有危险了。

【阐释】

“讼卦”，上卦“乾”为天，下卦“坎”为水，天在上，水在下，行动的方向不同，所以造成争讼。《周易》云：“饮食必有讼，故受之以讼。”争执的最初是由“饮食”引起的。

在人类之初，生存是第一位的。于是便为了食物分配的问题，经常发生争执。

而在现今社会，争执的范围却大得多，单纯是由“饮食”引起的争执已少有，但仍会有思想的、习惯的、好恶的、经济的等方面的争执，但从整体上来看，仍逃不出分配和利益的范畴。

争执充斥着我们的社会，影响着我们的生活，争执不可避免。

那么，遇到争执时又该怎么办呢？

《周易》说：“讼，有孚，窒惕，中吉。终凶。”

就是说，争执的时候，唯有自我反省、把握中和，才会吉祥，如果自以为信实而逞强，就会有危险了。

《周易》还说：“利见大人，不利涉大川。”

是说，要找一个有威望的人，来处理争执才会有利，如果动用武力，就会不利。

《周易》告诉我们，一是不逞强，要自我反省，不因争执而争执，错了就不要坚持，要做到心安理得才行；二是争执本来就没有赢家，不能将争执演变为武斗，你对别人动用武力，别人也会同样对你，到头来只能是两败俱伤，得不偿失。

总之，冷静地面对争执，安于正理，把握中和，自我反省，如此才会吉祥。

《周易》提倡把握中和，这对健康养生来说，是非常重要的原则。

【养生之道】

中和养生，讲究不及不过，凡事不及固然不好，过了也不好，过犹不及。量变可引起质变，质与量的统一即“度”，故中和养生的关键是一个“度”字。举例来说：

太“劳”者不能长寿

过度的体力劳动和过度的脑力劳动都会对身体造成损伤，使身体中耗氧量急剧增加并产生大量活性氧，进而使器官老化，免疫力降低。因此，许多学者提出了新口号——“生命在于运动加静养”。

太“饱”者不能长寿

过度饮食使人的胃、肠等消化系统时时处于紧张的工作状态，各内脏器官也被超负荷的利用而无法保养，容易引发胃病，会增加体内各脏器的负担与畸形发展，心脑血管疾病、糖尿病、脂肪肝、肥胖症等“富贵病”皆为贪吃惹的祸。另外，体内甲状旁腺激素的多少又与平时饮食量成正比。

太“素”者不能长寿

长期吃素者，会造成营养素的缺乏。这是因为，人类所需要的蛋白质有两种：一种是完全蛋白质，又称优质蛋白质，它含有人体所必需的氨基酸，如奶类、瘦肉、禽蛋和鱼虾等动物性食物就是此类蛋白质的主要来源；另一种是不完全或半完全蛋白质，它所含氨基酸的数量不足，所有植物性蛋白质都属于此类。而长期吃素，就会使完全蛋白质得不到及时足量的补充，引起血浆蛋白的降低、贫血、浮肿、免疫力下降，以及易患感染性疾病和骨折不易愈合等。

太“喜”者不能长寿

愉悦的心情在一定程度上来说对人体是有益的，但是如果是突然的狂喜，就会喜则气缓，即心气涣散。心主血脉，心气虚则不能行血，血运无力导致血液瘀滞于心脉，出现心悸、心痛、中风甚至死亡。清代医学家喻昌写的《寓意草》里记载了这样一个案例：“昔有新贵人，马上洋洋得意，未及回寓，一笑而逝。”

太“怒”者不能长寿

适度的生气有利于气机的宣泄和情志的调畅，对身体是有益的。但若暴气暴怒，“怒则气上”，暴怒伤肝，就会导致肝气不疏，上犯头目，出现头胀头痛，面红目赤，肝区疼痛，烦躁易怒，甚至打人毁物。或者气极反静，不言不语，俗称生闷气，这更有害健康，重者会因气厥而四肢抽搐，甚至昏厥死亡。

总之，健康养生必须把握中和，即饮食起居、思虑情感等身心活动，都要有所节制，恰到好处。《黄帝内经》云：“能中和者必久寿。”只有保持不偏不倚的中和状态，才能真正延年益寿。

【养生典范】

严翔，中国话剧及影视演员，原名严家声，1933年出生于哈尔滨，一直神采奕奕地活跃在荧屏上。严老为何年逾古稀，仍能青春焕发，探其养生之道，“中和”是非常重要的一点。

“中和”，即我国儒家传统的“中庸养心法”。据史载：清代文学家姚鼐恪守“清心寡欲，待人和谐，无贵贱皆乐与尽欢”的“中和之道”，寿至85岁。

率真达观、宽容仁厚的严翔立身处世绝不离开“中和”原则，一言一行，力求恰如其分：“自信但不自负，自谦但不自卑，自强但不自大”。以此处世，人际皆和；以此养心，梦稳神怡。

严老颇有感悟地说：“中和的心态极为重要，遇上不如意的事应尽快排解开去。做事不当，吃了亏，不怨不悔，怨悔最伤神。你说我好，我自知没那么好，不沾沾自喜；你说我坏，我自知也没那么坏，不恼不怒不生气。不恼不喜，顺其自然，安之若素，按部就班地去做自己的事。”

严老身心双健，艺术常青，足见“中和之道”确实益于处世、养生！

宽容养生，健康一生

地中有水，师；君子以容民畜众。

——《周易·师卦·象传》

【译文】

师卦的卦象是坎（水）下坤（地）上，是地中有水之表象。地中蕴藏聚集了大量的水，取之不尽，用之不竭，象征兵源充足；君子要像地中藏水一样容纳天下百姓，养育众人，这样就会有众多的士兵可用。

【阐释】

宽容，在我们日常生活中更多地被理解为一种处世态度，一种自我要求。很少有人把宽容和养生联系起来，然而事实是，早在数千年前，《周易》就已经将宽容列为养生的法门之一。

《周易·师卦·象传》云:“地中有水,师;君子以容民畜众。”即认为为人当以宽容待人待事,认为只有拥有一颗宽容心,才能万事亨通。

《周易·坤卦·象传》云:“地势坤,君子以厚德载物。”意思是说,做人应当效法大地,以宽容的德行,负载万物。

“师卦”,上卦“坤”为地,下卦“坎”为水,水在地下,水不流出地外。同理,士兵也在民众中间,所以该卦意味着在柔顺的民众中,隐伏着军队与凶险。《周易·咸卦》则云:“山上有泽,咸。君子以虚受人。”就是主张人要有宽容的胸怀,对人对事要包容和接纳。

人生在世,要学会宽容。宽容,是一种崇高的美德,一种美好的心理品质。具备宽容品质的人,他的爱心多于怨恨,他乐观、豁达、忍让,而不悲伤、焦躁、恼怒,因此,他自然能够远离疾病、健康长寿!

【养生之道】

说到宽容,使笔者想到马寅初先生常说的一句话:“荣辱不惊,闲看庭前花开花落;去留无意,漫随天边云卷云舒。”这就是气度,这就是宽容。

宽容,不但是为人处世的一种品格,而且是沟通心灵、化解矛盾的润滑剂。要做到宽容处世,就要严于律己、与人为善、气度宽宏、光明磊落。并且还要有勇气，有爱心，有付出。具备了这些因素，就能缩短人与人之间感情的距离，使彼此关系变得亲切、温馨、和谐。有宽容素养的人，对反对或伤害过自己的人，能容忍之过，不记前仇，忘掉旧恨。宽容忍让并非软弱的表现，而是在小事上讲风格，在大事上讲原则。

宽容不仅是一种高尚的表现，而且对健康也极为有利。一个不会宽容别人的人，当遇到不如意后，往往使自己的心理处于紧张和愤怒状态，导致人的交感神经冲动，过度兴奋，血管收缩，血压升高，胃肠消化液分泌减少、蠕动受到抑制，出现食欲降低，消化不良等，进入了“心理——生理——病理”的恶性循环，则不利于身心健康。

宽容是一把通向健康的钥匙，也是养生、长寿的秘诀。宽容是用平常心待人，包含着冷静、忍耐、谅解；宽容就是忘记别人对自己的指责，忘记昨日的是是非非；宽容就是不事事斤斤计较，不患得患失；宽容就是与人为善，不求回报，只求耕耘，不求收获，顺其自然。一个好的心态是无价之宝，正确对待他人，正确对待社会，保持心态平和协调，定会身体健康，一生平安。

事实上，人的一生总不会是一帆风顺的，它是在无数个得到与失去、欢乐与痛苦、成功与失败的不断循环中走过。生活中，也不会永远是春光明媚、鸟语花香，它也会有太多的无奈、苦难和挫折。而在日常生活中，当我们遇到种种不如意时，我们除要保持一种积极向上的人生态度之外，更重要的还需要以一种友善、豁达、宽容的心境去处理、去对待。

宽容是一种良好的心理品质，它不仅包含着理解和原谅，更显示着气度和胸襟。一个没有宽容心，只知道苛求别人的人，其身心往往处于紧张状态，自然会对人体健康造成危害。

所以说，我们应该学会宽容。学会宽容，能活得轻松自如，从容洒脱；学会宽容，能把平淡的日子点缀得丰富多彩，富有情趣；学会宽容，当你大度地原谅别人时，你自己也能在这种释然的轻松中感到无比的快乐。宽容，能融化人与人之间的冰霜，能驱散彼此之间的忧愁和烦恼，能获得无比的轻松、快乐和健康！

【养生典范】

在我国当代文学界，提到叶圣陶老人，人们无不钦佩他的高风亮节。叶老 1894 年出生于苏州一个普通家庭。从 1912 年起就从事教育工作，是我国著名的文学家和教育家，享年 94 岁。

叶老为人宽厚仁慈。他一生经历丰富，和各行各业的人都有接触。他对人一向坦诚，为朋友们办事尽心竭力，实在办不成的也要向朋友解释清楚，绝不推诿。他热心助人，乐于提携后进。20 世纪 20 年代他以长篇小说《倪焕之》蜚声文坛，后任《文学周报》和《小说月报》等期刊的主编，这一时期他扶植了一大批文学青年，如茅盾、巴金、丁玲、戴望舒等，他却从不以老资格作家自居。

叶老为人豁达，从不计较个人得失。当他发现中小学的语文教材的质量需要提高时，就把主要精力转向了对语文教学的研究。虽然这种繁重的工作影响了他的文学创作，但他却不在意。

叶老的这些美好品德有助于消释心中的块垒，使他心胸开阔，能容人、助人和体谅人，自然就排除了不必要的干扰，保持了泰然的心境，从而坦然地面对生活，和善地对待人生，总是保持平和、愉悦的心境，保持身心健康。

择善而友，远恶亲贤

比，吉。原筮，元永贞，无咎。

——《周易·比卦》

【译文】

相亲相辅的结果是吉祥的，相亲相辅的原则，就是用卜筮验证，也具备元始、坚贞的德行，不会有灾祸。

【阐释】

“比卦”，上卦“坎”为水，下卦“坤”为地，水在地上，为相亲相辅之象。“比”即团结、相亲之意。

《周易》说：“比，吉。”意思是说，人与人相亲相辅是好事，是吉祥的。

《周易》指出，这一点即使用卜筮来验证，也具备永贞的德行。永远坚守这一信条，就不会有灾祸。

《周易》还说："不宁方来，后夫凶。"即有人感到不安宁、不安全才去和别人表示友好，像这种人，靠不住，而且会有危险。

非常明显，"不宁方来"，感到不安全了才交友，是有求而来，有点利用的味道。

与人相亲相辅，只有不因利害、得失而交友，才会建立起牢固的友谊，才是珍贵的，而建立在"利用"基础上的"交情"是靠不住的。

那么，如何才能与人相亲相辅、结交朋友呢？

《周易》说："有孚，比之，无咎。"即用信用来结交朋友，没有害处。

《周易》说："比之自内，贞吉。"只有发自内心、动机纯正，才能交到真正的朋友。

《周易》还说："显比，王用三躯，失前禽。"《周易》认为，交友不能强求，更不能依靠权势来交友。借助权势所交的朋友，同样有利用的味道、靠不住。

此外，还有一点，必须谨记。《周易》说："比之匪人。"交友不可以交不正派的人。

俗语说"近朱者赤，近墨者黑。"只有做到"择善而友，远恶亲贤"才能有百利而无一害，才能交到真正的朋友。

【养生之道】

人生交友是一大乐趣，我们不仅可以从朋友那里得到方方面面的帮助，而且对我们的身心健康也大有好处。

从生理角度讲，人的心情与免疫系统有着密切的联系。乐于交往、精神愉悦，血液中便会增加有利健康的化学物质，相反便会产生对神经组织及心血管系统有不良作用的另一种物质。

从心理角度来看，乐于交往，能够使人得到快乐。人人都希望快乐，但烦恼却常常与你相伴。通过交往，来自别人的一番解劝、鼓励或支持，甚至无言慰藉，都会产生一种巨大的精神力量，使自己很快从痛苦中解脱出来，重新振作精神。此外，朋友多的人心态平衡，心理放松，不用担心遇到什么意外情况而没人关心照顾，万一遇到什么麻烦事情，体内的紧张激素就会增加得少一些，心率和血压也通常不会急升，这有助于防止突发病变。

那么，我们该如何交友呢？

要慎重交友。无论交什么类型的人当自己的朋友，都要慎重。事实上，一个人的朋友如何，对自身的发展往往起很大作用，这是一种看不见的潜移默化、熏陶感染的力量。

古人云：“益者三友，损者三友。友直、友谅、友多闻，益矣；友便僻、友善柔、友便佞，损矣。”就是说，与正直、讲信用、有学问的人交朋友，会受益匪浅；与那种献媚奉承、心术不正、华而不实的人交朋友，会带来坏处。这对我们今天如何选择、结交朋友仍有启示。一般说来，在现实生活中，我们应该结交如下几类朋友：

挚友指的是恳切、真诚，以感情和原则为生的真心朋友。

畏友就是能“道义相砥，过失相规”的朋友，即指朋友之间敢直言规谏，直陈人过，积极开展批评与自我批评的人。畏友就像一面镜子，照出对方脸上的尘土与污点，可使自己及时发现并予以改正。

密友就是能“缓急与共，生死可托”的朋友，即指亲密无间，感情浓厚，能与自己同甘共苦的朋友。

学友即是指勤于学习或知识渊博的朋友。交学友可以增长知识，开阔视野，相互配合，取长补短，相互促进，互为鞭策。

当我们经过审慎的选择而寻找到了自己的朋友之后，如何确保彼此关系的和谐而健康的发展是大有讲究和学问的。

以诚相待

就是出于真心，诚心诚意。对朋友最怕虚情假意，虚与周旋。朋友之间允许有各自的隐私，但毫无疑问，是否“无所隐伏”，“隐伏”多少，是衡量友谊的标志。

信守诺言，互信不疑

“信”被古人奉之是为人处世恒常不变的美德之一。孔子说：“与朋友交，言而有信。”信，首先是信用，自己说到做到，一诺千金，言而有信；其次是信任，相信朋友，不无端猜疑。一个让人不可信的人是交不到朋友的，一个总是疑心别人的人也是很少有人来同你交友的。

君子之交淡如水

《庄子》中说：“君子之交淡如水，小人之交甘如醴。”真正的友谊靠的是赤诚相投，而不在于甜言蜜语或重金送礼。至于以物质上的交换，肉麻的吹捧，互相利用，甚至尔虞我诈的小人之交，我们应把它扔到垃圾堆里去。“君子之交”应经得起时间的考验，经得起外界环境的考验。

当然，我们提倡“君子之交淡如水”，并不是反对朋友之间的礼尚往来和文明馈赠。从某种意义上讲，朋友之间的“雪中送炭”或“千里送鹅毛”等行为能体现朋友间相互关心和友爱之情，当朋友有困难时，鼎力相助，无私支持，这正是真朋友的表现。

总之，为了身心健康着想，我们应该努力改变自己不善交往的现状，要有意识地走出家门，尽量多地参与社会活动，大胆与别人交往，为自己营造一个良好的人际环境和精神状态。

【养生典范】

苏叔阳，当代剧作家、评论家，笔名舒扬、余平夫，河北省保定人。

当谈到养生之道时，苏叔阳说：“我的养生还称不上‘道’，只是一些个人的生活习惯和兴趣爱好。”

苏叔阳酷爱书法，早在上学时他就对“真草隶篆”情有独钟，后来又着实下了一番功夫。如今，稍有闲暇便陶醉于水墨天地，尽情挥毫泼墨。苏叔阳深有体会地说：“练习书法是最好的健身活动，写字时要进入意境，必须清心寡欲，排除杂念，万般情绪凝注笔端，亦张亦弛，或收或放，有时达到随心所欲的地步，顿感神清气爽，一种洗尽铅华如沐春风的惬意与畅快油然而生。”

他接着说：“书法与太极拳有异曲同工之妙，可以怡情养性，使各种不良情绪和失衡的心理得到恢复和平衡，让大脑得到积极的休息。每当倾情于笔墨之中，犹如进入宠辱皆忘、名利全无的极乐境界。”

与众不同的是，他左手也能写字，而写出的字与右手写的并无异样。他谦逊地说：“我的字还欠火候，属无章无法的‘自由体’。”但细观之，确是独辟蹊径，且功力不凡。楷体注入行书，行中偶亦章草，自成一体，浑然天成。其字迹清劲秀雅，骨力挺拔，洒脱而不轻浮，严谨而不呆板，飘逸遒劲，妙趣横生。正因为如此，登门求字者不断，他笑说：“以字交友，不亦乐乎。”而交友正是他养生的另一妙法。

苏叔阳交的朋友不仅多而且广，在文艺界更是良友聚集。原因是他喜欢曲艺。

早年，他是中国人民大学舞蹈队的队员，还是曲艺演员，他的相声、快板书都参加过大学生比赛。他说：“身体健康的首要条件是健康的心理，而心理调节与人际交往有密切的联系，广交朋友，对保持乐观的心态无疑是一剂‘灵丹妙药’。”

在苏叔阳看来，人是一个群体，本应和睦相处、相互关爱。

他特别强调：“交友一定要真诚，与人为善、宽容待人，友谊才能持久，交友的过程就是品德修养逐步完善与升华的过程。身处逆境，向朋友一吐衷肠；顺境时，同朋友共享欢乐；与朋友心之交流，可以从中得到抚慰和温暖，支持和鼓励；通过切磋还可以开阔视野，增长知识。高尚的友情更能让人感受到一种助人与被助的欢欣与慰藉，感受到一种受人尊重的真情。”

充实、多彩的生活给苏叔阳带来了无限欢乐，他经常参加社会活动，再加上写作、书法和交友，虽然忙些，却过得有滋有味。

苏叔阳说："从表面看是几个方面，其实，它们之间是有内在联系的，相互促进，相互补充。通过社会活动可以结识更多的朋友。朋友多了，自然活动就更多。写文章累了就练练书法，可以换换脑筋，是休息，也是锻炼。这样的生活方式对自己，对他人，对社会都有好处，何乐而不为呢！"

平淡是真，健康是福

小畜。亨。密云不雨，自我西郊。

——《周易·小畜卦》

【译文】

西郊乌云密布，暴云将至，但还没有达到饱和的状态，还需要有一个停滞的过程，但这一停滞是暂时的，不足以阻止行动，不久就可以亨通，暴风雨终将来临。

【阐释】

“小畜卦”，上卦“巽”为风，下卦“乾”为天，风行天上，还未下雨，因而比作“小畜”。“畜”与“蓄”同。

“小畜卦”告诉我们，人生不如意十之八九。在这“八九”的时候，你要学会过平淡的生活，千万不要怨天尤人，要在平淡的生活里不断地积蓄力量。

日子之所以平淡无味，是因为你的志向得不到实现，平淡的生活使你厌倦，容易让你斗志全无。

其实，大可不必如此，试问对于平淡，你又有什么好办法呢？

《周易》说：“密云不雨。”天空布满乌云，可就是不下雨。

既然“密云不雨”，说明云密的程度还不够，还需要积蓄。正像你自己，你现在的志向得不到实现，多半是你自己的力量不够，需要进一步的积累。而这进一步的积累，就在你感到平淡的日子里。

事实上，甘于平淡是一种成功的策略，更是一种健康的心理。

正所谓“平淡是真，健康是福”，只要你有一颗淡淡的平常心，就会有一个平淡的心境，你就会在简简单单的生活中感受到快乐，幸福、健康也就随之而来。

【养生之道】

平淡，就如白开水一般，没有任何味道；平淡，就如平静的湖水，没有任何风浪；平淡，就是非常平凡，感觉自己好像被世界淡忘。

然而，就是这平淡，却能给人很温馨的感觉，让人感到快乐、幸福！

而要做到甘于平淡，我们必须首先了解我们真正需要什么？是财富？是权势？是名誉？……

生活中有太多的诱惑，我们亦有太多的欲望，亦梦亦幻，令人难以取舍。不以物喜，不以己悲，保持一份平淡、从容，这样的人生一定会平实而恬静。

平平淡淡才是真！生活原本就是平淡的。平淡生活，做一个平实的人，在平淡生活中好好去修炼一颗平常心。

平淡并不代表平静，不是恬适，不是悠闲，平淡不能带给人满足和愉悦，但平淡可以给人带来稳定与安全，在平淡中感受到真，从真中感受到幸福。

无论工作也好，生活也罢，平淡是一种存在着的状态。也许有人会认为平淡生活那是一种消极厌世的态度，其实不然，平淡的人生才是一种正确的人生观，关键是你用哪种心境去看。

上班、下班，吃饭、睡觉……年复一年，日复一日，周而复始，我们的生活就是如此的平淡，淡淡的就像一杯白开水那样不变的味道，所走过的人生点点滴滴都始于平淡，终于平淡，因为平淡才是人生真正的体现。

在现实生活中，如果与人争强好胜，与人计较得失，只会给自己带来更多的烦恼，平淡无欲才是真，才会给自己带来幸福。就算金钱再多，也许会给你带来更多的烦恼；就算你权倾一时，也许会招来灾祸；就算你名誉再多，也许会招来旁人的嫉妒……

在茫茫人海中，不知有多少人在仕途上你拥我挤，在欲海里随波逐流，在名利场上翻爬滚打，整日被自己的欲望所驱使，当这一切的欲望受到挫折，得不到满足的时候，人便好似失魂落魄，生活哪里有平静可言？这些人无法忍受平淡，是因为他们骨子里藏着一丝不安分的情绪。只有平淡的人，才会轻松地享受生活，才能从平淡的生活中感受到快乐。

也许，有很多人都刻意去追求那种轰轰烈烈、荡气回肠的生活；也许，你没有大把的金钱可以挥霍；也许，你没有骄人的业绩可以炫耀；也许，你没有豪华的轿车载你出入。但你拥有一颗平淡的心，拥有淡泊的心，这便是人生求之难得的幸福！

其实，平淡中也有种种乐趣，“采菊东篱下，悠然见南山”的闲适，“明月松间照，清泉石上流”的恬静，又岂是身处势利纷扰之中，争权逐利之徒，沽名钓誉之辈所能得到的？平淡是福，切实际，安本职，守本分，“宠辱偕忘”乃一乐事；平淡是福，不追名，不奢求，不妄想，“安贫乐道”岂不更好？去留随意，看海水潮起潮落；得失不惊，笑浮云常长常消。

【养生典范】

1917 年出生于江苏省南京市的张滂院士，是我国著名的有机化学家。

张老说：“很多人都问我健康长寿的秘诀是什么。就我自身而言并没有什么秘诀，我很少运动、不讲究吃喝，就是保持一颗顺其自然的平常心。就健康养生而言，我认为心情很重要。心情急躁的人很难长寿。一般而言，教师、教授要比商人更容易长寿。因为商人受利益的影响，情绪变化比较大，压力也大，使心灵备受煎熬，最终影响身体健康。当然也有些商人很正派，也会长寿，像霍英东、王光英等红色工商业企业家，但毕竟为数不多。相比较而言，从事教育行业的人都比较容易长寿，因为他们一般心态比较平和，而且生活比较平稳，这些都有利于长寿。”

“我在日常生活中是一个不爱运动的人。这有两方面的原因，一是工作繁忙，没有时间；二是从小体质较弱，而且有哮喘的毛病，因此很少运动。虽然不怎么运动，但身体还不错，因为有些人过度运动反而伤害身体，对健康不利。我日常生活中能够称其为‘运动’的就是骑自行车了，但是目前在亲朋好友善意的劝阻下很少骑了。”

“我一直过着粗茶淡饭的简约生活。对吃喝从不讲究，老伴安排什么就吃什么。我喜欢自然而然地生活着，过去怎样现在还是怎样，从不想自己要活到多少岁，也从不刻意追求什么。有些人过了七八十岁，就不再出门了，天天待在家里，但我还是经常出门逛逛。”

从张老的一席话中，我们能够感受到他平淡的心境，也正是这种平淡的心态让他健康、快乐和幸福！

恬淡虚无，以静养生

艮。艮其背，不获其身；行其庭，不见其人，无咎。

——《周易·艮卦》

【译文】

静止，要像人的背部静止一样，背部静止，身体就是想动，也动不了了。所以，在走过有人的庭院时，也不会感到人的存在，如此就不会招惹灾祸了。

【阐释】

“艮卦”，由八卦中的“艮”重叠而成，“艮”为山，两山重叠，象征稳重、静止。“艮”是山，寓安重坚实之意。“艮卦”，上下均为“艮”，象征两山重叠，极其稳固，岿然不动。又一阳在上，二阴在下；二阴不动，一阳已升到了极点，亦须停止，故此卦命名为“艮”，有“止”的意思。

《周易·艮卦》的序卦辞说："艮。艮其背，不获其身。"意思是说，静止，要像人的背部静止一样，背部静止，身体就是想动，也动不了了。《周易》以此来喻示内心宁静，不为外物所扰。

又说："行其庭，不见其人，无咎。"即在走过有人的庭院时，也不会感到人的存在，就不会招惹灾祸了。《周易》指出，一个人的修养达到如此程度——内心安定，理智冷静，不为外物所动，就会亨通。

"艮卦"说的是"静如止背"，这不是平常意义上的静止，而是一种静止至极的状态，是一种心态的修养，一种意志的锤炼。

事实上，静亦是健康养生的重要内容之一，"以静养生"是中国传统养生学的根本指导思想。

"以静养生"，要求修养自己的心性，使之能不受或少受外界各种不良因素的干扰，如此就能时常以一种豁达开朗、宁静祥和的心态去面对生活，而这种良好的精神状态能够产生巨大的养生效果。

【养生之道】

"以静养生"认为，保持精神状态的宁静祥和，对于维护身体的健康非常重要。

《周易》云："艮。艮其背，不获其身。"

《道德经》云："致虚极，守静笃。"

《黄帝内经》云："恬淡虚无，真气从之，精神内守，病安从来？"

古人很早就认识到静对于养生的重要性，从而认识到一个人只要能以一种"恬淡虚无"的胸怀来对待名利得失，并将向外追逐的精神收回来，用于关照自己的身心，就能够维护自己的身体健康，不容易受到疾病的侵害。

晋代的嵇康在"以静养生"理论的指导下，比较系统地论述了静对于养生的作用，在著名的《养生论》中，他写道："精神之于形骸，犹国之有君也。神躁于中，而形丧于外，犹君昏于上，国乱于下也。"

嵇康的这段话将人的精神比喻为一国之君，而将人的身体比喻为国家，认为只有作为一国之君的精神时常保持宁静，作为国家的身体才能保持健康，如果作为一国之君的精神常处于躁动中，则人的身体健康必然要受到损害，所以，养生的最重要环节是时常保持自己心神的宁静祥和。

南朝的道家陶弘景也明确指出，时常保持精神宁静祥和对于养生是第一位重要的事情，他在《养性延命录》中写道："真人曰，虽常服药物，不知养性之术，亦难以长生也。"

然而，要做到真正的静，那是一件很困难的事情。以下致静的方法不妨一试：

静坐

是学静态的最好的一个方法。但是对于致静来说，重要的不是靠坐的姿势，而是一边静坐一边读书写字，反省观照自己，精神凝聚，忘忧无虑。

听音乐

要求音乐低回高昂、舒缓旷远，好的音乐会让人自然地宁静下来。当一个人夜深人静，把如泣如诉的“小夜曲”调得很低很低，人生的疲劳和收获、快乐和忧伤仿佛在细细低语，令人沉浸其中；有时眼泪不晓得怎么会流下来，这眼泪不是悲伤也不是喜悦，那是意境。感觉身体每一部分自然打开了，心里的烦恼什么都没有了。那是寂寞的享受，宁静的享受。

总之，静以养身是千年古训，养生贵在养心，养心即需修静，要真正静下来还需要淡泊明志、确立有意义的人生目标。我们的健康追求不仅仅是延年益寿，还要追求比延年益寿更深层次的东西。我们能修炼到商人没有市侩气、读书人没有迂腐气，那么就达到了以心养神、以性率情的修养的致静境界，也就得到了静带来的生命之根本。

【养生典范】

养生家李度远，原籍云南，90 多岁到四川开县定居。

李先生对养生很有研究，深明养身养心之道。李先生一生遵循养身养心四字箴言——慈、俭、和、静。此四字是老寿星修身养性的妙诀，对世人很有教益。

慈，即心地慈善

李先生说："盖人心能慈，即不害物，即不损人。慈祥之气，养其天和也。"以慈善仁德为本，是历代养生家所倡导的。古人有"养生莫如养性，养性莫如养德"之说，儒家养生特别强调道德修养，孔子主张"仁德润身"。李先生把"慈"字摆在四字之首，把仁德作为立身之本。他懂医识药，常常为人上山采药，为民排忧解难，所以在当地颇受人民爱戴。他常说："无名利之系其心，无机械之乱其神，浑然天真，如葛天之民，故可延年也。"

俭，非止财用

俭于饮食则养脾胃，俭于嗜欲则聚精神，俭于言事则养气息，俭于交游则洁身寡过，俭于酒色则清心寡欲，俭于思虑则祛除烦恼。凡事省得一分，即受一分之益。老子是中国养生学祖师，他将仁慈、节俭、谦己视为三宝，作为品德修养的重要思想。李先生所说的"俭"字，实际上是说生活方式。他进一步说："故山野之人，恒较城市之人为长寿。盖山野之人，作息有时，起居有常，无名利之系其心，无机械之乱其神，浑然天真，如葛天之民，故可以延年也。若城市之人，饮食无节，起居无时，机械生于内，名利扰于外，而犬马声色之事乱其神，富贵荣辱之念系其心，心无片刻宁，神无片刻安，纷扰不休，故足以促寿也。”此番论说，把不同的生活方式带来的不同结果，讲得透彻、明白。

和，致祥之道

君臣和则国家兴旺，父子和则家宅安乐，兄弟和则手足提携，夫妇和则闺房静好，朋友和则互相维护，故易曰：和气致祥，乖气致戾。人生活在社会中，人和人之间必然发生联系，形成一定的人与人之间的关系。古今中外，有些人不择手段，“机关算尽”，人与人交往成了“金钱交易”“权势交易”。历代思想家、政治家、养生家主张人与人之间应该建立真正相爱、平等互助的关系，这样的关系，才能友情常在，使得友情更加可贵。

静，即身不可过劳，心不可轻动也

李先生为了修身养性，他每天坚持静坐练功，还抽出一定时间操练拳术。他说，古贤苏老泉所谓的泰山崩于前而色不变，麋鹿兴于左而目不瞬，此静之致也。中医学认为，人体内元气是生命之源，“静”功能很好地培养元气，适当活动，能使元气很好地循环，有利于养生。练静功先静心，道家的入静，佛家的入定，儒家的静坐，都是从“静”字上下功夫。“静”就是安静，散乱的思维活动，通过特定的手段，如调身（调整姿势）、调息（调整呼吸）、调心（意守神静）而变得清晰条理。

静坐要领：二目垂帘，目视鼻准，两手相扣，精神放松，舌抵上腭，自然盘坐，以阳抱阴，以阴和阳，引入静域。古人云“心息相依”，就是以意领气，导气运行。静坐一般早、晚均可。静坐功夫，心底清宁，万念潜消，是陶冶心性的良方。

效法自然，顺时养生

日中则昃，月盈则食。天地盈虚，与时消息，而况于人乎？

——《周易·丰卦·彖传》

【译文】

日到正中，不久偏斜；月到盈满，不久亏缺。天地自然中的盈满亏虚，都是伴随时间的变化而更替着消亡与生息的，又何况是人呢？

【阐释】

“丰卦”，上卦“震”为雷，下卦“离”为火、为电，雷电交加，气势盛大。“天人相应”是《周易》哲学思想的精髓，被誉为“最古老的宇宙哲学”。

《周易·丰卦·彖传》即蕴涵这一奥义：“日中则昃，

月盈则食。天地盈虚，与时消息，而况于人乎？”意思是说，日到正中，不久偏斜；月到盈满，不久亏缺。天地自然中的盈满亏虚，都是伴随时间的变化而更替着消亡与生息的，又何况是人呢？换言之，人更应该效法这一精神。

《周易·大有卦·彖传》云：“应乎天而时行，是以元亨。”“大有”的“元亨”就在于它应乎天时。所以，应乎天时，随时而动，则无有而不利，其道光明。

《周易·系辞》亦云：“变通者，趋时者也”，“待时而动，何不利之有”。这些无不说明，《周易》强调任何变通都必须随时而行，人体养生亦是如此。

事实上，人与自然界是一个统一的整体，自然界是人类生命赖以生存的外在环境，人类作为自然界的产物及其组成部分，定当受自然的支配与制约，因而人类只有顺应自然界的变化而变化，才能与天地日月共存，达到颐养天年的目的。

【养生之道】

人生于天地之间，依赖于自然而生存，也就必须受自然规律的支配和制约，即人与天地相参，与日月相应。这种天人相应，是中医“效法自然，顺时养生”的理论依据。概括而言，顺应自然养生应注意以下几个方面：

昼夜晨昏

中医认为，自然界二十四小时有日出、日落的变化，人体一天也有日出阳气生发，日中阳气兴隆，日落阳气收敛。因此，在养生学上，中医很重视晨起锻炼，认为黎明是阳气生发的大好时机，此时到户外去呼吸吐纳、运动肢体，可以使人体气血流畅，体质增强。但晨起也不能过早。天还没有破晓，阳气尚未生发，摸黑起身锻炼，并不能有益于身体。

四时变迁

四季气候变化的突出表现是春温、夏热、秋凉、冬寒，生物随着这种气候变化的影响，产生并形成了春生、夏长、秋收、冬藏的相应规律，人也不例外。这就要求人们在生活起居等方面按照四季气候的不同特性来调节自己。

当春回大地，气候转暖，生机勃勃的时候，人体内的阳气亦随春季之到来而生发。此季应随气温升高而逐渐减衣，并调整作息，晚睡早起；多从事户外活动（如踏青等），使身心愉快，情志舒畅；饮食不宜过饱，并少食辛辣。

夏季炎热，阳光充沛，体势熏蒸，汗淋如雨，体力消耗较大。因日长夜短，使睡眠不足，故当以午睡补充，但卧不当风、不贪凉；宜常饮水而不食生冷不洁之物；常洗浴，使皮肤疏松洁净，利于体热外泄。

秋季有“一场秋雨一场寒”之说，植物逐渐凋谢，生物始眠，早晚温差悬殊。中老年人宜随气温变化勤添换衣服，活动应逐渐减少，食宜温暖；体弱者可择适当补药服用，以增强抗病能力。

冬季寒冷，万物闭藏，人也应该避寒就温。起居上应早睡晚起，饮食宜增加营养，并因地制宜地加强自我健身运动，使气血流畅，筋骨强壮。对于慢性病人，更要注意宿疾在季节和节气变换时的发作，及时采取各种防护措施。

天气偏颇

自然界除了四季的变化以外，还有风、雨、霜、雪、露、阴、晴、旱、涝等引起的复杂气候变化，中医把这些气候变化对人体的影响因素归纳为六气，即风、寒、暑、湿、燥、热。六气太过或不及，对人体不利时称为六淫。我国不少涉及养生的古籍中，曾提到“避风如避箭”“盛暑不可露卧”“卑湿之地不可居”等警诫。因此，人们应当随时注意复杂的气候变化，做到“凉不至冻，温不至燥”，并注意及时增减衣物，这样才能使人体“寒热平和”，疾痛不生。

【养生典范】

关于“效法自然，顺时养生”，汉代名医张仲景颇有研究，更值得称道的是，张仲景将饮食与四季气候特点相结合。张仲景认为，饮食也应顺时。

春季

主食选用甘凉性的小麦加工成各种面食，再配用一些米粥；副食主要选用辛甘之品，如葱、韭菜、胡萝卜、花生、白菜、鸡肉、猪肉等。因春天气候温和，人体阳气开始生发，新陈代谢旺盛，用辛甘食品以助阳气，可利于代谢。配用甘凉主食，可防阳气太盛。

夏季

主食用甘寒性味的小米，配用面食、稀粥并加些绿豆；副食主选甘酸清润之品，如青菜、西红柿、冬瓜、丝瓜之类，以及鸡蛋、鸭肉等。夏天热，阳气盛，选用性味寒凉、甘酸、清润之食品，可清热祛暑、护阴。切忌过量食辛辣之品，以免损伤阳气。

秋季

主食、副食均用甘润之品，主食以大米、糯米等谷物为主，并配以面食、白薯等，粥中常放些芝麻、核桃仁。副食除各种蔬菜外，还要多吃各种水果。秋季气候凉燥，而多吃甘润之品可生津润燥，但烹调味道则以清淡为主。

冬季

主食宜用甘温性味之品，如玉米、高粱米，并搭配些米面。粥中可放些芸豆、赤小豆。副食应具有滋阳或潜阳、理气功效的蔬菜，如大白菜、胡萝卜、豆芽菜、木耳等，肉类可选用甘温助阳之品，如羊肉、狗肉、鸡肉等。可以温补阳气，又避免化火而阴阳失调。烹制的食品，应五味相配，味道略厚，不宜偏食或多食。

健康养生，重在养心

山下有泽，损，君子以惩忿窒欲。

——《周易·损卦·象传》

【译文】

君子应压抑怒气，窒息贪念欲望。只有这样，才是真正的君子。

【阐释】

“损卦”，上卦“艮”为山，下卦“兑”为泽，山下有泽，是减损泽中的土，来增加山的高度。古语云：“养生以养心为主，故心不病则神不病，神不病则人不病。”意思是说，养生应当以养心为主，因为心不病则神不病，神不病则人不病。

关于养心，《周易》同样非常重视。《周易》曰：“山下有泽，损，君子以惩忿窒欲。”

损，是“损卦”，由八卦中的“兑”“艮”二卦构成。“兑”为泽，“艮”为山。“兑”是“损卦”中的下卦，“艮”是“损卦”中的上卦。所以说，山下有泽。卦名为“损”，即象辞所说的“损下益上”之义。

东汉经学大师郑康成对此的解释是：“山在地上，泽在地下，山之所以能高出于地上，是因为泽能自损，泽自损到地下，使自己成为泽，让所损出之土堆积、增高，使其成为山。”这是“损卦”中的自然现象。孔子将这种现象指归人事，教人从卦象中学习损己利人的行为，以此来修养自己的道德。而损己利人的基本含义就是“惩忿窒欲”。

那么，“惩忿窒欲”是什么意思呢？

“惩”在这里的意思当止讲，“惩”又通征；“忿”是愤怒；“窒”是窒塞；“欲”是贪欲。意思就是说，要制止心中的愤怒、不满，防止心生贪欲。

《周易》曰：“形而上者谓之道，形而下者谓之器。”“惩忿窒欲”一语兼含形上形下之义。就形而下说，无论个人或群体，如果能做到“惩忿窒欲”，就能趋吉避凶。就形而上说，“惩忿窒欲”就是修道。世间每一个人都有圣人的天性和明德，之所以沦落为凡夫俗子，是因为被人的七情六欲所困。因此，只有学圣人，具备大智大仁大勇，才能做到自由自在。学习圣人，并没有什么诀窍，只要能做到“惩忿窒欲”就可以了。这里《周易》明确地提出了养心的重要性。

【养生之道】

古人云：“养生在养心”“养生先养心，养心一身轻”。所以，就养生而言，下士养身，中士养气，上士养心。也就是说，在中医看来，养心是养生的极高境界，是养生的核心和关键。

人要健康，极其关键的是心理健康。可以说，养生重在养心。正因为如此，卫生部首席健康教育专家洪昭光说：“说得更严肃一些，其实一个人的一切就取决于心态，心态一变，整个世界就会在你眼中发生彻底的改变。换个角度想问题，你会觉得世界太美了，生活多么美好，多么值得你去创造、去欣赏、去享受。”所以说，谁能保持心态平衡就等于拥有了健康的金钥匙。

随着经济的飞速发展，各行各业竞争异常激烈，企业对员工也提出了更高的要求，不仅要高学历，还要有相当的工作经验，在这种情况下，求职难已经成了不争的事实。即便是目前有了工作，许多人也时时面临着下岗的威胁。有专家指出，前所未有的巨大工作压力正在威胁着都市白领一族的健康。

各种压力给人们的生理和心理都带来了诸多不良反应。

生理方面的不良反应有头疼、颈痛、背痛、疲劳、失眠、食欲不振以及消化不良等。心理方面的不良反应有紧张、焦虑、愤怒、悲观、厌世以及注意力不集中等，严重的甚至可能表现出抑郁症征兆，孤僻、绝望，以至于想自杀。从某种意义上说，压力正在吞噬着人们的幸福生活。

如何舒缓压力，保持良好的心态，促进身心健康呢？答案就在于养心。那么，又该如何养心呢？

心宽

所谓的“心宽”，乃是“宽容大度”，待人宽厚、宽容。人一旦能做到心宽待人对事，则能减少许多的烦恼与困惑。而心胸狭窄，忌妒心重的人是难以做到这一条的。

心善

心地善良者，大多是长寿的。

心怡

怡者乐也。人生在世必须乐观向上，豁达处事，切不可消极厌世，悲观失望。“心怡”乃养生之本。

心诚

待人做事，必须真诚，不随便警惕和猜忌别人，要像古人所云：“用人不疑，疑人不用。”不给自己增加思想上的负担和折磨。

心静

静是安静、平静、宁静、清静。人若能真正做到心静如水，则可养神生慧，则可积蓄生命中的能量。这也是一种科学的养生之道。

心纯

纯者真也，纯粹、纯真、纯净。一个人的心纯则是人的最高思想境界，也是修身养性一条重要的内容。

平时我们谈及的“养生”，多半重视的是营养、保健，其实，“养心”乃养生之核心，认真“养心”，方能益寿延年、百烦皆无。

【养生典范】

周老是一位古稀老人，现在耳聪目明身体健，思维敏捷精力旺。退休十多年基本不用医药费。每年旅游或替人办事外出多次，徒步十里不觉累，还能与小伙子比赛爬山。每周坚持写作，并向各媒体投稿，借以充实生活，寻求乐趣，勤用脑，也就没有老年痴呆症。有些老年朋友问周老有什么诀窍？他的体会是：养心与养体并举，寡欲与恒动结合。

养心

在于保持良好的心态，要有信心、诚心、善心、宽心和热心。他无烟酒嗜好，从不打牌赌博，生活俭朴丰富，把俄国文学家托尔斯泰的名言“欲望越小，人生就越幸福”当作座右铭，一贯知足常乐，自寻快乐。他的养心经是：不愁吃，不愁穿；行练足，居求安；心平和，睡得甜；责己严，待人宽；做好事，喜洋洋；献余热，手脚忙；坦荡荡，心舒畅。

养体

善于恒动，即经常活动、运动、劳作。对于老人来说，养体恒动，因人制宜，因时制宜，因地制宜。量力而动，适可而止；脑体交替，动静结合。

周老比较喜欢骑车、散步、慢跑、唱歌、练字、弈棋、爬楼梯、做家务、养花草等，尤其习惯于每晚看电视时顺便做各种健身活动，如梳头、揉腹、拍胸、弹脑、扯耳、练眼、按穴位、转腰等，既娱乐休闲，又强身健体，一举两得。

弹脑是用两手掌心按住双耳，再用手指弹击后脑部。

扯耳是两手绕过头顶交叉握住耳尖，向上提拉。

练眼使得疲劳时，则轻闭双眼，转动眼珠，或按摩眼眶，揉双眉中央的穴位。

转腰是将手掌搓热，紧贴腰后部，以腰椎为中心，轻轻转动腰部，可以强肾壮腰。往年周老腰痛常发，经常练转腰活动，已多年不再复发。

见微知著，居安思危

善不积，不足以成名；恶不积，不足以灭身。小人以小善为无益，而弗为也，故恶积而不可掩，罪大而不可解。

——《周易·系辞》

【译文】

不做大量有益的事情就不能成为一个声誉卓著的人，不干坏事就不会成为毁灭自己的人。品行不好的人认为，一般的好事对自己来说没有多大益处而不去做，一般的坏事对自己来说没有多大损害而不去改正。所以坏事多了而无法回避责任，罪恶大了也无法得到宽恕。

【阐释】

“居安思危”是《周易》哲学思想的重要组成部分。

《周易·系辞》云：“善不积，不足以成名；恶不积，不足以灭身。小人以小善为无益，而弗为也，故恶积而不可掩，罪大而不可解。”

《周易·坤卦》云：“履霜，坚冰至。”

以上两则经文的意旨提醒人们：事物总会由量变达到质变，而要防止事物向坏的方面转化，必须见微知著，居安思危。

故《周易》中有“惧以始终”之言，也有“君子思患而豫防之”之语，《周易·系辞传》还将“君子安而不忘危，存而不忘亡，治而不忘乱”作为响亮的座右铭郑重提出以警示世人。

中医养生继承并发展了《周易》的这一哲学思想，提出了自己的“防微杜渐”的养生观。

《黄帝内经》中有：“圣人不治已病治未病，不治已乱治未乱。”体现的便是“未病先治”的哲学思想，并以“渴而穿井，斗而铸锥”比喻阐明治未病的重要意义。

事实上，世上任何事物的发生，都有其先兆，所谓“山雨欲来风满楼”，健康当然也不例外，能将影响身体健康的微兆扼杀在摇篮中，这便是掌握了医学的纲领、摄生的法则。

【养生之道】

说到“防微杜渐”，笔者不禁想到了疾病信号，而疾病的种类之多，笔者无法一一列举。在苦恼之时，笔者联想到了如今许多人都有的“亚健康状态”。

所谓“亚健康状态”，即介于健康与疾病之间的一种状态，简单来说，就是总感觉身体不舒服，但却又查不出什么病。

医学专家指出，生活中很健康的人大约占 15%，真正的病人在 20% 左右，其余的三分之二都处在“亚健康状态”。

那么，“亚健康状态”的信号有哪些呢？

容易疲劳，力不从心，倦怠乏力。

心绪不宁，坐卧不安，焦虑，恐惧，抑郁。

睡眠障碍。表现为难以入睡，或早早就醒或梦境连绵，梦中套梦，甚至梦游、梦魇……早晨恋床、朦胧不醒。

常感头痛，头昏，耳鸣健忘，浑身酸紧，好出虚汗。

饭菜不香，没有胃口，整天无饥饿感，有时嗳气，饭后恶心。

常把事情往坏处想，老怀疑别人背后议论自己。常生闷气，发脾气，事后也觉得没意思，但不能控制情绪。

感情冷漠，不易被感动，孤僻，偏执，离群，经常叹息，似乎长叹一口气，感觉就轻松一些。

稍一活动，就心悸气短。上楼，跑步喘不过气来。在静态时，有时也感心慌。

常感颈部、背部、肩部、四肢酸痛麻木，腰酸膝软更是常事。

性欲低下，阳痿早泄，性变态，性幻觉，性冷淡，性高潮缺乏或尿频。

皮肤干燥，瘙痒，花白或潮红。头发枯焦或脱发断发。

不该急的事，也往往忙得不知所措。工作无序，生活无章，衣着不整。

遇事沉不住气。一紧张就想排便，肚子咕咕响，腹部阵痛。

将军肚早现，30 至 50 岁大腹便便，常伴有高血压、高血脂、脂肪肝、冠心病等。

如果你有以上多种情况，那你就要特别小心了。《周易》提醒你，必须“居安思危，防微杜渐”。

事实上，要摆脱亚健康，你要的不是药物，而是要靠自己主动自觉地去预防，进行自身生活规律调节。以下是笔者总结的摆脱亚健康的“健康处方”：

均衡营养

没有任何一种食物能全面包含人体所需的营养。因此，既要吃山珍海味、喝牛奶，更要吃粗粮、杂粮、水果、蔬菜，这样才符合科学合理的均衡营养观念。饮食合理，疾病必少发生。

保障睡眠

睡眠和每个人的身体健康密切相关。而如今因工作或娱乐造成的睡眠不足已成为影响健康最普遍而严重的问题，这应引起高度警觉。

善待压力

人之所以感到疲劳，首先是情绪使人身体紧张。因此要学会放松，让自我从紧张疲劳中解脱出来。要确立切实可行的目标，切忌由于自我的期望值过高无法实现而导致心理压力。人在社会上生存，难免有很多烦恼和曲折，必须学会应付各种挑战，通过心理调节维护心理平衡。

培养兴趣

兴趣爱好可以增加人的活力和情趣，使生活更加充实，生机勃勃，丰富多彩。健康有益的文化娱乐体育活动，不仅可以修身养性，陶冶情操，而且能够辅助治疗一些心理疾病，防止亚健康的转化。

户外活动

现代社会高度发达的物质文化生活使一些人在室内有空调、电视、电脑，出门坐汽车，从而远离阳光和新鲜空气，经常处于萎靡不振、忧郁烦闷的状态。因此，每周应抽出一些时间，远离喧嚣的城市，到郊外进行一些活动，呼吸新鲜空气，晒晒温暖的阳光，这对调节神经系统大有益处。

劳逸结合

不能一直处于高强度、快节奏的生活中，劳逸结合，张弛有度，对健康非常有益。

【养生典范】

很多人都对毛泽东主席的养生方法感兴趣，国内著名的老年病学专家徐涛教授曾长期担任毛主席的保健医生，并于1971 年出任毛泽东主席专家医疗组副组长。徐涛教授在接受记者采访时说，按照毛主席的实际情况，当时并没有长寿的条件：战争环境中成天打仗，到处奔波，新中国建立后日理万机，为国为民殚精竭虑，这些都对他的健康不利。但后来的事实证明，主席一直都很健康，这与他平时的保健预防工作密不可分。

徐涛教授说，他给毛主席做了多年的保健医生，感到最头疼的就是老人家的时间总是不够用。主席吃饭很快，每天也只睡四五个小时，就连吃饭、理发时也要看文件。但主席在保健预防方面能积极配合医生的工作，所以健康状况一直很好。

徐教授认为，现在的人们生活节奏加快，有多少人能把医生的建议真正放在心上，或毫不打折扣地去执行呢？有些人认为有病了再花钱请好医生治也不迟，但是他们忘了有些病是治不好的。所以，绝不能忽视预防和保健的重要性，否则就是拿自己的生命当儿戏。

上善若水，厚德载物

君子以遏恶扬善，顺天休命。自天佑之，吉，无不利。

——《周易·大有卦·象传》

【译文】

君子遏制邪恶，广扬美善；顺应上天所定的美好的人生使命。受到上天的保佑，吉祥，无所不利。

【阐释】

“大有卦”，上卦“离”为日，下卦“乾”为天，象征太阳悬挂高空，普照万物，大有收获。《周易·大有卦·象传》云：“君子以遏恶扬善，顺天休命。”

《周易》明确地提出了做人要“遏恶扬善”，以善待人。《周易》认为，立身做人要自觉地扬善去恶。

《周易·系辞》中有：“易其至矣乎！夫易，圣人所以崇德广业也。知崇礼卑，崇效天，卑法地。”这就告诉我们，智慧应当像天一般高明；行为应当像地一般谦卑；睿知圣哲，遵循这一天的法则，崇尚智慧与礼仪，使道德修养有所成就，不仅独善其身，而且能施展于事业中兼善天下。将道德修养、聪明才智，施展于事业中，使人与物一起得到帮助，这就应了天地的变化法则，符合生生不息的宇宙精神。效法宇宙精神，自强不息，这是《周易》的道德理想。

关于为什么要以善来指导自己的行为，《周易》也有很明确的阐述。

《周易·系辞》曰：“小人以小善谓无益，而弗为也；以小恶为无伤，而弗去也。故恶积而不可掩，罪大而不可解。”意思是说，胸无大志的人会看不起小善，认为行小善毫无意义而不会去亲力亲为；相反，他们会认为小的危害不会造成大的影响进而放纵自己去做，直到罪行增加到无可挽回的地步，才会后悔，可此时为时已晚。

因此，《周易》告诫人们，“勿以善小而不为，勿以恶小而为之”。

综上所述，《周易》强调的以善养生主要从人的行为和心理来进行阐述。

【养生之道】

现实生活中，很多人往往会因为争取一些蝇头小利而与人争斗，生气，甚至恶语相向。这样的现象、场景在生活中随处可见。人们往往会忽略恶劣情绪对身心造成的伤害。现代医学表明，一个性情暴戾的人，即使让他经常服用最好的营养品，经常练习最佳的健身运动，其寿命也远不如性情温和者长寿。现代心理健康学更是提示人们：要健康长寿，先得树立一个心理保健的座右铭——友善。

《道德经》云：“上善若水。水善利万物而不争；处众人之所恶，故几于道。居善地，心善渊，与善仁，言善信，政善治，事善能，动善时。夫唯不争，故无尤。”

《周易·坤卦·象传》曰：“地势坤，君子以厚德载物。至哉坤元，万物滋生，及顺承天。坤厚载物，德合无疆。含弘光大。”

这些精辟的言语无不向我们阐明这样一个道理：至善为人的最高境界要像水、像大地一样。深厚的德行如大地一样宽广厚实，像大地一样载育万物和生长万物。君子为人处世时，要心胸开阔，立志高远，严于律己，宽以待人。水善于帮助万物而不与万物相争。它能停留于众人所不喜欢的地方，所以就接近于道了。心修上善之人，居住要像水那样安于卑下，内心要像水那样沉静，交友要像水那样亲和，言语要像水那样真诚，为政要像水那样有条有理、因势利导，办事要像水那样无所不能、随方且圆，行为要像水那样伺机而动、后续勃发。这样才能称得上“上善若水，厚德载物”。

一个人，如果心存善意，他就会乐于助人，交友时就会像水那样亲和，与人交谈时就会像水那样真诚。这样的人往往心中长存欣慰之感，愉悦之感。心存善意之人，其行为也会光明磊落，也乐于接受常人所不能接纳之事物，能像水一样停留在众人所不喜欢的地方，因此，这样的人往往能心存轻松感。

总之，心存善意的人，会始终保持泰然自若的心理状态，这种心理状态能把血液的流量和神经细胞的兴奋度调节到最佳状态，从而提高机体的抗病能力。所以，心存善意是养生不可缺少的高级营养素。

而科学家研究发现，心存善意的人在被激怒和心烦意乱时，其体内的副交感神经就会不失时机地发挥作用，使人很快心平气和下来，进而有效地控制情绪的滋生。而保持心理平衡，可使心脏病患者的死亡率和复发率减少一半。由此可见，与人为善确有养生功效。

【养生典范】

100 多岁的锦州老人仇桂芝坐在阳光下，脸色红润的她怎么看都像只有 80 多岁的样子。老人耳不聋眼不花，说起话来笑呵呵的，让人油然而生一种亲切感。与老人同住的三儿媳张桂俭介绍说，老人从不挑食，一日三餐就喜欢清淡口味，早上吃两个熟鸡蛋，就着烧饼、蛋糕什么的，连汤带水地吃下。以前总是一个人到公园散步、锻炼，近年来由于腿脚不灵活，只能在屋子里扶着凳子走了。提起老人长寿的秘诀，张桂俭认为："就是因为老人心地善良，心态好！"

老人原来在农村生活，15 岁就与老伴结婚。婚后的仇桂芝上有老人，下有小叔子、小姑子。可就在这样的大家庭里，她也从未与家人闹过矛盾、红过脸。相反，无论是田地里还是家里的活计，她都会手脚勤快地做到大家都满意。几年后，她又张罗着为几个小叔子娶上了媳妇，把小姑子风风光光地嫁了出去。那些年，虽然苦，虽然累，可从未听她抱怨过，倒是脸上的笑容越来越多。婆婆在她的精心侍候下一直活到 90 多岁。

50 多岁的时候，她与老伴一起投奔在市内生活的三儿子，在这个家庭里一直生活着。

"那几年，我们都上班，得亏老人帮我们带孩子。"张桂俭感激地说。那时候，老人不仅帮他们照料三个孩子的日常起居，就连看到大院邻居哪家孩子吃不上饭，老人也把他叫过来吃上一口，遇到没人照管的孩子，老人更会主动帮忙照管。全大院四五十户人家没有一个不说老人好的。即便如今上了楼，大家住得远了，逢年过节总会有邻居过来看看老人。

经历了百年人生历程，生老病死的人生况味老人都一一尝遍，但无论顺境逆境，老人都没有愁眉苦脸过。丈夫活到了 89 岁，长子和次子都是 80 多岁时去世的，面对失去亲人的痛苦，老人没有以泪洗面，相反，她还宽慰别人："死了死了，一死百了，哪有只生不死的？人早晚都要走这一回。"

"家里从来没有为生活琐事红过脸，拌过嘴。有钱没钱，都活得快快乐乐，一点愁事也没有。"提起家里的事情，张桂俭说老人起了很大的作用。别看老人岁数大了，又没有念过书，可她却从自己的生活经历中体验出了很多人生真谛。她总是劝告儿孙："得饶人处且饶人，不能得理不饶人""吃亏总归是福""别因为一句话就跟人结上疙瘩，记上仇"……

走过春秋，徐徐回望，是达观的心态和善良的品质，让仇桂芝老人走过了人生百年。

精神内守，安神养生

初九，潜龙勿用。

——《周易·乾卦》

【译文】

初九，龙尚潜伏在水中，养精蓄锐，暂时还不能发挥作用。

【阐释】

“潜龙勿用”是《周易》哲学思想的重要命题。

《周易·乾卦》云：“初九，潜龙勿用。”

《说文》解释说：“龙，春分而登天，秋分而潜渊”，故“潜龙”是指潜渊之龙，隐而不见。

《周易》是提醒我们，处在这种状态，便应静而不动，以伺时机。

《周易·艮卦》亦曰："艮，止也。时止则止，时行则行，动静不失其宜，其道光明。""艮卦"卦义为静止，与"潜龙勿用"一脉相承。

《周易》是告诉我们：凡事必须等待时机，谨小慎微，而不可肆意妄为，失去理智，否则便大难临头，灾不可免。

中医养生继承和发展了《周易》这一哲学思想，提出了"精神内守"的养生观。

《黄帝内经》云："恬淡虚无，真气从之，精神内守，病安从来?"中医养生注重内因，所谓"精神内伤，身必败亡"，"正气存内，邪不可干"讲的便是此理。《黄帝内经》主张："出世离俗，积精全神。"

据此可见，养生的关键之一在于积精、全神、行气。而此三者又都以"神"的修养作为运转中心。因为只要神守于内，"恬淡虚无"，体内真气便会自然充盈，气的运行也会符合自然之旨，生机就会旺盛，整个生命运动就会处于最佳功能状态。

【养生之道】

养神是诸多养生方法中不可忽视的手段之一。在我们的日常生活中，养神的方法很多。例如：

睡眠养神

通过睡眠使大脑处于休息状态，同时使身体内各部位的神经、关节韧带、肌肉和器官无负荷或少负荷，进而达到积蓄精力，复苏体质的目的。生理医学研究表明：保证睡眠6至8小时所积蓄的精力可供正常活动16至18小时的耗费。如果气候和环境条件复杂或劳作过重，往往会酿成过度疲劳和某些器官失调，因此，生活中应劳逸有节。

安心养神

善于养生者心情应清静安闲，排除各种杂念，以使真气顺畅，精神守于内，疾病无从生，形体虽劳作但不至于疲倦，使身体健康无疾。

娱乐养神

这是调动某些不常运作的神经代替操劳疲惫的神经工作，充分调节各路神经的“积极性”。娱乐养神如下棋、垂钓、跳舞、听音乐、看表演等，可根据个人的爱好与方便，尽情地投入参与。

闭目养神

双目微合，设想一种轻松舒心的意念，排除外界各种干扰，只要长期坚持，就有促进心脑神经和细胞的活化作用，有益于解除疲惫感。

忍气养神

生活中，适时节制感情和忍怒宽容是修养高雅的表现，也是重要的保健之道。此外，忍气养神的另一层意思就是以心治神，心病还得心药医。人要随时调节情绪，切勿独思苦想和愤怒不平，否则会影响健康和损寿。

糊涂养神

是指在平时行为规范中，有意识地不参与意义不大或价值不高的事情，不无原则地争执和较真，不计较鸡毛蒜皮的是非，让脑筋和心情松弛下来。

适四季以养神

人的神志随四季节气而变。古人据此提出四时调神健身之法，即按照季节特点使精神情感做到：春季活泼，夏令畅达，秋天恬静，入冬则藏而不泄。

【养生典范】

庄子，名周，约生于前 369 年，是战国中期宋国蒙（今河南商丘）人，学识渊博，继承和发展了老子“道法自然”的观点，主张人类应该摒弃外加的仁义礼智，依照人的自然属性，自然而然地生存和发展。

庄子约死于前 286 年，享年 84 岁。庄子一生对养生学颇有研究，在他的思想中有“精神内守，安神养生”的主张。

少私寡欲以养神

庄子认为，私是万恶之源、百病之根。一个人如果私心缠身，生活中必定斤斤计较，患得患失，疑神疑鬼，精神高度紧张，日夜不得其安，久而久之，必然导致形劳精亏，耗神伤身，积累成疾。只有那些胸怀大志、克己奉公的人，才不计较个人名利得失，心胸坦荡，知足常乐，必得神安而长寿。所以，庄子在《达生篇》中有“弃事则劳，遗生则精不亏。夫形全精复，与天为一”的名言。

清静无为以养神

庄子还认为，平易恬淡则忧患不能入，邪气不能袭，故其德全而神不亏，静则制怒，静则除烦，静则祛热，静则意定，静则养生。如果一个人终日心不得安宁，思不得止息，定会百病丛生。所以，庄子十分重视在清静寂寞中去磨炼自己自稳、自控的能力，以养成健康的体魄，图谋大志。

诚信之道，养生之本

人之所助者，信也。

——《周易·系辞》

【译文】

别人愿意帮助的人，必定是个诚实守信的人。

【阐释】

“诚信”二字，《周易》尤为重视。

《周易·系辞》云：“人之所助者，信也。”意思是说，别人愿意帮助的人，必定是个诚实守信的人。

因此，《周易》六十四卦中专门有“中孚卦”讲诚信，其九五爻“有孚挛如，无咎”，表明如果人有诚信，并且连续不断地讲求诚信，就不会有灾祸来临，没有灾害降临自身，自然就能保身体平安。

诚信在《周易》的义理中既是做人的底线，也是做人应追求的一种境界，它可以分为四个层次。

第一个层次为做人的底线。

《彖传》曰："行险而不失其信。"意思是说，人可以行险，可以稍稍偏离人的轨道，但是不能失去诚信。

第二个层次是做人要遵守诺言。

《序卦》曰："有其信者必行之。"意思是说，做人必须遵守诺言，也就是孔夫子所说的"言必信"。

第三个层次是要赋予诚信以道德意义，使诚信得以提升。

《文言》曰："忠信所以进德也，修辞立其诚。"意思是说，要将诚信作为"进德""修业"的基础，赋予诚信以崇高的道德意义，使诚信得以提升。

第四个层次是让诚信和道德一体。

《系辞》曰："默而成之，不言而信，存乎德行。"意思是说，诚信与道德一体，诚信是不言自明的。

有道德修养的仁人君子，就要像《周易·乾卦》所说："与天地合其德，与日月合其明，与四时合其序，与鬼神合其吉凶"，在"天地之心"的激励之下自我超升。

《荀子》云："君子养心莫善于诚，至诚则无它事矣。"

《中庸》云："诚者，天之道也；诚之者，人之道也。诚者，不勉而中，不思而得，从容中道，圣人也。诚之者，择善而固执之者也。"

可见，至诚是一种尽性知天并达到天人合一的崇高境界，所以说，诚信是养生的根本。

【养生之道】

诚实，就是忠诚正直，言行一致，表里如一；守信，就是信守诺言，不欺诈，不虚伪。

"言必信，行必果""一言既出，驷马难追"，这些流传了千百年的名言，都形象地表达了中华民族诚实守信的品质。在中国几千年的文明史中，人们不但为诚实守信的美德大唱颂歌，而且努力地身体力行。

孔子早在2000多年前就教育他的弟子要诚实。在学习中，知道的就说知道，不知道的就说不知道。他认为，这才是对待学习的正确态度。

曾子也是个非常诚实守信的人。有一次，曾子的妻子要去赶集，孩子哭闹着也要去。妻子哄孩子说，你不要去了，我回来杀猪给你吃。她赶集回来后，看见曾子真要杀猪，连忙上前阻止。曾子说，你欺骗了孩子，孩子就会不信任你。说着，就把猪杀了。曾子不欺骗孩子，也培养了孩子讲信用的品德。

秦朝末年有个叫季布的人，一向重诺言，讲信用。人们都说"得黄金千斤，不如得季布一诺"。这就是成语"一诺千金”的来源。

旧时中国店铺的门口，一般都写有“货真价实，童叟无欺”八个大字。自古在商品买卖中，就提倡公平交易、诚实待客、不欺诈、不作假的行业道德。

在当代中国，诚实守信的美德也得到了发扬光大。这种美德表现在工作和学习上，就是专心致志，认真踏实，实事求是；表现在与人交往中，就是真诚待人，互相信赖；表现在对待国家和集体的态度上，就是奉公守法，忠诚老实。

生活中，无数事实证明，你对别人说假话，别人也对你说假话；你对别人不诚实，别人也对你不诚实。说到底，不诚实守信，既不尊重别人，也不尊重自己。

诚实守信，不但是为人处世的根本，也是健康养生的要诀。

世界卫生组织关于健康的概念有了新的发展，即把道德修养纳入健康范畴，包括不以损害他人利益来满足自己的需要，能按照社会认可的准则约束自己及支配自己的思想和行为。

实践证明，良好的德行，就是健康心理的反映，必然促进人体的健康。

诚实守信不但有利于人的心理健康，也有利于人的生理健康。相反，撒谎、欺骗、狡诈等，只能说明人的心理扭曲和病态。

此外，诚实守信的人，能得到他人的敬佩、尊重和信任，他自己也能得到无比的满足感，他的生活轻松、快乐、幸福，他的健康长寿也必定随之而来。

【养生典范】

亚伯拉罕·林肯是美国第十六任总统，是世界历史中最伟大的人物之一，领导了拯救联邦和结束奴隶制度的伟大斗争。

亚伯拉罕·林肯出生在一个农民的家庭。小时候，家里很穷，他没机会上学，每天跟着父亲在西部荒原上开垦、劳动。他自己说："我一生中进学校的时候，加在一起总共不到一年。"但林肯勤奋好学，一有机会就向别人请教。他放牛、砍柴、挖地时怀里也总揣着一本书，休息的时候，一边啃着粗硬冰凉的面包，一边津津有味地看书。晚上，他在小油灯下常读书读到深夜。

长大后，林肯离开家乡独自一人外出谋生。他什么活儿都干，打过短工，当过水手、店员、乡村邮递员、土地测量员，还干过伐木、劈木头的重力气活儿。不管干什么，他都非常认真负责，诚实而且守信，受到周围人的喜爱。

1834 年，25 岁的林肯当选为伊利诺伊州议员，开始了他的政治生涯。1836 年，他又通过考试当上了律师。

当律师以后，由于他精通法律，口才很好，在当地很有声望。很多人都来找他帮忙打官司。但是他为当事人辩护有一个条件，就是当事人必须是正义的一方。许多穷人没有钱付给他劳务费，但是只要告诉林肯：“我是正义的，请你帮我讨回公道。”林肯就会免费为他辩护。

一次，一个很有钱的人请林肯为他辩护。林肯听了那个客户的陈述，发现那个人是在诬陷好人，于是就说：“很抱歉，我不能替您辩护，因为您的行为是非正义的。”

那个人说：“林肯先生，我就是想请您帮我打这场不正义的官司，只要我胜诉，您要多少酬劳都可以。”

林肯严肃地说：“只要使用一点点法庭辩护的技巧，您的案子很容易胜诉，但是案子本身是不公平的。假如我接了您的案子，当我站在法官面前讲话的时候，我会对自己说：‘林肯，你在撒谎。’谎话只有在丢掉良心的时候，才能大声地说出口。我不能丢掉良心，也不可能讲出谎话。所以，请您另请高明，我没有能力为您效劳。”

那个人听了，什么也没说，默默地离开了林肯的办公室。

从以上林肯的故事中，我们能够看出他诚实守信、心地善良的高贵品质，也正是这些高贵品质使林肯能够成就伟大的事业。事实上，林肯生前身体非常硬朗、很少生病，这与他高贵的品质也很有关系。品质高尚的人，心里没有阴影，心胸坦荡，乐观豁达，自然身心健康。令人惋惜的是，1865年4月14日晚，林肯在华盛顿的福特剧院里看戏时，被南方奴隶主收买的一个暴徒刺杀。笔者认为，倘若林肯没被刺杀的话，他一定能够健康长寿。

面对困境，乐观冷静

泽无水，困；君子以致命遂志。

——《周易·困卦·象传》

【译文】

“困卦”的卦象是坎（水）下兑（泽）上，为泽中无水之表象，象征困顿；作为君子应该身处穷困而不气馁，为实现自己的志向，不惜牺牲生命。

【阐释】

“困卦”，上卦“兑”为泽，下卦“坎”为水，水在泽下，为泽中无水干涸之象，象征困顿。

《周易·困卦》的上卦“兑”为泽，下卦“坎”为水，水在泽下，为泽水干涸无水之象，所以卦名为“困”。同时，下卦“坎”又为险，上卦“兑”为悦，象征身处穷困之中的君子，仍能和悦，自得其乐，坚持原则，有大的理想，所以亨通。

《周易》说："困。亨。贞大人吉，无咎。"意思是说，当你穷困之时，要想没有灾难、通达，必须做到冷静以对，虽然穷困，仍能自得其乐，不丧失信心，坚持理想，坚守中正。

《周易》还说："有言不信。"是提醒你，身处困境之时，要学会沉默学会隐忍，不要轻言突破、妄言前进，因为穷困之时，说话不会有感召力，不会有人相信，说了只能是空言，于事无补。

《周易·困卦》告诉我们，困难只是暂时的，要冷静以对，经得起考验，自得其乐，坚持理想，这样就会有走出困境的希望。《周易·困卦》还告诉我们，空口说白话只会让人看不起，这样会陷入尴尬的境地，要用实际行动来证明自己，行动才最具说服力。

事实上，单从健康养生方面来说，《周易·困卦》也给了我们很大的启示：一遇到困境就捶胸顿足、怨天尤人，甚至破罐子破摔、自暴自弃的人，身体健康往往也随之恶化，因为困境使他们情绪波动激烈、食不香、夜不寐，身体抵抗力随之下降，更容易受疾病的侵袭；反之，面对困境不气不恼、不悲不伤、乐观冷静、满怀希望、永不放弃的人，对困境则有较强的心理承受能力，他们善于自得其乐、坚持理想，因此，他们也就容易“山重水复疑无路，柳暗花明又一村”，这样的人能主动寻找幸福、愉快地享受生活，所以，他们也就更健康、更长寿。

【养生之道】

《周易·困卦》使笔者想起这样一个有趣的故事：

一个人同一位准备远航的水手交谈，他问：“你父亲是怎么死的？”

“出海捕鱼，遇到风暴，死在海上。”

“你祖父呢？”

“也死在海上。”

“那么，你还去航海，不怕也死在海上吗？”

水手问：“你父亲死在哪里？”

“死在床上。”

“你的祖父呢？”

“也死在床上。”

“那么，你每天睡在床上不害怕吗？”

这个故事含有深刻的人生哲理。言简意赅，反映出了水手明知祖父、父亲都死在海上，却没有因失去亲人的痛苦挫折而改变自己的奋斗目标，仍然乐观地从事自己喜欢的事业。

乐观是指人在遭受困境时，仍坚信情况将会好转，前途是光明的。从情感的角度来看，乐观是人们身处逆境时不心灰意冷、不绝望、不抑郁消沉的心态。与希望一样，乐观能施恩于人生。当然，乐观必须根植于现实，如果盲目乐观，其后果绝不乐观。

简单来说，乐观对困境中的人有如下作用：

乐观能为人排遣痛苦

乐观是一种良好的心理特征，能排遣和挫败一切痛苦与烦恼，给人生活的勇气、信心和力量。医学家认为，愉悦的情绪能使心理处于怡然自得的状态，有益于人体各种激素的正常分泌，有利于调节脑细胞的兴奋和血液循环。马克思也说：“一种美好的心情，比十副良药更能解除生理上的疲惫和痛楚。”

乐观的生活态度有利于促进人际关系和事业

以一种乐观、豁达的生活态度参与活动，你会发现很容易与人和谐相处。乐观者浑身充满活力，容易与社会合拍，由于心情舒畅，在与人交往中就会对别人谦虚、尊重、理解，自然会得到别人的理解和尊敬，双方情感的相悦就能形成和谐融洽的人际关系。

同样，遇到困境不气馁，以乐观的态度去面对困境，这样就会使他有一种自信的动机力量。这种力量把自己展现于外，参与人群和事业，从而得到成功。成功的愉快情感会使自己更乐观地去继续从事未完的事业或开辟新的天地，这样的良性循环使人们的事业充满生机，为人们的生活带来无穷的乐趣和意义。

乐观能促进身体健康

乐观者一生中收益最大的是他们的身体机能良好。人们常说："笑一笑，十年少。"没错，乐天派自然心宽体胖，乐天派会笑对生命中的坷坎与挫折。

他们不容易被疾病击垮，他们抗御心脑血管病、癌症和糖尿病等慢性难治病的能力远胜过悲戚忧郁者。一项新的研究证明了乐观与健康的对应关系。研究发现，对自我前途和未来持冷淡态度是身体健康不良的前兆。有一位流行病学家断言，长期有这种绝望意识的人，其死亡率高于心脏病、癌症和其他病因造成的平均死亡率。这说明乐观态度对于健康的确大有裨益，悲观绝望则严重影响身心健康。

那么，怎样才能保持乐观的情绪呢？

保持乐观情绪的主要秘诀有三：

一是善于幽默，善于找乐。

二是遇到失败挫折绝不气馁，有继续努力、再创辉煌的信念。

三是为人和善，与人为友。

【养生典范】

张春华，河北唐山人，2008 年已 92 岁高龄。

常有人向张老请教健康长寿的秘诀，张老不谈饮食，也不谈运动，却给提问者讲一个他最喜欢的故事。

“很久很久以前，在一个孤岛上生活着一群鸟，它们因喙的长短不同，得名长喙鸟和短喙鸟。长喙鸟靠啄食蒺藜的果子为生，这种果子浑身长满坚硬的刺，只有长喙鸟才能啄得开，而短喙鸟则无缘享受这种美食。很多短喙鸟因此饿死。短喙鸟面临着生死的考验。要么选择别的食物，要么等着饿死。于是，它们开始啄食浅海里的小鱼。短喙鸟们就这样生存了下来。而长喙鸟则依然享受着上天给它们的优越待遇，吃着它们认为是天下最美的食物——蒺藜果。为了生存，短喙鸟天天去海里捕食；浅海里的鱼吃完了，就去深海里捕猎；后来，它们不但吃鱼，只要能捕获到的动物都成为它们的食物。在捕猎中，它们逐渐练就一张短而有力的喙，还有一对大而强健的翅膀、一双尖利的爪子。数年后，短喙鸟成了飞禽中的强者，这就是后来的鹰；而长喙鸟却随着食物不足而灭绝了。”

讲完故事，张老意味深长地说：“对于命运的安排，短喙鸟在困境面前，并不是等死，它仍然不甘心地作了最后一番努力。就这样，它们生存了下来，而且活得很好。”

张老微笑着说：“在我看来，我之所以能够长寿，与我的性格有关，我自认为是属于‘短喙鸟’一类的人。”

事实也的确如此，张老一生经历过许多挫折，如父亲早逝留下许多债务、经商被朋友欺骗、唐山大地震、痛失亲人……但张老并没有被挫折、困境打败，他靠辛勤劳动偿还了债务、靠聪明的头脑东山再起、忍着失去亲人的痛苦积极投入唐山的重建……

张老非常喜欢普希金的一句名言：假如生活欺骗了你，不要悲伤，不要心急！忧郁的日子里需要镇静：相信吧，快乐的日子将会来临！

张老说："我的经验是：面对逆境，首先要心平气和；其次，要有不屈不挠的精神。在我看来，有如此心态的人，他一定能够战胜困难，也更可能健康长寿！"

平和安详，生命本真

乾道变化，各正性命，保合太和，乃利贞。

——《周易·乾卦·彖传》

【译文】

天道的变化，使得万物各得其性命之正，形成了最高的和谐，称之为“太和”，这就是“利贞”。

【阐释】

古人很早就认识到心性平和对于祛病养生的重要性，可以说，“平和安详”的心性修养是中国传统养生学的重要组成部分。

《周易》云：“乾道变化，各正性命，保合太和，乃利贞。”

“乾道”即天道，天道的变化使得万物各得其性命之正。天所赋为命，物所受为性，万物由此而具有各自的禀赋，成就各自的品性，呈现一幅仪态万方、丰富多彩的世界图景。这幅图景并不是混乱无序、矛盾冲突的，而是通过万物协调并济的相互作用，形成了最高的和谐，称之为“太和”。天道的变化长久保持“太和”状态，而万物各得其性命以自全，这就是“利贞”了。

《周易》所说的“太和”，便是“平和安详”之心性修养的最早表述。

传统养生认为，“平和安详”的人不抱怨、不愤怒、不自私、不嫉妒，能够阴阳调和、气血通畅，从而能健康长寿；反之，一个失去“平和安详”的人，则会烦躁、抑郁、嗔怒、忧思，可导致阴阳平衡失调，气血积滞，长此以往，百病丛生。

【养生之道】

生活中，我们常常为种种烦恼所困扰，感到活得很累，原因就是没有一颗平和安详的心，让烦恼的心绪常常占据了心灵。快乐幸福绝不能用金钱来衡量，更不是某些人的专利。生活中总是有着无限的乐趣，生命也常有蓬勃的生机，就看你是否有一颗平和安详的心。

古人云：“贫贱是苦事，能善处者自乐；富贵是乐境，不善处者更苦。”古往今来，多少贫贱者，能淡泊自甘，安贫乐道，处深山，居陋巷，仍不改其乐，原因就是他们有一颗平和安详的心。富贵者，常贪得无厌，长年累月，心劳力绌，神经紧张，心里烦乱，这种生活无异于是对生命的一种煎熬，原因就是没有一颗平和安详的心。

那么，什么是平和安详呢?

平和安详是一种心性的修养，是一种道德的涵养，是七情调节的最高境界。平和安详的心性绝不是折中、调和、做作、模棱两可、圆滑平庸。平和安详的心性没有怀疑，没有嫉妒，没有抱怨，没有恐惧。平和安详既体现为做人行事的一种处世外在尺度，又体现为立身、养性的一种内在修养。平和安详对人生、对社会呈现为一种境界、一种哲学。平和安详的心境似乎平常，却又超妙，平和安详心境的企及要全靠个人平时的心性修养。

平和安详的心性可归纳为真、善、美。

“真”是没有虚假，没有勉强，内心里平衡统一，也便是心性自然流露的表现。

“善”是内心没有邪念、恶念，心的修养已经达到人与自身和、人与人和、人与天地和、人与万物和的“仁民爱物”的境界。

“美”是指一个人内心没有烦恼，这种自我感觉不仅表现为内在心身的美妙，而且还表现为对外在生活的热爱。

一个人如果能经常保持平和安详的心境，就会体味到至真、至善、至美的人生境界。那么，生活将充满无限的喜悦与充实，生命才得以真正的快乐。

那么，又该怎样保持平和安详之心呢？

人有时候很怪，越是得不到的东西，越要疯狂地去追求，已经拥有的东西却又不知道珍惜。所谓“天下熙熙皆为利来，天下攘攘皆为利往”，就是最真切的写照。要知道，不切实际的欲望是永远填不满的，无止境地贪求外物，只能惩罚自己，使人迷途，使人发狂，使人烦恼丛生，使人丢失平和安详的心。

要想拥有并保持一颗平和安详的心，就必须识心达本，守本真心。守本真心就是不管外部环境如何变化，所有的荣华富贵与得失成败都无法左右自己平和安详的心境；守本真心就是要抵御物质对自己的诱惑，经常保持一颗知足宁静的心。

【养生典范】

王伯敏教授是我国美术史研究领域的权威人物，著述丰富，誉满中外。但说起他的养生之道，却显得相当平淡。王伯敏教授的养生，归纳起来只有两个字“平和”。据他介绍，这一“平和”养生原则，是根据他具体的身体状况而提出来的。早在30多年前，他患上了高血压病。患高血压病，易出现头晕目眩、胸闷心悸等症状，若情绪波动，行动激烈，都对身体不利。为了治疗这种高血压病，他“逼上梁山”，开始摸索“平和”养生。

王伯敏教授所说的“平和”，包含两层意思：一是“心境平和”，二是“行动平和”。两者相辅相成，更重要的还在“心境平和”。

所谓“心境平和”，是一种心态，它关系到一个人的平日修养。因此，王伯敏教授非常注意避免大喜大怒，努力减少情绪激动，以免破坏人体新陈代谢的生物节律，以免造成内分泌失调。尤其对患有高血压的人来说，甚至会招致一定的危险。所以，他始终保持着一种畅顺愉快的平和心情。他还喜欢“夜坐”，获得一种“外静内走”的境界。

所谓“行动平和”，是一种“节奏”。因为人进入老年之后，机体衰退，各种能力逐渐减弱，动作也出现相应的退行性变化。因此，老年人的行动，应力避过急过猛。其节奏应以徐缓为好。为此，他凡遇事都不慌不忙，平日读书、写作、挥笔，总是不紧不慢，稍觉得累，就及时注意闭目养神。即使是戴着计步机出门锻炼，他也总恰似“清风徐来，水波不兴”，悠然信步，款款而行。

王伯敏教授这一“平和”养生，给他带来了意想不到的好处。几十年来，他不仅控制住了高血压病的发展，而且文思如涌，吃睡自如。他已经高寿，但在书房中仍然可以每天工作八九个小时。

科学养生，延缓衰老

剥。不利有攸往。

——《周易·剥卦》

【译文】

“剥卦”象征剥落，不利于前去行事。

【阐释】

“剥卦”，上卦“艮”为山，下卦“坤”为地，高山受侵蚀而逐渐接近于地面，因而象征剥落。《周易·剥卦》的象曰：“山附于地，剥。”意思是说，“剥卦”的卦象是上卦“艮”为山，下卦“坤”为地，好比高山受侵蚀而风化，逐渐接近于地面之表象，因而象征剥落。从整卦来看，下面五个阴爻，上面一个阳爻，阴多而阳少，有众阴剥一阳之象，所以命名为“剥”。此卦为消息卦，是指九月，九月为衰败的开始。

《周易》云："以贲之致饰于外，中诚不立，故易烂。如蒙虎皮之举，虽外观彪炳，一遇真虎，败败矣！此致饰之过，剥卦之由来也。"读"剥卦"，当知贵于早见，察于几微也。

《周易》云："剥，不利有攸往。"如果衰败的气象明显暴露出来，衰败已是大势所趋，那只有顺其自然，谨慎隐忍，这样才可以延缓衰败。

《周易》又云："顺而止亡，观象也。"顺应时势，静观其变，这是应对衰败的金玉良言。

在《周易》的思想中，世间的一切事物，都会有消长盈虚之象，这是自然的法则，所以我们不必慌乱、恐惧。

人也属于世间的事物，故也有衰败的时候，我们称之为衰老。正如《周易》所说，衰老是不可抗拒的自然规律，是生命发展的必然进程。所以，当衰老来临之时，我们应不惊慌、不恐惧，我们所能做的就是正视衰老，以科学的养生方法延缓衰老。

【养生之道】

《黄帝内经》称人的寿限为"天年"，指出"尽终其天年，度百岁乃去"。《尚书·洪范》亦曰"一曰寿，百二十岁也"。然人到中老年时期，由于肾气衰退，精气内虚，出现了无法抗拒的生理性衰老过程，许多老年病在生理性衰老的基础上发生发展，病理性衰老又可促进衰老过程。要延缓衰老，需注意以下几点：

机体调摄

人体脏腑功能活动常受精神意志影响，情志过激，能引起脏腑气机逆乱而产生种种病变，因此要十分注重调神。《黄帝内经》指出："夫上古圣人之教下也，皆谓之虚邪贼风，避之有时，恬淡虚无，真气从之，精神内守，病安从来？"即要避免内部过分的情志刺激，经常保持欢畅愉快，借以保养精、气、神，反之则影响肾气，尤其是惊恐思虑之下，更能损及肾之精气。同时要陶冶自己的性情，例如要丹青书画，习书楷书，或引吭高歌，使精神安逸行畅。

动静结合

"动"是指运动，活动；"静"是指内养，放松之意。老年保健应充分休息，保证充足睡眠，以聚精养神。但若一味静卧不动，气血流动不畅，亦损天年。尤其是进入中老年，由于脏腑功能衰退，抵抗力下降，虚邪贼风乘虚而入，极易发生各种疾病，因此"养性之道，常欲小劳，但莫大疲及强所不能堪耳"。早晨做体操、打拳等活动，晚上练一些放松类功法。做到以静为主，兼以运动，动静结合，使人体各组织细胞得以整复，可延缓细胞衰老，保持肾之精气充实，祛病延年。

适度饮食

老年脾胃虚弱更为突出，由于胃肠功能的减退，不宜暴饮暴食，不宜偏嗜五味、生冷、肥甘之品，不宜食用不易消化的硬性食物，如油炸食品。无论过饥过饱，均可伤害脾气。五味偏嗜，酒肉过盛，亦可伤脾滞气，影响水谷的吸收，导致脏腑功能紊乱，引起诸病和早衰。

慎应寒暑

人上了一定年纪后由于肾气衰退，对外界环境变化的适应性、应激性较差，极易受到外邪的侵袭，更伤肾气，引发疾病。《灵枢本神》曰："故智者之养生也，必顺四时而适寒暑。"热了少穿衣，冷了多加衣，但出汗时，不可当风脱衣。处处顺应自然变化，与之相应，养生不逆其时，真气内守，腠理致密，邪无由伤人。

节制性欲

肾之精液是构成人体生育繁殖的基本物质，到了一定年龄，定要节制性欲，如纵欲泄精，使相火妄动，伤肾损阴，引起一系列肾亏症状，久而夭天年。故《黄帝内经》提出："以酒为浆，以妄为常，醉以入房，以欲竭其精，以耗散其真，不知持满，不时御神，务快其心，逆于生乐，起居无节，故半百而衰也。"固摄肾精，使"先天之本"得到"后天之保养"，则体可健而动作不变，人尽其寿。

补摄营养

营养之补可分为食补、药补两大类。食补可用鸡汁、甲鱼之类，但不宜过分油腻，药物之补可用人参、燕窝、鹿茸、银耳等，应当因人因时而异。孙思邈说："四十岁以上须服补药，五十岁以上四时勿缺补药，如此乃延年得养生之术耳。"抗衰老药物除了具有治疗疾病作用外，还有针对老年人气血亏损，肝肾不足和阴阳容易失调的特点，分别用补气益血、调补肝肾、滋阴壮阳药物以达到强身保健、益肾固精之功。值得一提的是，中药不仅可作补药，也是很好的营养食品，如补肝肾、强筋骨的杜仲，补肺健脾、固肾益精的怀山药等可做菜吃，具有良好的保健养生价值。

【养生典范】

英国杰出的现实主义讽刺剧作家萧伯纳（1856～1950），享年 94 岁，从事创作活动 70 多年，他的最后一部剧本《为什么她不肯》竟是在他生命的最后一年中完成的。那么，他为什么在老年时期还具有这么充沛的精力、敏锐的思想和旺盛的创作热情呢？他又为什么能健康长寿呢？简单来说，萧伯纳的长寿秘诀有以下几点：

坚持体育锻炼

萧伯纳一生酷爱体育运动。他每天清晨起床后，必定要洗冷水浴、游泳、跑步或到海边打拳骑马、打网球等，进行体育活动。他还是一位技术颇高的业余拳击手。他说："我知道拳击时怎样进退，怎样动作，正如我知道下棋时怎样移动棋子一样。"他的长篇小说《凯雪尔拜化的职业》就是描写拳击家卡彭蒂尔的运动生涯。天气好时，萧伯纳一般是不在书房里写作的，而是常常跑到海滨的沙滩上，边坐着晒太阳边写作。在写作的中间还要定时活动身体，或做操，跑步，或骑着自行车到周围去兜一圈，或者干脆下海去畅游一番。接着，又聚精会神地投入写作。

乐观豁达

萧伯纳是一位典型的乐天派，是英国文学史上最善于诙谐的作家，豁达的胸襟，温和的性格，高度的涵养，构成了萧伯纳乐观的性格。在家庭生活中，萧伯纳与妻子和睦相处，互敬互爱。对朋友，萧伯纳待之以诚，乐于助人。把友人的困难完全当成自己的困难，有时达到体贴入微的程度。而对待朋友的误解和论敌的攻击，他持超脱和镇静的态度。他从不发脾气，总是以镇定自若的态度和机智的语言去解释或回击。

萧伯纳的乐观性格常常以幽默的形式加以表现。他极为崇拜恩格斯的幽默，他说："他的笔比马克思的轻妙，有些地方好像一个幽默家。"幽默是萧伯纳讽刺批判资本主义制度的虚伪，褒贬资产阶级各色人物的有力武器；同时，也是他待人处世的交际方式。他思维敏锐，妙语连珠，嬉笑怒骂，皆成文章。

生活规律

萧伯纳每天的写作、就餐，活动都有一套周密的作息时间表，绝不轻易地打乱。他不吸烟，食物以粗面包、蔬菜为主，极少吃含脂肪高的食物。

生活俭朴

成名之后的萧伯纳，财富像潮水般地涌来，荣誉堆满了他的双肩，但是，他并未为此所累，仍然过着十分俭朴的生活。他每天忙于写作，根本没有时间去享受那种花钱的乐趣。他给朋友写信时曾说，在享受人生的乐趣方面，有钱和没钱的差别是微乎其微的。为此，他曾将他获得 1925 年诺贝尔文学奖奖金的 8000 英镑，全部转赠给瑞典的穷困作家。

勤奋创作

勤奋的创作和对事业的追求，使萧伯纳的生活有着明确的精神寄托。愈到了晚年，萧伯纳创作愈勤，创作的成果也愈丰硕。在他一生中所创作的 52 部剧中，有 40 部是在他 50 岁以后完成的。在他的一生，从未放下过手中的笔，他说："我喜悦人生，就是为人生的本身。生命在我绝不是一截短短的蜡烛，它是一个辉煌的火把，是我这一瞬间抓住的；在我将交给下一代之前，我要使它燃烧得愈明亮愈好。"萧伯纳就是这样用自己的实际行动来实现自己的诺言的，在他逝世的前 4 年，每年都创作出一部剧本，那时他已经是一位年逾九旬的老翁了。

谦逊养生，不倨不傲

谦。亨。君子有终。

——《周易·谦卦》

【译文】

谦逊。亨通。君子的谦虚，要有始有终。

【阐释】

“谦卦”，上卦“坤”为地，下卦为“艮”为山，山高而屈居于地下，有谦让之象。“谦”为谦逊、谦让之意。“谦卦”上卦“坤”为地，下卦为“艮”为山，山高而屈居于地下，有谦让之象。又“艮”为止，是止于下，“坤”为地，天尊地卑，都有谦卑之象。所以，卦名为“谦”。

“谦卦”告诉我们，“水满则溢，月满则亏”，做人一定要谦逊，不故步自封、不自满，更不能自以为是。

《周易》云："地中有山，谦。"如果你是一座山，你谦逊地说你是平地。别人也不会把你当平地，依然认为你是一座山。反之，你是地，或是一个小土丘，你却妄自尊大、自以为是，认为自己是山，那别人也不会相信你，只会贬低你。

《周易》云："鸣谦，贞吉。"谦逊不是空口说出来的，自己说自己谦逊，这是一种自满，谦逊需要实际行动，让他人能够看到、听到、感觉到。这样，再加上动机纯正，便会贞吉。

《周易》又云："不富，以其邻，利用侵伐，无不利。"就是说，谦逊谨慎，还表现为：在荒年庄稼歉收的时候，虽然自己不富裕，却还拿出一部分来分给邻居们。这样做，不会没有好处的。

我们人类是知天、知命、知人、知礼、谦逊辞让、屈己尊人的高级动物，所以能合群互助，强扶弱，智化愚，大容小，富济贫，放下自身的优越感，视人与我平等。因此，有礼节而能和谐共存，此乃"谦卦"的真义。

【养生之道】

谦逊是我们民族的传统美德，古人很早就明确提出了人要有"自谦之德"。古人认为，大道无形，无所不在，它孕育万物却从不自居为万物之首。所以，人也应该"戒满戒盈”，不居功，不恃才傲物，不妄自尊大。

那么，谦逊与养生的关联又在哪里呢？

古人告诉我们，只有谦逊谨慎，才能不招致祸患，安享天年。

古人在这一点上的看法是相同的，俗语中有“月满则亏，物极必反”“满招损，谦受益”的说法。人们都喜欢谦逊有礼的贤士，喜欢礼贤下士的君主，而对自以为是、恃才傲物的人心怀不满。古人意识到了过于狂傲会给自己招致祸患，喜欢在人前显圣、鳌里夺尊的人，难免招来别人的嫉妒和指责，自然就会影响到自己的心情，这与养生是背道而驰的。而一个有“自谦之德”的人，能做到自重和自持，能在大多数情况下保持内心的谦和平静，注意避免与他人的争夺和争执，对名利不去过分计较。能保持这种良好的心态，才是养生的根本。

谦逊的对立面就是骄傲自满。骄傲自满的人做什么事都喜欢随心所欲，总觉得自己做得最好，不顾及别人的感受；常在人前表现自己，拿自己的长处比别人的缺陷，只看到自己比别人强的一面，心高气傲，虚荣心极强；任何事都不想输给别人，常蔑视、责备别人，挑别人的毛病，喜欢批评、指责别人；自私，霸道，拿自己的处世标准去衡量别人；爱管闲事；牺牲别人的面子来维护自己的面子等。这样的人很容易给自己树敌，与别人发生争执与对抗，招致众人的不满和怨恨，使自己陷入困境甚至是危险，给身心增加负担，这对养生是毫无益处可言的。

总之，谦逊是健康长寿的前提条件之一，反之，骄傲自满是健康养生的大敌。

【养生典范】

孔子不但学识渊博，而且十分擅长健康养生，而谦逊便是他非常注重的，这在《论语》中有多处记载。

他的弟子子路性格直率，过于鲁莽，很多时候也表现得不够谦虚，孔子常常批评他。有一次，子路、曾皙、冉有、公西华四个人陪孔子闲坐，孔子说：“你们平时总是说：‘没有人知道我呀！’假如有人知道了你们，你们打算怎么办呢?”子路急忙回答说：“一个拥有一千辆兵车，夹在大国之间，加上外国军队的侵犯，甚至还赶上荒年的国家，如果让我去治理，只需用三年的工夫，我就可以使人人勇敢善战，而且还懂得做人的道理。”孔子听了以“哂之”（微微一笑）表示对他的批评。孔子说：“治理国家要讲礼让，可是，子路说话却一点不谦让，怎么能治理好国家呢?”

还有一次，孔子带着几个学生到庙里去祭祀，刚进庙门就看见座位上放着一个引人注目的器具，据说这是一种盛酒的祭器。学生们看了觉得新奇，纷纷提出疑问。孔子没有回答，却问寺庙里的人：“请问您，这是什么器具啊?”守庙的人一见这人谦虚有礼，也恭敬地说：“夫子，这是放在座位右边的器具呀！”于是孔子仔细端详着那器具，口中不断重复念着：“座右”“座右”，然后对学生们说：“放在座位右边的器具，当它空着的时候是倾斜的，装一半水时，就变正了，而装满水呢？它就会倾覆。”听了老师的话，学生们都以惊异的目光看着他，然后又看着那新奇的器具。孔子看出大家的心思，和蔼地问大家：“你们有点不相信吗？咱们还是提点水放到器具里试试吧！”说着学生们就打来了水。往器具里倒了一半水时，那器具果然就正了。孔子立刻对他们说：“看见了吧，这不是正了吗？”大家点点头。他又让学生继续往器具里倒水，器具中刚装满了水就倾倒了。孔子赶忙告诉他们：“倾倒是因为水满所致啊！”

动静结合，形神兼备

夫乾其静也，专其动也，直是以大生焉；夫坤其静也，翕其动也，闻是以广生焉。

——《周易·系辞》

【译文】

“乾卦”虽主动，但也有静的一面，这是由它的大而生成的；“坤卦”虽主静，但也有动的一面，这是由它的广而生成的。

【阐释】

在《周易》中，“乾卦”主阳动，“坤卦”主阴静。

《周易》所说的运动包含了健身运动和养生修炼。健身运动为阳动，养生修炼为阴静。这成为中国养生的两大原则。

动与静、刚与柔是一对立统一体，“乾卦”虽主动，但也有静的一面；“坤卦”虽主静，也有动的一面。因此，乾坤二卦是动静有时的。

所以，《周易·系辞》云：“夫乾其静也，专其动也，直是以大生焉；夫坤其静也，翕其动也，闻是以广生焉。”

《周易》认为，天地万物是动中有静，静中有动，动静相间的。养生的原则也应动中有静，静中有动，刚柔相济。

《周易》曰：“一阴一阳之谓道。”即强调宇宙万事万物的运动关系皆为阴阳的对立统一关系，具体为阴阳的动静刚柔关系。养生修炼也应以阴阳协调、刚柔相济、动静相兼为指导。

【养生之道】

养生专家指出，动以养形，静以养神，动静兼修，形神共养，以期体内气血流畅，阴阳平衡，是科学的养生之道，是延年益寿的关键。

运动养形的要点是运动适量，持之以恒。剧烈的运动会引起血脉扩张，呼吸疾喘，心跳加快，大汗淋漓，造成气血运行失控，对养生有害无益。所以，唐代养生家孙思邈早就指出：“养生之道，常欲小劳，但莫大疲及强所不能堪耳。”总之，各人可根据自己的健康状况，量力而行。采用最安全的运动方式，持之以恒，必将会获得养生的益处。

清静养神的要点是，思想上安闲清静，不作妄想，使精神内守，气血通畅，疾病就不会产生。正如庄子《庄子·刻意》所说："平易恬淡，则忧患不能入，邪气不能袭，故其德全而神不亏。"其次，要情志舒畅，性格豁达，不宜有愤怒心情。《孙真人卫生歌》中，"世人欲识卫生道，喜乐有常嗔怒少，心诚意正思虑除，顺理修身去烦恼"，说的就是这个道理。总之，精神情志的稳定和健康，有利于气血畅达，阴阳协调。

中国养生文化中的动静观是一对关系复杂的范畴，它们同被纳入传统养生之道的理论体系中，更重要的是它们被辩证地体现和应用于养生方法实践中。在中国古代意识中，没有绝对的动，也没有绝对的静，而是静中有动，动中有静，或者外动内静，或者外静内动。可见，"动""静"两种养生模式不是截然对立的。动静结合的养生法，正体现了古代养生文化的科学性。

事实上，动养生与静养生的原理最早来自《周易》。《周易》指出：动则生阳，可以增强精力，提高工作效率；静则生阴，可以降低人体的消耗，人的寿命也相对较长。

动养生，包括：跑、跳、走、爬、打球、游泳、骑车……

静养生，包括：静坐、静立、静心……

动养生与静养生各有益处，动静结合才是正确的养生之道。

养生专家建议，动静交替要因人而异，动养生与静养生要相辅相成，有的人应以动养生为主，静养生为辅。腹围大、血脂高、血压高、胆固醇高的人，应以动养生为主、静养生为辅。反之，腹围不大、血脂不高、血压不高、胆固醇不高的人，应以静养生为主、动养生为辅。

总之，处理好动养生与静养生的关系，才能达到精力好又能延长寿命的最佳目的。

【养生典范】

苏轼，又称苏东坡，四川眉山人，是我国北宋著名的诗人、书画家。他对养生之术颇有研究，后人为其编纂的 12 卷《东坡养生集》详细记载了他的养生经验，实为我国古代养生之道难得的记载。根据《东坡养生集》上的记载，“动静结合”是苏东坡极为推崇的养生之道。

苏东坡非常重视身体锻炼和心理卫生，强调要动静相结合，才能养生长寿。他主张动——“能逸而能劳”；亦主张静——“能心平而能气和”。

苏东坡对动作了分析：为什么达官贵人很容易生病，而平民百姓很健壮呢？他是这样认为的：“夫风雨寒露，寒暑之变，此疾之所由生也。”贵人深居简出，行则坐轿，寒则厚衣，养之太过，所以易受寒暑；农夫小民，不问严寒酷暑，劳作于田间，劳动的锻炼使得他们祛病延年。正是因为他对动的重视，所以他经常登山，有“横看成岭侧成峰，远近高低各不同。不识庐山真面目，只缘身在此山中”的为后人传诵的佳句。由于他对劳动的重视，一生勤于劳作，即使在63岁被贬儋州，也还亲自开荒种地。留有“门前流水尚能西，休将白发唱黄鸡”的诗句，对后人启迪颇大。

在重视动的同时，苏东坡还推崇静。他认为一个人首先要心静，不要胡思乱想，自然就能“心平气和”。在《东坡养生集》中有记载：说他每天天刚亮，就立即起身，盘腿而坐，练我国传统的保健功：先叩齿数十下，随后吐故纳新，待气满腹，再徐徐吐出。然后按摩涌泉穴、眼面及耳，直至发热，最后梳发百余次。他在一文中写道：“此法甚效，初不甚觉，但积累百余日，功用不可量，胜之服药百倍。”并推崇静坐养生法，有诗为证：“无事此静坐，一日是二日。若活七十年，便是百四十。”他的静坐养生法要求坐姿端正、头颈正直、下颏微收、含胸拔背、垂睑微闭，全身放松，排除杂气，自然呼吸，守神静志，意守下丹田。这和现代的静坐要求一致，是一种良好的休息养生方法。

阳气为本，抗衰之基

乾。元亨，利贞。

——《周易·乾卦》

【译文】

“乾卦”象征天的功能，是万物创始的根元，通行无阻，祥和有益，无所不应，而且执着。

【阐释】

对于“乾卦”，笔者在“自强不息，奋发进取”一文中已经作过阐述。

“乾”的本意是指日出时，光气舒展的形象。在构成宇宙的阴阳二元中，它具备阳的活力。纯粹是由阳气构成的，最大的就是天，所以“乾”是指天的功能。

“乾卦”属于阳卦。此外，在《周易》八卦中还有另外三卦—— 坎（水）、震（雷）、艮（山）也属于阳卦。

阳卦主阳气。传统养生学认为，人体以阳气为本。

阳气的推动、鼓舞是生命活动得以正常进行的动力，不管是人的精神意识、思维活动，还是脏腑气化、肢体运动，都和阳气的功能有着不可分割的关系。人体生命活动有节律性变化。这种节律性变化的根本就在于人体阳气有消长，而天阳的盛衰变化是其根本所在。

《周易·乾卦》说："元亨，利贞。"从整体上看，"元"是指种子发芽，"亨"指成长，"利"是开花，"贞"是结果。

这就好比人的一生，我们可以将其粗略地分为幼年、青年、壮年和老年四个阶段。人在幼年时期，为稚阳之体；青年时期，为阳长之体；壮年时期，为阳盛之体；老年时期，为阳衰之体。

可以说，阳气是生命活动的动能，因为阳气为人体的生命活动信息，实际为生命的火种。火种熄灭则生命终结，故保护阳气、减少阳气的损耗，是保健康、抗衰老的重要环节。

【养生之道】

既然阳气是生命的火种，那么只要火种旺盛，生命自然也就可以旺盛了。所以，保护阳气、减少阳气的耗损意义非常重大。

单纯保护现有的阳气还远远不够，我们更应该采吸阳气，以补充身体。

那么，具体该如何做呢？

传统养生学为我们指出了以下几点：

早晨

早上太阳刚刚升起的时候，我们可以面向东方做深呼吸。这样做可以让阳气从鼻孔以及人体的各个皮肤腠理、毛孔进入人体。

中午

中午的时候，我们可以到露天的地方，洗太阳浴（盛夏时节不可采用此方法），让自然中的阳气从我们的百会穴，进入我们的人体。

傍晚

傍晚日落红霞起的时候，可以到户外去散步，尽情地享受和采吸太阳余光。

饮食

此外，除了采吸阳气，我们还可以吃一些养阳的食物，如鸡汤、牛肉汤、羊肉汤、猪肉汤，还有黄鳝、韭菜、冬虫夏草等。

总之，阳气对人体健康、长寿非常重要，所以，我们每一个人应时刻注意保护阳气，千万不要轻易损伤它，因为损伤阳气就等于在慢性自杀。

【养生典范】

汤荣林，江苏扬州人，如今已 90 多岁高龄，但仍身体硬朗，眼不花，走路利索，看起来像只有 70 多岁。

汤老非常喜爱孔子，并且爱屋及乌喜欢上了《周易》。用汤老的话来说：“孔子老而喜《易》，曾达到‘韦编三绝’的程度。我当然比不了，但我也可以读读《周易》，从中寻求一些健康养生之道。”

汤老说：“不服老不行啊！用《周易》的话来讲，我已经是‘阳衰之体’，要不想早点驾鹤西游，就得保养自己的阳气了。”

汤老开玩笑地说：“我可不是怕死，孔子说‘未知生，焉知死’，我生的道理还没有弄明白，又何必去想什么是死呢?”

为了保养阳气，达到健康长寿的目的，汤老在日常生活中，养成了一系列良好的习惯。

比如：汤老一直以来，爱吃韭菜、葱、蒜等助长阳气的食物，但并不一味吃素，一星期至少要喝一两次鸡汤或排骨汤。

汤老认为，这些食物不但能助长阳气，而且荤素搭配、营养均衡。汤老每天清晨和傍晚，还有踏着阳光散步的习惯。汤老说：“这一习惯我已经保持20多年了，每次散完步，我都觉得全身舒畅，精神特别好。”

汤老还常常劝身边的老年人，不要整天待在家里或待在棋牌室中，那样对助长阳气没有好处，不如出来走动走动，既活动了身体，又愉悦了心情。

保养阴气，减少耗散

坤，元亨，利牝马之贞。

——《周易·坤卦》

【译文】

“坤卦”象征地，元始，亨通，如果像雌马那样柔顺，则是吉利的。

【阐释】

“坤”原意为“伸”，也含顺的意思，与太阳光气舒展的形象相对，为地气舒展的形象。在构成宇宙的阴阳二元中，它具备阴的柔顺。而纯粹是由阴气构成的，最大的就是地，所以“坤”是指地的情势，表示纯粹的阴、最柔的顺。

“坤卦”属于阴卦。此外，在《周易》八卦中还有另外三卦—— 离(日)、兑（泽）、巽(风）也属于阴卦。

阴卦主阴气。传统养生学认为，阴包括精血津液，是阳气化生的基础，因此说护阴与护阳对人体健康具有同等重要的意义。

然而，日常生活中，人们往往偏爱阳气而忽略阴气的作用，对阴气的印象常常被病态观念所影响，这是一种认识上的误区，一定要有所纠正。

《周易》对阴气的重视非同一般，在八卦中，四卦为阴卦，四卦为阳卦。这说明阴阳都是生命活动中不可缺少的。

古代养生家喜好光着脚丫，这样做的好处，就是除了让头顶的百会穴吸收阳气之外，还让阴气从涌泉穴灌入身体。《黄帝内经》提出“阴精所奉其人寿，阳精所降其人夭”，就是说阴阳交替循环，秉守动静结合的人能长寿。

阴是人体不可缺少的，它可以存在于大自然，也可以存在于人体。阴和阳一样重要，阴是阳的基础，没有阴，阳就没有办法气化；没有阳，阴就没有动力。所以，阴阳互根是健康长寿的基本保证。

【养生之道】

那么，阴气在哪些地方最多呢？

在海边，在山林，在河畔，在湖边，所以我们可以前往这些地方采吸阴气。

另外，我们可以接地气，这个地气也是给我们阴气、给我们阴离子一个很重要的矿产。因为天为阳地为阴，地是阴气的矿藏，所以我们可以经常地赤足，这样做的目的是让阴气通过我们脚底板的涌泉穴，上升到人体。

此外，我们可以面向北方，北方是阴气产生的重要方向。所以说阴虚的人，可以选择面向北方的屋子用来做自己的办公室或卧室。

还有，夜晚面向月光，白天是阳，夜晚是阴，太阳是阳，月亮是阴。所以，阴气不足的人，可以在有月光的夜晚，到户外散步，沐浴月光，这对养阴有非常好的效果。

除了运用这些采吸阴气的方法外，也可以吃一些养阴的食物。比如吃一些藕，还有竹笋、荸荠、菱角、黑木耳、蘑菇等，这些都是养阴很好的食品。

《黄帝内经》云："壮火散气""少火生气"，说的就是要保护阴气，因为减少耗散是维护阳气的根本。温病学家吴鞠通强调："存得一分阴液，便有一分生理。"说的就是强调阴气对人体的重要作用。

有调查显示，女性长寿者的比例远远高于男性，是什么原因致使女性的寿命要比男性长？经过研究发现，很大一部分原因是因为女性阴气偏浓，阳气耗散较小，细胞分裂较缓的缘故。相比之下，男性大多性刚气盛，阳气耗散较大，细胞分裂较速，故寿命大多不如女性长。

抛开人体这个复杂的机体不说，我们将目光转向动物。

有俗语说："千年王八万年龟。"为什么乌龟能存活那么久？这和其阴气较浓是分不开的。我们再看看百兽之王老虎，为什么它的寿命不及蛇，这也是因为老虎阳气壮盛而蛇阴气较浓的缘故。

因此，对阴气在人体中的重要意义，从认识论上应该重新估价。

最后，有一点必须注意，阴阳互根、阴阳消长，保养阴气，减少耗散，能延长人的寿命，但也要注意阴阳平衡，要注意保生理之阴气而非病理之阴气。

【养生典范】

如今已 90 多岁高龄的汤荣林老人对养生有自己的心得，他不但主张保养阳气，而且还特别强调保养阴气。

汤老指出："《周易》的首卦为'乾'为阳卦，而紧接着第二卦为'坤'为阴卦。而且《周易》八卦中，四卦为阳卦，四卦为阴卦。可见，《周易》讲究阴阳协调。所以，一味保养阳气并不可取，在保养阳气的同时，我们还要保养阴气。"

汤老说："阴为精血津液，是阳气化生的基础，所以，保养阴气与保养阳气并不矛盾。阴气和阳气是相辅相成、缺一不可的。"

那么，汤老是如何保养阴气的呢？

汤老在常吃助长阳气食物的同时，还适当吃一些保养阴气的食物，如藕、竹笋、蘑菇和木耳等。那么，是助阳食物还是养阴食物应该多吃呢？汤老说："总的来说，什么时候这两类食物都要吃，但要讲究'春夏养阳，秋冬养阴'，所以，助阳食物在春夏应该适当多吃，而养阴食物在秋冬则应该适当多吃。"

汤老还喜欢在天气允许的情况下，在家中光着脚丫。汤老说："这是我在养生书上看来的，古代许多养生家都喜欢这样，是吸收大地的阴气。当然，我是在没有外人的前提下才这样做，要不我也会不好意思呢！否则别人该叫我老顽童了！"

此外，汤老还时常到公园的小河畔、山脚下走走，在那里，汤老交了许多朋友，汤老说："我是锻炼、交友两不误啊！"

顺时而动，健康快乐

雷出地奋，豫。

——《周易·豫卦·象传》

【译文】

“豫卦”的卦象为坤（地）下震（雷）上，为地上响雷之表象。雷在地上轰鸣，使大地振奋起来，这就是大自然愉快高兴的表现。

【豫卦】

“豫卦”，上卦“震”为雷，下卦“坤”为地，雷在地上爆发，使大地震奋，是阴阳最和乐的形象。

【阐释】

“豫”是安乐、喜悦的意思。“豫卦”下卦“坤”为地，上卦“震”为雷，雷在地上爆发，使大地震奋，是阴阳最和乐的形象。

“豫卦”上卦“震”主动，下卦“坤”主顺，能够顺时而动，所以和乐，因此命名为“豫”。“豫卦”以春雷震动，大地复苏的象征，强调时机的重要意义。

《周易》指出，人的行为，像日月那样运行，不会有错误；如四季循环，不会有偏差。比如说，“日出而作，日落而息”“春夏养阳，秋冬养阴”，是顺时而动，肯定会有收获，你会因此而和乐。

事实上，“豫卦”对于健康养生意义非凡。“豫卦”告诉我们，养生要顺时而动，才会健康快乐。如笔者在“效法自然，顺时养生”一文中所讲述的那样。在本节中，笔者认为，运动养生也必须遵循顺时而动的养生原则。

【养生之道】

运动养生所谓“顺时而动”，即要根据天气、季节等安排运动，这样才能真正让运动有益健康。具体内容包括：

春季运动养生

运动前要“热身”。春季天气由寒冷渐渐变得温暖，身体也由僵硬渐渐变得灵活，春季运动必须注意“热身”，否则很容易造成运动损伤。尤其是进行剧烈的运动前，“热身”运动更是少不了，这是为了预防肌肉和骨骼遭受损伤。

就运动而言，时间很关键。许多人都认为，每天早晨锻炼是最好的。然而，众多科学家的研究表明，傍晚是一天中的最佳运动时间，尤其是室外运动。研究表明，一天内，人体血小板的含量是有一定的变化规律的，下午和傍晚的血小板量要比早晨低 20% 左右，血液黏度降低 6%，早上容易造成血液循环不畅和心脏病突发等问题，而下午这个危险则降低很多。且傍晚时分，人体已经经过了大半天的活动，对运动的反应最好、吸氧量最大，运动效果也更明显。

天气也很关键，春季多雾，雾对人体健康危害很大。雾珠中含有大量的尘埃、病原微生物等有害物质，在雾气中锻炼，人的呼吸随运动量的增多而加速、加深后，会将雾气中大量的有害物质吸入体内，一些雾气中散布的致病因素反倒让锻炼成了无形杀手。

锻炼后需“冷身”。锻炼前需“热身”，而运动后需“冷身”。运动能加速血液的循环，如果不能以一些节奏慢的简单运动结束，血液不能突发性地自动适应身体的变化，血压会猛然下降，心脏供血不足，引起昏迷甚至休克死亡。简单的 5 分钟左右的慢走，能够有效地消除疲劳。

夏季运动养生

夏季高温，进行运动要讲究科学，做到适时、适量和适地。

适时即选择好一天中合适的锻炼时段。为了避免强烈阳光对皮肤和身体的损伤，应该安排在早晚两头，尽量避免上午 10 点后至下午 4 点前的户外运动。

适量即调整好运动量。人体在夏季消耗增大，睡眠和食欲下降，体能储备相对较弱，因此提倡轻松运动，时间控制在 20～30 分钟左右，强度适当减小，可选择游泳、散步、慢跑、拳操、非对抗性球类等运动。

适地即选择适当的运动场所。尽量到户外运动，选择阴凉通风、环境幽雅的地方。即使在室内运动，也要注意打开门窗，保持空气流通。

秋季运动养生

注意补水。秋季雨水少，气候干燥，运动前后要多喝些水，注意补充体内水分以保持上呼吸道黏膜的正常分泌，提高口鼻黏膜的防御机能，促进周身血液循环。如果运动过程中流汗过多，还应该注意喝些淡盐水，以补充体内钠的流失。当然，一次补水不能过多，应少量多次。

选择合适的运动项目。可以根据自己身体的状况，选择一些适合自己的户外活动，身体好的可以选择爬山、郊游等活动，而身体较差的则可以选择一些活动量较小的项目，如户外散步、打太极拳、气功等。不同年龄层次的人，可选择不同的锻炼项目，如青年人可以打球、爬山、游泳等，年老体弱者则可以打拳、慢跑、散步、做操等。

不能穿单衣去运动。秋季和夏季不同，气温已经开始有些低了，锻炼时一般出汗较多，稍不注意就会有受凉感冒的危险。所以，千万不能穿着单衣到户外去活动，而是要给身体一个适应的时间。出去锻炼时应该多穿件宽松、舒适的外套，等准备活动做完或锻炼一会儿身体发热后，再脱下外衣，免得室内外温差太大，身体不适应而着凉感冒。

不要在马路边锻炼。秋天在林荫大道上慢跑，呼吸清新的空气有利于人体健康。但是如今城市中，车水马龙的马路越来越多，不少人为了省事，就在马路边慢跑来锻炼，其实这是很不健康的。因为秋季气候干燥，灰土容易飞扬起来，使空气受到污染。在马路边跑步，肺活量增加，会吸入更多的灰尘和汽车排出的有害气体，无形中增加了对身体的损害。

冬季运动养生

注意热身运动。相对春季而言，冬季更需热身运动。气候寒冷，人体各器官系统保护性收缩，肌肉、肌腱和韧带的弹力和伸展性降低，肌肉的黏滞性增强，关节活动范围减小，再加上空气湿度较小，所以使人感到干渴烦躁，感到身体发僵，不易舒展。如果不做热身活动就锻炼，往往会造成肌肉拉伤、关节扭伤。

注意保暖。冬季进行健身运动，开始要多穿些衣物，穿着衣物要轻软，不能过紧；热身后，就要脱去一些厚衣服。锻炼后，如果出汗多应当把汗及时擦干，换去出汗的运动服装、鞋袜，同时穿衣戴帽，防止热量散失。另外，在室外进行健身锻炼更要注意保暖，锻炼完后身体发热较多，总想凉快一下，但切不可站在风大的地方吹风，而应尽快回到室内，擦干汗水，换上干净衣服。

注意锻炼方法。由于冬季寒冷，身体的脂肪含量较其他季节有所增长，体重和体围相应增加，这虽然对瘦人增重长胖有益处，但肌肉轮廓、线条和力度的发展不够理想。因此，冬季健身要提高锻炼的强度和力度，增加动作的组数和次数，同时增加有氧锻炼的内容，相应延长锻炼时间，用以改善机能，发展专项素质，消耗体脂，防止脂肪过多堆积。另外，注意锻炼间隙要适当短一些，尤其在室外应避免长时间站立于冷空气中。如果间隙时间过长，体温下降，易使肌肉从兴奋状态疲惫下来，黏滞性增大，这样不但影响锻炼效果，而且再进行下组练习时容易受伤。

【养生典范】

杨国翔，江西九江人，1914 年生。杨老非常重视养生，尤其注意运动养生。

杨老谦虚地说："小时候没上过几年学，但'生命在于运动'我还是知道的！"

杨老运动养生非常注意"顺时而动"，如夏季运动，杨老都避开高温时段，选择在清晨或黄昏时分运动；冬季运动，杨老选择有太阳、没有风的时候，或在室内运动。

此外，杨老运动养生，非常重视“三部曲”——运动前的准备工作要做好；运动中精神要放松；运动后要注意调整。

杨老说：“所谓‘运动前的准备工作’，是指要选择好运动时间和地点，以及做些简单的舒展运动。就我来说，我喜欢傍晚时分运动，喜欢在环境幽静、阳光柔和、空气清新、地势平坦的地方运动。还有一点我特别注意，不离开人群、不离家太远。人老了，就怕有个闪失！”

“所谓‘运动中精神放松’，是指在运动的时候，始终保持乐观愉悦的心情。因此，当我身体不舒服或感冒发烧的时候，我就停止运动，选择在家休息。这不是偷懒，是对身体最好的保护。”

“所谓‘运动后注意调整’，是指锻炼结束后做一些调整运动，如散步、扩胸等。我常见到一些人运动后立即坐下来休息，我就会忍不住去提醒他，一定要站起来走一走，不然腿会抽筋的。”

关于运动养生，杨老还特别强调，不能空腹运动，运动后最好不要吃鸡、鱼、肉、蛋，而要多吃一些新鲜蔬菜。

杨老坚持运动已有近 40 年，杨老的身体、精神都特别好，对此，杨老自信地说：“我要一直运动下去，运动着迈向 100 岁！”

饮水卫生，健康保证

井泥不食，旧井无禽。

——《周易·井卦》

【译文】

井底淤满了污泥不能供人饮用，历尽沧桑、年久失修的老井连鸟雀都不来光顾。

【阐释】

“井卦”，上卦“坎”为水，下卦“巽”为木，木上有水，为水井之象。水，是生命之源，也是人类生存和发展的基本保障。对于这一点，古人也已经有了充分的认识。《周易》专辟“井卦”来针对饮水问题进行了深刻的说明。

《周易·井卦》曰：“改邑不改井，无丧无得，往来井井。汔至亦未繘井，羸其瓶，凶。”其卦辞点明了水井、水与人们生活、生产的密切联系。

这段卦辞涉及两方面的内容：其一是水井的功用及其德性；其二是汲取井中之水时要注意的事项。

关于水井的功用和其德性，这和我们的主题并没有多大关系，在此就不费笔墨多说了。重点要给大家讲述的是其关于汲取井中之水时要注意的事项。

《周易·井卦》初六爻曰："井泥不食，旧井无禽。"说到了水质的好坏对人体健康的影响。

初六爻强调的是要对水井进行定期维护和保养，因为一旦时间太长而又不清理，井水一定会变得浑浊而变质，如果长时间如此，到最后水就无法饮用了，甚至连鸟兽都不会有什么兴趣去喝。人要是长期饮用这样的水会对身体健康造成伤害。这就提出了水质的好坏影响到健康的观点。

《周易》除了说到水质的好坏对人体健康产生影响外，更是提到了保持水质或改善水质的观点。

《周易·井卦》初三爻曰："井渫不食，为我心恻。可用汲，王明并受其福。"重点说明了治理水井的方法，强调了事物的发展性，认为只要实施相应的改善措施，井水就会变得洁净。那么，人饮用没有被污染过的水，自然就能保证身体健康，达到益寿延年的目的。

【养生之道】

对人类生存来说，水是仅次于空气的最必需的物质。饮水除了大家知道的有调节体温、排除废物等功效外，还有诸多特殊疗效，如镇静作用、强壮效果、保护眼睛、降脂减肥、润滑关节、美容效果、有益呼吸、缓解便秘等。

那么，如何才能做到健康饮水、以水养生呢？笔者认为，必须注意以下几点：

必须保证饮水卫生，即饮用健康水。

经过学者对长寿者的研究后发现，许多长寿者所居住的环境，大多是水质比较好的地方。苏联著名的高加索长寿村，活到100多岁的人比比皆是。当地是世界上唯一没有发现癌症的地方，平常极少有人生病，大都无疾而终。世界各国的卫生保健组织前往调查，发现除了当地自然环境无污染外，村民的食物与周围地区也无区别，结论是：村民们长期饮用天然的小分子团水，是获得健康长寿的重要原因。

饮用健康水，有利于延年益寿。相反，人如果长时间喝水质差的水，就容易患各种疾病，如长期喝含铅量过高的水，就会导致末梢神经病变、高血压及痛风等铅中毒症状，直接危害人体的健康；饮用水中的含砷量对心血管疾病的发生也存在极高的致病率。

由此可见，保护水质，饮用健康水对人体健康具有重要意义。

有6种水不能喝。

生水。生水有各种各样的对人体有害的细菌、病毒和人畜共患的寄生虫。喝了生水，很容易引起急性胃肠炎、病毒性肝炎、伤寒、痢疾及寄生虫感染。

老化水，俗称“死水”，也就是长时间贮存不动的水。常饮这种水，对未成年人来说，会使细胞新陈代谢明显减慢，影响身体生长发育；中老年人则会加速衰老；许多地方食道癌、胃癌发病率日益增高，据医学家们研究，可能与长期饮用老化水有关。

千滚水。千滚水就是在炉上沸腾了很长时间的水，还有电热水器中反复煮沸的水。这种水因煮过久，水中不挥发性物质，如钙、镁等重金属成分和亚硝酸盐含量很高。久饮这种水，会干扰人的胃肠功能，出现暂时腹泻、腹胀；有毒的亚硝酸盐，还会造成机体缺氧，严重者会昏迷惊厥，甚至死亡。

蒸锅水。蒸锅水就是蒸馒头等剩锅水，特别是经过多次反复使用的蒸锅水，亚硝酸盐浓度很高。常饮这种水，或用这种水熬稀饭，会引起亚硝酸盐中毒；水垢经常随水进入人体，还会引起消化、神经、泌尿和造血系统病变，甚至引起早衰。

不开的水。人们饮用的自来水，都是经氯化消毒灭菌处理过的。氯处理过的水中可分离出 13 种有害物质，其中卤代烃、氯仿还具有致癌、致畸作用。当水烧开沸腾后，这两种有害物质会随蒸气蒸发而大大减少，如继续沸腾 3 分钟，则饮用安全。

重新煮开的水。有人习惯把热水瓶中的剩余温开水，重新烧开再饮，目的是节水、节气、节时。但这种“节约”不足取。因为水烧了又烧，使水分再次蒸发，亚硝酸盐会升高，常喝这种水，亚硝酸盐会在体内积聚，引起中毒。

要特别注意饮水的最佳时间。

晨起喝杯淡盐水。清晨空腹饮一杯淡盐开水，既可解渴补充水分，又可消毒洗肠胃，降低血液浓度，使血流通畅，有助于降低血压，预防心绞痛、心肌梗死和脑溢血，还可增强肝脏的解毒功能和肾脏的排泄能力，促进新陈代谢，刺激胃肠道蠕动，软化大便，防治便秘。

饭前1小时喝杯凉开水。水在胃中只停留2～3分钟，就进入小肠，被吸收入血液，能较快满足全身组织细胞对水的需求，保证分泌一定量的消化液，有助于食物的消化和吸收。饭后除因吃了大量脂肪、蛋白质食物外，不应大量饮水。因为过多的水会冲淡胃酸，减弱杀菌力，也不利于消化。

午休以后，喝一杯淡淡的绿茶水。午休后精神不佳，清茶有醒脑提神、润肺生津、解渴利尿功效。

睡前喝杯白开水。夜晚睡觉前喝一杯白开水，可帮助消化，增进循环，增强解毒和排泄能力，加强免疫功能。尤其是老年人，大多数人都存在不同程度的动脉血管粥样硬化，加上夜间活动少，血液黏稠度增加，容易形成血栓而发生脑梗塞意外，睡前饮一杯白开水，就能有效地防止脑血栓在夜间悄悄地发生。不过，不宜喝茶，因为茶有利尿作用，反会使小便排出量多于喝下的水量。

【养生典范】

贾铭，字文鼎，号华山老人，海宁（今属浙江）人。他生于南宋末年，经元代至明朝初年，活了106岁。明太祖朱元璋得知他年过期颐犹康健，深以为奇，特地召他进宫，问他养生之道。他答对："无他，只是注意了饮食而已"。说罢，将其所著《饮食须知》一书献上。朱元璋非常高兴，随即令御膳太医详加研究，并在皇家膳食中照此办理。

《饮食须知》中对于饮水问题，有着非常详细的论述。时至今日，对人们的健康养生仍有着重要的参考价值。

贾铭认为，人的身体每天出气出水，从无间断，腹中之食物悉为渣滓。若不经常饮水，渣滓填积，多则成毒。而血液，也是靠水来调匀的。所以，人首先要喝水。

而水分为许多种，如天水、河水、井水、乳穴水等。仅天水又可分为天雨水、立春节雨水、梅雨水、液雨水、腊雪水、冰水、露水、冬霜和冰雹水等。

贾铭对天水一一作了分析：

天雨水"味甘淡，性冷"，大都可以饮用，但其中的

“暴雨不可用”。

立春节雨水，“性有春开始生之气。妇人不生育者，是日夫妇各饮一杯，可易得孕。取其发育万物之义也”。

梅雨水，“味甘性平，芒种后逢壬为入梅，小暑后逢壬为出梅，须淬入火炭解毒。此水入酱易熟，沾衣易烂，人受其气生病，物受其气生霉。忌用造酒醋。浣垢如灰汁，入梅叶煎汤洗衣霉，其斑乃脱”。

液雨水，“立冬后十日为入液，至小雪为出液。百虫饮此皆伏蛰。宜制杀虫药饵，又谓之药雨”。

腊雪水，“味甘性冷。冬至后第三戊为腊，密封阴处，数年不坏。用此水浸五谷种，则耐旱不生虫；酒席间则蝇自去；淹藏一切果菜永不虫蛀”。

春雪，“日久则生虫，不堪用，亦易败坏”。

冰水，“味甘，性大寒，止可浸物。若暑月食之，不过暂时爽快，入腹令寒热相激，久必致病，因与时候相反，非所宜也”。

露水，“味甘，性凉，百花草上露皆堪用，秋露取之造酒，名秋露白，香洌最佳。凌霄花上露入目损明”。

冬霜，“味甘性寒，汲时用鸡羽扫入瓶中。密封阴处，久留不坏”。

冰雹水，“味咸，性冷，有毒。人食冰雹，必患风癫之症。酱味不正，取一二纳瓮中，退还本性”。

显然，在这些天水中，甘露最好，但取饮甘露不容易。所以，贾铭提出贮“神水”，即立春日、清明日的雨水。当然，这节气日水也太受限制。因此，他提倡饮用水应以井水为主。不过，井水也分三六九等。他说：“凡井水，远从地脉来者为上。如城市人家稠密，沟渠污水杂入井中者，不可用。须煎滚澄清，候碱秽下坠，取上面清水用之。”他还提出了以植物和矿物作为净水剂的方法，如“雨浑浊，可挑桃杏仁，连汁投入水中搅匀，片时则水清矣”。

饮酒适度，防病强身

临。元亨，利贞。至于八月，有凶。

——《周易·临卦》

【译文】

“临卦”象征督导。能亨通无阻，祥和有益，坚守正道。但是到了八月，会有凶险。

【阐释】

“临卦”，上卦“坤”为地，下卦“兑”为泽，地在泽上居高临下，因而命名为“临”。《周易》是我国现存最古老的文献之一，历来被奉为群经之首、大道之源。《周易》之“周”含“天能周匝于四时”之意，只要剥开《周易》那层神秘的外衣，就会发现一座“易道周普，无所不备”的宝库，库藏“普天下的道理”，自然也囊括酒文化的道理。

《周易》概念中所涉及的酒功、酒史、酒论、酒俗、酒政、酒文化，以至饮酒行为等，林林总总，可谓洋洋大观，开创了我国酒文化的先河。

至于《周易》所提到的酒功、酒史、酒论、酒俗、酒政、酒文化，我们在此不作详谈，而单取饮酒行为来进行阐述，因为其饮酒行为与养生有着密切的关系。具体来说，就是饮酒一个度的控制，适量有益于养生，过量危害身体。

《周易》曰："临。元亨，利贞。至于八月，有凶。""临卦"能亨通无阻，祥和有益，然而到了八月会有凶险。

那么，为什么到了八月份开始出现凶象呢？

因为，八月份称之为地支之酉，而酉通酒，所以八月又叫酒月。而八月又时值收获季节，在这个收获的季节，人们自然要欢庆，欢庆又不能缺少酒。一旦因为分酒不均或是饮酒过量就会发生打架斗殴，或是一醉不醒的情况，而这个时候，恰恰给敌人提供了可乘之机。敌人会趁机发动偷袭，抢夺粮食，俘捉人畜，这种情况自然就是凶象了。

《周易·临卦》是提醒我们，饮酒要适量，不能过，过则产生危害。

【养生之道】

适当饮酒不但不会影响健康而且有益健康，国内外有很多医学研究报告均指出，适当饮酒可使动脉血管扩张、血压下降，有利于患轻微高血压及血液循环不良的患者，而适量葡萄酒更能提升有益的高密度脂蛋白及降低有害的低密度脂蛋白，故有利于防止心脏病发作，我国传统的酿酒（绍兴酒、糯米酒）也是自古流传的滋养补品。

但饮酒必须适量，否则会对肝脏、心脏、脾胃、大脑、皮肤等造成损伤，易使人患肝炎、肝硬化、心肌炎、胃炎等众多疾病。

那么，如何才算健康饮酒呢？

最佳饮量：45 克左右

人体肝脏每天能代谢的酒精约为每公斤体重 1 克。一个 60 公斤体重的人每天允许摄入的酒精量应限制在 60 克以下。低于 60 公斤体重者应相应减少，最好掌握在 45 克左右。换算成各种成品酒应为：60 度白酒 50 克、啤酒 1 公斤、威士忌 250 毫升。红葡萄酒虽有益健康，但也不可饮用过量，以每天 2 至 3 杯为佳。另外，一次大量饮酒较分次少量饮酒的危害性大，每日饮酒比间断饮酒的危害性大。

最佳时间：下午

每天下午两点以后饮酒较安全。因为上午几个小时中，胃中分解酒精的酶——酒精脱氢酶浓度低，饮用等量的酒时，上午较下午更易吸收，使血液中的酒精浓度升高，对肝、脑等器官造成较大伤害。此外，空腹、睡前、感冒或情绪激动时也不宜饮酒，尤其是白酒，以免心血管受损害。

最佳佐菜：鱼肉蛋菜

空腹饮酒有损健康，选择理想的佐菜既可饱口福，又可减少酒精之害。从酒精的代谢规律看，最佳佐菜当推高蛋白和含维生素多的食物。如新鲜蔬菜、鲜鱼、瘦肉、豆类、蛋类等。注意，切忌用咸鱼、香肠、腊肉下酒，因为此类熏腊食品含有大量色素与亚硝胺，与酒精发生反应，不仅伤肝，而且损害口腔与食道黏膜，甚至诱发癌症。

最佳品种：红葡萄酒

酒有白酒、啤酒、果酒之分，从健康角度看，当以果酒之一的红葡萄酒为优。法国人少患心脏病即得益于此。据研究人员介绍，红葡萄酒中有一种植物色素成分。此种物质以抗氧剂与血小板抑制性的双重“身份”保护血管的弹性与血液畅通，使心脏不至于缺血，常饮红葡萄酒患心脏病的概率会降低一半。

最佳方式：少量慢饮比较适宜

切忌逞强好胜、饮得过猛过快，忌边饮酒边吸烟，忌酒与咖啡同饮，感冒后不喝酒，肝病患者应禁酒，酒后不宜喝茶，酒后不宜服药，否则会加重对身体的损害。此外，精神状态也有影响。心情舒畅、愉悦，有值得庆祝之事时，可饮用少量或适量的酒；心情烦躁、郁闷、孤独时，最好不要饮酒。

【养生典范】

自古以来，我国文人、诗人都与酒结缘。

苏东坡对酒的养生作用便有很深的认识。他说："予饮酒终日，不过五合，天下之不能饮，无在予下者。"大意是说酒只要饮得适量，是可以养生的。苏东坡除了饮名酒之外，还精心酿制、经常饮用药酒，以祛病健体。在惠州，他用木桂、菌桂、牡桂之类药材浸泡成桂酒，还在《桂酒颂》中博引历代本草和医学家关于"桂"药的药用功能的论述，确信常喝"桂"酒能"御障"。正是因为他对各种养生酒有不解之缘，所以他在"食无肉、病无药、居无室、出无友、冬无炭、夏无泉"的艰苦环境中，能免时疫、拒障伤。由此可见，酒确有通血络、温脾胃、润肌肤的养生之功。

我国当代著名的文学家叶圣陶也是爱酒之人。他 89 岁那年对我国著名出版家姜德明说："我从十岁不到就开始喝酒，至今不曾间断。"酒为百药之长，适当喝点酒有益于养生，但必须适量。叶老嗜酒，但从不因贪杯而忘健康。晚年，他每餐喝一杯黄酒或葡萄酒，以软化血管，舒筋活血。

甘节有尚，苦节悔亡

节，亨。苦节不可贞。

——《周易·节卦》

【译文】

节卦，亨通。苦苦节制不能够坚守正道。

“节卦”，上卦“坎”为水，下卦“兑”为泽。水往泽中流，必须有所节制，不加以节制会泛滥成灾，过分节制又会造成泽的干涸，故卦名为“节”。

【阐释】

《周易》蕴含了丰富的节俭思想，如有“俭德辟难”的训导，还专设了一个“节卦”来探讨节俭的问题。

《周易·节卦》曰：“节，亨。”《周易》认为，节约是美德，能自觉有所节约，处中守正必然亨通。

《周易·节卦》亦曰："安节，亨。"安于节约，亨通。

《周易·节卦·象传》曰："天地节而四时成，节以制度，不伤财。"意思是说，天地有所节制（不是一直冷下去，也不是一直热下去，而是有春夏秋冬之分），于是形成四季。用制度来节约，就可以达到不浪费财物的目的。

《周易·节卦·象传》曰："君子以节数度，议德行。"意思是说，君子从"节卦"得到启发，制定数量上的限制，讨论人的道德行为规范。

接着，《周易》又将节俭分为两类：甘节、苦节。

《周易》曰："甘节，吉；往有尚。"以节约的生活为甜美，吉祥，前往就会受到尊敬。

《周易》亦曰："苦节，贞凶，悔亡。"过度苦苦节约，守正道凶险，但没有悔恨。

从中可以看出，《周易》首先肯定了节约的正确性，但认为应该"甘节"而不是"苦节"。《周易》认为："苦节不可贞。"苦苦节制不能够坚守正道。

可以说，《周易·节卦》是节俭、节用、节财思想的最早源头，这一点，无论从卦辞，还是爻辞上都可以得到证明。

思想家墨子继承了《周易》的节俭思想，墨子曰："俭节则昌，淫佚则亡。"墨子把节俭看作是国家昌盛的不可缺少的条件，而认为淫佚则必然导致国家的灭亡，这是墨子对历史上经验教训的总结，在后来历代兴亡的更迭中也得到了有力的证明。

《周易》和《墨子》把节俭作为个人道德修养的重要方法，作为治国安邦的一项根本措施。对健康养生而言，节俭同样具有借鉴意义。

【养生之道】

节俭是中华民族的传统美德。就拿老人来说，不少长寿老人大多以节俭为乐事，节俭有益于老人养生，其中确有一番道理。

首先，到晚年能坚持节俭的老人，大多是一生中曾受穷受苦熬过来的人。为晚年生活节俭储蓄，必须精打细算地动脑安排生活，计划开支。这不但有利于老人改变“衣来伸手，饭来张口”的“坐享”生活，也有助于老年人多动脑筋。这些老人省吃俭用，常要做些力所能及的事，让身体时有小劳。这无形中锻炼了筋骨，也促进了脑细胞活动，延缓了衰老进程。

同时，以节俭为乐事的老人，其节俭储蓄本身已成为生活中的重要组成部分，有助于克服晚年“无所事事”的空虚感。尤其对于无特别爱好情趣可消遣的某些老人，节俭储蓄却是一种“填补”的需要。

此外，大凡节俭的老人，日常生活较有规律性，他们不可能去大吃大喝，暴饮暴食，故少有胃肠疾患及高血脂引起的一系列疾病，对身心健康有益。而从节俭、储蓄中得到心理愉悦和精神乐趣，更让老人看到自己日积月累的“成绩”，这对一些老人而言，乃是存在“价值”的体现。至少，让一些一生穷困的或半世“遗憾”总无积蓄的老人，能在晚年终于有了“成功”的欣慰。从这点积蓄中享受到的舒畅与踏实，对身心的康乐作用，无疑更胜过一笔钱的本身价值。老人通过言传身教，将节俭作为一种“家风”传袭下来，还惠及子孙后代。

但必须注意，节俭要适度，因为过度节俭对身体健康极为不利。例如：

有的人家为了省电，灯泡的瓦数太小，使得房间里照明度很低。这样虽然节省了电费，但会对人的视力造成伤害。老年人还会因照明不好而容易发生磕磕碰碰的事故。

有的人家做饭时舍不得开抽油烟机，殊不知油烟气的长期刺激，会损害人的呼吸道黏膜，导致疾病的发生，得不偿失。

有的人患了病，为节省医药费，硬撑着不去看病，结果耽误了治疗时机，不但身体吃亏，还增加了后期的治疗费用。还有人生病后，不去正规医院治疗，而是找“收费便宜”的江湖游医。钱花了，病却没治好，还可能染上其他的疾病，甚至为此搭上了性命。

有的人家里备用的药物过了期也舍不得丢掉，生病时吃了反而误事，因小失大。比如硝酸甘油片是冠心病人防治心绞痛的常备药，该药很容易因保管不当或贮藏时间过长而受潮变质，如不及时更换，一旦急需服用时就会误事。

有的人买东西专挑便宜货，其实便宜没好货，吃亏的还是自己。就拿配老花镜为例，有人图便宜随便在地摊上买一副了事，殊不知老年人配老花镜也要经过医生验光，确定度数，要是度数不对，越戴视力越坏。再比如，谁家都需要用插头、插座，要是贪便宜，买回假冒伪劣品，在安全方面就会留下很大的隐患，甚至引起火灾，后果不堪设想。

总之，“甘节”是一种道德修养，对人体身心健康非常有益；而“苦节”则是一种自我苛求，对身心健康十分有害。生活中，我们应该“甘节”，而避免“苦节”。

【养生典范】

说到节俭，笔者想到了已故的全国政协副主席、著名实业家霍英东先生。

霍英东，1923 年 5 月，生于中国香港，原名官泰，祖籍广东番禺。2006 年 10 月在北京逝世，享年 84 岁。

霍英东先生尽管早已成商界巨子和政界名人，却始终以低调平和的态度待人，并在商界中提携众多后辈，即使是和他意见不同的人也对他很尊重。他在穿着吃喝方面也很俭朴。

20 世纪 80 年代后期，曾宪梓曾作为副会长，辅佐身为会长的霍英东，主持中国香港中华商会。二人因此经常一同出差和接待贵宾。在曾宪梓的回忆中，宴会上的霍英东少有进食，“他对鲍鱼等名贵菜很少动筷，他喜欢吃玉米。”爱吃玉米的习惯让不少人吃惊。全国政协常委、著名企业家陈永棋说：“多年来，我印象最深的就是有一次到霍先生家里办事，他正在吃两根玉米，那就是他的晚饭。”

陈永棋说，当时问他为何如此，霍英东说，节俭养生利于健康，“玉米是最好的食物”。后来，霍英东的长子霍震霆告诉曾宪梓，父亲每次出差，视时间长短，总要带一皮箱乃至更多的玉米。

曾宪梓曾追问霍英东四处奔波如何食用这些玉米，他的回答是，简单煮煮就可以吃了。如果实在不能煮，就用开水泡一下吃。

霍英东的简朴并非只集中在食品上。和霍英东相识几十年的曾宪梓“没看到过他穿什么好料子的衣服”。曾宪梓说，霍英东从来不雇保镖，常常是他的司机开着一辆旧车接送他。

周易全解

【第六卷】

垢文涛／主编

辽海出版社

良好环境，生命温床

君子以慎辨物居方。

——《周易·未济卦·象传》

【译文】

君子审慎分辨诸物，使之都能各居适合它们的处所，则万事可成。

【阐释】

“未济卦”，上卦“离”为火，下卦“坎”为水，水火不相交，背道而驰，象征事业未完成。《周易》对居住环境非常重视。

《周易》认为，居住环境的好坏直接关系到居住者的身体健康，并提出了著名的“辨物居方”之说。

《周易·未济卦·象传》曰：“君子以慎辨物居方。”意思是说，君子审慎分辨诸物，使之都能各居适合它们的处所，则万事可成。

在《周易》看来，有智慧的人，懂得分辨自己居住环境的好坏，使自己的居住环境有益自己的身体健康。

事实上，居住环境的好坏也深受医学家的关注。

《黄帝内经》云："一州之气，生化寿夭不同，其故何也？岐伯曰：高下之理，地势使然也，崇高则阴气治之，污下则阳气治之。阳胜者先天，阴胜者后天，此地理之常，生化之道也……高者其气寿，下者其气夭，地之小大异也，小者小异，大者大异。"这里非常明确地指出，居住在空气清新、气候寒冷的高山地区的人多长寿，而居住在空气污浊、气候炎热的低洼地区的人多短寿。足见居住环境对健康的影响有多么大。

因此，选择良好的居住环境是十分必要的，其对我们的身心健康非常有益。

【养生之道】

居住环境的好坏对我们的身体健康影响很大，所以，我们应该尽可能地选择有益我们身心健康的家居环境。简单来说，以下几点我们必须重视。

居家温度

居家温度的高低影响着我们的身体健康。当居家温度过低时，容易引起感冒，使哮喘、支气管炎等疾病复发；当居家温度过高时，则容易使人体温度升高，使血管扩张、脉搏加快、血液循环加快等，容易引起高血压、心脏病等疾病复发。相对而言，炎热的夏季和寒冷的冬季注意居家温度尤为重要。在温度、气流正常的情况下，夏季居室温度在21～32度之间，24～26度最为理想；冬季适宜室温为16～20度，16～18度为理想温度。

居家湿度

科学研究表明，相对湿度为49%～51%时，人体在居室内感觉舒适，如果相对湿度过高或过低，都会使人感到不适，甚至危害人体健康。所以，健康家居必须注意居室湿度。注意居室的湿度，最好使用湿度计进行观察，在适宜的温度下，合适的湿度应为30%～40%。如果相对湿度低于30%，可在地上洒些水，或用湿拖把拖地板。也可以在取暖器上放盆水或湿毛巾，以增加湿度。若能在室内养两盆水仙，不但能调节室内相对湿度，还能使居室显得生机勃勃，春意融融。

居家通风

通风不良，势必造成居室中氧气含量不足，二氧化碳等混浊空气增多。人生活在这种环境中，不用多久就会出现头昏、头胀、胸闷、乏力等亚健康表现。科学的态度是养成开窗通风的良好习惯（而且要形成对流），即使在使用空调或严寒冬天，也要开一点缝隙，让室外新鲜空气源源不断补充进来。

居家采光

阳光不仅具有杀菌抗病、清洁空气、增高室温的良好作用，而且可以使人精神愉快，并能促进身体健康，提高工作效率。如果采光不合理，照度不够，人的视力疲劳，进而可引起全身疲劳。

居家清净

科学研究发现，在超过 60 分贝的环境中，噪声刺激神经系统，使之产生抑制可引起头痛、头晕、耳鸣、记忆力减退、理解能力和思维能力降低。居室噪声是健康的杀手，预防对策有：每天都应该给自己和家人留出较多的宁静时间，多关闭几次电视机和音响设备；尽量将家用电器分开摆放，不要集中于一室，电冰箱不要放在卧室；将各种家用电器的使用时间错开，避免同时使用；不要给孩子购买音响大的玩具，不要给婴幼儿听立体声音乐，更不要让小儿戴耳机，因为婴幼儿的听觉器官正处于发育阶段，容易发生听觉疲劳，造成听力受损，甚至造成听力永久性损坏。

居家绿化

居室里养些郁郁葱葱的植物，不但赏心悦目，还能为居室营造一个“天然氧吧”。但居室中摆放植物也要讲究科学，如此才能对健康有益。专家建议，不妨将居室分成 7 个位置，科学地摆放植物。

玄关、窗口适合摆放水养植物或高茎植物，比如水养富贵竹、万年青、发财树或高身铁树、金钱榕等。因为这些地方一般都有风，空气流动性比较大，养上一些高大的植物或水生植物，有利于保持房间的湿度和温度平衡。

客厅适宜养植常春藤、无花果、猪笼草和普通芦荟。客厅本是人来人往的地方，这些植物不仅能对付从室外带回来的细菌、小虫子等，甚至可以吸纳连吸尘器都难以吸到的灰尘。

梳妆台、书桌：观叶兰的叶子会随着温度的改变而循环变化，绿色、白色、粉红、桃红，最后再变回绿色，摆放在主人的书桌旁边，能够颐养性情。此外，水杉、兰草等观赏性强的植物也适合放在这里。

通道最好挂置一些藤蔓类的水养植物，如绿萝、绿精灵、常春藤等，这些植物比较容易造型，而且通道一般都很通风，是它们的最佳生长环境。

卫生间：虎尾兰的叶子可以自己吸收空气中的水蒸气，是卫生间、浴室的理想选择。常春藤可以净化空气、杀灭细菌，而且是耐阴植物，也可以放置在洗手间内。蕨类、椒草类植物喜欢潮湿，不妨摆放在浴缸边。

卧室适合放置一些能吸收二氧化碳等废气的花草，如盆栽柑橘、迷迭香、吊兰、斑马叶等，它们的气味并不浓烈，不至于熏得人头昏脑涨。绿萝这类叶大且喜水的植物也可以养在卧室内，使空气湿度保持在最佳状态。

厨房：吊兰和绿萝具有较强的净化空气、驱赶蚊虫的功效，是厨房内的不二选择，也可以将它们摆放在冰箱上。

【养生典范】

苏东坡是位养生大家，他对环境与养生的关系十分在意。他认为优美的居住环境对人的身体和心情都是有好处的，所以他一生都非常重视自己的生活环境。不管是位极人臣、仕途得意，还是谪居僻壤、穷困艰难，他都尽量为自己选择优美的居住环境，使身心沉浸在宁静、清幽之中，求得物我之间的和谐，达到修身养性的目的。

苏东坡初入仕途时，当地太守仰慕他的才气，特意安排他住最好的官舍，可苏东坡却看中了松林间的一处旧官房，欣然住了进去。他说与松柏为邻能祛邪气，少欲念，清身心，盈精气。他还在庭前养花栽竹，营造了一片“竹色入帘青”的美景。这样在繁忙的公事之余，就有一个舒适的环境来放松和休息。

谪居黄州时，政治上处于最低谷的苏东坡只能住在一间旧驿站里，物质上极其艰难，但他一眼就看上了这里的美景。“南堂独有西南向，卧看千帆落浅溪。”居住环境的优美使他在逆境中仍能感受到生活的美好，心态平和，不但身体强壮、精神饱满，还迎来了他文学创作的高峰期。

苏东坡说：“宁可食无肉，不可居无竹。”在苏东坡看来，优美的环境、清新的空气、适宜的气候对人体正常的生命活动是有好处的，处在鸟语花香之中，心情会自然而然地放松，使身体的各项机能达到最佳的状态，这样人才能健康长寿。

饮食养生，定时定量

山下有雷，颐；君子以慎言语，节饮食。

——《周易·颐卦·象传》

【译文】

颐卦，上卦“艮”为山，下卦“震”为雷。君子应该谨慎言语，节制饮食。

【阐释】

“颐卦”，上卦“艮”为山、为止，下卦“震”为雷、为动，“震”动于“艮”止，正是嚼食的形象，故卦名为“颐”。《周易》作为一部熔铸众说于一身的先秦典籍，专门辟出一卦来论述饮食养生的问题，这就是第二十七卦“颐卦”。

“颐卦”下震上艮，象征颐养。其卦辞云：“贞吉。观颐，自求口实。”

朱熹对此的注释是：“颐，口旁也。口食物以自养，故为养义。为卦上下二阳，内含四阴，外实内虚，上止下动，为颐之象，养之义也。贞吉者，占者得正则吉。观颐，谓观其所养之道。自求口实，谓观其所以养身之术。皆得正则吉也。”“自求口实”，朱熹理解为“观其所以养身之术”。

那么，朱熹所说的“养身之术”又是指什么呢？对此，我们可以引用《颐卦·象传》中的一个名词术语，就是“自养”。

《周易颐卦主·象传》曰：“‘颐，贞吉’，养正则吉也。‘观颐’，观其所养也。‘自求口实’，观其自养也。天地养万物，圣人养贤以及万民。颐之时大矣哉！”

就是说，通过体察事物的颐养现象，来获得对天地养育万物以及万物养育自身之道理的领悟，进而才能合理运用自我养育的正确方法，有效利用养育的客观条件，达到“养其身”“养其德”“养其体”的目的。简单点说，就是“颐卦”开宗明义，旗帜鲜明地提出了“自养为乐”的思想，积极倡导自力更生精神。

此外，“自养”思想中还包含着谨慎、节约等方面的内容。如《周易颐卦·象传》曰：“山下有雷，颐；君子以慎言语，节饮食。”《周易》提出了饮食要节制的观点。

后人继承和发展了《周易》的这一养生原则。《管子》

云："饮食节，则身利而寿命益；饮食不节，则形体累而寿命损。"《千金要方》云："饮食过多则聚积，渴饮过多则成痰。"这些都说明了节制饮食对人体健康的重要意义。

【养生之道】

所谓"饮食有节"，即进食要定时、定量、按需进食。

定时

定时进食是维持身体健康的重要条件。《吕氏春秋》说："食能以时，身必无灾。"《尚书》也主张"食哉唯时"。按照一定时间有规律地进食，能使人体建立起条件反射，可以保证消化、吸收功能有节律地进行活动。

一天当中，人体的阴阳气血的昼夜变化和盛衰各有不同。白天阳气盛，故新陈代谢旺盛，需要的营养供给也必然多，故饮食量可略大；夜晚阳衰而阴盛，多为静息入寝，故需要的营养供给也相对少些。因而，饮食量可略少，这也有利于胃肠的消化功能。因此古人有"早餐好，午餐饱，晚餐少"的名训。

我国传统的进食方法是一日三餐。若能经常按时进餐，养成良好的饮食习惯，则消化功能健旺，于身体是大有好处的。

定量

定量是指进食宜饥饱适中。人体每天均需摄入一定量的食物，以维持生命活动的需要。如摄入量不足，人体得不到足够的营养物质，会影响健康，甚至会滋生各种疾病。反之，如果饮食量超过一定的限度，亦可损伤脾胃功能，引起疾病。

明代养生家敖英在其《东谷赘言》中，详细分析了饮食过量对身体造成的危害："多食之人有五患：一者大便数，二者小便数，三者扰睡眠，四者身重不堪修养，五者之食不化。"至于食量究竟控制在什么程度最为适宜，正确的方法是"量腹节所受"，即根据自己平时的饭量来决定每餐该吃多少。"凡食之道，无饥无饱——是之谓五脏之葆"。这无饥无饱，就是进食适量的原则。只有这样，才不至于因饥饱而伤及五脏。

按需进食

所谓"按需进食"，即想吃时就吃一点，不想多吃就少吃一点。像加夜班的人，在第二天早餐时往往不想吃东西，希望赶快睡上一个好觉；心情不好的人，在吃饭时间往往没有食欲。

陶弘景早就指出："不渴强饮则胃胀，不饥强食则脾劳。""按需进食"是适应生理、心理和环境的变化而采取的一种饮食方式，它不是绝对的"随心所欲"、零食不离，而是适应外在的环境和内在的需要，使饮食活动更符合规律。"按需进食"与按时吃饭的饮食习惯相辅相成，互为补充，能更好地适应人们在不同环境中的饮食需要，目的都是让人们的饮食活动变得更科学、更健康。

总之，《周易》的饮食原则对养生有着深远影响，给现代饮食养生方法提供了理论渊源。

【养生典范】

新加坡有位长寿老人名叫陈君礼，享年 103 岁。临终前，他用毛笔字写下了自己的长寿秘诀留给子孙们借鉴。据悉，1900 年出生的陈君礼是一位中医，早年从中国潮州移居新加坡。

虽然已是百岁高龄，但老人精神奕奕，即使是最后几年，他除了走路需要拐杖外，看报纸连眼镜都不用戴，且思路异常清晰，说起自己和家人生活中的点点滴滴，他都记忆犹新，令他的孙子们都自叹不如。

陈君礼写的养生秘诀将近 20 页，他透露自己的养生之道其实非常简单，不外乎就是规律的生活，少吃多餐，多菜少肉，讲究卫生等。

他每天吃 6 顿饭，但每顿都是半饱。他的菜单包括：早餐：7 点起床，做简单的体操后，喝一碗白米粥；早茶：看过报纸后，10 点左右喝一杯加奶的咖啡；午餐：写一个半小时的毛笔字后，12 点吃顿清淡的午饭；午茶：下午 3 点，喝中国的功夫茶，吃点小点心；晚餐：傍晚 5 点半，吃简单的晚餐，来一小杯白兰地；夜宵：晚上 10 点，喝碗稀粥，然后上床睡觉。

数十年来，陈君礼老人从未间断的是每天早晚各一次，坐在书桌前提起毛笔练习书法，几十年来他把自己跨世纪的一生以及子孙们的生活趣事都用毛笔记录了下来，写了整整 10 本回忆录。

吃亏是福，有益健康

或益之，十朋之龟弗克违，元吉。

——《周易·损卦》

【译文】

损失，或许就是一种增益；这是用重金买来的占卜所不能违背的，是为大大的喜庆。

【阐释】

《周易·损卦》上卦“艮”为山，下卦“兑”为泽，山在泽上，是减损泽中的土，来增加山的高度，所以命名为“损”，指损失的意思。

对于损失，我们往往认为是一件坏事，其实不然。

《周易·损卦》云：“损。有孚，元吉，无咎，可贞，利有攸往。”由此可见，损并非总是坏事，如主动的损己为人，往往会获得更多。

事实上，《周易》最崇尚损上益下、损己为人。《周易》云："或益之，十朋之龟弗克违，元吉。"是说，损失，或许就是一种增益；这是用重金买来的占卜所不能违背的，是为大大的喜庆。

《周易》又云："三人行，则损一人；一人行，则得其友。"是说，三人同行，容易产生猜妒，其中一人会以为另外两人亲密而疏远自己。于是便出现了损。三人损其一，二人同行，虽是损却得益，因为只剩两人，谁都不想失去谁而单独前行，因此容易相互帮助、相交为友。而另一个人单独前行，三人损其二，也不一定是什么坏事，他会觉得孤独，便要寻觅新伙伴，因此而重新得友。

正所谓"塞翁失马，焉知非福"，生活中损是不可避免的。凡事有益必有损，有损必有益。损人而利己，己未必有益；损己而为人，小损而大益。

就健康养生来说，损失一点、吃点小亏，并不全是坏事，而是不计较、不纠缠，心胸开阔，心地善良，对身心健康十分有益。

【养生之道】

由《周易》的"损卦"，笔者想到郑板桥的一句名言——"吃亏是福"。

“吃亏是福”，其核心思想是不计得失，求于心安。

这并非指贬低自己的人格，处处吃亏，而是在一些非原则问题上要宽以待人，不要过多计较纠缠，要学会“宰相肚里能撑船”；对不便回答的问题不妨佯作不懂，对危害性的攻击不妨也以理智的“吃亏”化险为夷，以聪明的“吃亏”平息可能发生的矛盾。这种“吃亏是福”能消除很多心理压力，是有益身心的保健良方。

在兴化的郑板桥博物馆藏有郑氏当年给自己作品明码标价的“板桥润格”（价目单），写明了大幅六两，中幅四两，小幅二两，还注明“不得赊欠，不以物代银”等字样。据说这是中国艺术家第一次为自己的作品明码标价。由此可见，郑板桥的“吃亏是福”并非是真的要吃亏，而是一种超脱的处世哲学。

由“吃亏是福”，笔者又想到郑板桥的另一句名言——“难得糊涂”。

“难得糊涂”与“吃亏是福”一样也蕴含了深刻哲理，二者珠联璧合，相得益彰。

其实，这里的“糊涂”是指心理上的一种自我修养，意在劝人，胸怀开阔，宽以待人。这种超凡脱俗的心理状态是养生长寿一大秘诀。就拿郑板桥来说，他不因官场失意而耿耿于怀，怨天尤人，而是毅然返回故里，寄兴于诗、书、画之中，过着恬淡、愉悦的暮年生活。他所说的“糊涂”，能帮助他消除心理上的痛苦和疲惫，体现出他的乐观主义精神情怀。

郑板桥并不是一味地糊涂，他是“大事清楚，小事糊涂”。对原则性问题很清楚，处理起来不失原则，而对一些非原则性的不中听的话或看不惯的事，则是装作没听见、没看见或是随听、随看、随忘。这种“小事糊涂”的做法，是人生处世的一种态度。总之，“难得糊涂”实乃养心的妙招，古人说的“修成大愚方为智”就是这个道理。

【养生典范】

郑板桥是清代著名书画家、诗人，“扬州八怪”之一。他还是著名的清官，爱护百姓，最后为了百姓而罢官回乡，从此以书画安度晚年。郑板桥一生历经坎坷，3 岁丧母，30 岁丧父，39 岁丧妻，57 岁丧子，终生穷困潦倒，然而却享年 73 岁。

郑板桥的长寿秘诀在于他的养生之术，他的诗、书、画艺术精湛，号称三绝。由于他在创作过程中能把诗、书、画三者巧妙结合，独创一格，从而达到了一种全新的艺术境界。这使他精神上有所寄托，豁达、开朗。

郑板桥一生坎坷，但他始终能以乐观的心情对待。他做官时，因为在灾荒之年为灾民请求赈济触犯了上司，结果被罢官。但是他并没有忧郁沮丧，也不为官场失意而郁闷不乐，而是骑着毛驴悠然回到故乡。从此专注于诗、书、画，安然幸福地过着老年生活。

不以物喜，不以己悲，这是郑板桥的养生长寿之法。郑板桥一生中为人处世，始终不求名利，不计得失。他写过两条著名的字幅，就是流传至今的“难得糊涂”和“吃亏是福”，这两条字幅含有深刻的哲理，凭借着这种达观大度的心态，郑板桥不但长寿，而且留下了万世美名。

药膳养生，顺乎自然

坎为水……为心病……为通……其于木也，为坚多心。

——《周易·说卦传》

【译文】

坎代表水……代表心病……代表通达……相对于树木来说，它代表坚实多心。

【阐释】

《周易》八卦依据属性可以归类为水（坎水、兑泽），火（离火），土（坤土、艮土），金（乾金），木（巽木、震木）五种属性，这五种属性是自然界物质属性的普遍规律，人、动植物、矿物都属于这五种属性。这五种属性构成了药食学的重要物质基础，因为属性相同，所以就存在着动、矿、植物与人五气互补的道理。

《周易》对此有详细的介绍，如《周易·说卦传》曰：“坎为水……为心病……为通……其于木也，为坚多心。”“离为火……为电……为戈兵……其于木也，为科上槁。”“艮为山……为小石……为果蓏……其于木也，为坚多节。”“乾为天……为玉……为良马……为木果。”“震为雷……为玄黄……为决躁……为作足……其究为健，为蕃鲜。”

《黄帝内经》对《周易》关于人类与动、矿、植物五气相通的理论作了发展和应用，如《素问·阴阳应象大论》曰：“东方生风，风生木，木生酸，酸生肝，肝生筋，筋生心……南方生热，热生火，火生苦，苦生心，心生血，血生脾……中央生湿，湿生土，土生甘，甘生脾，脾生肉，肉生肺……西方生燥，燥生金，金生辛，辛生肺，肺生皮毛，皮毛生肾……北方生寒，寒生水，水生咸，咸生肾，肾生骨髓，髓生肝……”

《周易》关于人类和动物、植物、矿物五气相通的理论，大大丰富了中医药食学的内容。如《黄帝内经》说：“毒药攻邪，五谷为养，五果为助，五畜为益，五菜为充。”意思是药物为治病攻邪之物，其性偏，五谷杂粮是营养身体必不可缺少的，肉类、水果、蔬菜是必要的补充。《黄帝内经》极力主张药、谷、果、畜、菜配合以治病养身。这在中医药食学中具有重要意义。

药食理论构成了中国药膳学的基础，中国药膳学在药食理论的基础上辅以烹调佐料而形成了集营养、美味、药疗于一体的药膳学，独具风格。在世界营养学界极具影响，闻名中外的清宫廷药膳目前又发展了多种药食配置的，具有养生抗衰老及治疗作用的酒、糖、点心、饮料等。药膳对人类的保健有着突出作用。

【养生之道】

历代养生家将具有防衰老作用的药物，称之为延年益寿药物。运用这类药物来达到延缓衰老、强身健体的目的，即是药膳养生法。

《神农本草经》一书中记载的365种药物中，具有“轻身益气，不老延年”作用的就有160余种。这160余种与延缓衰老有关的药物中，如人参、黄芪、白术、地黄、何首乌、灵芝等，经现代研究，均有强身防病、延缓衰老、增加寿命的作用。

生、长、壮、老、死是人类寿命的自然规律。衰老、死亡自然无法规避，但是对那些具有延缓衰老、增加寿命作用的药物运用适当，就可以使人体维持在老年前期的状态，防止人体迅速衰老。当然，若用之失当，不仅无益，反而有害。药膳养生要牢记一点的是，它的养生作用只限于增强体质，预防疾病，延年益寿，并不能“长生不老”。

《周易》认为，人生活在大自然中，与自然息息相关，人类的生存有赖于大自然提供的各种条件，人体与外在自然环境之间存在着对立统一的关系。《周易》提出“顺乎自然”的养生方法，药膳养生自然要遵循此法则。

《周易》主张，药膳养生要顺应自然。药膳选择必须适应这四时气候变化的规律，才能起到良好的养生作用。

春季是万物生发的季节。《律志》说：“少阳东也，东者动也，阳气动物，于时为春。故君子当审时令，节宜调摄，以卫其生。”意思是说，春天阳气渐渐升腾（少阳），故能使自然界万物萌动，生机勃勃。外界气候影响着一切生物，善于养生的人们也应根据这一时令的特点，进行适宜的调养，以保障生命的正常活动。春季药膳食疗的要点就是要少吃酸味食物，多吃甜食，以防肝旺克脾。而其性味甘平或有清肝作用的药物有：茯苓、山药、枸杞等。对于肝气不旺、气血两虚的人来说，可以选择黄芪、当归、人参等进补，以助肝气顺应自然而正常升发。

时至夏季，气温开始升高，万物生长也最茂盛。此时人的脾胃功能较为迟钝，因此在药膳的总体要求上，要以“清淡甘平”为原则，这样才有助于开胃消食，所以，夏季宜选择甘寒清补之品，如沙参、太子参、西洋参、枸杞等。

进入秋季，炎暑渐消，秋风送爽，万物由生长渐趋凋谢，处于收获的季节。人体也同样处于收获时期。机体已由活跃、外向、耗散阶段，转变过渡到沉静、内向、积蓄的阶段。由于夏季消耗多吸收少，因此，秋季要重视补充营养，调整机能，为冬季的藏精做好充分准备。此时，宜注意补益甘味以益气。因此，秋天药膳养生应选择甘润养肺类补品，甘润温养，既不可过热，又不能太凉，以不伤阳不耗阳为度。

冬季三月，气候由凉爽转为寒冷，自然界万物凋谢；寒风凛冽，甚至大雪纷飞，银装素裹，有些生物则自行蛰伏（亦谓冬眠）。人此时应很好地保护阳气，祛除阴寒。宜遵循温补的原则。冬季药膳要注意温补肾阳，以助肾藏精气，从而化生气血津液，促进脏腑的生理功能。但要注意制作药膳选择药物和食物时，应温而不散，热而不燥，如冬虫夏草、人参、肉苁蓉等。

总之，药膳养生，对正常人来说是一种预防手段，对生病的人来说也是一种有效的辅助治疗手段。但必须注意，唯有根据季节气候变化进行药膳养生，才能使药膳真正起到养生的作用，才能真正有益于人体的健康。

【养生典范】

古人很早就认识到“药膳养生”对健康的重要性，如：

王怀隐与枸杞

王怀隐是北宋著名的医学家，专为赵氏皇族看病。他受唐代刘禹锡“枸杞诗”的影响，研究后深信枸杞的延年作用。他在《太平圣惠方》一书中记载了一个耐人寻味的故事。

有一使者去西河办事，路遇一女子正责打一个八九十岁的老人。使者深感气愤，问女子："这老者是你何人?"女子说："是我孙子。"使者又问："为何打他?"女子道："我家有良药，他不肯服用，故而责打。"使者问："你家的药有几种，能否告诉我?"女子答："药有一种，春名天精，夏名长生草，秋名枸杞子，冬名地骨。按四时采服之，可与天地同寿。"

王怀隐亲自种枸杞树，用枸杞为百姓治病。实验证明，枸杞性平味甘，补肾益精，养肝明目，实为健身良药，滋补佳品。

苏辙与茯苓

苏辙是北宋时的著名文学家，"唐宋八大家"之一。他无意仕途，有意养生，故修身养性造诣颇深。

苏辙少时多病，夏则脾不胜食，秋则肺不胜寒，而治肺则病脾，治脾则病肺，久服药而不愈，32 岁即病体难支。一次他在和朋友交谈中得知，食茯苓可治自己的病。于是他坚持食茯苓，果然一年病愈。他研究茯苓入了迷，经常去松林采集茯苓，并亲口品尝。他说："服茯苓可以固形养气，延年益寿，又可安魂魄而定心志。"他认真研究了前人对茯苓的记载。《神农本草经》把茯苓列为上品，并说："久服安魂养神，不饥延年。”唐代吴融有“千年茯苓带麟光，太华峰头得最珍”之诗句。苏辙根据前人的经验和自己的体会，写出了《服茯苓赋并引》一文。

茯苓，药性平和，善利水湿，既可入药，又可粥食，如与粳米煮粥食，疗效更佳。茯苓粥的做法是：用茯苓粉 15 克，同粳米 50 克同煮粥。

美体养生，健康美丽

美在其中而畅于四支。

——《周易·坤卦文言》

【译文】

内体的健康是形体美的基础，形体的美是内体美的外象。

【阐释】

太极图一词最早见于《易传·系辞上》。何为太极？太有至的意思。图的黑白二色，代表阴阳或天地。图中白中黑点表示阳中有阴，黑中白点表示阴中有阳。此外，太极图内的“S”曲线被认为是宇宙间最美的曲线。美包含了诸多意思，如外在美，即人的形体美；内在美，即人的心灵美、精神美。

中医云："有诸内者，必形于外。"意思是说，有内在的"丽质"，才能有外在的美形。

《周易》则强调内体"美"和形体美的统一。如《周易·坤卦·文言》曰："美在其中而畅于四支。"意思是说，内体的健康是形体美的基础，形体的美是内体美的外象。

《周易》寓含着丰富的美体思想。太极图内的"S"曲线被认为是宇宙间最美的曲线，人体也是一个极美的"S"曲线。所谓"曲线美"，就是指"S"曲线，是阴阳和谐的象征。保持形体的"S"曲线是保持形体美的重要标志。形体美则意味着内体的健康。

既然形体美意味着内体的健康，而内体是否健康又影响到机体能否正常运行，进而影响到人的生命，可见美体确实是能起到养生作用的。

【养生之道】

那么，怎样才能维持形体"S"曲线的美?

首先要从内体着手。

要想维持形体"S"曲线的美，必须先从内体着手。

根据《周易》"损盈益亏"理论，人在中年以前要着重"益"，即要补益，尤其要注重益气养阴；人到中年以后要着重"损"，就是要帮助身体清除多余的积垢，包括利湿、豁痰、化瘀等。

女性健美要着重以养阴为主。因为女性为阴体，以坤阴柔顺为主。坤阴浓厚，阴气茂盛，美荫于内，外形才能华美雍容。此外，女性一生中要经历胎、产、经、带，耗损阴血可以说非常大，因此也非常有必要滋阴益血，辅以疏肝理气，这样才能维持阴气的充盈，也才能保持形体的丰满健美。

男性健美要着重以益气为主，因为男性为阳体，本阳刚乾健，《周易·乾卦·文言》曰："乾始能以美利天下……大哉乾乎，刚健中正。"即说乾以一种刚健之美为特征。男性之体大多数刚愎自用，因此气的耗损往往较大，所以要以益气为主，辅以益肾填精。这样才能体现男性的阳刚美。

其次要注重运动。

美必须是一种充满生气的美，也即健壮的美，而不是如林黛玉似的所谓病态美。健美的体形自然离不开一定的运动。如《周易·系辞》曰"变动不居，周流六虚""生生之谓易"，都是主张"生命在于运动"，运动才有美好的生命，健美的体形在运动中求得。

《周易》除了重视形体美对人体的意义外，也非常重视内在美对人体的意义。内在美除指内体美之外，精神美也至关重要。

精神美，其重要内涵在于通过生理对心理的反馈作用而起到健美的意义。《周易·坤卦》曰："君子以厚德载物。"

《周易·咸卦》曰："君子以虚受人。"《周易·系辞》曰："安土敦乎仁故能爱。"强调忠、孝、节、义、仁、谦，这是做人的美德。认为有美德的人，心情怡然，形体自然会丰盈。事实上，心毒奸险之人少有美好的气色，而德高之人大多气宇不凡。可见精神美对形体美确实有辅助作用。

明白了这些，注重养生的朋友，自然要加强对形体的锻炼了，因为形体美是内脏健康的标志，内脏健康才能保证机体和谐，机体和谐才能延年益寿。

【养生典范】

美国历史上唯一连任四届总统的杰出领袖罗斯福，他少年时期的家位于纽约市郊海德公园的哈得逊河畔。这里有田野、森林、丘陵、河流……是孩子们的乐园。罗斯福常和小伙伴们在田野、森林里游玩，夏天在河里划船、游泳、钓鱼，冬天在河里坐冰船，罗斯福尤其爱好游泳。

罗斯福 14 岁进入格罗顿学校。这个学校非常重视体育，对一个人的评价，关键是体育本领而不是学习成绩。罗斯福擅长网球和高尔夫球，并不为人们看重，因为吃香的是美式足球、棒球、赛艇一类的项目，而他身材太苗条了，深感遗憾。

罗斯福在格罗顿学校期间，为了适应这新的环境和证明自己的爱校精神，春夏常常参加游泳，也参加划船、垒球、足球、曲棍球、高尔夫球等活动，冬季则参加滑雪、坐雪橇滑坡等活动项目。

1900年9月，罗斯福进了美国有名的哈佛大学。他想在运动场上大干一番，却无法出人头地；于是当上了《校旗报》编辑、主编等职务，把精力投向社交方面，但也不忘游泳。

1921年夏天，39岁的罗斯福在坎波贝洛休假期间，不幸患了脊髓灰质炎症。

疾病使罗斯福瘫痪，他一面治疗，一面加强体育锻炼，这样治疗的效果很明显。罗斯福非常自信地说："我不相信这个娃娃病能够打倒我一个堂堂男子汉，我要战胜它……"病情稍有好转，他便在病床上活动手脚，和儿子角力，做游戏。他每天借助挂在病床边的机械进行各种力量练习。稍后，便开始下床拄着拐杖练习走路，每天增加几步。1922年他回百老汇的信托公司去上班时，因拐杖失去控制，摔了个仰面朝天，马上爬起来继续前进，这种坚忍不拔的毅力，得到了周围人们的敬佩。

一位叫洛维特的医生建议：用游泳来治疗他的疾病。罗斯福按照大夫的意见，试了一试。当他第一次下水时，四肢感到舒服，十分兴奋，因此天天进行游泳治疗。后来，同事介绍他到亚特兰大附近的温泉治疗。他来到这里，不用撑木，也能在水中站立，慢慢地走动。1925年夏天，他丢掉拐杖，开始慢走。当时的报刊用显眼的大字标题“游回健康”来报道他战胜疾病的事迹。

游泳治好了罗斯福的疾病，他深感游泳的好处，他想让更多的患者来这里治疗，便把温泉买了下来，创建新的游泳池，发展治疗条件，并建立宿舍、餐厅，提供方便，接收全国各地的病人来这里治疗。他还充当“医生”，现身说法，指导病人治疗和身体锻炼，深得患者和社会的好评。

罗斯福任总统后，仍然坚持游泳，还在炎热的夏天打高尔夫球。他还喜欢跳过一排排的椅子。运动使他身材健硕，容貌不减当年。耶鲁大学著名教练沃尔特坎普说，罗斯福“体形优美，像一个运动员那样肌肉发达”。显然，这跟总统先生酷爱游泳是分不开的。

一呼一吸，吐纳之间

一阖一辟谓之变。

——《周易·系辞》

【译文】

一闭合一打开就是所谓的变化。

【阐释】

《周易》非常注意吐纳之法。

所谓“吐”，指呼气；所谓“纳”，指吸气。一呼一吸为一息。

《周易·系辞》云：“一阖一辟谓之变。”“阖”，即闭合；“辟”，即打开。一开一合，即为吐纳、呼吸之意。

对于《周易》的吐纳之法，后人非常重视。

《庄子》云：“呼、吸，吐故纳新。”呼出浊气，吸入清气，吐出旧的、浑浊的空气，吸进新的、清新的空气。

《千金方》云："气息得理即百病不生。"气息调理得当，人就不会轻易生病。

《百子全书》云："静调六气、嘘、咽、吹、呵、呼吸也，可革壅滞。"

汉代出土的文物——行气玉佩铭，即有"行气——泻则蓄，蓄则伸，伸则下，下则定，定则固，固则萌，萌则长，长则退，退则天，天几椿在上，地几椿在下，顺则生，逆则死"的记载。

事实上，《周易》提出吐纳之法，并不是想描述吐纳、呼吸的过程，而是提醒我们必须注意吐纳、呼吸的方法。方法不当，如呼吸太短促，不利健康；方法恰当，如腹式呼吸，有益养生。

【养生之道】

日常生活中，常见的吐纳、呼吸方式主要有两种：胸式呼吸和腹式呼吸。

胸式呼吸，是以肋间外肌舒缩引起肋骨和胸骨运动，吸气时胸廓前后、左右径增大，表现以胸部活动为主。腹式呼吸以膈肌运动为主，吸气时胸廓的上、下径增大，表现以腹部活动为主。

对于胸式呼吸法而言，只有肺的上半部肺泡在工作，占全肺 4/5 的中下肺叶的肺泡却在“休息”，每次的换气量非常小，往往在吸入的新鲜空气尚未深入肺叶下端时，便匆匆地呼气了，这样等于没有吸收到新鲜空气中的有益成分，造成我们在正常的呼吸频率下，依然通气不足，体内的二氧化碳累积，人体易出现头晕、乏力、嗜睡等症状。

腹式呼吸的最大特点是能够增加膈肌的活动范围，而膈肌的运动直接影响肺的通气量。研究证明：坚持腹式呼吸半年，可使膈肌活动范围增加 4 厘米。这对于肺功能的改善大有好处，是老年性肺气肿及其他肺通气障碍的重要康复手段之一。

腹式呼吸，不仅可以弥补胸式呼吸的缺陷，使中下肺叶的肺泡在换气中得到锻炼，从而延缓老化，保持良好弹性，防止肺的纤维化。而且，腹式呼吸时胸腔容积扩大还能使心脏得到充分舒张，有利于心肌的供血与供氧。由于膈肌和腹壁肌肉的运动及腹腔内压力的变化，使腹腔内脏器得到自然按摩，胃肠道蠕动力增加，加速了胃的排空功能和小肠的吸收功能。腹式呼吸还使大肠的功能增加，促进机体内的废物及肠内毒素的排除。

所以，养生专家竭力推荐这种简单易行又有效的养生方式——腹式呼吸。

腹式呼吸的基本要领

集中思想，排除杂念，放松肩部，先呼后吸，吸鼓呼瘪。

腹式呼吸的具体方法

把腹部当皮球，用鼻吸气使腹部隆起，每口气坚持10～15秒钟后，经口徐徐呼出至腹壁下陷。每分钟4～6次即可。一般每日2次，在城市可选在上午10时和下午4时，每次约10分钟。

腹式呼吸的关键

无论是吸还是呼都要尽量达到“极限”量，即吸到不能再吸，呼到不能再呼为度；同理，腹部也要相应收缩与胀大到极点，如果每口气直达下丹田则更好。要注意的一点是，尽量达到极限，但要做到自然的吸气与自然的吐气。如果全身很用力地吸气，那很容易使自己受伤。

【养生典范】

庄子（约前369～前286），名周，字子休，战国时期宋国蒙（今安徽蒙县）人。著名思想家、哲学家、文学家，是道家学派的代表人物，老子哲学思想的继承者和发展者，先秦庄子学派的创始人。庄子如此长寿与其养生之道有很大的关系。

以下这则呼吸养生功就是庄子所创，是一种较好的修养心性的功夫，可以达到呼吸养生和以静养生的目的。

具体方法如下：

首先是端坐下来（可以自然坐在床上，也可以垂腿坐在椅子上，两手自然放置两腿上，也可以两手在腹前轻握），然后使自己的心宁静下来，将眼睛微闭，意念微守下丹田，然后凝神听自己的一呼一吸，呼吸深长，这时如果有杂念产生，不必理会它，继续凝神听自己的呼吸，慢慢地就会进入极宁静的境界。每天用半小时练习呼吸养生功，对于维护身体的健康或治疗疾病都有很大的效果。

仿生有益，五禽养生

仰则观象于天，俯则观法于地，观鸟兽之文……

——《周易·系辞》

【译文】

仰起头则观察天道的运行规律，俯下身子则观察大地的自然法则，观察飞鸟与野兽的生活习性……

【阐释】

《周易》非常重视仿生养生。

《周易·系辞》曰："仰则观象于天，俯则观法于地，观鸟兽之文……"其中"观鸟兽之文"即指仿生养生。

渊源于《周易》的仿生养生，被后人很好地继承和发展。

《庄子》云："熊经鸟申，为寿而已矣。"

三国时期，华佗所创的“五禽戏”便是典型的仿生养生。“五禽戏”以模仿五种动物的形体动作编写而成。华佗认为，如果你身体某些部位出现不适，那么可以对应地选择这五种戏法中的一种或几种加以练习，便能达到康复的目的。《后汉书·华佗传》云：“体有不快，起作一禽之戏，怡而汗出，因以著粉，身轻体便而欲食。”

此外，古人仿蛇冬眠创立了静养生，仿龟呼吸创立了胎息养生，仿蛇喜欢动脊柱创立了脊柱养生，仿动物爬行创立了爬行养生等。

总之，聪明的人类从动物的身上学到了许多有益健康的养生法，仿生养生亦在传统养生学中占有非常重要的地位。

【养生之道】

说仿生养生，我们就不能不说“五禽戏”。

“五禽戏”由华佗所创，他根据“流水不腐、户枢不蠹”的原理，继承古人“不治已病治未病”的思想，创造了“五禽戏”。

“五禽戏”的基本内容，是模仿五种动物生动活泼的姿态：虎的上肢攫扑，鹿的伸展头颈，熊的卧倒匍匐，猿的脚尖纵跳，鸟的展翅飞翔。通过锻炼五禽戏，可使体格强壮，从而防病。这种方法与当今世界盛行的“未病医学”完全相吻合。

长期坚持练习“五禽戏”，可使全身精气神充沛，壮胆气，补脾土，化肝风，祛虚火，达到强身健体的目的。

练功要点

“五禽戏”练功的基本要点是：“身”“意”“形”“气”四字。

“身”，就是调身，就是要摆好姿势。

“意”，就是意念。

“气”，就是呼吸。

“形”，是指动作象形。

掌握好这四个要点，就能达到事半功倍的效果。五禽戏的内容较复杂，要做好熊形、虎形、猿形、鹿形、鸟形等五禽的功法，必须要下大功夫。

治疗效果

仿虎戏：虎性凶猛，体魄健壮，擅长于抓扑、跳跃。学虎戏，要意守命门穴（位于人体的腰部，当后正中线上，第二腰椎棘突下凹陷处），模仿虎的勇猛神态。这样可以充沛肺气，振奋精神，强筋壮骨，固肾补脑。

效鹿戏：鹿性温顺，动作敏捷，擅长于奔跑，喜欢角逐搏斗。练鹿戏，要模仿鹿之机敏、舒展昂扬的神态，这样能舒筋展骨，灵活腰背，防治胃肠病。

学猿戏：猿性机敏，喜欢攀登。学猿之跳跃拉攀，求动外而静内，意守膻中穴（位于人体的胸部，人体正中线上，两乳头之间连线的中点）。可调和气血，增强记忆力，使人耳聪目明。

取熊戏：熊性浑厚，沉稳勇敢，体壮有力，喜爱推攀。仿熊之晃摇推摆，运动肢体，能增强脾胃肝肾之功能，防治脏腑疾病。

练鹤戏：鹤轻便灵活，性爱清洁，姿势优美，气宇昂扬。练鹤戏，要练鹤之悠然挺拔，意守中焦（中医学认为，人体有三焦：上焦，位于横膈膜以上的部位，包括心、肺；中焦，位于横膈膜以下、脐以上的部位，包括脾、胃；下焦，位于脐以下的部位，包括肝、肾、小肠、大肠、膀胱），气贯双臂。久练可清心肺，易筋活血，健肾补脑，有助于防治呼吸及循环系统疾患。

总之，根据医学实践证明，五禽戏能锻炼和提高神经系统的功能，提高大脑的抑制功能和调节功能，有利于神经细胞的修复和再生。它能提高肺功能及心脏功能，改善心肌供氧量，提高心脏排血力，促进组织器官的正常发育。同时它还能增强肠胃的活动及分泌功能，促进消化吸收，为机体活动提供养料。对于肺结核、神经衰弱失眠、高血压、冠心病、心绞痛、类风湿、外伤引起的头痛、癫痫、胃溃疡、慢性肠炎、肝硬化、糖尿病、红斑狼疮、喉癌和一些癌症术后的治疗效果都较好。

当然，以上是对“五禽戏”的简要介绍，要学好“五禽戏”，必须肯下功夫，有人指导则更好。

【养生典范】

华佗是我国东汉末年三国初期的一位著名医学家，于208年被曹操杀害。关于华佗的年龄，《后汉书·华佗传》有华佗“年且百岁，而犹有壮容，时人以为仙”的记载，也有说他寿至一百五六十岁仍保持着60多岁的容貌，而且是鹤发童颜。

那么，华佗的养生秘诀是什么呢?

喜欢运动

华佗十分重视体育运动与劳动锻炼。他说：“人体欲得劳动，但不当使极尔。动摇则谷气得削。血脉流通，病不得生。譬犹户枢不朽是也。”意即人们需要经常参加体育运动（或劳动），但应避免过于劳累。经常活动，便可加快食物消化，使血流循环畅通无阻，从而不会生病。这就像门枢轴，时常使用转动，就不会僵涩失灵。

模仿五禽

从中医的角度看，虎、鹿、熊、猿、鹤五种动物分属于金、木、水、火、土五行，又对应于心、肝、脾、肺、肾五藏。人们模仿它们的姿态进行运动，正是间接地起到了锻炼脏腑的作用，所谓“超乎象外，得其寰中”是也。

这五种动物的生活习性不同，活动的方式也各有特点，或雄劲豪迈，或轻捷灵敏，或沉稳厚重，或变幻无端，或独立高飞。模仿它们的各种姿态可以使全身的各个关节、肌肉都得到锻炼，正如华佗所说：“人体欲得劳动，但不当使极耳。动摇则谷气得消，血脉流通，病不得生，譬如户枢，终不朽也。是以古之仙者为导引之事，熊经鸱顾，引挽腰体，动诸关节，以求不老。”这里明确地指出了五禽戏的作用原理：通过肢体的运动以流通气血，祛病长生。

现代医学研究证明，五禽戏是一种行之有效的锻炼方式。在华佗那个年代，他虽然不明白这些道理，但却能凭着长期的经验，总结出这样一套科学的健身方法，实在是很了不起的。

由于华佗坚持练习“五禽戏”，脸似古铜，黑发满头，牙齿坚固，步履稳健，身体十分健康。在他年近百岁时，仍面若童颜，精神矍铄，动作灵巧，步履矫健。他的弟子吴普、樊阿等人依法锻炼，也活到了90多岁，仍耳聪目明。因此，华佗的长寿，完全得益于运动锻炼，尤其是“五禽戏”。

调身调神，导引养生

易，无思也，无为也，寂然不动，感而遂通天下之故。

——《周易·系辞》

【译文】

要想彻悟宇宙万物变易之理，必须要无思无为，停止一切念头与行为，达到寂然不动的境地，如此才能感悟、通达天下事物的道理。

【阐释】

《周易·系辞》中有："易，无思也，无为也，寂然不动，感而遂通天下之故。"在这里，它道出了习静养气的要领。

实际上，《周易》的这句话与导引学说是相通的，因此，擅长习静养气的宋明性命学家对《周易》的这句话非常推崇，由此引申发挥出各种导引养生理论。

《周易》内涵丰富，《周易》的卦象中蕴涵着不少导引术的道理。

《周易·颐卦》云："贞吉。观颐，自求口实。"二阳爻居外，四阴爻居中，有虚中之意，又像自然之龟。龟以气为养，自求口实。气功食气胎息法，就是源自"颐卦"之义。

《周易·艮卦》云："艮其背，不获其身，行其庭，不见其人。无咎。"宋代理学的开山鼻祖周敦颐曾说："看一部《华严经》，不如看一艮卦。"可见"艮卦"蕴意之深刻。"艮其背"指意守丹田，"行其庭"指内气运行。"不获其身"和"不见其人"是指超世脱俗，达到"物我两忘"的境界。

此外，《周易·艮卦》的爻辞为："初六，艮其趾，无咎。利永贞。六二，艮其腓，不拯其随，其心不快。九三，艮其限，列其夤，厉熏心。六四，艮其身，无咎。六五，艮其辅，言有序。悔亡。上九：敦艮。吉。"这段文字中的"趾"为脚趾，"腓"为腿肚子，"限"为腰，"身"为躯干，"辅"为颊腮，"敦"为额部，这些部位正是意念由下而上运气的通道，借以疏通气血，打通经络。

事实上，虽然《周易》不是专讲导引术的书籍，但《周易》的思维方式及辩证法可以作为导引术的基本理论。

【养生之道】

随着社会的发展，人们的生活节奏感愈来愈紧张，保持良好的心理素质和健康的体魄就显得尤为必要。

导引养生与保健在我国有着悠久的历史，自汉朝以来，历代医书都有通过导引进行康复治疗的记载。现被广泛用于慢性病的治疗和保健，是我国古代文化宝库中的一颗璀璨明珠，是中国医药学的一个重要组成部分。

虽功法繁多，学派林立，但是不管哪一流派，在客观上所起到的养生祛病、延年益寿的效果，都是一样的。近数十年来，中国导引术这一独特的医疗保健术得到了很大的普及和发展。

概括而言，导引术对身体健康有以下作用：

对神经系统的作用

练习导引术时，由于意念入静，神经系统处于内抑制状态，入静能消除大脑的紧张，加强大脑皮层的调节机能，交感神经的反应相对减弱，而副交感神经的反应相对增强。精神内守利于大脑皮层的主动休息，有显著的保护作用。

对心血管的调节作用

促进血液循环，使毛细血管扩张，心率减慢，心率变齐，增强心脏功能，减轻心脏负担。

改善消化系统功能

练功时，膈肌活动范围比平时增加 3 ~ 4 倍，腹腔内压周期性的变动，对胃、肠、肝、胆、胰起到“按摩”作用，促进胃、肠蠕动和消化液分泌，改善消化与吸收功能。

对呼吸系统的作用

膈肌活动增大，呼吸频率降低，身体的耗氧量减少，能量代谢率亦降低，这种低代谢生理状态减少机体消耗，有利于精力储备。

对内分泌的作用

导引练习者五羟色胺代谢水平为一般人的 2～3 倍，而肾上腺素、去甲肾上腺素的代谢水平只有一般人的 60% 左右。皮质激素、生长素分泌减少，蛋白质更新变慢，免疫功能增强。

导引练习的基本要素可分为三个方面，即调身、调神、调息，通过有机的协调，才能进入一种特殊的生理状态，达到锻炼身体的目的。

调身

练习导引术必须有特定的姿势做基础，以利于放松入静，进入状态。调身就是调整身体，也称摆姿势。姿势是人们在生活中，身体所处的常态，它不外行、住（立）、坐、卧四个方面，古人称此为“四威仪”。摆姿势则是练功者在练功时间内所采取的体位及其形态。要求练功者能在所安排的练功时间内，身体各部分都处在适合的位置。自然的情况下，使注意力集中，便于全身松静和调整呼吸。

调息

调息就是呼吸的调理，古代称为吐纳、练气、调气、食气等。呼吸原是每个人都在时刻地进行着的，而在导引锻炼时，就要求有意识地注意自己呼吸的调整，不断地去体会、掌握、运用与自己身体情况相适应的呼吸方法。常用的呼吸有：

自然呼吸，即自然而然的呼吸，但要求比平常要柔和。

腹式呼吸，顺呼吸，吸气时腹部逐渐隆起，呼气时腹部逐渐收进；逆呼吸，吸气时逐渐收缩腹肌，呼气时腹肌自然放松。

吐音呼吸，呼吸时，通常配合吐音的一种呼吸方法。

脐呼吸，这是高度轻慢柔和的腹式呼吸，腹部几乎不动。

调神

调神也就是意念的调整，古代功法中称为练神、养神、存神、存思等。导引术中意念的锻炼，就是如何使练功者把注意力集中到身体上来，以及某些选定的部位或集中在某一事物上；不断地去除杂念，使能安静地、按要求去进行练功，从而去体会身体各方面的情况，并有意识地加以调整，使之更有利于发展意识的能动作用，以冀收到更好的练功效果。

导引术的功法功种很多，现择要介绍几种常见并便于操作的功种：

静功

静功属禅定派。姿势一般以坐式为主，又称静坐，以调心为主，调息为辅。要求排除杂念，宁心入静，闭目养神，用存想法进入所谓入静状态。静功适用于神经官能症、高血压、冠心病等。

松功

松功属禅定派。是以放松肌肉和神经两方面的心身锻炼方法，具体功法有“逐步放松”“分段放松”和“整体放松”等法。主要靠主观意念使某些部位肌肉松弛，究竟是否放松了，全凭练功者的内在自我感觉，也可称作“内反馈”。放松功适合于高血压、神经官能症的焦虑状态及紧张性头痛等。

内养功

内养功属吐纳派。是以停顿腹式呼吸为特色的静功。姿势以卧式为多，也可坐式。呼吸停顿的方式为吸——停——呼，配合默念“自己静”3 个字。默念“自”字时吸气，同时用舌尖抵上腭；呼吸停顿时默念“己”字；呼气时舌尖放下，同时默念“静”字。也可采用“呼——停——吸”的方式，默念的词句为“我松静”3 个字，呼气时默念“我”；停顿时默念“松”；吸气时默念“静”。意守部位一般在下丹田（脐下 3 寸，关元穴）。内养功主要用于胃肠道疾病。

保养功

保养功属导引派。这是较流行的导引基本功法之一，是以自我按摩为主，结合局部动作为其特点的功法，可作为辅助功法。保养功虽不完全等同于动功，但可归入动功的局部功法，如擦面、叩齿、鸣天鼓、揉肩、揉腹、搓腰、擦丹田、擦涌泉以及拍打全身等。

站桩功

站桩功属导引派。站桩姿势根据体质强弱分高位、中位和低位功架，功架高低主要根据上、下肢不同姿势来定。高位时，两下肢距离（以脚跟为准）较近，与肩宽相等，两上肢手部上举过肩；中位时，两下肢距离略大于肩宽，两上肢在胸腹部，呈抱球状；低位时，两下肢尽量分开，类似骑马势，两手在胯部两侧。双膝屈曲的程度是高位时微屈，中位时屈曲较多，低位时屈曲明显，形成上松下紧的趋势。站桩功除姿势外，须配合意念和呼吸的锻炼，要求意、气、力三者互相联系，特别是形体与意念要相互结合。

【养生典范】

导引养生，已经得到了越来越多人的赞同。事实上，不但中国人喜欢导引养生，外国人同样喜欢导引养生。

邵逸夫练功

邵逸夫，1907 年 10 月 4 日生，原名邵仁楞，中国香港电视广播有限公司主席，邵氏兄弟电影公司的创办人之一。

邵逸夫学练功，始于 1977 年，那年他 70 岁。长期修炼，使邵逸夫体健神足，四肢灵活。他思维敏捷，记忆力很好，可谓老当益壮。他每天晚上睡 5 小时，午睡 1 小时，已足够了。每天早上 5 时起床，然后练 1 小时功，1 小时的其他运动，如打太极拳、快步行走等。据说邵逸夫外出巡视业务时，也必定要带上 1 张小凳子。那梯形的小凳，凳面前倾，前窄后宽，只有几十厘米高，邵逸夫每天清晨，无论在何地，必定在小凳子上练功。邵逸夫虽已到耄耋之年，却依然人老身不衰。

叶利钦练功

据《北京晚报》国际新闻版报道，叶利钦退休后也爱上了练功。

叶利钦退休后，其家人尤其是他的夫人非常注意让叶利钦进行身体调养。夫人奈娜总是对叶利钦说："你应该多散步！"家人都责怪他出门太少，不活动，致使体重大增。叶利钦的家庭会议决定让叶利钦进行"身体恢复训练"。叶利钦决定练习中国的导引功法，因为不需要太费体力。据说，叶利钦还为此专门请了一名姓林的中国师傅当教练。之后叶利钦每天早晨起床后首先面对墙壁练功，然后在屋里的地毯上再练上几招。叶利钦觉得，他练功后的感觉好极了！

家庭和睦，健康长寿

闲有家，悔亡。

——《周易·家人卦》

【译文】

认真管理好自己的家，这样后悔的事就会少很多。

【阐释】

“家人卦”，上卦“巽”为风，下卦“离”为火，风在火上，风从火生，有居家炊食之象，故卦名为“家人”。事实上，从提倡父子夫妇之道及亲情伦理关系、坚信只有“修身，齐家”之后才能“治国，平天下”、将《周易》作为“六经”之首的儒家主张，到现代人对家人亲情与幸福感的高度重视，都源自于中国传统文化的宝典《周易》。

《周易·家人卦》云：“家人，利女贞。”意思是说，家人和睦，得益于女人的贞正品行。

《周易》虽只说了短短的“利女贞”三个字，却最简明不过地表现了古人对孝敬公婆、相夫教子在家庭道德文化建设中极其重要地位的充分肯定。

对于提倡男女平等，反对男主外、女主内传统家庭格局的女权主义者来说，要她认可“家人”这一古老的卦辞，似乎是令女权者难堪的。其实，承认女 在家庭中的主导地位，与妇女平等并不矛盾。

《周易·象传》对“家人卦”的“利女贞”作了解释：“家人，女正位乎内，男正位乎外。男女正，天地之大义也。家人有严君焉，父母之谓也。父父子子、兄兄弟弟、夫夫妇妇，而家道正，正家而天下定矣。”即，家人的家德是女人在家中正确地主持家政，男人在外面社会上积极工作。男女的位置摆正了，按这样的社会角色分好工，这是天地间正家定国的大义。一家人必须有尊严正直的长者，这就是家里的父母。父母爱护子女，子女尊重父母，兄长关照弟弟，夫尽夫责，妇尽妇责，那么家道家风自然也就正了。端正了家风，治好了家政，那天下也就安定了。

从以上论述，我们可以看出《周易》写“家人卦”，并不是要求男女的不平等，而是竭力寻求使家庭和睦的方法。

《周易》云：“闲有家，悔亡。”认真管理好自己的家，这样后悔的事就会少很多。

《周易》又云：“福家，大吉。”发家致福，大吉大利。

《周易》的“家人卦”对于健康养生也有积极的指导意义。毫无疑问，一个稳定、美满、和睦、安详、宽容、和谐的家庭氛围，更有利于健康长寿。

【养生之道】

每个人都希望自己有一个健康的身体，每个人都希望自己有一个幸福的家庭。然而，很少有人能把二者的关系联系起来。然而，家庭与健康之间有着密不可分的关系。

幸福美满的家庭，不仅仅给人们带来欢乐，而且，也带给人们健康。现实生活中处处可见家庭矛盾所造成的有害健康的悲剧。

从本质上说，一个人从出生的第一天起，他（她）的健康就直接受到其家庭的影响，母亲的哺育、家庭的居住环境、夫妻相处是否和谐、生活的水平、家庭教育以及生活模式等，都会从生理、心理两个方面，对生长发育和健康素质发挥出相当大的作用。

美国威斯康星大学一位心理学家对学校女生的外貌、婚姻、健康所进行的一项回顾性调查发现：25 年前一些漂亮的女生，如今均已是四五十岁的家庭主妇，他们的婚姻并不美满，健康状况普遍比那些较丑的女生差些。究其原因，主要是家庭生活不幸福，整天生活在一个心情很不愉快的环境中，体内就会产生一些有毒物质，损害人体健康。而漂亮女士婚姻不幸福的原因主要是丈夫对妻子不放心，或者漂亮女士对生活的期望值过高，心理上产生一种不平衡。

一个感情已经破裂的家庭，不仅仅是夫妻的生活不幸福，而且波及子女，使家庭成员的内心发生强烈的冲突和矛盾，全家人的心灵都笼罩上一层灰暗的阴影，于是，这不良的心身反应就是摧残健康的因子，使人的体质大大下降。家庭是组成社会的细胞，所以，社会发展和家庭生活密切相关。在社会发展比较落后的时代，家庭生活简陋，为了维持生计和操持繁重的家务活儿，不少家庭主妇累坏了身体，得了一种“家庭主妇综合征”，身心健康受到了严重的损害。随着社会的发展，现代化的家电进入家庭，家务劳动大为减少，许多妇女更多地追求高质量的精神生活。因此，夫妻和睦恩爱、子女孝顺体贴，再加上科学营养的饮食、合理适度的运动，都会使人们更加健康长寿。

美国作家特鲁赫伯指出：“在家庭生活中，我们不仅需要有温柔的感触，不断激荡的热情，也需要有充沛的情感之力。这种情感之力表现你的灵巧、有趣、富有生气，它使生活得到平稳的发展。”这位作家提倡要让情感的力量始终充满家庭，而这一点正是比吃任何补药都有利于健康的良方。

家庭成员之间，要互相体谅和帮助，同心同德，共同建立一个令人感到温暖、欢乐和美满的环境。一旦有人生病，其他成员要帮助他（她）及时就医，在生活上多加照顾，嘘寒问暖，表现出关爱之心，使他（她）在精神上感到满足，促使病体早日康复。

家庭中最有损于个人健康的因素为夫妻间无休止的日夜争吵、互不信任、猜忌，以至于发展到殴打、虐待。精神上的相互折磨无异于慢性自杀。这种情况下，离婚是合理的手段，也是一种不得不采用的保健措施。如果出于某种考虑，非要维护一个从本质上已经破裂的家庭，对夫妻双方及孩子的成长都没有任何好处。富兰克林说过："婚前要睁大眼睛，婚后半闭眼睛就可以了。"这就是说，婚后夫妻之间绝不要为一些非原则的琐事斤斤计较，认真应放在婚前。

【养生典范】

据《西安晚报》载，西安长安区一位 100 多岁的老太太，坐在炕上能搓玉米，甚至还能穿针引线补衣服。

《西安晚报》记者前去采访，在山脚下的长安区抱石村见到了老人。当时，老人坐在炕上正搓着新玉米。老人满脸红润，搓起玉米来手不抖，劲还蛮大。老人的儿子肖文华说，他母亲王恩平 1902 年 8 月 4 日出生。老人一辈子没上过学，也没出过远门，一直在农村干农活，老人性格开朗，跟乡邻关系特别好，从没有跟别人拌过嘴。现在老人虽然下不了炕，但老人仍不闲着，时不时地还搓搓玉米，补个衣服。正说着，邻居把针线筐搬到老人炕前，老人一手拿起一寸多长的针，一手拿着线，连穿3下，线头穿过针孔，引得几位乡亲直拍起手来。老人不仅眼不花，而且耳也不聋，就是牙都掉完了，可老人最喜欢吃儿媳妇烙的锅盔馍，只是老人在吃之前，先把外面馍皮撕掉，吃馍心。

“老太太长寿跟这个和睦大家庭有很大的关系。”乡亲们说。老人的子女个个都孝顺，大女儿也已经80多岁了，时常来到母亲处，跟母亲聊天。老人的儿子和儿媳妇更是对母亲照顾得无微不至，尤其是儿媳妇高雪娥，自从 八年前老人跌了一跤下不了炕后，高雪娥每天给老人把饭菜端到炕前，给老人洗脸，梳头，老人过去缠过脚，洗起来比较麻烦，高雪娥给老人洗脚时非常小心仔细。高雪娥说：“老人长寿身体健康，就是我们做儿女的福。”

爱与健康，相伴而行

离，利贞，亨。畜牝牛，吉。

——《周易·离卦》

【译文】

离卦，利于坚守正道，亨通。像母牛一样温顺、中正，吉祥。

【阐释】

离为火卦由八卦中的“离”重叠而成，为丽，象征光明，君子应效法这一精神，以光耀四方。“离”既有附着的意思，又有光明之意。这一卦是由八卦中的“离卦”重叠而成，为丽，象征光明，君子应效法这一精神，以光耀四方。

“离”与“丽”是同音，“丽”古义为并排的两只鹿，故而有依附之意。离又象征火，火的内部空虚，外表光明，而且火焰必附于物体上，正相当于“离卦”上下两个阳爻，中间一个阴爻，一阴附两阳之象，这也正是此卦命名为“离”的原因。

离为火卦的卦辞是说，附着，非常有益，但附着的对象，必须刚正，才会有利。而且附着者要像母牛一样温顺、中正，才会吉祥。

离卦告诉我们，遇险必须依附，才能脱险，但依附必须小心谨慎，而且只有我们平时待人热情、温和，才能较容易得到他人的帮助。

【养生之道】

放眼望去，人世间，尔虞我诈，损人利己的事比比皆是，以至于爱人、助人似乎成了傻事。

这是为什么？

是因为你还没弄清生存的本质。

人不可能一个人孤独地活着，我们每一个人都需要依靠他人。

静下心来，细想一下，你身上穿的衣服、你坐的椅子、骑的单车等，你身边一切的一切，无不是你的依靠，而这一切又有多少是自己亲手创造？答案是几乎没有。

依靠，在你困难之时，就会变得十分明显。

《周易》说，遇险，必须攀附，只有攀附才能脱险。这里的攀附，就是依靠的意思。

《周易》还说，火的内部空虚，外表光明，给人以热烈、温暖的感觉，容易得到别人的认可和喜爱。

这也就告诉了我们依靠的原则：如果我们能像火一样，有光明的性格、谦虚的胸怀，我们要得到依靠也就不难了。

知道了依靠的重要性，你也就不会认为爱人、助人是件傻事了，因为你也需要。如果这是傻事的话，那就没人能得到依靠了。

单就健康养生来说，爱与健康、长寿的关系非常密切。看我们身边，健康、长寿的人大多是有爱心的人，反之，没有爱心的人鲜有能够长寿者。

说到爱与健康，笔者想到一个非常有趣的寓言故事：

从前有一个小岛，上面住着快乐、悲哀、知识和爱，还有其他各类情感。一天，情感们得知小岛快要下沉了，于是，大家都准备船只，离开小岛。只有爱留了下来，她想要坚持到最后一刻。过了几天，小岛真的要下沉了，爱想请人帮忙。

这时，富裕乘着一艘大船经过。

爱说："富裕，你能带我走吗?"

富裕答道："不，我的船上有许多金银财宝，没有你的位置。"

爱看见虚荣在一艘华丽的小船上，说："虚荣，帮帮我吧！"

"我帮不了你，你全身都湿透了，会弄坏了我这漂亮的小船。"

悲哀过来了，爱向她求助："悲哀，让我跟你走吧！"

"哦……爱，我实在太悲哀了，我只想自己一个人待一会儿！"悲哀答道。

快乐走过爱的身边，但是她太快乐了，竟然没有听到爱在叫她！

突然，一个声音传来："过来！爱，我带你走。"这是一位长者。爱大喜过望，竟忘了问他的名字。

登上陆地以后，长者独自走开了。

爱对长者感激不尽，问另一位长者知识："帮我的那个人是谁？"

"他是健康。"知识老人答道。

事实的确如此，爱与虚荣、悲哀无缘，爱常常与健康结伴而行。一个拥有爱心的人，他与友爱、善良、正直、谦逊、宽容相得益彰，与仇恨、邪恶、虚伪、狂妄、苛刻水火不容，所以他也就更容易获得健康和长寿。

【养生典范】

陈云，江苏无锡人，1919 年生，退休教师。陈老虽已年高，但身体非常好，腿脚灵便，思维敏捷，口齿清晰。

陈老一生奋战在祖国的教育战线上，兢兢业业，勤勤恳恳，从未有过任何抱怨。陈老可谓桃李满天下，他教过的学生都很喜欢他，直到后来，他的许多学生还常常来看望他。陈老说："我最高兴的事情，是看到自己曾经教过的学生能够有所成就。当他们来看望我，告诉我他们的情况时，我就非常高兴，也非常激动，我为他们取得的成绩而骄傲、自豪。"

说起陈老，他身边的人没有一个不竖起大拇指的，他们认为，陈老的长寿与他的性格很有关系，尤其是他是一个很有爱心的人。

陈老的同事王平说："陈云的为人让我非常钦佩，我们一起工作的时候，只要谁有事，即使你没有找他帮忙，他知道了也会热心帮助你，他还特别注意助人的方式方法，所以他的人缘非常好，从没有与任何一个同事红过脸。"

陈老的学生周明说："陈老师是我一生敬佩和感激的人，要不是他无私的帮助，我不可能顺利完成学业，更不会有今天这样体面的工作。其实，陈老师不仅帮助我，他还帮助过许多和我一样需要帮助的同学，为他们出钱、出力、出谋划策。陈老师从不求回报，即使今天，我们日子好过了，逢年过节买些东西去看陈老师，他还常责备我们乱花钱，让我们以后去不要再买东西。"

陈老的邻居也说：“陈老师是一个很有爱心的人，小区里谁家有事，他都会热心相助，他经常免费为小区里的孩子辅导功课，用他自己的话来说，他是因为教书教习惯了，闲不住，说邻居们将孩子交给他是信任他，也是帮助他，让他生活得更充实。”

陈老不但将爱心献给他身边的人，还积极地将爱心传递下去。他的家人、学生，他教过的小区里的孩子们，都听过陈老讲的有关甘地的故事。

一次，甘地乘火车时，一只鞋子掉到铁轨上，可火车已经开动，他无法捡回那只鞋子，于是他索性又脱去另一只，把它扔到另一只的旁边。一位乘客好奇地问他为什么这样做时，他微笑地说：“这样一来，看到铁轨上鞋子的穷人就能有一双鞋子啦！”

陈老教育他们，爱心与善举，对于我们每一个人而言，是如此贴近而又现实。也许我们做不了圣雄甘地，但舍弃自己的一只鞋子而成人之美，我们都可以做到。

陈老就是这样一个人，一个拥有爱、奉献爱、有爱心的人。陈老常说：“人因为善良而心安，因为友爱而无愧。”事实上，陈老的经历也说明：人因为爱心而健康长寿！

第五篇 《周易》与做人处世

乾卦第一

乾：元，亨，利，贞。

彖曰：大哉乾元，万物资始，乃统天。云行雨施，品物流形。大明终始，六位时成，时乘六龙以御天。乾道变化，各正性命。保合太和，乃利贞。首出庶物，万国咸宁。

象曰：天行健，君子以自强不息。

《文言》曰：元者，善之长也；亨者，嘉之会也；利者，义之和也；贞者，事之干也。君子体仁足以长人，嘉会足以合礼，利物足以和义，贞固足以干事。君子行此四德者，故曰："乾，元、亨、利、贞。"

《文言》曰："乾，元"者，始而亨者也；"利，贞"者，性情也。乾始能以美利利天下，不言所利，大矣哉！大哉乾乎！刚健中正，纯粹精也；六爻发挥，旁通情也；时乘六龙，以御天也；云行雨施，天下平也。

【译文】

乾：乾为卦名，象征天。元，亨，利，贞为卦辞，由某种仪式演变而来。洋溢着无穷生命力的你排除万难，到达目的地，自然是大吉大利的。

彖说：伟大的上天，是万物之母，万物都依靠它产生。云行雨施，滋润万物，宇宙间的一切都发展成形，具备不同的特征。太阳落了又升，《乾卦》的六爻的位置也应时变化，其变化发展反映了自然变化发展。自然界有其固有的规律，万物只有遵循这一规律，才能保持平衡，从而茁壮成长。天的非凡之处在于能凌驾于万物之上，使天下安宁。

象说：天的运行是刚健有力的，有志向的人应自强不息。

《文言》说：元始，是众善的首位；亨通，是美的集合；有利，是义的和谐； 坚守正道 ，是万事的根本。君子用仁心 作为根本，可以当人们的尊长；寻求美好的会合，就符合“礼”； 施利于他物，就符合“义”；坚持正道的节操，就可以办好事务。君子就是施行这四种美德的人，所以说：“乾卦，元，亨，利，贞。”

《文言》说：“乾卦象征天、元始”，说明天的美德在于首创万物并使之通顺自然；“和谐有利，贞正坚固”，是天所蕴含的本质和内情。天一开始就能用美好的事物来恩及天下，却不说出它所施予的利惠，这是极大的利惠啊！伟大的天啊！刚强劲健、居中守正，通体不杂，纯粹至精；乾卦六爻的运动变化，曲尽万物的发展情理；犹如顺着不同时节套上六条巨龙，驾驭着大自然而奔驰巡行；行云降雨，给天下带来安康和太平。

【启示】

乾卦为六十四卦之首，为纯阳卦，象征天。天的特点是刚健有力，运动不息，并且其运动是有规律的。所以我们不仅要奋发图强，为实现自己的理想而积蓄力量，而且要遵循客观规律办事。

初九：潜龙勿用。

象曰："潜龙勿用"，阳在下也。

《文言》曰：初九曰"潜龙勿用"，何谓也？子曰："龙，德而隐者也。不易乎世，不成乎名；遁世无闷，不见是而无闷；乐则行之，忧则违之，确乎其不可拔，'潜龙'也。"

《文言》曰：君子以成德为行，日可见之行也。"潜"之为言也，隐而未见，行而未成，是以君子弗用也。

【译文】

初九：初九为爻名，或称爻题。其中“九”表示阳爻。潜龙勿用为爻辞，意思是在机会还未成熟时，龙应潜伏在水底，韬光养晦，切不可冒进。

象说：“潜伏在水底的龙不能有所行动”，是因为时机还未成熟。

《文言》说：初九爻辞说“巨龙潜伏水中，暂时不施展才用”，这是什么意思呢？孔子说：“这是比喻像龙一样，有品德而隐居的人。他不会受污浊的世俗玷污而改变节操，不会贪图功名利禄；远离世俗而隐居不感到苦闷，不被世人称赞也一样不为之苦闷；高兴的事就付诸实施，不遂心愿的事绝不实行，而且拥有坚定不可动摇的意志，这就是‘潜龙’。”

《文言》说：君子把成就德业作为行动的目的，每天都可以看得出来他的行为。初九爻辞所讲的“潜”，意思是隐藏不曾看见，行动尚未显著，所以君子暂时不施展才华。

【启示】

这一爻告诉我们，在时机未成熟时，我们应勤练本领，切不可贸然出击。

九二：见龙在田，利见大人。

象曰："见龙在田"，德施普也。

《文言》曰：九二曰"见龙在田，利见大人"，何谓也？子曰："龙德而正中者也。庸言之信，庸行之谨；闲邪存其诚，善世而不伐，德博而化。《易》曰：'见龙在田，利见大人'，君德也。"

《文言》曰：君子学以聚之，问以辩之，宽以居之，仁以行之。《易》曰"见龙在田，利见大人"，君德也。

【译文】

九二：龙出现在大地上，有利于会见德才兼备的人，或是有地位的贤人。

象说：龙已出现在大地上，君子已具备成就大事的才能，应积极会见王公贵族，求得将恩德普遍施与人的机会。

《文言》说：九二爻辞说"巨龙出现田间，利于出现大人"，这里讲的是什么意思呢？孔子说："这是比喻像龙一样，有品德而立身中正的人。他的平凡言论说到做到，他的日常举动谨慎有节；防止邪恶的言行而保持诚心，净化世俗的行为伟大而不自夸，道德博大以感化天下。《周易》说：'巨龙出现田间，利于出现大人'，正是说明会出现具备君主品德的贤人。"

《文言》说：君子通过不断的学习来积累知识，靠不断地发问来解决疑难问题，胸存仁心而居于适当之位，心存仁爱并以此付诸行动。《周易》说“巨龙出现田间，利于出现大人”，这种“大人”具备了君主的德行。

【启示】

这一爻告诉我们，一个人如已具备相当丰富的学识，但还处在“女在深闺人未识”，应向有地位的人毛遂自荐，或是请求有才德的人指引自己。

九三：君子终日乾乾，夕惕若，厉无咎。

象曰：“终日乾乾”，反复道也。

《文言》曰：九三曰“君子终日乾乾，夕惕若，厉无咎”，何谓也？子曰：“君子进德修业。忠信，所以进德也；修辞立其诚，所以居业也。知至至之，可与言几也；知终终之，可与存义也。是故居上位而不骄，在下位而不忧。故乾乾因其时而惕，虽危无咎矣。”

《文言》曰：九三重刚而不中，上不在天，下不在田，故乾乾因其时而惕，虽危无咎矣。

【译文】

九三：君子整天努力不懈，时时刻刻警惕着，这样即使遇到危险，也无凶险。

象说：一天到晚勤奋努力，不断地用道来充实自己。

《文言》说：九三爻辞说“君子整天健行不已，振作精神，乃至深夜依然警惕慎行，这样即使面临危险也会免遭灾祸”，这里讲的是什么意思呢？孔子指出，“这是比喻君子要提升自己的修养和美德、建功立业。忠诚信实，就可以提升修养；修饰言辞出于诚挚的感情，就可以建功立业。明确自己进取的目标，进而努力实现它，这种人可以跟他预测事物发展的征兆；知道进退的时机而及时终止，这种人可以跟他共同保全事物发展的合宜状态。若能如此，居上位而不骄傲，处下位而不忧虑。能够恒久保持不断前进的状态，随时警惕慎行，所以即使面临危险也可免遭灾祸了。”

《文言》说：九三是多重阳刚叠成的，但是居位不正中，上不达于高天，下不立于地面，所以要不断奋起振作、时刻保持警惕，这样即使危险来临也会免遭咎害。

【启示】

这一爻告诉我们，一个胸怀大志的人要一直努力学习，时时刻刻提防灾难的到来，这样即使遇到危险，也会逢凶化吉。

九四：或跃在渊，无咎。

象曰：“或跃在渊”，进无咎也。

《文言》曰：九四曰“或跃在渊，无咎”，何谓也？子曰：“上下无常，非为邪也；进退无恒，非离群也。君子进德修业，欲及时也，故‘无咎’。”

《文言》曰：九四重刚而不中，上不在天，下不在田，中不在人，故“或”之。“或”之者，疑之也，故无咎。

【译文】

九四：龙已在深渊里，或跃动，或静观，进退有据，不会有灾难。

象说：龙要么一跃而起，要么潜入深渊里，表示可以有所行动而没有灾难。

《文言》说：九四爻辞说“或上进腾跃，或退处在渊，必无咎害”，这里讲的是什么意思呢？孔子说：“这是比喻贤人的上升或下降是没有定数的，并非出于邪念；他的进取、引退也是未知数，并非脱离众人。这就好比君子提升道德、建功立业，是想抓住时机进取，所以‘必无咎害’。”

《文言》说：九四是多重阳刚叠成的，但是居位不正中，上不达于高天，下不立于地面，中不处于人境，所以强调“或”。强调“或”的意思，就是说明疑而未定，所以这样就能免遭咎害。

【启示】

这一爻说明君子已到了跃跃欲试的阶段，只要决策谨慎，就能做到“进可攻，退可守”。

九五：飞龙在天，利见大人。

象曰：“飞龙在天”，大人造也。

《文言》曰：九五曰“飞龙在天，利见大人”，何谓也？子曰：“同声相应，同气相求；水流湿，火就燥；云从龙，风从虎；圣人作而万物睹。本乎天者亲上，本乎地者亲下，则各从其类也。”

《文言》曰：夫“大人”者，与天地合其德，与日月合其明，与四时合其序，与鬼神合其吉凶。先天而天弗违，后天而奉天时。天且弗违，而况于人乎？况于鬼神乎？

【译文】

九五：龙得到天时、地利，飞上天空，有利于会见德才兼备的人，或有地位的贤人。

象说：龙飞上了高空，意味着君子到了大展宏图的时候。

《文言》说：九五爻辞说“巨龙腾飞在天，利于会见大人”，这里讲的是什么意思呢？孔子指出，“这是比喻同类的声音互相应和，同样的气息相互求取；水会流向湿处，火会趋向干燥处；景云随着龙吟而出，谷风随着虎啸而生；圣人奋发立业而万物皆仰望可见；依存于天的亲近于上，依存于地的亲近于下，各依其类地跟从而发挥作用。”

《文言》说：九五爻辞中所说的“大人”，其德行与天地覆载万物相吻合，他的圣明如同日月一样普照大地，他的恩威如同四时转换一样井然有序，他判断吉凶、指示赏罚如同鬼神一样奥妙莫测。他先于天象而行动，天不违背他；后于天象而处事，也能遵循天的变化的基本法则。天尚且不违背他，何况人呢？又何况鬼神呢？

【启示】

这一爻告诉我们，时机已成熟，万事俱备，只欠那帮他成就大业的东风——贤人，此时的首要任务是去求见贤人。

上九：亢龙，有悔。

象曰：“亢龙有悔”，盈不可久也。

《文言》曰：上九曰“亢龙有悔”，何谓也？子曰：“贵而无位，高而无民，贤人在下位而无辅，是以动而‘有悔’也。”

《文言》曰：“亢”之为言也，知进而不知退，知存而不知亡，知得而不知丧。其唯圣人乎！知进退存亡，而不失其正者，其唯圣人乎！

【译文】

上九：龙飞到一定的高度就达到极点了，若继续向上飞，可能会招来灾祸，导致悔恨产生。

象说：龙飞到一定的高度就达到极点了，若继续向上飞，可能会招来灾祸，导致悔恨产生，因为凡事过了头就不会长久。

《文言》说：上九爻辞说“巨龙升腾高飞到极端，终将有所悔恨”，这里讲的是什么意思呢？孔子说：“这是比喻有些人尊贵而没有实位，地位崇高却无力治理百姓，贤明的人身居下位却无人辅助他，所以一旦轻举妄动必将‘有悔’。”

《文言》说：上九爻辞中所说的“亢”，是说明有些人只知进取而不知及时引退，只晓得生存而不明白终将衰败，只晓得得到利益而不知其所得终将失去。大概只有圣人才是明智的吧！深知进取、引退、生存、灭亡的道理，行为不偏失正确途径的，大概只有圣人才能做到吧！

【启示】

这一爻说明，胸怀大志的人，在取得了最高的成就之后，不要急于继续向上爬。

用九：见群龙无首，吉。

象曰："用九"，天德不可为首也。

《文言》曰："潜龙勿用"，下也；"见龙在田"，时舍也；"终日乾乾"，行事也；"或跃在渊"，自试也；"飞龙在天"，上治也；"亢龙有悔"，穷之灾也；乾元"用九"，天下治也。

《文言》曰："潜龙勿用"，阳气潜藏；"见龙在田"，天下文明；"终日乾乾"，与时偕行；"或跃在渊"，乾道乃革；"飞龙在天"，乃位乎天德；"亢龙有悔"，与时偕极；乾元"用九"，乃见天则。

【译文】

用九：群龙聚集在一起，没有所谓的首领，都自由地飞翔，是非常吉利的。此爻为特有爻题，只在乾、坤两卦中出现，坤卦为"用六"。

象传说：六爻全阳，这正是阳集中的地方，是天下英杰集中的地方，是天的品德的集中反映，不能有头目。

《文言》说："巨龙潜伏水中，暂时不施展才华"，说明地位低下卑贱；"巨龙出现田间"，指暂时屈藏于低势，时势已开始舒展；"整天奋起振作"，说明事业付诸实践；"或腾跃上进，或退处在渊"，说明正在自我检验；"巨龙高飞上天"，说明形成最好的局面；"巨龙高飞穷极，终将有所悔恨”，说明穷极带来的灾难；天有元始之德而“用（阳刚化为阴柔的）九数”，说明天下大治是势所必然。

《文言》说：“巨龙潜伏水中，暂不施展才用”，说明阳气潜藏未现；“巨龙出现田间”，说明天下文采灿烂；“整天奋起振作”，说明追随时光向前发展；“或腾跃上进，或退处在渊”，说明“天道”转化、出现变革；“巨龙高飞上天”，说明阳气旺盛正当天位，具备“天”的美德；“巨龙高飞穷极，终将有所悔恨”，说明随着时节的不断变化而穷尽衰落；天有元始之德而“用（阳刚化为阴柔的）九数”，这是体现大自然的基本规律。

【启示】

这告诉我们，一个人的事业到达巅峰时，就应该集思广益，以防止“亢龙有悔”。

【总论】

乾卦作为《周易》六十四卦之首，以“天”为象征形象，揭示了“阳刚”元素、“强健”气质的本质作用及其发展变化规律。《周易》的辩证哲学体系，在此铺下了第一块基石。要是进一步从“《易》者，象也”这一特征细加考究，还可以发现，本卦的卦体取“天”为象，固是比喻；六爻的爻辞取“龙”为象，也是比喻。大旨无非是揭明

“阳刚”的内在气质。朱熹说：“《易》难看，不比他书。《易》说一个物，非真是一个物，如说‘龙’非真龙。”（《朱子语类》）这种假象寓意，一直贯穿于《周易》全书，也是这部现存最古老的哲学著作的重要特色。

【疑难解析】

“亢龙有悔”和“见群龙无首，吉”，何意？

“亢龙有悔”是乾卦上九（乾卦最高、最后一爻，其位置也到了最高点）的爻辞，这表明一个人的事业已到了巅峰，为什么这时很可能有悔恨产生呢？

首先，我们可以把一个人经营自己的事业比作登山，当一个人已登到山的顶点，如再往前走，就会走下坡路。其次，当一个人登上山的顶峰时，回望自己辉煌的历程，一种自豪的感觉涌上心头：没有自己干不了的事，瞧，这么高的山也爬上来了。

于是，就可能不听别人的劝阻，贸然去登另外一座山，谁知，山峰之间没有桥梁可通，这就造成一落千丈的结局。再次，高处不胜寒，在下的老百姓也难以理解他的举动，这便失去了铺垫的基石，自然容易往下跌。

所以，一个人登上了最高峰时，容易做错事，导致悔恨产生。

为了永远没有悔恨产生，我们干脆永远停止不前，对吗？我们看看“见群龙无首，吉”的具体含义，就知道这是大错特错的。

因为“群龙无首”是防止“亢龙有悔”的有效措施。“群龙无首”的意思是不知道首领在哪，大家都自由自在地飞翔，这就好比一个总经理创办了一个企业，该企业已走上了极其兴盛的道路，在那里聚集了相当多的贤明的人，他们各有千秋，都对企业的壮大立下了汗马功劳，虽说有总经理在，但总经理的意见只能代表他个人的意见，真正的决策权在大家，这就表明“群龙无首”的实质是不独断专行，不自满，这自然能带来几大好处：

一、一个人在自己已进入事业的高峰时，不会贸然向前走，因为他的周围有许多贤明的人，他们的合力足以阻止他一个人的错误行动。

二、由于他不以主子身份自居，不但他身边贤明的人都愿意为他出力，而且在另外一峰的贤明的人也愿意归附他，于是，在内的和在外的合力构筑连通两峰的桥梁，使他登上了更高的山峰。

三、在下的老百姓也愿意在这种民主的气氛中生活，自然不会擅自离开。

所以，我们可以应用“群龙无首”来防止“亢龙有悔”。

【事例】

“潜龙勿用”告诉我们，在自己的实力还不足以与恶势力相抗衡时，一定要等待时机，即等到“飞龙在天”，才能有所行动。康熙皇帝就深谙这个道理，终成大业。

中国的小皇帝大部分都因年幼无知而被叛贼夺了政权，而康熙皇帝即位时只有 8 岁，不但稳住了自己的江山，还立下了不可磨灭的功勋，这是为什么呢？这与他的少年老成、遇事沉稳是分不开的。

他刚即位时，由索尼、苏克萨哈、遏必隆、鳌拜四位大臣辅政，康熙皇帝本身并没有多少实权。

特别是鳌拜，曾为清朝的建立立下了汗马功劳，任辅政大臣以后，以功高自居，一点也不把年幼的康熙皇帝放在眼里。朝中文武官员，多出自他的门下。他们结党营私，党同伐异，朝中大臣都不得不对鳌拜俯首帖耳。因为稍有不满，就招来杀身之祸。作为辅政大臣的苏克萨哈长期受鳌拜抑制，一直闷闷不乐，于是提出辞去辅政大臣之职。他这一举动惹恼了鳌拜。于是鳌拜先声夺人，罗列了苏克萨哈 24 条罪状，判处他死刑。康熙皇帝知道此案是鳌拜伙同他的党羽挟私陷害，坚决不同意。鳌拜竟然卷起袖子上前，连日厉声上奏，康熙皇帝在万般无奈的情况下，同意按鳌拜的意思办理。甚至在朝中议事，大臣们稍有违背鳌拜的意愿之处，鳌拜就当着康熙皇帝的面大声呵斥这些大臣。

鳌拜的种种擅权恣肆行为，严重地威胁着皇权的稳固。康熙皇帝亲政后，一方面不断给辅政大臣加官晋爵从而稳住局势；另一方面采取各种措施在群臣中树立自己的威信。

鳌拜不甘心退出执掌权力的舞台，和康熙皇帝间的斗争越来越激烈。康熙八年，鳌拜托病不上朝，要康熙皇帝去他家里看他。康熙皇帝坦然去了。康熙皇帝的侍卫发现鳌拜神色有变，急奔至鳌拜床前，揭开席子，露出了一柄利刃。康熙皇帝笑道："刀不离身，乃满洲故俗，不足异也。"非常机智地将一触即发的斗争化解了。康熙皇帝回去后当机立断，下定决心要杀掉鳌拜。

鉴于鳌拜把持朝政，康熙皇帝决定智取。他在宫内挑选了十几个尚武有力的小太监，让他们整日在一起练习功夫。就连鳌拜有时入内奏事，康熙皇帝也不让他们避开，鳌拜对此不加防范，还以为是康熙皇帝年少好玩而这样做的。

一天，鳌拜又入内奏事，康熙皇帝非常热情地请鳌拜坐下，提出自己训练了几个摔跤手想让鳌拜指教指教。鳌拜自认为武艺高强，想都没想就答应了。

没提防十几个小太监一拥而上，把他给捉住了。鳌拜使出浑身的力气也挣脱不出，只好束手就擒。康熙皇帝将鳌拜抓住以后，立即把他给杀了，随即封锁消息，将鳌拜的私党全部捉拿归案。由于事出突然，鳌拜集团来不及反叛就被一网打尽了。

康熙皇帝铲除鳌拜以后，在政策上又进行了一系列调整，最终稳固了自己的统治，为清朝以后的稳定繁荣打下了坚实的基础。

试想想，如康熙皇帝不先对鳌拜的专横采取容忍的态度，能有日后的胜利吗?

坤卦第二

坤：元，亨。利牝马之贞。君子有攸往，先迷；后得主，利。西南得朋，东北丧朋。安贞吉。

彖曰：至哉坤元，万物资生，乃顺承天。坤厚载物，德合无疆。含弘光大，品物咸亨。牝马地类，行地无疆，柔顺利贞。君子攸行，先迷失道，后顺得常。西南得朋，乃与类行。东北丧朋，乃终有庆。安贞之吉，应地无疆。

象曰：地势坤。君子以厚德载物。

《文言》曰：坤至柔而动也刚，至静而德方。后得主而有常，含万物而化光。坤道其顺乎！承天而时行。

【译文】

坤卦：大大亨通。有利于像母马那样温顺。君子有所行动，如不遵循客观规律，则会迷失方向。相反，则会到达目的地，吉利。如往西南方，则会得到朋友。如往东北方，则会失去朋友。安守本分，吉祥。

象说：多么崇高啊，大地滋生了万事万物，遵守着大自然的规则。厚实的土地孕育了万物，大地的品德无比美好。大地内涵丰富，辽阔无边，万物顺利成长。像母马这样柔顺的动物，和地属同类，善于在无边的大地上任意驰骋，性情温和，动作敏捷，做事执着。君要有所行动，虽然刚开始迷失了方向，但只要顺从天道，就能找到正确的路。如果往西南方，会得到朋友，与他共创伟业。如果往东北方，可能失去朋友，但最终还是可能获得成功。遵循客观规律办事得到吉祥。正如无边无际的大地随处伸展一样。

象说：大地地势顺天而行。君子应效法大地，凭着宽厚的德行来容载万物。

《文言》说：大地本是极为柔顺的，但变换时却显露出刚强，安静且柔美的品德才能得以流传四方。随从人后、有人做主，于是保持福庆久长；包容一切，厚载万物，于是焕发无限光芒。大地之道是多么柔顺啊！它秉承天的意志按四时而运行得当。

【启示】

坤象征地，地的特点是顺从、宽厚。这说明宽厚为怀是做人的基础，并强调了遵循客观规律办事的重要性。

初六：履霜，坚冰至。

象曰："履霜坚冰"，阴始凝也。驯致其道，至坚冰也。

《文言》曰：积善之家，必有余庆；积不善之家，必有余殃。臣弑其君，子弑其父，非一朝一夕之故，其所由来者渐矣！由辩之不早辩也。《易》曰："履霜，坚冰至"，盖言顺也。

【译文】

初六：踏踩在霜上，就预料到将有坚硬的冰块出现。

象说：踏踩在霜上，就预料到将有坚硬的冰块出现。说明阴气开始聚集、凝结，根据自然规律便可推知，寒冷的冬季就要到来。

《文言》说：积德行善的家族，必然留下许多吉庆；作恶多端的家族，必然留下许多祸害。臣子弑杀君主，儿子弑杀父亲，并非是一朝一夕之事，作恶的由来是逐渐萌发的！是由于君父不曾早日辨清真相所致。《周易》说："踩上微霜，将要迎来坚冰"，大概是比喻阴恶事物往往按照一定的趋向发展。

【启示】

这告诉人们，当有坏苗头出现时，我们要积极采取防护措施。

六二：直、方、大，不习，无不利。

象曰：六二之动，直以方也。“不习，无不利”，地道光也。

《文言》曰：“直”其正也，“方”其义也。君子敬以直内，义以方外。敬义立而德不孤。“直、方、大，不习无不利”，则不疑其所行也。

【译文】

六二：正直、方正、宏大，不玩弄花招，没有什么不吉利的。

象说：六二的爻象是正直且端正的。不沾染别的习气，不会有什么不利；因为地顺从天道，值得发扬光大。

《文言》说：“直”说明品德纯正，“方”说明行为得当。君子恭敬不苟，所以内心才会正直，行为得当便可促使外形方正。做到恭敬不苟、行为得当，就能使美德遍布而不会被孤立。“正直、端方、宏大，不学习也未必不获利”，说明美德充沛、一切行为都无须怀疑。

【启示】

这强调自然的品质，反对虚伪矫饰，即要顺从事物发展的客观规律，顺从大众的利益。

六三：含章，可贞。或从王事，无成有终。

象曰："含章可贞"，以时发也。"或从王事"，知光大也。

《文言》曰：阴虽有美，含之以从王事，弗敢成也。地道也，妻道也，臣道也。地道无成而代有终也。

【译文】

六三：胸怀才华而不向外张扬，则可得到吉庆。如果去为君王做事，能恪尽职守，虽然没有什么成就，但也能善始善终。

象说："胸怀才华而不表现出来"，等时机一到来，其才华便显现出来了。"如果为君王做事"，其才智会全部显露出来，其德行便得到发扬光大。

《文言》说：阴柔而身居下位，纵然有美德，只是含藏不露，辅助君王的事业，不敢自己占有成功的地位。这是地顺天的道理，妻从夫的道理，臣忠君的道理。地顺天的道理表明成功不归己有而要替天效劳、奉事至终。

【启示】

这告诉我们，不可因自己有才智，就骄傲自满，只有更加谦虚努力，才能使自己的才能得到更好的发挥，从而有一个比较好的结果。

六四：括囊，无咎无誉。

象曰："括囊，无咎"，慎不害也。

《文言》曰：天地变化，草木蕃；天地闭，贤人隐。《易》曰："括囊，无咎无誉。"盖言谨也。

【译文】

六四：像扎着的袋口，不轻易说话，不会遭遇灾难，也不会得到赞赏。

象说："像扎着的袋口，不轻易说话，可以免遭祸患"，说明谨慎行事，不会有坏处。

《文言》说：天地变换运行，草木茂盛衍生；天地闭塞阴沉，贤人引退匿迹。《周易》说："束紧囊口，免遭咎害，不求赞誉。"大概是比喻谨慎处世的道理吧。

【启示】

六四位于上卦，这就暗示我们，地位很高的人说出的每一句话都能产生非同小可的影响，这就更需谨言慎行。

六五：黄裳，元吉。

象曰："黄裳元吉"，文在中也。

《文言》曰：君子黄中通理，正位居体，美在其中，而畅于四支，发于事业：美之至也！

【译文】

六五：黄色的衣服，是大吉大利的。

象说："黄色的衣服，是大吉大利的"，是由于黄色的衣服象征身份高贵的人有美好的品德。

《文言》说：君子的美好品德好比黄色中和、通达文理，端正所处的地位而守礼，将才智美德蕴存在内心，畅流于四肢，发挥于事业，这才是最美的品德啊！

【启示】

一个人虽说身居高位，但不自傲，为人谦虚，待人和善。这样，会赢得人民的信任，得到人民的帮助，从而为成功铺平道路。

上六：龙战于野，其血玄黄。

象曰："龙战于野"，其道穷也。

《文言》曰：阴疑于阳必战。为其嫌于无阳也，故称"龙"焉；犹未离其类也，故称"血"焉。夫玄黄者，天地之杂也；天玄而地黄。

【译文】

上六：两条龙在野外战斗，到处淌着黄黑色的血。

象说：两条龙在野外战斗，说明双方的道路都被对方堵塞，谁也不愿意谦让，只有拼死一战，这对双方都不利。

《文言》说：阴气凝结于阳气必然势均力敌，相互争斗。作《易》者是怕读者对坤卦没有阳爻而感到困惑，所以在爻辞中称“龙”代表阳；又因为阴不曾离失其配偶阳，所以在爻辞中称“血”代表阴阳交合。至于血的颜色为青黄相间，正是说明天地阴阳的血相互交合，所以天色玄而地色黄啊。

【启示】

这一爻告诉我们，当双方的力量都非常强大，并且一方的发展将阻碍另一方的发展，为了达到双赢，必须有一方能够从大局出发，包容对方，先退一步，让出大道让对方先过。

用六：利永贞。

象曰：“用六永贞”，以大终也。

【译文】

用六：永远保持顺从天道，这是吉利的。（此爻为特有爻题，只在乾、坤两卦中出现，乾卦为“用九”。）

象说：用六表示纯阴，即永远顺从天道，这样就会有好的结果。

【启示】

人们像地一样，永远顺从天道，具有柔顺、宽容等高贵品质，则会一帆风顺。

【总论】

《周易》以坤卦继乾卦之后，寓有“天尊地卑”“地以承天”的意旨。全卦在于揭示“阴”与“阳”既相对立、又相依存的关系。《周易》一书发端于乾、坤两卦，正反映了作者对阴阳辩证的关系具有一定深度的认识；换言之，作者要表达的是这样的观点，阴阳的相互制约和交合，正是宇宙间事物运动、变化、发展的动力和源泉。

【疑难解析】

“含章，可贞”的意思是才华不外露，则可得到吉祥的预兆。为什么才华不外露的人总能得到吉祥的预兆呢？首先，“含章，可贞”是六三爻的爻辞，从爻位来看，六三是阴爻阳位，是半刚半柔，所以这里的才不外露，指的是谦虚、谨慎，而不是指自卑。再说，“满招损，谦受益”是经许多人证明的真理。所以，才华不外露的人永远得到吉祥的预兆。

“或从王事，无成有终”的意思是才华不外露的人去为君王做事，即使没有什么成就，也会做到善始善终。这是为什么呢？

一般才华不外露的人很容易过分的谨慎，以至于难以替君王抓到有风险的大机会，但由于他天生谦虚，愿意改正自己的缺点，愿意听从君王及下属的意见，所以不会执迷不悟，自然不会导致大的灾祸。再说，从最终的决策权来说，它是属于君王的，自然不会由于他的优柔寡断而坏大事。其次，才华不外露的人天生谨慎，做事细心，自然而然对事物的考虑十分周全，在一般情况下，不会出差错，不会让一件事半途而废。再次，他的才华不外露会使他的行为是谦恭的，这样就会赢得君王的信任，于是，他的忠言往往容易进入君王的心里。

因此，有才华而不张扬的这种行为是值得提倡的。

【事例】

虽然施乐公司曾经一度占据着世界复印机市场上的垄断地位，但是当日本的复印机涌入市场时，它却视而不见，结果施乐公司在市场上节节败退。这是因为施乐公司不懂得“履霜，坚冰至”这个道理，没有做到防微杜渐。

施乐公司曾经面临着严峻的挑战，即使在自己的传统优势领域，也就是大型的超高速复印机领域，施乐公司也面临着来自德国海得堡印刷机械股份公司的强力挑战，对手通过推出以“开放式体系结构”为特征的复印机来向施乐公司发起进攻，这种复印机体积小，可以接受多种格式的电子文件，相对于原来的复印机在性能上改进了不少。

施乐公司是美国复印机领域的巨人，20 世纪 60 年代和 70 年代初期在世界复印机市场上一直保持着垄断地位。然而，到了 20 世纪 70 年代中后期，复印机领域的竞争非常激烈，日本厂商尤其是佳能公司不断涌入复印机行业，施乐公司却对此采取漠视的态度，这直接导致了施乐公司在市场上的节节败退，份额也从起初的 82% 下降到 35%，从而失去了复印机的垄断地位。

从 1976 年以来，日本厂商一直大举入侵施乐公司原有的市场，但施乐公司并没有意识到竞争的存在，由于长时间的麻痹大意，最终导致施乐公司逐渐失去了市场上的优势地位。那一年，日本厂商佳能、NEC 等公司，都以施乐的成本价格销售复印机，并从中获利，它们的产品开发周期和开发人员比施乐要少 50%。面对困境，施乐公司并没有采取有效的办法来应对，只能眼看竞争对手一点一点地蚕食自己的市场份额。

尽管施乐公司以前有着很好的技术，还拥有帕洛阿尔托研究中心，很多计算机领域最具革命性的技术都是在这里产生的，例如，鼠标、激光打印机等。然而，施乐公司长期以开创者自居，以占尽先机为乐，似乎并没有想到充分运用这些技术来求得进一步发展，导致公司多次丧失良机。面对新一代传真机、打印机和扫描仪的挑战，施乐公司的复印机业务正在遭遇前所未有的危机。

施乐公司因“麻痹大意”而遭受惨重的损失。竞争对手却丝毫不生怜悯之情，手下也不留情，佳能公司在数字彩色复印机上咄咄逼人，不断在市场上获得巨大成功。尽管施乐公司希望可以收购 Tektronic 公司，以增强自己在彩色激光印刷业务上的实力，然而，事实和愿望之间的差距总是很大，在惠普公司和利盟公司的双重夹击下，该公司在这个有利可图的市场上，所占的市场份额不断下滑，再不复当年的荣光。

屯卦第三

屯：元亨，利贞。勿用有攸往。利建侯。

彖曰：屯，刚柔始交而难生。动乎险中。大亨贞。雷雨之动满盈，天造草昧。宜建侯而不宁。

象曰：云雷，屯。君子以经纶。

【译文】

屯卦：广大、亨通，宜于坚贞。不能有所行动。有利于树立伟大的志向。

彖说：屯卦是阴阳开始相遇，交汇在一起而生成险象，在艰难险阻中勇往直前，奋力扫除障碍，就会顺利。雷雨的动荡充满宇宙，使万物滋生，草木茂盛，生机盎然。宜于建国封侯，但这不是安宁的生活。

象说：屯卦的上卦是坎，坎为云，下卦是震，震为雷，即一阳陷于两阴之间，此为屯卦。君子看到这个卦象，就应该立下壮志，规划实现目标的大体步骤。

【启示】

屯卦告诉我们，创业伊始的困难扑面而来时，我们既不能无视困难，也不能被困难吓倒，应坚信只要志坚不变，只要不盲目行事，就一定会迎来黎明的曙光。

初九：磐桓。利居贞。利建侯。

象曰：虽磐桓，志行正也。以贵下贱，大得民也。

【译文】

初九：巨石压住草木。只要意志坚定、品行端正，就会吉利。这时，立下凌云壮志是大吉大利的。

象说：虽然徘徊不前，但志向正确和品行贞正。认为亲近比自己地位低下的人是可贵的，这样会深得民心。

【启示】

处在创业的初期，困难重重，不要轻举妄动，应坚守正道，礼贤下士，以获得广大民众的帮助。

六二：屯如，邅如。乘马班如，匪寇婚媾；女子贞不字，十年乃字。

象曰：六二之难，乘刚也。十年乃字，反常也。

【译文】

六二：一群人骑着马却不行进，老在路上徘徊。不是前来抢劫的强盗，而是为了迎娶新娘的娶亲队伍。女子近期不能婚配，十年后才能婚配。

象说：六二爻的困难，是由于阴爻在阳爻之上。十年才能婚配，这是违反常理的。

【启示】

这说明创业的道路是曲折　，十分艰难，要想成就大业，就要耐心等待时机的成熟。

六三：即鹿无虞，惟入于林中。君子几，不如舍。往吝。

象曰："即鹿无虞"，以从禽也。"君子舍之，往吝"，穷也。

【译文】

六三：在捕捉野鹿时，没有管山林之人的帮助，独自一人跑进树林中去。君子认为继续追赶不如放弃猎物。因为如果继续追踪，很可能遭遇灾祸。

象说：在捕捉野鹿时，即使没有管山林之人的帮助，也随鹿跑进树林。君子应放弃追捕野鹿，如继续追赶，很可能因找不到回去的路而遭遇灾祸。

【启示】

在主客观条件都不成熟的环境下，我们不能为利所惑，盲目行动。

六四：乘马班如，求婚媾；往吉，无不利。

象曰：求而往，明也。

【译文】

六四：骑马的人聚集在路口，准备去求婚。若继续前往，是吉祥的，并没有什么不利。

象说：求婚者为了娶到自己心爱的女子而有所行动，是明智之举。

【启示】

这一爻告诉我们，找到了能帮助你成就大业的指路人，尽管遭到拒绝的可能性很大，但是为了自己事业的成功，就应该勇敢地迈出第一步。

九五：屯其膏。小贞吉，大贞凶。

象曰："屯其膏"，施未光也。

【译文】

九五：囤积肥肉为祭祀做准备。适当则吉利，过分则凶险。

象说：囤积了大量的肥肉，说明没有真正把恩惠施给广大民众。

【启示】

这一爻指出做大事的人要广施恩泽。

上六：乘马班如，泣血涟如。

象曰："泣血涟如"，何可长也？

【译文】

上六：骑着马在路上转来转去，眼睛哭出了血，血和泪混在一起，接连而下。

象说：眼睛哭出了血，血和泪混在一起，接连而下，这怎么能维持长久呢？

【启示】

这一爻告诉我们，穷则变，变则通。

【疑难解析】

“即鹿无虞，惟入于林中。君子几，不如舍。往吝。”这是六三爻（阴爻阳位，与上六不相应）的爻辞。它的大意是，如果一个人在没有别人的帮助下，独自去追赶猎物，这是错误之举。就好比一个人在没有别人的指引下，独自去开创自己的事业。在一般情况下，这应是勇敢之举，为什么在这里变成了错误之举呢？

我们从卦画上看，这是阴爻阳位，表明他没有坚守正道。联系上下文，这里的正道是指在主客观条件都不具备的情况下，为了防止迷不知返，应断然放弃。

“即鹿无虞，惟入于林中”表明他对自己要进入的林子不熟悉，他之所以要进去，是受到眼前的猎物的诱惑。这样贸然地进去，其结果会怎样呢？显然是凶多吉少。也许你会觉得太言过其实了，不就是进林子追捕猎物吗？大家想想看，鹿也算珍贵的猎物，它在普通的林子里能藏身吗？显然不能。它必须找一个比较隐蔽的地方去藏身。所谓“隐蔽”

是指地势复杂，状貌复杂，让人难以辨别，普通的人不敢进入。如果一个人进入一个连自己都分不清东南西北的地方，能不迷路吗？最糟糕的是，独自一个人去，想找个指点迷津的人都找不到，想回头都没有机会啦！

如果把它与现实联系起来，“即鹿无虞，惟入于林中”就好比一个人为了追逐名利，贸然进入一个自己不熟悉但回报丰厚的领域，而且就他个人实力而言，他是在创业的初期，拥有的资本非常有限。此时，他既无钱雇用内行作指导，又无耐心等待与他合作的内行到来。很明显，无论是主观条件还是客观条件，都不成熟，结果自然是血本无归，再也没有翻身的机会。

从上述可知，如一个人在主客观条件都不成熟的情况下贸然行动，这是意气用事，不是勇敢之举。

“屯其膏。小贞吉，大贞凶”的大意是：囤积大量的肥肉为祭祀做准备，去卜问小事是吉利的，去卜问大事是凶险的。为什么做了同样的准备，去卜问大事和小事的结果不一样呢？

首先，我们可以把这里的祭祀比作施恩惠。如囤积了大量的肥肉去祭祀某路神仙，那么就会造成不能广施的恩惠，因为根据能量守恒定律，在一定时期、一定范围内，财物是有限的，能让人施舍的恩惠也是有限的，有人得到大量的恩泽，就必定有大部分人得不到恩泽。

再说，干小事只需几个人帮忙，就能干成，而干大事必须要广大人民的帮忙，才能干成。

其次，从得到恩惠的少数几个人来看，当他们看到他只施舍恩惠给少数几个人，而自己居然是其中的一个，感到无比的荣幸，愿意为他竭尽所能。但他们的力量是有限的，所以不利于去干大事。

再次，从得不到恩惠的人来看，如一个人只施舍一定的恩惠给周围的几个人，他们可能认为他的视野不够开阔，眼光不够长远，是狗眼看人低，而且有拉帮结派之嫌，他们鄙视他，甚至敌视他，自然成为他成就大业的阻碍。

【事例一】

《屯卦》告诉我们，在创业的初期，面对重重困难，我们要迎难而上。松下在创立松下电器的初期，也面临种种磨难，但由于他不怕困难，勇往直前，终于使松下电器成为世界电器行业的巨头。

很多人都知道，松下电器是非常有实力的企业，但很少有人知道，如没有松下创业伊始的坚持，松下电器就要胎死腹中。

松下辞职办公司时，他手头的资本只有上班 7 年的退职慰劳金，大概相当于 40 天的薪水，按当时的日薪 83 分计算，合计是 33.2 日元，加上退休准备金 20 日元，总共不到

100 日元。这点儿钱能干什么呢？买一台机器或做一个模子就需要 100 日元。

松下开始犯难了，觉得自己的辞职也许是太轻率了。但“开弓没有回头箭”，他想总会有办法解决的。这时，他想到了自己的几个在工作中结交的朋友。一想到这些朋友，松下立刻又精神抖擞起来，觉得前途充满了希望与光明。接下来，松下一一说服这些朋友，历尽艰难，终于可以动手生产了。

可是，问题又来了。到哪儿去买材料？买多少？要怎样制造？……松下依然毫无思路，每一样都得从头做起。尤其是成品主体合成胶木的制法，他们完全不懂，只知道成分大概是柏油、石棉、石粉，可具体该怎样调配呢？

当时这种合成物的制造属于新兴事业，各工厂都把它当作机密，配方自然无从获取了。虽说他们事业的开端很艰难，但他们都很有冲劲，都不认为问题无法解决。

他们首先开始研究产品主体合成胶木的制造方法，同时调查原料价格，等等。可是，合成胶木的成分配方，始终做不好。他们做了很多实验，也到制造工厂附近的垃圾堆里捡了一些废品回来研究，但都不成功。这使他们十分无奈。

就在不知如何是好之际，他们听说以前电灯公司的 T，也正在研究这个问题。于是松下就和林伊一道前去拜访 T，他们没费多少口舌，T 便同意把“研究机密”告诉他们。

插座生产出来后，森田开始向各电器行推销。他几乎跑遍了大阪市，好不容易才卖掉100个，收到不足10日元的现金。后得到各电器行里反馈来的意见就是：这种插座无法使用。

下面的目标十分明确，即试制产销对路的插座。但是，资金上哪儿去弄呢？

从7月到10月，4个月的心血和汗水，仅仅换来了区区不到10日元的收入。大家都清楚，再干下去，别说运作，连吃饭都成问题。

此时，森田和林伊离开了松下家庭工厂。现在就剩下松下和井植岁男子。松下很难过，也倍感孤单。不过，松下能够体谅他们的难处：他们都有家有口，就算他们能做出牺牲，又拿什么养家糊口呢？

尽管如此，松下依然没有丧失信心，他孤注一掷，把自己和妻子暂时不穿的衣服都送进了当铺。在这样困难的时期，有夫人的支持，松下更坚定了从头再来的信心。

就这样，两用插座在艰难的挣扎中诞生了。从此，松下开始了他的辉煌历程。

【事例二】

《屯卦》告诉我们，万事开头难。一个人要成就大业，要经受种种磨难，要承受常人难以承受的磨难。越王勾践深谙这个道理，终成大业。

勾践趁夫差远征时，调集越军约 4 万人，大举攻吴，取得了巨大的胜利。前 476 年，吴王夫差向越王勾践提出和谈要求，遭到了勾践的拒绝，最后兵败自杀，越王勾践最终称霸长江下游。你可知道勾践未成霸业前的艰辛吗？

前 494 年春，夫差继承王位。夫差不忘父亲生前的谆谆教诲，在伍子胥、伯嚭的辅佐下，勤加练兵，准备出兵攻越。越王勾践得到夫差将攻越的消息后，在兵力还不够强大的情况下，出兵攻打吴国。吴王夫差派出精锐部队，与越军在夫椒（今江苏苏州西南）展开激烈的战争。由于吴军实力太强大，越军战败。越军损失巨大，最后只剩下 5000 人，退守会稽山（今浙江绍兴东南）。吴军乘胜追击，把会稽山包围得水泄不通。在这危急存亡关头，勾践采纳了范蠡的建议，决定以屈求生。勾践一面准备死战，一面派文种去向吴王夫差求和，以美女、财宝疏通吴太宰伯嚭，请他劝说夫差允许越国作为吴的属国存在下来。如果夫差愿意，勾践愿做吴王的奴仆，忠心耿耿地侍奉吴王；不然，勾践将“尽杀其妻子，燔（烧）其宝器，悉五千人触战”。在太宰伯嚭的悉心劝说下，吴王夫差终于答应议和，这样越国才得以保全。

越国战败后，越王勾践遵循协议，将治理国家的大权交给文种，自己带领妻子和大臣范蠡去吴国给夫差当奴仆。勾践为吴王驾车养马，他的夫人为吴国打扫宫室。他们住在囚室，穿着最差的衣服，吃着最恶劣的食物，极尽屈辱而从不吭声。由于勾践能屈尊伺候吴王，同时又加紧贿赂伯嚭，让他在吴王面前说好话，经过3年，勾践终于取得了吴王的信任，被释放回国，结束了这耻辱的生活。

越王勾践回国后，首先下了一道“罪己诏”，检讨自己擅自做出攻打吴国的决定，结果使很多百姓在战场上送命的失误。他还亲自去安抚受伤的平民，抚养阵亡者的遗孤。他在坐卧的地方悬挂了苦胆，吃饭的时候要先尝尝苦胆的滋味。他“躬自耕作，夫人自织，食不加肉，衣不重彩”。勾践还针对越国战败后人口减少、财力耗尽的情况，制定了休养生息的政策，以恢复国家的元气。他明确规定：妇女怀孕临产时，要报告官府，由官府派医生去看护；生男孩奖给2壶酒和1条狗；生女孩奖给2壶酒和1只小猪；生3胞胎的由官府出钱请乳母，生双胞胎由官府供给粮食。凡死了嫡子的人家，免除3年劳役；死了庶子的，免除3个月劳役。越国加紧改革内政，减轻刑罚、赋税，提倡百姓开荒种地，越国竟在10年中没有向人民征收一分钱的赋税，百姓每家都有3年的粮食储备。这样，越国的人民都视勾践如父母。

勾践在改革内政的同时，还采取十分有成效的外交策略。对吴国，他继续实行以退为进的战略，麻痹腐蚀夫差。他经常送给夫差非常珍贵的礼物，表示忠心臣服，以消除他对越国的戒备，助长他的骄气；同时又破坏吴国经济，用高价收买吴国的粮食，造成吴国粮食困难；他用离间之计使夫差对伯嚭更加信任，对伍子胥更加疏远，挑起其内部争斗。并且采用“美人计”迷惑夫差。这些措施的实施，壮大了自己，削弱了敌人，为攻打吴国奠定了扎实的基础。

经过 10 年的精心准备，经过 10 年的痛苦生活，勾践率领精锐部队对吴国发起了总进攻，取得了决定性的胜利，终于完成大业。

蒙卦第四

蒙：亨。匪我求童蒙，童蒙求我。初筮告。再三渎，渎则不告。利贞。

彖曰：蒙，山下有险，险而止，蒙。“蒙，亨”，以亨行时中也。“匪我求童蒙，童蒙求我”，志应也。“初筮告”，以刚中也。“再三渎，渎则不告”，渎，蒙也。蒙以养正，圣功也。

象曰：山下出泉，蒙。君子以果行育德。

【译文】

蒙卦：亨通。不是我去求蒙昧的人来接受教育，而是蒙昧的人请求我传播知识给他。第一次向神请教，神灵给了他一些告示。如果一次又一次地卜问，以得到令自己满意的结果，将会亵渎神灵，神灵一定不会理睬他。要品行纯正，诚心诚意，才会有利。

象说：蒙卦的卦象是山下有水，水被高山阻隔，无法流入大江大河，汇入大海，因而处于蒙昧状态，所以把它叫作蒙卦。“蒙昧却能宏大、顺利”，是因为思想相通，而且行动合乎中庸之道。“不是我去求蒙昧的人来接受教育，而是蒙昧的人请求我传播知识给他”，是说明占筮者与求筮者的关系是相互应和的。“第一次占筮，神灵会给他一些信息”，这是因为阳刚居中。“一次又一次地卜问，以得到令自己满意的结果，因此亵渎了神灵，神灵一定不会理睬他”，这表明亵渎就是蒙昧的表现。通过启蒙教育，可以把蒙昧无知的人培养成品质纯正的人，这就是圣人的工作。

象说：蒙卦的卦象是坎在下、艮在上，坎为水、艮为山，即山下有泉水；所以把它叫作蒙卦。君子看到这种情况，必须果断行事，完善自身，培养高尚的品德。

【启示】

这一卦告诉我们，对一个人而言，要想在社会上立足，要想有所作为，必须先接受教育，解除蒙昧状态；对社会而言，要想发展，必须大力推行教育，并且要把教育看成双边活动。

初六：发蒙，利用刑人。用说桎梏，以往吝。

象曰：利用刑人，以正法也。

【译文】

初六：在启发蒙昧的人时，像用刑具惩罚罪犯一样施用一些非常手段，是有利的。如果不规范，任其发展下去，必然会遭遇灾祸。

象说：像用刑具惩罚罪犯一样施用一些非常手段，是有利的，说明要依照严格的法规端正蒙昧之人的行为。

【启示】

这一爻告诉我们，在孩子还处于蒙昧状态时，要对孩子严加管教，以免误入歧途。

九二：包蒙，吉。纳妇，吉。子克家。

象曰："子克家"，刚柔接也。

【译文】

九二：包容蒙昧儿童的愚昧无知，这是很吉利的。纳娶新媳妇，也是吉祥的。儿子能自撑家业了。

象说：儿子能自撑家业，这是因为男女刚柔相济的结果。

【启示】

这一爻告诉我们，在对蒙昧儿童施行惩罚之后，我们不能在其伤口上再撒一把盐，应包容他们的缺点，鼓励他们敢于正视自己的缺点，从而改正错误，走上正轨。千万记住，教育的目的是使他们走上成功。

六三：勿用取女，见金夫，不有躬。无攸利。

象曰："勿用取女"，行不顺也。

【译文】

六三：不要和这样的女子成婚，因为她见到有钱有势的男人就会变心，不懂得自爱。娶她做老婆没有什么好处的。

象说：不要和这样的女子成婚，是因为这个女子的行为违反了人们认可的礼仪。

【启示】

这一爻暗示我们，如果蒙昧的儿童品行不端正，意志不坚定，则会以他所学的对付人民，甚至自己的恩师，所以在收弟子时，要注意对他的品德进行考核。

六四：困蒙，吝。

象曰：“困蒙之吝”，独远实也。

【译文】

六四：人为蒙昧所困扰，将会遭遇灾祸。

象说：“人为蒙昧所困扰”，是因为与世隔绝，脱离了现实社会。

【启示】

它告诉我们，人要摆脱蒙昧，就要脱离他所处的蒙昧的环境。

六五：童蒙，吉。

象曰：“童蒙之吉”，顺以巽也。

【译文】

六五：儿童愚昧无知，是吉利的。

象说：“儿童蒙昧无知之所以吉利”，是因为他们柔顺、乖巧，能虚心学习。

【启示】

一个人不怕愚昧无知，怕的是认识不到自己的短处，不愿虚心地向比自己强的人请教。

上九：击蒙。不利为寇，利御寇。

象曰：“利用御寇”，上下顺也。

【译文】

上九：打击蒙昧的人。像强盗一样野蛮就可能招来灾祸，用来抵御强盗的入侵是吉利的。

象说：“用来防御强盗之所以有利”，是因为上下关系顺畅，目标一致。

【启示】

对蒙昧无知的人进行教育时，如采取过于暴烈的手段惩罚受教育者，则会适得其反，我们应向他们讲清教育者和受教育者的目标是一致的：推进人类社会从蒙昧走向开化、走向文明的过程。说得具体一点，老板应向员工做这样的宣传：“我们的目标是一致的，就是要共同努力，共同在激烈的竞争中求一席之地得以安身。”

【疑难解析】

“困蒙，吝”和“童蒙，吉”何意?

“困蒙，吝”的意思是，一个人为蒙昧无知所困，将遭遇灾祸。世界是千变万化的，而且它是如此的广阔，谁能把它蕴含的奥妙都洞悉到?以此类推，我们都会被蒙昧所困扰，灾祸将紧紧地包围我们。这不太可怕了吗?其实，只要我们理解它的真正含义，就知道这是杞人忧天。

“困蒙，吝”是蒙卦六四爻的爻辞。从卦画上看，六四是阴爻阴位，与上九阳刚隔得太远，这就好比一个人本身愚昧无知，又处在愚昧的环境中，在那里，谁都不认为自己是愚昧的，更不愿意虚心向别人学习，自然无知的领域越来越大，而且为了掩饰自己的无知，还不懂装懂，结果在处理问题时，力不从心，给自己也给别人造成灾害。此时，我们不难看出，“吝”的真正原因不是为蒙昧无知所困，而是被蒙昧无知所困时不能虚心向别人学习。

现在，我们再仔细揣摩“童蒙，吉”的含义，就更不用担心“困蒙，吝”，而且知道怎样摆脱蒙昧。

“童蒙，吉”的意思是儿童愚昧无知，是吉利的。首先，从儿童的特性来看，儿童虽说蒙昧无知，但他天生柔顺，愿意虚心向别人学习。其次，在儿童所处的社会存在这样一种思想，儿童无知是天真可爱，但成年人无知是愚蠢，是会遭人耻笑的。所以，儿童会毫不掩饰自己的无知，而且谁都愿意为他解除这种蒙昧的状态，这样儿童会变得越来越聪明，无知的领域越来越少，避免因无知带来的灾难的手段就会越来越高明。

综上所述，我们要获得吉祥，就要做到虚心向别人学习。

为达到这个境界，应做到以下几点：一是呼吁全社会的人学会包容成年人的缺点，让所有人不以自己的无知为耻。二是即使社会没形成良好的学习之风，我们也要“不耻下问”，因为“不耻下问”的耻辱是一时的，而不去问的话，就会永远为无知所困，而且不懂装懂会使自己面临险境，因为别人不知真实情况，会让我们去做力所不能及的事。

【事例】

《蒙卦》暗示我们，老板和员工或上下级的目标一致是推动企业前进的最好武器。企业应通过各种措施的制定，增加员工对企业的认同感和责任感，并提供更多更好的发展机会给员工。摩托罗拉公司就深谙这个道理，使自己成为电信行业的巨头。

化敌为友　共创辉煌

在许多企业，老板与员工的关系是对立的，就是一般的管理人员和员工的关系也是对立的，由于这种对立，造成上下级的目标不一致，造成团体力量的削弱。而摩托罗拉公司自成立之日起，就针对这一问题，采取了有效的措施。

一视同仁　长期雇用

摩托罗拉公司在雇用员工时，对应聘者一视同仁。对应聘者的种族、宗教、性别、年龄、国籍等不作限制，更不歧视应聘者身上的残疾或其他生理缺陷。摩托罗拉在员工雇用方面的显著特点就是所有的正式员工均与公司签订无限期合同，这就意味着除非员工犯有重大错误，公司在一般的正常经营情况下，将对其进行实际上的终身雇用。与很多公司的三年合同期甚至一年合同期相比，这一制度为员工提供了就业稳定性的保障，增强了员工对企业的认同感和责任感，同时也使得企业对员工在技术和管理上进行长期投资成为可能。

真正的人格尊重

摩托罗拉公司的员工还享有充分的隐私权。员工的机密记录，包括病历、心理咨询记录和公安调查清单等，都与员工的一般档案分开保存。

公司内部能接触到的雇员所有档案仅限于“有必要知道”的有关人员。

员工的私人资料，只有在征得本人书面同意的情况下才能对外界公布。这种对员工隐私的周密保护也充分体现了公司尊重人性的原则。

开放的沟通渠道

摩托罗拉公司的开放沟通政策是指公司为促进员工关系，鼓励和增强员工参与意识所采取的双向沟通策略。它充分体现了摩托罗拉公司以人为本、尊重个人、发挥人的潜能、实现个人价值与企业共同发展的经营理念，使员工和企业共同营造开放的沟通环境及相互尊重的文化氛围成为可能。通过开放式沟通，一方面公司可以随时了解和关注员工中存在的各种问题，听取员工的改善意见；另一方面，员工也可以采用公司内部各种沟通渠道与公司管理层及相关部门进行直接沟通，或通过各种途径全面了解公司内部有关政策和生产、经营、管理、业务及培训发展的状况。员工可以根据个人情况选择不同的直接沟通方式，如参与“总经理座谈会”“肯定个人尊严”对话等方式。公司还设有业绩报告会、《大家庭》报等面向全体员工的沟通渠道。此外，员工还可以通过“畅所欲言”和“我建议”等形式反映个人问题，进行投诉或提出合理化建议。

通过开放式的沟通，使员工便于采用不同的沟通方式进行直接沟通，管理层也可以根据存在的问题及时有效地处理好员工事务，以不断促进员工关系，创造良好的工作环境。

摩托罗拉公司就是通过采取这一系列的措施，增加了员工的认同感和责任感，让员工感觉到：自己就是公司的主人，我们要为这个大家庭添砖加瓦。

摩托罗拉公司就这样赢得了员工的信任，上下级一致，创造了一个又一个的辉煌。摩托罗拉公司的呼机风靡全球，让人们赞不绝口，紧接着又推出质量优良的手机，让人们爱不释手……尽管今天的摩托罗拉早已不复当年，但那是另外一回事了。

需卦第五

需：有孚，光亨，贞吉。利涉大川。

彖曰："需"，须也，险在前也。刚健而不陷，其义不困穷矣。"需，有孚，光亨，贞吉"，位乎天位，以正中也。"利涉大川"，往有功也。

象曰：云上于天，需。君子以饮食宴乐。

【译文】

需卦：有诚心，能得到人们的信任，顺利排除万难，应该坚持下去。有利于渡过大江大河。

彖说：需是等待的意思，即有危险在前面。强壮且有阳刚之气就不会陷入危险的境地，因为耐心等待良机就不会为绝境所困扰。"需卦：有诚信、宏大、通达，应该坚持下去"，这时处于"天"的位置，这是正中之位。如此时去渡大河是有利的，积极行动便能建立功业。

象说：需卦的卦象是下卦为乾，乾为天；上卦为坎，坎为水，表示水在天上，水汽在天上聚集在一起，便形成了云层，乌云密布，雨还未下，需要耐心等待时机，所以称之为需卦。此时，君子可以去饮酒作乐，尽情享受，等待适当的时机。

【启示】

需卦中的“需”字，意为停留等待。卦辞认为，初遇困难，要耐心等待有利时机，时机一旦成熟便积极行动，一定会有所成就的。所以，人们一方面要谨慎，另一方面要时刻准备出击。

初九：需于郊，利用恒，无咎。

象曰：“需于郊”，不犯难行也。“利用恒，无咎”，未失常也。

【译文】

初九：在郊野等待时机，如果有恒心，这是有利的，没有危险。

象说：“在郊野等待时机”，不能冒着危险轻率地采取行动。“有恒心地等待时机，是吉利的，没有危险”，因为没有违背常理。

【启示】

这一爻告诉我们，如耐心地等待时机，就不会有危险。

九二：需于沙，小有言，终吉。

象曰："需于沙"，衍在中也。虽小有言，以终吉也。

【译文】

九二：在沙滩上等待，即使会被责难，但不被闲言闲语动摇，最后也是吉祥的。

象说："在沙滩上等待"，水流在沙中漫过之象。即使稍有议论，但最终是吉利的。

【启示】

这一爻为"九二"，比"初九"更接近危险，虽然还没有大的灾难，但贸然迎难而上，很可能会招致灾难。因此我们必须再耐心地等待，等时机成熟才行动，就能成功。

九三：需于泥，致寇至。

象曰："需于泥"，灾在外也。自我致寇，敬慎不败也。

【译文】

九三：在泥泞中等待，随时可能招来强盗的侵扰。

象说：在泥泞中等待，灾难就在外边，随时都有可能降临。自己招来强盗，要更加谨慎，才不会失败。

【启示】

这一爻告诉我们，越接近危险，越要谨慎，不可妄进，以免陷入不可自拔之地。

六四：需于血，出自穴。

象曰："需于血"，顺以听也。

【译文】

六四：在血光凶险之地等待，对手随时有可能从洞穴中出来袭击。

象说："在血光凶险之地等待"，顺应天道，等待化险为夷的时机。

【启示】

这一爻告诉我们，已处在非常危险的境地，稍有不慎，就会招致大的灾祸。因此，我们不可意气用事，应顺应变化以转危为安。

九五：需于酒食，贞吉。

象曰："酒食贞吉"，以中正也。

【译文】

九五：在安闲的饮酒吃饭中等待，坚持贞正是吉祥的。

象说："在安闲的饮酒吃饭中等待，坚持贞正是吉祥的"，这是因为虽然在安全中，但仍遵守中正的原则。

【启示】

"九五"是阳爻阳位得正，在上卦得中，处于安全的位置。这表明，即使在安全等待时，也要坚持纯正。

上六：入于穴，有不速之客三人来，敬之，终吉。

象曰："不速之客来，敬之终吉"。虽不当位，未大失也。

【译文】

上六：突然有三位客人未经邀请就来到了洞里，热情招待他们，最终会得到吉祥的预兆。

象说："三位不请自来的客人到来了，恭敬、热情地招待他们"，终究是吉利的。即使当时处在不合适的位置，但也没有太大的损失。

【启示】

这一爻告诉我们，在处于劣势时，不能硬碰硬，应以退为进，以柔克刚。

【疑难解析】

"入于穴，有不速之客三人来，敬之，终吉"的大意是：如有不速之客前来，好好招待他们，就能获得吉祥。乍一看，觉得不可思议，如仔细想想，就懂得了其中的缘由。

一、一个人处于劣势时，好好招待不速之客，能为自己赢得时间。一方面能为自己赢得识别他人意图的时间，这样不会因仓促行事而造成误会。另一方面为自己采取正确策略赢得时间。因为别人看到他从容行事，也不知他的葫芦里卖的是什么药，即使他们有坏的企图，也不敢贸然行事。

二、好好招待他们，还有可能感化他们，或消除误会。因为在一般情况下，人们都认可：以恩报恩，以德报德。再说，也许他们是受小人的唆使而来的，如他们看到他的善意的招待，那么小人的谎言就会不攻自破。

三、好好招待他们，还能引起别人进行错误的猜想：这个人肯定是弱者，不值得提防。而他将计就计，假装无能，使客人麻痹大意，便有了进行反攻的机会。

所以说，热情招待他们，最终是吉利的。因为它是一种更高明的等待，以退为进，伺机而动。

【事例一】

需卦告诉我们，要耐心等待时机。丰田英二在他的经营中就渗透了这个道理。

丰田汽车公司之所以成为汽车行业的巨头，是因为丰田英二不贸然行事，能耐心等待时机，能抓住时机。

1950 年，丰田公司因危机的到来被迫将工业公司和销售公司分离。后来，负责技术部门的董事丰田英二想把这两家公司重新合并，但考虑到重新合并在当时是行不通的，他认为条件不成熟，即便勉强行事也是要失败的，与其胎死腹中，还不如耐心地等待时机的到来，一举成功。

直到 20 世纪 80 年代初，英二在深思熟虑考察各种条件的同时，衡量了其利弊，决定将丰田两家公司重新合并。两家公司终于结束了长达 32 年的产销分离，诞生了全新的丰田公司，英二的等待终于有了丰硕的成果。

在处理丰田赴美建厂一事上，英二也同样小心谨慎，耐心等待时机的成熟。

在日本汽车厂商中，已有第三家开始生产汽车。为此不少人抱怨丰田进军美国为时太晚。会长丰田英二和社长丰田章一郎的回答是："我们在等待时机，我们的行动并没有落后。"由于采取了谨慎的战术，丰田公司终于顺利地打入了美国汽车市场。

丰田是个善于抓机遇的人。善于等待，当机遇没有来时，他静如处子；一旦机遇来临，他则动若脱兔。俗话说："欲速则不达。"等待看起来似乎是消极怠工，但这其实是一种慎重的行事方式。等待并不等于落后，如同长跑，起步早的不一定能最终得到冠军。

【事例二】

处于弱势时，不争锋芒，不拿鸡蛋碰石头；等到势强时，便进行有力的回击。毛泽东深谙需卦蕴含的这些哲理。在解放战争时期，采取以退为进的策略，终于取得了解放战争的胜利。

1947 年 3 月，胡宗南受蒋介石之命重点进攻陕北。毛泽东带领部队主动撤离了延安。起初，一部分人不同意撤离延安。并提出了"不放弃一寸土地""誓死保卫延安""保卫党中央"等口号。莫斯科也认为撤退决定是错误的。然而毛泽东却高瞻远瞩，他说："不就是几座窑洞吗？就是丢掉一座空城也没有关系。我们现在拿鸡蛋碰石头，自取灭亡，能达到目的吗？如果等力量更加壮大，形势更有利于我们时回来，就能粉碎敌人的军队，夺回延安。这难道不好吗？”

蒋介石得意地飞到延安，毁坏了那里的坛坛罐罐，而且预言，只需三个月的时间就可彻底消灭共军。可事实上，三个月后，蒋介石并没实现这个梦想。因为共产党采取“集中优势兵力，消灭敌人有生力量”的战略，蒋介石强的时候，他就退，等找到蒋介石的薄弱环节，便一举歼灭。

一年以后，毛泽东和党中央没有再回到延安，而是适应形势的发展，在自己的力量变得相当强大后，东渡黄河，搬到了距北平很近的河北省的西柏坡去了，那里更便于指挥全国各战场。

在解放战争后期，蒋介石的力量日趋削弱，毛泽东一改过去的退避的策略，乘胜追击，痛打落水狗，于1949年10月迎来了全国的大解放。

讼卦第六

讼：有孚窒惕，中吉，终凶。利见大人，不利涉大川。

彖曰：讼，上刚下险。险而健，讼。“讼：有孚窒惕，中吉”，刚来而得中也。“终凶”，讼不可成也。“利见大人”，尚中正也。“不利涉大川”，入于渊也。

象曰：天与水违行，讼。君子以作事谋始。

【译文】

讼卦：有诚信的人要谨防道路被堵塞，途中是吉利的，最后有凶险。拜见位尊且德高的人是吉利的，贸然去渡大江、大河是不吉利的。

彖说：讼卦，是指上面有刚健下面有凶险，就个人而言，外表刚强的人可能会遭遇凶险，因为他生性耿直，容易与人发生争斗，这就是讼卦。“讼卦卦辞说：有诚信，但要谨防道路被堵塞，途中是吉利的”，这是说刚健的人面临危险还能坚守纯正的原则。“后来有凶险”，表明最终难以成就大业。“有利于会见位尊且德高的人”，说明人民崇尚品行中正的人。“不利于涉水渡河”，说明如恃强倚勇，贸然前往，将会坠入深渊。

象说：讼卦的乾卦三阳爻位于坎卦之上，坎为水，乾为天，天与水各自向相反的方向运行，因此会发生争斗，所以君子在开始做事时，要细细谋划。

【启示】

讼卦告诉我们，一个外表刚强、品行纯正的人容易与人发生矛盾，一旦与人发生争论，这就会成为他成就大业的阻碍。这就暗示我们，如果不是原则问题，应该退让，尽量与人和谐相处。

初六：不永所事，小有言，终吉。

象曰：“不永所事”，讼不可长也。虽“小有言”，其辩明也。

【译文】

初六：不要为小事与人长久地争吵，即使遭遇到一点责难，最终也是吉利的。

象说：“不要为小事与人长久地争吵”，说明争斗的时间不能太长。即使遭遇到责难，但还是有利于辨明其中的是非。

【启示】

这一爻告诉我们，长期与人为小事争吵是无聊的，是毫无作用的，我们应及时抽身，让时间做出公正的判断。对于个人而言，不要为了满足自己一时的好胜心理，出言不逊，伤了和气。

九二：不克讼，归而逋，其邑人三百户。无眚。

象曰："不克讼"，归逋，窜也。自下讼上，患至掇也。

【译文】

九二：不能在争斗中胜出，回去并逃到有三百户人家的村子里。没有什么灾难。

象说："不能在争斗中胜出"，回到家里，并赶紧逃亡到外地，这是躲避灾祸。因为自己没什么地位，与比自己势力强的人进行争斗，很容易招致更大灾祸。

【启示】

这一爻是阳爻阴位，在下卦，在争斗中处于劣势，此时，应采取明智之举——退避三舍。

六三：食旧德，贞厉，终吉；或从王事，无成。

象曰：食旧德，从上吉也。

【译文】

六三：坚守着祖先传下来的规矩，恪守正道，虽遇危险，但终究会得到吉祥；或者顺从九五所推行的德行，争讼不会发生。

象说：坚守着祖先传下来的规矩，最终得到吉兆，说明只要依仗祖先的阴德就可以获得吉祥。

【启示】

这一爻告诉我们，作为平民百姓，如能够安于本分，坚守常规，虽在守住自己一贯的美德时会遇到危险，但最终是吉利的；如能听从主持公道的人的劝说，也没有危险。

九四：不克讼，复即命，渝。安贞，吉。

象曰：复即命，渝，安贞不失也。

【译文】

九四：争斗失败，重新回到原位，改变了策略，决定顺从天命。安于天命，必然会获得吉祥。

象说：争斗失败，重新回到原位，改变了策略，决定顺从天命，说明安守天道就不会有什么过错。

【启示】

这一爻告诉我们，争斗失败之后，应进行深刻的反思，回到正理之上，就不会有大的损失。

九五：讼，元吉。

象曰："讼，元吉"，以中正也。

【译文】

九五：争讼是大吉大利的。

象说：争讼之所以大吉大利，是因为内心纯正且遵循了天道。

【启示】

这说明，在原则问题上，绝对不能退让。

上九：或锡之鞶带，终朝三褫之。

象曰：以讼受服，亦不足敬也。

【译文】

上九：君王赏赐了他一根精美的腰带，但在一天之内会被人多次索回。

象说：因为争斗得胜而得到赏赐，不值得敬佩。

【启示】

这一爻告诉我们，与人发生争斗，如不坚守正道，即使获得了胜利，也没有什么好处。

【疑难解析】

在一般的情况下，与别人发生争讼，是没有什么好处的，而这里为什么说“讼，元吉”呢？我们从“讼，元吉”所处的爻位来看，它是讼卦的九五爻，属阳爻阳位，居上卦的中位，就表示他在与人发生争讼时能坚守正道，即在原则问题上不退让。这样做有几大好处：

一、对于整个社会而言，坚守正确的是非观，不人云亦云，就不会让坏人占上风，荼毒生灵。

二、对于与自己发生争讼的人而言，不会因自己的软弱退让而造成他坚持错误的思想，最终酿成大错。

三、对于自身而言，坚持了自己的正确思想，就不会成为无辜的受害者。

四、由于自己能坚守中正，说话有分寸，别人很可能会心服口服。所以说，在原则问题上，要据理力争。

“或锡之鞶带，终朝三褫之”的大意是：君王赏赐他一根精美的腰带，在一天之内会多次被索回。君王为什么要赏赐他腰带呢？联系上下文，就知道这是因为他在与别人的争讼中胜利了，赢得了君王的赏识。为什么又多次被索回呢？

“或锡之鞶带，终朝三褫之”是上九的爻辞，从上九所处的爻位来看，是阳爻阴位，是讼卦的最上面的一爻，这表明他在与别人发生争讼时，要么过于刚强，与别人发生正面冲突；要么恃强凌弱，没有坚守正道。

一个人在与别人发生争讼时，态度过于刚烈，即使由于他是因正义之道而取胜，这也只是表面之象。试想想，有人只是一味地强调他的正确观点，并与你发生激烈的争执，你能不敌视他吗？对他的意见能虚心接受吗？如果有报复他的机会，你会放过吗？所以，与别人发生正面冲突，即使当时得到了奖赏，得到了益处，也会被别人日后的报复抵消掉。

另外，一个人在和别人发生争讼时如采取不正当的手段，即使能取胜，也是一时的；因为人民的眼睛是雪亮的，迟早会识破他的阴谋，把他得到的荣誉从他身上剥夺回去。

所以说，一个人在与别人发生争讼时，千万要坚守正道。

【事例一】

讼卦强调在争讼中要坚守正道，在激烈的竞争中我们更要坚守正道。寺田千代乃就懂得这个道理，避免依靠不正当的手段“占领市场”，或与对手发生正面冲突，与对手打个头破血流，而是依靠她的智慧与不断创新的精神为公司寻找新的出路。

寺田千代乃早年经营石油运输业，20 世纪 70 年代石油运输业的竞争非常激烈，能在这个行业生存下来的机会越来越少。

寺田千代乃深深懂得：如与对手进行火拼，采取“压价”或其他优惠政策，只会导致双方的利润越来越薄，甚至亏本。于是，她决定另辟蹊径，把在石油运输业上的投资转移到搬家这个行业，并采取了与众不同的策略。让所有的竞争对手输得心服口服，不得不佩服她的卓识远见和聪明才智。

首先，为了把成千上万的分散户吸引过来，寺田千代乃首先想到了电话，如果谁要搬家，肯定会在电话号码簿上查找搬家公司的电话号码，于是她想到了利用电话号码簿为自己的公司做广告。同时她又了解到日本的电话号码簿是按行业进行分类的，同一行业、企业的排列顺序是以日语的字母为顺序的，所以她把自己的公司命名为“阿托搬家服务中心”，这就使她的搬家公司在同行业中位居首位，用户在选择搬家公司时第一眼就看见它。接着，在选用电话号码的时候，寺田千代乃在电话局的空白号码中，选了一个既醒目又容易记住的号码“0123”。

其次，她抓住顾客爱惜家财并且害怕家财暴露会招来灾祸的心理，设计了一种较为适用的搬家专用车，如把家用物品放在这种专用车上，既安全可靠，又财不外露。

针对日本城市人口拥挤，住宅多是高层公寓的特点，寺田千代乃又专门设计了搬家用的集装箱和专用吊车，使用这些集装箱和专用吊车，不仅大大提高了搬家效率，而且更可靠地保证了搬家过程中不至于损坏顾客的家用器具。

此外，在搬家的同时，“阿托搬家服务中心”还向顾客提供了与搬家有关的各种服务，如消毒、灭虫、清扫卫生、改换电话号码以及子女转学等各种服务。

从 1977 年起，“阿托搬家服务中心”在日本近 50 个城市中拥有分公司，年营业总额超过 500 亿日元，寺田千代乃也成为日本家喻户晓的搬家明星，1988 年被评为“日本最有成就的女企业家”。

就这样，寺田千代乃凭着她善于思考的大脑，坚守商业竞争的正道，促使自己的事业蓬勃发展。

【事例二】

讼卦告诉我们，与人发生争执是无用的，只要本性中正，就一定会得到公正的裁判。陈平初到汉时，受人诋毁，陈平没有与诋毁他的人辩论，而是依靠忠信正直的品行消除了别人的疑虑。

一般情况下，一个有诚信的人不会轻易离开自己的主子，而陈平却是初事魏咎，继事项羽，最后归汉。所以，他自然遭到别人的猜疑。如果他通过争执来消除疑虑，肯定会适得其反。陈平本性中正，对别人的无端猜疑从不理会，只在恰当的时机进行解释。结果他得到了刘邦的信任。

陈平通过魏无知推荐得见刘邦。刘邦跟他谈话，见他有才智，很高兴地问："子之居楚何官？"陈平答："为都尉。"当天，刘邦就任陈平为都尉，使为参乘，典护军。诸将知道了都不平，说："大王一旦得楚之亡卒，未知其高下，而即与同载，反使监护军长者。"陈平知道了，也未与诸将争论。

后来，陈平又因智勇过人，得到了刘邦的嘉奖，引起了周勃、灌婴等大将的不满，认为刘邦如此信任陈平不当，都诋毁陈平说："平虽美丈夫，如冠玉耳，其中未必有也。臣闻平居家时，盗其嫂，事魏不容，亡归楚，归楚不中，又亡归汉。今日大王尊官之令护军。臣闻平受诸将金，金多者得善处，金少者得恶处。平，反覆乱臣也，愿王察之。"刘邦听了也起疑，便叫魏无知来，责备他为何推荐陈平这样的人，无知说："臣所言者，能也；陛下所问者，行也。今有尾生、孝已之行而无益处于胜负之数，陛下何暇用之乎？楚汉相距，臣进奇谋之士，顾其计诚足以利国家不耳。且盗嫂受金又何足疑乎？"

陈平虽知道诸将的所作所为，但他认为，别人对自己有疑虑，是因为对自己不了解，如与他们争论，只会引起别人更大的反感，自己被了解的机会将永久失去。后来刘邦找陈平问话，陈平也未诋毁这些将领，而是用事实说话，让刘邦心服口服。

刘邦叫来陈平，责备他说："先生事魏不中，遂事楚而去，今又从吾游，信者固多心乎？"平答道："臣事魏王，魏王不能用臣说，故去事项王。项王不能信人，其所任爱，非诸项即妻之昆弟，虽有奇士不能用，平乃去楚。闻汉王之能用人，故归大王。臣裸身来，不受金无以为资，诚臣计画有可采者，愿大王用之，使无可用者，金具在，请封输官，得请骸骨。"刘邦见他说得有道理，便向他道歉，厚加赏赐，擢升为护军中尉，监察全体官兵。从此，诸将不敢再诋毁陈平。

师卦第七

师：贞，丈人吉，无咎。

彖曰：师，众也。贞，正也。能以众正，可以王矣。刚中而应，行险而顺，以此毒天下，而民从之，“吉”又何“咎”矣。

象曰：地中有水，师。君子以容民畜众。

【译文】

师卦：做将领的为人中正，是吉利的，没有什么灾难。

彖传说：师，表示拥有许多的兵士。贞，表示为人中正，恪守正道。能率领大家恪守正道，就可以成为君王。为人刚强中正，而且又顺应形势，即使途中遇到危险，但最终还是顺利的，以这样的军队去治理天下，老百姓就会跟随他们，理所当然是吉利的，哪里会有灾难发生呢！

象传说：师卦的卦象是坎下、坤上，坎为水、坤为地，卦象表现为地中有水。即地下面有相当充足的水源，这代表兵源充足的意思，因此把它叫作师卦。所以君王应该宽厚待人，保护民众，赢得群众的信任。

【启示】

师卦告诉我们，作为统帅应坚守正道，顺应天道，爱护百姓，去打仗就一定能取得胜利。

初六：师出以律，否臧凶。

象曰："师出以律"，失律凶也。

【译文】

初六：军队出外打仗，要用严明的纪律规范其行动，如果没有严明的纪律规范其行动，势必遭遇凶险。

象说："军队出外打仗，要用严明的纪律加以规范"，如果没有严明的纪律约束将士，势必发生凶险。

【启示】

严明的纪律是打胜仗的有力保证，也是一个企业在商战中制胜的法宝。

九二：在师中，吉，无咎。王三锡命。

象曰："在师中，吉"，承天宠也。"王三锡命"，怀万邦也。

【译文】

九二：德才兼备的人在部队中担任主帅，这是吉利的，没有什么坏处。君王多次下达赏赐他的命令。

象说："德才兼备的人在部队中担任主帅，这是吉利的，没有什么坏处"，表明顺应天命得到宠信。"君王多次赏赐他"，说明他胸怀大志，能使天下各国归顺。

【启示】

这一爻说明，重用有才德的人，依靠他实现自己的宏伟大业，这是非常可取的。

六三：师或舆尸，凶。

象曰："师或舆尸"，大无功也。

【译文】

六三：部队出外打仗回来，如果用车子运载尸体回来，凶险。

象说："部队出外打仗回来，如果用车子运载尸体回来"，损失惨重而又没有什么功劳。

【启示】

这一爻暗示我们，一个人如果没有真才实学，即使他体恤下属，也不能担任主帅。

六四：师左次，无咎。

象曰："左次，无咎"，未失常也。

【译文】

六四：部队先退下来安扎军营，没有坏处。

象说："部队先退下来安扎军营，没有坏处"，因为这并没有违反兵法的固有规律。

【启示】

这一爻告诉我们，在形势非常不利时，先退下来安扎军营是明智之举。

六五：田有禽，利执言，无咎。长子帅师，弟子舆尸，贞凶。

象曰："长子帅师"，以中行也。"弟子舆尸"，使不当也。

【译文】

六五：打猎时能得到猎物，打仗时能捉到俘虏，没有什么危险发生。任命德才兼备的有经验的人作为部队的统帅，本会打胜仗，但由于无才无德的小人在军中担任职务，刚愎自用，违背了主帅的作战原则，用车子装载尸体回来，再不改变的话会凶。

象说："任命德才兼备的有经验的人作为部队的统帅"，是正确的决断。"但由于无才无德的小人在军中担任职务，扰乱了主帅的作战部署，结果用车子装载尸体回来"，说明用人不当，弄不好会全军覆没。

【启示】

这一爻告诉我们，本来任用有才德的人做主帅，这是英明的决断，但军营里有小人当道，干扰正确的决策的执行，同样会造成恶果。这就表明，应把小人从自己的阵营里清除出去。

上六：大君有命，开国承家，小人勿用。

象曰："大君有命"，以正功也。"小人勿用"，必乱邦也。

【译文】

上六：伟大的天子有命令，大到开创国家，小到创立家业，都不可以重用无才无能的人。

象说：“伟大的天子颁布命令”，是为了正确对待有功劳的人。“绝不可重用无才无能的人”，因为重用这样的人必然导致国家混乱。

【启示】

这一爻告诉我们，小人是坏酒的药，在哪都不能重用小人。

【疑难解析】

“师或舆尸，凶”的大意是：出外打仗，用车子装载尸体回来。车子本是用来装载主帅的，而主帅用它来装尸体，这表明下属战死，主帅非常悲痛，体现了他十分爱惜自己的下属。那为什么还得到凶险的预兆呢？

“师或舆尸”是师卦六三爻的爻辞。从卦画上看，六三是阴爻阳位，而且上无阳爻与它相对。这就意味着主帅本身无真才实学，却担任重要的职务，最糟糕的是，又没有有能力的人辅佐他。在这种情况下，体恤下属的领导也会得到凶险的预兆。

一、从他所处的位置来看，作为主帅，办事必须果断，而他的能力有限，不能在短时间内做出正确的决定，这样就把“办事果断”变成“刚愎自用”了。

二、由于他平时关心下属，下属为他的情谊所感动，愿意为他效命，结果只要是他的命令，哪怕是错误的，也不违背，便造成了极大的损失。

三、他身边的人也是平庸之辈，不能为他出谋画策，不能抵制他的错误决策，更不能弥补他的错误决策造成的过失。

【事例】

“贞，丈人吉，无咎”和“大君有命，开国承家，小人勿用”告诉我们，任命德才兼备的贤人担任要职，能使危机四伏的企业迅速脱离危险的境地，走上兴盛的发展道路；任命无能的人担任要职，只会使企业再次陷入困境。如今市场竞争越来越激烈，处在这样的环境中的企业，好比逆水中行进的舟，不进则退。

1903年，老亨利·福特第三次办汽车公司，聘请了两名专家。他们不负重托，不久就实现了预定目标。特别是创造了世界第一条汽车装配线，他使每辆车装配时间由12.5小时降为9分钟，把生产能力提高了126倍。3年以后，正当竞争对手全力生产高级汽车时，福特公司售价500美元的N型汽车大量上市，一举占领了大部分汽车市场。两年后又推出售价850美元的高效能T型旅行车。后来降至450美元，使之风靡市场，畅销世界。又过两年，福特公司一跃成为世界上最大的汽车制造公司，亨利·福特也获得“汽车大王”的称号。

亨利·福特被胜利冲昏了头脑，他刚愎自用，独断专行，造成各种能干的人才相继离去。最后连帮福特打天下的那两位专家也厌恶他的自以为是，一个去了通用汽车公司，一个开始了他的从政生涯。在亨利·福特的专横统治下，公司竟在19年之中只生产了一种黑色的T型车。结果通用公司生产的高、中、低三档名牌车夺走了福特公司的T型车的大部分市场。1943年，80岁的老福特只得致函美国海军部，要求把现役海军中尉、与自己同名的孙子召回任公司副总裁。至1945年他交出全部权力时，福特公司已“濒于破产”。

小亨利·福特接管时，公司只剩下不胜负荷的亏损，500多名高级管理人员没有一个受过高等教育，也不过问经营管理。用什么办法使公司起死回生呢？经过调查，他发现了逐渐被冷落的原通用汽车副总经理欧内斯特·布里奇。小福特登门拜访，诚恳相邀，请求他拯救即将破产的福特公司。布里奇开始以“还在担任通用公司属下的航空公司经理”为由，婉言拒绝了他。后由于小福特再三恳切的邀请，布里奇动心了。

1946年6月，布里奇走马上任。第一件事是把通用汽车公司的克鲁索等几名高级管理人员带了过去。小福特还挖掘到了10位“神童”。

布里奇与克鲁索等在10位“神童”的协助下，首先建立起能使福特公司摆脱困境的一套财务制度，当年即扭亏为盈。尽管赢利只有2000美元，但却是福特起死回生的转折。此后，他们着手一系列的管理制度改革，效果十分明显：第二年公司赢利6000多万美元，第三年1亿美元，第四年1.7亿美元，第五年2.6亿美元。这时候，也就是1950年，布里奇等人使福特汽车公司恢复了“世界最大的工业公司之一”的地位。

到1960年，福特公司步入了生产的高峰期，小福特又开始走上了他祖父的老路，开始迫使布里奇离职，1968年竟把接替布里奇的米勒也开除了，全然不顾他为福特所作的巨大贡献。两年后又解雇接替者诺森，不久又突然解雇为“野马”车立下汗马功劳的接替主管艾柯卡。理由只是一个——“威高震主”！从此福特公司又走上了下坡路，至1981年市场占有率仅为16.6%。

汽车行业的竞争越来越激烈，福特汽车公司能不能跳出火坑是一个很大的未知数。

比卦第八

比：吉。原筮，元永贞。无咎。不宁方来，后夫凶。

彖曰：比，吉也。比，辅也，下顺从也。“原筮，元永贞，无咎”，以刚中也。“不宁方来”，上下应也。“后夫凶”，其道穷也。

象曰：地上有水，比。先王以建万国。亲诸侯。

【译文】

比卦：开始占卜，得到吉祥的预兆。再一次卜筮占问，依然是吉祥的预兆，不会遭遇凶险。因为原先与之为敌的不安分的臣民也归顺了。那些迟迟不愿归顺的顽固分子，将会遭遇灾祸。

彖说：亲和者将得到吉利的预兆。比为辅佐的意思，底下的黎民百姓能顺从上面的执政者。一而再再而三地卜问，得到的都是吉利的预兆，没有凶兆，这是因为君王生性刚强，能长久坚持正道，不安分的臣民现在也来朝贺，表明上下一致，同心同力。“那些迟迟不愿归顺的顽固分子，将会遭遇灾祸”，这表明那些阻碍国家统一的顽固分子，违背了人民的意愿，违背了天道，将无路可走。

象说：比卦的卦象是坤在下面，坎在上面，坤为地，坎象征水，这就表明地上有水。而地与水是相互依附的，所以把它叫作比卦。过去的帝王划分疆土，把它分封给有功德的人，建了众多的属国，以此来亲近诸侯。

【启示】

比卦表明，作为君王，与臣民形成非常亲密的关系有利于整个国家的发展；作为臣民，应顺应大势，假如和平统一已成为上自统治者下至黎民百姓的共同愿望，应归顺坚守正道的君主。这告诉我们，应以和为贵。

初六：有孚比之，无咎。有孚盈缶，终来有它，吉。

象曰：比之初六，有它吉也。

【译文】

初六：有诚信，亲近他们，不会有什么过错。有诚信，用瓦罐装着的满满的好酒好菜款待他们。即使发生意外，由于有诚信，最终也是吉祥的。

象说：比卦的第一爻位（初六）的地位卑微，要与有地位的人合作，虽说是难的，但由于他有诚信，所以最后还是能得到吉祥的。

【启示】

这一爻说明只要心怀诚信，就能赢得别人的信任，从而以诚相报。

六二：比之自内，贞吉。

象曰："比之自内"，不自失也。

【译文】

六二：亲近别人是发自内心的，卜问得到的结果是吉祥的。

象说："亲近别人是发自内心的"，就不会有什么过失。

【启示】

这一爻告诉我们，真情是解决矛盾的最锋利的武器。

六三：比之匪人。

象曰："比之匪人"，不亦伤乎？

【译文】

六三：和最坏的人亲和。

象说："和最坏的人亲和"，不也是可悲的吗？

【启示】

这一爻说明要尽量与人亲善，但不是不辨好坏的亲善，而是有鉴别地与人亲善。

六四：外比之，贞吉。

象曰：外比于贤，以从上也。

【译文】

六四：外边的人都乐于亲近他们，长此以往肯定会得到吉祥。

象说：外边的人亲近他们，是因为他们贤能，就好像臣下顺从他们贤明的君王。

【启示】

这一爻说明，只要坚守正道，努力完善自身，就会使周围的人因仰慕他的崇高品质而来投奔自己，为自己效力。

九五：显比。王用三驱，失前禽，邑人不诫，吉。

象曰：显比之吉，位正中也。舍逆取顺，失前禽也。邑人不诫，上使中也。

【译文】

九五：非常亲近他人。君王去田野捕获猎物，从三个方向追赶，网开一面，让被追赶的禽兽从网开的一面逃走。村子里的人对君王的狩猎一点也不惊惧，这是吉利的。

象说：非常亲近他人的吉利之处在于双方都是自愿的。舍掉不自愿的迎接自愿的，就好像君王捕获猎物一样，让迎面来的落网，让从网前面逃的跑掉。村子里的人对君王的狩猎毫不惊惧，这是因为君王坚守了中正的原则。

【启示】

这一爻告诉我们，求和的前提是双方自愿，死缠只会讨人嫌，使双方的关系进一步恶化，迁就只会使自己处于被动。

上六：比之无首，凶。

象曰："比之无首"，无所终也。

【译文】

上六：没有头脑地亲近别人是凶险的。

象说：没有头脑地亲近别人，是不会有结果的。

【启示】

这一爻告诉我们，和别人亲近时，要运用自己的聪明才智。

【疑难解析】

我们一般不愿意与有心机的人亲近，而这里却说："比之无首，凶。"即"没有头脑地亲近别人是凶险的。"这是为什么呢？

首先，我们注意到"有心机的人"的突出特点是：想利用别人达到自己的目的，其本质就是自私。而"运用自己的聪明才智与人亲近的人"的突出特点是：和别人友好地交往，相互学习，相互促进，相互帮助，达到双赢。

其次，我们从"比之无首"所处的卦象来看，它是比卦上六（阴爻阴位）的爻辞，这就好像一个才能平庸的人处于至尊的地位，既不能运用自己的头脑选择和自己志同道合的人亲近，也不能防止小人的暗箭，更不能辨别真伪，取长补短。

此时，我们不难看出凶险的缘由是：

一、由于他处于至尊的地位，小人都想利用他的这个特殊的地位达到自己的目的，于是会使用更多更巧妙的阴谋诡计迷惑他，陷害他，而他没有头脑，自然就会不知不觉掉入小人的陷阱。

二、没有头脑地与别人亲近，哪怕双方的意图都是善意的，也会招致凶险，因为没有头脑的人往往不自信，不能坚持自己的正确意见，这样就使别人善意的错误有了生存的土壤。

三、由于他处于至尊的地位，想向别人学习，但又没有名正言顺的理由。一般人认为，处于上位的人就应该“上知天文，下晓地理”，即使他屈尊向其下属学习，他的下属要么直接拒绝，要么捉弄他，要么讥笑他，使他的威信扫地，从而再也不能控制他们。

【事例一】

“有孚比之，无咎。有孚盈缶，终来有它，吉”告诉我们，诚心诚意地帮助别人，是会得到好的回报的。维克多连锁店从发展到壮大，就是因为他当初诚心诚意地帮了别人一把。

著名的维克多连锁店从发展到壮大，就是因为维克多一直诚心待人，不管人家是大富翁，还是平民。

维克多从父亲的手中接过已传好几代的食品店。一天晚上，维克多在店里收拾，突然，他看到店门外站着一个年轻人，面黄肌瘦，衣衫褴褛，双眼深陷，典型的一个流浪汉。

维克多不由得同情起这个小伙子。他走了出去，关切地对那个年轻人说道：“小伙子，我能为你做点什么吗？”

年轻人略带腼腆地问道：“这里是维克多食品店吗？”他说话时带着浓重的墨西哥味儿。

“是的。”维克多回答道。

年轻人更加不好意思了，低着头，小声地说道：“我是从墨西哥来找工作的，可是整整两个月了，我仍然没有找到一份适合自己的工作。现在，我的盘缠也花光了，在这里，我举目无亲。我听父亲说过，他年轻时也来过美国，在你的店里买过东西，喏，就是这顶帽子。”

维克多看见小伙子的头上果然戴着一顶特别破旧的帽子，那个被污渍弄得模模糊糊的“V”字形符号正是他店里的标记。

维克多明白了眼前站着的人是多年前他的一个顾客的儿子，虽说跟他并无多少瓜葛，但是，他觉得这位小伙子是在迫不得已的情况下才找他的，自己应该帮助这个小伙子。于是，他热情地请小伙子进了店内，好好地让他饱餐了一顿，并且还给了他一笔路费，让他回国。

不久，维克多便将此事淡忘了。过了十几年，由于维克多诚信待人，他的食品店越来越兴旺，还想向海外扩展，可是他在海外没有根基，要想从头发展也是很困难的。

正在这时，他突然收到一封从墨西哥寄来的“陌生人”的信，原来正是多年前他曾经帮过的那个流浪青年。

此时那个年轻人已经成了墨西哥一家大公司的总经理，他在信中邀请维克多来墨西哥发展，与他共创事业。这对于维克多来说真是意外的惊喜。他喜出望外，有了那位年轻人的帮助，维克多很快在墨西哥建立了他的连锁店，而且发展得异常迅速。

所以说，诚心诚意地待人总会得到好报。

【事例二】

本卦强调自愿地相互亲善。诸葛亮以其高尚的品德、卓越的才能让孟获心服口服，使之自愿归顺蜀汉，成为蜀汉攻打北魏的强大后盾。

关羽死后，刘备想为结拜兄弟报仇，结果大败而归，不久病死。孟获得到这个消息后，便造起反来。

诸葛亮为巩固大后方，分兵两路讨伐，一举将孟获活捉。孟获不服，道：“我是中了你们的埋伏才被捉住的。如果是正大光明地打，你们不是我的对手。”诸葛亮笑道：“好，那就放你回去，我们再打一仗。”

诸葛亮放走孟获，许多将领有些不解。诸葛亮说：“我之所以放孟获回去，是因为他是个人才，只有他才能安抚南中的百姓，如果他归附我们蜀汉，那么南中也就归顺我们了，以后就不会再发生叛乱。”

孟获离开蜀营，收拾残兵败将渡过泸水，将所有船筏都渡靠南岸，又命令大小酋长率本部人马修筑土城，企图借泸水天险和土城死守。诸葛亮从当地人那里了解到泸水下游150里处的沙口水浅，可以扎筏渡过去，于是派大将马岱率3000人马在土人带领下夜半渡水，奇袭孟获，再次把孟获活捉。孟获仍旧不服，诸葛亮再次将孟获释放。

诸葛亮一连六次活捉孟获，又一连六次释放孟获。孟获屡战屡败，他所带的兵卒都认为诸葛亮胸怀宽广，无心再战，愿意归附蜀汉，但孟获还有点不服气，便向马戈国主请来3万藤甲军。藤甲军身穿藤甲，刀枪不入，弩箭射在藤甲上也不能穿透，蜀兵接连吃败仗。

但是，藤甲军的藤甲有一个致命弱点，藤甲是用油反复浸泡过的——怕火。诸葛亮发现了藤甲军的致命弱点，将藤甲军引入一个狭窄的山谷中，截断藤甲军的归路，在山谷中放起火来，藤甲军被烧得焦头烂额，全军覆没，孟获再一次被活捉。

诸葛亮传下命令：放孟获回去，让他整顿兵马，再决一胜负。孟获满面惭愧，说：“七擒七纵，这是自古以来没有过的事情。我虽然不是读书之人，但也懂得做人的道理，怎么能这样不知羞耻呢！”

说完，跪倒在地，脱掉一只衣袖，露出胳膊，向诸葛亮请罪。诸葛亮问：“你真心愿意臣服吗？”孟获回答：“我们世世代代都会铭记丞相的再生之恩，怎么敢不服。”诸葛亮于是传令摆下酒宴，宴请孟获及各路酋长，仍旧让孟获任南中地区各少数民族的头领。

就这样，诸葛亮以他的诚信和卓越的才干，赢得了孟获的心，亲近了南中的黎民百姓，使南中成为蜀汉的强大后盾。

小畜卦第九

小畜：亨。密云不雨，自我西郊。

彖曰："小畜"，柔得位而上下应之，曰小畜。健而巽，刚中而志行，乃亨。"密云不雨"，尚往也。"自我西郊"，施未行也。

象曰：风行天上，"小畜"。君子以懿文德。

【译文】

小畜卦：亨通顺利。天空布满了乌云，但雨还未下来。黑云从西边的郊外压过来。

彖说：小畜卦的卦象表明阴柔者处于恰当的位置，阳爻和阴爻相互应和，所以把它称为小畜卦。刚健而又谦恭有礼，并守正道，便可以实现自己的志向，亨通顺利。"浓云密布但未下雨"，表明水汽正在上升积聚。"黑云从西边的郊外压过来"，表明阴阳二气还未相交，故雨还未降下来。

象传说：小畜卦的卦象是乾在下、巽在上，乾为天、巽为风，这表明风在天上吹着云，由于空气中的水的含量还未达到饱和状态，还需要积累水汽才能下雨，所以把它叫作小畜卦。君子看到这情景，就要修身养性。

【启示】

这一卦说明不积跬步，无以至千里；不积小流，无以成江海。

初九：复自道，何其咎？吉。

象曰：“复自道”，其义吉也。

【译文】

初九：继续做自己还未完成的事业，哪里会有什么过错呢？这是吉利的。

象说：继续做自己还未完成的事业，这样做是合乎道的，所以吉利。

【启示】

这一爻暗示我们做事要有恒心。

九二：牵复，吉。

象曰：牵复在中，亦不自失也。

【译文】

九二：同志同道合的人一起干还未完成的事业，是大吉大利的。

象说：同志同道合的人一起干还未完成的事业之所以吉利，是因为这一爻阳爻阴位，位于下卦正中，即顺应了事情的发展规律，这当然不会有什么过失。

【启示】

众人拾柴火焰高，有朋友跟自己一道渡难关，哪有克服不了的困难，所以前途是光明的。

九三：舆说辐，夫妻反目。

象曰：夫妻反目，不能正室也。

【译文】

九三：走到中途，突然车子的轮子脱离了车身，夫妻俩相互仇视。

象说：夫妻俩相互仇视，这表明没有处理好家庭成员间的关系。

【启示】

两个人为实现同一目标努力拼杀，中途由于意见不合，反目成仇，这是因为没有摆正双方的位置。

六四：有孚，血去惕出，无咎。

象曰：“有孚，惕出”，上合志也。

【译文】

六四：有诚信，则能去掉忧恤，解除警惕，没有什么灾难发生。

象说：有诚信，消除双方的疑虑和担忧，表明志同道合。

【启示】

两人一起干事业，如果双方都有诚信，心怀坦荡，即使有什么矛盾，也会化解。

九五：有孚挛如，富以其邻。

象曰：“有孚挛如”，不独富也。

【译文】

九五：有诚信就能使大家紧密联系在一起，因为有周围的人帮忙而变的富有了。

象说：“有诚信之所以能使大家紧密联系在一起”，这是因为没有独自享受荣华富贵。

【启示】

你对周围的人以诚相待，赢得他们的信任，从而使他们报之以诚，这样就会促使你登上成功的宝座。

上九：既雨既处，尚德载。妇贞厉。月几望，君子征，凶。

象曰：“既雨既处”，德积载也。“君子征，凶”，有所疑也。

【译文】

上九：雨下了又停止，就好像快积满功德的男人，妻子去占卜必得凶兆。阴历快到十五日，君子出远门，一定会遭遇凶险。

象说：“雨下了又停止”，这说明快积满功德的男人已快到了事业的顶峰，稍有不慎，就会走下坡路。“君子如果盲目出外远行，一定会发生凶险”，是因为他很快就要登上成功的宝座，回望光辉历程，不禁沾沾自喜，往往怀疑别人的点子的正确性。

【启示】

一个人在面对困难时，往往会爆发出一种神奇的力量，克服常人难以克服的困难。然而，当大功快告成时，他往往刚愎自用，变得非常愚蠢，或者不能克服最后的困难，导致“功亏一篑”。

【疑难解析】

“既雨既处，尚德载。妇贞厉。月几望，君子征，凶”的大意是：一个人在快积满功德时，去占卜而得到凶险的预兆。在快到阴历十五时出远门，也是凶险的。这就好比一个人快到大功告成的阶段，此时他是处于危险中。一个人经历了一番辛苦，终于到了成功的边缘，这本应是可喜可贺的，为什么这还是最危险的时候呢？这是因为：

一、一个人在创业的初期，深知前方的道路非常艰险，稍有不慎，就会半途而废。所以，他非常小心，处处提防飞来的横祸，时时预测将有可能遭遇的灾难，并想好应付的策略。而在大功快告成时，他一看前面，就剩下那么一小段路，就非常高兴：终于快到目的地了，反正成功是迟早的事，先放松一下吧。此时，灾难便乘虚而入。

二、在大功快告成时，他回望来路，到处留下了自己的辉煌的痕迹，显示出自己的聪明能干，就不免为之自豪，不知不觉变得不可一世，谁的忠言也不愿意听，而一个人的智慧是有限的，自然难免做出错误的决策。再说，他身边的贤人也受不了他的自负，要么离开他，要么另立山头，与他为敌，在这样危险的时候，他不但孤立无援，而且还要遭受更大的敌对力量的冲击。

三、最后一小段路，看起来短，但走过去却是十分难的。一方面，一个人在经历了一番艰苦的奋斗之后，往往筋疲力尽，几乎到了生命的极限，极想停下来歇歇，他之所以向前走，完全是一种惯性，只要遭遇一丁点大的困难，他就会摔倒，如果没有超人的意志力，他是难以爬起来的。另一方面，黎明前是最黑暗的，最后的一步也是最艰难的，要跨越它，往往要具备多方面的条件。因为这不是量的积累，而是质的飞跃。

【事例一】

任何一个企业的创业初期都是艰难的，不赢利的可能性是很大的，但只要懂得一点一滴地积累的道理，就会如小畜卦的“亨。密云不雨，自我西郊”那样。如果把它运用到商战中，便是开展促销活动，山姆·沃尔顿就深谙这个道理，把一个小小的哈里森杂货店发展到世人皆知的沃尔玛。

本顿威尔是个偏僻而荒凉的小镇，只有一条铁路经过这里，交通极不方便。本顿威尔主要以苹果闻名，只有 3000 名居民。这个小镇有 3 家杂货店，山姆·沃尔顿找到了一家愿意出售的老店——哈里森杂货店。在山姆·沃尔顿买下它之前营业额每年只有 32000 美元。这就表示山姆·沃尔顿在前期的经营中很难挣到大钱。

不过沃尔顿有他的想法。

当山姆·沃尔顿布置好了在本顿威尔的那家商店后，他开始实行自助销售方式。

山姆·沃尔顿在经营的过程中，始终坚守一个原则——钱是一点一滴地积累起来的，能赚一分就赚一分。于是，当哈里森按每打 2 美元的批发价卖给山姆·沃尔顿女紧身裤时，山姆·沃尔顿就按 1 美元 4 条的价格推销他的商品，虽说每一条的利润非常少，但为他的商店作了一次很大的促销。

山姆·沃尔顿经营商店不久，便从一家破破烂烂的商店一跃而成为本地区经营实绩最好的店铺。

在此期间，山姆·沃尔顿在他的店里试行过大量行之有效的促销行动。如把一台爆玉米花机放在人行道上——卖爆米花的生意好得出乎意料。

经过不断努力，到了 1960 年，山姆·沃尔顿已在本顿威尔附近拥有了 15 家杂货店，年营业额达到 140 万美元，虽然和他后来建立的沃尔玛零售王国相比，只不过是沧海一粟，但却由此使山姆对未来的发展打下了良好的基础。

纵观整个 60 年代，沃尔玛公司的经营业绩不俗。60年代初，山姆只有十几家小杂货店，到 1970 年，店铺总数增至 32 家，包括 14 家杂货店和 18 家沃尔玛百货店；销售收入从 300 万美元增长到 3000 万美元，增长了近 10 倍；纯收入也从十几万美元增长到 124 万美元，亦增长了近 10 倍。

而这一切都应该归功于山姆·沃尔顿，他从小处和从细微处做起的耐心。而且，他还懂得钱是慢慢积累起来的，于是大力开展降价促销活动，薄利多销造就了沃尔玛的辉煌。

【事例二】

“有孚挛如，富以其邻”告诉我们，只要诚心待人，就能赢得人家的信任。刘备一生诚信待人，赢得了许多贤人的信任，徐庶就是其中的一个。

三国时期，曹操率领大军攻取荆州，派曹仁等将领带领兵马数十万杀向新野。

面对十倍于己的敌人，刘备听取徐庶的计谋，接连两次把曹军打得丢盔弃甲，损兵折将。

曹操断定刘备一定有高人辅佐，经打探得知是徐庶，于是决定把徐庶招揽过来。他打听得知徐庶为人忠孝，幼年丧父，只有老母在家，无人侍奉，便命人将徐母骗至许昌，要求徐母写信招降徐庶，结果被徐母拒绝。遭到拒绝后，曹操又伪造徐母笔迹，写信送至新野，让徐庶前来伺候。徐庶接到信后，哭着向刘备辞行。

刘备深知，他去后肯定不能回来。但是，他知道拉拢人才，首先要尊重人才，只能以仁感人，不能强夺。于是刘备没有强留，只是流着眼泪劝慰徐庶道："母子情深，人之常理，你尽管伺候老母去吧，不要牵挂我。"

但刘备手下众人都不同意。孙乾对刘备说："徐庶是天下难得的奇才，又知道我们军队的状况，如果今天放他走，一定会被曹操利用，不如留住他。如果曹操杀掉他的母亲，他一定会尽力为母亲报仇，全力对付曹操。这样岂不是更好？"

刘备连忙说："这怎么能行呢！不让他回去导致曹操杀掉他母亲，我们反而用她的儿子，这是不仁啊；留下他不让他回去，使他不能孝敬母亲，以致违背了母子之间的情义，这是不义啊。我怎么能做这种不仁不义的事情呢？"

于是刘备准备好酒宴为徐庶饯行，两人相对而泣。两人骑马到十里长亭，刘备又翻身下马相送，一直送他很远。刘备的举动深深感动了徐庶，他当即向刘备表示，这次到曹操那儿去，即使曹操逼迫，也绝对不会为他出谋画策的。

徐庶来到曹操的军营之后，他的母亲才知道是曹操使用计策把儿子骗来的。她十分后悔，责怪儿子不该对假信不加辨认，便信以为真，从而辜负了刘备。于是她趁徐庶不注意的时候，吊在梁上自杀了。

徐庶在母亲死后，始终如一遵守自己的诺言，没有为曹操出过任何计策。

履卦第十

履：履虎尾，不咥人，亨。

彖曰："履"，柔履刚也。说而应乎乾，是以"履虎尾，不咥人，亨"。刚中正，履帝位而不疚，光明也。

象曰：上天下泽，"履"。君子以辩上下，定民志。

【译文】

履卦：用脚踩了老虎的尾巴，老虎没有回过头来咬你，顺畅。

彖说：履卦是指阴柔乘架刚健。这好比和颜悦色地与刚正强健者相对，因此卦辞说："用脚踩了老虎的尾巴，老虎没有回过头来咬你"，顺畅。"亨通顺利"，登上了帝位而不愧疚，是因为你的行为光明正大。

象说：履卦的卦象是兑在下、乾在上，兑为泽、乾为天，这表明在上的顺应天道泽被在下的黎民百姓，所以叫作履卦。君子要分清上下的职责，遵循礼仪，安定民心。

【启示】

履卦告诉我们，任何人在创业初期都会遇到困难，如果我们因为创业难，而不去做它，将永远不会到达成功的彼岸。所以，我们要敢于冒险。

初九：素履往，无咎。

象曰："素履之往"，独行愿也。

【译文】

初九：遵循一贯的规矩做事，不会有风险。

象说：一贯穿着朴素，只是单单实现了自己的愿望。

【启示】

祖上的规矩是祖先留给我们的财富，是智慧和文明的结晶，它有它的可行之处，遵循它，不会出大乱子。

九二：履道坦坦，幽人贞吉。

象曰："幽人贞吉"，中不自乱也。

【译文】

九二：供人行走的大道宽阔而平坦，甘于平凡的人会得到吉利。

象说："隐居起来不过问世事，安守本分的人吉祥"，这表明为人正直，就不会沾染世俗的污秽习气。

【启示】

这表明如果只愿平平淡淡地过一辈子，那么你的人生之路将是平坦的。

六三：眇能视，跛能履，履虎尾，咥人，凶。武人为于大君。

象曰："眇能视"，不足以有明也。"跛能履"，不足以与行也。"咥人之凶"，位不当也。"武人为于大君"，志刚也。

【译文】

六三：眼睛瞎了却硬说自己能看清东西，脚跛了却硬说自己能走路，不知不觉踩到了老虎的尾巴，老虎咬人，必定会遭遇灾祸。有勇无谋的武士要争夺君王的位置。

象说：“眼睛瞎了却硬说自己能看清东西”，其实根本没有足够的眼光来识别事物。“脚跛了却硬说自己能走路”，其实没有足够的脚力以供他行走。“老虎咬人是非常凶险的”，他处于不适合自己的位置，即踩在老虎尾巴上。“有勇无谋的武士同君王比高低”，是过于刚强。

【启示】

一个人要干大事，首先要明确自己有几斤几两，要量力而行，不能莽撞行事。

九四：履虎尾，愬愬，终吉。

象曰：“愬愬终吉”，志行也。

【译文】

九四：已踩到了老虎的尾巴，十分恐惧，但小心行事，终究会获得吉祥。

象说：“十分恐惧，但小心行事，终究会获得吉祥”，这表明已实现了自己的愿望。

【启示】

已处于非常危险的境地，内心十分恐惧，但只要行事谨慎，就能化险为夷。

九五：夬履，贞厉。

象曰："夬履，贞厉"，位正当也。

【译文】

九五：为实现自己的梦想，鞋子都走断了，不宜坚持下去。

象说："为实现自己的梦想，鞋子都走断了，不宜坚持下去"，这是因为此爻是尊位，不应冒险，只需顺应。

【启示】

一个人为了建功立业，历尽艰辛，倾其所有，事业还未成功，就要反思了。顺应时势，就一定会成功。

上九：视履考祥，其旋元吉。

象曰：元吉在上，大有庆也。

【译文】

上九：回望自己的奋斗历程，从各个方面考察得失，这是大吉大利的。

象说：居于至尊的位置，大吉大利，这是因为有值得庆祝的地方。

【启示】

创业难，守业更难，守业的难点就在于你不能超越自我，往往自我陶醉在昔日的辉煌之中，从而迷失了前进的方向。其实，只要你跳出狭小的自我圈子，把创业的历程当作一面镜子，认真全面地分析创业过程的每一个细节及促使创业成功的每一个有利条件，并总结经验教训，就一定会迎来另一个辉煌。

【疑难解析】

对“履道坦坦，幽人贞吉”，有许多人认为，“幽人”指的是隐士。但我心里直犯嘀咕：一方面，隐士之所以隐居起来，很可能是因为他们的意愿不能实现。这就与“履道坦坦”相矛盾，因为一个连自己理想也不能实现的人的人生道路怎么能用“平坦”二字来概括呢？另一方面，隐士之所以隐居起来，是因为他们要逃避黑暗的现实。试想想，外面兵荒马乱，他们能真正过上幸福的隐居生活吗？世外桃源是不存在的。

因此，“履道坦坦，幽人贞吉”的大意应是：供人行走的大道是平坦的，甘于平凡的人会得到吉祥。

再说，一个甘于平凡的人的突出特点是：安守本分，不为外物所动，不为外物所扰。这个特点给甘于平凡的人带来了平静的生活，给他带来了吉祥。安守本分使他心静，心静能使他踏踏实实地做事，他就不会因急于求成、好高骛远而草率行事，从而遭遇灾害；安守本分使他没有过多的欲望，即使遇到困难，他也不怨天尤人，也能找到安慰。所以，困难不会成为他前进的障碍，不为外物所动，不为外物所扰，使他能集中力量排除前方的障碍。

【事例一】

“履虎尾，不咥人，亨”从相反的角度告诉我们，要敢于冒险。EMC 能够壮大，就是因为 EMC 的领导在决策中渗透了这个精神。

EMC 公司成立于 1979 年，刚开始只是一家非常不起眼的小公司。EMC 的创始人认为，要想公司壮大，就必须敢于冒险，占到先机，否则，永远只能吃别人剩下的。EMC 为了提高产品的兼容性，在自己资金并不宽裕的情况下，冒着巨大的风险投入了 21 亿美元建立起一个实验室，用以测试不同的服务器。巨大的投入换回了丰厚的回报，EMC 的存储产品在可靠性、兼容性方面获得了企业信息主管的一致赞誉。

EMC 还冒着可能引起员工巨大反感的危险，对每一位刚加入 EMC 的新员工进行一项奇怪的培训，就是让新员工赤脚走过一段 5 米长的“火炭路”。EMC 希望通过这样的培训，锻炼新员工超越自己思维局限的能力。

在 EMC 的竞争对手中，不缺乏像 IBM 这样的大公司。面对实力悬殊的竞争对手，EMC 的管理人员由于都上了生动的而且能激发人的智慧的第一课，他们想出了一个高招，不和竞争对手展开正面比拼，而是潜心研究顾客的需求，并在此基础上不断地开发新技术和新产品，试图引领市场的发展方向。为了更加准确地了解顾客需求，EMC 的 CEO 将自己 60% 的时间都花费在与各大企业的 CEO 交流上，从他们那里获得信息。事实上，这些大公司的 CEO 也非常关心互联网对企业带来的影响，他们想要与顾客和合作伙伴建立新型的关系，在这个时候，建立自己的网站和网上推销渠道成为当务之急，于是数据存储构架进入了他们的视野，而 EMC 正好可以满足他们的这些需求。而且，由于 EMC 勇当出头鸟，攻破了智能数据存储领域的难关，在产品性能上处于领先地位，因此，EMC 获得了很多大公司的信任，产品自然很好卖。

EMC 的管理人员有别具一格的想法，尽管很多公司都想把服务做成一个能够赢利的部门，但是 EMC 却把服务部门看成是一个成本中心，他们对服务部门的员工不是考核成本，而是考核顾客的满意度，这就促使员工们朝着提供顾客满意度的方向不断努力。随着环境的变化，EMC 还会根据顾客的业务需求来不断地改进和优化自己的产品，必要时还要设计出用户需要的新产品。但是，EMC 并没有就此而扩大自己的产品构架，而是保持现有的构架不变，这对于顾客来说非常有好处，因为 EMC 的整个构架能够兼容不同平台的产品，使得用户使用起来尤为方便，就这一点来说，EMC 保持了对竞争对手的巨大优势。

EMC 本着“敢为天下先”的理念，不断地创新，使自己的产品质量优良，在激烈的竞争中立于不败之地。

【事例二】

“履虎尾，愬愬，终吉”告诉我们，已处于危险的境地，做事谨慎，便能化险为夷。房玄龄就深谙这个道理。见太子与秦王的嫌隙已经形成，公开的较量在所难免，于是便劝秦王早作决断，因此得罪了太子，被驱逐出秦王府，形势非常危急，后因他行事谨慎，终于化险为夷。

隋朝末年，李渊起兵反隋。随着战争的结束，李渊之子李世民被封为秦王，他的地位已不同往日，而李建成则利用太子的优越地位，频频向李世民发难。

武德九年（626）五月初一日晚，李世民应邀到太子府赴宴，饮酒数杯，突然感到心口剧痛，连连吐血，他连忙命人把自己扶回府中，总算保住了性命。还有一次皇家打猎时，太子让部下给秦王备马，结果，秦王骑马差点被摔死。

秦王频频遇险，王府上下极为震骇。房玄龄觉察到事态发展的严重性，他认为，太子与秦王的嫌隙已经形成，公开的较量在所难免。一旦两人兵戎相见，刚刚统一的国家又要陷于战祸之中，这与他治国安民的理想是相违背的。他希望李世民能先发制人，力挽狂澜，从而达到天下的长治久安。于是他劝李世民："事势如此，不如向周公学习，对外安抚周边各国，对内安抚社稷，先下手为强。否则国家沦亡，身名俱灭，您应早作决断，绝不能再迟疑！"

此时的朝中，太子与秦王两派已是剑拔弩张。为了打击李世民，李建成想方设法瓦解他的谋士勇将。他告诉李元吉，秦府中最有谋略的人是房玄龄和杜如晦。因此，他们在李渊面前极力中伤房、杜二人，并最终通过李渊的圣旨把他俩逐出了秦王府。接着，他们又利用调兵遣将的机会，设法调动秦王的部将。程咬金原是秦王府统军，是秦王的得力干将，李建成奏请父皇程咬金他出任康州刺史，程咬金却借故拖延，滞留长安。

李世民看到这种情况，知道再等下去，只有死路一条，于是他决定按房玄龄的计谋，先下手为强，发动政变，杀掉太子，逼父禅位。于是，他派长孙无忌秘密召见房玄龄、杜如晦。房、杜二人不清楚秦王究竟是否下定决心，他俩故意激秦王，对长孙无忌说道：

“皇上敕旨命令我们不再为大王办事，我们如果私自见大王，就是死罪，不敢奉召。”

李世民得知后大怒：“怎么连你们都不愿忠诚于我！”当即取下佩刀，对尉迟敬德说：“你再去一次，如果他们无心见我，就拿他俩的人头来见我！”

尉迟敬德和长孙无忌又秘密召见房、杜二人，对他俩说：“大王决心已下，你们快来谋划大事吧。”

房玄龄和杜如晦便穿上道袍，乔装打扮，秘密进入秦王府，同秦王密谋对策。

武德九年六月三日，李世民进宫密奏太子建成、齐王元吉淫乱后宫，以及试图谋害自己的事情。李渊听了，便命令他们明日一同进宫对质。次日清晨，李世民率领尉迟敬德等人在宫城北门玄武门事先设下埋伏，趁李建成、李元吉入朝没有防备的时候，将他们射死，这就是历史上有名的“玄武门之变”。

泰卦第十一

泰：小往大来，吉，亨。

彖曰："泰，小往大来，吉，亨"，则是天地交而万物通也，上下交而其志同也。内阳而外阴，内健而外顺，内君子而外小人，君子道长，小人道消也。

象曰：天地交，泰。后以财成天地之道，辅相天地之宜，以左右民。

【译文】

泰卦：阴去阳来，是大吉大利的。

彖说："泰卦，阴去阳来，是大吉大利的"，这表明天地相交后，万物生长旺盛，当官的和黎民百姓心意相通，志趣相投。阳在内而阴在外，刚健者在内而柔顺者在外，君子在内而小人在外。君子当道，美好的品德得到发扬光大，小人的奸佞之道正在消失。

象说：泰卦的卦象为乾在下、坤在上，乾为天、坤为地，天地相交后，万物滋生，所以把它叫作泰卦。君主看到此情景，应顺应天地运行的规律，促成君臣同心，辅佐君王的臣子应抓住这良好的时机，为天下百姓造福。

【启示】

天地相交后，产生了雷雨风电，滋润了万物，有利于万物茁壮成长，这是因为顺应了大自然的客观规律，这就表明，要想保永久的顺畅，必须要顺应天道。

初九：拔茅茹，以其汇。征，吉。

象曰：拔茅，征，吉，志在外也。

【译文】

初九：拔起一把草，它们的根相连。即将出征时，看到这迹象，是吉利的。

象说：拔起一把草，其根紧密相连，此时出征进发是吉利的，这表明在朝廷之外的黎民百姓也有此愿。

【启示】

这告诉我们，得人心者得天下。

九二：包荒，用冯河，不遐遗。朋亡，得尚于中行。

象曰："包荒""得尚于中行"，以光大也。

【译文】

九二：凭借被掏空了的葫芦去渡河，不会沉下去。钱财丢了，会失而复得，这是因为他为人光明正大。

象说："凭借被掏空了的葫芦去渡河，不会沉下去"。"钱财丢了，会失而复得"，这表明人们都崇尚品行纯正的人，并使之发扬光大。

【启示】

这说明事物能向其对立面转化，但这转化是有条件的，即其心性行为都要光明正大。

九三：无平不陂，无往不复。艰贞无咎。勿恤其孚，于食有福。

象曰："无往不复"，天地际也。

【译文】

九三：没有平地哪有陡坡，没有去哪有来，艰难的事坚持下去，不会有危险发生。不要怀疑自己的信仰，幸福的生活自会得以保持。

象说："没有去哪有来"，这是天地间不可改变的自然法则。

【启示】

这一爻告诉我们，事物都是两两相对，没有永远的幸福生活，也没有永远的痛苦生活。只要我们坚守正道，痛苦过后便会迎来更幸福的生活。

六四：翩翩，不富，以其邻。不戒以孚。

象曰："翩翩不富"，皆失实也。"不戒以孚"，中心愿也。

【译文】

六四：做事轻浮，说话信口开河，不会发达，将会祸及邻居。相互以诚相待，彼此不戒备，以信用为重。

象说：做事轻浮，说话信口开河，将会祸及邻居。相互以诚相待，彼此不戒备，以信用为重，这是人民的共同心愿。

【启示】

这一爻暗示我们，要想保平安，就必须诚心待人。

六五：帝乙归妹，以祉元吉。

象曰："以祉元吉"，中以行愿也。

【译文】

六五：殷帝乙把女儿嫁给周文王，民众因而获得幸福，这是大吉大利的。

象说：得到幸福，大吉大利，是因为实现了人民的共同愿望。

【启示】

这一爻告诉我们，因顺应人民的共同愿望而获得幸福是可喜可贺的。殷帝乙把女嫁给周文王迎来了人民的安康，全天下人民都为之庆贺。

上六：城复于隍。勿用师，自邑告命。贞吝。

象曰：城复于隍，其命乱也。

【译文】

上六：城墙倾倒在干涸的城壕里。这时从城邑中传来命令："停止兴兵作战"。这命令来自邑中，坚持作战不吉祥。

象说：城墙倾倒在干涸的城壕里，城邑中传来命令“停止行动”，这可能是传令有误。

【启示】

这一爻告诉我们，处于顺利的形势，而不去调查，妄下结论，必将招来灾祸。

【疑难解析】

“包荒，用冯河，不遐遗”的意思是：用掏空了的葫芦渡河，不会沉下去。这就好比一个人对人民掏心掏肺，人民最终会理解他的。因为时间会为人们作出公正的判决，他的诚心最终会见天日的。相反，当他被周围的人误解时，甚至做了对不起他的事时，他为了达到心理平衡，进行有力的回击，结果导致误会加深，真的成了人民的公敌。更糟糕的是，他的这种做法会使其他人也有可能有这种想法，从而使整个社会风气变坏。因此，我们不管处在有所得时还是处在有所失时，心术都要正。

“朋亡，得尚于中行”的大意是：只要大家都心地纯正，丢失了的东西就能找回。这是为什么呢？因为大家都品德高尚，见到了丢失的东西也不捡，自然丢失了又怎能在原路上找回。

“翩翩，不富，以其邻。不戒以孚”的大意是：做事轻浮，说话信口开河，不会发达，将会祸及邻居。大家应以诚相待，彼此不戒备，以信用为重。为什么做事轻浮的人不但自己不富裕，还会祸及邻居呢?

做事轻浮的人的突出特点是：不讲信用。他的这个特点给大家带来了灾害。一是他不认为“不讲信用”是小人的行为，是不合道义的行为。于是他为了很小的利益就抛弃自己的诺言，从而失去了人民对他的信任。而彼此以诚相待是人民的共同心愿。因此人民都鄙视他的这种行为，并且对他加以提防，从而造成力量的分散，不能集中力量攻克难关，给大家带来损失。二是因为他做事不守信用，该他做的那一环节没做好，造成全盘皆输，给予他合作的人造成损失。

【事例一】

“拔茅茹，以其汇。征，吉”暗示我们，要想在激烈的竞争中获取胜利，必须团结一切可以团结的力量。保罗·盖蒂在管理中就渗透了这一原理。

1927 年 2 月 21 日，盖蒂石油公司终于在自己租用的那块地上挖出了第一口井，接着在那块地上挖出了数口井，每口井都产出大量的原油，每天共产油 17000 桶。从 1927 年至 1939 年，这块油田为保罗·盖蒂赚了数百万美元。

可你知道吗？如果保罗不相信“众人拾柴火焰高”，那他就会与这滚滚财源失之交臂。

这块地在森林里，所有者愿意出租。很多石油公司嫌这块地面积不大，且道路不易铺设而放弃了它。保罗·盖蒂和下属到现场看了这块地，发觉这里是可以采出石油的。但保罗·盖蒂经过分析，认为这块地没有前途。因为第一，它的面积比一间房子还小。第二，唯一通到这块地的只有一条小路，只有 4 尺宽，没有办法把卡车开进去。第三，这块地太小，不适用一般的开采办法。

因此，保罗·盖蒂准备放弃租用此地，也没有谁持反对意见。保罗·盖蒂仔细想想，还是决定让员工们讨论一下，看看是否有办法克服这块地的缺点。员工们见老板如此信任大家，所以毫无拘束地议论起来，你一言我一语，不少主意就出来了。

“我想我们可以使用小 1 号的工具挖掘。”一位经过深思熟虑的职工说。

保罗·盖蒂得到了启发。这位员工想出使用小 1 号的工具挖井，那么亦可以考虑使用小 1 号的铁路作为通向这油田的交通工具。

于是，他顺着那位提建议的员工的话说：“如果大家能找到人设计和制造出小 1 号的工具，我们公司就能下手在这块地开采石油。当然，接着还有一个问题，就是怎么使用小1号交通工具把那里的石油运出来，请大家出些点子。刚才那位员工的主意实在太好了!”

保罗·盖蒂如此一讲，员工们感到得到了老板的重视，都积极开动脑筋想办法。大家都是与油田打过交道的工作人员，既知道挖井采油的方法和难处，又练就了各种克难制胜的本领，每个人都有不少经验和体会。

为此，大家无所约束地畅所欲言，把自己的看法谈出来，你一言我一语，由小1号挖井工具谈到小1号铁路和火车问题，进而谈及找谁设计和制造这些挖井工具和交通工具的具体方案。

经过保罗·盖蒂的一番激励和鼓动，员工们为开发森林里那块含油丰富的小油田找到了一个完善的答案。

后来把这些方案放到现实中一实施，它们的价值都显现出来了。

【事例二】

“包荒，用冯河，不遐遗。朋亡，得尚于中行”告诉我们，不管你处于什么样的环境，只要你品行端正，终会逢凶化吉。

在昏君当权，政治混乱的时期，苏琼不随波逐流，与时浮沉，而是爱惜百姓，尽力加以保护，尤其是百姓受灾时，挺身而出，为救民而甘愿获罪，后终于得到君王的谅解。

苏琼字珍之，长乐武强（今属河北）人。他历任州郡长官，所到之处，皆为百姓所称道。

苏琼在任时，尽力维护郡中百姓的利益。当时，僧人道研为济州沙门统，资产巨富，在郡中，常放高利贷收取利息。对于这种以高利贷方式盘剥百姓的富僧，苏琼当然不会用官府的力量帮助他欺压百姓。道研每次求见，苏琼明知他的来意，却与他谈论佛教经典，询问义理，使道研一直没有机会开口谈及此事。道研的弟子问道研缘故，道研说：“每见府君，径将我入青云间，何由得论地上事。”道研师徒被苏琼这种方式弄得无可奈何，回去后就将那些借债的契约都烧掉了。

苏琼对朝廷规定征发的各项赋役都预先做好安排：“蚕月预下绵绢度样于部内，其兵赋次第并立明式，至于调役，事必先办，郡县长吏常无十杖稽失。”由于苏琼规定明确，采取“兵赋次第并立明式”，豪强就无法与奸吏相勾结，将赋役负担转嫁到平民百姓头上。加上苏琼明察秋毫，做到“人间善恶及长吏饮人一杯酒，无不即知”，官吏不致妄加征发，故而百姓不致被滥加摊派。而因计划周密，安排合理，赋役缴纳、征发皆不拖延，故“州、郡无不遣人至境，访其政术”。

苏琼在南清河郡六年，百姓感念他的恩德，纵有纠纷也在郡里解决，没有一个人到州里去告状申诉。每次他遇到困难，都得到群众的帮助，官爱民如子，百姓自然会拥戴他。

否卦第十二

否：否之匪人，不利，君子贞。大往小来。

彖曰："否之匪人，不利，君子贞。大往小来"，则是天地不交，而万物不通也，上下不交，而天下无邦也。内阴而外阳，内柔而外刚，内小人而外君子，小人道长，君子道消也。

象曰：天地不交，"否"。君子以俭德辟难，不可荣以禄。

【译文】

否卦：小人从中作梗，上下难以沟通，不利于君子保持中正。这预示事业将由兴盛转为衰落。

彖说："小人从中作梗，上下难以沟通，不利于君子保持中正，这预示事业将由兴盛转为衰落"，这是因为天地没有相交，还没有产生雷雨风电，不能滋润万物，促使万物生长，就好像君臣之间不能有效沟通，因此天下分崩离析，邦国中混乱。阴者处在内而阳者居于外，柔顺者居于内而刚健者处于外，小人居于内而君子处于外，这时小人当道，歪风邪气盛行，君子的高尚的品行没有得到发扬光大。

象说：否卦的卦象为坤在下、乾在上，坤为地、乾为天，这就表明天在地的上面。天在上面，地在下面，天地阴阳无法相交，因此把它叫作否卦。此时君子应俭以养德，来躲开灾祸，要抵挡住功名利禄的诱惑。

【启示】

这一卦告诉我们，阳去阴来，天地无法相交，不利于万物生长，处于极不顺畅的阶段。这该怎么办呢？我们在否塞不通时，应多方面地找原因，找出问题的症结所在，然后对症下药。

初六：拔茅茹，以其汇。贞吉，亨。

象曰：“拔茅，贞吉”，志在君也。

【译文】

初六：拔一根茅草，由于其根与其他植物的根紧密连在一起，结果一大把被拔出来了，安守本分将得到吉祥，顺畅。

象说："拔一把茅草，由于根与根紧密连在一起，结果一大把被拔出来了，去卜问将得到吉祥的预兆"，这表明大家都愿意团结在君王的周围，实现君王的意愿。

【启示】

这一爻告诉我们，群众的力量是无穷的，团结就是帮我们跳出困境的法宝。

六二：包承，小人吉，大人否，亨。

象曰："大人否，亨"，不乱群也。

【译文】

六二：厨房里有肉，对小人而言是吉祥，而对于品行高尚的人来说并不一定，亨通。

象说："品德高尚的人不通泰"，是因为品德高尚的人和小人不是同一类的。

【启示】

这一爻告诉我们，在你最困难的时候，有人给你物质上的帮助，如果你是胸无大志的小人则会感到无比的顺畅，但如果你是个志向远大的人则不一定感到事情已发生转机。

六三：包羞。

象曰："包羞"，位不当也。

【译文】

六三：厨房里有美味佳肴。

象说："小人享用着美味佳肴"，感到羞愧，因为才能品行与得到的俸禄不相匹配。

【启示】

这一爻暗示我们，一个人无功而受禄时，应感到羞耻。

九四：有命，无咎，畴离祉?

象曰：有命，无咎，志行也。

【译文】

九四：顺应天命进行赏赐，没有灾祸，但谁应该得到赏赐呢?

象说：顺应天命进行赏赐，没有灾祸，这说明君主奖罚分明、臣下尽职尽责，各自的意愿都得到实现。

【启示】

这一爻暗示我们，理应奖赏帮助你成就事业的人，并且要论功行赏，这样各自的心愿都得到实现，将有利于成就大业。

九五：休否，大人吉。其亡其亡，系于苞桑。

象曰："大人之吉"，位正当也。

【译文】

九五：在不顺畅时先停止行动，胸怀大志的人可以获得吉祥。要时时提醒自己，正处在危险的境地，自己的命运像系于柔软的苞草、桑枝上一样危险。

象说：王公贵族可以得到吉祥，是因为正处于适当的位置。

【启示】

此爻告诉我们，在自己处于不顺畅境地时，应停止行动，但不是完全意义上的停止，更不是屈服，而是处于忧患、警惕状态，这样就能摆脱否塞不通。

上九：倾否，先否，后喜。

象曰：否终则倾，何可长也。

【译文】

上九：否塞不通已到了极点，这说明不顺畅只是暂时的，没过多久就会顺畅。

象说：否已到了极点，必然向泰转换，这样不顺畅的日子还会长久吗？

【启示】

这一爻告诉我们，否极泰来，这是不可逆转的客观规律，所以我们在最艰难时，在心情极端痛苦时，要告诉自己，这只是暂且的失望，绝不应绝望。

【疑难解析】

“包承，小人吉，大人否，亨”的大意是：厨房里有肉，对小人而言是吉祥，而对于品行高尚的人来说，并不一定是亨通顺畅的。这是为什么呢？其原因是小人目光短浅，容易满足当前的既得利益。而志向远大的人一则会考虑这是不是糖衣炮弹，会不会被别人利用。二则他有高尚的节操，认为嗟来之食不可吃。三则他认为起决定作用的是内因，要想从本质上改变自己，必须是自身发生质的飞跃。四则他认为“包承”是他前进的阻碍，因为“包承”可能使周围的人都劝他要满足于现状，不要太贪心。

【事例一】

“休否，大人吉。其亡其亡，系于苞桑”告诉我们，当大的环境发生质变时，大家都会处于不顺畅的阶段，此时，应停止行动，采取防范的措施。以免由于过于自信，在热潮过后，未采取行动，结果遭受了惊人的挫折。现实中不乏因过分自信跌入深渊的例子。

2001年3月，一落千丈的销售业绩迫使思科公司吞下250亿美元的闲置库存，并且裁员8500人。思科公司可是人们追捧的对象，是成功的象征，为什么会遭此劫？

其股价狂跌，需求下降，同类相继受挫，整个科技股要跌落的迹象日益明显，但总裁钱伯斯觉得，既然思科公司以往能连续40个季度保持增长，不信将来保不住这个势头，因此过分强调“对前景充满信心”，在2000年12月仍预测有50%的年增长率。

2001年的春天，一个象征欣欣向荣的季节，思科公司遭受了突如其来的重挫，而且非常惊人——不仅仅速度非常快，而且数字非常大（它的股票一年之内跌了88%）。而人们之所以感到太突然，是因为他们过分相信基于一个能量被过分夸大了的信息技术系统：在互联网狂潮的喧嚣鼓噪中，人们觉得这个系统完全能够让思科公司的经理们“实时”地掌握供给与需求，保证他们能够做出精准的预测。结果呢？技术的确是伟大高明的技术，无论从哪个角度来讲都是。可预测却失灵了。为什么？因为思科公司的经理们从来就没有考虑过万一这个预测模型当中一个关键的假设不成立的时候，方程的结果会怎样。这个假设就是：增长。也难怪啊，一家已经连续40个季度保持增长的公司，你有什么理由怀疑它的明天不会更辉煌呢？

不但如此，而且到了已经有明显的迹象表明大事不好的时候，思科公司的管理者们还陶醉在这个玫瑰色的遐想之中。公司的客户开始倒闭，供应商们也在发出警告：需求可能会萎缩，竞争对手纷纷落马，甚至连华尔街都在怀疑网络设备市场是否已经急转直下。而此时思科公司在想什么？“对于整个行业以及思科的未来，我从来没有什么时候比现在更加乐观。”这是2000年12月约翰·钱伯斯的原话，当时他还在预测第二年公司的业绩又会有50%的增长。

由于钱伯斯的过分自信，思科公司的管理人员过分相信由不成立的假设推出来的预测，思科公司的全体员工忽略了他们觉察到的一些不对劲的迹象，并把它置之脑后。直到最后他们碰上了一桩强烈到无法忽略，清晰到无可辩驳，痛苦到无可置疑的事实，他们才从美梦中醒来。可已经迟了，思科公司已跌入难以自拔的深渊。

【事例二】

“倾否，先否，后喜”告诉我们，否到了极点，就会向泰转化。所以，我们处在否塞中时，要忍辱负重，等待泰的到来。孙膑在和小人庞涓的较量中，就贯彻了这个道理。

在三家分晋以后，韩、赵、魏三家中数魏国的势力最强大，魏惠王野心勃勃，也想学秦国收买人才，找了卫鞅之流来替他治理国家。后来又花了许多钱来招贤纳士，这时庞涓来了，声称是当世高人鬼谷子的学生，与苏秦、张仪、孙膑是同学。魏王信任了他，并让庞涓当了大将。他的儿子庞英，侄子庞葱、庞茅全都当了将军。“庞家军”倒也确实卖力，训练好兵马就向卫、宋、鲁等国进攻，连打胜仗，弄得三国齐来拜服。东方的大国齐国派兵来攻，也被庞涓打了回去。从此魏王就更信任他了。

不久，孙膑来到魏国，魏王知道孙膑十分有才能，想拜他做副军师，协助军师庞涓行事。庞涓听了忙说：“孙膑是我的兄长，才能又比我强，岂可在我的手下。不如先让他做个客卿，等他立了功，我再让位于他。”当时，客卿没有实权，却比臣下的地位高，孙膑还以为庞涓一片真心，对他十分感激。

后来由于庞涓的陷害，孙膑的脸上被刺了字，膝盖骨也被剔去了，从此只能爬着走路，成了终身残疾。

庞涓对孙膑的生活照顾得很周到，孙胺很是感激，一心想报答他。有一天，孙膑就主动提出要替庞涓做点什么。庞涓说:“你那祖传的上三篇兵法，能不能写下来，咱们共同琢磨，也好流传后世。”孙膑经过认真思考，便要答应。后来，孙膑到底察觉了庞涓的奸计，便以装疯的方式想骗过庞涓。魏国的都城大梁内外都知道有个孙疯子，庞涓每天都听人汇报，觉得孙膑再也无法同自已竞争了，就没再动杀他的念头。孙膑活了下来。

有一天夜里，有个人悄悄坐到孙膑的身边，过了一会儿，那人揪揪他的衣服，轻声对他说：“我是禽滑厘，先生还认得我吗?”孙膑经过仔细辨认，确认是墨子的弟子禽滑厘，便泪如雨下，激动地说：“我本以为早晚要死在这里了，没想到今天还能见到你。”禽滑厘说：“我已经把你的冤屈告诉了齐王，齐王让淳于髡来魏国接你，我们全都安排好了，你藏在淳于髡的车里离开魏国，我让人先装成你的样子在这里待两天，等你出了魏国，我们再逃走。”

孙膑到了齐国，齐威王和孙膑交谈后，觉得他是个不可多得的人才，当即想拜他为军师。孙膑说：“庞涓如果知道我在齐国，定会嫉妒，不如等有用得着我的时候再出面不迟。”齐王同意了。

后来，庞涓带兵连败宋、鲁、卫、赵等国，齐王派田忌为大将，孙膑为军师，使庞涓连连败北。最后，孙膑用“减灶法”引诱庞涓来追，暗设伏兵，将庞涓射死在马陵道上。

同人卦第十三

同人：同人于野，亨。利涉大川，利君子贞。

彖曰："同人"，柔得位得中，而应乎乾，曰同人。同人，曰"同人于野，亨。利涉大川。"乾行也。文明以健，中正而应，君子正也。唯君子为能通天下之志。

象曰：天与火，同人。君子以类族辨物。

【译文】

同人卦：做大事前，大家聚集在郊外统一思想，顺畅。有利于渡过大江大河，有利于君子保持下去。

彖说：同人卦，阴柔者处在适当的位置，这就与刚健者的位置相应，因此把它叫作同人卦。同人卦的卦辞说："做大事前，大家在郊外聚集统一思想，顺畅，有利于渡过大江大河，"这说明君主的意愿能得到实现。君主办事果断，敢于创新，行事坚守纯正的原则，互相配合响应，君主的行为是正义的行为，这说明君子通晓天下的志向，维护正理，能受到百姓的拥护，所以能一统天下。

象说：同人卦的卦象是离在下、乾在上，离为火、乾为天，这里火象征臣民，其卦象表明君主的命令能下达到群众中去，同时老百姓的心愿也能上传给君子，故称为同人卦。君子明白物以类聚、人以群分的道理，因此能把人按类别加以区分。

【启示】

同人卦认为，人民的共同心愿是实现天下大同。如果你顺应了这一思想，则会赢得广大人民的信任，从而出现政通人和的大好局面。但注意这个大同不是狭隘的宗族团结，更不是拉帮结派，而是老百姓和当政者都抛弃个人私心和一家一族的偏见，以天下为公，同心协力谋求幸福、安康的生活。

初九：同人于门，无咎。

象曰：出门同人，又谁咎也。

【译文】

初九：聚集在门外统一思想，没有什么灾祸。

象说：君子走出家门和老百姓进行沟通，又有谁会遭遇灾难呢！

【启示】

这一爻告诉我们，在办事前，能与周围的人进行有效沟通，这是不会有错的。

六二：同人于宗，吝。

象曰："同人于宗"，吝道也。

【译文】

六二：聚集族人在宗庙里统一思想，将会遭遇凶险。

象说：聚集族人在宗庙里统一思想，将会遭遇凶险，是因为只在宗族中讲团结，思想太狭隘。

【启示】

这一爻告诉我们，我们要讲团结，但绝不是停留在宗族或宗派的和同上。因为人类的最高境界是处处充满光明、温暖、友爱，而且全人类都为之努力，任何与之相违背的行为都是非正义的，都会遭到人民的反抗。

九三：伏戎于莽，升其高陵，三岁不兴。

象曰："伏戎于莽"，敌刚也。"三岁不兴"，安行也？

【译文】

九三：将伏兵隐藏在密林中，登上高山远望，多年都不敢兴兵打仗。

象说：将伏兵隐藏在密林中，这表明敌人力量太大了。多年都不敢兴兵打仗，说明敌方的力量远远超出我方的力量，怎么敢贸然行动呢？

【启示】

这一爻告诉我们，能团结一部分人在身边固然是好事，但如果与竞争对手的力量悬殊太大，绝不能贸然行动。

九四：乘其墉，弗克。攻，吉。

象曰："乘其墉"，义"弗克"也。其"吉"，则困而反则也。

【译文】

九四：占领了敌人的城墙，一时没把城池攻下来。继续攻打，是吉利的。

象说："占领了敌人的城墙"，最终"没把城池攻下来”，这符合当时的道义。之所以说它是“吉利的”，因为这不是正义之战。自然，在迷失了前进的方向时，及时醒悟、重归正道是吉利的。

【启示】

这一爻告诉我们，一个人成功在望时，只要行为是正义的，得到了民众的支持，即使遇到挫折，也应继续奋斗。

九五：同人先号咷而后笑，大师克相遇。

象曰：“同人之先”，以中直也。“大师相遇”，言相克也。

【译文】

九五：聚集在一起的将士，先大哭后大笑，是因为刚开始久攻不下，后与增援的大军会合在一起攻克了城池。

象说：聚集在一起的将士，之所以先大哭，是因为上下内心纯正，为不能实现大家的愿望而焦急、痛苦。后大军与援军会合，互相之间说胜利的事。

【启示】

这一爻告诉我们，一个人只要内心纯正，虽说遇到困难，但这是暂时的，最终还是会顺利到达成功的彼岸。

上九：同人于郊，无悔。

象曰："同人于郊"，志未得也。

【译文】

上九：大家聚集在郊外，没有什么后悔的。

象说："大家聚集在郊外"，大家之所以没有悔恨之心，是因为虽说天下大同的愿望还没有实现，如果大家团结一心，一定能实现愿望。

【启示】

这一爻告诉我们，一个人只要顺应了大众的愿望，为大众谋福利，就能够得到人民的衷心拥护。

【疑难解析】

"乘其墉，弗克。攻，吉"的大意是，占领了敌人的城墙，一时没把城池攻下来。继续攻打，是吉利的。这表明在攻打城池时，受到了极大的挫折，此时，我们为什么不知难而退呢？

"乘其墉，弗克。攻，吉"是同人卦九四爻的爻辞。从爻位上说，九四是阳居阴位，这就表明他占据了一个比较隐蔽的地理位置，而且宽容待人，赢得了人民的支持。

大家看过《西游记》吗？唐僧要取到真经必须经历八十一难。这就暗示我们，成功的果实不是随手可得的，而是要历经千辛万苦，才有可能摘取得到。再说，我们在登上城墙久攻不下城池时面临两种选择：停止进攻，继续攻打。如果是停止进攻，其结果要么是敌方趁势追之，被打得一败涂地；要么是给敌人得以喘息的机会，而后进行反扑；要么是给自己及将士得以休整的机会，以图日后的再次攻取，但谁也不能保证下次攻打就能取得胜利。如果继续攻打，由于自己有人民的援助，取得成功的概率较大。

经过反复权衡，我们还是要继续攻打。

【事例一】

“乘其墉，弗克。攻，吉”告诉我们，作为企业家，在事业快成功时，只要客观环境有利于自己，只要能虚心改进自己的错误，即使遇到挫折，也不可怕。曾宪梓就深谙这个道理，几经反复，终于登上成功的殿堂。

金利来的发展史，就是曾宪梓的艰辛史、光辉史，更体现了曾宪梓百折不挠的精神。

1963年，曾宪梓到香港求发展。为了生活，在最初的几年里，他不得不放弃自己曾热衷多年的专业，混迹于小生意人的行业里，惨淡经营。

20 世纪 60 年代中期，香港服装业受世界服装潮流的影响，西装盛行。穿西服必须打领带，一时间领带十分抢手，而当时的香港领带业并不占优势。曾宪梓认为商机来了，便以区区 6000 港元为本钱，开始了创业之路。

“一人工厂”诞生了。曾宪梓日夜操劳，自己选材，自己设计，自己剪裁，自己缝制，自己熨烫和包装。几乎花去了他所有的钱，第一批自制领带终于问世，只是无人问津，经销商甚至连多看一眼都不愿意。

终于有一家商店的经理同意看一看他的领带。可是其出价之低，令人惊叹——低于成本费用，买卖自然没做成。那位经理便把曾宪梓带到自己的商店参观。曾宪梓终于明白了自己所制的领带用料低劣、款式单一、色泽灰暗，难登大雅之堂。这种产品不会带来利润，只会招来别人的歧视与羞辱。

全部家当就这样报销了。但曾宪梓没有泄气，认真总结了经验教训，得出结论：只有高档名牌产品，才有可能在市场上占有一席之地。于是他忍痛“斩仓”，将自己的产品出让给了街头地摊，用得来的钱买了几条国外产知名品牌领带，悉心研究，认真总结，终于领悟了名牌的真谛。

经过一段时间的精心选料，认真加工，一批精致高档的领带问世了。曾宪梓拿着自己的硕果，穿梭奔走于各大商店。终于，地处旺角的瑞兴百货公司经理对他的领带赞不绝口，只是担心知名度欠缺，一时难以大规模销售。

曾宪梓欢心之余，痛下决心：愿以成本价换取与高档进口领带同列的资格。

经过市场检验，销量不菲。瑞兴百货公司与曾宪梓私下结盟，形成产销一条龙，同时曾宪梓制作的领带价格远非一般香港领带所能比拟，所以销量直线上升。

曾宪梓迅速扩大生产规模，并确定“金狮”为商标，但由于在香港“金狮”与“真输”谐音，销量并不好。曾宪梓又将“金狮”易名为“金利来”。“金利来领带”从此成为“男人的世界”。

【事例二】

同人卦的卦辞“同人于野，亨。利涉大川，利君子贞”暗示我们，作为领导，要品德高尚，作为下属，要从全局出发，这样就能上下团结一致对敌，取得胜利。黄克诚就是凭着他的高风亮节连打胜仗，并舍小我，利大我，为中国的解放事业立下了汗马功劳。

黄克诚是共产党员、无产阶级革命家，在党和军队问题上，从不谋私利，而是以党和人民的利益为重，真正做到了损小己，利大家。这充分体现了一位共产党员的高风亮节和英雄气概。也正因为他有这些高贵的品质，他的部下都愿意为他效命，为他出力，在战场上表现得极其英勇，连克敌人；在对待同志上，他以大局为重，不抢占功劳，结果和其他老革命家共同赢得了中国革命的胜利。

1940 年夏天，黄克诚奉中央的命令，组织一支南下的八路军纵队，支援在长江南北浴血奋战的新四军。这个纵队，只有两个旅几千人，几千条枪，装备参差不齐，不但有三八枪、汉阳造、单打一，甚至还有鸟枪、红缨枪。黄克诚的根据地在冀鲁豫地区，他带人马走了，这一带的地方部队显然不可能保住根据地，顶住日本人的进攻。何况根据地旁还有蒋介石的部队虎视眈眈想夺地盘，鸠占鹊巢。黄克诚不顾自己长途作战的危险，抽出一个主力团，留守根据地，担负起保住根据地的责任。

黄克诚率军苦战，到达了豫皖苏边区。这一带处于敌人的包围之中，就是吃顿安稳饭、睡个安稳觉的机会都很少有。当地的共产党军队是由游击队、赤卫队组合而成的，不但装备差，而且战斗力弱，组织力量不强。黄克诚为了支援该地区的抗日力量，又毅然留下两个主力团，帮助当地部队提高战斗力，扩大根据地。到了苏北后，新四军一部的一个旅在日伪军的夹击下遭受重大损失，黄克诚将自己的一个全建制的旅和那个旅作了对换，率领疲劳之师顽强拼搏。带兵的人最热爱的是自己的军队，人数的多少往往决定一个领导者的水平和在敌我心目中的地位。黄克诚的部队都是跟随自己作战多年的老战友了，由于他平时关心部下，处处为他们考虑，部下都愿意听他的指挥，而黄克诚为了大局，毫不犹豫跟人少的部队作调换，可见，他的品德是多么地高尚。

特别是在南下途中，黄克诚像包公开仓放粮一样，将自己的部队分发给各个解放区，而到达苏北根据地时的部队，还不到他带出来的三分之一，但他照样打胜仗，照样使自己的部队不断壮大。到抗日战争结束时，黄克诚不但解放了二万四千多平方公里的土地，也使自己的队伍扩展到七万余人。

后来，由于东北形势严重，中央为保卫东北，抽调各个地方的部队开赴东北，加强实力。黄克诚二话不说，率领主力三个师五万多人，带着整齐的装备，离开了熟悉的根据地，向东北挺进。到了东北后，他又将部队和自己的指挥机关全部交给联军司令林彪指挥，自己心甘情愿地做后勤工作和政治工作，从不过问前方自己的老部队的作战和指挥情况。

大有卦第十四

大有：元亨。

彖曰："大有"，柔得尊位大中，而上下应之，曰大有。其德刚健而文明，应乎天而时行，是以"元亨"。

象曰：火在天上，"大有"。君子以遏恶扬善，顺天休命。

【译文】

大有卦：非常吉利。

彖说：大有卦六五之爻处于上卦中位，阴柔者处于至尊的位置又安守正道，它周围的阳爻与它相应，就好像一人之下万人之上的丞相为人正直，功绩卓越，因此把它叫作大有卦。由于他有刚健文明的美德，顺应了天的运行规则，获得了丰收，创造了许多财富，所以说"大吉大利"。

象说：大有卦的卦象是乾在下、离在上，乾为天、离为火，这就表明火在天上，象征太阳给了万物丰富的能量，所以把它叫作大有卦。君子应主持公道，抑制恶的，宣扬善的，顺应天道，见好就收。

【启示】

大有卦告诉我们，顺应了天道就会富有。

初九：无交害，匪咎。艰则无咎。

象曰：大有初九，无交害也。

【译文】

初九：没有相互伤害，不会遭遇危险，如果大家一起艰苦奋斗，就不会有灾难发生。

象说：大有卦的初九爻辞说，不要相互伤害。

【启示】

这一爻告诉我们，富有了，更要坚守正道，更要顺应天时。

九二：大车以载，有攸往，无咎。

象曰："大车以载"，积中不败也。

【译文】

九二：用大车装载着东西，有所去的地方，这不会有什么灾祸。

象说："东西放在大车里装载着"，便不会发生灾祸，是因为财物堆积在车中不会发生损失。

【启示】

这一爻告诉我们，能在丰年时把自己的财富妥善地保管起来，等到荒年再用，这是有远见之明。

九三：公用亨于天子。小人弗克。

象曰："公用亨于天子"，小人害也。

【译文】

九三：公侯能受用天子赐予的恩惠，但小人是承受不起的。

象说："公侯能受用天子赐予的恩惠"，让小人积聚财富就会危害国家。

【启示】

这一爻告诉我们，施舍恩惠要看对象。

九四：匪其彭，无咎。

象曰："匪其彭，无咎"，明辩晰也。

【译文】

九四：不要逼男巫加大声势去求雨，就没有灾祸发生。

《象传》说："不要逼男巫加大声势去求雨，就没有灾祸发生"，这表明，智者能辨别是非，作出透彻的分析。

【启示】

这一爻告诉我们，在自己富有时，不要再去求取更多的财富，否则，就会因不知足而遭遇灾祸。

六五：厥孚交如，威如，吉。

象曰：厥孚交如，信以发志也。威如之吉，易而无备也。

【译文】

六五：他为人诚实，和人们不但有深切的交往，而且适当施加威力，这是吉利的。

象说：他为人诚实，和人们有深切的交往，赢得人们对他的信任，这是因为诚信能使他的志向得以表达。在众人中树立威信的吉利，是由于过分平易近人会让人无所戒备。

【启示】

这一爻告诉我们，一个人在做大事时，能做到恩威并施，必能成大器。

上九：自天祐之，吉，无不利。

象曰：大有上吉，自天也。

【译文】

上九：他有上天的保佑，吉利，没有不利的地方。

象说：大有卦十分吉利，这是因为这庇护来自上天。

【启示】

这一爻告诉我们，只要是按照客观规律办事，就会获得成功。

【疑难解析】

大有卦初九载“无交害，匪咎。”意思是没有互相伤害，就不会遭遇危险。“大有”的意思是富有。这就表明，富有了，要更加不能相互伤害，这样才能防止灾祸的发生。本来富有是件好事，而这里再三强调富有后要防止灾难，此处的灾难究竟从何处而来？富有就必定产生剩余，使其中有一部分人可以靠别人的劳动而生活，怎样让别人把剩余让给自己呢？

唯一的办法是侵犯别人，抢得财富。这样必定导致混乱，给他人带来灾害。怎样防止呢？做到互不侵犯。

“艰则无咎”的大意是：如果大家一起艰苦奋斗，就不会有灾难发生。这进一步告诉我们，如果大家都在辛勤地耕作，都在顺应天时而辛勤播种收割，就能做到互不侵犯，防止灾祸的发生。因为大家都在忙于耕种，没有时间去做图谋不轨的事，灾祸自然失去了生长的土壤。自古以来，成为强盗和贼的大多是好吃懒做者。

所以，在富有的时候，我们更要提倡“勤劳致富”，进行精神文明建设。

“公用亨于天子。小人弗克”的大意是：公侯能受用天子赐予的恩惠，但小人是承受不起的。施恩惠给君子和施恩惠给小人的结果为什么不一样呢？

那些品德高尚、才华出众的君子们接受你的恩惠，日后一方面能做到滴水之恩，以涌泉相报；另一方面能把恩惠广施予民。而小人的本性是贪婪的，是不知足的，因此他们往往为了自己的利益而忘恩负义；他们深谙滚雪球的法则，为了获取更多的财富，利用你所施舍的进行行贿献媚，使他居于要职，并通过不正当的手段获得更多的利益，成为社会的蛀虫。

“匪其彭，无咎”的大意是：不要逼男巫加大声势去求雨，就没有灾祸发生。按一般的常理，男巫的声势越大，求得的东西就越多，而这里为什么建议不要逼男巫加大声势去求雨呢？

“匪其彭，无咎”是大有卦九四爻的爻辞。从卦画上看，九四为阳居阴位。这就好比一个人在自己已经富有时，谦恭待人，结果避免了灾害。相反，上天已赐予他许多财富，他还逼着巫师们去乞求上苍给予更多的财富，这样日后必遭灾难。因为在一定时期内，任何东西都是有限的，假如他得到的东西过多，势必有一部分人得到的就要更少一些，到了别人不能承受的程度，就会起来反抗，自然就会恢复到以前的样子，甚至比以前更糟。

大家都知道竹片吧，当我们压它的力超过了它的承受力，它便会崩裂，产生巨大的反弹力，伤了我们。

所以说，不逼男巫加大声势去求雨，这是明智之举。

【事例一】

把“厥孚交如，威如，吉”与对待员工联系起来，我们从中可推知，对员工进行粗暴的责骂，然后再耐心教导，可起到意想不到的效果。约翰·兰奇先生的管理就渗透了这个道理，促使IBM的创始人——托马斯·约翰·沃森成就了大业。

托马斯·约翰·沃森能成就大业，还得益于一次奇怪的责骂。

1895年10月的一天，托马斯·约翰·沃森到美国全国现金出纳机公司办事，遇到了该公司设在布法罗市营业处的约翰·兰奇先生。他对约翰·兰奇先生说：“我……我希望能当一名推销员。”

“可以一试。”约翰·兰奇先生可没有太多时间跟他废话。两个星期过去了，年轻人走街串巷，一台出纳机也没卖出去。

他来到约翰·兰奇的办公室，希望这个前辈能给予指教。

“哼，我早就看出你不是干推销的那块料。瞧你那一副呆头呆脑的样子，还不赶快给我从办公室里滚出去！你呀，老老实实地回家种地去吧。”约翰·兰奇竟然劈头大骂。

那时，托马斯·约翰·沃森无地自容。不过，他没有因为被数落而不满，只是默默地站在那里……最后，约翰·兰奇没有再发脾气，而是和蔼地说："年轻人，不要太着急了，让我们来好好地分析一下，为什么没有人买出纳机呢？"

约翰·兰奇像换了一个人，他请年轻人坐下，接着说："记住，推销不是一件轻松容易的事。如果零售商都愿意要出纳机，他们就会主动购买，用不着让推销员去费劲了。推销是一门学问，而且学问很深。这样吧，改日，我和你走一趟。如果我们俩一台出纳机都不能卖出去，你和我都回家吧！"

约翰·兰奇没有食言。过了几天，他带着托马斯·约翰·沃森上路了。

托马斯·约翰·沃森非常珍惜这个宝贵的机会。他认真地观察这个老推销的一举一动。在一个顾客那里，约翰·兰奇静静地说："买一台出纳机可以防止现金丢失，还能帮助老板有条理地保管记录，这不是很好吗？再有，这出纳机每收一笔款子，就会发出非常好听的铃声，让人心情愉快……"

托马斯·约翰·沃森睁大眼睛看着一笔生意就这样谈成了。

后来，约翰·兰奇又带着这个托马斯·约翰·沃森出外推销，都成功了。

年轻人后来知道，约翰·兰奇那天对他的粗暴，是他对推销员的一种训练方式——他先是将人的脸面彻底撕碎，然后告诉你应该怎样去做，以此来激发人的热忱和决心，调动人的全部潜能和智慧。

就这样，托马斯·约翰·沃森成了一名成功的推销员，为他日后的事业奠定了基础。

对于一个成功的管理人员而言，能促使员工走上成功，这难道不是一笔财富吗？

【事例二】

“厥孚交如，威如，吉”告诉我们，在治理国家时，应适当施以威力。梁武帝的仁政的失败，就是因为他不懂得柔顺和严厉的互补性。

萧衍是个讲究仁爱的人，最喜欢标榜自己的感化政策。他对亲属从不使用法律，这些人犯了罪，可以得到宽容，甚至反叛之罪也不追究。在他的纵容包庇下，养出一批贪婪无耻的子弟。

萧衍有一个弟弟叫萧宏，排行第六，曾两次谋弑萧衍，想自己当皇帝。第一次，在确凿的证据面前，萧衍只把他叫来，哭着指责了萧宏一番。第二次，萧宏和自己的侄女、萧衍的女儿永兴公主勾搭上了。两人约好，杀掉萧衍后，由萧宏做皇帝，永兴公主做皇后。

这次谋弑也没有成功，萧衍只处死了两名刺客，用漆车把公主送出宫去，对萧宏却问也未问，希望他自己悔悟改过。就这样，萧宏的两次谋弑都没有受到任何惩罚。

萧宏的第三个儿子叫萧正德，是个无赖之徒。萧衍将近中年时，还没有儿子，曾向萧宏要来萧正德做嗣子。后来，萧衍生了儿子萧统，把正德又送还给了萧宏。不久，萧衍当了皇帝，立萧统做太子。

对此，萧正德非常不满，他到处宣扬说自己应该当太子。萧衍听到这些话，并不追究。后来，萧正德终于决定叛梁，去投奔了梁的敌国北魏，自称梁废太子。

对于萧正德的投奔，魏国并不欢迎。当时萧齐灭亡后逃到北魏的齐宗室萧宝寅正在洛阳任职，他与梁宗室有不共戴天之仇。于是，他上表说："哪有伯父做天子、父亲做扬州刺史，反而抛弃亲人远投敌国的？这种人无国无父，应该杀掉！"魏国为了招降纳叛，没有杀掉萧正德，但对他很不客气。

对这样一个连敌国都不理睬的叛国叛父之人，萧衍不但没有惩处，还流着眼泪教诲了半天，又让他官复原职。

终于，侯景之乱成了引起这场争斗的导火索。

侯景是一个奸诈狡猾、凶狠残暴的人，是东魏的一名将领。他先降西魏，不久又叛西魏降梁。

侯景入梁后不久，就企图灭梁。他与萧正德暗中勾结，请他做内应，许愿事成后尊萧正德为帝。侯景起事后，昏庸的萧衍认为萧正德可靠，命他防守长江，结果萧正德反让侯景渡江，直逼都城建康。

太子萧纲不明真相，又命萧正德守宣阳门，萧正德干脆开城门迎侯景入城。就这样，萧衍自己养子为贼、开门揖盗，酿成大祸，断送了自己的江山。

侯景攻入建康后，包围了台城。当时四方并非无兵来救，萧衍的儿子萧纶、萧绎，都握有重兵，位居上游，但他们都盼望侯景杀掉萧衍、萧纲，最好把其他竞争者也统统杀掉，自己好乘势夺皇帝位。萧正德更丧尽天良，他和侯景约定的条件是：攻破台城，必须杀掉萧衍和萧纲，立自己为帝。萧绎、萧纶，包括萧正德，都是萧衍极为宠爱、一再纵容的人，对萧衍的宠爱，他们并不领情，反而盼望萧衍早日归天。

仁政的泛滥导致了萧衍被饿死，导致了他亲手创建的基业毁于一旦。

谦卦第十五

谦：亨。君子有终。

彖曰：谦，亨。天道下济而光明，地道卑而上行。天道亏盈而益谦，地道变盈而流谦，鬼神害盈而福谦，人道恶盈而好谦。谦尊而光，卑而不可逾，君子之终也。

象曰：地中有山，谦。君子以裒多益寡，称物平施。

【译文】

谦卦：亨通。占卜得此卦，说明君子能有所作为。

彖说：谦卦，亨通、顺畅。上天把能量赐给万物，世界充满了光明。地谦卑地顺应天道，滋润万物，使万物茁壮成长。天道是让自满者亏损让谦虚者受益，地道使自满者变得谦虚。鬼神是使自满者受害，让谦虚者享福。人们形成一种道德规则，就是憎恶自以为是的人，推崇谦虚的人，做高官而不傲慢，使其美德得以发扬光大；处于低微的地位而不自卑，让人仰慕他的美德，这就是君子谦虚将有所作为的原因。

象说：谦卦的卦象是艮在下、坤在上，艮为山、坤为地。这表明，高山隐藏在地里，就好像拥有超群的才华和崇高的品德却不向外张扬，因此把它叫作谦卦。君子看到这卦象时，应拿多的去弥补少的，估量各种财物的多寡，尽量把它公平分给老百姓。

【启示】

谦卦告诉我们，君子应该培养谦虚的美德。

初六：谦谦君子。用涉大川，吉。

象曰："谦谦君子"，卑以自牧也。

【译文】

初六：有谦虚的美德的人算得上君子。有此美德的人去渡大江大河，是吉利的。

象说：有谦虚的美德的人算得上君子，是指用谦虚的态度来约束自己的行为，可以规范自己的行为，使自己的行为不出轨。

【启示】

这一爻告诉我们，谦虚可以使你事业有成。

六二：鸣谦，贞吉。

象曰："鸣谦贞吉"，中心得也。

【译文】

六二：谦虚的美名远播，保持下去可得到吉祥。

象说：谦虚的美名远播时即可获得吉祥，这是因为表里如一地坚守正道，赢得了人们的尊敬，其声名会越传越远。

【启示】

这一爻告诉我们，一个人的谦虚的美名之所以得到远播，是因为他为人正直，行事遵循中庸之道，位高不张扬，位卑不嫉妒，善于从自身找原因，从而赢得了人民的尊敬、信任。

九三：劳谦，君子有终，吉。

象曰："劳谦君子"，万民服也。

【译文】

九三：辛勤劳作而谦虚的君子，必将有所成就，最终将是吉利的。

象说：辛勤劳作而谦虚的君子，天下臣民都愿意服从他。

【启示】

这一爻告诉我们，一个人如果有了谦虚的美德，还奋斗不息，则更有利于成就大业。

六四：无不利，撝谦。

象曰："无不利，撝谦"，不违则也。

【译文】

六四：只要发扬谦虚的美德，没有什么不吉利的。

象说："只要发扬谦虚的美德，没有什么不吉利的"，这不违背谦虚使人进步的常理。

【启示】

这一爻告诉我们，一个人的谦虚的美德如得到发扬，那对他来说，更是如虎添翼。

六五：不富以其邻，利用侵伐，无不利。

象曰："利用侵伐"，征不服也。

【译文】

六五：由于邻国的侵伐，国家不富有，此时发兵侵伐邻国，没有什么不吉利的。

象说：此时发兵侵伐邻国，有利于攻城略地，这是征伐那些不愿顺从大势的国家。

【启示】

这一爻告诉我们，谦虚不是谦让，更不是退缩、软弱，而是坚守中正。

上六：鸣谦，利用行师征邑国。

象曰："鸣谦"，志未得也。"可用行师"，征邑国也。

【译文】

上六：谦虚的美名远播，这时出兵征服敌人是有利的。

象说：谦虚的美名远播，这是因为天下大同的愿望还未实现，这便可用出师征讨的办法来解决。

【启示】

这一爻告诉我们，当一个人的谦虚的美名得到了广大人民的推崇时，他顺应民心去讨伐非正义之师是吉利的。

【疑难解析】

“谦谦君子。用涉大川，吉”的大意是：有谦虚的美德的人算得上君子。有此美德的人去渡大江大河，是吉利的。

一是谦虚的人能做到才不外露，不会遭人嫉妒、猜疑，甚至处处设障碍，阻碍他走上成功之路。二是对他自身而言，不会自以为是，所以他能吸收别人的长处，使自己更好地发展，变得更加明智。再者，他愿意听别人的忠言，即使走上了岔道，也能及时返回。三是他根除了小人的生存土壤，因为小人为取得别人的信任的惯用的伎俩是献媚讨好别人，而谦虚的人能看到自己的缺点和优点，所以能一下识别小人的阴谋。

所以，谦虚的人能使自己顺利地到达目的地，当然是吉祥的。

“无不利，撝谦”的大意是：发扬谦虚的美德，没有什么不吉利的。一般来说，做一件事往往利弊兼有，而这里却说“没有什么不吉利的”，这是为什么呢?

发扬谦虚的美德，将会有助于形成人人都崇尚谦虚的风气，而这种风气一旦形成，人就不会被自满的恶浊之气腐蚀，小人也无立足之地。此时，人们就不用担心骄傲的情绪冲昏了自己的头脑，使自己作出错误的决策。

另外，人们也不用担心帮助自己成就大业的人会受小人的迷惑，造成一步走错、全盘皆输的惨局。这样，人们就能在良好的环境中专心致志地干自己该干的事业，从而获取更大的成功。

【事例】

“谦谦君子。用涉大川，吉”告诉我们，谦虚能帮助我们成就大业。把谦虚运用到商战中，就是善于吸收别人的优点。丰田喜一郎通过出外考察，网罗人才，吸收众家之长，使得丰田车奔驰在世界各个角落。

丰田喜一郎是日本一位著名的纺织机械制造商的儿子。按常理，他应该继承父业，搞纺织工业，但他却遵照父亲“一个人的一生只能干一行，我搞纺织，你就干汽车吧”的遗愿，选择了汽车制造业。

“干汽车”必须从零开始。丰田喜一郎首先到世界各国去考察。1929 年和 1930 年，他的足迹遍及西方各大城市。德国的奔驰汽车公司、美国的福特汽车公司给他留下了非常深刻的印象。两年的考察，不仅扩大了丰田喜一郎的眼界，使他清楚地看到日本的汽车制造工业与西方发达国家汽车制造工业的差距，更使他看到了汽车工业的巨大前景。他坚信一个光辉的“汽车时代”必将来临，从而坚定了开拓汽车制造工业道路的信心。

丰田喜一郎还认为：人才是企业成功的根本。考察结束，喜一郎就着手网罗各方面的人才，并真诚地到有关专家、学者家中去拜访、求教，获益匪浅。

丰田喜一郎深知制造汽车离不开钢铁，便多次到日本东北大学的特殊钢国际权威本多光太郎教授家中拜访。在本多光太郎的指导下，丰田喜一郎建立了为他的汽车公司提供优质特殊钢的供应基地。成濑正男是国际著名的齿轮专家，在成濑正男的帮助下，丰田喜一郎成功地研制出特种丰田齿轮。

丰田喜一郎的好友隈部一雄是位汽车专家，丰田喜一郎采纳了隈部一雄的建议，博采福特、雪佛莱等名牌汽车之长，使丰田车形成了“节油、坚固、廉价”的鲜明特点。丰田喜一郎的妹夫丰田利三郎忠诚可信、长于社交，丰田喜一郎就请利三郎出任公司经理，自己任副经理，专管工厂的生产及处理各种技术难题。

1938 年 11 月，丰田汽车厂正式投产。

1948 年，丰田牌小轿车实现了批量生产。

今日的丰田汽车年产车约 300 万辆，占世界汽车生产总数的十分之一，全世界几乎每一个国家都有日本的“丰田”车在奔驰。

丰田喜一郎能成功的关键，是他懂得“谦虚”在创业中的重要性：无论是提高产品的质量，还是吸引贤人，都需要有谦虚的品德。

豫卦第十六

豫：利建侯，行师。

彖曰：豫，刚应而志行，顺以动，豫。豫，顺以动，故天地如之，而况建侯行师乎？天地以顺动，故日月不过，而四时不忒。圣人以顺动，则刑罚清而民服。豫之时义大矣哉。

象曰：雷出地奋，豫。先王以作乐崇德，殷荐之上帝，以配祖考。

【译文】

豫卦：对封建诸侯来说，出兵打仗是有利的。

彖说：豫卦，是一阳爻和五阴爻相应，这表明柔弱者顺从刚强者，刚强者能使自己的意愿得以推行，即顺着自然规律而动是豫卦。豫卦顺着自然规律而动，天地的运行尚且遵从自然规律，更何况干大事的封建诸侯出兵打仗呢？天地按照其固有的运行规律而动，因此太阳和月亮的运行从来就没有出现过差错，而四季交替循环也从来没有出现过错乱。圣人能够顺应天时而行动，那么在他的统治下政治清明，奖罚分明，百姓都愿意服从他。豫卦所包含的顺应天时而动的意义是多么地大呀！

象说：豫卦坤在下、震在上，坤为地、震为雷。这表明，地上有响雷，雷鸣地震，所以被称为豫卦。先王看到这景象，制作出乐曲来推崇功德，还举行隆重的仪式，把音乐献给天帝，请自己的祖先和天帝一起来欣赏。

【启示】

这一卦告诉我们，天下老百姓都归顺了自己，此时，应顺应天时而行动。

初六：鸣豫，凶。

象曰：初六“鸣豫”，志穷凶也。

【译文】

初六：过于得意忘形，凶险。

象说：豫卦初六爻辞说，过于得意忘形，说明他陶醉在昔日的辉煌中，忘记了自己的志向，所以将得凶兆。

【启示】

这一爻告诉我们，过于得意忘形，便会心血来潮，头脑不清醒，容易与凶险相撞。大家都知道喜从悲来，物极必反的辩证道理，我们的生活也不违背这个道理。在《大学》中，古人说："安而后能虑，虑而后能得。"这告诉我们在欢乐中应有警醒、忧虑，便能有所收获。

六二：介于石，不终日，贞吉。

象曰："不终日，贞吉"，以中正也。

【译文】

六二：像夹在石缝里那样老老实实地不动，不到一天就会走上正轨，安守本分吉祥。

象说：不到一天就走上正轨，安守本分吉祥，是因为此爻居中守正。

【启示】

这一爻告诉我们，一个人在被胜利冲昏头脑时，应用古训警醒自己，用各种道义制度规范自己，用忧患意识擦亮自己的眼睛。

六三：盱豫，悔；迟，有悔。

象：“盱豫有悔”，位不当也。

【译文】

六三：睁大眼睛看着别人有所作为而和悦，后悔不已；若再不行动的话，势必后悔莫及。

象说：睁大眼睛看着别人有所作为而和悦，后悔不已，这是由于六三爻不居正位。

【启示】

这一爻告诉我们，应办事果断。

九四：由豫，大有得，勿疑。朋盍簪。

象曰：“由豫，大有得”，志大行也。

【译文】

九四：适当的得意，十分有好处。这样就不会疑心朋友们聚集在一起说不利于行动的话。

象说：适当的得意，十分有好处，表明其意愿正在大力推行。

【启示】

这一爻告诉我们，适当的得意就是自信，它能使你勇往直前，大刀阔斧地开创自己的事业。

六五：贞疾，恒不死。

象曰：六五“贞疾”，乘刚也。“恒不死”，中未亡也。

【译文】

六五：不改善的话会有小病，但能活很长的时间。

象说：豫卦的六五爻辞讲有小病，是由于六五阴爻处于九四阳爻之上，这样阴柔就骑在阳刚的头上。但还能活很长时间，是由于六五之爻处于上卦中位，其主干还充满了生机。

【启示】

这一爻告诉我们，事物没有绝对的对或错，在权衡利弊时，只要总体上是利大于弊，我们就决定去做这件事。

上六：冥豫，成有渝，无咎。

象曰：“冥豫”在上，何可长也？

【译文】

上六：黑暗昏聩到了极点，但还心存喜悦，这是因为有成功的希望，不会遭遇凶险。

象说：黑暗昏聩到了极点还得意忘形，像这样的统治者，哪能长久地统治呢？

【启示】

这一爻告诉我们，在你处于极不顺畅时，还应对未来充满信心。

【疑难解析】

“盱豫，悔”的大意是：睁大眼睛看着别人有所作为而和悦，后悔不已。能睁大眼睛看别人做事，本是件可喜的事，而这里却说“后悔不已”，这是为什么呢？

“盱豫，悔”是六三的爻辞。从卦画上看，六三为阴居阳位，且在下卦之首。此时，我们不难看出，这里的睁大眼睛应包括两个阶段：一是睁大眼睛看着一件未知的事，看它是否值得做。由于眼睛是瞪得大大的，所以是太多虑了。二是惊讶地睁大眼睛：别人把这件事干成功了。再联系我们所处的处境来看，我们的未来是个未知的世界，我们都在黑暗中行走，需要我们作出果敢的判断，大胆地跨出去。综上所述可知，六三后悔的原因是：由于他犹豫不决，让别人占尽先机，失去了成功的机会。

“迟，有悔”的大意是：再不行动的话，势必后悔莫及。这就表明，第一次眼睁睁地看着机会从身边溜走，如积极行动起来，还有成功的机会，如总是在后悔中度过，从不付诸行动，则会造成真正的不可弥补的后悔。

“冥豫，成有渝，无咎”的大意是：黑暗昏聩到了极点，但还心存喜悦，这是因为成功的希望日渐明显，没有凶险。这是为什么呢？

一则因为物极必反，黑暗马上就要退出历史的舞台，光明很快就要代替黑暗；二则如果你心如死灰，再也不奋斗了，连睁开眼看撞死在树桩上的兔子的勇气都没有，那么机遇只会与你失之交臂。相反，如果你对前景还不失望，你还会留意身边的每一个机会，自然在时势发生转机，机遇多多的新时期，又能抓住好机遇，实现自己的梦想。

【事例一】

豫卦告诉我们，与其看着别人有所作为而和悦，不如自己先行动起来。摩托罗拉的创始人也深知这个道理，在经营中占尽先机，尽管有失败，但最终使摩托罗拉风靡全球。

1923 年，23 岁的高尔文与朋友斯图尔特合伙办一个蓄电池厂，最后以失败而告终。但高尔文没有灰心，1928 年 9 月 25 日，高尔文的摩托罗拉制造公司在芝加哥哈里森街 847 号一座大楼里的一个小房子里诞生了。

1936 年，高尔文预感第二次世界大战将要爆发。于是，在没有来自军队的任何合同下，他就命令手下人全力开发一种轻型的、便于携带的收发无线电话。

三个月后，高尔文的下属带着三台这样的机器飞到乔治亚州的本宁堡，向正在那里演习的军队展示这些新产品，并签订了向军队发送少量的这种机器的合同。

1940 年，罗斯福总统就职时，当他看到被警察和情报人员使用的这种手持无线电话机时，他当即给当时的伞兵军官写了一封信推荐这种产品。高尔文再次组织了一次实地演习，从而使这一产品的特性立刻得到认可。摩托罗拉公司收到一些重要的合同，并于 1941 年 7 月投入满负荷生产，从而迎来了滚滚财源。

在整个二战中，有近 4 万台这种无线电话机为人们提供各种通信服务。在当时，居然有这么大的生产量，高尔文的摩托罗拉公司可谓创造了现代电子工程上的一个奇迹。

1944 年 6 月，高尔文及一些工业界领袖和战时生产局的官员们一起制订了一个计划。他认为在对德战争结束以后，必须弄清楚的是，战时生产局的法令如何予以改变，这一计划必须允许转入军事用途的工业重新进入民用生产。

尽管摩托罗拉仍在为对日作战的部队生产军用对讲机，但高尔文已敏锐地感到，企业在战争结束以后必须面对消费者对收音机的巨大需求，他不无幽默地警告下属说："我害怕的是，那些浩浩荡荡进入我们企业捞钱的人，将在痛苦的体验中知道，这绝不是懦夫待的地方。"

后来，高尔文领导的摩托罗拉又开始进行电视机的研制。当小型精品 VT－71 型电视机以上等货出现时，高尔文已胸有成竹了，他认识到在未来电视机的竞争中，经销商唱主角的时代到来了，必须在一开始就做出迅速的突破：他把管理人员召集到一块儿，宣称摩托罗拉要在电视机生产的第一年，售出 10 万台。

出席会议的人几乎为高尔文的"口出狂言"而目瞪口呆了。他们认为电视机厂绝对不可能达到一年 10 万台的生产能力。

果不出所料，人们对 VT－71 型电视机的反应是既惊讶又称赞。经销商中的大多数人被来自顾客的一次次热情的反应所激动，就像推销人大吹大擂时所引起的激动一样，他们认识到这种电视机将占领很大的市场份额。事实证明高尔文是如此正确，仅仅几个月，摩托罗拉在电视机的生产企业中，跃居第四位。

高尔文的超前意识使摩托罗拉战胜了诸多强劲的对手，成为世界著名品牌。

【事例二】

“盱豫，悔；迟，有悔”暗示我们，要果敢决策。刘文静深知这个道理，顺应天时，促使李氏果敢决策，并帮他们成就了大业。

隋朝末年，刘文静做晋阳（今太原）的地方官，当时裴寂做晋阳宫的监守，二人关系相当好。有次夜晚二人同宿，裴寂仰望城墙上的烽火，感叹说：“我们的地位卑贱之极，家中毫无积蓄，现在天下大乱，该怎么办啊？”刘文静笑着说：“世道既然如此，天下大事便可见分晓了。只要我们二人联手，还怕什么地位卑贱呢？”

到李渊镇守太原时，刘文静观察到他有起兵统一四方的远大志向，就去结交他。他又观察李世民，对裴寂说：“这个人可不是常人，他像汉高祖刘邦那样大度，像魏太祖曹操那样神武，尽管年轻，却雄才大略，将来必有大的出息。”

后来，刘文静因与李密联姻而被连累判罪，被押入狱中。李世民认为刘文静是个不可多得的谋臣，就入狱中探视他。刘文静大喜说：“现在天下大乱，非成汤、周武王、汉高祖、光武帝那样的才略之人不能安定天下。”

李世民说：“你怎么知道没有呢？恐怕只是平常人不能识别而已。今天我来狱中看你，并非为儿女私情。时势如此，专程来与你商议举兵起义大计，请帮忙仔细筹划。”

刘文静说："现在李密长期围困洛邑，皇帝巡游淮南，大贼占领州郡，小盗占领山泽，数以万计，天下大乱。如果能顺应天时，举旗一呼，则四海响应。如今太原一带百姓为避盗贼，都聚在城中，我做地方官数年，如果要征集豪杰，可得 10 万人。尊公（李渊）所领的精兵又有数万，只要他一发令，谁敢不服从？这两拨人马一起来，乘虚入关，号令天下，不到半年，就可成就帝王之业。"李世民大笑说："正合我意。"于是李世民部署安排人马，暗暗准备起义。

时机成熟后，高祖李渊还犹豫不决。刘文静觉得"机不可失，时不再来"。他见裴寂与李渊交情深厚，想让裴寂去劝说李渊，就把裴寂引荐给李世民。李世民在博戏场上设计抓住了裴寂，希望通过裴寂劝说李渊起兵。

等到李渊副将高君雅被突厥人打败，李渊获罪被隋廷投入狱中，刘文静和裴寂一起劝他起兵反隋，说："《易》称'知几其神乎'。现在大乱已经发生，明公处于被嫌疑的境地。怎么能保全性命？副将打了败仗，上头怪罪，事情如此紧迫，应当早作计议。晋阳这地方，兵马精壮，府库宫中物资充足，靠着这些起兵，可成大业。关中无主，群豪并起，无所适从。明公举兵以图大事，不比在这里做囚徒强吗？"李渊认为有理。

刘文静和李世民经过商议，准备马上起义，恰巧李渊被放了回来。刘文静伪称隋炀帝的诏令，让太原、河西、雁门、马邑等地 20 岁以上 50 岁以下的人全都充军，年底在涿郡集合，准备征伐辽东。这样，民众心生恐慌，都欲作乱。

刘文静便对裴寂说：“你难道没听说过‘先发者制人，后发者制于人’吗？唐公（李渊）名字正与图谶相验合，天下人人尽知，为什么还要拖延，自找祸害。应该劝唐公尽早顺时起兵。”

裴寂害怕，就加紧催促李渊起兵，于是李渊就起兵了。后李渊开大将军府，以刘文静做行军司马。就这样，李渊抢占了先机，打败了隋兵，消灭了异党，建立了唐王朝。

随卦第十七

随：元亨，利贞，无咎。

彖曰：随，刚来而下柔，动而说，随。大亨，贞无咎，而天下随之，随时之义大矣哉！

象曰：泽中有雷，随。君子以向晦入宴息。

【译文】

随卦：非常吉利，有利于坚持，没有什么灾难。

彖说：随卦震居下、兑居上，震代表刚，兑代表柔，这有君主顺应民意的含义，假如此时开始行动，人民大众肯定会服从命令。所以把它叫作随卦。非常吉利，坚持下去无灾祸。而且天下所有事能做成功的关键在于随时而行，顺时而动，所以说随卦的现实意义多么大呀！

象说：随卦的卦象是震在下、兑在上，震为雷、兑为泽。这表示泽中有轰隆隆的雷。泽中响雷，泽随着雷而动，所以把它叫随卦。君子看到此景象，谋事要抓住时机，顺时而动，如同天晚了就要回家休息。

【启示】

随卦告诉我们，我们的随和是有原则的，要以中正为原则，要顺应人民的意愿。它主张人们顺时而动，抓住机遇，适时进退。它要求人们舍弃一己之见和个人私利，择善而从，善于听取、采纳别人的中肯意见，并时时以大局为重。

初九：官有渝，贞吉。出门交有功。

象曰："官有渝"，从正吉也。"出门交有功"，不失也。

【译文】

初九：官职有所变动，安守本分会得到吉祥。出门在外和大家进行交流，就会有功绩。

象说："官职有所变动"，如果坚守纯正的原则就会吉祥。出门在外和大家进行交流有功绩，是因为不会固执己见而有所失。

【启示】

这一爻告诉我们，一个人在被麻烦缠绕时，只要坚守纯正的原则，积极征求别人的意见，起用贤人，就会解开这个结，并会有所作为。坚守纯正的原则，就不会随波逐流，让假、恶、丑占据上风，而埋没了真、善、美。而积极征求别人的意见，就不会因固执己见做出错误的决策，更不会因一意孤行酿成不可逆转的大错。

六二：系小子，失丈夫。

象曰："系小子"，弗兼与也。

【译文】

六二：逮住小奴隶，却失去大奴隶。

象说：逮住小奴隶，却失去大奴隶，因为二者不可同时拥有。

【启示】

这一爻暗示我们，做每一件事都有得有失。

六三：系丈夫，失小子。随有求得。利居贞。

象曰："系丈夫"，志舍下也。

【译文】

六三：逮住大奴隶却丢掉小奴隶。跟随有追求的人会有所得。因为安守贞正是有利的。

象说：去追回大奴隶，是符合取大弃小的原则的。

【启示】

这一爻是说，无论是非此即彼的二选一，还是单一的对错判断，都需要我们做出明智的选择。该怎么办呢？我们在进行取舍时，应遵循取大弃小的原则。

九四：随有获，贞凶。有孚在道，以明，何咎？

象曰："随有获"，其义凶也。"有孚在道"，明功也。

【译文】

九四：追随别人有所收益，坚持下去会得到凶险。心存诚信，坚持走正道，哪里还有什么危险呢？

象说："追随别人，有所收益"，由于他的行为不符合当时的道义，所以凶险。但只要心存诚信，坚持中正的原则，做人光明正大，就会有所作为，立下功绩。

【启示】

这一爻告诉我们，放弃原则的追随是有害的。

九五：孚于嘉，吉。

象曰："孚于嘉，吉"，位正中也。

【译文】

九五：真诚对待善良者，大吉大利。

象说：真诚对待善良者，大吉大利，这是因为九五爻是阳爻阳位，位于上卦中央的至尊位置。

【启示】

这一爻告诉我们，善待本性善良的人民。

上六：拘系之，乃从维之。王用亨于西山。

象曰："拘系之"，上穷也。

【译文】

上六：把俘虏拘留起来，并用绳子将他捆绑。周文王把他当作人牲囚禁在西山以祭祀神灵。

象说：把俘虏拘留起来，并用绳子将他捆绑，是因为上六爻高居随卦最上爻，君王的诚信已施尽。

【启示】

这一爻告诉我们，如你总是对别人以诚相待，最终也不能感化别人，此时，就采取强硬的方法。因为他是顽固不化者，如采用硬碰硬的方法，也许还有转变的余地，即使不能改变，就让他毁灭，至少也不会成为你前进的障碍。

【疑难解析】

“系小子，失丈夫”的大意是：逮住小奴隶，却失去大奴隶。它是随卦的爻辞。“随”有随同、随和、追随的意思。这就好比一个人在随同大家的意愿上必有得有失，即他采取甲的方案，势必就要放弃乙的方案。如甲的观点是错误的，他随同甲的观点，势必能赢得甲对他的一时的好感，和他同舟共济，但这会酿成大错；他否定甲的观点，有可能伤害彼此的感情，甚至几十年深厚友谊就毁于一旦，但这有利于树正风，抑恶气，让人民过上好日子。

当鱼和熊掌不可兼得时，我们该怎么办呢？“系丈夫，失小子。随有求得。利居贞”就给了我们满意的答案：舍鱼而取熊掌也（大奴隶比小奴隶有价值，追回大奴隶是吉利的）。要做到“舍鱼而取熊掌”，必须注意的是：鱼和熊掌的比较不是纯粹数字上的比较，而是以道德为准绳的大小比较。所以，我们在舍鱼而取熊掌时，必须以坚守正道为前提。

“随有获，贞凶”的大意是：追逐别人有所收益，去占卜却得到凶险的预兆。明明是有所收益的事，怎么去占卜却得到凶险的预兆呢？

联系“有孚在道，以明，何咎”，就知道这是因为他在追随时放弃了原则。放弃原则的追随可能变成迁就，甚至是纵容，自然会给他带来灾祸。

虽说放弃原则的追随在当时可避免他跟别人发生摩擦，并且他能从中得到好处。但俗话说得好：没有免费的午餐。一则对他所苟同的人来说，他不会及时纠正自己的错误，以至于越陷越深，不能自拔；二则对他来说，他也要为自己的不负责任的行为付出代价的：一方面犯错误的人，到头来会识别真伪的，会埋怨他的。另一方面，他会跟着犯错误的人陷入泥坑，难以自拔。最糟糕的是，他扬恶弃善，让社会的坏的风气盛行，玷污了善良的人民，残害了正直的高尚人士。

综上所述，随和一定要以坚守正道为前提。

【事例一】

“随有获，贞凶”告诉我们，没有原则地追随，则会遇到凶险。Lonrho 公司就是因为盲目地追随大流，实行疯狂地扩张，虽曾辉煌一时，但最终的结果是走向解体。

Lonrho公司原先是一家主要从事黄金生产和铂矿开采的公司。由于经营有方，逐步发展成世界上第三大金属铂生产商。Lonrho公司在南非各处拥有大量的铂矿开采基地，与此同时，公司还是世界上最大的黄金生产商之一，在非洲的加纳和津巴布韦拥有很多金矿。

和其他公司一样，Lonrho公司并不满足于现有的核心业务，于是，它开始不断地扩张。

凭借着自己在金矿和铂矿上的丰富经验，Lonrho公司逐渐将自己的产品线扩展到煤矿和铑矿上，由于业务相近以及长时间的技能积累，公司在这些领域都取得了相当不错的业绩。

后来，看中了农牧业的广阔而光明的前景，公司一举杀入其中，在非洲建立了大规模的农场，生产棉花、食糖以及茶叶，并在很多国家买下大量的土地，以此来圈地畜牧。

农业生产上一举获胜，使得公司更加对业务拓展充满信心。在经过一番考虑以后，Lonrho公司又介入了汽车分销领域，在非洲和欧洲销售大众、奥迪以及奔驰等世界名车。与此同时，公司还积极向法国、日本和美国等汽车公司申请代理权，以扩展自己的产品销售范围。

也许是扩张得太顺畅了，Lonrho公司信心百倍，接下来又马不停蹄地扩展着自己的帝国疆界，从工程建造到印刷行业，从金融保险到外贸出口，从物业管理到酒店经营，以及纺织业等，名目繁多，Lonrho 公司甚至还拥有英国《观察家报》这样的知名媒体。

在 Lonrho 公司最鼎盛的时候，一度涉足了近 30 个业务领域。这些业务之间相互独立，拥有较高的经营自主权。每一个业务都能够自主地支配自己的资金和收入，总部则通过统一的监控机制，来督促各项业务的正常运作。在全世界范围内，Lonrho 公司的足迹曾经遍布非洲、北美洲、欧洲以及亚洲，拥有 900 多家子公司，年销售额超过 70 亿美元，地位不可谓不显赫。

看起来，一切都好像非常完美，Lonrho 公司在各个领域都取得了不菲的成绩。然而，由于庞大而复杂的公司体系，以及纵横交错的人际关系网络，使得公司开始感觉到，沟通越来越不顺畅，集团内部的利益纷争不断，更要命的是各项业务之间联系很小，很难实现相互间的协同。

最后在股东之间一场旷日持久的控制权争斗之后，Lonrho 公司被迫开始迈入解体的过程。大部分业务被剥离出公司，只留下了一些重要的核心业务，例如，金矿、铂矿以及煤矿的开采，公司名字也改为 Lonmin。

【事例二】

随卦告诉我们，随同是有原则的随同。唐代宗就深谙这个道理。虽说本性柔弱，但他在关键问题上绝不手软，巩固了自己的政权。

唐肃宗的长子李豫外表柔弱，但他内心很有主见，颇能处理事务。

在李豫当太子时，张皇后与亲信宦官李辅国共同把持朝政，干预政事，权倾内外，朝廷上下都惧怕他们。二人曾共同陷害了李豫的弟弟，李豫十分气愤。

李豫十分厌恶张皇后骄横，但考虑到自己身单势孤，行事十分小心，唯恐得罪她而遭到陷害。

由于张皇后与李辅国都心怀鬼胎，所以互相猜忌，产生了隔阂。李辅国拉拢统领射生手（内廷禁兵官）的宦官程元振，视为心腹，与张皇后对抗。李豫暗自高兴，准备寻找机会离间二人。上元二年（761），肃宗病危，张皇后担心李豫登基，就召越王李系入宫监国。李辅国、程元振知道事情紧迫，告诉李豫要防止张皇后的陷害。张皇后也召李豫入宫说："李辅国久握禁兵，私下与程元振联合，图谋作乱，应该杀掉他。"李豫早知道张皇后的奸谋，为了使张、李二人相斗，就假意哭着说："父皇病得很厉害，不禀告陛下就杀了他们，恐怕他禁受不起。"张皇后拉拢李豫失败，就自己选调宦官，准备谋杀李辅国等人。李豫将这个消息告知李辅国，李辅国很感激李豫，就抢先率禁兵入宫，诛杀了越王和张皇后。

宝应元年（762），在李辅国等人的拥戴下李豫继承皇位，史称唐代宗。李辅国平素就专横骄纵，欺压群臣，这次立了大功，更加张狂。而代宗懦弱温顺，在小事上从不与他理论，都让他拿主意。他见代宗无主见，就公然对代宗说："陛下只管住在宫殿里，外面的事情任凭老奴处理。"这让代宗非常气愤，下决心要除掉这个逆宦。但又考虑到他手握重兵，党羽众多，不敢轻易下手，所以假意很礼遇他，加封他为尚书令，称呼他为"尚父"，事情不论大小，都征询他的意见。李辅国未察觉代宗的用意，依旧横行宫廷内外。

程元振当时因拥立代宗为帝而被授任飞龙副使、内侍省事，官职不如李辅国显赫荣耀，心里很不自在。李辅国经常趾高气扬，借一些小事羞辱他，这令程元振很愤怒。代宗得知程元振与李辅国嫌隙暗生，就善待程元振，给他加官封赏，并委婉地暗示他和怨恨李辅国的人上奏抨击李辅国。程元振受到皇帝恩遇，受宠若惊，自思有皇上支持，就大胆上表指责李辅国专权朝政，卖官鬻爵，制造冤狱，罪不容诛。众臣亦借机纷纷请求将李辅国罢官。

代宗顺水推舟，就罢免了李辅国禁卫军元帅一职，转由程元振代替。尽管当时有许多李辅国的同党为他求情，但代宗没有理会。

从此以后，李辅国有所收敛。但代宗还是不放心，又下诏罢免他中书令一职，只允许他每月初一、十五进宫朝见。最后，代宗秘密委派刺客潜入李辅国的府第将他刺杀。

就这样，代宗铲除了奸臣，巩固了自己的政权。

蛊卦第十八

蛊：元亨。利涉大川。先甲三日，后甲三日。

彖曰：蛊，刚上而柔下，巽而止，蛊。“蛊，元亨”，而天下治也。“利涉大川”，往有事也。“先甲三日，后甲三日”，终则有始，天行也。

象曰：山下有风，蛊。君子以振民育德。

【译文】

蛊卦：十分吉利，有利于渡过大江大河。但必须在事物的转折点的前后起程。

彖说：蛊卦，阳刚处于上面，阴柔处于下面，这表明柔顺而静止，因此把它叫作蛊卦。“蛊卦，大吉大利”，是因为从严治理天下。“有利于渡过大河”，这表明不怕困难，勇往直前，一定能成就大业。“甲前三日为辛日，甲后三日为丁日”，指从辛日至丁日，即走到极端便有新的开始。

象说：蛊卦下卦为巽、上卦为艮，巽为风、艮为山，这就表示山下起风之象，所以把它叫作蛊卦。君子看到此卦象，应去救济万民，施行德教。

【启示】

这一卦告诉我们，衰败中蕴藏新生，但不是在任意条件下都能获得新生，它是在特定的条件下，这个特定条件是需要我们去创造的。所以，我们在这个转型时期，要顺应天时采取行动。这里的顺应天时一指事前防患于未然；二指在遇到麻烦时，应想办法解决麻烦。无论是事前的防范，还是事后的解决，都需要以天道为准则，纠正不合规范的行动。

初六：干父之蛊，有子，考无咎，厉，终吉。

象曰："干父之蛊"，意承考也。

【译文】

初六：改正父辈的错误，有这样的儿子，父亲一定不会遭遇危险，即使遭遇危险，最终也会获得吉祥。

象说：改正父亲的错误，其真实的意图是继承父辈的大业。

【启示】

这一爻告诉我们，要勇于改正别人的错误。

九二：干母之蛊，不可贞。

象曰："干母之蛊"，得中道也。

【译文】

九二：改正母亲的错误，但不可以固守贞正。

象说：改正母亲的错误，九二处于下卦中位，这表明得到的是中庸之道。

【启示】

这一爻告诉我们，在纠正柔弱者的偏差时，不可言辞过激。

九三：干父之蛊，小有悔，无大咎。

象曰："干父之蛊"，终无咎也。

【译文】

九三：改正父亲的错误，即使小有摩擦，后悔一阵儿，也不会有大的灾害。

象说：改正父亲的错误，最终不会有大的灾害。

【启示】

这一爻告诉我们，为别人改正错误，不是轻描淡写地指出，而是力求真正地纠正，虽说在纠正的过程中产生不愉快，但最终别人会因为改正了那些坏毛病，而顺利到达目的地。

六四：裕父之蛊，往见吝。

象曰："裕父之蛊"，往未得也。

【译文】

六四：助长父亲的错误，顺其发展，就会酿成大错。

象说：助长父亲的错误，顺其发展，就会无所得。

【启示】

这一爻再一次强调要勇于改正别人的错误。

六五：干父之蛊，用誉。

象曰："干父之蛊"，承以德也。

【译文】

六五：改正父亲的错误，会得到美好的称誉。

象说：改正父亲的错误，会得到美好的称誉，实际上继承了父辈的美德，并使之发扬光大。

【启示】

这一爻告诉我们，一个人勇于指正别人的错误，会使他获得荣誉。

上九：不事王侯，高尚其事。

象曰："不事王侯"，志可则也。

【译文】

上九：不为王公贵族做事，因为他极力推崇自己的事业。

象说：不为王公贵族做事，这种清高的志趣可以作为模范。

【启示】

这一爻告诉我们，如果自己的善意批评，可能引来很大的麻烦，使自己的理想不可能实现，那么就选择离开。

【疑难解析】

“干父之蛊，有子考，无咎，厉，终吉”的大意是：有善于改正父辈的错误的儿子，父亲一定不会遭遇危险，即使遭遇危险，最终也会获得吉祥。

俗话说得好：良药苦口，忠言逆耳。也许你在指正别人的错误时，会引起别人对你的反感、误会，甚至对你产生极大的仇恨。但别人因为有了你这样一个好朋友，不会陷于危险之中，即使有危险，也能自拔。这样一方面实现了你的真实意图，帮助朋友扫除前进道路上的障碍；另一方面让朋友实现自己的理想，一举两得。

那为什么又说“干母之蛊，不可贞”呢？我们知道“母亲”是柔弱的象征，在我们纠正柔弱者的错误时，可能发生以下两种情况：一、柔弱者本身的承受能力有限，如过于严厉，很可能我们还没把他纠正过来，他已走上了灭亡；二、柔弱者在他难以忍受我们的激烈言辞时，让对立方轻轻一拉，便倒向我们的对立面，于是，我们成了他走向歧途的推动力。所以，我们在纠正柔弱者的错误时，不能“得理不饶人”，言辞过于激烈，哪怕这样做暂且违背了中正的原则。

“干父之蛊，用誉”的大意是：改正父亲的错误，会得到美好的称誉。这美好的称誉从何而来？

一是因为你的指正，使别人走上了正道，使别人更顺利地实现自己的理想，别人自然要称赞你；二是因为你在指正别人的错误时，为了让别人心服口服，势必要辩证地指正，一方面要指出错误的地方，另一方面又要肯定别人的可取之处，这样别人的优点也得到了进一步发扬，别人自然要感激你；三是由于你的指正，能及时改正错误的人越来越多，社会上的风气也越来越好，大家都以“及时改正别人的错误”为美德，所以你的这一美德得到了广大人民的认可。

【事例】

“干父之蛊，用誉”暗示我们，要敢于向自己的领导提出建议。魏征深知这个道理，帮助李世民改正错误，得到人民的称赞。

魏征字玄成，魏州（今河北大名县东）曲城人。少年时孤苦伶仃，飘游四方。但人穷志不短，目光远大，通晓经史谋略。

李世民即位后，任命魏征为谏议大夫。贞观三年（629），魏征以秘书监身份参与朝政。

有一段时期，李世民常常在大臣们面前长吁短叹：“大乱之后的国家，百废待兴，真是很难治理好啊！”

李世民的本意是想得到大臣的赞美，而魏征就是不知趣，回答说：“其实，大乱容易达到大治，就像饥饿的人容易喂饱一样。”

李世民无奈，接着又问：“古人不是说过能人治理百年江山？”

魏征又回答说：“这些话不是论圣人君子的。圣人君子治理江山，上行下效，来得如同回声一样快，一个月即可实现，是不会很困难的。”

坐在一旁的封德彝赶紧说：“实际情况不像魏征说的这样。夏、商、周三代以后，社会风气日益轻浮欺诈。秦王朝任用严刑酷法，汉朝采用霸术，都是想治理好却做不到，并不是可以治理好而不去做。魏征只不过是一介书生，好说空话，恐怕要白白地耽误国家大事，皇上您千万不能听他的。”

李世民听了封德彝的话，更加觉得魏征不识趣，有意贬低自己，十分生气。

魏征马上反驳道：“五帝三王统治的人民并没什么不同，行帝道则称帝，行王道则称王。黄帝战蚩尤，打了七十次仗终于战胜了蚩尤，从而达到了无为而治的境地。古代南方黎族部落破坏德政，颛顼征服了他，并达到了大治。夏桀敢倡乱道，商汤将他放逐到了边远的地方；商纣王昏聩无道，武王便推翻了他。如果是像你封德彝说的那样人是越来越奸诈，不能返璞归真，那么发展到现在，人都将要变成鬼怪了，那还怎能施行德政教化呢!”

唐太宗对魏征的这番话十分欣赏，改变了先前对魏征的看法，并采纳了魏征等人治国安邦的锦囊妙计。因此，在贞观年间，国内歌舞升平，天下大治。周边少数民族的首领们也学习汉人习俗，穿衣戴帽，入朝称臣，在宫中带刀值宿，担任警卫。

贞观十七年（643），魏征患了重病，不久就去世了。唐太宗十分悲痛，天下的老百姓也很是惋惜，为此，写了许多文章来纪念魏征。

临卦第十九

临：元亨，利贞。至于八月，有凶。

彖曰："临"，刚浸而长，说而顺，刚中而应。大亨以正，天之道也。"至于八月，有凶"，消不久也。

象曰：泽上有地，临。君子以教思无穷，容保民无疆。

【译文】

临卦：非常吉利，有利于去占卜。但是到了八月（阳衰阴盛），将会遭遇凶险。

彖说：临卦，阳刚增长，态度和悦而顺从，阳刚和阴柔相互应和，而且坚守正道，所以大吉大利，这是顺应了大自然的客观规律。"到了八月将会遭遇凶险"，这是因为阴阳二气是互相消长的，八月阳气渐衰阴气渐盛，离阳的削弱就不远了。

象说：临卦的卦象是兑在下、坤在上，兑为泽、坤为地，这表明有地在泽上之表象。因此把它叫作临卦。君子看到此卦象，应包容人民，对其进行思想教育，这样就会使人民长期安居乐业，立下汗马功劳。

【启示】

临卦告诉我们，一方面要努力提高自身修养，做到以身作则，使民众从内心服从自己的领导。另一方面要对人民实行德育教育，提高整个民族的素养。

初九：咸临，贞吉。

象曰：“咸临，贞吉”，志行正也。

【译文】

初九：对人民实行德育教育，保持下去会得到吉祥。

象说：对人民实行德育教育，保持下去会得到吉祥，这是因为品行端正，人民的意愿得到实现。

【启示】

这一爻告诉我们，一个人在事业处于上升时期，不要忘记推行德育教育。

九二：咸临，吉，无不利。

象曰："咸临，吉，无不利"，未顺命也。

【译文】

九二：对人民实行德育教育，吉祥，没有什么不利的。

象说：对人民实行德育教育，吉祥，没有什么不利。这是因为民众尚未顺从天命，还需要进一步的教育。

【启示】

这一爻告诉我们，因为人们还不能洞察天的运行规律，按规律办事，所以我们要对人们进一步推行德育教育。

六三：甘临，无攸利。既忧之，无咎。

象曰："甘临"，位不当也。"既忧之"，咎不长也。

【译文】

六三：用甜言蜜语去感化人民，不会有好处。如果能以此为忧而有所醒悟，将不会有什么灾祸。

象说：用甜言蜜语去感化人民，不会有好处，这是因为位置未摆正。但是若能以此为忧而有所醒悟，灾祸就不会长久了。

【启示】

这一爻说明，德育教育和讨好人民有本质的区别，我们只有洞悉它的本来含义，摆正位置，才能避免遭遇灾祸。

六四：至临，无咎。

象曰："至临，无咎"，位当也。

【译文】

六四：亲自去感化人民，没有什么灾难。

象说：亲自去感化人民，没有什么灾难，这是因为六四爻位置摆正了，也就是说君主能以身作则。

【启示】

这一爻告诉我们，以身作则是最有说服力的教育，是最深刻的教育。

六五：知临，大君之宜，吉。

象曰："大君之宜"，行中之谓也。

【译文】

六五：用智慧和人相处，这是贤明的君主最适宜的态度，这是吉利的。

象说：贤明的君主最适宜的态度，说的就是品行要中正。

【启示】

这一爻告诉我们，要运用自己的智慧和人相处。

上六：敦临，吉，无咎。

象曰："敦临之吉"，志在内也。

【译文】

上六：宽厚待人是吉利的，没有什么灾祸。

象说：宽厚待人是吉利的，是因为在内部实现了唯贤是举的意愿。

【启示】

这一爻告诉我们，待人要宽厚，不可刻薄。

【疑难解析】

“咸临，贞吉”的大意是：对人民实行德育教育，坚持下去会得到吉祥。

德育教育的推行，能使天下百姓受到感化，端正品行，从而形成良好的风气。而好的风气感染了人民，在你的周围就会涌现许许多多的正义之士，当你出现偏颇时，及时地为你纠正，而你受到这种好的风气的熏陶，也乐于接受别人的意见，这样就形成良性循环，正气越来越旺。自然遇到大环境的衰败，大家都能安守正道，积极应付。

相反，在一个不推行德育教育的国度生活的人们，连何谓正道都不知道，又哪里谈得上坚守正道呢？不能坚守正道的人们，又哪里谈得上众志成城呢？又哪里能抵御外在的变故呢？

为什么九二爻要以与之差不多的“咸临，吉，无不利”作爻辞呢？从它所处的爻位来看，它是阳爻阴位，位于下卦中位，这就表明在下的老百姓还不能顺应天命，按规律办事，还不懂得正道的具体含义，所以对人民施行德育教育没有什么不吉利的。这其实是从老百姓所处的文明水平说明要进一步推行德育教育。

“知临，大君之宜，吉”的大意是：用智慧和人相处，这是贤明的君主最适宜的态度，这是吉利的。

首先，在和人相处时，运用智慧有几种作用：一是它使你的眼睛更明亮，能识别君子和小人，能衡量一个人的能力的大小，能发现别人的优缺点，从而做到知人善任，办事果断；二是能找到镜子，照出自己的美与丑，不断完善自身，使自己不断走向完美；三是能最大限度地调动人民的积极性。

其次，君主处于至高无上的地位，他要成就自己的大业，必须要有贤明的人帮助他，必须要赢得人民的信任，否则，纵使他有通天的本领，也只能留下千古遗恨。

用智慧和人相处，这是贤明的君主最适宜的态度。

【事例一】

临卦暗示我们，治国需要推行德育教育，经营企业需要打造企业精神。本田从一开初就打造企业精神，以至于它的高层管理人员都有合作精神、敬业精神和创新精神，在关键问题上都能以大局为重，从而最大限度地发挥了员工的潜能。

本田公司刚刚成立的时候，只是一家小企业。本田的开创人认为，一个企业要腾飞，必须要有企业精神，形成核心竞争力。

本田于1960年成立了株式会社本田技术研究所，其目的就是为了拓展核心竞争力。一方面，研究所致力于研究开发，不断开发出新技术，使公司的技术水平不断提高；另一方面，研究所还为公司培养接班人，本田的历任社长都是研究所培养出来的。

研究所培养出来的本田接班人都受到了本田公司的企业精神的熏陶，他们具备出色的企业家所必需的事业心和前瞻性眼光，更难能可贵的是，他们明辨是非，不但不以自己的喜好为决策的主要因素，而且以大局为重，放下架子，请能人为本田的发展作贡献。1969 年，日本政府为了控制空气污染，提高了汽车尾气排放标准。本田技术研究所年轻的工程师久米是志提出的用水冷发动机代替空冷发动机的想法虽然很适用，但是由于当时水冷技术还不成熟，遭到了社长本田宗一郎的反对。久米是志为了表示自己的反抗，罢工一个月，躲入一家修道院。最后社长本田宗一郎为了公司的长远发展，放弃了自己的观点，亲自跑到修道院，向久米是志表示歉意，把久米是志请了回来。后来水冷技术成了主流技术，极大地促进了本田公司的发展。

本田的几代领导人，不但自己的修养极高，而且还以自己的德行感化员工，结果本田的上下都为了相同的目标不懈努力，让本田有了今天的发展和成就。

【事例二】

“知临，大君之宜，吉”告诉我们，要用自己的智慧和别人相处。萧衍深知这个道理，所以能看清形势，不受错误意见的干扰，并当机立断采取行动，建立了梁朝。

萧衍是南朝梁的开国皇帝。他是南兰陵（今江苏常州市西北）人。南朝齐隆昌元年（494），萧衍被任为宁朔将军，镇守寿春（今安徽寿县）。建武二年（495），因抗击北魏军有功，又被任命为右军晋安王司马、淮陵太守，后又为太子中庶子，领羽林监。建武四年（497），北魏军南伐雍州，萧衍受命领兵赴援，进至襄阳（今湖北襄樊）。同年七月，被授予持节，都督雍、梁、南秦、北秦四州及郢州竟陵司随郡诸军事，又兼任辅国将军、雍州刺史，镇守襄阳。

这时，齐明帝萧鸾病死，其子萧宝卷即位。萧宝卷昏庸无能，终日享乐，朝中大事均由始安王萧遥光、尚书令徐孝嗣等人处理。萧遥光等六人号称“六贵”，此六人不以国事为重，整日明争暗斗，互相倾轧，朝中政治极度黑暗腐败。萧衍在襄阳得知朝中的情况，对亲戚张弘策说：“政出多门，是国家大乱的开始。《诗经》中说‘一国三公，吾谁适从?’如今国家有六贵，这怎么了得！我料到他们六贵矛盾一定会激化到大动干戈的地步，而襄阳远离国都，正是避祸的好地方。可是我的弟弟们都在都城，我恐怕他们会遭到祸患。我要和我哥哥商议一下。”

不久，他的哥哥萧懿由益州刺史调到了郢州任职。萧衍便派张弘策到达郢州，给萧懿送去一封信。信中说：如今六贵争权，君臣之间猜忌到一定程度，必将大诛大杀，一旦混乱开始，朝野将土崩瓦解。我们有幸远离京师，领兵外镇，可以保全自身，图谋大计。所以我们应乘朝廷还没有猜疑时，将诸弟召集在一起。否则，一旦朝中对我们猜疑，诸弟们将在京师投足无路。如今，兄在郢州，控制荆湘，弟在雍州，兵马数万。在此政昏朝乱之际，正好以此为据，以图大事，如果错失良机，悔之晚矣。

萧懿见信，脸色大变。他不同意萧衍这样做，因为万一不成会招来灭门大祸。萧衍见哥哥不从，便独自将弟弟萧伟、萧憺迎至襄阳，秘密制造武器，招兵买马，并在襄阳大伐竹木，沉于檀溪之中，以备将来之用。

萧懿拒绝了萧衍的邀请，不久便入朝做了太子右卫率、尚书吏部郎、卫尉卿。永元二年（500），裴叔业、崖慧景集聚众人发动兵变，萧懿带兵平定了叛乱，为朝廷立了大功。可是他不但没有受到奖赏，反而受到猜忌，于当年冬天被杀。

萧懿被杀，既证明了萧衍预见的准确，也为萧衍起兵提供了机会。萧衍及时抓住这个机会，在与亲信密谋后，召集部众，誓师起兵。

誓师之后，萧衍令人把竹木从檀溪中打捞出来，做成战舰千艘。又召集士兵万余人，起兵讨伐萧宝卷。在杀掉萧宝卷后，萧衍立了傀儡皇帝萧宝融。一年之后，他废掉傀儡皇帝，自己亲登帝位，建立梁朝。

观卦第二十

观：盥而不荐，有孚颙若。

彖曰：大观在上，顺而巽，中正以观天下。观，盥而不荐，有孚颙若，下观而化也。观天之神道，而四时不忒。圣人以神道设教，而天下服矣。

象曰：风行地上，观。先王以省方，观民设教。

【译文】

观卦：祭祀前先把手洗净，在洗完手还未把祭品奉上时，人们怀着诚信之心仰望着他。

彖说：伟大的观卦在上面，它的卦象为坤在下、巽在上，这表明阴柔而顺从。安守正道才能体察民情，因此把它叫作观卦。“祭祀前先把手洗净，在洗完手还未把祭品奉上时，人们怀着诚信之心仰望着他”，这说明人们通过观看祭礼受到良好的教育和感化。观察天的神奇的变化规律，就会悟出四季交替的规律。圣人就是遵循天的运行规律，推行教育来感化人民的。人民大众都愿意服从。

象说：观卦的卦象是坤在下、巽在上，坤为地、巽为风，有风吹动大地万物，所以把它叫作观卦。先王看到此卦象，巡游天下，体察民情，推行教化。

【启示】

作为领导，不但要注意自己的德行，而且还要注意体察民情。

初六：童观，小人无咎，君子吝。

象曰：初六“童观”，小人道也。

【译文】

初六：用幼稚的眼光观察，对一般的百姓来说，没有什么灾难，但对君子来说，就会犯错误。

象说：观卦的初六爻辞讲，用幼稚的眼光观察，这是一般的老百姓所信仰的道义。

【启示】

这一爻告诉我们，如果要成大业，则必须高瞻远瞩。

六二：窥观，利女贞。

象曰："窥观女贞"，亦可丑也。

【译文】

六二：从门缝里看人，有利于女人去占卜。

象说：从门缝里看女人，即使没越轨，也是可耻的。

【启示】

这一爻告诉我们，观察不可褊狭。

六三：观我生，进退。

象曰："观我生，进退"，未失道也。

【译文】

六三：观察自己的行为，从而决定是进还是退。

象说：观察自己的行为，从而决定是进还是退，这样做才不违背正道。

【启示】

这一爻告诉我们，在谋大事前，要对自己做出正确的评价，才决定做还是不做。

六四：观国之光，利用宾于王。

象曰："观国之光"，尚宾也。

【译文】

六四：对于观看国家的风俗民情的人，用对待贵宾的礼节来招待他是有利的。

象说：对于观看国家的风俗民情的人，用对待贵宾的礼节来招待他，这是因为人民尊敬对治国有帮助的人。

【启示】

这一爻告诉我们，为了更好地体察民情，应礼贤下士。

九五：观我生，君子无咎。

象曰："观我生"，观民也。

【译文】

九五：善于观察自己的行为，君子就不会犯大的错误。

象说：善于观察自己的行为，就是体察民情。

【启示】

这一爻告诉我们，要体察民情，就是要看自己行为的得与失。

上九：观其生，君子无咎。

象曰："观其生"，志未平也。

【译文】

上九：观察别人的行为，君子就不会遭遇灾祸。

象说：观察别人的行为，是因为没有辨清形势，没有办法做出正确的决定。

【启示】

这一爻告诉我们，要观察别人的行为。

【疑难解析】

"童观，小人无咎，君子吝"的大意是：用幼稚的眼光观察，对一般的百姓来说，没有什么灾难，但对君子来说，就会犯错误。这是为什么呢？

这里的幼稚的眼光指的是目光短浅，容易被眼前的假象所迷惑，不能高瞻远瞩，不能透过错综复杂的现象去看本质，找出事物的固有的变化规律，做出正确的决策。而君子是人民的领路人，他如果用幼稚的眼光看问题，势必会把人民往错误的道路上引。再说，他是人民所尊敬的人，他的周围的人往往认为自己的智慧不如他，不敢轻易指出他的错误。

相反，一般的老百姓处于最低层，一方面，有君子在为他带路；另一方面，由于他的地位低下，任何人都敢于为他指出错误，他也不会因此感到耻辱。

“观国之光，利用宾于王”的大意是：对于观看国家的风俗民情的人，用对待贵宾的礼节来招待他是有利的。

这里的观看国家的风俗民情的人指的是关心国家大事的有能耐的人，他们以国家的兴衰为自己的荣辱。对于这样的人，君王当然要用贵宾的礼节来对待他。一是他们能对君王的政绩做出中肯的评价，并从中总结出经验教训，为君王更是为民做出正确的战略性决策；二是他能对大家生存的大环境做出正确的估量；三是他们懂得节的真正含义，能在大难当头挺胸而出。

俗话说，知己知彼，百战不殆。而这些贤士就是让君王成为知己知彼的人，君王岂能不以礼待之？更何况他们还践行“滴水之恩，以涌泉相报”。

【事例】

观卦告诉我们，要成大业，必须要有睿智的眼光。当常人沉浸在现状中沾沾自喜时，朱元璋看到了更远的前方——光辉的未来，并积极行动，终成大业。

元朝至正十二年（1352）九月，农民起义军红巾军所在的濠州被元军包围已七个月之久，形势危急。

这段时间里，朱元璋曾奉命攻打灵璧、萧县和虹县，试图分散元军的注意力，但效果一直不好。正当元军即将对濠州发动总攻之时，元军主帅突然病死，士兵们失去主帅，无心恋战，纷纷逃散。濠州被围遂解。

郭子兴的军队趁机得到喘息，就在濠州城内饮酒高歌，庆祝胜利。朱元璋是个志向远大之人，他在军中待的时间长了，对各种事情看得越来越透彻，渐渐觉得这帮人治军无方，驭下无道，成不了什么大气候。他还深深地认识到，在这群雄割据、形势混乱的局面下，不发展自己的军队，不招揽英豪为己所用，很难有出头之日。

至正十三年六月，朱元璋禀明郭子兴，欲回故乡钟离招募士兵，郭子兴同意了。

不到 10 天，朱元璋就募集了 700 人。他将队伍带到濠州，交给郭子兴，郭子兴非常高兴，提升他为镇抚，并把这 700 人交给他统领。不久，又升他为总管。

至正十三年年底，朱元璋把自己统率的 700 人交给别人，只带着徐达、汤和、吴良等 24 人离开了濠州，前往定远发展自己的势力。

这次出行不顺利，还没有开始，朱元璋就患了重病，只得返回濠州治病。过了半个月，才有所好转。这时，他听说张家堡驴牌寨屯居着一支 3000 人的民兵，主帅与郭子兴相识，现在正断了粮，处境艰难。机不可失，时不再来，朱元璋觉得这是扩充势力的好机会，他不顾大病初愈，找到郭子兴，请求派自己前去招降。

郭子兴问："带多少人？"

朱元璋说："人多易生疑，带 10 人就可以了。"

郭子兴也不勉强，便派给他 10 个人。

朱元璋带病走了六天，才到达张家堡。主帅与他一见面，朱元璋便对他说："郭公与你是老相识，他听说你们缺粮，又得到消息说有别的军队要来攻打你们，特地派我来通报。如果你们愿意跟随郭公，就与我一起回去。不愿意，也要赶快移到别处，以避来犯之敌。"

主帅想了半天也没有想出好办法，他见朱元璋说得真诚，就与他交换了信物，答应收拾好行装，就到濠州归附。朱元璋见主帅如此，便将费聚留下等候，自己先回濠州，报告了郭子兴。郭子兴大为高兴，夸奖朱元璋办事得力。

不料过了三天，费聚来报，说事情有变，驴牌寨主帅想把队伍拉到别的地方去。朱元璋立即带着300名士兵赶去，费尽唇舌，劝主帅归附郭子兴。但主帅仍是犹豫不决，朱元璋便定下一计，让人请主帅议事，趁机将他挟持而去。离开营寨十余里后，又派人到寨中传话，说主帅已经选好了新的营地，让部众移营。

部众信以为真，便烧了营寨跟去。主帅见大势已去，无可奈何，只得投靠于他。

紧接着，朱元璋又带兵去豁鼻山，招降了以秦把头为首占山为王的草寇800余人。

朱元璋对收编来的队伍进行了集中训练，在较短时间内，使他们的战斗力有了明显的提高。不久，他率领这支部队攻克了屯居横涧山的缪大亨武装，缪大亨投降。

这样不到半年，朱元璋的部队就发展到了十几万人，势力逐步壮大，为日后统一全国打下了坚实的军事基础。

噬嗑卦第二十一

噬嗑：亨。利用狱。

彖曰：颐中有物，曰噬嗑。噬嗑而亨。刚柔分，动而明，雷电合而章。柔得中而上行，虽不当位，“利用狱”也。

象曰：雷电，噬嗑。先王以明罚敕法。

【译文】

噬嗑卦：尽力排除阻碍达到亨通，有利于去打官司。

彖说：口中有东西在咀嚼，因此把它叫作噬嗑卦。噬嗑卦的卦辞说，尽力排除阻碍达到亨通。是因为上卦和下卦刚柔相济，交相运动而导致道路亨通，这好比雷电相交发出耀眼的光芒。六五爻是阴爻居中位得中正之道，并能奋发向上，虽然其位置未摆正，但刚柔相济，所以说“有利于去打官司”。

象说：噬嗑卦的卦象是震居下、离居上，震为雷、离为电，此卦象为雷电相交之象，所以把它叫作噬嗑卦。雷具有十分大的威慑力，电能放出光明，先王看到这一现象，应明其刑法以严明政治，正其法令。

【启示】

这一卦告诉我们，因为刑法的最终目的是为了帮助人们改正错误，所以刑法不能过于严厉，执法的人要公正严明。

初九：屦校灭趾，无咎。

象曰："屦校灭趾"，不行也。

【译文】

初九：足戴脚镣，会伤害脚趾，但没有大的灾祸。

象说：足戴脚镣，会伤害脚趾，但没有大的灾祸，这好比纠正小错误，稍加惩罚，使其不酿成大错。

【启示】

这一爻告诉我们，对犯错误的人适当处以刑罚，可以防止再犯或者避免酿成大错。

六二：噬肤灭鼻，无咎。

象曰："噬肤灭鼻"，乘刚也。

【译文】

六二：吃了嫩肉，鼻子被伤害了，没有什么灾祸。

象说：吃了嫩肉，鼻子被伤害了，这是因为阴柔凌驾于阳刚之上。

【启示】

这一爻进一步强调要对犯错误的人加以适当的刑罚。

六三：噬腊肉，遇毒。小吝，无咎。

象曰："遇毒"，位不当也。

【译文】

六三：吃腊肉，中了毒。这是小灾难，没有大的灾祸。

象说：中毒，这是因为位置没有摆正。

【启示】

这一爻告诉我们，在对违反了法律制度的人加以处罚时，可能会遇到周折，但最终的结果是好的。

九四：噬干胏，得金矢。利艰贞，吉。

象曰："利艰贞，吉"，未光也。

【译文】

九四：吃带骨头的干肉，遇到了金属箭头。应该在艰难困苦中坚持下去，它的最终结果是吉利的。

象传说：宜于在艰难中坚持下去，它的最终结果是吉利的，这表明目前虽处于艰难之中，但只要艰苦奋斗，未来是光明的。

【启示】

这一爻是说在断案时，如遇到的困难较大，只要你能迎难而上，经过艰苦奋斗，将会逢凶化吉。

六五：噬干肉，得黄金。贞厉，无咎。

象曰："贞厉，无咎"，得当也。

【译文】

六五：咀嚼干肉，得到了许多黄金。贞固不变将遇到危险，但最终没有灾祸。

象说：固守不变将遇到危险，但最终没有灾祸，这是因为六五阴爻居上卦中位，位置摆正了。

【启示】

这一爻进一步强调，在判案时，只要坚守正道，不畏艰险，就没有什么灾祸。

上九：何校灭耳，凶。

象曰："何校灭耳"，聪不明也。

【译文】

上九：戴着枷锁伤害了耳朵，凶险。

象说：戴着枷锁伤害了耳朵，这是因为这人不听忠言，酿成大错，所以面临凶险。

【启示】

这一爻告诉我们，如果刑法不当，不但不能杜绝再犯同样的错误，反而会酿成大错，给大家带来灾难。

【疑难解析】

"屦校灭趾，无咎"的大意是：足戴脚镣，会伤害脚趾，但没有大的灾祸。这是为什么呢?

首先，它是噬嗑卦的初九爻，我们从卦画上看，初九是阳爻阳位，这表明施加的刑罚与罪行是相当的。

其次，对犯错误的人加以适当刑罚有三个作用：一是起到杀鸡儆猴的作用。因为其他的人知道他受处罚的原委后，就明白哪些事该做，哪些事不该做，从而不敢做违规的事。二是使犯错误的人不会犯同样的错误。三是使犯错误的人不会一错再错，最终酿成大错。

所以说，对违法的人施加适当的刑罚是不会招致大的灾祸的。

“噬腊肉，遇毒。小吝，无咎”的大意是：吃腊肉，中了毒。这是小灾难，没有大的灾祸。这就好比对犯法的人加以处罚，遇到了周折，但最终不会有大的灾难。为什么遇到了周折，但最终不会招致大的灾难呢?

首先，“噬腊肉，遇毒。小吝，无咎”是六三爻的爻辞，六三为阴居阳位，这就表明，之所以遇到周折，只是因为处理的方法不当。

其次，对于由于不当的方法而遇到周折，我们都有相应的方法改正。现在，我们可列举主要的几种不当方法及纠正措施：

一是受罚的人认为自己罪不致罚，因此不服气。这就需要执法的人“晓之以理，动之以情”，一针见血地指出他的犯罪事实，并向他说明后果的严重性。

二是有小人作梗，挑拨受罚者和执法者的关系，使受罚者对执法者产生敌视的态度。此时，执法者应查清原因，运用自己的聪明智慧，让真相呈现在受罚者的眼前。

三是大家都不理解制度的真实含义，因此都认为处罚不当。此时，处罚者不能硬对硬，应想方设法让民众理解制度的含义。如首先让一些理解能力比较好的并在民众中有威望的人理解它的真实含义，然后让他们去说服民众。

四是法律制度确实过严。作为执法者首先应执法公正，另外，向上级请命，看有没有回旋的余地，如没有，也要设法说服被罚者。并在这以后依照法律程序对其进行修改。

所以说，只要你在执法时，能坚守正道，就能得到吉祥。

【事例】

刑罚的真正目的是为了政治清明，如忘记此目的，就会产生相反的效果。把它与企业的产品取向联系起来，如果忽略了你的真正目的是满足消费者的需要，就会造成损失；如处理得当，就会带来效益。

在20世纪80年代初期，美国制鞋企业高浦勒斯公司在经营上遇到很大的困难，此时，弗兰西斯担任总经理。

弗兰西斯认为，企业家生产产品是为了满足消费者的需要，在市场经济的初级阶段，消费者需要的是物美价廉的产品，到了现在，经济已经十分发达，百姓生活富足，人们买鞋不再仅仅是为了御寒防潮，更多的是为了满足自己的情感需要。所以，产品必须富有个性，才能满足消费者的需要。

弗兰西斯为此要求设计人员以“销售感情胜于销售鞋子”为宗旨，充分发挥每个人的想象力，设计出多种多样、富有个性的鞋。

在这一崭新的管理理念下，该公司在市场上推出了“男性情感”“女性情感”“优雅感”“野性感”“沉稳感”“轻盈感”“年轻感”等各种主题的鞋子。弗兰西斯还为这些类型的鞋子取上稀奇古怪的名字，如“袋鼠”“笑”“泪”“爱情”“摇摆舞”等，令人回味无穷。赋予鞋这种商品特殊的感情是企业管理的独具魅力之处。这种独具特色与个性的鞋一出现，便在不同的消费群体中引起强烈的心理呼应。并且在广告中通过怀旧、乡愁、童趣等情感诉求方式来增加人们对商品的情感投入，获得良好的感情交流。在包装上印有精美图案，吸引消费者的注意，引起人们各种情感的涌动。

由于高浦勒斯公司生产的鞋子满足了消费者的各种情感的需要，许多人都愿意购买。于是，他的这一举措为公司带来了丰厚的利润。

贲卦第二十二

贲：亨。小利有攸往。

彖曰：贲，亨。柔来而文刚，故亨。分刚上而文柔，故“小利有攸往”，刚柔交错，天文也。文明以止，人文也。观乎天文，以察时变，观乎人文，以化成天下。

象曰：山下有火，贲。君子以明庶政，无敢折狱。

【译文】

贲卦：亨通。有所行动将得小利。

彖说：贲卦，亨通。这是因为用阴柔来装饰阳刚，阴阳交错，因此亨通。刚柔相交，刚居于主导地位，柔居于次要地位，所以说“有所行动将得小利”。这阴阳交错、刚柔相济之美，正是大自然规律的具体表现。社会制度、风俗民情是社会人文现象。观察大自然的现象，可以发现四季、昼夜变化的规律；观察社会人文现象，可以教化天下百姓，建立一个人人满意的理想社会。

象说：贲卦的卦象是离在下、艮在上，离为火、艮为山，这表明山下有火焰。山下的火焰给山上草木染上了红色，就好像披上了彩衣，所以把它叫作贲卦。君子看到此卦象，应尽力使政务清明，处理案件不敢马虎。

【启示】

这一卦暗示我们，作为一个领导，注重小的礼节，固然是能得小利，但不能过于强调表面的东西，因为只有从里到外地修饰自己，多为老百姓办实事，老百姓才会拥护你。

初九：贲其趾，舍车而徒。

象曰："舍车而徒"，义弗乘也。

【译文】

初九：把自己的脚装饰得漂漂亮亮，舍弃车子徒步而行。

象说：把自己的脚装饰得漂漂亮亮，舍弃车子徒步而行，这在一般的道义上讲不通。

【启示】

这一爻告诉我们，作为一个领导，不要过于注重小的礼节。

六二：贲其须。

象曰："贲其须"，与上兴也。

【译文】

六二：把自己的胡须修饰得漂漂亮亮。

象说：把自己的胡须修饰得漂漂亮亮，这是为了迎合上面的意思。

【启示】

这一爻告诉我们，刻意迎合上司的做法也是不可取的。

九三：贲如濡如。永贞吉。

象曰："永贞之吉"，终莫之陵也。

【译文】

九三：装饰得光泽柔润。永远保持下去会得到吉祥。

象说：永远保持下去会得到吉祥，是因为永久坚持正道，坏的东西不能侵凌自己。

【启示】

这一爻告诉我们，我们要从里到外装饰自己。

六四：贲如皤如。白马翰如。匪寇婚媾。

象曰：六四，当位疑也。“匪寇婚媾”，终无尤也。

【译文】

六四：迎亲的队伍装饰得光洁皎皎，雪白的骏马向前飞奔着。不是来抢劫，而是来娶亲的。

象说：六四爻虽位置摆正，但心存疑虑。后得知不是来抢劫，而是来娶亲的。说明疑虑完全解除，所以最后将没有祸患。

【启示】

这一爻告诉我们，一个人去请对自己的事业有帮助的贤人，不但需要适当的礼仪，而且还要用诚心感化对方。

六五：贲于丘园，束帛戋戋。吝，终吉。

象曰：六五之吉，有喜也。

【译文】

六五：装饰山丘园林，献上很少的布帛作聘礼迎亲。看起来显得寒酸，但最后将获吉祥。

象说：贲卦的第五爻位（六五）的吉祥，说明必有喜事临门。

【启示】

这一爻告诉我们，只要有诚心，谦恭待人，即使用很少的布帛作为聘礼去聘用贤人，最终也会得到吉利的预兆。

上九：白贲，无咎。

象曰："白贲，无咎"，上得志也。

【译文】

上九：不加装饰，只用素色的布帛，没有灾祸。

象说：不加装饰，只用素色的布帛，没有灾祸，这是因为在上的志向得到推行。

【启示】

这一爻进一步强调实质的重要性。

【疑难解析】

“贲其趾，舍车而徒”的大意是：把自己的脚装饰得漂漂亮亮，舍弃车子徒步而行。他为什么有车而不坐呢？很明显，如果他坐车子，他的漂亮的脚就不会被人们看到，人们也无法看见他艰难跋涉的样子。这就好比一个人为了表现自己的卓越才能和自己一心为民的高贵品质，注重小的礼节，表面上似乎是值得称颂的，实际上，他的这种为了取悦老百姓，刻意追求名誉的做法，往往耽搁了大事，是不可取的。

干大事，不拘小节，是亘古不变的真理。因为干大事的人的真正任务是带领老百姓过上幸福的生活，这需要从全局出发，从总体上权衡利弊。虽说，也许他因注重小的礼节而感动部分老百姓，提高部分老百姓的斗志，但毕竟力量太有限了。最糟糕的是，由于他注重小的礼节，往往浪费了时间，耽搁了为大家做出正确的决策的时间，耽搁了整顿他所带的团体的时间，让机遇从他身边溜走，让恶势力在他所带的团体中滋长，导致他所带的团体处于混乱之中，其力量相互抵消，结果劳而无功，给老百姓带来灾难。当然，更谈不上什么成就大业了。

“贲于丘园，束帛戋戋。吝，终吉”的大意是：装饰山丘园林，献上很少的布帛作聘礼迎亲。看起来显得寒酸，但最后将获吉祥。这就好比一个人处于力量不足时，他非常有诚心，礼数十分周到，用很少的钱财去聘用贤人。一般说来，重赏之下必有勇夫，他用很少的礼品去聘用贤人，贤人会愿意跟从他吗？会获得吉利吗？

如果把有才能的人分等级，勇夫是次于那些不看中钱财的贤人的。勇夫的信条是：有奶便是娘。自然谁给的钱多就跟谁。而贤人的眼光比勇夫更长远。他认为，一个人品质败坏，心不诚，就如狗一样，是扶不上树的。虽说，刚开始他会因不了解请他的人而拒绝他，但最终他会因请他的人心诚、礼贤下士而跟从他。

再说，他们的信条是“士为知己者死”，日后会不遗余力地为赏识他的人效命，更不会为了蝇头小利离开他的领导，或做损人利己的事。

不难看出，在自己力量不足时，要用诚心去打动贤人。

【事例】

“白贲，无咎”暗示我们，管理层的声势宏伟并不意味着管理严密，相反，它往往会成为企业的累赘。通用公司的领导就深知这个道理。公司裁减了多余的管理人员，提高了办事的效率，为通用公司再一次腾飞奠定了基础。

现在，通用电气已遍布世界的各个角落，通用电气公司成了成功的代名词。20 世纪 80 年代，发动变革、裁撤冗员、业务重组这些策略使通用电气的面貌大为改观，但过多的管理层带来了过多的控制，从而限制了公司管理者，降低了他们的决策效率，阻碍他们跟上日新月异的经营环境的变化步伐。韦尔奇针对这种情况，对通用进行进一步的改革，为通用的再一次腾飞奠定了基础。

通用电气的管理结构显得异常臃肿，几乎公司的每一个人都或多或少有个头衔：大约有 25000 位经理；500 位高级经理；130 位副总裁以上职位的人员。这些经理们的主要工作就是监督其下一级经理的工作行为。各种公司文件在他们之间层层上报又层层下达，韦尔奇认为这些不必要的工作只能大大降低决策效率。经理们会因为过度忙于阅读这些文件，不能在问题出现的第一时间有所觉察。“减少层次”这一策略计划实施的最基本功能是：塑造韦尔奇极力倡导的雷厉风行的企业实干精神。

在 80 年代，通用电气的事业部主管按规定必须向资深副总裁汇报工作，资深副总裁按规定向执行副总裁汇报，而所有这些资深副总裁和执行副总裁又各自拥有自己的下属员工和职责范围。韦尔奇废除了这些繁文缛节，要求业务主管们直接对韦尔奇和他的两位副董事长负责并汇报工作。

通过废除横亘于 CEO 和各事业部主管们之间的管理层次，韦尔奇可以直接与其业务主管们交流，可以在第一时间发现问题及潜在的商机，从而尽快地做出正确的决策。

剥卦第二十三

剥：不利有攸往。

彖曰：剥，剥也。柔变刚也。“不利有攸往”，小人长也。顺而止之，观象也。君子尚消息盈虚，天行也。

象曰：山附于地，剥。上以厚下安宅。

【译文】

剥卦：不利于有所行动。

彖说：剥就是剥落的意思，即阴柔逐渐变盛，进而取代阳刚。“不利于有所行动”，是因为小人正当道，而君子的势力在逐渐削弱。看到这个卦象，应当顺应天时逐渐削弱小人的势力。所以，君子应当推崇这个盈亏消长的规律，因为这顺应了天的运行规律。

象说：剥卦的卦象是坤在下、艮在上，坤为地、艮为山，这好像高山遭到侵蚀被逐渐削为平地，因此把它叫作剥卦。上层统治者应当宽厚待民，使国家安定，人民生活富足。

【启示】

这一卦告诉我们，领导者要从根本上维护人民的利益，应抑制小人的势力，以防其残害忠良，扰乱政治。

初六：剥床以足。蔑贞凶。

象曰："剥床以足"，以灭下也。

【译文】

初六：脱落是从床脚开始的，不要去占卜，都知道这是凶兆。

象说：脱落是从床脚开始的，这表明其根基被毁了。

【启示】

这一爻告诉我们，损害了人民大众的利益，肯定会遭遇凶险。

六二：剥床以辨，蔑贞凶。

象曰："剥床以辨"，未有与也。

【译文】

六二：脱落是从床脚的上面部分脱落的，不要去占卜，都知道这是凶兆。

象说：脱落是从床脚的上面部分脱落的，说明没有人来帮助他。

【启示】

这一爻告诉我们，如那些上传下达的中层次的人已腐败，那么他们将担负不起自己的责任，最高层的领导将因为没有别人的帮助而垮台。

六三：剥之，无咎。

象曰："剥之无咎"，失上下也。

【译文】

六三：虽然整个床脚脱落了，但不会有灾祸。

《象传》说：虽然整个床脚脱落了，但不会有灾祸，这是因为床没了床脚，已经不存在上下之分了。

【启示】

这一爻告诉我们，在你和百姓不能进行正常的沟通时，就应放下架子，深入民众，和百姓打成一片。

六四：剥床以肤，凶。

象曰："剥床以肤"，切近灾也。

【译文】

六四：床板剥落了，危害到了肌肤，将会得到凶险的预兆。

象说：床板剥落了，危害到了肌肤，是说祸事很快就要来临了。

【启示】

这一爻告诉我们，如果你的亲信也不能担负其重大的责任，甚至成了反叛你的主流，这是危险的。

六五：贯鱼以宫人宠，无不利。

象曰："以宫人宠"，终无尤也。

【译文】

六五：宫妃们像贯穿的鱼一样，逐一得到君王的宠幸，没有什么不利。

象说：宫妃们像贯穿的鱼一样，逐一得到君王的宠幸，当然不会有什么过失。

【启示】

这一爻告诉我们，对自己的亲信应逐一地重用。

上九：硕果不食。君子得舆，小人剥庐。

象曰："君子得舆"，民所载也。"小人剥庐"，终不可用也。

【译文】

上九：不吃硕大的果实，君子获得了华丽的车子，小民的破草屋被毁坏了。

《象传》说：君子获得了华丽的车子，这实质上是老百姓所负担的。

小民的破烂草屋都被毁坏了，该现象表明这种对民的方式不可用。

【启示】

这一爻告诉我们，在危急中，过度进行财物积聚是不可取的。

【疑难解析】

“剥，无咎”的大意是：虽然整个床脚脱落了，但不会有灾祸。这不与“剥床以足。蔑贞凶”相矛盾吗？

床脚剥落了，你跟大地的距离非常近了。这就好比在上的领导已解除中下层的腐败管理层，只留下忠实可靠且非常能干的高层管理者。这样做使企业的管理层扁平化，领导的命令经过非常少的渠道就能到达老百姓的耳朵，老百姓的心声也不需费什么周折就能到达领导的耳朵。

再说，这样做有两大好处：一是赢得了老百姓的信任，得到了老百姓的支持；二是老百姓又能发挥他的监督作用，使整个管理层的行为不出错。

而“剥床以足。蔑贞凶”是从床脚开始腐蚀的，是损害了老百姓的利益，失去了群众的支持。所以说，它们并不矛盾。

那为什么又说“剥床以肤，凶”呢？“剥床以肤，凶”的大意是：床板剥落了，危害到了肌肤，将会得到凶险的预兆。

这就好比在领导者周围的亲信被腐蚀了，他欺上瞒下，直接破坏了领导者和人民大众的关系，危害了大家的利益。

连自己最信任的亲信都会被腐蚀，都不可相信，是不是事事都得领导亲自去办？显然不行。因为这样，领导要干的事就太多了，必定会顾此失彼，会造成更大的混乱。该怎么办呢？“贯鱼以宫人宠，无不利”就告诉我们解决这一矛盾的办法。

“贯鱼以宫人宠，无不利”的大意是：宫妃们像贯穿的鱼一样，逐一得到君王的宠幸，没有什么不利。这就暗示我们，要逐一地重用贤人。因为逐一地重用贤人，有百利而无一害：

一是逐一地重用贤人，就能对贤人们进行有效分工，让他们各施其能，各负其责。这样一方面避免他们因权责不清而做事草率，另一方面可避免矛盾在他们中间产生，导致不团结。

二是在逐一地重用贤人前，你一定对他们的功与过进行了逐一的评价，这样就使你更加了解你的下属，更能做到知人善任。

三是面面俱到，让所有的亲信都感到自己得到了明智的领导的重用，从而为自己的领导努力工作。

四是可吸引其他的贤人。谁不愿意投靠英明的领导！

【事例】

剥卦暗示我们，要维护事业的根基。弗兰克·康塞汀领导的罐头公司能成为世界上的第三大罐头公司的主要原因，是他维护了企业的根基——员工对工作的自豪感。

现代管理大师普遍认为，员工是帮老板实现梦想的最强有力的工具。

弗兰克·康塞汀——美国国家罐头食品有限公司的总裁，他就深知这个道理，从而使这家公司成为世界上第三大罐头食品公司。

他的信条是："多跟员工进行交流，多给他们地位、被认可感和满足感……让他们在一个温馨的环境中工作，让他们以企业的兴衰为自己的荣辱。"由于有这个信条，这家公司从来不担心招聘不到好员工。当他们在俄克拉荷马城的分厂需要 100 个工作职位时，在招聘广告发布后，竟然收到了 2000 份申请。也难怪，这个新工厂充满了家庭气息，不时有野餐活动，工作中还播放着抒情的音乐。作为一位员工，还有什么比这更快乐的呢?

在亚利桑那的费尼克斯的工厂成绩卓著。公司为了进一步激起员工的自豪感，就搭起了一个露天马戏场让员工们工作之余有娱乐场所。在马戏场建起的那一天，94 名工人的日产量达到了 100 万个罐头的目标。

那一天，马戏场成了欢乐的大本营。而3年以后，工人们将日产量提高到了200万个罐头。

公司还建立了心脏保健计划。有600多名受过训练的员工将负责心脏病紧急救护。他们已经成功地挽救了一些工友的宝贵生命。

康塞汀为了能让员工在心理上获得满足，把管理人员找来，跟他们讲："管理人员的工作就是把员工们放在合适的岗位上。如果你把适当的人安排在适当的岗位上，他们就会得到心理上的满足，这种满足是他们在他们所不能胜任的更高一点的职位上所得不到的。"

有的管理人员说："我们的工作太忙了，也没有太多的时间考虑他们的想法。"

"错了，我们对员工的关注花费并不大，而利益却在员工的忠诚和高度信心下自然而然地增长，你们的任务之一就是把人性的优点运用到同员工打交道的日常事务中去。"

康塞汀常常说："我们公司也许不会成为同行业中最大的一家公司，但是只要我们诚心地对待职员，就能最大限度地激起员工对工作的自豪感，为公司创造相当多的财富。"

美国国家罐头食品有限公司无疑为员工们创造了一个温馨的工作环境，并使公司不断地壮大。

复卦第二十四

复：亨。出入无疾。朋来无咎。反复其道，七日来复。利有攸往。

彖曰：复，亨，刚反。动而以顺行，是以“出入无疾，朋来无咎”。“反复其道，七日来复”，天行也。“利有攸往”，刚长也。复其见天地之心乎！

象曰：雷在地中，复。先王以至日闭关，商旅不行，后不省方。

【译文】

复卦：亨通。无论是外出还是居家都不会得小病。朋友来了便可免灾。返回到原来的路上，经过七天就可回归。这是天的运行规则，有所前往是有利的。

彖说：复有亨通的意思，是由于阳气重新上升。阳刚之气从下往上的活动并能够顺应天时，因此“无论是外出还是居家都不会得小病。朋友来了便可免灾”。“返回到原来的路上，经过七天就可回归”，这是天的运行规律。“有所前往是有利的”，是因为阳刚逐渐变强。复卦说明天地运行的规则。

象说：复卦的卦象是震在下、坤在上，震为雷、坤为地，这表明雷在地中进行周而复始的活动，所以把它叫作复卦。先王在阳气初生的冬至这一天关闭关口，禁止商贾旅客通行，君王自己也不外出巡行。

【启示】

这一卦暗示我们，犯错误是难免的，如果迷途知返，则可以免灾。

初九：不远复，无祇悔，元吉。
象曰：“不远之复”，以修身也。

【译文】

初九：没走多远就返回，不致后悔，这是十分吉利的。
《象传》说：没走多远就返回，说明能注意修身养性。

【启示】

这一爻告诉我们，知错就改有助于你成就大业。一个人不能成就大业的主要原因往往不是他天生弱智，而是他生性固执，不能接受别人的建议，不能迷途知返。

六二：休复，吉。

象曰："休复之吉"，以下仁也。

【译文】

六二：返回来休息，这是吉利的。

象说：返回来休息之所以吉利，是因为能居于仁德的人之下。

【启示】

这一爻告诉我们，让能者居上是明智之举。

六三：频复，厉，无咎。

象曰："频复之厉"，义无咎也。

【译文】

六三：皱着眉头回来，开始比较艰辛，但不会遭遇灾祸。

象说：皱着眉头回来，开始比较艰辛，但不会遭遇灾祸，这是符合当时的道义的，不会有什么灾祸。

【启示】

这一爻告诉我们，改正错误不是一刻的事，它包括从认识自己的错误、中途的思想斗争到着手改正自己的错误，所以其过程是艰辛的，但由于能及时改正自己的错误，因此其结果是好的。

六四：中行独复。

象曰："中行独复"，以从道也。

【译文】

六四：中途独自返回。

象说：中途独自返回，这是为了顺从道义。

【启示】

这一爻进一步强调能迷途知返，就不会遭遇灾祸。即使已走了好远，能及时返回也是吉利的。

六五：敦复，无悔。

象曰："敦复，无悔"，中以自考也。

【译文】

六五：敦厚的本性促使你迷途知返，不会有什么愧疚的。

象说：敦厚的本性促使你迷途知返，不会有什么愧疚的，是因为由于你坚守正道，能够反省考察自己的言行以完善自我。

【启示】

这一爻暗示我们，为人敦厚的，往往能迷途知返。

上六：迷复，凶，有灾眚。用行师，终有大败，以其国君凶。至于十年不克征。

象曰："迷复之凶"，反君道也。

【译文】

上六：误入歧途，并不知道怎么返回，这是凶险的预兆，有灾祸。得此兆去行军打仗，终将大败，并且致使君王也遭受凶险。以至于十年都攻克不了敌人。

象说：误入歧途，而且不知道怎么返回之所以凶险，这是由于违背君子之道的缘故。

【启示】

这一爻从反面告诉我们要迷途知返。

【疑难解析】

“迷复，凶，有灾眚”的大意是：误入歧途，并不知道怎么返回，这是凶险的预兆，有灾祸。

如果你误入歧途，不能及时返回，给你自己、给别人都会造成大的伤害。一是南辕北辙的人是不能到达目的地的；二是你偏离了正道，往往违背了事物发展的客观规律，而客观规律是不可逆转的，所以容易招致凶险；三是你的指鹿为马会误导其他人，使黑的变成白的，让小人有机可乘。

其实，误入歧途而不知返的人的本质就是固执，固执的人又怎么能自拔呢？

【事例】

复卦告诉我们，要及时改正错误。瑞士钟表凭经验决策，使企业走上下坡路，后来它及时返回正道，扭转了劣势，让辉煌之音重新响起。

瑞士钟表，最初是从家庭手工业开始的，钟表技术世代相传，至今已有400多年的历史，瑞士也因此被誉为“钟表王国”。自1876年引进美国的机械技术后，瑞士钟表更是如虎添翼，飞跃发展。20世纪60年代，瑞士年产各类钟表1亿块左右，产值40多亿瑞士法郎，行销世界150多个国家和地区，世界市场占有率约在50%～80%。到70年代前期，仍保持40%以上的占有率。然而，70年代中期到80年代初这一期间，由于资本主义经济危机的猛烈冲击和日本、中国、美国、韩国等多个国家中的竞争对手的迅速崛起，瑞士钟表开始走下坡路。更糟糕的是，日本、中国香港等地的钟表厂商凭借一块块随时可以丢弃、价值10美元左右的石英表抢占了巨大的市场份额，夺得了有利的战略先机，瑞士钟表的销量一落千丈。

瑞士钟表行业的损失是惨重的，付出的代价是昂贵的。究其原因可以发现，瑞士钟表厂商长期以来陶醉在“机械表”的巨大胜利中，没有察觉到外面的世界已发生了巨大的变化，没有料到被他们忽略的“石英表”竟成了“机械表”强有力的竞争对手。他们更忽视了这样一个事实：从性能、价格上看，一块价值10美元左右的石英表月误差不超过15秒；而价格昂贵的“机械表之王”劳力士，月误差却不少于100秒，两者相比，石英表无疑占有绝对优势。

为扭转急剧下滑的局面，以瑞士银行和瑞士联合银行为首的7家银行，筹集10亿瑞士法郎，于1983年组建了阿斯钟表康采恩，重新进行产品的战略定位。其名为“弃旧图新”的定位策略主要包括以下三方面内容：

一、产品结构上：弃“以机械表为主”，改为“以电子表为主”，以需求量大、准确、物美价廉的石英电子钟表为主打产品。

二、产品组合策略上：弃“多品种、小批量”的策略，改为“少品种、大批量”的战略，降低了生产成本，质量也因标准化的提高得以稳定。

三、产品计划战略上：弃“单纯累积式发展”，改为“高科技跳跃式发展”，发展用于航空工业、深水作业以及大型国际体育比赛用的高精确钟表，抢占新技术制高点。

经过新的战略布局，瑞士钟表在钟表行业的市场占有率急剧上升，夺回了失落的“钟表王国”桂冠，再度称霸世界。